BAU- UND FACHPLANUNGSRECHT

FESTSCHRIFT FÜR BERNHARD STÜER
ZUM 65. GEBURTSTAG

Bernhard Stüer

FESTSCHRIFT FÜR BERNHARD STÜER ZUM 65. GEBURTSTAG

HERAUSGEGEBEN VON

MICHAEL KRAUTZBERGER

HANS-WERNER RENGELING

KLAUS SAERBECK

Verlag C.H. Beck München 2013

www.beck.de

ISBN 978 3 406 64457 3

Wilhelmstraße 9, 80801 München
Druck und Bindung: Beltz Bad Langensalza GmbH
Neustädter Straße 1–4, 99947 Bad Langensalza

Satz: Meta Systems Publishing & Printservices GmbH,
Wustermark

Gedruckt auf säurefreiem, alterungsbeständigem Papier
(hergestellt aus chlorfrei gebleichtem Zellstoff)

VORWORT

Als Bernhard Stüer am 3. März 1948 in Münster geboren wurde, war da der Lebensweg bereits vorgezeichnet? Münster ist für ihn bestimmend geblieben. Und durch die Eltern ist ihm auch der Anwalt- und Notarberuf in die Wiege gelegt worden: als Sohn der Rechtsanwälte und Notare Dr. Bernhard Stüer und Martha Stüer, geb. Feldhaus. Und der Weg in schulische und universitäre Ausbildung verlief so wie man es von einem Sohn aus diesem Umfeld erwarten konnte: Ministrant in St. Aegidii zu Münster und hospitierender Domministrant, wenn am Paulusdom Wegbegleiter für die Große Prozession durch die Innenstadt von Münster oder für die Wallfahrt nach Telgte benötigt wurden, Organist und Küster an St. Aegidii während der Schulzeit. Nach dem Abitur am Gymnasium Paulinum in Münster, vom Hl. Ludgerus im Jahre 797 gegründet und damit Deutschlands ältestem Gymnasium sowie einem achtsemestrigen Studium an der Westfälischen Wilhelms-Universität in Münster – nebenbei studierte er einige Semester Mathematik – legte Bernhard Stüer im Jahre 1971 vor dem Justizprüfungsamt in Hamm das erste juristische Staatsexamen ab. Das Assessorexamen bestand er im Jahre 1974 und ist seit dieser Zeit als Rechtsanwalt in Münster zugelassen.

Von 1973 bis 1978 war Bernhard Stüer Wissenschaftlicher Assistent am Lehrstuhl für Raumplanung und öffentliches Recht, den kurz zuvor sein enger Freund und Wegbegleiter Werner Hoppe an der Westfälischen Wilhelms-Universität zu Münster übernommen hatte. Er war Sprecher des Mittelbaus im Senat und gehörte auf Fachbereichsebenen zahlreichen Gremien an. In Münster hat er seine aus Osnabrück stammende Frau, Eva-Maria Ehebrecht-Stüer, kennen gelernt. Münster/Osnabrück sowie das Münsterland sind sein Lebensmittelpunkt geblieben. Von da an beschleunigte sich das Leben von Bernhard Stüer und erweiterte sich sein Wirkungskreis ebenso wie sein „Einflussbereich" mit zunehmender Geschwindigkeit bis seine Lebenskreise in nahezu alle deutschen Regionen und Städte reichten.

Im Jahre 1984 wurde Bernhard Stüer zum Notar ernannt. Seit Februar 1997 ist er Honorarprofessor an der Universität Osnabrück. Er liest dort das Bau- und Fachplanungsrecht sowie das Umweltrecht und bietet in fast jedem Semester ein Seminar zum Verwaltungsverfahrens-, Umwelt- und Planungsrecht an. An der Westfälischen Wilhelms-Universität hat er seit dem Wintersemester 1994 das Kommunalrecht und das öffentliche Baurecht sowie Raumordnungs- und Fachplanungsrecht gelesen. Daneben hat er mehrfach die Übung im öffentlichen Recht für Fortgeschrittene geleitet.

Zu seinen Tätigkeitsschwerpunkten als Rechtsanwalt und Fachanwalt für Verwaltungsrecht gehören insbesondere alle Teile des Bau- und Fachplanungsrechts sowie des Kommunalrechts einschließlich der Gebiets- und Funktionalreform sowie des Finanzausgleichs in den alten und allen neuen Ländern. Johann Wolfgang von Goethe, der ja auch als Advokat bemüht werden kann, hätte an ihm seine Freude gehabt: „Im Auslegen seid frisch und munter! Legt ihr's nicht aus, so legt was unter“ (Zahme Xenien II).

Bernhard Stüers wissenschaftliches Werk umfasst fast 500 selbständige Beiträge und Tagungsberichte in Fachzeitschriften und fünfzehn Bücher, unter ihnen das aus seiner Dissertation hervorgegangene Buch „Funktionalreform und kommunale Selbstverwaltung“ (Schwarz-Verlag, Göttingen), die im Jahre 1995 erschienene, gemeinsam mit Werner Hoppe verfasste „Rechtsprechung zum Bauplanungsrecht“ (Boorberg-Verlag, Stuttgart) und das im Beck-Verlag (München) erschienene „Handbuch des Bau- und Fachplanungsrechts“. In der Reihe „Beck-Baurecht“ stellt Bernhard Stüer Themen des Städtebaurechts und des Fachplanungsrechts dar: „Der Bebauungsplan“ und – gemeinsam mit Willi Probstfeld „Die Planfeststellung“. Daneben treten Monographien zum Schulorganisationsrecht und das im Oktober 1997 erschienene „Kommunalrecht in NW in Fällen“, das aus der von ihm in Münster seit mehreren Jahren angebotenen Vorlesung „Kommunalrecht“ hervorgegangen ist. Zudem ist er Herausgeber und Schriftleiter der Schriftenreihe „Planungsrecht“, die im Universitätsverlag der Universität Osnabrück erscheint und bereits 16 Bände zumeist aus Veröffentlichungen seiner Schüler erfasst.

Seit Januar 1998 hat Bernhard Stüer gemeinsam mit dem Hauptschriftleiter Werner Rengeling (Universität Osnabrück) die Schriftleitung für den Abhandlungsteil und die Berichte der Zeitschrift „Deutsches Verwaltungsblatt“ übernommen. Seit Januar 2012 ist Bernhard Stüer Schriftleiter des „Deutschen Verwaltungsblattes“. Die Redaktionsarbeit wird von Peter Szczekalla unterstützt.

In mehr als 700 Vorträgen und Seminaren sowie 200 Lehrveranstaltungen an den Universitäten Münster und Osnabrück sowie in Oldenburg, am Westfälischen Studieninstitut für kommunale Verwaltung und an der Westfälischen Verwaltungsakademie in Münster, am Institut für Städtebau und Wohnungswesen München und Berlin und auf Einladung des Deutschen Volksheimstättenwerks standen vor allem aktuelle Themen des Planungs- und Umweltrechts, des Kommunalrechts sowie des Verwaltungsverfahrens- und Verwaltungsprozessrechts im Mittelpunkt. Er ist einer der gefragtesten Vortragenden in Deutschland und jeder Veranstalter ist froh, ihn gewinnen zu können: brillante Vorstellungen verstehen sich ebenso wie – wenn es ihm ins Konzept passt – der Einsatz der neuesten Technik. Jede Frage wird beantwortet. Es macht ihm Freude und das spüren auch die Zuhörer. Und wie er sich freut, wenn – selten genug – ein „neuer“ Zuhörer die Frage stellt, ob es denn mit den von Bernhard Stüer aus dem Kopf zitierten Entscheidungen („Urteil des BVerwG vom … Amtliche Sammlung … entschieden an einem Donnerstag“) seine Richtigkeit hat, da ist er sofort mit spürbarem Vergnügen beim Hochfahren von juris und da ist sie schon die Entscheidung und natürlich war sie exakt zitiert worden – von den Greifswalder bis zu den Filderstädter Baurechtstagen reicht die Spannweite seiner städtebaulichen Vortragsveranstaltungen.

Auch zur Vorbereitung und Beratung bei der Gesetzgebungsarbeit ist Bernhard Stüer ein gefragter Mann: Ob es Landesgesetze sind oder Bundesgesetze – er ist ein umsichtiger Berater, dessen große Fachkenntnis gepaart mit Scharfsinn und feinem Humor gerühmt werden. Bei der „Schlichter-Kommission", den verschiedenen „Berliner Gesprächen" über Novellierungen des Städtebaurechts, beim Flughafen Frankfurt im Hessischen Landtag, bei der Gemeindefinanzierung in Nordrhein-Westfalen oder Schleswig-Holstein, der Gebietsreform in den neuen Bundesländern oder Beratungen zu heiklen Fragen im Spannungsbogen von Straßenplanungen und europäischem Naturschutz- und Umweltstandard wird er um Rat gebeten.

Die Münsteraner Anwaltskanzlei leitet er gemeinsam mit seiner Frau, Rechtsanwältin Dr. Eva-Maria Ehebrecht-Stüer. Sie ist Verfasserin der aus ihrer Münsteraner Dissertation hervorgegangenen Schrift „Außenbereichsbebauung. Entwicklung und geltendes Recht (§ 35 BauGB 1998)". Die Arbeit ist als Band 177 in der Schriftenreihe „Beiträge zum Siedlungs- und Wohnungswesen" erschienen. Es bedürfte (und lohnte) einer Monographie, die Beteiligung von Bernhard Stüer und der Kanzlei Ehebrecht-Stüer/Stüer an der Entwicklung der höchstrichterlichen Rechtsprechung namentlich in der Auseinandersetzung mit dem europäischen Naturschutz- und Umweltrecht nach zu verfolgen und zu würdigen.

Seit 20 Jahren ist Bernhard Stüer als Richter zunächst beim Ehrengericht in Hamm und sodann beim Anwaltsgerichtshof für das Land Nordrhein-Westfalen tätig. Seit 2005 ist er Richter im Nebenamt am BGH-Senat für Anwaltssachen und Mitglied des Verfassungsrechtsausschusses der Bundesrechtsanwaltskammer.

Im Oktober 2010 ist er mit dem vom Bundespräsidenten verliehenen Bundesverdienstkreuz am Bande geehrt worden.

Heute ist Bernhard Stüer also 65 Jahre alt geworden. Womit ist sein hohes Ansehen zu erklären? Woran man sofort denkt, ist sein umfassendes Wissen, ist seine Omnipräsenz, das unglaubliche Gedächtnis, seine Offenheit, ja Neugier für neues, seine freundliche Art und seine große Gelassenheit. Und sein Arbeitsethos: pünktlich – meist einen Schritt schneller als andere – physisch und geistig – und den fertigen Text schon abschicken.

Verlag und Herausgeber wünschen dem Jubilar weiterhin ungebrochene Schaffenskraft und in Münster sowie in seinem Landsitz im Münsterland gemeinsam mit seiner Frau Eva-Maria ein wenig Muße, um zugleich mit etwas Stolz auf das Erreichte zurückzublicken. Aber nochmals zu Goethe: Sein berühmtes Wort (aus Faust I), das Bernhard Stüer in seinem Abituraufsatz bearbeitet hat, gilt auch für ihn: „Zu neuen Ufern lockt ein neuer Tag".

Bonn/Münster/Hamm, den 3. März 2013

Michael Krautzberger
Hans-Werner Rengeling
Klaus Saerbeck

INHALTSVERZEICHNIS

A. ENTWICKLUNGEN IN EUROPA

B. STÄDTEBAU- UND BAUORDNUNGSRECHT

C. PLANFESTSTELLUNGSRECHT

D. STADT- UND LANDESENTWICKLUNG

E. RECHTSSTAAT

F. ANWALTSRECHT

AUTORENVERZEICHNIS

Dr. Christof Austermann
Syndikus im Bereich Umweltrecht des Centers of Competence Legal der E.ON SE

Dr. Dr. h.c. Ulrich Battis
em. Universitätsprofessor an der Humboldt-Universität zu Berlin, Rechtsanwalt

Frank Berka
Regierungsdirektor, Eisenbahn-Bundesamt, Ast. Hannover

Thorsten Bergt
Justitiar beim Senator für Umwelt, Bau und Verkehr der Freien Hansestadt Bremen

Dr. Dr. Jörg Berkemann
Richter am Bundesverwaltungsgericht a. D., Honorarprofessor an der Universität Hamburg, Lehrbeauftragter der Bucerius Law School, Hamburg

Dirk Buchsteiner
Doktorand an der Universität Osnabrück, Wiss. Mitarbeiter, Berlin

Dr. Arno Bunzel
Bereichsleiter und stellv Institutsleiter beim Deutschen Institut für Urbanistik, Berlin

Dr. Dr. Wolfgang Durner
Universitätsprofessor an der Rheinischen Friedrich-Wilhelms-Universität zu Bonn

Dr. Eva-Maria Ehebrecht-Stüer
Rechtsanwältin, Fachanwältin für Verwaltungsrecht, Münster

Dr. Wilfried Erbguth
Universitätsprofessor an der Universität Rostock

Dr. Klaus Finkelnburg
Rechtsanwalt, Fachanwalt für Verwaltungsrecht, Präsident des Verfassungsgerichtshofs des Landes Berlin a. D., Honorarprofessor an der Freien Universität Berlin

Dr. Stephan Gatz
Richter am Bundesverwaltungsgericht, Leipzig

Dr. Martin Gellermann
Rechtsanwalt und apl. Professor an der Universität Osnabrück

Günter Halama
Richter am Bundesverwaltungsgericht a. D., Leipzig

Dr. Caspar David Hermanns
Rechtsanwalt, Fachanwalt für Verwaltungsrecht, Fachanwalt für Bau- und Architektenrecht, Fachanwalt für Medizinrecht, Osnabrück

Dr. Dietmar Hönig
Regierungsdirektor, Hessisches Ministerium für Wirtschaft, Verkehr und Landesentwicklung, Wiesbaden

Dr. Heinz Janning
Rechtsanwalt, Beigeordneter der Stadt Rheine a. D.

Folkert Kiepe
Beigeordneter des Deutschen Städtetages a. D., Rechtsanwalt, Berlin

Dr. Benjamin Klein
Rechtsanwalt, Berlin

Dr. Christian Kirchberg
Rechtsanwalt, Fachanwalt für Verwaltungsrecht, Karlsruhe, Honorarprofessor am Karlsruher Institut für Technologie, Präsident des Anwaltsgerichtshofs Baden-Württemberg

Dr. Michael Krautzberger
Ministerialdirektor a. D., Bonn, Honorarprofessor an der Humboldt-Universität zu Berlin und an der Technischen Universität Dortmund

Jörn Kück
Dipl.-Ingenieur, Abteilungsleiter bei der DEGES, Bremen

Dr. Christofer Lenz
Rechtsanwalt und Fachanwalt für Verwaltungsrecht, Honorarprofessor an der Universität Stuttgart

Dr.-Ing. Stephan Mitschang
Universitätsprofessor an der Technischen Universität Berlin, Direktor des Instituts für Städtebau der DASL, Berlin

Dr. Michael Moeskes
Rechtsanwalt, Fachanwalt für Verwaltungsrecht, Magdeburg, Lehrbeauftragter an der Hochschule Magdeburg, Präsident der Rechtsanwaltskammer Sachsen-Anhalt

Dr.-Ing. Wolfgang Plück m.sc.
Architekt, Ahaus

Norbert Portz
Beigeordneter beim Deutschen Städte- und Gemeindebund, Berlin/ Bonn

Dr. Hans-Gert Pöttering
MdEP, Präsident des Europäischen Parlaments a. D., Vorsitzender der Konrad-Adenauer-Stiftung, Honorarprofessor an der Universität Osnabrück

Dr. Michael Quaas M.C.L.
Rechtsanwalt, Fachanwalt für Verwaltungsrecht, Fachanwalt für Medizinrecht, Stuttgart, Honorarprofessor an der Universität Stuttgart

Dr. Olaf Reidt
Rechtsanwalt und Fachanwalt für Verwaltungsrecht, Honorarprofessor an der Humboldt-Universität zu Berlin

Dr. Hans-Werner Rengeling
Universitätsprofessor an der Universität Osnabrück

Dr. Stefan Rude
Rechtsanwalt, Fachanwalt für Bau- und Architektenrecht, Berlin

Dr. Klaus Saerbeck
Rechtsanwalt und Notar, Hamm, Präsident des Anwaltsgerichtshofes des Landes Nordrhein-Westfalen

Dr. Alexander Schink
Rechtsanwalt, Bonn, Staatssekretär a. D.

Dr. Wilhelm Söfker
Ministerialdirigent a. D., Bonn, Honorarprofessor an der Rheinischen Friedrich-Wilhelms-Universität zu Bonn

Dr. Willy Spannowsky
Universitätsprofessor an der Technischen Universität Kaiserslautern, Richter am Pfälzischen Oberlandesgericht Zweibrücken

Dr. Holger Spreen
Ministerialrat, Leiter des Persönlichen Büros des Ministerpräsidenten und der Chefin der Staatskanzlei, Hannover

Dr. Udo Steiner
Richter des Bundesverfassungsgerichts a. D., em. Universitätsprofessor an der Universität Regensburg

Dr. Ulrich Storost
Vorsitzender Richter am Bundesverwaltungsgericht a. D., Berlin

Dr. Peter Szczekalla
Deutsches Verwaltungsblatt (DVBl), Osnabrück

Dr. Michael Uechtritz
Rechtsanwalt und Fachanwalt für Verwaltungsrecht, Honorarprofessor an der Universität Stuttgart

Dr. Tomke Weers-Hermanns
Rechtsanwältin, Fachanwältin für Verkehrsrecht, Osnabrück

Dr. Lars Winter
Deutsches Verwaltungsblatt (DVBl), Osnabrück

Dr. Holger Zoubek
Justitiar im Ministerium für Wirtschaft, Klimaschutz, Energie und Landesplanung Rheinland-Pfalz, Mainz

A. ENTWICKLUNGEN IN EUROPA

MARTIN GELLERMANN

Europäisches Artenschutzrecht bei der Zulassung von Investitions- und Infrastrukturvorhaben

„Alle Macht geht vom Tiere aus" titelte unlängst die Presse und wies darauf hin, dass es in Deutschland „Blockade-Tiere" gibt, denen die Fähigkeit zugesprochen wird, sich erfolgreich gegen Infrastruktur- und Investitionsvorhaben zur Wehr zu setzen.[1] Zu den Geschmähten zählen der Wachtelkönig, der den Bau der Autobahn A 26 verzögerte, die Großtrappe, die zur Umplanung einer ICE-Strecke durch Havelland zwang, die Kleine Hufeisennase, die angeblich als schärfste Waffe im Kampf gegen die Waldschlößchenbrücke in Dresden fungierte und nicht zuletzt der Eremit oder Juchtenkäfer, der sich als machtvoller Verbündeter der Gegner des Projekts Stuttgart 21 erwies. Der wenig ehrenvolle Titel als „Blockade-Tier" ist fraglos gänzlich unberechtigt, zumal bei der Entscheidung über den Bau von neuen Verkehrswegen oder Bahnhöfen letztlich doch zumeist die gefährdeten Tiere weichen müssen, wenn sie tatsächlich die Dreistigkeit besitzen, Wohnsitz gerade dort zu nehmen, wo Eingriffsvorhaben verwirklicht werden sollen.

Gleichwohl verweist die Presse auf einen Umstand, der zwar nicht sonderlichneu, für die Praxis aber dennoch erschütternd war, als man spätestens zu Beginn des Jahres 2006 erkannte, dass die im Rahmen der Berner Konvention verabredeten und in europäisches Unionsrecht übernommenen Regelungen zum Schutz besonders gefährdeter oder gar vom Aussterben bedrohter Tier- und Pflanzenarten auch in der Fachplanung und bei der Zulassung sonstiger Eingriffsvorhaben strikt zu beachten sind. Die sich hierzulande anschließenden Bemühungen um eine ordnungsgemäße Umsetzung und Anwendung der artenschutzrechtlichen Bestimmungen, die sich vor allem aus Art. 12, 13, 16 der Richtlinie 92/43/EWG (Fauna-Flora-Habitat-Richtlinie, FFH-RL) und aus Art. 5, 8 der Richtlinie 2009/147/EG (Vogelschutz-Richtlinie, VRL) ergeben, hat *Bernhard Stüer* mit zahlreichen Veröffentlichungen begleitet[2] und als einer der Ersten nachdrücklich auf die Bedeutung des Artenschutzes für die Fachplanung und die Notwendigkeit der fachlich korrekten Abarbeitung dieses Themenfeldes hingewiesen.[3] Die anfängliche Befürchtung, im „Sumpf europarechtlicher und nationaler Regelung" könnte das eine oder andere Projekt versenkt werden, gab der Jubilar erst auf, nachdem der Gesetzgeber mit der „Kleinen Novelle" des Bundesnaturschutzgesetzes die Vorschriften der §§ 42 ff. BNatSchG a. F. erließ, deren Regelung im Zuge

[1] Welt am Sonntag v. 4.3.2012 „Alle Macht geht vom Tiere aus"; Welt-Online v. 3.3.2012 „Das sind Deutschlands mächtigste Blockade-Tiere", WeserKurier v. 10.8.2011 „Wenn die Fledermaus für Baustopp sorgt".

[2] Vgl. nur *Stüer,* Handbuch des Bau- und Fachplanungsrechts, 3. Aufl. 2005, Rn. 890; *ders.,* Der Bebauungsplan, 4. Aufl. 2009, Rn. 733 ff.; *ders.* in FS Krautzberger, 2008, S. 63 ff.; *ders.* BauR 2010, 1521 ff.

[3] *Stüer/Bähr* DVBl 2006, 1155.

der Novelle 2010 weitgehend unverändert in die §§ 44 ff. BNatSchG übernommen wurden. Die damit geschaffene normative Grundlage und ihre weitere Befestigung in der Rechtsprechung des BVerwG verführte ihn nach der Entscheidung zur Querspange Bochum[4] sogar zu der Aussage, die zunächst über die unionsrechtlichen Vorschriften des Artenschutzrechts erstaunte juristische Fachwelt könne nun offenbar wieder zur Tagesordnung übergehen.[5]

Das klingt, als wären die artenschutzrechtlichen Anforderungen, denen bei der Zulassung von Investitions- und Infrastrukturvorhaben stets die ihnen gebührende Beachtung zu schenken ist, bereits in einer hinreichenden und den praktischen Erfordernissen genügenden Weise geklärt. Im Felde des europäischen Artenschutzrechts ist man freilich vor Überraschungen nie gefeit. Erst unlängst hat das BVerwG mit seiner Entscheidung zur Ortsumgehung Freiberg (B 173) schlaglichtartig verdeutlicht, dass die Anwendung der §§ 44 ff. BNatSchG eine trügerische Sicherheit gerade dort vermittelt, wo Regelungen des nationalen Rechts in den Vorgaben des EU-Artenschutzrechts kein Pendant finden.[6] Erschwerend kommt hinzu, dass die verwaltungsgerichtliche Judikatur die einschlägigen Vorschriften stets im Lichte des Verhältnismäßigkeitsgebots und unter Einbezug der Erfordernisse der Verwaltungspraktikabilität zu interpretieren pflegt, bislang aber – trotz des aus berufenem Munde stammenden Hinweises auf die „Vorlagegefährdetheit" des Artenschutzrechts[7] – davon abgesehen hat, dem Gerichtshof der Europäischen Union im Verfahren der Vorabentscheidung (Art. 267 AEUV) jene Auslegungsfragen zu unterbreiten, von deren Beantwortung es abhängt, ob die zu Aufweichungen einschlägiger Schutzbestimmungen führenden gedanklichen Operationen als unionsrechtskonform begriffen werden können. Dies bietet Anlass, den vornehmlich in fachplanerischen Verfahren gewonnenen Stand der die Vorschriften der §§ 44 ff. BNatSchG betreffenden Rechtserkenntnis neuerlich auf unionsrechtliche Schwachstellen zu überprüfen.

I. Das artenschutzrechtliche Regelungsgefüge auf europäischer und nationaler Ebene

Bereits der schlichte Vergleich des Normgefüges der artenschutzrechtlichen Bestimmungen des EU-Rechts und des nationalen Rechts offenbart Unterschiede, die es ratsam erscheinen lassen, nicht vorschnell auf die Unionsrechtskonformität der §§ 44 ff. BNatSchG zu erkennen.

In Orientierung an den völkerrechtlichen Vorgaben der Art. 5, 6 und 9 der Berner Konvention sind die richtliniengestützten Regelungen des EU-Artenschutzrechts nach dem Regel-Ausnahme-Prinzip konzipiert. Art. 12, 13 FFH-RL enthalten zum Schutz der in Anhang IV FFH-RL gelisteten Tier- und Pflanzenarten Verbote des direkten Zugriffs, der Störung sowie der Schädigung von Fort-

---

[4] BVerwG, Urt. v. 9.6.2010 – 9 A 20.08, NuR 2010, 870 ff.
[5] *Stüer* DVBl 2011, 39 ff.
[6] BVerwG, Urt. v. 14.7.2011 – 9 A 12.10, NuR 2011, 866 ff.; hierzu *Beier* DVBl 2012, 149 ff.; *Gellermann* NuR 2012, 34 ff.
[7] *Storost* DVBl 2009, 673 (682)

pflanzungs- und Ruhestätten, während Art. 16 FFH-RL Voraussetzungen benennt, bei deren Vorliegen von den artenschutzrechtlichen Verboten im Einzelfall abgewichen werden darf. Dieselbe Bauform liegt den Regelungen der Vogelschutz-Richtlinie zugrunde, die in Art. 5 VRL bestimmte Verbote zum Schutz aller europäischen Vogelarten vorsieht, die nur unter strikter Wahrung der in Art. 9, 13 VRL bezeichneten Bedingungen überwunden werden dürfen.

Die in Umsetzung dieser unionsrechtlichen Regelungsvorgaben erlassenen Vorschriften der §§ 44 ff. BNatSchG, die zugleich der Erfüllung der durch die Berner Konvention begründeten völkerrechtlichen Pflichten dienen, lassen eine demgegenüber abweichende Bauform erkennen. Während § 44 Abs. 1 BNatSchG die Zugriffsverbote beinhaltet, enthält § 44 Abs. 5 BNatSchG eine Freistellungsklausel, die die Reichweite der Verbote begrenzt, indem sie Eingriffsvorhaben sowie Vorhaben in Gebieten mit Bebauungsplänen (§ 30 BauGB) und während der Planaufstellung (§ 33 BauGB) von deren Beachtung unter bestimmten Voraussetzungen entbindet. Dem schließen sich die Vorschriften der §§ 45 Abs. 7, 67 Abs. 2 BNatSchG an, die es im Einzelfall erlauben, eine Ausnahme bzw. Befreiung von den Zugriffsverboten des § 44 Abs. 1 BNatSchG zu erteilen. Das nationale Recht unterscheidet daher ebenfalls zwischen Verboten und einzelfallbezogenen Verbotsabweichungen, enthält mit der für bestimmte Vorhaben bedeutsamen Freistellungsklausel des § 44 Abs. 5 BNatSchG aber zugleich eine Regelungsschicht, die im einschlägigen Völker- und Unionsrecht ohne Vorbild ist. Das muss nicht zwangsläufig als Ausdruck einer Verletzung unionsrechtlicher Regelungsvorgaben begriffen werden, indessen mahnt doch bereits dieser Umstand zur Vorsicht und lässt es auch im Übrigen ratsam erscheinen, sich bei der Interpretation und Anwendung nicht allzu weit von den Vorgaben der FFH- und Vogelschutz-Richtlinie zu entfernen.

II. Die Zugriffsverbote im Lichte des europäischen Artenschutzrechts

Die Zugriffsverbote des § 44 Abs. 1 BNatSchG dienen der innerstaatlichen Verwirklichung der sich aus Art. 12, 13 FFH-RL und Art. 5 VRL ergebenden Regelungsvorgaben. Sie kommen grundsätzlich allen besonders geschützten Tieren und Pflanzen und damit gerade auch den Arten des Anhangs IV FFH-RL und den europäischen Vogelarten zugute (vgl. § 7 Abs. 2 Nr. 13 BNatSchG), für die es aus Gründen des EU-Artenschutzrechts ein strenges Schutzsystem zu etablieren gilt. Von dem Störungsverbot des § 44 Abs. 1 Nr. 2 BNatSchG profitieren – neben den dort ausdrücklich erwähnten europäischen Vogelarten – an sich nur die streng geschützten Tierarten, indessen bietet dies schon deshalb keinen Anlass zu unionsrechtlicher Beanstandung, weil § 7 Abs. 1 Nr. 14 BNatSchG die Arten des Anhangs IV FFH-RL ausdrücklich in den Kreis der streng geschützten Arten einbezieht.

1. Schädigung geschützter Individuen

In Umsetzung der Art. 12 Abs. 1 lit. a FFH-RL und Art. 5 lit.a VRL untersagt § 44 Abs. 1 Nr. 1 BNatSchG es, Tieren der besonders geschützten Arten nachzustellen, sie zu fangen, zu verletzen oder zu töten oder ihre Entwicklungsformen der Natur zu entnehmen, zu schädigen oder zu zerstören. Schon der Wortlaut lässt keinen Zweifel daran, dass das Verbot den Schutz der Individuen verbürgt und daher keiner populationsbezogenen Relativierung zugänglich ist.[8]

a) Individuenbezug und „signifikante" Erhöhung des Tötungsrisikos

Der Individuenbezug birgt freilich insoweit Probleme in sich, als namentlich bei der Planung von Verkehrsprojekten kaum Fälle vorstellbar sind, in denen nicht spätestens in der Betriebsphase einer Bundesstraße, eines Schienenweges oder eines Verkehrsflughafens einzelne Vögel, Fledermäuse, Amphibien oder Säugetiere getötet werden. Nichts anderes gilt bei der Errichtung von Windkraftanlagen, Hochhäusern oder Funktürmen, die ebenfalls für Vögel oder Fledermäuse zu Todesfallen werden können. Um Gewähr dafür zu bieten, dass die Verbote des Artenschutzrechts praktikabel bleiben und Vorhaben der genannten Art nicht stets einer sich auf § 45 Abs. 7 BNatSchG gründenden artenschutzrechtlichen Ausnahme bedürfen, hat sich die Rechtsprechung zu einer gewissen Relativierung des § 44 Abs. 1 Nr. 1 BNatSchG entschlossen. Das Zugriffsverbot kommt danach erst in einer Situation zum Tragen, in der das zu beurteilende Vorhaben das Risiko der Tötung von Individuen besonders geschützter Arten „in signifikanter Weise" erhöht.[9] Davon ist auszugehen, wenn Tierarten betroffen sind, die ihrer Verhaltensweisen wegen unter den Auswirkungen von Vorhaben der in Rede stehenden Art typischerweise besonders leiden (z. B. Eulen und Greifvögel als häufige Verkehrsopfer oder Fledermäuse als häufige Opfer von Windkraftanlagen) und eine erhöhte Wahrscheinlichkeit besteht, dass sich dieses allgemeine Risiko in der konkreten Situation und unter Einbezug der sie prägenden Umstände aktualisiert. Anzunehmen ist dies etwa, wenn ein in Planung befindliches Straßenbauvorhaben regelmäßig genutzte Flugkorridore niedrig fliegender Fledermäuse oder Eulen quert, Windkraftanlagen im Nahbereich eines alljährlich besetzen Horstes des Rotmilan errichtet oder die Einflugschneise eines Flughafens in einem Bereich geplant wird, in dem es zu einer räumlichen Verdichtung des Vogelfluggeschehens kommt. In solchen Situationen kann der Eintritt der Verbotsfolge nur durch Maßnahmen vermieden werden, die das Tötungsrisiko spürbar verringern und gleichsam „auf ein Normalmaß" absenken. Zu denken ist dabei etwa an Schutzzäune, Grünbrücken oder sonstige Querungshilfen in der Straßenplanung,[10] während bei Windkraftanla-

---

[8] Vgl. nur BVerwG, Urt. v. 16.3.2006 – 4 A 1075.04, NVwZ 2006, Beil. Heft 8, S. 54 Rn. 563; Urt. v. 21.6.2006 – 9 A 28.05, NVwZ 2006, 1161 Rn. 63; Urt. v. 18.3.2009 – 9 A 39.07, NVwZ 2010, 44 Rn. 58; OVG Koblenz, Urt. v. 8.7.2009 – 8 C 10399/08, BeckRS 2009, 37913; OVG Magdeburg, Urt. v. 26.10.2011 – 2 L 6/09, NuR 2012, 196 (200); OVG Lüneburg, Beschl. v. 18.4.2011 – 12 ME 274/10, NuR 2011, 431 (432); a. A. OVG Münster, Urt. v. 30.7.2009 – 8 A 2357/08, BeckRS 2010, 47328: Erhöhung des Tötungsrisikos „für die lokale Rotmilanpopulation".

[9] BVerwG, Urt. v. 9.7.2008 – 9 A 14.07, NuR 2009, 112 Rn. 90 f.; Urt. v. 18.9.2009 – 9 A 39.07, NVwZ 2010, 44 Rn. 58; OVG Lüneburg, Urt. v. 10.11.2008 – 7 KS 1/05, NuR 2009, 188 (193); VGH Kassel, Beschl. v. 2.1.2009 – 11 B 368/08.T, NuR 2009, 255 (279); OVG Weimar, Urt. v. 26.10.2011 – 2 L 6/09, NuR 2012, 196 (200).

[10] Vgl. etwa BVerwG, Beschl. v. 9.7.2008 – 9 A 14.07, NuR 2009, 112 Rn. 91.

gen die Abschaltung während der für geschützte Arten kritischen Zeiträume in Betracht kommt.[11]

Der Ansatz ist fraglos sachgerecht und hat sich in der Praxis der Fachplanung und bei der Zulassung von Eingriffsvorhaben durchgesetzt. Im Schrifttum wurden allerdings Zweifel geäußert, ob ein derartiges Verständnis mit den Vorgaben der Art. 12 Abs. 1 lit. a FFH-RL und Art. 5 lit. a VRL in ihrer Auslegung durch den Europäischen Gerichtshof zu vereinbaren ist.[12] Mögen besagte Vorschriften auch an sich jede absichtliche Form der Tötung unterbunden bzw. nur unter den in Art. 16 Abs. 1 FFH-RL bzw. Art. 9 Abs. 1 VRL bezeichneten Voraussetzungen zugelassen wissen wollen, bringt es das Absichtsmerkmal doch mit sich, dass die Verbotsfolge nur zum Tragen kommen muss, wenn der Handelnde die Tötung eines Exemplars einer geschützten Tierart gewollt oder zumindest in Kauf genommen hat.[13] Da Vorhaben der Fachplanung oder sonstige Eingriffsvorhaben nicht auf die Tötung geschützter Tiere gerichtet sind, kann das Absichtsmerkmal bei deren Zulassung nur verwirklicht sein, wenn zur Tötung geeignete Handlungen unter Inkaufnahme des möglichen Erfolgseintritts zugelassen werden. Um von einer Absicht sprechen zu können, muss zu dem voluntativen Merkmal der Inkaufnahme des unerwünschten Erfolges aber in jedem Fall das intellektuelle Element des Bewusstseins des Handelnden hinzutreten, dass die Vornahme der Handlung in der gegebenen Situation das Risiko der Tötung geschützter Individuen in sich birgt. Dabei geht es – wie sich aus dem Vergleich mit der vor allem dem Problemfeld des Beifangs gewidmeten Vorschrift des Art. 12 Abs. 4 FFH-RL erschließt[14] – nicht um die Erkenntnis des Bestehens einer allgemeinen Gefährdungslage, wie sie beispielsweise für den Schweinswal in der Ostsee besteht, wenn dort Fischerei mit Stellnetzen betrieben wird. Stattdessen muss sich der Handelnde bewusst sein, dass die Vornahme seiner Handlung in der gegebenen Situation ein erhöhtes Risiko der Tötung geschützter Individuen in sich birgt,[15] das über die stets gegebene Gefährdung der Tiere hinausgeht, die sich mit dem Menschen denselben Lebensraum teilen und bei einem Zusammentreffen im Regelfall den Kürzeren ziehen. Daran fehlt es bei der Zulassung von Eingriffsvorhaben, wenn im Planungsraum ausschließlich Tiere solcher Arten vorkommen, die ihrer üblichen Verhaltensweise wegen nicht zu den regelmäßigen Opfern des jeweiligen Vorhabens zählen. Werden im Trassenbereich einer geplanten Bundesstraße ausschließlich hochfliegende Abendsegler festgestellt, ermangelt es von vornherein des zur Erfüllung des Absichtsbegriffs erforderlichen Bewusstseins, dass Individuen dieser Fledermausart im Straßenver-

---

[11] OVG Weimar, Urt. v. 14.10.2009 – 1 KO 372/06, NuR 2010, 368 (370).

[12] *Gatz* DVBl 2009, 737 (744); vgl. auch *Steeck/Lau* NVwZ 2009, 616 (622).

[13] EuGH, Urt. v. 18.5.2006 – Rs. C-221/04, Kommission/Spanien, Slg. 2006, I-4536 Rn. 71.

[14] Vgl. hierzu EuGH, Urt. v. 20.5.2010 – Rs. C-308/08, Kommission/Spanien, Slg. 2010, I-4281 Rn. 56 ff.

[15] In dieser Hinsicht auch *Europäische Kommission,* Leitfaden zum strengen Schutzsystem für Tierarten von gemeinschaftlichem Interesse im Rahmen der FFH-Richtlinie 92/43/EWG, Endgültige Fassung, Februar 2007, S. 40 Rn. 33: „Als absichtliche Handlungen sind Handlungen einer Person anzusehen, die … weiß, dass ihre Handlungen höchstwahrscheinlich zu einem Verstoß gegen die Artenschutzbestimmungen führen, …“.

kehr zu Tode kommen können. Selbst wenn im Untersuchungsraum der Straße niedrig fliegende und daher zu den regelmäßigen Opfern des Straßenverkehrs zählende Fledermausarten angetroffen werden, bedeutet dies keineswegs automatisch, dass deren Tötung im Falle der Zulassung in Kauf genommen würde. Mag unter solchen Vorzeichen auch nicht ausgeschlossen werden können, dass irgendwann in der Betriebsphase Individuen dieser Arten im Straßenverkehr zu Schaden kommen, kann von Absicht dennoch nur gesprochen werden, wenn eine konkrete Gefahrensituation besteht und der Handelnde die Erkenntnis gewinnt, dass ein über die allgemeine Gefährdungslage hinausgehendes Risiko des Eintritts des artenschutzrechtlich unerwünschten Tötungserfolges besteht. Erst wenn in einer derart risikobehafteten Lage das Abfinden mit dem Tötungserfolg bzw. seine Inkaufnahme hinzukommt, kann von einer Absicht im Sinne des EU-Artenschutzrechts gesprochen werden.

Vor diesem Hintergrund erschließt sich zugleich, dass die verwaltungsgerichtliche Rechtsprechung mit dem Kriterium der „signifikanten Erhöhung des Tötungsrisikos" lediglich die Wesensmerkmale eines Sachverhalts umschreibt, von dessen Vorliegen es abhängt, ob der Handelnde das für die Erfüllung des unionsrechtlichen Absichtsmerkmals erforderliche Bewusstsein haben muss. Ist das Tötungsrisiko in Ansehung der Gegebenheiten des Einzelfalls nicht in spürbarer Weise erhöht, kann in der Perspektive des Art. 12 Abs. 1 lit. a FFH-RL bzw. des Art. 5 lit. a VRL von einer absichtsvollen Tötung nicht gesprochen werden. Die Befürchtung, dass § 44 Abs. 1 Nr. 1 BNatSchG in seiner Auslegung durch die verwaltungsgerichtliche Judikatur mit dem Artenschutzrecht der Union in Konflikt geraten könnte, erweist sich daher im Ergebnis als unbegründet.

b) Begrenzung der Reichweite des Tötungsverbots

Vergleichbares lässt sich in Ansehung des § 44 Abs. 5 S. 2 BNatSchG freilich nicht konstatieren. Die Vorschrift betrifft in erster Linie die Freistellung von dem in § 44 Abs. 1 Nr. 3 BNatSchG geregelten Verbot der Schädigung geschützter Lebensstätten der Arten des Anhangs IV FFH-RL, europäischer Vogelarten sowie der – hier nicht interessierenden – so genannten Verantwortungsarten, entbindet bei der Zulassung von Eingriffsvorhaben aber zugleich von der Beachtung der Verbote des § 44 Abs. 1 Nr. 1 BNatSchG, wenn die Beeinträchtigung der Fortpflanzungs- oder Ruhestätte unvermeidlich auch zur Verletzung oder Tötung geschützter Individuen führt. Zu denken ist etwa an Maßnahmen zur Baufeldräumung im Habitat der Zauneidechse, die selbst dann die Tötung einzelner Exemplare nach sich ziehen, wenn zuvor der Versuch unternommen wird, die Tiere im Baufeld zu fangen und anderen Orts auszusetzen.[16] Im Schrifttum wurde die Vorschrift von Anfang an mit Skepsis beäugt,[17] zumal das EU-Artenschutzrecht keinen Anhaltspunkt bietet, der zu der Annahme veranlassen könnte, dass die Tötung geschützter Individuen auch ohne vorherige Prüfung und Feststellung der Voraussetzungen des Art. 16 Abs. 1 FFH-RL gestattet werden könnte. Während

---

[16] Vgl. nur BVerwG, Urt. v. 14.7.2011 – 9 A 12.10, NuR 2011, 866 Rn. 126 ff.

[17] *Gellermann* NuR 2007, 783 (788); *Möckel* ZUR 2008, 57 (60); *Niederstadt/Krüsemann* ZUR 2007, 347 (350).

des Gesetzgebungsverfahrens zur „Kleinen Novelle" hatte überdies die Europäische Kommission zum Ausdruck gebracht, Bedenken hinsichtlich der Freistellung vom Tötungsverbot zu hegen.[18] In die Phalanx der Kritiker hat sich nunmehr auch das BVerwG eingereiht und im Urteil zur Ortsumgehung Freiberg seiner Auffassung Ausdruck verliehen, dass § 44 Abs. 5 S. 2 BNatSchG mit Art. 12 Abs. 1 lit. a FFH-RL unvereinbar ist, soweit hierdurch das Zugriffsverbot des § 44 Abs. 1 Nr. 1 BNatSchG in seiner Reichweite begrenzt wird.[19] Für die Praxis hat dies zur Konsequenz, dass die nationale Vorschrift des unionsrechtlichen Anwendungsvorrangs wegen in Fällen der nicht vermeidbaren Tötung oder Verletzung geschützter Individuen unangewendet bleiben muss. Damit geht zugleich eine beachtliche Bedeutungsminderung der Freistellungsregelung auch im Übrigen einher, zumal Schädigungen geschützter Lebensstätten oftmals trotz aller gegenläufigen Anstrengungen zur Tötung ihrer tierischen Bewohner führen. In solchen Fällen verbleibt allein der Weg über die artenschutzrechtliche Ausnahme (§ 45 Abs. 7 BNatSchG).

2. Störung von Arten des Anhangs IV FFH-RL

Im Zuge der „Kleinen Novelle" hat das vormals in § 42 Abs. 1 Nr. 3 BNatSchG a. F. normierte Störungsverbot eine grundlegende Umgestaltung erfahren, deren Unionsrechtskonformität bis heute nicht als gesichert betrachtet werden kann.

a) Zur populationsbezogenen Relativierung des Verbots

Das nunmehr in § 44 Abs. 1 Nr. 2 BNatSchG geregelt Störungsverbot wird nur noch durch erhebliche Störungen streng geschützter Tiere oder europäischer Vögel aktiviert. Erheblich ist eine Störung nur, wenn sie negative Rückwirkungen auf den Erhaltungszustand der betroffenen lokalen Population der in Rede stehenden Art hat. Die hiermit einhergehende populationsbezogene Relativierung des Zugriffsverbots, sieht sich in Ansehung der Regelungsvorgabe des Art. 5 lit. d VRL keinen Bedenken ausgesetzt, zumal es den Mitgliedstaaten dort zur Pflicht gemacht wird, Störungen europäischer Vögel zu unterbinden, die sich auf die Ziele der Richtlinie erheblich auswirken. Das lässt hinreichenden Regelungsspielraum, um die Störung europäischer Vögel nur dann zu untersagen, wenn darunter der Erhaltungszustand ihrer lokalen Population leidet. Der Gesetzgeber hielt es allerdings für unbedenklich, diese Relativierung auch auf Fälle der Störung von Individuen der streng geschützten Arten des Anhangs IV FFH-RL zu beziehen,[20] zog damit aber die Kritik des Schrifttums auf sich, die sich auf den Umstand gründet, dass Art. 12 Abs. 1 lit. b FFH-RL in deutlichem Kontrast zu Art. 5 lit. d VRL keinen auf die Zielsetzung der Richtlinie verweisenden und zur Relativierung der Reichweite des Verbots berechtigenden Zusatz enthält.[21] Die Vorschrift

---

[18] *Europäische Kommission,* Aufforderungsschreiben vom 29.6.2007, Vertragsverletzung-Nr. 1998/4993 K(2007) 2828, S. 3.
[19] BVerwG, Urt. v. 14.7.2011 – 9 A 12.10, NuR 2011, 866 Rn. 119.
[20] BT-Drs. 16/5100, S. 11.
[21] Vgl. *Gellermann,* in: Landmann/Rohmer, Umweltrecht Bd. 2, 63. Lfg. 2011, § 44 Rn. 13; *Niederstadt/Krüsemann* ZUR 2007, 348; *Sobotta* NuR 2007, 642 (644).

begründet daher die Pflicht, die Störung von Individuen der Arten des Anhangs IV FFH-RL während der Fortpflanzungs-, Aufzucht- Überwinterungs- und Wanderungszeiten zu unterbinden.

Von derlei Erwägung hat sich das BVerwG nicht beeindrucken lassen, sondern die Kritiker mit dem Bemerken in die Schranken verwiesen, Art. 12 Abs. 1 lit. b FFH-RL wolle ausweislich seines Wortlauts nur die Störung von „Arten" und nicht von „Exemplaren dieser Arten" unterbunden wissen.[22] Aus diesem Grunde sehen die Leipziger Richter keinen Anlass, die Vorschrift des § 44 Abs. 1 Nr. 2 BNatSchG für unionsrechtlich bedenklich zu erachten. Dem auf den Wortlaut der unionsrechtlichen Bestimmung abhebenden Argument ist kaum zu widersprechen, indessen darf daran erinnert werden, dass es bei der Auslegung des Unionsrechts mit semantischen Übungen sein Bewenden nicht haben kann. Dies umso weniger, als es der Sprachgebrauch der Richtlinie gelegentlich an der erforderlichen begrifflichen Schärfe mangeln lässt. Exemplarischen Beleg bietet dafür die Regelung des Art. 15 FFH-RL, die sich ihrem Wortlaut nach auf den „Fang oder das Töten der in Anhang V Buchstabe a genannten wildlebenden Tierarten" sowie auf Fälle bezieht, „in denen Ausnahmen gemäß Artikel 16 für die Entnahme, den Fang oder die Tötung der in Anhang VI Buchstabe a genannten Arten gemacht werden". Auch wenn hier auf den Fang und die Tötung von „Tierarten" bzw. „Arten" abgestellt wird, liegt doch auf der Hand, dass es danach bestimmte Formen des Zugriffs auf „Exemplare dieser Arten" zu unterbinden gilt. Zieht man überdies in Betracht, dass der Europäische Gerichtshof bereits in seinem Caretta-Urteil[23] sowie in einem die zyprische Ringelnatter betreffenden jüngeren Urteil[24] auf eine absichtliche Störung erkennt, ohne die Populationsrelevanz der in Rede stehenden Handlungen (Motorradfahren, Wasserentnahme, Ausschachtungsarbeiten) auch nur ansatzweise zu thematisieren, gewinnt die Frage an Gewicht, ob die normtextlichen Unterschiede zwischen Art. 5 lit. d VRL und Art. 12 Abs. 1 lit. b FFH-RL nicht doch auf eine unterschiedliche Reichweite der Verbote verweisen. Das ließe sich freilich nur im Wege der Vorabentscheidung klären, zu der sich das BVerwG erkennbar nicht verpflichtet sieht.

b) Störung durch Veränderung des Habitats

In Ansehung des § 44 Abs. 1 Nr. 2 BNatSchG verdient daneben Erwähnung, dass vor dem Hintergrund der jüngeren Rechtsprechung des EuGH der Begriff der Störung womöglich doch noch einmal überdacht werden muss. Der Terminus umfasst unstreitig jede Beeinträchtigung des psychischen Wohlbefindens eines geschützten Tieres, die sich in Angst- oder Schreckreaktionen äußert oder zu

[22] BVerwG, Urt. v. 12.3.2008 – 9 A 3.06, NuR 2008, 633 Rn. 237; Urt. v. 9.7.2008 – 9 A 14.07, NuR 2009, 112 Rn. 104; Urt. v. 9.7.2009 – 4 C 12.07, NVwZ 2010, 123 Rn. 41; zustimmend *Lau,* in: Frenz/Müggenborg (Hrsg.), Bundesnaturschutzgesetz, Kommentar, 2011, § 44 Rn. 12; zurückhaltend *Schütte/Gerbig,* in: Schlacke (Hrsg.), Gemeinschaftskommentar zum Bundesnaturschutzgesetz, 2012, § 44 Rn. 28, die darauf hinweisen, dass abschließende Sicherheit nur durch ein Vorabentscheidungsverfahren (Art. 267 AEUV) erreicht werden kann.

[23] EuGH, Urt. v. 30.1.2002 – Rs. C-103/00, Kommission/Griechenland, Slg. 2002, I-1147 Rn. 34.

[24] EuGH, Urt. v. 15.3.2012 – Rs. C-340/10, Kommission/Zypern, Slg. 2012, I-0000 Rn. 63 ff.

Irritationen führt.[25] Ob Veränderungen im Habitat streng geschützter Arten oder europäischer Vögel selbst dann als Störungen anzusprechen sind, wenn sie während der Abwesenheitszeiten ihrer Bewohner vorgenommen werden, wird dagegen uneinheitlich beurteilt. In seiner Entscheidung zur Ortsumgehung Bad Oeynhausen ließ das BVerwG in diese Richtung weisende Tendenzen erkennen,[26] zog damit aber die Kritik auf sich, die Unterschiede zwischen Gebiets- und Artenschutz zu verwischen.[27] In den Folgeentscheidungen konnten die Leipziger Richter diese Frage offen lassen,[28] haben für ihre Auffassung nun aber Rückenwind aus Luxemburg erhalten. In dem bereits erwähnten Urteil zur zyprischen Ringelnatter ließ der Europäische Gerichtshof keinen Zweifel daran, dass die übermäßige Wasserentnahme in den bekannten Vorkommensbereichen der Ringelnatter eine absichtliche Störung im Sinne des Art. 12 Abs. 1 FFH-RL darstellt. Ob die mit dem Zugriff auf den Wasserschatz einhergehende Veränderung des Wasserhaushalts des Habitats die hiervon betroffenen Ringelnattern zum Verlassen der austrocknenden Bereiche veranlasst und auf diesem Wege eine als Störung anzusprechende Verhaltensänderung hervorgerufen hat, wird nicht thematisiert. Das deutet darauf hin, dass auch die Luxemburger Richter Veränderungen des Habitats unabhängig davon als Störung begreifen, ob von den dies bewirkenden Handlungen Störeffekte ausgehen, von denen die geschützten Tiere betroffen sind. Ein solches Verständnis entbehrte zwar schon deshalb der Überzeugungskraft, weil auch die FFH-Richtlinie zwischen Gebiets- und Artenschutzrecht differenziert und sich aus Art. 12 Abs. 1 lit. d FFH-RL zwanglos erschließt, dass es in diesem Zusammenhang nicht die Habitate der Arten, sondern lediglich die darin befindlichen Fortpflanzungs- und Ruhestätten im Rahmen des strengen artenschutzrechtlichen Schutzsystems zu sichern gilt, indessen änderte dies nichts daran, dass § 44 Abs. 1 Nr. 2 BNatSchG schon aus Gründen der Pflicht zur unionsrechtskonformen Interpretation in gleichem Sinne auszulegen wäre. Für die Praxis ergäben sich daraus zusätzliche Hürden, zumal Eingriffsvorhaben nicht selten im Habitat von Arten des Anhangs IV FFH-RL oder europäischen Vogelarten ausgeführt werden. Auch in dieser Hinsicht besteht Klärungsbedarf, der nur befriedigt wird, wenn entsprechende Auslegungsfragen dem Gerichtshof im Verfahren der Vorabentscheidung unterbreitet werden.

3. Schutz der Lebensstätten

Aus unionsrechtlicher Perspektive haben die nationalen Bestimmungen zur Umsetzung der die Fortpflanzungs- und Ruhestätten betreffenden Schutzbestimmung des Art. 12 Abs. 1 lit. d FFH-RL bzw. Art. 5 lit. b VRL frühzeitig die Kritik auf sich gezogen.[29] Im Focus stand dabei weniger das Zugriffsverbot

---

[25] *Schütte/Gerbig* (Fn. 22), § 44 Rn. 21 m. w. N.

[26] BVerwG, Urt. v. 9.7.2008 – 9 A 14.07, NuR 2009, 112 Rn. 105, 107 ff.; in dieser Hinsicht auch OVG Berlin, Beschl. v. 11.8.2009 – 11 S 58.08, NuR 2009, 898; OVG Münster, Urt. v. 17.2.2011 – 2 D 36/09.NE, BeckRS 2011, 48883.

[27] *Gellermann* NuR 2009, 85 (87).

[28] BVerwG Urt. v. 18.3.2009 – 9 A 39.07, NVwZ 2010, 44 Rn. 84; Urt. v. 14.4.2010 – 9 A 5.08, NVwZ 2010, 1225 Rn. 118.

[29] *Dolde* NVwZ 2008, 121 (124 f.); *Gellermann* NuR 2007, 787 f.; *Lau/Steeck* NuR 2008, 386 (394); *Möckel* ZUR 2008, 57 (62 f.); zusammenfassend *Gellermann* (Fn. 21), § 44 Rn. 45.

des § 44 Abs. 1 Nr. 3 BNatSchG, sondern eher die seine Reichweite begrenzende Vorschrift des § 44 Abs. 5 BNatSchG, die selbst in Fällen einer eingriffsbedingten Schädigung der Fortpflanzungs- und Ruhestätten von Tierarten des Anhangs IV FFH-RL oder europäischer Vogelarten von der Beachtung des Verbots entbindet, wenn die ökologische Funktion der betroffenen Stätte im räumlichen Zusammenhang weiterhin erfüllt wird oder dies durch Festsetzung vorgezogener Ausgleichsmaßnahmen gesichert wird. Trotz dieser literarischen Anfeindungen sah das BVerwG bisher keinen Anlass, Zweifel an der Unionsrechtskonformität des § 44 Abs. 5 BNatSchG zu hegen.[30] Ob in diesem Zusammenhang das letzte Wort bereits gesprochen ist, erscheint allerdings fraglich, zumal sich auf europäischer Ebene die Anzeichen verdichten, dass der Verbotstatbestand des § 44 Abs. 1 Nr. 3 BNatSchG etwas zu restriktiv und die Freistellungsregelung des § 44 Abs. 5 BNatSchG gleichsam im Gegenzug doch etwas zu großzügig gehandhabt wird.

a) Räumliche Bemessung geschützter Fortpflanzungs- und Ruhestätten

In Anknüpfung an den Wortlaut des Art. 12 Abs. 1 lit. d FFH-RL untersagt § 44 Abs. 1 Nr. 3 BNatSchG die Schädigung und Zerstörung der Fortpflanzungs- und Ruhestätten wild lebender Tiere der besonders geschützten Arten, zu denen gerade auch die Tierarten des Anhangs IV FFH-RL und die europäischen Vogelarten gehören. Zu den Schutzgütern gehören beispielsweise Laichgewässer des Laubfrosches und der Gelbbauchunke, Wohnbauten des Bibers und des Feldhamsters, Sonnenplätze der Zauneidechse sowie der Horst der Wiesenweihe und des Rotmilan. Brutreviere europäischer Vögel sind zwar nicht als solche geschützt, indessen erfüllt deren vollständige Beseitigung den Tatbestand des § 44 Abs. 1 Nr. 3 BNatSchG, weil auf diesem Wege sämtliche dort befindlichen Strukturen vernichtet werden, die als Brutplatz genutzt werden können.[31] Trotz der Übernahme der Begrifflichkeiten des Art. 12 Abs. 1 lit. d FFH-RL schützt § 44 Abs. 1 Nr. 3 BNatSchG nach den Erkenntnissen des BVerwG auch weiterhin im Regelfall nur räumlich begrenzte und von ihrem Umfeld unterscheidbare Lokalitäten.[32]

Ob an diesem restriktiven Verständnis durchgängig und gerade auch bei solchen Tierarten festgehalten werden kann, die von Natur aus über einen begrenzten Aktionsraum verfügen (z. B. Feldhamster, Kammmolch, Zauneidechse, Dunkler Wiesenknopf-Ameisenbläuling, Steinkauz), ist unsicher, nachdem sich *Generalanwältin Kokott* im Anschluss an einschlägige Verlautbarungen der Europäischen Kommission für ein in räumlicher Hinsicht extensiveres Verständnis ausgesprochen hat.[33] Während der Leitfaden der Kommission in dieser Hinsicht noch von einer

[30] BVerwG, Urt. v. 9.7.2008 – 9 A 14.7, NuR 2009, 112 Rn. 98; Urt. v. 18.3.2009 – 9 A 39.07, NuR 2009, 776 Rn. 68; Urt. v. 14.7.2011 – 9 A 12.10, NuR 2011, 866 Rn. 141; dem folgend OVG Münster, Beschl. v. 19.3.2008 – 11 B 289/08.AK, NuR 2008, 431 (433); Urt. v. 30.1.2009 – 7 D 11/08.NE, NuR 2009, 421 (423).

[31] BVerwG, Urt. v. 21.6.2006 – 9 A 28.05, NVwZ 2006, 1161 Rn. 33; Urt. v. 18.3.2009 – 9 A 39.07, NVwZ 2010, 44 Rn. 75.

[32] BVerwG, Urt. v. 18.3.2009 – 9 A 39.07, NVwZ 2010, 44 Rn. 66; Urt. v. 13.5.2009 – 9 A 73.07, NVwZ 2009, 1296 Rn. 90.

[33] *Generalanwältin Kokott,* SchlA v. 20.1.2011, Rs. C-383/09, Kommission/Frankreich, Slg. 2011, I-0000 Rn. 36 und 38.

vorzugswürdigen, aber nicht unbedingt zwingenden Auslegung spricht,[34] greift die Generalanwältin den Vorschlag auf, erklärt ihn bei Tierarten mit kleinem Aktionsraum für berechtigt und betont zugleich, dass ein so verstandener Schutz, der in Ansehung des Feldhamsters nicht nur dem Wohnbau, sondern auch dem diese Lebensstätte umgebenden Lebensraum zugutekommt, den völkerrechtlichen Verpflichtungen der Union entspricht, die durch die FFH-Richtlinie umgesetzt werden sollen. Der Europäische Gerichtshof äußert sich weniger dezidiert, tendiert aber offenbar in dieselbe Richtung, zumal er Frankreich in diesem Vertragsverletzungsverfahren eine Verfehlung der Anforderungen des Art. 12 Abs. 1 lit. d FFH-RL vorhielt, weil in den zum Schutz des Feldhamsters bestimmten prioritären Schutzzonen („Zonesd'actionprioritaire") kein Bauverbot bestand.[35] Das fügt sich in eine Reihe älterer Entscheidungen ein, die gleichfalls eine Tendenz zu einem umfassenden Verständnis geschützter Lebensstätten erkennen lassen. So wurde das Vorhandensein von Bauwerken auf dem Fortpflanzungsstrand der Unechten Karettschildkröte als Beschädigung bzw. Vernichtung einer Fortpflanzungsstätte begriffen,[36] obwohl bei einem in räumlicher Hinsicht restriktiven Verständnis nur der Eiablageplatz als die von Art. 12 Abs. 1 lit. d FFH-RL geschützte Stätte anzusprechen wäre. Im Irland-Urteil wurde eine Meeresbucht als Fortpflanzungs- und Ruhestätte bezeichnet,[37] ohne dass die Frage nach der räumlichen Begrenztheit solcher Stätten auch nur thematisiert worden wäre. Das wohl deutlichste Indiz für ein in räumlicher Hinsicht großzügiges Verständnis bietet die Rechtsprechung zu Art. 5 VRL. Obwohl die Vorschrift ihrem Wortlaut nach an sich nur die Beschädigung und Zerstörung „von Nestern und Eiern" unterbunden wissen will, erkannte der Gerichtshof für Recht, dass es hiernach die „Nist- und Fortpflanzungsquartiere" zu schützen gilt;[38] in einer älteren Entscheidung sprach er sogar davon, dass die Vorschrift einen „ununterbrochenen Schutz des Lebensraums der Vögel" gewährleistet wissen will.[39]

Diese erkennbare Großzügigkeit bei der räumlichen Bemessung der geschützten Lebensstätten ist dem BVerwG keineswegs entgangen, indessen sehen sich die Bundesrichter nicht zur Aufgabe des von ihnen präferierten engen Begriffs der Lebensstätte genötigt, weil durch die tatbestandliche Ergänzung des § 44 Abs. 5 S. 2 BNatSchG, „der auf den Erhalt der Funktion abstellt, … die Kongruenz mit der unionsrechtlichen Regelung hergestellt (wird)".[40] Der sich unmittelbar anschließende Hinweis, „das reicht aus", klingt doch arg nach „basta", kann aber auch deshalb nicht überzeugen, weil sich Art. 12 Abs. 1 lit. d FFH-RL und Art. 5 lit. b VRL nicht darauf beschränken, die von Fortpflanzungs- und Ruhestätten erfüllten ökologischen Funktionen zu sichern. Ihren Schutzgegenstand bilden die Lebens-

[34] *Europäische Kommission* (Fn. 15) S. 50 Rn. 62.

[35] EuGH, Urt. v. 9.6.2011, Rs. C-383/09, Kommission/Frankreich, Slg. 2011, I-0000 Rn. 33.

[36] EuGH, Urt. v. 30.1.2002, Rs. C-103/00, Kommission/Griechenland, Slg. 2002, I-1147 Rn. 38.

[37] EuGH, Urt. v. 11.1.2007, Rs. C-183/05, Kommission/Irland, Slg. 2007, I-137 Rn. 35 ff.

[38] EuGH, Urt. v. 12.7.2007, Rs. C-507/04, Kommission/Österreich, Slg. 2007, I-5939 Rn. 116.

[39] EuGH, Urt. v. 27.4.1988, Rs. 252/85, Kommission/Frankreich, Slg. 1988, 2243 Rn. 9.

[40] BVerwG, Urt. v. 14.7.2011 – 9 A 12.10, NuR 2011, 866 Rn. 141.

stätten als solche, die von Tieren der geschützten Arten aktuell oder über einen längeren Zeitpunkt tatsächlich genutzt werden und die sich daher nachweislich zur Reproduktion oder dazu eignen, Ruhe und Geborgenheit zu finden. Wenn das EU-Artenschutzrecht diese Stätten großräumig und zumindest bei den Arten, die wenig mobil sind und daher von Natur aus ohnehin nur über Habitate von überschaubarer Größe verfügen, unter Einbezug ihres Lebensraums geschützt wissen will, kann sich das nationale Recht dieser Forderung nicht entziehen. § 44 Abs. 1 Nr. 3 BNatSchG lässt dies ohne weiteres zu, und so wird man sich daran zu gewöhnen haben, dass beim Kammmolch neben dem Laichgewässer auch die in seinem Umfeld befindlichen Sommer- und Winterlebensräume, beim Feldhamster die im Umfeld des Wohnbaus befindlichen Nahrungsflächen und beim Braunen Langohr das aus verschiedenen Bäumen mit Höhlen und Spalten bestehende Netz von Quartieren als geschützte Fortpflanzungs- bzw. Ruhestätte zu begreifen ist.

b) Begriff der Beschädigung

§ 44 Abs. 1 Nr. 3 BNatSchG untersagt es, die in der beschriebenen Weise zu bestimmenden Fortpflanzungs- und Ruhestätten zu beschädigen oder zu zerstören. Während der Begriff der Zerstörung jede Handlung erfasst, die zu einer vollständigen Vernichtung der Stätte führt, ist in jüngerer Zeit fraglich geworden, was man sich unter einer Beschädigung geschützter Stätten vorzustellen hat. Als gesichert darf gelten, dass jedenfalls substanzverletzende Einwirkungen das Merkmal erfüllen. Das gilt für die Teilverfüllung eines Laichgewässers aus Anlass des Straßenbaus ebenso wie für Baggerarbeiten in den von der Grünen Keiljungfer besiedelten Uferzonen eines Fließgewässers oder die Betonierung einer Wiese, die als Teil eines vom Dunklen Wiesenknopf-Ameisenbläuling besiedelten Verbundes von Grünlandflächen mit Futterpflanzen und Wirtsameisen anzusprechen ist.

Ob das Merkmal der Beschädigung allerdings auch dann erfüllt ist, wenn eine Handlung keine Substanzeinbuße herbeiführt, sondern durch indirekte Einwirkungen die ökologische Funktion der Stätte in Mitleidenschaft zieht, wird in jüngerer Zeit uneinheitlich beurteilt.[41] Während das BVerwG zunächst ein extensiveres Verständnis zu bevorzugen schien,[42] wird deutliche Zurückhaltung erkennbar, wenn der 9. Senat nunmehr die Trennwirkung einer Bundesstraße nicht als Schädigung begreift, die das Wochenstubenquartier einer Fledermausart von den Nahrungsflächen abtrennt.[43] Der klagenden Naturschutzvereinigung half es nicht, dass in wissenschaftlichen Verlautbarungen auf eine „Fragmentierung mit Beeinträchtigung der Lebensstätte" erkannt wird, wenn die Trasse einer Straße zwischen Quartieren und essentiellen Nahrungsräumen verläuft.[44] Der erken-

[41] Ablehnend *Lau,* in: Frenz/Müggenborg (Fn. 22), § 44 Rn. 18; *Schütte/Gerbig,* in: Schlacke (Fn. 22), § 44 Rn. 22; *Hinsch* ZUR 2011, 191 (195); a. A. *Gellermann* (Fn. 21), § 44 Rn. 20; *Heugel,* in: Lütkes/Ewer (Hrsg.), Bundesnaturschutzgesetz, Kommentar, 2011, § 44 Rn. 18; *de Witt,* in: Hoppenberg/de Witt (Hrsg.), Handbuch des öffentlichen Baurechts, Kap. E Rn. 579.

[42] BVerwG, Urt. v. 16.3.2006 – 4 A 1075/04, NVwZ-Beil. 2006, Heft 8, Rn. 555 (s. a. Fn. 8); Urt. v. 21.6.2006 – 9 A 28.05, NVwZ 2006, 1161 Rn. 34.

[43] BVerwG, Urt. v. 14.7.2011 – 9 A 12.10, NuR 2011, 866 Rn. 135.

[44] *Brinkmann/Biedermann/Bontadina/Dietz/Hintemann/Karst/Schmidt/Schorcht,* Planung und Gestaltung von Querungshilfen für Fledermäuse. Ein Leitfaden für den Straßenbau im Freistaat Sachsen, 2008, S. 39.

nende Senat wies den auf Schädigung des Wochenstubenquartiers lautenden Vorwurf des Klägers mit dem Hinweis zurück, ein solches Verständnis „würde den Zerstörungstatbestand völlig entgrenzen" und merkte zugleich an, Art. 12 Abs. 1 lit. d FFH-RL geböte keine andere Sichtweise, zumal die Vorschrift keinen allgemeinen Lebensstättenschutz vermittle, sondern sich darauf beschränke, die näher bezeichneten und für die Erhaltung der Art als besonders wichtig angesehenen Fortpflanzungs- und Ruhestätten zu sichern. Letzteres lässt sich schwerlich bestreiten, indessen verbindet sich damit für das Verständnis des Begriffs der Beschädigung keinerlei Erkenntnisgewinn. Davon unabhängig ist daran zu erinnern, dass kein Geringerer als die Europäische Kommission in ihrem artenschutzrechtlichen Leitfaden ausdrücklich darauf aufmerksam gemacht hat, dass unter einer Beschädigung im Sinne des Art. 12 Abs. 1 lit. d FFH-RL gerade auch „graduelle Verschlechterungen der Funktionalität der betreffenden Stätte zu verstehen sind".[45] Das unter Einbezug unterschiedlicher Sprachfassungen gewonnene und sich auf eine gesamthafte Analyse des Art. 12 Abs. 1 FFH-RL gründende Verständnis trägt der besonderen Bedeutung der Fortpflanzungs- und Ruhestätten für die Erhaltung der Tierarten und dem Umstand Rechnung, dass es aus der Perspektive des Artenschutzrechts keinen Unterschied macht, ob eine geschützte Stätte durch eine Substanzeinwirkung beschädigt oder auf anderem Wege in ihrer ökologischen Funktionalität gemindert wird. Kann in einem Wochenstubenquartier nicht mehr erfolgreich reproduziert werden, ist nicht von Belang, ob dies auf der Abholzung des Quartierbaums beruht oder darauf zurückzuführen ist, dass die Tiere infolge des Baus und Betriebs einer Straße die im Umfeld des Quartiers befindlichen essentiellen Nahrungsflächen nicht mehr erreichen können. In beiden Fällen kann das Quartier seine für die Arterhaltung wichtige ökologische Funktion nicht mehr erfüllen. Das mag als extensive Interpretation erscheinen, der mit dem „Entgrenzungsargument" aber schwerlich begegnet werden kann, wenn der Zweck der Vorschrift in eine andere Richtung weist. So besehen muss es schon um der Vermeidung einer Verfehlung der sich aus Art. 12 Abs. 1 lit. d FFH-RL ergebenden Anforderungen willen sein Bewenden damit haben, dass als Schädigung im Sinne des § 44 Abs. 1 Nr. 3 BNatSchG jede Minderung der ökologischen Funktionalität einer geschützten Lebensstätte unabhängig davon zu begreifen ist, ob die dies bewirkende Handlung eine Substanzeinbuße verursacht.[46]

c) Freistellung von Eingriffsvorhaben

Zu den Kernproblemen des lebensstättenbezogenen Artenschutzes gehört nach wie vor die Frage, ob die Freistellungsregelung des § 44 Abs. 5 S. 2, 3 BNatSchG mit den Vorgaben der Art. 12, 16 FFH-RL bzw. Art. 5, 9 VRL vereinbar ist. Das BVerwG hegt diesbezüglich – wie bemerkt – keine Zweifel. Diese Auffassung ist im Wesentlichen von der Überlegung getragen, dass sich der Gesetzgeber bei der Ausgestaltung an Überlegungen der Europäischen Kommission angelehnt hat, die

[45] *Europäische Kommission* (Fn. 15), S. 51 f. Rn. 67–71.

[46] *Heugel* (Fn. 41), § 44 Rn. 18; *Kratsch,* in: Schumacher/Fischer-Hüftle, Bundesnaturschutzgesetz, Kommentar, 2. Aufl. 2010, § 44 Rn. 39; *Lorz/Müller/Stöckel,* Naturschutzrecht, 2. Aufl. 2003, § 42 Rn. 8; *de Witt* (Fn. 41), Kap. E Rn. 579.

in deren Leitfaden zum strengen Schutzsystem für Tierarten des Anhang IV FFH-RL ihren Ausdruck gefunden haben.[47] Dabei wird keineswegs übersehen, dass die mit dem Stichwort der CEF-Maßnahmen untrennbar verbundene Konzeption, mit der die Kommission die Anwendung der Art. 12, 16 FFH-RL glaubt flexibilisieren zu können, auf der Grundbedingung eines in räumlicher Hinsicht extensiven Verständnisses des Begriffs der Fortpflanzungs- und Ruhestätte aufbaut, indessen nimmt das BVerwG an, dass „durch die tatbestandliche Ergänzung in § 44 Abs. 5 S. 2, 3 BNatSchG" die Kongruenz mit den unionsrechtlichen Regelungen hergestellt werden kann. Das hält rechtlicher Nachprüfung aus den bereits genannten Gründen nicht stand, übersieht – davon unabhängig – aber zugleich, dass die Vorschriften des nationalen Artenschutzrechts selbst dann von der „Flexibilisierungskonzeption" der Kommission abweichen, wenn § 44 Abs. 1 Nr. 3 BNatSchG im Lichte des Art. 12 Abs. 1 lit. d FFH-RL interpretiert und so verstanden wird, dass die Vorschriften bei Arten mit kleinem Aktionsraum deren gesamten Lebensraum schützt. Unter solchen Vorzeichen wäre zwar die Ausgangsbedingung erfüllt, auf deren Basis die Kommission ihr Konzept entfaltet, indessen weicht § 44 Abs. 5 S. 2 BNatSchG davon schon deshalb ab, weil Eingriffsvorhaben hierdurch von der Beachtung des Zugriffsverbots bereits dann entbunden sind, wenn die ökologische Funktion der beeinträchtigten Lebensstätte im räumlichen Zusammenhang gewahrt ist.[48] Dagegen hat die Kommission keinen Zweifel daran gelassen, dass in Fällen einer Schädigung geschützter Lebensstätten nur dann auf eine Prüfung der Ausnahmevoraussetzungen des Art. 16 Abs. 1 FFH-RL verzichtet werden kann, wenn Maßnahmen zur Sicherung der kontinuierlichen ökologischen Funktionalität der betroffenen Stätte ergriffen werden. Diese so genannten CEF-Maßnahmen (*measures to ensure the continued ecological funktionality*) sind der Preis, der in jedem Fall gezahlt werden muss, um den Aufwand der Ausnahmeprüfung zu ersparen. Demgegenüber erscheint § 44 Abs. 5 BNatSchG als noch weitergehendes „Sparmodell", weil neben der Ausnahmeprüfung auch noch der in Satz 3 der Bestimmung angesprochene „vorgezogene Ausgleich" eingespart wird, wenn die vom Verlust ihrer Lebensstätte betroffenen Individuen auch ohne Kompensationsleistung im räumlichen Umfeld „Ersatzwohnraum" finden. Es kann daher keine Rede davon sein, dass § 44 Abs. 5 BNatSchG im Leitfaden der Kommission einen Rückhalt fände. Dies umso weniger, als sich die Überlegungen der Kommission ausschließlich auf die Anwendung der in Art. 12, 16 FFH-RL enthaltenen Vorschriften beziehen, während § 44 Abs. 5 BNatSchG auch in jenen Fällen zum Tragen kommen soll, in denen die unionsrechtlich durch Art. 5 VRL gesicherten Niststätten europäischer Vögel eingriffsbedingt in Mitleidenschaft gezogen werden.

Das alles mag noch als lässliche Sünde begriffen werden, zumal die Europäische Kommission ohnehin nicht zur letztverbindlichen Auslegung des Unionsrechts berufen ist. Gewichtiger erscheint dagegen, dass nicht einmal ihre „Flexibilisierungskonzeption" über jeden unionsrechtlichen Zweifel erhaben ist.[49] In Wort-

[47] Vgl. nur BVerwG, Urt. v. 18.3.2009 – 9 A 39.07, NuR 2009, 776 Rn. 69 f.

[48] *Lütkes* NVwZ 2008, 598 (601).

[49] *Gellermann/Schreiber,* Schutz wildlebender Tiere und Pflanzen in staatlichen Planungs- und Zulassungsverfahren, S. 58 f.; skeptisch auch *Sobotta* NuR 2007, 645.

laut und Systematik der Art. 12, 16 FFH-RL findet sich kein Ansatzpunkt, der Kompensationsleistungen in Gestalt eines der Schädigung zeitlich vorausgehenden Ausgleichs als Mittel erscheinen lassen könnte, um von der Prüfung der restriktiv zu handhabenden Ausnahmevoraussetzung des Art. 16 Abs. 1 FFH-RL zu entbinden. Erschwerend kommt hinzu, dass diese Konzeption nicht in allen Einzelheiten, wohl aber in den Grundgedanken an die vormalige Bestimmung des § 43 Abs. 4 BNatSchG a. F. erinnert, die ebenfalls von der Überlegung getragen war, dass eine Beachtung artenschutzrechtlicher Verbote entbehrlich ist, wenn den beeinträchtigten Belangen des Artenschutzes bei der Anwendung der naturschutzrechtlichen Eingriffsregelung, und damit durch Kompensationsleistungen genügt wird. Der Europäische Gerichtshof hat diese Vorschrift bekanntlich als Akt der Verfehlung der Vorgaben des EU-Artenschutzrechts begriffen.[50] Es besteht daher hinreichend Grund zu der Annahme, dass es auf rechtlich schwankenden Grund führt, wenn sich mitgliedstaatliche Bestimmungen an der Konzeption der Kommission orientieren. Dies gilt umso mehr, als sich die Überlegungen der Kommission dem Einwand konfrontiert sehen, das normative Gefüge der Richtlinie, die in Art. 12 Abs. 1 lit. d FFH-RL ein Verbot und in Art. 16 Abs. 1 FFH-RL eine Möglichkeit zur ausnahmsweisen Verbotsabweichung vorsieht, in Unordnung zu bringen, indem eine auf Ausgleich angelegte „Zwischenschicht" eingeführt wird.

In Konsequenz seiner Rechtsprechung hat das BVerwG bislang davon abgesehen, dem Europäischen Gerichtshof die zur Beurteilung der Unionsrechtskonformität des § 44 Abs. 5 S. 2, 3 BNatSchG entscheidenden Fragen zur Auslegung der Art. 12, 16 FFH-RL bzw. Art. 5, 9 VRL zu unterbreiten. Solange dies nicht geschieht, wird die Praxis bei der Zulassung von Investitions- und Infrastrukturvorhaben weiterhin auf § 44 Abs. 5 BNatSchG setzen, während die Gegner solcher Vorhaben in den sich dagegen richtenden Gerichtsverfahren gebetsmühlenartig die Argumente aufsagen,die auf eine Unionsrechtswidrigkeit der nationalen Freistellungsregelung verweisen. Die Vorlage an den Europäischen Gerichtshof trüge daher nicht bloß zur Klärung der Rechtslage, sondern zugleich auch zur Entlastung der Verwaltungsgerichte bei.

III. Artenschutzrechtliche Ausnahmen

Stellt sich im Einzelfall heraus, dass die Verbotsfolge des § 44 Abs. 1 BNatSchG aktiviert wird, bietet § 45 Abs. 7 BNatSchG hinreichende Möglichkeiten, um artenschutzrechtliche Konfliktlagen im Interesse der Verwirklichung bedeutsamer Investitions- oder Infrastrukturvorhaben zu bewältigen. Die Regelung, deren beinahe wortgleicher Vorläufer mit der "Kleinen Novelle" Eingang in das Bundesnaturschutzgesetz fand, orientiert sich an Vorgaben des Art. 16 Abs. 1 FFH-RL und versteht sich als Ausdruck des gesetzgeberischen Bemühens um eine insgesamt unionsrechtskonforme Ausgestaltung der Ausnahmeermächtigung. Aus der Perspektive des EU-Artenschutzrechts birgt die Vorschrift dennoch in einzelnen Beziehungen Konfliktstoff in sich.

[50] EuGH, Urt. v. 10.1.2006 – Rs. C-98/03, Kommission/Deutschland, Slg. 2006, I-53 Rn. 61.

1. *„Zwingende Gründe" und Art. 9 Abs. 1 VRL*

Das betrifft in erster Linie den Katalog der zur Erteilung einer Verbotsabweichung rechtfertigenden Gründe und dabei vor allem die Regelung des § 45 Abs. 7 S. 1 Nr. 5 BNatSchG, die es gestattet, aus zwingenden Gründen des überwiegenden öffentlichen Interesses einschließlich solcher sozialer und wirtschaftlicher Art von den Verboten des § 44 Abs. 1 BNatSchG abzuweichen. Für Vorhaben des Fachplanungsrechts und sonstige Eingriffsvorhaben ist dieser Ausnahmegrund, der dem Normtext des Art. 16 Abs. 1 lit. c FFH-RL entstammt, besonders bedeutsam, weil an Projekten des Fernstraßen- und Schienenwegebaus, an neuen Energieleitungen, Kraftwerken, Flughäfen und sonstigen Infrastrukturvorhaben zumeist ein öffentliches Interesse besteht, das im Konfliktfall prinzipiell im Stande ist, sich gegenüber dem Gemeinwohlbelang des Artenschutzes durchzusetzen.

Aus der Sicht des EU-Artenschutzrechts verdient der Ausnahmegrund vor allem deshalb Beachtung, weil er die Möglichkeit zur Abweichung von den Verboten des § 44 Abs. 1 BNatSchG auch in Fällen der Betroffenheit europäischer Vögel bietet, obwohl die insoweit einschlägige Regelungsvorgabe des Art. 9 Abs. 1 VRL keinen entsprechenden Rechtfertigungsgrund kennt. Nicht von Ungefähr hat das BVerwG daher zunächst gewisse Zweifel hinsichtlich der Vereinbarkeit des § 45 Abs. 7 S. 1 Nr. 5 BNatSchG mit der Ausnahmeregelung des Art. 9 VRL erkennen lassen.[51] Da der Europäische Gerichtshof in ständiger Rechtsprechung auf die Abgeschlossenheit der dort normierten Rechtfertigungsgründe verweist,[52] bestand dazu fraglos hinreichender Anlass, indessen erweisen sich die Befürchtungen im Ergebnis als unbegründet. Ohne diese These hier nochmals im Einzelnen entfalten zu wollen,[53] ist doch jedenfalls zu bemerken, dass Art. 9 Abs. 1 VRL ohne eine dem Art. 16 Abs. 1 lit. c FFH-RL entsprechende Anreicherung zu Wertungswidersprüchen führte, die ernste Zweifel an der Vereinbarkeit der Bestimmung mit verfassungsschweren Gehalten des Primärrechts aufkommen ließe. Bei wortgetreuer Anwendung gestattete es die Vorschrift wohl, einer als Freizeitbeschäftigung betriebenen Jagd oder dem Fang und der Haltung von Vögeln zu Liebhaberzwecken über die Hürden des Art. 5 VRL hinwegzuhelfen,[54] böte aber keinerlei Gelegenheit zur Verwirklichung wirtschaftlich bedeutender Infrastrukturvorhaben, wenn sich hiermit die Vernichtung der Nester europäischer Vogelarten verbände. Da solche Folgen nicht das Ergebnis einer sachgerechten und den Aussagen des Art. 2 VRL Rechnung tragenden Interpretation sein können, muss Art. 9 Abs. 1 VRL – ähnlich wie zuvor schon die habitatschutz-

---

[51] BVerwG, Urt. v. 12.3.2008 – 9 A 3.06, NuR 2008, 633 Rn. 262; hierzu *Lau* NVwZ 2011, 461 (466 f.).

[52] *EuGH,* Urt. v. 8.7.1987 – Rs. 247/85, Kommission/Belgien, Slg. 1987, 3029 Rn. 9; Urt. v. 7.3.1996 – Rs. C-118/94, Associazione Italiana per il WWF, Slg. 1996, I-1242 Rn. 21; Urt. v. 12.7.2007 – Rs. C-507/04, Kommission/Österreich, Slg. 2007, I-5939 Rn. 326.

[53] Eingehend bereits *Gellermann/Schreiber* (Fn. 49), S. 78 ff.

[54] EuGH, Urt. v. 16.10.2003 – Rs. C-182/02, Ligue pour la protection des oiseaux u. a., Slg. 2003, I-12103 Rn. 11 – *Jagd*; EuGH, Urt. v. 8.7.1987 – Rs. 262/85, Kommission/Italien, Slg. 1987, 3073 Rn. 38; Urt. v. 12.12.1996 – Rs. C-10/96, ASBl, Slg. 1996, I-6775 Rn. 15 – Vogelhaltung.

rechtliche Vorschrift des Art. 4 Abs. 4 S. 1 VRL[55] – um einen ungeschriebenen Rechtfertigungsgrund angereichert werden, der es ermöglicht, wichtigen Belangen des gemeinen Wohls unter Überwindung der artenschutzrechtlichen Verbote zur Durchsetzung zu verhelfen.[56] Wird dies bedacht, ist aus unionsrechtlicher Sicht nicht zu beanstanden, wenn § 45 Abs. 7 Nr. 5 BNatSchG entsprechende Möglichkeiten zur Überwindung der in Umsetzung des Art. 5 VRL geschaffenen Verbote eröffnet.

2. Populationsbezogenes Verschlechterungsverbot und Art. 16 Abs. 1 FFH-RL

Ist ein Eingriffsvorhaben alternativlos, darf es unter Überwindung artenschutzrechtlicher Verbote dennoch aus Gründen des § 45 Abs. 7 S. 2 BNatSchG nur zugelassen werden, wenn sich der Erhaltungszustand der Populationen einer Art nicht verschlechtert, soweit nicht Art. 16 Abs. 1 FFH-RL weitergehende Anforderungen stellt.

a) Weitergehende Anforderungen des Art. 16 Abs. 1 FFH-RL

Während § 45 Abs. 7 S. 2 BNatSchG es dem Grunde nach bei einem sich auf die betroffenen Populationen beziehenden Verschlechterungsverbot belässt, stellt die Vorschrift doch zugleich klar, dass es damit sein Bewenden nicht haben kann, wenn sich aus Art. 16 Abs. 1 FFH-RL weitergehende Anforderungen ergeben. Dies trägt dem Umstand Rechnung, dass Abweichungen von den zum Schutz der Arten des Anhangs IV FFH-RL bestimmten Verboten kraft der Vorgabe des Art. 16 Abs. 1 FFH-RL an sich nur zugelassen werden dürfen, wenn der Erhaltungszustand der hiervon betroffenen Population günstig ist.[57]

Die sich damit zunächst verbindende Befürchtung, die Erteilung von Ausnahmen zulasten der sich (noch) nicht in günstigem Zustand befindlichen Populationen käme von vornherein nicht in Frage, hat der Europäische Gerichtshof im Urteil „finnische Wölfe“ zerstreut, seine dortigen Ausführungen leisteten aber der These Vorschub, dass eine Ausnahme unter solchen Vorzeichen nur in Frage käme, wenn „außergewöhnliche Umstände“ dies rechtfertigen.[58] Erst detektivisch anmutende richterliche Aufklärungsarbeit, die auf einer sorgfältigen Analyse der unterschiedlichen Sprachfassungen aufbaute, führte zu der Erkenntnis, dass die deutschsprachige Fassung der Urteilsgründe an einem Übersetzungsfehler leidet.[59] Nach den Verlautbarungen des 9. Senats des BVerwG sind die Aussagen des EuGH so zu verstehen, dass eine sich auf Art. 16 Abs. 1 FFH-RL gründende Abweichung von den Verboten trotz ungünstigen Erhaltungszustandes „ausnahms-

[55] EuGH, Urt. v. 28.2.1991 – Rs. C-57/89, Kommission/Deutschland, Slg. 1991, I-883 Rn. 22.

[56] Im Ergebnis ebenso OVG Münster, Beschl. v. 23.3.2007 – 11 B 916/06. AK, NuR 2007, 360 (365 f.); OVG Koblenz, Urt. v. 8.11.2007 – 8 C 11523/06, NuR 2008, 181 (202).

[57] EuGH, Urt. v. 10.5.2007 – Rs. C-508/04, Kommission/Österreich, Slg. 2007, I-3787 Rn. 115; Urt. v. 14.6.2007 – Rs. C-342/05, Kommission/Finnland, Slg. 2007, I-4713 Rn. 28; hierzu *Sobotta* NuR 2007, 647 f.

[58] BVerwG, Urt. v. 1.4.2009 – 4 B 61.08, NVwZ 2009, 910 Rn. 53, 56; VGH Kassel, Urt. v. 17.6. 2008 – 11 C 1975/07.T, NuR 2008, 785 (796).

[59] BVerwG, Urt. v. 14.4.2010 – 9 A 5.08, NVwZ 2010, 1225 Rn. 141; Urt. v. 17.4.2010 – 9 B 5.10, NVwZ 2010, 1221 Rn. 8 f.

weise“ (poikkeuksellisesti) in Anspruch genommen werden darf, wenn sachgemäß nachgewiesen ist, dass sich dieser Zustand der Populationen nicht weiter verschlechtert und die Wiederherstellung ihres günstigen Erhaltungszustandes nicht behindert wird.

Für die Praxis ist vor allem von Bedeutung, dass der ungünstige Erhaltungszustand einer Art keinen Hinderungsgrund für die Erteilung einer Ausnahme darstellt, Art. 16 Abs. 1 FFH-RL aber dennoch anspruchsvolle Voraussetzungen aufstellt. Es genügt nicht, dass – ggf. durch praktische Maßnahmen des Naturschutzes – die weitere Verschlechterung des Erhaltungszustandes der betroffenen Population verhindert wird, sondern es muss zudem der Nachweis geführt werden, dass die Wiederherstellung des günstigen Zustandes durch die Erteilung der Ausnahme weder erschwert noch unmöglich gemacht wird. Die Übersetzung des BVerwG lässt nämlich keinen Zweifel daran, dass die genannten Bedingungen kumulativ zu erfüllen sind. Wie dieser Nachweis geführt werden soll, wenn für die jeweilige Art noch kein mit einem Monitoring verbundenes Programm erstellt und durchgeführt wird, ist unklar. Mit der in fachplanerischen Verfahren geläufigen und zumeist nicht näher belegten Behauptung beauftragter Fachgutachter, alles wäre gut, wird es sein Bewenden kaum haben können. Dies umso weniger, als die zur Entscheidung berufene Behörde die Beweislast für das Vorliegen der restriktiv zu interpretierenden Voraussetzungen trägt[60] und ihre Entscheidung nach den Erkenntnissen des EuGH mit einer genauen, die Einzelmerkmale der Ermächtigung in Bezug nehmenden Begründung zu versehen hat.[61]

Im Übrigen bleibt es auch nach der Bewältigung der sich aus dem Übersetzungsfehler ergebenden Irritationen dabei, dass eine Verbotsabweichung unter den genannten und kumulativ zu erfüllenden Bedingungen nur „ausnahmsweise“ in Betracht kommt. Auch wenn „außergewöhnliche Umstände“ nicht gefordert sind, ist die Erteilung artenschutzrechtlicher Ausnahmen bei Tierarten des Anhangs IV FFH-RL, die sich in ungünstigem Zustand befinden, doch nur im Ausnahmefall möglich. Wie eine Situation geartet sein muss, um abweichend von der Grundbedingung des Art. 16 Abs. 1 FFH-RL eine Ausnahme zulassen zu können, erschließt sich, wenn man sich des Umstandes besinnt, dass die Entscheidung des EuGH in einem Fall erging, in dem sich die Erhaltungssituation des von Einzelabschüssen betroffenen Wolfs zwar als ungünstig darstellte, der Gesamtbestand dieser Art in Finnland aber dennoch einen kontinuierlichen Zuwachs erfuhr. Die Erreichung des Richtlinienziels der Wiederherstellung eines günstigen Erhaltungszustandes wurde daher durch Einzelabschüsse zwar naturgemäß verzögert, aber zumindest nicht maßgeblich behindert. In einer solchen Situation wäre es unverhältnismäßig, wenn Art. 16 Abs. 1 FFH-RL einen Mitgliedstaat dennoch an der Erteilung einer Ausnahme hinderte. Unter diesem Blickwinkel spricht einiges für die Annahme, dass der Gerichtshof kein über die Rechtfertigungsgründe des

---

[60] EuGH, Urt. v. 15.12.2005 – Rs. C-344/03, Kommission/Finnland, Slg. 2005, I-11033 Rn. 39, 60; Urt. v. 12.7.2007 – Rs. C-507/04 – Kommission/Österreich, Slg. 2007, I-5939 Rn. 198.

[61] EuGH, Urt. v. 8.6.2006 – Rs. C-60/05, WWF Italia, Slg. 2006, I-5083 Rn. 34.

Art. 16 Abs. 1 FFH-RL hinausgehendes Rechtfertigungserfordernis aufgestellt, sondern in Ansehung des auf den Erhaltungszustand abstellenden Merkmals lediglich klargestellt hat, dass diese an sich unabdingbare Voraussetzung um der Vermeidung einer Verletzung des primärrechtlichen Grundsatzes der Verhältnismäßigkeit willen der Erteilung einer sich auf Art. 16 Abs. 1 FFH-RL gründenden Ausnahme kein Hindernis bereitet, wenn hinreichend nachgewiesen ist, dass die Erreichung eines dem Richtlinienziel entsprechenden Erhaltungszustandes der betroffenen Population nicht tangiert wird. Das ist namentlich der Fall, wenn Verschlechterungen des aktuell ungünstigen Zustandes ausgeschlossen werden können und die Wiederherstellung eines günstigen Erhaltungszustandes durch die Ausnahme nicht behindert wird. Ist dies hinreichend nachgewiesen, kann auf der Grundlage des Art. 16 Abs. 1 FFH-RL und unter strikter Wahrung der dort bezeichneten sonstigen Voraussetzungen eine Ausnahme von den Verboten des Art. 12 Abs. 1 FFH-RL erteilt werden. Dagegen wird bei Arten des Anhangs IV FFH-RL, die sich in ungünstigem Zustand befinden und bei denen sich keine substantielle Verbesserung der Erhaltungssituation abzeichnet, der Nachweis kaum geführt werden können, dass eine Ausnahme die Erreichung des Richtlinienziels nicht behindert.

b) Verschlechterungsverbot in Fällen der Betroffenheit europäischer Vögel

Soll aus Anlass der Betroffenheit von Vögeln der europäischen Arten eine Verbotsausnahme zugelassen werden, muss gesichert sein, dass die betroffene Population keine Verschlechterung ihres Erhaltungszustandes erfährt. Das Verbot beansprucht absolute Geltung und trägt zur Umsetzung des Art. 13 VRL bei, der seinerseits betont, dass die Anwendung der aufgrund dieser Richtlinie getroffenen Maßnahmen, zu denen auch die sich auf Art. 9 Abs. 1 VRL gründenden Abweichungen zählen, in Bezug auf die Erhaltung aller unter Art. 1 VRL fallenden Vogelarten keine Verschlechterung erfährt.[62] Im Unterschied zu § 45 Abs. 7 BNatSchG, der sich darauf beschränkt, Verschlechterungen der aktuellen und womöglich gar ungünstigen Erhaltungssituation zu unterbinden, stellt Art. 13 VRL klar, dass es nicht zu einer Verschlechterung „der derzeitigen Lage" kommen darf. Da die Vogelschutz-Richtlinie im Jahre 1979 erlassen wurde und von den Mitgliedstaaten innerhalb von zwei Jahren nach ihrer Bekanntgabe umzusetzen war, bildet die Erhaltungssituation der Vogelarten im Jahre 1981 den relevanten Referenzzustand. Seither hat sich der Erhaltungszustand einiger Vogelarten verbessert (z. B. Seeadler), zahlreiche andere Arten befinden sich aber noch immer auf dem „absteigenden Ast". Man denke nur an die Vogelarten des Offenlandes (z. B. Uferschnepfe, Kiebitz, Grauammer, Feldlerche), deren Bestände von starken Einbußen geprägt sind. Indem Art. 13 VRL auf die Erhaltungssituation der Vogelarten im Jahre 1981 abstellt, bringt die Vorschrift zum Ausdruck, dass dieser Referenzzustand an sich hätte gehalten werden müssen. Die sich anschließende Frage, ob die Erteilung einer sich auf Art. 9 Abs. 1 VRL gründenden Ausnahme überhaupt in Betracht gezogen werden kann, wenn der aktuelle Erhaltungszustand einer Art hinter dem Referenzzustand zurückbleibt, ist ungeklärt. Mit Rücksicht

[62] Vgl. nur *Storost* DVBl 2012, 457 (466).

auf die ähnlich gelagerte Situation im Anwendungsfeld des Art. 16 Abs. 1 FFH-RL bietet sich allerdings an, die Verfehlung der in Art. 13 VRL zum Ausdruck kommenden Zielsetzung der Bewahrung des Referenzzustandes nicht als absolutes Ausschlusskriterium zu erachten, sondern in einer solchen Lage die Erteilung einer Ausnahme davon abhängig zu machen, dass weitere Verschlechterungen unterbleiben und die Wiederherstellung des Referenzzustandes nicht behindert wird.

IV. Befreiung

§ 67 Abs. 2 BNatSchG erlaubt es schließlich, von den Verboten des § 44 BNatSchG eine Befreiung zu erteilen, wenn die Durchführung der Verbote zu einer unzumutbaren Belastung führen würde. Im Zusammenhang mit der Errichtung von Windkraftanlagen haben einzelne Verwaltungsgerichte den Rückgriff auf die Befreiungsvorschrift bereits in Erwägung gezogen.[63] Auch wenn sie sich vom Vorliegen der Befreiungsvoraussetzungen nicht haben überzeugen können, kann vor einem Rückgriff auf § 67 Abs. 2 BNatSchG nur gewarnt werden. In den unionsrechtlich relevanten Fällen einer Betroffenheit von Arten des Anhangs IV FFH-RL oder europäischer Vogelarten kommen Abweichungen ausschließlich unter den in Art. 16 FFH-RL bzw. Art. 9 VRL bezeichneten Voraussetzungen in Betracht, die in die nationale Bestimmung des § 45 Abs. 7 BNatSchG übernommen wurden. Da das EU-Artenschutzrecht den Ausnahmegrund einer „unzumutbaren Belastung" nicht kennt, zieht die Anwendung des § 67 Abs. 2 BNatSchG zwangläufig den Vorwurf der Verletzung des Unionsrechts nach sich. In der Praxis ist daher von einer Anwendung dieser Befreiungsvorschrift abzusehen.

V. Fazit

Als erfahrener Rechtsanwalt weiß *Bernhard Stüer,* dass ein kluger Anwalt selten erahnt, wie ein kluger Richter entscheiden wird.[64] Das gilt fraglos auch im Felde des europäischen Artenschutzrechts, das bis heute kaum etwas von seiner Brisanz eingebüßt hat. Es macht aus gefährdeten Tieren keine „Blockade-Tiere" und verleiht ihnen erst recht nicht die Macht, wichtige Infrastruktur- und Investitionsvorhaben zu verhindern. Es kann sich aber zumindest dann, wenn ihm der gebührende Respekt versagt wird, noch immer als Stolperstein für Eingriffsvorhaben erweisen. An der Notwendigkeit der fachlich korrekten Abarbeitung dieses Themenfeldes, auf die der Jubilar nachdrücklich aufmerksam gemacht hat,[65] hat sich daher bis heute nichts geändert.

---

[63] OVG Magdeburg, Urt. v. 26.10.2011 – 2 L 6/09, NuR 2012, 196 (204); VG Halle, Urt. v. 23.11.2010 – 4 A 34/10, NuR 2011, 600 (604).

[64] *Stüer* NJW 1995, 2142 (2144): „Denn ein kluger Anwalt kann nicht so weitsichtig denken, wie ein kluger Richter entscheidet"; vgl. aber auch *Stüer* DVBl 2005, 953 (954): „Denn kein kluger Anwalt kann so dumm denken, wie ein kluger Richter entscheidet."

[65] *Stüer/Bähr* DVBl 2006, 1155; *Stüer* DVBl 2012, 558 (559).

DIETMAR HÖNIG

Anforderungen des europäischen Habitatschutzes an die Planung

Die unzureichende Berücksichtigung der Anforderungen des europäischen Habitatschutzes an die Planung hat schon einige Vorhaben im ersten Anlauf an den Hürden des FFH-Rechts scheitern lassen.[1] Dementsprechend werden solche Vorhaben als eine „Mission mit ungewissem Ausgang" bezeichnet, wie u. a. der Jubilar in seinen Beiträgen zum europäischen Naturschutzrecht dies treffend umschreibt.[2] Bei der Prüfung der erheblichen Beeinträchtigung verbinden sich rechtliche und naturwissenschaftliche Unsicherheiten, die eine sachgerechte und rechtssichere Bewertung im Einzelfall stark erschweren können. Es gibt kaum eine naturschutzfachliche Fragestellung, zu der sich nicht unterschiedliche fachwissenschaftliche Meinungen – manchmal auch nur zur Verfolgung bestimmter Interessen – bilden lassen. Das gilt in gleicher Weise für die rechtliche Seite. Hier kann sich der Vorhabenträger an der Rechtsprechung des BVerwGes orientieren. In diesem Zusammenhang wird oft verkannt, dass sich die vorzunehmende Prüfung in den Unterlagen nach dem Gesetz und der rechtlichen Auslegung der unbestimmten Rechtsbegriffe zu richten hat. Sie bilden den Maßstab der Prüfung und Bewertung der ermittelten Bestandsdaten. Auch steht die Wissenschaft nicht still, sondern ist ein fortlaufender Prozess, so dass sich in langen Planfeststellungsverfahren der Stand der Wissenschaft (mehrfach) ändern kann (z. B. bei der Bewertung von Stickstoffeinträgen) und zur wiederholten Änderung der Unterlagen führt. Eine zügige Durchführung der Verfahren mit entsprechendem Personaleinsatz seitens des Vorhabenträgers sowie eine rechtliche Steuerung der Fachgutachter sind daher erforderlich, um nicht die Wohltaten verschiedener Bestanderfassungen und Expertenmeinungen „genießen" zu dürfen. Ansonsten bleibt nur vorsorglich die Auswirkungen als erhebliche Beeinträchtigungen zu bewerten und eine Abweichungsprüfung durchzuführen.[3]

I. Verträglichkeitsprüfung

Die Unterlage zur FFH-Verträglichkeitsprüfung ist das Herzstück der Prüfung der Anforderungen des europäischen Habitatschutzes im Planfeststellungs-

[1] Hildesheim – BVerwGE 110, 302; Hessisch Lichtenau – BVerwGE 116, 254; Westumfahrung Halle – BVerwGE 128, 1; Ortsumgehung Freiberg – BVerwGE 140, 149; Hochmoselbrücke B 50 – OVG Koblenz NuR 2003, 441; Hildesheim B 1 – OVG Lüneburg NuR 2009, 360 und BVerwG, Beschl. v. 10.11.2009 – 9 B 28.09.

[2] *Stüer* NVwZ 2007, 1147 (1148); *Stüer* DVBl 2007, 416 (422 f.); *Stüer* DVBl 2010, 178; *Stüer* DVBl 2012, 245 (248); dazu auch *Vallendar* UPR 2010, 1 (3).

[3] *Stüer* DVBl 2012, 245 (245) zum Trianel-Kraftwerk.

verfahren.[4] Auf ihre Erstellung ist besondere Sorgfalt zu legen. Hauptproblem der bisher geprüften Verträglichkeitsprüfungen ist, dass im Methodikteil ein großes Prüfungs- und Bewertungschema theoretischer Art entworfen wird, welches mit der konkreten Prüfung nicht mehr kompatibel ist.

Grundlage für die Verträglichkeitsprüfung sind die Bestandserfassungen für die durch Erhaltungsziele geschützten Lebensraumtypen und Arten. Auf deren Basis sollten in der Verträglichkeitsprüfung die Auswirkungen des Vorhabens im Wege der Prognose ermittelt und bewertet werden. Die Bestandserfassungen stehen grundsätzlich im Fokus der vom ehrenamtlichen Naturschutz geführten Verwaltungsstreitverfahren. Vor dem Hintergrund dieses Wissens ist jedem Vorhabenträger zu empfehlen, darauf zu achten, dass in den Bestandserfassungsgutachten die Methodik erläutert wird und dargelegt werden kann, dass die Erfassungs- und Bewertungsmethode dem Standard der „*besten einschlägigen wissenschaftlichen Erkenntnis*" entspricht.[5]

In der Unterlage zur FFH-Verträglichkeitsprüfung ist auf die zugrunde gelegten Bestandserfassungen bei der konkreten Prüfung der betroffenen Erhaltungsziele zu verweisen, um die Nachvollziehbarkeit der Ergebnisse und Bewertungen herzustellen. Sich aus den Bestanderfassungen ergebende Zweifelsfälle in der Bewertung, ob ein Lebensraumtyp oder eine prioritäre Ausprägung vorliegt, sollten im Rahmen eines Ortstermins mit der zuständigen Fachbehörde bereits vom Vorhabenträger geklärt werden. Werden Lebensraumtypen oder Arten im Wirkbereich des Vorhabens nur mangelhaft erfasst oder bewertet, infiziert dieser Mangel in den Bestandsdaten die gesamte Prüfung der FFH-Verträglichkeit und die Abweichungsprüfung. Er führt somit zur Rechtswidrigkeit.[6]

Prüfungsmaßstab für die Verträglichkeitsprüfung sind ausschließlich die für das jeweilige Gebiet festgelegten Erhaltungsziele[7] und keine weiteren im Gebiet vorkommenden Lebensraumtypen nach Anhang I der FFH-RL und Arten nach Anhang II der FFH-RL.[8] Begründet wird dies damit, dass ein Vorhaben nur gegen das Verbot des § 34 Abs. 2 BNatSchG verstößt, wenn durch das Vorhaben die Erhaltungsziele des betroffenen FFH-Gebietes erheblich beeinträchtigt werden. Eine Ausnahme liegt nur dann vor, wenn die zuständige Naturschutzbehörde eine Nachmeldung und Änderung der Natura 2000-Verordnung nicht ausschließt. In diesem Fall kann hilfsweise eine Prüfung dieser Lebensraumtypen und/oder Arten vorgenommen werden, um einer Änderung der Natura 2000-Verordnung kurz vor Ende des Planfeststellungsverfahrens vorzubeugen.

Erhaltungsziele sind entsprechend der Legaldefinition in § 7 Abs. 1 Nr. 9 BNatSchG, die in der Natura 2000-Verordnung des Bundeslandes für das jeweilige Natura 2000-Gebiet aufgeführten Ziele zur Erhaltung oder Wiederherstellung eines günstigen Erhaltungszustandes der in einem FFH-Gebiet vorkommenden Lebensraumtypen nach Anhang I der FFH-RL und Arten nach Anhang II der

[4] Hinzu kommen die Erwiderungen auf die Einwendungen und Stellungnahmen, Antworten auf Aufklärungsschreiben der Planfeststellungsbehörde, fachbehördliche oder fachgutachterliche Stellungnahmen zur Einzelfragen, Protokolle von Ortsterminen usw.

[5] BVerwGE 128, 1 Rn. 62; BVerwGE 130, 299 Rn. 73.

[6] Unterbliebene Zuordnung von Teichen zum LRT 3150, BVerwGE 140, 149 (4. Leitsatz).

[7] EuGH NuR 2004, 788 (790); BVerwGE 128, 1 (14. Leitsatz).

[8] BVerwG, Beschl v. 14.4.2011 – 4 B 77.09, Rn. 32.

FFH-RL (z. B. für den Kammmolch: „Erhaltung strukturreicher Laub- und Laubmischwaldgebiete und/oder strukturreicher Offenlandbereiche in den zentralen Lebensraumkomplexen“[9]). Diese dürfen in der FFH-Verträglichkeitsprüfung nicht nur zitiert und bei der konkreten Prüfung ignoriert werden, sondern sind der Gegenstand der Prüfung, ob ein Lebensraumtyp oder eine Art durch das Vorhaben erheblich beeinträchtigt wird.

1. Der günstige Erhaltungszustand als Bewertungskriterium

Für die Bewertung der Erheblichkeit ist allein der günstige Erhaltungszustand der geschützten Lebensräume und Arten das maßgebliche Bewertungskriterium.[10] Es ist sicherzustellen, dass ein günstiger Erhaltungszustand trotz Durchführung des Vorhabens stabil bleiben wird[11] oder bei Vorliegen eines ungünstigen Erhaltungszustands die Herstellung des günstigen Erhaltungszustands trotz des Vorhabens möglich ist. Die „Stabilität“ ist danach das maßgebliche Kriterium für die Bewertung der Erheblichkeit.

a) Anhang II-Arten

Für Anhang II-Arten wird nach der bisherigen Rechtsprechung des BVerwG aufgrund der Standort- und Populationsdynamik von Arten davon ausgegangen, dass nicht jeder Verlust eines lokalen Vorkommens oder Reviers zwangsläufig zu einer Verschlechterung des Erhaltungszustands führt. Selbst eine Rückentwicklung der Population wird nicht als Überschreitung der „Reaktions- und Belastungsschwelle“ zu werten sein, solange sicher davon ausgegangen werden kann, dass dies nur eine kurzzeitige Episode bleiben wird. Diese einzelfallspezifisch zu ermittelnden „Reaktions- und Belastungsschwellen“ sind abhängig von der Art und deren Erhaltungszielen für die konkreten Auswirkungen des Vorhabens zu ermitteln. Die Standort- und Populationsdynamik darf entsprechend Art. 1 Buchst. i 1. Anstrich in Satz 2 der FFH-RL nicht soweit gestört werden, dass die Art nicht mehr *„ein lebensfähiges Element des natürlichen Lebensraumes, dem sie angehört, bildet und langfristig weiterhin bilden wird“*.[12] Die angesprochenen einzelfallspezifisch zu ermittelnden „Reaktions- und Belastungsschwellen“ sind nicht zu verwechseln mit den sehr niedrigen abstrakten Bagatellschwellen[13] nach der Fachkonvention von Lambrecht/Trautner, die nicht angewendet werden müssen.[14] Ihre Grundlage ist der Bagatellvorbehalt, unter dem jede Unverträglichkeit mit den Erhaltungszielen eines FFH-Gebietes steht.[15]

Darüber hinaus kann auch im Wege der Kompensation durch die Schaffung geeigneter Ausweichhabitate der günstige Erhaltungszustand der betroffenen Art

---

[9] Verordnung über die Verordnung über die Natura 2000-Gebiete in Hessen (GVBl. I 2008, z. B. S. 135 f.).

[10] BVerwGE 128, 1 (3. Leitsatz).

[11] BVerwGE 128, 1 (3. Leitsatz).

[12] BVerwGE 128, 1 Rn. 45.

[13] BVerwGE 128, 1 Rn. 50 f.

[14] *Lambrecht/Trautner,* Fachinformationssystem und Fachkonventionen zur Bestimmung der Erheblichkeit im Rahmen der FFH-VP, Juni 2007.

[15] Vgl. BVerwGE 130, 299 Rn. 124.

gewährleistet werden, sofern sie sicherstellen, dass erhebliche Beeinträchtigungen verhindert werden. Es macht *„keinen Unterschied, ob durch ein Projekt verursachte Beeinträchtigungen von vornherein als unerheblich einzustufen sind oder ob sie diese Eigenschaft erst durch entsprechende Vorkehrungen erlangen*".[16]

b) Lebensraumtypen

Für Lebensraumtypen wird aufgrund der in der Legaldefinition in Art. 1 Buchstabe e) FFH-RL enthaltenen Worte *„beständig sind oder sich ausdehnen*" in der Rechtsprechung davon ausgegangen, dass jeder direkte Flächenverlust als erheblich zu bewerten ist.[17] Lediglich solche Flächenverluste wurden unter Berufung auf den Verhältnismäßigkeitsgrundsatz als unerheblich angesehen, die lediglich Bagatellcharakter haben.[18] Allerdings bleibt der günstige Erhaltungszustand auch erhalten, wenn Flächen des Lebensraumtyps aufgrund natürlicher Ereignisse oder der auch bei Lebensräumen bestehenden Dynamik zurückgehen. Ferner werden z. B. auch die Wälder in FFH-Gebieten forstwirtschaftlich genutzt, ohne dass von einer erheblichen Beeinträchtigung auszugehen ist. Der günstige Erhaltungszustand von Lebensraumtypen verschlechtert sich nicht automatisch bei jedem Flächenverlust von Teilflächen. Anhaltspunkt dafür geben die Schwellenwerte in den Grunddatenerfassungen des Landes Hessen,[19] die anzeigen, wann das Gebietsmanagement eingreifen muss, um den günstigen Erhaltungszustand zu wahren. Diese Schwellen liegen je nach Gebiet und Lebensraumtyp zumeist bei mehreren Hektar und damit um ein Vielfaches über den Bagatellschwellen. Hier fehlt in den Verträglichkeitsprüfungen eine mit den Arten vergleichbare fachliche Auseinandersetzung, inwieweit die vorhabenbedingten Auswirkungen den günstigen Erhaltungszustand überhaupt beeinträchtigen können. Durch die ausschließliche Anwendung der Bagatellschwellen – auch für mittelbare Beeinträchtigungen – wird für Lebensraumtypen eine „Worst-Case-Betrachtung" vorgenommen, die aus Sicht des Autors zu hinterfragen ist. Sachlogisch erscheint die unterschiedliche Behandlung von Lebensraumtypen und Arten nicht, wie im Folgenden dargelegt werden soll.

Das einzige Kriterium, welches eine unterschiedliche Bewertung begründen könnte, ist der mit der unmittelbaren Beeinträchtigung des Lebensraumtyps verbundene „Verlust" einer Teilfläche, der nicht verhindert werden kann. Bei einem Lebensraumverlust für die Anhang II-Arten tritt nicht automatisch ein „Verlust" von Individuen der Art ein, während z. B. bei Wald-Lebensraumtypen durch die Rodung eine Teilfläche verloren geht. Das BVerwG drückt es folgendermaßen aus: *„Während die Definition eines günstigen Erhaltungszustandes in Art. 1 FFH-RL für den natürlichen Lebensraum u. a. darauf abstellt, ob die Flächen, die er im natürlichen Verbreitungsgebiet einnimmt, mindestens beständig sind (Buchst. e), kommt es für den günstigen Erhaltungszustand einer Art nicht auf die Beständigkeit der Habitatfläche, son-*

[16] BVerwGE 128, 1 Rn. 45; BVerwGE 136, 391 Rn. 57; vgl. dazu *Thyssen* NuR 2010, 9 (15).

[17] BVerwGE 130, 299 Rn. 124.

[18] BVerwGE 130, 299 Rn. 124; *Storost* NVwZ 2009, 673 (676).

[19] Grunddatenerfassungen sind Gutachten die von der Naturschutzverwaltung für das jeweilige FFH-Gebiet in Auftrag gegeben werden und den Bestand der Lebensraumtypen und Anhang II-Arten darstellen und bewerten.

dern auf die Beständigkeit der Art an (Buchst. i).“[20] Allerdings werden vom BVerwG auch bei Arten Individuenverluste bzw. ein kurzfristiger Rückgang der Population und somit ein „Verlust“ in Kauf genommen.[21] Wie zuvor ausgeführt, kann der „Verlust“ einer Teilfläche nicht mit der Verschlechterung des günstigen Erhaltungszustandes des Lebensraumtyps im gesamten FFH-Gebiet gleichgesetzt werden. Auch die Flächen von Lebensraumtypen unterliegen wie Arten einer Dynamik. Dies zeigen die Bestandsaktualisierungen in Planfeststellungsverfahren, bei denen es zu Verschiebungen der als Lebensraumtyp anzusprechenden Flächen kommt, die auch mehrere Hektar umfassen können. Die „Beständigkeit“ des Lebensraumtyps im FFH-Gebiet ist deshalb nicht an eine bestimmte Zahl „x“ gebunden, sondern bewegt sich in einer Spanne, deren untere Grenze z. B. durch die in der Grunddatenerfassung festgelegten Schwellen konkretisiert werden könnte.

Wie auch bei den Anhang II-Arten hält es das BVerwG für möglich, dass „*zugunsten des Projekts bei der Verträglichkeitsprüfung die vom Vorhabenträger geplanten oder im Rahmen der Planfeststellung behördlich angeordneten Schutz- und Kompensationsmaßnahmen berücksichtigt werden dürfen, sofern sie sicherstellen, dass erhebliche Beeinträchtigungen verhindert werden. Für Kompensationsmaßnahmen (im Sinne der naturschutzrechtlichen Eingriffsregelung, vgl. § 19 Abs. 2 BNatSchG a. F.) wird sich diese Feststellung allerdings nur ausnahmsweise treffen lassen, da die genannten Maßnahmen in der Regel erst deutlich verzögert wirken und ihr Erfolg selten mit einer jeden vernünftigen Zweifel ausschließenden Sicherheit vorhergesagt werden kann (vgl. Schlussanträge der Generalanwältin Kokott zu Rs. C-239/04 – Slg. 2006, I-10183 Rn. 35)*“.[22] In diesem Zusammenhang hat das Gericht eine Maßnahme zur Neuschaffung des Lebensraumtyps 6510 aufgrund der Dauer der Entwicklung dieser Flächen von fünf bis zehn Jahren abgelehnt. Wie die Frage zu beurteilen wäre, wenn die Maßnahmen sofort wirksam oder mit ausreichendem zeitlichem Vorlauf angelegt worden wären, lässt das Gericht offen.[23] Geeignete Maßnahmen wären bei im Naturraum weit verbreitet vorkommenden Waldlebensraumtypen, wie dem LRT 9110, die Unterschutzstellung von Beständen gleicher Qualität außerhalb des FFH-Gebietes und deren Nachmeldung oder der vorgezogene Umbau von Waldflächen innerhalb des FFH-Gebietes, z. B. durch die Reduzierung des Fremdholzanteils. Auf diese Weise können zum Zeitpunkt des Eingriffs die Funktionen der erheblich beeinträchtigten Teilfläche durch eine andere Teilfläche übernommen werden. Der Erhaltungszustand im FFH-Gebiet würde sich nicht verändern. Allerdings kann in all diesen Fällen der „Verlust“ der in Anspruch genommenen Teilfläche nicht verhindert werden, da es sich um keine klassischen Schadensvermeidungsmaßnahmen handelt, die den Schadenseintritt auf der beeinträchtigten Teilfläche verhindern.[24] Dies ist vor dem Hintergrund des Zieles der FFH-RL, die im Anhang I aufgeführten Lebensraumtypen zu erhalten, auch nicht erforderlich, solange zum Zeitpunkt

[20] BVerwGE 130, 299 Rn. 132.
[21] BVerwGE 128, 1 Rn. 45.
[22] BVerwGE 130, 299 Rn. 94.
[23] BVerwGE 130, 299 Rn. 122.
[24] Vgl. § 45 Abs. 5 S. 3 BNatSchG: Die vorgezogene Ausgleichsmaßnahme vermeidet den Verbotseintritt trotz Schädigung der Fortpflanzungs- und Ruhestätte.

der erheblichen Beeinträchtigung, diese durch vorgezogene Maßnahmen vollständig ausgeglichen ist, also kein (Funktions-)Defizit besteht.

2. Charakteristische Arten

Darüber hinaus setzt der günstige Erhaltungszustand eines natürlichen Lebensraums nach Art. 1 Buchstabe e) FFH-RL voraus, dass sich die darin vorkommenden charakteristischen Arten in einem günstigen Erhaltungszustand befinden. Aus diesem Grund sind auch die vorhabenbedingten Auswirkungen auf die charakteristischen Arten der geschützten Lebensraumtypen als für den Schutzzweck maßgebliche Bestandteile zu prüfen. Die auszuwählenden charakteristischen Arten sollten wertgebend für den jeweiligen Lebensraumtyp sein und eine Indikatorfunktion für Auswirkungen des Vorhabens auf den Lebensraumtyp haben, die nicht schon über die Prüfung des Lebensraumtyps (wie z. B. Lärm) abgedeckt werden. Aufgrund der Vielzahl von Arten, u. a. auch Pflanzenarten, die für einen Lebensraumtyp typisch sind, besteht die Gefahr sehr viele Arten als charakteristische Arten des Gebietes zu bestimmen, ohne dass Klarheit darüber besteht, ob die Arten wirklich prägend und zugleich wertgebend für die Bestände des Lebensraumtyps im FFH-Gebiet sind und welche zusätzlichen Wirkungsfaktoren eines Vorhabens über die Prüfung abgedeckt werden sollen.[25] An dieser Stelle ist eine genaue Prüfung notwendig, um sich nicht in der Artenvielfalt der Lebensraumtypen zu verlieren.[26] In diesem Sinne kann es für die Waldlebensraumtypen ausreichend sein, wenn bestimmte Spechtarten wie z. B. Schwarz- und Grauspecht herangezogen werden, da sie durch das Schaffen von Höhlen maßgeblich an der typgerechten Gestaltung des Lebensraumes beteiligt sind, also wertgebend sind, und darüber hinaus zu den lärmempfindlichen Arten gehören.[27]

Leider fehlt – wie in den meisten Bundesländern – auch in der Natura 2000-VO des Landes Hessen eine Aussage, welchem Lebensraum welche charakteristischen Arten zugeordnet werden. Eine solche Zuordnung ist für das Gebietsmanagement notwendig, da für die charakteristischen Arten des jeweiligen Lebensraumtyps ein günstiger Erhaltungszustand im FFH-Gebiet im Sinne des Buchstabens i) zu wahren ist.[28] In den, dem Autor bekannten, Grunddatenerfassungen des Landes Hessen für die Natura 2000-Gebiete[29] werden zwar der Erhaltungszustand der Lebensraumtypen anhand landesweit bestimmter Vorgaben geprüft und alle möglichen Arten ermittelt, die wertgebend berücksichtigt wurden. Die charakteristischen Arten werden nicht bestimmt. Ist aber der Erhaltungszustand der charakteristischen Arten im FFH-Gebiet schlecht, kann der Erhaltungszustand des Lebensraumtyps nach Art. 1 Buchstabe e) der FFH-RL nicht mehr „günstig" sein.

---

[25] Wichtige Anhaltspunkte für die Auswahl der Arten liefert der Leitfaden des Bundesministeriums für Verkehr, Bau und Stadtentwicklung, *BMVBW* Leitfaden zur FFH-Verträglichkeitsprüfung im Bundesfernstraßenbau, 2004.

[26] Diese Einschätzung teilt auch *Trautner* NuR 2010, 90 (96). So sind Raubwürger und Neuntöter keine charakteristische Arten des LRT 6410 und 6510, BVerwGE 130, 299 Rn. 80.

[27] LRT 9110, Schwarz- und Grauspecht ausreichend BVerwGE 136, 391 Rn. 55.

[28] Vgl. auch *Lambrecht/Trautner* NuR 2007, 181 (186), die eine Berücksichtigung der charakteristischen Arten bei der Formulierung der Erhaltungsziele fordern.

[29] Zum Begriff: siehe Fn. 19.

Hinsichtlich der charakteristischen Arten ist zu prüfen, ob trotz des Vorhabens der Erhaltungszustand der charakteristischen Arten im FFH-Gebiet im Sinne des Buchstabens i) günstig bleibt oder bei einem „ungünstigen Erhaltungszustand" sich dieser nicht verschlechtert und der günstige Erhaltungszustand entwickelbar bleibt. Deshalb ist eine Aussage zu treffen, wie der Erhaltungszustand der charakteristischen Arten im FFH-Gebiet ist. Dieser müsste den jeweiligen Erfassungen zum Gebiet zu entnehmen sein, also aus der Population des jeweiligen Schutzgebiets abgeleitet werden. Für den Erhalt des günstigen Erhaltungszustands der charakteristischen Arten kommt es darauf an, ob die Population ohne Qualitäts- und Quantitätseinbußen erhalten bleibt. Dies ist anzunehmen, wenn die Art bei einer randlichen Betroffenheit des FFH-Gebietes durch das Vorhaben auf andere Flächen bzw. in andere Bereiche ausweichen kann.[30] Diese Möglichkeit kann durch entsprechende Maßnahmen unterstützt werden.

3. Gebietsabgrenzung

Trotz abgeschlossener Gebietsmeldung wird immer wieder in Verwaltungs- und Verwaltungsstreitverfahren die Gebietsabgrenzung für die geschützten Arten nach Anhang II der FFH-RL in Frage gestellt. Die Arten halten sich zumeist nicht an Gebietsgrenzen, sondern nutzen auch Lebensräume außerhalb des FFH-Gebietes. Angesichts der parallel laufenden artenschutzrechtlichen Beurteilung wird dies zumeist als problematisch empfunden. Rechtlich kann das Vorhaben aber artenschutzrechtliche Verbotstatbestände erfüllen und gleichzeitig zu keiner erheblichen Beeinträchtigung der im FFH-Gebiet geschützten Erhaltungsziele führen. Der Gebietsschutz beschränkt sich auf das jeweilige FFH-Gebiet in seinen durch die Natura 2000-Verordnung festgelegten Grenzen. Die Unterschutzstellung knüpft, wie sich aus Art. 1 Buchstaben j) und l) FFH-RL ergibt, an die durch die Verordnung bestimmte, klar abgrenzte Fläche des Gebietes an. Gebietsexterne Flächen, die von unter den Gebietsschutz fallenden Vorkommen von Arten des Anhangs II der FFH-RL zur Nahrungssuche oder als Teillebensraum genutzt werden, unterliegen deshalb nicht dem besonderen Gebietsschutz, sondern allenfalls dem Artenschutz. Soweit jedoch die dem Gebietsschutz unterliegenden Vorkommen der Arten auf die betreffenden gebietsexternen Flächen zwingend angewiesen sind, um in einem günstigen Erhaltungszustand zu verbleiben, wäre das FFH-Gebiet um diese Flächen zu erweitern. Diese Flächen wären dann in die FFH-Verträglichkeitsprüfung einzubeziehen.[31] Eine entsprechende Stellungnahme der für die Gebietsabgrenzung zuständigen Naturschutzbehörden ist von dem Vorhabenträger einzuholen und der Verträglichkeitsprüfung zugrunde zu legen, da diesen bei der Anwendung der Abgrenzungskriterien ein naturschutzfachlicher Beurteilungsspielraum eingeräumt wird.[32]

---

[30] Zum Mittelspecht OVG Lüneburg NuR 2009, 360 juris Rn. 74. Die betriebsbedingten Auswirkungen von charakteristischen Vogelarten können unter Anwendung der Arbeitshilfe „Vögel und Straßenverkehr" ermittelt werden; *Garniel/Mierwald*, Arbeitshilfe Vögel und Straßenverkehr, 30.4.2010.

[31] BVerwGE 136, 391 Rn. 32.

[32] BVerwGE 136, 391 Rn. 39; BVerwG, Beschl v. 13.3.2008 – 9 VR 10.07, Rn. 24.

Darüber hinaus unterfallen nach der Rechtsprechung des BVerwG auch die Funktions- und Austauschbeziehungen zwischen räumlich voneinander getrennten Gebieten oder Gebietsteilen dem Gebietsschutz,[33] auch wenn diese nicht als Erhaltungsziel der Art aufgenommen wurden. Insoweit wird der Prüfungsmaßstab des § 34 Abs. 2 BNatSchG unter Berücksichtigung des übergeordneten Schutzzwecks, des zusammenhängenden Netzes Natura 2000, erweitert. Dazu können die Flugwege von Fledermäusen zwischen Wochenstubenkolonie und Jagdhabitaten, die Wanderwege von Amphibien zwischen Laichgewässern und Landhabitaten und andere für die Arten bedeutende Funktionsbeziehungen gehören. Sie müssen aber für den Erhaltungszustand bedeutend sein. Nicht dem Gebietsschutz unterliegen hingegen Funktions- und Austauschbeziehungen von und zu gebietsexternen Habitaten, auf die die Art nicht zwingend angewiesen ist (ansonsten Gebietserweiterung notwendig),[34] oder anderen Schutzgebieten in denen die Art kein Erhaltungsziel ist.

4. Betrachtung von Stickstoffeinträgen

Vorhabenbedingte Stickstoffeinträge führen in der Regel zu den umfangreichsten erheblichen Beeinträchtigungen vom Lebensraumtypen nach Anhang I der FFH-RL. Aus diesem Grund soll die Vorgehensweise der Prüfung kurz geschildert und die Bewertung der Erheblichkeit durch das BVerwG analysiert werden.

Zu hohe Stickstoffeinträge können zur Eutrophierung (Überangebot von Nährstoffen) und/oder Versauerung (Senkung des Nährstoffangebotes und des pH-Wertes) von Lebensräumen führen. Vor diesem Hintergrund wurden sog. Critical Loads entwickelt. Sie bestimmen naturwissenschaftlich begründete Stickstoffeintragsraten, bis zu deren Erreichung nach derzeitigem Kenntnisstand langfristig mit Sicherheit keine signifikant schädlichen Effekte an Ökosystemen und Teilen davon zu erwarten sind. Es wird dabei zwischen sog. empirischen und modellierten Critical Loads unterschieden. Sowohl die empirischen, als auch die modellierten Critical Loads stellen derzeit anerkannte fachwissenschaftlich begründete Beurteilungsgrundlagen dar. Die modellierten Critical Loads weisen jedoch einen wesentlich höheren Differenzierungsgrad auf, da die standörtliche Situation (z. B. hinsichtlich Klima, Boden, Vegetation, Bewirtschaftung) betrachtet und zudem zwischen Eutrophierungs- und Versauerungsgefährdung unterschieden wird.

Die Ermittlung und Bewertung der Stickstoffeinträge kann anhand folgender Arbeitsschritte vorgenommen werden:

- Ermittlung der Vorbelastung (Hintergrundbelastung) des FFH-Gebietes für den Planungsfall.[35]

---

[33] BVerwGE 136, 391 Rn. 33.

[34] BVerwGE 136, 391 Rn. 47.

[35] Grundlage für die Prognose der Hintergrundbelastung im Planungsfall bildet derzeit der Vorbelastungsdatensatz Stickstoff für das Jahr 2007. Dieser wurde im Rahmen des BMU/UBA FuE-Vorhabens 3707 64 200 „Erfassung, Prognose und Bewertung von Stoffeinträgen und ihren Wirkungen in Deutschland" bestimmt. Die Hintergrundbelastung im Planungsfall kann z. B. auf der Grundlage des MFR-Szenariums (**M**ost **F**easible **R**eduction) prognostiziert werden.

– Ermittlung der vorhabenbedingten Zusatzbelastung für den Planungsfall.[36]
– Ermittlung der Stickstoffempfindlichkeit der potenziell betroffenen Lebensraumtypen anhand von empirischen oder modellierten Critical Loads.
– Ermittlung des Flächenumfangs und der Intensität der Betroffenheit von Lebensraumtypen im FFH-Gebiet durch räumliche Überlagerung der im FFH-Gebiet kartierten Lebensraumtypen und deren Critical Loads mit der ermittelten Höhe der Gesamtbelastung (Summe aus Vor- und Zusatzbelastung) an Stickstoffeinträgen.
– Bewertung der Erheblichkeit der Betroffenheit der Erhaltungsziele des FFH-Gebietes anhand der Prüfung des Überschreitens der Critical Loads und der Irrelevanzschwelle.

Bei Bewertung der vorhabenbedingten Stickstoffeinträge ist es unstreitig, dass bei einer Stickstoffgesamtbelastung unterhalb der Critical Loads Auswirkungen auf den Lebensraumtyp ausgeschlossen werden können. Wird die kritische Grenze des Critical Loads aber schon durch die Vorbelastung überschritten, würde nach Auffassung des BVerwG jede vorhabenbedingte Zusatzbelastung die Schadeffekte verstärken und deshalb grundsätzlich als erheblich bewertet werden.[37]

Problematisch ist dieser Grundsatz für die meisten Lebensraumtypen, da die empirischen Critical Loads schon durch die Vorbelastung überschritten sind und es danach in allen FFH-Gebieten zu einer Verstärkung der Schadeffekte kommen würde. Aus diesem Grund wendet das BVerwG den Bagatellvorbehalt als durch den Verhältnismäßigkeitsgrundsatz begründete Ausnahme an. Danach sind Zusatzbelastungen, die eine den Critical Load überschreitende Vorbelastung nur geringfügig anheben, noch als Bagatelle zu werten, „*wenn davon eine Fläche des geschützten Lebensraumtyps betroffen ist, die sowohl absolut als auch in Relation zur Gesamtfläche dieses Lebensraumtyps im Schutzgebiet ohne Bedeutung ist*“.[38] Diese Ausnahme wurde im Verwaltungsstreitverfahren zur A 44 fortentwickelt[39] und die Relation zur Flächengröße herausgenommen. So fallen auch Fallgestaltungen unter den Bagatellvorbehalt, in denen die Vorbelastung die Critical Loads um mehr als das Doppelte übersteigt und die Zusatzbelastung die Schwelle von 3 % des jeweiligen Critical Loads nicht überschreitet.[40] Insoweit hat das Gericht eine Irrelevanzschwelle, die generalisierend Zusatzbelastungen bis zu einem bestimmten Prozentsatz der Critical Loads für unbedenklich erklärt, akzeptiert und diese aufgrund der Größenordnung der Zusatzbelastung im Vergleich zur Vorbelastung unter den Bagatellvorbehalt fallen lassen. Ob diese Irrelevanzschwelle bei einer nur knappen Überschreitung des Critical Loads angewendet wird, hat das Gericht bisher offengelassen.[41]

---

[36] Berücksichtigung von gleichzeitigen Entlastungswirkungen durch Rückbau der Bestandstrasse oder Entlastung parallel verlaufender Straßen möglich, BVerwG, Beschl v. 13.3.2008 – 9 VR 10.07, u.a. Rn. 27.

[37] BVerwG, Beschl. v. 10.11.2009 – 9 B 28.09, Rn. 6; BVerwGE 128, 1 Rn. 108; BVerwGE 140, 149 Rn. 65; *Nolte* jurisPR-BVerwG 5/2010; *Storost* DVBl 2012, 457 (463).

[38] BVerwG, Beschl. v. 10.11.2009 – 9 B 28.09, Rn. 8.

[39] BVerwGE 136, 391 (2. Leitsatz); *Nolte* jurisPR-BVerwG 22/2010.

[40] BVerwGE 136, 391 Rn. 93.

[41] Darauf hinweisend *Storost* DVBl 2012, 457 (463), der einer Irrelevanzschwelle ablehnend gegenüber steht.

Fachgutachterlich als irrelevant einzustufen, sind nach derzeitigem fachwissenschaftlichem Erkenntnisstand Zusatzbelastungen in der Größenordnung von unter 0,3 kg N/ha/a als absoluter Wert und maximal 3 % eines Critical Loads als relativer Wert, weil jedenfalls bis zu dieser Größenordnung signifikante Veränderungen auszuschließen seien. Die insoweit vom BVerwG geforderte besondere naturschutzfachlich fundierte Rechtfertigung[42] für die genannten Irrelevanzschwellen wird in dem aktuellen FE-Vorhaben, FE 84.0102/2009, Untersuchung und Bewertung von straßenbedingten Nährstoffeinträgen in empfindliche Biotope, im Auftrag der Bundesanstalt für Straßenwesen (BASt) gegeben. Zudem liegt der Entwurf eines Leitfadens zur Prüfung von Stickstoffeinträgen in der FFH-Verträglichkeitsprüfung für Straßen vor, der Empfehlungen zur Betrachtung von Stickstoffeinträgen gibt.

5. *Wahrunterstellung*

Die dem Antrag beifügte FFH-Verträglichkeitsprüfung sollte eine klare Bewertung enthalten und unnötige „Worst-Case"-Betrachtungen vermeiden. Bei Unsicherheiten in der Bewertung (z. B. aufgrund neuer fachwissenschaftlicher Erkenntnisse) kann die Planfeststellungsbehörde zur Absicherung ihrer Vorgehensweise zur Wahrunterstellung greifen und im Wege einer „Worst-Case"-Betrachtung hilfsweise die qualitativ und quantitativ in Rechnung zu stellenden Beeinträchtigungen und ihre Erheblichkeit unterstellen.[43] Sie muss diese Bewertung aber ebenso den weiteren Prüfungsschritten im Rahmen der Abweichungsprüfung zugrunde legen.

II. *Abweichungsprüfung*

Abweichend von § 34 Abs. 2 BNatSchG können Vorhaben trotz des negativen Ausgangs der Verträglichkeitsprüfung zugelassen werden. In der Unterlage zur Abweichungsprüfung ist zu prüfen und darzulegen, dass für das Vorhaben zwingende Gründe des überwiegenden öffentlichen Interesses sprechen (§ 34 Abs. 3 Nr. 1 BNatSchG), keine zumutbaren Alternativen vorliegen (§ 34 Abs. 3 Nr. 2 BNatSchG) und die globale Kohärenz des Schutzgebietsnetzes Natura 200 weiterhin gesichert ist (§ 34 Abs. 5 BNatSchG). Dabei bietet sich diese durch das Gesetz vorgegebene Prüfungsreihenfolge schon deshalb an, weil bei der Prüfung der zwingenden Gründe des überwiegenden öffentlichen Interesses die tragfähigen wesentlichen Planungsziele herausgearbeitet werden und nur diese wiederum den Rahmen für die möglichen „Alternativen" bilden.[44] Ein Lösungsvorschlag der diese Planungsziele nicht im Wesentlichen vergleichbar erfüllt, stellt keine Alternative dar.

---

[42] Zu der Forderung, BVerwGE 136, 391 Rn. 92; BVerwGE 140, 149 Rn. 65.
[43] BVerwG NuR 2008, 659; BVerwGE 130, 299 (8. Leitsatz); *Nolte* jurisPR-BVerwG 2/2009.
[44] Zur Prüfungsreihenfolge vgl. *Hösch* UPR 2010, 7 (15); *Winter* NuR 2010, 601 (603); *Lau* NVwZ 2011, 461 (464)

1. Zwingende Gründe

Für ein Vorhaben streiten zwingende Gründe des überwiegenden öffentlichen Interesses, wenn das Vorhaben auf „*durch Vernunft und Verantwortungsbewusstsein geleitetem staatlichem Handeln*" basiert.[45] Aufgabe des Vorhabenträgers ist es insoweit in den Antragsunterlagen die wesentlichen Planungsziele, also in der Regel die für das Vorhaben streitenden Gemeinwohlbelange, und deren Erfüllung durch das Vorhaben (Verkehrsbedarf) darzulegen. Im Rahmen der Abweichungsprüfung sind diese auf Grundlage der Gegebenheiten des Einzelfalls zu bewerten und mit den gegenläufigen Belangen des Habitatschutzes abzuwägen.[46]

Zwingende Gründe des überwiegenden öffentlichen Interesses müssen ihrer Art nach berücksichtigungs- und tragfähig sein und zumindest das strenge Gemeinwohlerfordernis des Art. 14 Abs. 3 Satz 1 GG erfüllen.[47] Als öffentliche Interessen können, neben der Gesundheit des Menschen, der öffentlichen Sicherheit und der günstigen Auswirkungen für die Umwelt, auch sonstige Gründe sozialer und wirtschaftlicher Art das Integritätsinteresse des Schutzgebietssystems Natura 2000 überwinden. Um erhebliche Beeinträchtigungen prioritärer Lebensräume und Arten rechtfertigen zu können, bedürfte es aber zusätzlich einer Stellungnahme der Kommission.[48] Zu den sonstigen Gründen sozialer und wirtschaftlicher Art gehören die mit Infrastrukturvorhaben verbundenen Ziele des öffentlichen Interesses. Dabei verleiht nach der Rechtsprechung des BVerwG die gesetzliche Bedarfsfeststellung sowie die Zugehörigkeit zum „Transeuropäischen Verkehrsnetz" dem Vorhaben ein besonderes Gewicht.[49] Zudem sind raumstrukturelle Entwicklungs- und Erschließungsabsichten,[50] wie z. B. das regionale Interesse an der Erschließung eines strukturschwachen Raumes, geeignet das Gewicht des Vorhabens zu erhöhen.[51] Ergänzend können eine Verbesserung der Verkehrssicherheit sowie die Minderung schädlicher Umwelteinwirkungen (z. B. durch Verkehrsentlastungen in Ortschaften) als Gründe angeführt werden, wenn die von dem Vorhabenträger behaupteten positiven Wirkungen des Vorhabens durch Erfahrungswissen abgesichert sind.[52] Dazu ist es erforderlich, dass der Vorhabenträger seine Angaben durch Verweis auf beigefügte oder öffentlich zugängliche Unterlagen belegt.

Das Gewicht, mit dem das Integritätsinteresse in die Abwägung einzustellen ist, hängt maßgeblich von den prognostizierten erheblichen Beeinträchtigungen ab. Dazu sind die erheblichen Beeinträchtigungen qualitativ und quantitativ zu bewerten. Es macht einen Unterschied, wie geringfügig oder stark die Erheblich-

---

[45] BVerwGE 110, 302 (314); BVerwGE 130, 299 Rn. 153.

[46] BVerwGE 128, 76 Rn. 131.

[47] BVerwGE 125, 116 (318 f.).

[48] Eine Stellungnahme der Kommission ist nur notwendig, wenn die durch Erhaltungsziele geschützten prioritäre Lebensraumtypen oder Arten erheblich beeinträchtigt werden, BVerwGE 134, 166 Rn. 8 ff.; BVerwG, Beschl v. 14.4.2011 – 4 B 77.09, Rn. 36; *Gatz* jurisPR 24/2009. Zur Entwicklung dieser Rechtsprechung *Lau* NVwZ 2011, 461 (465).

[49] BVerwGE 126, 166 (180) und BVerwGE 130, 299 Rn. 159.

[50] BVerwG, Beschl v. 5.12.2008 – 9 B 28.08, Rn. 39 ff.

[51] BVerwGE 130, 299 Rn. 159.

[52] BVerwGE 130, 299 Rn. 159, 160.

keitsschwelle überschritten ist, durch welche Auswirkungen das FFH-Gebiet erheblich beeinträchtigt wird (Stickstoffeinträge oder unmittelbarer Flächenverlust), ob das Gebiet durch Vorschäden belastet ist sowie welche Bedeutung das Gebiet im europäischen, nationalen und regionalen Maßstab und für die Vernetzung der Natura 2000-Gebiete hat. Auch können Kohärenzsicherungsmaßnahmen das Gewicht des Integritätsinteresses mindern, wenn sie einen Beitrag zur Erhaltung der Integrität des FFH-Gebietes leisten.[53] Dazu müssen die Beeinträchtigungen eingriffs- und zeitnah mit hoher Erfolgsaussicht ausgeglichen werden. Hier spielt wiederum auch eine Rolle, ob die Maßnahmen bis zum Eingriffsbeginn abgeschlossen werden können. Dafür sind z. B. vorlaufend durchgeführte (Waldumbau-)Maßnahmen mit einer kurzen Entwicklungszeit prädestiniert.

Abschließend wird zur Prüfung der Nullvariante darauf hingewiesen, dass wenn für das Vorhaben zwingende Gründe des überwiegenden öffentlichen Interesses streiten, sich nicht mehr die Frage stellt, ob auf das Vorhaben insgesamt verzichtet werden kann.[54] Insoweit kann die Nullvariante an dieser Stelle abgearbeitet werden.

2. Alternativen

Die Alternativenprüfung ist durch drei Prüfungsschritte gekennzeichnet. Als erstes ist zu prüfen, ob eine Variante die wesentlichen Planziele zumindest in einer Weise erfüllt, die nicht zu unzumutbaren Abstrichen von dem/den Planungszielen führt. Wäre dies der Fall, würde es sich schon von vornherein um keine Alternative handeln. Sodann erfolgt die Prüfung, ob die Alternative mit geringeren Beeinträchtigungen des Natura 2000-Schutzgebietsnetzes einhergeht. Wenn dies der Fall ist, so ist schließlich zu prüfen, ob sie zumutbar ist, also sich nicht aus naturschutzinternen oder -externen Gründen als unverhältnismäßiges Mittel erweist. Die einzelnen Prüfungsschritte sollten in der Unterlage zur Abweichungsprüfung klar voneinander getrennt und nacheinander abgearbeitet werden.

a) Planungsziele

Eine Alternative ist nur gegeben, wenn sich die wesentlichen Planungsziele trotz ggf. hinnehmbarer Abstriche auch mit ihr erreichen lassen.[55] Maßstabbildend sind dabei nur die wesentlichen Planungsziele, die als zwingende Gründe des öffentlichen Interesses zum Überwiegen beigetragen haben. Abstriche am Grad der Zielvollkommenheit sind als typische Folge der Prüfung von Alternativen hinzunehmen. Z. B. rechtfertigt es eine nur suboptimale örtliche Verkehrsentlastung nicht, einer Variante „*den Stempel eines anderen Projekts aufzudrücken*".[56] Es muss allerdings keine planerische Variante in die Prüfung eingestellt werden, die nicht verwirklicht werden kann, ohne dass wesentliche Planungsziele, die mit dem

---

[53] BVerwG, Urt v. 9.7.2009 – 4 C 12.07; *Gatz* jurisPR-BVerwG 24/2009.
[54] BVerwGE 128, 1 (20. Leitsatz).
[55] BVerwGE 116, 254 (1. Leitsatz).
[56] BVerwGE 116, 254 (UA S. 15, juris Rn. 25). Im Prognosenullfall wurde ein Verkehr von 18.800 Kfz/d und 18.200 Kfz/d in den Ortschaften prognostiziert. Im Planungsfall wurde für Planfeststellungstrasse ein Verkehr von 1.400 Kfz/d und 1.700 Kfz/d sowie für die Variante 8.200 Kfz/d und 5.200 Kfz/d prognostiziert.

Vorhaben verfolgt werden, aufgegeben werden müssen.[57] Vor diesem rechtlichen Hintergrund ist es notwendig, dass sich der Vorhabenträger von Beginn an seiner Ziele bewusst ist. Nicht jedes in den Antragsunterlagen aufgeführte Ziel ist wesentlich. Aus diesem Grund gestaltet sich die Prüfung an dieser Stelle oft schwierig und aufwendig. Deshalb sollte sich der Vorhabenträger von vornherein auf die Darstellung der wesentlichen Planungsziele begrenzen.

In der Rechtsprechung des BVerwG wurde die Erfüllung der Planungsziele verneint, wenn die von Planungsseite durch den Neubau einer Bundesautobahn angestrebte Anbindung eines „Großraumes" durch den Ausbau einer vorhandenen Bundesstraße nicht erreicht werden kann[58] oder die Variante zu weit vom Stadtgebiet entfernt verläuft, so dass die äußere Erschließung der Stadtgebiete nicht gewährleistet wird.[59] Da sich in der Theorie die Abgrenzung einfacher anhört als sie sich in der Praxis darstellt, kann es bei Grenzfällen zweckmäßig sein, die Erfüllung der wesentlichen Planungsziele durch die Varianten einer fachgutachterlichen Prüfung zu unterziehen, um eine substantiierte Begründung zu haben.

b) Beurteilung aus Sicht des Natura 2000-Gebietsschutzes

Für die Beurteilung, ob eine Alternative gemäß § 34 Abs. 3 Nr. 2 BNatSchG mit geringeren Beeinträchtigungen des Natura 2000-Schutzgebietsnetzes einhergeht, bedarf es nur einer eingeschränkten materiellen Prüfung.[60]

Entscheidend für die Beurteilung, ob aus Sicht des Natura 2000-Gebietsschutzes Alternativen mit geringeren Beeinträchtigungen gegeben sind, ist nach der Rechtsprechung des BVerwG die Frage, ob eine Alternative möglich ist, bei der keine dem Gebietsschutz unterfallenden Lebensraumtypen oder Arten erheblich beeinträchtigt werden oder jedenfalls keine prioritären.[61] Um zu beurteilen, ob eine Beeinträchtigung geringer i. S. d. § 34 Abs. 3 Nr. 2 BNatSchG ist, wird demnach nur zwischen erheblichen und nicht erheblichen Beeinträchtigungen und bei erheblichen Beeinträchtigungen zwischen nicht prioritären und prioritären Schutzgütern differenziert. Einer detaillierteren Prüfung, nach der Wertigkeit und der Anzahl der betroffenen Lebensraumtypen oder Arten sowie des jeweiligen Umfangs und Art der Beeinträchtigung bedarf es nicht.[62] Der gebotene Untersuchungsaufwand könnte also entsprechend dem eingeschränkten materiellen Prüfprogramm gering gehalten werden, was jedoch in der Verwaltungspraxis der öffentlichen Hand durch die Vergabe der Unterlage zur Abweichungsprüfung an private Planungsbüros ausgehebelt wird.

Um eine transparente Unterlage zu erstellen, bedarf es bei Straßenplanungen angesichts der oft nicht einfachen topografischen Verhältnisse einer Grobtrassie-

[57] Hier wird von selbstständigen Teilzielen gesprochen, die mit den wesentlichen Planungszielen gleichzusetzen sind, BVerwGE 128, 1 Rn. 143.

[58] BVerwGE 120, 1 (u.a. S. 19).

[59] BVerwGE 128, 1 Rn. 143.

[60] BVerwGE 130, 299 Rn. 170; *Storost* DVBl 2009, 673 (680).

[61] BVerwGE 116, 254 (u.a. S. 18 f., juris Rn. 30); BVerwGE 130, 299 Rn. 170. Kritisch gesehen wird diese Rechtsprechung von *Lau* NVwZ 2011, 461 (465), wobei nach seiner Darstellung von einer anderen Differenzierung ausgegangen wird.

[62] BVerwGE 130, 299 Rn. 170, so auch *Stüer* DVBl 2009, 1 (6); *Storost* DVBl 2009, 673 (680).

rung. Dazu sind vom Vorhabenträger bei der Trassierung die gleichen Trassierungsparameter wie für das zur Planfeststellung beantragte Vorhaben anzulegen. Um beurteilen zu können, ob erhebliche Beeinträchtigungen durch die Alternativen ausgeschlossen werden können, ist der Umfang der betroffenen, durch die Erhaltungsziele geschützten, Flächen zu bilanzieren und hinsichtlich ihrer Erheblichkeit zu bewerten. Allenfalls für diese Leistung sollten private Planungsbüro beauftragt werden. Als Datengrundlage können in den meisten Fällen die Ergebnisse der Grunddatenerfassung herangezogen werden. Zusätzlicher Bestandserfassungen bedarf es in der Regel nicht. Die Reichweite der Auswirkungen (z. B. Beeinträchtigungsband für Stickstoffeinträge) und deren naturschutzfachliche Bewertung (z. B. bei Anhang II-Arten) haben sich an den in der FFH-Verträglichkeitsprüfung aufgestellten Maßstäben zu orientieren. Einer erneuten Bewertung der Vorzugsvariante bedarf es nicht. Hier sind vielmehr die Ergebnisse der FFH-Verträglichkeitsprüfung zugrunde zu legen. Zur Nachvollziehbarkeit der Ergebnisse sind Pläne mit den Alternativen und deren Belastungsbändern anzufertigen.

Ein anderer Punkt ist, inwieweit der Vorhabenträger gezwungen ist, im Planfeststellungsverfahren eingewandte Alternativen zu prüfen und zu optimieren. Vor dem Hintergrund des strikten Vermeidungsgebotes sind alle vorgetragenen Alternativvorschläge zu prüfen und mittels der für die Planfeststellungstrasse angelegten Trassierungsparameter zu optimieren. Darüber hinaus bedarf es aber keiner weiteren Optimierung mittels technischer Vermeidungsbauwerke. Zumindest bei Straßenbauvorhaben sind in 99 % der Fälle erhebliche Beeinträchtigungen (auch der Planfeststellungstrasse) durch technische Lösungen, wie z. B. Tunnelbauwerke und Einhausungen, zu vermeiden, so dass letztendlich fast jede Alternativenprüfung auf die Frage der Zumutbarkeit, in Form der Höhe der Gesamtkosten, hinausläuft. Den Kosten kommt im Rahmen der Zumutbarkeit schon wegen § 7 BHO eine große Bedeutung zu, so dass von diesen Alternativen abgesehen werden kann, wenn die Kosten für eine Vermeidung außerhalb des Verhältnisses zu den naturschutzfachlichen Vorteilen steht.[63]

Schließlich bedarf es vor dem Hintergrund des strikten Vermeidungsgebotes einer Prüfung, ob es kleinräumige Varianten oder technische Möglichkeiten gibt, einzelne erhebliche Beeinträchtigungen des FFH-Gebietes zu vermeiden.

c) Zumutbarkeit

Die Vorhabenträgerin darf von einer technisch an sich möglichen und rechtlich zulässigen Alternativlösung Abstand nehmen, wenn diese ihr unverhältnismäßige Opfer abverlangt oder andere Gemeinwohlbelange erheblich beeinträchtigt. Vor dem Hintergrund des in Art. 5 Abs. 4 EUV (Konsolidierte Fassung des Vertrags über die Europäische Union, ABl. C 83/13 vom 30.3.2010) verankerten Grundsatzes der Verhältnismäßigkeit dürfen auch im Anwendungsbereich des FFH-Rechts keine unverhältnismäßigen Opfer abverlangt werden. Ob Kosten oder sonstige Belastungen und Nachteile außer Verhältnis zu dem nach § 34 Abs. 3 Nr. 2 BNatSchG festgelegten Schutzregime stehen, ist am Gewicht der beeinträchtigten

[63] BVerwGE 128, 1 Rn. 142; BVerwG, Beschl v. 13.3.2008 – 9 VR 10.07, Rn. 43; OVG Lüneburg, Beschl v. 20.5.2009 – 7 KS 28/07, Rn. 119.

gemeinschaftsrechtlichen Schutzgüter zu messen. Maßgeblich hierfür sind die Schwere der Gebietsbeeinträchtigung, Anzahl und Bedeutung etwa betroffener Lebensraumtypen oder Arten sowie der Grad der Unvereinbarkeit mit den Erhaltungszielen. Je größer der „Gewinn" einer Alternativlösung für die Wahrung der Erhaltungsziele ist, desto umfassender ist der Anspruch an Vermeidungsmaßnahmen auch unter Einschluss der hierfür erforderlichen finanziellen Mittel.[64] Dementsprechend kommt es auf eine Betrachtung des jeweiligen Einzelfalls an.

Führt eine Alternative näher an Siedlungsgebieten bzw. ausschließlich oder überwiegend dem Wohnen dienenden Gebieten vorbei, so stellt sich die Frage, ob sie im Hinblick auf eine damit verbundene höhere Lärmbelastung zumutbar ist. Einen Anhaltspunkt für die Grenze der Zumutbarkeit können die Immissionsgrenzwerte der 16. BImSchV bilden. Sie bestimmen nach Auffassung des OVG Lüneburg das für eine Ortslage an Lärmbelastung noch Verhältnismäßige.[65] Das BVerwG fordert in diesem Zusammenhang aber auch zu prüfen, ob die Varianten die Lärmgrenzwerte der 16. BImSchV unter Einsatz von Maßnahmen des aktiven und passiven Schallschutzes zugunsten der Bevölkerung[66] einhalten können. Es bedarf insoweit einer konkreten Prüfung der Vor- und Nachteile derartiger Varianten.

Umgekehrt kann die Einhaltung der Immissionsgrenzwerte der 16. BImSchV einen Anhaltspunkt bilden, dass die Grenze der Zumutbarkeit nicht überschritten ist. Nach Auffassung des OVG Lüneburg kann der Gemeinwohlbelang des Schutzes vor Lärmbelastung bei Einhaltung der Immissionsgrenzwerte der 16. BImSchV nicht erheblich beeinträchtigt sein[67]; also eine erhebliche Beeinträchtigung (Erheblichkeitsschwelle = Zumutbarkeitsschwelle) liegt nur vor, wenn die Grenzwerte der 16. BImSchV überschritten werden.[68] Begründet wird dies mit dem in § 34 Abs. 3 Nr. 2 BNatSchG verankerten strikten Vermeidungsgebot.[69]

Eine solche Auslegung des Begriffes der „Zumutbarkeit" beschränkt aber das Gebot der ergebnisoffenen Abwägung, da abwägungserhebliche Belange, die unterhalb der Schwelle der fachplanerischen Zumutbarkeit liegen, dann „wertlos" würden. Über die Prüfung der Zumutbarkeit sollen gerade alle naturschutzexternen abwägungserheblichen Belange in einer mehrpoligen Verhältnismäßigkeitsprüfung berücksichtigt werden können, um somit zu einem konsistenten Ergebnis mit der fachplanerischen Alternativenprüfung zu kommen. Dem in § 34 Abs. 3 Nr. 2 BNatSchG verankerten strikten Vermeidungsverbot kann keineswegs entnommen werden, dass abwägungserhebliche Belange unterhalb der Zumutbarkeitsschwelle nicht berücksichtigt werden dürfen. Auch diese Belange können aufgrund des Umfanges ihrer Betroffenheit oder in Ergänzung anderer Belange zur Unzumutbarkeit einer Alternativtrasse führen.

---

64 BVerwGE 116, 254 (3. bis 5. Leitsatz, juris Rn. 37, 41).

65 OVG Lüneburg, Beschl v. 12.12.2005 – 7 MS 91/05, Rn. 65, so auch *Frenz* UPR 2011, 100 (101).

66 BVerwGE 117, 149 Rn. 59.

67 So auch OVG Lüneburg, Beschl v. 20.5.2009 – 7 KS 28/07, Rn. 112.

68 Zu Zumutbarkeitsschwelle BVerwG, Urt v. 31.1.2011 – 7 B 55/10, Rn. 6. Bei Einhaltung der Immissionsgrenzwerte kann davon ausgegangen werden, dass keine schädlichen Umwelteinwirkungen (**erhebliche** Nachteile oder **erhebliche** Belästigungen für die Allgemeinheit oder die Nachbarschaft) nach § 3 Abs. 1 BImSchG durch das Vorhaben herbeigeführt werden.

69 OVG Lüneburg, Beschl v. 12.12.2005 – 7 MS 91/05, Rn. 66.

Zu berücksichtigen ist auch, dass die Erheblichkeitsschwellen unterschiedliche Ansätze verfolgen. Die Überschreitung der normativ festgelegten Zumutbarkeitsschwelle der 16. BImSchV begründet einen individuellen Anspruch auf aktiven und/oder passiven Schallschutz. Die abwägungserhebliche Lärmbeeinträchtigung des Menschen beginnt bei viel geringeren Lärmauswirkungen bzw. in Abhängigkeit von den vorhabenbedingten Lärmerhöhungen, so dass nicht jede Beeinträchtigung des Menschen und seiner Gesundheit als erheblich bewertet wird. Demgegenüber wird bei der Auslegung des europäischen Habitatschutzrechts grundsätzlich davon ausgegangen, dass jede Beeinträchtigung von Erhaltungszielen erheblich sei.[70] Die bisher angenommenen Erheblichkeitsschwellen im Habitatschutzrecht sind rein naturschutzfachlich begründet und erfordern eine ungleich höhere Untersuchungs- und Darlegungslast („Nullrisiko").[71] Es werden kleinste Beeinträchtigungen als erheblich angesehen und der Nachweis an die Nichterheblichkeit ist höher als bei dem grundgesetzlich nach Art. 2 Abs. 2 GG geschützten Leib und Leben des Menschen.[72] Insoweit können die Erheblichkeits/Zumutbarkeitsschwellen nicht unbesehen gleichgesetzt werden, ohne dass ein Ungleichgewicht zwischen dem Schutz der menschlichen Gesundheit und dem Naturschutz entsteht. Es sollte deshalb jede Alternative für sich geprüft werden und nicht anhand gesetzgeberischer Wertungen von vornherein ausgeschlossen werden.[73] So kann eine starke vorhabenbedingte Lärmerhöhung eines oder mehrerer bisher nicht vorbelasteter Wohngebiete knapp unterhalb der Immissionsgrenzwerte im Verhältnis zu einer geringen erheblichen Beeinträchtigung eines häufig vorkommenden Waldlebensraumtypen (z. B. LRT 9110) durch betriebsbedingte Stickstoffeinträge, die bis zum Zeitpunkt der Inbetriebnahme wirksam ausgeglichen werden kann, unzumutbar sein. Insoweit ist abzuwägen, ob die zusätzliche Lärmbelastungen den Anwohner zuzumuten sind, während aufgrund der vorhabenbedingten Stickstoffeinträge eine Waldfläche ggf. langfristig nicht mehr als Lebensraumtyp anzusprechen ist und darüber hinaus der Vorhabenträger an anderer Stelle Wald zu dem Lebensraumtyp umbaut oder aufforstet.

Ferner können noch Entlastungseffekte im bestehenden Straßennetz eine Rolle bei der Frage der Zumutbarkeit spielen, wenn die Entlastungseffekte Bereiche betreffen, für die ein Anspruch auf Lärmsanierung besteht. Geringere Entlastungseffekte im nachgeordneten Netz begründen nicht automatisch die Unzumutbarkeit von Alternativen, wenn zwar die Beeinträchtigungen der Anwohner durch Verkehrslärm bei den Alternative im höheren Umfang fortbestehen, aber diese Lärmbelastungen nach den Wertungen des innerstaatlichen Rechts grundsätzlich für „Altstraßen" hinzunehmen sind.[74] Dieser Belang kann nur zusammen mit anderen maßgebenden Gesichtspunkten in einer Gesamtbilanz berücksichtigt werden.

Neben den Lärmbelastungen können weitere Gründe für die Unzumutbarkeit die teilweise Zerstörung einer einzigartigen historischen Kulturlandschaft sein, die

[70] BVerwGE 128, 1 (2. Leitsatz).
[71] BVerwGE 128, 1 (8. Leitsatz).
[72] *Stüer* DVBl 2007, 416 (420); *Stüer* NVwZ 2007, 1147 (1149), *Steeck/Lau* NVwZ 616 (617).
[73] A. A. *Füßer/Lau* WuR 2012, 448 (455).
[74] BVerwGE 116, 254 (u.a. S. 23 f.)

im Gegensatz zu einem Eingriff in ein Schutzgebiet nicht ausgeglichen werden kann,[75] die Vernichtung landwirtschaftlicher Existenzen[76] oder die mit der Verwirklichung einer Alternative verbundenen Mehrkosten. So wurden im Rahmen der Westumfahrung Halle und des Ausbaus der A 4 Tunnelvarianten aufgrund der damit verbundenden Mehrkosten in zweistelliger Millionenhöhe als unzumutbar verworfen.[77]

3. Kohärenzsicherung

Ferner sind in den Unterlagen zur Abweichungsprüfung, die Maßnahmen zur Kohärenzsicherung transparent darzustellen. Bei der Auswahl der Kohärenzsicherungsmaßnahmen hat der Vorhabenträger darauf zu achten, dass zur Minimierung der Kosten und der Auswirkungen auf das private Eigentum die Maßnahmen im Rahmen der Eingriffsregelung mit den Kohärenzsicherungsmaßnahmen kombiniert werden, da keine Verpflichtung zu einer zusätzlichen Kompensation besteht.[78] Die Maßnahmen können zur Schonung von privatem Eigentum auch in Natura 2000-Gebieten zusätzlich zu den Maßnahmen der Erhaltung und Vermeidung von Verschlechterungen und Störungen im Rahmen des Gebietsmanagements geplant werden.[79]

Die Frage, ob die Kohärenzsicherung eine weitere Zulassungsvoraussetzung darstellt oder der Rechtsfolgenseite zuzuordnen ist,[80] stellt sich in der Praxis bisher nicht, da für die Maßnahmen der Kohärenzsicherung ein weiter Rahmen besteht. Das BVerwG konnte ebenfalls die Entscheidung bisher offen lassen.[81] Allerdings kann es im Rahmen des Feststellens des Überwiegens der zwingenden Gründe des öffentlichen Interesses eine Rolle spielen, in welchem Umfang und zu welchem Zeitpunkt die erheblichen Beeinträchtigungen ausgeglichen werden können.

Für Kohärenzsicherungsmaßnahmen zur Aufrechterhaltung des Netzes Natura 2000 ist entscheidend, dass ein Gebiet als Bestandteil des Schutzgebietsnetzes nicht irreversibel beeinträchtigt wird, bevor ein Ausgleich tatsächlich erfolgt.[82] Der Kohärenzausgleich hat sich dabei funktionsbezogen an der jeweiligen erheblichen Beeinträchtigung auszurichten. Dafür reicht es nach der Rechtsprechung des BVerwG aus, wenn ein ausreichender räumlicher und zeitlicher funktionaler Zusammenhang zwischen Gebietsbeeinträchtigung und Kohärenzsicherungsmaßnahmen besteht.[83]

---

[75] OVG Lüneburg NuR 2006, 185 juris Rn. 60.

[76] OVG Lüneburg NuR 2006, 185 juris Rn. 50 – 21 landwirtschaftliche Betriebe und 52 Arbeitsplätze.

[77] BVerwGE 128, 1 Rn. 142; BVerwG, Beschl v. 13.3.2008 – 9 VR 10.07, Rn. 43; OVG Lüneburg, Beschl v. 20.5.2009 – 7 KS 28/07, Rn. 119.

[78] *Durner* NuR 2001, 601 (610).

[79] BVerwGE 130, 299 Rn. 203.

[80] Zulassungsvoraussetzung *Storost* DVBl 2009, 673 (677); *Frenz* UPR 2011, 100 (104); BVerwGE 128, 1 Rn. 148; a. A. *Durner* NuR 2001, 601 (609); *Schütz* UPR 2005, 137 (139).

[81] BVerwGE 128, 1 Rn. 148; BVerwGE 130, 299 Rn. 197. Zu den Entscheidungen *Steeck/Lau* NVwZ 2009, 616 (620), die bei der Zuordnung zur Rechtsfolgenseite zusätzliche Handlungsspielräume für einer hilfsweise Abweichungsprüfung eröffnet sehen.

[82] BVerwGE 128, 1 Rn. 148.

[83] BVerwGE 128, 1 Rn. 148; BVerwGE 130, 299 Rn. 200.

In zeitlicher Hinsicht ist es ausreichend, wenn sichergestellt ist, dass die Kohärenzsicherungsmaßnahmen für die erhebliche Beeinträchtigung der Lebensraumtypen rechtzeitig bis zur Vollendung des Vorhabens,[84] konkreter bis zum beeinträchtigenden Eingriff, umgesetzt werden. Sofern in den Klageverfahren darauf hingewiesen wird, dass der Eingriff in einen alten und qualitativ hochwertigen Waldbestand nicht auf Anhieb durch einen jungen Bestand kompensiert werden kann, steht dies einer Kohärenzsicherungsmaßnahme nicht entgegen. Eine vorübergehende Verschlechterung des ökologischen Zustands nimmt der Gesetzgeber hin, weil es beispielsweise unabänderlich ist, dass ein ausgewachsener Baum durch einen an seine Stelle tretenden Setzling erst Jahre später gleichwertig substituiert werden kann.[85] So ist es hinnehmbar, wenn Funktionseinbußen erst auf längere Sicht kompensiert werden.[86] Insbesondere bei Kohärenzsicherungsmaßnahmen für die prognostizierten erheblichen Beeinträchtigungen durch vorhabenbedingte Stickstoffeinträge ist die zeitlich verzögerte volle Wirksamkeit von Maßnahmen unproblematisch. Die Critical Loads stellen auf Langzeitauswirkungen ausgerichtete Vorsorgewerte dar,[87] die im Verhältnis zu den in der Regel sehr geringen Zusatzbelastungen keine kurzfristigen erheblichen Beeinträchtigungen erwarten lassen.

Anders kann die Situation bei nicht mobilen Arten zu beurteilen sein, wenn die Population durch die vorhabenbedingten Beeinträchtigungen nicht mehr überlebensfähig ist und dadurch ein irreversibler Schaden für das Netz Natura 2000 entsteht. In diesem Fall müssen die Maßnahmen zum Zeitpunkt der erheblichen Beeinträchtigung wirksam sein.

In räumlicher Hinsicht muss der Ausgleich nicht notwendig unmittelbar am Ort der Beeinträchtigung erfolgen, sondern es reicht aus, wenn die Maßnahmen in der biogeografischen Region vorgenommen werden.[88] Zudem sollte vom Vorhabenträger darauf geachtet werden, dass die Maßnahmen nicht in dem Belastungsband durch Stickstoffeinträge[89] bzw., wenn diese Maßnahmen auch den charakteristischen Arten dienen, außerhalb der Effektdistanzen liegen.

Für die Eignung einer Maßnahme als Kohärenzsicherungsmaßnahme genügt es, dass nach aktuellem wissenschaftlichen Erkenntnisstand eine hohe Wahrscheinlichkeit ihrer Wirksamkeit besteht. Hier ist eine prognostische Abschätzung des Erfolges der Maßnahmen ausreichend.[90] Eines Monitorings mit Risikomanagement bedarf es deshalb grundsätzlich für keine Kohärenzsicherungsmaßnahme. Allenfalls für Schadensvermeidungs- und Schadensminderungsmaßnahmen kann ein Monitoring mit Risikomanagement notwendig werden, da hier der Nachweis der Wirksamkeit gefordert wird.

In quantitativer Hinsicht ist ein vollständiger Ausgleich der funktionalen Beeinträchtigungen zu gewährleisten. Dabei ist auch zu berücksichtigen, dass erhebliche

[84] BVerwGE 130, 299 Rn. 200.
[85] BVerwGE 120, 1 (u.a. S. 23).
[86] BVerwGE 130, 299 Rn. 200; vgl. auch *Hösch* NuR 2004, 210 (217 f.); *Spieth/Appel* NuR 2009, 669 (674 ff.). Die Wirksamkeit zum Zeitpunkt des Eingriffs fordern grundsätzlich *Köck* ZUR 2005, 466 (469); *Louis/Wolf* NuR 2002, 455 (459).
[87] BVerwGE 130, 299 Rn. 207.
[88] BVerwGE 130, 299 Rn. 200.
[89] Die Maßnahmen werden als zweifelhaft bezeichnet, BVerwGE 130, 299 Rn. 206.
[90] BVerwGE 130, 299 Rn. 201.

Beeinträchtigungen durch vorhabenbedingte Stickstoffdepositionen erst langfristig zu einer die erhebliche Beeinträchtigung auslösenden Veränderung der Artzusammensetzung führen. Das BVerwG hat das vielfach fachgutachterlich vorgeschlagene Eingriffs-/Ausgleichsverhältnis von 1:3 als *„ohnehin weit „übererfüllt""* bezeichnet.[91] Ein Eingriffs-/Ausgleichsverhältnis von mindestens 1:1 ist ausreichend.[92] Insoweit steht der Vorhabenträger in der Pflicht, die Kosten auch bei der Ermittlung des Umfangs der Kohärenzsicherungsmaßnahmen zu minimieren.

---

[91] BVerwGE 130, 299 Rn. 207.
[92] BVerwGE 130, 299 Rn. 210.

HANS-GERT PÖTTERING

Bau am Haus Europa – das Europäische Parlament

Prof. Dr. Bernhard Stüer möchte ich zur Vollendung seines 65. Lebensjahres herzlich gratulieren! Mit ihm ehren wir eine Persönlichkeit, die in vorbildlicher Weise den Beruf eines Rechtsanwalts (Fachanwalt für Verwaltungsrecht) mit dem Engagement für junge Menschen verbindet. Als Honorarprofessor der Universität Osnabrück begeistert er Generationen von Studenten durch seine Lehrveranstaltungen und Studienfahrten.

Zwar kann ich, wie es die Absicht dieser Festschrift ist, keinen Beitrag zum „Bau- und Fachplanungsrecht" im engeren Sinne leisten. Da aber die Einigung Europas – der Bau Europas – im Allgemeinen sowie die Kompetenzerstreitung und Kompetenzerweiterung des Europäischen Parlaments im Besonderen fachlicher politischer Planung bedarf und schließlich in rechtliche Bestimmungen in Form von Vertragsrecht münden, mögen meine Ausführungen Teil der beabsichtigten thematischen Zielsetzung sein und nicht dem Urteil einer verfehlten Themenbearbeitung unterworfen werden. Um gleichwohl – bei Juristen weiß man nie (bin selbst einer) – jedem Fehlurteil vorzubeugen, weise ich darauf hin, dass es mit den Herausgebern dieser Festschrift so vereinbart ist.

In allen Mitgliedstaaten der Europäischen Union (EU) finden sich mittlerweile täglich europäische Themen in den Schlagzeilen. Dies könnte zunächst Anlass zur Freude sein, da eine europäische Öffentlichkeit etwas ist, wofür die am Bau des europäischen Hauses Beteiligten lange gekämpft haben. Bei genauerem Hinsehen überwiegen heute allerdings die skeptischen Stimmen und die negativen Themen. Insbesondere die Sorgen um die Stabilität der gemeinsamen Währung und die Haushaltsführung in einigen Ländern dominieren die Berichterstattung. So gestaltet es sich im Herbst 2012, zum Abgabedatum dieses Beitrags, und es bedarf keiner großen prophetischen Gaben, um dies auch für den Zeitpunkt der Veröffentlichung im Frühjahr 2013 vorherzusagen. In die Kritik an der Staatsverschuldung mischen sich dabei auch immer wieder Zweifel, ob die Europäische Union den aktuellen Herausforderungen gewachsen ist. Der Eindruck, dass die EU mit bald 28 Mitgliedern scheinbar nicht mehr ausreichend handlungsfähig sei, führt zu der falschen Schlussfolgerung, dass eine Rückbesinnung auf nationalstaatliches Handeln eine bessere Lösung böte. Viel zu leicht erliegen wir dabei der Versuchung, die Entwicklungen und Perspektiven aus der Situation des Tages heraus zu beurteilen. Auch aus diesem Grund freue ich mich über die Gelegenheit, die Notwendigkeit gemeinsamen europäischen Handelns anhand eines Rückblicks auf die Entwicklung der Europäischen Union und insbesondere des Europäischen Parlaments darstellen zu können.

Die europäische Einigung ist die politische Antwort auf die Erfahrungen der Vergangenheit. Am 9. Mai 1950, als der Kontinent noch in Trümmern lag und das Leid des furchtbarsten der vielen Kriege in Europa noch allgegenwärtig war, übermittelte der damalige Außenminister Frankreichs, Robert Schuman, dem ersten deutschen Bundeskanzler, Konrad Adenauer, einen Vorschlag, welchen er wenige Stunden später öffentlich verkündete. Dieser Vorschlag sollte als „Schuman-Plan“ und Grundstein der Europäischen Einigung in die Geschichte eingehen. Darin hieß es:

„Die französische Regierung schlägt vor, die Gesamtheit der französisch-deutschen Kohle- und Stahlproduktion unter eine gemeinsame Oberste Aufsichtsbehörde (Haute Autorité) zu stellen, in einer Organisation, die den anderen Ländern zum Beitritt offen steht.“

Hierbei handelte es sich nicht nur um einen technischen Vorschlag, sondern dahinter stand ein Projekt der Versöhnung und des Friedens. Damit hat Robert Schuman einen Kreislauf durchbrochen, der auf dem europäischen Kontinent bislang die Regel war. In nahezu jeder Generation gab es einen Krieg und stets war die Automatik des Denkens und Handelns anschließend gleich. Es ging darum, möglichst schnell stärker als der Nachbarstaat zu werden und dann einen geeigneten Zeitpunkt zu finden, um den nächsten Krieg zu gewinnen. Das war die „Logik“ der Wiederaufrüstung und des Rüstungswettbewerbs. Von diesem Denken hat sich Robert Schuman abgewendet und fand in Konrad Adenauer, Alcide De Gasperi, Paul-Henri Spaak und anderen verantwortungsvolle Persönlichkeiten, die bereit waren, diesen Weg mit ihm zu gehen. Der Schuman-Plan führte im Jahr 1952 zur Gründung der Europäischen Gemeinschaft für Kohle und Stahl (EGKS).

Erstmals wurden in Europa überstaatliche Institutionen geschaffen, wie die Hohe Behörde, die Gemeinsame Versammlung oder ein supranationaler Gerichtshof. In den Römischen Verträgen über die Gründung einer Europäischen Wirtschaftsgemeinschaft und einer Europäischen Atomgemeinschaft im Jahr 1957 wurde dieses Prinzip auf alle Gemeinschaften erweitert und die Gemeinsame Versammlung, nach wie vor aus nationalen Entsandten zusammengesetzt, in Europäisches Parlament umbenannt.

Der Kerngedanke war dabei die Verlagerung von Kompetenzen auf gemeinschaftliche Institutionen. Als das Europäische Parlament im Jahr 1979 erstmalig von den Bürgerinnen und Bürgern der damals neun Mitgliedstaaten direkt gewählt wurde, besaß es dennoch ein nur sehr eingeschränktes Mitspracherecht. Uns Abgeordneten war aber damals bereits klar, dass das einzige demokratisch legitimierte Organ der Europäischen Gemeinschaften mehr Rechte erhalten musste, wenn es seiner Rolle als Volksvertretung gerecht werden sollte. Dies erfolgte in mehreren Schritten durch Verträge, die – abgesehen von der Einheitlichen Europäischen Akte (EEA) im Jahr 1986 – stets nach den Orten benannt wurden, in denen der sie beschließende Europäische Rat tagte.

Mit der Einheitlichen Europäischen Akte wurde das Europäische Parlament erstmals durch das Verfahren der Zusammenarbeit an der europäischen Rechtsetzung beteiligt. Von nun an gab es die Möglichkeit, Änderungsanträge zu Gesetzesvorhaben einzubringen, wenngleich auch dem Ministerrat, zusammengesetzt aus den jeweiligen Fachministern der Mitgliedstaaten, weiterhin das letzte Wort gehörte. Dies wurde erst durch das Mitentscheidungsverfahren, eingeführt durch den Vertrag von Maastricht im Jahr 1992, geändert. Begrenzt auf wenige Politikbereiche war das Europäische Parlament von nun an Mitgesetzgeber in der durch diesen Vertrag geschaffenen Europäischen Union. Das Verfahren der Mitentscheidung wurde in den weiteren Vertragsschritten (Amsterdam 1997 und weniger mit Nizza 2001) um verschiedene Zuständigkeitsbereiche erweitert. Mit dem Vertrag von Lissabon aus dem Jahr 2007 ist es schließlich gelungen, das Europäische Parlament neben dem Ministerrat in nahezu 100 Prozent der Politikbereiche, abgesehen von Steuerfragen, im ordentlichen Gesetzgebungsverfahren zum gleichberechtigten Mitgesetzgeber zu erheben. Dies bildet den vorläufigen Höhepunkt der demokratischen und parlamentarischen Entwicklung der inzwischen 500 Millionen Bürgerinnen und Bürger umfassenden Europäischen Union.

In den beschriebenen Zeiten hat sich unser Kontinent verändert. Im Jahre 1979, dem Jahr der ersten Europawahlen, war Europa gespalten. Die heutige deutsche Hauptstadt Berlin wurde von einer Mauer durchzogen und Ost und West waren geteilt durch Zäune, Mauern und Stacheldraht. Wenn mir zu ebendiesem Zeitpunkt jemand vorausgesagt hätte, dass am 3. Oktober 1990 Deutschland in Freiheit geeint sein würde, oder dass am 1. Mai 2004 drei Nationen, die von der Sowjetunion okkupiert waren, nämlich Estland, Lettland und Litauen, und die Warschauer-Pakt-Staaten Polen, die Tschechoslowakei, dann die Tschechische Republik, die Slowakei und Ungarn zusammen mit Slowenien als Teil des kommunistischen Jugoslawiens der Wertegemeinschaft der Europäischen Union beitreten würden, wäre meine Antwort gewesen: „Das ist ein schöner Traum und das mag eines Tages kommen, aber ich werde es wohl nicht mehr erleben.“ Doch dieser Traum aus dem Jahre 1979 ist heute Wirklichkeit geworden.

Als nach dem Fall der Mauer am 9. November 1989 in Europa über eine mögliche Deutsche Wiedervereinigung diskutiert wurde, war der Kreis der Unterstützer sehr klein. Die Vorstellung einer neuen Dominanz eines noch größeren und stärkeren Deutschlands löste selbst bei einigen engen Partnern Unbehagen aus. Im Europäischen Parlament erlebte ich in dieser Zeit eine ganz andere Stimmung. Durch die jahrelange Zusammenarbeit mit Kolleginnen und Kollegen war ein großes Vertrauen aufgebaut worden und wir Deutsche erhielten von allen Seiten sehr viel Zuspruch.

Sicher zählt es zu den Besonderheiten des Europäischen Parlaments, dass bei den Abgeordneten ein echtes europäisches Denken an die Stelle der rein nationalstaatlichen Perspektive tritt. Viel öfter als das Trennende steht das uns Verbindende im Mittelpunkt. Dies war auch der Schlüssel für die Überwindung der Teilung Deutschlands und Europas, denn die Menschen auf beiden Seiten des Eisernen Vorhangs strebten nach denselben Werten. Dem Drang nach Freiheit und Demokratie konnte kein Regime auf Dauer standhalten. In ganz besonderer Weise wurde dies bei unseren polnischen Nachbarn sichtbar. Ich erinnere an die mutigen Mitglieder von Solidarność mit Lech Wałęsa als Schlüsselperson, aber auch an den großen polnischen Papst Johannes Paul II. Man muss kein Christ sein oder Katholik, um zu erkennen, dass die geistig-moralische Kraft dieses Papstes viele Menschen getragen hat. Er hat seinen polnischen Landsleuten zugerufen: „Habt keine Angst! Verändert die Welt, verändert diese Welt!“. Wie müssen die Menschen, die unter Einsatz ihres Lebens für unsere gemeinsamen Werte eingetreten sind, die Selbstverständlichkeit empfinden, mit der wir heute diesen herausragenden Erfolgen begegnen? Die europäische Integration bescherte uns die längste Friedensperiode, die dieser Kontinent je erlebte, eine stabile Gemeinschaft, gegründet auf gemeinsamen Werten, eine Union von 500 Millionen Bürgerinnen und Bürgern. All dies sind kostbare Erfolge, um die uns die Welt beneidet und die unsere Wertschätzung verdient haben. In der Hektik des politischen Alltags kommt diese Wertschätzung oftmals zu kurz. Vielleicht ist es auch einfach unmöglich, eine Generation, die nie im eigenen Land Krieg oder dessen Auswirkungen erlebt hat, mit dem Argument der Friedenssicherung dauerhaft zu überzeugen.

Doch die Europäische Union ist mehr als nur ein Friedensprojekt. Konrad Adenauer formulierte es am 15. Dezember 1954 in seiner Regierungserklärung im Deutschen Bundestag wie folgt:

„Die Einheit Europas war ein Traum von wenigen. Sie wurde eine Hoffnung für viele. Sie ist heute eine Notwendigkeit für uns alle. Sie ist notwendig für unsere Sicherheit, für unsere Freiheit, für unser Dasein als Nation und als geistig-schöpferische Völkergemeinschaft.“[1]

Dies war bereits im Jahr 1954. Heute können wir festhalten, dass niemals zuvor so viele Menschen in Europa ein so hohes Wohlstandsniveau erreicht haben. Das heißt nicht, dass viele Europäerinnen und Europäer nicht auch weiterhin in schwierigen sozialen Verhältnissen oder sogar in Armut leben müssen. Aber der Grad an sozialer Sicherheit, wie er trotz aller Defizite in der heutigen EU besteht, und die Verbesserung des Lebensstandards, vor allem in den postkommunistischen Gesellschaften seit 1990 sind – bei allen anhaltenden sozialen Problemen – ohne Beispiel in der Welt.

Die EU schaut dabei aber nicht nur auf sich selbst. Als Partner für eine freie Weltwirtschaft und als größter Geber von Entwicklungshilfe ist die Europäische Union dem Grundsatz der Sozialen Marktwirtschaft verpflichtet. Damit leisten viele Europäer wichtige Beiträge für eine stabilere, vor allem aber bessere Welt, in der das Wohlergehen einer stetig wachsenden Zahl von Menschen gesteigert wird. Wo immer die EU Wachstumskräfte in Europa freisetzt, nutzt dies vielen Menschen in aller Welt. Mit ihren weltweiten Investitionen leisten europäische Firmen einen wichtigen Beitrag zur Stabilität der Weltwirtschaft. Wo immer europäische Nichtregierungsorganisationen oder öffentliche Geldgeber Entwicklungshilfe leisten, kommt dies den Menschen zugute und stärkt auch das Ansehen der EU als eines fairen, solidarischen Partners. Diese wirtschaftlichen und entwicklungspolitischen Aktivitäten stabilisieren am Ende auch dauerhaft unseren eigenen Wohlstand.

Mit dem Blick auf die Welt und die großen kulturellen Unterschiede erkennen wir auch, was uns in der Europäischen Union im Kern verbindet: Wir alle teilen die gleichen Werte, die Würde des Menschen, Menschenrechte, Demokratie, Freiheit, Frieden, Rechtsordnung begleitet von den Prinzipien der Solidarität und der Subsidiarität. Diese Werte zu verteidigen, wird uns aber nur gemeinsam gelin-

[1] Regierungserklärung, Bundestag, 15.12.1954, Protokoll.

gen. Ein Blick auf die demografische Entwicklung genügt, um diese These zu untermauern. Nach dem Zweiten Weltkrieg lag der Anteil der Europäer an der Weltbevölkerung bei 22 Prozent, heute sind es gerade noch zwölf Prozent; der Anteil der Deutschen sank von 2,7 auf heute 1,1 Prozent. Im Jahre 2050 werden es weltweit – wenn man den demografischen Prognosen folgt – nur noch sieben Prozent Europäer und weniger als 0,7 Prozent Deutsche sein. Wie wollen wir im 21. Jahrhundert unsere Werte und Interessen in der Welt verteidigen, wenn nicht gemeinsam in der Europäischen Union?

Wenn wir also schon auf gemeinsames Handeln angewiesen sind, dann müssen wir auch sicherstellen, dass wir handlungsfähig bleiben. Angesichts der Herausforderungen, die insbesondere in der Staatsschuldenkrise zu bewältigen sind, spüren wir, wie wichtig den Bürgerinnen und Bürgern eine demokratische Legitimation der oft sehr weitreichenden Entscheidungen ist. Hier müssen wir unterscheiden zwischen nationalen Budgetentscheidungen, die zur Stützung der nationalen Volkswirtschaften notwendig sind, und europäischen Maßnahmen, die nur gemeinschaftlich zu bewältigen sind. Dass sich die nationalen Parlamente oftmals gegen ihre Regierungen behaupten müssen, hat es in der Vergangenheit immer wieder gegeben. Neu ist dagegen die durch die enge Verzahnung der Volkswirtschaften notwendige Abstimmung der nationalen Entscheidungen auf europäischer Ebene. Durch den Vertrag von Lissabon haben die nationalen Parlamente zwar erstmals Möglichkeiten eingeräumt bekommen, frühzeitig in den europäischen Gesetzgebungsprozess einzugreifen, in der Praxis zeigt sich aber, dass dies nur schwer umzusetzen ist.

Die Krise mit ihren unterschiedlichen Ursachen bietet aber auch ausreichenden Bedarf an europäischen Entscheidungen. Bei der Einrichtung europäischer Kontrollorgane, wie der europäischen Aufsicht für Banken, Wertpapiere oder Versicherungen, wurden durch die maßgebliche Mitgestaltung durch das Europäische Parlament die Interessen der Bürgerinnen und Bürger eingebracht. Umso unverständlicher ist es, wenn das BVerfG immer wieder die demokratische Legitimation dieser Institution infrage stellt. Weder die häufig bemängelte unterschiedliche Anzahl der Wähler pro Abgeordnetem in den verschiedenen Ländern, noch die Aufgaben als Mitgesetzgeber und Kontrollorgan der Exekutive lassen einen Zweifel daran, dass das Europäische Parlament im besten Sinne eine echte Volksvertretung ist. Die Legitimation ausschließlich an nationalstaatlichen Maßstäben zu messen, wird der Besonderheit der Europäischen Union als einem völkerrechtlichen Staatenverbund sui generis nicht gerecht.

Sicher berechtigt ist die Kritik am fehlenden Initiativrecht. Dieser Mangel konnte auch durch den Vertrag von Lissabon nicht beseitigt werden. Angesichts der Entwicklung des Europäischen Parlaments muss jedoch davon ausgegangen werden, dass es sich hierbei nur um eine Frage der Zeit handelt, da es für einen Mitgesetzgeber auf Dauer unangemessen ist, darauf angewiesen zu sein, dass die EU-Kommission eine Initiative anstößt. Zu berücksichtigen ist aber, dass in diese Richtung ein wichtiger Schritt bereits mit dem Vertrag von Lissabon getan wurde, weil das Europäische Parlament gemäß Art. 225 AEUV nunmehr die Kommission zu einer Initiative auffordern kann.

Entscheidende Befugnisse kommen dem Europäischen Parlament auch in der Außenvertretung der Europäischen Union zu, besonders in der gemeinsamen Handelspolitik. Die EU ist immerhin die größte Wirtschaftsgemeinschaft der Welt mit einem Anteil von etwa einem Drittel (31 Prozent) am weltweiten Bruttoinlandsprodukt. Die USA kommen im Vergleich dazu nur auf einen Anteil von 25,5 Prozent, Japan auf 8,1 Prozent und China auf 6,1 Prozent.[2] Von der weltweiten Durchsetzungskraft gemeinsamer Standards im Hinblick auf Sicherheit, Qualität sowie Umwelt- und Verbraucherschutz profitieren insbesondere kleinere Länder, die alleine im Wettbewerb chancenlos wären.

Ebenfalls im Sinne der Bürgerinnen und Bürger ist die vom Europäischen Parlament ausgeübte Kontrollfunktion gegenüber der Exekutive, also der EU-Kommission. Grundsätzlich arbeiten die Organe der Europäischen Union sehr kollegial miteinander, dennoch sind gegenseitige Kontrollmechanismen unerlässlich. Der wichtigste Ansatzpunkt ist das Budgetrecht des Europäischen Parlaments. Im Haushalts- und Haushaltskontrollausschuss werden die Aufgaben der EU-Kommission unter haushalterischen Gesichtspunkten detailliert analysiert und bewertet. Da im Grunde jede Handlung ihren Niederschlag in den Haushaltsplänen findet, ist dies ein wirksames Mittel, mit welchem inhaltliche, aber auch strukturelle Entwicklungen beeinflusst werden können.

Eine weitere wichtige Aufgabe bezieht sich auf die personelle Zusammensetzung. Die EU-Kommission setzt sich aus ihrem Präsidenten und 26 weiteren Mitgliedern zusammen. Hier hat das Europäische Parlament ein entscheidendes Mitspracherecht: Der Kandidat für das Amt des Präsidenten wird dem Europäischen Parlament vom Europäischen Rat unter Berücksichtigung des Ergebnisses der vorangegangenen Europawahlen vorgeschlagen. Daraufhin kann das Europäische Parlament den Vorschlag des Rates billigen oder ihn ablehnen:

Art. 17 Abs. (7) EUV Der Europäische Rat schlägt dem Europäischen Parlament nach entsprechenden Konsultationen mit qualifizierter Mehrheit einen Kandidaten für das Amt des Präsidenten der Kommission vor; dabei berücksichtigt er das Ergebnis der Wahlen zum Europäischen Parlament. Das Europäische Parlament wählt diesen Kandidaten mit der Mehrheit seiner Mitglieder. […]

Auch die weiteren Mitglieder der Europäischen Kommission müssen vom Europäischen Parlament als Ganzes bestätigt werden und die Kommissare müssen sich einer Anhörung stellen:

Art. 17 Abs. (7) EUV […] Der Rat nimmt, im Einvernehmen mit dem gewählten Präsidenten, die Liste der anderen Persönlichkeiten an, die er als Mitglieder der Kommission vorschlägt. […] Der Präsident, der Hohe Vertreter der Union für Außen- und Sicherheitspolitik und die übrigen Mitglieder der Kommission stellen sich als Kollegium einem Zustimmungsvotum des Europäischen Parlaments. Auf der Grundlage dieser Zustimmung wird die Kommission vom Europäischen Rat mit qualifizierter Mehrheit ernannt.

Damit gehen die Rechte des Europäischen Parlaments sogar weiter als die der meisten nationalen Parlamente. Darüber hinaus hat das Europäische Parlament die

[2] United Nations Conference on Trade and Development: UNCTAD Handbook of Statistics 2008, New York/Genf, S. 388.

Möglichkeit, gemäß Art. 234 AEUV der EU-Kommission mit einer Zweidrittelmehrheit sein Misstrauen auszusprechen. Im März 1999 genügte bereits die Androhung dessen, um die EU-Kommission und ihren Präsidenten Jacques Santer zum Rücktritt zu bewegen. Dies war notwendig geworden, als sich die Korruptionsvorwürfe gegen die Kommissarin Edith Cresson damals verdichteten und die EU-Kommission dadurch in ihrer Handlungsfähigkeit beeinträchtigt zu werden drohte.

Neben seinen legislativen Pflichten bietet das Europäische Parlament auch ein Forum für politische Debatten. Der zu bewahrende Pluralismus der europäischen Kulturen wird in dem Motto der Europäische Union „In Vielfalt geeint" verdeutlicht. Dass dieser Pluralismus, der sich auch im Plenarsaal widerspiegelt, die Debatten bereichert, wird ein jeder bestätigen können, der die Gelegenheit hatte, eine Sitzung im Plenum zu verfolgen. Simone Veil, die erste Präsidentin des direkt gewählten Europäischen Parlaments, formulierte dies in ihrer Antrittsrede 1979 mit den Worten:

„[...]. Dennoch bin ich überzeugt, dass der Pluralismus unserer Versammlung unsere Arbeiten bereichern kann und nicht unbedingt den Fortschritt des europäischen Aufbauwerks hemmen muss. Denn ich glaube, dass wir trotz unterschiedlicher Gesinnungen vom gleichen Willen beseelt sind, eine auf einem gemeinsamen Vermächtnis beruhende Gemeinschaft zu verwirklichen, und dass wir die gleiche Achtung vor den menschlichen Grundwerten empfinden. In diesem Sinne fordere ich Sie auf, im Geiste der Brüderlichkeit die Arbeiten anzupacken, die unserer harren."[3]

Die verschiedenen europäischen Kulturen zusammenzubringen, ist eine vergleichsweise einfache Aufgabe, wenn wir auf die Unterschiede in der Welt blicken. Das Europäische Parlament hat sich desgleichen dem Dialog der Kulturen und Religionen verschrieben. Auch diese Aufgabe ist geprägt von unseren gemeinsamen Werten. Mit dem Eintreten für Menschenrechte, Toleranz und Religionsfreiheit hat sich das Europäische Parlament weltweit Vertrauen erarbeitet. Durch Begegnungen, Gespräche oder die jährliche Verleihung des Sacharow-Preises für geistige Freiheit an Personen, die sich für Menschenrechte einsetzen, können wir wichtige Zeichen setzen, die weltweit Beachtung finden und Menschen nachhaltig dazu ermutigen, für ihre Rechte und ihre Freiheit einzutreten.

Nach dem Blick auf die Entwicklung und die aktuelle Situation stellt sich die Frage, welche Perspektiven des Europäischen Parlaments sich für die Zukunft abzeichnen: Die Bewältigung der Staatsschuldenkrise ist eine Aufgabe, die uns sicher noch länger beschäftigen wird. Welche Folgen dies auf das Institutionengefüge haben wird, ist derzeit noch völlig offen. Meine Antwort darauf lautet „Mehr Europa". Nur durch gemeinsames Handeln können wir das Haus Europa, das bereits eine beeindruckende Größe angenommen hat, weiter ausbauen. Doch um im Bild zu bleiben: ein Haus erfordert ständige Pflege, ab und an eine Reparatur oder eine Renovierung und es werden immer wieder Teile an- oder umgebaut. Von der Tragfähigkeit des (Werte-)Fundaments bin ich überzeugt. Wenn nicht

[3] Antrittsrede von *Simone Veil* als Präsidentin des Europäischen Parlaments am 17.7.1979 in Straßburg.

ständig daran gerüttelt wird, können viele Menschen dauerhaft in guter Gemeinschaft unter dem Dach der EU leben. „Mehr Europa" bedeutet, dass wir nicht nur gemeinsame Regeln vereinbaren, sondern den Europäischen Institutionen auch die notwendigen Instrumente und Kompetenzen geben, die Einhaltung der gemeinsamen Regeln einzufordern.

Berechtigte Kritik in einzelnen Bereichen darf aber nicht immer wieder dazu führen, das gesamte Projekt der Europäischen Einigung infrage zu stellen. Die Wirklichkeit beweist, dass die EU auch weiterhin besser ist für alle, die das Glück haben, in ihr zu leben. Auch Kritiker müssen anerkennen, dass die Europäische Union in zunehmenden Feldern die Bedingungen unseres Zusammenlebens und die Rolle Europas in der Welt gestaltet. Die Europäische Union ist nicht Teil des Problems, sondern die Antwort auf viele Fragen, mit denen unsere Nationalstaaten mittlerweile überfordert wären.

Wir beabsichtigen nicht, dass Europa zu einem zentralistischen Superstaat werden soll. Vielmehr ist es wichtiger denn je, gemäß dem Subsidiaritätsprinzip die jeweils niedrigste politische Ebene zu identifizieren, auf welcher eine Entscheidung am sinnvollsten getroffen werden kann, und anhand dieser Ergebnisse gegebenenfalls auch Kompetenzen zurückzuverlagern. So könnte man einem Teil der Kritik begegnen, der auf europäische Überregulierung abzielt und in einigen Bereichen sicher seine Berechtigung findet. Es muss gelingen, die verschiedenen politischen Ebenen – Kommune, Region, Nation und EU – optimal zusammenzuführen, denn wer nur seine Heimat sieht – und die Heimat ist die Grundlage – wird sie nicht schützen. Wer die eigene Nation über alles stellt, wird zum Nationalisten, und Nationalismus führt zum Krieg. Und wer nur als Europäerin oder Europäer empfindet, der hat keine Wurzeln. Diese verschiedenen Ebenen und Identitäten gehören zusammen: Heimat, die Region, das eigene Land, die Europäische Union – und darüber hinaus haben wir auch eine Verantwortung für die Welt.

Die Europäische Union musste in der Vergangenheit durch viele Krisen gehen und ist doch meistens gestärkt daraus hervorgegangen. Ich habe deshalb allen Grund, zuversichtlich zu sein, dass wir auch aus der aktuellen Situation gestärkt hervorgehen werden. Die Herausforderungen des 21. Jahrhunderts sind sicher nicht einfach zu bewältigen, aber wenn wir daran denken, wie viel Mut, Hoffnung und Zuversicht die Gründerväter der Europäischen Union einst aufbringen mussten, um auf einem zerstörten Kontinent einen friedlichen Neubeginn zu wagen, dann ist es von uns nicht zu viel verlangt, optimistisch und beherzt den Weg der Europäischen Einigung weiterzugehen.

Diese Zuversicht und diesen Optimismus wünsche ich auch Prof. Dr. Bernhard Stüer! Ihn begleiten meine besten Wünsche für eine lange Zukunft! Wenn ich auch den hohen Maßstäben seines juristischen Sachverstandes nicht gerecht werden kann, fühle ich mich doch geehrt, sein Kollege zu sein – als Honorarprofessor der Universität Osnabrück. Darüber hinaus verbindet das politische Interesse den Jubilar mit dem Autor, wobei letzterer sich als Diener des Volkes versteht, jener hingegen ein hoch anerkannter Lehrer für deutsche und andere europäische Studentinnen und Studenten ist.

Ad multos annos!

HANS-WERNER RENGELING

Zur Gewährleistung effektiven Rechtsschutzes im Europäischen Verwaltungsrecht

I. Einführung

Namentlich im Fachplanungsrecht und im allgemeinen Verfahrensrecht wachsen die Einflüsse des Rechts der Europäischen Union immer mehr an.[1] Europarechtliche Vorgaben enthalten etwa die UVP-Richtlinie,[2] die Plan-UVP-Richtlinie,[3] die Umweltinformationsrichtlinie,[4] die Fauna-Flora-Habitat-Richtlinie,[5] die Vogelschutz-Richtlinie,[6] die Luftqualitäts-Richtlinie,[7] die Umgebungslärm-Richtlinie[8] und die IVU-Richtlinie.[9]

Unser Jubilar steht auch diesen Einflüssen offen gegenüber und bezieht seit Anbeginn die europarechtlichen Regelungen und Aspekte in seine Arbeiten ein. Seit vielen Jahren hat er auf diesem Gebiet besonderes Interesse gezeigt.[10]

II. Verfassungsrechtliche Grundlagen

Durch den am 1. Dezember 2009 in Kraft getretenen Lissabonner Reformvertrag[11] hat die EU eine neue verfassungsrechtliche Grundlage erhalten.[12] Sie besitzt nunmehr erstmals eine eigene Rechtspersönlichkeit, Art. 47 EUV. Die Union absorbiert gewissermaßen die Europäische Gemeinschaft,[13] die nach der Rechtsprechung des EuGH als „Rechtsgemeinschaft" bezeichnet worden ist, in der die Gemeinschaft und die Mitgliedstaaten der Kontrolle unterliegen, ob ihre

1 Zusammenfassend zum Thema „Europarecht in der Fachplanung": *Stüer* in FS Rengeling, 2008, S. 447 ff.
2 *Stüer* (Fn. 1), S. 449 ff.
3 *Stüer* (Fn. 1), S. 459 ff.
4 *Stüer* (Fn. 1), S. 467.
5 *Stüer* (Fn. 1), S. 468 ff.; *ders.* DVBl 2002, 940 ff.; *ders.* NVwZ 2002, 1164 ff.; *ders.* DVBl 2010, 1521.
6 *Stüer* (Fn. 1), S. 474 ff.; *ders.* DVBl 2007, 610 ff.; *ders.* NVwZ 2007, 1147 ff.
7 *Stüer* (Fn. 1), S. 476 ff.
8 *Stüer* (Fn. 1), S. 478.
9 *Stüer* (Fn. 1), S. 478 f.
10 Vgl. etwa eine von *Stüer* veranstaltete Tagung zur Verfahrensbeschleunigung im Jahre 1997 und hier z. B.: *Rengeling,* in: Stüer (Hrsg.), Verfahrensbeschleunigung, Planungsrecht Bd. 1, 1997, S. 45 ff., zu den europarechtlichen Vorgaben für das deutsche Verfahrensrecht. Auf Ausführungen des Jubilars selbst zum hier gewählten Thema ist, soweit in diesem Rahmen möglich, später exemplarisch zurückzukommen.
11 Dazu etwa *Streinz/Ohler/Herrmann,* Der Vertrag von Lissabon zur Reform der EU, 3. Aufl. 2010.
12 *Nowak,* in: Terhechte (Hrsg.), Verwaltungsrecht der Europäischen Union, 2011, § 13 Rn. 3.
13 *Nowak* (Fn. 12).

Handlungen dem Gemeinschaftsrecht entsprechen.[14] Diese Kontrolle ist durch Grundsätze, Grundrechte und Rechtsschutzsansprüche gesichert. Nach unionsverfassungsrechtlichen Regelungen soll die Gewährleistung eines möglichst effektiven Rechtsschutzes gesichert werden: Dazu ist zu verweisen auf Art. 4 Abs. 3 EUV und die dazu ergangene Rechtsprechung des EuGH für die mitgliedstaatlichen Gerichte und für die Mitgliedstaaten auf den neuen Art. 19 Abs. 1 UAbs. 2 EUV (ex-Art. 10 EGV). Der Grundsatz des effektiven gerichtlichen Schutzes der durch das Europäische Unionsrecht – wie zuvor durch das Europäische Gemeinschaftsrecht – dem Einzelnen verliehenen Rechte ist als allgemeiner Rechtsgrundsatz anerkannt.[15]

Der effektive Rechtsschutz entspricht dem Grundverständnis des Art. 19 Abs. 4 GG.[16]

Nach Art. 47 der Charta der Grundrechte der Europäischen Union (GRCh) hat jede Person, deren durch das Recht der Union garantierten Rechte oder Freiheiten verletzt worden sind, das Recht, nach Maßgabe der in diesem Artikel vorgesehenen Bedingungen bei einem Gericht einen wirksamen Rechtsbehelf einzulegen.[17]

III. Die Gewährleistung des effektiven Rechtsschutzes in einem dualen Rechtsschutzsystem

1. Duales Rechtsschutzsystem

Aufgabe des Gerichtshofs der EU ist die Sicherung und Wahrung des Rechts bei der Auslegung und Anwendung der Verträge, Art. 19 Abs. 1 Satz 2 EUV. Grenzen des gerichtlichen Kontrollauftrags ergeben sich aus Art. 13 Abs. 2 Satz 1 EUV, d.h. dem Prinzip der begrenzten Einzelermächtigung. Es besteht also keine umfassende Zuständigkeit der Unionsgerichtsbarkeit.[18] Grenzen ergeben sich namentlich aus den Kompetenzen der Mitgliedstaaten und ihrer Gerichtsbarkeit. Es besteht insoweit ein duales Rechtsschutzsystem.[19] Soweit dem Gerichtshof keine Befugnisse übertragen sind, obliegt der gerichtliche Kontrollauftrag bei der Verletzung von Unionsrecht den mitgliedstaatlichen Gerichten, Art. 4 Abs. 1 EUV. Es gibt Situationen, in denen der Einzelne sowohl auf europäischer als auch auf nationaler Ebene Klage erheben muss.[20]

---

[14] *Nowak* (Fn. 12), § 13 Rn. 4 ff.

[15] *von Danwitz,* Europäisches Verwaltungsrecht, 2008, S. 273, m. w. N. insbesondere auf die Rechtsprechung des EuGH.

[16] Vgl. bereits *Dienes,* Die europäische Integration und die Rechtsweggarantie (Art. 19 Abs. 4 GG), Diss. Münster 1975; zu den Zusammenhängen aktuell: *Brüning,* in: Stern/Becker (Hrsg.), Grundrechte-Kommentar, 2010, Art. 19 Rn. 142 ff.

[17] Vgl. etwa *Jarass,* EU-Grundrechte, 2005, § 40.

[18] Dazu *Pache,* in: Vedder/Heintschel von Heinegg (Hrsg.), Europäisches Unionsrecht. Handkommentar, 2012, Art. 19 EUV Rn. 5.

[19] *Dauses,* Empfiehlt es sich, das System des Rechtsschutzes und der Gerichtsbarkeit in der Europäischen Gemeinschaft, insbesondere die Aufgaben der Gemeinschaftsgerichte und der nationalen Gerichte, weiterzuentwickeln?, Gutachten D zum 60. DJT, 1994, D 12; *von Danwitz* (Fn. 15), S. 274 ff.; *ders.* DVBl 2008, 537 (538 ff.).

[20] *von Danwitz* (Fn. 15), S. 642.

Zu verlangen ist eine kooperative Sicherung der Rechtsstaatlichkeit durch die europäischen und mitgliedstaatlichen Gerichte.[21] Die Bedeutung der Kooperation für die Praxis der Rechtsprechung wird hervorgehoben.[22]

2. Gewährleistung effektiven Rechtsschutzes

Die Garantie effektiven Rechtsschutzes, die dem Unionsverfassungsrecht zu entnehmen ist, gilt nicht nur für die Unionsgerichte, sondern ebenso für die Gerichte der Mitgliedstaaten, die nach dem Grundsatz der loyalen Zusammenarbeit den Schutz der Rechte zu gewährleisten haben, die dem Einzelnen aus dem Unionsrecht zustehen, Art. 4 Abs. 3 UAbs. 3 EUV, der dem früheren Art. 10 EGV entspricht.[23] Gesprochen wird von einem europäischen Rechtsschutzverbund.[24]

Zu unterscheiden ist zwischen dem Rechtsschutz im „Eigenverwaltungsrecht" der EU und – so früher die Formulierung – im „Gemeinschaftsverwaltungsrecht",[25] heute: „Unionsverwaltungsrecht", also dem direkten (zentralen) Verwaltungsvollzug des Unionsrechts durch die Unionsorgane und dem indirekten (dezentralen) Verwaltungsvollzug durch mitgliedstaatliche Organe. Der unionsrechtliche Grundsatz des effektiven Rechtsschutzes gilt in beiden Bereichen.[26]

Vom EuGH wird mit Blick auf die Rechtsgemeinschaft und die Rechtsstaatlichkeit die Notwendigkeit gerichtlicher Kontrollmöglichkeiten als deren Krönung oder Schlussstein abgeleitet.[27] Gesprochen wird von dem allgemeinen Grundsatz, dass der Einzelne nach dem Gemeinschaftsrecht Anspruch auf einen umfassenden und effektiven Rechtsschutz habe.[28]

Bemerkenswert ist, dass in der Rechtsprechung des EuGH die Stoßrichtung häufig grundfreiheitsrechtsbeschränkendes Verhalten der Mitgliedstaaten sowie eine Diskriminierung des (materiellen) Gemeinschaftsrechts im Vergleich zu rein nationalem Recht durch die Verfahrensrechtsordnungen der Mitgliedstaaten oder eine übermäßige Erschwerung der Verwirklichung dieses materiellen Gemeinschaftsrechts war.[29]

---

[21] *Haratsch* und *Kraus,* in: Müller-Graff/Scheuing (Hrsg.), Gemeinschaftsgerichtsbarkeit und Rechtsstaatlichkeit, EuR Beiheft 3/2008, S. 81 ff. bzw. 109 ff.

[22] *von Danwitz,* Die Rolle des Gerichtshofs der Europäischen Union, Vortrag vor der Juristischen Studiengesellschaft Münster am 6. Februar 2012.

[23] *Vedder,* in: Vedder/Heintschel von Heinegg (Hrsg.), Europäisches Unionsrecht. Handkommentar, 2012, Art. 4 EUV Rn. 18; vgl. in der Sache auch *von Danwitz* (Fn. 15), S. 274 mit Hinweisen auf die Rechtsprechung in Fn. 750.

[24] *Classen,* in: Schulze/Zuleeg/Kadelbach (Hrsg.), Europarecht. Handbuch für die deutsche Rechtspraxis, 2. Aufl. 2010, § 4 Rn. 1 ff.; *Scheuing,* in: Schulze/Zuleeg/Kadelbach (Hrsg.), Europarecht. Handbuch für die deutsche Rechtspraxis, 2. Aufl. 2010, § 6 Rn. 53.

[25] Erstmals: *Schmidt-Aßmann* DVBl 1993, 924 (925 ff.).

[26] Dazu *Scheuing* (Fn. 24), Rn. 53 ff; *von Danwitz* (Fn. 15), S. 2784 ff.; zum Europäischen Eigenverwaltungsrecht ausführlich: *von Danwitz* (Fn. 15), S. 315 ff., zum Gemeinschaftsverwaltungsrecht: *ders.* (Fn. 15), S. 467 ff.

[27] *Rengeling/Szczekalla,* Grundrechte in der Europäischen Union, 2004, § 9 Rn. 539 m. w. N.

[28] EuGH, Rs. 355/95 R, Deutschland/Kommission, Slg. 1996, I-2442 Rn. 46; *Scheuing* (Fn. 26), Rn. 53.

[29] Näheres dazu bei *Rengling/Szczekalla* (Fn. 27), Rn. 540.

IV. Effektiver gerichtlicher Rechtsschutz im Eigenverwaltungsrecht der Europäischen Union

Im Bereich des direkten Verwaltungsvollzuges auf der Unionsebene ist der Grundsatz des effektiven Rechtsschutzes zu sehen im Rahmen des geregelten Rechtsschutzauftrages des EuGH,[30] heute in der Fassung des Reformvertrages von Amsterdam.[31] Weitere Entwicklungen der EU-Gerichtsbarkeit sind zu berücksichtigen,[32] und zwar die vorgesehenen Änderungen der Satzung des Gerichtshofs und der Verfahrensordnungen.

Bezüglich des Zugangs zu den Unionsgerichten hat der EuGH z. B. schon früh den Standpunkt vertreten, dass die vorgesehenen Klagerechte weit auszulegen seien.[33] Unter Hinweis auf das Wesen der Rechtsgemeinschaft hat er ungeschriebene Klagemöglichkeiten betreffend das Europäische Parlament anerkannt.[34]

Zurückhaltend ist der EuGH allerdings bei der Zulässigkeit von Nichtigkeitsklagen natürlicher und juristischer Personen gegen normatives Sekundärrecht.[35] Inzwischen ist allerdings in Art. 263 Abs. 4 AEUV geregelt, dass natürliche und juristische Personen gegen Rechtsakte mit Verordnungscharakter, die sie unmittelbar betreffen, und keine Durchführungsmaßnahmen nach sich ziehen, Nichtigkeitsklage erheben können. Dem Gebot effektiven Rechtsschutzes entspricht die Auslegung, dass nunmehr Rechtsschutz gegen alle nicht durchführungsbedürftigen Unionsverordnungen zulässig ist.[36]

V. Effektiver gerichtlicher Rechtsschutz beim Verwaltungsvollzug des Unionsrechts durch mitgliedstaatliche Organe, insbesondere der Grundsatz der Verfahrensautonomie der Mitgliedstaaten und seine Grenzen

Den nationalen Gerichten kommt eine erhebliche Bedeutung im EU-Rechtsschutzsystem zu.[37] Die Gerichte der Mitgliedstaaten sind für den Rechtsschutz gegen Rechtsakte mitgliedstaatlicher Behörden zuständig, und zwar auch dann,

---

30 Überblick zum Verwaltungsrechtsschutz bei *von Danwitz* (Fn. 15), S. 285 ff.; *Nowak* (Fn. 12), S. 67 ff.

31 Zu den Neuerungen: *Everling,* in: Schwarze/Hatje (Hrsg.), Der Reformvertrag von Lissabon, EuR Beiheft 1/2009, 71 ff.; *Schröder* DÖV 2009, 61 ff.

32 *Klinke,* Vortrag auf der Jahrestagung der Gesellschaft für Rechtsvergleichung am 17.9.2011 in Trier.

33 EuGH, Rs. 25/62, Plaumann, Slg. 1963, 211 (237).

34 EuGH, Rs. 294/83, Les Verts/Parlament, Slg. 1986, 1335 Rn. 23.

35 Vgl. etwa EuGH, Rs. C-263/02 P, Jégo-Quéré, Slg. 2004, I-3425 Rn.36 ff.; vgl. dazu *Baumeister* EuR 2005, 1 ff.; zur Problematik insgesamt *von Danwitz* (Fn. 19), S. 540 ff.; *Rengeling* in FS Kutscheidt, 2003, 93 ff.

36 Dazu *Everling* (Fn. 31), S. 74; *Scheuing* (Fn. 24), Rn. 54; vgl. auch *Schwarze* DVBl 2002, 1297 ff.

37 Dazu *von Danwitz* (Fn. 15), S. 579 ff.; *Nowak* (Fn. 12), § 13 Rn. 79 ff.; *Scheuing* (Fn. 26), Rn. 56 ff.; vgl. auch betreits den FIDE-Kongress in London 1980 – Deutscher Landesbericht von *Rengeling,* in: Remedies for breach of Community Law, Published by Fédération pour le Droit Européen and Sweet ans Maxwell, 1980, Zoff. I.4.

wenn diese auf Unionsrecht beruhen oder in subjektive Rechte des Einzelnen eingreifen, die sich aus dem Unionsrecht ergeben. Ein Großteil der Streitigkeiten, in denen es um Unionsrecht geht, wird also vor den nationalen Gerichten ausgefochten.

Sind keine Regelungen der Europäischen Union für das Verfahren vor den nationalen Gerichten vorhanden, gilt der Grundsatz der autonomie institutionnelle et procédurale, der – eben *grundsätzlich* – zur Anwendung des nationalen Prozessrechts führt.[38]

Der Grundsatz der Verfahrensautonomie der Mitgliedstaaten und seine Bedeutung sind nicht unumstritten,[39] jedenfalls im Hinblick auf seine rechtsdogmatische Herleitung.[40]

Auszugehen ist von der Grundsatzentscheidung des EuGH, in der es nach der grundsätzlichen Feststellung, es sei gemäß Art. 5 EWGV[41] Sache der Mitgliedstaaten, für die Durchführung des Gemeinschaftsrechts zu sorgen, heißt: Die nationalen Behörden gingen dabei nach den nationalen Bestimmungen vor, „soweit das Gemeinschaftsrecht einschließlich der allgemeinen Rechtsgrundsätze hierfür keine gemeinsamen Vorschriften enthält".[42]

Soweit der Grundsatz anerkannt ist steht er jedenfalls unter einem zweifachen Vorbehalt. Die Anwendung des nationalen Rechts wird allerdings durch das Äquivalenz- und Effektivitätsprinzip begrenzt.[43]

Inhaltlich bedeutet dieser Vorbehalt, dass die beim Verwaltungsvollzug von Unionsrecht angewendeten nationalen verfahrensrechtlichen Regelungen nicht ungünstiger sein dürfen als in rein nationalen Fällen (Äquivalenzprinzp) und dass die angewendeten nationalen Regelungen nicht so ausgestaltet sind, dass sie die Ausübung der durch Unionsrecht eingeräumten Rechte praktisch unmöglich machen oder wesentlich erschweren (Effektivitätsprinzip).[44]

Als weiterer Vorbehalt oder als dritte Schranke wird gemäß der Rechtsprechung des EuGH[45] das Unionsgrundrecht auf einen fairen Prozess genannt, das insbesondere den grundrechtlichen Anspruch auf effektiven Rechtsschutz ergänze.[46]

Schließlich sei darauf hingewiesen, dass das Gebot des „effet utile" des EU-Rechts auch die verfahrensrechtliche Kompetenz der Mitgliedstaaten beeinflusst, wenn auch das Gebot im strengen Sinne das materielle Unionsrecht meint, das unmittelbar anwendbar ist und Vorrang vor nationalem Recht genießt.[47]

---

[38] Dazu *von Danwitz* (Fn. 15), S. 580 f.; *Nowak* (Fn. 12), § 13 Rn. 80; *Scheuing* (Fn. 26), Rn. 56 ff.

[39] Vgl. *Galetta,* Begriff und Grenzen der Verfahrensautonomie der Mitgliedstaaten der Europäischen Union, EuR Beiheft 1/2012, 37 (39 ff.); *von Danwitz* (Fn. 15), S. 279 ff., 302 ff.; *ders.* DVBl 2008, 537 (538 ff.).

[40] *Rodrígez Iglesias* EuGRZ 1997, 289 ff,; *Nowak* (Fn. 12), § 13 Rn. 80.

[41] Vgl. heute Art. 4 Abs. 3 UAbs. 3 EUV.

[42] EuGH, Rs. 205–215/82, Deutsche Milchkontor, Slg. 1983, 2633 Rn. 17; dazu Anmerkung von *Rengeling* DVBl 1984, 33 ff.

[43] Dazu bereits *Rengeling* EuR 1984, 351 (352 ff.); *Nowak* (Fn. 12), § 13 Rn. 83 ff.

[44] *von Danwitz* (Fn. 15), S. 483 m. w. N. in Fn. 101; vgl. auch *Schwarze* in FS Christian Starck, 2007, S. 645 (650), m. w. N.

[45] EuGH, Rs. C-276-01, Steffensen, Slg.2003, I-3735, Rn.72.

[46] *Nowak* (Fn. 12), § 13 Rn. 83.

[47] So zutreffend *Galetta* (Fn. 39), unter Ziff. 3.

Die Anwendungsfälle der dargestellten Regelungen in der Rechtsprechung des EuGH sind zahlreich.[48] Der Rechtschutz vor den nationalen Gerichten ist also weitgehend europäisiert, namentlich im Umweltrecht.[49]

VI. Inhaltliche Gewährleistungen des effektiven Rechtsschutz

1. Allgemeiner Rechtsgrundsatz in der Rechtsprechung des EuGH

Der EuGH hat schon früh angenommen, dass bei Schweigen des Vertrages und des Gemeinschaftsgesetzgebers eine Füllung der Lücke im Wege einer extensiven Auslegung des Vertrages zum Schutz der Rechte Einzelner geboten sei. Im Laufe der Zeit hat der Gerichtshof dann das Prinzip des effektiven Rechtsschutzes als allgemeinen Grundsatz des Gemeinschaftsrechts anerkannt.[50]

Der Grundsatz verlangt einen uneingeschränkten Zugang zum gerichtlichen Rechtsschutz. Der Gerichtshof bejaht eine umfassende Rechtsweggarantie gegen Gemeinschaftsrechtsakte, die ein Verfahren abschließen.[51]

Der Rechtsprechung wird entnommen, dass das Rechtsschutzsystem des Vertrages, der klare Wortlaut der Bestimmungen, den Anspruch auf effektiven Rechtsschutz begrenzt.[52] Also wäre ggf. eine Vertragsänderung erforderlich.

Gewährt wird weiterhin die Wirksamkeit des Rechtsschutzes. Der Betroffene muss einen Rechtsbehelf haben, mit dem er die angenommene Rechtsverletzung durchsetzen kann, und zwar in angemessener Zeit.[53]

Die Anforderungen an den nationalen Rechtsschutz können weitreichend sein. So hat der EuGH verlangt, dass die englischen Gerichte die Regel des Common Law unter bestimmten Voraussetzungen unangewendet lassen, nach der gegen die Krone kein vorläufiger Rechtschutz angeordnet werden darf, und zwar mit der Begründung, dass anderenfalls durch die Anwendung des nationalen Rechts die „volle Wirksamkeit des Gemeinschaftsrechts" abgeschwächt werde.[54]

In umgekehrter Richtung hat der EuGH z. B. befunden, dass Deutschland gegen seine Verpflichtung aus Art. 5 EWGV und gegen eine Verordnung verstoßen habe, weil die sofortige Vollziehung von Bescheiden zur Durchsetzung von Gemeinschaftsrecht nicht angeordnet worden sei, um den Suspensiveffekt eines Widerspruchs auszuschließen.[55]

Wenn nicht die grundsätzliche Gewährleistung des Rechtsschutzes, sondern etwa der Umfang der gerichtlichen Nachprüfung problematisch war, hat der Gerichtshof eher die Ausgestaltung und Praxis des nationalen Rechts toleriert.[56]

---

[48] Vgl. nur den Überblick bei *Nowak* (Fn. 12), § 13 Rn. 84.
[49] Ausführlich dazu *Gellermann* in FS Rengeling, 2008, S. 233 ff.
[50] Im Anschluss an Schwarze (Fn. 44), S. 648 f. m. w. N.
[51] EuGH, Rs. 294/83, Les Verts/Parlament, Slg. 1986, 1339, Rn. 23.
[52] *Schwarze* (Fn. 44), S. 649, unter Hinweis auf EuGH, Rs. 50/00 P, UPA/Rat, Slg. 2002, I-6677, Rn. 44.
[53] *Schwarze* (Fn. 44), S. 650 m. w. N.
[54] EuGH, Rs. C-213/89, Factortame, Slg. 1990,I-243, Rn. 21; *Galetta* (Fn. 39), S. 43 f.
[55] EuGH, Rs. C-92/89, Süderdithmarschen, Slg. 1991, I-415; dazu *von Danwitz* (Fn. 15), S. 596 ff., mit Würdigung der Rechtsprechung.
[56] *Schwarze* (Fn. 44), S. 651, m. w. N.

2. Art. 47 Grundrechtecharta

Nach Art. 47 Abs. 1 der Grundrechtecharta hat jede Person, deren durch das Recht der Union garantierte Rechte oder Freiheiten verletzt worden sind, das Recht, nach Maßgabe der in diesem Artikel vorgesehenen Bedingungen bei einem Gericht einen wirksamen Rechtsbehelf einzulegen. Diese Regelung stützt sich auf Art. 13 EMRK. Dieser allgemeine Grundsatz (Art. 6 Abs. 3 EUV) gilt auch, für Mitgliedstaaten, wenn sie Unionsrecht anwenden.[57] Art. 47 Abs. 2 Grundrechtecharta enthält die Verfahrensgarantien des Art. 6 Abs. 1 EMRK. Art. 47 Abs. 3 Grundrechtecharta garantiert eine Prozesskostenhilfe. Art. 47 Gundrechtecharta dient der Konkretisierung des allgemeinen Rechts auf Rechtsschutz.[58]

3. Fragen des Rechtsschutzes vor deutschen Gerichten im Planungs- und Umweltrecht

a) Europarechtliche Vorgaben und Streitigkeiten

Das Fachplanungsrecht ist in vielen Bereichen europarechtlich geprägt, durch unmittelbar geltendes Verordnungsrecht oder durch in nationales Recht umzusetzendes Richtlinienrecht. Wird angenommen, dass europarechtliche Regelungen verletzt worden sind, ist effektiver Rechtsschutz zu gewähren, beim nationalen Verwaltungsvollzug eben durch deutsche Gerichte.

b) Beispiele für die Europäisierung des nationalen Rechtsschutzes

Die europarechtlichen Einwirkungen auf das nationale Gerichtsverfahren sind erheblich. Wie bereits angedeutet, ist der nationale Rechtsschutz in vielen Bereichen europäisiert. Dies ergibt sich etwa für das Umwelt-Rechtsbehelfsgesetz,[59] für den Rechtsschutz natürlicher und juristischer Personen[60] und für den Rechtschutz anerkannter Vereinigungen.[61] Besondere Problembereiche bestehen hinsichtlich des Einwendungsausschlusses (materielle Präklusion),[62] des gerichtlichen Prüfungsumfangs[63] und der Verfahrensfehler.[64]

Die Einbindung des Umweltrechts der Europäischen Union in das nationale Umweltrecht ist von besonderer Tragweite.[65] Ein Beispielsbereich für Fragen des Rechtsschutzes vor nationalen Gerichten ist die Entwicklung des Individualrechtschutzes im deutschen Umweltrecht unter dem Einfluss des Europarechts.[66] Hier

---

[57] Näheres bei *Streinz,* in: Streinz, EUV/AEUV, 2. Aufl. 2012, Art. 47 GR-Charta; vgl. auch *Rengeling/Szczekalla* (Fn. 27), § 44 Rn. 1155 ff.
[58] *Rengeling/Szczekalla* (Fn. 27), § 44, Rn. 1156.
[59] *Gellermann* (Fn. 49), S. 235 f.
[60] *Gellermann* (Fn. 49), S. 236 ff.
[61] *Gellermann* (Fn. 49), S. 239 ff.
[62] *Gellermann* (Fn. 49), S. 242 f.; *Stüer/Rieder* EurUP 2004, 139.
[63] *Gellermann* (Fn. 49), S. 243 f.
[64] *Gellermann* (Fn. 49), S. 244 ff.
[65] Vgl. etwa zur Rechtsprechung: *Rengeling* in FG 50 Jahre BVerwG, 2003, S. 889 ff.
[66] Dazu etwa *Schoch* NVwZ 1999, 457 ff.

gibt es Strategien des Unionsrechts zur Subjektivierung des Umweltrechts[67] mit entsprechenden Konsequenzen für den Individualrechtsschutz.[68]

[67] *Schoch* NVwZ 1999, 457 (461 ff.).
[68] *Schoch* NVwZ 1999, 457 (466 ff.).

WILLY SPANNOWSKY

Raumordnung in Europa

I. Einleitung

Bei der Situationsbeschreibung der Raumordnung in Europa fällt es nicht nur schwer, exakt den Raum zu bestimmen, der Gegenstand der Betrachtung ist, sondern auch eine einheitliche Aufgabenbeschreibung vorzunehmen, die zuständigen Aufgabenträger, die Kompetenzzuordnung und die eingesetzten Mittel zur Verwirklichung dieser Aufgabe zu ermitteln. Trotzdem kann in Anbetracht der vielfältigen räumlichen Wirkungen verschiedener Politikbereiche der EU (siehe dazu unten IV. 2.), der grenzüberschreitenden transnationalen Zusammenarbeit der europäischen Mitgliedstaaten in verschiedenen raumwirksamen Politikfeldern (z. B. bei der Verwirklichung von Großprojekten mit grenzüberschreitenden Umweltauswirkungen, bei der Abstimmung raumbedeutsamer Maßnahmen mit grenzüberschreitenden Auswirkungen und bei der Steuerung der Nutzungsmöglichkeiten im Bereich der ausschließlichen Wirtschaftszone) sowie in Anbetracht der vielfältigen Anforderungen, welche das EU-Recht, insbesondere das EU-Umweltrecht, inzwischen an die Raumordnung stellt,[1] nicht geleugnet werden, dass es sich um ein Thema der Raum- und Planungswissenschaften handelt, das für sich weiterhin wissenschaftliche Aufmerksamkeit beanspruchen kann. Die Ordnungsidee und Steuerungsfunktion kann das Recht in solchen Bereichen in Europa nur sachgerecht entfalten, wenn eine Systematisierung und Ordnungsbildung der unter der Überschrift „Raumordnung“ zusammengefassten Handlungsfelder politischen Handelns in Europa gelingt. Erst wenn die Raumordnung in dem Rechtssystem der EU verankert ist, ist sie angesichts der Formungskraft des Rechts als Entwicklungs- und Ordnungsstruktur auch rechtsstaatlich auf europäischer Ebene angekommen. Daraus resultieren Fragestellungen, denen im Rahmen dieser Abhandlung nachzugehen ist:

1. Ist die Raumordnung in Europa ein europäisches Aufgabenfeld?
2. Wie lässt sich die Aufgabe der Europäischen Raumordnung beschreiben?
3. Verfügt die EU über Kompetenzen im Bereich der Raumordnung?
4. Welche Politikfelder der EU wirken auf die Raumordnung auf mitgliedstaatlicher Ebene ein?
5. Wie kann die Wahrnehmung dieser Aufgabe in Europa verbessert werden?

---

[1] *Stüer* in FS Rengeling, 2008, 447 ff.; *ders.* DVBl 2009, 1 ff. und *ders.*, Planung von Großvorhaben. Elbevertiefung – Emssperrwerk – Garzweiler II – Atomausstieg zum Nulltarif? Natur- und Landschaftsschutz – Europa, in: Stüer (Hrsg.), Schriftenreihe „Planungsrecht“ der Universität Osnabrück, Bd. 2, 1999.

II. Europa als „räumliches Aufgabenfeld" im Sinne einer Europäischen Raumordnung?

Unabhängig von den Steuerungsinstrumenten, die im Rahmen der Raumordnungspolitiken der Mitgliedstaaten zur Anwendung kommen, wird man – soweit eine Analyse der mitgliedstaatlichen Systeme möglich war–auf europäischer Ebene mitgliedstaatliche Übereinstimmung zumindest in Bezug auf die Aufgabenstellung der Raumordnung vorfinden. Danach besteht die Aufgabe der Raumordnung, „l'aménagement du territoire", „town and country planning" usw. darin, die räumliche Entwicklung, Ordnung und Sicherung eines Gesamtraums oder Teilraums mittels staatlicher Maßnahmen zu beeinflussen. Einigkeit dürfte zwischen den Mitgliedstaaten zudem darüber zu erzielen sein, dass eine nachhaltige kohärente und systematische räumliche Entwicklung Europas nicht an den Grenzen der einzelnen Mitgliedstaaten endet, dass sie vielmehr sowohl eine grenzüberschreitende Abstimmung der räumlichen Entwicklungsaktivitäten zwischen den Mitgliedstaaten als auch überdies eine raumplanerische strategische Steuerung der räumlichen Entwicklungen durch Aufstellung und Abstimmung grenzüberschreitender räumlicher Entwicklungskonzepte voraussetzt. Von letzterem sind die Mitgliedstaaten, ist aber vor allem die EU und erst Recht das erweiterte Europa noch weit entfernt. Immerhin ist es 1999 vor der EG-Osterweiterung auf transnationaler Ebene der Mitgliedstaaten in Abstimmung mit der Europäischen Kommission gelungen, mit dem Europäischen Raumentwicklungskonzept EUREK eine zwar unvollendete, aber immerhin abgestimmte planerisch-strategische Konzeption zu schaffen, die für die künftige räumliche Entwicklung der EG und nunmehr auch der EU von nicht unerheblicher politischer Bedeutung ist und die vor allem für die programmatische und maßnahmenbezogene Handlungsebene der raumrelevanten Politikbereiche der EU und der Mitgliedstaaten richtungsweisend war. So haben die Mitgliedstaaten und die Kommission auf der Basis des EUREK Einigkeit „über gemeinsame räumliche Ziele bzw. Leitbilder für die zukünftige Entwicklung des Territoriums der Europäischen Union" erzielt.[2] Das EUREK sollte einen Orientierungsrahmen für die Fachpolitiken der Gemeinschaft und der Mitgliedstaaten, vorrangig zur Verwirklichung von drei Oberzielen bilden: erstens die Förderung des wirtschaftlichen und sozialen Zusammenhalts, zweitens die Erhaltung und das Management der natürlichen Lebensgrundlagen und des kulturellen Erbes und drittens die Förderung der ausgeglichenen Wettbewerbsfähigkeit des europäischen Raumes. Dazu wurde ein räumlicher Steuerungsansatz gewählt, der Einfluss auf die verschiedenen raumwirksamen EU-Politiken zur Entwicklung des Territoriums der EU nehmen sollte. Unter anderem wurden folgende raumstrukturellen Leitbilder festgelegt: die Polyzentralität der Raumentwicklung, das Leitbild besserer Erreichbarkeit, ein nachhaltiges Ressourcenmanagement in Bezug auf verschiedene Rechtsgüter, der

[2] Siehe Punkt 2 des Auszugs aus den Schlussfolgerungen der deutschen Ratspräsidentschaft beim informellen Rat der für die Raumordnung zuständigen Ministerinnen und Minister der Europäischen Union, Potsdam 10./11. Mai 1999, S. 2.

Schutz der biologischen Vielfalt und natürlichen Gebiete, die Transnationalität der Zusammenarbeit und die Reduzierung der Erreichbarkeitsdefizite in der EU. Daraus ist auf mitgliedstaatlicher Ebene eine räumliche Vernetzungsstrategie abgeleitet worden, die sich auf vorhandene, bereits angebahnte Kooperationsstrukturen stützen ließ. Gestärkt wurde die polyzentrische Struktur durch die Förderung des Aufbaus eines Systems der Metropolregionen, der Städtenetze, der Transeuropäischen Netze und der Verbesserung der Vernetzung regionaler und lokaler Verkehrsinfrastrukturverbindungen. In der Folge gab es auf der Ebene der transnationalen Zusammenarbeit der Mitgliedstaaten ermutigende Fortschritte, vor allem im Rahmen bereits angelegter Kooperationsbeziehungen. Wo bereits grenzüberschreitende Regionen existierten, wie die „Großregion" Saarland, Lothringen, Großherzogtum Luxemburg, die Region Wallonien und Rheinland-Pfalz, die Europäischen Grenzregionen, die „Euroregionen", die bereits vorher grenzüberschreitende Aktivitäten zur abgestimmten Entwicklung der Grenzräume entfalteten, wurden die Aktivitäten durch die Verknüpfung mit den Strukturfonds weiter angeregt. Gegenstand der Zusammenarbeit war und ist allerdings schwerpunktmäßig die Regionalentwicklung auf der Basis eines Regionalmanagements, nicht die grenzüberschreitende Programmierung räumlicher Entwicklungsprozesse durch gemeinsame Raumplanung. Die am Leitbild der polyzentrischen und ausgewogenen Raumentwicklung in der EU ausgerichtete Strategie der Bildung grenzüberschreitender Städtenetze und die auf eine transnationale Zusammenarbeit angelegte Einrichtung grenzüberschreitender Raumordnungskommissionen (wie z. B. zwischen Nordrhein-Westfalen und den Niederlanden) sowie die Anwendung sonstiger transnationaler Kooperationsstrukturen (z. B. Europäischer Verbund für Territoriale Zusammenarbeit) fördern aber immerhin die räumliche Entwicklung durch die Abstimmung von Maßnahmen und Projekten zur räumlichen Entwicklung.

In den folgenden Jahren wurden diese Ansätze des EUREK, welche die Basis für eine strategische Raumentwicklung bilden, zunächst durch eine stärkere Verzahnung mit der EU-Strukturfondspolitik flankiert. So wurden durch die Gemeinschaftsinitiative INTERREG IV B, die der Förderung der Transnationalen Zusammenarbeit dient, zahlreiche grenzüberschreitende Projekte und Initiativen angestoßen und verwirklicht. Außerdem wurde mit dem Europäischen Raumbeobachtungsnetzwerk (siehe ESPON-Programme 2006 und 2013) eine Beurteilungsbasis zur Verwirklichung der Leitbilder des EUREK und für weitere strategische Schlussfolgerungen der Europäischen Raumentwicklung geschaffen. Bei einem informellen Treffen der für Raumordnung und territoriale Entwicklung zuständigen Ministerinnen und Minister am 19. Mai 2011 in Ungarn haben diese eine „Übereinkunft zur Territorialen Agenda 2020 – Für ein integratives, intelligentes und nachhaltiges Europa der vielfältigen Regionen"erzielt, wodurch wichtige Leitbilder des EUREK bekräftigt und deren Verwirklichung mit einem Aktionsplan unterlegt wurden. Außerdem wurde eine Ausweitung der ESPON-Wissensbasis angeregt, damit, wie es in dieser Übereinkunft heißt, die „europäische Politikgestaltung im Bereich der territorialen Entwicklung und des territorialen Zusammenhalts noch besser unterstützt werden kann".[3] Die angeführten Maßnahmen zur Flankierung der im Wesentlichen von den Mitgliedstaaten getragenen Europäischen Raumentwicklungspolitik gehen auf das EUREK zurück und dienen der Förderung der Raumentwicklung in der EU.

Europa als räumliche Bezugsgröße macht dabei nicht allein die EU mit ihren 27 Mitgliedstaaten zum Gegenstand der räumlichen Betrachtung, sondern den noch größeren kontinentalen Raum, der durch die Mitgliedstaaten, die dem Europarat angehören, abgebildet wird. Dies führt dazu, dass auch betrachtet werden muss, welchen Beitrag der Europarat als internationale Organisation zum Entstehen einer Raumordnung in Europa geleistet hat bzw. leisten kann und ob die Aufgabe der EU-europäischen Raumordnung an den Außengrenzen der EU endet bzw. ob sie dort enden sollte. Dass diese Frage aufgeworfen werden muss, macht die gewichtige Rolle deutlich, welche die Raumordnungspolitik beim Europarat in der Vergangenheit eingenommen hat. Unter der Bezeichnung „Conference Euopéene des Ministres responsable de l'Aménagement du Territoire", abgekürzt CEMAT, treffen sich in größeren Abständen die für die Raumordnung zuständigen Minister der inzwischen 47 Mitgliedstaaten des Europarates. Seit dem ersten Treffen der Raumordnungsminister 1970 in Bonn gab es mehrere Treffen, die in nicht unerheblichem Maße Einfluss auf die mitgliedstaatlichen grenzüberschreitenden Abstimmungen von Maßnahmen auf dem Gebiet der Raumordnung genommen haben. Von Bedeutung waren vor allem die Europäische Raumordnungscharta von 1983 und die Leitlinien für eine nachhaltige räumliche Entwicklung auf dem europäischen Kontinent von 2000.[4]

Bei der wachsenden Dynamik räumlicher Entwicklungsprozesse wird man eine exakte territoriale Grenzziehung nicht vornehmen können, jedenfalls nicht, soweit es die Zusammenarbeit mit Nachbarstaaten auf dem Gebiet der grenzüberschreitenden Zusammenarbeit in Bezug auf die räumliche Entwicklung des Raums anbelangt. Für das Gebiet des EU-Raums stellt sich jedoch die weitergehende Frage, ob man es bei dem Aufstellen von Leitlinien, dem Einrichten von Städtenetzen und von Raumordnungskommissionen zur Koordinierung von Abstimmungsstrategien bewenden lassen kann oder ob nicht der Übergang zu einer systematischen, strategischen Planung zur wirksamen Entwicklung des europäischen Gesamtraums auf der Ebene der EU vollzogen werden muss, um die räumliche Entwicklung innerhalb des Territoriums der EU wirkungsvoller und koordiniert voranzubringen. Dies bedeutet freilich auch, dass eine Europäische Raumordnungskompetenz geschaffen werden müsste, welche der europäischen Ebene auch eine Planungskompetenz zur Entwicklung, Ordnung und Sicherung des EU-europäischen Raums vermittelt. Soll diese Aufgabe auf den Raum der EU ausgedehnt werden, setzt dies eine Aufgabenzuordnung und eine Kompetenz zur Wahrnehmung dieser Planungsaufgabe für den EU-Raum voraus. Mit dieser

[3] http://www.bmvbs.de/cae/servlet/contentblob/80926/publicationFile/54433/territoriale-agenda-der-europaeischen-union-2020-ohne-bilder.pdf, abgerufen am 10.6.2012.
[4] Näheres hierzu unter www.coe.int/t/dg4/cultureheritage/heritage/cemat/default_en.asp, abgerufen am 12.6.2012.

Überlegung gelangt man jedoch auch zu Folgefragen, welche die Bezugspunkte öffentlicher Planung betreffen: Welche Themenstellungen sollen der Europäischen Raumordnung zugeordnet sein, welche Bindungswirkung soll eine solche Planung für die Mitgliedstaaten auslösen und werden damit die Kompetenzen der Mitgliedstaaten auf dem Gebiet der Raumordnung geschmälert? Bevor diese Fragen beantwortet werden können, muss zunächst eine Analyse der Kompetenztitel vorgenommen werden, welche es den Organen der EU schon jetzt ermöglichen, räumliche Entwicklungsprozesse unmittelbar oder zumindest mittelbar zu beeinflussen. Außerdem muss ermittelt werden, welche Instrumentarien die Mitgliedstaaten bislang zur Förderung der räumlichen Entwicklung ihres Staatsgebiets einsetzen. Daraus lässt sich dann ein Schluss darauf ziehen, ob und inwieweit der EU eine Kompetenz zur programmatischen bzw. planerischen Steuerung der räumlichen Entwicklung des EU-Raums zugeordnet werden sollte.

III. Raumordnung – ein Aufgabenfeld ohne eigenständigen Kompetenztitel der EU

Für eine Europäische Raumordnung gibt es im EU-europäischen Rahmen weiterhin, wie schon vor dem Inkrafttreten des Lissabonner Vertrags, durch den die EU nunmehr als supranationale Organisation und als Rechtsnachfolgerin der EG an deren Stelle getreten ist (siehe Art. 1 Abs. 3 S. 3 und Art. 47 EUV), keinen eigenständigen und umfassenden Kompetenztitel. In der EU wird die Raumordnung zwar in Art. 192 Abs. 2 Nr. 4b) des Vertrags über die Arbeitsweise der Europäischen Union (AEUV) unter dem Titel Umwelt als ein Politikbereich der Mitgliedstaaten erwähnt, aber nur im Zusammenhang mit dieser kompetenzbegrenzenden Regelung, aus der folgt, dass der Bereich der Raumordnung weiterhin unter dem Souveränitätsvorbehalt der Mitgliedstaaten steht. Denn Art. 192 Abs. 2 Nr. 4b) AEUV macht Beschlüsse, die umweltpolitische Maßnahmen vorsehen, welche die Raumordnung berühren, von der Wahrung der Einstimmigkeit abhängig. Das Aufgabenfeld der Raumordnung liegt in der EU – ausgehend von dieser Kompetenzabgrenzung – weiterhin primär in der Kompetenz der Mitgliedstaaten und ergänzend im multilateralen Kooperationsfeld der transnationalen Zusammenarbeit der Mitgliedstaaten (siehe dazu das Europäische Raumentwicklungskonzept [EUREK]), wird aber – wie im Folgenden zu verdeutlichen sein wird – immer mehr auch durch raumbedeutsame Maßnahmen beeinflusst, die auf eine Reihe von Einzelkompetenzen der EU in anderen Politikbereichen zurückgehen.

Soweit in der Präambel, gemäß Art. 3 Abs. 2 unter der Überschrift „Ziele der Union" und gemäß Art. 12 c) EUV ein Raum der Freiheit, der Sicherheit und des Rechts ohne Binnengrenzen angestrebt wird, ist damit zwar eine Aussage unter Bezugnahme auf das Unionsgebiet getroffen, jedoch ist damit nicht die räumliche Entwicklungs-, Ordnungs- und Sicherungsfunktion des Handelns in Bezug auf das Unionsgebiet gemeint, sondern das Unionsgebiet nunmehr als der justiz- und sicherheitspolitische Handlungsraum der EU abgesteckt, der vor dem

Inkrafttreten des Lissabonner Vertrags als „dritte Säule" dem noch unter mitgliedstaatlichem Souveränitätsvorbehalt stehenden Aufgabenbereich „Justiz und Inneres" vorbehalten war.

Immerhin kann es als ein erster Ansatz auf dem Weg zur Etablierung einer „Europäischen Raumentwicklungspolitik"[5] gewertet werden, dass in Art. 3 EUV in Übereinstimmung mit dem EUREK als wichtiges Ziel der EU die Förderung des wirtschaftlichen, sozialen und territorialen Zusammenhalts in Europa verankert worden ist. Von Bedeutung ist auch, dass der Raum der EU nicht als abgeschlossener Raum der Europäischen Raumentwicklungspolitik gesehen wird, auf dessen Entwicklung mittels geeigneten Instrumenten einer EU-Raumentwicklungspolitik eingewirkt wird, sondern dass die Vertragspartner des Lissabonner Vertrags nach Art. 8 EUV ausdrücklich auch die Offenheit der räumlichen Entwicklungsprozesse zum Ausdruck gebracht haben. Es heißt dort nämlich, dass die Union „besondere Beziehungen zu den Ländern in ihrer Nachbarschaft" aufbaut, „um einen Raum des Wohlstands und der guten Nachbarschaft zu schaffen, der auf den Werten der Union aufbaut und sich durch enge, friedliche Beziehungen auf der Grundlage der Zusammenarbeit auszeichnet". Soweit darin der „Raum des Wohlstands" thematisiert wird, ist diese Zielsetzung aber ebenfalls weniger auf die Verwirklichung räumlich-struktureller Zielsetzungen der Raumordnung zur Gewährleistung einer nachhaltigen Raumentwicklung als vielmehr auf eine friedliche und wechselseitig wirtschaftlich gedeihliche Entwicklung angelegt. Dies schließt freilich nicht aus, dass die letztgenannte Zielsetzung auch ein Teilaspekt einer umfassenderen, auf das Nachhaltigkeitspostulat ausgerichteten Raumordnungspolitik der EU sein müsste.

IV. EU-europäische Raumordnung – eine Raumordnung „sui generis"?

1. Verschiedene Sprachfassungen des Art. 192 Abs. 2 Nr. 4b) AUEV – unterschiedliches Vorverständnis?

Aufgrund des vielschichtigen Begriffsverständnisses, das die Übersetzung des Art. 192 Abs. 2 Nr. 4b) AEUV in die verschiedenen Sprachen der Mitgliedstaaten mit sich gebracht hat, lassen sich mit dem Begriff der Raumordnung einige raumrelevante Politikbereiche und Handlungsformen der EU und der Mitgliedstaaten als Schnittmenge erfassen, die zwar nach dem eingegrenzten und historisch geprägten nationalen Vorverständnis der Mitgliedstaaten von dem Begriff der Raumordnung auf der nationalen Ebene als Aufgaben- und Handlungsfelder der Raumordnung nicht erfasst wären, die aber auf europäischer Ebene zu einem eigenständigen Verständnis von Raumordnung im EU-europäischen Rahmen führen. Wie vielschichtig die Situationsbeschreibungen bezüglich der Raumordnung in Europa ist, wird deutlich, wenn man sich die verschiedenen Sprachfassun-

[5] So das Bundesinstitut für Bau-, Stadt- und Raumforschung unter http://www.bbr.bund.de/cln_016/nn_22516/BBSR/DE/Raumentwicklung/RaumentwicklungEuropa/EuropaeischeRaumentwicklungspolitik/europaeischeraumentwicklungspolitik__node.html?__nnn=true; abgerufen am 12.6.2012.

gen und die damit zusammenhängenden unterschiedlichen mitgliedstaatlichen Vorstellungen anschaut, die mit der Erwähnung der Raumordnung in Art. 192 Abs. 2 Nr. 4b AEUV verbunden werden.

Das Recht der EU kennt zwar in der deutschen Übersetzung des Art. 192 Abs. 2 Nr. 4b AEUV den Begriff der Raumordnung, dieser Begriff wird aber in die anderen Sprachen anders übersetzt als ihn deutsche Planer und Juristen aufgrund ihres durch das nationale Raumplanungssystem vorgeprägten Verständnisses übersetzen würden: z. B. in der englischen Sprachfassung als „town and country planning", in der französischen Sprachfassung als „l'aménagement du territoire", in der italienischen Sprachfassung „sull'assetto territoriale" und in der spanischen Sprachfassung „la ordenación". Damit verbunden ist angesichts der Unterschiede zwischen den mitgliedstaatlichen Systemen immer eine etwas andere Vorstellung hinsichtlich der Funktion und Aufgabenstellung der Raumordnung sowie der Instrumentarien, die dabei zum Einsatz kommen.

Die bei dem Vergleich der mitgliedstaatlichen Raumplanungssysteme festzustellenden Unterschiede prägen bislang das Bild einer sich modellhaft abzeichnenden, auf die Wahrnehmung von verstreuten Einzelermächtigungen reduzierten EU-Europäischen Raumordnungspolitik. In Deutschland ist der Begriff der Raumordnung mit der gesetzlichen Definition des § 1 ROG verknüpft. Danach wird das Wesen der Raumordnungsaufgabe wie folgt beschrieben: „Der Gesamtraum der Bundesrepublik Deutschland und seine Teilräume sind durch zusammenfassende, überörtliche und fachübergreifende Raumordnungspläne, durch Zusammenarbeit auf dem Gebiet der Raumordnung und durch Abstimmung raumbedeutsamer Planungen und Maßnahmen zu entwickeln, zu ordnen und zu sichern". Anders als in der englischen Übersetzung des Art. 192 Abs. 2 Nr. 4b AEUV ist die Stadtplanung in Deutschland und auch in anderen Mitgliedstaaten, soweit die Planungssysteme der anderen Mitgliedstaaten rechtsvergleichend untersucht worden sind,[6] nicht zur Raumordnung zu rechnen. In Frankreich gibt es keine zusammenfassenden, überörtlichen, alle räumlichen Aspekte integrierenden Raumordnungspläne für das gesamte Staatsgebiet wie in Deutschland, geschweige denn eine flächendeckende Raumordnungsplanung auf mehreren Ebenen.

In den untersuchten mitgliedstaatlichen Planungssystemen gibt es teilweise auch – anders als in Deutschland, Österreich und Luxemburg – keine klare Trennung zwischen der gesamträumlichen Raumordnungsplanung und der Fachplanung. So gibt es zum Beispiel in Belgien einen „plan de secteur", der die Regional- und sektorale Fachplanung verknüpft. In Frankreich existieren auf Ebene des Staates die „schémas de services collectifs" und partiell, nicht flächendeckend die „directive territoriale d'aménagement", die teilweise gesamträumliche und fachliche Anforderungen verbinden.[7]

---

[6] Dies gilt für Österreich, Frankreich, Belgien, das Großherzogtum Luxemburg, Spanien, Italien und die Niederlande; aber aufgrund der Unterscheidung in Großbritannien eigentlich trotz der anderslautenden englisch-sprachigen Übersetzung auch für diesen Mitgliedstaat.

[7] Vgl. dazu Spannowsky (Hrsg.), Planung und Realisierung von Autobahnen – Vergleich der räumlichen Planungssysteme in der Großregion „Saarland, Lothringen, Großherzogtum Luxemburg, Region Wallonien und Rheinland-Pfalz", Schriftenreihe zum Raumplanungs-, Bau- und Umweltrecht, Bd. 8, 2006.

Teilweise ist zudem die Verzahnung mit der Regionalpolitik stärker ausgeprägt als in Deutschland. So wird die Raumordnungsplanung in Frankreich von den „contrats de plan“ überlagert, die sich eher als ein regionalpolitisches Finanzierungsinstrument klassifizieren lassen.

Noch bedeutsamer ist aber, dass es für einige Prüfungsaspekte, die in Deutschland und Österreich auf planerischer Ebene untersucht werden, in zahlreichen anderen Mitgliedstaaten neben der Baugenehmigung ein zusätzliches, besonderes Genehmigungserfordernis gibt. So nehmen z. B. Frankreich, Luxemburg und Belgien auf die Standortentscheidung des Investors weniger über die Raumplanung als vielmehr durch die Existenz zweier Genehmigungsverfahren Einfluss.[8] Neben der Baugenehmigung ist für die Zulassung eines Einzelhandelsunternehmens in Frankreich und Luxemburg eine „autorisation“ erforderlich. In Frankreich beruht dieses zusätzliche Genehmigungserfordernis auf dem „code de commerce“ (L750-1 à L752-24 du code de commerce] und in Luxemburg auf dem Gesetz über das Betriebsrecht [droit d'etablissement, loi modifiée du 28.12.1988]. Ähnlich ist dies in Luxemburg. In Belgien sind eine städtebauliche, umweltrechtliche und eine sozio-ökonomische Genehmigung erforderlich. Und in Großbritannien ist für die Beurteilung der Zulässigkeit der Ansiedlung eines großflächigen Einzelhandelsbetriebs neben der Baugenehmigung eine „planning permission“ vorgesehen.[9] In diesen Verfahren wird unter verschiedenen Aspekten auf die Standortentscheidung bezüglich großflächiger Einzelhandelsbetreiben Einfluss genommen. Bezüglich Spanien, wo neben der Baugenehmigung für den großflächigen Einzelhandelsbetrieb eine Gewerbeerlaubnis vorausgesetzt ist, war dies ein Aspekt, warum der EuGH[10] die dortigen Regelungen zur Einzelhandelssteuerung vor dem Hintergrund des Prinzips der Verhältnismäßigkeit als zu strikt beurteilte. Allerdings kam dort noch hinzu, dass in dem vom EuGH zu beurteilenden Fall in 37 von 41 Bezirken keine neuen Verbrauchermärkte angesiedelt werden durften (Anhang 1.2 des Anhangs des Dekrets 379/2006) und in den restlichen vier Bezirken nur Verbrauchermärkte angesiedelt werden durften, auf die nicht mehr als 9 % der Ausgaben für Produkte des täglichen Bedarfs und 7 % der Ausgaben für Produkte des mittel- und langfristigen Bedarfs entfielen (Art. 10 Abs. 2 des Anhangs des Dekrets 379/2006).

Solche Unterschiede in den mitgliedstaatlichen Systemen der Raumordnung würden sich zwangsläufig auch auf die Europäische Raumordnungspolitik auswirken, soweit dafür eine Kompetenz für eine Raumordnungsplanung für den EU-Europäischen Raum geschaffen würde.

---

[8] Dazu eingehend Spannowsky (Hrsg.), Die Ansiedlung von großflächigen Einzelhandelsbetrieben – Vergleich der räumlichen Planungssysteme in der Großregion „Saarland, Lothringen, Großherzogtum Luxemburg, Region Wallonien und Rheinland-Pfalz“, Schriftenreihe zum Raumplanungs-, Bau- und Umweltrecht Schriftenreihe zum Raumplanungs-, Bau- und Umweltrecht, Bd. 6, 2005.

[9] Vgl. www.planningportal.gov.uk/permission/commonprojects/changeofuse.

[10] Siehe EuGH DÖV 2011, 489.

2. Raumordnungskompetenz der EU kraft einer Addition der Einzelermächtigungen der raumrelevanten Politikbereiche?

a) Raumrelevante Politikbereiche der EU

Obwohl das Handlungsfeld der Raumordnung nach dem in Art. 192 Abs. 2 AEUV zugrunde liegenden umweltpolitischen Verständnis mit seiner auf die Staatsgebiete der Mitgliedstaaten eingegrenzten Fokussierung weiterhin im Zuständigkeitsbereich der Mitgliedstaaten liegt und obwohl die EU keine eigenständige umfassende Raumordnungskompetenz besitzt und sie deshalb auch über keine Raumplanungskompetenz für das Territorium der EU verfügt, kann man trotz dieser in Art. 192 Abs. 2 Nr. 4b) AEUV gezogenen kompetenzrechtlichen Grenzlinie aus der Addition der Einzelermächtigungen der EU durchaus in Gestalt einer Art „resulting power" das Vorhandensein einer Kompetenz der EU für eine Raumordnung „sui generis" für das Territorium der EU konstatieren.

Raumrelevante Politikbereiche, die aufgrund der rechtlichen Anforderungen aus einschlägigen Rechtsakten der EU unmittelbaren oder zumindest mittelbaren Einfluss auf die Raumordnung und die Raumplanung in den Mitgliedstaaten nehmen, sind vor allem folgende:
- die Umweltpolitik,
- die Energiepolitik,
- die Strukturfondspolitik,
- die Verkehrspolitik,
- die Telekommunikationspolitik,
- die Landwirtschafts- und Fischereipolitik,
- die Wettbewerbs- und
- die Binnenmarktpolitik.

b) Raumrelevante Anforderungen der verschiedenen Politikbereiche mit Auswirkungen auf die Raumordnungsplanung

aa) Räumliche Steuerungswirkungen der EU-Umweltpolitik

Aus der europäischen Umweltpolitik resultieren nicht nur verfahrensmäßige Anforderungen[11] für die mitgliedstaatliche Raumordnungsplanung, sondern auch materielle, die Einfluss auf den Inhalt der Raumordnungspläne haben. Soweit nach Art. 5 Abs. 1 i. V. mit Anhang 1 der Richtlinie 2001/42/EG über die Prüfung der Umweltauswirkungen bestimmter Pläne und Programme als Mindestinhalt einer Umweltprüfung vorausgesetzt wird, dass der Planungsträger eine Null-Varianten-Prüfung und eine Alternativenprüfung durchgeführt bzw. durchzuführen hat, handelt es sich um materielle Anforderungen, die unmittelbar Auswirkung auf die Inhalte der Raumordnungspläne haben. Das Verschlechterungsverbot nach Art. 6 Abs. 2 und die Verträglichkeitsprüfung nach Art. 6 Abs. 3 und 4 der Richtlinie 92/43/EG zur Erhaltung der natürlichen Lebensräume sowie der wildlebenden Tiere

[11] Zu diesen mehrfach *Stüer/Rude* DVBl 2001, 36 ff.; sowie *Stüer/Krautzberger* DVBl 2004, 781 ff. und DVBl 2004, 914 ff.

und Pflanzen (FFH-Richtlinie) sowie das Verschlechterungsverbot nach Art. 4 Abs. 4 S. 1 der Richtlinie 79/409/EWG in der Fassung der Richtlinie 2009/14/EG über die Erhaltung der wildlebenden Vogelarten haben nicht nur Einfluss auf den Inhalt einer räumlichen Planung, sondern, soweit diese zu einer erheblichen Beeinträchtigung der Schutzgüter eines FFH- oder Vogelschutzgebiets führen können, auch auf die Zulässigkeit der Planung. Überdies können auch aus Art. 12 und 13 der FFH- und Art. 5 der Vogelschutz-Richtlinie planerisch nicht überwindbare artenschutzrechtliche Wirksamkeitshindernisse für die Bebauungsplanung resultieren. Auch aus Art. 12 Abs. 1 der Richtlinie 96/82/EG (geändert durch Richtlinie 2003/105/EG) zur Beherrschung der Gefahren bei schweren Unfällen mit gefährlichen Stoffen resultieren raumstrukturelle Anforderungen, soweit diese Vorschrift von den Mitgliedstaaten verlangt, dafür zu sorgen, dass in ihrer Politik der Flächenausweisung oder Flächennutzung und/oder anderen einschlägigen Politiken sowie den Verfahren für die Durchführung dieser Politiken langfristig dem Erfordernis Rechnung getragen wird, dass zwischen den unter diese Richtlinie fallenden Betrieben einerseits und Wohngebieten, öffentlich genutzten Gebäuden und Gebieten, wichtigen Verkehrswegen (so weit wie möglich), Freizeitgebieten und unter dem Gesichtspunkt des Naturschutzes besonders wertvollen bzw. besonders empfindlichen Gebieten andererseits ein angemessener Abstand gewahrt bleibt.

Raumstrukturelle Anforderungen begründen überdies die raum- bzw. flächenbezogenen Anforderungen, welche seitens der Europäischen Kommission im Rahmen der EU-europäischen Umweltpolitik in Mitteilungen und Leitlinien aufgestellt werden. Dazu sind vor allem folgende Mitteilungen zu rechnen:

- schonender Umgang mit Flächen: „sprawling cities“ (vgl. EEA Report, Nr. 10/2006, Urban sprawl in Europe);
- Mitteilung der Kommission vom 11. Februar 2004: „Entwicklung einer thematischen Strategie für städtische Umwelt“;
- ressourcenschonendes Europa – eine Leitinitiative innerhalb der Strategie Europa 2020, (KOM [2011] 21);
- „Fahrplan für ein ressourcenschonendes Europa“ (siehe Mitteilung der Europäischen Kommission vom 20.9.2011 und
- aktuelle Leitlinien zur Begrenzung der Bodenversiegelung.

Allgemeine strategische Anforderungen zum schonenden Umgang mit Flächen und zum Schutz des Bodens hat die Kommission unter dem Aspekt „sprawling cities“,[12] in Bezug auf die städtische Umwelt und allgemein hinsichtlich der Inanspruchnahme von Flächen[13] und hinsichtlich des Ressourcenschutzes[14] formuliert. Diese Initiativen der Kommission im Rahmen der EU-europäischen Umweltpolitik werden von der Europäischen Umweltagentur[15] unter dem Stich-

---

[12] Vgl. EEA Report, Nr. 10/2006, Urban sprawl in Europe.

[13] Siehe 2.4.1, S. 31 der Mitteilung der Kommission vom 11.2.2004: „Entwicklung einer thematischen Strategie für städtische Umwelt“, KOM (2004) 60 – Amtsblatt C 98 vom 23.4.2004 und der Europäischen Kommission (Hrsg.), Management Plan 2012, DG Environment, S. 10: ,„reduction of land take with the objective of non net land take by 2050“).

[14] KOM (2011) 21, Ressourcenschonendes Europa – eine Leitinitiative innerhalb der Strategie Europa 2020.

[15] Vgl. „landscapefragmentation“ EEA-Report No. 2/2011.

wort Biodiversität flankiert. Daraus resultieren raumstrukturelle Anforderungen, die an die Mitgliedstaaten adressiert sind. Die EU-europäische Umweltpolitik wirkt dabei nicht lediglich allgemein auf die mitgliedstaatliche Flächenausweisungspolitik sondern sogar durchaus konkret auf die raumstrukturelle Steuerung der räumlichen Entwicklung auf mitgliedstaatlicher Ebene ein.

So hat die Europäische Komission zur Bewältigung der Problematik der „Sprawling Cities" einen „Fahrplan für ein ressourcenschonendes Europa" mitgeteilt (siehe Mitteilung der Europäischen Kommission vom 20.9.2011, KOM (2011), 571 endgültig, insbesondere 4.6 und 5.2). Die Europäische Kommission hat darin die Mitgliedstaaten dazu aufgefordert, sie sollten "die direkte und indirekte Landnutzung und ihre Umweltauswirkungen besser in ihre Entscheidungsfindung integrieren sowie Landnahme und Bodenversiegelung so weit wie möglich begrenzen". Auf der Basis dieses Fahrplans hat die Kommission „Leitlinien zur Begrenzung der Bodenversiegelung" entwickelt, die in die Richtlinie zur Schaffung eines Ordnungsrahmens für den Bodenschutz Eingang finden sollen (siehe Pressemitteilung IP/12/361). In diesem Leitfaden heißt es zur Aufgabe der Raumplanung: „Durch eine intelligente Raumplanung und die Begrenzung der Landschaftszersiedelung kann die Bodenversiegelung beschränkt werden. So können stattdessen Entwicklungspotenziale in städtischen Gebieten genutzt werden, wie beispielsweise durch die Wiedererschließung verlassener Industriegebiete (Industriebrachen)". Auch themenbezogen, z. B. zur Steuerung der Einzelhandelsentwicklung auf mitgliedstaatlicher Ebene, hat die Kommission Anforderungen formuliert, die auf mitgliedstaatlicher Ebene im Rahmen der Raumordnungsplanung abgehandelt werden. So hat die Kommission[16] hierzu ausgeführt: „Wenn für neue Beschäftigungs-, Einkaufs- und Freizeitmöglichkeiten stadtferne, z. B. an Autobahnanschlüssen gelegene Standorte gewählt werden, so untergräbt dies die Lebensfähigkeit der Stadt als Wirtschaftsraum, leistet dem motorisierten Individualverkehr Vorschub und führt dazu, dass die nicht motorisierten Bürger keinen Zugang zu diesen Beschäftigungsmöglichkeiten und Dienstleistungen haben. Falls die Ansiedlung von Industriebetrieben überwiegend in ärmeren Stadtgebieten erfolgt, stellt sich auch die Frage der sozialen Gerechtigkeit. In früheren Strategiepapieren (siehe Anhang 1) wurde die Notwendigkeit zur dichten und kompakten Bebauung von städtischen Gebieten und zu deren vielseitiger Nutzung betont, um diese Probleme möglichst gering zu halten. Davon abweichende Konzepte, z. B. strenge funktionale Trennungen in der städtischen Flächennutzung, wie sie in Städten der Beitritts- und Kandidatenländer verwirklicht wurden, erhöhen das Verkehrsaufkommen. Die betroffenen Gebiete müssen umstrukturiert oder „nachgerüstet" werden, um nachhaltiger zu werden. Große Wohnsiedlungen außerhalb der Stadt, die nicht über grundlegende Dienste verfügen, müssen in nachhaltige Gemeinden umgewandelt werden". In dem Bericht der Europäischen Kommission zur Überwachung des Handels- und Vertriebsmarktes „Ein effizienterer und fairerer Binnenmarkt in Handel und Vertrieb bis 2020" vom 5.7.2010 hat die Europäische Kommission[17] diesen Aspekt wieder aufgegriffen und Folgendes fest-

[16] KOM (2004), 60 v. 11.2.2004, S. 32.
[17] KOM (2010) 355 endgültig.

gehalten: „Die Analyse hat folgende Probleme ergeben: Das erste betrifft die Erreichbarkeit und die Auswahl der Läden. Läden in erreichbarer Nähe, die Waren und Dienstleistungen des Grundbedarfs, insbesondere Lebensmittel anbieten, werden immer wichtiger für ältere Menschen (bereits 17 % der EU-Bevölkerung sind 64 Jahre alt oder älter) und Behinderte (15 % der EU Bevölkerung), isoliert oder in dünn besiedelten Gebieten lebende Menschen und für die 9 % der EU-Bevölkerung, die sich kein Auto leisten können. Nachbarschaftsläden tragen auch zur Erhaltung der Lebendigkeit der Wohngegenden und zu einer Beschränkung des Autoverkehrs bei, die notwendig sind, weshalb dieser Frage eine noch größere Bedeutung zukommt". Überdies hat die Europäische Kommission in einem „staff working Dokument" vom 12.4.2012[18] zu den Leitlinien zur Begrenzung der Bodenversiegelung unter der Überschrift „Examples of best practices" betont: "The Danish Spatial Planning Act puts clear restrictions on the construction of large shops and shopping centres on greenfield sites outside the largest cities and promotes small retailers in small and medium-sized towns, hence counteracting dispersed settlement structures in rural regions with a shrinking population". Diese Beispiele zeigen, dass die Europäische Kommission im Rahmen der Umweltpolitik allgemeine raumstrukturelle Anforderungen formuliert, die auch Gegenstand eines Europäischen Raumordnungsplans sein könnten.

bb) Räumliche Steuerungswirkungen der EU-Energiepolitik

Aus der europäischen Energiepolitik resultieren ebenfalls raumstrukturelle Anforderungen, soweit die Europäische Union von den Mitgliedstaaten den Einsatz erneuerbarer Energie[19] zur Reduzierung der Treibhausgasemissionen verlangt.[20] Denn damit ist zwangsläufig die Förderung der dezentralen, raumbeanspruchenden Energieerzeugung aus erneuerbaren Energieträgern verbunden. Denn die Nutzung von Windenergie, von Solarenergie auf gebäudeunabhängigen Flächen und von Biomasse führt zum Einsatz einer Anlagentechnik, die Räume in Anspruch nimmt, so dass zwangsläufig ein Nutzungs- und Ressourcenkonflikt zwischen verschiedenen öffentlichen Belangen entsteht, der auf der Ebene der räumlichen Planung gelöst werden muss.

cc) Räumliche Steuerungswirkungen der EU-Strukturfondspolitik

Im Bereich der Strukturfondspolitik werden raumstrukturell bedeutsame Projekte gefördert und sowohl städtebauliche als auch raumstrukturelle Zwecke verfolgt. Dies verdeutlicht vor allem die Mitteilung der Kommission vom 13. Juli

[18] SWD (2012) 101 final.

[19] Richtlinie 2001/77/EG des Europäischen Parlaments und des Rates vom 27.2.2001 zur Förderung der Stromerzeugung aus erneuerbaren Energiequellen im Elektrizitätsbinnenmarkt und die Mitteilungen der Kommission vom 10.1.2007 zur Begrenzung des globalen Klimawandels auf 2 Grad Celsius – Der Weg in die Zukunft bis 2020 und darüber hinaus, KOM(2007) 2 endgültig sowie „Fahrplan für erneuerbare Energien. Erneuerbare Energien im 21. Jahrhundert: Größere Nachhaltigkeit in der Zukunft" KOM(2006) 848.

[20] Entscheidung des Europäischen Parlaments und des Rates Nr. 406/2009/EG vom 23.4.2009 über die Anstrengungen der Mitgliedstaaten zur Reduktion ihrer Treibhausgasemissionen mit Blick auf die Erfüllung der Verpflichtungen der Gemeinschaft zur Reduktion der Treibhausgasemissionen bis 2020, Art. 9: Verpflichtung der Kommission, Vorschläge zu erarbeiten, welcher Beitrag im Bereich der Flächennutzung geleistet werden kann.

2006 an den Rat und das Europäische Parlament zu dem Thema „Die Kohäsionspolitik und die Städte – Der Beitrag der Städte zu Wachstum und Beschäftigung in den Regionen“[21] und die Entscheidung des Rates vom 6. Oktober 2006 über strategische Kohäsionsleitlinien der Gemeinschaft (2006/702/EG)[22] für den Förderzeitraum bis 2013. Darin sind mehrere Leitlinien mit raumstrukturellen Folgewirkungen enthalten. So werden Maßnahmen gefördert, welche der Verwirklichung von Strategien mit raumstruktureller Zwecksetzung dienen:

- „Verbesserung der Attraktivität der Mitgliedstaaten, der Regionen und der Städte durch Verbesserung der Anbindung“;
- Förderung der „Aufstellung von Flächennutzungsplänen zur Eindämmung des Wildwuchses von Städten“ und der Sanierung der „physischen Umwelt“;
- Territorialer Steuerungsansatz zur „Lösungssuche für die spezifischen Probleme und Möglichkeiten städtischer und ländlicher Gebiete sowie von Grenzregionen und weiteren transnationalen Gebieten, einschließlich der Regionen, die unter Nachteilen leiden aufgrund deren Insellage, Entfernung (wie z. B. die äußeren oder arktischen Regionen), geringer Bevölkerungsdichte oder Gebirgslage“;
- Förderung einer ausgewogeneren polyzentrischen Entwicklung durch den Ausbau des städtischen Netzes auf der nationalen und gemeinschaftlichen Ebene einschließlich der Verbindungen zwischen den wirtschaftlich stärksten Städten und anderen städtischen Gebieten, einschließlich kleinerer und mittelgroßer Städte und der Erholungsmöglichkeiten von hoch geschätzten Landschaften, weshalb Augenmerk auch auf die Beziehungen zwischen städtischen und ländlichen Gebieten gelegt werden soll.

Es handelt sich dabei um Schwerpunktsetzungen, die auf mitgliedstaatlicher Ebene zugleich Gegenstände der raumstrukturellen Steuerung auf der Ebene der Raumordnung sind.

dd) Räumliche Steuerungswirkungen der EU-Netzinfrastrukturpolitik

Die Politikbereiche Verkehr, Telekommunikation und Energie der EU sind zwangsläufig mit raumstrukturellen Anforderungen verknüpft, weil durch die damit verbundenen Maßnahmen die Entwicklung von Teilräumen innerhalb der EU sowie durch deren Vernetzung der Gesamtraum des Territoriums der EU entwickelt wird. Sie sind Bestandteil einer im Rahmen der Regionalpolitik verfolgten Strategie des Ausbaus der transeuropäischen Netze. Die rechtliche Basis für die drei Bereiche der transeuropäischen Netze Verkehr, Energie und Telekommunikation findet sich in Art. 170 ff. AEUV. Unter dem Aspekt Verkehr sind im Zusammenhang mit den transeuropäischen Netzen in raumstruktureller Hinsicht die transeuropäischen Straßenverbindungen, der kombinierte Verkehr, das europäische Hochgeschwindigkeitsnetz, die Binnenschifffahrtsstraßen und die Seehäfen angesprochen. Im Bereich Energie und Telekommunikation sind in raumstruktureller Hinsicht die erforderlichen Netzinfrastrukturen von Bedeutung. Gemäß Art. 170 AEUV trägt die EU zum Auf- und Ausbau dieser transeuropäischen Netze bei. Eine kartenmäßige Darstellung der bereits realisierten Infrastrukturein-

[21] KOM/2006/385.
[22] ABl. v. 21.10.2006, L 291/11.

richtungen ist in diesen Bereichen möglich. Es könnte aber überdies förderlich sein, wenn auch die Visualisierung einer planerischen Entwicklungskonzeption vorgenommen werden könnte und diese eine Koordinierungsbasis für die EU sowie die Mitgliedstaaten bilden würde. Welche erheblichen raumstrukturellen und städtebaulichen Auswirkungen die Europäische Verkehrspolitik hat, wird in der vom Amt für Veröffentlichung der Europäischen Union und von der Generaldirektion Mobilität im Jahr 2010 herausgegebenen Publikation „Der Hochgeschwindigkeitsverkehr in Europa" wie folgt beschrieben: „Die Anbindung eines Bahnhofs an das HGV-Streckennetz kann die gesamte städtische Entwicklung der umliegenden Gegend beeinflussen. Der Londoner Stadtteil King's Cross wird auf diese Art infolge der Inbetriebnahme des internationalen Bahnhofs St.Pancras tiefgreifende Veränderungen erfahren. 2006 wurde eine Baugenehmigung für eine Zone von 75 ha erteilt, in der 20 historische Bauten restauriert und 25 Bürogebäude, 20 Straßen und Wege sowie zehn öffentliche Plätze gebaut werden. Das Phänomen ist auch in Frankreich bei den an der Peripherie errichteten TGV-Bahnhöfen zu beobachten. Diese Entwicklung begünstigt die Entstehung von Satellitenstädten wie im Fall des TGV-Bahnhofs Avignon in der Gemeinde Courtine, wo ein TGV-bezogenes Geschäftsviertel entsteht".[23] Die Feststellung, dass die Durchführung von Maßnahmen zur Verwirklichung transeuropäischer Netze derart weitreichende raumstrukturelle Auswirkungen nach sich ziehen, gilt für alle angesprochenen Vernetzungsbereiche entsprechend.

ee) Räumliche Steuerungswirkungen der EU-Landwirtschafts- und der EU-Fischereipolitik

Obwohl bei der Landwirtschafts- und der Fischereipolitik Fragen der räumlichen Entwicklung des Territoriums der EU nicht im Vordergrund stehen, können die Maßnahmen, die in diesem Bereich ergriffen werden, ebenfalls raumstrukturelle Auswirkungen haben. Zwischen diesen Bereichen und der Regionalpolitik der EU gibt es daher auch Querverknüpfungen, um entsprechende raumstrukturelle Veränderungen mit finanzieller Unterstützung der EU herbeiführen zu können (Fördermaßnahmen zur Entwicklung des ländlichen Raums,[24] z. B. Flächenzahlungen für Landwirte, die einen Beitrag zur Verwirklichung der Natura-2000-Ziele leisten unddie Förderung von Maßnahmen der Dorferneuerung in ländlichen Räumen[25]).

ff) Räumliche Steuerungswirkungen der EU-Wettbewerbspolitik

Im Bereich der Wettbewerbspolitik haben sowohl die Wahrnehmung des Beihilfenaufsichtsrechts durch die Europäische Kommission als auch die Kontrollpra-

[23] Siehe dort unter 3. 2 Territorialer Zusammenhalt und Raumplanung, S. 12.

[24] Beschluss des Rates 2006/144/EG vom 20.2.2006 über strategische Leitlinien der Gemeinschaft für die Entwicklung des ländlichen Raums (Programmplanungszeitraum 2007–2013) und Beschluss des Rates v. 19.1.2009 zur Änderung des Beschlusses 2006/144/EG über strategische Leitlinien der Gemeinschaft für die Entwicklung des ländlichen Raums (Programmplanungszeitraum 2007–2013, 2009/61/EG; ABl. v. 31.1.2009, Nr. L 30/112).

[25] Sie dazu Verordnung (EG) Nr. 1698/2005 des Rates vom 20.9.2005 über die Förderung der Entwicklung des ländlichen Raums durch den Europäischen Landwirtschaftsfonds für die Entwicklung des ländlichen Raums (ELER).

xis in Bezug auf die Vergabe öffentlicher Aufträge mittelbar Einfluss auf die räumliche Entwicklung. Denn soweit die Europäische Kommission die Vergabe von Fördermitteln für städtebauliche und regionale Projekte im Rahmen ihres Beihilfenaufsichtsrechts nach Art. 107, 108 AEUV überprüft und beanstandet, hat dies raumstrukturelle Konsequenzen, weil davon die Finanzierungs- und daher in der Regel auch die Realisierungsfähigkeit raumbedeutsamer Projekte abhängen kann.[26] Hierbei hat die Europäische Kommission im Rahmen ihrer Ermessensausübung nach Art. 107 Abs. 3 AEUV raumstrukturelle und städtebauliche Zwecksetzungen gefördert. Die Leitlinien der Kommission für Beihilfen mit regionaler Zielsetzung 2007–2013 dokumentieren, dass hierbei raumstrukturelle und städtebauliche Zwecke berücksichtigt und mittels des Kontrollinstrumentariums von der Kommission auch verfolgt werden.[27] Dabei ist maßgebend, ob der Mitgliedstaat eine kohärente Regionalentwicklungsstrategie verfolgt. Außerdem geht die Europäische Kommission in ihrer Kontrollpraxis davon aus, dass Regionalbeihilfen nur dann Wirkung entfalten, wenn sie maßvoll und nach dem Grundsatz der Verhältnismäßigkeit eingesetzt werden und auf die am stärksten benachteiligten Gebiete in der Europäischen Union konzentriert werden. Davon ausgehend hat sie z. B. die Schaffung innerstädtischer Steuerfreizonen in bestimmten Regionen Italiens nach den Beihilfevorschriften des EG-Vertrags genehmigt. Mit dieser Maßnahme sollten insgesamt 22 besonders benachteiligte Stadtviertel wiederbelebt werden. Die betreffenden Stadtviertel wurden zu Steuerfreizonen erklärt, um damit zugunsten von Kleinst- und Kleinunternehmen Steuerbefreiungen zu ermöglichen.[28]

gg) Räumliche Steuerungswirkungen der EU-Binnenmarktpolitik

Neuerdings nimmt die Europäische Kommission auch im Rahmen der Binnenmarktpolitik Einfluss auf die Raumordnungsplanung auf mitgliedstaatlicher Ebene, soweit sie gestützt auf die Niederlassungs- und Dienstleistungsfreiheit mitgliedstaatliche Anforderungen zur Sicherstellung der Raumverträglichkeit städtebaulicher Maßnahmen beanstandet. So hat der EuGH[29] in Spanien in Bezug auf die staatliche Steuerung der Einzelhandelsentwicklung einen Rechtsverstoß bejaht, weil es sich dort um eine im Rahmen eines speziellen Gewerbeerlaubnisverfahrens aufgestelltes Zulassungserfordernis mit einer besonders strengen Beschränkung in Bezug auf die Ansiedlung von Verbrauchermärkten handelte. Zwischenzeitlich hat die Europäische Kommission auch gegen die Bundesrepublik Deutschland bezüglich Raumordnungsplänen mehrerer Bundesländer Vertragsverletzungsverfahren wegen angeblicher Verstöße gegen die Niederlassungsfreiheit eingeleitet. Dadurch ist nunmehr auch die Raumordnungsplanung zum Kontrollgegenstand

---

[26] Vgl. z. B. Prüfung der staatlichen Beihilfen für VW und BMW in Sachsen, http://www.mdr.de/sachsen/Subventionen100.html, abgerufen am 17.6.2012, sowie Prüfung einer unter das Beihilfenverbot fallenden Beihilfe für den Nürburgring in Rheinland-Pfalz, http://www.spiegel.de/wirtschaft/unternehmen/eu-kommission-leitet-verfahren-zum-nuerburgring-ein-a-822818.html, abgerufen 17.6.2012.

[27] Leitlinien für staatliche Beihilfen mit regionaler Zielsetzung 2007–2013 (2006/C 54/08), ABl. v. 4.3.2006, C 54/3.

[28] Siehe Pressemitteilung v. 28.10.2009, IP 09/1604.

[29] EuGH, Urt. v. 24.3.2011 – C -400/08, EuZW 2011, 557 ff.

der Europäischen Kommission geworden, obwohl diese nur allgemeine Planungsanforderungen für die Standortplanung der Gemeinden begründet und sie daher nur indirekt Einfluss auf die Niederlassung von Einzelhandelsbetrieben nimmt.[30]

V. Defizite bei der Koordinierung raumrelevanter Steuerungsansätze auf EU-europäischer Ebene

Aus den genannten raumrelevanten Politikbereichen der EU resultieren somit zahlreiche raumstrukturelle Anforderungen für die Mitgliedstaaten, die sich unmittelbar oder mittelbar auf die Raumentwicklung in dem Territorium der EU und in den Staatsgebieten der Mitgliedstaaten auswirken. Diese Maßnahmen werden auf der EU-europäischen Ebene bislang parallel und weitgehend unkoordiniert durchgeführt. Es fehlt bislang ein übergreifendes, strategisches Instrument zur Koordinierung und systemkohärenten Ausrichtung der raumrelevanten Strategien und Maßnahmen der verschiedenen Politikbereiche. Dadurch kommt es zwischen den raumrelevanten Politikbereichen hinsichtlich einer nachhaltigen Raumentwicklung zu vermeidbaren Reibungs- und Effizienzverlusten. Diese zeigen sich darin, dass unkoordinierte räumliche Effekte im Bereich zwischen strukturfondspolitischen Förderansätzen und der Raumordnung z. B. im Bereich LEADER, Regionalmanagement und Landes- und Regionalplanung zu identifizieren sind[31] sowie unabgestimmte Steuerungsansätze zwischen der EU-Binnenmarktpolitik und der EU-Umweltpolitik in Bezug auf die Steuerung der Ansiedlung großflächiger Einzelhandelsbetriebe etc.[32]), die auf EU-europäischer und mitgliedstaatlicher Ebene bei der Wahrnehmung der verschiedenen Steuerungsansätze der Raumordnung und der Raumentwicklung auftreten. Dieses Koordinierungsdefizit auf europäischer Ebene führt überdies dazu, dass die Raumplanung auf mitgliedstaatlicher Ebene ihre Koordinierungsfunktion im Verhältnis zu den verschiedenen Ansätzen der Raumentwicklung wegen der verschiedenen Steuerungs- und Finanzierungsanreize (z. B. LEADER) nicht in dem gebotenen Maße wahrnehmen kann (unterschiedliche Ansätze der Regionalentwicklung im Bereich der Umweltpolitik, im Bereich der Wirtschaftspolitik, im Bereich der Landesplanung). Deshalb verwundert es nicht, dass von der Europäischen Kommission z. B. im Bereich der Binnenmarktpolitik bei der Beanstandung von indirekten Auswirkungen der raumstrukturellen Anforderungen der Raumordnungsplanung auf die gemeindliche Standortplanung nicht in dem gebotenen Maße wahrgenommen wird, dass die Zielsetzungen, welche aufgrund der Raumordnungsplanung der

---

[30] Vgl. dazu *Spannowsky,* Allgemeine Anforderungen der Raumordnungsplanung im Lichte der Niederlassungsfreiheit nach Art. 49 AEUV, (erscheint in EurUP 2012, voraussichtlich Heft 4 oder 5); vgl. zur Europarechtskonformität auch BVerwG, Urt. v. 16.12.2010 – 4 C 8/10, ZfBR 2011, 255 (258).

[31] Siehe dazu *Uhrhan,* Optimierung der Kooperationsstrukturen im Beziehungsgefüge von Regionalplanung und LEADER-Aktivitäten im Hinblick auf eine koordinierte Regionalentwicklung, Internetveröffentlichung, Kaiserslautern, 2012, S. 208 ff., im PDF-Format abrufbar unter https://kluedo.ub.uni-kl.de/frontdoor/index/index/docId/2971, zuletzt heruntergeladen am 19.6.2012.

[32] Siehe dazu *Spannowsky* (Fn. 30).

Bundesländer erstrebt werden, wie die Vermeidung von unnötigen Zerschneidungen der Landschaft, die Erhaltung funktionsfähiger Zentren und Versorgungsstrukturen, die Sicherung der Zukunftsfähigkeit zentraler Versorgungsstandorte in Anbetracht des sich abzeichnenden demographischen Wandels, die Sicherstellung eines wohnungsnahen Versorgungsangebots für alle Bevölkerungsgruppen, die Gewährleistung eines schonenden Umgangs mit Flächen, die Eindämmung der fortschreitenden Neuansiedlung und Erweiterung von großflächigen Einzelhandelsbetrieben an Standorten außerhalb der Zentren (Ziel: Bemühungen um die Revitalisierung und Stärkung der Innenstädte) und die Vermeidung hoher Infrastrukturfolgekosten durch Zersiedelung der Landschaft, zugleich Allgemeininteressen sind, welche die Europäische Kommission selbst sowohl in der Umwelt-, der Regional- als auch der Binnenmarktpolitik verfolgt.

VI. Schlussfolgerung: Es existiert eine beschränkte Raumordnungskompetenz der EU „sui generis"

Aufgrund der Befugnis, innerhalb der raumrelevanten Politikbereiche der EU auch räumliche Entwicklungen zu beeinflussen, ist das Vorhandensein einer beschränkten und auf verschiedene Politikbereiche verstreuten, spezifischen Raumordnungskompetenz festzustellen. Wenn man dieser These folgt, ist diese um die weitere These zu ergänzen, dass die Art von Raumordnung der EU eine eigene, von den mitgliedstaatlichen Modellen abweichende Ausprägung aufweist.

Die Besonderheiten, die aus der, über verschiedene Einzelermächtigungen herzustellenden, auf verschiedene Regelungsmaterien verteilten Raumordnungskompetenz der EU resultieren, bestehen darin, dass nicht nur die Ziel- und Aktionskoordinierung zwischen den verschiedenen Politikbereichen defizitär verläuft, sondern auch ganz unterschiedliche Steuerungsinstrumentarien nebeneinander und – wie oben dargelegt – nicht immer ausreichend koordiniert zum Einsatz kommen. In den verschiedenen raumrelevanten Politikbereichen kommen nebeneinander: Fördermaßnahmen, strategische Anforderungen in Form von Leitlinien und Mitteilungen, teilweise mit an die Mitgliedstaaten adressierten allgemeinen Anforderungen sowie administrative Kontrollmaßnahmen (das wettbewerbsrechtliche Beihilfenaufsichtsrecht und das Vertragsverletzungsverfahren zur Kontrolle der Einhaltung von EU-rechtlichen Anforderungen) zur Anwendung. Es fehlt aber eine fachübergreifende Koordinierung der unterschiedlichen Anforderungen und eine planerische Verstetigung der raumstrukturellen Zweckverfolgung und Strategien der verschiedenen Politikbereiche in Bezug auf einen festgelegten Planungshorizont. Eine Folge davon ist, dass viele raumrelevanten Maßnahmen der EU nicht auf die Entwicklung, Ordnung und Sicherung des Territoriums der EU als Ganzem beschränkt sind, dass diese vielmehr auf die mitgliedstaatlichen Steuerungsinstrumente reagieren oder an diese anknüpfen. Nach Maßgabe des Prinzips der Verhältnismäßigkeit und der Subsidiarität wäre es hingegen geboten zu prüfen, welche Zwecke zur Entwicklung, Ordnung und Sicherung des Territoriums der EU die parallelen raumrelevanten Politikbereiche verfolgen sollen, welche Steuerungsmittel hierfür zum Einsatz kommen sollen und welche Anforderungen hieraus für die raumrelevanten Politikbereiche der Mitgliedstaaten sowie für die verschiedenen Raumplanungssysteme auf mitgliedstaatlicher Ebene resultieren. Andererseits wäre es auch – ausgehend von dem Prinzip der Nachhaltigkeit – geboten festzustellen, welche systematischen und kohärenten Ansätze einer EU-europäischen Raumordnung zur Erreichung daraus abzuleitender strategischen Zwecksetzungen für das Territorium der EU erforderlich sind; und zwar nicht nur im Hinblick auf die Verfolgung ökologischer Zielsetzungen, sondern auch im Hinblick auf die Verfolgung der sozio-ökonomischen und kulturellen Dimension der Nachhaltigkeit.

VII. Schlussfolgerung: Erforderlich ist eine koordinierende und integrierende am Nachhaltigkeitspostulat ausgerichtete Raumordnungsplanung für das Territorium der EU

Als Folge des Prinzips begrenzter Einzelermächtigung verfügt die EU zwar über eine Reihe von Kompetenzen, auf deren Grundlage die Europäische Kommission auf die Raumordnung in den Mitgliedstaaten direkt oder indirekt einwirken kann, es gibt jedoch in der EU bislang kein Aufgabenfeld der Raumordnung, in dem die auf die Einzelermächtigungen gestützten politischen Handlungsbereiche mit räumlicher Auswirkung koordiniert und zu einer gesamträumlichen Entwicklungsaufgabe verknüpft werden. Nicht nur die rechtsstaats- und demokratiegeleiteten Steuerungsfunktion des Rechts, die ein gewisses Maß an Verlässlichkeit, Planmäßigkeit und Transparenz des Verwaltungshandelns voraussetzt, sondern vor allem auch die Zielsetzung einer Nachhaltigkeit der räumlichen Entwicklung geben der Idee Nahrung, die Europäische Raumordnung zu einer auf den europäischen Gesamtraum der EU bezogenen europäischen Koordinierungs- und Entwicklungsaufgabe zu machen. Denn wenn über die schlichte Abstimmung hinaus die systematische und kohärente Steuerung räumlicher Entwicklungsprozesse durch öffentliche Planung bzw. räumliche Entwicklungsprogramme für den EU-europäischen Raum erstrebt wird, muss für das Territorium der EU eine übergreifende raumordnungsplanerische Aufgabenzuordnung vorgenommen werden.

B. STÄDTEBAU- UND BAUORDNUNGSRECHT

ULRICH BATTIS

Der vorhabenbezogene Bebauungsplan

I. Vorbemerkung

In seinen gewichtigen und erfolgreichen Werken „Der Bebauungsplan, Städtebaurecht in der Praxis"[1] und „Handbuch des Bau- und Fachplanungsrechts"[2] hat der liebe Conpauliner[3] und vielfache, stets fulminante Referent des gemeinsamen mit Klaus Finkelnburg und Michael Krautzberger veranstalteten Berliner Praktikerseminars, alles Wesentliche zum vorhabenbezogenen Bebauungsplan anschaulich und überzeugend gesagt, ergänzt um Schaubilder und nützliche Checklisten. Gleichwohl haben die Herausgeber mir das Thema vorhabenbezogener Bebauungsplan zugeteilt, vielleicht weil ich schon einmal zu diesem Thema einen Festschriftbeitrag geleistet habe.[4] Dreizehn Jahre sind auch im Städtebaurecht eine lange Zeit, wie allein vier Baugesetzbuchnovellen – EAG Bau, Innenentwicklungsnovelle 2007, Klimaschutznovelle 2011 und Innenentwicklungsnovelle 2012 – sowie eine Fülle einschlägiger Gerichtsentscheidungen und neu erschienene Monographien belegen.[5] Vom lebhaften Diskurs in Aufsätzen, Kommentaren und Lehrbüchern ganz zu schweigen.

Im Folgenden sollen die Rolle des vorhabenbezogenen Bebauungsplans in der Grundsatzdiskussion um (Verfahrens)-Privatisierung, (Verwaltungs-)Kooperationen, Deregulierung, (Selbst-) Regulierung und staatliche Gewährleistungsverantwortung sowie die Weiterentwicklung des vorhabenbezogenen Bebauungsplans durch Gesetzgebung und Rechtsprechung und Rückwirkungen der Fortentwicklung des öffentlich-rechtlichen Vertrages auf den vorhabenbezogenen Bebauungsplan angesprochen werden.

II. Grundsatzdiskussion

Angesichts des Siegeszuges des vorhabenbezogenen Bebauungsplans verwundert aus heutiger Sicht, dass die Übernahme des Vorhaben- und Erschließungsplans ins BauGB seiner Zeit in der Unabhängigen Expertenkommission umstrit-

[1] 4. Aufl., 2009, Rn. 167–183.
[2] 4. Aufl., 2009, Rn. 2258–2281.
[3] Absolvent des Gymnasium Paulinum in Münster.
[4] *Battis,* in Bauer/Breuer u.a. (Hrsg.), 100 Jahre Allgemeines Baugesetz Sachsen, 2000, S. 507.
[5] *Beckmann,* Der Wandel staatlicher Aufgabenwahrnehmung und seine rechtliche Bewältigung am Beispiel der vorhabenbezogenen Bebauungsplanung, 2005; *Busse/Grziwotz,* Der Vorhaben- und Erschließungsplan, 2. Aufl. 2006; *Schliepkorte,* Der Vorhaben- und Erschließungsplan, 3. Aufl. 2001.

ten war.[6] Gleichwohl drückt sich darin und in der Auseinandersetzung, ob der vorhabenbezogene Bebauungsplan seine Sonderrolle verloren und zu einem „normalen“ städtebaulichen Instrumentarium[7] zum „Normalfall“ des Bebauungsplans[8] geworden sei, ein grundsätzliches Problem aus. Die Dissertation von Bernd Beckmann veranschaulicht dies schon durch ihren (etwas sperrigen) Titel.[9] Die Untersuchung analysiert den vorhabenbezogenen Bebauungsplan mit Hilfe der in der neueren verwaltungswissenschaftlichen und verwaltungsrechtswissenschaftlichen Literatur steuerungs- bzw. governancegeprägten Begriffe wie Kooperation, kooperative Verwaltung, staatlich regulierte Selbstregulierung, funktionale Privatisierung, Verwaltungsverantwortung und Verantwortungsteilung, um den vorhabenbezogenen Bebauungsplan in die Verwaltungs- und Organisationsformen des allgemeinen Verwaltungsrechts einzuordnen. Getragen wird die Analyse von einer wohlwollend aufgeschlossenen Grundhaltung, die durchaus kompatibel ist mit den von Schuppert zur Charakterisierung des Wandels der Verwaltungsrechtswissenschaft geprägten Formel mit den drei Schlüsselbegriffen „Von Planung über Steuerung zu Governance“[10] ohne sich in ein Pathos zu verlieren, wie sie der Neuen Verwaltungsrechtswissenschaft gelegentlich nicht fremd ist.[11]

„Selbstregulierung und Kooperation bei der Bauleitplanung“ stehen auch im Titel der von Angela Faber verfassten Abhandlung zum vorhabenbezogenen Bebauungsplan.[12] Ausgehend von der Frage nach der Steuerungsfähigkeit des modernen Staates finden sich eingangs die z.T. übereinstimmenden Stichworte wie Deregulierung, Privatisierung, schlanker Staat, Modernisierung, Kooperation und Selbstregulierung. Der Impetus der Abhandlung ist jedoch eindeutig ein anderer als der bei Beckmann. Ausgehend von der „Krise des Rechts“ heißt es im Schlussabsatz: „Die vorstehenden Überlegungen illustriert am VEP dürften deutlich gemacht haben, welche Gefahren für den demokratischen Rechtsstaat aus der Verwendung kooperativer und selbstregulativer Elemente erwachsen können. Diese Gefahren sollten nicht dazu führen, die Instrumentalisierung von Selbstregulierung und Kooperation als staatliche Steuerungsmittel zu verwerfen. Vielmehr ist bei der Verwendung dieser Steuerungsmittel besondere Sorgfalt auf die Verwendung von Sicherungsmechanismen der skizzierten Art zu verwenden, damit die Gemeinwohlbelange nicht auf dem Altar gesellschaftlicher Selbstregulierung geopfert werden. Bei Wahrung der rechtsstaatlichen Vorgaben dürfte dem Institut des VEP auch in Zukunft einige Bedeutung zukommen. Die Aussage, dass der Zusammenschluss von Bauunternehmern zu kapitalkräftigen Investoren, die ihre eigenen Vorstellungen schon im Bau-

[6] Bericht der Kommission 1995, S. 102; *Quaas,* in: Schrödter, BauGB, 7. Aufl. 2006, § 12 Rn. 2.

[7] *Quaas* (Fn. 6), Rn. 4.

[8] *Krautzberger,* in: Battis/Krautzberger/Löhr, BauGB, 11. Aufl. 2009, § 12 Rn. 1; neutraler m.E. *Stüer,* Handbuch des Bau- und Fachplanungsrechts, 4. Aufl. 2009, Rn. 2258: Vorhabenbezogener Bebauungsplan als „Unterfall eines Bebauungsplans“.

[9] „Der Wandel staatlicher Aufgabenwahrnehmung und seine rechtliche Bewältigung am Beispiel der vorhabenbezogenen Bebauungsplanung“; s.a. Beckmann (Fn. 5), S. 19.

[10] FS 200 Jahre Juristische Fakultät der Humboldt-Universität zu Berlin, 2012, S. 1333 f.; weiterführend *Beckmann,* Governance und Rechtssetzung, 2011.

[11] Dazu *Battis* in FS 200 Jahre Juristische Fakultät der Humboldt-Universität zu Berlin, 2012, S. 1315 (1321).

[12] *Faber* in FS Hoppe, 2000, S. 425.

planungsrecht einbringen, das Bauwesen in Zukunft ganz entscheidend prägen wird, dürfte jedoch übertrieben und auch nicht erstrebenswert sein."[13]

Trotz des eher skeptischen Ansatzes deckt sich dieses Résumé weitgehend mit dem positiv konnotierten von B. Beckmann: „Mit diesem positiven Urteil zur Normqualität des § 12 BauGB ist allerdings nicht gesagt, dass die vorhabenbezogene Bebauungsplanung in der Praxis keine Probleme verursachen kann. Man kann durchaus die Frage stellen, ob ein Planungsinstrument, das einen starken Investoreneinfluss explizit betont, überhaupt sinnvoll ist. Denn ein Blick auf so manches am Bedarf der Bevölkerung vorbei geplanten Gewerbegebiet und Einkaufszentrum auf der sprichwörtlich Grünen Wiese, besonders in den neuen Bundesländern, befördert Zweifel an der Integrierbarkeit von Investorenlaunen und einem dem Gemeinwohl verpflichteten nachhaltigen Städtebau. Es ist immerhin denkbar, dass trotz der verankerten normativen Gemeinwohlsicherungen die Durchsetzung partikularer und eindimensionaler Investoreninteressen durch die gesetzliche Anerkennung einer Investorenplanung in § 12 BauGB letztlich doch gefördert wird (...) Und wenn solche Planungen ohnehin stattfinden, ist es aus Gründen rechtsstaatlicher Klarheit durchaus zu begrüßen, dass das Planungsrecht dies reflektiert und eine entsprechende rechtliche Strukturierung vornimmt. Gefährlich ist eine Investorenplanung letztlich nur dann, wenn die Gemeinde sich dabei das Denken abnehmen lässt."[14]

Der unterschiedliche Ausgangspunkt bei der Bewertung des vorhabenbezogenen Bebauungsplans und der dahinter stehenden Haltungen haben eine Parallele bei der Bewertung der städtebaulichen Verträge, deren Regelungen in § 11 BauGB, worauf Stüer zurecht hinweist[15] auch für den Durchführungsvertrag nach § 12 BauGB gelten.

Rolf Peter Löhrs Kommentierung des § 11 gehört zu den Glanzlichtern des gemeinsam mit Michael Krautzberger und mir verfassten Kommentars zum BauGB,[16] nicht zuletzt, weil der eigene Standpunkt des Kommentators deutlich wird, was den Blick für die Risiken des Einsatzes des städtebaulichen Vertrages schärft.

Eingangs heißt es: „Mit der Übernahme der früher nur in Sondergesetzen enthaltenen Vollregelung (...) des städtebaulichen Vertrags in das Dauerrecht erkennt der Gesetzgeber an, dass die Kooperation von Gemeinden mit privaten Investoren infolge eines veränderten Staatsverständnisses, das neben hoheitliche zunehmend kooperative Vorgehensweisen zur Problemlösung setzt, einer geänderten Planungskultur, die sich von der Angebotsplanung zur vorhabenbezogenen Planung fortentwickelte (...), und der Notwendigkeit des effizienten Einsatzes öffentlicher Mittel für die Bereitstellung der notwendigen Infrastruktur im Zusammenhang mit großen Bauvorhaben stark an Bedeutung zugenommen hat."[17]

---

[13] *Faber* (Fn. 12), S. 438; Rechtsstaatliche Bedenken formuliert auch *Erbguth,* Öffentliches Baurecht, 5. Aufl. 2009, Rn. 210; ausgewogen hingegen *Stüer* (Fn. 8) Rn. 2280.

[14] *Beckmann* (Fn. 10), S. 226 unter Hinweis auf *Reidt* NVwZ 1996, 1 (6).

[15] *Stüer* (Fn. 8), Rn. 2258; s.a. *Reidt,* in: Battis/Krautzberger/Löhr, BauGB, 12. Aufl. 2013, § 11 Rn. 1.

[16] *Löhr,* in: Battis/Krautzberger/Löhr, BauGB, 11. Aufl. 2009, § 11.

[17] *Löhr* (Fn. 16), § 11 Rn. 1.

Nach dieser grundsätzlichen Rückkopplung an die neuere Entwicklung des Städtebaurechts aber auch die des Allgemeinen Verwaltungsrechts fährt die Kommentierung fort: „Allerdings wird es in dieser Situation notwendig sein, sorgfältig Möglichkeiten und Grenzen städtebaulicher Verträge zu prüfen und dafür handhabbare Kriterien zu entwickeln. Dabei kommt es nicht allein darauf an, wie es in der Vergangenheit oftmals der Fall war, das Eigentum vor unzumutbaren Beschränkungen zu schützen (…) und einen ‚Ausverkauf von Hoheitsrechten' (…) zu vermeiden. Vielmehr muss in Rechnung gestellt werden, dass der Trend zur ‚Ökonomisierung des Rechts' im Sinne eines hohen Grads an ‚Selbstanwendung des Rechts durch die Rechtsadressaten (*Lendi,* Subtilitäten des Rechts, Zürich 1996, S. 1/9 f.) ganz neue Gefahren für die demokratische Grundordnung mit sich bringt. Wenn Private, die städtebaulichen Pläne erstellen, sei es nach § 11 oder nach § 12, wenn sie zudem noch nach § 4b als Verfahrensmittler das Verfahren durchführen sollen und den Plan auch selbst verwirklichen, dann muss darauf geachtet werden, dass die allein demokratisch legitimierte Gemeinde nicht zum bloßen Vollzugsgehilfen privater Interessen wird (vgl. *Mehde,* Baurecht 2002, 876/ 880 f.) und die Öffentlichkeit nicht oder nur unzureichend informiert und beteiligt wird.[18] (…) Für die vielfältigen Spannungsbögen, etwa von gemeindlicher Planungsmacht und privater Wirtschaftsmacht (und ihren jeweiligen Missbrauchsmöglichkeiten), von Ausnutzung der Eigentümer für fremdnützige kommunale Zwecke (vgl. hierzu auch *Reidt,* NVwZ 1999, 149 ff.) und Funktionalisierung der Kommunen für eigennützige private Ziele (hierzu *Hatzfeld,* Öffentliche Stadtentwicklungspolitik und private Projektentwicklung, in: Ministerium für Arbeit, Soziales und Stadtentwicklung, Kultur und Sport des Landes NRW (Hrsg.), Stadtplanung als Deal? Urban Entertainment Center und private Stadtplanung, Düsseldorf 1999, S. 9 ff.) von echtem Leistungsaustausch und bloßem Aufwendungsersatz „müssen" (…) tragfähige, d.h. Rechtssicherheit bietende Pfeiler entwickelt werden, auf denen Gemeinnutz und Eigennutz von den Vertragspartnern zu einem fairen Ausgleich geführt werden können. (…) Der Grundsatz des ‚Volenti non fit iniuria' (…) kann zwar sicher nicht generell und allein gelten, seine Anwendbarkeit aber wegen einer strukturellen Überlegenheit der Verwaltung im Baurecht generell in Abrede zu stellen (so *Schmidt-Eichstaedt,* Baurecht 1996, 1/ 3 f), erscheint mir unbefriedigend. Denn die alleinigen Befugnisse der Gemeinden, Bauleitpläne aufzustellen und damit Baurecht zu schaffen, ist nur ein formelles Recht und keine ‚Macht', wenn die Gemeinde etwa auf Einnahmen durch den Investor oder auf seine Investition unmittelbar zur Erfüllung ihrer Aufgaben angewiesen ist."[19]

Bei aller Ausgewogenheit der Kommentierung schimmert bei Löhr doch unverkennbar die Sorge durch um den angemessenen Schutz der Gemeinde (auch vor sich selbst).

In der jüngsten Auflage des Kommentars hat Olaf Reidt die Kommentierung der Städtebaulichen Verträge in § 11 neu konzipiert und deutlich erweitert. Dabei waren nicht die von der Novelle 2012 eingefügten Ergänzungen von § 11 ausschlaggebend,

---

[18] *Löhr* (Fn. 16), § 11 Rn. 2.
[19] *Löhr* (Fn. 16), § 11 Rn 3.

sondern eine andere Bewertung des Einsatzes städtebaulicher Verträge durch die Gemeinde. Nach inhaltlich durchaus übereinstimmenden Ausführungen zum veränderten Staatsverständnis, zu kooperativer Vorgehensweise, geänderter Planungskultur – weg von der Angebots- hin zur stärker vorhabenbezogenen Planung –, zum Spannungsfeld unterschiedlicher verfassungsrechtlich geschützter Rechtsgüter und rechtlicher Interessen fährt Reidt fort: „Ausgangspunkt aller Überlegungen muss stets sein, dass die Gemeinde Trägerin der kommunalen Planungshoheit ist, die sie im Interesse der Allgemeinheit in einer nicht veräußerlichen Weise (siehe insbesondere § 1 Abs. 3 Satz 2) wahrzunehmen hat." Im Gegensatz zu Löhr fährt Reidt fort: „Daraus resultiert prinzipiell eine strukturelle Überlegenheit der Verwaltung gegenüber Grundstückseigentümern und Investoren (*Schmidt-Eichstaedt,* Baurecht 1996, 1/3 f.). Die Gemeinde hat gleichsam eine Monopolstellung bei der Schaffung und Aufrechterhaltung von Baumöglichkeiten. Dies darf nicht zu einer Ausnutzung der Eigentümer für fremdnützige kommunale Zwecke führen, also insbesondere nicht zu der Forderung von Leistungen, die mit der konkreten Planung nichts zu tun haben (...) Andererseits darf die Möglichkeit kooperativer Planung und damit die zumindest tendenziell festzustellende ‚Ökonomisierung des Rechts' nicht zu einer Funktionalisierung der Kommunen für eigennützige private Zwecke (siehe hierzu etwa *Schmidt-Assmann/Krebs,* a. a. O. Rn. 1, 115 f.; *Hatzfeld,* Öffentliche Stadtentwicklungspolitik und private Projektentwicklung...) oder ganz allgemein zu einem ‚Ausverkauf von Hoheitsrechten' (...) führen. (...) Gerade in den Fällen, in denen die Verhandlungsübermacht nicht bei der Gemeinde liegt, es also weniger um den Schutz des Bürgers als vielmehr um die Vermeidung einer unverträglichen Kommerzialisierung der Planung geht, droht die Gefahr einer Selbstanwendung des Rechts durch die Rechtsadressaten (*Lendi* ...)."[20] Zurecht verweist Reidt darauf, dass die Gemeinde ihre „Präsenz bei allen wesentlichen Verfahrensschritten deutlicher hervorheben und betonen" sollte „, dass sie trotz Unterstützung durch Private Herrin des Verfahrens ist."

Verallgemeinernd lässt sich sagen, dass sowohl beim vorhabenbezogenen Bebauungsplan wie auch beim öffentlich-rechtlichen Vertrag die neueren Stimmen für eine gelassenere Einschätzung der beiden Instrumente und ihrer differenzierteren Handhabung rotieren. Ausschlaggebend dürfte letztlich sein, dass die überschießende Privatisierungseuphorie[21] abgeklungen und die Wertschätzung rechtssetzenden, staatlichen einschließlich kommunalen Handelns innerhalb kooperativer Strukturen zugenommen hat, nicht zuletzt auch als Lehre aus gemachten Fehlern. Als Beispiel für Letzteres lässt sich auch der durch die Novelle 2012 eingefügte § 1a Abs. 3 Satz 5 anführen, der die Gemeinde zur Ermittlung der Innenentwicklungspotentiale verpflichtet.

III. Weiterentwicklung

Im Unterschied zu der durch das BauROG 1997 eingeführten amtlichen Überschrift des § 12 – „Vorhaben- und Erschließungsplan" – hat sich anknüpfend an

[20] *Reidt* (Fn. 15) § 11 Rn. 1.
[21] Zur Rekommunalisierung s. etwa *Bauer* DÖV 2012, 329.

den Wortlaut von § 12 Abs. 1 Satz 1 und entsprechend dem Vorschlag der Unabhängigen Expertenkommission in der jüngeren Literatur durchweg der Begriff „vorhabenbezogener Bebauungsplan" durchgesetzt, obwohl dieser Begriff sich auch auf durch öffentlich-rechtliche Verträge eingehegte oder auch zugespitzte Bebauungspläne i.S.v. § 30 Abs. 1 BauGB anwenden ließe. Die amtliche Begrifflichkeit knüpft an § 7 BauGB-MaßnahmenG an,[22] die neuere verdeutlicht die Öffnung der hoheitlichen Bauleitplanung zur „Zusammenarbeit mit Privaten", die das BauROG 1997 programmatisch im damals neuen vierten Abschnitt des ersten Kapitels des BauGB eingeführt hat.[23] Der Gesetzgeber hat dem herkömmlichen Bebauungsplan als Alternative den vorhabenbezogenen Bebauungsplan mit inhaltlichen Besonderheiten zur Seite gestellt,[24] und zwar gem. § 12 Abs. 3 Satz 2 Hs. 1 insbesondere andere Festsetzungsmöglichkeiten als nach § 9 BauNVO. Die vorherrschende Verwendung des Begriffs vorhabenbezogener Bebauungsplan ändert aber nichts daran, dass gem. § 12 ohne Vorhaben- und Erschließungsplan kein wirksamer vorhabenbezogener Bebauungsplan zustande kommen kann.[25]

Die Emanzipation des vorhabenbezogenen Bebauungsplans vom Vorhaben- und Erschließungsplan alter Art zeigt sich auch darin, dass es anders als nach dem früheren § 7 Abs. 1 Satz 1 BauGB-MaßnahmenG nicht mehr darauf ankommt, ob das Vorhaben nach den §§ 30, 31 und 33 bis 35 bauplanungsrechtlich zulässig ist. Ausschlaggebend ist allein, ob die Planung i.S.v. § 1 Abs. 3 erforderlich ist.[26] Die durch das BauROG erfolgte Transformation ins BauGB dokumentiert zudem die „Aufstufung der früheren VEP-Satzung zum Bebauungsplan" durch § 12 Abs. 4.[27] Wie bei jedem Bebauungsplan können im Rahmen von § 1 Abs. 3 Flächen außerhalb des Bereichs des Vorhaben- und Erschließungsplans einbezogen werden.[28]

Eine weitere Erleichterung des Einsatzes des vorhabenbezogenen Bebauungsplans ist die gelockerte Vorhabensbindung gem. § 12 Abs. 3a.[29] Die durch die Innenentwicklungsnovelle 2007 eingefügte Ergänzung trägt dem Bedürfnis der Praxis Rechnung, die zuvor die Rechtssprechung verworfen hatte.[30] Abs. 3a dehnt den Anwendungsbereich des Durchführungsvertrages auf die Fälle aus, in denen der vorhabenbezogene Bebauungsplan für den Bereich des Vorhaben- und Erschließungsplans eine bauliche oder sonstige Nutzung allgemein festgesetzt hat.[31] Die entsprechende Anwendung der Vorschrift zum Baurecht auf Zeit

---

[22] *Bönker,* in: Hoppe/Bönker/Grotefels, Öffentliches Baurecht, 4. Aufl. 2010, § 13 Rn. 139; kritisch *Beckmann* (Fn. 5), S. 27.

[23] Dazu z. B. *Stüer* (Fn. 8), Rn. 2258, *ders.,* Der Bebauungsplan 4. Aufl. 2009, Rn. 167; *Finkelnburg/Ortloff/Kment,* Öffentliches Baurecht I, 6. Aufl. 2011, § 10; *Muckel,* Öffentliches Baurecht 2010, Rn. 177; *Erbguth,* Öffentliches Baurecht 2009, Rn. 199.

[24] *Kuschnerus* BauR 2004, 946; *Erbguth* (Fn. 23) Rn. 195.

[25] VGH München BauR 2011, 1775; OVG Münster BeckRS 2008, 39423; *Mitschang,* in: Battis/Krautzberger/Löhr, 12. Aufl. 2013, § 12 Rn. 13.

[26] *Bönker* (Fn. 22), § 13 Rn. 146; *Krautzberger,* in: Battis/Krautzberger/Löhr, 11. Aufl. 2009, § 12 Rn. 5; *Reidt,* in: Gelzer/Bracher/Reidt, Bauplanungsrecht, 7. Aufl. 2004, Rn. 877; a. A. *Jäde,* in: Jäde/Dirnberger/Weiss, BauGB, 6. Aufl. 2010, § 12 Rn. 4.

[27] So *Quaas* (Fn. 6), § 12 Rn. 53.

[28] Dazu bereits *Stüer* in seiner Osnabrücker Antrittsvorlesung, DVBl 1997, 1201 (1205).

[29] So *Jäde* (Fn. 26), § 12 Rn. 43.

[30] BVerwGE 119, 45; OVG Münster ZfBR 2004, 473.

[31] Dazu BVerwG ZfBR 2012, 39; zu den Grenzen der Einbeziehung gem. § 12 Abs. 4 s. OVG Bautzen SächsVBl. 2012, 114.

(§ 9 Abs. 2) stellt den Flexibilisierungsgewinn sicher,[32] allerdings nur, wenn durch die Änderungen das Vorhaben lediglich modifiziert und nicht grundlegend im Sinne eines aliuds verändert wird.[33] Im zweiten Fall fehlt es regelmäßig schon an der Erforderlichkeit der Planung i.S.v. § 1 Abs. 3.[34] Rechtsstaatlichen Bedenken gegen die Neuregelung[35] kann die Gemeinde durch transparente Verfahrensgestaltungen entgegenwirken.

Der Flexibilisierung und vor allem der Beschleunigung dient auch die durch die Innenentwicklungsnovelle 2007 ermöglichte Anwendung des beschleunigten Verfahrens (§ 13), sofern es sich um ein Verfahren der Innenentwicklung handelt.[36]

Ausgeweitet wird der Anwendungsbereich des vorhabenbezogenen Bebauungsplans auch dadurch, dass der Begriff des Vorhabenträgers nicht auf natürliche oder juristische Personen des Privatrechts beschränkt wird.[37] Vorhabensträger können also auch öffentlich-rechtliche Körperschaften wie Landkreise oder Universitäten sein, sofern sie bei ihrem Vorhaben der Planungsbefugnis der Gemeinde unterworfen sind. Fachplanungsträger scheiden also aus,[38] nicht aber juristische Personen des Privatrechts, die im Eigentum der Gemeinde stehen.[39]

Unter II. ist die Stärkung der Gemeinde als Trägerin der Planungshoheit betont worden. Gerade wegen der wünschenswerten Zunahme der Kooperation mit Investoren darf die planerische Gestaltungsfreiheit der Gemeinde nicht in Frage gestellt werden. § 1 Abs. 3 Satz 2 bleibt die von privaten uneinnehmbare „Zitadelle“. Deshalb ist es zu begrüßen, dass das OVG Lüneburg die schlichte Mitteilung einer Gemeinde an den Vorhabensträger gebilligt hat, in der diese mitgeteilt hat, dass sie das Verfahren zur Aufstellung eines vorhabenbezogenen Bebauungsplans nicht fortsetzen wird.[40] Der Streit darüber, ob die von dieser Mitteilung zu unterscheidende Entscheidung über einen Antrag des Vorhabensträgers nach § 12 Abs. 2 Satz 1 ein Verwaltungsakt ist oder nicht,[41] ist dem gegenüber nachrangig. Auch in diesem Fall darf die planerische Gestaltungsfreiheit nicht in Frage gestellt werden, bleiben also sehr weite Grenzen für die Ermessensentscheidung der Gemeinde.[42]

Dem Schutz der Gemeinde dient es auch, dass der Durchführungsvertrag zwischen dem Vorhabensträger und der Gemeinde vor dem Satzungsbeschluss erfolgen muss, spätestens bevor über den vorhabenbezogenen Bebauungsplan nach § 10 Abs. 1 beschlossen wird.[43]

---

[32] S.a. *Mitschang* (Fn. 25), § 12 Rn. 21a.
[33] *Jäde* (Fn. 26), § 12 Rn. 40, *Uechtritz* BauR 2007, 476 (485); *Bernhardt* NVwZ 2008, 972.
[34] OVG Münster BauR 2012, 210.
[35] *Erbguth* (Fn. 23), Rn. 210, m. w. N.; kritisch auch *Bischopink/Arnold* NVwZ 2007, 991; *Fleckenstein* DVBl 2008, 216 (218).
[36] *Busse,* in: Spannowsky/Uechtritz, BauGB, § 12 Rn. 26a.
[37] *Krautzberger,* in: Ernst/Zinkahn/Bielenberg/Krautzberger, BauGB, § 12 Rn. 58; a. A. VGH München DÖV 2006, 479 (480) *Erbguth* (Fn. 23), Rn. 205.
[38] *Krautzberger,* in: Ernst/Zinkahn/Bielenberg/Krautzberger, BauGB, § 12 Rn. 60.
[39] Anderer Ansicht *Jäde* (Fn. 26), § 12 Rn. 15.
[40] ZfBR 2009, 274 (276).
[41] Siehe *Erbguth* (Fn. 23), Rn. 206; Gegenpostition VGH Mannheim BauR 2000, 1705.
[42] Siehe auch *Mitschang* (Fn. 25), § 12 Rn. 12.
[43] BVerwG ZfBR 2012, 38; *Mitschang* (Fn. 25), § 12 Rn. 6 m. w. N.

IV. Abgleich mit § 11 BauGB

Da der Durchführungsvertrag nach § 12 Abs. 1 wie schon angesprochen auch eine Erscheinungsform des städtebaulichen Vertrages i.S.v. § 11 ist, sollen im Folgenden noch einige Fragen angesprochen werden, die in den letzten Jahren zu § 11 diskutiert worden sind.

Eine noch nicht abschließend geklärte Streitfrage ist die, ob und ggf. inwieweit für städtebauliche Verträge das Recht der Allgemeinen Geschäftsbedingungen[44] auch wegen unionsrechtlicher Vorgaben (RL 93/13/EWG[45]) gilt. Für den vorhabenbezogenen Bebauungsplan stellt sich diese Frage m.E. nicht. Der Investor des § 12 ist anders als möglicherweise ein sonstiger privater Vertragspartner i.S.v. § 11 kein schutzwürdiger Verbraucher und die Gemeinde schon gar nicht. Beide werden zudem ggf. durch § 12 Abs. 2 geschützt.

Die durch die Ahlhorn-Entscheidung[46] ausgelöste vergaberechtliche Diskussion um die Auferlegung und Verknüpfung von Bauverpflichtungen und Grundstücksveräußerungen hat sich aufgrund der Klarstellung durch den EuGH[47] und die Änderung von § 99 Abs. 3 GWB im Zuge des VergaberechtsmodernisierungsG 2009 beruhigt. Im Regelfall, wenn nämlich der Investor selbst bauen soll, ist ein Durchführungsvertrag nach § 12 Abs. 1 vergaberechtliche irrelevant, selbst wenn die Gemeinde beihilferechtlich relevante Vergünstigungen[48] (Preisnachlass) einräumt. Das Vergaberecht kann aber greifen, wenn sich der Investor zu Bauleistungen verpflichtet, an denen auch die Gemeinde ein unmittelbares wirtschaftliches Interesse hat.[49] Dies ist anders als beim unechten Erschließungsvertrag[50] im Einzelfall schwierig festzustellen.

Häufig im Streit sind bei städtebaulichen Verträgen nach § 11 die Auslegung der Angemessenheit i.S.v. § 11 Abs. 2 Satz 1[51] und die Kostenübernahme gem. § 11 Abs. 1 Nr. 3.[52]

Hinsichtlich der Kostenübernahme geht § 12 Abs. 1 Satz 1 als Spezialvorschrift vor. Wenn aber ausnahmsweise das Eigeninteresse der Gemeinde überwiegt, z. B. wegen weiterer außerhalb des vorhabenbezogenen Bebauungsplans liegenden Grundstücke, so ist § 11 Abs. 1 Satz 2 anwendbar.[53]

Wegen der herausragenden Rolle des Investors bei der Erstellung und Umsetzung des vorhabenbezogenen Bebauungsplans ist die Sicherung seiner Verpflichtungen von größerer Bedeutung als bei den städtebaulichen Verträgen nach § 11. Im Gesetz schlägt sich dies nieder in § 12 Abs. 5, der Zustimmung der Gemeinde

---

44 Siehe BGHZ 153, 93; BGH NJW 2010, 3505.
45 Dazu *Reidt* (Fn. 15), 12. Aufl. 2013, § 11 Rn. 42 ff. m. w. N.
46 OLG Düsseldorf Vergaberecht 2007, 634; anders aber Vergaberecht 2010, 971.
47 NVwZ 2010, 321.
48 Dazu *Otting* NJW 2010, 2167 (2169).
49 Dazu *Reidt* (Fn. 15), § 11 Rn. 49; *Becker*, in: Terwiesche (Hrsg.), Der Bauverwaltungsprozess, 2012, Rn. 462.
50 Dazu *Reidt* (Fn. 15), § 11 Rn. 48.
51 Dazu *Reidt* (Fn. 15), § 11 Rn. 38 ff.
52 Dazu *Reidt* (Fn. 15), § 11 Rn. 26 ff.
53 Siehe *Mitschang* (Fn. 25), § 12 Rn. 19; zur grundsätzlichen Unanwendbarkeit des Erschließungsbeitragsrechts, BVerwG ZfBR 2011, 363.

beim Trägerwechsel und der speziellen Regelung zur Aufhebung der Satzung durch die Gemeinde bei Zweckverfehlungen (§ 12 Abs. 6).[54] Rechtsprechung und Literatur zur Absicherung der Vertragsinhalte städtebaulicher Verträge[55] können bezogen auf die Realisierung des vorhabenbezogenen Plans ergänzend herangezogen werden, z. B. hinsichtlich der Sicherung der Erschließung oder auch der finanziellen Sicherung eines Rückbaus wegen Scheiterns des Vorhabens. Gerade gegenüber anglo-amerikanisch beeinflusster Vertragsgestaltung ist jedoch die Wirkkraft des black letter laws zur Konfliktbewältigung gegenüber überspannter Vertragsausgestaltung zu betonen.[56] Dies gilt nicht zuletzt zu Lasten der Gemeinde bei Rückforderungsansprüchen des Investors[57] Dieser Unterschied der Rechtskulturen trägt gerade auch die projektbezogenen Zusammenarbeit der Gemeinde mit Privaten, die eingebettet ist in das hochentwickelte Recht der Bauleitplanung.[58] Dass die Entwicklung nicht nur in eine Richtung erfolgt, zeigt augenfällig die gerichtliche Billigung des Utrechter Modells,[59] das anglo-amerikanischen Vorstellungen näher steht, als das traditionelle deutsche Verdikt des unzulässigen Verkaufs von Hoheitsakten.

---

[54] Dazu OVG Berlin-Brandenburg BauR 2009, 1697.

[55] Z. B. VGH Mannheim BauR 2010, 753; VGH München BauR 2010, 2089; *Reidt* (Fn. 15), § 11 Rn. 32 ff.; zum Normenkontrollantrag eines Vorhabenträgers gegen belastende Teilregelungen OVG Saarlouis BauR 2009, 629.

[56] So ausdrücklich auch *Reidt* (Fn. 15), § 11 Rn. 35.

[57] BVerwG NVwZ 2008, 212; NVwZ 2011, 690 m. w. N. bei *Reidt* (Fn. 15), § 11 Rn. 51.

[58] Zum Spannungsverhältnis zwischen Planung und Projektsteuerung *Krautzberger,* in: BMVBS (Hrsg.), Berliner Gespräche zum Städtebaurecht II, 2010, S. 37, 52 f.

[59] OVG Münster in DVBl 2001, 657; s.a. *Grigoleit* DV 2000, 79; krit. *Hoppe* in FS Kutscheidt, 2003, 331; *Grziwotz* BauR 2005, 812. Ich erinnere mich dankbar seinerzeit im Vorfeld der Entscheidung als Gutachter für die letztlich obsiegende Partei zusammen mit einem weiteren Conpauliner, dem Vizepräsidenten des BVerwG Otto Schlichter, mediale Unterstützung durch Bernhardt Stüer erfahren zu haben.

JÖRG BERKEMANN

Das „Abwägungsmodell“ des BVerwG – Entstehungsgeschichte und Legendenbildungen (BVerwGE 34, 301)

I. Spurensuche

Zum kollektiven Bewusstsein der Juristen, die sich mit der Bau- und Fachplanung beschäftigen, gehört als sicheres Wissen, dass das BVerwG Erfinder oder Entdecker, jedenfalls Begründer des planungsrechtlichen Abwägungsmodells ist. Das Konstrukt gilt als kreative Perle einer gelungenen Judikatur. Das ist es auch. Landläufig wird als Beginn der Judikatur BVerwGE 34, 301 [1969] genannt. Auch das trifft zu. Die Entscheidung gehört zum gesicherten Bestand eines liebgewonnenen Zitatenkartells. Hinzugefügt werden häufig BVerwGE 45, 309 [1974]; 48, 56 [1975]; 56, 110 [1978]; 59, 87 [1979]; 75, 214 [1986]. Dieser, partiell erweiterte Bestand wird dazu wie eine Monstranz an den Anfang vieler planungsrechtlicher Entscheidungen gestellt. Kein Lehrbuch lässt BVerwGE 34, 309 unerwähnt, ermahnend, sich in das Modell zu vertiefen und prüfend zu fragen, was „nach Lage der Dinge“ zu beachten sei.[1] Auch prägende Persönlichkeiten werden als Begründer genannt, zumeist und an erster Stelle Bundesrichter Felix Weyreuther (1928–1997),[2] immer wieder der Münsteraner Universitätsprofessor Werner Hoppe (1930–2009)[3] und, deutlich weniger, Bundesrichter Horst Sendler (1925–2006).

BVerwGE 34, 301 ist eine Entscheidung des IV. Revisionssenates des BVerwG. Dem Senat gehören zu diesem Zeitpunkt die Richter Külz (1903–1985) als Senatspräsident (Vorsitzender im IV. Senat von 1953 bis 1971) und die Bundesrichter Clauß (1911–1990), Isendahl (1914–1993), Klein (1904–1976), Weyreuther (1928–1997) und Sendler (1925–2006) an. Weyreuther war seit dem 1. Juni 1966, Sendler seit dem 1. Juli 1966 Bundesrichter. Zuvor war Weyreuther Richter am OVG Lüneburg; Sendler kam als Senatsrat aus der Berliner Senatsverwaltung. Die Altersstruktur des Senates befand sich, wie erkennbar, in einer gewissen

[1] Auch der Jubiliar steht naturgemäß in dieser Zitatentradition, vgl. etwa Bernhard Stüer, Handbuch des Bau- und Planungsrechts. Planung – Genehmigung – Rechtsschutz, 4. Aufl. 2009, S. 436–562.

[2] Vgl. etwa Wikipedia, Stichwort „Felix Weyreuther“; *Franßen* in FS Weyreuther, S. VI. Vgl. auch *Dreier,* Die normative Steuerung der planerischen Abwägung. Strikte Normen, generelle Planungsleitbegriffe, Planungsleitlinien und Optimierungsgebote, 1995.

[3] In einem Nachruf der Anwaltskanzlei Gleiss Lutz vom 15.7. 2009 wird Hoppe als Schöpfer der „Abwägungslehre“ bezeichnet. Das ist schwerlich zutreffend, folgt man etwa *Hoppe* DVBl 1964, 165–173. Richtig ist, dass Hoppe BVerwGE 34, 301 „unter die Leute gebracht“ hat, vgl. *Hoppe* BauR 1970, 15–18; *ders.*, Rechtsschutz bei der Planung von Straßen und anderen Verkehrsanlagen, 1971, Rn. 148; *ders.* in FS Scupin, 1973, S. 121 (129); *ders.* in FS Hans J. Wolff, 1973, S. 307–323; *ders.* in: ders./Rengeling/Dahl, Die kommunale Bauleitplanung – Anhand ausgewählter Entscheidungen exemplarisch dargestellt im Hinblick auf die Eigentumsgarantie und das planerische Abwägungsgebot, 1973; *ders.* DVBl 1974, 641 (645) mit dem „Postulat der operationalen Formulierung“.

Schieflage. Für Baurecht war der IV. Senat seit 1965 zuständig. Erst mit dem BBauG 1960 hat das BVerwG überhaupt einen materiell-rechtlichen Zugriff auf das Bauplanungsrecht. Vorher beherrschten die landesrechtlichen Aufbaugesetze die Szene. Kurz gesagt: Der Senat begann sich personell und „baurechtlich" erst einzurichten. In der Sache BVerwGE 34, 301 wurde Weyreuther Berichterstatter. Er war in Baurechtssachen kundig. Das Rüstzeug hatte er im Baurechtssenat des OVG Lüneburg gelernt. Die Sache kam aus seinem ehemaligen Senat. 1964 hatte er in einem Aufsatz über „Die Gesetzesbindung der Verwaltung und ihre Grenzen" (DVBl 1964, 893) nachgedacht. Das alles waren für ihn gute Voraussetzungen, Grundsätzliches zum Bauplanungsrecht zu sagen. Es ist reizvoll sich zu fragen, ob Weyreuther den Fall aus seiner Lüneburger Zeit kannte. Zeitlich wäre dies möglich gewesen. Das Berufungsurteil stammte zwar vom 8.9.1966. Das erstinstanzliche Urteil datiert vom 13.10.1965. Die Berufung ging noch im Jahre 1965, nämlich am 15.12.1965 ein.

In seinem Beitrag zum 50jährigen Bestehen des BVerwG gibt Redeker (geb. 1923), lange Jahre das BVerwG als Anwalt aufmerksam begleitend, in seinem Bericht über Richterpersönlichkeiten des BVerwG eine vorläufige Antwort.[4] Auch er weist die Entwicklung des Abwägungsgebotes unter Hinweis auf BVerwGE 34, 309 personifizierend Weyreuther zu. Natürlich müsse man das Arkanum der Senatsentscheidungen bedenken. Außenstehende könnten nur ahnen, wie diese entstanden seien. Dass hinter zahlreichen Entscheidungen des IV. Senates indes der analytische, von der Logik beherrschte Verstand Weyreuthers gestanden habe und dass hierauf zahlreiche Formulierungen der Urteile beruhten, wenn sie nicht überhaupt ganz seine Handschrift trügen, sei für ihn, Redeker, indes sicher. Das stimmt in der Sache gewiss. Aber stimmt es auch für BVerwG 34, 301? Oder ist es doch eher Teil einer Legendenbildung? Sendler, der mehrere Jahre mit Weyreuther im selben Senat zusammengearbeitet hatte und es doch wissen müsste, schweigt in seinem Beitrag in der Festschrift für Weyreuther (2003) über die *konkrete* Entstehungsgeschichte von BVerwGE 34, 301, wenngleich er den prägenden Einfluss des nur um drei Jahre älteren Senatskollegen betonend anerkennt.[5] Wie war es also wirklich? Die nachfolgenden Zeilen gehen auf Spurensuche.

II. Der Gesetzgeber von 1960 – befangen und ohne Durchblick

1. Wer zum ersten Male das „Abwägungsmodell" als einen anwendungsbedürftigen und auch anwendungsfähigen Rechtssatz formulierte, bleibt letztlich im „geschichtlichen" Dunkel. Eines ist indes sicher: Nicht das BVerwG, sondern der Gesetzgeber ist es, der im damaligen § 1 Abs. 4 S. 2 BBauG 1960 das bauplanungsrechtliche Gebot der Abwägung der öffentlichen und privaten Interessen statuiert, vielleicht nicht ganz wissend, was er „anrichtete". § 1 BBauG 1960 (BGBl. I S. 341), den das BVerwG in BVerwGE 34, 301 als revisibles Bundesrecht anzuwenden hatte, lautete in seiner Ursprungsfassung:

---

[4] *Redeker* in FG 50 Jahre BVerwG, 2003, S. 127 (147 ff.).
[5] *Sendler* in FS Weyreuther, 1993, S. 3 (5 f.).

(1) Um die städtebauliche Entwicklung in Stadt und Land zu ordnen, ist die bauliche und sonstige Nutzung der Grundstücke nach Maßgabe dieses Gesetzes durch Bauleitpläne vorzubereiten und zu leiten.

(2) Bauleitpläne sind der Flächennutzungsplan (vorbereitender Bauleitplan) und der Bebauungsplan (verbindlicher Bauleitplan).

(3) Die Bauleitpläne sind den Zielen der Raumordnung und Landesplanung anzupassen.

(4) Die Bauleitpläne haben sich nach den sozialen und kulturellen Bedürfnissen der Bevölkerung, ihrer Sicherheit und Gesundheit zu richten. Dabei sind die öffentlichen und privaten Belange gegeneinander und untereinander gerecht abzuwägen. Die Bauleitpläne sollen den Wohnbedürfnissen der Bevölkerung dienen und die Eigentumsbildung im Wohnungswesen fördern.

(5) Die Bauleitpläne haben die von den Kirchen und Religionsgesellschaften des öffentlichen Rechts festgestellten Erfordernisse für Gottesdienst und Seelsorge zu berücksichtigen, die Bedürfnisse der Wirtschaft, der Landwirtschaft, der Jugendförderung, des Verkehrs und der Verteidigung zu beachten sowie den Belangen des Natur- und Landschaftsschutzes und der Gestaltung des Orts- und Landschaftsbildes zu dienen. Landwirtschaftlich genutzte Flächen sollen nur in dem notwendigen Umfang für andere Nutzungsarten vorgesehen und in Anspruch genommen werden.

Diese von Unklarheiten strotzende Fassung hat eine lange parlamentarische Vorgeschichte, dies indes aus Gründen, die mit dem alsdann normierten „Abwägungsmodell" nur wenig zu tun haben. Die Verabschiedung eines BBauG in der zweiten und dritten Legislaturperiode war mühsam. Insgesamt entstanden fünf Entwürfe. Bereits 1950 hatte der damalige Wohnungsbauminister mit einem Entwurf die Initiative ergriffen, die Aufbaugesetzgebung der Länder abzulösen.[6] Das war am Widerstand der Länder gescheitert. Am 13.9.1951 ersuchte der BTag die BReg., bis zum 31.12.1951 den Entwurf eines Baugesetzes vorzulegen.[7] Die BReg. sah sich dazu wegen des Widerstandes der Länder, die eigene Gesetzgebungskompetenzen reklamierten, außerstande. Auf Anregung des Bayerischen Staatsministeriums des Innern bildete sich 1952 eine Sachverständigenkommission zur Ausarbeitung eines neuen Baugesetzbuches. Die Kommission bestand aus Angehörigen der für Bauangelegenheiten zuständigen Ministerien der Länder, des Bundesministeriums für Wohnungsbau und Personen aus Wissenschaft und Praxis. Es entstand im Oktober 1954 ein weiterer Entwurf. Inzwischen lag ein Gutachten des BVerfG über die Zuständigkeiten des Bundes und der Länder zur Ordnung des Baurechts vor.[8] Im Anschluss an das Gutachten des BVerfG bildeten sich zwei neue Kommissionen. Eine sog. Baurechtskommission hatte sich als eine von Abgeordneten des BTages fraktionsübergreifend gebildete Arbeitsgruppe der Frage eines Baugesetzes angenommen. Diese Kommission brachte auf der Grund-

---

[6] Vgl. *Dittus,* Entwurf zu einem Baugesetz der Bundesrepublik Deutschland, 1950. Der sog. Lemgoer Entwurf (Entwurf des Deutschen Städtetages von 1947, Braunschweig) bildete die Ausgangsbasis für die Aufbaugesetze der meisten deutschen Länder, ohne dass auf diesem Wege wegen zahlreicher abweichender Regelungen in den einzelnen Ländern eine Rechtsvereinheitlichung erreicht worden wäre.

[7] BT-Drs. I/2442; BTag, 1. WP, Sten. Ber. 162 Sitzung, S. 6583.

[8] BVerfGE 3, 407 (1954).

lage des erwähnten zweiten Entwurfs einen Gesetzesvorschlag ein (sog. Initiativentwurf vom 26.10.1955).[9] Eine sog. Hauptkommission für die Baugesetzgebung hatte der Bundesminister für Wohnungsbau eingerichtet.[10] Ihr Entwurf wurde als Grundlage eines Regierungsentwurfes in den BTag eingebracht.[11]

2. Eine erste Spur zur späteren Fassung des § 1 BauGB führt auf den in den BTag der zweiten Legislaturperiode (1953–1957) eingebrachten Initiativantrag der erwähnten Baurechtskommission. In dem Initiativantrag – also aus der „Mitte des Bundestages" – hieß es bereits: „Die Bauleitplanung hat die öffentlichen und die privaten Belange gerecht gegeneinander abzuwägen." (§ 1 Abs. 2 des Entwurfs). Diese Fassung entstammt dem (zweiten) Entwurf der seinerzeitigen „bayerischen" Sachverständigenkommission. Deren Vorentwürfe sind dem Verfasser dieses Beitrages nicht bekannt. Nach dem Initiativantrag sollte die höhere Baubehörde über die Bestätigung des Bebauungsplans „nach pflichtgemäßem Ermessen" entscheiden (§§ 8 Abs. 1, 18 Abs. 1 des Entwurfs). Sie hatte die Bestätigung zu versagen, wenn der Bebauungsplan dem Baugesetz, den auf Grund desselben Gesetzes erlassenen oder sonstigen Rechtsvorschriften widerspricht (vgl. § 18 Abs. 2 des Entwurfs). Eine nähere Begründung gab der Initiativantrag nicht. Als Ziel wurde nur erklärt: Das Genehmigungsverfahren solle unsachliche Einflüsse ausschalten. Man traute also der planenden Gemeinde nicht ganz zu, sie werde nur das Gemeinwohl im Blick haben. Das war eine gewiss richtige Einschätzung, wie es später BVerwGE 34, 301 fallbezogen belegen wird.

Auch der Entwurf der BReg. lehnte sich zur Abwägungsfrage deutlich an den Entwurf der seinerzeitigen „bayerischen" Sachverständigenkommission an. Ein § 1 Abs. 3 des Entwurfes formulierte: „Die Bauleitpläne haben sich unter gerechter Abwägung der öffentlichen und privaten Belange nach den sozialen und kulturellen Erfordernissen der Bevölkerung, insbesondere ihrer Sicherheit und Gesundheit, zu richten, die Bedürfnisse der Wirtschaft und des Verkehrs zu beachten sowie der Gestaltung des Orts- und Landschaftsbildes zu dienen; der Inhalt der Bauleitpläne soll wirtschaftlich und zweckmäßig sein."

3. Was eigentlich als „gerechte Abwägung" zu erörtern sei, interessierte die Abgeordneten des BTages zunächst nur am Rande. Ihr eigentliches Interesse in den Ausschussberatungen bezog sich lange Zeit auf eine andere Frage, nämlich nach welchen Maßstäben die höhere Verwaltungsbehörde das vorgesehene Genehmigungsverfahren des späteren § 6 Abs. 2 BBauG (§ 6 Abs. 2 BauGB) zu gestalten habe. Vor allem die Abgeordneten der SPD wollten eine Prüfung der Zweckmäßigkeit auf jeden Fall verhindern. An eine gerichtliche Kontrolle dachte man in dieser Phase der parlamentarischen Erörterung nicht. Es ist ein kleiner historischer Treppenwitz, dass eben diese die Abgeordneten so bewegende Frage in BVerwGE 34, 309 hätte aufgeworfen werden können, dort indes unerörtert blieb. § 11 Satz 3 in Verb. mit § 6 Abs. 2 BBauG wird in der Entscheidung kurz erwähnt. Die eingenommene Sichtweise des BVerwG ist dort eine andere. Ohne-

[9] BT-Drs. II/1813 vom 26.10.1955.

[10] Kommissionsentwurf vom 2.3.1956 (= Schriftenreihe des Bundesministeriums für Wohnungsbau, Bd. 7).

[11] BT-Drs. II/3028 vom 13.12.1956.

dies hatte sich das BVerwG bereits auf eine „reine" Rechtskontrolle hinsichtlich des Planverfahrens nach § 8 PrFluchtlGes festgelegt.[12] Schon zu diesem Zeitpunkt, also vor 1960, wurde im Schrifttum breit erörtert, ob und in welcher Hinsicht Bebauungspläne als Satzung einer verwaltungsgerichtlichen Kontrolle unterzogen werden könnten.[13] Wer sich auf juristischer Ebene umsah, musste erkennen, dass man im Begriff war, in ein Wespennest juristischer Problembereiche zu stechen.

In der gemeinsamen Sitzung des Ausschusses für Wiederaufbau und Wohnungswesen und des Ausschusses für Bau- und Bodenrecht vom 12.4.1956 äußerte sich der Vertreter des Bundesbauministeriums, Min.Rat Dr. Zinkahn, zu § 8 Abs. 2 des Initiativantrages erläuternd: „Die bisherige Bestimmung bedeute, dass die höhere Baubehörde nicht nur eine Rechtsaufsicht habe, sondern auch eine Sachaufsicht. Gegen diese Formulierung habe man in den weiteren Beratungen mit Recht eingewandt, dass sie unklar sei. Der Gesetzgeber dürfe es nicht der Rechtsprechung überlassen, zu klären, wie weit die Einflussbefugnisse des Staates gehen....".[14] Diese Bedenken wurden allseitig geteilt. Auf Vorschlag des Ausschussvorsitzenden Jacobi fasste man am 2.6.1956 die Kontrollkompetenz der staatlichen Behörde textlich neu. Jetzt sollte es heißen: „Die Genehmigung darf nur versagt werden, wenn der Flächennutzungsplan diesem Gesetz oder den auf Grund dieses Gesetzes erlassenen oder sonstigen mit diesem Gesetz in Einklang stehenden Rechtsvorschriften widerspricht." Davon versprach man sich Rechtssicherheit. Es sollte dann doch anders kommen, wie der Rückblick zeigt. Die Entwicklung der Ausdeutung wird BVerwGE 34, 301 faktisch einleiten.

4. Indes, in der zweiten Legislaturperiode gelang es nicht, den Entwurf zu Ende zu beraten und zu verabschieden. Der BRat lehnte den Entwurf eines Bundesbaugesetzes am 19.10.1956 insgesamt ab. Unter dem 21.2.1958 brachte die BReg. einen erneuerten Entwurf ein.[15] In § 1 Abs. 3 dieses Entwurfs hieß es: „Bei der Bauleitplanung sind die Ergebnisse der Raumordnung zu berücksichtigen. Die Bauleitpläne haben sich unter gerechter Abwägung der öffentlichen und privaten Belange nach den sozialen, kirchlichen und kulturellen Erfordernissen der Bevölkerung, insbesondere ihrer Sicherheit und Gesundheit, zu richten, die Bedürfnisse der Wirtschaft, der Landwirtschaft, des Verkehrs und der Verteidigung zu beachten sowie der Gestaltung des Orts- und Landschaftsbildes zu dienen; der Inhalt der Bauleitpläne soll den Planungszielen entsprechend wirtschaftlich und zweckmäßig sein." Das in dem seinerzeitigen Initiativantrag benutzte Wort „gegeneinander" hatte man nicht aufgenommen. Die Fassung des Entwurfs löste in den Ausschuss-

[12] BVerwG DVBl 1957, 248; ähnlich BVerwGE 11, 14 zum Ortsstraßenplan.

[13] Vgl. *Forsthoff* DVBl 1957, 113–118; *Werner* DVBl 1957, 221–227; *Dittus* BlGBW 1957, 241–243; *Grauvogel* DVBl 1958, 73–83; *Deutsches Volksheimstättenwerk (VHW),* Die rechtliche Einordnung des verbindlichen städtebaulichen Planes nach geltendem und künftigem Recht. Gutachten im Auftrag des Bundesministeriums für Wohnungsbau, 1958; vgl. auch *Brohm,* Rechtsschutz im Bauplanungsrecht, Stuttgart 1959, S. 60 ff.; *Blümel* DÖV 1959, 665–671; vgl. auch vertiefend BVerwGE 3, 258 (Ortsbauplan nach württembergischem Recht); BVerwG DVBl 1957, 535 (Durchführungsplan nach Aufbaugesetz NRW); BGHZ 22, 32 (Fluchtlinienplan).

[14] Kurzprotokoll Nr. 75 des BTags-Auschusses für Wiederaufbau zur gemeinsame Erörterung des Initiativantrages BT-Drs. 1813 und des Kommissionsentwurfs (KE) des Bundesbaumministeriums.

[15] BT-Drs. III/336 vom 16.4.1958 (BR-Drs. 47/58).

beratungen breite Erörterungen darüber aus, welche Interessen oder Belange in der Bauleitplanung zu berücksichtigen seien. Um es pointiert zu sagen: Jeder Abgeordnete sah sich verpflichtet, neue Interessen (Belange) anzuführen. Genannt werden: soziale Erfordernisse der Bevölkerung, kirchliche Erfordernisse der Bevölkerung, Erfordernisse für Gottesdienst der Kirchen, Erfordernisse der Seelsorge der Kirchen, kulturelle Erfordernisse der Bevölkerung, Sicherheit der Bevölkerung, Gesundheit der Bevölkerung; Bedürfnisse der Wirtschaft, Bedürfnisse der Landwirtschaft, Bedürfnisse des Verkehrs, Bedürfnisse der Verteidigung, Gestaltung des Orts- und Landschaftsbildes, Bedürfnisse des Wohnens und Förderung der Eigentumsbildung im Wohnungsbau. Als es offenbar den Abgeordneten selbst zu viel wurde, beauftragte man einen Redaktionsausschuss mit näherer Klärung. Man verständigte sich. So lautete im schriftlichen Bericht des Ausschusses für Wohnungswesen, Bau- und Bodenrecht über den von der BReg. eingebrachten Entwurf der neugefasste § 1 schließlich:[16]

„(4) Die Bauleitpläne haben sich unter gerechter Abwägung der öffentlichen und privaten Aufgaben nach den sozialen und kulturellen Bedürfnissen der Bevölkerung, ihrer Sicherheit und Gesundheit zu richten. Sie sollen den Wohnungsbedürfnissen der Bevölkerung dienen und die Eigentumsbildung im Wohnungsbau fördern.

(5) Die Bauleitpläne haben die von den Kirchen und Religionsgesellschaften des öffentlichen Rechts festgestellten Erfordernisse für Gottesdienst und Seelsorge zu berücksichtigen, die Bedürfnisse der Wirtschaft, der Landwirtschaft, der Jugendförderung, des Verkehrs und der Verteidigung zu beachten sowie den Belangen des Natur- und Landschaftsschutzes und der Gestaltung des Orts- und Landschaftsbildes zu dienen. Landwirtschaftlich genutzte Flächen sollen nur in dem notwendigen Umfang für andere Nutzungsarten und in Anspruch genommen werden.“

Auch darüber einigte man sich: Die Genehmigung dürfe nur versagt werden, wenn der Bauleitplan nicht ordnungsgemäß zustande gekommen sei oder diesem Gesetz, den auf Grund dieses Gesetzes erlassenen oder sonstigen Rechtsvorschriften widerspreche. Wenn der Plan die Erfordernisse des § 1 Abs. 4 und 5 der geänderten Fassung nicht oder nicht sachgerecht berücksichtige, sei die höhere Verwaltungsbehörde verpflichtet, die Genehmigung zu versagen. Noch war die Erörterung jedoch nicht zu Ende. In der Plenarberatung am 18.5.1960 wurde § 1 Abs. 4 des Ausschussentwurfes erneut geändert. Nunmehr hieß es:[17]

(4) Die Bauleitpläne haben sich nach den sozialen und kulturellen Bedürfnissen der Bevölkerung, ihrer Sicherheit und Gesundheit zu richten. Dabei sind die öffentlichen und privaten Belange gegeneinander und untereinander gerecht abzuwägen. Die Bauleitpläne sollen den Wohnungsbedürfnissen der Bevölkerung dienen und die Eigentumsbildung im Wohnungsbau fördern.

Bei dieser Fassung, die erst durch Änderungsanträge der CDU (Abg. Dr. Czaja) und der SPD (Abg. Jacobi) in zweiter Lesung erreicht wurde, blieb es. Niemand

[16] BT-Drs. III/1794 vom 21.4.1960 (Zusammenstellung), dazu schriftlicher Bericht (begründender Teil) zu BT-Drs. 1794.

[17] BT-Dr. III/1861, S. 1 (Zusammenstellung der Beschlüsse des Bundestages in zweiter Beratung).

weiß genau, was wirklich den Sinneswandel der genannten Abgeordneten zu dieser neuen Fassung veranlasst hat. Liest man die Plenardebatte heute, so mag es schlicht die Lust an politischer Konfrontation gewesen sein. Fast alles blieb offen, weil jeder seinen ihn politisch bewegenden „Belang" als aufgenommen betrachten konnte. Also ein Konsens mit semantischen Verfügbarkeiten. In der historischen Auslegung scheint allerdings eines ganz sicher: § 1 Abs. 4 und 5 BBauG 1960 sollte zum Kanon jener Regelungen gehören, welche § 6 Abs. 2 BBauG 1960 als Kontrollmaßstab erfassen sollte. Man hatte einer Zweckmäßigkeitsprüfung zwar abgeschworen, sie aber mittels unbestimmter Rechtsbegriffe, und zwar in Fülle, funktional ersetzt. Und so kommt sie durch die Hintertür wieder herein. BVerwGE 34, 301 wird diesen semantischen Schwindel „schulmeisterlich" entlarven.

5. Zwei kleine Reminiszenzen sind erwähnenswert. Die Wortwahl der Entwürfe zu § 1 Abs. 4 S. 2 BBauG 1960 könnte durch den nahezu zeitgleich formulierten § 44 Abs. 2 FlurbG 1953 beeinflusst worden sein. Die Vorschrift verlangt, dass bei der Landabfindung die betriebswirtschaftlichen Verhältnisse aller Teilnehmer „gegeneinander abzuwägen" und alle Umstände zu berücksichtigen seien, die auf den Ertrag, die Benutzung und die Verwertung der Grundstücke wesentlichen Einfluss haben.[18] Jedenfalls ist es in der Gesetzessprache durchaus neu, auf eine abwägende Berücksichtigung von genannten Interessen zu verweisen. Es ist eine legislatorische Offenheit, welche der Gesetzestechnik der Weimarer Zeit noch völlig fremd ist.

Verwirrend ist später § 2 Abs. 2 Satz 2 ROG 1965. Hier formuliert der Gesetzgeber knapp fünf Jahre nach dem Inkrafttreten des BBauG kombinatorisch: „Die Grundsätze sind von den in § 3 genannten Stellen im Rahmen des ihnen zustehenden Ermessens gegeneinander und untereinander nach Maßgabe des § 1 abzuwägen".[19] Die Berichterstatter des zuständigen Bundestagsausschusses waren die Abgeordneten Czaja und Jacobi. Sie waren auch die Hauptberichterstatter für das BBauG gewesen. Warum man von der Fassung des § 1 Abs. 4 S. 2 BBauG abwich, erschließt sich aus den Gesetzesmaterialien nicht. So bleibt es spekulativ, ob sich die nunmehr für das ROG gewählte Fassung als eine Antwort auf die sich in Teilen der Rechtsprechung seit etwa 1963 abzeichnende Interpretation des § 1 Abs. 4 BBauG verstand. Dass § 2 Abs. 2 Satz 2 ROG 1965 die an sich sprachlich ungewöhnliche Doppelung „gegeneinander und untereinander" wiederholte, zeigt jedenfalls die Nähe zum BBauG.

III. Erste Ansätze: BVerwG ist konfrontiert, aber eher beiläufig

1. Das BVerwG (I. Senat) beschäftigt sich mit § 1 Abs. 4 BBauG 1960 erstmals und beiläufig in seinem Urteil vom 29.8.1961.[20] Es geht um die Anwendung des

---

[18] Zu Entstehungsgeschichte des § 44 FlurbG: Das unter dem 10.1.1952 durch den Gesetzentwurf der BReg. eingeleitete Verfahren enthält bereits die später Gesetz gewordene Fassung des § 44 FlurbG (vgl. BR-Drs. 811/51).

[19] ROG vom 8.4.1965 (BGBl. I S. 306); die Fassung beruht auf dem Bericht des BTags-Ausschusses für Wohnungswesen, Städtebau und Raumordnung vom 29.1.1965 (BT-Drs. IV/3014, S. 6). Bielenberg hat in seiner Analyse erhebliche Mühe, dieser Gesetzesfassung etwas Konstruktives zuzuweisen, vgl. *Bielenberg* DÖV 1969, 380–384.

[20] BVerwG DVBl 1962, 223.

§ 34 BBauG 1960. Nach seiner damaligen Fassung ist ein Vorhaben in Gebieten zulässig, für die die Gemeinde noch nicht beschlossen hat, einen Bebauungsplan aufzustellen, oder für die die Aufstellung eines solchen Bebauungsplans nicht erforderlich ist, wenn es nach der vorhandenen Bebauung und Erschließung „unbedenklich" ist. Der Gedanke des BVerwG ist es, dass im unbeplanten Innenbereich des § 34 Abs. 1 BBauG 1960 die Ziele zu wahren sind, die § 1 Abs. 4 BBauG 1960 der Bauleitplanung setzt. Das wäre für das BVerwG eine strategische Möglichkeit gewesen auszudeuten und zu klären, was § 1 Abs. 4 BBauG 1960 wirklich meint. Dem geht der I. Senat nicht nach. Die Rechtsprechung bricht danach erst einmal ab. Der IV. Senat nimmt sie in seinem Urteil vom 23.4.1969 wieder auf, ohne den Grundgedanken zunächst inhaltlich weiterzuführen.[21]

2. Das erste Gericht, das sich vertieft mit der Frage der „gerechten Abwägung" näher beschäftigt, ist der VGH Mannheim 1963.[22] In die Revision gelangt diese Entscheidung leider nicht. Auf die Rechtsprechung des VGH wird noch einzugehen sein. Sie wird in BVerwGE 34, 301 dem IV. Senat einen Konterpart geben. Es ist Hoppe, der 1964 in einem Aufsatz im DVBl erste und in der ihm eigenen Art differenzierende Überlegungen zum „Abwägungsgebot" anstellt.[23] Von einem Phasenmodell, wie es sich dann seit der Entscheidung BVerwG 34, 301 ankündigt, ist der Autor noch recht weit entfernt. Das gilt auch für die Brillanz späterer Ausdifferenzierung.[24] Aber das Schlagwort des Abwägungsgebotes ist gefallen. Es wird die Frage sein, wer es systematisch und umfassend aufgreift. Das ist im Entscheidungsjahr 1969 nicht zu sehen. Die Kommentarliteratur zum BBauG Anfang der 1960er Jahre bleibt noch konturenlos, ja phantasielos. So etwa *Heitzer/Oestreicher*, die 1962 schreiben: „So haben sich die Bauleitpläne nach den sozialen und kulturellen Bedürfnissen der Bevölkerung, ihrer Sicherheit und Gesundheit zu richten, wobei die öffentlichen und privaten Belange gerecht abzuwägen sind".[25] Das ist alles. Reflektierende Arbeiten bleiben dem Grundmodell eines Planungsermessens verhaftet.

3. Der Einstieg des IV. Senates in das baurechtliche „Planungsgeschäft" kommt im Frühjahr 1969 unvermutet, fast überfallartig. Nichts bahnt sich in der Auslegung und Abwendung des § 1 Abs. 4 BBauG 1960 an. Eine Vorankündigung gibt es nicht. Noch in einem Urteil vom 14.2.1969 spricht der Senat nicht von „Abwägung", sondern von einem „Ermessen" der Planfeststellungsbehörde.[26]

In kurzen Strichen wird jetzt im Urteil vom 30.4.1969 (IV C 6.68) programmatisch annonciert:[27] „Der Schutz privater Interessen im allgemeinen und des Privateigentums im besonderen muss sich bei der Aufstellung von Plänen nach Regeln vollziehen, die dem Wesen der Planung angemessen sind. Zu diesen

---

[21] BVerwGE 32, 31 Rn. 15; vgl. auch BVerwG BBauBl. 1967, 351.

[22] VGH Mannheim ESVGH 13, 71 (1963).

[23] *Hoppe* DVBl 1964, 165–173. Hoppe meint (S. 168), das Abwägungsgebot habe sich – den bisherigen Aufbaugesetzen der Länder entsprechend – nicht im Regierungsentwurf befunden, sondern sei später vom Ausschuss eingefügt worden. Das ist inhaltlich falsch.

[24] Vgl. meisterhaft in: Hoppe/Grotefels/Bönker, Öffentliches Baurecht, 4. Aufl. 2010, S. 166–224, auch bereits *Hoppe* in FG 25 Jahre BVerwG, 1978, S. 295–312.

[25] Vgl. *Heitzer/Oestreicher*, BBauG, 1962, § 1 Anm. 4.

[26] BVerwG DVBl 1969, 362 Rn. 25.

[27] BVerwG DVBl 1969, 697 Rn. 17 zu § 1 Abs. 4 S. 2 BauGB (Richterbank: Külz, Klein, Isendahl, Weyreuther, Sendler), unter etwas unklarem Bezug auf BVerwG NJW 1969, 340.

Regeln gehört in erster Linie das Gebot gerechter Abwägung der von der Planung berührten öffentlichen und privaten Belange, das sich für die Bauleitplanung aus § 1 Abs. 4 Satz 2 BBauG ergibt, jedoch, weil dem Wesen einer rechtsstaatlichen Planung entsprechend, unabhängig von dieser Vorschrift allgemein gilt." So formuliert es der Senat. Berichterstatter ist Weyreuther.[28] Das sind rechtsstaatliche Hammerschläge. Die Klarheit der Formulierung in ihrer emanzipatorischen Schärfe ist schwerlich zu überbieten. Man erkennt, in der Rückschau noch deutlicher: Hier soll etwas eindrucksvoll verkündet werden. Diese Wucht der Formulierung wird sich wenige Monate später in IV C 105.66 wiederholen. Offenkundig wird mit IV C 6.68 das Feld richterlicher Arbeitsweise machtvoll und perspektivisch bestellt. Begründet wird hier nichts, sondern ausschließlich dekretiert, und dies mit einem nichtssagenden Verweis auf eine frühere Entscheidung.[29] Die Relevanz dieser Hammerschläge ist kaum zu beurteilen. Eine Einschätzung gibt der Sachverhalt nicht her. Die brilliant formulierte Sentenz zur Geltung praeter legem ist allerdings entscheidungsunerheblich. Der BGH wird später keine Neigung haben, § 1 Abs. 4 S. 2 BBauG 1960 in ähnlicher Weise für überflüssig anzusehen. Dort ist man milder gestimmt.[30]

Hier macht sich also ein Senat – mutmaßlich durch seinen Berichterstatter Weyreuther – offensichtlich auf, die Dinge nach seinem Selbstverständnis und vor allem selbst zu ordnen. In der Rückblende wirkt es fast komisch, wie sich der parlamentarische Prozess um eine geeignete Formulierung des § 1 Abs. 4 BBauG 1960 mühte. Der IV. Senat wischt schon in seinem Urteil vom 30.4.1969 nahezu alles vom Tisch. Aber warum tut er das? Was soll hier ankündigend gesagt werden? Das bleibt rätselhaft. Denn die Entscheidung verharrt im Negativen, also im „so nicht". Und was soll an die Stelle gesetzt werden? Soll hier eine rasche Antwort auf einen Aufsatz von Klaus Meyer, Zur Gerichtlichen Überprüfung der Bauleitpläne (DVBl 1968, 492), Weyreuthers früherem Kollegen aus Lüneburger Zeiten, gegeben werden? Meyer hatte gemeint, das Gerechtigkeitsgebot des § 1 BBauG 1960 unterstelle die Abwägung dem Grundsatz der Verhältnismäßigkeit und dem Übermaßverbot sowie dem Willkürverbot. Genügt das, um ein kommunales Planungsermessen prüfbar zu steuern? BVerwGE 34, 301 wird dies einige Monate später verneinen.

IV. Richtig judiziert oder BVerwGE 34, 301 als "obiter dictum"?

1. Ein Sachverhalt und drei Problemlösungen. Sollte ein Revisionsgericht einen konkreten Konflikt entscheiden oder ein dogmatisches Gerüst entwerfen? Die

[28] Es ist rätselhaft, weshalb die Entscheidung redaktionell Buchholz 407.4 § 17 FStrG zugewiesen wird.

[29] Verwiesen wird auf BVerwG NJW 1969, 340 Rn. 29. Es heißt dort allein: „... danach ist der Planfeststellungsbehörde ein nicht unerhebliches Ermessen eingeräumt (vgl. Urteil des erkennenden Senats vom 1. Juli 1968 – BVerwG IV C 9.66 – mit weiteren Nachweisen). Die für die Entscheidung in Betracht kommenden Gesichtspunkte – insbesondere die Notwendigkeit der luftverkehrsmäßigen Erschließung eines Großraums auf der einen Seite, des Schutzes der Bürger vor Gefahren auf der anderen Seite – werden dabei gegeneinander abzuwägen sein, ähnlich wie es der Gesetzgeber in anderem Zusammenhang für die Bauplanung angeordnet hat (vgl. § 1 Abs. 4 BBauG)."

[30] Vgl. etwa BGHZ 66, 322 Rn. 12 (Amtshaftungssenat).

Schärfe dieses skizzierten Gegensatzes verdeutlicht der zu beurteilende Sachverhalt, in den der Leser sich vertiefen sollte. Man erkennt dann besser, dass BVerwGE 34, 301 legislatorische Ambitionen und prätorische Gewissheit verkörpert.

a) Klägerin ist die niedersächsische Gemeinde Wendhausen. Diese hatte im Zeitpunkt der Aufstellung des strittigen Bebauungsplanes (1963) etwa 360 Einwohner. Die Gemeinde gliederte sich in die drei räumlich voneinander abgesetzten Ortsteile, nämlich Wendhausen (etwa 240 Einwohner), Sülbek (etwa 70 Einwohner) und die Siedlung Neu-Wendhausen (etwa 50 Einwohner).[31] Ein Flächennutzungsplan bestand nicht. Der Bebauungsplan sah eine Erweiterung des Ortsteiles Neu-Wendhausen vor. Dieser Ortsteil umfasste einige ältere Gehöfte und neuere Siedlungshäuser. Insgesamt handelte es sich um etwa 10 Häuser. Diese lagen, mit teilweisen erheblichen Abständen, beiderseits der freien Strecke der Landstraße L 221. Die Häuser waren von einem größeren Waldgebiet umgeben. Der Kernortsteil Wendhausen setzte sich fast ausschließlich aus größeren und kleineren Bauerngehöften zusammen. Er war über eine von der L 221 abzweigende Kreisstraße zu erreichen. Die Entfernung zum Ortsteil Neu-Wendhausen betrug gut 4 km. Der Ortsteil Sülbek, eine aus wenigen Gehöften und einem Gasthof bestehende Häusergruppe, lag 4 km weiter östlich an der Landstraße 221.

Der Bebauungsplan bezog sich auf eine etwa 3 ha große – vormals landwirtschaftlich genutzte – Fläche. Unmittelbar westlich von dieser Fläche befand sich das letzte Haus von Neu-Wendhausen, ein Gehöft, das seinerseits rund 500 m ostwärts von den übrigen Häusern des Ortsteiles Neu-Wendhausen stand. Festgesetzt wurde ein allgemeines Wohngebiet (WA) mit offener eingeschossiger Bebauung. Durch die Planung sollten 17 Bauplätze geschaffen werden. In Wendhausen bestand bis 1965 eine einklassige Volksschule. Seitdem besuchten die Kinder eine Mittelpunktschule in Barendorf. Von Neu-Wendhausen war Barendorf in einer Entfernung von etwa 3 km nur über Waldwege erreichbar. Die Bezirksregierung lehnte die nach damaliger Rechtslage erforderliche Genehmigung des Bebauungsplanes ab (vgl. §§ 11, 6 Abs. 2 BBauG 1960). Das war der zu klärende Streitpunkt. Die Ablehnung wurde mit der Erwägung begründet, dass ein Flächennutzungsplan nicht aufgestellt sei, Bedenken aus Gründen der Sicherheit des Straßenverkehrs auf freier Strecke und der Gefahr der Grundwasserverseuchung bestünden. Der Widerspruch der Gemeinde wurde zurückgewiesen.

b) Die gegen die Ablehnung der Genehmigung gerichtete Verpflichtungsklage der Gemeinde blieb in allen Instanzen ohne Erfolg. Das VG Lüneburg wies die Klage nach Ortsbesichtigung mit Urteil vom 13.10.1965 ab.[32] Nach seiner Ansicht verstoße der Bebauungsplan gegen § 1 Abs. 1 BBauG 1960. Er sehe gleichsam planerisch eine Splittersiedlung vor. Dies diene nicht den Belangen der Gestaltung des Landschaftsbildes und nehme landwirtschaftlich genutzte Flächen unnötig in Anspruch (vgl. § 1 Abs. 5 BBauG 1960). Der Bebauungsplan sei zudem nicht aus planerischen Erwägungen entstanden, sondern aus dem sachfremden Grund der wirtschaftlichen Unterstützung des Grundeigentümers. Der Bebauungsplan lasse

[31] Heute ist Wendhausen ein Ortsteil der Gemeinde Reinstorf, dieses wiederum ein Dorf in der Samtgemeinde Ostheide im Landkreis Lüneburg.

[32] VG Lüneburg, Urt. v. 13.10.1965 – II A 17/65.

auch die Erfordernisse der Sicherheit nach § 1 Abs. 4 S. 1 BBauG 1960 außer Acht. Auf § 1 Abs. 4 S. 2 BBauG 1960 geht das VG nicht ein. Das Berufungsgericht, das OVG Lüneburg, wies die Berufung der klagenden Gemeinde mit Urteil vom 8.9.1966 als unbegründet zurück.[33] Das Gericht ließ die Frage des Verstoßes gegen § 1 Abs. 1 BBauG 1960 ausdrücklich offen. Die materielle Rechtswidrigkeit sah es darin, dass der Plan den sozialen und kulturellen Bedürfnissen der Bevölkerung im Sinne des § 1 Abs. 4 BBauG 1960, insbesondere den Wohnbedürfnissen, nicht entspreche. Hier werde der Sache nach eine Splittersiedlung geplant. Das BBauG missbillige diese Siedlungsform, wie § 35 Abs. 3 BBauG 1960 ausdrücklich zeige.[34] Erst in diesem Zusammenhang erwähnt das Berufungsgericht auch den Gedanken, dass von einer „Ordnung der Entwicklung" schwerlich gesprochen werden könne, verfolgt diesen Gedanken indes nicht sub specie § 1 Abs. 1 BBauG 1960 weiter.

Beide Gerichtsentscheidungen kreisen um dieselbe Frage. Es ist interessant zu sehen, wie sie dies tun. Während der Erstrichter einer eher grundsätzlichen Problemfrage der städtebaulichen Ordnung zuneigt, verfolgt das Berufungsgericht genau umgekehrt die Strategie der konkreten Subsumierung, indem der Begriff der Bedürfnisse der Bevölkerung ausgedeutet wird. Das Berufungsgericht ließ die Revision wegen grundsätzlicher Bedeutung zu. Warum? Was wird also die Revisionsinstanz erkennen?

2. Das Berufungsgericht hatte jeden Hinweis auf eine planerische Abwägung unterlassen. Warum diese Abstinenz? Immerhin sind zwei Mitglieder des Spruchkörpers in perspektivischem Denken nicht unerfahren. Man kann die problembezogene Meinung des Senatsvorsitzenden Meyer in DVBl 1968, 492 nachlesen. Dessen Ansichten wirken sich im Berufungsurteil nicht aus. Dem beisitzenden Richter, Prof. Menger, ist ebenso ein hinreichendes Problembewusstsein zu attestieren. Dies gibt dem Verdacht Nahrung, dass BVerwGE 34, 301 das Ergebnis einer konzertierten Aktion war – zumindest gibt es einen Anfangsverdacht. Dazu muss man einige Indizien zusammenfügen. Es gibt in der Tat einige Merkwürdigkeiten.

Es herrscht seit einigen Jahren ein nicht geringer Meinungsstreit. Man wusste nicht so genau, wie das Prüfungskonzept des verwaltungsgerichtlichen Normenkontrollverfahrens (§ 47 VwGO) bei Bebauungsplänen inhaltlich zu vollziehen sei. Dieses prozessuale Instrument ist neu.[35] Da ist zum einen die Position des

---

[33] OVG Lüneburg DVBl 1967, 391; beteiligte Berufsrichter sind Senatspräsident Meyer und OVG-Räte Prof. Dr. Menger (Richter im Nebenamt) und Groschupf, alle auch literarisch ausgewiesene Richter. Die Rechtsprechungsdatenbank Juris gibt keinen Langtext, sondern lediglich einen „Orientierungssatz" mit folgendem Inhalt an: „Keine Unvereinbarkeit eines in landesplanerischer Hinsicht bedeutsamen Bebauungsplans (Neugründung einer Siedlung) mit den Zielen der Raumordnung und Landesplanung (BBauG § 1 Abs. 3 J: 1960), wenn diese Ziele nicht ausreichend konkretisiert sind." Dieser Text entspricht nicht dem amtlichen Leitsatz des Gerichtes selbst. Dieser lautet: „Zur Bindung der gemeindlichen Bauleitplanung an die Planungsgrundsätze des § 1 Abs. 4 und 5 BBauG: Wohnbedürfnisse der nichtlandwirtschaftlichen Bevölkerung, Bedürfnisse des Verkehrs", so auch Abdruck in DVBl 1967, 391.

[34] Ähnlich bereits OVG Lüneburg OVGE MüLü 20, 446. Das Gericht zitiert § 1 Abs. 4 BBauG nur pauschal, also nicht satzgenau. Gemeint ist indes § 1 Abs. 4 *Satz 3* BBauG.

[35] § 47 VwGO in der Fassung des Gesetzes zur Änderung verwaltungsprozessualer Vorschriften vom 24.8.1976 (BGBl. I S. 2437); Die Novelle führte eine Normenkontrolle für alle Länder gegenüber dem BBauG und dem StBauFG ein. Das mag erklären, weshalb das BVerwG anfangs nur eine geringe Zahl von Normprüfungsfällen zu entscheiden hatte.

VGH Mannheim. Sie gilt vielen als progressiv und als zu kontrollintensiv. Nach Ansicht des VGH handelt es sich bei den in § 1 Abs. 4 S. 2 BBauG 1960 benutzten Ausdrücken – öffentliche und private Belange – um unbestimmte Rechtsbegriffe, deren Auslegung und Anwendung der vollem gerichtlichen Prüfung unterliegen. Die Begriffe hätten trotz semantischer Unbestimmtheit eine determinierende Zielsetzung. Eine gerechte Abwägung nimmt das Gericht nur an, wenn die öffentlichen Interessen an der vorgesehenen Planung schwerer wiegen als die etwa entgegenstehenden privaten Belange. Als Kontrollprogramm der „gerechten Abwägung" wird verstanden, dass jeweils zu prüfen ist, ob sich das öffentliche Interesse gegenüber privaten als vorzugswürdig erweist. Das wird minutiös für jede einzelne Festsetzung untersucht. Damit verfolgt der VGH Mannheim zwar eine Konstruktion des jeweiligen Vorzuges, aber eher in einer Eindimensionalität der Prüfungsfrage. Im Schrifttum gibt es Anhänger für diese Problem- und Interpretationssicht.[36] Zum anderen findet sich die eher entgegengesetzte Position, etwa die des VGH Kassel.[37] Zwar wird auch hier zugestimmt, dass unbestimmte Rechtsbegriffe in § 1 BBauG 1960 in Hülle und Fülle gegeben seien.[38] Aber die Folgerungen, die daraus für die verwaltungsgerichtliche Prüfungsintensität gezogen werden, sind andere, eher verneinende. Geliebäugelt wird mit der These eines partiellen Beurteilungsspielraums. Das ist eine gängige Parallele zum „Planungsermessen", dessen Suggestivkraft man sich nicht entziehen kann.[39] Auch der BGH folgt ihr.[40] Hier finden sich dann auch Literaturstimmen, die nahezu jede inhaltliche Überprüfbarkeit gemeindlicher Planungsentscheidungen ablehnen.[41] Dieser Meinungsstreit wird durch einen bereits Mitte der 1950er Jahre entstandenen Grundlagenstreit überlagert. Lebhaft wird seit dieser Zeit literarisch diskutiert, ob mit Art. 19 Abs. 4 GG ein gerichtsfreier Beurteilungsspielraum vereinbar sei.[42] Zehn Jahre später ist hierzu noch keine Klarheit gewonnen.

Bei dieser dogmatischen Problemlage mochte es für das OVG Lüneburg klug sein, die These der „konkreten" Subsumierbarkeit möglichst lange aufrechtzuer-

[36] Vgl. etwa *Froberg* JR 1963, 174 (175); *Bartlsperger* DVBl 1967, 360–737 (368), wohl auch *Blümel* DÖV 1965, 297–307; *Arnold* MDR 1969, 527–529.

[37] Vgl. VGH Kassel Hess.VGRspr. 1969, 25 (29); unklar indes VGH Kassel ESVGH 19, 2 (33).

[38] Vgl. etwa VGH Kassel DÖV 1969, 146 (147); VGH Kassel Hess. VGRspr. 1969, 25 (29); ebenso VGH München VGH 21, 52 (56) n.F.; vgl. insoweit auch *Hoppe* DVBl 1964, 165–173 (169, 172); *Klaus Meyer* DVBl 1968, 492 (495).

[39] Das gilt für Meyer selbst, vgl. ders., in: *Meyer/Stich/Tittel,* BBauG, 1. Aufl. 1966, § 1 Rn. 9; ähnlich auch *Zinkahn/Bielenberg,* BauGB, 1. Aufl. 1962, § 1 Rn. 46 (Abwägungsgebot als ein „selbstverständliches Prinzip der städtebaulichen Ordnung"), Rn. 62 f.; *Schrödter,* BBauG, 1. Aufl. 1964, § 10 Rn. 19; auch Hoppe ist nicht frei von entsprechenden Bemerkungen, vgl. *ders.* DVBl 1964, 164 (172); vgl. auch *Kriele* DÖV 1967, 531 (534).

[40] BGH NJW 1967, 2305 Rn. 36.

[41] Vgl. etwa *Brügelmann/Grauvogel,* BBauG, 1. Aufl., § 1 Anm. V 2; § 6 Anm. I 2 zugunsten eines Ermessensspielraums; *Gelzer,* Das neue Bauplanungsrecht, 1964, S. 76; *Beenken,* Zur Überprüfbarkeit der Bauleitpläne nach dem Bundesbaugesetz, 1967, S. 261.

[42] Vgl. etwa *Ule* in Gedenkschrift Jellinek, 1955, S. 309–330 (sog. Vertretbarkeitslehre); *ders.* DVBl 1955, 148–149; *ders.* VVDStRL 15, 133 (166 ff.); *Bachof* JZ 1955, 97–102; *Bettermann,* in: ders./Nipperdey/Scheuner, Die Grundrechte Bd. III/2, Berlin 1959, S. 779 (795); *Menger,* in: Bettermann/Nipperdey/Scheuner, Die Grundrechte Bd. III/2, 1959, S. 717–778 (745); *Kellner* DÖV 1962, 572–583.

halten.[43] Das gelingt im Streitfall auch. Das OVG Lüneburg lässt in seinen Entscheidungsgründen die schon recht breit entwickelte Judikatur des VGH Mannheim zu § 1 Abs. 4 BBauG 1960 unerwähnt.[44] Immerhin hatte Meyer diese Judikatur in seiner Abhandlung im DVBl 1968, 492 erörtert. Gleichwohl wird die Revision wegen grundsätzlicher Bedeutung zugelassen. Eben dies bietet für eine Vermutung eine kaum fernliegende Grundlage: Die Zulassung der Revision war vom BVerwG möglicherweise „gewünscht“, sie kam dem Gericht jedenfalls rechts- und gerichtspolitisch äußerst gelegen. Dazu kommt: Die Chancen, eine bauplanungsrechtliche Rechtsfrage entscheiden zu können, war für das Revisionsgericht aus prozessualen Gründen 1969 noch stark eingeschränkt. Von der durch § 47 VwGO 1960 eröffneten Befugnis, die Normenkontrolle durch das OVG einzuführen, machten nur die Länder Baden-Württemberg, Bayern, Bremen, Hessen und Schleswig-Holstein Gebrauch. Eine Revision war außerdem verschlossen (vgl. § 136 VwGO), nur eine Vorlage an das BVerwG hatte der Gesetzgeber zugelassen. Wurde die Vorlage unterlassen, gab es dagegen keine Möglichkeit der Beschwerde. Die Obergerichte legten bei der Normenkontrolle von Bebauungsplänen klärungsbedürftige Rechtsfragen nicht in dem gebotenen Umfang dem BVerwG vor.[45] Das wurde später geändert. Dem BVerwG war eine Normprüfung praktisch also nur eröffnet, wenn ein Bebauungsplan auf seine Rechtswirksamkeit inzident zu beurteilen war. Derartige Fälle erreichten das BVerwG kaum. So war die prozessuale Situation, als Weyreuther und Sendler Mitglieder des IV. Senates wurden. Also: Kam eine Revision zum BVerwG, dann galt es zuzugreifen. Ist die Annahme völlig abwegig, dass versucht wurde, dies nicht dem Zufall zu überlassen?

3. Was also wird und soll die Revisionsinstanz anderes erkennen und aussprechen als die Vorinstanz? Eigentlich ist die revisionsgerichtliche Beurteilung einfach, einfacher noch als es auch die Entscheidungsgründe des Berufungsurteils glauben machen wollen.

Es lag auf der Hand, dass die Gemeinde Wendhausen nicht ernsthaft eine eigene, infrastrukturelle Planung zugunsten der eigenen Wohnbevölkerung der Gemeinde verfolgte. Die Spatzen pfiffen es von den Dächern, was die bauplanerische Ausweisung als ein „Allgemeines Wohngebiet“ wirklich erbringen sollte. Die tatbestandlichen Schilderungen beider vorinstanzlichen Entscheidungen formulierten zwar zurückhaltend, dennoch im Kern deutlich: Beabsichtigt war eine Gefälligkeitsplanung zugunsten eines Grundeigentümers. Den Hof, ein kleiner

---

[43] Vgl. *Sellmann* DÖV 1967, 219–224; insoweit auch *Bartlsperger* DVBl 1967, 360–373; *Hoppe* BauR 1970, 15–18; vgl. auch OVG Berlin BRS 23 Nr. 2, S. 5.

[44] Vgl. etwa VGH Mannheim DÖV 1963, 760; VGH Mannheim VBlBW 1965, 122 (LS: „Zur Frage, ob die nach § 1 Abs. 4 BBauG vorzunehmende Interessenabwägung nachgeprüft werden kann“); sehr bemerkenswert VGH Mannheim DVBl 1967, 385 (LS: „Die Übereinstimmung eines Bebauungsplans mit dem in § 1 Abs. 4 S. 2 BauGB enthaltenen Abwägungsgebot unterliegt in vollem Umfang der verwaltungsgerichtlichen Kontrolle. Das Gewicht, das dem den Festsetzungen eines Bebauungsplans entgegenstehenden privaten Interesse objektiv zukommt, ist entscheidend für die Anforderungen, die an die Bedeutung der für die Festsetzungen in Betracht kommenden öffentlichen und privaten Belange gestellt werden müssen.“), verfassender Berichterstatter Korbmacher, mitwirkend Bachof. Vgl. auch VGH Mannheim VerwRspr 20, 158 (161).

[45] Vgl. *Schlichter* NJW 1985, 2446–2453.

mit nur 6 ha Umfang, hatte der Flüchtling Otto Sellmons 1950 erworben. Der Betrieb wurde 1961 wegen wirtschaftlicher Schwierigkeiten aufgegeben. Zum Zwecke der Entschuldung wurde parzelliert und Grundstücke an Städter aus Lüneburg und Hamburg veräußert. Das alles war erkennbar das Konzept, um einen Konkurs abzuwenden. 1964 starb Otto Sellmons. Vermutlich war der Nachlass überschuldet. Indes war, da die parzellierten Baugrundstücke im Außenbereich lagen, an eine Bebauung zunächst nicht zu denken. Irgendjemand hatte den Gedanken einer „hilfreichen" Überplanung, um dadurch die Bebaubarkeit herzustellen und durch die damit erreichte Wertsteigerung die aufgelaufenen Schulden abtragen zu können. Vielleicht waren auch die Kaufverträge wegen fehlender Bebaubarkeit notleidend geworden.

Gewiss, moralisch kann man der Gemeinde ein leidlich gutes Zeugnis ausstellen, dass sie in Solidarität mit den Erben von Otto Sellmons durch eine Überplanung helfen wollte. Sie findet auch Unterstützung im Landkreis, wie die tatrichterlichen Feststellungen des erstinstanzlichen Urteils aufzeigen. Aber bauplanungsrechtlich gab es schwerlich überwindbare Hindernisse. Beide vorinstanzlichen Gerichte haben den Finger nicht ausdrücklich in die Wunde gelegt, sondern bauplanungsrechtlich zurückhaltend umschrieben. Der Erstrichter erkannte richtig auf eine Verletzung des § 1 Abs. 1 BBauG 1960, das Berufungsgericht auf eine Verletzung des § 1 Abs. 4 S. 1 BBauG 1960. Das hätte der Revisionssenat einfach bestätigen können. Aus dieser Perspektive hätte es für das OVG Lüneburg auch keinen Anlass gegeben, die Revision „wegen grundsätzlicher Bedeutung der zu entscheidenden Rechtsfragen" zuzulassen.[46] Nun kommt es zwar vor, dass ein Berufungsgericht trotz entgegen stehender Gründe meint, die von ihm ausgeurteilte Sache habe diese Bedeutung. Eine derartige Einschätzung muss das Revisionsgericht hinnehmen. Eine Revisionszulassung kann also auch eine absichtsvolle Steilvorlage sein. War sie es hier? Nota bene: Ein Bebauungsplan, der allein dem Zweck dient, den Grundstückseigentümern den Verkauf der Grundstücke zu Bauplatzpreisen zu ermöglichen, verstieß auch schon seinerzeit gegen das Gebot der Erforderlichkeit.[47] Um es also zusammenfassend deutlich zu sagen: BVerwGE 34, 301 ist kein Fall, der notwendig mit dem Instrumentenkasten einer Abwägungsdogmatik zu betrachten war. Der Senat hat sich mithin in objektiver Sicht in der Fehlerkategorisierung vertan. Er lässt den vom Erstrichter diagnostizierten Verstoß gegen § 1 Abs. 1 BBauG 1960 offen.[48] Man will zu anderen Ufern.

4. Warum also ins Grundsätzliche und warum nicht bereits früher, nämlich im erwähnten Urteil des Senates vom 30.4.1969?[49] Es kann sich also nicht um das Fallergebnis als solches gehandelt haben. Dieses ist, wie gesagt, einfach herzustel-

---

[46] Das OVG Lüneburg verfügte bis zu diesem Zeitpunkt – soweit erkennbar – über keine Judikate darüber, wie die Rechtmäßikeit eines Bebauungsplanszu prüfen sei, vgl. etwa die zaghaften Ansätze in OVG Lüneburg, Urt. v. 13.12.1966 – I A 147/64; vgl. auch DVBl 1967, 391; OVGE MüLü 24, 377 [1968]; NJW 1968, 422.

[47] Vgl. wiederum VGH Mannheim DVBl 1966, 827.

[48] BVerwGE 34, 301 Rn. 22; in der Rückblende wird der Senat sein früheres Judikat insoweit anders deuten, vgl. BVerwGE 45, 309 Rn. 41.

[49] BVerwG DVBl 1969, 697 Rn. 17 zu § 1 Abs. 4 S. 2 BauGB , unter etwas unklarem Bezug auf BVerwG NJW 1969, 340. Es ist rätselhaft, weshalb die Entscheidung redaktionell Buchholz 407.4 § 17 FStrG zugewiesen wird.

len. Hatte man die Absicht, Grundsätzliches zu sagen, dann war das Verfahren, das zum Urteil vom 30.4.1969 führte, allerdings dazu kaum geeignet. Die Einschätzung kann sich auf objektive Gegebenheiten stützen. IV C 6.68 taugte in der Tat nicht für eine grundsätzliche Klärung. Dem Ausgangsverfahren lag eine Baulinienfestsetzung nach Maßgabe des § 3 Abs. 1 der Bay. Bauordnung zugrunde, also irrevisibles Recht. Hier war also bundesrechtlich eigentlich nicht viel zu demonstrieren. Zudem gelangte man wegen unzureichender tatrichterlicher Feststellungen zur erneuten Zurückverweisung. Betrachtet man den Leitsatz des Senates ist man dennoch verblüfft: „Das Gebot, die von einer Planung berührten öffentlichen und privaten Belange gegeneinander und untereinander gerecht abzuwägen (§ 1 Abs. 4 S. 2 BBauG), ergibt sich aus dem Wesen einer rechtsstaatlichen Planung und gilt dementsprechend allgemein", heißt es. Das deckt sich zwar mit den Entscheidungsgründen, dort allerdings nur als obiter dictum. Das Ganze besitzt also Signalcharakter. Bemerkenswert auch hier ein kleiner handwerklicher Fehler. Die Überleitungsvorschrift des § 173 Abs. 3 S. 2 BBauG 1960, die auf die § 1 Abs. 3 bis 5 BBauG 1960 gestellten Anforderungen verweist, bleibt unerwähnt. Nur ein redaktioneller Kunstfehler? Die Indizien sind deutlich. Bereits mit dem obiter dictum wird der Wille zum Grundsätzlichen demonstriert. Was man daraus entnehmen darf, heißt doch: Wer in einem obiter dictum, das zudem irrevisibles Landesrecht betrifft, handwerkliche Kleinigkeiten beiseiteschiebt, lauert auf Gelegenheiten. Wenn sie kommen, werden sie nun wahrgenommen werden. Der Berichterstatter Weyreuther weiß natürlich, dass man die Gelegenheit mit dem anhängigen Verfahren IV C 105.66 bereits besitzt. Und so lässt sich auch die erstgestellte Frage hinreichend sicher beantworten. Man will fallabgewandt entscheiden. Aber warum?

Zwei Motive sind denkbar, aber wohl eher ein Motivbündel: Der Senat, genauer: der Berichterstatter Weyreuther, spürte, dass Jahre nach Inkrafttreten des BBauG 1960 die Fachöffentlichkeit in einer zentralen Frage, nämlich der zu kontrollierenden Effektivität des § 1 Abs. 4 und 5 BBauG 1960, eine höchstrichterliche Aussage erwartete. Die Meinungsverschiedenheiten waren, wie berichtet, inzwischen erheblich angewachsen. Es war also rechtspolitisch durchaus angezeigt, die spezifische Funktion eines Revisionsgerichtes der Klärung der Rechtsfrage wahrzunehmen. Ein stilles Konkurrenzdenken gegenüber dem Amtshaftungssenat des BGH mochte mitschwingen. Dieser hatte in seinem Urteil vom 15.6.1967 begonnen, sich als Baulandrichter seine eigenen Gedanken über ein richterliches Prüfprogramm zu machen.[50] Aber es mögen auch ganz pragmatische Gründe der vorbeugenden Arbeitsentlastung sein. Würde kein allgemeingültiges Konzept der materiellen Planungskontrolle geschaffen, würde das BVerwG vermutlich immer erneut in Rand-

[50] BGH NJW 1967, 2305 Rn. 36. Der Berichterstatter Weyreuther konnte dort lesen: „Es ist Sache der Planer und des örtlichen Gesetzgebers, bei der Planung die öffentlichen und privaten Belange gegeneinander und untereinander abzuwägen (§ 1 Abs. 4 BBauG). Die Aufstellung des Planes kommt dem örtlichen Gesetzgeber zu; eine so umfassende richterliche Überprüfung, wie sie das Berufungsgericht für angängig erachtet, würde zu einer Verschiebung der Gewalten führen und wäre geeignet, den Richter vor kaum lösbare Aufgaben zu stellen. … Wenn allerdings die Planer bei der Abwägung des Für und Wider ihr Ermessen missbraucht, offensichtlich gefehlt, rechtswidrig gehandelt haben sollten, kann der mit Enteignungsverfahren befasste Baulandrichter eingreifen."

korrekturen mit einem Klärungsbedarf konfrontiert werden. Die Leitfunktion des Gerichtes würde dadurch gemindert. Planer und nachgeordnete Gerichte müssten auf dem schwankenden Grund einer bloßen Kasuistik Halt gewinnen.

Das Missliche war nur, dass der Fall IV C 105.66 – betrachtet man nur den Sachverhalt – an sich recht ungeeignet war, um Grundlegendes auszusprechen. Nicht nur, dass das Ergebnis nicht wirklich zweifelhaft sein konnte. Vielmehr lag eine atypische Situation vor. Hier klagte kein Eigentümer im verwaltungsgerichtlichen Normenkontrollverfahren auf Feststellung der Nichtigkeit eines ihn belastenden Bebauungsplans, sondern eine klagende Gemeinde wollte ihre Planungshoheit gegen den kontrollierenden Staat durchsetzen. So liefert der Fall das Seitenthema, welche Kontrollintensität gerade der Genehmigungsbereich des § 6 Abs. 2 BBauG 1960 vermittelt. Aber das interessierte, wie erwähnt, den Senat nicht. Es wird sich in BVerwGE 34, 301 erweisen, dass das BVerwG in dieser unterschiedlichen Prozesslage keinen Unterschied sehen will, ein weiteres Indiz dafür, dass man absichtsvoll auf Grundlegendes zielt. Da konnten entstehungsgeschichtliche Analysen nur hinderlich sein. So herrscht dazu in der Entscheidung völlige Abstinenz, ebenso im Votum des Berichterstatters. Gleichwohl trifft BVerwGE 34, 301 mittelbar eine wichtige Aussage: Die Kontrollperspektive des verwaltungsgerichtlichen Verfahrens unterscheidet sich insoweit nicht von der des § 6 Abs. 2 BBauG 1960.

III. Das Leistungsniveau von BVerwGE 34, 301

1. Wer den Pfad des § 1 Abs. 1 BBauG 1960 oder der subsumtiven Kontrolle des § 1 Abs. 4 *Sätze 1 und 3* BBauG 1960 verlässt, stößt unweigerlich auf § 1 Abs. 4 Satz 2 BBauG 1960. Damit befindet man sich in einem kontrolldogmatischen Dilemma.

Geht man von einem weiten „Planungsermessen" der satzungsgebenden Gemeinde aus, wird die gerichtliche Kontrolle mehr oder minder auf eine Kontrolle nach verfassungsrechtlichen Maßstäben der Verhältnismäßigkeit oder des Willkürverbotes reduziert. Das verwaltungsgerichtliche Kontrollverfahren mutiert jedenfalls in inhaltlicher Hinsicht zur richterlichen „Trauerarbeit", wie es auch gelegentlich genannt wurde. Es ist die gemeindepolitische Entscheidung, die mit gerichtlichem Segen Dominanz erreicht. Übrig bleibt dann im Wesentlichen nur die Prüfung der Verfahrenskorrektheit. Verstärkt man demgegenüber die materiell-rechtliche Kontrolldichte, muss im funktionalen Sinne das Gericht eine ergebnisbezogene Verantwortung übernehmen. Schnell ist deutlich, dass Anleihen in der Ermessenslehre ausscheiden, weil die Grundstruktur einer Ermessensentscheidung die mehrpolige Komplexität bauplanerischer Entscheidungen nicht einfangen kann. Intuitiv richtig formulierte § 1 Abs. 4 Satz 2 BBauG 1960, dass die Belange auch „untereinander" gegenläufig sein können.

2. Der (erneute) Befreiungsschlag des IV. Senats. Von einem Gesetzgeber darf man ein gewisses konstruktives Niveau erwarten. § 1 Abs. 4 und 5 BBauG 1960 bietet dies nach Ansicht vieler nicht. Die interpretatorischen Rettungsversuche der Obergerichte sind zwar lobenswert, aber wegen fehlender Konsistenz der

gesetzgeberischen Vorgaben letztlich zum Scheitern verurteilt. Die Diagnose von BVerwGE 34, 301 ist eindeutig. Der IV. Senat entschließt sich zu einem Befreiungsschlag. Dieser erfolgt in zwei Stufen. Die erste Stufe lässt sich als ein kassatorischer Teil verstehen. Die zweite Stufe ist ein prätorisches Ersatzmodell.

Der Befund, den BVerwGE 34, 301 zu § 1 Abs. 4 und 5 BBauG 1960 aufnimmt, ist präzise. Obwohl im Aufbau der Entscheidungsgründe erst an späterer Stelle platziert, beginnt das Gericht seine Problemanalyse mit einer handfesten Kritik am Aufbau des § 1 BBauG 1960. Der Gesetzgeber wird mit einer Fehlleistung konfrontiert. Zwar bezieht sich das Gericht auf zwei ausgewiesene Autoren, nämlich auf Meyer und Gelzer,[51] führt aber scharfsinnig aus:

„Der Senat teilt diese Kritik in folgendem: Der Wechsel einerseits zwischen „Bedürfnissen", „Erfordernissen" und „Belangen" sowie andererseits zwischen „sich... richten", „dienen", „fördern", „berücksichtigen" und „beachten" lässt kein System erkennen, aus dem auf das Gewicht der einzelnen Grundsätze oder auch auf die (unterschiedliche) Art, in der sie bei der Planung eine Rolle spielen sollen, Schlüsse gezogen werden könnten. Weshalb es beispielsweise einen greifbaren Unterschied ausmachen soll, dass die Bauleitpläne die „Erfordernisse für... Seelsorge zu berücksichtigen", dagegen die „Bedürfnisse... der Jugendförderung... zu beachten" und schließlich den „Belangen des... Landschaftsschutzes... zu dienen" haben, ist nicht erkennbar. Entsprechendes gilt für den Wechsel zwischen Muss- und Soll-Formulierungen. Dass die Bauleitpläne z. B. den Wohnbedürfnissen der Bevölkerung lediglich dienen sollen, während sie den Belangen des Landschaftsbildes zu dienen haben, führt mit Rücksicht auf die allgemeine Zielsetzung in § 1 Abs. 1 BBauG offensichtlich nicht zu einer Rangstufung, in der die Erhaltung des Landschaftsbildes den Wohnbedürfnissen prinzipiell vorgeordnet wäre. Missverständlich ist darüber hinaus die Stellung des Abwägungsgebotes in § 1 Abs. 4 Satz 2 BBauG. Ungeachtet der an den vorangehenden Satz anknüpfenden Einleitung mit dem Worte „dabei", zeigt nämlich der Zusammenhang, dass auch die in den folgenden Sätzen angeführten Belange nicht außerhalb, sondern innerhalb der Abwägung zu beachten sind. In dieser alle in Betracht kommenden Belange umfassenden Weite ist das Abwägungsgebot, wie der Senat schon im Urteil vom 30. April 1969 – BVerwG IV C 6.68 – (DVBl 1969, 697 <699>) ausgesprochen hat, überhaupt ein dem Wesen rechtsstaatlicher Planung innewohnender Grundsatz, dem deshalb die Bauleitplanung auch dann Rechnung tragen müsste, wenn § 1 BBauG das nicht ausdrücklich bestimmte."

Gegen diese Analyse lässt sich nichts einwenden. Sie ist berechtigt. Die semantischen Unschärfen sind unübersehbar.[52] Bemerkenswert ist allerdings, mit welcher Radikalität BVerwGE 34, 309 die Diagnose jetzt darbietet. Zweifel kommen allerdings dahin auf, ob das BVerwG die kassatorische Nichtbeachtung des § 1 Abs. 4 und 5 BBauG 1960 selbst feststellen darf. Ersichtlich will der IV. Senat als Anspruchsprofil „ein[en] dem Wesen rechtsstaatlicher Planung innewohnender[n] Grundsatz" einführen. Das hatte er schon in seinem Urteil vom 30.4.1969 so

---

[51] *Meyer* DVBl 1968, 492 (495); *Gelzer,* Das neue Bauplanungsrecht, Köln 1964, S. 13 ff. Vgl. auch *Ernst/Zinkahn/Bielenberg,* BBauG, 1. Aufl., § 1 Rn. 60 f. und 63, vgl. auch *Meyer/Stich/Tittel,* BBauG, 1. Aufl. 1966, § 1 Rn.9 (materielle Bindungen des Planungsermessens); vgl. *dies.* auch 2. Aufl. § 1 Rn. 20 ff.

[52] So auch in der Rückschau *Sendler* in FS Weyreuther, 1993, S. 3 (6) als „Wandlungen der Zentralvorschrift des § 1 BauGB" erörtert; das ist recht harmlos formuliert.

gesehen. Für die Bauleitplanung lassen sich dem „Wesen einer rechtsstaatlichen Planung“ angemessene Anforderungen entnehmen, die unabhängig von § 1 Abs. 4 Satz 2 BBauG 1960 allgemein gelten. Wer über das „Wesen“ spricht, wird sich skeptische Nachfragen gefallen lassen müssen, was er damit meint. Im Kontext der Entscheidung heißt dies übersetzt jedenfalls nichts anderes, als dass es einen rechtstaatlichen Maßstab gibt, dem § 1 Abs. 4 Satz 2 BBauG 1960 nicht genügt. Dieser Maßstab hat verfassungsrechtliche Qualität. Wird er vom Gesetzgeber verfehlt, löst dies unter dem Vorbehalt gescheiterter verfassungskonformer Auslegung die Notwendigkeit eines verfassungsgerichtlichen Normenkontrollverfahrens aus. BVerwGE 34, 301 denkt nicht in dieser Dimension. Hier wird aus der Sicht der Selbstgewissheit nur festgestellt, was den IV. Senat leitet. Nicht einmal im Ansatz taucht in den Gründen von BVerwGE 34, 301 der Versuch einer verfassungskonformen Annäherung auf. Der Gesetzgeber hat das höchstrichterliche „Examen“ nicht bestanden. Damit muss er sich abfinden. Er wird es tun.

Es bleibt die Frage nach dem „Eigenanteil“ des Berichterstatters Weyreuther an diesem Verriss. Das lässt sich befriedigend beantworten. Bereits in seinem Votum beschreibt Weyreuther nahezu wortgleich, was später in den Entscheidungsgründen – stilistisch deutlich besser, aber auch aggressiver – als Befund aufgenommen wird.[53] Er stimmt den Leser ein, dass es wenig Sinn mache, den Gesetzgeber verstehen zu wollen. Und so werden es dann wohl auch die Senatskollegen erfahren und verstanden haben. Vom Mitberichterstatter Klein liegt ein Votum nicht vor. Aber eines lässt sich letztlich wohl sicher sagen. Auch dem Berufungsgericht waren derartige Gedankengänge über gesetzgeberische Formulierungsschwächen gewiss nicht fremd. Das ergibt sich mit Deutlichkeit aus der erwähnten Abhandlung des Senatsvorsitzenden Meyer.

3. Substitutionsarbeit des IV. Senats: Gestufte Abwägung. a) Die jetzt entscheidende konstruktive Frage ist, was an die Stelle des § 1 Abs. 4 und 5 BBauG 1960 gesetzt werden kann. Es bot sich an, einen Mix von Ermessen, Beurteilungsspielraum und Verhältnismäßigkeit, vielleicht kombiniert mit dem Gedanken des unbestimmten Rechtsbegriffs, zu kreieren. Das entspricht im Wesentlichen der allgemeinen Diskussionslage. Beispielhaft zeigt dies der bereits mehrfach erwähnte Aufsatz von Klaus Meyer. Das Votum des Berichterstatters Weyreuther umkreist derartige Gedanken. Man spürt, der Knoten soll durchgehauen werden. Aber die zündende Idee fehlt noch. Zunächst hat der Berichterstatter in seinem Votum die hübsche Idee, § 1 Abs. 4 Satz 2 BBauG 1960 von der übrigen gesetzgeberischen Sprachwelt zu isolieren und die Vorschrift wie einen § 1 Abs. 6 BBauG 1960 zu lesen. Zutreffend wird gesehen, dass der Gesetzgeber eine Fülle von „öffentlichen Belangen“ benennt, die sich gleichwohl in einem Oberbegriff einfangen lassen. Aber wie die Abwägung alsdann methodisch und prüfbar selbst verlaufen soll, bleibt im Votum erstaunlich farblos. Von der Vorstellung eines Planungsermessens kann sich der Berichterstatter noch nicht wirklich lösen. Auch auf § 114 VwGO wird Bezug genommen. So wird es auch in den Entscheidungsgründen erscheinen (BVerwGE 34, 309 (304)), obwohl sich der Text einige Zeilen später davon distan-

---

[53] Sendler bestätigt die Urheberschaft der von Weyreuther als Berichterstatter „formulierten Entscheidung“, vgl. *ders.*, Fn. 52.

ziert. Dann wendet sich der Urteilstext der Frage zu, was unter „gerecht abzuwägen“ zu verstehen sei. Nach wiederum einigen kritischen Bemerkungen über die Sprachführung des Gesetzgebers fallen die entscheidenden Sätze, die BVerwGE 34, 301 [309] als die Geburtsstunde des Abwägungsmodells haben erscheinen lassen:

Das Gebot gerechter Abwägung ist verletzt, wenn eine (sachgerechte) Abwägung überhaupt nicht stattfindet. Es ist verletzt, wenn in die Abwägung an Belangen nicht eingestellt wird, was nach Lage der Dinge in sie eingestellt werden muss. Es ist ferner verletzt, wenn die Bedeutung der betroffenen privaten Belange verkannt oder wenn der Ausgleich zwischen den von der Planung berührten öffentlichen Belangen in einer Weise vorgenommen wird, der zur objektiven Gewichtigkeit einzelner Belange außer Verhältnis steht. Innerhalb des so gezogenen Rahmens wird das Abwägungsgebot jedoch nicht verletzt, wenn sich die zur Planung berufene Gemeinde in der Kollision zwischen verschiedenen Belangen für die Bevorzugung des einen und damit notwendig für die Zurückstellung eines anderen entscheidet. Innerhalb jenes Rahmens ist nämlich das Vorziehen und Zurücksetzen bestimmter Belange überhaupt kein nachvollziehbarer Vorgang der Abwägung, sondern eine geradezu elementare planerische Entschließung, die zum Ausdruck bringt, wie und in welcher Richtung sich eine Gemeinde städtebaulich geordnet fortentwickeln will. Damit ist notwendig der Planungskontrolle der höheren Verwaltungsbehörde wie der Verwaltungsgerichte eine Grenze gezogen.

Das BVerwG beruft sich als Bestätigung seiner Problemsicht auf den erwähnten § 2 Abs. 2 ROG 1965 und betont den Zusammenhang von Planungsermessen und Abwägung. Später wird das Gericht diesen Zusammenhang nicht mehr erwähnen. Zu Recht, denn diesen Zusammenhang gibt es bei einem ausgebauten Abwägungsmodell nicht. Aber noch ist der Senat nicht so weit. Sichtbar ist die These der Interdependenz aller Planungselemente.[54] Weyreuther wird dies später selbst literarisch als Gestaltung eines Interessengeflechtes erläutern.[55] Dann folgt in den Entscheidungsgründen eine meisterhafte Sentenz: „...weil Planung ohne Gestaltungsfreiheit ein Widerspruch in sich wäre“. Das ist stilsicher formuliert. Es ist die dogmatische Abwahl einer subsumtiven Methodik, wie sie der VGH Mannheim praktizieren möchte und doch nur eine präferenzielle Sichtweise bereithält.

b) Spiegelt man diese Kernaussagen des gerichtlichen Abwägungsmodells im Aussagegehalt des Votums des Berichterstatters, ist man enttäuscht. Derartige Kernaussagen gibt es dort nicht. Wenn man überhaupt nach Anklängen des Vorgedachten sucht, dann sind es Hinweise darauf, dass bei einem Abwägen sich widerstreitende Interessen gegenüberstehen. Der Gedanke, dass das Gebot gerechter Abwägung verletzt sei, wenn eine (sachgerechte) Abwägung überhaupt nicht stattgefunden hatte, ist der Ermessenslehre entnommen. Er findet sich auch im Votum, dort unter Bezugnahme auf eine Kommentierung bei Ernst/Zinkahn/Bielenberg.[56] Der Ausdruck „was nach Lage der Dinge“ nähert sich juristischem Jargon. Er soll eine offene Relation des Erheblichen bezeichnen. Im Votum kommt dies nicht vor. Die Wendung scheint dennoch im IV. Senat seit

---

[54] So bereits BVerwG DVBl 1969, 697.
[55] Vgl. *Weyreuther* DÖV 1977, 419 (420).
[56] *Ernst/Zinkahn/Bielenberg,* BBauG, 1. Aufl., § 1 Rn. 60.

1966 beliebt zu sein, wie eine kleine statistische Prüfung ergibt.[57] Die Betonung, dass die im Konflikt befindlichen Belange zu gewichten seien, findet sich im Votum auch, hier in Auseinandersetzung mit einem Judikat des VGH Mannheim.[58] Es scheint ein besonderes Anliegen des Votanten zu sein. Das Kernstück der Abwägungslehre, wie sie BVerwGE 34, 301 präsentiert, ist also aus Versatzstücken zusammengefügt worden. Aber eines ist sicher: Diese konstruktive Arbeit findet jedenfalls nicht im Votum des Berichterstatters statt.

Wann dann? Das lässt sich nicht beantworten. Ist die spätere Textfassung wirklich eine Frucht intensiver Beratung, sowohl der üblichen Vorberatung als auch der Beratung aufgrund der mündlichen Verhandlung am 12.12.1969? Die mündliche Verhandlung dauerte 2 ¼ Std.[59] Das ist lang. Was geschah in den Beratungen? Welchen Beitrag leisteten die übrigen Senatsmitglieder? Noch am Sitzungstag wird das Urteil verkündet, ebenso die Entscheidung in zwei anderen verhandelten Sachen.[60] Oder ist es doch ganz anders: Der Berichterstatter Weyreuther schreibt unter dem Eindruck der Verhandlung und der Senatsberatung nieder, was ihm durch den Kopf geht. Er legt jedenfalls am 23.12.1969 den von ihm verfassten Urteilsentwurf vor. Das ist sehr schnell. Er macht in der hier maßgebenden Textstelle nur eine handschriftliche Korrektur: Der Relativsatz „der zur objektiven Gewichtigkeit einzelner Belange außer Verhältnis steht" hatte zuvor die Fassung „der an der objektiven Gewichtigkeit einzelner Belange vorbeigeht". Eine gelungene juristisch-sprachliche Verbesserung ist die Absicht. Die mitberatenden Richter haben an dem Entwurf nichts zu bemerken.

Ein ungemein flexibles „Modell" ist in der Welt, so sehen es später viele. Im anschließenden fallbezogenen Urteilsteil folgt der Senat den Erwägungen des Berufungsgerichtes, nahezu subsumtiv und mit tatrichterlichem Gespür, auch in sprachlicher Hinsicht. Das verdeckt einen groben Mangel des neuen „Modells". Es fehlt jeder Hinweis darauf, welche Unterlagen für die geforderte Abwägung erheblich zu sein haben und auf welchen Zeitpunkt es ankommen soll.[61] Noch klarer wird dadurch jetzt: Das planungsdogmatische Kernstück der Entscheidung, im Votum ohne Frage vorangetrieben, war ein Ausflug. Ob dieser dauerhaften Bestand haben würde, war damit noch nicht entschieden. In seiner rückblickenden Hommage an die Leitentscheidung zum planungsrechtlichen Abwägungsgebot vom 12.12.1969 wird Hoppe 2003 die Entstehungsgeschichte etwas vernebeln.[62] In der Festgabe zum 50jährigen Bestehen des BVerwG tut es ihm Redeker im selben Jahr gleich,

---

[57] Grundlage juris-Datenbank. Im Zeitraum von 1953 bis Ende 1969 qualifizieren sich 31 Entscheidungen, welche diese Wendung benutzen, davon seit 1966 allein 11 in Judikaten des IV. Senates.

[58] VGH Mannheim BRS 17, 16.

[59] Der Oberbundesanwalt beim BVerwG beteiligte sich nach längerem Zögern. Er folgte nahezu uneingeschränkt der berufungsgerichtlichen Begründung, wie BVerwGE 34, 301 dies referierend wiedergibt. Die Bedeutung des Falles wurde dort ersichtlich anders beurteilt als durch das BVerwG. Ein Votum des Mitberichterstatters wurde offenbar nicht erstellt.

[60] BVerwG DVBl 1970, 417, BVerwG VerwRspr 21, 684 (jeweils Erschließungsbeitragsrecht).

[61] Erst BVerwGE 45, 309 Rn. 56 formuliert deutlich: „Allem Abwägen vorausgesetzt ist die Zusammenstellung des Abwägungsmaterials". Vgl. genauer *Hoppe* DVBl 1977, 136–144; *Just,* Ermittlung und Einstellung von Belangen bei der planerischen Abwägung, 1996.

[62] *Hoppe* DVBl 2003, 697–706. Vgl. *Gassner,* Methoden und Maßstäbe für die planerische Abwägung, Theorie und Praxis abgeleiteter Bewertungsnormen, 1993.

wenn er über den „Weyreuther-Senat" und unter Bezug auf BVerwGE 34, 301 und BVerwG, 45, 309 schreibt:[63] Selten gelinge wie hier einer neuen Rechtsprechung bereits in den ersten Entscheidungen eine inhaltlich wie systematisch so klare Grundlegung, dass sie Basis für die ganze spätere Ausbreitung werde und bleibe. Auch dieses ist eine leichte Verklärung der Ausgangslage. Einen realistischeren Blick findet Krautzberger, wenn er in derselben Festgabe die wechselbezogene Entwicklung des Städtebaurechts zwischen Gesetzesrecht und Richterrecht behandelt.[64] Wie dem auch sei: Sendler trifft es, wenn er BVerwGE 34, 301 im Rückblick (2003) als „Treibsatz für den Normgeber" beurteilt.[65]

IV. Gründe des Erfolges?

1. So bleibt die Frage, was den Erfolg gerade von BVerwGE 34, 301 ausmacht, obwohl der Fall, wie erläutert, dogmatisch unnötig aufgebauscht war. Wie häufig, hat auch hier der Erfolg mehrere Väter.

Für eine klärende Entscheidung des Revisionsgerichtes hatte sich seit Mitte der 1960er Jahre eine Erwartungshaltung gebildet. Dieser wurde nun konstruktiv entsprochen. Denn das Abwägungsmodell des IV. Senates enthielt eine Bandbreite, die vieles aus dem entstandenen Meinungsstreit abdecken konnte. Erst bei genauerer Analyse bemerkte man einen Nachbesserungsbedarf. Das gelang in den Folgejahren bruchlos. Hinzu kam: Im Zeitpunkt der Entscheidung des Gesetzgebers und später gab es keine ausgebildete empirische und theoretische Planungswissenschaft.[66] Diese entsteht in ersten Ansätzen erst zu Beginn der 1970er Jahre. Der Berichterstatter Weyreuther hat dieses methodische Defizit ohne Frage erkannt und zusammen mit dem IV. Senat versucht, es durch eine grobmaschige Gliederung des Abwägungskalküls zu substituieren. Für diese These liefert das Judikat selbst handfeste Belege. Es werden Ansätze für ein Ablaufschema entwickelt. Das ist ein handwerklicher Gewinn. Die erwähnten Nachjustierungen verbessern die Akzeptanz.

Der IV. Senat verstand sich hinsichtlich des inaugurierten Abwägungsmodells von Anfang an als richterlicher Prätor. Der Senat entschließt sich, die Bedeutung seines Judikates BVerwGE 34, 301 selbst herauszustellen.[67] Zwar hatte er in seinem Urteil vom 30.4.1969 bereits legislatorische Hindernisse beseitigt, die ihn zu einer konkreten interpretatorischen Arbeit hätten veranlassen können. Da seine Sentenzen nicht von allen gehört zu werden scheinen, setzt der Senat in diesem Punkte in BVerwGE 34, 309 und drei Jahre später in BVerwGE 41, 67 nach: Eine

---

[63] *Redeker* in FG 50 Jahre BVerwG, 2003, S. 127 (147). Das sah Redeker 1971 durchaus noch anders, vgl. *ders.* DÖV 1971, 757–762; dagegen fast euphorisch *Redeker* NJW 1978, 2567, sonst ablehnend, erneut *ders.* in FS Scupin, 1973, S. 861 (874): „...eine der großen Leistungen des Richterrechts der letzten zwanzig Jahre".

[64] *Krautzberger* in FG 50 Jahre BVerwG, 2003, S. 801–813.

[65] *Sendler* in FS Weyreuther, 1993, S. 3 (10).

[66] Vgl. *Hoppe* DVBl 2003, 697–706; so auch bereits *ders.*, Rechtsschutz bei der Planung von Straßen und anderen Verkehrsanlagen, NJW-Schriftenreihe, 1971, Rn. 155; vgl. auch *Ernst/Hoppe,* Das öffentlich Bau- und Bodenrecht, 1978, S. 100 f.

[67] In BVerwG Buchholz 406.11 § 173 BBauG Nr. 12 Rn. 19 spricht er von Grundsätzen, die er in BVerwGE 34, 301 aufgestellt habe und die das Berufungsgericht prüfen müsse.

rechtsstaatliche Planung setze unabhängig von § 1 Abs. 4 S. 2 BBauG eine gerechte Abwägung der von der Planung berührten öffentlichen und privaten Belange voraus. Damit nicht genug. Es folgt eine Strategie der Selbstzitierung. Das Ranking ist am Ende, also gegenwärtig, eindeutig. Befragt man die Rechtsprechungsdatenbank juris, dann qualifiziert sich BVerwGE 34, 301 mit 1.070 Treffern, davon 104 Eigenzitaten des BVerwG, 832 Fremdzitaten der OVGs. Das ist eine hohe Akzeptanz. In Hoppe findet das Gericht bereits 1970 seinen ersten „Vermarkter".[68] Andere werden folgen. Das Judikat vom 30.4.1969 nimmt kaum jemand zur Kenntnis. Deutlich besser steht es um BVerwGE 45, 309.[69] Um 1989 lässt sich in der OVG-Judikatur eine sich verfestigende Kanonisierungstendenz nachweisen (vgl. dazu die Befundaufnahme im Anhang).

Einer der Erfolge des Abwägungsmodells ist gewiss seine erstaunliche strukturelle Armut und vor allem die materiale Inhaltslosigkeit.[70] Das Modell kann sowohl als Prüfungs- wie als Rechtfertigungsebene vielfältig eingesetzt werden. So ist es nicht verwunderlich, dass sich zwar in 1980er und 1990er Jahren die Zahl der Kritiker mehrt, meistens „junge Leute" mit großem Scharfsinn, in ihrer analytischen Kraft Weyreuther nicht unähnlich. Aber es ist jetzt zu spät. Das Modell ist etabliert, sich in seiner Rechtfertigung selbsttragend. Eine Planung ohne Gestaltungsfreiheit wäre ein Widerspruch in sich selbst, hatte BVerwGE 34, 301 formuliert. Das wird textbausteinartig wiederholt. Die Wendungen variieren, um die Planungshoheit der Gemeinde „kontrollierbar" zu gewährleisten. Dem IV. Senat gelingt es zudem durch Nachjustierungen seiner Judikatur, das Grundmodell flexibel zu halten.[71] Neue Sichtweisen treten in den Vordergrund, wie die Planrechtfertigung, das Gebot der Konfliktbewältigung, das Gebot der Rücksichtnahme und das sog. Optimierungsgebot, später als Abwägungsdirektive abgeschwächt, das Gebot fairer Verfahrensführung und immer wieder die Aufforderung zur sachgerechten Ermittlung. Einer der Kritiker ist das BVerwG selbst. Der Berichterstatter Weyreuther benutzt die Gelegenheit, das Abwägungsmodell nachzubessern. Beim Abwägungsgebot sei zwischen dem Abwägen als einem „Vorgang" und dem „Abgewogensein" (Abwägungsergebnis) als einem Zustand zu unterscheiden.[72] Dann in BVerwGE 45, 309 Rn. 45 wörtlich: „Bei der Beurteilung von Plänen muss – und dies ganz allgemein – zwischen dem Planen als Vorgang und dem Plan als Produkt dieses Vorganges unterschieden

---

[68] *Hoppe* BauR 1970, 15–18. Der zeitliche Ablauf von Urteilsdatum und Publikation deutet an, dass Hoppe sofort zur Feder gegriffen haben muss. Produktiv auch *Hoppe,* Rechtsschutz bei der Planung von Straßen und anderen Verkehrsanlagen, NJW-Schriftenreihe, 1971; *ders.* in FS Scupin, 1983, S. 121–143; vgl. später auch *Weyreuther* BauR 1977, 293–309.

[69] Im Vergleich: Das Judikat BVerwGE 45, 309 (Flachglas) bringt es derzeit (1.8.2012) auf 769 Treffer, davon 585 Zitate der OVG-Judikate, 97 Eigenzitate und 13 BGH-Zitate, das Judikat vom 30.4.1969 nur auf 33 Treffer, darunter allein 22 Eigenzitate.

[70] Vgl. *Käß,* Inhalt und Grenzen des Grundsatzes der Planerhaltung, 2002, S. 135 f.

[71] Vgl. auch *Berkemann,* in: Erbguth/Kluth, Kolloquium zum Gedenken an Hoppe, 2011, S. 11–56; vgl. *ders.* in FS Schlichter, 1995, S. 27–54.

[72] Vgl. BVerwGE 41, 67 Rn. 17; BVerwGE 45, 309 Rn. 45 ff. Der Begriff „Abwägungsvorgang" erscheint bei *Häberle,* Öffentliches Interesse als juristisches Problem. Eine Analyse von Gesetzgebung und Rechtsprechung, 1970; der BGH übernimmt den Begriff (vgl. BGHZ 66, 322 Rn. 12). Vgl. später der Versuch eines operationalen Zugriffs *Hofmann,* Abwägung im Recht. Chancen und Grenzen numerischer Verfahren im Öffentlichen Recht, 2007.

werden. Dieser Unterschied kehrt bei fast allen Bestandteilen des Planens wieder, als Unterschied zwischen dem Abstimmen von Plänen und dem Abgestimmtsein dieser Pläne."[73] Nicht wenige sehen in BVerwGE 45, 309 gegenüber BVerwGE 34, 309 einen Qualitätssprung. Das ist es auch, wenngleich die Kritik an dieser Judikatur zunimmt.[74]

2. Es stört den IV. Senat nicht, dass die Formel „nach Lage der Dinge" zirkulären Charakter besitzt. Die Richter wissen, was sie damit meinen. Und so bietet diese Formel gute Möglichkeiten, neue Entwicklungen als zu betrachtende und „einzustellende" Belange aufzunehmen. So kann das Umweltrecht fast nahtlos in das „offene" Abwägungsmodell integriert werden. Der Gesetzgeber lässt das BVerwG gewähren.

Ja mehr noch, BVerwGE 34, 309 erreichte legislatorische Bestätigung. Der Text des von BVerwGE 34, 301 „ausgedeuteten" § 1 Abs. 4 BBauG 1960 stand mit der ersten Baurechtsvolle auf dem Prüfstand.[75] Der Regierungsentwurf vom 22. August 1974 empfahl eine Änderung. Die Neufassung des Abwägungsgebots und seine systematische Stellung sollten, so die Begründung, sicherstellen, dass sich die Abwägung auf alle Gesichtspunkte des heutigen Städtebaus erstreckt. Planerisches Ermessen und rechtliche Bindung sollten allerdings deutlicher als bisher zum Ausdruck kommen.[76] Der Bundesrat empfahl auf Vorschlag des federführenden Ausschusses für Städtebau und Wohnungswesen eine verkürzende Fassung. Danach seien bei Anwendung der näher formulierten Grundsätze, eine Art Planungslinien, die öffentlichen und privaten Belange gegeneinander und untereinander gerecht abzuwägen. Dann heißt es wörtlich: „Das Abwägungsgebot sollte in der bisherigen Fassung erhalten bleiben, nachdem durch die Rechtsprechung (grundlegend BVerwG vom 12.12.1969 – BVerwGE 34, 301; zuletzt BVerwGE 41, 67) das planerische Ermessen und die dabei zu beachtenden, behördlich und gerichtlich nachprüfbaren Schranken in der notwendig differenzierenden Weise herausgearbeitet und geklärt worden sind."[77] Auch der zuständige Bundestagsausschuss verwarf die Fassung des Regierungsentwurfs. Der Ausschuss strich allerdings auch den Vorschlag des Bundesrates zusammen und setzte an seine Stelle die Wendung „Bei der Aufstellung der Bauleitpläne sind die öffentlichen und privaten Belange gegeneinander und untereinander gerecht abzuwägen."[78] Die dafür gegebene

---

[73] Weiter heißt es: „.Die Formulierung des § 1 Abs. 4 Satz 2 BBauG nimmt eindeutig auf den Vorgang des Abwägens Bezug. Daraus folgt zwar nicht logisch zwingend, doch aber bei Beachtung des Sachzusammenhanges unabweisbar, dass darüber hinaus auch der sich ergebende Planinhalt dem Gebot der Abwägung – d.h. eines bestimmten Abgewogenseins – unterworfen werden soll. Denn es wäre offensichtlich sachwidrig, wenn es bei allen den in § 1 Abs. 4 und 5 BBauG angeführten Belangen einzig darauf ankommen sollte, dass sie von der planenden Gemeinde bedacht wurden, dagegen keinerlei Rolle spielte, was dabei im Ergebnis herausgekommen ist."

[74] Vgl. etwa die scharfsinnige Analyse bei *H.-J. Koch* DVBl 1983, 1125–1133; *ders.* DVBl 1989, 399.

[75] Gesetz zur Änderung des Bundesbaugesetzes vom 18.81976 (BGBl. I S. 2221).

[76] Textvorschlag: „Bei der Anwendung der Absätze 5 und 6 sind die öffentlichen und privaten Belange im Hinblick auf die beabsichtigte städtebauliche Entwicklung des ganzen Gemeindegebiets nach pflichtgemäßem Ermessen gerecht gegeneinander und unter einander abzuwägen" (§ 1a Abs. 7 BBauG-ÄndG-E).

[77] Vgl. BR-Drs. 300/1/74 S. 8, BR-Drs. 300/74 (Beschluss), S. 7.

[78] BT-Drs. 7/4793, S. 25, 61, BT-Drs. 7/2496).

Begründung ist kurz. Im Hinblick auf die überragende Funktion der Abwägungsklausel sei es zweckmäßig, diese in einem neuen Absatz zu verankern und so deren Bedeutung hervorzuheben. Das durfte der IV. Senat als eine Bestätigung seiner Judikatur ansehen. Weyreuther blieb jahrelang ihr berufener und scharfsinniger Interpret.[79] Die lange Liste der zu berücksichtigenden Belange, die der heutige § 1 Abs. 6 BauGB anführt, steht im Gegensatz zu der Kürze des Abwägungsgebotes (§ 1 Abs. 7 BauGB). „Abwägungsvorgang und Abwägungsergebnis" (vgl. § 214 Abs. 3 BauGB) und das „Abwägungsmaterial" (§ 2 Abs. 3 BauGB) sind hinzugekommen. An der Kernaussage des BVerwGE 34, 301 hat sich nichts geändert. Einzustellen ist unverändert, „was nach Lage der Dinge einzustellen ist".

Anhang:

Zitierhäufigkeit der Entscheidungen BVerwGE 34, 301 und BVerwGE 45, 309 im Zeitverlauf[80]

Jahr/ Judikat[81]	**IV C 105.66**[82]	**BVerwG**	**OVG**	**IV C 50.72**[83]	**BVerwG**	**OVG**
1969	1	1	-			
1970	2	2	-			
1971	3	3	-			
1972	5	4	1			
1973	8	7	1			
1974	3	3	-	2	1	1
1975	3	1	-	5	2	1
1976	3	1	-	5	2	1

[79] Vgl. seit *Weyreuther* BauR 1977, 293–309; ähnlich die Thesen auf dem Fünften Deutscher Verwaltungsrichtertag, vgl. DVBl 1978, 99; *Weyreuther* DÖV 1980, 389–39. Vgl. auch *Hoppe* in FG 25 Jahre BVerwG, 1978, S. 295–312 und die Hommage durch Sendler, *ders.* in FS Weyreuther, 1993, S. 3 (5).

[80] Auswertung der juris-Datenbank (Rechtsprechung); zu bedenken ist, dass die Rückwärtsdokumentation vor 1990 ist kritisch ist, insbesondere für die Rechtsprechung der Obergerichte. Die nicht veröffentlichte Senatsjudikatur des BVerwG (u.a. zurückweisende Beschlüsse über Nichtzulassungsbeschwerden) zeigt für BVerwGE 34, 301 und BVerwGE 45, 309 einen deutlich höheren Anteil an Selbstzitierung.

[81] Erläuterung: Spalten 2 und 5 geben die Gesamtzahl der zitieren im Bezugsjahr an; Spalten 3 und 6 bezogen auf Entscheidungen des BVerwG, Spalten 5 und 7 bezogen auf Entscheidungen der OVG/VGH.

[82] BVerwGE 34, 301 (IV C 105.66) wird in der Datenbank juris wie folgt zitiert (Mehrfachnennungen möglich): BVerwGE 34, 301: 939x; IV C 105.66: 389x; 4 C 105.66: 207x; DVBl 1970, 414: 8x; DÖV 1970, 277: 2x; BauR 1970, 31: 7x; Buchholz 406.11 § 1 BBauG Nr. 1: 21x; BayVBl 1970, 180: 3x. Von den Entscheidungen, welche als Fundstelle BVerwGE 34, 301 angeben, betreffen 742 OVG-Entscheidungen.

[83] BVerwGE 45, 409 (IV C 50.72) wird in der Datenbank juris wie folgt zitiert (Mehrfachnennungen möglich): BVerwGE 45, 309: 607x; IV C 50.72: 272x; 4 C 50.72: 185x; DVBl 1974, 767: 12x; DÖV 1975, 308: 0; NJW 1975, 70: 29x; BauR 1974, 311: 7x; VerwRspr 26, 724: 0; Buchholz 406.11 § 1 BBauG Nr. 9: 11x; BayVBl. 1974, 705: 3x; BRS 28 Nr. 4: 134x. Von den Entscheidungen, welche als Fundstelle BVerwGE 45, 309 angeben, betreffen 468 OVG-Entscheidungen.

Jahr/ Judikat[81]	**IV C 105.66**[82]	**BVerwG**	**OVG**	**IV C 50.72**[83]	**BVerwG**	**OVG**
1977	6	3	1	15	8	5
1978	12	4	8	15	5	7
1979	24	4	19	16	3	10
1980	11	2	9	7	4	3
1981[84]	2	2	-	2	-	2
1982	1	-	-	-	-	-
1983	2	-	1	5	2	1
1984	4	4	-	4	3	-
1985	4	4	-	3	2	-
1986	4	3	-	3	2	-
1987	3	3	-	4	2	1
1988	8	4	4	5	3	2
1989[85]	16	1	15	13	3	10
1990	17	3	14	11	4	7
1991	13	-	11	14	3	10
1992	18	6	12	20	6	13
1993	29	4	25	18	1	17
1994	35	-	34	26	3	22
1995	24	5	19	28	4	24
1996	19	2	17	22	1	21
1997	27	3	24	28	3	24
1998	39	5	31	37	5	30
1999	46	3	38	27	2	24
2000	36	1	30	24	-	21
2001	45	-	45	34	1	27
2002	52	2	42	39	-	32
2003	44	-	44	32	-	27
2004	63	2	56	38	1	29
2005	51	2	40	36	2	29
2006	47	1	41	34	-	34
2007	55	-	47	29	2	26

[84] Weyreuther verlässt 1981 den IV. Senat.
[85] Beginn der Kanonisierungsphase in der OVG-Judikatur.

Jahr/ Judikat[81]	**IV C 105.66**[82]	**BVerwG**	**OVG**	**IV C 50.72**[83]	**BVerwG**	**OVG**
2008	60	-	52	32	-	29
2009	62	4	49	36	2	32
2010	72	2	65	37	-	37
2011	48	-	48	34	-	26

ARNO BUNZEL

Planspiele im Städtebaurecht

I. Einführung

Die Gemeinsame Geschäftsordnung der Bundesministerien (GGO) verlangt in § 43 Abs. 1 Nr. 5, dass bei jeder Vorlage von Gesetzen, Rechtsverordnungen und allgemeinen Verwaltungsvorschriften in der Begründung des Gesetzentwurfs unter anderem die Gesetzesfolgen darzustellen sind.[1] Nach § 44 Abs. 1 GGO zählen zu den wesentlichen Auswirkungen des Gesetzes sowohl die beabsichtigten Wirkungen als auch die unbeabsichtigten Nebenwirkungen.

Verfassungsrechtlich leitet sich eine Pflicht zur sorgfältigen Beachtung der Wirkung von Gesetzen aus dem Verhältnismäßigkeitsgrundsatz sowie der Verantwortung des Staates für den Grundrechtsschutz ab.[2] Der Gesetzgeber hat sich „des erreichbaren, für die gebotene verlässliche Prognose ... wesentlichen Materials" zu bedienen und es mit der gebotenen Sorgfalt daraufhin auszuwerten, ob es seine gesetzgeberische Einschätzung hinreichend zu stützen vermag.[3] Ergänzend hierzu wird aus ähnlichen verfassungsrechtlichen Erwägungen eine Beobachtungs- und Nachbesserungspflicht gesehen.[4] Grundsätzlich wird damit eine qualifizierte Gesetzesfolgenabschätzung sowohl zur Vorbereitung und Verbesserung von Gesetzentwürfen als auch im Sinne einer Wirkungsanalyse zur Erfolgskontrolle gefordert, ohne allerdings die methodischen Anforderungen über die genannten allgemeinen Kriterien hinaus weiter zu spezifizieren.

Unabhängig von der seit Mitte der 1990er Jahre geführten gesellschaftspolitischen Debatte um eine bessere Gesetzgebung durch die Nutzung der Instrumente der Gesetzesfolgenabschätzung (GFA)[5] hat sich im Bereich des Städtebaurechts ein Standard der Gesetzesvorbereitung entwickelt, der im vorgenannten Sinne der Abschätzung der Folgen von Gesetzesänderungen dient. Angesprochen sind damit die Planspiele und Praxistests, welche mit wenigen Ausnahmen bei allen wichtigen Gesetzgebungsvorhaben im Bereich des Städtebaurechts durchgeführt wurden.

---

[1] Bereits am 11.12.1984 und ergänzend am 20.12.1989 hatte die Bundesregierung zur Gesetzfolgenabschätzung zehn so genannte blaue Prüffragen mit weiteren Unterfragen eingeführt und 1996 in der GGO II verankert (GMBl S. 449), mit der Neufassung der GGO 2000 wurde dann eine weniger detaillierte Regelung zur GFA geschaffen.

[2] *Ennuschat* DVBl 2004, 986 (993); *Kettiger* Verwaltung & Management 2001, 226 ff.

[3] BVerfGE 50, 290 (333 f.); BVerfGE 88, 203 (263).

[4] BVerfGE 88, 203 (309 f.); BVerfGE 56, 54 (78 f.).

[5] Vgl. hierzu *Bunzel* in FS Mäding, 2006, S. 309–326 unter Hinweis auf das Leitbild und Programm der Bundesregierung „Moderner Staat – Moderne Verwaltung", Kabinettsbeschluss vom 1.12.1999, Download.

Erstmals fand im Bereich des Städtebaurechts ein Verwaltungsplanspiel zur Gesetzesfolgenabschätzung im Zuge des Gesetzgebungsverfahrens zum Städtebauförderungsgesetz statt.[6] Auch vor der beabsichtigten Novellierung des Bundesbaugesetzes Mitte der 1970er Jahre,[7] vor der Novelle des Städtebauförderungsgesetzes 1980[8] und vor Erlass des BauGB 1985[9] wurden Planspiele durchgeführt. Der damit gesetzte Standard kam auch für die Novelle der Baunutzungsverordnung 1990,[10] für das Bau- und Raumordnungsgesetz (BauROG) von 1997,[11] für das Gesetz zur Umsetzung der UVP-Änderungsrichtlinie und weitere EG-Richtlinien zum Umweltschutz aus dem Jahre 2001,[12] für das Europarechtsanpassungsgesetz Bau (EAG Bau)von 2004,[13] für das Gesetz zur Förderung der Innenentwicklung in den Städten in 2006[14] sowie zuletzt für die Klimaschutznovelle 2011[15] und im Anschluss daran 2012 für das Gesetz zur Stärkung der Innenentwicklung in den Städten und Gemeinden und weiteren Fortentwicklung des Städtebaurechts[16] zum Tragen. Auch die Neufassung des Bundesraumordnungsgesetzes im Jahre 2008 wurde durch ein Verwaltungsplanspiel unterstützt und begleitet.[17]

Planspiele und Praxistests sind damit zu einem Markenzeichen der Gesetzgebung im Städtebaurecht geworden. Was aber ist der Grund für die Erfolgsgeschichte dieser Methode der Gesetzesvorbereitung? Konnte mit der Überprüfung der Gesetzentwürfe in Verwaltungsplanspielen tatsächlich eine bessere Gesetzgebung erreicht werden? Fragen genug, dieses Instrument der Rechtswirkungsforschung selbst einer kritischen Überprüfung zu unterziehen.

II. Planspiele als Instrumente der Gesetzesfolgenabschätzung

In der Gesetzesfolgenabschätzung wird mit den Begriffen „Planspiel" oder „Praxistest" eine Methode bezeichnet, mit der der Entwurf einer Rechtsvorschrift insgesamt oder ausgewählte Teile davon im Hinblick auf bestimmte Prüfkriterien in einem wirklichkeitsnahen Testfeld so zur Anwendung gebracht werden, als ob

[6] *Dieterich,* Stadtbauwelt 1971, 220 (220 f.).

[7] *Schäfer,* in: Kevenhörster, Paul, und Hellmut Wollmann (Hrsg.), Kommunalpolitische Praxis und lokale Politikforschung, Berlin 1978, S. 385–409.

[8] *Schäfer/Autzen,* Planspiel Novelle StBauFG, Berlin 1980.

[9] *Schäfer/Scharmer/Schmidt-Eichstaedt,* Planspiel zum Baugesetzbuch, Deutsches Institut für Urbanistik (Hrsg.), Berlin 1986.

[10] Deutsches Institut für Urbanistik, Materialien zum Praxistest; dies. MittDSt 1989, 494; zur Genese auch *Söfker,* in: Enst/Zinkahn/Bielenberg/Krautzberger, BauNVOVorb. Rn. 14.

[11] Deutsches Institut für Urbanistik (Hrsg.), Planspiel „BauGB-Novelle 1997", Difu-Materialien 1/1997.

[12] *Bunzel/Lau/Schäfer/Specovius/Tomerius,* Planspiel zur Durchführung der UVP in der Bauleitplanung, Difu-Materialien 2/2001, S. 74 f.

[13] *Bunzel/Frölich/Strauss/Schäfer/Lau/Specovius,* Planspiel BauGB-Novelle 2004. Bericht über die Stellungnahmen der Planspielstädte und Planspiellandkreise, http://www.difu.de/publikationen/; *Bunzel,* in: Spannowsky/Krämer, Plan-UP-Richtlinie. Konsequenzen für Raumordnung und Stadtentwicklung, S. 11–25; *ders.* ZfBR 2004, 328–337.

[14] *Bunzel,* BauGB 2006 im Praxistest, http://edoc.difu.de/orlis/DF10649.pdf.

[15] *Bunzel* ZfBR 2012, 114 - 122.

[16] BR-Drs. 474/12.

[17] *Bunzel/Frölich/v. Bodelschwingh/Strauss,* Planspiel Neuordnung des Rechts der Raumordnung, Ergebnisse und Empfehlungen, http://www.difu.de/index.shtml?/publikationen/.

die geplanten Normen schon in Kraft wären.[18] Ziel ist es, die Qualität von Normen zu erhöhen oder die Grundlagen zur Beantwortung der Frage, ob ein Regelungserfordernis besteht, zu verbessern.[19] Es handelt sich also um ein Testverfahren mit experimentellem Charakter. Praktikabilität und Vollzugseignung eines Regelungsentwurfs werden unter unmittelbarer Einbeziehung von mindestens einer Gruppe realer Normadressaten, anhand von abgeschlossenen oder noch laufenden Verwaltungsvorgängen realitätsnah überprüft.[20] Auf Grundlage des Regelungsentwurfs werden Lösungen für die jeweiligen Verwaltungsvorgänge fiktiv erarbeitet. Auswirkungen werden vor allem aus einem Vergleich der Lösungen nach bisheriger Rechtslage und der nach dem Regelungsentwurf erkennbar.

1. Zeitliche Anbindung an das Gesetzgebungsverfahren

Planspiele zielen auf eine Qualifizierung des Gesetzgebungsverfahrens. Sie setzen auf dem Entwurf des Gesetzes auf und können deshalb erst beginnen, wenn nach Abstimmung zwischen den betroffenen Ressorts ein solcher Gesetzentwurf vorgelegt wird. Man spricht insoweit auch von begleitender Gesetzfolgenabschätzung in Abgrenzung von prospektiver und retrospektiver Gesetzesfolgenabschätzung.[21] Diese enge zeitliche Ankoppelung des Planspiels an den Gang des Gesetzgebungsverfahrens stellt in mehrfacher Hinsicht besondere Anforderungen. Vor allem sind Abläufe in der Bearbeitung des Planspiels in zeitlicher Hinsicht nur sehr eingeschränkt verlässlich planbar. Der Zeitplan muss dementsprechend flexibel gestaltet und in vielen Fällen wiederholt an veränderte Planungen im Gesetzgebungsverfahren angepasst werden. Politisch begründete Prioritätensetzungen können schnell beschleunigende aber auch verzögernde Effekte haben.

Ein gewissermaßen extremes Beispiel für Beschleunigung stellt die Klimaschutznovelle von 2011 dar.[22] Ursprünglich sollte das Gesetzgebungsverfahren, welches neben Klimaschutz bezogenen Regelungen auch solche zur weiteren Förderung der Innenentwicklung umfassen sollte, bis Ende des Jahres 2011 durchgeführt werden, wobei vor allem die politisch gewollte Vorgabe, Anlagen zur Kinderbetreuung in reinen Wohngebieten allgemein zuzulassen, bis zum Jahresende umgesetzt werden sollte. Durch die Reaktorkatastrophe von Fukushima haben sich die politischen Prioritäten in kürzester Zeit massiv verschoben. Die Bundesregierung entschloss sich dazu, die geplante Energiewende beschleunigt durchzuführen und auch die den Klimaschutz betreffenden Teile der geplanten Novellierung im Städtebaurecht in das Gesetzgebungspaket zum Atomausstieg mit einzubeziehen. Das Gesetz musste deshalb unter Aufbietung sämtlicher nur denk-

---

[18] *Bunzel* in FS Mäding, S. 309–326; *ders.*, in: Henckel, Dietrich et al. (Hrsg.), Planen – Bauen – Umwelt. Ein Handbuch, S. 363; *Grimm* Zeitschrift für Rechtspolitik 2000, 87 (88); *Ennuschat* DVBl 2004, 986 (992); *Karpen* Zeitschrift für Rechtspolitik 2002, 443 (444); *Brocker* Deutsche Richterzeitung 2002, 462 (463).

[19] Ebenda.

[20] *Böhret/Konzendorf*, Handbuch Gesetzesfolgenabschätzung (GFA), S. 95.

[21] BMI, Bundesministerium des Innern, Stabsstelle Moderner Staat – Moderne Verwaltung (Hrsg.), Leitfaden zur Gesetzesfolgenabschätzung, Stabsstelle Moderner Staat – Moderne Verwaltung in Zusammenarbeit mit dem Innenministerium Baden-Württemberg, Berlin 2000; *Böhret/Konzendorf* (Fn. 20); Bunzel in FS Mäding, S. 309–326.

[22] *Bunzel* ZfBR 2012, 114 (114 f.).

barer Beschleunigungsmöglichkeiten noch vor der Sommerpause in den Bundestag eingebracht werden.[23] Der geänderte und beschleunigte Ablauf des Gesetzgebungsverfahrens hatte zur Folge, dass auch im Planspiel eine modifizierte und beschleunigte Vorgehensweise in Bezug auf diesen ersten Teil der Novelle erforderlich wurde.[24]

Zeitgleich mit der Einleitung der Länder- und Verbändebeteiligung erhielten die Planspielkommunen am 16. Mai 2011 den Gesetzentwurf nebst Prüfprogramm mit zielführenden Fragen. Ergebnisse im Planspiel mussten innerhalb von drei Wochen generiert werden, um rechtzeitig in die Ausschussberatung des Deutschen Bundestags eingebracht zu werden. Ein vertieftes Planspiel mit einem interaktiven Kommunikationsprozess zwischen den Planspielkommunen, moderierendem Betreuer und den anderen Planspielkommunen ließ sich in dieser Frist nicht durchführen. Anstelle dessen fand eine komprimierte Befassung im Rahmen eines einzigen Workshops statt, in dem es gelungen ist, Empfehlungen zu jedem einzelnen Regelungsvorschlag zu erarbeiten.[25] Für die im Planspiel charakteristische vertiefte Prüfung anhand konkreter Fallbeispiele blieb allerdings keine Zeit, so dass das Votum der Planspielkommunen[26] im Wesentlichen auf erfahrungsbasierten Einschätzungen beruhte, nicht jedoch auf dem konkreten Test anhand von Beispielen. Die hier vorgenommene Beschleunigung zeigt einerseits, dass es trotz extremen Zeitdrucks gelingen kann, qualifizierte Empfehlungen aus der kommunalen Praxis in ein Gesetzgebungsverfahren einzubringen. Andererseits bleiben die mit einem Planspiel verbundenen Möglichkeiten, die praktischen Auswirkungen eines Regelungsvorschlags vertieft zu reflektieren und Hinweise für eine vollzugstauglichere Ausgestaltung zu geben, weitgehend ungenutzt. Planspiele brauchen Zeit und sind bei politisch gewollter Beschleunigung in Schwierigkeiten, wie eine sorgfältige Gesetzgebung zwangsläufig unter hohem Zeitdruck leiden muss.

Umgekehrt können auch Verzögerungen eine zusätzliche Herausforderung in Planspielen darstellen. Hierfür ist das Gesetz zur Stärkung der Innenentwicklung in den Städten und Gemeinden und weiteren Fortentwicklung des Städtebaurechts ein gutes Beispiel.[27] Das Gesetzgebungsvorhaben umfasste zunächst auch die dann vorgezogene Klimaschutznovelle von 2011.[28] Bereits für April 2011 wurde mit einem Gesetzentwurf gerechnet. Mit dem Entschluss, den Klimaschutz bezogenen Teil des Gesetzgebungsvorhaben vorzuziehen, ging die Entscheidung einher, die verbleibenden Teile nach Abschluss der Klimaschutznovelle als eigenständige Gesetzgebungsverfahren nachfolgen zu lassen. Das „Setting" im Planspiel war auf einen zügige Fortsetzung des Planspiels angelegt, da zunächst an der Absicht festgehalten wurde, dass Gesetzgebungsverfahren noch in 2011 abzuschließen. Die Planspielkommunen wurden gewissermaßen in die „Startblöcke" gerufen, mussten dann

[23] *Söfker* ZfBR 2011, 541.
[24] *Bunzel* ZfBR 2012, 114 (115).
[25] Ausschussdrucksache 17(15)219, S. 85–90, http://www.bundestag.de/bundestag/ausschuesse17/a15/Oeffentliche_Anhoerungen/Archiv/klimagerechte_Staedte_und_Gemeinden_27_06_2011/43_Protokoll.pdf (Zugriff am 5.12.2011), S. 85–90.
[26] Mit dem Begriff Planspielkommunen sind hier wie im Weiteren nicht die beteiligten Kommunen, sondern die im Planspiel beteiligten Personen aus den Kommunen gemeint.
[27] BR-Drs. 474/12.
[28] *Söfker* ZfBR 2011, 541; *Bunzel* ZfBR 2012, 114 f.

aber wiederholt „zurückgerufen" werden, weil die Abstimmung zwischen den Ressorts der Bundesregierung sich erheblich schwieriger und zeitaufwendiger erwies, als ursprünglich erwartet und der Fahrplan für das Gesetzgebungsverfahren dementsprechend mehrmals angepasst wurde. Das Planspiel konnte dann erst Mitte Februar 2012 mit Vorlage des Gesetzentwurfs fortgesetzt werden.

2. Inhaltliche Bindung an den Gesetzentwurf

Eine wichtige Spielregel in Planspielen ist die Bindung an den Regelungsentwurf. Die Planspieler haben die Aufgabe diesen zu prüfen. Demgegenüber ist es nicht Aufgabe des Planspiels andere Regelungsvorschläge, die über den Gesetzentwurf hinausgehen, vorzuschlagen oder festzustellen, ob die Ziele, die ein Gesetzentwurf verfolgt, wünschenswert sind.[29] Diese Beschränkung auf den Entwurfstext macht das Planspiel für die Beteiligten in den Planspielkommunen leichter handhabbar. Zudem dient diese„Spielregel" dazu, den Prüfgegenstand einzugrenzen und dem Planspiel nach dem Verfahrensstand des Gesetzgebungsverfahrens eine angemessene Funktion zuzumessen. Die uneingeschränkte Zulassung von Regulierungswünschen im Planspiel würde den Planspielkommunen einen unangemessenen Einfluss auf den Gegenstand der Gesetzgebung eröffnen.

Auf der anderen Seite werden nicht selten Ideen aus der Praxis in Planspielen geboren, die Anstöße für eine Verbesserung des Gesetzes geben. Dabei handelt es sich durchweg um solche ergänzenden Regelungen, die im Kontext des ursprünglichen Regelungszwecks zu einer weiteren Verbesserung der Regulierung beitragen.[30] Ein Beispiel hierfür ist etwa die mit dem Gesetz zur Förderung der Innenentwicklung in den Städten vorgenommene Änderung in § 1 Abs. 6 Nr. 4 BauGB, mit der die Erhaltung und Entwicklung zentraler Versorgungsbereiche im Katalog der abwägungserheblichen Belange explizit aufgenommen wurde und deren wachsende Bedeutung damit unterstrichen wurde.[31]

3. Prüfkriterien im Planspiel

Bei der Überprüfung der geplanten Regelungen in einem Planspiel sind verschiedene Prüfaspekte und -kriterien zu beachten. Ausgangspunkt der Prüfung ist das mit dem Regelungsentwurf vorgegebene Ziel und die Frage, in welchem Maße dieses Ziel mit dem Regelungsentwurf erreicht wird. Dabei ist auch zu klären, ob unbeabsichtigt nicht dazugehörige Sachverhalte einbezogen werden und die Rechtsfolgen widerspruchsfrei sind. Auch die Wechselwirkungen mit anderen Vorschriften sind in den Blick zu nehmen, um unbeabsichtigte Regelungseffekte zu vermeiden.[32]

Der zweite wichtige Prüfkomplex betrifft die Verständlichkeit des Regelungsentwurfs. Maßstab zur Beurteilung sind eine möglichst unmissverständliche Wortwahl sowie, eine möglichst einheitliche Terminologie durch Abstimmung mit gleichartigen Regelungen. Hier ergeben sich aus der Verwendung unbestimmter

---

29 *Ennuschat* DVBl 2004, 986 (993).
30 *Bunzel* in FS Mäding, S. 309 (321).
31 Siehe hierzu unten Abschnitt III.4.
32 *Bunzel* in FS Mäding, S. 309 (316).

Rechtsbegriffe zwangsläufig Anforderungen für die Normanwender. Nicht selten wird im Planspiel der Wunsch nach Klarstellung und weitere Präzisierung geäußert, denn für die Praktiker ist jedes Auslegungserfordernis mit rechtlichen Risiken verbunden. Auf der anderen Seite kann das Planspiel auch deutlich machen, dass es durchaus sinnvoll sein kann, den Anwendungsspielraum gesetzlicher Bestimmungen durch unbestimmte Rechtsbegriffe für eine Vielzahl unterschiedlicher Anwendungsfälle zu öffnen und auf eine vermeintliche Präzisierung im Interesse einer flexibleren Anwendung zu verzichten.

Der Wunsch nach Klarstellung kann sich auch auf die Begründung des Gesetzentwurfs beziehen, soweit das Gesetzgebungsverfahren noch nicht den Stand eines Regierungsentwurfs erreicht hat. Denn eine Änderung der Begründung ist dann nicht mehr vorgesehen. Vielmehr können nur Änderungsanträge zum Gesetzentwurf wieder eigenständige Begründungen enthalten. Schließlich kann aber auch durch Aufnahme entsprechender Erläuterungen im Einführungserlass für eine Klarstellung in Bezug auf nicht auszuschließende Missverständnisse Sorge getragen werden. Auch auf diesen Weg verweisen Empfehlungen aus Planspielen nicht selten.

Die Praktikabilität und Vollzugsfähigkeit des Regelungsentwurfs ist der dritte zentrale Prüfaspekt bei der Überprüfung eines Regelungsentwurfs im Planspiel.[33] Gerade dieser Aspekt erfordert den Test anhand konkreter Beispiele unter möglichst realitätsnahe Bedingungen. Dabei geht es nicht nur um die Ermittlung des durch den Vollzug hervorgerufenen zusätzlichen Aufwandes, insbesondere im Vergleich mit bisherigen Regelungen mit gleichartigen Zielen. Vielmehr wird in den Blick genommen, wie und mit welchem Erfolg die Anwendung des Regelungsentwurfs bei Zugrundelegung der eingespielten Verwaltungspraxis und der administrativen und kommunalrechtlichen Rahmenbedingungen und der Zuständigkeitsverteilung erfolgen kann. Es soll aufgedeckt werden, ob es unerkannt Vollzugshemmnisse gibt, die durch eine andere Ausgestaltung des Regelungsentwurfs vermieden würden. Genauso sollen hinweise generiert werden, ob und in welcherweise der Regelungsvollzug möglichst effektiv erfolgen kann.

III. Einfluss der Planspiele auf die Gesetzgebung

Planspielergebnisse werden dem parlamentarischen Gremien im Rahmen des Gesetzgebungsverfahrens zugeleitet und in unterschiedlicher Form dem federführenden Ausschuss auch mündlich vorgestellt. Dementsprechend finden sich in den amtlichen Drucksachen und Protokollen des Deutschen Bundestags viele ausdrückliche Hinweise auf die Relevanz der Planspiele für die Gesetzgebung im Städtebaurecht.[34] Aus diesen Gesetzesmaterialien wird erkennbar, in welchem Maße die durchgeführten Planspiele den Gesetzentwurf bestätigt haben und an

[33] Ebenda.

[34] So lautet der einleitende Satz der Beschlussempfehlung des federführenden Ausschusses z. B. bei der Klimaschutznovelle: „Der Ausschuss hat unter Berücksichtigung der Stellungnahme des Bundesrates und der Gegenäußerung der Bundesregierung sowie der Ergebnisse des Praxistests den Gesetzentwurf überprüft und schlägt eine Reihe von Änderungen und Ergänzungen vor.", BT-Drs. 17/6357.

welchen Stellen die Planspiele Anlass zu Änderungsanträgen und entsprechenden Beschlussempfehlungen gegeben haben. Dies wird im Folgenden für die Novellierungen des BauGB beginnend mit dem BauROG 1998 bis zur Klimaschutznovelle 2011 nachvollzogen.

1. *Gesetz zur Änderung des Baugesetzbuchs und zur Neuregelung des Rechts der Raumordnung (Bau- und Raumordnungsgesetz 1998 – BauROG) 1997/1998*

Ziel dieser Novelle war es vor allem, die auf verschiedene Gesetze verteilten Regelungen des Städtebaurechts wieder im BauGB zusammenzuführen. Dies war auch erforderlich, weil die Regelungen des BauGB-Maßnahmengesetzes bis zum 31.12.1997 befristet waren. Zudem sollten verschiedene umweltbezogene Anforderungen – namentlich die der naturschutzrechtlichen Eingriffsregelung in der Bauleitplanung – unmittelbar im BauGB geregelt werden, um bestehende fachliche Schranken zu überwinden und eine nachhaltige städtebauliche Entwicklung zu befördern.[35]

Eine besondere Rolle spielte der Baurechtskompromiss zur Integration der Eingriffsregelung in das Recht der Bauleitplanung. Die Regelungsstruktur war bereits mit dem Investitionserleichterungs- und Wohnbaulandgesetz 1993 in den Grundzügen geschaffen, allerdings nicht im BauGB sondern in den §§ 8a bis 8c der damaligen Fassung des Bundesnaturschutzgesetzes geregelt.[36] Mit dem BauROG ging es nun um die nicht nur politisch sondern auch in Fachkreisen umstrittene Frage,[37] ob diese Regelungen weiterentwickelt und in das BauGB integriert werden sollten. In dem Planspiel konnte überzeugend dargestellt werden, dass eine planerische Integration der sich aus der Eingriffsregelung ergebenden Erfordernisse sinnvoll ist. Überzeugend war vor allem, dass in dem Planspiel sowohl von Seiten der einbezogenen Naturschutzbehörden als auch von Seiten der Planer aus den kommunalen Planungsämtern ein entsprechendes Vorgehen unterstützt wurde.[38] Das überkommene Lagerdenken den Bauverwaltungen auf der einen und den Naturschutzbehörden auf der anderen Seite erwies sich als rückwärtsgewandt und überholt.

Mit der Aufbereitung der geplanten Neuregelungen zum Ausgleich bei Eingriffen in Natur und Landschaft im Planspiel konnten zudem die unterschiedlichen Wege aufgezeigt werden, wie die gesetzlichen Anforderungen konkret umgesetzt werden können.[39] Für die Anwendungspraxis wurde damit ein Orientierungsrahmen geschaffen, an dem sich auch die im Nachgang zu dieser Novelle vorgelegten Arbeitshilfen und Kommentierungen orientierten.[40]

---

[35] Entwurf eines Gesetzes zur Änderung des Baugesetzbuchs und zur Neuregelung des Rechts der Raumordnung (Bau- und Raumordnungsgesetz 1998 – BauROG), BT-Drs. 13/6392, S. 1 und Beschluss des Ausschusses für Raumordnung, Bauwesen und Städtebau (18. Ausschuss), BT-Drs. 13/7589, S. 3.

[36] Investitionserleichterungs- und Wohnbaulandgesetz vom 22.4.1993 (BGBl. I S. 466).

[37] *Preisler-Holl u.a.,* Planerische Vorsorge für Ausgleich und Ersatz in Bauleitplänen, Berlin 1996.

[38] Deutsches Institut für Urbanistik (Fn. 11), S. 226 ff.

[39] Ebenda, S. 251–263.

[40] *Bunzel,* Bauleitplanung und Flächenmanagement bei Eingriffen in Natur und Landschaft, Difu-Arbeitshilfe, Berlin 1999.

Mit dem Gesetzgebungsverfahren zum BauROG wurde zunächst auch eine Änderung der BauNVO erwogen.[41] Der noch im Regierungsentwurf enthaltene Vorschlag wurde allerdings fallen gelassen.[42] Dabei spielte auch das Votum der Planspielgemeinden zu dem Regelungsvorschlag eine maßgebliche Rolle. Diese sprachen sich mehrheitlich dafür aus, eine Novellierung der BauNVO zurückzustellen.[43] Hintergrund waren vor allem Überlegungen, wie die in der Gebietstypologie der BauNVO manifestierte Trennung von Nutzungen, die von ihrer Entstehungsgeschichte dem Leitbild der gegliederten und aufgelockerten, autogerechten Stadt entspricht, geändert werden könnte.[44] In diesem Zuge wurde insbesondere auch die Abschaffung des Reinen Wohngebiets erwogen und auch im Planspiel geprüft und diskutiert.[45] Der Vorschlag wurde allerdings auch wegen des uneinheitlichen Votums der Planspielstädte hierzu fallen gelassen.[46]

2. UVP-Änderungsgesetzvon 2001

Das Gesetz zur Umsetzung der UVP-Änderungsrichtlinie, der IVU-Richtlinie und weiterer EG-Richtlinien zum Umweltschutz[47] sah in Art. 12 Änderungen des BauGB vor, die vor allem die Integration der Umweltverträglichkeitsprüfung in das Recht der Bauleitplanung beinhaltete. Für das Städtebaurecht relevant waren zudem Änderungen im UVP-Gesetz, welche die UVP-Pflicht städtebaulicher Vorhaben betrafen. Hierzu wurde in Anlage 1 des UVP-Gesetz die Kategorie „Bauplanungsrechtliche Vorhaben" gebildet und die entsprechenden Vorhaben in Nr. 18 der Anlage zusammengefasst.

Der Gesetzentwurf enthielt ein auf Schwellenwerten basierendes abgestuftes System der Identifizierung UVP-pflichtiger Vorhaben, welches dann Gesetz wurde und in der Grundstruktur auch heute noch geltendes Recht ist.[48] Der obere Schwellenwert begründet eine unmittelbare UVP-Pflicht, während das Erreichen oder Überschreiten des unteren Schwellenwertes dazu verpflichtet, im Rahmen einer allgemeinen oder standortbezogenen Vorprüfung im Einzelfall festzustellen, ob das Vorhaben nach Einschätzung der zuständigen Behörde aufgrund überschlägiger Prüfung erhebliche nachteilige Umweltauswirkungen haben kann. Bei den bauplanungsrechtlichen Vorhaben sah der Gesetzentwurf lediglich eine standortbezogene Vorprüfung vor, bei der nur besondere örtlichen Gegebenheiten gemäß den in Anlage 2 des UVP-Gesetzes aufgeführten Schutzkriterien zu berücksichtigen sind.

---

[41] Entwurf eines Gesetzes zur Änderung des Baugesetzbuchs und zur Neuregelung des Rechts der Raumordnung (Bau- und Raumordnungsgesetz 1998 – BauROG), BT-Drs. 13/6392, S. 1.

[42] Beschluss des Ausschusses für Raumordnung, Bauwesen und Städtebau (18. Ausschuss), BT-Drs. 13/7589, S. 3.

[43] Deutsches Institut für Urbanistik (Fn. 11), S. 90 f.

[44] *Löhr,* Stadt der kurzen Wege – Nutzungsmischung im Städtebau. Ergebnisse eines Expertenworkshops, Rechtstatsachenuntersuchungen und Gutachten zur Vorbereitung der Städtebaurechtsnovelle 1997, Bonn 1996.

[45] Deutsches Institut für Urbanistik (Fn. 11), S. 102–108,

[46] *Stemmler* DVBl 1996, 714.

[47] BGBl. I 2001 S. 1950.

[48] Hierzu etwa *Bunzel* ZfBR 2002, 124–133.

Die Planspielkommunen kamen nach Überprüfung der für die standortbezogene Vorprüfung maßgeblichen Kriterien zu dem Ergebnis, dass eine solche eingeschränkte Prüfung für die im Gesetz aufgeführten bauplanungsrechtlichen Vorhaben nicht ausreiche, weil vorhabenbezogene Umweltaspekte dabei ausgeblendet werden. Sie legten dar, dass es auf der Ebene der Bauleitplanung wichtig sei, die Umweltauswirkungen vollständig in den Blick zu nehmen. Für die Bauleitplanung empfahlen sie daher, eine allgemeine Vorprüfung vorzuschreiben.[49] Dem ist der Deutsche Bundestag gefolgt.[50]

Zudem stellte sich bei der Überprüfung der Schwellenwerte heraus, dass diese zum Teil nicht sachgerecht waren. So hielten die Planspieler den Maßstab "Anzahl von Stellplätzen" für nur eingeschränkt geeignet. Die unterschiedlichen Eigenschaften verschiedener Arten von Stellplätzen für Pkw, Lkw oder Busse blieben dabei unberücksichtigt. Als geeigneter erwies sich ein an der Flächengröße des Parkplatzes ausgerichteter Maßstab beispielsweise von 10 000 m^2 als oberer und 5 000 m^2 als unterer Schwellenwert für Parkplätze. Auch diesem Vorschlag ist der Bundestag im Ergebnis gefolgt. Die Planspieler hatte hier anschaulich auf den unterschiedlichen Flächenbedarf von Lkws und Bussen einerseits und Pkws andererseits hingewiesen.[51]

Auch für die Kategorie der sonstigen Städtebauprojekte ergab die Prüfung im Planspiel, dass der vorgesehene untere Schwellenwert zu großzügig bemessen wurde und auch sehr große städtebauliche Vorhaben, von denen typischerweise nicht unerhebliche Umweltauswirkungen ausgehen können, unterhalb des Schwellenwertes blieb.[52] Der Empfehlung aus dem Planspiel folgend wurde der untere Schwellenwert für diese Vorhaben gegenüber dem Regierungsentwurf von drei auf zwei Hektar festgesetzte Grundfläche gesenkt.

Von großem Wert für die erfolgreiche Implementierung in der Praxis war es, dass im Planspiel anhand von Testentwürfen die Erstellung eines Umweltberichts entlang der im Gesetz vorgegebenen Gliederung erprobt wurde. Dies bestätigte nicht nur die Tragfähigkeit der Regelung sondern konnte zugleich als Orientierungsrahmen für die Praxis genutzt werden.[53]

3. Europarechtsanpassungsgesetz Bau – EAG Bau 2004

Das EAG Bau diente der Anpassung des nationalen Rechts des Städtebaus und der Raumordnung an die zwingenden Vorgaben der europäischen sog. Plan-UP-Richtlinie,[54] und der sog. Öffentlichkeitsbeteiligungsrichtlinie.[55] Das Gesetz ent-

---

[49] *Bunzel/Lau/Schäfer/Specovius/Tomerius* (Fn. 12), S. 74 f.

[50] BR-Drs. 286/01.

[51] *Bunzel/Lau/Schäfer/Specovius/Tomerius* (Fn. 12), S. 67–69.

[52] Ebenda, S. 67–69.

[53] Ebenda S. 122.

[54] Richtlinie 2001/42/EG des Europäischen Parlaments und des Rates vom 27.6.2001 über die Prüfung der Umweltauswirkungen bestimmter Pläne und Programme, ABl. EG Nr. L 197 S. 30.

[55] Richtlinie 2003/35/EG des Europäischen Parlaments und des Rates vom 26.5.2003 über die Beteiligung der Öffentlichkeit bei der Ausarbeitung bestimmter umweltbezogener Pläne und Programme und zur Änderung der Richtlinien 85/337/EWG und 96/61/EG des Rates in Bezug auf die Öffentlichkeitsbeteiligung und den Zugang zu Gerichten (ABl. EG Nr. L 156 S. 17).

hielt zudem Änderungen der Vorschriften über die Teilung von Grundstücken und die Einführung eines vereinfachten Umlegungsverfahrens, die zu einer Vereinfachungen des Planungsrechts beitragen sollten. Darüberhinaus wurden die Regelungen über Stadtumbaugebiete und über Gebiete der Sozialen Stadt eingeführt und damit der rechtliche Rahmen für die entsprechenden Städtebauförderprogramme kodifiziert.[56]

Das zu diesem Gesetzentwurf durchgeführte Planspiel bestätigte das Anliegen der Integration der Vorschriften zur Umweltprüfung in das BauGB.[57] Dabei wurde vor allem betont, dass die Regelungen an das eingeführte Verfahrensrecht für die Bauleitplanung anknüpfen konnten. Auch dieses Planspiel ergab daneben eine Reihe von Hinweisen und Empfehlungen, die zu einer geänderten Gesetzesfassung führten. Anzusprechen ist hier vor allem die Änderung der Regelung zum Inhalt des Umweltberichts in der Anlage zu § 2 Abs. 4 und § 2a (heute Anlage 1). Die im Regierungsentwurf enthaltene Fassung ließ nicht ohne weiteres erkennen, dass die Anlage den Inhalt des Umweltberichts bezeichnen sollte.[58] Dies wurde auf Anregung der Planspielkommunen[59] im Gesetzgebungsverfahren klargestellt.

Der Gesetzentwurf sah noch vor, dass der Öffentlichkeit Gelegenheit zur Äußerung und Erörterung, auch im Hinblick auf den erforderlichen Umfang und Detaillierungsgrad der Umweltprüfung nach § 2 Abs. 4 zu geben ist.[60] Diese Einbindung der Öffentlichkeit bereits zum Scoping erwies sich im Planspiel als unpraktikabel im Verfahrensablauf. Auch dieser über das europarechtlich geforderte Maß hinausgehende Regelungsansatz wurde unter Hinweis auf die Ergebnisse des Planspiels[61] zurückgenommen.[62]

Nach der Vorlage der Bundesregierung sollte in § 5 Abs. 2 BauGB ausdrücklich auch die Möglichkeit geregelt werden, dass Eignungsflächen und Belastungsflächen für privilegierte Vorhaben im Sinne von § 35 Abs. 1 Nr. 2 bis 6 BauGB im Flächennutzungsplan dargestellt werden können.[63] Man erhoffte sich hiervon eine bessere Standortsteuerung solcher Vorhaben, von denen typischerweise nicht unerhebliche städtebauliche Auswirkungen oder Auswirkungen auf die Umwelt ausgehen können. Vorrangig ging es um Anlagen zur Intensivtierhaltung. Im Planspiel fand dieser Vorschlag allerdings nicht die erwartete uneingeschränkte Unterstützung. Dem eigens mit Blick auf diesen Vorschlag einbezogene Landkreis Cloppenburg, der mit solcherart Steuerungserfordernissen konfrontiert war, ging die Regelung nicht weit genug und er hielt sie in der vorgesehenen Form für

---

[56] Entwurf eines Gesetzes zur Anpassung des Baugesetzbuchs an EU-Richtlinien (Europarechtsanpassungsgesetz Bau – EAG Bau), BT-Drs. 15/2250.

[57] *Bunzel/Frölich/Strauss/Schäfer/Lau/Specovius,* (Fn. 13), S. 35.

[58] Entwurf eines Gesetzes zur Anpassung des Baugesetzbuchs an EU-Richtlinien (Europarechtsanpassungsgesetz Bau – EAG Bau), BT-Drs. 15/2250, S. 43.

[59] *Bunzel/Frölich/Strauss/Schäfer/Lau/Specovius,* (Fn. 13), S. 27.

[60] Entwurf eines Gesetzes zur Anpassung des Baugesetzbuchs an EU-Richtlinien (Europarechtsanpassungsgesetz Bau – EAG Bau), BT-Drs. 15/2250, S. 31.

[61] *Bunzel/Frölich/Strauss/Schäfer/Lau/Specovius,* (Fn. 13), S. 38 f.

[62] Beschlussempfehlung und Bericht des Ausschusses für Verkehr, Bau- und Wohnungswesen, BT–Drs. 15/2996, S. 63 f.

[63] Entwurf eines Gesetzes zur Anpassung des Baugesetzbuchs an EU-Richtlinien (Europarechtsanpassungsgesetz Bau – EAG Bau), BT-Drs. 15/2250, S. 48.

überflüssig.[64] Ohne die Rückendeckung aus dem Planspiel wurde der Regelungsvorschlag im Gesetzgebungsverfahren fallen gelassen.[65] Das Steuerungserfordernis ist allerdings nach wie vor gegeben und hat sich aufgrund des Strukturwandels in der Landwirtschaft möglicherweise noch verschärft, was zu einem erneuten Anlauf zur Verbesserung des Instrumentariums im Rahmen der Novelle 2012 geführt hat.[66]

Eine auf das Planspiel zurückgehende substanzielle Änderung gegenüber dem Regierungsentwurf betraf die Regelung in § 61 Abs. 1 S. 2 BauGB. Nach dieser Regelung können zur zweckmäßigen und wirtschaftlichen Ausnutzung der Grundstücke Flächen für hintere Zuwege, gemeinschaftliche Hofräume, Kinderspielplätze, Freizeiteinrichtungen, Stellplätze, Garagen, Flächen zum Ausgleich im Sinne des § 1a Abs. 3 oder andere Gemeinschaftsanlagen in Übereinstimmung mit den Zielen des Bebauungsplans festgelegt und ihre Rechtsverhältnisse geregelt werden. Der Gesetzentwurf beschränkte diese insbesondere für die Neuordnung im Rahmen von bestehenden Bebauungsstrukturen sehr zweckmäßige Möglichkeit auf Umlegungsverfahren im Geltungsbereich von Bebauungsplänen.[67] Das Planspiel machte deutlich, dass diese Beschränkung wichtige Anwendungsfälle ausblenden würde.[68] Dementsprechend wurde die Regelung für sämtliche Umlegungsverfahren geöffnet.[69]

Daneben gab es noch eine Reihe von kleineren Änderungen meist redaktioneller Art, die auf Anregungen aus dem Planspiel zurückgingen.

4. Gesetz zur Erleichterung von Planungsvorhaben für die Innenentwicklung der Städte 2006/2007

Abgeleitet aus der im Koalitionsvertrag der damaligen Bundesregierung vereinbarten Nationalen Nachhaltigkeitsstrategie war die primäre Zielsetzung dieser Novellierung die Verringerung der Flächeninanspruchnahme durch Stärkung der Innenentwicklung. Durch Wiedernutzung von Flächen, Nachverdichtung und andere Maßnahmen der Innenentwicklung sollten die Flächenreserven im Siedlungsbestand besser ausgeschöpft werden, um die gezielte erstmalige Inanspruchnahme von Flächen für Siedlungszwecke weiter zu verringern. Wesentlicher Baustein dieser Novelle war die Einführung eines beschleunigten Verfahrens für Bebauungspläne. Zudem wurde das Instrumentarium zur Sicherung und Entwicklung zentraler Versorgungsbereiche auch im Interesse einer verbrauchernahen Versorgung der Bevölkerung weiter erweitert. Die Möglichkeiten zur Abrechnung von Sanierungsmaßnahmen wurden um ein vereinfachtes Verfahren, unter Hinweis auf den damit einhergehenden Bürokratieabbau, erweitert. Schließlich

---

64 *Bunzel/Frölich/Strauss/Schäfer/Lau/Specovius* (Fn. 13), S. 74.

65 Beschlussempfehlung und Bericht des Ausschusses für Verkehr, Bau- und Wohnungswesen, BT–Drs. 15/2996, S. 64 f.

66 Entwurf eines Gesetzes zur Stärkung der Innenentwicklung in den Städten und Gemeinden und weiteren Fortentwicklung des Städtebaurechts v. 14.2.2012 (BR-Drs. 474/12).

67 Entwurf eines Gesetzes zur Anpassung des Baugesetzbuchs an EU-Richtlinien (Europarechtsanpassungsgesetz Bau – EAG Bau), BT-Drs. 15/2250, S. 58.

68 *Bunzel u.a.*, „Planspiel BauGB-Novelle 2004", S.103.

69 Beschlussempfehlung und Bericht des Ausschusses für Verkehr, Bau- und Wohnungswesen, BT–Drs. 15/2996, S. 68.

wurde im Interesse der Rechtssicherheit die Antragsfrist für Normenkontrollverfahren generell auf ein Jahr reduziert.[70]

Die Zielrichtung des Gesetzgebungsvorhabens, insbesondere auch die Einführung des beschleunigten Verfahrens für Bebauungspläne der Innenentwicklung und die Erweiterung der planerischen Steuerungsmöglichkeiten für den Schutz und die Entwicklung zentraler Versorgungsbereiche, fanden in dem auch zu dieser Novelle durchgeführten Praxistest breite Unterstützung. Im Detail gab es allerdings durch die Planspielkommunen eine Reihe von Anregungen,[71] die der federführende Bundestagsausschuss in seiner Beschlussempfehlung überwiegend aufgriff.

Ein unter Hinweis auf die Anregungen der Planspielkommunen begründeter Änderungsantrag gegenüber dem Regierungsentwurf bezog sich darauf, die Erhaltung und Entwicklung zentraler Versorgungsbereiche ausdrücklich als Belang der Bauleitplanung in den Katalog öffentlicher Belange in § 1 Abs. 6 Nr. 4 BauGB aufzunehmen.[72] Nachdem die Bundesregierung bereits 2004 mit der Änderung bei § 2 Abs. 2 Satz 2 und § 34 Abs. 3 BauGB den Rechtsrahmen zur Erhaltung zentraler Versorgungsbereiche in den Städten verbessert hatte, wurde dieser zum 1. Januar 2007 weiter ergänzt. Vor allem wurde mit § 9 Abs. 2a BauGB eine Regelung geschaffen, auf deren Grundlage die Gemeinden mit einem einfachen Bebauungsplan im vereinfachten Verfahren in § 34er-Gebieten Festsetzung zur Erhaltung oder Entwicklung zentraler Versorgungsbereiche auch im Interesse einer verbrauchernahen Versorgung treffen können. Die Planspieler regten hierzu an, dass es sinnvoll sei, in dem für die Abwägung wichtigen Orientierungsrahmen des § 1 Abs. 6 BauGB den damit angesprochenen öffentlichen Belang ebenfalls explizit aufzuführen, um das Anliegen zusätzlich zu unterstreichen.[73]

Die Neuformulierung des § 12 Abs. 3a Satz 1 BauGB soll entsprechend einer Anregung des Praxistests deutlicher zum Ausdruck bringen, dass die allgemeine Festsetzung einer baulichen oder sonstigen Nutzung durch Festsetzung eines Baugebiets nach der BauNVO oder auf sonstige Weise erfolgen kann.[74]

Die Beschlussempfehlung des federführenden Ausschusses im Deutschen Bundestag umfasste zudem mehrere Änderungen gegenüber dem Regierungsentwurf, welche den neu eingeführten Bebauungsplan der Innenentwicklung betrafen und die ebenfalls auf Empfehlungen aus dem Praxistest zurückgehen.[75] So wurde in § 13a Abs. 1 Satz 1 BauGB entsprechend einer Anregung des Praxistests verdeutlicht, dass als Bebauungspläne der Innentwicklung nur solche Bebauungspläne gelten, die unmittelbar für Maßnahmen der Innenentwicklung aufgestellt werden.[76] Hiermit wurde klargestellt, dass solche Bebauungspläne nicht erfasst wer-

---

[70] Gesetzentwurf der Bundesregierung, BT-Drs. 16/2496, S. 2.

[71] *Bunzel* (Fn. 14), S. 32.

[72] Beschlussempfehlung und Bericht des Ausschusses für Verkehr, Bau und Stadtentwicklung, BT–Drs. 16/3308, S. 17.

[73] *Bunzel* (Fn. 14), S. 32.

[74] Beschlussempfehlung und Bericht des Ausschusses für Verkehr, Bau und Stadtentwicklung, BT–Drs. 16/3308, S. 17.

[75] Ebenda.

[76] *Bunzel* (Fn. 14), S. 22.

den, die etwa im bisherigen Außenbereich Bauland neu ausweisen und nur auf Grund eines mittelbaren Ursachenzusammenhangs auch die Innenentwicklung positiv beeinflussen (Umgehungsstraße).[77]

Die Anwendung für das beschleunigte Verfahren ist beschränkt auf Bebauungspläne, in denen die zulässige Grundfläche im Sinne des § 19 Abs. 2 BauNVO oder die Größe der Grundfläche mit insgesamt weniger als weniger als 20.000 Quadratmetern bzw. 70.000 Quadratmetern festgesetzt wird. Im Planspiel wurde darauf hingewiesen, dass es beispielsweise bei Bebauungsplänen für Straßen keine festgesetzte Grundfläche gibt und gleichwohl vergleichbare Beeinträchtigungen der natürlichen Bodenfunktionen zu erwarten sind, wie bei Festsetzung von Baugebieten.[78] Dies führte dazu, dass der federführende Ausschuss des Deutschen Bundestages empfahl, den Regierungsentwurf dahingehend zu ergänzen, dass bei einem Bebauungsplan, der keine Grundfläche festsetzt (z. B. ein Verbindungsweg in einem Quartier), auf die infolge der Durchführung des Bebauungsplans voraussichtlich versiegelte Fläche abgestellt werden muss.[79]

Der Regierungsentwurf sah bei Anträgen auf Genehmigung von Bauvorhaben im Geltungsbereich von Bebauungsplänen nach § 13a BauGB eine Genehmigungsfiktion vor, falls der Antrag nicht binnen einer Frist von einem Monat nach Eingang des Antrags abgelehnt wird. Diese Regelung ist nicht Gesetz geworden. Der Bundestag folgte damit der Stellungnahme des Bundesrates und den Ergebnissen des Praxistests.[80] Seitens der Planspielkommunen wurde u. a. auf die Missbrauchsgefahr hingewiesen, da bei Wahl eines geschickten Zeitpunkts zur Antragstellung keine sachgemäße Prüfung des Vorhabens mehr gewährleistet sei.[81]

Wichtig war der Praxistest daneben vor allem, weil durch die Planspielkommunen anhand zahlreicher Beispiele die Grenzen des Anwendungsbereichs für das beschleunigte Verfahren ausgelotet wurden. Für den Normvollzug wurden hierdurch wichtige Eckpunkte erarbeitet, die ihren Niederschlag sowohl in den einschlägigen Kommentierungen als auch im Einführungserlass gefunden haben.[82]

5. Gesetzes zur Stärkung der klimagerechten Entwicklung in den Städten und Gemeinden 2011

Mit der Klimaschutznovelle wurden die Bedeutung des Städtebaurechts für den Klimaschutz und die Anpassung an den Klimawandel unterstrichen.[83] Bei dem unter großem Zeitdruck im Rahmen der Energiewendegesetzgebung des Bundes nach der Reaktorkatastrophe von Fukushima zustandegekommenen Gesetz war im Rahmen des Planspiels zwar nur eine stark verkürzte Einbindung der Kommu-

---

[77] Ebenda, S. 27.

[78] Ebenda, S. 28.

[79] Beschlussempfehlung und Bericht des Ausschusses für Verkehr, Bau und Stadtentwicklung, BT-Drs. 16/3308, 17.

[80] Ebenda.

[81] *Bunzel* (Fn. 14), S. 47.

[82] Muster-Einführungserlass zum Gesetz zur Erleichterung von Planungsvorhaben für die Innenentwicklung der Städte (BauGBÄndG 2007 – Mustererlass), beschlossen durch die Fachkommission Städtebau der Bauministerkonferenz am 21.3.2007, S. 5.

[83] Gesetz zur Förderung des Klimaschutzes bei der Entwicklung in den Städten und Gemeinden v. 20.7.2011, BGBl. I S. 1509.

nen möglich.[84] Die Planspielkommunen konnten sich gleichwohl zum Gesetzentwurf äußern und gaben bei grundsätzlicher Unterstützung einige Hinweise im Detail.[85]

Das Gesetz umfasste u.a. auch eine Ausweitung des Katalogs privilegierter Vorhaben in § 35 Abs. 1 BauGB, welche die Nutzung solarer Strahlungsenergie an oder auf Dach- und Außenwandflächen betraf. Der Regierungsentwurf sah als Voraussetzung hierfür noch vor, dass es sich um Anlagen an zulässiger Weise errichteten Gebäuden handelt. In Reaktion auf die Ergebnisse des Planspiels wurde vom federführenden Ausschuss eine Änderung vorgeschlagen, der zufolge vorausgesetzt wird, dass die Anlage sich an zulässiger Weise genutzten Gebäuden befindet.[86] Insbesondere in Fällen, in denen die Nutzung eines Gebäudes dauerhaft aufgegeben worden ist oder das Gebäude zweckwidrig genutzt wird, soll die Errichtung einer Solaranlage nicht privilegiert werden.[87]

Nach § 248 BauGB sind bei Maßnahmen an bestehenden Gebäuden zum Zwecke der Energieeinsparung geringfügige Abweichungen vom festgesetzten Maß der baulichen Nutzung, der Bauweise und der überbaubaren Grundstücksfläche generell zulässig, soweit dies mit nachbarlichen Interessen und baukulturellen Belangen vereinbar ist. Es bedarf hierfür, anders als nach der früheren Rechtslage keiner Befreiung von den Festsetzungen des Bebauungsplans. Das gleiche gilt auch für Festsetzungen einer Satzung nach § 34 Abs. 4 Satz 1 Nr. 2 oder 3 BauGB. Die damit bewirkte verfahrensmäßige Entlastung wurde von den Planspielkommunen begrüßt. Auch die Beschränkung des Anwendungsbereichs bei entgegenstehenden nachbarlichen Interessen und baukulturellen Belangen sowie die Beschränkung auf „geringfüge" Abweichungen wurden für notwendig erachtet. Abweichend vom Regierungsentwurf wird in Satz 3 der Vorschrift geregelt, dass die Sätze 1 und 2 in den im Zusammenhang bebauten Ortsteilen (§ 34 Absatz 1 Satz 1) entsprechend für Abweichungen vom Erfordernis des Einfügens in die Eigenart der näheren Umgebung gelten. Auf die Sinnhaftigkeit dieser Ergänzung wurde seitens einer Planspielkommune hingewiesen.

Für die Praktiker ist ein allgemeiner Rechtsbegriff wie „geringfügig" allerdings immer mit Unsicherheiten verbunden, so dass hier der Wunsch nach einer baldigen Klärung durch Einführungserlass, Literatur und Rechtsprechung erkennbar wurde.[88]

6. *Zwischenfazit*

Die Sichtung der Gesetzesmaterialien macht deutlich, dass Planspiele eine wichtige Orientierung für die Beratungen in den parlamentarischen Gremien bieten. Es gab eine Vielzahl von Korrekturen des Gesetzentwurfs, die auf die Ergeb-

---

[84] Hierzu oben Abschnitt II.2.

[85] Ausschuss-Drs. 17(15) 219, S. 85–90, http://www.bundestag.de/bundestag/ausschuesse17/a15/Oeffentliche_Anhoerungen/Archiv/klimagerechte_Staedte_und_Gemeinden_27_06_2011/43_Protokoll.pdf (Zugriff am 5.12.2011), S. 85–90

[86] Beschlussempfehlung und Bericht des Ausschusses für Verkehr, Bau und Stadtentwicklung, BT-Drs. 17/6357, S. 9.

[87] *Bunzel* ZfBR 2012, 114 (119).

[88] Ebda, S. 120.

nisse der durchgeführten Planspiele zurückzuführen sind. Ebenso wichtig ist die Bestätigung, die Regelungsentwürfe durch Planspiele erhalten haben vor allem dann, wenn das Regelungskonzept politisch wie in Fachkreisen umstritten ist.[89] Planspiele haben zusätzliche Argumente geliefert, die – soweit sie mit den verfolgten politischen Zielen in Einklang standen – aufgegriffen wurden. Andererseits darf der Einfluss der Planspiele auf die Gesetzgebung auch nicht überschätzt werden. Gesetzgebung bleibt in aller erster Linie der politischen Entscheidung über Ziele unterworfen, die nicht immer mit denen der Planspielkommunen in Einklang stehen. Die Abschaffung der Teilungsgenehmigung bei der Novellierung 2004 ist hierfür nur ein Beispiel[90]; ein anderes, dass der Klimaschutz abweichend vom Regierungsentwurf der Novelle 2011 nicht als Zielsetzung von städtebaulichen Sanierungsmaßnahmen in § 136 BauGB aufgriffen wurde.[91]

IV. Bewertung des methodischen Ansatzes

Lohnt sich also der Aufwand? Führen Planspiele tatsächlich zu einer besseren Gesetzgebung? Der Umstand, dass Planspiele zu Änderungen gegenüber dem vorgelegten Gesetzentwurf geführt haben, kann hierfür als Indiz gewertet werden. Daneben muss aber auch die Methode Planspiel selbst bewertet werden.

1. Planspiele der Kommunalverwaltungen

Die Lebenswirklichkeit in der ein neues Gesetz Wirkung entfaltet, ist in der Regel viel komplexer, als man dies unter den „Laborbedingungen" eines Planspiels simulieren kann. Ein wesentlicher Grund hierfür ist, dass die Planspiele allenfalls theoretisch alle potenziell von einem Gesetz betroffenen Akteursgruppen erfassen können. Um das Planspiel überhaupt handhabbar und für die politischen Entscheider nachvollziehbar zu machen, muss die Komplexität – zumindest was die Konstellationen der potenziell betroffenen Akteure angeht –, reduziert werden.

Im Städtebaurecht wurden deshalb ausschließlich Verwaltungsplanspiele durchgeführt. Die Kommunalverwaltungen sind die wichtigsten Adressaten der Gesetzgebung im Städtebaurecht. Die Gemeinden sind Träger der Bauleitplanung und als solche Adressat der Regelungen zur Bauleitplanung. Die im BauGB geregelten Genehmigungstatbestände betreffen durchweg ebenfalls Aufgaben der Kommunalverwaltungen. Schon dabei kann die Zuständigkeit allerdings zu komplizierten Akteurskonstellationen führen. Beteiligt wurden deshalb nicht nur Planungsämter, sondern abhängig vom Gegenstand der Novelle auch Genehmigungsbehörden, Stadtsanierungsämter, Ämter für Bodenordnung, Bauaufsichtsbehörden, Naturschutzbehörden und andere für spezielle Aspekte zuständige Behörden.

Daneben sind auch weitere Personen und Berufsgruppen außerhalb der Kommunalverwaltung zumindest mittelbar mit den Folgen einer Gesetzesänderung im Städtebaurecht konfrontiert. Ein Beispiel, an dem dies deutlich wird, ist die in

[89] So etwa im Zusammenhang mit der Übernahme des Baurechtskompromisses bei der BauROG-Novelle 1997.

[90] *Bunzel/Frölich/Strauss/Schäfer/Lau/Specovius* (Fn. 13), S. 95 f.

[91] *Bunzel* ZfBR, 2012, 114 (120 f.)

mehreren gesetzgeberischen Schritten erfolgte Abschaffung der Teilungsgenehmigung, die nicht nur die planende Verwaltung und die Bauaufsichtsbehörden interessieren musste, sondern auch die Notare, die Grundbuchämter sowie die betroffenen Grundstückseigentümer.[92] Mit diesen Akteuren ebenfalls ein Planspiel zu veranstalten, wäre sicherlich reizvoll gewesen und hätte möglicherweise auch zu anderen Ergebnissen geführt, als das durchgeführte Verwaltungsplanspiel. Der Aufwand wäre allerdings erheblich höher und im vorgegebenen Zeitrahmen gar nicht zu bewältigen gewesen. Die Umsetzung des Planspielkonzeptes als Instrument der Gesetzesfolgenabschätzung erfordert ein pragmatisches Abwägen von Aufwand und Nutzen. Wegen der Vielzahl unterschiedlicher Normadressaten und Normbetroffenen ist in der Regel die Eingrenzung auf bestimmte Adressatenkreise erforderlich.

Die Kehrseite dieser Beschränkung liegt in der verminderten Aussagekraft der Ergebnisse, welche eben nur einen Ausschnitt der voraussichtlichen Auswirkungen der geplanten Neuregelungen wiedergeben. Es ist deshalb wichtig, die Aussagekraft der genannten Testverfahren im Hinblick auf die Erwartungen an die Gesetzesfolgenabschätzung offenzulegen und kritisch zu würdigen. Planspiele helfen unter dieser Voraussetzung, die interessengeleiteten Stellungnahmen der Verbände und sonstigen interessierten Kreise im Gesetzgebungsverfahren einzuordnen und zu bewerten. Ihre Durchführung macht ein Gesetz noch nicht zu einem guten. Die Wahrscheinlichkeit einer besseren Gesetzgebung ist aber zumindest erhöht, da durch die Planspiele eine zusätzliche Instanz beteiligt ist, die nicht primär interessengeleitet, sondern auf der Grundlage konkreter Fallanalysen argumentiert. Die Behandlung des Gesetzentwurfs im parlamentarischen Verfahren gewinnt durch Planspiele erheblich an Praxisbezug, der sich aus der Argumentation auf der Grundlage konkreter praktischer Beispiele und durch Einbindung der Praktiker ergibt.

2. Flexibilität versus wissenschaftliche Gründlichkeit

Eine umfassende oder gar optimale Gesetzesfolgenabschätzung ist langwierig und komplex. Gesetzesfolgenabschätzung wird den Erfordernissen der Politik schnell auf gesellschaftliche Probleme zu reagieren, deshalb nicht gerecht. Planspiele und Praxistests sind allerdings Instrumente der Gesetzesfolgenabschätzung, die auch bei engen zeitlichen Vorgaben in den meisten Fällen noch eingesetzt werden können. Sie können Defizite in der Vorbereitung des Gesetzes aber nicht in vollem Umfang auffangen, sondern lediglich reduzieren.

Entscheidungs- und Willensbildungsprozesse im politischen Raum können die Flexibilität der Methode Planspiel aber auch überfordern. So führt etwa die notwendige Beteiligung des Bundesrates dazu, dass im fortgeschrittenen Verfahren Änderungen am Gesetzentwurf vorgenommen werden. Zum Teil sind solche Änderungen selbst unter hohem Zeitdruck und dem Erfordernis der Kompromissfindung zustande gekommen und deshalb häufig nicht mit der sonst üblichen Sorgfalt vorbereitet sowie mit Sachverständigen und Interessengruppen erörtert

---

92 *Bunzel/Frölich/Strauss/Schäfer/Lau/Specovius* (Fn. 13), S. 88 ff.

worden. Eine Gesetzesfolgenabschätzung fehlt dann oft ganz.[93] Auch Planspiel und Praxistest sind in diesem Verfahrensstand meist abgeschlossen. Mitunter ergibt sich nach den politischen Vorgaben ein hoher Zeitdruck, der eine sorgfältige Prüfung des Gesetzentwurfs in Rahmen eines Planspiels nicht mehr zulässt. Ein extremes Beispiel hierfür war – wie bereits erwähnt – die Klimaschutznovelle, die unter Ausnutzung sämtlicher Beschleunigungsmöglichkeiten binnen weniger Wochen abgeschlossen wurde.[94]

Andererseits eröffnet der Umstand der zeitgleichen Durchführung der Testverfahren und des Gesetzgebungsverfahrens die Möglichkeit, Änderungsvorschläge, die im Gesetzgebungsverfahren vorgeschlagen werden, selbst in das Planspiel oder den Praxistest einzubeziehen. Auch hier bewährt sich die Einbindung des federführenden Ministeriums in die Durchführung der Testverfahren und deren Abstimmung mit diesem.

Der Bundestag nutzt das Instrument des Planspiels mitunter auch im Umgang mit Stellungnahmen des Bundesrates zu Gesetzentwürfen. So kam die Bundesregierung der Prüfbitte des Bundesrates beim EAG Bau von 2004 nach und kündigte an, „unter Berücksichtigung auch der Ergebnisse des vom Deutschen Institut für Urbanistik vorbereiteten Verwaltungsplanspiels, in dem die Vorschläge des Regierungsentwurfs einem Praxistest unterzogen werden, gegebenenfalls im weiteren Verlauf des Gesetzgebungsverfahrens einen Formulierungsvorschlag" vorzulegen.[95]

3. Einfluss des federführenden Ministeriums

Dem Testverfahren liegt üblicherweise ein Gesetzentwurf zugrunde, der bereits entsprechend den Vorgaben der Gemeinsamen Geschäftsordnung der Bundesministerien interministeriell abgestimmt ist. Das federführende Ministerium wird deshalb regelmäßig Wert darauf legen, dass die Durchführung des Testverfahrens in enger Abstimmung mit ihm erfolgt. Das Testverfahren wird hierdurch selbst zu einem kritischen, aber konstruktiven Dialog zwischen dem Ministerium und den Testpersonen. Dieser Dialog eröffnet die Möglichkeit, dass die im Planspiel erarbeiteten Hinweise bereits bei der weiteren Ausarbeitung des Gesetzentwurfs durch das Ministerium aufgegriffen werden können. So wurde etwa der im Vorfeld der BauGB-Novellen 2011 und 2012 geäußerte Vorschlag,[96] die Gemeinden durch eine Änderung im BNatSchG bei der Prüfung der artenschutzrechtlichen Vorschriften im Rahmen von Bauleitplanverfahren zu entlasten, nicht weiter verfolgt, weil u.a. aus dem Planspiel erhebliche Bedenken hinsichtlich der Praktikabilität einer solchen Regelung geäußert wurden. Umgekehrt sind die Testpersonen gezwungen, in diesem Dialog die Testergebnisse im Lichte der Rückfragen seitens des Ministeriums auf ihre Trag- und Überzeugungskraft hin zu überprüfen.

---

[93] *Schulze-Fielitz* 2004, S. 862 (864).

[94] Hierzu schon oben in Abschnitt II.1.

[95] Gesetzentwurf der Bundesregierung, BT-Drs. 15/2250, S. 92.

[96] *Bunzel/Hanke,* Berliner Gespräche zum Städtebaurecht, Band I – Bericht, S. 48 f.; *Otto,* in: Bunzel/Hanke, Berliner Gespräche zum Städtebaurecht, Band II, S. 147–166. Beides als Download unter http://www.difu.de/publikationen/2010/berliner-gespraeche-zum-staedtebaurecht.html.

Die Einflussmöglichkeiten des federführenden Ministeriums sind in die Konzeption des Testverfahrens einzubinden. Sie führen jedoch nicht zu einer Verfälschung des Testergebnisses, sondern erhöhen tendenziell die Trag- und Überzeugungskraft. Der Einfluss des federführenden Ministeriums kann allerdings bei der Festlegung und Beschränkung des Gegenstands der Überprüfung durchschlagen. Die Ausklammerung bestimmter Regelungsbereiche wird deshalb grundsätzlich die Frage aufwerfen, ob sich die Bundesregierung der kritischen Überprüfung durch die Praxis in einem Testverfahren entziehen will. Eine solche Irritation kann vermieden werden, wenn die Festlegung des Prüfgegenstands nachvollziehbar durch methodische oder inhaltliche Erwägungen begründet wird.

4. *Planspiele als erster Schritt der Implementierung*

Änderungen der bestehenden Rechtslage werden von den Normanwendern typischerweise erst mit Verzögerung umgesetzt. Jede Rechtsänderung ist mit Aufwand und Unsicherheiten verbunden. Die Vielzahl und die Häufigkeit der Rechtsänderungen stellt die Anwendungspraxis vor große Herausforderungen. In welchen Fallkonstellationen kommen neue Regelungen zur Anwendung? Wie sind unbestimmte Rechtsbegriffe auszulegen? Was sind konkret die Voraussetzungen und die Rechtsfolgen neuer Vorschriften? Es liegt auf der Hand, dass mit jeder neuen Gesetzeslage zunächst eine erhebliche Verunsicherung der Normanwender verbunden ist. Die in den Kommunalverwaltungen für die Anwendung der Vorschriften zuständigen Personen müssen geschult werden, um die neuen Vorschriften sachgerecht anwenden zu können. Bis nach der Bekanntmachung im Bundesgesetzesblatt eine neue Gesetzeslage bei den Normadressaten in der Fläche angekommen ist, vergehen häufig viele Monate, mitunter Jahre. Umso wichtiger ist es, dass mit der Gesetzgebung die ersten Schritte zur Implementierung in der Praxis eingeleitet werden. Neben den Einführungserlassen, welche typischerweise durch die ARGEBAU erarbeitet und zeitnah zum Inkrafttreten des Gesetzes vorgelegt werden,[97] sind die Planspielergebnisse die erste wichtige Orientierungshilfe für die Normadressaten bei der Anwendung der neuen Vorschriften.

Vor allem wenn es darum geht, den Anwendungsbereich neuer Verfahren und Instrumente zu verdeutlichen, bieten die konkreten im Planspiel durchgespielten Beispiele eine wichtige Orientierungshilfe. Dies war etwa bei der Einführung des vereinfachten Umlegungsverfahrens nach §§ 82 bis 84 BauGB der Fall.[98] Das Planspiel hatte hier den möglichen Anwendungsbereich und dessen Grenzen

[97] Konferenz der für Städtebau, Bau- und Wohnungswesenzuständigen Minister und Senatoren der Länder (ARGEBAU), Muster-Einführungserlass zum Gesetz zur Förderung des Klimaschutzes bei der Entwicklung in den Städten und Gemeinden (BauGBÄndG 2011 – Mustererlass), beschlossen am 16.12.2011; Muster-Einführungserlass zum Gesetz zur Erleichterung von Planungsvorhabenfür die Innenentwicklung der Städte(BauGBÄndG 2007 – Mustererlass), beschlossen am 21.3.2007; Muster-Einführungserlass zum Gesetz zur Anpassung des Baugesetzbuchs anEU-Richtlinien (Europarechtsanpassungsgesetz Bau – EAG Bau)(EAG Bau – Mustererlass), beschlossen am 1.7.2004; Mustereinführungserlass zur Umweltverträglichkeitsprüfung in derBebauungsplanung, beschlossen durch die Fachkommission Städtebau am 26. September 2001; Muster-Einführungserlass zum Bau- und Raumordnungsgesetz 1998 (BauROG) – Vorschriften mit Bezug zum allgemeinen Städtebaurecht, beschlossen 9.9.1997; Download: http://www.is-argebau.de/.

[98] *Bunzel/Frölich/Strauss/Schäfer/Lau/Specovius* (Fn. 13), S. 95 ff.

anhand einiger Fälle durchgespielt und verdeutlicht. Auch bei der Einführung des beschleunigten Verfahrens für Bebauungspläne der Innenentwicklung wurde anhand verschiedener Fallbeispiele aus der Praxis der Planspielkommunen erarbeitet, wo die Grenzen des Anwendungsbereichs zu sehen sind.[99] Dieser Test an konkreten Beispielen war nicht nur für das Ministerium aufschlussreich, um sich zu vergewissern, dass das Verfahren entsprechend den europarechtlichen Vorgaben lediglich in qualifizierten Fällen angewendet werden kann. Auch die Praxis konnte sich an diesen Fallbeispielen orientieren. Es gibt eine Reihe ähnlicher Beispiele, wo aus einem Planspiel wichtige Anregungen und Hinweise für die zügige und rechtssichere Umsetzung neuer Verfahren und Instrumente. So wurde etwa im Planspiel 2001 eine Mustergliederung für den neu eingeführten Umweltbericht entwickelt[100] oder 1997 die ganze Bandbreite der Möglichkeiten zur rechtlichen Sicherung und Umsetzung von Ausgleichsmaßnahmen bei der Aufstellung von Bebauungsplänen anhand von Beispielen aufgezeigt.[101]

5. Die Frage der Repräsentativität

Planspiel und Praxistests können keinen Anspruch auf Repräsentativität ihrer Ergebnisse erheben. Dazu ist die Anzahl der Kommunen, die in diese Testverfahren einbezogen werden können, zu gering. Die Testkommunen werden üblicherweise aber so ausgewählt, dass ihre Verwaltungskraft und ihre Problemlagen typisch für die deutschen Kommunen sind. Wenn also auch keine Repräsentativität gegeben ist, so haben die Ergebnisse als Aussagen typischer Normanwender doch ihr eigenes Gewicht. Einschränkend ist insoweit allerdings festzustellen, dass nur solche Kommunen in Testverfahren einbezogen werden können, die ein Interesse an der Mitwirkung haben und bereit sind, einen nicht unerheblichen Aufwand für die Mitwirkung zu investieren. Tendenziell handelt es sich also wohl um Kommunalverwaltungen mit überdurchschnittlichem Engagement.

V. Fazit

Planspiele leisten einen wichtigen Beitrag für eine bessere Gesetzgebung im Städtebaurecht. Sie schaffen einen Praxisbezug, der in den parlamentarischen Beratungen auf andere Weise nicht hergestellt werden kann. Unter den „Laborbedingungen" eines Verwaltungsplanspiels kann die Lebenswirklichkeit zwar nicht vollständig simuliert werden. Insbesondere werden nicht alle Akteursgruppen einbezogen. Gleichwohl gab es zahlreiche Hinweise, die unbestritten Impulse zu Verbesserungen an den geplanten Gesetzen gegeben haben. Zugleich schaffen Planspiele eine gute Basis für Akzeptanz bei den Normadressaten, da es sich um ein Verfahren handelt, dass die primär adressierte Kommunalverwaltung direkt einbezieht. Schließlich sind Planspiele eine wichtiger erster Baustein bei der erfolgreichen Implementierung neuer Vorschriften in der Anwendungspraxis.

---

99 *Bunzel,* (Fn. 14), S. 21 ff.
100 *Bunzel/Lau/Schäfer/Specovius/Tomerius* (Fn. 12), S. 113 ff.
101 Deutsches Institut für Urbanistik (Fn. 11), S. 251–263.

EVA-MARIA EHEBRECHT-STÜER

Bauen im Außenbereich

Wenn man einem von *Bernhard Stüer* vielfach vorgetragenen Forschungsergebnis über die Gesetzgebungsgeschichte folgt, dann hat der Außenbereichsparagraph in seiner Anfangszeit nur aus zwei schlichten Absätzen bestanden: „(1) Das Bauen im Außenbereich ist überall verboten. (2) Ausnahmen bestimmt der Stadtbaurat". Dieser ursprüngliche Grundgedanke des Außenbereichsparagrafen kommt durch zahlreiche Reformen, die § 35 BBauG 1960 erfahren hat, inzwischen nicht mehr so klar zum Vorschein. Die Riege der privilegierten Vorhaben in § 35 Abs. 1 BauGB ist nach und nach erheblich erweitert worden. Durch teilprivilegierte Vorhaben sind für die in § 35 Abs. 4 BauGB benannten Fallgestaltungen bestimmte öffentliche Belange als unbeachtlich bezeichnet worden. Eine Erweiterung dieser Teilprivilegierungen durch eine Ergänzung des § 35 Abs. 4 Nr. 1 BauGB zugunsten aufgegebener vormals landwirtschaftlich genutzter Gebäude ist offenbar im Rahmen einer weiteren BauGB-Novelle in der aktuellen städtebaulichen Diskussion.

I. Privilegierte Vorhaben

Die planungsrechtliche Zulässigkeit von Vorhaben im Außenbereich unterscheidet traditionell zwischen den privilegierten, nicht privilegierten und teilprivilegierten Vorgaben. Während die privilegierten Vorhaben nach § 35 Abs. 1 BauGB grundsätzlich zulässig sind, wenn ihnen öffentliche Belange nicht entgegenstehen, sind nicht privilegierte Vorhaben grundsätzlich unzulässig, weil durch sie öffentliche Belange gem. § 35 Abs. 2 BauGB beeinträchtigt werden. Die Privilegierung nach § 35 Abs. 1 BauGB erfordert allerdings einen besonderen Gemeinwohlbezug, der durch die Merkmale des „Dienens" oder „Sollens" zum Ausdruck kommt. Vorhaben im Außenbereich sind daher grundsätzlich nur dann privilegiert, wenn sie von (allerdings durchaus weit gefassten) öffentlichen Belangen getragen werden.[1]

1. Landwirtschaft

Die Privilegierung landwirtschaftlicher Betriebe muss von der landwirtschaftlichen Bodennutzung nach § 201 BauGB getragen sein.[2] Das gilt auch für den Standort der Anlage. So dient ein im Außenbereich errichtetes Stallgebäude nicht

---

[1] *Stüer,* Handbuch des Bau- und Fachplanungsrechts, 4. Aufl. 2009, Rn. 2612; *Eva-Maria Stüer,* Außenbereichsbebauung: Entwicklung und geltendes Recht, 1997.
[2] *Eva-Maria Stüer* (Fn. 1), S. 102.

im Sinne von § 35 Abs. 1 Nr. 1 BauGB einem landwirtschaftlichen Betrieb, wenn es auch an der etwa 350 m (Luftlinie) entfernten Hofstelle errichtet werden kann.[3]

Das Tatbestandsmerkmal „dienen" in § 35 Abs. 1 Nr. 1 BauGB fordert allerdings keine betriebswirtschaftliche Risikominimierung, sondern sichert nur die funktionelle Beziehung zur landwirtschaftlichen Bodennutzung. Daran fehlt es nicht bereits, wenn ein innovatives Vorhaben mit betrieblichen (Kosten-)Risiken verbunden ist, sondern erst, wenn solche Risiken in einem klaren Missverhältnis zu den angestrebten betrieblichen Vorteilen stehen, ihre Übernahme durch den Landwirt also aus der Sicht eines vernünftigen, auch Innovationen gegenüber aufgeschlossenen Landwirts „unvernünftig" erscheint.

Ob sich ein landwirtschaftliches Betriebsgebäude in seiner äußeren Gestaltung, etwa in Bezug auf Bauform oder verwendete Baustoffe, im Außenbereich in einen durch die dortige Umgebung vorgegebene „traditionelle" landwirtschaftliche Bauweise einfügt, ist für die funktionale Beziehung zwischen dem Vorhaben und der landwirtschaftlichen Bodennutzung und damit auch für das „dienen" demgegenüber unerheblich.[4]

Eine Gerätehalle dient auch einem landwirtschaftlichen Betrieb, wenn sie im Bereich eines vom Betriebssitz entfernten Flächenschwerpunktes errichtet werden soll, der von der Halle aus bewirtschaftet wird und durch eine eigenständige Flächennutzung gekennzeichnet ist.[5]

2. *Betriebsleiterwohnhaus*

Auch Altenteilerhäuser und Betriebsleiterwohnungen sind privilegiert, wenn sie dem landwirtschaftlichen Betrieb im Sinne eines Erfordernisses dienen. Die Bauaufsichtsbehörde kann allerdings von einem Landwirt die Bestellung einer beschränkten persönlichen Dienstbarkeit in Form eines Wohnungsbesetzungsrechts auch für ein neu zu errichtendes Betriebsleiterwohnhaus verlangen, wenn das bisherige Betriebsleiterwohnhaus ohne entsprechende Sicherung in ein Altenteilerhaus umgewandelt werden soll.[6]

3. *GIRL*

Einen breiten Raum nehmen in der Rechtsprechung Immissionen der Landwirtschaft auf vor allem eine benachbarte Wohnnutzung ein. Dabei erzeugen Technische Regelwerke für Behörden und Gerichte keine Bindungswirkung, wenn der Gesetzgeber sie wie bei der GIRL nicht in seinen Regelungswillen aufnimmt. Technische Regelwerke dürfen allerdings als Orientierungshilfe herangezogen werden, und zwar unabhängig davon, ob sie im jeweiligen Bundesland

[3] OVG Münster, Beschl. v. 17.10.2011 – 2 B 889/11 – Entenstall, dort zugleich zu den Voraussetzungen der Rücknahme einer Baugenehmigung wegen unrichtiger Angaben zum Tierbestand.

[4] VGH Mannheim, Urt. v. 30.9.2011 – 8 S 1947/11 – Milchviehstall.

[5] OVG Koblenz, Urt. v. 27.7.2011 – 8 A 10394/11, DVBl 2011, 1373 (LS) = BauR 2011, 1966 – Unterstellhalle. Zu Krankheitserregern als schädliche Umwelteinwirkungen auf eine benachbarte Schweinehaltung VGH München, Urt. v. 24.3.2011 – 22 B 10.2316, DVBl 2011, 773 = NVwZ-RR 2011, 595 – Mastschweinestall.

[6] VGH München, Urt. v. 13.1.2011 – 2 B 10.269, BayVBl. 2011, 410 = BauR 2011, 1466–1470 – Grunddienstbarkeiten.

umgesetzt sind. Die Schwelle der Gesundheitsgefährdung ist die äußerste Grenze dessen, was im Nachbarschaftsverhältnis als zumutbar hinzunehmen ist. Auch darunter gibt es Zumutbarkeitsschwellen, die sich an der konkreten Schutzwürdigkeit und Schutzbedürftigkeit der betroffenen Rechtsgüter ausrichten.[7]

Ein Gutachten nach den Methoden der GIRL muss nicht in jedem Fall erstellt werden. Es ist entbehrlich, wenn nach anderen Erkenntnisquellen der Schutz vor schädlichen Umwelteinwirkungen gesichert ist oder nach der jeweiligen Geruchssituation von einer Genehmigungsfähigkeit der geplanten Anlage ausgegangen werden kann. Gerade bei Anlagen im Nahbereich zu nicht landwirtschaftlichen Nutzungen ist jedoch regelmäßig ein Geruchsgutachten erforderlich.[8]

Entschließt sich eine Gemeinde, den Bestand an landwirtschaftlicher Tierhaltung und Erweiterungsmöglichkeiten landwirtschaftlicher Betriebe in einem Dorfgebiet durch einen Bebauungsplan abzusichern und will sie zugleich Konfliktsituationen mit einer heranrückenden Wohnbebauung vermeiden, trifft sie bei der Zusammenstellung des Abwägungsmaterials eine Ermittlungspflicht zur Zumutbarkeit von Geruchsimmissionen. Die Abschätzung von Geruchsimmissionen kann sich dabei an der VDI-Richtlinie 3471 „Emissionsminderung Tierhaltung – Schweine" orientieren.[9]

Bei der Aufstellung eines Bebauungsplans kann ein Konflikt zwischen bestehender landwirtschaftlicher Pferdehaltung auf Paddocks und heranrückender Wohnbebauung nicht anhand der „Geruchsfahnenbegehungen an Rinderställen" gelöst werden.[10]

Schädliche Umwelteinwirkungen i. S. des § 3 Abs. 1 BImSchG sind nicht bereits dann zu erwarten, wenn der nach dem Entwurf der VDI-Richtlinie 3474 „Emissionsminderung Tierhaltung Geruchsstoffe" vom März 2001 ermittelte Normabstand unterschritten wird. Vielmehr ist hierfür das Gebot der nachbarlichen Rücksichtnahme maßgeblich. So ist etwa in Dorfgebieten auf die Belange landwirtschaftlicher Betriebe vorrangig Rücksicht zu nehmen (§ 5 Abs. 1 S. 2 BauNVO) mit der Folge, dass das Wohnen vor landwirtschaftstypischen Störungen und Belästigungen wie Tiergeräuschen und -gerüchen oder Maschinenlärm weniger geschützt wird als in anderen Baugebieten.

Bewertungsmaßstab für Luftverunreinigungen durch Geruchsstoffe (§ 3 Abs. 2 und 4 BImSchG) ist, ob sie nach Art, Ausmaß oder Dauer im Einzelfall geeignet sind, Gefahren, erhebliche Nachteile oder erhebliche Belästigungen herbeizuführen (§ 3 Abs. 1 BImSchG). Kriterien für die Beurteilung des Belästigungsgrades sind nach allen einschlägigen Regelwerken vor allem Häufigkeit, Intensität und Qualität von Gerüchen sowie ihre Hedonik. Die von einem Schweinestall in einem Dorfgebiet ausgehenden Geruchsbelästigungen verstoßen nicht gegen das

---

[7] BVerwG, Beschl. v. 28.7.2010 – 4 B 29.10, DVBl 2010, 1251 (LS) = BauR 2010, 2083 = ZfBR 2010, 792 – technische Regelwerke; *Stüer* (Fn. 1), Rn. 4066.

[8] OVG Magdeburg, Beschl. v. 1.8.2011, 2 M 84/11, AbfallR 2011, 292 (LS) – Biogasanlage neben Tankstelle.

[9] OVG Münster, Urt. v. 22.3.2011 – 2 A 371/09 – Landwirtschaft – heranrückende Wohnbebauung.

[10] VGH München, Urt. v. 17.3.2011 – 2 N 10.2071, RdL 2011, 278 – Geruchsfahnenbegehung bei Rinderställen, nachgehend BVerwG, Beschl. v. 26.7.2011 – 4 BN 28.11.

Rücksichtnahmegebot, wenn sich die Geruchsereignisse quantitativ auf unter 3 Prozent der Jahresstunden beschränken und qualitativ mit weniger als 5 GE/cbm nicht in besonderer Weise intensiv oder unangenehm sind. Wohnhäuser in einem faktischen Dorfgebiet mit intensiver landwirtschaftlicher Prägung müssen im Einzelfall auch Geruchsimmissionen aus der landwirtschaftlichen Schweinehaltung in mehr als 15% der Jahresstunden noch hinnehmen.[11]

4. *Imkerei*

Ein Vorhaben hat dienende Funktion nur dann, wenn es dem landwirtschaftlichen Betrieb unmittelbar zu- und untergeordnet ist und es ein vernünftiger Landwirt – auch und gerade unter Berücksichtigung des Gebotes größtmöglicher Schonung des Außenbereichs – mit etwa gleichem Verwendungszweck und mit etwa gleicher Gestaltung und Ausstattung für einen entsprechenden Betrieb errichten würde.[12] Die Weiterverarbeitung bzw. Veredelung von Honig und anderen Bienenprodukten sowie die gewerbliche Zucht von Bienenköniginnen beinhaltet eine landwirtschaftsfremde, gewerbliche Betätigung. Solche Betätigungen können nur dann „gleichsam mitgezogen" werden, wenn es sich dabei noch um eine bodenrechtliche Nebensache gegenüber dem vorhandenen landwirtschaftlichen Betrieb der Bienenhaltung und Honigproduktion handelt. Eine „Betriebswohnung" einer berufsmäßigen Imkerei ist im Außenbereich unzulässig.[13]

5. *Wildgehege*

Nach Erlöschen einer kraft ausdrücklicher gesetzlicher Anordnung nur befristet erteilten Genehmigung für die Einrichtung eines Tiergeheges kann der Adressat hieraus keine Rechte oder „Bestandsschutz" herleiten. Eine naturschutzbehördliche Auflage, durch die dem Betreiber eines Tiergeheges (Damwild) aufgegeben wird, in dem Gehege befindliche und genau bezeichnete Bäume und Gehölze „zu erhalten" und in ihrer Funktionsfähigkeit zu sichern, verstößt nicht bereits gegen das Bestimmtheitsgebot. Ein gegen das Entweichen der Tiere durch einen Zaun gesichertes privatnütziges Gehege ist kein Wald im Verständnis des Waldgesetzes.[14]

6. *Intensivtierhaltung*

Neben die traditionelle Tierproduktion als Teil der Landwirtschaft[15] ist die Intensivtierhaltung getreten, die in § 35 Abs. 1 Nr. 4 BauGB eine eigenständige Grundlage findet, wenn sie wegen ihrer nachteiligen Wirkung auf die Umgebung nur im Außenbereich ausgeführt werden soll.[16] Bei wachsenden Betriebsgrößen

---

[11] VGH Mannheim, Urt. v. 18.1.2011 – 8 S 600/09, NVwZ-RR 2011, 393 = BauR 2011, 891 (LS) – Wohnhaus neben Güllegrube; vgl. Nr. II.1 des Erlasses des Umweltministeriums vom 18.6.2007 – 4-8828.02/87, zur bauplanungsrechtlichen Zulässigkeit eines Wohnhauses in einem faktischen Dorfgebiet nahe der Güllegrube eines benachbarten landwirtschaftlichen Betriebs mit Rinderhaltung unter Berücksichtigung einer nach der Geruchsimmissions-Richtlinie (GIRL) des Länderausschusses für Immissionsschutz (LAI) erstellten Ausbreitungsrechnung

[12] *Stüer* (Fn. 1) Rn. 2615.

[13] OVG Koblenz, Beschl. v. 16.9.2011 – 8 A 10675/11 – Imkereibetrieb.

[14] OVG Saarlouis, Beschl. v. 10.10.2011 – 2 A 34/11 –Tiergehege.

[15] *Eva-Maria Stüer* (Fn. 1) S. 115.

[16] *Stüer* (Fn. 1) Rn. 2645.

wird die Intensivtierhaltung allerding gerade in traditionell durch die Agrarwirtschaft geprägten Flächenländern in zunehmendem Maße als Problem empfunden. Bestrebungen, diese Betriebe ganz oder doch etwa ab ihrer UVP-Pflichtigkeit nicht mehr in die Privilegierung einzubeziehen, sind daher nach wie vor erkennbar. Auch rücken die planerischen Steuerungsmöglichkeiten über das Darstellungsprivileg des § 35 Abs. 3 S. 3 BauGB stärker in das Blickfeld der Gemeinden und regionalen Planungsträger.

§ 35 Abs. 1 Nr. 4 BauGB stellt einen Auffangtatbestand für solche Vorhaben dar, die von den übrigen Nummern des § 35 Abs. 1 BauGB nicht erfasst werden und nach den Grundsätzen städtebaulicher Ordnung sinnvoll nur im Außenbereich ausgeführt werden können, weil sie zur Erreichung des mit ihnen verfolgten Zwecks auf einen Standort außerhalb der im Zusammenhang bebauten Ortsteile angewiesen sind.[17] Wenn ein Vorhaben auf einen Standort im Innenbereich verwiesen werden kann, ist es nicht auf die Inanspruchnahme des Außenbereichs angewiesen. Es ist Sache des Bauantragstellers, durch die Darlegung eines entsprechenden Konzepts die Bedenken gegen die Genehmigung eines privilegierten Vorhabens im Außenbereich auszuräumen.[18]

Je großflächiger eine gemeindliche Planung die normale betriebliche Entwicklung auf Generationen hin einschnürt, umso geringer sind die Anforderungen, die an das Vorbringen der Betroffenen im Öffentlichkeitsbeteiligungsverfahren zu stellen sind. Gemeinden dürfen die Ansiedlung von Tierhaltungsanlagen auch durch großflächig angelegte einfache Bebauungspläne steuern. Für die Festsetzung eines Sondergebietes Tierhaltungsanlagen ist eine Differenzierung nach Maßgabe der Höfeordnung weder in § 35 Abs. 1 Nr. 1 BauGB noch generell im öffentlichen Baurecht angelegt.

Die Festsetzung immissionswirksamer flächenbezogener Schallleistungspegel muss bestimmt genug sein. Es darf nicht zweifelhaft sein, auf welche Immissionsorte abzustellen und nach welcher Berechnungsmethode vorzugehen ist.

Ein Bebauungsplan, der weite Teile eines Gemeindegebiets von dort an sich zulässigen Vorhaben ausschließt, muss die Vorhaben an anderen Orten des Gemeindegebietes angemessene ermöglichen. Dabei sind die Grundsätze einer Konzentrationsplanung durch Flächennutzungsplan anzuwenden.

„In substanzieller Weise Raum" zu schaffen ist der nach § 35 Abs. 1 Nr. 1 BauGB privilegierten Landwirtschaft in mindestens vergleichbarer Weise, wenn sie durch Bebauungsplan großflächig beschränkt wird. Die landwirtschaftliche Nutzung ist mehr noch als die ansonsten privilegierten Vorhaben eine originäre Außenbereichsnutzung; ihre Beschränkung darf deshalb nur aus besonders guten Gründen und in engen Grenzen erfolgen.

Die naturgegebene Bodennutzung des Außenbereichs und seine Erholungsmöglichkeiten für die Allgemeinheit stehen als Schutzgüter nebeneinander. Die Gemeinde kann die Erhaltung der Erholungsfunktion und die bereits bestehende

---

[17] *Eva-Maria Stüer* (Fn. 1), S. 154.

[18] BVerwG, Beschl. v. 12.4.2011 – 4 B 6.11, BauR 2011, 1299 = ZfBR 2011, 481 – Bauen im Außenbereich. Zu den Planungsinstrumenten, die einer Gemeinde zur Steuerung von Erweiterung und Neuansiedlung von Tierhaltungsanlagen zur Verfügung stehen OVG Lüneburg, Beschl. v. 9.9.2011 – 1 MN 112/11, DVBl 2011, 1567 (LS) – Tierhaltungsanlagen.

hohe Viehdichte zum Anlass eines Steuerungskonzeptes und entsprechender Schutzmaßnahmen nehmen. Dabei darf die Gemeinde die konkreten Verhältnisse bewerten, auch wenn kein „städtebaulicher Missstand“ vorliegt.

Die Planungs- und Genehmigungsbehörden müssen mit der Intensivtierhaltung Erscheinungen bewältigen, die sich von dem ursprünglichen Bild herkömmlicher landwirtschaftlicher Betätigung zunehmend entfernen. Die dadurch aufgeworfenen Probleme können ohne eine Neugewichtung der gegenläufigen Belange und damit auch der Eigentumsbelange nicht ausreichend gelöst werden.[19]

7. *Windkraft*

Nach § 35 Abs. 1 Nr. 5 BauGB sind Vorhaben, die der Erforschung, Entwicklung oder Nutzung der Wind- und Wasserenergie dienen, privilegiert.[20] Der Gesetzgeber hat durch die im Jahre 1996 eingeführte Privilegierung einerseits derartige Vorhaben im Gegensatz zu der vormals bestehenden Rechtslage[21] planungsrechtlich bevorrechtigt zugelassen, andererseits den Gemeinden und regionalen Planungsträgern durch § 35 Abs. 3 S. 3 BauGB Möglichkeiten der planerischen Steuerung an die Hand gegeben. Dieser in der gesetzlichen Regelung angelegte Balanceakt bereitet in der Praxis nicht selten Schwierigkeiten.[22]

Das Prüfprogramm eines Bauvorbescheids für eine Windkraftanlage kann nach Maßgabe der Bauvoranfrage auf einzelne Fragen der bauplanungsrechtlichen Zulässigkeit beschränkt werden.[23]

Die geplante Errichtung einer Windkraftanlage unmittelbar angrenzend an ein Vorranggebiet begründet für sich genommen keinen atypischen Fall gemäß § 35 Abs. 3 S. 3 BauGB.[24]

Soweit die Bundeswehr im Verwaltungsverfahren gegen die Erteilung einer immissionsschutzrechtlichen Genehmigung für Windenergieanlagen im Einzugsbereich eines Militärflughafens Einwände erhebt, ist dies unter dem Blickwinkel ihrer Beteiligungsfähigkeit unbedenklich.[25]

§ 35 Abs. 5 S. 2 und 3 BauGB stehen einer landesrechtlichen Regelung einer bauaufsichtlichen Sicherleistung für den Rückbau von Windenergieanlagen nicht entgegen.[26]

Eine Höhenbegrenzung auf 99,9 m für Windkraftanlagen ist abwägungsfehlerhaft, wenn der Plangeber irrtümlich davon ausgeht, dass „ab einer Höhe

---

[19] OVG Lüneburg, Urt. v. 13.9.2011 – 1 KN 56/08, DVBl 2011, 1502 (LS) = ZfBR 2011, 780 = RdL 2011, 337 – Tierhaltungsanlagen. Einzelfallfragen zu einem großflächigen, die Tierhaltung beschränkenden einfachen Bebauungsplan in einem Gebiet mit hoher Viehdichte (Meppen), der die im Urt. des BVerwG vom 28.2.2002 (- 4 CN 5.01, DVBl 2002, 1121 – Laupheim) erörterte Festsetzungstechnik nachbildet.

[20] *Stüer* (Fn. 1), Rn. 2671.

[21] BVerwG, Urt. v. 16.6.1994 – 4 C 20.93, BVerwGE 96, 95 = DVBl 1994, 1141 = NVwZ 1995, 64.

[22] *Eva-Maria Stüer* (Fn. 1), S. 170.

[23] OVG Lüneburg DVBl 2011, 1556 – Windkraftanlage.

[24] OVG Magdeburg, Beschl. v. 9.8.2011 – 2 L 11/10 – Windkraftanlagen.

[25] OVG Lüneburg, Beschl. v. 21.7.2011 – 12 ME 201/10, DVBl 2011, 1300 = NVwZ-RR 2011, 972 – Militärflugplatz und Windkraftanlagen; dort auch zur Möglichkeit der Beeinträchtigung von Radaranlagen durch Windräder.

[26] OVG Magdeburg, Urt. v. 12.5.2011 – 2 L 239/09 – Rückbausicherheit.

von 100 m" (statt: mehr als 100 m) eine Flugsicherheitskennzeichnung gefordert wird.

Die faktische Verkleinerung eines im Flächennutzungsplan dargestellten Vorranggebiets für Windkraftanlagen durch Berücksichtigung von nicht durch Sicherheitszwecke gerechtfertigten Schutzstreifen ist abwägungsfehlerhaft.

Eine gestalterische Festsetzung, die die Betreiber auf einen bestimmten Windkraftanlagentyp beschränkt, ist unzulässig. Eine Festsetzung in einem Bebauungsplan, wonach Maßnahmen zum Schutz und zur Pflege von Natur und Landschaft nur innerhalb der im Bebauungsplan festgesetzten Flächen durchzuführen sind, ist unzulässig, wenn nicht sichergestellt ist, dass die betreffenden Flächen für Ausgleichszwecke zur Verfügung stehen.[27]

Für die Frage, wann eine Mehrzahl von Windkraftanlagen zu einer optischen Beeinträchtigung führt, gelten im Grundsatz die gleichen Maßstäbe wie für die Frage, wann von einer Einzelanlage optische Beeinträchtigungen ausgehen. Auch hier stellt das Verhältnis zwischen dem Abstand der Anlagen zum Wohnhaus und der Höhe der Anlagen einen geeigneten Orientierungswert dar.

Auch wenn aus jedem Fenster eines Wohnhauses Windkraftanlagen sichtbar sind, begründet dies für sich genommen noch keine unzumutbare Beeinträchtigung.

Ob die Auflagen zu einer immissionsschutzrechtlichen Genehmigung vom Betreiber eingehalten werden, berührt nicht die Frage der Rechtmäßigkeit, sondern der Überwachung der Genehmigung. Werden Dritte durch Auflagen geschützt, stehen ihnen ausreichende Rechtsschutzmöglichkeiten zur Durchsetzung dieser Auflagen zur Verfügung.

Die Zumutbarkeitsschwelle für Betroffene ist überschritten, wenn die Windenergieanlagen so nah stehen, dass sie aufgrund ihrer Höhe und der großen Fläche, die die Rotoren überstreichen, auf die Wohngebäude erdrückend wirken.[28]

Maßgeblich für den faktischen Umfang des bestehenden Sondergebiets ist dann, wenn die Windkraftanlage im „Konkretisierungsraum" und damit in einer Randlage des Vorranggebiets liegt, nicht allein die nicht parzellenscharfe Abgrenzung des Vorranggebiets, sondern auch die Lage zum Vorranggebiet, vor allem aber die tatsächliche Bebauung des Gebietes im Umgriff der Anlage.[29]

Die Beschränkung der Anzahl der zu errichtenden Windenergieanlagen ist als Festsetzung der Art der baulichen Nutzung nicht zulässig, weil sie dem der BauNVO zugrundeliegenden System der vorhabenbezogenen Typisierung widerspricht.[30]

---

[27] OVG Münster, Urt. v. 14.4.2011 – 8 A 320/09, DVBl 2011, 1049 (LS) = NWVBl. 2011, 468 – Windkraftanlagen. Dort auch zur Bestimmtheit der Festsetzung eines IFSP in einem Bebauungsplan, der die Errichtung von Windkraftanlagen in einer Vorrangzone regelt.

[28] OVG Koblenz, Beschl. v. 10.3.2011 – 8 A 11215/10, NVwZ-RR 2011, 438 = IBR 2011, 304 – vgl. OVG Münster, Urt. v. 9.8.2006 – 8 A 3726/05, DVBl 2006, 1532 – Windenergieanlagen.

[29] Thüringer OVG 1. Senat, Beschl. v. 24.2.2011 – 1 EO 119/11, ThürVBl. 2011, 243 – Windenergieanlage.

[30] OVG Koblenz, Urt. v. 21.1.2011 – 8 C 10850/10, DVBl 2011, 504 = NVwZ-RR 2011, 432 = BauR 2011, 1138 – Windenergieanlagen.

8. *Vermutungsregelung*

§ 249 Abs. 1 BauGB will die Planung des Repowering durch eine Vermutungsregelung erleichtern. Werden in einem Flächennutzungsplan zusätzliche Flächen für die Nutzung von Windenergie dargestellt, folgt daraus nicht, dass die vorhandenen Darstellungen des Flächennutzungsplans zur Erzielung der Rechtswirkungen des § 35 Abs. 3 S. 3 BauGB nicht ausreichend sind.[31] Das gilt auch bei der Änderung oder Aufhebung von Darstellungen zum Maß der baulichen Nutzung. Die vorgenannten Regelungen gelten für Bebauungspläne, die aus den Darstellungen des Flächennutzungsplans entwickelt werden, entsprechend (§ 249 Abs. 1 BauGB). Man hätte sich vielleicht eine noch etwas elegantere Formulierung zur Beschreibung der Gesetzgebungsziele vorstellen können, wurde im Gesetzgebungsverfahren verschiedentlich angemerkt.[32]

Nach der Rechtsprechung des BVerwG kann die planende Gemeinde die privilegierten Windkraftanlagen nur dann unter Anwendung des Darstellungsprivilegs auf bestimmte Standorte bündeln und für den übrigen Planungsraum ausschließen, wenn dies auf der Grundlage eines überzeugenden Konzepts von Ausschluss- und Abwägungskriterien erfolgt. Ist das Planungskonzept nicht in sich schlüssig und für den gesamten Planungsraum lückenlos, fällt die Planung mit ihrer Ausschlusswirkung in sich zusammen.[33] Die Vermutungsregelung in § 249 BauGB will hier für das Repowering Abhilfe schaffen. Werden die Flächenausweisungen vergrößert, kann eine Flächenverschiebung bei der Ausweisung privilegierter Vorhaben nicht als Indiz für Fehler im Verfahren des Auswahlkonzepts für Windkraftanlagen herangezogen werden.[34]

9. *Baurecht auf Zeit*

§ 249 Abs. 2 BauGB stellt für das Repowering von Windkraftanlagen das Baurecht auf Zeit zur Verfügung. Nach § 9 Abs. 2 S. 1 Nr. 2 BauGB kann danach auch festgesetzt werden, dass die im Bebauungsplan festgesetzten Windenergieanlagen nur zulässig sind, wenn nach der Errichtung der im Bebauungsplan festgesetzten Windenergieanlagen andere im Bebauungsplan bezeichnete Windenergieanlagen innerhalb einer im Bebauungsplan zu bestimmenden angemessenen Frist zurückgebaut werden und dies entsprechend sichergestellt ist. Die Standorte der zurückzubauenden Windenergieanlagen können auch außerhalb des Bebauungsplangebiets und auch außerhalb des Gemeindegebiets liegen. Darstellungen im Flächennutzungsplan mit den Rechtswirkungen des § 35 Abs. 3 S. 3 BauGB können mit Bestimmungen entsprechend den Sätzen 1 und 2 mit Wirkung für die Zulässigkeit der Windenergieanlagen nach § 35 Abs. 1 Nr. 5 BauGB verbunden

[31] Zum Folgenden *Stüer/Stüer* DVBl 2011, 1117.

[32] Stellungnahme des Bundesrates v. 17.6.2011, BT-Drs. 17/6253, S. 13; Deutsche Akademie für Städtebau und Landesplanung, Stellungnahme zum Gesetzentwurf v. 24.5.2011.

[33] BVerwG, Urt. v. 13.3.2003 – 4 C 4.02, BVerwGE 118, 33 = NVwZ 2003, 738 = DVBl 2003, 1064.

[34] *Battis/Krautzberger/Mitschang/Reidt/Stüer* NVwZ 2011, 897; *Krautzberger/Stüer* BauR 2011, Heft 9.

sein. Die in der Bauleitplanung einzuräumenden Fristen werden sich in aller Regel an den Vorgaben des § 30 EEG orientieren.[35]

10. Biogasanlagen

Die Anforderungen an die planungsrechtliche Zulässigkeit von Biogasanlagen sind in § 35 Abs. 1 Nr. 6 BauGB präzisiert worden.[36] Biogasanlagen sind danach privilegiert zulässig, wenn die Feuerungswärmeleistung der Anlage 2,0 Megawatt und die Kapazität einer Anlage zur Erzeugung von Biogas 2,3 Millionen Normkubikmeter Biogas pro Jahr nicht überschreitet.[37]

Einen wichtigen Beitrag zur Erreichung des Ziels, den Anteil der erneuerbaren Energien an der Stromproduktion bis 2020 auf 35 % zu steigern, wird von den Biomasseanlagen erwartet. § 27 EEG gewährt für die Erzeugung von Strom aus Biomasse Vergütungen in vier leistungsbezogenen Anlagenkategorien (Grundvergütung zwischen 6 und 14,3 ct/kWh) und zwei Einsatzstoffvergütungsklassen. Für Bioabfallvergährungsanlagen mit nachgeschalteter Gärrestkompostierung zur Mobilisierung von Abfall- und Reststoffen (§ 27a EEG) sowie für kleine Gülleanlagen (§ 27b EEG i.V. mit der Anlage 1 zum EEG) werden gesonderte Vergütungen gewährt. Die Degression ist von 1 % auf 2 % erhöht worden (§ 20 EEG). Für Strom aus Biogas wird der Einsatz von Mais und Getreidekorn einschließlich Körnermais auf 50 Massenprozent begrenzt (§ 27 Abs. 5 Nr. 5 EEG). Für die Altholzverbrennung und für flüssige Biomasse bei Neuanlagen wird keine Vergütung gewährt.[38]

§ 35 Abs. 1 Nr. 6 BauGB passt die Voraussetzungen für die privilegierte Zulässigkeit von Biomasseanlagen an die Bezugsgrößen der 4. BImSchV an. Statt einer elektrischen Leistung von 0,5 MW bildet nunmehr eine Feuerungswärmeleistung von 2,0 MW die Obergrenze. Gemeint ist damit die maximale Obergrenze der Anlage (§ 1 Abs. 1 S. 4 der 4. BImSchV). Auch können durch die Umstellung auf die Feuerungswärmeleistung technische Verbesserungen und eine Erhöhung des Wirkungsgrades von Biomasseanlagen sachgerechter abgebildet werden.[39]

Zugleich wird sichergestellt, dass die Biogasanlagen im Rahmen eines gewissen Spielraums insgesamt nicht mehr Biogas erzeugen dürfen als nach der bisherigen Rechtslage. Auch ist klargestellt, dass Biomasseanlagen, die ausschließlich Biogas erzeugen, einem Grenzwert unterliegen. Nicht gefolgt ist der Gesetzgeber dem Vorschlag des Bundesrates, den Bezug zu einem Betrieb nach § 35 Abs. 1 Nr. 1 oder 2 BauGB sowie eines Tierhaltungsbetriebes nach Nr. 4 mit der Begründung zu streichen, dass diese Kriterien zu wenig nachvollziehbar seien.[40]

---

[35] *Stüer/Stüer* DVBl 2011, 117.

[36] Zu Bedenken *Loibl/Rechel* UPR 2008, 134; *Manten* ZUR 2008, 576.

[37] Der Begriff „Normkubikmeter" bezeichnet eine in der Gastechnik verwendete Gasmengeneinheit. Ein Normkubikmeter ist eine Menge, die bei einem Druck von 1,01325 bar, einer Luftfeuchtigkeit von 0 % und einer Temperatur von 0^0 C ein Volumen von einem Kubikmeter hat, DIN 1343, Referenzzustand, Normzustand, Normvolumen; Begriffe, Werte. Zum Folgenden *Stüer/Stüer* DVBl 2011, 1117.

[38] Entwurf eines Gesetzes zur Neuregelung des Rechtsrahmens für die Förderung der Stromerzeugung aus erneuerbaren Energien, v. 6.6.2011, BT-Drs. 17/6071, S. 96.

[39] Gesetzentwurf zur BauGB-Klimanovelle, S. 10; *Battis/Krautzberger/Mitschang/Reidt/Stüer* NVwZ 2011, 897.

[40] Stellungnahme des Bundesrates v. 17.6.2011, BT-Drs. 17/6253, S. 8.

Eine Biogasanlage ist im Außenbereich nach § 35 Abs. 1 Nr. 6 BauGB nicht bereits dann privilegiert, wenn sie einen Beitrag zur Erhöhung des Anteils erneuerbarer Energien an der Stromversorgung leistet.[41]

Erneut auf dem Prüfstand stand das Verhältnis der Angebotsplanung und städtebaulichem Vertrag. Dabei ist vom Ansatz her klar, dass die Gemeinde auch bei einer Angebotsplanung einen städtebaulichen Vertrag zur Verwirklichung der in § 11 BauGB aufgeführten Zwecke schließen kann. Allerdings ist wohl noch nicht abschließen geklärt, in welchem Umfang die Gemeinde durch einen städtebaulichen Vertrag den nach dem Bebauungsplan bestehenden Rahmen der Zulässigkeit von Vorhaben eingrenzen kann.

Entscheidet sich eine Gemeinde, für eine von einem Investor projektierte Biogasanlage keinen vorhabenbezogenen Bebauungsplan, sondern einen „Angebotsplan" zu erlassen, muss sich die Abwägungsentscheidung des Rats auf die durch die Planfestsetzungen erlaubten Bebauungsmöglichkeiten beziehen, nicht auf die konkrete Anlagenkonfiguration eines dahinter zurückbleibenden Genehmigungsantrags. Städtebauliche Verträge, mit denen die Gemeinde und der Vorhabenträger die Bebauungsmöglichkeiten für das Plangebiet außerhalb des Planungsverfahrens und damit ohne Öffentlichkeitsbeteiligung einvernehmlich einschränken, sollen für die gerichtliche Überprüfung eines Angebotsbebauungsplans ohne Bedeutung sein.[42] Eine derartige Auffassung ist allerdings nicht bedenkenfrei. Sie behindert die Möglichkeiten, durch städtebauliche Verträge planbegleitende, konkretisierende und auch sichernde Regelungen zu treffen, wie dies insbesondere in § 1 Abs. 1 Nr. 3 BauGB ausdrücklich vorgesehen ist.

§ 1 Abs. 2 Nr. 1 und Nr. 2 der 4. BImSchV ist, wie aus dem Umkehrschluss von § 1 Abs. 4 der 4. BImSchV folgt, nur für solche Anlagenteile oder Nebeneinrichtungen bedeutsam, die nicht schon von sich aus nach dem Bundes-Immissionsschutzgesetz genehmigungsbedürftig sind. Für die übrigen Anlagen enthält § 1 Abs. 4 der 4. BImSchV einen klarstellenden Hinweis. Eine Biogasanlage nach Nr. 8.6 b) Spalte 2 des Anhangs zur 4. BImSchV und eine Tierhaltungsanlage nach Nr. 7.1 g) Spalte 1 des Anhangs zur 4. BImSchV sind keine gemeinsame Anlage im Sinne von § 1 Abs. 3 der 4. BImSchV.

Ob eine Biogasanlage Teil oder Nebeneinrichtung einer immissionsschutzrechtlich genehmigungsbedürftigen Tierhaltungsanlage ist, beurteilt sich anhand der jeweiligen Einzelfallumstände. Dabei ist darauf abzustellen, ob und inwieweit die Biogasanlage dem Betreiber zur Verwertung seiner tierischen Nebenprodukte dient, ob und inwieweit der Betreiber die durch die Produktion des Biogases erzeugte Energie in seinem Betrieb nutzt, welche Größe die jeweiligen Einrichtungen haben, welches Verhältnis der Eigenanteil an der Gesamteinsatzmenge oder der eigen genutzten Energie hat oder wie die Gärrückstände verwertet werden.[43]

---

[41] OVG Lüneburg, Beschl. v. 26.7.2011 – 12 LA 223/09 – Vorbescheid für Biogasanlage in der Nachbarschaft zu bestehendem Hähnchenmastbetrieb.

[42] OVG Lüneburg, Beschl. v. 4.1.2011 – 1 MN 130/10, DVBl 2011, 182 (LS) = ZfBR 2011, 154 = BauR 2011, 805 – Angebotsplan für eine von einem Investor projektierte Biogasanlage.

[43] BVerwG, Beschl. v. 21.12.2010 – 7 B 4.10, NVwZ 2011, 433 = BauR 2011, 1304 – Biogasanlage; Beschl. v. 29.12.2010 – 7 B 6.10, NVwZ 2011, 429 = RdL 2011, 295 – Biogasanlage; im Anschluss an Beschl. v. 10.6.2003 – 8 B 32.03, Buchholz 310 § 86 Abs. 2 VwGO Nr. 57.

11. Atomenergie (§ 35 Abs. 1 Nr. 7 BauGB)

Nach der Neufassung des § 35 Abs. 1 Nr. 7 BauGB durch die Klimanovelle ist die Neuerrichtung von Anlagen zur Spaltung von Kernbrennstoffen zur gewerblichen Erzeugung von Elektrizität aus der Außenbereichsprivilegierung ausgenommen.[44] Damit hat der Gesetzgeber einen bereits mit dem Atomausstieg des Jahres 2000 sich abzeichnenden Schritt in das Städtebaurecht übernommen. Der Atomausstieg als Teil der Energiewende soll so auch für das Recht der städtebaulichen Planung unumkehrbar sein.[45] Die Ausnahme erfasst lediglich die Neuerrichtung von Atomkraftwerken (§ 7 Abs. 1 S. 2 AtG), nicht jedoch die Veränderung von Anlagen oder ihres Betriebes (§ 7 Abs. 1 S. 3 AtG).[46] Auch Anlagen, die der Erforschung und Entwicklung der Kernenergie sowie der Entsorgung radioaktiver Abfälle dienen, sind weiterhin privilegiert.[47]

12. Sonnenenergie (§ 35 Abs. 1 Nr. 8 BauGB)

Durch die BauGB-Klimanovelle ist auch die Nutzung solarer Strahlungsenergie in, an und auf Dach- und Außenwandflächen von zulässigerweise genutzten Gebäuden privilegiert, wenn die Anlage dem Gebäude baulich untergeordnet ist (§ 35 Abs. 1 Nr. 8 BauGB).[48] Die Privilegierung bezieht sich auf Flächen von zulässigerweise genutzten Gebäuden, nicht auf sonstige bauliche Anlagen. Gebäude sind dabei selbständig benutzbare, überdeckte bauliche Anlagen, die von Menschen betreten werden können und vorrangig dazu bestimmt sind, dem Schutz von Menschen, Tieren oder Sachen zu dienen (§ 33 Abs. 3 EEG). Durch die Neuregelung werden zugleich Fragen beantwortet, die sich in der Praxis stellen.[49]

Die Förderung von Anlagen der solaren Strahlungsenergie unterscheidet zwischen Anlagen an oder auf Gebäuden (§ 33 EEG) und baulichen Anlagen, die keine Gebäude sind und vorrangig zu anderen Zwecken errichtet worden sind (§ 32 EEG) wie etwa Lärmschutzwälle oder bestimmte Freiflächenanlagen.

Werden die Anlagen nicht auf Gebäuden angebracht, erfolgt eine Förderung, wenn die Anlage (1) an oder auf einer baulichen Anlage angebracht ist, die vorrangig zu anderen Zwecken als der Erzeugung von Strom aus solarer Strahlungsenergie errichtet worden ist, (2) auf einer Fläche errichtet worden ist, für die ein Verfahren nach § 38 S. 1 BauGB durchgeführt worden ist, oder (3) mit bestimmten Maßgaben im Bereich eines beschlossenen Bebauungsplans (§ 30 BauGB) errichtet worden ist. Gefördert werden insbesondere auch im Bebauungsplan ausgewiesene Anlagen, die längs von Autobahnen oder Schienenwegen in einer Entfernung bis zu 110 m, gemessen vom äußeren Rand der befestigten Fahrbahn, errichtet worden sind (§ 32 Abs. 1 EEG).

---

[44] Zum Folgenden *Stüer/Stüer* DVBl 2012, 1117; *Stüer* (Fn. 1), Rn. 3879.

[45] Zu den entschädigungsrechtlichen Fragestellungen *Stüer/Loges* NVwZ 2000, 9.

[46] Ausschuss für Verkehr, Bau- und Stadtentwicklung, Beschlussempfehlung und Bericht v. 29.6.2011, BT-Drs. 17/6357, S. 9.

[47] *Battis/Krautzberger/Mitschang/Reidt/Stüer* NVwZ 2011, 897.

[48] *Stüer/Stüer* DVBl 2011, 1117.

[49] OVG Münster, Beschl. v. 20.9.2010 – 7 B 985, BauR 2011, 240; *Battis/Krautzberger/Mitschang/Reidt/Stüer* NVwZ 2011, 897.

Gefördert werden auch im Geltungsbereich eines Bebauungsplans errichtete Anlagen, die sich auf versiegelten Flächen oder auf Konversionsflächen aus wirtschaftlicher, verkehrlicher, wohnungsbaulicher oder militärischer Nutzung befinden. Ausgenommen sind davon als Naturschutzgebiet (§ 23 BNatSchG) oder als Nationalpark (§ 24 BNatSchG) ausgewiesene Flächen (§ 32 Abs. 2 EEG).

§ 33 EEG regelt die Vergütung für Anlagen zur Erzeugung von Strom aus solarer Strahlungsenergie, die ausschließlich an oder auf einem Gebäude oder einer Lärmschutzwand angebracht sind. Die Vergütungssätze sind nach Anlagengrößen gestaffelt. Die Anlagen sowie die dazu gehörenden Befestigungen, wie z. B. Halterungen, Aufständerung oder Fundamente, müssen in der Weise an oder auf einem Gebäude angebracht worden sein, dass ausschließlich das Gebäude das Gewicht dieser technischen Einrichtungen trägt. Lärmschutzwände sind in Abgrenzung zu Lärmschutzwällen in der Regel senkrechte künstliche Wände. Die erhöhte Vergütung wird gewährt, weil durch die senkrechte Anordnung der Anlagen im Regelfall ein geringerer Ertrag zu erwarten ist.[50] Zugleich wird die Eigenverbrauchsregelung für Anlagen, deren Strom in unmittelbarer räumlicher Nähe verbraucht und nicht durch ein Netz durchgeleitet wird, bis Ende 2013 fortgeführt (§ 33 Abs. 2 EEG).

Die Förderung sämtlicher Anlagen der solaren Strahlungsenergie (§§ 32, 33 EEG) erfolgt dabei nach dem Prinzip des „atmenden Deckels" (§ 20a EEG) mit einer jährlichen Degression von grundsätzlich 9 %, von der in bestimmten Fällen nach oben oder nach unten abgewichen werden kann.

Anlagen zur Nutzung solarer Strahlungsenergie an oder auf Gebäuden (Solarthermieanlagen und Photovoltaikanlagen) sind im Außenbereich danach privilegiert zulässig. Die Anlagen müssen dem Gebäude baulich, d.h. räumlich-gegenständlich, untergeordnet sein und dürfen über die Dachfläche bzw. die Wandfläche des Gebäudes nicht hinausgehen. Nicht gefordert ist demgegenüber eine funktionelle Unterordnung. Die Privilegierung gilt unabhängig davon, ob die erzeugte Energie selbst verbraucht oder vollständig oder überwiegend in ein öffentliches Netz eingespeist wird. Andere Anlagen zur Nutzung solarer Strahlungsenergie können ggf. nach § 35 Abs. 2 BauGB planungsrechtlich zulässig sein.[51] Dazu können auch Solaranlagen gehören, die sich dem Gebäude baulich nicht unterordnen, über die Dach- oder Wandflächen hinausgehen oder auf baulichen Anlagen angebracht werden, die keine Gebäude sind.[52]

Für die Rechtmäßigkeit der Errichtung einer Anlage zur Nutzung solarer Strahlungsenergie ist die Nutzung des Gebäudes zum Zeitpunkt der Errichtung der Solaranlage maßgeblich.[53] Ist die Nutzung des Gebäudes dauerhaft aufgegeben worden oder wird das Gebäude zweckwidrig genutzt, ist die Errichtung

---

[50] Entwurf eines Gesetzes zur Neuregelung des Rechtsrahmens für die Förderung der Stromerzeugung aus erneuerbaren Energien, v. 6.6.2011, BT-Drs. 17/6071, S. 153–155.

[51] Gesetzentwurf zur BauGB-Klimanovelle, S. 10; Stellungnahme des Bundesrates v. 17.6.2011, BT-Drs. 17/6253, S. 9.

[52] *Battis/Krautzberger/Mitschang/Reidt/Stüer* (Fn. 49).

[53] Gegenäußerung der Bundesregierung v. 17.6.2011, BT-Drs. 17/6253, S. 15.

einer Solaranlage nicht privilegiert.[54] Die Solaranlage kann auch zeitgleich mit der Errichtung oder Renovierung des Gebäudes angebracht werden.[55]

II. Öffentliche Belange

Die bauliche Nutzung eines Grundstücks im Landschaftsschutzgebiet in Form der Errichtung von Stallgebäuden für Pferde mit Futterlager und die darin zu erblickende privatnützige „Herausnahme" der Baufläche aber auch des für die Pferdehaltung in Anspruch genommenen räumlichen Umfelds aus dem Gebiet stellt eine auch nicht durch „Tarnmaßnahmen" korrigierbare Beeinträchtigung des Landschaftsbildes dar und beeinträchtigt damit den Schutzzweck einer Landschaftsschutzverordnung.

Bei der gebotenen funktionalen Betrachtung kommt es nicht darauf an, in welchem Ausmaß dieser bauliche „Einbruch" in das Landschaftsschutzgebiet im Einzelfall durch Bepflanzungsmaßnahmen, „grünen Anstrich" oder dergleichen „unsichtbar" gemacht werden könnte. Die Errichtung von Gebäuden im Außenbereich fällt grundsätzlich nicht unter das naturschutzrechtliche Landwirtschaftsprivileg.[56]

Darstellungen eines Flächennutzungsplans fehlt nicht schon deshalb die Eignung als einem Außenbereichsvorhaben widersprechende öffentliche Belange im Sinne des § 35 Abs. 3 BauGB, weil die Darstellungen nicht mit der gegenwärtigen tatsächlichen Situation übereinstimmen.

Die im Flächennutzungsplan dargestellte Nutzung muss nicht mit den im Zeitpunkt seiner Aufstellung bestehenden tatsächlichen Gegebenheiten korrespondieren. Denn der Flächennutzungsplan soll danach aussagefähige Darstellungen für die beabsichtigte städtebauliche Entwicklung enthalten und nicht den status quo festschreiben.[57]

III. Natur- und Artenschutz

Es bestehen keine durchgreifende rechtliche Bedenken dagegen, dass ein Verordnungsgeber den Bereich einer vorhandenen Hähnchenmastanlage auch deshalb in das Landschaftsschutzgebiet einbezogen hat, um eine Ausweitung dieser Anlage und der von ihr ausgehenden negativen Wirkungen auf das sie umgebende schützenswerte Gebiet – gegebenenfalls unter Erteilung entsprechender Befreiungen – zu verhindern oder jedenfalls einzuschränken.

Verbote des Naturschutzrechts beschränken regelmäßig den Eigentümer oder andere Berechtigte in der Nutzung von Grundstücken und konkretisieren damit die Sozialbindung des Eigentums. Wo das der Fall ist, kann sich eine nicht beabsichtigte Härte nur aus den Besonderheiten des Grundstücks oder der beabsich-

---

[54] Ausschuss für Verkehr, Bau- und Stadtentwicklung, Beschlussempfehlung und Bericht v. 29.6.2011, BT-Drs. 17/6357, S. 10.

[55] *Battis/Krautzberger/Mitschang/Reidt/Stüer* (Fn. 49).

[56] OVG Saarlouis, Beschl. v. 5.12.2011 – 2 A 279/11.

[57] OVG Bautzen, Beschl. v. 8.6.2011 – 1 A 463/09 – Wochenendhaus; vgl. BVerwG, Beschl. v. 2.8.2001 – 4 B 26.01, BauR 2002, 69.

tigten Maßnahme ergeben, nicht aber aus den besonderen persönlichen oder wirtschaftlichen Verhältnissen des Eigentümers oder der sonstigen Nutzungsberechtigten, denn das Naturschutzrecht beschränkt die Nutzung von Grund und Boden unabhängig vom jeweiligen Eigentümer.[58]

Die Vollzugsfähigkeit eines Bebauungsplans kann an dem Artenschutzrecht scheitern, wenn dieses der Planung auf unabsehbare Zeit unüberwindbar entgegensteht.[59]

Bei der im Rahmen einer artenschutzrechtlichen Ausnahmeentscheidung vorzunehmenden Prüfung, ob sich der Erhaltungszustand der Populationen einer Art nicht verschlechtert (§ 45 Abs. 7 S. 2 BNatSchG), steht der Planfeststellungsbehörde auch für die Entscheidung, an welchem Standort Maßnahmen zum Ausgleich eines vorhabenbedingten Verlustes ergriffen werden, ein Beurteilungsspielraum zu.[60]

Im Falle eines ungünstigen Erhaltungszustands der Populationen der betroffenen Art sind Ausnahmen nach Art. 16 Abs. 1 FFH-RL zulässig, wenn sachgemäß nachgewiesen ist, dass sie weder den ungünstigen Erhaltungszustand dieser Populationen weiter verschlechtern noch die Wiederherstellung eines günstigen Erhaltungszustands behindern; darüber hinaus müssen keine „außergewöhnlichen Umstände“ vorliegen.

Soweit sich der deutschen Fassung des EuGH-Urteils zur finnischen Wolfsjagd in der amtlichen Sammlung des EuGH Abweichendes entnehmen lässt, beruht dies auf einer insoweit offensichtlich fehlerhaften Übersetzung der verbindlichen – finnischen – Fassung des Urteils in die deutsche Sprache.[61]

Setzt die artenschutzrechtliche Zulässigkeit eines Vorhabens die Erteilung von Ausnahmen für mehrere artenschutzrechtlich relevante Beeinträchtigungen voraus, die dieselbe Art betreffen, so sind die Ausnahmevoraussetzungen in einer Gesamtschau der Beeinträchtigungen zu prüfen.[62]

Bei der Frage, ob Windenergieanlagen ein signifikant erhöhtes Tötungsrisiko kollisionsbedingter Verluste von Einzelexemplaren einer (besonders) geschützten Art verursachen, steht der Genehmigungsbehörde eine naturschutzfachliche Einschätzungsprärogative zu; die gerichtliche Prüfung ist insoweit grundsätzlich auf eine Vertretbarkeitskontrolle beschränkt.[63]

Eine solche Rücknahme der Kontrolldichte setzt allerdings voraus, dass vonseiten der Behörde eine den wissenschaftlichen Maßstäben und den vorhandenen

---

[58] OVG Lüneburg, Beschl. v. 26.7.2011 – 12 LA 223/09 – Vorbescheid für Biogasanlage in der Nachbarschaft zu bestehendem Hähnchenmastbetrieb.

[59] OVG Münster, Urt. v. 17.2.2011 – 2 D 36/09.NE, DVBl 2011, 1249 = DÖV 2011, 901–902 (LS) – Test- und Präsentationsstrecke am Bilster Berg.

[60] BVerwG, Urt. v. 9.6.2010 – 9 A 20.08, DVBl 2011, 36 = NVwZ 2011, 177 – m. Anm. *Stüer* DVBl 2011, 39; *Nolte* jurisPR-BVerwG 1/2011 Anm. 5 – A 44 Querspange Bochum; BVerfG, Nichtannahme-Beschl. v. 20.7.2011 – 1 BvR 3098/10.

[61] BVerwG, Beschl. v. 17.4.2010 – 9 B 5.10, DVBl 2010, 923 (LS) = NJW 2010, 2534 m. Anm. *Nolte* jurisPR-BVerwG 16/2010 Anm. 4 – artenschutzrechtliche Ausnahme; vgl. EuGH, Urt. v. 14.6.2007 – C-342/05, Rn. 29 S. 1, Slg. 2007 I, 4713 – „Wolfsjagd“.

[62] BVerwG, Urt. v. 14.7.2011 – 9 A 12.10, NuR 2011, 866 – Ortsumgehung Freiberg; vgl. Urt. v. 22.1.2004 – 4 A 4.03, Buchholz 406.400 § 61 BNatSchG 2002 Nr. 4 S. 27 f.

[63] OVG Magdeburg, Urt. v. 26.10.2011 – 2 L 6/09 – immissionsschutzrechtliche Genehmigung von Windenergieanlagen; vgl. OVG Lüneburg, Beschl. v. 18.4.2011 – 12 ME 274/10, NuR 2011, 431.

Erkenntnissen entsprechende Sachverhaltsermittlung vorgenommen worden ist. Das Verbot des § 44 Abs. 1 Nr. 1 BNatSchG kann auch dann verletzt sein, wenn sich durch die Tötung einzelner Exemplare der Erhaltungszustand der lokalen Population der betroffenen Art nicht verschlechtert.[64]

IV. Planerische Steuerungsmöglichkeiten (Darstellungsprivileg nach § 35 Abs. 3 S. 3 BauGB)

Die Gemeinden und regionalen Planungsträger haben die Möglichkeit, privilegierte Vorhaben nach § 35 Abs. 1 Nr. 2 bis 6 BauGB zu steuern. Hierzu sind im Plangebiet durch Darstellungen des Flächennutzungsplans oder als Ziele der Raumordnung Bereiche auszuweisen, die mit der Ausschlusswirkung für das übrige Planungsgebiet verbunden werden können. Dem Darstellungsprivileg unterliegen Betriebe der gartenbaulichen Erzeugung (§ 35 Abs. 1 Nr. 2 BauGB), soweit sie über die Landwirtschaft (§§ 35 Abs. 1 Nr. 1, 201 BauGB) hinausgehen, Vorhaben der öffentlichen Versorgung, der Abwasserwirtschaft oder ein ortsgebundener gewerblicher Betrieb (§ 35 Abs. 1 Nr. 3 BauGB), Tierhaltungsanlagen und andere nicht in einem Baugebiet auszuführende Vorhaben (§ 35 Abs. 1 Nr. 4 BauGB), Anlagen der Wind- und Wasserkraft (§ 35 Abs. 1 Nr. 5 BauGB) sowie Biomasseanlagen (§ 35 Abs. 1 Nr. 6 BauGB). Das Darstellungsprivileg des § 35 Abs. 3 S. 3 BauGB bezieht sich allerdings nicht auf landwirtschaftliche Betriebe (§ 35 Abs. 1 Nr. 1 BauGB), Atomanlagen (§ 35 Abs. 1 Nr. 7 BauGB) und Anlagen zur Nutzung der Solarenergie (§ 35 Abs. 1 Nr. 8 BauGB).

Die Steuerungsmöglichkeit lebt von einem austarierten Verhältnis der Ausweisung privilegierter Vorhaben einerseits und der Ausschlusswirkung für das übrige Plangebiet andererseits. Dem Plan muss ein schlüssiges gesamträumliches Planungskonzept zugrunde liegen, das hinreichend nachvollziehbar und dokumentiert ist.[65]

Es sollte zweckmäßigerweise in vier Schritten angelegt sein. Zunächst werden im Planungsraum solche Flächen ausgeschieden, die aufgrund zwingender Vorschriften nicht für die jeweils privilegierte Nutzung in Betracht kommen (harte Ausschlusskriterien). Sodann können weitere Flächen ausgeschieden werden, in denen aufgrund von durch Abwägung hinzugefügten Kriterien die privilegierten Vorhaben ausgeschlossen sein sollen (weiche Ausschlusskriterien). Die dann verbleibenden Flächen (Weißflächen) können einer Abwägung untereinander zugeführt werden. Die verbleibenden Flächen werden als Konzentrationszonen ausgewiesen. Sodann ist zu prüfen, ob eine substanzielle Nutzung der privilegierten Vorhaben im Plangebiet gewährleistet ist.

---

[64] OVG Magdeburg, Urt. v. 26.10.2011 – 2 L 6/09 – immissionsschutzrechtliche Genehmigung von Windenergieanlagen; vgl. OVG Lüneburg, Beschl. v. 18.4.2011 – 12 ME 274/10, NuR 2011, 431.

[65] VGH Kassel, Urt. v. 17.3.2011 – 4 C 883/10.N, DVBl 2011, 648 (LS) = ZfBR 2011, 484 = NuR 2011, 573 m. Anm. *Rolshoven* ZNER 2011, 355 – Vorranggebiete für Windenergienutzung; vgl. VGH Mannheim, Urt. v. 9.6.2005 – 3 S 1545/04, BRS 69 Nr. 49; OVG Lüneburg, Urt. v. 9.10.2008 – 12 KN 35/07, ZfBR 2009, 150–155; OVG Koblenz, Urt. v. 2.10.2007 – 8 C 11412/06, NuR 2008, 709; OVG Magdeburg, Urt. v. 30.7.2009 – 2 K 142/07, ZfBR 2010, 167; BVerwG, Urt. v. 20.11.2003 – 4 CN 6.03, BRS 66 Nr. 55.

In diese Betrachtung können nicht nur die ausgewiesenen Konzentrationszonen, sondern auch andere Bereiche des Plangebietes einbezogen werden, soweit auch hier etwa durch eine entsprechende Darstellung als Ausnahme oder aufgrund eines Bestandsschutzes die nach § 35 Abs. 1 Nr. 2 bis 6 BauGB privilegierten Vorhaben zulässig sind. Auch kann etwa bei Tierhaltungsanlagen eine übergreifende Betrachtung der nach § 35 Abs. 1 Nr. 1 BauGB privilegierten landwirtschaftlichen Anlagen mit den gewerblichen Tierhaltungsanlagen nach § 35 Abs. 1 Nr. 4 BauGB erfolgen. Denn die Anlagen unterscheiden sich nicht in ihrer Ausführung, sondern (nur) nach der Frage, ob sie auf der Grundlage der Landwirtschaft nach § 201 BauGB zulässig sind oder hinsichtlich der zur Verfügung stehenden Futtergrundlage darüber hinausgehen.

Soweit das BVerwG die Anforderungen, die das Abwägungsgebot an einen Flächennutzungsplan stellt, mit dem die Ausschlusswirkung des § 35 Abs. 3 S. 3 BauGB herbeigeführt werden soll, dahingehend präzisiert hat, dass auf der Ebene des Abwägungsvorgangs in einem mehrstufigen Verfahren zunächst „harte" und „weiche" Tabuzonen zu ermitteln sind, anschließend in Bezug auf die verbleibenden sog. Potenzialflächen eine Abwägung der Windenergienutzung mit konkurrierenden öffentlichen Belangen zu erfolgen hat und schließlich auf der Ebene des Abwägungsergebnisses zu prüfen ist, ob der Windenergie in substanzieller Weise Raum geschaffen wird, wird dies teilweise als um eine von der Gemeinde zwingend zu beachtende Prüfungsreihenfolge angesehen.

Die der planenden Gemeinde obliegende Prüfung, ob der Plan ein hinreichendes Flächenpotenzial für eine Windenergienutzung gewährleistet und der Windenergie damit „substanziell" Raum verschafft, setzt die Ermittlung und Bewertung des Größenverhältnisses zwischen der Gesamtfläche der im Flächennutzungsplan ausgewiesen Konzentrationszonen und derjenigen Potenzialflächen voraus, die sich nach Abzug der Bereiche ergeben, in denen die Errichtung und der Betrieb von Windenergieanlagen aus tatsächlichen oder rechtlichen Gründen schlechthin ausgeschlossen sind („harte" Tabuzonen).

Im Rahmen der Ausarbeitung ihres Planungskonzepts muss die Gemeinde daher – nach Maßgabe dessen, was auf der Ebene des Flächennutzungsplans angemessener Weise verlangt werden kann – diejenigen Bereiche, in denen die Errichtung und der Betrieb von Windkraftanlagen zwar tatsächlich und rechtlich möglich sind, in denen nach ihren städtebaulichen Vorstellungen aber keine Windenergieanlagen aufgestellt werden sollen („weiche" Tabuzonen), von den harten Tabuzonen abgrenzen und dies nachvollziehbar dokumentieren.[66] Bei der Aufstellung von Kriterien für die „weichen" Tabuzonen hat die Gemeinde allerdings Abwägungsspielräume, solange die substanzielle Nutzung der Windenergie erhalten ist.

Die Einordnung in harte und weiche Ausschlusskriterien hängt von der Frage ab, in welchem Umfang zwingende (gesetzliche) Vorgaben für die (harten) Kriterien bestehen oder in welchem Umfang planerische Steuerungselemente in die

[66] BVerwG, Urt. v. 13.12.2012 – 4 CN 1.11; Vorinstanz OVG Berlin-Brandenburg, Urt. v. 24.2.2011 – 2 A 24.09, LKV 2011, 422 = NuR 2011, 794 = DÖV 2011, 577 (LS) m. Anm. *Neubauer* LKV 2011, 425 – Windkraftanlagen.

(weichen) Kriterien eingehen. Es empfiehlt sich in der Tendenz, den Bereich der harten Kriterien eng zu fassen und durch eine zusätzliche Transferstrecke den wechselseitigen Übergang zwischen diesen beiden Kriteriengruppen zu erleichtern. Dies würde auch davor schützen, in der angezweifelten Einsortierung in eine bestimmte Kriteriengruppe bereits einen Fehler des Auswahlverfahrens sehen zu können.

Dies zeigt das Beispiel der FFH- oder Vogelschutzgebiete.[67] Sind etwa im Planungsraum faktische Vogelschutzgebiete vorhanden, so haben sie einen vergleichsweise hohen Schutzstatus. Wird das Gebiet in nationales Recht überführt, ist damit der in der Tendenz geringere Schutzstatus eines FFH-Gebietes verbunden dadurch, dass eine Verträglichkeits- und Abweichungsprüfung ermöglicht wird. Die Hürden, in derartigen Gebieten von europäischer Bedeutung privilegierte Vorhaben nach § 35 Abs. 1 BauGB auszuweisen, sind allerdings weiterhin recht hoch. Hier muss dem gemeindlichen oder regionalen Planungsträger die Möglichkeit offen stehen, diese Bereiche ggf. auch mit zusätzlichen Schutzabständen generell von der Ausweisung solcher Vorhaben auszunehmen. Das erscheint auch zum Schutz dieser Gebiete sachgerecht. Abgesehen von den harten Ausschlusskriterien, die sich aus rechtlichen Regeln ergeben, muss der planenden Stelle ein Abwägungsspielraum bei allen Schritten offen stehen, der nur auf Abwägungsfehler und vor allem auf Nachvollziehbarkeit zu kontrollieren ist. Denn die planerische Steuerung ist gerade von abwägenden Elementen gekennzeichnet, die überall dort bestehen, wo nicht feste Regeln die wertenden Elemente der Planung eingrenzen.

In ein derartiges Konzept könnte auch ein erweiterter Bestandsschutz einbezogen werden. Etwa im Bereich der Tierhaltungsanlagen kann in Betracht kommen, unter Würdigung der Bestands- und Erweiterungsinteressen eine allgemeine Regelung zur Zulässigkeit von Tierhaltungsanlagen etwa dahingehend zu treffen, dass auch in den Ausschlussgebieten die Erweiterung oder die Neuerrichtung von Tierhaltungsanlagen zulässig sind, soweit sie die bisherigen Immissionen nicht vergrößern und das Gebot der Rücksichtnahme einhalten. Gewisse Zulässigkeiten privilegierter Vorhaben in den Ausschlussgebieten ergeben sich ohnehin aus der gesetzlichen Regelung, wonach derartige Vorhaben nur „in der Regel" ausgeschlossen sind. Dies geschieht bei Fehlen entsprechender Regelungen im Plan im Rahmen einer Einzelfallprüfung.

Auch bei der Frage der substanziellen Nutzung der privilegierten Vorhaben müssen der Gemeinde und dem regionalen Planungsträger Spielräume eingeräumt werden, die gerichtlich nur eingeschränkt kontrollierbar sind. Daher hat es die höchstrichterliche Rechtsprechung bisher abgelehnt, für die Frage einer ausreichenden substanziellen Nutzung der privilegierten Vorhaben etwa Prozentsätze im Verhältnis der nach Abzug der harten Ausschlusskriterien verbleibenden Bereiche oder im Verhältnis zwischen Weißflächen und ausgewiesenen Konzentrationszonen vorzugeben. Nur darf es sich allerdings nicht um eine reine Verhinderungsplanung handeln.

---

[67] BVerwG, Urt. v. 1.4.2004 – 4 C 2.03, BVerwGE 120, 276 = DVBl 2004, 1115 = NVwZ 2004, 1114 – Hochmoselbrücke; *Stüer* (Fn. 1), Rn. 3069.

Nach dem Entwurf eines Gesetzes Stärkung der Innenentwicklung in den Städten und Gemeinden und weiteren Fortentwicklung des Städtebaurechts[68] soll § 35 Abs. 1 Nr. 4 BauGB dahin ergänzt werden, dass sich die Privilegierung nicht auf UVP-pflichtige Tierhaltungsanlagen bezieht. Die Privilegierung soll danach nicht bestehen, wenn es sich handelt „um die Errichtung, Änderung oder Erweiterung einer baulichen Anlage zur Tierhaltung, die nicht dem Anwendungsbereich der Nummer 1 unterfällt und einer Pflicht zur Durchführung einer Umweltverträglichkeitsprüfung nach Anlage 1 des Gesetzes über die Umweltverträglichkeitsprüfung unterliegt, wobei bei kumulierenden Vorhaben für die Annahme eines engen Zusammenhangs diejenigen Tierhaltungsanlagen zu berücksichtigen sind, die auf demselben Betriebs- oder Baugelände liegen und mit gemeinsamen betrieblichen oder baulichen Einrichtungen verbunden sind".

Der gemeindliche oder regionale Planungsträger könnte auch ohne eine solche gesetzliche Regelung diese Überlegungen aufgreifen und UVP-pflichtige Vorhaben im gesamten Plangebiet ausschließen, soweit auch dann noch eine substanzielle Nutzung der Tierhaltungsanlagen gewährleistet ist. Eine entsprechende Steuerung landwirtschaftlicher Betriebe ist allerdings nur durch die Aufstellung von Bebauungsplänen möglich, weil das Darstellungsprivileg des § 35 Abs. 3 S. 3 BauGB die landwirtschaftlichen Betriebe nach § 35 Abs. 1 Nr. 1 BauGB nicht erfasst.

Eine derartige Steuerung „um den § 35 III 3 BauGB herum" bedarf allerdings entsprechender Gründe. Selbst UVP-pflichtige Tierhaltungsanlagen werden von dem Referentenentwurf zum Städtebaurecht 2012 nicht erfasst, wenn sie sich auf landwirtschaftliche Betriebe im Rahmen des § 201 BauGB beziehen. Sollen diese Anlagen gesteuert werden, bedarf es einer besonderen Rechtfertigung. Auch eine Beschränkung auf bestimmte Tiergruppen (Rinder- oder Geflügelhaltung) dürfte schwieriger zu begründen sein.

Die Gebietsausweisungen ebenso wie die Ausnahmeregelungen in den Ausschlussgebieten sollten nach Möglichkeit einfach gefasst werden. In den Ausschlussgebieten könnten ggf. Bestanderneuerungen und Erweiterungen zugelassen werden, wenn dadurch der bisherige Rahmen der Immissionen nicht erweitert wird. Es sind aber ggf. auch andere vergleichbare Regelungen denkbar, die vor allem einen Bestandsschutz und gewisse Erweiterungsinteressen sicherstellen. Einzelheiten hierzu bedürfen noch der Feinjustierung.

Nach der Rechtsprechung des BVerwG[69] muss das Gesamtkonzept der Planung in sich stimmig und fehlerfrei sein. Ist es auch nur an einer einzelnen Stelle lückenhaft oder fehlerhaft abgewogen, zerplatzt das gesamte Steuerungskonzept. Das spricht dafür, die Auswahl nicht an zu vielen Unterkriterien auszurichten und die im Rahmen des Steuerungskonzeptes getroffenen Regelungen auf wenige Grundlagen zu begrenzen. Anderenfalls besteht die Gefahr, dass eine einzelne als fehlerhaft angesehene Steuerung das Gesamtkonzept in eine Schieflage bringt.

---

[68] Drs. 17/11468 v. 14.11.2012.

[69] BVerwG, Urt. v. 17.12.2002 – 4 C 15.01, BVerwGE 117, 287 = DVBl 2003, 797 = NVwZ 2003, 733 – Feigenblatt; Urt. v. 13.3.2003 – 4 C 4.02, BVerwGE 118, 33 = NVwZ 2003, 738 = DVBl 2003, 1064 – Luftballon

Die planerische Steuerung privilegierter Anlagen kann bereits im Aufstellungsverfahren als öffentlicher Belang einem Vorhaben entgegenstehen, wenn die Planung den Stand einer „Verlautbarungsreife“[70] hat. Sprechen bei der Änderung eines Regionalplans zum Beispiel mehrere weiche Ausschlusskriterien gegen die Festlegung einer Fläche als Vorranggebiet für Windkraftanlagen und damit auch für den Ausschluss des Gebiets, so ist dieses in Aufstellung befindliche Ziel der Raumordnung soweit konkretisiert, dass es als unbenannter öffentlicher Belang nach § 35 Abs. 3 S. 1 BauGB einer dort geplanten Windkraftanlage entgegenstehen kann.[71]

Die Planungsabsicht, in etwa drei Fünfteln des Gemeindegebiets die Ansiedlung von Tierhaltungsanlagen zu steuern, kann bei entsprechender Konkretisierung der Planungsabsichten mit den Mitteln der §§ 14 und 15 BauGB flankiert werden.[72]

Das allgemein geäußerte Interesse eines Unternehmers an dem Abbau der Rohstoffe eines künftigen Konzentrationsgebiets belegt allein nicht die Abbauwürdigkeit dieser Rohstoffvorkommen. Dieses kann vielmehr nur ein Indiz für das im Rahmen des § 35 Abs. 3 S. 3 BauGB zu prüfende Merkmal sein, dem im Außenbereich privilegierten Vorhaben „substantiell Raum zu verschaffen“.[73]

Der Ausschluss von Abgrabungen in Teilen des Gebiets eines Regionalplans ist jedenfalls dann ein rechtmäßiges Ziel der Raumordnung, wenn die in der Rechtsprechung des BVerwG zu Konzentrationszonen für Windenergieanlagen aufgestellten Grundsätze beachtet werden.[74]

V. Räumlicher Teilflächennutzungsplan

Neben dem bereits seit dem EAG Bau 2004 ermöglichten sachlichen Teilflächennutzungsplan[75] ist durch § 5 Abs. 2b BauGB der räumliche Teilflächennutzungsplan getreten.[76] Danach können Flächennutzungspläne „für die Zwecke des § 35 Abs. 3 S. 3 BauGB“ auch für Teile des Gemeindegebiets aufgestellt werden. Die Regelung bezieht sich auf das Darstellungsprivileg, das eine Steuerung von nach § 35 Abs. 1 Nr. 2 bis 6 BauGB privilegierten Vorhaben ermöglicht. Die gemeindlichen und regionalen Planungsträger können die genannten privilegierten Vorhaben auf bestimmte Standorte konzentrieren und für andere Teile des

[70] Urt. v. 27.1.2005 – 4 C 5.04, BVerwGE 122, 364 – Verlautbarungsreife.

[71] VGH München, Urt. v. 17.11.2011 – 2 BV 10.2295 – Windkraftanlage.

[72] OVG Lüneburg, Beschl. v. 14.11.2011 – 1 ME 181/11 – Tierhaltungsanlagen.

[73] OVG Koblenz, Urt. v. 16.9.2011 – 1 C 11114/09 – Kiesabbau; im Anschl. an BVerwG, Urt. v. 18.1.2011 – 7 B 19.10 und Beschl. v. 18.1.2011 – 7 B 19.10, DVBl 2011, 1546 – zu den Anforderungen an die Erforderlichkeit der Ausweisung von Flächen für die Rohstoffgewinnung (Kiesabbau) im Rahmen von § 1 Abs. 3 BauGB und an die Ermittlung der Abbauwürdigkeit (wirtschaftliche Gewinnbarkeit) eines Rohstoffvorkommens im Rahmen von § 2 Abs. 3 BauGB i. V. m. § 35 Abs. 3 S. 3 BauGB.

[74] BVerwG, Beschl. v. 18.1.2011 – 7 B 19.10, NVwZ 2011, 812 = BauR 2011, 1463 – Ablehnung einer wasserrechtlichen Planfeststellung. Zur Auslegung von § 9 ROG 2008 vgl. BVerwG, Urt. v. 17.12.2002 – 4 C 15.01, BVerwGE 117, 287; Urt. v. 13.3.2003 – 4 C 4.02, BVerwGE 118, 33; Urt. v. 24.1.2008 – 4 CN 2.07, Buchholz 406.11 § 35 BauGB Nr. 376.

[75] *Krautzberger* UPR 2004, 41.

[76] Zum Folgenden *Stüer/Stüer* DVBl 2011, 1117.

Plangebietes ausschließen. Das setzt nach der Rechtsprechung des BVerwG allerdings ein in sich geschlossenes Gesamtkonzept für das Plangebiet voraus. Privilegierte Vorhaben konnten nach diesem Darstellungsprivileg nur dann gesteuert werden, wenn das gesamte Plangebiet nach Ausschluss- und Abwägungskriterien lückenlos überprüft worden ist. Fehler in den Ausschluss- oder Abwägungskriterien führen dazu, dass die Ausschlusswirkung sozusagen wie ein Luftballon zerplatzt.[77] Zudem muss nach wie vor eine substanzielle Nutzung der privilegierten Vorhaben gewährleistet sein.

§ 5 Abs. 2b BauGB i.d.F. der BauGB-Klimanovelle ermöglicht, die Darstellungen auf einen Teil des Planungsraums zu beschränken. Dies hat für die kommunalen Planungsträger den Vorteil, dass eine Überprüfung des Gesamtraumes auf der Grundlage von Ausschluss- und Abwägungskriterien nicht erforderlich ist und die Rechtssicherheit der Windenergieplanung gestärkt wird.[78] So kann die planende Gemeinde sich etwa darauf beschränken, in aus ihrer Sicht besonders schutzwürdigen Bereichen des Planungsraumes die privilegierten Vorhaben auszuschließen – allerdings mit der Folge, dass diese in den übrigen Teilen des Planungsraumes weiterhin zulässig sind. Aus der Sicht der planenden Gemeinden ist hierdurch eine begrüßenswerte Vereinfachung eingetreten, weil die planerischen Vorstellungen auch dann für einen Teilbereich des Gemeindegebietes verwirklicht werden können, wenn nicht der gesamte Planungsraum lückenlos durch Ausschluss- und Abwägungskriterien planerisch abgeprüft worden ist. Allerdings müssen auch die auf einen räumlichen Teilbereich des Planungsraums beschränkten Darstellungen sicherstellen, dass eine substanzielle Nutzung der durch den Gesetzgeber nach § 35 Abs. 1 Nr. 2 bis 6 BauGB privilegierten Vorhaben im Plangebiet gewährleistet ist.[79] Dies kann dadurch geschehen, dass im Flächennutzungsplan Vorrang-, Vorbehalts- oder Eignungsflächen für Windenergieanlagen ausgewiesen werden[80] oder in anderen (nicht in die Planung einbezogenen) Bereichen des Flächennutzungsplans ausreichende Flächen für die privilegierte Nutzung zur Verfügung stehen.[81]

VI. Teilprivilegierung

Nach § 35 Abs. 4 BauGB können den nach dieser Vorschrift teilprivilegierten Vorhaben verschiedene in § 35 Abs. 3 BauGB bezeichnete öffentliche Belange nicht entgegengehalten werden. Dabei sind diese Belange unabhängig von ihrem Gewicht schlechthin unbeachtlich.

Ein Bauherr, der ein vorhandenes Gebäude ersetzen will, muss sich im Rahmen von § 35 Abs. 2 BauGB so behandeln lassen, als wenn er an der vorgesehenen Stelle erstmalig ein Gebäude errichten wollte. Selbst die Unbewohnbarkeit eines

[77] BVerwG, Urt. v. 17.12.2002 – 4 C 15.01, BVerwGE 117, 287 = DVBl 2003, 797 = NVwZ 2003, 733 – Feigenblatt; Urt. v. 13.3.2003 – 4 C 4.02, BVerwGE 118, 33 = DVBl 2003, 1064 = NVwZ 2003, 738.

[78] *Stüer/Stüer* DVBl 2010, 1540.

[79] *Stüer/Stüer* NuR 2004, 341.

[80] *Stüer/Vildomec* BauR 1998, 427. Zu Entschädigungspflichten *Stüer* ZfBR 2004, 338.

[81] *Stüer/Stüer* DVBl 2011, 1117.

Gebäudes wegen gesundheitsgefährdender Baumaterialien führt nicht dazu, dass das Gebäude als „durch andere außergewöhnliche Ereignisse" zerstört im Sinne von BauGB § 35 Abs. 4 S. 1 Nr. 3 BauGB anzusehen wäre und es damit ein nach dieser Vorschrift begünstigtes Vorhaben darstellt. Ein Gebot der vollständigen Ermessenserwägung besteht im Gegensatz zum Abwägungsgebot nicht. Eine Behörde hat bei ihrer Ermessensentscheidung nicht alle, sondern nur die wesentlichen Gesichtspunkte des Einzelfalls einzubeziehen.[82]

Ein von § 35 Abs. 4 S. 1 Nr. 6 BauGB privilegiertes Erweiterungsvorhaben muss nicht nur den funktionalen Zusammenhang zum vorhandenen Betrieb wahren, sondern darüber hinaus auch räumlich im Verhältnis zum vorhandenen Gebäude eine Erweiterung darstellen. Unter Betrieb ist die organisatorische Zusammenfassung von Betriebsanlagen und Betriebsmitteln auf einer bestimmten Betriebsfläche zu verstehen. Maßgeblich ist – wie bei § 35 Abs. 1 Nr. 1 BauGB – eine konkret betriebsbezogene Betrachtungsweise.[83]

VII. Normenkontrolle

Die in einem Regionalplan enthaltenen Ziele der Raumordnung sind Rechtsvorschriften im Sinne des § 47 Abs. 1 Nr. 2 VwGO und können vom Zieladressaten zum Gegenstand einer Normenkontrolle gemacht werden, auch wenn der Landesgesetzgeber für den Regionalplan keine Rechtssatzform vorgibt. Der Antragsteller ist antragsbefugt, wenn er ernsthaft beabsichtigt, in dem von der Zielfestlegung betroffenen Gebiet eine immissionsschutzrechtliche Genehmigung für Windenergieanlagen zu beantragen.[84]

Zwar findet im Normenkontrollverfahren eine objektive, nicht auf die Rechtsstellung des Antragstellers beschränkte Plankontrolle statt. Gleichwohl ist das Gericht nicht gehalten, die Abwägung in Bezug auf Drittbelange in gleichem Maße zu überprüfen wie in Bezug auf die eigenen Belange des Antragstellers. Soweit sich „dritte" Planbetroffene nicht selbst gegen die Planung gewandt haben, kann eine fehlerhafte Abwägung ihrer Belange von anderen als ihnen selbst nicht allein mit dem Umstand dargetan werden, dass diese „Dritten" unter einem bestimmten Einzelaspekt besondere Nachteile hinnehmen müssen. Dies kann auch durch besondere Vorteile ausgeglichen sein, auch solchen, die im Planungsverfahren selbst nicht ausdrücklich hervorgetreten sind. Die gerichtliche Normenkontrolle darf „dritten" Planbetroffenen keine „aufgedrängte Bereiche-

---

[82] OVG Berlin-Brandenburg, Beschl. v. 28.6.2011 – OVG 2 S 15.11 – gesundheitsgefährdende Baumaterialien; vgl. BVerwG, Urt. v. 19.2.2004 – 4 C 4.03, BVerwGE 120, 130.

[83] BVerwG, Urt. v. 17.2.2011 – 4 C 9.10, BVerwGE 139, 21 = DVBl 2011, 716 (LS) = NVwZ 2011, 884 m. Anm. *Gatz* jurisPR-BVerwG 8/2011 Anm. 3 – Erweiterung eines Außenbereichsbetriebs.

[84] VGH Kassel, Urt. v. 17.3.2011 – 4 C 883/10.N, DVBl 2011, 648 (LS) = ZfBR 2011, 484 = NuR 2011, 573 m. Anm. *Rolshoven* ZNER 2011, 355 – Vorranggebiete für Windenergienutzung; vgl. VGH Mannheim, Urt. v. 9.6.2005 – 3 S 1545/04, BRS 69 Nr. 49; OVG Lüneburg, Urt. v. 9.10.2008 – 12 KN 35/07, ZfBR 2009, 150–155; OVG Koblenz, Urt. v. 2.10.2007 – 8 C 11412/06, NuR 2008, 709; OVG Magdeburg, Urt. v. 30.7.2009 – 2 K 142/07, ZfBR 2010, 167; BVerwG, Urt. v. 20.11.2003 – 4 CN 6.03, BRS 66 Nr. 55.

rung" angedeihen lassen, die ihren wahren Interessen möglicherweise zuwiderläuft.[85]

Der Außenbereich steht nach wie vor unter Druck. Die privilegierten Vorhaben verschaffen sich in der Tendenz erweiterten Raum. Zugleich hat der Schutz des Außenbereichs nach wie vor einen vorrangigen Stellenwert. Der Balanceakt eines sachgerechten Austarierens der divergierenden Nutzungsinteressen kann wohl nur gelingen, wenn die kommunale und regionale Planung durch entsprechende Steuerungsmöglichkeiten ihren eigenständigen Platz behauptet.

[85] OVG Lüneburg, Urt. v. 13.9.2011 – 1 KN 56/08, DVBl 2011, 1502 (LS) = ZfBR 2011, 780 = RdL 2011, 337 – Tierhaltungsanlagen, Einzelfallfragen zu einem großflächigen, die Tierhaltung beschränkenden einfachen Bebauungsplan in einem Gebiet mit hoher Viehdichte (Meppen), der die im Urt. des BVerwG vom 28.2.2002 (- 4 CN 5.01, DVBl 2002, 1121 – Laupheim) erörterte Festsetzungstechnik nachbildet.

KLAUS FINKELNBURG

Das Zustimmungsverfahren für Bauvorhaben öffentlicher Bauherren

Das Bauordnungsrecht der Bundesländer enthält verfahrensrechtliche Sonderregelungen für Bauvorhaben, die für einen öffentlichen Bauherrn von einer mit Fachkräften besetzten Baudienststelle ausgeführt werden.[1] Trotz mancher Unterschiede im einzelnen ist diesen Regelungen gemeinsam, dass für die von ihnen erfassten Vorhaben die Baugenehmigung durch eine bauaufsichtliche Zustimmung ersetzt wird, für die zumeist die höhere Bauaufsichtsbehörde zuständig ist. In einem dem Baugenehmigungsverfahren nachempfundenen, aber vereinfachten und verkürzten Verfahren prüft diese nicht, wie im Baugenehmigungsverfahren, die Vereinbarkeit des Vorhabens mit den Vorschriften des öffentlichen Rechts insgesamt und umfassend, sondern nur beschränkt auf bestimmte Teile des öffentlichen Rechts, insbesondere das Planungsrecht und einzelne ausdrücklich benannte Vorschriften der Bauordnung und des sonstigen öffentlichen Rechts. Im übrigen prüft die Baudienststelle, ob das Vorhaben mit dem öffentlichen Recht vereinbar ist. Eine bauaufsichtliche Bauüberwachung und Bauabnahme findet nicht statt. Sie obliegt der Baudienststelle. Eine bautechnische Prüfung durch die Bauaufsichtsbehörde entfällt in den meisten Bundesländern ganz, in anderen zumindest teilweise. Auch hierfür ist die Baudienststelle zuständig. Dies alles wirft Fragen auf, von denen einige nachfolgend erörtert werden sollen.[2]

I. Herkunft des Zustimmungsverfahrens

Wie viele der Vorschriften der Bauordnungen beruhen auch die Sonderregelungen für die von einer Baudienststelle betreuten Vorhaben öffentlicher Bauherren auf der 1959 von dem Bundesminister für Wohnungsbau und der Arbeitsgemeinschaft der für das Bau-, Wohnungs- und Siedlungswesen zuständigen Minister (ARGEBAU) erarbeiteten Musterbauordnung (MBO). Sie enthielt bereits in ihrer ursprünglichen Fassung in § 105 und in der Fassung von 1981 in

[1] So § 70 BauO Bad.-Württ., Art. 73 BayBauO, § 76 BauO Bln, § 72 BbgBO, § 79 Brem LBO, § 65 HBauO (Hamburg), § 69 HBO (Hessen), § 72 LBauO M-V, § 80 BauO NRW, § 82 NBauO (Niedersachsen), § 83 LBauO (Rheinland-Pfalz), § 77 SächsBO, § 82 BauO LSA (Sachsen-Anhalt), § 83 LBO (Schleswig-Holstein), § 75 ThürBO. Im Saarland (§ 62 LBO) gibt es, soweit ersichtlich, eine Sonderregelung nur für Vorhaben des Bundes, die der Landesverteidigung, dienstlichen Zwecken der Bundespolizei oder dem zivilen Bevölkerungsschutz dienen. Zur Vereinfachung der Zitierweise wird in dem nachfolgenden Beitrag statt der vorgenannten Bestimmungen in der Regel nur eine Kurzbezeichnung des Landes verwandt, unter der dann die einschlägige Vorschrift der jeweiligen Landesbauordnung zu verstehen ist.

[2] Eine umfassende Erörterung aller durch das Zustimmungsverfahren aufgeworfenen Fragen ist wegen des für diesen Beitrag nur begrenzt zur Verfügung stehenden Raumes nicht möglich.

§ 74 MBO Regelungen für „Bauliche Anlagen des Bundes und der Länder". Die MBO 1989 schrieb die vorausgegangene Fassung des § 74 fort, erhielt dadurch einen etwas veränderten Wortlaut, blieb im Kern jedoch unverändert und trägt seit dem die inhaltlich zwar richtige, aber weniger aussagekräftige Überschrift „Bauaufsichtliche Zustimmung". Die verfahrensrechtlichen Regelungen der MBO für Bauvorhaben öffentlicher Bauherren gehen zurück auf die „Verordnung über die baupolizeiliche Behandlung von öffentlichen Bauten" vom 20. November 1938.[3] Sie enthielt inhaltlich kein nationalsozialistisches Gedankengut, wenn man davon absieht, dass sie nach ihrem § 1 nicht nur für die Bauten des Reiches, der Länder und des „Unternehmens Reichsautobahn" galt, sondern auch für die Bauten der „Nationalsozialistischen Deutschen Arbeiterpartei, ihre Gliederungen und angeschlossenen Verbände".[4] Diese Verordnung fand mit einzelnen ihrer Regelungen Eingang in die MBO und von dort in die Bauordnungen der Länder. Die sprachlich wenig gelungenen und teilweise geradezu missglückten Formulierungen, die sich heute in den Bauordnungen finden, sind Kreationen der MBO, nicht der Verordnung von 1938.

II. Öffentlicher Bauherr

Nach der ursprünglichen Fassung des § 74 MBO war das Zustimmungsverfahren für die von einer Baudienststelle auszuführenden baulichen Anlagen „des Bundes und der Länder" bestimmt. Diese Formulierung findet sich heute noch in den Bauordnungen von Niedersachsen und Brandenburg. Die Bauordnung von Rheinland-Pfalz spricht von „Vorhaben des Bundes und der Länder sowie ihrer rechtsfähigen Anstalten, Körperschaften und Stiftungen" und trifft damit genau den Sinn von § 74 MBO a. F. Gegenstand des Zustimmungsverfahrens sollten die Bauvorhaben „in öffentlicher Trägerschaft" sein.[5] Im Wortlaut komprimierter sprechen die Bauordnungen von Mecklenburg-Vorpommern, Nordrhein-Westfalen und Sachsen-Anhalt von den Vorhaben „öffentlicher Bauherren". Inzwischen verzichtet § 74 MBO auf den genannten Zusatz und lässt damit, folgt man dem Wortlaut, das Zustimmungsverfahren einschränkungslos für alle Bauvorhaben zu, deren Ausführung einer Baudienststelle zugleich mit der Leitung der Entwurfsarbeiten und der Bauüberwachung übertragen worden ist. Diesem „bereinigten" Wortlaut sind die Bauordnungen von Bayern, Bremen, Hamburg, Sachsen-Anhalt, Schleswig-Holstein und Thüringen gefolgt, die nun ebenfalls nach ihrer Textfassung auf die Zuordnung des Bauvorhabens zu einem öffentlichen Bauherrn

[3] RGBl. I S. 1677. Auch schon davor gab es bauordnungsrechtliche Sonderregelungen für öffentliche Bauten, etwa in der Preußischen Einheitsbauordnung vom 25.4.1919. Sie sah auch für Bauten „des Reiches, des Staates, der Gemeinden und der weiteren Kommunalverbände" eine Baugenehmigung vor, verzichtete aber auf einen Nachweis der Tragfähigkeit (§ 1 D). Einer baupolizeilichen Rohbau- und Gebrauchsabnahme bedurfte es nicht, wenn das Bauvorhaben unter der Leitung von „höheren Baubeamten" ausgeführt wurde.

[4] für die ergänzend die ebenfalls am 20.11.1938 erlassene „Verordnung über die baupolizeiliche Behandlung von Bauten der Nationalsozialistischen Bewegung" (RGBl. I S. 1678) galt, die ein anschauliches und ausnahmsweise eher harmloses Beispiel ist für die Einheit von Staat und Partei in jener Zeit.

[5] So die Formulierung der BauO He.

verzichten. Es wäre jedoch verfehlt, daraus zu folgern, dass in diesen Bundesländern auch private Vorhaben von einer Baudienststelle im Zustimmungsverfahren ausgeführt werden können. Baudienststellen haben nach ihrer Zweckbestimmung die Aufgabe, Vorhaben öffentlicher Bauherren zu verwirklichen. Eine Tätigkeit für private Bauherren gehört nicht zum Aufgabenbereich von Baudienststellen.[6] Das Zustimmungsverfahren ist das spezifische bauordnungsrechtliche Verfahren für die Tätigkeit der Baudienststelle des Bundes oder eines Landes bei ihrer bestimmungsgemäßen Tätigkeit, nämlich bei der Ausführung von Bauvorhaben öffentlicher Bauherren, wie Bund, Länder oder sonstige juristische Personen des öffentlichen Rechts. Nur bei solchen Vorhaben ist das Zustimmungsverfahren anwendbar, gleichgültig, ob die Bauordnung die Zuordnung des Vorhabens zu einem öffentlichen Bauherrn ausdrücklich erwähnt oder nur stillschweigend voraussetzt. Nur in Baden-Württemberg ist nach § 70 BauO das Zustimmungsverfahren auch anwendbar, wenn „eine Kirche Bauherr ist". Problematisch bleibt in allen Bundesländern, ob das Zustimmungsverfahren auch anwendbar ist, wenn die Baudienststelle im Rahmen ihres Zuständigkeitsbereichs – den nicht die Bauordnungen abstecken, sondern das Verwaltungsorganisationsrecht des Bundes oder des Landes – Bauvorhaben für juristische Personen des Privatrechts ausführen, deren alleiniger Gesellschafter oder Mehrheitsgesellschafter die öffentliche Hand ist. Versteht man das Zustimmungsverfahren als das von den Bauordnungen den Baudienststellen des Bundes und der Länder für ihre bestimmungsgemäße Tätigkeit zur Verfügung gestellte besondere bauordnungsrechtliche Verfahren, gekennzeichnet durch eine Verlagerung bestimmter Aufgaben auf die Baudienststelle zur Wahrnehmung in eigener Verantwortung, dann ist das Zustimmungsverfahren auch anwendbar, wenn ein öffentlicher Bauherr nur mittelbar, nämlich als Allein- oder Mehrheitsgesellschafter beteiligt ist.

III. Baudienststelle

Die meisten Bauordnungen verlangen für die Anwendbarkeit des Zustimmungsverfahrens, dass die Ausführung des Bauvorhabens durch eine besondere Behörde, die „Baudienststelle" erfolgt, der die Leitung der Entwurfsarbeiten und die Bauüberwachung obliegen muss. Will der öffentliche Bauherr das Bauvorhaben ohne Einschaltung einer „Baudienststelle" ausführen, steht ihm das Zustimmungsverfahren nicht zur Verfügung. Das Bauvorhaben muss dann das sonst übliche Baugenehmigungsverfahren mit bauaufsichtsbehördlicher Bauüberwachung

---

[6] Beispielhaft Art. 52 des Zuständigkeitsanpassungs-Gesetzes vom 30.3.1975 (BGBl. I S. 718), der das „Gesetz über die Bundesbauverwaltung" enthält. In § 3 dieses Gesetzes wird die Aufgabe der Bundesbaudirektion, der damaligen Baudienststelle des Bundes – heute: Bundesamt für Bauwesen und Raumordnung – wie folgt umschrieben: Die Bundesbaudirektion ist für die Bauangelegenheiten der Verfassungsorgane des Bundes und der obersten Bundesbehörden zuständig. Sie ist ferner zuständig für die Bauangelegenheiten der Bundesrepublik Deutschland im Ausland mit Ausnahme der Bauten im Geschäftsbereich des Bundesministers der Verteidigung. Jeder Bundesminister kann der Bundesbaudirektion im Einvernehmen mit dem Bundesminister für Raumordnung, Bauwesen und Städtebau in Ausnahmefällen einzelne Bauvorhaben des Bundes übertragen, wenn dies im überwiegenden Interesse des Bundes liegt.

durchlaufen. Ausnahmen von diesem Prinzip einer eigenständigen Baudienststelle gelten in Niedersachsen und in Rheinland-Pfalz. Hier genügt es für die Anwendbarkeit des Zustimmungsverfahrens, dass das Bauvorhaben „unter der Leitung eigener geeigneter Fachkräfte vorbereitet und ausgeführt wird" (RP) bzw., dass „Bedienstete mit entsprechender Befähigung die Entwurfsarbeiten leiten und die Bauarbeiten überwachen" (Nds.). Einen Mittelweg geht Baden-Württemberg, wo das Zustimmungsverfahren anwendbar ist, wenn der öffentliche Bauherr die Leitung der Entwurfsarbeiten und die Bauüberwachung geeigneten Fachkräfte „seiner Baubehörde" übertragen hat, was, in der Sprache der anderen Bauordnungen, auch eine eigenständige Baudienststelle sein kann, aber nicht sein muss.[7]

1. Teil der öffentlichen Verwaltung

Der Begriff „Baudienststelle" bringt zum Ausdruck, dass die bauausführende Stelle Teil der öffentlichen Verwaltung sein muss, nämlich eine Behörde, deren Aufgabe das „Bauen", die Planung und Ausführung von Bauvorhaben öffentlicher Bauherren ist.[8] Ein privater Bauträger, der von einem öffentlichen Bauherrn beauftragt ist, ein öffentliches Bauvorhaben vorzubereiten und zu erstellen, kann das Zustimmungsverfahren nicht in Anspruch nehmen. Als Teil der Verwaltung unterliegt die Baudienststelle allen öffentlich-rechtlichen Bindungen, die Verfassungs- und Verwaltungsrecht der öffentlichen Verwaltung auferlegen. Ihre Mitarbeiter sind Beamte oder Angestellte des öffentlichen Dienstes. Sie übt jedoch keine hoheitliche Gewalt aus, auch nicht im Rahmen der Bauüberwachung.

2. Eigenständige Behörde

Die Baudienststelle ist zumeist nicht Teil der Behörde oder der sonstigen öffentlichen Stelle, deren Vorhaben von ihr auszuführen ist, sondern ist eine selbständige, eine eigenständige Verwaltungsbehörde oder ist die Bauabteilung einer größeren Behörde. Dies stärkt ihre Unabhängigkeit und erleichtert ihr die Prüfung, ob das geplante Vorhaben und seine Ausführung den Vorschriften des öffentlichen Rechts entsprechen. In Baden-Württemberg, Rheinland-Pfalz und Niedersachsen, deren Bauordnungen keine eigenständige „Baudienststelle" verlangen, aber natürlich auch nicht ausschließen, könnte ein öffentlicher Bauherr das Vorhaben notfalls auch mit eigenen geeigneten Fachkräften vorbereiten und ausführen und sich dabei des Zustimmungsverfahrens bedienen.

3. Personelle Besetzung

Die Baudienststelle muss mit geeigneten Fachkräften besetzt sein. Dies soll gewährleisten, dass die Baudienststelle die ihr obliegenden Aufgaben, insbesondere die Leitung der Entwurfsarbeiten und die Bauüberwachung, ordnungsgemäß und

[7] Auch die Verordnung über die baupolizeiliche Behandlung von öffentlichen Bauten von 1938 (s. Fn. 3) sah keine separate Baudienststelle vor, sondern ließ es genügen, dass das Bauvorhaben „unter der Leitung von Beamten des höheren bautechnischen Verwaltungsdienstes vorbereitet und ausgeführt wird".

[8] Eine Baudienststelle des Bundes ist das Bundesamt für Bauwesen und Raumordnung, Baudienststelle des Landes NRW das „Bau- und Liegenschaftsamt Nordrhein-Westfalen" sowie die Hochbauämter der Landschaftsverbände.

in Übereinstimmung mit den Vorschriften des öffentlichen Rechts erfüllt. Dass die Bauordnungen die personelle Ausstattung der Baudienststelle im Zustimmungsverfahren nicht der Organisationshoheit des Bundes oder der Länder überlassen, sondern eine bestimmte qualitative Besetzung vorschreiben, ist, insbesondere mit Blick auf die Baudienststelle des Bundes, kein Eingriff in Rechte des Bundes durch die Landesbauordnung. Denn die Bauordnungen regeln nicht die Besetzung der Baudienststelle des Bundes als solcher – die ausschließlich dem Bund obliegt –, sondern sie bestimmen, dass das bauordnungsrechtlich geregelte Zustimmungsverfahren nur Anwendung finden kann, wenn die Baudienststelle eine bestimmte personelle Ausstattung aufweist. Dies vorzuschreiben, liegt innerhalb der Gesetzgebungskompetenz der Länder für das Bauordnungsrecht. Die meisten Bauordnungen verlangen eine Besetzung der Baudienststelle mit mindestens einem Bediensteten mit der Befähigung zum höheren bautechnischen Verwaltungsdienst[9] oder gleichgestellten Befähigungen sowie eine ausreichende Besetzung mit sonstigen insbesondere für die Leitung der Entwurfsarbeiten und die Bauüberwachung geeigneten Fachkräften. Gelegentlich wird eine spezielle Fachrichtung des bautechnischen Verwaltungsdienstes verlangt.[10] Die besonderen Aufgaben der Baudienststelle im Zustimmungsverfahren werden sichtbar, wenn neben anderem „Kenntnisse des öffentlichen Baurechts" gefordert werden.[11] Die Baudienststelle soll in der Lage sein, bei der Leitung der Entwurfsarbeiten und der Bauüberwachung das zu beachtende öffentliche Recht zu erkennen und richtig anzuwenden. Diese spezifische Besetzung der Baudienststelle rechtfertigt es aus der Sicht von Art. 3 GG, die von ihr auszuführenden Vorhaben öffentlicher Bauherren durch die Regelungen des Zustimmungsverfahrens verfahrensmäßig, nicht materiell-rechtlich, zu privilegieren.

IV. Anwendbarkeit des Zustimmungsverfahrens

Will sich die Baudienststelle bei der Verwirklichung des Vorhabens eines öffentlichen Bauherrn des Zustimmungsverfahrens bedienen und das Vorhaben damit aus dem Baugenehmigungsverfahren und der bauaufsichtsbehördlichen Bauüberwachung und der Bauabnahme/Bauzustandsbesichtigung herauslösen,[12] muss ihr, wie es in nahezu allen Bauordnungen heißt, für das Vorhaben die „Leitung der Entwurfsarbeiten und die Bauüberwachung übertragen sein".[13] Wenn dies erfolgt

---

[9] Bay, Bln, Bbg, Bre, Hbg, SA, SH; ebenso schon die Verordnung von 1938.

[10] Hess.: Architektur- oder Bauingenieurwesen; SA: Hochbau-, Städtebau- oder Bauingenieurwesen; Thür: Hochbau- oder Bauingenieurwesen.

[11] MV, NRW, Thür.

[12] Wozu sie nicht verpflichtet ist, da das Zustimmungsverfahren nach h.M. fakultativ ist, also zur Errichtung einer baulichen Anlage für einen öffentlichen Bauherrn nicht gewählt werden muss. Die Baudienststelle kann auch das Baugenehmigungsverfahren wählen, zumal niemand den öffentlichen Bauherrn zwingen kann, ihr die Leitung der Entwurfsarbeiten oder die Bauüberwachung zu übertragen.

[13] Lediglich RP verzichtet auf die Übertragung der „Leitung der Entwurfsarbeiten und der Bauüberwachung". Hier ist das Zustimmungsverfahren anwendbar, wenn das Vorhaben des öffentlichen Bauherrns „unter Leitung eigener geeigneter Fachkräfte vorbereitet und ausgeführt wird." Diese Formulierung, die in der Sache dasselbe bedeutet, ist dem formellen und geradezu gestelzten Wortlaut der MBO und der ihr folgenden Bauordnungen de lege ferenda vorzuziehen.

ist, findet das Zustimmungsverfahren Anwendung. Dies wirft vielfältige Fragen auf.

1. Aufgabenübertragung

Wenn nach den Bauordnungen Voraussetzung für die Anwendbarkeit des Zustimmungsverfahrens ist, dass der Baudienststelle die Leitung der Entwurfsarbeiten und die Bauüberwachung übertragen worden ist, drängt sich die Frage auf, wer diese Übertragung vorzunehmen hat. Denn „Übertragung" ist ein zweiseitiger Vorgang zwischen einem Übertragenden und einem Übertragungsempfänger, hier der Baudienststelle. Die Bauordnungen von Bayern, Berlin, Bremen, Hamburg, Hessen, Sachsen, Sachsen-Anhalt und Schleswig-Holstein schweigen zu der Frage, wer der Übertragende ist und begnügen sich damit, dass der Baudienststelle die Leitung der Entwurfsarbeiten und die Bauüberwachung übertragen worden ist, von wem auch immer. Die Bauordnungen von Baden-Württemberg, Brandenburg, Mecklenburg-Vorpommern, Nordrhein-Westfalen und Thüringen beantworten die Frage, wer überträgt, indem sie bestimmen, dass der (öffentliche) Bauherr der Baudienststelle die Leitung der Entwurfsarbeiten und der Bauüberwachung übertragen haben muss. Dies ist vorstellbar bei der „Leitung der Entwurfsarbeiten", da die Erstellung des Entwurfs in der Sphäre des Bauherrn erfolgt, durch ihn oder in seinem Auftrag durch Dritte. Nicht nachvollziehbar ist eine Übertragung der Aufgabe der Bauüberwachung durch den (öffentlichen) Bauherrn auf die Baudienststelle. Denn der Bauherr, auch der öffentliche, ist nicht Träger der Bauüberwachung, die der Bauaufsichtsbehörde obliegt. Da man nicht übertragen kann, was man nicht hat, geht die Forderung nach einer Übertragung der Bauüberwachung durch den Bauherrn auf die Baudienststelle rechtlich ins Leere. Die ganze Konstruktion einer „Übertragung" von Aufgaben durch den Bauherrn oder, so nach den meisten Bauordnungen, durch einen unbekannt bleibenden Dritten,[14] ist gekünstelt und verfehlt. Dies zeigt sich auch daran, dass die Bauaufsichtsbehörde, deren Zuständigkeiten durch das Zustimmungsverfahren reduziert wird, an dem Vorgang der Schaffung der Voraussetzungen für das Zustimmungsverfahren überhaupt nicht beteiligt ist, ja von Rechts wegen nicht einmal informiert werden muss. Sie kann allenfalls als Voraussetzung der Zulässigkeit eines bei ihr von der Baudienststelle eingereichten Antrags auf Zustimmung prüfen, ob die Baudienststelle den personellen Anforderungen genügt, die die Bauordnung an ihre Besetzung stellt,[15] und ob der Baudienststelle von dem Bauherrn die Leitung der Entwurfsarbeiten eingeräumt worden ist. Liegen diese Voraussetzungen vor, dann findet das Zustimmungsverfahren statt, als dessen Folge – richtigerweise nicht als dessen Voraussetzung – die Bauaufsichtsbehörde von der Aufgabe der Bauüberwachung freigestellt und die Baudienststelle zur Bauüberwachung verpflichtet ist. Eine „Übertragung" der Aufgabe der Bauüberwachung auf die Baudienststelle nach Art einer „Zession" kann es, um es noch einmal zu wiederholen, nicht geben: Der Bauherr scheidet als Zedent aus, da er

---

[14] der jedenfalls nicht die Bauaufsichtsbehörde sein kann, da es für eine derartige Kompetenzübertragung in den Bauordnungen an einer gesetzlichen Grundlage fehlt.

[15] was in der Praxis wohl ausnahmslos der Fall sein dürfte.

nicht der Träger der Bauüberwachung ist, und die Bauaufsichtsbehörde kann nicht zedieren, da sie dafür einer gesetzlichen Grundlage bedarf, an der es fehlt. Richtig ist der Weg, den die Bauordnung Rheinland-Pfalz weist: Überträgt der öffentliche Bauherr einer dem Gesetz gemäß besetzten Baudienststelle vollständig die Vorbereitung und Ausführung eines Bauvorhabens, dann öffnet dies den Weg in das Zustimmungsverfahren und verpflichtet kraft Gesetzes anstelle der Bauaufsichtsbehörde die Baudienststelle zur Bauüberwachung.

2. Leitung der Entwurfsarbeiten

Was unter der von allen Bauordnungen[16] als Voraussetzung für die Anwendbarkeit des Zustimmungsverfahrens geforderten Übertragung der „Leitung der Entwurfsarbeiten" auf die Baudienststelle zu verstehen ist, lassen die Bauordnungen offen und im Dunkeln. Da in allen Bauordnungen wiederholt von dem „Entwurfsverfasser" die Rede ist, dem inhaltliche und formelle Pflichten auferlegt werden, kann als sicher angenommen werden, dass das Verfassen des Entwurfs, das die Aufgabe des externen oder internen Entwurfsverfassers ist, und die Leitung der Entwurfsarbeiten verschiedene Dinge sind, die sich qualitativ unterscheiden. Die Baudienststelle muss nicht die Entwürfe für das Bauvorhaben erstellen, sondern kann sie auch durch Dritte erstellen lassen, aber sie muss jederzeit die Möglichkeit haben, von den Entwürfen bereits in der Phase ihrer Entstehung Kenntnis zu bekommen, um sicherstellen zu können, dass sie den öffentlich-rechtlichen Vorschriften entsprechen. Dies rechtfertigt sich aufgrund der quasi bauaufsichtlichen Aufgaben, die der Baudienststelle im Rahmen des Zustimmungsverfahrens obliegen. So kann sie bereits in der Entstehungsphase die zustimmungsbedürftigen Vorhaben auf ihre Vereinbarkeit mit den Vorschriften des öffentlichen Rechts prüfen, und zwar umfassend, auch hinsichtlich der Vorschriften, die später zum Prüfungsprogramm der oberen Bauaufsichtsbehörde gehören. Von besonderer Bedeutung ist die Prüfung, ob das Bauvorhaben den Anforderungen entspricht, die die Bauordnung an Schallschutz und Wärmeschutz, an die Standsicherheit oder an den Brandschutz stellen, was ohne technische Nachweise, erstellt von von der Baudienststelle beauftragten staatlich anerkannten Sachverständigen, nicht möglich ist. Aus diesen Gründen muss die Baudienststelle schon in der Entstehungsphase auf die Entwürfe einwirken können, was im Rahmen der „Leitung der Entwurfsarbeiten" erfolgt und ihren eigentlichen Gegenstand ausmacht. Wird der Entwurf extern erstellt, muss durch entsprechende (werkvertragliche) Vereinbarungen mit dem externen Entwurfsverfasser sichergestellt sein, dass die Baudienststelle die rechtliche oder tatsächliche Möglichkeit hat, sich über die Entwurfsarbeiten zu unterrichten, Prüfungen, auch durch Sachverständige, vorzunehmen, um notfalls durch für den Entwurfsverfasser verbindliche Weisungen sicherstellen zu können, dass der Entwurf, auch in bautechnischer Hinsicht, den öffentlich-rechtlichen Vorschriften entspricht. Sofern die Baudienststelle den Entwurf intern durch eigene Mitarbeiter erstellen lässt, müssen diese kraft Beamtenrechts oder arbeitsrechtlich als Angestellte den Weisungen der mit der Leitung der Entwurfsar-

[16] Einzige Ausnahme: RP.

beiten betrauten Mitarbeiter der Baudienststelle unterstellt sein, damit diese in der Lage ist, die Entwurfsarbeiten zu „leiten". Letztlich ist es eine der Einreichung der Entwürfe und Pläne bei der Zustimmungsbehörde vorgelagerte umfassende Rechtmäßigkeitsprüfung, die den Kern der „Leitung der Entwurfsarbeiten" ausmacht.

3. Bauüberwachung

Weitere Voraussetzung für die Anwendbarkeit des Zustimmungsverfahrens ist nach dem Wortlaut aller Bauordnungen, dass der Baudienststelle die Aufgabe der Bauüberwachung übertragen ist. Wie dargelegt,[17] ist diese „Übertragung" eine rechtlich nicht zu erfüllende Forderung. Der Bauaufsichtsbehörde fehlt eine gesetzliche Ermächtigung, die an sich ihr obliegende Aufgabe der Bauüberwachung auf die Baudienststelle zu übertragen. Der öffentliche Bauherr kann diese Übertragung nicht vornehmen, da er nicht Träger der Bauüberwachung ist, also keine Zuständigkeit besitzt, die er auf die Baudienststelle übertragen könnte. Die Forderung der Bauordnungen, der Baudienststelle die Aufgabe der Bauüberwachung zu „übertragen", geht daher ins Leere, da auf etwas Unmögliches gerichtet. In Wirklichkeit ist die Übernahme der Bauüberwachung durch die Baudienststelle nicht Voraussetzung, sondern Folge des Zustimmungsverfahrens. Ist einer mit den geeigneten Fachkräften ausgestatteten Baudienststelle von einem öffentlichen Bauherrn die Vorbereitung einschließlich der Leitung der Entwurfsarbeiten und die Ausführung eines Bauvorhabens übertragen, dann gehört zu den Aufgaben der Baudienststelle kraft Gesetzes – nicht kraft Übertragung, die es nicht geben kann, da nichts zu übertragen ist – auch die Aufgabe der Bauüberwachung.

V. Rechtmäßigkeitsprüfung im Zustimmungsverfahren

Das Zustimmungsverfahren ist ein Verfahren eigener Art, bei dem die ihrer Natur nach bauaufsichtliche Aufgabe der Prüfung der Rechtmäßigkeit des Vorhabens teils der hoheitlich handelnden (höheren) Bauaufsichtsbehörde, teils der nicht hoheitlich handelnden Baudienststelle obliegt. Materiell-rechtliche gelten für die Vorhaben öffentlicher Bauherrn die gleichen Vorschriften und Anforderungen wie für private Vorhaben. Eine Ausnahme findet sich in § 37 BauGB, der Abweichungen von den Vorschriften von BauGB/BauNVO zulässt, wenn die öffentliche Zweckbestimmung einer baulichen Anlage des Bundes oder eines Landes dies erforderlich macht.

1. Prüfung durch die Bauaufsichtsbehörde

Die Bauaufsichtsbehörde prüft im Zustimmungsverfahren, anders als im Baugenehmigungsverfahren, das Vorhaben des öffentlichen Bauherrn nicht umfassend auf seine Vereinbarkeit mit den Vorschriften des öffentlichen Rechts. Ihre Prüfung beschränkt sich auf die Vereinbarkeit mit den Vorschriften des öffentlichen Rechts, die die Bauordnung ausdrücklich als von der Bauaufsichtsbehörde zu prüfen

[17] S. oben unter IV 1.

bestimmt hat.[18] Zu prüfen ist nach allen Bauordnungen die Vereinbarkeit mit den planungsrechtlichen Anforderungen der §§ 29 bis 38 BauGB und der BauNVO. Von den Anforderungen der Bauordnung an das Bauvorhaben sind nur die ausdrücklich als zu prüfen bezeichneten Vorschriften in den Blick zu nehmen, ferner zumeist die örtlichen Bauvorschriften und die Vorschriften, bei denen wegen des Zustimmungsverfahrens eine Entscheidung nach anderen öffentlich-rechtlichen Vorschriften entfällt oder ersetzt wird.[19] Für Abweichungen von den Bestimmungen der Bauordnung, für Ausnahmen und Befreiungen nach § 31 BauGB und für Abweichungen nach § 37 BauGB ist in der Regel die Bauaufsichtsbehörde ebenfalls zuständig. Wird die Vereinbarkeit des Vorhabens mit den zu prüfenden Vorschriften von ihr bejaht, hat die Bauaufsichtsbehörde die Zustimmung zu erteilen, die Verwaltungsakt ist.[20]

2. *Prüfung durch die Baudienststelle*

Die Prüfung der Vereinbarkeit des Vorhabens mit den von der Bauaufsichtsbehörde nicht zu prüfenden Vorschriften des öffentlichen Rechts obliegt der Baudienststelle, insbesondere die Prüfung der Vereinbarkeit mit den meisten Vorschriften der Bauordnung, darunter den Anforderungen an die Standsicherheit, an den Schutz gegen schädliche Einflüsse, den Wärmeschutz, Schallschutz und Erschütterungsschutz sowie an den Brandschutz. Außerdem obliegt der Baudienststelle die umfassende rechtliche Prüfung aller Vorhaben öffentlicher Bauherren, die zustimmungsfrei errichtet werden können, weil sie, würden sie von einem Privaten ausgeführt, genehmigungsfrei wären. Kommt die Baudienststelle zu dem Ergebnis, dass das Vorhaben den von ihr zu prüfenden öffentlich-rechtlichen Vorschriften entspricht, insbesondere die bautechnischen Anforderungen erfüllt, kann sie mit der Ausführung des Vorhabens beginnen. Einer Dokumentation der von ihr festgestellten Vereinbarkeit des Vorhabens mit den gesetzlichen Bestimmungen bedarf es nicht, wenngleich es zu empfehlen ist, die Prüfung und ihr Ergebnis aktenkundig zu machen. Keinesfalls kann die Baudienststelle ihrerseits einen den Verwaltungsakte der Zustimmung ergänzenden Verwaltungsakt erlassen, da sie keine öffentliche Gewalt ausübt und daher rechtlich nicht die Fähigkeit besitzt, Verwaltungsakte zu erlassen. Sie trifft eine „schlichte Feststellung", der keine verbindliche Rechtswirkung im Außenverhältnis zukommt.

VI. Die Zustimmung der Bauaufsichtsbehörde

Entspricht das Bauvorhaben den von der Bauaufsichtsbehörde zu prüfenden Vorschriften des öffentlichen Rechts, erteilt sie, erforderlichenfalls in Verbindung mit der Gewährung von Ausnahmen, Befreiungen oder sonstigen Abweichungen, dem Bauvorhaben ihre Zustimmung.

---

[18] Hier gibt es durchaus Unterschiede unter den Bauordnungen, doch stimmt das Prüfungsprogramm der Bauaufsichtsbehörde in den Bauordnungen in großen Teilen überein.
[19] Sog. „aufgedrängtes Recht", das hier nicht weiter erörtert werden kann.
[20] Unten unter VI 2.

1. Der Antrag auf Zustimmung

Für das zustimmungsbedürftige Bauvorhaben hat die Baudienststelle bei der (höheren) Bauaufsichtsbehörde einen Bauantrag, einen Antrag auf Zustimmung zu stellen. Das Antragsverfahren entspricht weitgehend dem Baugenehmigungsverfahren. Dem Antrag sind alle für seine Bearbeitung sowie für die Beurteilung des Bauvorhabens erforderlichen Unterlagen (Bauvorlagen) beizufügen. Zu den notwendigen Bauvorlagen gehören die Bauzeichnungen und die Baubeschreibung. Bautechnische Nachweise über Schallschutz, Wärmeschutz, Standsicherheit und Brandschutz[21] brauchen nach den meisten Bauordnungen im Zustimmungsverfahren nicht vorgelegt zu werden, da eine bautechnische Prüfung durch die Bauaufsichtsbehörde nicht stattfindet. Die Prüfung der bautechnischen Anforderungen ist in die Verantwortung der Baudienststelle verlagert.

2. Bedeutung und Rechtsnatur der Zustimmung

Die Zustimmung ist zu erteilen, wenn das Bauvorhaben den öffentlich-rechtlichen Vorschriften entspricht, deren Einhaltung von der Bauaufsichtsbehörde zu prüfen ist. Sie ist inhaltlich die öffentlich-rechtliche Erklärung, dass dem Vorhaben keine der von der Bauaufsichtsbehörde zu prüfenden öffentlich-rechtlichen Vorschriften entgegensteht. Die Zustimmung ersetzt für das Bauvorhaben des öffentlichen Bauherrn die Baugenehmigung. Gleich dieser ist die Zustimmung Verwaltungsakt, und zwar, wenn das Bauvorhaben die Rechte Dritter berührt, Verwaltungsakt mit Doppelwirkung: für den öffentlichen Bauherrn ein begünstigender und für den betroffenen Dritten ein belastender Verwaltungsakt.[22] Auch wenn Zustimmungsbehörde und Bauherr derselben juristischen Person angehören – öffentliche Bauten einer Körperschaft des Landes, dessen höhere Bauaufsichtsbehörde Zustimmungsbehörde ist –, ist die Zustimmung kein Verwaltungsinternum.[23] Auch dann enthält sie die Feststellung, dass dem Vorhaben Bestimmungen des von der höheren Bauaufsichtsbehörde zu prüfenden öffentlichen Rechts nicht entgegenstehen. Sofern das Vorhaben nicht andere, nämlich von der Baudienststelle zu prüfende Vorschriften verletzt, begründet die Zustimmung, insoweit einer Baugenehmigung vergleichbar, ein Bau- und Nutzungsrecht für das Vorhaben.[24]

3. Rechtsschutzfragen

a) Da die Zustimmung der Bauaufsichtsbehörde zu dem öffentlichen Bauvorhaben Verwaltungsakt ist, kann ein Dritter, der sich durch das Bauvorhaben in seinen Rechten verletzt fühlt, gegen die Zustimmung mit Widerspruch und Anfechtungsklage vorgehen, sofern die Rechtsverletzung auf Vorschriften beruht, die

[21] Bei großen Sonderbauten verlangen viele Bauordnungen ein Brandschutzkonzept.
[22] Hess.VGH, BRS 56 Nr. 175.
[23] So aber OVG Hamburg BRS 38 Nr. 174 und 194; zustimmend wohl auch OVG Saarlouis BRS 50 Nr. 186; anders Hess.VGH BauR 1993, 329 (339). Nur wenn die Zustimmung nachbarliche Belange regelt und deshalb dem betroffenen Dritten mit Rechtsmittelbelehrung zugestellt wird, soll sie nach OVG Hamburg BauR 1982, 259 ein Verwaltungsakt sein.
[24] Dazu Hess.VGH BauR 1993, 329.

im Zustimmungsverfahren zu prüfen waren. Nach § 212a Abs. 1 BauGB entfällt die aufschiebende Wirkung dieser Rechtsbehelfe. Zweck dieser Vorschrift ist es, zur Beschleunigung der Ausführung von Bauvorhaben beizutragen und Verzögerungen auszuschließen, die durch die aufschiebende Wirkung von Rechtsbehelfen auftreten. Daher findet § 212a BauGB auch auf die Anfechtung der Zulassung öffentlicher Bauvorhaben Anwendung,[25] zumal in Absatz 1 auch umfassend von der Anfechtung der „Zulassung eines Vorhabens" die Rede ist. Der betroffene Dritte erhält vorläufigen Rechtsschutz über einen Antrag nach § 80 Abs. 5 VwGO auf Anordnung der aufschiebenden Wirkung.

b) Verletzt das öffentliche Vorhaben Vorschriften, die nicht im bauaufsichtlichen Zulassungsverfahren zu prüfen waren, führt dies nicht zur Rechtswidrigkeit des Verwaltungsakts der Zustimmung. Gegen Rechtsverletzungen außerhalb des Prüfungskanons des Zustimmungsverfahrens kann daher nicht mit Widerspruch und Anfechtungsklage vorgegangen werden. Der Betroffene muss gegen das ihn in seinen Rechten verletzende Vorhaben mit der verwaltungsgerichtlichen Unterlassungs- oder Leistungsklage, gerichtet auf Beseitigung, vorgehen.[26] Vorläufigen Rechtsschutz erhält er durch einstweilige Anordnung nach § 123 VwGO. Denkbar ist auch, im Zivilrechtsweg Ansprüche aus §§ 906, 1004 BGB geltend zu machen.

VII. Bauüberwachung durch die Baudienststelle

1. Rechtsnatur der Bauüberwachung

Bei allen Vorhaben öffentlicher Bauherren, die im Zustimmungsverfahren errichtet werden, obliegt der Baudienststelle und nicht der Aufsichtsbehörde die Bauüberwachung. Dass eine bauaufsichtsbehördliche Bauüberwachung nicht stattfindet, wird in allen Bauordnungen ausdrücklich bestimmt. Ebenso lässt sich dem Bauordnungen eindeutig entnehmen, dass stattdessen die Baudienststelle für die Bauüberwachung zuständig ist, auch wenn die gesetzliche Floskel von der „Übertragung" der Bauüberwachung auf die Baudienststelle, wie dargelegt, konstruktiv ins Leere geht. Sicher ist, dass die Bauüberwachung der Baudienststelle nicht als hoheitliche Aufgabe obliegt. Dafür fehlt im Gesetz jeder Anhaltspunkt, jede Rechtsgrundlage. Daher kann die Baudienststelle die ihr kraft Gesetzes zugewiesene Aufgabe der Bauüberwachung nur mit den Mitteln des Privatrechts wahrnehmen. Die hierfür erforderlichen privatrechtlichen Einwirkungsmöglichkeiten auf die bauausführenden Unternehmen und deren Mitarbeiter ergeben sich insbesondere aus der allen Bauverträgen mit der öffentlichen Hand zugrunde liegenden VOB/Teil B, insbesondere aus deren § 4. Danach hat die Baudienststelle u.a. für die Aufrechterhaltung der allgemeinen Ordnung auf der Baustelle zu sorgen. Sie hat das Recht, die vertragsgemäße Ausführung der Leistung – wozu auch die Beachtung und Einhaltung der öffentlich-rechtlichen Vorschriften und etwaiger

[25] *Battis,* in: Battis/Krautzberger/Löhr, BauGB, 11. Aufl. 2009, § 212a Rn. 1; *Kalb,* in: Ernst/Zinkahn/Bielenberg, BauGB, § 212a Rn. 30.

[26] Dazu *Finkelnburg/Ortloff,* Öffentliches Baurecht, Bd. II, 5. Aufl. 2005, S. 335.

Auflagen der Zustimmung gehört – zu überwachen. Die Baudienststelle hat jederzeit Zutritt zu der Baustelle, zu den Werkstätten und Lagerräumen. Ihr ist jede Auskunft zu erteilen. Zeichnungen und andere Ausführungsunterlagen sind ihr zur Einsicht vorzulegen. Sie ist befugt, Anordnungen zur vertragsgemäßen und damit auch rechtmäßigen Ausführung der Leistung zu treffen. Äußerstenfalls kann die Baudienststelle unter der Voraussetzung des § 8 VOB/B Verträge kündigen. Die Zuständigkeit der Bauüberwachung schließt es ein, dass die Baudienststelle nach ihrem pflichtgemäßen Ermessen auch Bauabnahmen und Bauzustandsbesichtigungen vornehmen kann, die der Sache nach Formen der Bauüberwachung sind und deren Abschluss bilden.

2. *Inhalt, Art und Umfang der Bauüberwachung*

Inhaltlich entspricht die Bauüberwachung durch die Baudienststelle der gesetzlich strukturierten Bauüberwachung durch die Bauaufsichtsbehörde, allerdings ohne deren hoheitliche Befugnisse. Dies bedeutet: Die Baudienststelle überprüft in sinngemäßer Anwendung der einschlägigen Vorschriften der Bauordnung die Einhaltung der öffentlich-rechtlichen Vorschriften und Anforderungen durch das entstehende Bauvorhaben und die ordnungsgemäße Erfüllung der Pflichten der am Bau Beteiligten. Da die Bauüberwachung der Baudienststelle uneingeschränkt obliegt, ist Prüfungsgegenstand auch die Frage, ob bei der Ausführung des Vorhabens die von der höheren Bauaufsichtsbehörde geprüften Vorschriften des öffentlichen Rechts eingehalten sind. Die Bauüberwachung durch die Baudienststelle beschränkt sich mithin nicht auf die Einhaltung der zum Prüfungsprogramm der Baudienststelle gehörenden Vorschriften des öffentlichen Rechts. Die Baudienststelle kann die Bauüberwachung mit eigenen Dienstkräften durchführen. Da sie bei der Bauüberwachung keine hoheitliche Gewalt ausübt, ist es rechtlich unbedenklich, auch Fremdkräfte mit Überwachungsaufgaben zu betrauen. Die Baudienststelle kann sich der Hilfe fachkundiger Dritter bedienen, etwa staatlich anerkannter Sachverständiger oder sonstiger fachkundiger Dritter. Wie die Bauaufsichtsbehörde kann sich die Baudienststelle bei der Bauüberwachung auf Stichproben beschränken, soweit es die Bauordnung zulässt. Stellt die Baudienststelle bei Wahrnehmung der Bauüberwachung Mängel fest, die von dem bauausführenden Unternehmen trotz entsprechender Weisungen nicht abgestellt werden, kann sie nur mit den Mitteln des Zivilrechts reagieren, etwa mit der bereits erwähnten Kündigung des Bauvertrages oder durch Geltendmachung von Schadensersatz. Notfalls kann sich die Baudienststelle an die Bauaufsichtsbehörde wenden, deren Eingriffsbefugnisse nach allgemeinem Baurecht nach wie vor bestehen.[27] Diese kann nach pflichtgemäßem Ermessen auch gegenüber den dem Zustimmungsverfahren unterliegenden Bauvorhaben die erforderlichen Maßnahmen treffen, um die Einhaltung der öffentlich-rechtlichen Vorschriften sicherzustellen. Die Zuständigkeit der Baudienststelle für das Vorhaben endet mit dessen Fertigstellung. In der Betriebs- oder Nutzungsphase ist die Baudienststelle nicht

[27] Diese kann nach pflichtgemäßem Ermessen auch gegenüber den dem Zustimmungsverfahren unterliegenden Bauvorhaben die erforderlichen Maßnahmen treffen, um die Einhaltung der öffentlich-rechtlichen Vorschriften sicherzustellen.

mehr für das Vorhaben zuständig, sofern nicht mit dem öffentlichen Bauherrn eine darüber hinausgehende Zuständigkeit vereinbart worden ist.[28]

VIII. Anlagen der Landesverteidigung

Abschließend sind noch die rechtlichen Besonderheiten in den Blick zu nehmen, die für bauliche Anlagen gelten, die der Landesverteidigung dienen. Sie genießen zur Geheimhaltung der Baupläne in allen Bauordnungen eine weitergehende Privilegierung:[29] Sie bedürfen keiner Baugenehmigung oder Zustimmung, sondern sind lediglich der obersten[30] oder oberen[31] Baubehörde oder der Bauaufsichtsbehörde[32] „in geeigneter Weise zur Kenntnis zu bringen", wie es alle Bauordnungen gleichlautend bestimmen. Im übrigen wirken die Bauaufsichtsbehörden nicht mit, wie es, wiederum gleichlautend, in allen Bauordnungen heißt. Eine Beteiligung der höheren Verwaltungsbehörde ergibt sich allerdings kraft Bundesrechts aus § 37 Abs. 2 BauGB,[33] falls es die besondere Zweckbestimmung der baulichen Anlage erforderlich macht, von den Vorschriften des BauGB oder der BauNVO abzuweichen, was Abs. 1 dieser Vorschrift zulässt. Dies alles wirft interessante Rechtsfragen auf, denen jedoch wegen des nur beschränkten Raumes in diesem Beitrag nicht nachgegangen werden kann.

[28] Nach der BauO Bay trägt die Baudienststelle auch die Verantwortung dafür, dass die bauliche Anlage hinsichtlich ihrer Unterhaltung den öffentlich-rechtlichen Vorschriften entspricht. In den anderen Bundesländern, die keine vergleichbare Regelung enthalten, ist nach Fertigstellung des Bauvorhabens ausschließlich der öffentliche Bauherr verantwortlich, vorbehaltlich weitergehender Vereinbarungen.

[29] So nahezu gleichlautend § 70 Abs. 3 BW, § 76 Abs. 4 Bln, § 79 Abs. 5 Bre, § 62 Abs. 6 Hbg, § 62 Abs. 5 He, § 77 Abs. 5 MV, § 82 Abs. 4 Nds, § 83 Abs. 4 RP, § 77 Abs. 5 Sa, § 82 Abs. 5 SA, § 77 Abs. 6 SH, § 75 Abs. 5 Thü; etwas enger § 80 Abs. 5 NRW: „…die der Landesverteidigung dienen und in militärischen Sicherheitsbereichen liegen". Weiterreichend Art. 73 Abs. 4 Bay: „…die der Landesverteidigung, dienstlichen Zwecken der Bundespolizei oder dem Zivilschutz dienen."; ähnlich § 62 Saar. Diese weite Fassung ist offensichtlich in Anlehnung an § 37 Abs. 2 BauGB entstanden.

[30] So in BLN, Bbg, Bre, MV, Saar

[31] So in BW, Bay, Nds, NRW, RP, Sa, SA, Thür

[32] So in SH, He, Hbg, was möglicherweise die Geheimhaltung erschwert.

[33] was § 72 III Bbg ausdrücklich anspricht.

STEPHAN GATZ

Planerische Steuerung der Windenergie

Windenergieanlagen sind wegen ihrer Geräuschimmissionen, ihres Platzbedarfs und der günstigeren Windverhältnisse grundsätzlich auf einen Standort im bauplanungsrechtlichen Außenbereich angewiesen. Sie gehören nach § 35 Abs. 1 Nr. 5 BauGB zu den Vorhaben, die im Außenbereich privilegiert zulässig sind. Ihre Vorzugsstellung ist freilich relativiert. Die Rechtsfolge, dass die Anlagen im Spannungsverhältnis mit den in § 35 Abs. 3 S. 1 BauGB beispielhaft aufgezählten öffentlichen Belangen ein besonderes Durchsetzungsvermögen haben, ist durch die Regelung in § 35 Abs. 3 S. 3 BauGB eingeschränkt. Danach stehen öffentliche Belange u.a. einem Vorhaben, das der Erforschung, Entwicklung und Nutzung der Windenergie dient, in der Regel auch dann entgegen, soweit hierfür durch Darstellungen im Flächennutzungsplan oder als Ziele der Raumordnung eine Ausweisung an anderer Stelle erfolgt ist.

Dass der Gesetzgeber neben anderen Vorhaben auch Windenergieanlagen unter einen „Planvorbehalt" gestellt hat, beruht auf der Einschätzung, dass die Anlagen ein Massenphänomen sind, das ohne Planung zu einer unerwünschten „Verspargelung" der Außenbereichslandschaft führen würde.[1] § 35 Abs. 3 S. 3 BauGB enthält ein Instrument zur Anlagenkontingentierung. Durch positive Standortzuweisung an einer oder auch an mehreren Stellen im Plangebiet erhalten die Raumplanung, insbesondere die Regional- bzw. Gebietsentwicklungsplanung, und die Gemeinden die Möglichkeit, den übrigen Planungsraum von den durch den Gesetzgeber privilegierten Anlagen freizuhalten.

I. Standortsteuerung durch Flächennutzungsplanung

1. Allgemeines

Die Stellung der Gemeinde ist durch § 35 Abs. 3 S. 3 BauGB aufgewertet worden. Zwar hatte und hat sie durch ihren Anspruch auf Beteiligung nach § 36 BauGB die Möglichkeit, auf die Ansiedlung von Vorhaben im Außenbereich Einfluss zu nehmen. Die Befugnis, in den Fällen, in denen ein nach § 35 BauGB zulässiges Vorhaben ihren planerischen Vorstellungen nicht entspricht, durch Aufstellung eines Bebauungsplans die planungsrechtlichen Grundlagen für die Zulässigkeit eines Vorhabens zu ändern und zur Sicherung der Planung das Mittel der Veränderungssperre zu ergreifen, ermöglicht aber regelmäßig nicht die Freihaltung derjenigen Teile des Außenbereichs, in denen nach dem Willen der Gemeinde Windenergieanlagen nicht errichtet werden sollen; denn eine Verände-

[1] BVerwGE 117, 287 (293).

rungssperre darf erst erlassen werden, wenn die Planung, die sie sichern soll, ein Mindestmaß dessen erkennen lässt, was Inhalt des zu erwartenden Bebauungsplans sein soll.[2] Wesentlich ist dabei, dass die Gemeinde bereits positive Vorstellungen über den Inhalt des Bebauungsplans entwickelt hat. Eine Negativplanung, die sich darin erschöpft, einzelne Vorhaben auszuschließen, reicht nicht aus.

Die Gemeinde hat keine Pflicht, Konzentrationszonen auszuweisen. § 35 Abs. 3 S. 3 BauGB enthält nur eine Ermächtigung. Die Gemeinde kann sowohl auf eine Planung verzichten als sich auch auf die Darstellung von Positivflächen für die Windenergienutzung beschränken, ohne zugleich von der Befugnis der Planvorbehaltsregelung des § 35 Abs. 3 S. 3 BauGB Gebrauch zu machen.[3] Die steuernde Wirkung des § 35 Abs. 3 S. 3 BauGB entfaltet der Flächennutzungsplan nur dann, wenn er wirksam, namentlich mit § 1 Abs. 3 S. 1 BauGB, § 1 Abs. 4 BauGB und § 1 Abs. 7 BauGB vereinbar ist.

2. *Erforderlichkeit (§ 1 Abs. 3 S. 1 BauGB)*

Bauleitpläne sind erforderlich, wenn sie nach der planerischen Konzeption der Gemeinde als erforderlich angesehen werden können. Diese Voraussetzung erfüllt eine Planung nicht, die sich als nicht vollzugsfähig erweist, weil ihr auf unabsehbare Zeit unüberwindbare tatsächliche oder rechtliche Hindernisse entgegenstehen.[4] Ein unüberwindbares tatsächliches Hindernis ist z. B. die mangelnde Windhöffigkeit einer Konzentrationsfläche. Ein rechtliches Hindernis ist gegeben, wenn die Errichtung von Windenergieanlagen in den Konzentrationsflächen an den Anforderungen anderer Gesetze scheitern muss. Als rechtliches Ausschlusskriterium kommt das Schutzregime der FFH-Richtlinie und der Vogelschutzrichtlinie in Betracht. Rechtlich zwingend kann der Planung von Vorrangflächen auch entgegenstehen, dass sich die maßgeblichen Immissionsgrenzwerte nicht einhalten lassen.[5]

Die Frage, ob ein Flächennutzungsplan wegen eines Verstoßes gegen § 1 Abs. 3 Satz 1 BauGB unwirksam ist, wenn die Konzentrationsfläche im Geltungsbereich einer Landschaftsschutzverordnung liegt, die die Errichtung baulicher Anlagen jeder Art untersagt, hat das BVerwG für den Fall verneint, dass der Gesetzgeber davon absieht, einer von ihm getroffenen Verbotsregelung absolute Geltung beizulegen. Schaffe er zwar einen Verbotstatbestand, eröffne er aber gleichzeitig eine Abweichungsmöglichkeit, so schränke er die Verbotswirkungen insoweit selbst von vornherein ein. Seien die Voraussetzungen, an die er den Ausnahmevorbehalt knüpfe, objektiv erfüllt, so könne von einem unüberwindlichen rechtlichen Hindernis im Sinne der zu § 1 Abs. 3 S. 1 BauGB ergangenen Rechtsprechung keine Rede sein.[6] Die Entscheidung begegnet Zweifeln. Die Rechtsprechung zu § 1 Abs. 3 S. 1 BauGB ist zu Bauleitplänen ergangen, deren städtebauliche Wirkung auf das Gebiet beschränkt ist, das mit ihnen überplant wird. Bei Flächennutzungs-

---

[2] BVerwGE 120, 138 (146).
[3] *Tigges* ZNER 2012 127 (129).
[4] BVerwG Buchholz 406.11 § 6 BauGB Nr. 7; BVerwGE 109, 246 (249 f.); BVerwGE 117, 351 (353); BVerwGE 120, 239 (241).
[5] BVerwGE 109, 246 (249 f.).
[6] BVerwGE 117, 287 (290).

plänen mit der Rechtsfolge des § 35 Abs. 3 S. 3 BauGB werden indes innergebietliche mit außengebietlichen Wirkungen kombiniert. Das BVerwG hebt hervor, dass sich das Zurücktreten der Privilegierung in Teilen des Plangebiets nur dann rechtfertigen lässt, wenn die Gemeinde sicherstellt, dass sich die betroffenen Vorhaben an anderer Stelle gegenüber konkurrierenden Nutzungen durchsetzen.[7] Damit die Rechtsfolge des § 35 Abs. 3 S. 3 BauGB eintritt, muss also die Errichtung von Windenergieanlagen in den Konzentrationszonen rechtlich gesichert sein. Das ist aber nicht schon dann der Fall, wenn die Errichtung von Windenergieanlagen in den Konzentrationszonen nicht auf Dauer ausgeschlossen ist. Die Möglichkeit, dass Ausnahmen oder Befreiungen erteilt werden, reicht deshalb nicht aus, um einem Flächennutzungsplan, der in einem Landschaftsschutzgebiet eine oder mehrere Konzentrationsflächen darstellt, die Rechtswirkungen des § 35 Abs. 3 S. 3 BauGB zuzubilligen. Notwendig ist vielmehr eine Aufhebung des landschaftsschutzrechtlichen Verbots durch Herausnahme der für die Konzentrationszone vorgesehenen Fläche aus dem Geltungsbereich der Landschaftsschutzverordnung.

3. Anpassungsgebot (§ 1 Abs. 4 BauGB)

Die Gemeinde unterliegt einem überregionalen Anpassungsgebot (§ 1 Abs. 4 BauGB). Über seine Ziele nimmt das Raumordnungsrecht, in der Regel über Regionalpläne, auf die Bauleitplanung Einfluss. Auf die Raumbedeutsamkeit von Windenergieanlagen kommt es in diesem Zusammenhang nicht an. Das Anpassungsgebot des § 1 Abs. 4 BauGB gilt für alle Bauleitpläne unabhängig von ihrer Raumbedeutsamkeit.[8] Es greift insoweit über die raumordnungsrechtliche Beachtenspflicht nach § 4 Abs. 1 Satz 1 ROG hinaus. Die Gemeinde kann also nicht autonom ihre eigene Windenergiepolitik betreiben. Sie ist freilich an der „Zielfindung“ zu beteiligen.

Die Pflicht zur Anpassung, die § 1 Abs. 4 BauGB statuiert, reicht weit. Sie ist nicht auf eine „punktuelle Kooperation“, sondern auf dauerhafte Übereinstimmung der Ebenen der übergeordneten Landesplanung und der gemeindlichen Bauleitplanung gerichtet.[9] Daraus folgt nicht nur eine Anpassungspflicht, wenn die Gemeinde Bauleitpläne aus eigenem Entschluss und allein aus städtebaulichen Gründen aufstellt oder ändert, sondern auch eine Verpflichtung zu planerischem Tätigwerden, wenn allein geänderte oder neue Ziele der Raumordnung eine Anpassung der Bauleitpläne erfordern.

Die Intensität der Bindung wird von der inhaltlichen Formulierung der landesplanerischen Zielvorgabe bestimmt. Ziele der Raumordnung enthalten in der Regel Konkretisierungsmöglichkeiten für nachgeordnete Planungen. Die Gemeinde ist umso enger an die Ziele der Raumordnung gebunden, je detaillierter diese gefasst sind. Von einer Konzentrationsflächenplanung im Regionalplan darf sich die Gemeinde nicht lösen; die Darstellung einer Konzentrationszone im Flächennutzungsplan außerhalb eines im Regionalplan festgelegten

---

[7] BVerwGE 117, 287 (294).
[8] BVerwGE 117, 351 (355).
[9] BVerwGE 119, 25 (39).

Konzentrationszonenbereichs ist wegen Verstoßes gegen das Anpassungsgebot unwirksam. Konkretisierungen auf der Ebene der Bauleitplanung kommen nur in Betracht, wenn die Konzentrationszone nach dem Willen des Flächennutzungsplaners räumlich in einem Bereich liegen soll, den auch der Regionalplaner als Windvorrangzone vorgesehen hat.[10] Spielraum besteht beispielsweise, wenn sich die Flächennutzungsplanung nach der Erläuterung zu einem Gebietsentwicklungsplan an der allgemeinen Größenordnung und annähernden räumlichen Lage der raumordnerischen Vorgaben zu orientieren hat.[11] Auch können z. B. die Erläuterungen bezogen auf den Schutz von Wald klarstellen, dass im Rahmen der Gebietsentwicklungsplanung nur der Schutz von größeren geschlossenen Waldbereiche berücksichtigt worden sei, und, sofern im Einzelfall kleinere Waldbereiche von Konzentrationszonen überlagert würden, diese in den nachfolgenden Planungsstufen zu sichern seien. Die Gemeinde muss sich freilich davor hüten, die auf regionalplanerischer Ebene im Sinne einer abschließend abgewogenen verbindlichen Letztentscheidung getroffene Festlegung, dass der betreffende Bereich – vorbehaltlich der vom Plangeber des Gebietsentwicklungsplans ausdrücklich eingeräumten Möglichkeit zu nachfolgenden Konkretisierungen der Konzentrationsbereiche auf nicht geprüfte Schutzanforderungen – grundsätzlich für Windenergienutzungen geeignet ist, nochmals räumlich begrenzt auf den Konzentrationsbereich einer eigenständigen Prüfung dahin zu unterziehen, ob und in welchem räumlichen Umfang diese Eignung nach ihren planerischen Vorstellungen letztlich überhaupt bejaht werden kann. Abstrakt formuliert darf der Regionalplan also nicht durch die nachvollziehende Bauleitplanung der Kommunen ausgehöhlt werden. Wo die Grenze zwischen der noch zulässigen zur schon unzulässigen Einschränkung bzw. Wegplanung verläuft, lässt sich nicht generalisierend sagen. Beschränkt sich die im Flächennutzungsplan dargestellte Fläche auf zwei Drittel der Vorrangfläche im regionalen Raumordnungsplan, so wird darin keine Konkretisierung der Zielfestlegung mehr gesehen werden können.[12] Bleiben nicht einmal 10 % der ursprünglich von der Regionalplanung vorgesehenen Windvorrangbereiche übrig, orientiert sich die Flächennutzungsplanung erst recht und nicht einmal ansatzweise an der allgemeinen Größenordnung und der annähernden räumlichen Lage der festgelegten Bereiche des Regionalplans und demzufolge an den übergeordneten Zielen der Raumordnung.[13] Ist im Regionalplan nicht konkret berücksichtigt worden, dass in den festgelegten Konzentrationszonen Außenbereichsnutzungen in Form von Wohngebäuden vorhanden sind, die vor unzumutbaren Immissionen geschützt werden müssen, kann die Bauleitplanung um die Wohngebäude Schutzabstände legen, die so dimensioniert sind, dass der erforderliche Schutz insbesondere vor Lärm sicher gewahrt wird. Eine zu großzügige Bemessung, die im Ergebnis den Willen des Regionalplaners konterkariert, muss sich aber mit dem Verdikt eines Verstoßes gegen § 1 Abs. 4 BauGB abfinden.

---

[10] OVG Greifswald, Urt. v. 9.4.2008 – 3 L 84/05.
[11] OVG Münster BRS 69 Nr. 8.
[12] OVG Koblenz NuR 2008, 419 (421).
[13] OVG Münster BRS 69 Nr. 8.

4. *Abwägungsgebot (§ 1 Abs. 7 BauGB)*

Kernelement jeder Bauleitplanung ist die Abwägung (§ 1 Abs. 7 BauGB). Bei der Aufstellung eines Flächennutzungsplans, dem die Wirkungen des § 35 Abs. 3 S. 3 BauGB zukommen sollen, hat sich der Abwägungsvorgang im Grundsatz an den strukturellen Vorgaben auszurichten, die für die Aufstellung von Bauleitplänen und die dabei zu beachtenden Abwägungsschritte entwickelt worden sind.[14]

Nach Auffassung des BVerwG muss einem Plan, wenn er die Rechtswirkungen des § 35 Abs. 3 S. 3 BauGB entfalten soll, ein schlüssiges Plankonzept zugrunde liegen, das sich auf den gesamten Außenbereich erstreckt.[15] Die gemeindliche Entscheidung muss nicht nur darüber Auskunft geben, von welchen Erwägungen die positive Standortzuweisung getragen wird, sondern auch deutlich machen, welche Gründe es rechtfertigen, den übrigen Planungsraum von Windenergieanlagen freizuhalten. Die Ausweisung an bestimmter Stelle muss Hand in Hand mit der Prüfung gehen, ob und inwieweit die übrigen Gemeindegebietsteile als Standorte ausscheiden. Die öffentlichen Belange, die für die negative Wirkung der planerischen Darstellung ins Feld geführt werden, sind mit dem Anliegen, der Windenergienutzung „an geeigneten Standorten eine Chance" zu geben, die ihrer Privilegierung gerecht wird, nach Maßgabe des § 1 Abs. 7 BauGB abzuwägen.

Die Auswahl von Standorten für die Windenergie erfolgt stufenweise, wobei vom BVerwG[16] noch zu klären sein wird, ob die Prüfungsreihenfolge zwingend ist.[17] Am Beginn des Abwägungsvorgangs steht die Ermittlung der für die Nutzung der Windenergie geeigneten Gemeindeflächen (Potenzialflächen). Die Potenzialflächen sind diejenigen Flächen, die übrig bleiben, wenn von der Gesamtheit der Außenbereichsflächen diejenigen Flächen als so genannte „Tabuzonen" (Vorwegausscheidungsflächen) abgezogen werden, die sich für eine Windenergienutzung aus rechtlichen oder tatsächlichen Gründen nicht eignen („harte" Tabuzonen). Zu den Tabuzonen gehören auch die Flächen, auf denen nach Einschätzung der planenden Gemeinde die Errichtung von Windenergieanlegen von vornherein ausgeschlossen werden „soll" („weiche" Tabuzonen),[18] z. B. um schutzwürdige Sichtachsen freizuhalten. Ferner darf die Gemeinde planerisch einen „Freihaltebelang" verfolgen, indem sie Siedlungserweiterungsflächen aussondert,[19] also Flächen, die über kurz oder lang Bauland werden sollen. Sind die Potenzialflächen herausgefiltert, sind in einem nächsten Schritt die öffentlichen Belange, die gegen ihre Einbeziehung in eine Konzentrationszone sprechen, mit dem Anliegen abzuwägen, der Windenergienutzung eine Chance zu geben, die ihrer Privilegierung gerecht wird. Die Gemeinde ist nicht gezwungen, alle Potenzialflächen als Konzentrationszonen darzustellen. Ihr ist es nicht verwehrt, den Stellenwert der Windenergienutzung in der Konkurrenz mit anderen Belangen als einen Abwägungsposten zu behandeln, der, je nachdem welches Gewicht ihm

---

[14] Grundlegend BVerwGE 34, 301.
[15] BVerwGE 117, 287 (298)
[16] BVerwG 4 CN 1.11 und BVerwG 4 CN 2.11.
[17] Bejahend OVG Berlin-Brandenburg NuR 2011, 794 (797).
[18] BVerwGE 122, 109 (112).
[19] BVerwG NVwZ 2002, 1114 (1116).

in der konkreten Planungssituation zukommt, nach den zum Abwägungsgebot entwickelten allgemeinen Grundsätzen überwindbar ist.[20] § 35 Abs. 1 Nr. 5 BauGB enthält keine normative Gewichtungsvorgabe des Inhalts, dass die Gemeinde die Windenergie auf ihrem Gebiet bestmöglich fördern muss.[21]

Die in die Abwägung einzustellenden Belange sind – jedenfalls auch – dem Katalog des § 35 Abs. 3 S. 1 BauGB zu entnehmen. Da nach dem Modell des § 35 Abs. 3 S. 3 BauGB die positive und negative Darstellung von Konzentrationsflächen einander bedingen und sich das Zurücktreten der Privilegierung in Teilen des Plangebiets nur rechtfertigen lässt, wenn die Gemeinde sicherstellt, dass sich die betroffenen Vorhaben an anderer Stelle durchsetzen, kommt den öffentlichen Belangen, denen an sich erst auf der Ebene der Vorhabenzulassung Rechnung zu tragen ist, schon auf der Ebene der Flächennutzungsplanung rechtliche Bedeutung zu.[22] Der Flächennutzungsplan, der im Anwendungsbereich des § 35 Abs. 3 S. 3 BauGB eine dem Bebauungsplan vergleichbare Funktion erfüllt,[23] muss gewährleisten, dass die Errichtung der in den Positivflächen konzentrierten Anlagen regelmäßig nicht nach § 35 Abs. 3 S. 1 BauGB an entgegenstehenden öffentlichen Belangen scheitert.

Die Nutzungskonflikte im Spannungsfeld von Pro und Contra der Windenergie sind zahlreich. So kann z. B. die Erhaltung eines reizvollen Landschaftsbildes dafür sprechen, Windenergieanlagen auszuschließen. Auch Belange des Immissionsschutzes können gegen Windenergieanlagen mobilisiert werden. Die Gemeinde ist nicht gehalten, im Interesse von Bauinteressenten Nutzungen bis an die Grenze dessen zu ermöglichen, was anhand der Maßstäbe des Immissionsschutzrechts gerade noch zulässig ist, ohne als schädliche Umwelteinwirkungen im Sinne des § 3 Abs. 1 BImSchG qualifiziert werden zu können.[24] Die Gemeinde darf Schutzzonen um schutzwürdige Nutzungen (z. B. Streusiedlungen, landwirtschaftliche Betriebe) herumlegen, die so dimensioniert sind, dass sie immissionsschutzrechtlich „auf der sicheren Seite" ist.[25] Örtliche Besonderheiten können außer Betracht bleiben. Eine typisierende Betrachtungsweise ist gerechtfertigt, weil während des „Suchlaufs" weder die Anzahl und der konkrete Standort der künftigen Anlagen noch ihr Emissionsverhalten (Höhe, Nennleistung, Typ) bekannt ist.[26] Abwägungsfehlerhaft ist eine am Vorsorgegrundsatz des § 5 Abs. 1 Nr. 2 BImSchG orientierte Planung im Rahmen des Darstellungsprivilegs des § 35 Abs. 3 S. 3 BauGB erst dann, wenn sie auch unter Berücksichtigung des Gestaltungsspielraums, den der Gesetzgeber der Gemeinde zubilligt, städtebaulich nicht mehr begründbar ist.[27] Aus immissionsschutzrechtlicher Sicht sind Abstände zu Kur- und Klinikbereichen von 1 200 m, zu Wohnbebauung von 750 m und zu Gewerbegebieten von 500 m gebilligt,[28] ein Abstandsgebot zu Einzelanlagen und Wei-

[20] BVerwGE 117, 287 (296).
[21] BVerwGE 117, 287 (292).
[22] BVerwGE 124, 132 (144)
[23] BVerwGE 137, 74 (84).
[24] BVerwGE 117, 287 (301).
[25] OVG Lüneburg RdL 2005, 66 (68).
[26] OVG Lüneburg ZfBR 2009, 150 (153).
[27] BVerwGE 117, 287 (301).
[28] OVG Bautzen SächsVBl. 2005, 225 (228).

lern von 500 m beanstandet worden.[29] Auch zum Schutz des Orts- und Landschaftsbildes dürfen große Schutzabstände gewählt werden. Freilich ist das schematische Festhalten daran fehlerhaft, wenn die Vorbelastung durch bereits errichtete Windenergieanlagen nicht berücksichtigt wird.[30] Unter dem Gesichtspunkt des Naturschutzes ist es zulässig, Pufferzonen um Nationalparke, festgesetzte, ausgewiesene oder einstweilig sichergestellte Naturschutzgebiete, Naturdenkmale und geschützte Landschaftsbestandteile und Biotope, Europäische Vogelschutzgebiete, FFH-Gebiete sowie nachgewiesene avifaunistisch bedeutsame Rast-, Nahrungs-, Mauser- und Brutplätze herumzulegen. Der brandenburgische Windkrafterlass[31] empfiehlt Schutzabstände zu Brut- und Rastgebieten gefährdeter Vogelarten, zu Rast- und Überwinterungsgebieten von Zugvögeln und zu den Außengrenzen von Naturschutzgebieten von 1 000 m, zu geschützten Landschaftsbestandsteilen von 500 m.

Der Abwägung sind, wie bei jeder Planung, Grenzen gesetzt. § 35 Abs. 3 S. 3 BauGB lässt es nicht zu, das gesamte Gemeindegebiet mit dem Instrument des Flächennutzungsplans für die Windenergie zu sperren.[32] Auch eine Alibiplanung durch die Ausweisung von Zonen im Klein(st)format ist kein Ergebnis, dass der Abwägungskontrolle stand hält. Vielmehr muss für die Windenergienutzung in substanzieller Weise Raum geschaffen werden. Mit einer bloßen „Feigenblatt"-Planung, die auf eine verkappte Verhinderungsplanung hinausläuft, darf es nicht sein Bewenden haben.[33] Erkennt die Gemeinde, dass sie für die Windenergienutzung nicht genügend Flächen bereit hält, hat sie ihr Konzept zur Auswahl der Potenzialflächen nochmals zu überprüfen und ggf. zu ändern. Je kleiner die für die Windenergienutzung verbleibenden Flächen ausfallen, desto kritischer ist das gewählte methodische Vorgehen zu hinterfragen und desto intensiver ist der Frage nachzugehen, ob mit Blick auf die örtlichen Verhältnisse z. B. auch kleinere Pufferzonen als Schutzabstand genügen.[34] Vor diesem Hintergrund kann die schematische Beibehaltung eines Abstands von 1000 m zu vorhandenen Siedlungsflächen fehlerhaft sein.[35] Gleiches gilt für die Planung einer Verbandsgemeinde, die pauschal und ohne Einzelfallprüfung für alle angehörigen Gemeinden eine besondere Bedeutung für den Fremdenverkehr annimmt.[36]

Wo die Grenze zwischen einer Konzentrationsflächenplanung, die der Windenergienutzung substanziell Raum verschafft, und einer Verhinderungsplanung verläuft, lässt sich nach Auffassung des BVerwG nicht abstrakt bestimmen[37]: Beschränke sich die Gemeinde darauf, eine einzige Konzentrationszone auszuweisen, so sei dies, für sich genommen, noch kein Indiz für einen fehlerhaften Gebrauch der Planungsermächtigung. Auch Größenangaben seien, isoliert betrachtet, als Kriterium ungeeignet. Wann die Grenze zur Verhinderungsplanung überschritten sei, könne erst nach

[29] OVG Lüneburg NVwZ 1999, 1358 f.
[30] VGH Kassel DVBl 2009, 717 (719).
[31] BbgABl. 1996, 654.
[32] BVerwGE 117, 287 (294).
[33] BVerwGE 117, 287 (295); BVerwGE 122, 109 (111).
[34] BVerwG NVwZ 2008, 559 (560).
[35] Ebda.
[36] Ebda.
[37] BVerwGE 117, 287 (295).

einer Würdigung der tatsächlichen Verhältnisse im jeweiligen Planungsraum beurteilt werden.[38] Während es das BVerwG zwischenzeitlich für nicht ausgeschlossen gehalten hat, dass es in tatsächlicher Hinsicht möglich sei, für bestimmte Arten von Gemeinden Richtwerte zu bestimmen, bei deren Unterschreitung im Regelfall anzunehmen sei, dass der Windenergie nicht in substanzieller Weise Raum geschaffen worden sei,[39] ist es mittlerweile wieder zu seiner ursprünglichen Linie zurückgekehrt und hat die Instanzgerichte davor gewarnt, im Wege der tatrichterlichen Dezision ein verbindliches, abstraktes Mindestmaß festzulegen.[40]

Die Instanzgerichte tun sich mit der Abwägungskontrolle schwer. Sie kommen einerseits nicht um die Tatsache herum, dass die Beantwortung der Frage, ob für die Windenergienutzung in substanzieller Weise Raum geschaffen wird, die Bildung eines Vergleichsmaßstabs voraussetzt, zu dem der Umfang der erlaubten Windenergienutzung in Beziehung gesetzt wird, müssen andererseits aber die Vorgabe des BVerwG beachten, dass sich einheitliche Maßstäbe nicht entwickeln lassen. Es verwundert daher nicht, dass die Entscheidungen in den Instanzgerichten sowohl in ihren Lösungsansätzen als auch in den Ergebnissen voneinander abweichen.

Der 3. Senat des VGH Kassel hat dem Vergleich zwischen der Größe der Konzentrationsfläche(n) und der Größe der Gesamtfläche des Gemeindegebiets indizielle Bedeutung beigemessen und ist zu der Einschätzung gelangt, dass bei einer Relation von 1,38 : 100 der Windenergienutzung nicht substanziell Raum verschafft wird.[41] Demgegenüber hat (für die Regionalplanung) das OVG Bautzen eine Relation von 0,25 : 100 akzeptiert,[42] der VGH Mannheim sogar eine Relation von 0,1 : 100.[43] Einen etwas anderen Weg hat der 6. Senat des VGH Kassel eingeschlagen, indem er verschiedene Parameter (Größe der Konzentrationsfläche im Vergleich zur Gemeindegebietsgröße, zur Größe der im maßgeblichen Regionalplan vorgesehenen Mindestgröße für Konzentrationsflächen für Windenergieanlagen und zur Größe der für die Nutzung reservierten Flächen in den Nachbargemeinden, Anzahl und Energiemenge der Windenergieanlagen) gewürdigt hat.[44] Im Ergebnis hat er angenommen, dass der Windenergienutzung substanziell Raum verschafft werde. Die ausgewählte Fläche mache knapp 1 % des Gemeindegebiets aus und sei für sich gesehen nicht auffällig klein. Sie übersteige die Mindestgröße für Konzentrationsflächen für Windenergieanlagen, die im Regionalplan zu Grunde gelegt werde, um das Doppelte, entspreche dem prozentualen Anteil der für die Windenergie in den umliegenden Gemeinden reservierten Bereiche und übertreffe sie sogar und lasse eine Stromausbeute erwarten, mit der der jährliche Strombedarf von ca. 4000 Haushalten gedeckt werden könne. Das VG Hannover ist wieder anders vorgegangen und hat das Verhältnis der Größe der ausgewiesenen Konzentrationsflächen zu der Größe der Potentialflächen, die sich nach Abzug der „harten Tabuzonen" ergeben, als besonders aussagekräftiges

---

[38] BVerwG NVwZ 2008, 559 (560).
[39] BVerwG NVwZ 2008, 559 (560).
[40] BVerwG, Beschl. v. 29.3.2010 – 4 BN 65.9.
[41] VGH Kassel DVBl 2009, 717(720).
[42] OVG Bautzen SächsVBl. 2005, 225 (236).
[43] VGH Mannheim ZfBR 2005, 691 (696).
[44] VGH Kassel ZNER 2009, 303.

Kriterium angesehen.[45] Dem konkreten Befund, das Verhältnis sei kleiner als 1,4 %, hat es starke Indizwirkung für die Annahme beigemessen, der Windenergienutzung werde nicht substanziell Raum verschafft.

Die unterschiedlichen Prozentsätze, die als Beleg oder Indiz für eine bejahte oder verneinte Verhinderungsplanung genannt werden, sind das Ergebnis von Willensentscheidungen. Sie lassen sich nicht auf eine rationale Begründung zurückführen. Das ist unvermeidbar und mag hingenommen werden. Kritisch gewürdigt werden können aber die rechtlichen Ansaätze, die die Gerichte entwickelt haben.

Die Relation der Größe der Konzentrationsflächen zur Größe des Gemeindegebiets kann nicht relevant sein.[46] Der Festlegung auf einen bestimmten, einheitlichen Prozentsatz des Gemeindegebiets, der für die Windenergienutzung zur Verfügung gestellt werden müsste, stehen die ganz unterschiedlichen Verhältnisse in den einzelnen Gemeinden entgegen. So kommen in der Norddeutschen Tiefebene, die sich durch eine vergleichsweise geringe Besiedlungsdichte und, bedingt durch die Küstennähe und die Geländetopografie, durch Windreichtum auszeichnet, weitaus mehr Flächen für eine Nutzung der Windenergie in Betracht als in zersiedelten Mittelgebirgslandschaften mit einem nennenswerten Anteil von Flächen (Tallagen), die im Windschatten liegen. Würde die Frage der Verhinderungsplanung pauschal für alle Gemeinden im Bundesgebiet gleich beantwortet werden, käme die Windenergie in den einzelnen Gemeinden, an ihrem Potenzial gemessen, in ganz unterschiedlichem Ausmaß zum Zuge.

Der Kriterienkatalog des 6. Senats des VGH Kassel zeichnet sich durch Einfallsreichtum aus, ist vom BVerwG auch gebilligt worden,[47] vermag aber ebenfalls nicht zu überzeugen. Der Vergleich mit den Vorgaben im Regionalplan und der Praxis der Nachbargemeinden führt in die falsche Richtung, weil er einer Orientierung an Planungen das Wort redet, die sich gegenüber der Windenergie noch verschlossener zeigen, und die Zahl der Haushalte, die mit dem regenerativ erzeugten Strom versorgt werden können, hat ohne Vergleichswert keine Aussagekraft. Daran gedacht werden könnte, die Menge der erzeugte Energie zu der Menge der im Gemeindegebiet in Privathaushalten verbrauchten Energie in Beziehung zu setzen. Aber auch diese Idee führt in eine Sackgasse. Die Möglichkeiten für die Errichtung und den Betrieb von Windenergieanlagen werden insbesondere durch Siedlungsgebiete eingeschränkt. Je dichter eine Gemeinde besiedelt ist und je mehr Haushalte sie hat, desto geringere Möglichkeiten ergeben sich für die Windenergienutzung und desto ungünstiger ist das Verhältnis zwischen erzeugter Windenergie und privatem Energieverbrauch. Umgekehrt gilt das Gleiche.

Am einleuchtendsten ist der Ansatz, den das VG Hannover gewählt hat. Es geht von der zutreffenden Erkenntnis aus, dass die Herstellung einer Relation der ausgewiesenen Fläche zur Größe der Gemeindegebietsteile, die für eine Windenergienutzung aus welchen Gründen auch immer nicht in Betracht kommen, ebenfalls zu keinem zufriedenstellenden Ergebnis führt. Denn es lässt sich nicht

---

[45] VG Hannover, Urt. v. 24.11.2011 – 4 A 4927/09.

[46] Zutreffend OVG Lüneburg BRS 70 Nr. 35.

[47] BVerwG DVBl 2010, 1235 (1238).

objektivieren, welche Gemeindegebietsteile für eine Windenergienutzung nicht in Betracht kommen. Das BVerwG und die Tatsachengerichte belassen den Gemeinden bei der Festlegung der Tabu- und Pufferzonen einen Entscheidungsspielraum, der sich erst dann verengen soll, wenn als Konzentrationszonen Flächen in einer Größe übrig bleiben, die der Windenergienutzung nicht mehr substanziell Raum geben. Wann die Wechselwirkung eintritt, die zu einer Überprüfung der Kriterien für die Festlegung der Tabu- und Pufferzonen führen soll, bleibt aber offen. Ebenso wenig führt es weiter, die Größe der Konzentrationszone zur Größe der Potenzialflächen, also der Flächen, die sich für die Nutzung der Windenergie eignen, in Beziehung zu setzen; denn die Potenzialflächen sind die Flächen einer Gemeinde, die nach Abzug der Tabu- und Pufferzonen übrig bleiben und insoweit nur die Kehrseite ein und derselben Medaille. Der größtmöglich objektive Maßstab, weil ohne voluntatives Element, ergibt sich mithin aus dem Verhältnis der Größe der ausgewiesenen Konzentrationsflächen zu der Größe der Potentialflächen, die sich nach Abzug der „harten Tabuzonen" ergeben. Die letzte Konsequenz, einen festen Prozentsatz zu nennen, der von den Potenzialflächen für die Windenergienutzung zur Verfügung gestellt werden muss, hat das VG Hannover – vor dem Hintergrund der Rechtsprechung des BVerwG verständlich – gescheut. Ihr kommt der Rechtssatz aber nahe, dass dem Verhältnis der für die Windenergie frei gegebenen zu den für die Windenergie gesperrten Potenzialflächen eine starke Indizwirkung zukommt und dass, je geringer der Anteil der ausgewiesenen Konzentrationsflächen ist, desto gewichtiger die gegen eine weitere Ausweisung von Vorranggebieten sprechenden Gesichtspunkte sein müssen, damit es sich nicht um eine „Feigenblattplanung" handelt.

Wenn der Windenergie nicht substantiell Raum eingeräumt wurde, stellt dies einen Fehler im Abwägungsergebnis dar, der nach den §§ 214 f. BauGB stets beachtlich ist. Das hat in Gerichtsverfahren, in denen um die Erteilung einer Genehmigung für eine Anlage in der Ausschlusszone gestritten wird – der klassische Fall –, die Konsequenz, dass sich die Zulässigkeit nach § 35 Abs. 3 Satz 1 BauGB und nicht nach § 35 Abs. 3 Satz 3 richtet. Für den Fall, dass der Flächennutzungsplan im Wege der – nach Auffassung des BVerwG[48] zulässigen – prinzipalen Normenkontrolle angegriffen wird, soll die Unwirksamkeit des Plans die Folge sein. Das ist freilich nur richtig, wenn der mutmaßliche Wille der Gemeinde nicht der ist, den Plan mit dem Inhalt bestehen zu lassen, dass er sich auf die Darstellung von Positivflächen für die Windenergienutzung beschränkt. Ist ein solcher Wille feststellbar, müsste tenoriert werden, dass der umstrittenen Konzentrationsfläche die Rechtswirkungen des § 35 Abs. 3 S. 3 BauGB nicht zukommen.

II. Standortsteuerung durch Ziele der Raumordnung

1. Raumbedeutsamkeit von Windenergieanlagen

Die Möglichkeit der Standortsteuerung mit Hilfe von Zielen der Raumordnung ist auf raumbedeutsame Windenergieanlagen beschränkt. Zwar enthält § 35

[48] BVerwGE 128, 382.

Abs. 3 S. 3 BauGB im Gegensatz zu § 35 Abs. 3 Satz 2 BauGB nicht die ausdrückliche Voraussetzung, dass das Vorhaben raumbedeutsam zu sein hat. Das BVerwG ging aber bereits im Urteil vom 19. Juli 2001[49] davon aus, dass Vorhaben, auf die die Rechtsfolge des § 35 Abs. 3 S. 3 BauGB zutreffen soll, raumbedeutsam sein müssen. Diese Ansicht hat es später ausdrücklich bestätigt.[50] Zur Begründung heißt es, das Erfordernis der Raumbedeutsamkeit ergebe sich nicht nur aus dem gesetzessystematischen Zusammenhang zwischen den Sätzen 2 und 3 des § 35 Abs. 3 BauGB, sondern auch aus der Eigenart raumordnerischer Ziele, die nach der Definition in § 3 Abs. 1 Nr. 2 ROG verbindliche Vorgaben „zur Entwicklung, Ordnung und Sicherung des Raums" sind. Der unterschiedliche Wortlaut der Sätze 2 und 3 stellt den vom Revisionsgericht angenommenen gesetzessystematischen Zusammenhang nicht in Frage. Der Verzicht auf den Zusatz der Raumbedeutsamkeit in Satz 3 findet seine einfache Erklärung in dem Umstand, dass dort auch von der Steuerung mittels Flächennutzungsplänen die Rede ist, die nicht auf raumbedeutsame Vorhaben beschränkt ist, sondern alle Vorhaben erfasst.

In § 3 Nr. 6 ROG qualifiziert der Gesetzgeber als raumbedeutsam solche Vorhaben, durch die Raum in Anspruch genommen oder die räumliche Entwicklung oder Funktion eines Gebiets beeinflusst wird. Während eine Häufung von Windenergieanlagen und insbesondere Windparks stets als raumbedeutsam anzusehen ist, weil mehrere benachbarte Windenergieanlagen schon wegen der technisch notwendigen Zwischenräume leicht eine Fläche von einem Quadratkilometer überlagern und wegen der notwendigen Schutzabstände zur Umgebung eine weitaus größere Fläche praktisch unbebaubar machen, hängt die Raumbedeutsamkeit einer einzelnen Windenergieanlage von der Entscheidung des Trägers der Raumplanung ab. Er hat mit Verbindlichkeit für die Ebene der Vorhabenzulassung die Raumbedeutsamkeit von Vorhaben festzulegen. Die Raumordnung der Länder zeigt die Tendenz, die Raumbedeutsamkeit von Windenergienlagen insbesondere nach der Höhe zu bestimmen. Die Erlasse von Brandenburg,[51] Mecklenburg-Vorpommern[52] und Rheinland-Pfalz[53] nennen als Schwellenwert bereits 35 m, der Windleitfaden Sachsen von 2001[54] stellt auf eine Nabenhöhe von 60 m ab, während der Erlass aus Nordrhein-Westfalen[55] eine einzelne Windenergieanlage regelmäßig erst ab einer Gesamthöhe von 100 m als raumbedeutsam ansieht. Die Raumbedeutsamkeit einzelner Windenergieanlagen schon bei einer Anlagenhöhe von 35 m beginnen zu lassen, das heißt bei einer Höhe, die oberhalb der Grenze von Baumkronen und damit oberhalb der Grenze natürlicher Landschaftszäsuren liegt, ist unbedenklich. Denn ab dieser Höhe stellen Windenergieanlagen landschaftsästhetisch wirksame neue Bezugspunkte dar, die nicht erst aus kurzer Distanz, sondern schon aus weiterer Entfernung ins Auge fallen.

---

[49] BVerwGE 115, 17 (20).
[50] BVerwGE 118, 33 (35).
[51] V. 16.2.2001 ABl. 2001, 246.
[52] V. 2.11.1998 ABl. 1998, 1345.
[53] V. 18.2.1999 MBl. 1999, 148.
[54] http://www.iwr.de/wind/raum/ro_prog/sachs2001.pdf, S. 19.
[55] V. 3.5.2002 MBl. 2002, 742.

2. *Abwägung*

Regionalpläne sind auf der Grundlage planerischer Abwägung zu beschließen (§ 7 Abs. 2 ROG). Bei der Aufstellung eines Raumordnungsprogramms hat sich der Abwägungsvorgang im Grundsatz an den strukturellen Vorgaben auszurichten, die für die Aufstellung von Bauleitplänen und die dabei zu beachtenden Abwägungsschritte entwickelt worden sind.

Nach § 7 Abs. 2 S. 1 ROG sind bei der Abwägung auch private Belange in der Abwägung zu berücksichtigen, soweit sie auf der jeweiligen Planungsebene erkennbar und von Bedeutung sind. Das wirft die Frage auf, ob die Raumordnung als „zusammenfassende, überörtliche und fachübergreifende" Planung (§ 1 Abs. 1 Satz 1 ROG) mit ihren Instrumenten den individuellen Nutzungsinteressen in den potenziellen Ausschlussflächen gerecht wird. Das ist angesichts der zeichnerischen Maßstäbe der Raumordnungspläne (1:100 00, 1:50 000) problematisch.

Das BVerwG hilft: Die Aufgaben der Raumordnung als einer zusammenfassenden, übergeordneten Planung, ihre weiträumige Sichtweise und ihr Rahmencharakter berechtigen den Planungsträger dazu, das Privatinteresse an der Nutzung der Windenergie auf geeigneten Flächen im Planungsraum verallgemeinernd zu unterstellen und als typisierte Größe in die Abwägung einzustellen.[56] Hiernach bedarf es also nicht des Nachweises, dass die von der Privilegierung ausgeschlossene Fläche nachweisbar und konkret Gegenstand raumplanerischer Abwägung war. Das BVerwG unterstellt, dass dem Planungsträger selbstverständlich bewusst war, durch den von ihm ausgeübten Planungsvorbehalt nachhaltig in die Privatnützigkeit des Eigentums einzugreifen. Das Gericht hält es nunmehr im Hinblick auf Art. 14 Abs. 1 GG für ausreichend, dass der Planungsvorbehalt des § 35 Abs. 3 S. 3 BauGB nur in der Regel dem Vorhaben entgegensteht. Dieser Ausnahmevorbehalt stellt ein Korrektiv dar, um unverhältnismäßigen Beschränkungen des Eigentümers in Sonderfällen zu begegnen.

Wie die Gemeinde auf der Ebene der Flächennutzungsplanung hat der Träger der Regionalplanung die für Windenergieanlagen ungeeigneten Standorte auszugrenzen und im Anschluss an die Bestandsaufnahme eine Auswahlentscheidung zwischen den nach Zahl und Größe geeigneten Standorten zu treffen, die einerseits das Gewicht der Privilegierung und andererseits die Grundsätze der Raumordnung in den Blick zu nehmen hat. Der Plangeber muss für die Windenergienutzung in substanzieller Weise Raum schaffen. Hier stellen sich dieselben Fragen und sind dieselben Unsicherheiten bei den Instanzgerichten zu beobachten wie bei der Flächennutzungsplanung.

Das OVG Magdeburg hat einem Regionalen Raumordnungsplan attestiert, der Windenergienutzung in substantieller Weise Raum zu verschaffen, und zur Begründung ausgeführt[57]: Der Plan weise bezogen auf die Gesamtfläche der Planungsregion in einem Umfang von 0,37 % Konzentrationsflächen aus. Dies führe mit hinreichender Sicherheit zur Errichtung von Windkraftanlagen, die nach ihrer Anzahl und Energiemenge geeignet seien, einen gewichtigen Beitrag zur Erhö-

---

[56] BVerwGE 118, 33 (44).
[57] OVG Magdeburg ZNER 2009, 310 f.

hung des Anteils regenerativer Energien an der Gesamtenergieerzeugung zu leisten. Die zu erwartende Gesamtleistung von 850 MW stelle auch mit Blick auf den Landes- und Bundesdurchschnitt einen mehr als beachtlichen Beitrag an der Windenergieerzeugung dar. Die Energieleistung von 850 MW umfasse mehr als ein Viertel der in Sachsen-Anhalt Mitte 2008 erzeugten Windenergieleistung, mit der das Land nach Niedersachsen und Brandenburg zu den Ländern mit der drittgrößten Menge an erzeugter Windenergie in der Bundesrepublik Deutschland zähle. Sachsen-Anhalt sei zudem das Bundesland mit dem höchsten Anteil der Windenergienutzung am Nettostromverbrauch.

Das BVerwG hat in einem Parallelverfahren die Beschwerde gegen die Nichtzulassung der Revision zurückgewiesen.[58] Es war in der glücklichen Lage, sich nicht dazu äußern zu müssen, ob die vom OVG Magdeburg herangezogenen Kriterien sachgerecht sind. Daran lässt sich zweifeln. Der Bundesländervergleich überzeugt schon deshalb nicht, weil die Länder nicht vergleichbar sind. Dass in Sachsen-Anhalt mehr Windenergieanlagen stehen als in kleineren (Saarland) oder topografisch und siedlungsstrukturell anders gearteten Bundesländern (Hessen) kann deshalb nicht als Beleg für eine offenherzige Planungspraxis ins Feld geführt werden. Und für den Hinweis auf den bundesweit höchsten Anteil der Windenergienutzung am Nettostromverbrauch gilt dasselbe wie zu vergleichbaren Erwägungen bei der Flächennutzungsplanung.

3. Raumordnungsrechtliche Gebietskategorien mit Zielcharakter

Anders als bei Flächennutzungsplänen mit den Rechtswirkungen des § 35 Abs. 3 S. 3 BauGB, für die nicht vorgegeben ist, wie das Gebiet, das Windenergieanlagen aufnehmen soll, darzustellen ist, muss sich der Raumplaner der Instrumentarien des Raumordnungsrechts bedienen. Das Raumordnungsrecht des Bundes unterscheidet in § 8 Abs. 7 ROG Vorranggebiete, Vorbehaltsgebiete und Eignungsgebiete.

a) Vorranggebiete

Vorranggebiete sind Gebiete, die für bestimmte raumbedeutsame Nutzungen vorgesehen sind und andere Nutzungen ausschließen, soweit sie mit den vorrangigen Nutzungen nicht vereinbar sind.

Die Festlegung des Vorranggebiets hat allerdings nur „innergebietlich" eine Ausschlusswirkung gegenüber unvereinbaren Nutzungen zur Folge. Eine „außergebietliche" Ausschlusswirkung hat sie nicht. Diese wird auch nicht über § 35 Abs. 3 S. 3 BauGB hergestellt, obwohl es nach dem Wortlaut der Norm allein darauf ankommt, dass anderweitig, also in dem Vorrangebiet, eine Ausweisung für die in Rede stehende Nutzung erfolgt ist. § 35 Abs. 3 S. 3 BauGB verfolgt die lückenlose Steuerung der privilegierten Anlagen im Außenbereich. Die Norm erwartet sowohl die raumplanerische Vorgabe, wo die privilegierten Anlagen bevorzugt zu errichten sind, als auch die Entscheidung, wo keine privilegierten Anlagen entstehen sollen. Damit wäre nicht vereinbar, den Begriff des Ziels der

[58] BVerwG, Beschl. v. 22.4.2010 – 4 B 68.9.

Raumordnung ausschließlich auf die innergebietliche Fläche zu fokussieren. Soll mit einem Vorranggebiet auch ein „außergebietlicher" Ausschluss herbeigeführt werden, muss der Raumplaner dies ausdrücklich tun. Rechtsgrundlage dafür ist § 8 Abs. 7 S. 2 ROG, der vorsieht, dass das Vorranggebiet insoweit mit den Wirkungen eines Eignungsgebietes ausgestattet werden kann.

Werden Vorranggebiete gleichzeitig mit den Wirkungen eines Eignungsgebiets ausgestattet, erfüllen sie die Voraussetzungen eines Ziels der Raumordnung im Sinne von § 3 Abs. 1 Nr. 2 ROG und besitzen zugleich den in § 35 Abs. 3 S. 3 BauGB vorausgesetzten Zielcharakter[59] Der Vorrang bewirkt, dass sich die weitere Entwicklung in dem Gebiet nur noch in dem durch die Vorrangfunktion abgesteckten Nutzungsrahmen vollziehen darf. In diesem Punkt ist dann auf der Ebene der Raumordnung und Landesplanung die Letztentscheidung gefallen.

b) Vorbehaltsgebieten

Den Vorbehaltsgebieten, die § 8 Abs. 7 S. 1 Nr. 2 ROG als Gebiete definiert, in denen bestimmten raumbedeutsamen Funktionen oder Nutzungen bei der Abwägung mit konkurrierenden Nutzungen besonderes Gewicht beizumessen ist, spricht das BVerwG den Zielcharakter ab.[60] Begründet wird dies mit dem Befund, Vorbehaltsgebiete wirkten als Gewichtungsvorgabe auf nachfolgende Abwägungs- oder Ermessensentscheidungen ein und dürften durch öffentliche oder private Belange von höherem Gewicht überwunden werden. § 8 Abs. 7 S. 1 Nr. 2 ROG ordne sie daher den Grundsätzen und nicht den Zielen der Raumordnung zu.

c) Eignungsgebiete

Eignungsgebiete sind nach § 8 Abs. 7 S. 1 Nr. 3 ROG Gebiete, in denen bestimmten raumbedeutsamen Maßnahmen oder Nutzungen, die städtebaulich nach § 35 BauGB zu beurteilen sind, andere raumbedeutsame Maßnahmen nicht entgegenstehen, wobei diese Maßnahmen oder Nutzungen an anderer Stelle im Planungsraum ausgeschlossen sind.

Eignungsgebiete besitzen nur dann Zielqualität im Sinne von § 35 Abs. 3 S. 3 BauGB, wenn sie neben der gebietsexternen Ausschlusswirkung, die ihnen das ROG beimisst, sicherstellen, dass sich die Nutzung, für die das Eignungsgebiet festgelegt wird, gebietsintern gegenüber konkurrierenden Nutzungen durchsetzt. Dem Wortlaut nach bleibt die Durchsetzungskraft der privilegierten Anlagen in der Eignungszone indes unbestimmt. Eignungsgebiete weisen deshalb gebietsintern nur die Qualität eines Grundsatzes der Raumordnung und können deshalb die Rechtsfolge des § 35 Abs. 3 S. 3 BauGB nicht herbeiführen.[61]

d) Kein numerus clausus des § 8 Abs. 7 ROG

Die Festlegung von Zielen der Raumordnung im Sinne des § 35 Abs. 3 S. 3 BauGB setzt nicht voraus, dass sich der Landesgesetzgeber der Kategorien des § 8

[59] BVerwGE 118, 33 (48).
[60] BVerwGE 118, 33 (47 f.).
[61] A. A. OVG Lüneburg BRS 76 Nr. 3.

Abs. 7 S. 1 Nr. 1 und 3, Satz 2 ROG bedient. Es bleibt dem Landesrecht überlassen zu regeln, ob die Träger der Regionalplanung von bestimmten Befugnissen zur Festlegung von Zielen der Raumordnung Gebrauch machen können. Mit § 8 Abs. 7 ROG hat der Gesetzgeber die zulässigen Gebietskategorien nicht abschließend festgelegt. Hierfür spricht bereits der Wortlaut der Vorschrift, wonach die Festlegung auch Gebiete der im Anschluss beschriebenen Art bezeichnen *können*. Sinn und Zweck der Regelung bestätigen dies. Mit ihr sollten vor dem Hintergrund der bereits vorhandenen Regelungen in den Ländern die genannten Gebietskategorien einheitlich definiert werden. Den Ländern sollte dagegen nicht die Befugnis entzogen werden, weitere Gebietskategorien zu entwickeln.[62]

e) „Weiße Bereiche“

Der Raumordnungsplan darf Flächen von seinem Konzept ausnehmen, auf denen die gemeindliche Flächennutzungsplanung weitere Gebiete für Windenergieanlagen ausweisen darf (sog. weiße Bereiche). Die dadurch entstehenden Lücken stehen der Ausschlusswirkung des § 35 Abs. 3 S. 3 BauGB nicht entgegen. Die Ausschlusswirkung erstreckt sich allerdings nur auf die Gebiete, die der Raumordnungsplan als Ausschlusszone festschreibt. Die weißen Bereiche erfasst sie nicht, weil in Bezug auf sie eine abschließende raumordnerische Entscheidung fehlt.[63]

[62] BVerwGE 137, 259.
[63] BVerwG NVwZ 2006, 339.

CHRISTIAN KIRCHBERG

Der naturschutzrechtliche Ausgleich in der Umlegung

I. Die gesetzliche Regelung

Die Inpflichtnahme der Bauleitplanung durch das Naturschutzrecht, deren gesetzliche Institutionalisierung[1] der Jubilar literarisch lebhaft begleitet hat,[2] hat im Recht der Bodenordnung aufgrund des BauROG 1998[3] seine ausdrückliche gesetzliche Entsprechung gefunden. Der Gesetzgeber hat die Regelung der Eingriffsfolgen des Naturschutzrechts in der Umlegung allerdings nicht unbedingt als konstitutiv eingestuft, sondern (nur) als „Klarstellung" apostrophiert,[4] nachdem ein dem Bundesbauministerium erstattetes Rechtsgutachten von *Schmidt-Aßmann* die grundsätzliche Verfassungsmäßigkeit der Inpflichtnahme der Umlegungsbeteiligten bei der Bereitstellung und Zuteilung von Ausgleichs- und Ersatzflächen im Sinne des (später Gesetz gewordenen) § 1 a Abs. 3 BauGB bestätigt hatte.[5]

Im Mittelpunkt der entsprechenden gesetzlichen Neuregelung des BauROG 1998, die ihre Entsprechung in einer Umlegungspraxis hatte, die teilweise bereits seit Integrierung der naturschutzrechtlichen Eingriffsregelung in das Recht der Bauleitplanung aufgrund des InvWoBaulG 1993[6] Platz gegriffen hatte,[7] stand die Erweiterung des Vorwegabzugs nach § 55 Abs. 2 BauGB um Flächen zum Ausgleich im Sinne des § 1 a Abs. 3 BauGB für die in § 55 Abs. 2 S. 1 Nr. 1 BauGB genannten örtlichen Verkehrsflächen (Straßen, Wege einschließlich Fuß- und Wohnwege und sowie Plätze und Sammelstraßen) sowie für die in § 55 Abs. 2 S. 1 Nr. 2 aufgeführten „bewohnerdienlichen Infrastrukturflächen"[8] (Flächen für Parkplätze und Grünanlagen, einschließlich Kinderspielplätzen, sowie ferner für Anlagen zum Schutze gegen schädliche Umwelteinwirkungen im Sinne des

---

[1] Vgl. hierzu im Überblick *Krautzberger,* in: Ernst/Zinkahn/Bielenberg, BauGB, § 1 a Rn. 1 ff. (Stand: 11/2011).

[2] *Stüer* DVBl 1992, 1147; *ders.* DVBl 1995, 1345; *ders.* DVBl 1997, 1201 (Osnabrücker Antrittsvorlesung); *ders.*, Bau- und Fachplanungsrecht, 1997, Rn. 603, 1865.

[3] Gesetz zur Änderung des BauGB und zur Neuregelung des Rechts der Raumordnung (Bau- und Raumordnungsgesetz) v. 18.8.1997 (BGBl. I S. 2081), in Kraft getreten am 1.1.1998.

[4] *Schmidt-Aßmann,* Reg.Entw., BT-Drs. 13/6392, S. 37, 61.

[5] Studien zum Recht der städtebaulichen Umlegung. Eigentumsgarantie, naturschutzrechtliche Eingriffsregelung und Flächenbeiträge, 1996, S. 81 ff.

[6] Gesetz zur Erleichterung von Investitionen und der Ausweisung und Bereitstellung von Bauland (Investitionserleichterungs- und Wohnbaulandgesetz) vom 22.4.1993 (BGBl. I S. 466), in Kraft getreten am 1.5.1993.

[7] Vgl. dazu *Steiner* NVwZ 1995, 12; *Zabel* DÖV 1995, 725; *Sandmann* GuG 1995, 1 (mit Berechnungsbeispielen) sowie etwa *Otte,* in: Ernst/Zinkahn/Bielenberg, BauGB, § 55 Rn. 8 c (Stand: 3/2006): „Mit Art. 8 des ... InvWoBaulG vom 22.4.1993 sind die Regelungen über die sog. Eingriffs-/Ausgleichsflächen und die Geldausgleichsleistungen des Naturschutzrechts (§§ 8 – 8c BNatSchG) ... in das Recht der Bauleitplanung und faktisch auch Bodenordnung (Umlegung) integriert worden."

[8] So die Terminologie von *Schriever,* in: Brügelmann, BauGB, § 45 Rn.145 (Stand: 6/1998).

BImSchG, soweit sie nicht schon Bestandteil der örtlichen Verkehrsflächen sind, und schließlich für Regenklär- und Regenüberlaufbecken, wenn diese Flächen überwiegend den Bedürfnissen der Bewohner des Umlegungsgebiets dienen sollen). Über die entsprechende Neuregelung in § 55 Abs. 2 Satz 2 BauGB hinaus bestimmt § 55 Abs. 2 Satz 3 BauGB ergänzend, dass „Grünflächen nach Satz 1 Nr. 2"[9] auch bauflächenbedingte Flächen zum Ausgleich im Sinne des § 1 a Abs. 3 BauGB umfassen können. Voraussetzung für diesen Vorwegabzug bauflächenbedingter Ausgleichsflächen ist allerdings – wie bei dem Vorwegabzug für erschließungsflächenbedingte Ausgleichsflächen –, dass die Grünflächen den Bedürfnissen der Bewohner des Umlegungsgebiets dienen und bedarfsgerecht sind;[10] das muss sich aus dem Bebauungsplan ablesen lassen.[11] Die Durchführung der Ausgleichsmaßnahmen ist von der Gemeinde dann nach § 135 a Abs. 2 BauGB auf der Grundlage einer Sammelzuordnung (ersatzweise) durchzuführen.[12]

Im Übrigen jedoch sind die bauflächenbedingten Ausgleichsflächen in der Regel als private Grünflächen oder als private Flächen zum Schutz, zur Pflege und zur Entwicklung von Boden, Natur und Landschaft (§ 9 Abs. 1 Nrn. 15, 20 BauGB) auf dem Eingriffsgrundstück oder in räumlich funktionalem Zusammenhang hierzu festzusetzen, können nicht nach § 55 Abs. 2 BauGB vorweg ausgeschieden werden, sondern sind den Eigentümern nach § 59 Abs. 1 BauGB („Grundstücke einschließlich Flächen zum Ausgleich im Sinne des § 1 a Abs. 3") zuzuteilen. Eine Erweiterungsmöglichkeit für den Vorwegabzug hinsichtlich der Flächen zum Ausgleich im Sinne des § 1 a Abs. 3 BauGB besteht demgegenüber nur für sonstige Flächen, für die nach dem Bebauungsplan eine Nutzung für öffentliche Zwecke festgesetzt ist, allerdings auch nur dann, wenn der Bedarfs- oder Erschließungsträger geeignetes Ersatzland, das auch außerhalb des Umlegungsgebietes liegen kann, in die Verteilungsmasse einbringt, § 55 Abs. 5 BauGB.

Die Flächen zum Ausgleich im Sinne des § 1 a Abs. 3 BauGB finden nicht nur im Rahmen des § 55 BauGB (Vorwegabzug) und im Rahmen des § 59 Abs. 1 BauGB (Zuteilung), sondern insbesondere auch bei der Bewertung der Einwurfs- bzw. Zuteilungsgrundstücke Berücksichtigung: Nach § 57 Satz 2 BauGB soll jedem Eigentümer ein Grundstück mindestens mit dem Verkehrswert zugeteilt werden, den sein früheres Grundstück auch unter Berücksichtigung der Pflicht zur Bereitstellung von Flächen zum Ausgleich im Sinne des § 1 a Abs. 3 im Zeitpunkt des Umlegungsbeschlusses hatte. Bei der Umsetzung dieser Vorgabe hat der Gesetzgeber offensichtlich die Annahme eines „gedämpften" (d.h. niedrigeren, weil mit der Bereitstellung von Ausgleichsflächen belasteten) Rohbaulandwerts als

---

[9] Gemeint sind damit – trotz des davon abweichenden „Grünanlagen"-Begriffs in § 55 Abs. 2 S. 1 Nr. 2 BauGB – Grünflächen im Sinne des § 9 Abs. 1 Nr. 15 BauGB, vgl. dazu im Einzelnen *Schriever* (Fn. 8), § 55 Rn. 30f (Stand 10/1998) unter Hinweis auf die Materialien, sowie etwa *Stich* ZfBR 2001, 80 (81).

[10] „Gebietsadäquate Dimensionierung", vgl. BT-Drs. 13/6392, S. 62 sowie dazu ergänzend *Christ* DVBl 2002, 1517 (1527 f.).

[11] Zu den insoweit bereits auf der Ebene der Bauleitplanung an eine eigentumsgerechte Abwägung zu stellenden Anforderungen vgl. BGHZ 67, 320 (327 f.) – „Wendehammer"; BGHZ 118, 11 (20 ff.) – „Frischluftschneise"; BVerfG (K) NVwZ 2003, 727 (728) – „öffentlicher Grünzug".

[12] So *Otte* (Fn. 7),§ 55 Rn. 8g.

Einwurfswert favorisiert, ohne sich allerdings insoweit festzulegen.[13] Ziel ist es, im Sinne der Solidargemeinschaft der Umlegungsbeteiligten und des Gebots der Lastengleichheit zu einer Gleichbehandlung aller Umlegungsbeteiligten zu gelangen, unabhängig davon, ob ihre Grundstücke als Bauflächen, Erschließungsflächen und sonstige Infrastrukturflächen im Sinne des § 55 Abs. 2 Satz 1 Nrn. 1 u. 2 BauGB oder aber als Ausgleichsflächen im Sinne des § 1 a Abs. 3 BauGB festgesetzt worden sind.[14] Von den sich daraus ergebenden Schwierigkeiten wird noch die Rede sein.

Die bereits angesprochene Zuteilung von Ausgleichsflächen gem. § 59 Abs. 1 BauGB stellt sich umlegungsrechtlich als „natürlicher Annex" zu der Zuteilung von Bauflächen dar.[15] Daran schließt die Bestimmung des § 61 Abs. 1 Satz 2 BauGB an, wonach auch Ausgleichsflächen im Sinne des § 1 a Abs. 3 BauGB zu den Gemeinschaftsanlagen gehören, deren Rechtsverhältnisse im Umlegungsplan geregelt werden können.[16]

II. Zur Rechtsprechung

Die Regelung der Eingriffsfolgen des Naturschutzrechts in der Umlegung aufgrund des BauROG 1998 hat, soweit ersichtlich, in der Rechtsprechung bisher kaum oder wenig Niederschlag gefunden. Das kann dazu verleiten, die wenigen ergangenen Judikate und die dort auf den jeweils zu entscheidenden Einzelfall bezogenen Überlegungen überzuinterpretieren. Gleichwohl soll die einschlägige Rechtsprechung, mit den entsprechenden Vorbehalten, nachstehend dargestellt und versucht werden, sie in das gesetzliche Regelungssystem einzuordnen:

Im Vordergrund steht zunächst der Beschluss des BVerfG vom 22.5.2001,[17] mit dem die Baulandumlegung nach den §§ 45 ff. BauGB als verfassungsrechtlich zulässige Inhalts- und Schrankenbestimmung des Eigentums im Sinne des Art. 14 Abs. 1 Satz 2 GG eingestuft worden ist. Die in diesem Zusammenhang vorgenommene Abgrenzung zur Enteignung nach Art. 14 Abs. 3 GG, die, so das Gericht, auf Fälle der Güterbeschaffung beschränkt sei, ist bereits seinerzeit und erst jüngst wieder kritisch hinterfragt worden.[18] Darum soll es hier aber zunächst nicht gehen. Für das vorliegende Thema ist vielmehr von Interesse, dass das Gericht jedenfalls den in § 55 Abs. 2 BauGB vorgesehenen Flächenabzug für die im Bebauungsplan festgesetzten örtlichen Verkehrsflächen und Flächen für sonstige Anlagen, die überwiegend den Bewohnern des Umlegungsgebiets zugutekommen, ausdrücklich als Bestandteil der Neuordnung des Umlegungsgebiets ange-

---

[13] BT-Drs. 13/6392, S. 62; zu alternativen Berechnungsmethoden s. *Sandmann* GuG 1995, 1 (8 f.); *Müller/Jökel* VR 1997, 333

[14] *Schmidt-Aßmann* (Fn. 5), S. 97 ff.; BT-Drs. 13/6392, S. 62.

[15] *Schmidt-Aßmann* (Fn. 5), S. 93; BT-Drs. 13/6392, S. 63.

[16] Zu den Änderungen im Recht der Umlegung aufgrund des BauROG 1998 s. ergänzend und im Überblick noch *Dieterich/Teigel* ZfBR 1997, 118; *Lüers* ZfBR 1997, 275 (278); *Stadler,* ZfBR 1998, 12; *Dieterich,* Baulandumlegung, 5. Aufl. 2005, Rn. 182a f. u. 232s; *Otte* (Fn 7), § 55 Rn. 8c f.; *Schriever* (Fn. 8), § 45 Rn. 117 ff.

[17] BVerfGE 104, 1 = NVwZ 2001, 1023.

[18] Uechtritz ZfIR 2001, 722 (723); *Otte* ZfBR 2010, 117; *Krappel* DÖV 2012, 640.

sprochen hat, aufgrund deren den Eigentümern die bauliche Nutzung ihrer Grundstücke auch in den Fällen ermöglicht werden solle, in denen diese sich nicht selbst auf die hierzu notwendige Neuordnung ihrer Eigentumsrechte einigen könnten. Denn die Erschließung sei unabdingbare Voraussetzung für die Bebaubarkeit des Gebiets und damit der einzelnen, den Eigentümern zugeteilten Grundstücke; auch sie diene dem privaten Interessenausgleich. Aus diesen Ausführungen kann deshalb, weil das Gericht wohl auf der Grundlage des noch nicht durch das BauROG 1998 modifizierten Rechts zu entscheiden hatte, nicht unbedingt gefolgert werden, dass damit auch dem Ausgleichsflächen-Abzug nach §§ 55 Abs. 2 BauGB explizit die verfassungsrechtliche Unbedenklichkeit bescheinigt worden ist. Da der Flächenabzug für Ausgleichsflächen im Sinne des § 1 a Abs. 3 BauGB aber grundsätzlich die gleiche Funktion erfüllt wie der vom BVerfG gebilligte Flächenabzug für Erschließungs- und bewohnerdienliche Infrastrukturflächen, nämlich ebenfalls Voraussetzung für die Ausweisung von Bauland darstellt und damit auch den privaten Interessen der Eigentümer/Umlegungsbeteiligten dient, dürfte er nach der Grundsatzentscheidung des Gerichts vom 22.5.2001 ebenfalls als zulässige Inhalts-und Schrankenbestimmung eingestuft werden.[19] Nicht ausdrücklich entschieden hat das Gericht, um dies zu ergänzen, ob und inwieweit auch die über den Flächenabzug hinausgehende Abschöpfung des Umlegungsvorteils bzw. des Flächenbeitrags vor der Verfassung Bestand hat – eine weiterhin offene Frage.[20]

Nur am Rande hat das BVerfG darüber hinaus in seinem bereits erwähnten Beschluss vom 19.12.2002 zur „öffentlichen Grundfläche" die Planverwirklichung mit dem Mittel der Umlegung angesprochen.[21] Wenn eine entsprechende Festsetzung den Anforderungen einer gerechten Abwägung entspreche, etwa deshalb, weil für die Ausweisung einer öffentlichen Grünfläche gerade an dieser Stelle sachlich einleuchtende, natürlich vorgegebene Gründe bestünden, sei dem Erfordernis der Lastengleichheit genügt, wenn die planungsbedingten Ungleichbelastungen durch bodenordnende Maßnahmen ausgeglichen würden. Hierbei wird Bezug auf die „Wendehammer"-Entscheidung des Bundesgerichtshof vom 11.11.1976[22] genommen, ohne allerdings die zusätzlichen Beschränkungen bzw. Rahmenbedingungen, die sich nach dem BauROG 1998 für die Bodenordnung bei der Verteilung der Lasten für als solche ausgewiesene öffentliche Grünflächen ergeben, zu memorieren.

Mit der Verwirklichung des Grundsatzes des Lastenausgleiches in der Umlegung im Blick auf Flächen, die nach dem Bebauungsplan als „örtliche Flächen für Ersatzmaßnahmen" ausgewiesen waren, hat sich noch vor Inkrafttreten des BauROG 1998 auch das LG Darmstadt in seinem Urteil vom 25.9.1996 befasst.[23]

[19] So zutreffend *Uechtritz* ZfIR 2001, 722 (723). Dem entsprach bereits die auf die Begutachtung von *Schmidt-Aßmann* (Fn.5) gestützte Einschätzung des Gesetzgebers des BauROG 1998, vgl. erneut BT-Drs. 63/92, S.61 f.

[20] Vgl. hierzu *Haas* NVwZ 2002, 277, *Christ* DVBl 2002, 1517 (1520, 1525 f) sowie *Kirchberg* in FS Wenzel, 2005, S. 327 (338 ff.) einerseits sowie *Spannowsky* UPR 2004, 321 und *Otte* (Fn. 7), § 45 Rn. 11d (Stand: 9/2011) andererseits.

[21] Vgl. erneut BVerfG (K) NVwZ 2003, 727 (72).

[22] BGHZ 67, 320 (327 f.).

[23] NVwZ 1997, 935.

Dieser Grundsatz gebiete es, die entsprechenden Flächen in die Umlegung einzubeziehen, weil man ansonsten den Eigentümer nur auf einen Übernahmeanspruch verweisen würde und ihm „lediglich Geld statt Grund und Boden" geben würde. Demgegenüber gebiete es der Grundsatz des Lastenausgleichs, das Umlegungsgebiet so zu wählen, dass die Lasten im Rahmen der Umlegung möglichst gleichmäßig verteilt würden.

Während über die Rechtsakte in der Umlegung im baulandgerichtlichen Verfahren nach §§ 217 ff. BauGB in der ordentlichen Gerichtsbarkeit entschieden wird, muss der Streit über Kostenerstattungsansprüche gem. § 135 a BauGB für die Durchführung von Ausgleichsmaßen im Sinne des § 1 a Abs. 3 BauGB vor der Verwaltungsgerichtsbarkeit ausgetragen werden. Auch in diesem Zusammenhang spielen jedoch umlegungsrechtliche Fragestellungen eine Rolle, insbesondere wenn es um die zugrunde liegenden Grunderwerbskosten für die Ausgleichsflächen geht. Das OVG Koblenz hat es in seinem Urteil vom 7.12.2004 gebilligt, einer entsprechenden Fläche, die Bestandteil einer planinternen Sammelkompensationsmaßnahme war, die Qualität von Rohbauland zuzuerkennen und dementsprechend den Rohbaulandwert bzw. wegen der schon absehbaren Ausgleichspflicht einen „gedämpften" Rohbaulandwert in Ansatz zu bringen.[24] Eine Alternative hierzu biete die entsprechende Erhöhung des Zuteilungswertes oder eine Kombination beider Möglichkeiten, wobei im vorliegenden Fall nicht auszuschließen sei, dass die Ausgleichsverpflichtung im Sinne des § 1 a Abs. 3 BauGB in die Wertsteigerung der zugeteilten Baugrundstücke eingeflossen sei. Ob dies der Fall gewesen sei, hätte vom dortigen Kläger im Verfahren nach §§ 217 ff. BauGB überprüft werden können; im Verfahren der Kostenerstattung käme eine Nichtberücksichtigung der Naturschutzpflichtigkeit bei der Wertbemessung demgegenüber nur dann zum Tragen, wenn sie evident sei, wofür hier nichts vorliege.

Der VGH München hat sich schließlich in seinem in einem Normenkontrollverfahren ergangenen Urteil vom 20.11.2011 zur Frage der Verwirklichung der nach dem Bebauungsplan vorgesehenen naturschutzrechtlichen Ausgleichsmaßnahmen geäußert.[25] Der Absicht der Gemeinde, die Festsetzung einer privaten Grünfläche im Umlegungsverfahren nach Maßgabe einer Gemeinschaftsanlage im Sinne des § 61 Abs. 1 Satz 2 BauGB zu realisieren, wobei die Miteigentümer zur Duldung der Durchführung der Ausgleichsmaßnahmen durch die Gemeinde verpflichtet werden sollten, stünden keine unüberwindbaren rechtlichen Hindernisse entgegen. Diese Vorgehensweise entspreche im Blick auf § 135 a Abs. 2 S. 2 BauGB außerdem der Zielsetzung des Gesetzes, weil sie hier nicht auf den Baugrundstücken, die die Eingriffe verursachen würden, sondern gem. § 9 Abs. 1 a BauGB auf anderen, diesen zugeordneten Flächen durchgeführt werden sollten.

III. Verbleibende Problemstellungen

Der vergleichsweise magere Befund einschlägiger Rechtsprechung zur Regelung des naturschutzrechtlichen Ausgleichs in der Umlegung nach Maßgabe des

[24] Az. 6 A 11280/04, NVwZ-RR 2006, 176 (LS) = juris.
[25] Az. 25 N 06.3273, juris.

BauROG 1998 erstaunt eigentlich, weil die Berücksichtigung der Ausgleichsflächen sowohl beim Vorwegabzug nach § 55 Abs. 2 BauGB als auch bei der Ermittlung von Einwurfs- und Zuteilungswert nach § 57 Satz 2 BauGB sowie schließlich bei der Zuteilung nach § 59 Abs. 1 BauGB manifeste Auswirkungen zeitigt oder jedenfalls zeitigen muss. Auch die Diskussion über eine Anhebung des Flächenbeitrags nach § 58 BauGB, um den Mehrbedarf an Ausgleichsflächen auszugleichen,[26] ist, nachdem sich der Gesetzgeber des BauROG 1998 dagegen entschieden hatte,[27] verstummt bzw. wird allenfalls noch theoretisch weitergeführt.[28] Möglicherweise fehlt allen Beteiligten, also sowohl den Umlegungsstellen als auch den eigentlichen Umlegungsbeteiligten, das entsprechende Problembewusstsein und/oder die entsprechenden Abzüge werden zur Förderung der Akzeptanz der Umlegung nicht ordnungsgemäß ermittelt oder dargestellt, sondern pauschal verortet. Eine Bestätigung dieser Annahme könnte dem zitierten Urteil des OVG Koblenz vom 10.12.2004[29] entnommen werden, wo das Gericht diverse Spekulationen anstellt, ob und inwieweit die Naturschutzpflichtigkeit in der Wertsteigerung des baureifen Bodens bei der Ermittlung des Rohbaulandwerts der Ausgleichsflächen hinreichend zum Ausdruck kommt, und dies nur mit dem Bemerken dahingestellt sein lässt, jedenfalls im Kostenerstattungsverfahren nach § 135 a BauGB könne es insoweit nur um die Nichtigkeit des Umlegungsplans gehen, die hier „*...mit Rücksicht auf die mangelnde Offensichtlichkeit einer eventuell unzureichenden Wertsteigerung des zugeteilten baureifen Bodens nicht anzunehmen ist.*“

So viel dürfte bei einer ordnungsgemäßen, den Wert der Ausgleichsflächen mit berücksichtigenden Bewertung jedoch feststehen: Der entsprechende, „gedämpfte“ Rohbaulandwert, der durch die Berücksichtigung der noch nicht hergestellten örtlichen Erschließungsflächen und bewohnerdienlichen Infrastrukturflächen bereits seinen ersten „Dämpfer“ erhalten hat, kann regelmäßig wohl (noch) nicht auf der Grundlage von Vergleichswerten, sondern in aller Regel nur kalkulatorisch ermittelt werden.[30] Hierzu existieren verschiedene Rechenmodelle bzw. -vorschläge.[31] Die bereits von *Schmidt-Assmann* geäußerte Erwartung, dass die naturschutzrechtlichen Anforderungen künftig stärker in die allerdings weitgehend autonome Preisgestaltung des Grundstücksmarktes eingehen müssten,[32] ist vom Gesetzgeber jedenfalls nicht, wie teilweise gefordert, dahingehend umgesetzt wor-

---

[26] Vgl. generell zur Anhebung der 30%-Grenze bereits *Dieterich* ZfBR 1982, 195 (199) und etwa *Gemeindetag Baden-Württemberg* BWGZ 1992, 509 f. sowie speziell im Blick auf die umlegungsrechtliche Bewältigung des naturschutzrechtlichen Ausgleichs vor allem *Seele* VR 1995, 193 (203 f.) und *Zabel* DÖV 1995, 725 (727).

[27] BT-Drs. 13/6392 S. 136. Grundlagen hierfür waren einerseits erneut die Ergebnisse der Untersuchung von *Schmidt-Aßmann* (Fn. 5, S. 133 ff.) sowie andererseits eine im Jahre 1996 mit Unterstützung des Deutschen Städtetags durchgeführte Umfrage zum Thema „Umlegungsbedingte Werterhöhungen, Flächenabzug und Flächenbeitrag“, vgl. *Stadler* ZfBR 1998, 12 (14).

[28] Vgl. *Dieterich* (Fn. 16), Rn. 217 f.; *Otte* (Fn. 7), § 58 Rn. 9a (Stand: 9/2011); *Schriever/Linke* (Fn. 8), § 58 Rn. 20 f. (Stand: 9/2006).

[29] Fn. 24

[30] *Schriever* (Fn. 8), § 45 Rn. 126 m.w.Nw.; *Dieterich* (Fn. 16), Rn. 232s; *Otte* (Fn. 7), § 57 Rn. 46 (Stand: 3/2011).

[31] *Schriever* (Fn. 8), § 57 Rn. 93 ff. (Stand: 4/1999); *Dieterich* (Fn. 16), 232x; *Otte* Fn 7 § 55 Rn. 37 f. u. § 57 Rn. 50 f. .

[32] *Schmidt-Aßmann* (Fn. 3), S. 97 f.

den, dass der Umlegungsstelle bei der Ermittlung der Einwurfswerte eine bestimmte Bewertung vorgeschrieben worden ist. Der Gesetzgeber hat zwar, wie bereits ausgeführt, den Ansatz eines gedämpften Rohbaulandwerts für Ausgleichsflächen favorisiert,[33] die Ermittlung der Einwurfs- und Zuteilungswerte auch und gerade für Ausgleichsflächen aber im Übrigen der Praxis überlassen.[34]

Fest steht weiterhin, dass der Gesetzgeber – wiederum entsprechend den Vorgaben von *Schmidt-Assmann* – entgegen dahingehenden Forderungen der Literatur[35] aus verfassungsrechtlichen Gründen davon abgesehen hat, externe Ausgleichsflächen in den Vorwegabzug nach § 55 Abs. 2 BauGB einzubeziehen.[36] Das gilt jedoch nicht für die von *Schmidt-Aßmann* so umschriebenen Grundstücke, die in einem „natürlichen Verbund" mit den Baugrundstücken liegen, selbst wenn sie nicht als Baugrundstücke, sondern eben als Ausgleichs- oder Ersatzflächen vorgesehen sind. Bei deutlich abgesetzten Ausgleichsflächen fehle es demgegenüber, so *Schmidt-Aßmann,* an dem eine Solidargemeinschaft formenden, vorgeprägten Interessenverbund der Eigentümer.[37] Dem entspricht, dass die externen Ausgleichsflächen auch nicht als Rohbauland („gedämpft"), sondern entsprechend ihrer Qualität bei Einleitung der Umlegung, nämlich regelmäßig nur als land- oder forstwirtschaftliche Fläche, zu bewerten sind.[38] Die im „vorgeprägten Interessenverbund" liegenden Ausgleichsflächen sind jedoch genauso wie diejenigen Grundstücksflächen, die nach dem Bebauungsplan für örtliche Erschließungsflächen oder bewohnerdienliche Infrastruktureinrichtungen vorgesehen sind, grundsätzlich als Rohbauland zu bewerten.[39]

Schwierigkeiten kann ein solcher Ansatz dann bereiten, wenn die Ausgleichsflächen aufgrund tatsächlicher, insbesondere topographischer Gegebenheiten oder rechtlicher Vorbindungen (Darstellung des Flächennutzungsplans, Waldabstand u.ä.) eine Bebaubarkeit von vornherein unwahrscheinlich erscheinen lassen. Im Normalfall, d.h. dann, wenn die betreffende Fläche nicht gleichzeitig als örtliche Grünfläche und insbesondere als Ausgleichsfläche festgesetzt ist, erscheint eine Modifizierung des Bewertungsmaßstabs im Sinne einer Absenkung oder gar Verneinung des Rohbaulandwerts durchaus naheliegend,[40] genauso wie im umgekehrten Fall, dass etwa das Grundstück in bevorzugter Aussichtslage gelegen ist, eine Erhöhung des Rohbaulandwerts die Folge sein kann.[41] Ist ein solches im „vorgeprägten Interessenverbund" gelegenes Grundstück jedoch als öffentliche

---

[33] BT-Drs. 13/6392, S. 61.

[34] So *Stadler* ZfBR 1998, 12 (14).

[35] Vgl. etwa *Bielenberg/Sandmann* GuG 1996, 193 (200 ff.); *Dieterich/Teigel* ZfBR 1997, 118 (121).

[36] BT-Drs. 13/6392, S. 62. In diesem Sinne bereits auch *Steinfort* VerwArch 1995, 129 f. sowie *Ronellenfitsch* VerwArch 1996, 143 (163).

[37] *Schmidt-Aßmann* (Fn. 3), S. 89 ff.. Dem hat sich die Kommentarliteratur überwiegend angeschlossen, vgl. etwa *Battis/Krautzberger/Löhr,* BauGB, 11. Aufl. 2009, § 55 Rn. 27b; *Schriever* (Fn. 8), § 45 Rn. 131 (Stand: 10/2009); *Aderhold,* in: Ernst/Zinkahn/Bielenberg, BauGB, Vorb §§ 45–64, Rn. 66 f. (Stand: 4/2012); a. A. wohl *Stang,* in: Schrödter, BauGB, 7. Aufl. 2006, § 55 Rn. 7; differenzierend auch *Dieterich* (Fn. 16), Rn. 232u.

[38] *Schriever* (Fn. 8), § 45 Rn. 131; Stang (Fn. 34), § Rn. 12c.

[39] *Schriever* (Fn. 8), § 45 Rn. 125, 130

[40] Vgl. BGH NJW 1980, 1633 (1635).

[41] *Dieterich* (Fn. 16), Rn. 232e.

Grünfläche und insbesondere auch als Ausgleichsfläche festgesetzt, muss wieder die Rohbauland-Bewertung Platz greifen. Denn ohne diese Festsetzung entbehrt der zugrunde liegende Bebauungsplan des nach § 1 a Abs. 3 BauGB erforderlichen Ausgleichs oder, anders formuliert: Die Festsetzung einer entsprechenden Ausgleichsfläche stellt erst die Erschließung und/oder die Bebaubarkeit der Grundstücke im Umlegungsgebiet sicher,[42] erfüllt damit eine dienende und zugleich wertsteigernde Funktion für das Umlegungsgebiet insgesamt und begründet deshalb den Anspruch des betroffenen Grundstückseigentümers, an dieser Wertsteigerung, die den übrigen Umlegungsbeteiligten zuteil wird, durch den Ansatz des Rohbaulandwerts oder jedenfalls eines deutlich über dem Wert für forst- und landwirtschaftliche Flächen hinausgehenden Werts für sein Grundstück partizipieren zu dürfen.[43]

IV. Fazit

Die ausdrückliche Integrierung des naturschutzrechtlichen Ausgleichs in das Recht der Umlegung aufgrund des BauROG 1998 ist weitgehend „geräuschlos" vonstatten gegangen und umgesetzt worden. Insofern hat sich möglicherweise die Einschätzung des Gesetzgebers bestätigt, die entsprechenden Regelungen dienten nur der Klarstellung und seien im Recht der Umlegung eigentlich schon aufgrund des InvWoBaulG 1993 vorgezeichnet gewesen. Ob und inwieweit sich die Umlegungspraxis auf den erweiterten Vorwegabzug für Ausgleichsflächen und auf die mit der Bereitstellung von Ausgleichsflächen verbundenen Auswirkungen auf die Wertermittlung und die Zuteilung wirklich und erklärtermaßen eingelassen hat, lässt sich schwer abschätzen. Gerichtliche Auseinandersetzungen hierüber sind jedenfalls kaum zu verzeichnen bzw. dokumentiert. Offen ist insbesondere, ob und in welchem Umfang die der Neuregelung zugrunde liegende Annahme des Gesetzgebers, jedenfalls interne Ausgleichsflächen müssten genauso wie die für örtliche Erschließungsanlagen und bewohnerdienliche Infrastruktureinrichtungen vorgesehenen Flächen im Umlegungsgebiet einheitlich als Rohbauland bewertet werden, in der Praxis ihre Entsprechung findet. Es wäre wünschenswert, wenn entsprechende gerichtliche Klarstellungen spätestens bei der allfälligen Neuauflage des zum Standardwerk gewordenen Handbuchs des Bau- und Fachplanungsrechts[44] des Jubilars vorliegen würden, um dann auch dort bei der Darstellung der Planverwirklichungsinstrumente, namentlich des Umlegungsverfahrens, ergänzend Berücksichtigung zu finden.

---

[42] So ausdrücklich *Otte* (Fn. 7), (Fn. 34), § 55 Rn. 27a m.w.Nachw.
[43] Vgl. hierzu auch die Erwägungen von *Otte* (Fn. 7), § 57 Rn. 4 a.
[44] Aktuell: 4. Aufl. 2009.

BENJAMIN KLEIN

Ausschreibungspflichtigkeit kommunaler Grundstücksgeschäfte zwei Jahre nach „Helmut Müller" – Vollkommener Rückzug des Vergaberechts?

I. Einführung

Wie nicht zuletzt das Veröffentlichungsverzeichnis des Jubilars eindrucksvoll belegt, gilt sein Schaffen vor allem dem Planungs- und dem Kommunalrecht. Beide Rechtsgebiete sahen sich in den letzten Jahren mit „Ungemach" eher überraschender Herkunft konfrontiert. Der Jubilar musste mit ansehen, wie sich das in der „Expansion"[1] befindliche Kartellvergaberecht[2] anschickte, seine beiden „Haus- und Hofrechtsgebiete" zu „unterwandern".

So gerieten kommunale Kooperationen, die eigentlich seit jeher vollkommen unbehelligt von jedweden europaweiten Ausschreibungspflichten praktiziert wurden, zunehmend in das Blickfeld des Kartellvergaberechts. Das OLG Düsseldorf hatte in einem Beschluss vom 5.5.2004 erkannt, dass eine Kooperationsvereinbarung zweier Kommunen im Bereich der Abfallentsorgung als öffentlicher Auftrag europaweit hätte ausgeschrieben werden müssen.[3] Der EuGH hatte kurz darauf in seinem sog. „Spanien"-Urteil vom 13.1.2005 entschieden, dass eine gesetzliche Regelung in Spanien, wonach Kooperationsvereinbarungen zwischen Verwaltungseinrichtungen per se nicht dem Vergaberecht unterliegen, gegen europäisches Vergaberecht verstößt.[4] Durch diese Rechtsprechung hatten kommunale Kooperationen ihre vergaberechtliche „Jungfräulichkeit" verloren. Die Schlacht um das grundsätzliche „Ob" einer Ausschreibungspflicht war damit vorerst geschlagen. Die kommunale Praxis hatte sich vielmehr mit der Frage auseinanderzusetzen, unter welchen Voraussetzungen genau Ausschreibungspflichten gegeben waren und wo ggf. noch Spielräume für ausschreibungsfreie kommunale Kooperationen bestanden.[5]

---

[1] So *Pietzcker* NVwZ 2007, 1125; ähnlich auch schon *Burgi* NVwZ 2001, 601 (604); zur Entwicklung des Vergaberechts siehe auch *Burgi* NZBau 2009, 609 (610); schon lange vor der Umsetzung der Vergaberichtlinien in das deutsche Recht konstatierte *Rengeling* DVBl 1990, 893 (896) einen zunehmenden Einfluss des Vergaberechts.

[2] Mit „Kartellvergaberecht" werden nachfolgend die in §§ 97 ff. GWB, der VgV und den Vergabe- und Vertragsordnungen niedergelegten Regelungen europäischer Herkunft bezeichnet. Der weitergehende Begriff des „Vergaberechts" hingegen umfasst auch andere Ausschreibungsanforderungen und -regelungen.

[3] OLG Düsseldorf NZBau 2004, 398; nachfolgend OLG Frankfurt/Main NZBau 2004, 692; OLG Naumburg NZBau 2006, 58; OLG Düsseldorf NZBau 2006, 662.

[4] EuGH NZBau 2005, 232.

[5] Siehe zum Ganzen: *Klein,* Kommunale Kooperationen zwischen innerstaatlichem Organisationsakt und Markt, Göttingen 2012.

Ähnlich verhielt es sich im Bereich kommunaler Grundstücksgeschäfte. Mit einem „Paukenschlag" erkannte das OLG Düsseldorf in seinem sog. „Ahlhorn"-Beschluss vom 13.6.2007, dass Grundstücksverkäufe von Kommunen, die mit der vertraglichen Verpflichtung des Käufers verbunden sind, die auf dem Grundstück zu errichtenden Bauwerke nach bestimmten städtebaulichen Erfordernissen der veräußernden Kommune zu errichten, einen ausschreibungspflichtigen öffentlichen Auftrag darstellen.[6] Obwohl Grundstücksverkäufe mit dem Vergaberecht, das ja auf die *Ein*kaufstätigkeit und nicht die *Ver*kaufstätigkeit gerichtet ist, auf den ersten Blick nichts zu tun haben, argumentierte der Düsseldorfer Vergabesenat, dass derartige Grundstücksverkäufe aufgrund der vom Käufer übernommenen städtebaulichen Verpflichtungen letztlich der Befriedigung eines kommunalen Bedarfs dienen und somit ein dem Vergaberecht unterfallendes Einkaufsgeschäft darstellen würden.[7] Für die Annahme eines öffentlichen Auftrages sei es zudem unerheblich, ob die Kommune das Bauwerk zu Eigentum erwerben, selbst besitzen und auch nutzen wolle. Ausreichend für einen Beschaffungsakt sei vielmehr bereits ein mittelbares Eigeninteresse der Kommune, beispielsweise an einer geordneten städtebaulichen Entwicklung.[8] Für das Vorliegen des Merkmals der „Entgeltlichkeit" eines Bauauftrages komme es nicht darauf an, ob die Kommune an den Grundstückskäufer und Investor selbst ein Entgelt für die Bauleistungen bezahle. Als Entgelt könnten auch die Einnahmen anzusehen sein, die vom Investor durch eine Veräußerung der errichteten Bauwerke erzielt würden. Insofern könne es sich bei dem Grundstücksgeschäft auch um eine Baukonzession handeln. Eine Baukonzession unterscheidet sich von einem Bauauftrag dadurch, dass dem Auftragnehmer statt eines Entgelts vom Auftraggeber das Recht zur Nutzung des Bauwerks eingeräumt wird. Der Begriff des „Rechts zur Nutzung" könne aber – so das OLG Düsseldorf – nicht so ausgelegt werden, dass darunter nur eine Nutzung durch Selbstnutzung oder Vermietung, nicht aber eine Veräußerung falle. So kann dem Investor das Recht zur Nutzung nach Ansicht des OLG Düsseldorf auch durch einen Verkauf eingeräumt werden. Dem Investor stehe es dann wiederum frei, ob er die Kosten für die von ihm entsprechend den Erfordernissen der öffentlichen Hand errichteten Bauwerke über eine Vermietung oder einen Weiterverkauf refinanzieren werde.

Diese überraschende Rechtsprechung stellte sowohl die kommunale Praxis als auch Investoren im Hinblick auf Grundstücksgeschäfte vor große Herausforderungen, droht doch bei einer rechtswidrigen „de-facto-Vergabe" ohne die erforderliche Ausschreibung die Unwirksamkeit des Vertrages nach § 101b GWB, was eine komplizierte Rückabwicklung des Vertrages erforderlich machen würde.[9] Zudem droht – auch Jahre nach Vertragsschluss noch – die Einleitung eines Vertragsverletzungsverfahrens nach Art. 258 ff. AEUV durch die Kommission. Hier steht neben

---

[6] OLG Düsseldorf NZBau 2007, 530 („Ahlhorn"); nachfolgend OLG Düsseldorf NZBau 2008, 139 („Wuppertal Vohwinkel"); OLG Düsseldorf NZBau 2008, 271 („Oer-Erkenschwick"); OLG Bremen NZBau 2008, 336 („Windpark"); OLG Karlsruhe NZBau 2008, 537; a. A. aber VK Darmstadt NZBau 2008, 339.

[7] OLG Düsseldorf NZBau 2007, 530 („Ahlhorn").

[8] OLG Düsseldorf NZBau 2007, 530 („Ahlhorn").

[9] Siehe zur Beendigung vergaberechtwidriger Verträge u.a. *Wiesner* IBR 2012, 1109 (online).

der Rückabwicklung des Vertrages auch die Zahlung von erheblichen Zwangsgeldern im Raum.

Mittlerweile haben sich die Wogen im Hinblick auf die Ausschreibungspflichtigkeit kommunaler Kooperationen und kommunaler Grundstücksgeschäfte jedoch wieder etwas geglättet. So hat der EuGH in seinem Urteil in der Sache „Stadtreinigung Hamburg“[10] entschieden, dass eine nicht erwerbswirtschaftliche orientierte Zusammenarbeit von Kommunen bei einer ihnen allen obliegenden öffentlichen Aufgabe ohne Beteiligung Privater auch jenseits des Vergaberechts ausschreibungsfrei möglich sein kann. Damit hat der EuGH den Kommunen wieder mehr ausschreibungsfreie Spielräume im Bereich kommunaler Kooperationen zurückgegeben, wenngleich in dem Urteil auch kein vollkommener vergaberechtlicher Freibrief gesehen werden kann.[11]

Auch im Hinblick auf kommunale Grundstücksgeschäfte hat der EuGH den Kommunen vergaberechtsfreie Spielräume zurückgegeben und durch das Urteil „Helmut Müller“ vom 25.3.2010[12] die durch das OLG Düsseldorf in der Sache „Ahlhorn“ eingeleitete extensive Auslegung des Vergaberechts wieder „zurückgeschraubt“. Zudem hat er in dem Urteil die durch den deutschen Gesetzgeber als Reaktion auf die „Ahlhorn“-Rechtsprechung erfolgten Änderung im GWB auch europarechtlich gebilligt.[13] Allerdings gilt auch hier: Ein vergaberechtlicher Freibrief ist dem Urteil nicht zu entnehmen.

Der folgende Beitrag unternimmt vor dem Hintergrund dieser „Rückzugstendenzen“ des Vergaberechts zunächst den Versuch darzulegen, wann kommunale Grundstücksgeschäfte nach „Helmut Müller“ noch aufgrund des Kartellvergaberechts europaweit ausgeschrieben werden müssen und wann nicht (II.). Anschließend wird aufgezeigt, dass sich – jenseits des Kartellvergaberechts – Ausschreibungspflichten auch aus dem Haushalts- und dem Beihilfenrecht ergeben können, denen Beachtung geschenkt werden sollte (III.). Der Beitrag schließt ab mit einem Fazit (IV.).

II. Kartellvergaberechtliche Ausschreibungspflichten nach „Helmut Müller“

Voraussetzung für die Eröffnung des sachlichen Anwendungsbereiches des Kartellvergaberechts ist das Vorliegen eines öffentlichen Auftrags i.S.v. § 99 GWB (s.u. Ziff. 1.) sowie das Überschreiten des maßgeblichen Schwellenwertes (s.u. Ziff. 2.).

---

[10] EuGH EuZW 2009, 529.

[11] Siehe hierzu ausführlicher *Klein* (Fn. 5).

[12] EuGH NJW 2010, 2189.

[13] Der deutsche Gesetzgeber engte im Rahmen des Gesetzes zur Modernisierung des Vergaberechts (BGBl. I 2009 S. 790 ff.) die Reichweite des Auftragsbegriff im Hinblick auf die „Ahlhorn“-Rechtsprechung ein, indem in § 99 Abs. 1 GWB zunächst der Beschaffungszweck durch den Zusatz „über die Beschaffung von Leistungen“ klarer herausgestellt wurde. In § 99 Abs. 3 GWB wurden zudem die Varianten 1 und 2 durch die Ergänzung „für die öffentlichen Auftraggeber“ angepasst. In § 99 Abs. 3 GWB wurde darüberhinausgehend aufgenommen, dass die Bauleistung dem öffentlichen Auftraggeber „unmittelbar wirtschaftlich zugutekommen“ muss. Schließlich wurde in § 99 Abs. 6 GWB die Baukonzession in Reaktion auf die vom OLG Düsseldorf vertretene Auffassung als „befristetes“ Recht zur Nutzung ausgestaltet, so dass ein Grundstückskaufvertrag keine Einräumung einer Konzession mehr darstellen konnte.

1. *Öffentlicher Auftrag*

Öffentliche Aufträge sind nach den Änderungen des Gesetzgebers als Reaktion auf die „Ahlhorn"-Rechtsprechung in § 99 Abs. 1 GWB definiert als „entgeltliche Verträge von öffentlichen Auftraggebern mit Unternehmen über die Beschaffung von Leistungen, die Liefer-, Bau- oder Dienstleistungen zum Gegenstand haben, Baukonzessionen und Auslobungsverfahren, die zu Dienstleistungsaufträgen führen sollen."

Bauaufträge sind in § 99 Abs. 3 GWB nunmehr näher definiert als „Verträge über die Ausführung oder die gleichzeitige Planung und Ausführung eines Bauvorhabens oder eines Bauwerkes für den öffentlichen Auftraggeber, das Ergebnis von Tief- oder Hochbauarbeiten ist und eine wirtschaftliche oder technische Funktion erfüllen soll, oder einer dem Auftraggeber unmittelbar wirtschaftlich zugutekommenden Bauleistung durch Dritte gemäß den vom Auftraggeber genannten Erfordernissen." Die Einschränkung, dass die Bauleistung dem Auftraggeber „unmittelbar wirtschaftlich zugutekommen muss" erfolgte als Reaktion auf die „Ahlhorn"-Rechtsprechung.

Eine Baukonzession ist in § 99 Abs. 6 GWB definiert als „Vertrag über die Durchführung eines Bauauftrags, bei dem die Gegenleistung für die Bauarbeiten statt in einem Entgelt in dem befristeten Recht auf Nutzung der baulichen Anlage, gegebenenfalls zuzüglich der Zahlung eines Preises besteht". Die Formulierung des „befristeten Rechts auf Nutzung" ist erkennbar von dem Bestreben geprägt, die extensive Rechtsprechung des OLG Düsseldorf im Hinblick auf den Begriff der Baukonzession zu korrigieren.

Diese nationalen Vorschriften dürfen nicht gegen die ihnen zugrundeliegenden Vorschriften der europäischen Vergabekoordinierungsrichtlinie 2004/18/EG (VKR)[14] verstoßen und müssen in ihrem Lichte ausgelegt werden.[15]

In der VKR heißt es in Art. 1 Abs. 2 lit. b: „Öffentliche Bauaufträge sind öffentliche Aufträge über entweder die Ausführung oder gleichzeitig die Planung und die Ausführung von Bauvorhaben im Zusammenhang mit einer der in Anhang I genannten Tätigkeiten oder eines Bauwerks oder die Erbringung einer Bauleistung durch Dritte, gleichgültig mit welchen Mitteln, gemäß den vom öffentlichen Auftraggeber genannten Erfordernissen. Ein „Bauwerk" ist das Ergebnis einer Gesamtheit von Tief- oder Hochbauarbeiten, das seinem Wesen nach eine wirtschaftliche oder technische Funktion erfüllen soll."

Baukonzessionen sind in Art. 1 Abs. 3 VKR definiert als: „Verträge, die von öffentlichen Bauaufträgen nur insoweit abweichen, als die Gegenleistung für Bauleistungen ausschließlich in dem Recht zur Nutzung des Bauwerks oder in diesem Recht zuzüglich der Zahlung eines Preises besteht".

a) Auf einen Vorlagebeschluss des OLG Düsseldorf hin erkannte der EuGH vor dem Hintergrund dieser Vorschriften im Hinblick auf kommunale Grundstücksgeschäfte in der Rechtssache „Helmut Müller"[16]:

---

[14] Richtlinie 2004/18/EG des Europäischen Parlaments und des Rates vom 31.3.2004 über die Koordinierung der Verfahren zur Vergabe öffentlicher Bauaufträge, Lieferaufträge und Dienstleistungsaufträge.

[15] Siehe u.a. OLG Düsseldorf BeckRS 2010, 14585.

[16] EuGH NJW 2010, 2189.

- Der Begriff „öffentliche Bauaufträge" setzt nicht voraus, dass die Bauleistung, die Gegenstand des Auftrags ist, in einem gegenständlichen oder körperlich zu verstehenden Sinn für den öffentlichen Auftraggeber beschafft wird, wenn sie diesem unmittelbar wirtschaftlich zugutekommt. Die Ausübung von städtebaulichen Regelungszuständigkeiten durch den öffentlichen Auftraggeber genügt nicht, um diese letztgenannte Voraussetzung zu erfüllen.
- Der Begriff „öffentliche Bauaufträge" erfordert, dass der Auftragnehmer direkt oder indirekt die Verpflichtung zur Erbringung der Bauleistungen, die Gegenstand des Auftrags sind, übernimmt und dass es sich um eine nach den im nationalen Recht geregelten Modalitäten einklagbare Verpflichtung handelt.
- Die „vom öffentlichen Auftraggeber genannten Erfordernisse" im Sinne der dritten in Art. 1 Abs. 2 lit. b VKR genannten Fallgestaltung können nicht in dem bloßen Umstand bestehen, dass eine Behörde bestimmte, ihr vorgelegte Baupläne prüft oder in Ausübung ihrer städtebaulichen Regelungszuständigkeiten eine Entscheidung trifft.
- Eine Baukonzession liegt nur im Falle einer befristeten Rechtsübertragung vor. Eine unbefristete Erteilung von Konzessionen würde den Wettbewerb beeinträchtigen und damit gegen die Rechtsordnung der Union verstoßen.
- Es ist nicht ausgeschlossen, dass die VKR auf ein zweistufiges Vergabeverfahren Anwendung findet, das durch den Verkauf eines Grundstücks gekennzeichnet ist, welches später Gegenstand eines Bauauftrags wird. Die Bewertung dieser Vorgänge als Einheit ist nicht von vornherein auszuschließen.

Damit bestätigte der EuGH die als Reaktion auf die Ahlhorn-Rechtsprechung erfolgten Änderungen in § 99 GWB. Für die kommunale Praxis haben sich damit wieder ausschreibungsfreie Spielräume bei Grundstücksgeschäften ergeben. Einen vollkommenen vergaberechtlichen Freibrief hat der EuGH den Kommunen jedoch nicht ausgestellt. Denn eine körperliche, gegenständliche Beschaffung ist weiterhin nicht Voraussetzung für die Annahme eines Bauauftrages, so dass es durchaus noch Konstellationen geben kann, in denen kommunale Grundstücksgeschäfte ausschreibungspflichtig sind. Für die Praxis kommt es vor allem maßgeblich auf die Konkretisierung der folgenden Tatbestandsmerkmale an, bei deren kumulativem Vorliegen ein öffentlicher Auftrag vorliegt:

- die Bauleistung kommt dem öffentlichen Auftraggeber unmittelbar wirtschaftlich zugute (s.u. lit. b),
- es liegt eine einklagbare Bauverpflichtung vor (s.u. lit. c)
- der öffentliche Auftraggeber gewährt für die Bauleistungen eine Gegenleistung (s.u. lit. d)

b) Anders als das OLG Düsseldorf, das auch ein mittelbares Eigeninteresse der Kommune, beispielsweise an einer geordneten städtebaulichen Entwicklung, als ausreichend für die Annahme einer vergaberechtsrelevanten Beschaffung erachtet hatte, fordert der EuGH, dass die Bauleistung dem öffentlichen Auftraggeber „unmittelbar wirtschaftlich zugutekommt." Obgleich die Schaffung dieses Tatbestandsmerkmals in Grenzbereichen neue Fragen aufwerfen mag und nicht für absolute Rechtssicherheit sorgt,[17] lassen sich dem Urteil folgende – jedoch nicht

[17] So *Haak* VergR 2011, 351 (355); *Harms/Schmidt-Wottrich* LKV 2011, 537 (539).

abschließende[18] – Fallgruppen entnehmen, bei denen von einem unmittelbaren wirtschaftlichen Interesse der Kommune auszugehen ist.

aa) Der öffentliche Auftraggeber erwirbt Eigentum an dem Bauwerk oder kann die wirtschaftlichen Vorteile aus der Nutzung oder Veräußerung des Bauwerks ziehen. Dies ist dann der Fall, wenn vertraglich vereinbart wird, dass die Kommune das Ergebnis der Bauleistungen selber für ihre Zwecke nutzen darf oder ihr die zukünftige wirtschaftliche Nutzung durch Vermietung oder Weiterverkauf ermöglicht wird.[19]

bb) Der öffentliche Auftraggeber verfügt über einen Rechtstitel, der ihm die Verfügbarkeit der Bauwerke, die Gegenstand des Auftrags sind, im Hinblick auf ihre öffentliche Zweckbestimmung sicherstellt. Ein solcher Rechtstitel kann ein dingliches oder ein vertragliches Recht an dem Grundstück darstellen. Nicht ausreichend ist es aber, dass die Kommune die im öffentlichen Interesse liegende Verfügbarkeit der Anlagen nur aus gesetzlichen Bestimmungen ableiten kann.[20] Insofern hat das OLG Düsseldorf entschieden, dass Parkplätze einem öffentlichen Auftraggeber nur dann einen unmittelbaren wirtschaftlichen Vorteil im Sinne der „Helmut Müller"-Rechtsprechung bieten, wenn sie von ihm selbst (etwa als Behördenparkplatz) oder aufgrund eines Rechtstitels von der Öffentlichkeit genutzt werden sollen. Eine öffentliche Zweckbestimmung – so entschied das OLG Düsseldorf – erhielten Parkplätze im Falle einer vertraglich vorgesehenen privaten Nutzung durch die Besucher des zu errichtenden privaten Bauwerks indes nicht. Daran ändere auch die bloße faktische Nutzung durch die Öffentlichkeit nichts.[21]

Bei diesen Fallgestaltungen wird es indes – worauf *Haak* zutreffend hinweist – stets auf eine Einzelfallbetrachtung ankommen. Es bleibt abzuwarten, wo die Grenzen gezogen werden. Denn wenn als Nebenpflicht in dem Vertrag auch die Herstellung einzelner Beschaffungsgegenstände, wie etwa Parkflächen, die für die Öffentlichkeit zur Verfügung stehen sollen, geregelt ist, wird man darin „eingekapselte Bauaufträge"[22] sehen können, die ein unmittelbares wirtschaftliches Interesse des Auftraggebers dann nahelegen, wenn die Forderungen des Auftraggebers über die Festlegungen des Bauplanungs- und des Bauordnungsrechts hinausgehen.[23] So weist *Otting* zutreffend darauf hin, dass es schon lange gesicherter Bestand der vergaberechtlichen Rechtsprechung ist, dass übernommene Verpflichtungen zur Herstellung von Straßen oder Kanälen an Stelle der an sich dafür zuständigen Gemeinde einen öffentlicher Bauauftrag darstellen.[24]

cc) Der öffentliche Auftraggeber beteiligt sich finanziell an der Erstellung des Bauwerks. Auch dann hat er ein unmittelbares wirtschaftliches Interesse an dem Gegenstand der Beschaffung. Dies ist ohne weiteres dann gegeben, wenn die

---

[18] So *Tomerius* ZfBR 2012, 332 (335) m. w. N.
[19] *Tomerius* ZfBR 2012, 332 (335).
[20] *Tomerius* ZfBR 2012, 332 (336).
[21] OLG Düsseldorf BeckRS 2010, 14585.
[22] So *Haak* VergR 2011, 351 (355).
[23] *Harms/Schmidt-Wottrich* LKV 2011, 537 (539); siehe auch *Lamm* KommJur 2011, 161 (165 f.).
[24] *Otting* NJW 2010, 2167 (2168).

Kommune sich direkt an den Baukosten beteiligt. Fraglich ist indes, inwieweit auch eine mittelbare finanzielle Beteiligung der Kommune, etwa durch bewusst niedrige Grundstückspreise oder den Verzicht auf Erschließungsbeiträge eine finanzielle Beteiligung an der Erstellung des Bauwerks darstellen.[25] Das OLG Düsseldorf hat ausdrücklich zu erkennen gegeben, dass ein Verkauf unter dem Marktwert durchaus eine finanzielle Beteiligung im Sinne der „Helmut Müller"-Rechtsprechung darstellen könne.[26] Im Falle eines Verkaufs unter dem Marktwert sind im Übrigen auch haushalts- und beihilfenrechtliche Implikationen zu beachten (s.u. III.). Das OLG München hat indes jüngst entschieden, dass eine finanzielle Beteiligung im Sinne der „Helmut Müller"-Rechtsprechung zumindest dann nicht gegeben sei, wenn Teile eines Baufeldes zu günstigeren Preisen als dem Verkehrswert an finanziell leistungsschwächere Familien im Rahmen der Wohnraumförderung veräußert würden.[27] Dennoch ist Kommunen zu empfehlen, dieses Tatbestandsmerkmal genau im Blick zu halten und in jedem Fall ein objektives Verkehrswertgutachten einzuholen.[28]

dd) Der öffentliche Auftraggeber übernimmt Risiken für den Fall des wirtschaftlichen Fehlschlags des Bauwerks. Dies wird beispielsweise dann der Fall sein, wenn sich die Kommune an einer ÖPP-Entwicklungsgesellschaft in nicht nur unerheblichem Maße beteiligt, so dass sie prozentual auch an den Verlusten der Gesellschaft – und damit an dem Grundstücksgeschäft – teilnimmt.[29]

ee) Kein unmittelbares wirtschaftliches Interesse der Kommune im Sinne einer Negativabgrenzung liegt aber nach dem EuGH aber vor, wenn die Gemeinde lediglich bauplanerische Entscheidungen trifft oder städtebauliche Regelzuständigkeiten ausübt. Der EuGH führt zur Konkretisierung des Begriffs der „städtebaulichen Regelzuständigkeit" beispielhaft die „städtebauliche Entwicklung oder Kohärenz eines kommunalen Ortsteils" an. Eine genaue abstrakte Definition liefert der EuGH aber nicht. In der Literatur werden konkretisierend für die Ausübung außerhalb des Vergaberechts stehender städtebaulicher Regelzuständigkeiten angeführt: die reine Aufwertung eines Stadtviertels, die Auswahl eines städtebaulich favorisierten Konzeptes, die Verbesserung des Mietmarktes, die Stärkung der Kaufkraft oder die reine Betriebsansiedlung.[30] Unproblematisch dürfte man in der Aufstellung eines Bebauungsplans die Wahrnehmung einer städtebaulichen Regelzuständigkeit sehen.[31] Schwieriger kann die Abgrenzung indes bei den Instrumenten des kooperativen Städtebaus sein. So mag man den städtebaulichen Vertrag und den Durchführungsvertrag zum vorhabenbezogenen Bebauungsplan grundsätzlich als Ausübung städtebaulicher Regelungskompetenzen verstehen können.[32] Im Einzelfall können aber durchaus schwierige Abgrenzungsfragen auftreten. Die Grenze zum ausschreibungspflichtigen Auftrag wird

[25] *Tomerius* ZfBR 2012, 332 (336); *Haak* VergR 2011, 351; *Lamm* KommJur 2011, 161 (165).
[26] OLG Düsseldorf BeckRS 2010, 14585.
[27] OLG München IBR 2011, 652.
[28] *Haak* VergR 2011, 351 (355).
[29] *Tomerius* ZfBR 2012, 332 (336); in einem solchen Fall wäre bereits das Finden des privaten Partners für die Gesellschaft ausschreibungspflichtig.
[30] *Tomerius* ZfBR 2012, 332 (337) m. w. N.
[31] *Tomerius* ZfBR 2012, 332 (337).
[32] *Otting* NJW 2010, 2167 (2169).

man sicherlich jedenfalls dann als überschritten ansehen müssen, wenn solche Regelungen enthalten sind, die mangels bodenrechtlichen Bezugs gar nicht Gegenstand von städtebaulichen Verträgen sein dürfen, wie etwa vertragliche Forderungen nach einer bestimmten Mieterstruktur im Einzelhandelsobjekt oder nach Mitspracherechten bei städtebaulich neutralen Varianten der Außen- oder Innengestaltung von Gebäuden.[33] Bei städtebaulichen Folgekostenverträgen verfolgt die Kommune naturgemäß auch wirtschaftliche Interessen, indem sie eine Kostenverlagerung auf den privaten Investor erreichen will. Indes stehen hier auch andere, namentlich städtebauliche Interessen im Raum, beispielsweise die Sanierung und die Wiedernutzbarmachung einer kontaminierten Fläche. Insofern weist *Tomerius* darauf hin, dass es in diesem Fall erkennbare, unmittelbar mit dem Vertrag verbundene wirtschaftliche Interessen gebe, die trotz der – auch – städtebaulichen Motivation der Kommune zu einer Ausschreibungspflicht führen müssten, wenn man den EuGH beim Wort nähme.[34] Diese Fälle im Wege einer Schwerpunktsetzung – wie von *Grothmann/Tschäpe*[35] vorgeschlagen – zu lösen, erscheine zwar pragmatisch. Letztlich führe das aber zu einer von nationalen Gerichten zu entwickelnden Kasuistik, deren Europarechtskonformität nicht rechtssicher zu beurteilen sei.[36] Als Auslegungshilfe schlägt *Tomerius* vor, von der Ausübung einer städtebaulichen Regelzuständigkeit auszugehen, wenn die Kommune mit der Maßnahme primär die gemeinwohlbezogenen städtebaulichen Planungsziele des § 1 Abs. 6 BauGB verfolgt.

c) Neben dem Vorliegen des soeben dargestellten unmittelbaren wirtschaftlichen Interesses des Auftraggebers ist Voraussetzung dafür, dass ein Grundstücksgeschäft einen Beschaffungsakt darstellt, dass der Auftragnehmer direkt oder indirekt die Verpflichtung zur Erbringung der Bauleistungen, die Gegenstand des Auftrags sind, übernimmt und dass es sich um eine nach den im nationalen Recht geregelten Modalitäten einklagbare Verpflichtung handelt. Unproblematisch dürfte eine solche Verpflichtung dann vorliegen, wenn die Verpflichtung aufgrund des Vertrages tatsächlich vollstreckt werden kann. Die bloße Obliegenheit zur Durchführung der Bauleistungen reicht nicht aus.[37] Schwieriger stellt sich aber die Beantwortung der Frage dar, was unter einer „indirekten Verpflichtung" zu verstehen ist. Hier ist die Grenzziehung in der Literatur höchst umstritten. Eine rechtssichere Prognose lässt sich kaum treffen, zumal Rechtsprechung zu der Frage nicht vorhanden ist.

So wird vertreten, indirekte Bauverpflichtungen seien solche Verpflichtungen, die den Adressaten zu einem bestimmten Handeln veranlassen sollen, welches aber nicht Gegenstand der Verpflichtung ist, durch diese aber bewirkt werden soll. Demnach wären indirekte Verpflichtungen im Sinne von „Helmut Müller" einklagbare Wiederkaufsrechte, Rückauflassungsvormerkungen, Dienstbarkeiten, Baulasten, Vertragsstrafen oder Rücktrittsrechte.[38] Nicht dazu zu zählen sei aber

[33] *Otting* NJW 2010, 2167 (2169).
[34] *Tomerius* ZfBR 2012, 332 (337).
[35] *Grothmann/Tschäpe* ZfBR 2011, 442 (449 f).
[36] *Tomerius* ZfBR 2012, 332 (337).
[37] *Hanke* ZfBR 2010, 562 (563).
[38] *Hanke* ZfBR 2010, 562 (563); *Tomerius* ZfBR 2012, 332 (335).

die Bedingung, weil diese nicht einklagbar sei.[39] Auf der anderen Seite wird vertreten, dass vereinbarte Rücktrittsrechte im Falle einer nicht erfolgten Bebauung keine indirekte Verpflichtung darstellen würden, weil der Käufer keine über den Kauf und seine mögliche Rückabwicklung hinaus gehende Verpflichtung seines eigenen Vermögens eingeht.[40] Anders könne sich das nur bei Rückabwicklungsregelungen darstellen, die den Käufer belasten, etwa in Form einer Vertragsstrafenregelung oder durch eine für den Käufer unvollständige Rückabwicklung, weil er nur Teile des von ihm bezahlten Kaufpreises zurückbekommt.[41]

Will eine Kommune „auf Nummer sicher" gehen, so kann nur empfohlen werden, bei einer Prüfung die weitest mögliche Auslegung zugrundezulegen. Dies gilt auch deshalb, weil das Erfordernis einer Bauverpflichtung zur Begründung vergaberechtlicher Ausschreibungspflichten insgesamt kritisch gesehen wird. So bringt *Kühling* vor, dass die Anwendung des Vergaberechts nicht deshalb entfallen könne, weil ein Anspruch auf Gegenleistung gegenüber der öffentlichen Hand erst bzw. nur dann entstehe, wenn der Vertragspartner die entsprechende Bauleistung erbracht hat, insoweit also eine aufschiebende oder auflösende Bedingung oder etwas Ähnliches greife. Wäre dies der Fall, könnte zur Umgehung des Vergaberechts einfach vereinbart werden, dass ein Anspruch auf Gegenleistung erst entsteht, wenn der Vertragspartner die von der Vergabestelle „erhoffte" Leistung erbracht hat; nach *Kühling* ist es daher allein entscheidend, ob im Fall der Erbringung einer vergaberechtlich erfassten Leistungskategorie ein Anspruch auf eine vergaberechtlich gleichermaßen erfasste Gegenleistungskategorie entsteht, so dass es für die Annahme eines Bauauftrages ausreicht, dass im Fall des Bauens nach den vertraglich vereinbarten Vorgaben des Bauherrn ein entsprechender Vergütungsanspruch und im Fall der Baukonzession ein Nutzungsrecht an der baulichen Anlage beansprucht werden kann. Insofern ist nicht ausgeschlossen, dass der EuGH mit Hilfe der Figur der Umgehung das Erfordernis der einklagbaren Bauverpflichtung in der Zukunft wieder einschränken wird.[42]

d) Im Zusammenhang mit der soeben dargelegten „einklagbaren Bauverpflichtung" steht auch die Gegenleistung der Kommune. So darf nicht aus den Augen verloren werden, dass für die Annahme eines öffentlichen Auftrages neben den vom Käufer/Investor zu erbringenden Bauleistungen auch erforderlich ist, dass die Kommune hierfür eine Gegenleistung erbringt. Diese kann im Falle eines Bauauftrages in der Gewährung eines Entgelts bestehen oder im Fall einer Baukonzession in der Einräumung eines Rechts zur Nutzung.

Von besonderer Bedeutung sind in diesem Zusammenhang zunächst die Ausführungen des EuGH zur Baukonzession, weil er insoweit der Rechtsprechung des OLG Düsseldorf entgegentritt, wonach eine Baukonzession auch in dem dem Investor kraft des übertragenen Eigentums unbefristet zustehenden Recht zur Weiterveräußerung oder Vermietung/Verpachtung des Grundstücks gesehen wer-

---

[39] *Hanke* ZfBR 2010, 562 (563).

[40] *Hertwig* NZBau 2011, 9 (14); in diese Richtung wohl auch *Greim* ZfBR 2011, 126 (131).

[41] *Hertwig,* NZBau 2011, 9 (14); eine Vertragsstrafe für nicht ausreichend halten jedoch *Gartz* NZBau 2010, 293, 296 sowie *Vetter/Bergmann* NVwZ 2010, 569 (570).

[42] *Kühling* NVwZ 2010, 1257 (1259 f).

den kann.[43] Der EuGH hat insofern nun klargestellt, dass eine Baukonzession nur in der Übertragung eines *befristeten* Nutzungsrechts bestehen kann. Dadurch wird der Anwendungsbereich des Vergaberechts erheblich eingeschränkt.

Der Begriff des Entgelts ist demgegenüber weit auszulegen. Eine Geldzahlung kann demnach auch in der Gewährung eines geldwerten Vorteils liegen, so dass die vergünstigte Bereitstellung eines Grundstücks, eine andere Art der finanziellen Beteiligung oder auch ein Teilerlass von Erschließungsbeiträgen durchaus ein „Entgelt" darstellen kann.[44] Die Gewährung eines Baurechts ist allerdings keine Gegenleistung in diesem Sinne.[45]

2. *Schwellenwertberechnung*

Ist nach Prüfung der vorgenannten Kriterien ein öffentlicher Auftrag i.S.v. § 99 Abs. 1 GWB gegeben, so hängt das Vorliegen einer kartellvergaberechtlichen Ausschreibungspflicht zusätzlich von dem Überschreiten des europarechtlichen Schwellenwertes (§§ 100 Abs. 1, 127 Nr. 1 GWB, § 2 VgV) ab. Bei der Berechnung werden Kommunen gut beraten sein, zur Risikominimierung von der strengsten Auslegung auszugehen. Danach soll es für die Schwellenwertberechnung auf den Gesamtwert des Vorhabens ankommen. Dies ist dann von besonderer Bedeutung, wenn nur das Gesamtprojekt den Schwellenwert überschreiten würde, der Bauleistungsteil, der im unmittelbaren wirtschaftlichen Interesse des Auftraggebers liegt – und damit den öffentlichen Auftrag darstellt – für sich genommen jedoch nicht. Hier wird davon ausgegangen, dass es zu einer vergaberechtlichen „Infizierung" des Bauvorhabens insgesamt dadurch kommt, dass der öffentliche Grundstücksverkäufer den Käufer zu einer zur Bauerrichtung verpflichtet und zugleich Teile im eigenen wirtschaftlichen Interesse realisiert haben möchte, so dass der gesamte Wert maßgeblich ist.[46]

III. Beihilfen- und haushaltsrechtliche Ausschreibungsobliegenheiten

Neben den dargestellten kartellvergaberechtlichen Ausschreibungspflichten ergeben sich aber auch aus dem Beihilfen- und dem Haushaltsrecht Ausschreibungsobliegenheiten.

Gemäß Art. 107 AEUV sind staatliche Beihilfen oder aus staatlichen Mitteln gewährte Beihilfen gleich welcher Art, die durch die Begünstigung bestimmter Unternehmen oder Produktionszweige den Wettbewerb verfälschen oder zu verfälschen drohen, mit dem Binnenmarkt unvereinbar, soweit sie den Handel zwischen Mitgliedstaaten beeinträchtigen. Dieses Beihilfenverbot ist bei Grundstücksgeschäften der öffentlichen Hand deshalb genau im Blick zu behalten, weil in der Veräußerung eines Grundstücks „unter Wert" eine unzulässige Beihilfe an den

---

[43] *Greim* ZfBR 2011, 126 (132).
[44] *Greim* ZfBR 2011, 126 (132).
[45] *Kühling* NVwZ 2010, 1257 (1260).
[46] *Hertwig* VergR 2010 554 (560); *Haak* VergR 2011, 351 (357); a. A. aber wohl *Otting* NJW 2010, 2167 (2168).

Erwerber gesehen werden kann.[47] Die Kommission hat in diesem Zusammenhang die sog. Grundstücksmitteilung herausgegeben.[48] Nach der Grundstücksmitteilung gibt es zwei Methoden, bei deren Anwendung vermutet wird, dass keine unzulässige Beihilfe vorliegt:

- Verkauf durch eine bedingungsfreies Bieterverfahren;
- Verkauf ohne bedingungsfreies Bieterverfahren und Einholung eines unabhängigen Wertgutachtens.

Durch eine europaweite Ausschreibung kann also der Verdacht einer unzulässigen Beihilfe wirkungsvoll zerstreut werden. Vor dem Hintergrund der drohenden Nichtigkeit des Geschäfts[49] ist von Kommunen im Einzelfall zu prüfen, ob ein Ausschreibungsverfahren geboten ist.

Im Übrigen lässt sich durch eine Ausschreibung auch das haushaltsrechtliche Prinzip der Wirtschaftlichkeit und Sparsamkeit verwirklichen, so dass – sollten sich aus dem jeweiligen Haushaltsrecht nicht ohnehin konkrete Ausschreibungspflichten ergeben[50] – sich eine Ausschreibung auch vor diesem Hintergrund anbietet und in Betracht gezogen werden sollte.

IV. Fazit

Durch die Entscheidung „Helmut Müller" wurden den Kommunen in Abkehr von der „Ahlhorn"-Rechtsprechung des OLG Düsseldorf im Bereich von Grundstücksgeschäften wieder ausschreibungsfreie Spielräume zurückgegeben. Der Beschaffungszweck im Vergaberecht wurde wieder stärker akzentuiert. Dies hat indes nicht die vollkommene Ausschreibungsfreiheit jeglicher kommunaler Grundstücksgeschäfte zu Folge. Wie die vorstehenden Ausführungen gezeigt haben, kann die Rechtslage keinesfalls als abschließend geklärt gelten – die Abgrenzung zwischen einem reinen ausschreibungsfreiem Grundstücksgeschäft und einem ausschreibungspflichtigem Beschaffungsakt kann im Einzelfall durchaus Schwierigkeiten bereiten. Insbesondere angesichts der drohenden Unwirksamkeit des Grundstücksgeschäfts bei Vergaberechtswidrigkeit nach § 101b GWB und möglichen Vertragsverletzungsverfahren tun Kommunen deshalb gut daran, geplante Grundstücksveräußerungen im Einzelfall genau zu prüfen und – im Zweifel – aus Gründen der Risikominimierung eine europaweite Ausschreibung durchzuführen, in der durchaus auch Chancen liegen können.

Insgesamt kann man – in Beantwortung der im Titel aufgeworfenen Frage – nicht von einem vollkommenen Rückzug, aber von einer Rückbesinnung des Vergaberechts sprechen. Dies entspricht der Feststellung von *Burgi,* der im Kartellvergaberecht nach einer expansiven Phase nun eine verstärkte Konzentration auf genuine Beschaffungstätigkeiten und weniger auf jedwede staatliche Verteilungsentscheidungen sieht.[51] Diese Tendenz kommt in der Rechtsprechung des EuGH

---

[47] *Lamm* KommJur 2010, 161 (166).

[48] Mitteilung der Kommission betreffend Elemente staatlicher Beihilfe bei Verkäufen vom Bauten oder Grundstücken durch die öffentliche Hand, ABl C 209 vom 10.7.1997, S. 3

[49] BGH EuZW 2003, 444.

[50] Siehe näher dazu *Harms/Schmidt-Wottrich* LKV 2011, 537 (542 f.).

[51] *Burgi* NBBau 2009, 609 (611).

neben der Entscheidung in der Sache „Helmut Müller" zu kommunalen Grundstücksgeschäften auch in der Entscheidung „Stadtreinigung Hamburg"[52] zu kommunalen Kooperation zum Ausdruck.

Auf der anderen Seite ist aber nicht aus den Augen zu verlieren, dass auch jenseits des Kartellvergaberechts beihilfen- und haushaltsrechtliche Ausschreibungsobliegenheiten bestehen können, denen Beachtung geschenkt werden sollte.

[52] EuGH EuZW 2009, 529.

MICHAEL KRAUTZBERGER

Klimaschutz bei städtebaulichen Planungen und Maßnahmen

I. Überblick

„Durch diese BauGB-Klimanovelle verfügen die planenden Städte und Gemeinden über städtebauliche Instrumente, die in der Tendenz dem Klimawandel entgegenwirken und einer Anpassung an den Klimawandel dienen. Dem Städtebaurecht kommt dabei die Aufgabe zu, die Umsetzung des Energiefach- und -finanzierungsrechts in den Städtebau sicherzustellen und zugleich Anreize für eine Förderung des Klimaschutzes und die Anpassung an den Klimawandel zu schaffen."

So beginnt eine Abhandlung des (immer noch jugendlichen) Jubilars, die er gemeinsam mit seiner Gattin, Frau Dr. Ehebrecht-Stüer, 2011 veröffentlicht hat.[1] Diesem Ansatz und damit den Lösungsansätzen des Baugesetzbuchs für Klimaschutz und Klimaanpassung soll im Folgenden auf den von *Stüer* vorgezeichneten Spuren weiter nachgegangen werden.

Mit der „Klimaschutznovelle" 2011 wollte der Bundesgesetzgeber – im Zusammenhang mit den Beschlüssen nach der „Fukushima"-Katastrophe – auch das städtebauliche Planungsrecht stärker auf die Erfordernisse des Klimaschutzes ausrichten. Hauptsächliches Anliegen war es, die „städtebauliche Dimension", der die Gemeinden bei ihren Vorgaben zur örtlichen Bodennutzung Rechnung tragen sollen, gesetzlich abzusichern. Dies betraf vor allem Änderungen im Recht des Bauleitplanung, des städtebaulichen Vertrags und des Besonderen Städtebaurechts (Sanierung, Stadtumbau). Darüber hinaus wurden die Vorschriften über die städtebauliche Zulässigkeit von Maßnahmen zum Schutz des Klimas im städtebaulichen Innen- und Außenbereich erleichtert und erweitert. Schwerpunkte sind dabei die solare Strahlungsenergie und die Windenergie. Für das Jahr 2013 ist eine weitere Novelle des Baugesetzbuchs und der Baunutzungsverordnung vorbereitet mit dem Ziel der Förderung der Innenentwicklung.

1. Anlass für die BauGB Novelle 2011

Eine Novellierung des Städtebaurechts u.a. aus Gründen des Klimaschutzes war schon in der Koalitionsvereinbarung der Regierungsparteien vom 26.10.2009 vorgesehen. Dazu sollte als weiteres Ziel die Stärkung der Innenentwicklung im Bauplanungsrecht verfolgt werden. Die Baunutzungsverordnung sollte umfassend geprüft werden. Das innerhalb der Bundesregierung federführende Bundesministerium für Verkehr, Bau und Stadtentwicklung hatte dazu im Jahre 2010 die Vorarbeiten aufgenommen. Im Herbst 2010 wurden die Ergebnisse dieser Arbeiten öffentlich vorgestellt und ein Gesetzgebungsvorhaben

[1] *Stüer/Ehebrecht-Stüer* DVBl 2011, 1117.

angekündigt, das Ende 2011 abgeschlossen sein sollte.[2] Die Ereignisse in Japan im Frühjahr 2011 haben in der Bundesregierung zu einer Neubewertung auch des Zeitpunks einer Städtebaurechtsnovelle geführt. Das Gesetzgebungsverfahren war innerhalb weniger Wochen eingeleitet und abgeschlossen worden: Der Referentenentwurf wurde 16.5.2011 versandt mit einer Äußerungsfrist von 10 Tagen; das Bundeskabinett hat den Gesetzentwurf am 6.6.2011 beschlossen, und zwar als Teil eines Gesetzespakets zur „Energiewende" in Deutschland. Der Gesetzentwurf wurde parallel im Deutschen Bundestag und im Bundesrat eingebracht.[3] Das Gesetz trat einen Tag nach der Verkündung in Kraft: 30. Juli 2011.[4]

2. Die Regelungen im Überblick:

Das Anliegen des neuen Gesetzes war es vor allem, die „städtebauliche Dimension", der die Gemeinden bei ihren Vorgaben zur örtlichen Bodennutzung Rechnung tragen sollen, gesetzlich abzusichern.

- Dies betrifft namentlich die Änderungen im Recht des Bauleitplanung, des städtebaulichen Vertrags und des Besonderen Städtebaurechts (Sanierung, Stadtumbau).
- Darüber hinaus wollte das Gesetz bessere Voraussetzungen zur Durchsetzung des Energiekonzeptes der Bundesregierung erreichen, vor allem für den Ausbau der Windenergienutzung an Land, durch erforderliche und angemessene Regelungen zur Absicherung des Repowering, d. h. des Ersatzes alter durch neue, leistungsfähigere Windenergieanlagen, und die erleichterte Nutzung von Photovoltaikanlagen auch im Außenbereich.
- Die gesetzlichen Neuregelungen sollen stärker als bisher die Aufgabe des Städtebaurechts hervorheben und durch eine möglichst effektive Umsetzung die fachrechtlichen anlagenbezogenen Anforderungen begleiten, wie sie sich aus dem Energiefachrecht (EEWärmeG, EEG, EnEG und EnEV) ergeben.
- Die Belange in der Abwägung und die Darstellungs- und Festsetzungsmöglichkeiten sind entsprechend erweitert worden.
- Biogasanlagen bis zu einer Feuerungswärmeleistung von 2 MW und Solaranlagen sind als privilegierte Außenbereichsvorhaben privilegiert zulässig.
- Die planerische Steuerung von Windkraftanlagen für das Repowering wurde erleichtert.
- Die Planzeichenverordnung (PlanzV) ist entsprechend der Änderungen im Recht der Bauleitplanung ergänzt worden.

---

[2] Vgl. zu den Ergebnissen bis November 2010 *Bunzel/Hanke,* in: DIFU (Hrsg.), Berliner Gespräche zum Städtebaurecht, 2010 sowie zusammenfassend Bunzel, DVBl 2010, 1551; hierzu mit gesetzgeberischen Folgerungen *Stüer/Ehebrecht-Stüer* DVBl 2010, 1540.

[3] Entwurf eines Gesetzes zur Stärkung der klimagerechten Entwicklung in den Städten und Gemeinden, BT-Drs. 17/6076; erste Lesung im BT am 9.6.2011, BT-Plenarprotokoll 17/114, 12958 B – 12993 A; Bundesrat, Empfehlungen der Ausschüsse v. 10.6.2011, BR-Drs. 344/1/1; Stellungnahme des Bundesrates v. 17.6.2011, BR-Drs. 344/11; Beschlussempfehlung und Bericht des Ausschusses für Verkehr, Bau und Stadtentwicklung v. 29.6.2001, BT-Drs. 17/6357). Der Titel des Gesetzes wurde dabei wie folgt gefasst: „Gesetz zur Förderung des Klimaschutzes bei der Entwicklung in den Städten und Gemeinden".

[4] BGBl. I S. 1509

II. Bauleitplanung

1. Überblick

Den Anforderungen des Klimaschutzes und der Anpassung an den Klimawandel wird in den Bestimmungen über die Bauleitplanung Rechnung getragen. Die Regelungen umfassen insbesondere:
- Einfügung einer Klimaschutzklausel: § 1 Abs. 5 und § 1 a Abs. 5 BauGB,
- Berücksichtigung von Klimaschutz- und Energiekonzepten bei der Flächennutzungsplanung (§ 5 Abs. 2 Nr. 2 b und c BauGB),
- Erweiterungen im Festsetzungskatalog (§ 9 Abs. 1 Nr. 12 und 23 b BauGB) sowie die
- Absicherung von nachträglichen Wärmedämmungsmaßnahmen (§ 248 Satz 1 BauGB).

2. Klimaschutzklausel (§ 1 Abs. 5 Satz 2 BauGB)

Die Novelle wertet innerhalb der Planungsleitsätze des § 1 Abs. 5 BauGB den Klimaschutz auf. Der neugefasste § 1 Abs. 5 Satz 2 BauGB bestimmt nunmehr, dass die Bauleitpläne dazu beitragen sollen, „eine menschenwürdige Umwelt zu sichern, die natürlichen Lebensgrundlagen zu schützen und zu entwickeln sowie den Klimaschutz und die Klimaanpassung, insbesondere auch in der Stadtentwicklung zu fördern, sowie die städtebauliche Gestalt und das Orts- und das Landschaftsbild baukulturell zu erhalten und zu entwickeln." Das EAG-Bau 2004 hatte erstmals in § 1 Abs. 5 Satz 2 BauGB die Formulierung „Verantwortung für den allgemeinen Klimaschutz" eingeführt. Die Formulierung „allgemeiner Klimaschutz" konnte im Hinblick auf den gemäß Art. 28 Abs. 2 S. 1 GG konstitutiven Ortsbezug der Bauleitplanung zu Unsicherheiten führen[5] Die Klima-Novelle will diese Unsicherheiten ausräumen: „Nicht zuletzt auf Grund des UN-Weltklimaberichts ist deutlich geworden, dass die Bekämpfung des Klimawandels und die Anpassung an den Klimawandel dauerhafte Zukunftsaufgaben auch der Städte und Gemeinden sind. Diese Aufgaben haben auch eine städtebauliche Dimension, der die Gemeinden bei ihren Vorgaben zur örtlichen Bodennutzung Rechnung tragen sollen".[6]

3. Klimagerechte städtebauliche Entwicklung als Abwägungsbelang (§ 1 a Abs. 5 BauGB)

Der durch die Klima-Novelle neu eingefügte § 1a Abs. 5 BauGB verdeutlicht die beiden Dimensionen des kommunalen Klimaschutzes, wie sie bereits in § 2 Nr.6 Satz 7 ROG aufgenommen worden waren: Den Erfordernissen des Klimaschutzes soll danach sowohl durch Maßnahmen, die dem Klimawandel entgegenwirken, als auch durch solche, die der Anpassung an den Klimawandel dienen, Rechnung getragen werden. Diese Grundsätze sind nach § 1a Abs. 5 BauGB in der Abwägung nach § 1 Abs. 7 BauGB zu berücksichtigen.

[5] Vgl. dazu vertiefend *Battis/Krautzberger/Mitschang/Reidt/Stüer* NVwZ 2011, 897.
[6] Vorblatt des Regierungsentwurfs, BT-Drs. 17/6076.

Als Maßnahmen die dem Klimawandel entgegenwirken, nennt die Amtliche Begründung des Regierungsentwurfs[7] insbesondere die planungsrechtliche Absicherung und Unterstützung des Einsatzes erneuerbarer Energien sowie übergreifende Maßnahmen wie die Umsetzung eines Konzepts „der Stadt der kurzen Wege“, das das Verkehrsaufkommen und damit den dadurch verursachten CO2-Ausstoß gering hält. Als Maßnahmen zur Anpassung an den Klimawandel nennt die Amtliche Begründung Kaltluftschneisen, die als von der Bebauung freizuhaltende Flächen § 9 Abs. 1 Nr. 10 BauGB festgesetzt werden können.

Die Neuregelungen der § 1 Abs. 5 Satz 2, und § 1a Abs. 5 BauGB werten den kommunalen Klimaschutz auf, verleihen ihm aber keinen Vorrang vor anderen Belangen nach § 1 Abs. 6 BauGB und § 1a BauGB. Der durch die Energiewende ausgelöste Handlungsbedarf überantwortet aber den Gemeinden eine besonders sorgfältige Abwägung. Die neu eingeführten Belange des Entgegenwirkens gegen den Klimawandel und zugleich der Anpassung an den schon eingetretenen Klimawandel rechtfertigen nach Maßgabe der notwendigen Abwägung gemäß § 1 Abs. 7 BauGB herkömmliche Darstellungen und Festsetzungen, ebenso wie die in den § 5 Nr. 2 a, b, c BauGB und in § 9 Abs. 1 Nr. 12, Nr. 23 b, Abs. 6 BauGB neu eingeführten Möglichkeiten.

4. Darstellungen und Festsetzungen in den Bauleitplänen

a) Flächennutzungsplan

Die städtebaulichen Konzepte zur Förderung des Klimaschutzes bei der Entwicklung in den Städten und Gemeinden sollen sich nach der Neuregelung in den Bauleitplänen wiederfinden. In § 5 Abs. 2 Nr. 2 BauGB wird dazu bestimmt, dass im Flächennutzungsplan die Ausstattung des Gemeindegebiets mit Anlagen, Einrichtungen und sonstigen Maßnahmen, die dem Klimawandel entgegenwirken, insbesondere zur dezentralen und zentralen Erzeugung, Verteilung, Nutzung oder Speicherung von Strom, Wärme oder Kälte aus erneuerbaren Energien oder Kraft-Wärme-Kopplung sowie mit Anlagen, Einrichtungen und sonstigen Maßnahmen, die der Anpassung an den Klimawandel dienen, dargestellt werden kann. Dies soll – so ausdrücklich die Begründung des Gesetzentwurfs – dazu dienen, dass entsprechende Aussagen in informellen städtebaulichen Klimaschutz- oder Energiekonzepten im Sinne des § 1 Abs. 6 Nr. 11 BauGB verstärkt zum Gegenstand eines Flächennutzungsplans gemacht werden.

Durch § 5 Abs. 2 b BauGB werden über die bisher sachlichen Teilflächennutzungspläne auch räumliche Teilflächennutzungspläne ermöglicht. Dies ist für die Praxis hilfreich, da nunmehr auch die Möglichkeit besteht, die Ausschlusswirkung auf Teile des Gemeindegebietes zu begrenzen, ohne dies aus einem lückenlos stimmigen Gesamtkonzept abzuleiten. Allerdings muss im Falle der Nutzung des Darstellungsprivilegs nach § 35 Abs. 3 Satz 3 BauGB nach wie vor eine substanzielle Nutzung der privilegierten Vorhaben gewährleistet bleiben.

---

[7] BT-Drs. 17/6076.

b) Bebauungsplan

In § 9 BauGB werden mehrere den Klimaschutz präzisierende Möglichkeiten der Festsetzung in Bebauungsplänen vorgesehen:

- § 9 Abs. 1 Nr. 12 BauGB über Flächen für Anlagen und Einrichtungen zur dezentralen und zentralen Erzeugung, Verteilung, Nutzung oder Speicherung von Strom, Wärme oder Kälte aus erneuerbaren Energien oder Kraft-Wärme-Kopplung. Die Versorgungsflächen nach § 9 Abs. 1 Nr. 12 BauGB, die sich auf die örtliche als auch überörtliche Versorgung beziehen können, räumen entsprechenden Anlagen einen Vorrang in dem Sinne ein, dass andere Anlagen unzulässig sind, wenn sie dieser Festsetzung widersprechen.
- § 9 Abs. 1 Nr. 23 b BauGB (verpflichtend) über (auch) technische Maßnahmen zur Erzeugung, Nutzung oder Speicherung von Strom, Wärme oder Kälte aus erneuerbaren Energien einschließlich von Kraft-Wärme-Kopplungsanlagen. Bei den (auch) technischen Maßnahmen nach § 9 Abs. 1 Nr. 23a BauGB kann die Gemeinde den Bauherrn verpflichtende Festsetzungen treffen. Die Festsetzungen gehen hier wie etwa im Bereich der naturschutzrechtlichen Eingriffsregelung (§ 1a Abs. 3 BauGB) oder im Bereich des Immissionsschutzes (§ 9 Abs. 1 Nr. 23a und 24 BauGB) über eine Angebotsplanung hinaus. Der städtebauliche Klimaschutz eröffnet daher nicht nur ein Angebot, sondern gibt in dem Rahmen der entsprechenden Festsetzungen den Bauherren bindende Verpflichtungen auf.

Nach § 9 Abs. 6 BauGB sollen darüber hinaus auch gemeindliche Regelungen zum Anschluss- und Benutzungszwang, insbesondere auch auf Grundlage des § 16 EEG, nachrichtlich in den Bebauungsplan übernommen werden. Auch ohne entsprechende ausdrückliche gesetzliche Regelung wäre ein entsprechender Hinweis bereits auf der Ebene des Flächennutzungsplans möglich.

Jenseits dieser bindenden Festsetzungen und den zwingenden Vorgaben des Energiefachrechts ist es den Bauherren unter Wahrung der städtebaulichen Vorgaben frei gestellt, Bauvorhaben im Interesse der Förderung des Klimaschutzes mit energiesparenden Anlagen auszugestalten oder in sonstiger Weise Maßnahmen durchzuführen, die dem Klimawandel entgegenwirken oder der Anpassung an den Klimawandel dienen (§ 1a Abs. 5 BauGB). Das gilt etwa auch für Solaranlagen in beplanten Gebieten und im nicht beplanten Innenbereich, soweit sie nicht den Festsetzungen eines qualifizierten Bebauungsplans widersprechen (§ 30 Abs. 1 BauGB) und sich im Innenbereich in die Eigenart der näheren Umgebung einfügen sowie das Ortsbild nicht beeinträchtigen (§ 34 BauGB). Zudem sind ggf. landesrechtliche Gestaltungsregelungen oder denkmalschutzrechtliche Anforderungen zu wahren.

5. Maßnahmen zur sparsamen und effizienten Nutzung von Energie in Gebieten mit städtebaulichen Satzungen (§ 248 Sätze 1 und 2 BauGB)

§ 248 BauGB enthält eine neue Bestimmung über die sparsame und effiziente Nutzung von Energie, die nach Satz 1 für Gebiete mit Bebauungsplänen (§ 30 BauGB) sowie Entwicklungs- und Ergänzungssatzungen (§ 34 Abs. 4 Satz 1 Nr. 2

oder Nr. 3 BauGB) gilt. Dort sind bei Maßnahmen an bestehenden Gebäuden zum Zwecke der Energieeinsparung geringfügige Abweichungen von dem festgesetzten Maß der baulichen Nutzung, der Bauweise und der überbaubaren Grundstücksfläche zulässig, soweit dies mit nachbarlichen Interessen und bau-kulturellen Belangen vereinbar ist. Nach Satz 2 gilt dies auch für Anlagen zur Nutzung solarer Strahlungsenergie in, an und auf Dach- und Außenwandflächen. Diese Regelung gilt für solarthermische Anlagen ebenso wie für Photovoltaikanlagen.

Die Maßnahmen müssen sich dabei grundsätzlich auf das Baugrundstück beschränken. Die Inanspruchnahme von Nachbargrundstücken etwa durch Überbauung ist hierdurch nicht zugelassen, es sei denn, der Nachbar stimmt zu. Das gilt auch für die Inanspruchnahme des öffentlichen Straßenraums.

Durch die Beschränkung auf geringfügige Abweichungen werden städtebaulich unerwünschte Entwicklungen vermieden. Nachbarliche und baukulturelle Belange sind zu wahren. Dies dürfte allerdings durch das Merkmal der Geringfügigkeit im Regelfall erfüllt sein. Im Übrigen bleiben nachbarschützende Vorschriften unberührt. Hinsichtlich der Geringfügigkeit kann auf die zu § 23 Abs. 3 Satz 2 BauNVO entwickelten Grundsätze verwiesen werden, nach denen ein geringfügiges Hervortreten von Gebäudeteilen bei der Festsetzung von Baulinien möglich ist.

Die baulichen Maßnahmen können dazu dienen, die Verpflichtungen aus dem Energiefachrecht umzusetzen. Aber auch über diesen verpflichtenden Rahmen hinausgehende Maßnahmen werden davon erfasst, wenn sie der Energieeinsparung dienen.

Ein gemeindliches Einvernehmen nach § 36 BauGB ist nicht erforderlich.

III. Änderung der Planzeichenverordnung

Die BauGB-Klimanovelle enthielt auch eine Änderung der Planzeichenverordnung vom 18.12.1990.[8] Für Anlagen und Einrichtungen zur Erzeugung und Nutzung erneuerbarer Energien, für Kraft-Wärme-Kopplung sowie für Anlagen und Einrichtungen der Fern- und Nahwärmeversorgung werden neue Planzeichen eingeführt, die aus den Änderungen in § 5 Abs. 2 Nr. 2 BauGB und § 9 Abs. 1 BauGB folgen.

IV. Städtebauliche Verträge nach § 11 BauGB aus Gründen des Klimaschutzes

Schon im bis zur Novelle 2011 geltenden Recht des städtebaulichen Vertrags waren klimaschützende Lösungen anerkannt.[9] Im EAG Bau 2004 wurden ausdrücklich klimabezogenen Verträge eingeführt, und zwar in § 11 Abs. 1 Satz 2 Nr. 4 BauGB über Verträge, deren Gegenstand „entsprechend den mit den städtebaulichen Planungen und Maßnahmen verfolgten Zielen und Zwecken die Nut-

[8] BGBl. 1991 I S. 58.

[9] Vgl. die Übersicht bei *Krautzberger* DVBl 2008, 737.

zung von Netzen und Anlagen der Kraft-Wärme-Kopplung sowie von Solaranlagen für die Wärme-, Kälte- und Elektrizitätsversorgung" ist.

Durch die „Klimanovelle" wurde diese Bestimmung (§ 11 Abs. 1 Satz 2 Nr. 4 BauGB) nicht nur für Solaranlagen sowie Anlagen und Leitungen für Kraft-Wärme-Kopplung geöffnet, sondern für sämtliche Anlagen und Einrichtungen für die Erzeugung und Nutzung erneuerbarer Energien, Anlagen und Einrichtungen der Fern- und Nahwärmeversorgung und Kraft-Wärme-Kopplung.

In einem neuen § 11 Absatz 1 Satz 2 Nummer 5 BauGB ist weiterhin klargestellt worden, dass in städtebaulichen Verträgen auch Vereinbarungen über die energetische Qualität von Gebäuden getroffen werden können. Entsprechend den anderen möglichen Gegenständen städtebaulicher Verträge ist auch bei solchen Vereinbarungen ein städtebaulicher Zusammenhang erforderlich, d. h. es kommt darauf an, dass solche Vereinbarungen den mit den städtebaulichen Planungen (z. B. Baugebietsausweisungen in Bebauungsplänen) und städtebaulichen Maßnahmen (z. B. städtebaulichen Sanierungs- und Entwicklungsmaßnahmen) verfolgten Zielen und Zwecken entsprechen. Die Vereinbarungen können dabei über die Anforderungen des Energiefachrechts hinausgehen. Unterschiedlich wird allerdings beurteilt, welche Reichweite städtebauliche Verträge haben und ob sie Festsetzungen ergänzen oder gar ersetzen können.

V. Zulässigkeit von Vorhaben

1. Maßnahmen zur sparsamen und effizienten Nutzung von Energie im unbeplanten Innenbereich (§ 248 Satz 3 BauGB)

Zur sparsamen und effizienten Nutzung von Energie sind geringfügige Abweichungen vom Maß der baulichen Nutzung, der Bauweise und der überbaubaren Grundstücksfläche zulässig, soweit dies mit nachbarlichen Interessen und baukulturellen Belangen vereinbar ist. Das gilt auch für im Zusammenhang bebaute Ortsteile hinsichtlich des Erfordernisses des Einfügens in die Eigenart der näheren Umgebung (§ 34 Abs. 1 S. 1 BauGB).

2. Biomasse (§ 35 Abs. 1 Nr. 6 BauGB)

In § 35 Abs. 1 Nr. 6 d BauGB wurde der Leistungsgrenzwert der privilegierten Biomasseanlagen im Außenbereich geändert. Die Privilegierung selbst wurde durch das EAG Bau im Jahr 2004 eingeführt. Die installierte elektrische Leistung der Biogasanlagen von 0,5 MW ist auf eine Feuerungswärmeleistung von 2 MW umgestellt worden. Allerdings darf die Kapazität einer Anlage zur Erzeugung von Biogas nicht 2,3 Mio. Normkubikmeter pro Jahr überschreiten.

Die Umstellung des Grenzwerts von 0,5 Megawatt installierter elektrischer Leistung auf 2,0 Megawatt Feuerungswärmeleistung und die ergänzenden Beschränkung der Kapazität einer Anlage zur Erzeugung von Biogas auf 2,3 Millionen Normkubikmeter Biogas pro Jahr entspreche – so die Amtliche Begründung – einem Bedürfnis der Praxis zur Verwendung gleicher Bezugsgrößen sowohl im BauGB als auch in der Vierten Verordnung zur Durchführung des

BImSchG (4. BImSchV). Auch können bei Zugrundelegung der Feuerungswärmeleistung technische Verbesserungen und Erhöhungen des Wirkungsgrades von Biomasseanlagen sachgerechter abgebildet werden. Mit der im Vergleich zur bisherigen Regelung etwas erhöhten Feuerungswärmeleistung werde ein gewisser Spielraum für eine bedarfsorientierte flexible Stromerzeugung eröffnet. Durch die gleichzeitige Begrenzung der Biogaserzeugungskapazität wurde im Gegenzug grundsätzlich sichergestellt, dass Biogasanlagen im Außenbereich insgesamt nicht mehr Biogas erzeugen dürfen als nach der bisherigen Rechtslage. Wird eine Biomasseanlage mit mehreren Stromerzeugungseinheiten (z. B. Blockheizkraftwerk, Holzbrennkessel) betrieben, darf deren Feuerungswärmeleistung insgesamt 2,0 Megawatt nicht überschreiten. Die Neuregelung berücksichtigt auch die Ergebnisse einer Bund-Länder-Arbeitsgruppe der Fachkommission Städtebau der Bauministerkonferenz, die zur Ermittlung des Änderungsbedarfs bei § 35 Absatz 1 Nummer 6 eingerichtet worden ist.

3. Kernenergie (§ 35 Abs. 1 Nr. 7 BauGB)

Aufgrund der Beschlussempfehlung des Ausschusses für Verkehr, Bau und Stadtentwicklung[10] ist § 35 Abs. 1 Nr. 7 dahingehend ergänzt worden, dass die Außenbereichsprivilegierung nicht für die Neuerrichtung von Anlagen zur Spaltung von Kernbrennstoffen zur gewerblichen Erzeugung von Elektrizität gilt. Dies korrespondiert mit dem Ausstieg aus der Nutzung der Kernenergie und den entsprechenden Regelungen in § 7 Abs. 1 Satz 2 AtG. Zugleich wird durch die Formulierung deutlich, dass Änderungen an bestehenden Anlagen einschließlich ihres Betriebs ebenso wenig entprivilegiert werden sollen wie Vorhaben, die der Erforschung und Entwicklung sowie der Entsorgung radioaktiver Abfälle dienen.

4. Solarenergie (§ 35 Abs. 1 Nr. 8 BauGB)

§ 35 Abs. 1 Nr. 8 BauGB enthält eine neue Privilegierung im Außenbereich für Vorhaben, die der Nutzung solarer Strahlungsenergie in, an und auf Dach- und Außenflächen von zulässigerweise genutzten Gebäuden dient, wenn die Anlage dem Gebäude baulich untergeordnet ist. Auch Anlagen zur Nutzung solarer Strahlungsenergien (Solarthermieanlagen und Photovoltaikanlagen) an und auf Dach- und Außenwänden von zulässigerweise genutzten Gebäuden im Außenbereich sind nunmehr privilegiert (§ 35 Abs. 1 Nr. 8 BauGB).

Die Privilegierung setzt voraus, dass die Anlagen dem Gebäude baulich, d.h. räumlich-gegenständlich, untergeordnet sind. Nicht erfasst sind daher z. B. Anlagen, deren Fläche über die Dachfläche bzw. die Wandfläche des Gebäudes hinausgeht. Nicht gefordert ist demgegenüber eine funktionelle Unterordnung. Die Privilegierung gilt somit, wie auch bei § 35 Absatz 1 Nummer 5 und 6 BauGB, unabhängig davon, ob die erzeugte Energie selbst verbraucht oder vollständig oder überwiegend in ein öffentliches Netz eingespeist wird.

Andere Anlagen zur Nutzung solarer Strahlungsenergie können ggf. unter den Voraussetzungen des § 35 Absatz 2 BauGB planungsrechtlich zulässig sein.

---

[10] BT-Drs. 17/6357.

Ihrem Wortlaut nach bezieht sich die Privilegierung auf Gebäude, nicht andere bauliche Anlagen wie z. B. Siloanlagen. Auch können sich ggf. durch Gestaltungsregelungen der Gemeinde Einschränkungen ergeben.

Das Gebäude muss zulässigerweise genutzt werden. Die Nutzung muss daher dem gegenwärtigen Planungsrecht entsprechen. Dies ist etwa dann nicht der Fall, wenn die vormals privilegierte Nutzung aufgegeben worden ist und eine dem öffentlichen Baurecht entsprechende Nachfolgenutzung nicht aufgenommen wurde.

5. Windkraft und Repowering (§ 249 BauGB)

Durch § 249 BauGB ist das Repowering von Windkraftanlagen erleichtert worden. Darunter wird die Ersetzung älterer, oft vereinzelt, stehender Windenergieanlagen durch moderne, leistungsfähigere Windenergieanlagen vorzugsweise in Windparks verstanden. Sollen alte (leistungsschwächere) Anlagen durch neue (leistungsstärkere) Anlagen ersetzt werden, ist vielfach auch eine Bereinigung im Sinne einer Bündelung der Standorte und eines Aufräumens der Landschaft sinnvoll. Die damit verbundene Änderung der Darstellungen der Vorrang- und Eignungsflächen sowie der Ausschlussflächen im Flächennutzungsplan oder im Bebauungsplan wurde jedoch bislang als kritisch angesehen – vor allem, wenn sich dadurch die Flächen der zulässigen bzw. unzulässigen Windkraftnutzung verschoben haben.

Die rechtlichen Unsicherheiten bei neuen Flächennutzungsplanungen für das Repowering soll den planenden Städten und Gemeinden durch § 249 BauGB genommen werden: Werden in einem Flächennutzungsplan zusätzliche Flächen für die Nutzung von Windenergie dargestellt, folgt daraus nicht, dass die vorhandenen Darstellungen die Ausschlusswirkung des § 35 Abs. 3 Satz 3 BauGB nicht entfalten können.

Das gilt auch für die Änderung oder Aufhebung von Darstellungen zum Maß der baulichen Nutzung. Ebenso gilt dies für entsprechende Festsetzungen in Bebauungsplänen.

Dies schließt etwa im Rahmen einer Repowering-Planung den Verzicht auf bisher ausgewiesene Standorte ein, wenn an anderer Stelle zusätzliche Flächen bereitgestellt werden und sich eine positive Flächengesamtbilanz ergibt. Aber auch wenn (lediglich) die Energiebilanz gleichbleibt oder vergrößert wird, kann nicht auf eine Fehlerhaftigkeit der ursprünglichen Windenergieplanung geschlossen werden. Denn die Gemeinden und die regionalen Planungsträger haben einen planerischen Spielraum bei der Beurteilung einer ausreichenden substanziellen Nutzung der Windenergie. Zudem ist es ihnen freigestellt, oberhalb dieser Mindestgrenze in der planerischen Beurteilung weitere Flächen für Windkraftanlagen bereitzustellen. Die gesetzliche Vermutungsregelung in § 249 Abs. 1 BauGB wird wohl auch auf die Konzentrationsplanung von regionalen Planungsträgern bei der Festlegung von Zielen der Raumordnung übertragen werden können.

§ 249 Abs. 2 BauGB nutzt die Möglichkeiten des Baurecht auf Zeit auch für das Repowering von Windenergieanlagen. Nach § 9 Absatz 2 Satz 1 Nr. 2 BauGB kann danach auch festgesetzt werden, dass die im Bebauungsplan festgesetzten Windenergieanlagen nur zulässig sind, wenn sichergestellt ist, dass nach der

Errichtung der im Bebauungsplan festgesetzten Windenergieanlagen andere im Bebauungsplan bezeichnete Windenergieanlagen innerhalb einer im Bebauungsplan zu bestimmenden angemessenen Frist zurückgebaut werden. Die Standorte der zurückzubauenden Windenergieanlagen können auch außerhalb des Bebauungsplangebiets oder außerhalb des Gemeindegebiets liegen. Darstellungen im Flächennutzungsplan mit den Rechtswirkungen des § 35 Absatz 3 Satz 3 BauGB können mit Bestimmungen entsprechend § 249 Abs. 2 Satz 1 und 2 BauGB mit Wirkung für die Zulässigkeit der Windenergieanlagen verbunden sein.

Das Baurecht auf Zeit kann somit sowohl durch entsprechende Festsetzungen im Bebauungsplan als auch durch Darstellungen im Flächennutzungsplan eingesetzt werden.

VI. Besonderes Städtebaurecht

1. Städtebauliche Sanierung

Der Gesetzentwurf der Bundesregierung sah eine Ergänzung des städtebaulichen Sanierungsrechts vor. Nach der Begründung des Regierungsentwurfs sollte deshalb in § 136 BauGB vorgesehen werden, dass auch Defizite in der zeitgemäßen energetischen Erneuerung als städtebauliche Missstände angesehen werden, sei es wegen der unzureichenden Gebäudesubstanz, sei es wegen einer unzureichenden energetischen Infrastruktur. Der Bundestag ist dem nicht gefolgt. Dabei wurde einerseits auf die vorgesehene Änderung des Stadtumbaus hingewiesen, andererseits eine Überprüfung dieser Entscheidung zu einem späteren Zeitpunkt angekündigt. Dass die städtebauliche Sanierungsmaßnahme nach §§ 136 BauGB auch über das Einzelgebäude hinausgehende, gebietsbezogene energetische Maßnahmen zulässt (z. B. Blockheizkraftwerke, Photovoltaik für ein Gebiet oder für Freiflächen im Gemeindegebiet, Fernheizungen u.a.), ist rechtlich schon bisher anerkannt. Angesichts der zukünftigen Bedeutung von energetischen Lösungen im baulichen Bestand wäre eine gesetzliche Klarstellung gleichwohl wünschenswert erschienen. Der Gesetzgeber sieht das wohl auch so, denn die Klimaschutznovelle sieht immerhin eine Änderung des § 148 Abs. 2 Nr. 5 BauGB über die sanierungsrelevanten Baumaßnahmen vor. Danach zählen auch die Errichtung oder Erweiterung von Anlagen und Einrichtungen zur dezentralen und zentralen Erzeugung, Verteilung, Nutzung oder Speicherung von Strom, Wärme oder Kälte aus erneuerbaren Energien oder Kraft-Wärme-Kopplung zu den Maßnahmen i.S. des Sanierungsrechts.

2. Stadtumbau

Die Novelle enthält mehrere Änderungen zum Recht des Stadtumbaus. Bereits nach dem bisher geltendem Recht sollen die Stadtumbaumaßnahmen auch die Umwelt verbessern (vgl. § 171a Abs. 3 S. 2 Nr. 2). Die Ergänzung in § 171a Abs. 2 S. 2, Abs. 3 S. 2 Nr. 1 Nr. 6 und Nr. 7 BauGB öffnet den Anwendungsbereich des Stadtumbaus nach dem BauGB hin zu den Aufgaben der klimagerechten Stadtentwicklung. Mit diesen Änderungen können in den städtebaulichen Entwicklungskonzepten (§ 171b Abs. 2 BauGB) durch die Gemeinde unter Beteiligung der Betroffenen (§ 137 BauGB) und der öffentlichen Aufgabenträger (§ 139 BauGB) Handlungsstrategien erarbeitet werden, wie energetische und klimatische Belange mit sonstigen städtebaulichen Belangen in Ausgleich zu bringen sind. Stadtumbaumaßnahmen kommen nach der Neuregelung ausdrücklich auch in Gebieten in Betracht, wenn die allgemeinen Anforderungen an den Klimaschutz und die Klimaanpassung nicht erfüllt werden (Beispiele: Funktionsverluste eines Gebiets wegen steigender Energiekosten für Gebäude oder wegen zunehmender Hitze, Schwüle und Dürre im Sommer, z. B. fehlende Frischluftschneisen und Vegetation zur Beeinflussung des Mikroklimas, oder wegen Starkregen- und Hochwassergefahren sowie -schäden zu Funktionsverlusten von Gebieten führen). Eine wichtige Zukunftsaufgabe dürfte in der Sicherung und Entwicklung brachliegender und freigelegter Flächen liegen, die ein großes Potential für eine klimagerechte Stadtentwicklung darstellen (z. B. klimatisch sinnvolle bauliche Nutzungen einschließlich Anlagen zur Erzeugung erneuerbarer Energien) oder auch ökologisch und für das Stadtklima wertvolle Grünflächen (z. B. als Frischluftschneisen): § 171a Abs. 3 Satz 2 Nr. 7 BauGB.

Zum Stadtumbauvertrag nach § 171c BauGB gibt es eine Neuregelung: Im Gesetz wird klargestellt, dass neben dem Rückbau zusätzlich die Anpassung baulicher Anlagen in Betracht kommt, um mit. einer ressourcenschonenden Anpassung baulicher Anlagen Funktionsverlusten entgegenwirken zu können (§ 171c Satz 2 Nr. 1 BauGB).

VII. Ausblick

„Was wären wir ohne den Gesetzgeber" – so begann *Bernhard Stüer* einmal einen Vortrag zur „Klimaschutznovelle": Von den Kommentaren, den Monographien bis hin zu den Textausgaben bewirkt der Gesetzgeber recht kontinuierlich Ergänzungen und Überarbeitungen und die Einrichtungen und Institute, die sich mit der Fortbildung der Praxis beschäftigen, leben davon. Während der Drucklegung dieser Festschrift wird schon die nächste BauGB-Novelle vorbereitet,[11] in der auch zum Klimaschutz noch ein wenig nachjustiert wird: Im Baugesetzbuch ebenso wie in der Baunutzungsverordnung. So schnell kann man ja gar nicht in die Druckreife kommen wie der Gesetzgeber das Novellenrad dreht. Auch dazu weiß der Jubilar umzugehen: Er zitierte im Vorwort seines Handbuchs des Bau- und Planungsrechts *Julius von Kirchmann*: „Ein Federstrich der Gesetzgebers und ganze Bibliotheken werden zur Makulatur". *Bernhard Stüer* kann das nicht schrecken, sondern nur motivieren beim raschen Erarbeiten weiterer und wegweisender Neuauflagen seiner Bücher.

[11] „Gesetz zur Stärkung der Innenentwicklung in den Städten und Gemeinden und weiteren Fortentwicklung des Städtebaurechts"; BR-Drs. 474/12.

STEPHAN MITSCHANG

Planerische Steuerung von Tierhaltungsbetrieben im Außenbereich

Ein Themenfeld, das gegenwärtig von besonderem Interesse ist, besteht in der Zulassung und planerischen Steuerung von landwirtschaftlichen, insbesondere aber von den gewerblichen Tierhaltungsbetrieben. Bauplanungsrechtliche und auch planungsfachliche Fragestellungen, wie sie Bernhard Stüer stets im Zusammenhang betrachtet hat,[1] werden hier in ihren Schnittfeldern gleichermaßen angesprochen. Ihm ist der nachfolgende Beitrag gewidmet.

Zunächst werden, ausgehend von einer einleitenden Problemdarstellung (I.), die Anforderungen an die Zulassung von Tierhaltungsbetrieben im planungsrechtlichen Außenbereich dargelegt. Deutlich differenziert wird dabei zwischen landwirtschaftlichen und gewerblichen Tierhaltungsbetrieben (II.). Im Mittelpunkt der weiteren Ausführungen stehen dann die Möglichkeiten zur planerischen Steuerung von Tierhaltungsbetrieben im Außenbereich (III.). Dabei wird auch auf die einschlägige Rechtsprechung des BVerwG und sonstiger Verwaltungsgerichte eingegangen. Schließlich wird ausblickend auf die anstehende Innenentwicklungs-Novelle 2013[2] Bezug genommen, in deren Rahmen auch Tierhaltungsbetriebe im Außenbereich hinsichtlich ihrer Zulässigkeit neu strukturiert und an ihre Genehmigung neue Anforderungen gestellt werden sollen (IV.). Bernhard Stüer hat im Übrigen auch dazu eigene Vorstellungen[3] entwickelt.

I. Einleitung und Problemhintergrund

Althergebracht, beziehen sich die inhaltlichen Auseinandersetzungen in erster Linie auf Fragen des Immissionsschutzes. Im Mittelpunkt stehen dabei der Lärmschutz und der Schutz vor Geruchsbelästigungen, aber auch Fragen der Luftbelastung spielen dabei eine Rolle.[4]

Während noch vor einigen Jahrzehnten die häufigsten Konfliktfelder zwischen Tierhaltungsbetrieben und ihrer Nachbarschaft in den dörflich geprägten Gebieten ländlicher Gemeinden angesiedelt waren, hat sich in den letzten zwanzig bis

---

[1] Siehe hierzu insbesondere: *Stüer/Stüer* NuR 2004, 341 ff.

[2] Vgl. Referentenentwurf des „Gesetzes zur Stärkung der Innenentwicklung in den Städten und Gemeinden und weiteren Fortentwicklung des Städtebaurechts" vom 14.2.2012, S. 6.

[3] *Stüer/Ehebrecht-Stüer* DVBl 2010, 1540 (1544); *Stüer* DVBl 2003, 1030; *Krautzberger/Stüer* DVBl 2004, 781 (786) zu den beabsichtigten Änderungen des EAG Bau 2004; *dies.* BauR 2003, 1301 (1305).

[4] Siehe: *Stüer* DVBl 2011, 472 (476 f.); *ders.* DVBl 2010, 424 (431); *ders.* DVBl 2006, 403 (409); *Schink* BauR 2011, 1425.

dreißig Jahren das Bild gewandelt. Mit dem Erstarken der industriellen Nahrungsproduktion sind die dörflichen Bereiche in den ländlichen Gemeinden zu klein, die Probleme mit der angrenzenden Nachbarschaft zu groß geworden, so dass mit einer zunehmenden Aussiedlung von Tierhaltungsbetrieben aus den Ortschaften in den Außenbereich begonnen wurde.

Besonders in Norddeutschland finden sich auf Grund der dort vorwiegend landwirtschaftlichen Prägung der Gemeinden heute viele Tierhaltungsbetriebe im Außenbereich wieder.[5] Bei vielen von ihnen, insbesondere bei Betrieben der Geflügelhaltung, handelt es sich allerdings um gewerbliche und nicht um landwirtschaftliche Tierhaltungsbetriebe, deren räumliche Dimension[6] nicht selten enorme Ausmaße annimmt. Hiermit verbunden sind teilweise erhebliche Auswirkungen auf den Anlagenbereich selbst, aber insbesondere auch auf seine Umgebung.[7]

Besonders problematisch ist dabei, dass diese gewerblichen Tierhaltungsbetriebe auf Grund der Rechtsprechung des BVerwG und ihr folgend auch der übrigen Verwaltungsgerichte[8] regelmäßig nach § 35 Abs. 1 Nr. 4 BauGB[9] zugelassen werden, mithin also im Rahmen eines (auch immissionsschutzrechtlichen) Genehmigungsverfahrens und nicht durch städtebauliche Planung. In einem Einzelgenehmigungsverfahren kann aber die für die städtebauliche Entwicklung der Gemeinden wichtige Standortprüfung nicht mehr vorgenommen werden, obwohl durch diese im Grunde genommen eine aus räumlicher Sicht wichtige Grundentscheidung getroffen wird. Das gegenüber der Bauleitplanung eingeschränkte Prüfprogramm im Genehmigungsverfahren vermag zwar die anlagenbezogenen Fragestellungen jenseits des Bauplanungsrechts, insbesondere in Bezug auf den Immissionsschutz, den Naturschutz und die Landschaftspflege sowie den Wasser- und Gewässerschutz vor dem Hintergrund des Detaillierungsgrades eines zur Genehmigung vorliegenden Vorhabens weitestgehend und auch abschließend abzuarbeiten lassen, doch entbehrt es einer Antwort auf die Frage, ob das Vorhaben auch an dem richtigen Standort realisiert werden wird. Dabei sind die Auswirkungen nicht nur für die Siedlungs- und Infrastrukturentwicklung[10] einer Gemeinde von Bedeutung, sondern auch in Bezug auf die Erholung in der freien Landschaft. Die Folgen sind eine zunehmende Zersiedlung,[11] Landschaftsverbrauch, sowie auch die Inanspruchnahme von solchen und anderen Außenbereichsvorhaben bislang unberührter Landschaftsteile.[12]

---

[5] Vgl. die eindrucksvollen Zahlen in: OVG Lüneburg, Urt. v. 13.9.2011 – 1 KN 56.08, ZfBR 2011, 780 (785). Auch *Nies* AUR 2010, 225.

[6] So haben nach *Söfker* (NVwZ 2008, 1273) etwa neue Stallgebäude oftmals eine Grundfläche von ca. 20 000 qm, während das Betriebsgrundstück ca. 50 000 qm Fläche beansprucht.

[7] Zur Zumutbarkeit von Gerüchen: *Scheidler* KommunalPraxis spezial 2009, 54 ff.; *Lang* AUR 2008, 49 ff.; *Riemer,* Rechtliche Bewertung von Geruchsimmissionen, 2008; spezifisch auch *Arnold* BauR 2010, 411 ff.

[8] Vgl. z. B. OVG Münster, Beschl. v. 2.6.2009 – 8 B 572.09, BeckRS 2009, 35784.

[9] Baugesetzbuch (BauGB) i. d. F. der Bek. vom 23.9.2004 (BGBl. I S. 2414), zul. geänd. durch Gesetz vom 22.7.2011 (BGBl. I S. 1509).

[10] *Schink* BauR 2011, 1425 (1426).

[11] Ausdrücklich: OVG Lüneburg, Beschl. v. 9.9.2011 – 1 MN 112.11, ZfBR 2012, 40 (41).

[12] Ähnlich auch: *Schink* BauR 1425 (1426).

II. Zulässigkeit von Tierhaltungsanlagen im Außenbereich

Tierhaltungsbetriebe werden im Regelfall im Außenbereich auf der Grundlage von § 35 BauGB errichtet. Der hierfür maßgebliche Grund ist in den erheblichen Umweltauswirkungen, insbesondere den Geruchsbelästigungen, die von solchen Anlagen ausgehen, zu sehen. Zugelassen werden können sie entweder als privilegierte Vorhaben nach § 35 Abs. 1 Nr. 1 BauGB oder gemäß § 35 Abs. 1 Nr. 4 BauGB. Zusätzlich muss, unabhängig davon, ob es sich um ein Vorhaben nach Abs. 1 Nr. 1 oder Nr. 4 handelt, eine ausreichende Erschließung gesichert sein und es dürfen dem Vorhaben keine öffentlichen Belange entgegenstehen.

1. Landwirtschaftliche oder gewerbliche Tierhaltungsbetriebe?

Da Tierhaltungsbetriebe sowohl nach § 35 Abs. 1 Nr. 1 BauGB als auch nach § 35 Abs. 1 Nr. 4 BauGB zugelassen werden können, stellt sich zunächst die Frage nach der Abgrenzung und den jeweils zu erfüllenden Anforderungen für die Zulassung.

a) Landwirtschaftliche Vorhaben der Tierhaltung

§ 35 Abs. 1 Nr. 1 BauGB stellt auf einen Tierhaltungsbetrieb ab, der „einem land- oder forstwirtschaftlichen Betrieb dient und nur einen untergeordneten Teil der Betriebsfläche einnimmt". Im Unterschied dazu erfasst § 35 Abs. 1 Nr. 4 BauGB solche Betriebe, die gewerblich betrieben werden. Um eine Differenzierung vornehmen zu können, ist am Begriff der Landwirtschaft,[13] wie er in § 201 BauGB definiert[14] ist, anzusetzen. Hiernach handelt es sich dann um einen landwirtschaftlichen Tierhaltungsbetrieb,[15] wenn das für die Haltung der Tiere oder die Aufzucht der Tiere benötigte Futter zu mehr als fünfzig Prozent auf den betrieblichen Flächen selbst erzeugt werden kann. Dies führt dazu, dass es für einen landwirtschaftlichen Tierhaltungsbetrieb nicht mehr[16] erforderlich ist, dass die Flächen in seinem Eigentum[17] stehen. Kann insoweit der Nachweis geführt werden, dass auf mehr als fünfzig Prozent der Flächen, das für den Betrieb erforderliche Futter erzeugt werden kann, reicht dies aus, um zumindest diese Geneh-

[13] Vgl. hierzu auch: BVerwG, Beschl. v. 6.1.1997 – 4 B 256.96, NVwZ-RR 1997, 590, für das einen Strukturwandel in der Landwirtschaft, der Anlass für eine Änderung der Rechtsprechung zum Begriff des landwirtschaftlichen Betrieb geben könnte, nicht erkennbar ist.

[14] Zum Landwirtschaftsbegriff, vgl. *Käb* AUR 2008, 297 ff.

[15] Zu den Voraussetzungen ausführlich, vgl. etwa. *Schrödter,* in: Schrödter (Hrsg.), BauGB, 7. Aufl. 2006, § 201 Rn. 5.

[16] Die Bestimmung in § 201 BauGB ist durch das EAG Bau 2004 (vom 26.4.2004, BGBl. I S. 1359) unter Verdeutlichung der sog. „abstrakten Betrachtungsweise" geändert und die Tierhaltung in die Vorschrift aufgenommen worden, mit der Maßgabe, dass „das Futter überwiegend auf den zum landwirtschaftlichen Betrieb gehörenden, landwirtschaftlich genutzten Flächen erzeugt werden kann" (vgl. BT-Drs. 15/2250, 62).

[17] Auch Pachtflächen können hierfür herangezogen werden, wenn sie dem Betrieb langfristig (mindestens 18 Jahre) zur Verfügung stehen. Vgl. *Schrödter,* Zulassung von Tierhaltungsbetrieben im Außenbereich und ihre planungsrechtliche Steuerung durch die Gemeinden, in: Mitschang (Hrsg.), Gerüche, Feinstaub und Gefahrstoffe in der Bauleitplanung und bei der Zulassung von Bauvorhaben, Berliner Schriften zur Stadt- und Regionalplanung, Band 18, 2011, 163, 164 sowie *Gördes/Schulte* BauR 2011, 924 (925 f.).

migungsvoraussetzung nach § 35 Abs. 1 Nr. 1 BauGB zu erfüllen. Demgegenüber kommt es nicht darauf an, dass das für den Betrieb notwendige Futter auch auf diesen Flächen tatsächlich erzeugt wird.

Neben diesem im vorliegenden Zusammenhang wichtigsten Aspekt, dass es sich um einen dem Landwirtschaftsbegriff unterfallendes Vorhaben handeln muss, spielen noch weitere in § 35 Abs. 1 Nr. 1 BauGB enthaltene Anforderungen für die Beurteilung der Zulässigkeit eines landwirtschaftlichen Tierhaltungsbetriebes eine wichtige Rolle. Das Vorhaben muss

- einem landwirtschaftlichen Betrieb dienen,[18] das heißt, es muss eine funktionale Zuordnung des Vorhabens zur Hofstelle vorhanden sein[19] und auch eine gewisse räumliche Zuordnung der Betriebsstelle zu den landwirtschaftlichen Betriebsflächen.[20]
- das Gebot beachten, den Außenbereich möglichst zu schonen.[21]

Alle diese Anforderungen werden von den Genehmigungsbehörden im Rahmen des erforderlichen Genehmigungsverfahrens eigenständig geprüft.[22] Dazu reicht eine lediglich prognostische Abschätzung der Tatbestandsvoraussetzungen nicht aus, denn dies ist dem Wesen einer bauaufsichtlichen Genehmigungsentscheidung fremd und läuft zudem dem beabsichtigten Schutz des Außenbereichs zuwider.[23] Nur bei Vorliegen der jeweiligen tatbestandlichen Voraussetzungen ist ein Vorhaben im Außenbereich genehmigungsfähig. Dabei ist im Hinblick auf die in § 35 Abs. 1 BauGB enthaltenen Privilegierungstatbestände die zu treffende Entscheidung als eine gebundene Entscheidung anzusehen.[24] Auch die Gemeinde muss im Zuge der Erteilung des Einvernehmens zu einem beantragten landwirtschaftlichen Tierhaltungsbetrieb diese Maßgaben klären, um eine sachgerechte Entscheidung treffen zu können.[25]

b) Gewerbliche Vorhaben der Tierhaltung

§ 35 Abs. 1 Nr. 4 BauGB normiert einen weiteren Privilegierungstatbestand. Entspricht ein Tierhaltungsbetrieb nicht § 35 Abs. 1 Nr. 1 BauGB, kommt eine

[18] Der Begriff des „Dienens" verlangt mehr als nur, dass das Vorhaben den Betrieb erleichtert oder fördert. Nicht verlangt wird demgegenüber, dass das Vorhaben für den Betrieb notwendig oder unentbehrlich ist. Vgl. BVerwG, Urt. v. 3.11.1972 – IV C 9.70, BVerwGE 41, 138 (139).

[19] Vgl. hierzu: BVerwG, Urt. v. 16.5.1991 – 4 C 2.89, NVwZ-RR 1992, 400.

[20] BVerwG, Urt. v. 22.11.1985 – 4 C 71.82, NVwZ 1986, 644 (645). Insoweit ist eine Zulassung eines landwirtschaftlichen Tierhaltungsbetrieb nach § 35 Abs. 1 Nr. 1 BauGB dann ausgeschlossen, wenn die zur Futtermittelerzeugung in weiterer Entfernung vom Vorhaben selbst liegen.

[21] Vgl. schon früh: BVerwG, Urt. v. 3.11.1972 – IV C 9.70, BVerwGE 41, 138 wonach darauf abgestellt werden muss, ob ein „vernünftiger Landwirt" das Vorhaben mit etwa gleichem Verwendungszweck und mit etwa gleicher Gestaltung und Ausstattung errichten würde und das Vorhaben durch diese Zuordnung zu dem konkreten Betrieb auch äußerlich erkennbar geprägt wird.

[22] Stellungnahmen der Landwirtschaftskammern können hierbei hilfreich sein, entbehren aber nicht der Verpflichtung einer Prüfung.

[23] BVerwG, Urt. v. 11.12.2008 – 7 C 6.08, ZfBR 2009, 258.

[24] BVerwG, Urt. v. 11.12.2008 – 7 C 6.08, ZfBR 2009, 258 (260) sowie *Guttenberger,* Biogasanlagen nach § 35 Abs. 1 Nr. 6 BauGB – im Anschluss an die Entscheidung des BVerwG vom 11.12.2008, in: Mitschang (Hrsg.), Planen und Bauen im Außenbereich, Berliner Schriften zur Stadt- und Regionalplanung, 2010, 11.

[25] Hierauf weist *Schrödter* AUR 2011, 177 (178) zu Recht hin.

Zulassung nur noch im Sinne des Auffangtatbestandes[26] nach § 35 Abs. 1 Nr. 4 BauGB in Betracht. Bei derartigen Tierhaltungsbetrieben handelt es sich oftmals um solche der Massentierhaltung. Die Vorschrift erfasst Vorhaben, die wegen ihrer besonderen Anforderungen an die Umgebung, wegen ihrer nachteiligen Wirkung auf die Umgebung oder wegen ihrer besonderen Zweckbestimmung nur im Außenbereich ausgeführt werden sollen.

Dem liegen zwei Anforderungen zu Grunde:

- Es muss mindestens eines der drei angeführten Merkmale, die auf die Umgebung des Vorhabens abstellen, vorliegen.
- Das Vorhaben muss auf Grund mindestens eines der angeführten Merkmale „nur im Außenbereich ausgeführt werden sollen".

Die zuerst angeführte Anforderung kann von gewerblichen Tierhaltungsbetrieben regelmäßig als erfüllt angesehen werden, denn sie haben auf Grund der mit ihnen verbundenen Geruchsbelästigungen „nachteilige Wirkungen" auf ihre Umgebung und können außerdem, vielleicht auch noch wegen ihrer „besonderen Zweckbestimmung", nur im Außenbereich ausgeführt werden. Was die zweite Anforderung angeht, dass ein Tierhaltungsbetrieb nur im Außenbereich ausgeführt werden „soll", so muss es sich um ein Vorhaben handeln, das im beplanten Bereich oder unbeplanten Innenbereich nicht realisiert werden darf oder soll. Dabei spielt es keine Rolle, ob eine Gemeinde auch ein Planungsverfahren etwa zur Aufstellung eines Bebauungsplans durchführen könnte, denn dies ist grundsätzlich immer möglich.[27] Maßgeblich ist vielmehr, ob das Vorhaben in der betreffenden Gemeinde „hier und so" verwirklicht werden könnte. Hierfür sind die konkreten örtlichen Gegebenheiten von entscheidender Bedeutung.[28] Insoweit ist die Frage zu klären, ob in der jeweiligen Gemeinde für einen Tierhaltungsbetrieb ein geeignetes Grundstück entweder schon zur Verfügung steht oder mit einer absehbaren planerischen Ausweisung eines Baugebietes, in dem das Vorhaben zulässig wäre, gerechnet werden kann. In Anbetracht dessen geht es also bei Vorhaben nach § 35 Abs. 1 Nr. 4 BauGB um solche, mit einem eher singulären Charakter, für die eine Gemeinde planerisch vorausschauend regelmäßig keine Flächen vorhält.[29] Zurückzuführen sind diese noch heute[30] den Maßstab bildenden Anforderungen für die Zulassung von gewerblichen Tierhaltungsanlagen auf eine schon ältere Entscheidung des BVerwG.[31] Das Gericht hat sich darin mit § 35 Abs. 1 Nr. 4 BauGB grundlegend auseinander gesetzt und dabei im Ergebnis ausgeführt, dass ein Geflügelmaststall mit 180 000

---

[26] *Schink* BauR 2011, 1425 (1427).

[27] Stehen aber im unbeplanten Innenbereich oder in Gebieten mit Bebauungsplänen Flächen zur Verfügung, auf denen gewerbliche Tierhaltungsanlagen errichtet werden könnten, dann kann vom Privilegierungstatbestand des § 35 Abs. 1 Nr. 4 BauGB kein Gebrauch gemacht werden.

[28] Grundlegend: BVerwG, Urt. v. 14.3.1975 – IV C 41/73, NJW 1975, 2114 (2115); Urt. v. 2.3.2005 – 7 B 16.05, BeckRS 2005, 24452.

[29] BVerwG, Urt. v. 16.6.1994 – 4 C 20.93, NVwZ 1995, 64; Beschl. v. 27.6.1983 – 4 B 206.82, NVwZ 1984, 169 (170).

[30] Vgl. OVG Münster, Beschl. v. 2.6.2009 – 8 B 572.09, BeckRS 2009, 35784 und Beschl. v. 14.1.2010 – 8 B 1015.09, DÖV 2010, 450.

[31] BVerwG, Beschl. v. 27.6.1983 – 4 B 206.82, NVwZ 1983, 169 sowie Besprechung von *Dolde* NVwZ 1984, 158.

Mastplätzen ein im Sinne von § 35 Abs. 1 Nr. 4 BauGB im Außenbereich (zum Zeitpunkt der Entscheidung noch § 35 Abs. 1 Nr. 5 BauGB-1976[32]) privilegiert zulässiges Vorhaben sein kann. Das BVerwG stellte dabei darauf ab, dass es sich um ein singuläres Vorhaben handele, das im Innenbereich nicht unterzubringen sei, weil von einem solchen Vorhaben erhebliche Belästigungen für die Umgebung ausgingen.[33]

Vor dem Hintergrund von zunehmend städtebauliche Probleme bereitenden „Fabrikanlagen im Außenbereich" mehrt sich allerdings die Zahl jener, die eine solche Einstufung gewerblicher Tierhaltungsanlagen nicht mehr kritiklos hinnehmen wollen.[34] Argumentativ wird insoweit insbesondere darauf hingewiesen, dass kein Grund ersichtlich ist, warum gewerbliche Tierhaltungsanlagen nicht nur gegenüber anderen gewerblichen Betrieben im Außenbereich eine Bevorzugung genießen sollen, sondern auch im Vergleich mit landwirtschaftlichen Tierhaltungsbetrieben.[35] Schließlich verlangt § 35 Abs. 1 Nr. 4 BauGB – anders als § 35 Abs. 1 Nr. 1 BauGB – nicht, dass eine räumliche Nähe zur Hofstelle bestehen muss, und dass mehr als fünfzig Prozent des für die Betriebsführung erforderlichen Futters auf eigenen (oder angepachteten) Flächen erzeugt werden kann.[36] Nach anderer Auffassung ist diese Argumentation nicht zutreffend. Es wird angeführt, dass der Gesetzgeber eine die Rechtsprechung des BVerwG und ihm folgend der anderen Verwaltungsgerichte nicht dazu veranlasst hat, die Privilegierung von Tierhaltungsanlagen aufzuheben.[37] Vielmehr ist mit der Ausgestaltung des Planvorbehalts in § 35 Abs. 3 S. 3 BauGB der Weg beschritten worden, durch planerische Steuerung eine Konfliktbewältigung herbeizuführen. Damit liegt es in der Entscheidungsbefugnis der Gemeinden planerisch eine Häufung von Tierhaltungsbetrieben im Außenbereich zu verhindern.[38]

2. *Ausreichende Erschließung*

Weder für landwirtschaftliche noch für gewerbliche Tierhaltungsbetriebe stellt die Forderung nach einer Sicherung der ausreichenden Erschließung im Regelfall[39] ein Problem dar. Die Rechtsprechung[40] hat die Maßstäbe zur Erfüllung

[32] Bundesbaugesetz (BBauG-1976) i. d. F. der Bekanntmachung vom 18.8.1976 (BGBl. I S. 2257, ber. BGBl. I S. 2617), zul. geänd. durch Gesetz vom 6.7.1979 (BGBl. I S. 949).

[33] BVerwG, Beschl. v. 27.6.1983 – 4 B 206.82, NVwZ 1984, 169 (170).

[34] Vgl. insbesondere *Söfker* NVwZ 2008, 1273 (1275 ff.); *Schrödter,* in: Mitschang (Fn. 17), 163, 164 ff.; *von Hall* NVwZ 2011, 730 (732) – (speziell auf das Kriterium der Singularität abstellend).

[35] Anders als bei Vorhaben nach § 35 Abs. 1 Nr. 4 BauGB ist zu Gunsten landwirtschaftlicher Tierhaltungsanlagen allerdings anzuführen, dass dem Landwirt nicht entgegen gehalten werden darf, dass für seinen Betrieb ein in gleicher Weise geeignetes Grundstück im Innenbereich oder in einem Baugebiet (Dorfgebiet) zur Verfügung steht. Vgl. BVerwG, Urt. v. 16.5.1991 – 4 C 2.89, NVwZ-RR 1992, 400.

[36] Siehe *Stüer,* Handbuch des Bau- und Planungsrechts, 4. Aufl. 2009, Rn. 2665; *Söfker* NVwZ 2008, 1273 (1275 ff.) sowie *Schrödter,* in: Mitschang (Fn. 17), 163 (164 ff.).

[37] Anderer Auffassung: OVG Münster, Beschl. v. 2.6.2009 – 8 B 572.09, BeckRS 2009, 35784; wohl auch: *Gördes/Schulte* BauR 2011, 924 (932).

[38] Vgl. etwa *Gördes/Schulte* BauR 2011, 924 (925).

[39] Vgl. aber BVerwG, Urt. v. 7.2.1986 – 4 C 30.84, NJW 1986, 2775 (2778) sowie aus jüngerer Zeit OVG Magdeburg, Beschl. v. 29.1.2010 – 2 M 226.09, ZfBR 2010, 381.

[40] BVerwG, Urt. v. 30.8.1985 – 4 C 48.81, NVwZ 1986, 38.

dieser Anforderung grundsätzlich geklärt und nur „Mindestanforderungen" an die ausreichende Erschließung im Außenbereich gestellt. Sie sind aber vorhabenabhängig. Insoweit ist darauf hinzuweisen, dass je größer die Belastung durch Zu- und Abgangsverkehr ist, auch die Anforderungen an die Erschließung steigen und im Einzelfall[41] ein Tierhaltungsvorhaben, weil die ausreichende Erschließung nicht gesichert ist, auch nicht genehmigt werden kann. Schließlich reicht es auch aus, wenn ein Vorhabenträger der Gemeinde ein „zumutbares Angebot" vorlegt, in dem er die Kosten für die Erschließung und die Unterhaltung der Anlagen übernimmt. Auch kann mit der Gemeinde die Beseitigung von Schäden oder die Durchführung von Reparaturarbeiten an der Erschließungsanlage vereinbart werden.[42]

3. Öffentliche Belange

Stehen einem Tierhaltungsbetrieb sowohl nach § 35 Abs. 1 Nr. 1 als auch nach Nr. 3 BauGB öffentliche Belange entgegen,[43] darf das Vorhaben nicht genehmigt werden. Eine nicht abgeschlossene Auflistung[44] öffentlicher Belange findet sich in § 35 Abs. 3 Nr. 1 bis 8 BauGB. Allerdings kommt nicht jedem der in dieser Bestimmung aufgeführten öffentlichen Belange für die Genehmigungsfähigkeit eines Tierhaltungsbetriebs die gleiche Bedeutung zu. Einschlägig,[45] ohne dies vorliegend aber näher zu vertiefen, sind hier insbesondere

- Widerspruch zu den Darstellungen des Flächennutzungsplans (§ 35 Abs. 3 Nr. 1 BauGB).[46]
- Hervorrufung schädlicher Umwelteinwirkungen (§ 35 Abs. 3 Nr. 3 BauGB).[47]
- Belange des Naturschutzes und der Landschaftspflege (§ 35 Abs. 3 Nr. 5 BauGB).[48]

Gleichwohl kann im konkreten Fall aber auch einer der anderen hier nicht angeführten öffentlichen Belange zur Unzulässigkeit eines privilegierten Vorhabens führen.

Der in § 35 Abs. 3 S. 1 BauGB enthaltene Katalog öffentlicher Belange ist nicht abschließend und wird insbesondere durch die sog. „ungeschriebenen" öffentlichen Belange ergänzt. Darunter fällt ein ggf. bestehendes Planungserfordernis. Ein solches Planungserfordernis besteht insbesondere, wenn das Vorhaben eine

---

[41] So OVG Lüneburg, Urt. v. 29.8.1988 – 1 A 5.87, BRS 48 Nr. 79, das einen drei Meter breiten Weg als nicht ausreichend ansah, um einen Schweinemastbetrieb für 200 Bullen und 500 Schweine zu erschließen.

[42] BVerwG, Beschl. v. 13.2.2002 – 4 B 88.01, NVwZ-RR 2002, 413.

[43] Ausführlich dargestellt am Beispiel von Abgrabungen, vgl. *Stüer* vr 1985, 77 (79).

[44] Sie wird ergänzt durch die sog. „ungeschriebenen öffentlichen Belange", vgl. *Finkelnburg/Ortloff/Kment,* Öffentliches Baurecht Band 1, Bauplanungsrecht, 6. Aufl. 2011, § 27 Rn. 55, 57.

[45] Siehe auch *von Hall* NVwZ 2011, 730 (732).

[46] Hierzu genauer unter III.

[47] Zur Anwendbarkeit der GIRL, vgl. neuerdings *Schwarz,* Inhalt, Bedeutung und Rechtswirkungen der Geruchsimmissions-RL sowie der VDI-RL 3471, 3472, 3473, in: Mitschang (Hrsg.), Gerüche, Feinstaub und Gefahrstoffe in der Bauleitplanung und bei der Zulassung von Bauvorhaben, Berliner Schriften zur Stadt- und Regionalplanung, Band 18, Frankfurt am Main, 2011, 121 ff.; *Lang* NuR 2008, 841 ff. Auch *Reidt* BauR 2011, 1444 (1454). Zur Zumutbarkeit allgemein: *Scheidler* ZfBR 2010, 654 (656).

[48] Ausführlich zu den angeführten Belangen, insbesondere: *Schrödter* AUR 2011, 177 (179 ff.); *von Hall* NVwZ 2011, 730 (732).

Notwendigkeit zur Binnen- oder Außenkoordination oder zur interkommunalen Abstimmung auslöst und insoweit seiner Genehmigungsfähigkeit entgegengehalten werden kann. In einem spezifischen Fall, bei dem es um die Errichtung eines FOC in der Stadt Zweibrücken ging, wurde ein solches Planungserfordernis für ein nicht privilegiertes Außenbereichsvorhaben von der Rechtsprechung bejaht.[49] Inwieweit dies auf privilegierte Vorhaben erstreckt werden kann, ist zweifelhaft,[50] denn derlei Vorhaben sind dem Außenbereich gleichsam planmäßig zugewiesen, so dass gewerbliche Tierhaltungsanlagen nach § 35 Abs. 1 Nr. 4 BauGB kein Bedürfnis nach förmlicher Planung auslösen.[51]

Gleichwohl wird dadurch die Befugnis einer planerischen Steuerung durch die Gemeinde nicht ausgeschlossen, sie ist dazu nur nicht verpflichtet.[52]

4. *Verfahrensfragen und Umweltverträglichkeitsprüfung*

Überschreitet ein Tierhaltungsvorhaben einen bestimmten Schwellenwert, so reicht das bislang im Vordergrund der Betrachtungen stehende bauplanungsrechtliche Genehmigungsverfahren nicht mehr aus. Erforderlich ist dann die Durchführung eines immissionsschutzrechtlichen Genehmigungsverfahrens nach § 10 BImSchG[53] oder vereinfachten (immissionsschutzrechtlichen) Verfahrens nach § 19 BImSchG. Im Rahmen des jeweiligen Verfahrens ist dann zu prüfen, inwieweit auch die bauplanungsrechtlichen Voraussetzungen nach den §§ 29 bis 36 BauGB eingehalten werden.[54] Dabei ist auch zu prüfen, inwieweit für die Realisierung des Vorhabens eine Umweltverträglichkeitsprüfung (UVP) nach dem UVPG[55] erforderlich ist. Eine Erteilung des gemeindlichen Einvernehmens ist bei Vorhaben nach § 35 BauGB erforderlich.

Welches immissionsschutzrechtliche Verfahren durchzuführen ist, richtet sich nach den Schwellenwerten der 4. BImSchV.[56] Danach ist das immissionsschutzrechtliche Genehmigungsverfahren im Sinne von § 10 BImSchG durchzuführen, wenn die Zahl der Tierplätze[57] den in der Spalte 1 zu Nr. 7.1 der 4. BImSchV aufgeführten Schwellenwert erreicht oder überschreitet (vgl. § 2 Abs. 1 Nr. 1 a

[49] Vgl. BVerwG, Urt. v. 1.8.2002 – 4 C 5.01, ZfBR 2003, 38.

[50] Vgl. BVerwG, Beschl. v. 27.6.1983 – 4 B 206.82, NVwZ 1983, 169.

[51] So auch: *Reidt,* Standortgebundene Betriebe im Außenbereich, in: Mitschang (Hrsg.), Planen und Bauen im Außenbereich, Berliner Schriften zur Stadt- und Regionalplanung, Band 13, Frankfurt a.M., 2010, 39 (44); *Schink* BauR 2011, 1425 (1426); *Gördes/Schulte* BauR 2011, 924, 927 unter Hinweis auf die Entscheidung des OVG Lüneburg, Urt. v. 7.10.2005 – 1 KN 297.04, BeckRS 2006, 20130.

[52] *Gördes/Schulte* BauR 2011, 924 (927). Vgl. dazu unten III.

[53] Gesetz zum Schutz vor schädlichen Umwelteinwirkungen durch Luftverunreinigungen, Geräusche, Erschütterungen und ähnliche Vorgänge (Bundes-Immissionsschutzgesetz – BImSchG), i. d. F. der Bekanntmachung vom 26.9.2002, BGBl. I S. 3830, zul. geänd. durch Gesetz vom 24.2.2012 (BGBl. I S. 212).

[54] *Scheidler* ZfBR 2010, 654.

[55] Gesetz über die Umweltverträglichkeitsprüfung (UVPG) i. d. F. der Bekanntmachung vom 24.2.2010 (BGBl. I S. 94) zul. geänd. durch Gesetz vom 24.2.2012 (BGBl. I S. 212).

[56] Vierte Verordnung zur Durchführung des Bundes-Immissionsschutzgesetzes (Verordnung über genehmigungsbedürftige Anlagen – 4. BImSchV) i. d. F. der Bekanntmachung vom 14.3.1997 (BGBl. I S. 504), zul. geänd. durch Gesetz vom 24.2.2012 (BGBl. I S. 212).

[57] In der 4. BImSchV wird nicht auf die Zahl der tatsächlich gehaltenen Tiere abgestellt, sondern auf die Zahl der Plätze.

der 4. BImSchV).[58] Das vereinfachte Verfahren nach § 19 BImSchG ist nach § 2 Abs. 1 Nr. 2 der 4. BImSchV durchzuführen für Anlagen, die in Spalte 2 genannt werden.[59] Im vereinfachten Verfahren sind nach § 19 Abs. 2 die §§ 10 Abs. 2, 3, 4, 6, 7 S. 2 und 3, Abs. 8 und 9 sowie die §§ 11 und 14 nicht anzuwenden.

Weiterhin ist wiederum das immissionsschutzrechtliche Genehmigungsverfahren für Tierhaltungsanlagen anzuwenden, die sich aus der Spalte 1 und in Spalte 2 des Anhangs zur 4. BImSchV genannten Anlagen zusammensetzen (vgl. § 2 Abs. 1 Nr. 1 b der 4. BImSchV) sowie für solche Anlagen, die in Spalte 2 des Anhangs zur 4. BImSchV genannt sind und zu deren Genehmigung nach dem UVPG ein Verfahren mit Umweltverträglichkeitsprüfung (UVP) durchzuführen ist (vgl. § 2 Abs. 1 Nr. 1 c der 4. BImSchV). Die UVP ist ein unselbstständiger Bestandteil des immissionsschutzrechtlichen Genehmigungsverfahrens.

Nach § 3 Abs. 1 S. 1 UVPG werden vom Anwendungsbereich des UVPG die in der Anlage 1 aufgeführten Vorhaben erfasst. Anlage 1 unterscheidet zwischen uvp-pflichtigen Vorhaben und solchen Vorhaben, die einer allgemeinen Vorprüfung des Einzelfalls sowie einer standortbezogenen Vorprüfung unterliegen.[60] Bei diesen Vorhaben ergibt sich aus dem Ergebnis der Vorprüfung, ob eine UVP durchgeführt werden muss. Dies ist dann der Fall, wenn eine Realisierung des Vorhabens zu erheblichen Umweltauswirkungen führen kann. Tierhaltungsanlagen sind dort unter Nr. 7.1 bis 7.11 erfasst. Inwieweit eine UVP-Pflicht für die Errichtung einer Tierhaltungsanlage besteht, ergibt sich aus den §§ 3 a bis f UVPG. UVP-pflichtig sind solche Vorhaben, die in der ersten Spalte der Anlage 1 zu § 3 Abs. 1 S. 1 UVPG enthalten sind.[61] Sieht die Anlage 1 für unterhalb der Schwellenwerte für eine UVP-Pflicht liegende Tierhaltungsanlage eine allgemeine Vorprüfung des Einzelfalls vor, so ist nach § 3 c S. 1 UVPG eine UVP durchzuführen, wenn das Vorhaben nach Einschätzung der Behörde aufgrund überschlägiger Prüfung unter Berücksichtigung der in der Anlage 2 aufgeführten Kriterien erhebliche nachteilige Umweltauswirkungen haben kann, die nach § 12 UPVG bei der Entscheidung über die Zulässigkeit des Vorhabens zu berücksichtigen sind. Auch für eine standortbezogene Vorprüfung enthält die Anlage 1 für Tierhaltungsbetriebe entsprechende obere und untere Schwellenwerte.[62] Gleiches verlangt § 3 c S. 2 UVPG, soweit für Tierhaltungsbetriebe eine standortbezogene

[58] Für Hennenplätze und Truthühnermastplätze liegt dieser bei 40 000, für Mastschweineplätze beispielsweise bei 2000. Geregelt werden weiterhin: Junghennenplätze, Mastgeflügelplätze, Rinderplätze, Kälberplätze, Sauenplätze, einschließlich dazugehöriger Ferkelaufzuchtplätze, Ferkelplätze und Pelztierplätze.

[59] Auch dort sind entsprechende Schwellenwerte vorgesehen, z. B. für Hennenplätze (15000 bis weniger als 40000) oder Truthühnermastplätze (15000 bis weniger als 40000) sowie für Mastschweineplätze (1500 bis weniger als 2000).

[60] Zur Durchführung der Vorprüfung, vgl. den „Leitfaden zur Vorprüfung des Einzelfalls im Rahmen der Feststellung der UVP-Pflicht von Projekten". Zu finden unter: http://www.bmu.de/umweltvertraeglichkeitspruefung/doc/6380.php.

[61] Darunter fallen beispielsweise die Errichtung und der Betrieb einer Anlage zur Intensivhaltung von Hennen mit 60000 oder mehr Plätzen (Nr. 7.1.1), von Junghennen mit 85000 oder mehr Plätzen (Nr. 7.2.1) oder von Mastschweinen mit 3000 oder mehr Plätzen (Nr. 7.7.1).

[62] Z. B. für die Errichtung und den Betrieb einer Anlage zur Intensivhaltung von Hennen mit 40 000 bis weniger als 60 000 Plätzen Nr. 7.1.2), für Junghennen mit 40 000 bis weniger als 85 000 Plätzen (Nr. 7.2.2) oder für die Intensivhaltung oder -aufzucht von Rindern mit 800 oder mehr Plätzen (Nr. 7.5.1).

Vorprüfung des Einzelfalls vorgesehen ist, wenn trotz der geringen Größe oder Leistung des Vorhabens nur aufgrund besonderer örtlicher Gegebenheiten gemäß den in der Anlage 2 Nr. 2 aufgeführten Schutzkriterien erhebliche nachteilige Umweltauswirkungen zu erwarten sind. Dabei ist zu berücksichtigen, inwieweit bereits im Rahmen der Vorprüfung, Umweltauswirkungen durch die vom Vorhabenträger vorgesehenen Vermeidungs- und Verminderungsmaßnahmen offensichtlich ausgeschlossen werden (vgl. § 3 c S. 3 UVPG). Bei der allgemeinen Vorprüfung ist nach § 3 c S. 4 UVPG schließlich außerdem zu berücksichtigen, inwieweit die Prüfwerte, die die Vorprüfung eröffnen, überschritten werden. Für die Durchführung der Vorprüfung ist grundsätzlich die Genehmigungsbehörde zuständig. Dies kann auch auf Antrag des Vorhabenträgers erfolgen (vgl. § 3 Abs. 1 S. 1 UVPG oder auch eines Ersuchens nach § 5 UVPG).[63]

III. Planerische Standortsteuerung von Tierhaltungsanlagen

Während sowohl die Standorte von landwirtschaftlichen als auch von gewerblichen Tierhaltungsbetrieben im Rahmen der Zulassung nach § 35 Abs. 1 Nr. 1 und 4 BauGB durch die Vorhabenträger oder Bauantragsteller[64] bestimmt werden, kann die Gemeinde auch auf planerischen Wege durch Standortsteuerung die Zulassung von Tierhaltungsbetrieben im Gemeindegebiet regulieren. Ihr steht es frei, von ihrer Planungsbefugnis umfassend Gebrauch zu machen. Nach § 1 Abs. 3 BauGB haben die Gemeinden die Bauleitpläne aufzustellen, sobald und soweit es für die städtebauliche Entwicklung und Ordnung erforderlich ist. Was erforderlich ist, ergibt sich aus den städtebaulichen Entwicklungsvorstellungen der Gemeinde selbst, mithin aus ihrem eigenen planerischen Ermessen.[65] Nicht erforderlich sind nur solche Bauleitpläne, die nicht auf einer Positivplanung beruhen, also etwa nur aufgestellt werden, um ein bestimmtes Vorhaben zu verhindern.[66]

Die planerische Standortsteuerung von Tierhaltungsanlagen erfasst sowohl landwirtschaftliche als auch gewerblicheAnlagen. Zur Verdeutlichung der unterschiedlichen Möglichkeiten einer planerischen Steuerung sind mehrere Fallgestaltungen mit jeweils eigenen planerischen Voraussetzungen und rechtlichen Folgen zu unterscheiden.

1. Zur Ausgangssituation

Bevor eine Auseinandersetzung mit den planerischen Möglichkeiten zur Steuerung von Tierhaltungsanlagen stattfindet, wird zunächst noch die Bedeutung von

[63] Zu weiteren Einzelheiten, vgl. *Dienes,* in: Hoppe/Beckmann (Hrsg.), UVPG-Kommentar, 2012, § 3c Rn. 8 ff. m. w. N.

[64] *Schink* BauR 2011, 1425 (1426).

[65] Die Gemeinde kann eine eigene Städtebaupolitik in ihrem Gemeindegebiet betreiben, um ihre städtebaulichen Zielsetzungen zu verwirklichen.

[66] Vgl. *Stüer* DVBl 2011, 381; *Stüer/Stüer* NuR 2004, 341 (344) sowie aus der Rechtsprechung: BVerwG, Beschl. v. 18.12.1990 – 4 NB 8.90, NVwZ 1991, 875; Beschl. v. 9.10.1996 – 4 B 180.96, NVwZ-RR 1997, 213; Urt. v. 15.1.2004 – 1 KN 128.03, NuR 2005, 595 sowie OVG Münster, Beschl. v. 14.7.2010 – 2 B 637.10, BeckRS 2010, 51604.

Darstellungen eines Flächennutzungsplanes[67] näher erörtert, denn viele Gemeinden, die insbesondere von der Ansiedlung gewerblicher Tierhaltungsanlagen betroffen sind, können auf bestehende Flächennutzungspläne zurückgreifen. In diesen Fällen stellt sich die Frage, welche Bedeutung den getroffenen Darstellungen im Rahmen der Beurteilung von Tierhaltungsanlagen zukommt und inwieweit vor diesem Hintergrund überhaupt noch von den Möglichkeiten einer planerischen Steuerung Gebrauch gemacht werden soll.

Den maßgeblichen Einstieg liefert hier § 35 Abs. 3 S.1 Nr. 1 BauGB, denn nach dieser Vorschrift stehen einem privilegierten landwirtschaftlichen oder gewerblichen Tierhaltungsbetrieb öffentliche Belange entgegen, wenn das Vorhaben den Darstellungen des Flächennutzungsplans[68] widerspricht. Das Vorhaben ist dann nicht genehmigungsfähig. Die für die Errichtung des Tierhaltungsbetriebs in Anspruch zu nehmende Grundstücksfläche muss also schon qualifiziert „verplant" sein für eine andere Bodennutzung, etwa eine wohnbauliche oder gewerbliche.[69] Nicht ausreichend ist hiernach die bloße Darstellung von Flächen für die Landwirtschaft nach § 5 Abs. 2 Nr. 9 a BauGB, wenn diese Darstellung nicht auf besonderen Maßgaben wie landwirtschaftlichen Bodenbewertungen oder landwirtschaftsstrukturellen Untersuchungen beruht, sondern lediglich beschreibend die derzeitige Bodennutzung widergibt, denn damit ist keine positive städtebauliche Zielsetzung verbunden, die einem privilegierten Vorhaben entgegen gehalten werden könnte. Daraus ergibt sich, dass zwar qualifizierte Darstellungen eines Flächennutzungsplanes auch privilegierten Tierhaltungsbetrieben entgegenstehen und zu deren Unzulässigkeit im Außenbereich führen können, dass die hieran gestellten Anforderungen in der Praxis allerdings nicht regelmäßig erfüllt werden, so dass in diesen Fällen zu überlegen ist, von den planerischen Steuerungsmöglichkeiten Gebrauch zu machen.

2. Qualifizierte Standortzuweisung durch Festsetzung von Baugebieten für gewerbliche Tierhaltungsanlagen

Die erste Möglichkeit einer planerischen Steuerung erschöpft sich in der Ausweisung von qualifizierten Standorten zur Errichtung von gewerblichen Tierhaltungsanlagen. In diesem Sinne könnte eine Gemeinde von der Möglichkeit zur Ausweisung von Sondergebieten nach § 11 Abs. 1 und 2 BauNVO[70] oder von Industriegebieten nach § 9 BauNVO, gegebenenfalls auch von Dorfgebieten nach § 5 BauNVO sowie von Gewerbegebieten nach § 8 BauNVO Gebrauch machen, welche wiederum dann nach § 1 Abs. 4 BauNVO in ihrem Verhältnis zueinander gegliedert werden können.[71] Gegenstand der Festsetzungen solcher Bebauungs-

---

[67] Schon früh sich grundlegend mit den Fragen der Flächennutzungsplanung befassend: *Stüer,* Städte- und Gemeinderat 1979, 109 ff.

[68] Auch die Darstellungen eines „planreifen" Flächennutzungsplans erfüllen diese Anforderung. Vgl. BVerwG, Urt. v. 13.3.2003 – 5 B 253.02, NVwZ 2003, 1261.

[69] Für das Schrifttum: *Stüer/Stüer* NuR 2004, 341 (346). Aus der umfänglichen Rechtsprechung, vgl. nur: BVerwG, Urt. v. 22.5.1987 – 4 C 57.84, BVerwGE 77, 300.

[70] Verordnung über die bauliche Nutzung der Grundstücke(Baunutzungsverordnung – BauNVO) i. d. F. der Bekanntmachung vom 23.1.1990 (BGBl. I S. 132) zul. geänd. durch Gesetz vom 22.4.1993 (BGBl. I S. 466).

[71] Zu Recht kritisch hierzu unter Hinweis auf § 1 Abs. 3 und 7 BauGB: *Gördes/Schulte* BauR 2011, 924 (931).

pläne können dann neben der Art und dem Maß der baulichen Nutzung insbesondere auch Bestimmungen über bauliche und technische Vorkehrungen zum Schutz vor schädlichen Umwelteinwirkungen im Sinne von § 9 Abs. 1 Nr. 24, 2. und 3. Alt. BauGB sein.[72] Folge einer solchen Vorgehensweise ist, dass diese Tierhaltungsanlagen dann nicht mehr auf der Grundlage von § 35 Abs. 1 Nr. 4 BauGB genehmigt werden können. Notwendig ist allerdings, dass die Gemeinde planerisch tätig wird und eine Positivplanung verfolgt, auf deren Grundlage die entsprechenden Bebauungspläne, gewissermaßen „vorsorglich“, aufgestellt werden können.[73] Ohne dass ein diesbezüglicher Handlungsdruck besteht, wird eine Gemeinde zu Recht davon regelmäßig keinen Gebrauch machen. Sie muss einen nicht unerheblichen Aufwand betreiben, und zwar sowohl personeller als auch finanzieller Art, um einerseits das erforderliche planerische Konzept zu erarbeiten und andererseits zur Umsetzung dieses Konzepts bauleitplanerisch tätig zu werden, ohne dass aber ein quantifizierbarer städtebaulicher Ordnungsbedarf besteht.

Zurückzuführen ist diese Steuerungsmöglichkeit darauf, dass gewerbliche Tierhaltungsbetriebe nach § 35 Abs. 1 Nr. 4 BauGB „nur im Außenbereich ausgeführt werden sollen“.[74] Ist damit das Vorhaben in der jeweiligen Gemeinde im Innenbereich nach § 34 BauGB oder in Gebieten mit Bebauungsplänen nach § 30 BauGB bzw. in Gebieten nach § 33 BauGB, für die ein Bebauungsplan gerade in Aufstellung befindlich ist, zulässig, dann ist für eine privilegierte Zulassung im Außenbereich kein Raum.[75] Insoweit noch nicht abschließend geklärt, sind zwei andere Fragestellungen. Zunächst ist ungeklärt, in welchem Umfang eine Gemeinde entsprechende Flächen zur Verfügung halten muss. Nicht verlangt werden kann wohl, dass eine Gemeinde für alle möglichen Größenordnungen von Tierhaltungsbetrieben auch entsprechende Flächen bereithalten muss. Insoweit dürfte ein Tierhaltungsbetrieb, der auf bestehenden Flächen nach den §§ 30, 33 und 34 BauGB errichtet werden kann, im Außenbereich nicht privilegiert sein. Soweit aber Betriebsgrößen errichtet werden sollen, deren Flächenbedarf in der Gemeinde nicht befriedigt werden kann, greift die Privilegierung des § 35 Abs. 1 Nr. 4 BauGB. Vor diesem Hintergrund dürfte eine planerische Steuerung durch qualifizierte Standortzuweisung in Baugebieten von den in der konkreten Situation vorliegenden Gegebenheiten abhängen.[76] Je größer ein investorengesteuertes Interesse an der Errichtung von gewerblichen Tierhaltungsbetrieben festzustellen ist, desto umfangreicher müssen die Flächen vorgehalten werden, auf denen solche Betriebe errichtet werden können. Der zweite Aspekt, den es noch zu betrachten gilt, dreht sich um die Frage, ob einem möglichen gewerblichen Tierhaltungsbetrieb auch mit Blick auf vorhandene Flächen in den Nachbargemeinden die Außenbereichsprivilegierung abgesprochen werden kann? Nach der bislang vor-

[72] Siehe hierzu z. B. die Festsetzung von Emissionsradien, vgl. BVerwG, Urt. v. 28.2.2002 – 4 CN 5.01, NVwZ 2002, 1114; OVG Lüneburg, Urt. v. 10.11.2009 – 1 LB 45.08, BauR 2010, 195 (keine Biofilter).

[73] Sog. „Vorratsplanung“.

[74] Hierzu schon oben II. 1.2.

[75] So klar: BVerwG, Beschl. v. 27.6.1983 – 4 B 206.82, NVwZ 1983, 169.

[76] *Söfker,* Planerische Steuerung von Tierhaltungsbetrieben im Außenbereich, in: Mitschang (Hrsg.), Planen und Bauen im Außenbereich, Berliner Schriften zur Stadt- und Regionalplanung, Band 13, Frankfurt am Main, 2010, 97 (100).

liegenden Rechtsprechung[77] hierzu, besteht eine Bindung an die Gemeinde, in der ein mögliches Vorhaben realisiert werden kann.

3. Qualifizierte Standortzuweisung durch Festsetzung von Baugebieten für landwirtschaftliche und gewerbliche Tierhaltungsanlagen ergänzt um Festsetzungen zur Flächenfreihaltung von baulichen Nutzungen

Diese planerische Steuerungsmöglichkeit schließt an das vorangehend Dargelegte an. Es handelt sich dabei um die Möglichkeiten der planerischen Steuerung von sowohl landwirtschaftlichen als auch gewerblichen Tierhaltungsbetrieben. Sie bestehen darin, dass durch die Aufstellung eines oder mehrerer einfacher Bebauungspläne nach § 30 Abs. 3 BauGB, die das gesamte Gemeindegebiet oder zumindest wesentliche Teile davon erfassen, qualifizierte Standorte abschließend und rechtsverbindlich festgelegt werden.[78] Hierfür können insbesondere Festsetzungen über Sonder- und Industriegebiete nach den §§ 9 und 11 Abs. 1 und 2 BauNVO herangezogen werden. Außerhalb der Baugebiete ist die Errichtung von Tierhaltungsbetrieben unzulässig und wird durch entsprechende Festsetzungen auch ausgeschlossen. Der entscheidende Vorteil einer solchen Vorgehensweise liegt darin, dass von den städtebaulichen Sicherungsinstrumenten Gebrauch gemacht werden kann, da der einfache Bebauungsplan wenn nicht das gesamte Gemeindegebiet, so doch wesentliche Teile hiervon erfasst.[79] Dabei ist allerdings zunächst zu berücksichtigen, dass mit der Ausweisung von Industriegebieten nach § 9 BauNVO nur gewerbliche Tierhaltungsbetriebe erfasst werden können. Demgegenüber sind landwirtschaftliche Tierhaltungsbetriebe auch in Sondergebieten realisierbar.[80]

Für gewerbliche Tierhaltungsanlagen, für die ein Industriegebiet festgesetzt wird, kann ergänzend auf eine weitere Festsetzungsmöglichkeit zurückgegriffen werden. Sie betrifft die Festsetzung von Bebauung freizuhaltenden Schutzflächen und ihre Nutzung. Rechtsgrundlage hierfür ist § 9 Abs. 1 Nr. 24, 1. Alt. BauGB. Schutzflächen sind in der Regel zwar dem Tierhaltungsbetrieb als veranlassende Nutzung zuzurechnen, doch handelt es sich dabei um eine selbstständige Festsetzung, mit der Folge, dass es sich hierbei um eine eigenständige Flächenfestsetzung handelt, die nicht etwa Teil des Industriegebiets ist.[81] Die Ausweisung solcher Flächen kommt insbesondere dann in Frage, wenn es sich um große Abstandsflächen handelt, doch tauchen dann in der Praxis auch noch andere Gesichtspunkte auf, die dazu führen, dass Anwendungsfälle der Vorschrift recht selten sind.

---

[77] BVerwG, Beschl. v. 27.6.1983 – 4 B 206.82, NVwZ 1983, 169 (170).

[78] Vgl. OVG Lüneburg, Urt. v. 13.9.2011 – 1 KN 56.08, ZfBR 2011, 780; Beschl. v. 9.9.2011 – 1 MN 112.11, ZfBR 2012, 40 (41).

[79] So ausdrücklich: *Schrödter,* Zulassung von Tierhaltungsbetrieben im Außenbereich und ihre planungsrechtliche Steuerung durch die Gemeinden, in: Mitschang (Hrsg.), Gerüche, Feinstaub und Gefahrstoffe in der Bauleitplanung und bei der Zulassung von Bauvorhaben, Berliner Schriften zur Stadt- und Regionalplanung, Band 18, Frankfurt am Main, 2011, 163, 176.

[80] BVerwG, Urt. v. 28.2.2002 – 4 CN 5.01, NVwZ 2002, 1114; OVG Lüneburg, Urt. v. 12.1.2011 – 1 KN 28.10, BeckRS 2011, 49913.

[81] Zu Recht: *Porger,* Immissionsschutz in Bebauungsplänen, Düsseldorf, 1995, 261; *Schrödter,* in: Schrödter (Hrsg.), BauGB, 7. Aufl. 2006, § 9 Rn. 142. Anderer Auffassung: *Söfker,* in: Ernst/Zinkahn/Bielenberg/Krautzberger, BauGB, Stand: September 2010, § 9 Rn. 202.

Schutzflächen erstrecken sich daher auf Bereiche außerhalb des Betriebsbereichs, doch befinden diese sich regelmäßig in privatem Eigentum, so dass ein Übernahmeanspruch nach § 40 Abs. 1 S. 1 Nr. 4 BauGB besteht.[82]

Für die Steuerung sowohl landwirtschaftlicher als auch gewerblicher Tierhaltungsbetriebe sind ergänzend zu den qualifizierten Standortzuweisungen nach § 9 Abs. 1 Nr. 18 a BauGB Flächen für die Landwirtschaft festzusetzen und diese mit Festsetzungen nach § 9 Abs. 1 Nr. 10 BauGB, also mit Flächen, die von Bebauung freizuhalten sind, und ihrer Nutzung zu überlagern. Dadurch kann erreicht werden, dass auch landwirtschaftliche Tierhaltungsbetriebe entweder unzulässig[83] oder nur in Bezug auf ein bestimmtes Maß der baulichen Nutzung zulässig sind.[84] Es handelt sich dabei auch nicht um eine unzulässige Verhinderungsplanung.[85] Vielmehr darf eine Festsetzung von landwirtschaftlichen Flächen nach § 9 Abs. 1 Nr. 18 a BauGB getroffen werden, wenn es der Gemeinde tatsächlich um die Erhaltung der landwirtschaftlichen Nutzung geht. Denn Festsetzungen sind in einem Bebauungsplan nicht schon dann als „Negativplanung" wegen Verstoßes gegen § 1 Abs. 3 BauGB nichtig, wenn ihr Hauptzweck in der Verhinderung bestimmter städtebaulich relevanter Nutzungen besteht.[86] Die Aufstellung eines solchen gemeindeweiten einfachen Bebauungsplans ist vor diesem Hintergrund in jeder Hinsicht anspruchsvoll, denn es müssen auch die Belange ggf. zulässiger sowie auch für eine Erweiterung vorgesehenen Tierhaltungsbetriebe in der Abwägung berücksichtigt werden.[87] Festsetzungen nach § 9 Abs. 1 Nr. 10 BauGB können im Übrigen einen Übernahmeanspruch begründen.[88]

Schließlich können für die Steuerung von gewerblichen Tierhaltungsbetrieben noch einmal ergänzend solche Festsetzungen an Bedeutung gewinnen, mit denen die Gemeinde vom Planvorbehalt und der Ausschlussfunktion auf der Stufe der Flächennutzungsplanung Gebrauch gemacht hat. Diese wirkt für die Flächen außerhalb der ausgewiesenen Baugebiete und aus einer Überlagerung von Flächen nach § 9 Abs. 1 Nr. 10 und 18 a BauGB.[89]

Diese weitaus komplexere Form der Steuerung macht erneut deutlich, dass ohne eine konzeptionelle städtebauliche Grundlage eine solcherart differenzierte Steue-

---

[82] Vgl. *Bracher,* in: Gelzer/Bracher/Reidt, Bauplanungsrecht, 7. Aufl. 2004, Rn. 340.

[83] BVerwG, Beschl. v. 17.12.1998 – 4 NB 4.97, NVwZ 1999, 984.

[84] OVG Lüneburg, Urt. v. 8.12.2009 – 1 KN 355.07, BauR 2010, 1181 einen Bebauungsplan anerkennend, der auf festgesetzten landwirtschaftlichen Flächen überlagert mit Flächen nach § 9 Abs. 1 Nr. 10 BauGB landwirtschaftliche Vorhaben auf eine Größenordnung von maximal 30 qm Grundfläche festschreibt.

[85] Einschlägig für Tierhaltungsbetriebe: OVG Lüneburg, Beschl. v. 9.9.2011 – 1 MN 112.11, ZfBR 2012, 40.

[86] Vgl. oben III.

[87] Allgemein zu den planerischen Sicherungsmöglichkeiten, *Stüer,* Der Bebauungsplan, 4. Aufl. 2009, Rn. 930 ff.; *ders.* DVBl 2011, 739 f. Spezifisch im vorliegenden Kontext: *Stüer/Stüer* NuR 2004, 341 (344); *Schrödter* AUR 2011, 177 (188) sowie OVG Lüneburg, Urt. v. 26.10.2011 – 1 KN 254.10, BeckRS 2012, 45854; Beschl. v. 14.11.2011 – 1 ME 181.11, ZfBR 2012, 42; Beschl. v. 9.9.2011 – 1 MN 112.11, ZfBR 2012, 40; Beschl. v. 6.4.2009 – 1 MN 289.08, BauR 2009, 1421; Urt. v. 7.10.2005 – 1 KN 297.04, BeckRS 2006, 20130.

[88] Vgl. § 40 Abs. 1 Nr. 12, Abs. 2 BauGB.

[89] *Söfker,* Planerische Steuerung von Tierhaltungsbetrieben im Außenbereich, in: Mitschang (Hrsg.), Planen und Bauen im Außenbereich, Berliner Schriften zur Stadt- und Regionalplanung, Band 13, Frankfurt am Main, 97 (104).

rung von Tierhaltungsbetrieben kaum möglich sein dürfte.[90] Die von der Gemeinde verfolgten städtebaulichen Ziele können etwa darin bestehen, die Tendenzen der Zersiedelung des Außenbereiches durch Tierhaltungsanlagen einzuschränken[91] oder um die landwirtschaftliche Nutzung in ihrer bestehenden Form zu bewahren.[92]

4. *Steuerung mittels Planvorbehalt durch den Flächennutzungsplan*

Zur planerischen Steuerung von bestimmten privilegierten Außenbereichsvorhaben im Sinne von § 35 Abs. 1 Nr. 2 bis 6 BauGB hat der Gesetzgeber den Trägern der Raumordnung,[93] aber auch den Gemeinden in § 35 Abs. 3 S. 3 BauGB die Möglichkeit eingeräumt, durch den sog. „Planvorbehalt"[94] steuernd Einfluss auf deren Standorte im Plangebiet zu nehmen.[95] Der in diesem Zusammenhang ebenfalls zu erwähnende § 5 Abs. 2 b BauGB erlaubt den Gemeinden außerdem für Darstellungen des Flächennutzungsplans mit den Rechtswirkungen des § 35 Abs. 3 S. 3 BauGB sachliche und räumliche Teilflächennutzungspläne[96] aufzustellen. Die Bestimmung über den Planvorbehalt geht auf eine ältere Entscheidung des BVerwG zur Ausweisung sogenannter „Abgrabungskonzentrationszonen" zurück. Danach erhalten Darstellungen im Flächennutzungsplan für Abgrabungen zugleich eine Ausschlussfunktion für den übrigen Außenbereich, soweit sich aus dem Erläuterungsbericht zum Flächennutzungsplan eindeutig ergibt, dass die Abgrabungen nur an den dargestellten Standorten stattfinden sollen. Abgrabungen auf Flächen außerhalb der im Flächennutzungsplan dargestellten Standorte stehen dann öffentliche Belange entgegen, da es ein legitimes Ziel der Flächennutzungsplanung sein kann, eine Konzentration des Abbaus von Kies und Sand auf dafür geeignete Standorte vorzunehmen. Mit Hilfe dieser positiven Standortausweisungen an einer oder mehreren Stellen im Gemeindegebiet erhalten die Gemeinden die Möglichkeit, das übrige Gemeindegebiet von derart privilegierten Anlagen freizuhalten (sog. „Ausschlussfunktion").[97] Die Planung kann durch die Zurückstellung von Bauanträgen für Vorhaben der gewerblichen Tierhaltung gesichert werden.[98]

---

[90] Hierauf weist auch *Söfker* (Fn. 89) ausdrücklich hin.

[91] OVG Lüneburg, Urt. v. 7.10.2005 – 1 KN 297.04, BeckRS 2006, 20130; Beschl. v. 6.4.2009 – 1 MN 289.08, BauR 2009, 1421; Urt. v. 14.8.2009 – 1 KN 219.07, NVwZ-RR 2010, 91.

[92] OVG Lüneburg, Urt. v. 8.12.2009 – 1 KN 355.07, BauR 2010, 1181.

[93] Ausführlich hierzu: *Stüer/Stüer* NuR 2004, 341 (342 f.).

[94] Vgl. BVerwG, Urt. v. 22.5.1987 – 4 C 57.84, NVwZ 1988, 54 sowie Beschl. v. 3.6.1998 – 4 B 6.98, NVwZ 1998, 960. Kritisch: *Hoppe* DVBl 1991, 1281 ff.

[95] Speziell zur planerischen Steuerungsmöglichkeit: *Stüer/Stüer* NuR 2004, 341 ff. m.w.N sowie *Stüer,* Die Zulässigkeit von Windenergieanlagen als Planungsproblem der Regional- und Flächennutzungsplanung, in: Spannowsky/Mitschang (Hrsg.), Flächennutzungsplanung im Umbruch, 1999, 124 ff.

[96] Auch hierzu *Stüer/Stüer* NuR 2004, 341 (344).

[97] Dem Flächennutzungsplan kommt insoweit eine dem Bebauungsplan vergleichbare Funktion zu. Er kann insoweit auch im Rahmen eines Normenkontrollverfahrens überprüft werden. Vgl. BVerwG, Urt. v. 26.4.2007 – 4 CN 3.06, NVwZ 2007, 1081 sowie Urt. v. 20.5.2010 – 4 C 7.09, NVwZ 2010, 1561 (1567).

[98] Siehe hierzu genauer: *Schrödter* AUR 2011, 177 (186) unter Hinweis auf OVG Lüneburg, Beschl. v. 6.4.2009 – 1 MN 289.08, BauR 2009, 1421 und mit zu Recht vorgetragener Skepsis gegenüber dem Zurückstellungszeitraum von nur einem Jahr; *Gördes/Schulte* BauR 2011, 924 (930).

Privilegierte Vorhaben, auf die der Planvorbehalt erstreckt wird, sind vor allem in Windenergieanlagen[99] zu sehen. Auch gewerbliche Tierhaltungsanlagen nach § 35 Abs. 1 Nr. 4 BauGB können zwar grundsätzlich auch über den Planvorbehalt gesteuert werden, gleichwohl ist auf bestimmte Besonderheiten hinzuweisen. Nicht erfasst werden zunächst landwirtschaftliche Tierhaltungsbetriebe nach § 35 Abs. 1 Nr. 1 BauGB, da Abs. 3 S. 3 auf diese keinen Bezug nimmt. Außerdem gilt es zu berücksichtigen, dass gewerbliche Tierhaltungsbetriebe nach § 35 Abs. 1 Nr. 4 BauGB – anders als Windenergieanlagen, die dem Außenbereich durch den Bundesgesetzgeber zugewiesen wurden, – nur über einen Auffangtatbestand[100] erfasst, ausdrücklich in der Bestimmung aber gar nicht angeführt werden.[101] Bedeutung hat dies vor dem Hintergrund der an die Steuerung von Windenergieanlagen gestellten Anforderungen durch die Rechtsprechung, eben der Windenergie in „substanzieller Weise Raum zu schaffen". Insoweit dürften die Anforderungen an das einer planerischen Steuerung zu Grunde liegende Konzept[102] nicht ganz so anspruchsvoll sein wie bei Windenergieanlagen. Allerdings darf sich auch hier bei einer gemeindeweiten Untersuchung nicht das Ergebnis einstellen, dass für die Errichtung von gewerblichen Tierhaltungsbetrieben keine Flächen zur Verfügung stehen.[103]

§ 35 Abs. 3 S. 3 BauGB bestimmt, dass öffentliche Belange einem Vorhaben nach § 35 Abs. 1 Nr. 2 bis 6 BauGB in der Regel auch entgegenstehen, soweit hierfür durch Darstellungen im Flächennutzungsplan oder als Ziele der Raumordnung eine Ausweisung an anderer Stelle erfolgt ist. Die planungspraktische Umsetzung in den einzelnen Planwerken erfolgt durch die Ausweisung von „Konzentrations- oder Vorrangzonen"als Sonderbauflächen und unter Heranziehung der Ausschlussfunktion für die übrigen Außenbereichsflächen.[104] An ihre Ausweisung und Darstellung im Flächennutzungsplan sind weit reichende Anforderungen gestellt, die aber durch die Rechtsprechung[105] mittlerweile in vielen bedeutsamen Facetten schon geklärt sind.[106] Ausnahmen sind aber möglich. Dies wird durch die Verwendung der Wörter „in der Regel" deutlich. Beispielsweise ist dies der Fall, wenn das Vorhaben auf Grund seiner Größe oder seiner Funktion besondere Merkmale aufweist, die sie aus dem Kreis der Vorhaben herausheben, deren Zulassung der Planungsträger hat steuern wollen.[107]

---

[99] Zu den Anforderungen ihrer planerischen Steuerung: *Stüer/Stüer* NuR 2004, 341 (345 f.).

[100] Vgl. oben II. 1.2.

[101] Söfker (Fn. 89), 102.

[102] Zu den Anforderungen an städtebauliche Konzepte zur Steuerung von Tierhaltungsbetrieben im Einzelnen: *Gördes/Schulte* BauR 2011, 923 (931 f.).

[103] BVerwG, Urt. v. 17.12.2002 – 4 C 15.01, NVwZ 2003, 733; Urt. v. 21.10.2004 – 4 C 2.04, NVwZ 2005, 211.

[104] Auch: *Schrödter* AUR 2011, 177 (186).

[105] BVerwG, Urt. v. 19.9.2002 – 4 C 10.01, NVwZ 2003, 214; Urt. v. 17.12.2002 – 4 C 15.01, NVwZ 2003, 733; Urt. v. 21.10.2004 – 4 C 2.04, NVwZ 2005, 211; Urt. v. 16.3.2006 – 4 A 1075.04, NVwZ 2006, 927; Urt. v. 26.4.2007 – 4 CN 3.06, NVwZ 2007, 1081 f.; Beschl. v. 12.7.2006 – 4 B 49.06, ZfBR 2006, 679.

[106] Umfassende Darstellung bei *Gatz,* Windenergieanlagen in der Verwaltungs- und Gerichtspraxis, 2009 sowie bei *Hentschel,* Umweltschutz bei Errichtung und Betrieb von Windkraftanlagen, 2010.

[107] So BVerwG, Urt. v. 17.12.2002 – 4 C 15.01, NVwZ 2003, 733 (737).

Auch Bestandsschutzgesichtspunkte oder die kleinräumlichen Verhältnisse, wie die Topographie oder sonstige Besonderheiten können eine Ausnahme von der Ausschlussfunktion rechtfertigen.

Mit der Ausgestaltung dieser Bestimmung hat der Gesetzgeber den Flächennutzungsplan als städtebauliches Planungsinstrument für das gesamte Gemeindegebiet für die Standortsteuerung von Vorhaben im Außenbereich gestärkt.[108]

5. Grenzwerte und Mindestabstände für Geruchsemissionen im Flächennutzungsplan

Die letzte Möglichkeit der planerischen Steuerung von wiederum landwirtschaftlichen als auch von gewerblichen Tierhaltungsanlagen ist auf die sog. „Wangerland-Entscheidung" des BVerwG[109] zurückzuführen, nach der die rechtliche Zulässigkeit einer Darstellung über Grenzwerte von aus Tierhaltungsbetrieben kommenden Geruchsimmissionen[110] im Flächennutzungsplan bejaht wurde.[111] Nach den Planungsvorstellungen wurde das Plangebiet in drei Zonen unterschiedlicher Schutzwürdigkeit aufgeteilt. Vorhaben haben darin abgestufte Nutzungsbeschränkungen einzuhalten.[112] So darf die Geruchsschwelle (1 Geruchseinheit/cbm Luft) für vorhandene Betriebe in 200 m Entfernung zum Emissionsschwerpunkt des Betriebs in der Zone 1 nur in maximal 3%, in der Zone 2 in maximal 8% und in der Zone 3 in maximal 10% der Jahresstunden überschritten werden. Für die Schwebstaubkonzentration darf der 1-h-Mittelwert der von maximal 500 Mikrogramm/cbm Luft (MIK-Wert gem. VDI 2310 Blatt 19) in allen drei Zonen in 50 m Entfernung zum Emissionsschwerpunkt des Betriebs nicht überschritten werden. Bei der Neuansiedlung von Betrieben sind sogar strengere Nutzungsbeschränkungen einzuhalten.

Rechtliche Grundlage für eine solche Darstellung kann § 5 Abs. 2 Nr. 6 BauGB[113] sein. Hiernach können im Flächennutzungsplan „Flächen für Nutzungsbeschränkungen" dargestellt werden. Auf diesen Flächen dürfen dann die Emissionen von Tierhaltungsbetrieben bestimmte Grenzwerte nicht überschreiten.[114] Diese Darstellungen können dann als öffentliche Belange nach § 35 Abs. 3 S. 1 BauGB einem im Außenbereich beantragten Tierhaltungsbetrieb entgegenstehen und zu seiner Unzulässigkeit führen.[115]

---

[108] Zustimmend: Guckelberger DÖV 2006, 976.

[109] BVerwG, Urt. v. 18.8.2005 – 4 C 13.04, NVwZ 2006, 87. Zur Vorinstanz: OVG Lüneburg, Urt. v. 18.6.2003 – 1 LB 143.02, BauR 2004, 459. Siehe den betreffenden Bebauungsplan bei *Stüer,* Der Bebauungsplan, 4. Aufl. 2009, Rn. 1365.

[110] Eine Gemeinde hat von der Darstellung von Grenzwerten von Geruchsimmissionen im Flächennutzungsplan auf Flächen des planungsrechtlichen Außenbereichs Gebrauch gemacht, um damit die zulässigen Geruchsemissionen und Schwebstaubkonzentrationen von Tierhaltungsbetrieben in einer fremdenverkehrlichen Schwerpunktzone (Flächen für Erholungs-, Kur- und Freizeitzwecke) zu regeln.

[111] Nicht zulässig ist – wie im Bebauungsplan auch – die Darstellung von Summenpegeln. Vgl. BVerwG, Urt. v. 18.8.2005 – 4 C 13.04, NVwZ 2006, 87 (91).

[112] Grundlegend dazu schon: *Stüer/Stüer* NuR 2004, 341 (347 f.).

[113] So auch *Stüer/Stüer* NuR 2004, 341 (346).

[114] BVerwG, Urt. v. 18.8.2005 – 4 C 13.04, NVwZ 2006, 87 (89).

[115] Siehe dazu grundlegend: BVerwG, Urt. v. 25.10.1967 – IV C 86.66, NJW 1967, 1105 und nunmehr BVerwG, Urt. v. 18.8.2005 – 4 C 13.04, NVwZ 2006, 87.

Voraussetzung für derartige Darstellungen ist allerdings, dass es sich bei ihnen um „Grundzüge" der Art der Bodennutzung (vgl. § 5 Abs. 1 S. 1 BauGB) handelt, das heißt, ob sie den Bezug zur jeweiligen städtebaulichen Konzeption „für das gesamte Gemeindegebiet" wahren. Darstellungen gehören ungeachtet ihres Bestimmtheitsgrades zu den Grundzügen der Art der Bodennutzung, wenn sie der Bewältigung eines Nutzungskonflikts dienen, der eine über die unmittelbar betroffenen Flächen hinausgehende Bedeutung für das dem Flächennutzungsplan zugrunde liegende gesamträumliche Entwicklungskonzept der Gemeinde hat.[116] Wenn städtebauliche Gründe es rechtfertigen, darf die Gemeinde sogar unterhalb der durch § 3 Abs. 1 BImSchG bestimmten Erheblichkeitsschwelle eigenständig gebietsbezogen das Maß hinnehmbarer Geruchsbeeinträchtigungen nach den Maßstäben des Vorsorgegrundsatzes steuern.[117]

Für die Planungspraxis bedeutet dies, dass im Einzelfall Darstellungen mit Detailschärfe auch Gegenstand des Flächennutzungsplans sein dürfen, insbesondere wenn damit eine Konfliktbewältigung mittels allgemein im Flächennutzungsplan zulässiger Darstellungen für die Standortsteuerung von privilegierten Außenbereichsvorhaben vorgenommen wird.[118] Eines spezifischen verbindlichen Bauleitplans bedarf es dann nicht.

Im Ergebnis hat die Entscheidung des BVerwG das Steuerungs- und Konfliktlösungspotenzial des Flächennutzungsplans im Außenbereich gestärkt.[119] Dadurch gewinnt der Flächennutzungsplan eine dem Bebauungsplan vergleichbare Steuerungsfunktion. Er nähert sich ihm inhaltlich und funktional und seine Darstellungen erlangen die gleiche Durchsetzungskraft wie Festsetzungen eines Bebauungsplans.[120]

IV. Regelungsbedarf

Obwohl sich die Rahmenbedingungen für Tierhaltungsanlagen als auch das Erscheinungsbild von insbesondere gewerblichen Tierhaltungsanlagen seit der maßgeblichen Entscheidung des BVerwG[121] vor dreißig Jahren tatsächlich verändert haben, werden zusammengefasst die an der Privilegierung der Massentierhaltung orientierten kritischen Auffassungen[122] weder durch die Rechtsprechung[123] noch im Schrifttum[124] aufgegriffen. Vor diesem Hintergrund ergeben sich zwei Möglichkeiten[125] im Umgang mit landwirtschaftlichen und gewerblichen Tier-

[116] BVerwG, Urt. v. 18.8.2005 – 4 C 13.04, NVwZ 2006, 87 (89).
[117] BVerwG, Urt. v. 28.2.2002 – 4 CN 5.01, NVwZ 2002, 1114.
[118] *Guckelberger* DÖV 2006, 976 (980).
[119] *Rojahn,* Höchstrichterliche Rechtsprechung zur Begrenzung von Geruchsemissionen im Flächennutzungsplan, in: Mitschang (Hrsg.), Flächennutzungsplanung – Aufgabenwandel und Perspektiven, 2007, 108.
[120] Ausführlich hierzu: *Stüer* BauR 2007, 1495 ff.
[121] BVerwG, Beschl. v. 27.6.1983 – 4 B 206.82, NVwZ 1983, 169.
[122] Insbesondere: *Söfker* NVwZ 2008, 1273 ff.; *von Hall* NVwZ 2011, 730 ff.
[123] OVG Münster, Beschl. v. 2.6.2009 – 8 B 572.09, BeckRS 2009, 35784.
[124] Vgl. *Roeser,* in: Berliner Kommentar zum BauGB, Stand: Dezember 2011, § 35 Rn. 43; *Dürr,* in: Brügelmann (Hrsg.), BauGB, Stand: Juli 2011, § 35 Rn. 54 ff.
[125] Vgl. *Schink* BauR 2011, 1425 (1427 f.).

haltungsbetrieben: Entweder sie werden, wenn sie die Voraussetzungen der Privilegierung erfüllen, auf der Grundlage von § 35 Abs. 1 Nr. 1 bzw. Nr. 4 BauGB genehmigt[126] oder eine Gemeinde macht von den ihr zur Verfügung stehenden planerischen Steuerungsmöglichkeiten[127] Gebrauch. Wirklich zufriedenstellend ist dieser Befund nicht, denn die Steuerung von Vorhaben im Außenbereich ist primäre Aufgabe der einschlägigen Regelung in § 35 BauGB.

Nach dem im Referentenentwurf[128] vorliegenden „Gesetz zur Stärkung der Innenentwicklung in den Städten und Gemeinden und weiteren Fortentwicklung des Städtebaurechts" („Innenentwicklungs-Novelle 2013") wird das Themenfeld der „gewerblichen Tierhaltung" durch eine Neuregelung in § 35 Abs. 1 Nr. 4 BauGB-Entwurf aufgegriffen. Danach ist ein Vorhaben nur zulässig, wenn öffentliche Belange nicht entgegenstehen, die ausreichende Erschließung gesichert ist, und wenn er wegen seiner besonderen Anforderungen an die Umgebung, wegen seiner nachteiligen Wirkung auf die Umgebung oder wegen seiner besonderen Zweckbestimmung nur im Außenbereich ausgeführt werden soll, „es sein denn, es handelt sich um die Errichtung oder Änderung einer baulichen Anlage zur Tierhaltung, die einer Pflicht zur Durchführung einer Umweltverträglichkeitsprüfung nach dem Gesetz über die Umweltverträglichkeitsprüfung unterliegt". UVP-pflichtige Tierhaltungsanlagen sollen danach künftig nur auf der Grundlage eines Bebauungsplans genehmigt werden können. Erfasst wird außerdem nur die Errichtung oder Änderung, nicht aber die Nutzungsänderung von Vorhaben.

Nach der Neuregelung ist die Privilegierung von Tierhaltungsbetrieben auf solche beschränkt, die keiner Pflicht zur Durchführung einer UVP nach dem UVPG unterliegen.[129] Bevor damit ein Vorhaben als privilegiertes Tierhaltungsvorhaben genehmigt werden darf, muss festgestellt werden, ob das Vorhaben nicht UVP-pflichtig ist. Während dies für solche Vorhaben die der Spalte 1 der Anlage 1 zu § 3 Abs. 1 S. 1 UVPG unterfallen, ohne großen Aufwand anhand der Schwellenwerte abgeprüft werden kann, ist für solche Vorhaben, die der Spalte 2 der Anlage 1 zu § 3 Abs. 1 S. 1 UVPG zugeordnet sind, zunächst ein Vorprüfungsverfahren, entweder als allgemeines oder standortbezogenes Vorprüfungsverfahren des Einzelfalls durchzuführen. Die Anforderungen hieran sind komplex und streitanfällig. Bleibt es dabei, die UVP-Pflichtigkeit eines Vorhabens als Abgrenzungskriterium heranzuziehen, so liegt die Entscheidungszuständigkeit bei den zahlreichen vorprüfungspflichtigen Vorhaben an Stelle des Gesetzgebers bei der zuständigen Behörde im Rahmen einer „nachvollziehbaren" Entscheidung bei der Vorprüfung des Einzelfalls maßgeblich über die Privilegierung zu bestimmen. Eine Entscheidung der betroffenen Gemeinde als Trägerin der kommunalen Planungshoheit ist damit ausgeschlossen. Beruht die Feststellung, dass eine UVP unterbleiben soll, auf einer Vorprüfung nach § 3 c UVPG, ist außerdem nach § 3 a Abs. 1 S. 4 UVPG die Einschätzung der Behörde in einem gerichtlichen Verfahren betreffend die Entscheidung über die Zulässigkeit des Vorhabens nur daraufhin zu überprü-

[126] Vgl. oben II.
[127] Vgl. oben III.
[128] Vom 14.2.2012, S. 8. Zu finden unter: http://www.bmvbs.de.
[129] Zu den Anforderungen schon oben II. 4.

fen, ob die Vorprüfung entsprechend den Vorgaben von § 3 c UVPG durchgeführt worden ist und ob das Ergebnis nachvollziehbar ist. Für die Anwendung der Vorschrift wäre es insoweit voraussichtlich sehr viel weniger streitanfällig, wenn an Stelle der (vielfach von einer Vorprüfung im Einzelfall abhängigen) UVP-Pflichtigkeit ein konkreter Schwellenwert als Abgrenzungskriterium normativ festgelegt würde.[130]

Bernhard Stüer[131] hat eine andere Lösung des Problems entwickelt, die sich folgendermaßen darstellt: Die gewerbliche Tierhaltung wird aus der allgemeinen Privilegierung des § 35 Abs. 1 Nr. 4 BauGB herausgenommen und unter einen gemeindlichen Planungsvorbehalt gestellt, der durch Aufstellung eines Bebauungsplans oder durch ein Darstellungsprivileg im Flächennutzungsplan umgesetzt werden könnte.

Zwar wurde Bernhard Stüers vorangehend skizzierter Vorschlag zur Novellierung des § 35 BauGB durch den Bundesgesetzgeber nicht aufgegriffen, doch macht er deutlich, dass nach seiner Auffassung von der Privilegierung gewerblicher Tierhaltungsbetriebe abgerückt werden sollte. Damit steht Bernhard Stüer angesichts der Probleme, die mit Tierhaltungsbetrieben verbunden sind, nicht allein. Erforderlich ist eine klare gesetzliche Regelung, die im zulassungs- und planungspraktischen Vollzug den Außenbereich seiner eigentlichen Bestimmung wieder ein Stück näher rücken lässt: „Der Außenbereich ist von Bebauung grundsätzlich freizuhalten“ oder, um es mit den Worten von Bernhard Stüer auszudrücken: „Das Bauen ist überall verboten, Ausnahmen bestimmt der Stadt(bau)rat.“

---

[130] Als Vorbild hierfür könnte die für Biomasseanlagen in § 35 Abs. 1 Nr. 6 d BauGB im Rahmen der Klimaschutz-Novelle 2011 geschaffene Bestimmung herangezogen werden, wo auf eine konkret definierte Schwelle für die Anlagenprivilegierung abgestellt wurde und dadurch zur Vermeidung von gerichtlichen Auseinandersetzungen ein maßgeblicher Beitrag geleistet wurde. Da sich die gleichen Vollzugsprobleme auch in Bezug auf landwirtschaftliche Tierhaltungsbetriebe einstellen werden, sollte dies auch dort Berücksichtigung finden.

[131] *Stüer/Ehebrecht-Stüer* DVBl 2010, 1540 (1545).

NORBERT PORTZ

Öffentlichkeitsbeteiligung und plebiszitäre Elemente in der Bauleitplanung

I. Einleitung

Städte und Gemeinden erleben immer mehr, dass sich die Bürgerschaft aktiv bei den sie betreffenden kommunalen Grundsatzentscheidungen einbringt. Die Mitwirkung reicht dabei über die Gestaltung ihres eigenen Stadtviertels, zu geforderten Verbesserungen im Bereich von Kindergärten und Schulen, das Veto gegen die Privatisierung von Stadtwerken und Vorschlägen zur Haushaltskonsolidierung sowie zu Investitionsmaßnahmen (Bürgerhaushalt) bis hin zur aktiven Beteiligung bei Planungsverfahren.

Bei den Planungsverfahren stehen auf kommunaler Ebene schon rechtlich naturgemäß nicht Bürgerproteste gegen Großprojekte, wie gegen Großflughäfen oder Autobahntrassen, im Vordergrund. Häufig sind es vor Ort die klassischen Themen wie Verkehr, neue Gewerbeansiedlung, Stadtumbau oder Veränderungen bei den Infrastruktureinrichtungen, die die Bürger zur Aktivierung bewegen. Dabei suchen die Bürger nach neuen Wegen der politischen Teilhabe – entweder über direkt-demokratische oder plebiszitäre Kanäle (Bürgerbegehren und Bürgerentscheide) oder mittels dialogorientierter und moderner (Internet etc.) Verfahren der Meinungsbildung und Entscheidungsfindung. Bürgerbeteiligung ist jedenfalls nicht erst seit Stuttgart 21 en vogue.[1]

Auf kommunaler Ebene hat die Intensität der Öffentlichkeitsbeteiligung infolge der Energiewende noch weiter zugenommen. Diskussionen im Zusammenhang mit der Aufstellung von Windrädern oder bei der Neuansiedlung von Biomasseanlagen, aber auch Proteste gegen die Installation von Strommasten infolge des notwendigen Ausbaus der Energietrassen, seien hier nur beispielhaft erwähnt. Diese Beispiele belegen wegen des damit verbundenen Planungserfordernisses der Städte und Gemeinden, dass Bürgerbeteiligung bei komplexeren Stadtentwicklungsprozessen grundsätzlich rechtlich und tatsächlich auf der Ebene der kommunalen Bauleitplanung verläuft.

II. Bürgermitwirkung in Stadtentwicklungsprozessen

Information, Beteiligung, Teilhabe, Mitwirkung und Kooperation der Bürgerschaft sind im Rahmen der Stadtentwicklung und der Bauleitplanung nichts grundsätzliches Neues. Sie sind aber von herausragender Bedeutung. Denn nur

[1] *Nanz-Fritsche,* in: Handbuch Bürgerbeteiligung, Bundeszentrale für politische Bildung, band 1200, S. 9.

dann, wenn Bürgerbeteiligung Grundlage und gelebte Praxis kommunaler Selbstverantwortung sind, lassen sich die Herausforderungen in den Kommunen bewältigen. Eine Stadtentwicklung, die an den Menschen vorbeiplant und deren Meinungen und deren Wissen nicht einbezieht (Beispiel: Stadtumbau), kann und wird nicht funktionieren. Eine umfassende und qualitätsvolle Beteiligung der Bürgerschaft ist daher mehr denn je der Schlüssel für die Realisierbarkeit von Infrastrukturmaßnahmen (Energiewende etc.). Aber auch ansonsten gilt: Nur wenn Bürgerinnen und Bürger ihre eigenen Vorstellungen mit in die Planungs- und Umsetzungsprozesse kommunaler Vorstellungen einbringen können, trägt dies in der Folge zur Identifikation mit ihrer Stadt und Gemeinde bei. Denn gerade Städte und Gemeinden werden getragen von der breiten Zustimmung ihrer Bewohner.[2]

III. Das BauGB: Guter Rechtsrahmen bei tatsächlicher Verbesserung im Vollzug

1. Bewährtes Modell der Öffentlichkeitsbeteiligung im Rahmen der repräsentativen Demokratie

Das Baugesetzbuch schreibt die Beteiligungsverfahren der Bürger im Rahmen der Bauleitplanung präzise vor. Danach findet eine moderne und in der Praxis auch vielfach erprobte zweistufige Beteiligung der Bürger statt. Die Öffentlichkeit muss auf der ersten Stufe möglichst frühzeitig über die allgemeinen Ziele und Zwecke der Planung und sich wesentlich unterscheidende Lösungen sowie über die voraussichtlichen Auswirkungen der Planung öffentlich unterrichtet werden. Auf dieser ersten Stufe ist der Öffentlichkeit grundsätzlich Gelegenheit zur Äußerung und Erörterung zu geben (§ 3 Abs. 1 S. 1 BauGB). In einer zweiten Stufe werden die Entwürfe der Bauleitplanung mit der Begründung und den nach Einschätzung der Gemeinde wesentlichen, bereits vorliegenden umweltbezogenen Stellungnahmen für die Dauer eines Monats öffentlich ausgelegt. Ort und Dauer der Auslegung sowie Angaben dazu, welche Arten umweltbezogener Informationen verfügbar sind, sind mindestens eine Woche vorher ortsüblich von der Gemeinde bekannt zu machen. Dabei ist insbesondere darauf hinzuweisen, dass Stellungnahmen während der Auslegungsfrist von den Bürgerinnen und Bürgern abgegeben werden können (§ 3 Abs. 2 BauGB).

Diese zweistufige Form der Bürgerbeteiligung im Bauplanungsrecht ist von dem Ziel getragen, die repräsentative Demokratie, die sich auf der Grundlage des Grundgesetzes in über 60 Jahren bewährt hat, konstruktiv zu stärken. Art. 20 Abs. 2 des Grundgesetzes bestimmt insoweit: „Die Staatsgewalt geht vom Volke aus. Sie wird vom Volke in Wahlen und Abstimmungen durch besondere Organe der Gesetzgebung, der vollziehenden Gewalt und der Rechtsprechung ausgeübt". Danach werden die gewählten Vertreter, also auch die kommunalen Ratsmitglie-

---

[2] *Maser,* in: Planerlatein ... oder: Wie man verhindert, mit dem Bürger ins Gespräch zu kommen, in: Bürgerbeteiligung, Bürgermitwirkung, Bürgerselbsthilfe, Arbeitspapiere der BfLR Heft 30, 1988, S. 61.

der, von den Bürgern zu Planungsentscheidungen legitimiert. Diese Vertreter und damit die jeweiligen Gemeinden sind es, die im Rahmen ihrer durch das Grundgesetz geschützten Selbstverwaltung (Art. 28 Abs. 2 GG) nach den rechtlichen Vorgaben des Baugesetzbuches in „eigener Verantwortung" die Bauleitpläne aufstellen (§ 2 Abs. 1 S. 1 BauGB). Dabei müssen sie insbesondere die öffentlichen und privaten Belange gegeneinander und untereinander gerecht abwägen (§ 1 Abs. 7 BauGB). Für die Bauleitplanung und die entsprechenden Beschlussfassungen verantwortlich ist also allein die Gemeinde als Planungsträger. Diese Verantwortung bedingt eine starke Partizipation der Bürgerschaft durch eine frühe und umfassende Beteiligungskultur.

2. Rechtliche Grenzen der Öffentlichkeitsbeteiligung beachten

Bei der Art und der Intensität der Öffentlichkeitsbeteiligung müssen die vom BauGB gesetzten rechtlichen Grenzen beachtet werden. Neben der bereits erwähnten Vorschrift des § 2 Abs. 1 S. 1 BauGB, wonach „die Bauleitpläne von der Gemeinde in eigener Verantwortung aufzustellen sind", ist insbesondere die Vorschrift des § 1 Abs. 3 BauGB zu beachten. Diese lautet:

„Die Gemeinden haben die Bauleitpläne aufzustellen, sobald und soweit es für die städtebauliche Entwicklung und Ordnung erforderlich ist. Auf die Aufstellung von Bauleitplänen und städtebaulichen Satzungen besteht kein Anspruch; ein Anspruch kann auch nicht durch Vertrag begründet werden."

Mit diesen Rechtsvorgaben wird herausgestellt, dass in unserem gewaltenteiligen System die Gemeinde als demokratisch legitimierte Institution und als Teil der Exekutive allein die Aufstellung und Änderung der Bauleitpläne zu verantworten hat. Dieses rechtsstaatliche, demokratische und im BauGB verankerte Grundmuster wird zwar auf Kommunalebene durch gesetzlich normierte und direktdemokratische Elemente (Bürgerentscheide, Bürgerbegehren: Siehe IV.) ergänzt. Es ist aber ansonsten für die Ausübung öffentlicher Gewalt ein zwingender Rechtsrahmen.[3]

Dieses System verbietet daher im Rahmen des BauGB eine echte Mitentscheidungsbefugnis von Bürgern, die kein durch demokratische Wahlen vermitteltes Mandat haben. Die Gemeinde ist zur Planungsentscheidung nicht nur berechtigt. Sie ist dazu auch verpflichtet. Sie darf sich deshalb auch keiner Einflussnahme aussetzen, die ihr die Entscheidungsfreiheit und die Entscheidungsverantwortung faktisch nimmt oder weitgehend einschränkt.[4] Demgemäß muss die Gemeinde gegenüber jedermann jenes Maß an innerer Distanz und Neutralität wahren, das ihr in einer späteren Phase noch ein abgewogenes Urteil erlaubt. Die Gemeinde darf den Abwägungsvorgang daher insbesondere nicht durch ein „bloßes Aushandeln" der zu beachtenden Belange mit dem Vorhabenträger oder anderen Stellen sowie auch der Öffentlichkeit ersetzen.[5]

Hieraus folgt: Der zentrale Punkt der Planungsentscheidung ist die gerechte Abwägung aller öffentlichen und privaten Belange durch die Gemeinde (s. § 1

[3] *Hien* UPR 2012, 128 (130).
[4] BVerwG, Urt. v. 18.3.2009 – 9 A 39.07, BVerwGE 133, 239 (245).
[5] Vgl. BVerwG, Urt. v. 18.3.2011 – 9 A 8.10, DVBl 2011, 1021.

Abs. 7 BauGB). Dem liegt natürlich zugrunde, dass die Gemeinde die durch die Öffentlichkeitsbeteiligung gewonnenen Stellungnahmen und Informationen als Grundlage ihrer Abwägung berücksichtigen muss. Sie muss diese Äußerungen und Stellungnahmen aber auch einer eigenständigen abwägenden Überprüfung unterziehen. Öffentlichkeitsbeteiligung nach dem BauGB kann sich daher immer nur auf den Entscheidungsprozess, nicht aber auf die Entscheidung selbst beziehen.[6]

3. BauGB-Normen: Grundsätzlich rechtlich ausreichend

Die dargestellte Beteiligung der Öffentlichkeit im Rahmen der Bauleitplanung und damit des Städtebaurechts des Bundes (BauGB) ist grundsätzlich rechtlich ausreichend ausgestaltet. Grundsätzlicher Novellierungen bedarf es daher nicht. Dies war auch das Ergebnis der Beratungen und Abstimmungen im Arbeitskreis VIII „Öffentliches Baurecht" des am 11. und 12. Mai 2012 in Hamm/Westfalen stattgefundenen 4. Deutschen Baugerichtstages zum Thema „Stuttgart 21: Empfehlen sich Änderungen des Bau-, Fachplanungs- und Immissionsschutzrechts?" Die im BauGB normierte zweistufige und frühe Öffentlichkeitsbeteiligung wurde vom Deutschen Baugerichtstag als Vorreiter einer modernen Bürgerbeteiligung angesehen. Sie sollte daher auch für Planfeststellungsverfahren nach dem VwVfG dergestalt übernommen werden, dass der (öffentliche) Vorhabenträger entsprechend § 3 Abs. 1 BauGB auch bei Fachplanungen verpflichtet wird, noch vor der eigentlichen Planfeststellung die Öffentlichkeit und die betroffenen Gemeinden transparent über die beabsichtigte Planung, insbesondere von Großbauvorhaben (Energietrassen, Flughäfen, Autobahnen etc.) sowie über mögliche Alternativen, zu informieren.

Zusätzliche rechtliche Vorgaben im BauGB, wie im Einzelnen die frühzeitige Bürgerbeteiligung gestaltet werden sollte, würden demgegenüber zu Einengungen führen und sind daher nicht erforderlich. Allerdings ist zu begrüßen, dass der am 04. Juli 2012 vom Bundeskabinett beschlossene Entwurf eines „Gesetzes zur Stärkung der Innenentwicklung in den Städten und Gemeinden und zur weiteren Fortentwicklung des Städtebaurechts" in § 4b BauGB („Einschaltung eines Dritten") eine Ergänzung anfügen will. Danach „kann die Gemeinde einem Dritten auch die Durchführung einer Mediation oder eines anderen Verfahrens der außergerichtlichen Konfliktbeilegung übertragen". Zwar lässt sich bereits nach geltendem Recht die Einschaltung eines Mediators oder eines Vermittlers für die Durchführung eines anderen Verfahrens zur außergerichtlichen Konfliktbeilegung im Rahmen der Bauleitplanung auf § 4b BauGB stützen. Eine – auch gesetzliche – Stärkung der Mediationsverfahren, bei dem die Parteien mit Hilfe eines oder mehrerer Mediatoren freiwillig und eigenverantwortlich eine einvernehmliche Beilegung eines Konflikts, insbesondere bei komplexeren Bauvorhaben, anstreben, ist aber sinnvoll. Die Einschaltung eines Mediators kann die Interessen aller Beteiligten verbessern, zeitintensive Gerichtsprozesse vermeiden und damit im Ergebnis dazu führen, Planungsverfahren zu verkürzen und Kosten zu senken.

Aber auch bei der Mediation ist die jeweilige Kompetenzverantwortung und die entscheidende Rolle der Gemeinde bei der eigenständigen Entscheidungsfin-

---

[6] Vgl. *Redeker* in FG 25 Jahre Bundesverwaltungsgericht, 1978, S. 511 (518); *Hien* UPR 2012, 128 (131).

dung (s. Punkt III. 2.) zu berücksichtigen. In einem Aufsatz über Mediation innerhalb von Planungsverfahren steht insoweit der schöne Satz: „Es bedarf in jedem Fall des commitments der Plan(feststell)ungs- bzw. Zulassungsbehörde, am Ende und in dem ihr rechtlich vorgegebenen Entscheidungsrahmen das Ergebnis der Mediation mitzutragen."[7] Dies bedeutet, dass auch eine Mediation den Entscheidungsspielraum des verantwortlichen Planungsträgers rechtlich nicht einengen darf. Daher wäre eine Art „Selbstverpflichtung" der Gemeinde in ihrer Funktion als Planungsträger zur Übernahme des Ergebnisses einer Mediation rechtlich unzulässig. Unter diesem Systemgesichtspunkt wäre es danach auch unzulässig, wenn die Gemeinde bei einer ihr obliegenden Planungsentscheidung die „Flucht in die Bürgerabstimmung" ergreifen würde.[8]

4. Öffentlichkeitsbeteiligung im Vollzug modernisieren – Mehrwertmodelle für Bürger schaffen

a) Zeitgemäße Kommunikationsformen nutzen

Eine Öffentlichkeits- und Bürgerbeteiligung ist in dem bestehenden Rechtsrahmen umso erfolgreicher, je frühzeitiger, anschaulicher, transparenter und nachhaltiger sie ist. Dies gilt gerade für die Ebene der Bauleitplanung, auf der ja „nur" die rechtliche Zulässigkeit für die spätere (genehmigungsrechtliche) Zulassung konkreter Vorhaben getroffen wird. Im Rahmen der Bauleitplanung kommt es vorrangig darauf an, die geplanten Projekte durch frühe Beteiligungen und anschauliche Darstellungen für die Öffentlichkeit transparent zu machen. Ziel sollte es sozusagen sein, durch anschauliche und „zusammenfassende Erklärungen", ähnlich dem Umweltbericht, den Baugenehmigungszeitpunkt im Sinne eines „virtuellen Baggers" für die Öffentlichkeit auf den Zeitpunkt der Planungsphase vorzuziehen.

Dies bedingt nicht nur eine unmittelbare Unterrichtung der Betroffenen. Zeitgemäße Möglichkeiten zur Erörterung im Internet, online-Befragungen und Diskussionen, Zukunftswerkstätten, Modellpräsentationen und Kommunikationen qua Facebook etc. können zur Verbesserung und Modernisierung der Öffentlichkeitsbeteiligung beitragen. Die konkrete Durchführung der Öffentlichkeitsbeteiligung hängt aber jeweils von der Zielgruppe, dem Aufwand und auch der speziellen Aufgabe ab. Insofern empfiehlt es sich, elektronische Kommunikationsformen mit Präsenzbeteiligungen (Kommunikationsmix) zu kombinieren. Jedenfalls ist die „ortsübliche Bekanntmachung" durch Aushang im örtlichen Aushangkasten keine allein zeitgemäße Informationsquelle für die Bürgerschaft. Internetbekanntmachungen, die Darstellung der Pläne im Netz sowie online-Kommunikationen sollten und müssen daher forciert werden.

b) Mehrwertmodelle für Bürger schaffen

Die Erfahrung lehrt zudem, dass eine Bürgerbeteiligung auch dadurch eine Verbesserung erfahren kann, indem die Bürger als Betroffene eines für sie als

---

[7] Vgl. *Fuchs/Hehn/Wagner* UPR 2011, 81 (85).
[8] *Hien* UPR 2012, 128 (131).

nachteilig empfundenen Projektes (Stromtrassen, Windenergieanlagen etc.) an der mit dem Projekt verbundenen Wertschöpfung partizipieren. Für diese Mehrwertmodelle können insbesondere Bürger- oder Energiegenossenschaften ein Vorbild sein. Wenn danach etwa die Wertschöpfung für eine zu bauende Windenergieanlage als Bürgeranlage vor Ort bleibt, steigt zweifellos die Akzeptanz eines Windrads oder auch eines Solarparks an. Insoweit ist es vom Ergebnis her in der Tat schwer einsehbar, dass Kommunen und Bürger ihre Naturlandschaft etwa durch den Bau neuer Stromtrassen etc. in der Nachbarschaft beeinträchtigt sehen, ihnen aber gleichzeitig das Geld für den Kita-Ausbau fehlt.

Zu berücksichtigen ist in diesem Zusammenhang auch, dass eine umfassende Bürgerbeteiligung in den Städten und Gemeinden qualifiziertes Personal und ausreichende Finanzmittel erfordern. Gerade für frühzeitige Grundlagenbeteiligungen ist daher eine klare Regelung für die Zuordnung der entsprechenden Kosten nötig. Denn insoweit gilt der Grundsatz, dass auch Bürgerengagement und Bürgerbeteiligung gerade in den Kommunen einen auch – finanziellen – Gestaltungsspielraum voraussetzen.

5. „Leise Bürger" aktivieren – Informelle Verfahren stärken

a) Demokratie und Legitimation durch frühe Einbindung der gesamten Bürgerschaft stärken

Insbesondere bei Großvorhaben müssen mit dem Ziel der Stärkung von Allgemeinwohlbelangen vermehrt die „leisen Bürger", die sich mangels unmittelbarer Betroffenheit häufig nicht zu einem Projekt äußern, eingebunden werden. Denn insoweit lehrt die Praxis, dass die eigene Betroffenheit und die Angst vor Verschlechterungen des unmittelbaren Lebensumfelds (Straßenbau etc.) nicht selten maßgebliche Gründe für Proteste dieser Bürgerinnen und Bürger gegen derartige Projekte in der Nachbarschaft sind. Auch wird man nicht ohne weiteres davon ausgehen können, dass sich „die Bürger" im repräsentativen Schnitt gleichmäßig beteiligen. Dies gilt allein schon deswegen, weil gerade bei komplexen Planungen der einzelne Bürger im Zweifel auch viel Zeit aufwenden muss, die sich nicht alle Bürger, etwa aus beruflichen oder familiären Gründen, „leisten können oder leisten wollen". Für sich gesehen ist dieser Punkt auch nicht zu kritisieren. Es muss aber darauf geachtet werden, dass die Überrepräsentation bestimmter Interessen oder Gruppen nicht zu einer Verhinderung eines aus Sicht der Gemeinde vorrangig herbeizuführenden gerechten Interessenausgleichs für die gesamte Bürgerschaft führt.

Eine frühe und verstärkte Einbindung der „leisen Bürger" würde in diesem Sinne ein Mehr an Demokratie und auch Legitimation bewirken.[9] Durch eine frühe Aktivierung dieses Teils der Bürgerschaft (Anmerkung: Bei" Stuttgart 21" hat die – zu späte – Abstimmung der Bürgerschaft in Baden-Württemberg und selbst in Stuttgart eine Mehrheit für das Projekt ergeben) könnten verstärkt auch deren Belange in Planungsprozesse eingebracht werden. Hier sind Bürgergutach-

[9] In diesem Sinne auch *Hien* UPR 2012, 128 (131).

ten als ein Votum für die Verwaltung und die Politik oder die Auswahl der Bürger nach dem Zufallsprinzip ein gangbarer Weg. Insofern bieten sich auch Beteiligungsverfahren, in dem ein Planungsteam unter Einbeziehung von Bürgern, Vertretern wichtiger gesellschaftlicher Gruppen, Vereinen, Entscheidungsträgern sowie Fachexperten gemeinsam nach der besten Lösung suchen, an.

b) Informelle Beteiligungsverfahren stärken

Vorrangig ist auch eine weitere Stärkung der informellen Beteiligung und Mitwirkung der Bürgerschaft. Gerade im Bereich der Stadtentwicklung findet Bürgerbeteiligung nicht nur entlang der gesetzlichen Vorschriften statt. Sie lebt vielmehr von einer frühen und nachhaltigen informellen Beteiligung der Bürger in Form offener, kooperativer und nicht normierter Vorgehensweisen. Bei einer Stärkung der informellen Beteiligungsverfahren wäre es auch überlegenswert, die formellen Planungsverfahren mit dem Ziel der Verkürzung zu beschleunigen. Gerade informelle Beteiligungsverfahren und deren breites Spektrum (aktivierende Befragung, online-Beteiligung, Moderation, Mediation, Runder Tisch, Stadtteilforen, Bürgergutachten, open Space Konferenz, Masterpläne, Leitbildprozess, Zukunftswerkstätten etc.) führen zu einer verstärkten Mitgestaltung und Mitbestimmung durch die Bürger. Diese Beteiligungsformen bieten sich häufig gerade bei der Planung konkreter Projekte an. Insofern können die Städte und Gemeinden ihre aktuellen Herausforderungen, etwa bei Prozessen des Stadtumbaus, nur bewältigen, wenn sie die Lebensinteressen aller Beteiligten unmittelbar berücksichtigen und eine starke Öffentlichkeitsbeteiligung praktizieren.

Es gilt daher, allen Bürgern die Möglichkeit zu geben, sich in transparenten und ergebnisoffenen Verfahren frühzeitig und aktiv in Planungen einzubringen. Wir brauchen nicht den zu spät eingebundenen „Wutbürger", sondern den mündigen Bürger, dessen Ideen als Chance von Politik und Verwaltung erkannt werden. Dieser mündige Bürger hat gegenüber der Gemeinde aber nicht nur eine Hol-, sondern auch eine Bringschuld: Die gemeinsame Suche nach der besten Lösung.

6. Intensivere Beteiligung auf der Grundlage des Besonderen Städtebaurechts

Eine vom Ansatz her intensivere Bürgerbeteiligung und Mitwirkung findet nach den Vorschriften des Besonderen Städtebaurechts der §§ 136 ff. BauGB, auf deren Grundlagen die Bürger stärker betroffen sind (Sanierung, Stadtumbau etc.), statt. So soll nach § 137 S. 1 BauGB eine „Sanierung" nicht nur mit den Eigentümern, Mietern, Pächtern und sonstigen Betroffenen möglichst frühzeitig erörtert werden. S. 2 des § 137 BauGB bestimmt über die Öffentlichkeitsbeteiligung nach dem allgemeinen Städtebaurecht hinaus im Sinne eines stärker aktivierenden Ansatzes, dass die „Betroffenen zur Mitwirkung bei der Sanierung und zur Durchführung der erforderlichen baulichen Maßnahmen angeregt und hierbei im Rahmen des Möglichen beraten werden sollen".

Nach § 165 Abs. 4 BauGB ist bei „Städtebaulichen Entwicklungsmaßnahmen" die Norm des § 137 BauGB zur Beteiligung und Mitwirkung entsprechend anzuwenden. Eine entsprechende Anwendung dieser intensiveren Form der Beteiligung und Mitwirkung der Betroffenen ist nach § 171b Abs. 3 BauGB auch bei der Vorbereitung und Durchführung von „Stadtumbaumaßnahmen" sowie nach § 171e Abs. 4 BauGB als Grundlage für den Beschluss in einer Gemeinde, ein Gebiet für Maßnahmen der „Sozialen Stadt" festzulegen, vorzusehen. Insofern geht das Besondere Städtebaurecht mit seiner Form der „aktiven Mitwirkung und Beteiligung der Betroffenen" über die eher reagierende Form des allgemeinen Städtebaurechts hinaus. Diese Form der intensiveren Beteiligung und Mitwirkung der Bürger sollte daher für die Durchführung von komplexeren Bauvorhaben auch in der allgemeinen Bauleitplanung als Vorbild dienen.

7. *Paradigmenwechsel: Private Initiativen für die Stadtentwicklung*

Am 1. Januar 2007 ist mit dem neu in das Baugesetzbuch eingefügten § 171f BauGB im Hinblick auf die Bürgermitwirkung ein Paradigmenwechsel bei der Stadtentwicklung erfolgt. Nach § 171f S. 1 BauGB können nach Maßgabe des Landesrechts „Gebiete festgelegt werden, in denen in privater Verantwortung standortbezogene Maßnahmen durchgeführt werden, die auf der Grundlage eines mit den städtebaulichen Zielen der Gemeinde abgestimmten Konzepts der Stärkung oder Entwicklung von Bereichen der Innenstädte, Stadtteilzentren, Wohnquartiere und Gewerbezentren sowie von sonstigen für die städtebauliche Entwicklung bedeutsamen Bereichen dienen".

Nach diesen Vorgaben werden Maßnahmen zur Stadtentwicklung nicht nur als gemeindliche Aufgaben angesehen; vielmehr sollen private Akteure, insbesondere die Grundstückseigentümer selbst, verstärkt Verantwortung für „ihr Gebiet" tragen. Dementsprechend sieht § 171f S. 2 BauGB vor, dass „zur Finanzierung der in privater Verantwortung durchgeführten Maßnahmen und gerechten Verteilung des damit verbundenen Aufwandes durch Landesrecht Regelungen getroffen werden können". Von diesen „landesrechtlichen Regelungen" haben u. a. Hamburg, Bremen, Schleswig-Holstein und Hessen durch eigenständige Gesetze und Regelungen Gebrauch gemacht.

Gerade dieser stärkere Verbindlichkeitsgrad der „Privaten Initiativen für die Stadtentwicklung", mit der zum Beispiel Eigentümerstandortgemeinschaften bzw. „housing oder business improvement districts" (= HID oder BID) unter Einschluss einer verpflichtenden Finanzierung durch alle privaten Grundeigentümer, also auch denjenigen, die sich gegen das Konzept ausgesprochen haben, angestoßen werden, fördert die private Verantwortung und Aktivitäten Aller. Da das in privater Verantwortung vorgelegte Konzept für die Stadtentwicklung nach § 171f BauGB mit den städtebaulichen Zielen der Gemeinde abgestimmt werden muss, ist insoweit die Planungshoheit der Kommunen gewahrt. Gerade Innenstädte und Ortskerne können daher über derartige private Initiativen zur Stadtentwicklung im Sinne eines einheitlichen und von allen privaten Akteuren getragenen und mitfinanzierten Managements fortentwickelt und gestärkt werden.

Insbesondere die Trittbrettfahrer-Problematik bisherige Modelle, wonach etwa von vereinbarten Aufwertungsmaßnahmen in einer Straße auch diejenigen profitieren, die selber nicht dazu beigetragen haben oder diesen sogar ablehnend gegenüberstehen, kann durch die „privaten Initiativen zur Stadtentwicklung" einer Lösung zugeführt werden. Dieses Instrument des § 171f BauGB aus dem „städtebaulichen Instrumentenkasten" mit einer verstärkten Initiativmöglichkeit für Private sollte daher im Sinne einer zielgerichteten Kooperation zwischen Privaten und Gemeinden gerade zur Stärkung der Innenstädte und Ortskerne (Beispiel: Einzelhandel) genutzt werden.

IV. Möglichkeiten für plebiszitäre Elemente in der Bauleitplanung

1. Direkte Demokratie als Stärkung der repräsentativen Demokratie

Wie in Punkt III.2. ausgeführt, hat sich der deutsche Verfassungsgeber grundsätzlich[10] für die Konstituierung einer repräsentativen Demokratie entschieden. So wird nach Art. 20 Abs. 2 S. 1 GG die Staatsgewalt vom Volk durch besondere Organe der Gesetzgebung, der vollziehenden Gewalt und der Rechtsprechung ausgeübt. In Entsprechung zu diesem Modell der repräsentativen Demokratie legt § 2 Abs. 1 S. 1 BauGB fest, dass „die Bauleitpläne von der Gemeinde in eigener Verantwortung aufzustellen sind".

Trotz dieser rechtlichen Vorgaben muss berücksichtigt werden, dass eine direktdemokratische Entscheidung der Bürgerschaft eine besondere Intensität besitzt. So wird die Einführung direkt-demokratischer Elemente vielfach als eine Art von Therapie gegen die zunehmende Politikverdrossenheit angesehen.[11] Beobachtet werden konnte die positive Wirkung von Plebisziten durchaus auch bei der Abstimmung über Stuttgart 21, bei der sich die Bürger sowohl in Baden-Württemberg als auch in Stuttgart selbst – wenn auch in einer zu spät erfolgten Wahl – mit Mehrheit für das Projekt entschieden haben. Insofern wird vertreten, dass das der repräsentativen Demokratie zugrunde liegende Modell einer (vollständigen) Identität der Meinung des Volkes mit der der von diesem legitimierten Vertreter letztlich nur als Sozialutopie denkbar ist und mit der Realität des modernen Staates nicht vereinbar ist.[12] Zudem stellt das Repräsentationsprinzip keinen absolut zu setzenden Eigenwert an sich dar. Vielmehr kann seine Verknüpfung mit plebiszitären Elementen durchaus erhebliche Chancen für eine lebendige und demokratische Willensbildung eröffnen.[13]

Hinsichtlich der plebiszitäre Elemente in der Bauleitplanung und damit auf kommunaler Ebene kommt eines hinzu: Auch wenn nach dem so genannten Rastede-Beschluss des BVerfG[14] es als allgemein anerkannt gelten kann, dass kommunale Selbstverwaltung und parlamentarische Demokratie in Deutschland eine Symbiose eingegangen sind, sind die kommunalen Vertretungskörperschaften staatsorganisationsrechtlich nicht der Legislative, sondern der Exekutive zuzurechnen.[15] Wenn also neben Wahlen, durch die die Mitglieder der kommunalen Ver-

[10] *Hofmann* in Festschrift für Karl H. Neumayer zum 65. Geburtstag, 1985, S. 281 (287 ff.).
[11] *Ipsen,* Staatsrecht, Bd. I, 20. Aufl. 2008, Rn. 134 f.
[12] *Burrack/Stein* LKV 2009, 433 (435).
[13] *Ipsen* (Fn. 11), Rn. 134.
[14] BVerfGE 79, 127 (153).
[15] Vgl. etwa BVerfGE 73, 118 (191).

tretungskörperschaften bestimmt werden, direkt-demokratische Instrumente zur Sachentscheidung hinzu treten, handelt es sich bei diesen formal gesehen nicht um konkurrierende Legislativbefugnisse, sondern um Partizipationsrechte im Rahmen der Exekutive. Das zum Repräsentationsprinzip entstehende Spannungsverhältnis ist somit nicht mit dem Spannungsverhältnis auf der Bundes- oder Landesebene vergleichbar.[16]

2. Bürgerbegehren und Bürgerentscheide als Instrumente direkter Demokratie

Auf kommunaler Ebene in Deutschland sind Bürgerbegehren und Bürgerentscheide die wesentlichen Instrumente der direkten Demokratie. Danach können in allen Kommunen in wichtigen Angelegenheiten des eigenen Wirkungskreises, also der örtlichen Gemeinschaft (vgl. Art. 28 Abs. 2 GG), die Wahlberechtigten einer Gemeinde unter der Voraussetzung des Erreichens eines bestimmten Quorums einen Antrag auf einen Bürgerentscheid stellen. Damit ist dieses Bürgerbegehren (1. Stufe) als Antrag auf die Durchführung eines Bürgerentscheids (2. Stufe) gerichtet.

a) Bürgerbegehren

Die genauen Verfahrensregeln, z. B. bezüglich der einzuhaltenden Fristen oder hinsichtlich der Zahl der zu sammelnden Unterschriften für ein Bürgerbegehren, sind in den einzelnen Bundesländern unterschiedlich geregelt. Sie finden sind jeweils in den jeweiligen Gemeindeordnungen, Landkreisordnungen oder auch den Kommunalverfassungen normiert. Vielfach sind die Quoren nach der jeweiligen Größe der Einwohner einer Stadt oder Gemeinde (Bayern, Nordrhein-Westfalen) gestaffelt. Danach benötigen Großstädte ein geringeres Quorum. So müssen etwa in München oder Köln sowie in anderen Städten über 500 000 Einwohnern in Nordrhein-Westfalen nur 3 % der Wahlberechtigten unterschreiben, um eine Abstimmung herbeizuführen. Hingegen sind etwa in einer Gemeinde in Nordrhein-Westfalen, die unter 10 000 Einwohner hat, 10 % der Wahlberechtigten für ein Bürgerbegehren erforderlich.

In Rheinland-Pfalz, Sachsen oder Sachsen-Anhalt besteht ein Quorum aus bis zu 15 % der Wahlberechtigten. Ist es den Initiatoren eines Bürgerbegehrens gelungen, die notwendige Anzahl von Unterschriften zu sammeln, wird das Begehren zunächst durch die Gemeindeverwaltung auf seine formale Zulässigkeit geprüft und dann der gewählten kommunalen Vertretung zur Beratung vorgelegt. Diese hat danach die Möglichkeit, in einer bestimmten Frist über die Annahme oder Ablehnung des Bürgerbegehrens zu entscheiden. Lehnt die Vertretung das Bürgerbegehren mehrheitlich ab, kommt es zum Bürgerentscheid.

b) Bürgerentscheid

Formale Voraussetzung für die Zulässigkeit eines Bürgerentscheids ist, dass die zur Abstimmung gestellte Frage mit „Ja“ oder „Nein“ beantwortet werden kann und sich in der Zuständigkeit der Kommune, also der örtlichen Gemeinschaft

[16] *Burrack/Stein* LKV 2009, 433 (436).

(eigener Wirkungskreis), bewegt. Für Bürgerentscheide besteht in allen Bundesländern mit Ausnahme von Hamburg ebenfalls ein Quorum für die Zustimmung. Für die erfolgreiche Annahme ist somit nicht nur die Mehrheit der Abstimmenden, sondern zusätzlich die Zustimmung eines bestimmten Anteils aller Wahlberechtigten erforderlich. So beträgt das Quorum in Rheinland-Pfalz und Schleswig-Holstein 20 % der Wahlberechtigten, in Baden-Württemberg, Brandenburg, Hessen, Mecklenburg-Vorpommern, Niedersachsen, Sachsen und Sachsen-Anhalt 25 % der Wahlberechtigten sowie in Bayern, Nordrhein-Westfalen und Thüringen, abhängig von der Größe der Gemeinde, 10 bis 20 % der Wahlberechtigten.

Werden dieses Quorum und die erforderliche Mehrheit erreicht, sind Bürgerentscheide verbindlich und stehen einem Entschluss der gewählten kommunalen Vertretung gleich. Diese Verbindlichkeit verhindert aber nicht, dass die kommunale Vertretung zu einem späteren Zeitpunkt und nach Ablauf jeweils im Einzelnen vorgegebener Fristen einen neuen Beschluss fasst, der das Ergebnis des Bürgerentscheids abändert oder aufhebt.

3. Bürgerbegehren und Bürgerentscheide im Verhältnis zur kommunalen Bauleitplanung

a) Konkurrenz- und Spannungsverhältnis

Die direkte Demokratie über Bürgerbegehen und Bürgerentscheide in einer Kommune steht mit der repräsentativ-demokratischen Partizipationsform der Bauleitplanung allerdings in einem Konkurrenz- und Spannungsverhältnis. Die Bauleitplanung ist im BauGB, einem Bundesgesetz, geregelt. Gemeinde-, Landkreisordnungen und Kommunalverfassungsgesetze sind demgegenüber Landesrecht. Insoweit bestimmt Art. 31 GG: „Bundesrecht bricht Landesrecht". Eine wie auch immer geartete Partizipation auf kommunaler Ebene muss sich daher schon aus Gründen der Normenhierarchie (lex superior derogat legi inferiori) im Rahmen der Regeln des BauGB halten.

Insofern erfolgt die Bauleitplanung nach gesetzlich genau vorgeschriebenen Verfahrensschritten, insbesondere was die Einbindung der Öffentlichkeit betrifft (s. § 3 BauGB). Die Durchführung der Öffentlichkeitsbeteiligung hat hiernach auch den rechtlichen Rahmen des § 2 Abs. 1 S. 1 BauGB zu beachten, wonach die Bauleitpläne von der Gemeinde „in eigener Verantwortung" aufzustellen sind. Auch der mehrstufige Abwägungsprozess, der nach § 1 Abs. 7 BauGB für die Gemeinde zum Inhalt hat, bei der Aufstellung der Bauleitpläne „die öffentlichen und privaten Belange gegeneinander und untereinander gerecht abzuwägen" kann nicht durch direkt-demokratische Elemente ersetzt werden. Denn Bürgerentscheide sind mit ihren „nur" alternativen Ergebnissen eines „Ja" oder „Nein" gerade nicht auf eine gerechte Abwägung aller öffentlichen und privaten Belange gerichtet und können daher auch diese Abwägung nicht ersetzen.

Das Spannungsverhältnis plebiszitärer Elemente zur kommunalen Selbstverwaltung (Art. 28 Abs. 2 S. 1 GG) ergibt sich daraus, dass verantwortlicher Planungsträger für die Bauleitpläne die ihrerseits demokratisch legimitierten Gemeinden sind. Diese haben, etwa mit dem Grundsatz der Erforderlichkeit nach § 1 Abs. 3

BauGB oder der Anpassungspflicht an die Ziele der Raumordnung gemäß § 1 Abs. 4 BauGB bestimmte rechtliche Vorgaben zu beachten (vgl. auch §§ 2 Abs. 1 und 10 BauGB). Dies führt im Ergebnis dazu, dass direkt-demokratische Instrumente diese durch die Bauleitplanung gesetzten Grenzen zu respektieren haben.[17]

b) Rechtliche Grenzen für Plebiszite in der Bauleitplanung

Nicht zuletzt infolge des im Baugesetzbuch zum Tragen kommenden Modells der repräsentativen Demokratie und der Eigenverantwortung der Gemeinden für die Aufstellung der Bauleitpläne haben viele Landesgesetzgeber im Rahmen grundsätzlich möglicher Plebiszite auf Gemeindeebene (Bürgerbegehren und Bürgerentscheide) ausdrücklich die Bauleitplanung, also die Flächennutzungs- und Bebauungsplanung (s. § 1 Abs. 2 BauGB), von der Erfassung eines derartigen Plebiszits ausgenommen.[18] Aber auch in den Ländern, in denen die Bauleitplanung nicht von den im Rahmen eines Bürgerbegehrens und eines Bürgerentscheids zu behandelnden Themen ausgenommen ist,[19] lässt sich die Gefahr der Rechtswidrigkeit eines Plebiszits in der Bauleitplanung nur vermeiden, wenn jeweils anlässlich des speziell zur Entscheidung stehenden Einzelfalls untersucht wird, ob die konkrete Fragestellung mit den Vorschriften des Baurechts, insbesondere mit dem gemeindlichen Abwägungsgebot bzw. sonstigem höherrangigen Recht, vereinbar ist oder in einem Widerspruch zur kommunalen Selbstverwaltung gerät.[20]

c) Keine Bürgerentscheide und Plebiszite bei Geltung des kommunalen Abwägungsgebots

Soweit die Gemeindeordnungen, wie etwa in Bayern, Hessen, Sachsen, Sachsen-Anhalt und Thüringen auch die Befassung mit der Bauleitplanung als Gegenstand von Bürgerbegehren und Bürgerentscheiden beinhalten, bedeutet auch dies keinen rechtlichen Freibrief. Denn auch insoweit ist der Vorrang des die städtebauliche Planung regelnden und höherrangigen Bundesrechts (Art. 31 GG) zu beachten.[21] Dies bedeutet, dass die Aufstellung, Änderung, Ergänzung und Aufhebung von ganzen Bauleitplänen durch Bürgerbegehren und Bürgerentscheide auch in den Ländern ohne ausdrückliche Ausnahmeregelung dieser Plebiszite für die Bauleitplanung nicht zulässig ist.

---

[17] VGH Mannheim, Urt. v. 22.6.2009 – 1 S 2865/08; OVG Münster Urt. v. 23.4.2002 – 15 A 5594/00; *Burrack/Stein* LKV 2009, 433 (436).

[18] So geschehen in etwa der Hälfte der Bundesländer: Vgl. u. a. § 21 Abs. 2 BadWürttGO; § 8 b Nr. 5 a HGO, wonach Entscheidungen im Rahmen der Bauleitplanung mit Ausnahme des Aufstellungsbeschlusses nach § 2 Abs. 1 BauGB vom Bürgerentscheid ausgenommen sind; § 26 Abs. 5 Nr. 5 GO NRW, wonach ausgeschlossene Antragsgegenstände für ein Bürgerbegehren die Aufstellung, Änderung, Ergänzung und Aufhebung von Bauleitplänen sind mit Ausnahme der Entscheidung über die Einleitung des Bauleitplanverfahrens; § 20 Abs. 2 MVKVerf, § 22b Abs. 3 NdsGO; § 17a Abs. 2 RhPfGemO; § 21a IV SaarlKSVG; § 16g Abs. 2 SchlHGO.

[19] Vgl. z. B. Art. 18a der Bayerischen Gemeindeordnung; §§ 24 und 25 der Gemeindeordnung in Sachsen; §§ 25 und 26 der Gemeindeordnung in Sachsen-Anhalt; §§ 17, 17a) und b) der Gemeindeordnung in Thüringen.

[20] So etwa VGH München, Urt. v. 28.5.2008 – 4 BV 07.1981; ferner die umfassenden Nachweise bei *Finkelnburg* in FS Krautzberger, 2008, S. 11 ff.

[21] So auch VG Würzburg BayVBl. 2000, 87, das zutreffend auf den Vorrang des Bundesrechts hinweist.

Der dynamische Planungsprozess der Bauleitplanung, bei dem im Ergebnis gemäß § 1 Abs. 7 BauGB die öffentlichen und privaten Belange von der Gemeinde gegeneinander und untereinander gerecht abzuwägen sind, kann gerade nicht durch plebiszitäre Entscheidungsverfahren vollständig ersetzt werden. Insoweit bestimmt § 10 Abs. 1 BauGB für den Bebauungsplan klar, dass die Gemeinde diesen als Satzung beschließt. Ein durch Bürgerentscheid aufgestellter, geänderter, ergänzter oder aufgehobener Bauleitplan wäre daher zwangsläufig auch in den Gemeinden der Bundesländer fehlerhaft, in denen die Bauleitplanung nicht in den Negativkatalog aufgenommen wurde.[22]

d) Bürgerentscheide im Geltungsbereich abwägungsfreier Entscheidungen

Damit wäre eine Ersetzung der von der Gemeinde durchzuführenden und abwägungsrelevanten Bauleitplanung durch Bürgerentscheide und Bürgerbegehren in allen Ländern rechtswidrig. Dennoch könnten aber in den Ländern, die die Bauleitplanung für Bürgerbegehren und Bürgerentscheide geöffnet haben bzw. wie in Nordrhein-Westfalen „nur" die Entscheidung über die Einleitung des Bauleitplanverfahrens dem Bürgerbegehren zugänglich gemacht haben, Plebiszite im Rahmen von so genannten „abwägungsfreien Entscheidungen" der Kommune zulässig sein. Nur so könnte sich für die ausdrückliche Aufnahme der Bauleitplanung in den Positivkatalog für Bürgerbegehren und Bürgerentscheiden in einigen Bundesländern (Bsp.: Bayern, Hessen, Sachsen, Sachsen-Anhalt und Thüringen) ein Sinn ergeben.

Insoweit ist zu berücksichtigen, dass etwa der Entschluss der Gemeinde, nach § 2 Abs. 1 S. 2 BauGB, einen Bauleitplan aufzustellen, durch Beschluss erfolgt und ortsüblich bekannt zu machen ist. Wenn mit diesem Planaufstellungsbeschluss aber nur der „Startschuss" für ein Bebauungsplanverfahren erfolgt, dem die Abwägung erst im Laufe des Planverfahrens folgt, könnte ein derartiger Beschluss, mit dem ja grundsätzlich nur das Gebiet bestimmt wird, für das ein Bebauungsplanverfahren erst begonnen werden soll, statt vom Gemeinderat auch durch Bürgerentscheid getroffen werden.[23]

Allerdings dürfte auch ein Bürgerentscheid mit einem derartigen Inhalt problematisch sein, weil er die rechtlichen Schranken des § 1 Abs. 3 BauGB unzureichend beachtet. Danach „haben die Gemeinden die Bauleitpläne aufzustellen, sobald und soweit es für die städtebauliche Entwicklung und Ordnung erforderlich ist. Auf die Aufstellung von Bauleitplänen und städtebaulichen Satzungen besteht kein Anspruch; ein Anspruch kann auch nicht durch Vertrag begründet werden". Mit diesen Sätzen wird für die Gemeinde nicht nur ein Planungsrecht, sondern nach den in § 1 Abs. 3 BauGB bestimmten Vorgaben (Grundsatz der Erforderlichkeit) auch eine Planungspflicht normiert. Diese Rechte und Pflichten der Gemeinden können auch nicht einfach durch einen Bürgerentscheid außer Kraft gesetzt werden. Zudem wird spätestens mit dem Aufstellungsbeschluss nach § 2 Abs. 1 BauGB das förmliche Bauleitplanverfahren eingeleitet,

[22] Siehe OVG Bautzen SächsVBl. 2000, 266; VG Würzburg BayVBl. 2003, 758; *Finkelnburg* in FS Krautzberger, 2008, S. 16.

[23] *Finkelnburg* in FS Krautzberger, 2008, S. 17.

so dass nach dessen Bekanntgabe ein Bürgerentscheid nicht mehr in Betracht kommt.[24]

Denkbar wäre allenfalls, statt einen förmlichen Planaufstellungsbeschluss durch Bürgerentscheid zu treffen, dem Gemeinderat durch ein entsprechendes Plebiszit (Bürgerentscheid) aufzugeben, sich mit der Frage zu befassen, ob eine bestimmte Bauleitplanung in Betracht kommt und dementsprechend ein Bauleiplanverfahren eingeleitet werden soll. Dies ist als ein die rechtlichen Schranken des § 1 Abs. 3 BauGB wahrendes Minus gegenüber dem förmlichen Planaufstellungsbeschluss zulässig.[25]

Zumindest bei rein projektbezogenen Bebauungsplanverfahren, die sich z. B. auf den Bau oder Nichtbau eines Einkaufszentrums, eines Museums, eines Hotels oder eines Gewerbebetriebes beziehen, ist im Hinblick auf die hiermit verbundene Grundsatzentscheidung im Vorfeld eines bauplanungsrechtlichen Verfahrens gerade keine differenzierte Abwägung erforderlich. Vielmehr geht es allein um die Entscheidung über das „Ob" der Einleitung bzw. Nichteinleitung eines Bebauungsplanverfahrens. Eine derartige Entscheidung kann daher durch Bürgerentscheid getroffen werden.[26]

Wenn allerdings über diese Grundsatzfrage des „Ob" der Einleitung bzw. Nichteinleitung eines Bebauungsplanverfahrens hinaus der VGH München[27] einen Bürgerentscheid auch dann für zulässig hält, wenn dieser Rahmenfestlegungen, wie z. B. Höchstgrenzen für Geschoss- oder Verkaufsflächen, vorgibt, ist demgegenüber Skepsis angebracht.[28] Insoweit kann auch das Argument des Gerichts, es würden mit dem Bürgerbegehren lediglich einzelne (Höchstgrenzen etc.) der insgesamt maßgeblich Determinanten aufgegriffen und es komme nicht zu einer Selbstbindung der Gemeinde derart, dass eine Abwägung in keinem Fall mehr in sachgerechter Weise vorgenommen werden könne, kaum überzeugen.

Dem ist entgegenzuhalten, dass Gegenstand der erforderlichen Abwägung gemäß § 2 Abs. 3 BauGB die vollständige Ermittlung und Bewertung des relevanten Abwägungsmaterials durch die Gemeinde ist. Danach kann die Fixierung einzelner Festsetzungen nur das Ergebnis, nicht aber das Ziel der Abwägung nach § 1 Abs. 7 BauGB sein. Darüber hinaus ist die Betrachtungsweise des VGH München mit dem Gebot der Einheitlichkeit des Abwägungsvorgangs kaum vereinbar. Die Abwägung muss insgesamt nach der Rechtsprechung des BVerwG in einer Hand liegen.[29] Die rechtlichen Zweifel an der Auffassung des VGH München werden auch nicht dadurch entkräftet, dass das Gericht in dem Bürgerentscheid und in der Vorgabe für Obergrenzen für Bruttonutzflächen, Geschossflächen- und Gesamtverkaufsflächenzahlen nur „Rahmenfestlegungen" sieht, die noch einen

---

[24] *Söfker,* in: Ernst/Zinkhahn/Bielenberg/Krautzberger, BauGB, Stand Juni 2012, § 2 Rn. 26; VGH Mannheim BWGZ 2012, 78 (80).

[25] So auch VG Würzburg BayVBl. 2003, 87 (89).

[26] So auch: *Burrack/Stein* LKV 2009, 433 (437); *Finkelnburg* in FS Krautzberger, 2008, S. 17; VGH Mannheim, Beschl. v. 20.3.2009 – 1 S 419/09.

[27] VGH München BayVBl. 2006, 733, wiederholt in einer späteren Entscheidung in NVwZ 2006, 209.

[28] Zweifelnd auch *Rittgen* KommJur 2007, 288 (293).

[29] BVerwG DVBl 2003, 204 sowie BauR 2003, 209.

„Planungsspielraum von substantiellem Gewicht" belassen und genügend „Alternativen zur Abwägung der konkreten Belange" offenhalten.[30]

Denn mit diesen „Rahmenfestlegungen" erhebt der Verwaltungsgerichtshof München das Ergebnis des Bürgerbegehrens in den Rang eines öffentlichen Belangs, auch wenn diese Abwägung wegen des Beibehalts des „Planungsspielraums von substantiellem Gewicht" für die Gemeinde überwunden werden kann. Einen derartigen (weiteren) öffentlichen Belang sieht aber weder § 1 Abs. 6 BauGB vor, noch wäre dieser Belang – wie ausgeführt – mit der der Gemeinde obliegenden Einheitlichkeit des Abwägungsvorgangs vereinbar.

V. Fazit

Die zweitstufige Bauleitplanung nach dem BauGB ist mit der frühzeitig verpflichtenden Öffentlichkeitsbeteiligung modern ausgestaltet und grundsätzlich rechtlich ausreichend. Sie sollte Vorbild auch für eine Neuausgestaltung von Planfeststellungsverfahren für Großvorhaben nach dem VwVfG sein. Im praktischen Vollzug gibt es aber viele Möglichkeiten, die Öffentlichkeitsbeteiligung zu modernisieren und insbesondere durch die Nutzung des Internets sowie moderner Kommunikationsformen attraktiv und transparent zu gestalten. Mehrwertmodelle für Bürger, wie etwa eine – auch finanzielle – Partizipation bei der Betreibung von Windparks (Bürger- oder Energiegenossenschaften etc.), können ebenso wie eine verstärkte Einbeziehung der so genannten „leisen Bürger", zu einer verbesserten Öffentlichkeitsbeteiligung beitragen. Ein Mehr an Demokratie wäre die Folge.

Intensivere Beteiligungsformen für die Bürger und deren Mitwirkung ergeben sich nach dem Besonderen Städtebaurecht der §§ 136 ff. BauGB. Die am 01. Januar 2007 eingefügte Vorschrift des § 171f BauGB „Private Initiativen für die Stadtentwicklung" hat darüber hinaus für die hiervon erfassten Bereiche zu einem Paradigmenwechsel geführt und die Initiative und Verantwortung von privaten Akteuren gestärkt.

Plebiszitäre Elemente in der Bauleitplanung sowie Bürgerbegehren und Bürgerentscheide nach den Gemeindeordnungen und Kommunalverfassungen der Bundesländer müssen die Vorgaben des – höherrangigen – Bundesstädtebaurechts (BauGB) beachten. Bürgerbegehren und Bürgerentscheide dürfen daher die eigene Verantwortung der Gemeinde für die Bauleitpläne (§ 2 Abs. 1 S. 1 BauGB) nicht missachten. Insbesondere die der Gemeinde obliegende Abwägung aller öffentlichen und privaten Belange gegeneinander und untereinander bei der Aufstellung der Bauleitpläne (§ 1 Abs. 7 BauGB) muss gewahrt bleiben.

In diesem Rahmen sind Bürgerentscheide dann zulässig, wenn sie der Gemeinde aufgeben, sich mit der Frage der Einleitung eines Bauleitplanverfahrens für ein Vorhaben zu befassen. Dabei muss insbesondere der Grundsatz der Erforderlichkeit nach § 1 Abs. 3 BauGB für die Aufstellung von Bauleitplänen von der Gemeinde gewahrt werden. Weiter kann es Plebiszite dann geben, wenn sie im Rahmen von „abwägungsfreien Entscheidungen" und im Vorfeld des baupla-

---

[30] VGH München Bay VBl. 2006, 733.

nungsrechtlichen Verfahrens allein über die Grundsatzfrage des Baus oder des Nichtbaus eines Vorhabens bestimmen. In diesem Fall kann in der Folge in einem Plebiszit auch mittelbar über die Frage des „Ob“ der Aufstellung oder Nichtaufstellung eines Bauleitplans entscheiden werden. Dies ist maßgeblich bei rein projektbezogenen Plänen der Fall.

OLAF REIDT

Die Berücksichtigung von Schutzabständen aus Gründen des Störfallschutzes in der verbindlichen Bauleitplanung

Mit dem Urteil des EuGH vom 15.9.2011 in der Rechtssache C-53.10,[1] das auf den Vorlagebeschluss des BVerwG vom 3.12.2009[2] hin ergangen ist, hat der Störfallschutz im Bereich des Städtebaurechts (noch weiter) an Aufmerksamkeit gewonnen. Dies gilt auch für die Bauleitplanung, obgleich es bei dem Vorlagebeschluss des BVerwG vom 3.12.2009 um eine nach § 34 BauGB zu beurteilende Situation ging.[3] Schutzabstände im Hinblick auf Störfallrisiken[4] sind indes auch für die Bauleitplanung normativ nicht vorgegeben. Sie unterfallen dem Gebot der planerischen Abwägung,[5] auch wenn sie dabei ein Belang von hervorgehobenem Gewicht sind. Dies gilt allerdings für die Bodenschutzklausel in § 1a Abs. 2 Satz 1 BauGB, die in einem offensichtlichen Spannungsverhältnis zur Einhaltung von Schutzabständen steht, in gleicher Weise.[6] Daraus ergeben sich entsprechend hohe Anforderungen an die im Rahmen der planerischen Abwägung zu leistende nachhaltige Trauerarbeit.[7]

I. Rechtliche Grundlagen

1. Seveso-II-Richtlinie

Gemäß Art. 12 Abs. 1 Satz 1 der Seveso-II-Richtlinie[8] sorgen die Mitgliedstaaten dafür, dass insbesondere in ihren Politiken zur Flächenausweisung oder Flächennutzung das Ziel, schwere Unfälle zu verhüten und ihre Folgen zu begrenzen, Berücksichtigung findet. Dazu überwachen sie die Ansiedlung neuer Betriebe, die

---

[1] EuGH UPR 2011, 443 mit Anmerkungen *Reidt* UPR 2011, 448 f.

[2] BVerwG BauR 2010, 726 ff.

[3] S. zur Bauleitplanung bereits zuvor OVG Münster BauR 2010, 572 und BVerwG NVwZ 2010, 1246; dazu etwa *Reidt,* Anforderungen an die Steuerung von Industrieansiedlungen durch Raumordnung und Bauleitplanung – Konsequenzen aus dem Urteil des OVG Münster vom 3.9.2009 – 10 D 121/07. Ne (E. ON Kraftwerk Datteln), in: Mitschang (Hrsg.), Aktuelle Fragen des Städtebau- und Umweltrechts, 2011, S. 143 ff.

[4] Dazu noch I., 4.

[5] S. etwa BVerwG NVwZ 2010, 1246 (1249); vgl. auch OVG Münster, Beschl v. 21.2.2012 – 2 B 15/12.

[6] S. etwa *Stüer,* Handbuch des Bau- und Fachplanungsrechts, 4. Aufl. 2009, Rn. 1315; *Battis,* in: Battis/ Krautzberger/Löhr, BauGB, 12. Aufl. 2013, § 1a Rn. 6.

[7] S. hierzu *Krautzberger/Stüer* DVBl 2004, 914.

[8] Richtlinie 96/82/EG des Rates vom 9.12.1996 zur Beherrschung der Gefahren bei schweren Unfällen mit gefährlichen Stoffen (ABl. EG L 10 vom 14.1.1997, 13), geändert durch die Richtlinie 2003/105/EG (ABl. EG L345 vom 31.12.2003, 97); zu deren Zweck und Entstehung s. etwa *Mitschang* UPR 2011, 281 ff.; *Becher,* Land-use-planning nach Art. 12 Seveso-II-Richtlinie, in Thomé-Kozmiensky u.a., Immissionsschutz, Bd. 2, 2011, S. 101 (102 ff.).

Änderung bestehender Betriebe sowie neue Entwicklungen in der Nachbarschaft bestehender Betriebe wie beispielsweise Verkehrswege, Örtlichkeiten mit Publikumsverkehr und Wohngebiete, wenn diese Ansiedlungen oder Maßnahmen das Risiko eines schweren Unfalls vergrößern oder die Folgen eines solchen Unfalls verschlimmern können. Zudem sorgen die Mitgliedstaaten dafür, dass insbesondere in ihren Politiken der Flächenausweisung oder Flächennutzung sowie in den Verfahren für die Durchführung dieser Politiken langfristig dem Erfordernis Rechnung getragen wird, dass zwischen den unter diese Richtlinie fallenden Betrieben einerseits und Wohngebieten, öffentlich genutzten Gebieten und unter dem Gesichtspunkt des Naturschutzes besonders wertvollen bzw. besonders empfindlichen Gebieten andererseits ein angemessener Abstand gewahrt bleibt und dass bei bestehenden Betrieben zusätzliche technische Maßnahmen nach Art. 5 der Seveso-II-Richtlinie ergriffen werden, damit es zu keiner Zunahme der Gefährdung der Bevölkerung kommt.

Wenn in Art. 12 Abs. 1 der Seveso-II-Richtlinie von Betrieben die Rede ist, muss dabei der Anwendungsbereich der Seveso-II-Richtlinie berücksichtigt werden. Sie gilt gem. Art. 2 Abs. 1 nur für Betriebe, in denen gefährliche Stoffe in Mengen vorhanden sind, die den in Anhang I Teil 1 Spalte 2 und Teil 2 Spalte 2 genannten Mengen entsprechen oder darüber liegen. Beim Begriff des Betriebes ist zudem die unionsrechtlich bindende Begriffsbestimmung in Art. 3 Nr. 1 der Seveso-II-Richtlinie von Bedeutung. Ein Betrieb ist danach der gesamte unter der Aufsicht eines Betreibers stehende Bereich, in dem gefährliche Stoffe in einer oder in mehreren Anlagen, einschließlich gemeinsamer oder verbundener Infrastrukturen und Tätigkeiten vorhanden sind. Es gilt also keine vorhabenbezogene sondern eine flächenbezogene Definition („Bereich"). Innerhalb dieses Bereiches können auch mehrere eigenständige Anlagen vorhanden sein, sofern sie unter der Aufsicht eines Betreibers stehen.

2. *Bundesimmissionsschutzgesetz (BImSchG)*

a) Planungsebene

Die Umsetzung der Anforderungen aus Art. 12 Abs. 1 der Seveso-II-Richtlinie ist, soweit es um die Begrenzung von Folgen schwerer Unfälle i.S.v. Art. 3 Nr. 5 der Seveso-II-Richtlinie geht, im nationalen Recht vor allem durch § 50 Satz 1 BImSchG erfolgt (gebietsbezogener bzw. planerischer Störfallschutz).[9] Die Anforderungen an den anlagenbezogenen Störfallschutz ergeben sich demgegenüber in erster Linie aus dem materiellen Immissionsschutzrecht, insbesondere aus der 12. BImSchV. Im Hinblick auf den hier zu betrachtenden planerischen Störfallschutz sind gem. § 50 Satz 1 BImSchG bei raumbedeutsamen Planungen und Maßnahmen die für eine bestimmte Nutzung vorgesehenen Flächen einander so zuzuordnen, dass schädliche Umwelteinwirkungen und von schweren Unfällen i. S. d. Art. 3 Nr. 5 der Seveso-II-Richtlinie in Betriebsbereichen hervorgerufene Aus-

[9] *Jarass,* BImSchG, 9. Aufl. 2012, § 50 Rn. 1 und 3; *Becher* (Fn. 8), S. 103; *Berkemann* ZfBR 2010, 18 (19); *Sellner/Scheidmann* NVwZ 2004, 267 (269 f.); *Moench/Hennig* DVBl 2009, 807 (808).

wirkungen auf die in Satz 1 genannten Schutzobjekte soweit wie möglich vermieden werden. Zu den Schutzobjekten zählen ausschließlich oder überwiegend dem Wohnen dienende Gebiete sowie sonstige schutzbedürftige Gebiete, insbesondere öffentlich genutzte Gebiete, wichtige Verkehrswege, Freizeitgebiete oder unter dem Gesichtspunkt des Naturschutzes besonders wertvolle oder besonders empfindliche Gebiete und öffentlich genutzte Gebäude. Ob damit die Anforderungen des Art. 12 Abs. 1 der Seveso-II-Richtlinie in vollem Umfang umgesetzt sind,[10] soll hier nicht weiter vertieft werden. Fest steht jedenfalls, dass es sich bei § 50 Satz 1 BImSchG schon vom Wortlaut her nicht um eine strikte Vorgabe für Planungsentscheidungen handelt, die etwa wie Ziele der Raumordnung (§ 3 Abs. 1 Nr. 2 ROG) der planerischen Abwägung gem. § 1 Abs. 4 BauGB vorangestellt, also vor die Klammer der planerischen Abwägung gezogen ist.[11] Es handelt sich vielmehr um einen zwar gewichtigen, gleichwohl jedoch abwägungsoffenen Belang, dem lediglich so weit wie möglich Rechnung zu tragen ist, also soweit nicht aufgrund der konkreten Planungssituation anderen Belangen in abwägungsrechtlich vertretbarer Weise Vorrang eingeräumt wird.[12] Dies gilt insbesondere für die Überplanung vorhandener Gemengelagen, in denen dem in § 50 Satz 1 BImSchG verankerten sog. Trennungsgrundsatz nur eingeschränkte Bedeutung zukommt.[13] Aus unionsrechtlicher Sicht ist dies unproblematisch. Der EuGH hat ausdrücklich betont, dass Art. 12 Abs. 1 der Seveso-II-Richtlinie einen Wertungsspielraum bei der Anwendung des Abstandserfordernisses einräumt.[14]

§ 50 Satz 1 BImSchG bezieht sich auf die „in Betriebsbereichen hervorgerufenen Auswirkungen". Anknüpfungspunkte sind also nicht die Errichtung und der Betrieb von genehmigungsbedürftigen Anlagen i.S.v. § 1 Abs. 2, § 2 Abs. 1 Nr. 1 und § 4 Abs. 1 BImSchG. Maßgeblich ist vielmehr die in § 3 Abs. 5a BImSchG enthaltene Definition eines Betriebsbereiches, der den gesamten unter der Aufsicht eines Betreibers stehenden Bereich umfasst, in dem gefährliche Stoffe i.S.v. Art. 3 Nr. 4 der Seveso-II-Richtlinie in einer oder mehreren Anlagen einschließlich gemeinsamer oder verbundener Infrastrukturen und Tätigkeiten einschließlich Lagerung i. S. d. Art. 3 Nr. 8 der Seveso-II-Richtlinie tatsächlich vorhanden oder vorgesehen sind oder vorhanden sein werden. Aufgegriffen wird damit der flächenbezogene Ansatz aus Art. 3 Nr. 1 der Seveso-II-Richtlinie.[15] Dem Begriff des

---

[10] Dazu etwa *Jarass,* BImSchG, 9. Aufl. 2012, § 50 Rn. 3; *Sellner/Scheidmann* NVwZ 2004, 267 (270).

[11] BVerwGE 108, 248 (253); BVerwGE 71, 163 (164 f.); BVerwG NVwZ 1989, 151 (152); BVerwG ZfBR 2005, 71; *Stüer* (Fn. 6), Rn. 1315.

[12] BVerwG NVwZ 2010, 1246 (1251); BVerwG, NVwZ 2009, 320 (324); *Stüer* (Fn. 6), Rn. 1315; *Moench/Hennig* (Fn. 9), 808 f.

[13] S. etwa BVerwG BRS 76 Nr. 23; BVerwG NVwZ 1992, 663 (664); vgl. auch *Stüer,* Der Bebauungsplan, 4. Aufl. 2009, Rn. 926; *Reidt/Schiller,* Erarbeitung und Formulierung von Festsetzungsvorschlägen für die Umsetzung der Abstandsempfehlungen für Anlagen, die einen Betriebsbereich i.S.v. § 3 Abs. 5a BImSchG bilden, nach den Vorgaben des BauGB und der BauNVO, Gutachten im Auftrag der Kommission für Anlagensicherheit (KAS) vom 23.1.2012, abzurufen über die Website der Kommission für Anlagensicherheit beim Bundesministerium für Umwelt, Naturschutz und Reaktorsicherheit www.sfk-taa.de, 5; *Hellriegel/Schmitt* NuR 2010, 98 (100 f.).

[14] EuGH UPR 2011, 443 (447).

[15] S. vorstehend unter I. 1.

Betriebes in der Seveso-II-Richtlinie entspricht also im nationalen Recht nicht die (genehmigungsbedürftige) einzelne Anlage, sondern der Betriebsbereich, der aus einer, aber auch aus mehreren Anlagen einschließlich gemeinsamer oder verbundener Infrastrukturen und Tätigkeiten einschließlich Lagerung bestehen kann, wenn der Bereich unter der Aufsicht eines Betreibers steht.[16] Der Umstand, dass der Betrieb i. S. d. Seveso-II-Richtlinie nicht der einzelnen Anlage und damit zugleich einem einzelnen Vorhaben i.S.v. § 29 Abs. 1 BauGB entspricht, sondern auch mehrere Anlagen und Vorhaben umfassen kann, ist für die verbindliche Bauleitplanung von nicht zu unterschätzender Bedeutung. Auch zeigt diese Unterscheidung, dass der häufig verwendete Begriff „Störfallbetrieb" zumindest ungenau ist. Gemeint ist damit der Betrieb i.S.v. Art. 3 Nr. 1 der Seveso-II-Richtlinie und dementsprechend der Betriebsbereich i.S.v. § 3 Abs. 5a BImSchG, nicht hingegen die einzelne genehmigungsbedürftige Anlage im Sinne des nationalen Rechts.

b) Genehmigungsebene

Für die Aufstellung von Bebauungsplänen, insbesondere für die Möglichkeit zur Konfliktverlagerung in den Planvollzug, von Bedeutung ist im nationalen Recht des Weiteren, dass zu den gem. § 5 Abs. 1 Satz 1 Nr. 1 BImSchG zu vermeidenden sonstigen Gefahren auch solche aufgrund von Störfällen gehören.[17] Können die im Einzelfall bestehenden Restrisiken nicht auf ein sozial-adäquates Maß begrenzt werden, ist ggf. der entsprechende Genehmigungsantrag abzulehnen.[18]

Ebenfalls von Bedeutung ist für schutzbedürftige Vorhaben, aber auch für Vorhaben innerhalb von Betriebsbereichen i.S.v. § 3 Abs. 5a BImSchG die Vorschrift des § 15 Abs. 1 BauNVO, nach der die in den §§ 2 bis 14 BauNVO aufgeführten baulichen und sonstigen Anlagen im Einzelfall (auch) bauplanungsrechtlich unzulässig sind, wenn sie nach Anzahl, Lage, Umfang oder Zweckbestimmung der Eigenart des Baugebietes widersprechen oder wenn von ihnen Belästigungen oder Störungen ausgehen können, die nach der Eigenart des Baugebietes im Baugebiet selbst oder in dessen Umgebung unzumutbar sind, oder wenn sie solchen Belästigungen oder Störungen ausgesetzt wären. Im Geltungsbereich eines Bebauungsplanes oder eines faktischen Baugebietes (§ 34 Abs. 2 BauGB) gelten diese Anforderungen unmittelbar sowohl für schutzbedürftige als auch für störfallrelevante Vorhaben. Die Beachtlichkeit der bauplanungsrechtlichen Anforderungen bei den für den Störfallsschutz in erster Linie relevanten Anlagen i. S. d. BImSchG folgt dabei aus § 6 Abs. 1 Nr. 2 BImSchG.[19] Neben § 5 Abs. 1 Satz 1 Nr. 1 BImSchG kann daher auch § 15 Abs. 1 BauNVO der Genehmigung eines störfallrelevanten Vorhabens entgegenstehen, wenn die im konkreten Fall angemessenen Abstände zu schutzbedürftigen

---

[16] Zu den diesbezüglichen Einzelheiten s. etwa *Jarass*, BImSchG, 9. Aufl. 2012, § 3 Rn. 87 ff.; *Kutscheidt,* in: Landmann/Rohmer, Umweltrecht, Stand: April 2012, Bd. III, § 3 BImSchG Rn. 28 e ff.

[17] *Jarass* (Fn. 10), § 5 Rn. 45; *Becher* (Fn. 8), S. 114.

[18] Vgl. BVerwG ZfBR 2012, 252; *Hansmann,* in: Landmann/Rohmer, Umweltrecht, Stand: April 2012, Vorb. zur 12. BImSchV, Rn. 1 f., § 3 Rn. 7; *Reidt* BauR 2012, 1182 (1185).

[19] *Sellner/Reidt/Ohms,* Immissionsschutzrecht und Industrieanlagen, 3. Aufl. 2006, 1. Teil, Rn. 428.

Nutzungen nicht gewahrt sind.[20] Bei Vorhaben im unbeplanten Innenbereich ergeben sich aus dem Gebot des Einfügens oder der notwendigen Wahrung gesunder Wohn- und Arbeitsverhältnisse entsprechende Anforderungen.[21]

3. Sinn und Zweck von Schutzabständen

Schutzabstände dienen nicht der Vermeidung von Störfällen i.S.v. § 2 Nr. 3 der 12. BImSchV und von schweren Unfällen i.S.v. § 50 Satz 1 BImSchG, Art. 3 Nr. 5 der Seveso-II-Richtlinie. Es geht vielmehr um die von schweren Unfällen hervorgerufenen Auswirkungen, die in ihren Folgen begrenzt werden sollen. Dem vorgelagert ist, dass der Betreiber eines Betriebsbereichs i.S.v. § 3 Abs. 5a BImSchG nach § 3 Abs. 1 Halbs. 1 der 12. BImSchV die nach Art und Ausmaß der möglichen Gefahren erforderlichen Vorkehrungen zu treffen hat, um Störfälle zu verhindern. Gemäß § 3 Abs. 2 der 12. BImSchV sind dabei sowohl betriebliche Gefahrenquellen als auch umgebungsbedingte Gefahrenquellen und Eingriffe Unbefugter zu berücksichtigen, es sei denn, dass diese Gefahrenquellen oder Eingriffe als Störfallursachen vernünftigerweise ausgeschlossen werden können. Die Beschaffenheit und der Betrieb von Anlagen in einem Betriebsbereich müssen zudem (als dynamische Betreiberpflicht) dem Stand der Sicherheitstechnik entsprechen (§ 3 Abs. 4 der 12. BImSchV). Damit eine Anlage die materiellen Anforderungen des BImSchG erfüllt, dürfen also vernünftigerweise nicht auszuschließende Gefahrenquellen lediglich Szenarien zur Folge haben, die am nächstgelegenen Schutzobjekt nicht zu einer ernsten Gefahr i.S.v. § 2 Nr. 4 der 12. BImSchV führen. Gemäß § 3 Abs. 3 der 12. BImSchV muss der Betreiber sodann noch darüber hinaus vorbeugende Maßnahmen treffen, um die Auswirkungen von Störfällen so gering wie möglich zu halten. Relevant für diese Maßnahmen sind dabei (nur noch) die Szenarien, deren Ursachen vernünftigerweise auszuschließen sind, die sog. „Dennoch-Szenarien" oder „Dennoch-Störfälle". Diese Bezeichnung verdeutlicht, dass angemessene Abstände kein Ausgleich für ein niedriges Sicherheitsniveau in einem Betriebsbereich sind.[22]

4. Konkretisierung der Angemessenheit von Schutzabständen

Bei der Ermittlung angemessener Schutzabstände geht es darum, die beim Betrieb technischer Anlagen bestehenden Risiken zu erkennen und auf ein sozialadäquates Maß zu reduzieren. Hierfür ist vor allem von Bedeutung, wie hochwer-

---

20 BVerwG ZfBR 2012, 252.

21 Vgl. BVerwG BauR 2010, 726 (729); OVG Münster, Beschl v. 21.2.2012 – 2 B 15/12; s. auch *Weidemann* DVBl 2006, 1143 (1149); *Becher* (Fn. 8), S. 109 f. *Hellriegel* EuZW 2011, 876 ff.; *Schmitt/Kreutz* NVwZ 2012, 483 (485); *Reidt* UPR 2011, 448 f.; im Außenbereich handelt es sich um einen genehmigungsrechtlich relevanten öffentlichen Belang, dazu etwa *Reidt* BauR 2012, 1182, (1189); s. im Einzelnen zu den öffentlichen Belangen i.S.v. § 35 Abs. 3 BauGB *Stüer* (Fn. 6), Rn. 2788 ff.

22 *Reidt* BauR 2012, 1182 (1191); s. auch *Hansmann,* in: Landmann/Rohmer, Umweltrecht, Stand: April 2012, § 3 der 12. BImSchV, Rn. 23 f. sowie Ziff. 2.2.2 des Leitfadens KAS-18 der Kommission für Anlagensicherheit beim Bundesministerium für Umwelt, Naturschutz und Reaktorsicherheit „Empfehlungen für Abstände zwischen Betriebsbereichen nach der Störfall-Verordnung und schutzbedürftigen Gebieten im Rahmen der Bauleitplanung", abzurufen über die Website der Kommission für Anlagensicherheit beim Bundesministerium für Umwelt, Naturschutz und Reaktorsicherheit www.sfk-taa.de.

tig das zu schützende Rechtsgut ist, wie groß die trotz der Schutzvorkehrungen verbliebene Wahrscheinlichkeit eines Schadensereignisses ist und wie schwierig es ist, äquivalente Maßnahmen erst nach Eintritt eines Störfalls zu treffen.[23] Auch hier gilt also der Maßstab der Verhältnismäßigkeit.

Rechtsnormen, in denen im Hinblick auf „Dennoch-Szenarien" angemessene Schutzabstände festgelegt sind, existieren nicht. Eine zwar nicht normativ verbindliche, allerdings gleichwohl in der Praxis und Rechtsprechung anerkannte Hilfestellung für den flächenbezogenen Störfallschutz ist der Leitfaden KAS-18 der Kommission für Anlagensicherheit beim Bundesministerium für Umwelt, Naturschutz und Reaktorsicherheit „Empfehlungen für Abstände zwischen Betriebsbereichen nach der Störfall-Verordnung und schutzbedürftigen Gebieten im Rahmen der Bauleitplanung".[24] Wie bereits der Titel zeigt, ist der Leitfaden nicht auf die Anlagenzulassung hin ausgelegt. Er betrifft vielmehr die Ausweisung neuer Baugebiete für Betriebsbereiche, die planungsrechtliche Ausweisung von Flächen für Betriebsbereichserweiterungen sowie das Heranrücken schutzbedürftiger Nutzungen an bestehende Betriebsbereiche (Ziff. 2.2.1 des Leitfadens KAS-18). Dabei wird unterschieden zwischen Planungen ohne Detailkenntnisse und Planungen im Umfeld von vorhandenen Betriebsbereichen (Ziff. 3.1 und Ziff. 3.2 des Leitfadens KAS-18). Die sich für die unterschiedlichen Planungsfälle aus dem Leitfaden KAS-18 ergebenden Abstände sind als Empfehlungen für die gebietsbezogene Vorsorge bei (gebundenen) Genehmigungsentscheidungen für einzelne Vorhaben nicht unmittelbar anwendbar (Ziff. 2.1.3 des Leitfadens KAS-18). Selbst für die Bauleitplanung sind die sich aus dem Leitfaden KAS-18 ergebenden Abstände vor allem dann nicht oder allenfalls eingeschränkt aussagekräftig, wenn es um die Überplanung von Gemengelagen geht (Ziff. 4.6 des Leitfadens KAS-18). Der Leitfaden KAS-18 unterscheidet für den Planungsfall ohne Detailkenntnisse zwischen vier verschiedenen Abstandsklassen (200 m, 500 m, 900 m und 1.500 m). Die Begründung, anhand welcher Kriterien (Freisetzung von toxischen Stoffen, Wärmestrahlung, Explosionsdruck) und mit welchen Schutzzielen die Abstandsempfehlungen festgelegt worden sind, ergibt sich insbesondere aus dem Anhang 4 des Leitfadens KAS-18.[25]

Legt man die vorsorgeorientierten Abstandsempfehlungen des Leitfadens KAS-18 zugrunde, kann im Regelfall davon ausgegangen werden, dass im Hinblick auf „Dennoch-Szenarien" angemessene Schutzabstände gewahrt sind. Da es sich indes nicht um normativ verbindliche Werte handelt und der Trennungsgrundsatz, so wie er in § 50 Satz 1 BImSchG verankert ist, abwägungsoffen ist, entbindet dies die planende Gemeinde nicht davon, sich auch mit gegenläufigen planerischen Belangen auseinanderzusetzen, etwa solchen des Bodenschutzes, dem Interesse von vorhandenen Betrieben an angemessenen Erweiterungsmöglichkeiten oder auch

---

[23] *Reidt* BauR 2012, 1182 (1192 f.); *Hansmann* (Fn. 22), Rn. 26; s. auch Ziff. 4 der Leitlinie der EU-Kommission für die Flächennutzungsplanung im Rahmen von Art. 12 der Seveso-II-Richtlinie, 2006; s. auch BVerwG BauR 2012, 1351.

[24] S. etwa OVG Münster BauR 2010, 572 (574) noch bezogen auf den Bericht der Störfallkommission – Technischer Ausschuss für Anlagensicherheit vom 18.10.2005, der durch den Leitfaden KAS-18 fortgeschrieben worden ist; VGH München ZfBR 2007, 362; vgl. auch *Mönch/Hennig* (Fn. 9), 810; s. bereits Fn. 22.

[25] S. dazu im Einzelnen *Reidt* BauR 2012, 1182 (1192 f.).

dem Interesse von sonstigen Grundstückseigentümern an der baulichen Nutzung ihrer Grundstücke. Zudem ist allein mit einer Unterschreitung der sich aus dem Leitfaden KAS-18 ergebenden Abstände weder für die Bauleitplanung und erst recht nicht für das Anlagenzulassungsrecht gesagt, dass angemessene Schutzabstände nicht gewahrt sind. Vielmehr können auch unterhalb der Abstandsempfehlungen des Leitfadens KAS-18 der Bauleitplanung oder einer Genehmigungsentscheidung zugrunde gelegte Abstände angemessen sein. Dies kommt vor allem in Betracht, wenn es zu Anlagen innerhalb eines vorhandenen Betriebsbereichs Detailkenntnisse gibt (Planung mit Detailkenntnissen) oder wenn von der Möglichkeit zusätzlicher Schutzvorkehrungen im Hinblick auf „Dennoch-Störfälle" Gebrauch gemacht wird. Ebenfalls kommt zumindest in begrenztem Umfang eine generelle Modifizierung der dem Leitfaden KAS-18 zugrunde liegenden Zielsetzungen und der daraus resultierenden Bemessung von Schutzabständen in Betracht.[26]

Während damit auf einer ersten Stufe der Konkretisierung, welche Abstände angemessen sind, die verallgemeinernden Festlegungen des Leitfadens KAS-18 zugrunde gelegt werden können und davon auf einer zweiten Prüfungsstufe unter Wahrung der Angemessenheit Abweichungen aufgrund der konkreten Situation in Betracht kommen, kann sich auf einer dritten Stufe letztlich noch die Frage stellen, ob angemessene Abstände überhaupt zwingend gewahrt werden müssen. Der EuGH hat in seinem Urteil vom 15.9.2011[27] ausdrücklich betont, dass bei der Abstandsbemessung auch sozioökonomische Faktoren berücksichtigt werden können. Ebenfalls hat er betont, dass sich aus Art. 12 Abs. 1 der Seveso-II-Richtlinie kein absolutes Verschlechterungsverbot ergebe. Der Begriff der sozioökonomischen Faktoren entstammt dabei nicht originär dem Urteil des EuGH vom 15.9.2011. Er basiert vielmehr auf den Leitlinien der EU-Kommission für die Flächennutzungsplanung im Rahmen von Art. 12 der Seveso-II-Richtlinie aus dem Jahr 2006, auf die auch das BVerwG in seinem Vorlagebeschluss vom 3.12.2009[28] ausdrücklich Bezug genommen hat. Das BVerwG geht dabei davon aus, dass es jedenfalls nach Maßgabe des nationalen Rechts Fälle gebe, in denen „dem städtebaulichen Interesse, auch vorhandenen Gemengelagen eine gewisse Entwicklung zu ermöglichen, Vorrang vor dem Interesse an einer Begrenzung der Folgen eines schweren Unfalls" einzuräumen sei.[29] Dies hat der EuGH als unionskonform angesehen. Auch Ziff. 5 der Leitlinien der EU-Kommission besagt ausdrücklich, dass bei bestehenden Situationen die sozioökonomischen Folgen der Einschränkung künftiger Entwicklungen und die Lebensfähigkeit von Industrie und Kommunen zu berücksichtigen seien. Dies bedeutet zwar keine generelle Beliebigkeit von Schutzabständen, wohl allerdings eine Unterschreitungsmöglichkeit im Einzelfall vor allem dann, wenn dies aus Gründen der sozia-

[26] S. hierzu etwa *Reidt* BauR 2012, 1182 (1194); dem Leitfaden KAS-18 liegt für die Bemessung des Schutzabstandes der ERGP-2-Wert, eine maximale Wärmestrahlung von 1,6 kW/m² sowie ein maximaler Explosionsdruck von 0,1 bar zugrunde; wird hiervon in vertretbarem Umfang abgewichen, kann sich daraus eine Reduzierung der Abstände ergeben, ohne dass damit deren Angemessenheit zwangsläufig in Frage gestellt wäre.

[27] UPR 2011, 443 (447).

[28] S. Fn. 2.

[29] BVerwG BauR 2010, 726 (731).

len Adäquanz und Akzeptanz, der zeitlichen Priorität der einen oder der anderen Nutzung oder vergleichbarer Umstände nach Maßgabe einer wertenden Gesamtbetrachtung gerechtfertigt ist.[30]

II. Planerische Abwägung

Es ist unumstritten, dass es sich beim sog. Trennungsgrundsatz des § 50 Satz 1 BImSchG um einen für die planerische Abwägung besonders gewichtigen Belang handelt.[31] Die Anforderungen, die für die planerische Abwägung bestehen, müssen daher gerade im Zusammenhang mit dem Störfallschutz besonders sorgfältig geprüft werden.

1. Ermittlung und Bewertung des Abwägungsmaterials

Gemäß § 2 Abs. 3 BauGB sind die Belange, die für die Abwägung von Bedeutung sind (Abwägungsmaterial) zu ermitteln und zu bewerten. Ermittlung ist dabei die Zusammenstellung der abwägungsrelevanten Belange im konkreten Planungsfall. Unter Bewertung ist die Intensität ihrer Betroffenheit zu verstehen.[32] Die Ermittlung und Bewertung des maßgeblichen Abwägungsmaterials werden nicht oder allenfalls nur begrenzt dadurch relativiert, dass aufgrund der Möglichkeit zur planerischen Zurückhaltung Konflikte auch in den Planvollzug verlagert werden können.[33] Denn die Verlagerung in den Planvollzug setzt voraus, dass sich die planende Gemeinde zunächst in hinreichender Weise Klarheit darüber verschafft hat, dass eine Konfliktverlagerung in den Planvollzug möglich ist, ohne dabei die Ziele der Planung in Frage zu stellen. Damit sich die planende Gemeinde überhaupt bewusst dafür entscheiden kann, die Lösung von mit der Planung aufgeworfenen Konflikten ganz oder teilweise dem Planvollzug zu überlassen, muss sie sich zunächst hinreichend darüber im Klaren sein, welche Konflikte im Planvollzug überhaupt entstehen können. Dies gilt für die Planung schutzbedürftiger Nutzungen ebenso wie für Planungen, die die Errichtung oder Erweiterung von störfallrelevanten Vorhaben ermöglichen sollen. Selbst wenn rein tatsächlich mit einem Vorhaben verbundene Konflikte im Vollzug eines Bebauungsplans lösbar sind, die Gemeinde sich mit diesen Konflikten (trotz Erkennbarkeit bereits im Planverfahren) aber nicht auseinandergesetzt und sich bewusst für eine planerische Zurückhaltung entschieden hat, liegt ein Abwägungsfehler vor.[34] Geht es um die Planung schutz-

---

[30] S. hierzu *Reidt* BauR 2012, 1182 (1184).

[31] *Stüer* (Fn. 6), Rn. 1316 f.

[32] *Söfker,* in: Ernst/Zinkahn/Bielenberg/Krautzberger, BauGB, Stand: April 2012, § 2 Rn. 147; *Reidt,* in: Gelzer/Bracher/Reidt, Bauplanungsrecht, 7. Aufl. 2004, Rn. 553.

[33] S. dazu noch II., 2., b).

[34] S. nur BVerwG NVwZ 2010, 1246 (1251) zu einen Bebauungsplan für ein Kraftwerk, bei dem aufgrund eines bereits parallel stattfindenden immissionsschutzrechtlichen Genehmigungsverfahrens erkennbar war, dass die Mengenschwellen der 12. BImSchV überschritten waren. Obgleich ein Kraftwerk sowohl mit als auch ohne eine solche Überschreitung errichtet und betrieben werden kann, hatte sich die planende Gemeinde mit Fragen des Störfallschutzes ausweislich der Bebauungsplanbegründung im Planverfahren überhaupt nicht auseinandergesetzt. Die tatsächliche Lösbarkeit der aus dem Plan resultierenden Nutzungskonflikte im Planvollzug „heilte“ den Abwägungsmangel nicht.

bedürftiger Nutzungen in der Nähe eines bereits vorhandenen Betriebsbereiches, müssen daher in der Regel die verfügbaren Detailkenntnisse über die bereits existierenden Anlagen verwertet werden, damit festgestellt werden kann, ob sich aufgrund der räumlichen Nähe Nutzungskonflikte ergeben und ob diesen ggf. durch die Bebauungsplanung selbst oder in anderer geeigneter Weise (z. B. durch vertragliche Vereinbarungen unter Beteiligung des Betreibers eines Betriebsbereichs i.S.v. § 3 Abs. 5a BImSchG) Rechnung getragen werden kann oder sogar Rechnung getragen werden muss. Für die Standortentscheidung zugunsten einer schutzbedürftigen Nutzung (einschließlich der Prüfung etwaiger Standortalternativen) ist die hinreichende Ermittlung und Bewertung des Abwägungsmaterials daher unverzichtbar.

Geht es um eine Planung, die die Ansiedlung oder Erweiterung von Betriebsbereichen ermöglichen soll, stellen sich im Grundsatz ähnliche Fragen. Allerdings kommt es hier zumeist stärker auf den konkreten Planinhalt an, vor allem darauf, ob der Plan gezielt die Ansiedlung bestimmter störfallrelevanter Vorhaben ermöglichen soll (z. B. in Form eines Sondergebietes für ein bestimmtes Vorhaben) oder ob lediglich die Möglichkeit bestehen soll, dass in dem geplanten Baugebiet auch störfallrelevante Vorhaben angesiedelt werden können (z. B. bei der Festsetzung eines GI-Gebietes). Je geringer der Informationsstand der Gemeinde bei Aufstellung eines Bebauungsplanes darüber ist, welche Vorhaben sich zukünftig innerhalb des Plangebietes ansiedeln werden, desto geringer sind auch die Anforderungen an die Ermittlung und Bewertung des Abwägungsmaterials. Gerade bei einem konventionellen Angebotsbebauungsplan (etwa für ein GI-Gebiet gem. § 9 BauNVO), bei dem noch nicht feststeht, welche Betriebe sich zukünftig ansiedeln werden, kann von der Gemeinde nicht verlangt werden, dass sie sich mit sämtlichen möglichen Auswirkungen aller für das Baugebiet in Betracht kommenden Vorhaben befasst. Sie muss allerdings zumindest klären, ob der Standort überhaupt für das vorgesehene Baugebiet geeignet ist und ob der Bebauungsplan daher, ggf. unter gezieltem Ausschluss sämtlicher oder bestimmter störfallrelevanter Vorhaben[35] oder aufgrund einer entsprechenden Nachsteuerung im Planvollzug,[36] in hinreichender Weise vollziehbar ist.

2. *Abwägungsergebnis*

Das auf der verfahrensrechtlichen Seite des planerischen Abwägungsgebotes gem. § 2 Abs. 3 BauGB hinreichend ermittelte und bewertete Abwägungsmaterial muss gem. § 1 Abs. 7 BauGB gegeneinander und untereinander gerecht abgewogen werden.[37] Hierbei gelten, sieht man von dem besonderen Gewicht des Trennungsgrundsatzes gem. § 50 Satz 1 BImSchG in der planerischen Abwägung[38] ab, keine Besonderheiten. Auch in Bezug auf den Störfallschutz ist also die planerische Abwägung Ausdruck des Verhältnismäßigkeitsgrundsatzes. Kein für den Planungsfall relevanter Belang darf in unangemessener und für das Planungsziel nicht erforderlicher

---

[35] S. noch III.

[36] S. noch II. 2. b).

[37] Dazu ausführlich *Stüer,* Handbuch des Bau- und Fachplanungsrechts, 4. Aufl. 2009, Rn. 1308 ff.

[38] Dazu vorstehend unter I. 2. a).

Weise zurückgedrängt werden. Wenn dies der Fall wäre, müssen bei dem angestrebten Planungsziel ggf. Abstriche gemacht werden. Im ungünstigsten Fall muss auf die Planung vollständig verzichtet werden. Während dabei die Ermittlung und die Bewertung des Abwägungsmaterials einer vollständigen gerichtlichen Überprüfung unterliegen, ist die gerichtliche Prüfung im Hinblick auf das Abwägungsergebnis dahingehend beschränkt, dass es lediglich vertretbar sein muss. Ob auch eine andere, möglicherweise aus Sicht des überprüfenden Gerichts sogar bessere Planungsentscheidung hätte getroffen werden können, spielt keine Rolle.[39]

a) Gebot der planerischen Konfliktbewältigung

Grundsätzlich muss jede Bauleitplanung die mit ihr aufgeworfenen Konflikte selbst lösen. Dies gilt auch für den Bereich des Störfallschutzes. Die Konfliktlösung muss dabei umso stärker in den Blick genommen werden, je enger und einzelfallbezogener die Planung ist und je präziser das Planungsziel formuliert wurde. Soll ein Bebauungsplan für ein ganz bestimmtes Vorhaben (z. B. für eine störfallrelevante Industrieanlage) oder für eine ganz bestimmte Nutzungsart (z. B. eine Wohnnutzung) aufgestellt werden, muss die planerische Konfliktbewältigung also stärker in den Blick genommen werden als bei einem eher offen ausgestalteten Angebotsbebauungsplan. Grund dafür ist neben der geringeren Erkennbarkeit von Vollzugskonflikten vor allem, dass bei einer eher offen ausgestalteten Planung die Konfliktlösungsmöglichkeiten im Planvollzug umfassender sind, ohne zugleich die Vollziehbarkeit des Bebauungsplans oder die Erreichung der angestrebten Planungsziele zu gefährden.

b) Konfliktverlagerung, planerische Zurückhaltung

Begrenzt wird das Gebot der planerischen Konfliktbewältigung auf Planebene durch die Zulässigkeit eines Konflikttransfers in den Planvollzug. Man spricht dabei zumeist von planerischer Zurückhaltung.[40] Die planende Gemeinde darf von diesem Prinzip Gebrauch machen. Vielfach bleibt ihr auch gar nichts anderes übrig. Dies gilt vor allem bei der Aufstellung eines Angebotsbebauungsplans mit einem breit gefächerten Nutzungsspektrum, bei dem vorab nicht im Einzelnen absehbar ist, welche Vorhaben sich im Planvollzug tatsächlich ansiedeln werden. Das BVerwG hat auch für den Bereich des Störfallschutzes betont, dass eine Gemeinde von einer abschließenden Konfliktbewältigung im Bebauungsplan Abstand nehmen darf, wenn bei vorausschauender Betrachtung die Durchführung der als notwendig erkannten Konfliktlösungsmaßnahmen außerhalb des Planverfahrens auf der Stufe der Verwirklichung der Planung sichergestellt ist. Um diese prognostische Beurteilung zu ermöglichen, ist zunächst die ordnungsgemäße Zusammenstellung des erforderlichen Abwägungsmaterials i.S.v. § 4a Abs. 1 BauGB erforderlich.[41] Lösbarkeit von Konflikten im Planvollzug bedeutet im

---

[39] S. nur BVerwGE 34, 301 (304); *Stüer,* Der Bebauungsplan, 4. Aufl. 2009, Rn. 817.
[40] S. etwa BVerwGE 119, 45 (49); BVerwGE 67, 334 (338); BVerwG ZfBR 1989, 129; *Stüer* (Fn. 37), Rn. 1563; *Reidt,* in: Gelzer/Bracher/Reidt, Bauplanungsrecht, 7. Aufl. 2004, Rn. 734, 738.
[41] S. oben II. 1.

Hinblick auf den Störfallschutz vor allem, dass auf der Grundlage eines aufgestellten Bebauungsplanes keine unter Störfallgesichtspunkten objektiv nicht mehr hinnehmbare oder von der Gemeinde planerisch nicht gewünschte Situation entsteht. Darauf allein beschränkt sich die Lösbarkeit von mit der Planaufstellung aufgeworfenen Konflikten indes nicht. Denn zur Lösbarkeit von planerischen Konflikten gehört auch, dass der Bebauungsplan trotz der Konfliktlösung noch vollziehbar bleibt und die mit ihm von der Gemeinde angestrebten Planungsziele mit ihren wesentlichen Inhalten erreicht werden können. Liegt die Konfliktbewältigung im Planvollzug darin, dass konfliktrelevante Vorhaben nicht genehmigt werden und hat dies zur Folge, dass der Bebauungsplan in wesentlichen Teilen nicht umgesetzt werden kann, ist zwar der mit der Planung aufgeworfene Konflikt gelöst, der Bebauungsplan jedoch gleichzeitig nicht erforderlich i.S.v. § 1 Abs. 3 Satz 1 BauGB. Ähnliches gilt, wenn der Bebauungsplan zwar vollziehbar bleibt, jedoch der konkrete Planungsanlass darin bestand, für ein ganz bestimmtes Vorhaben eine Ansiedlungsmöglichkeit zu schaffen. Ist dieses Vorhaben (z. B. eine bestimmte Industrieanlage) aus genehmigungsrechtlichen Gründen aber gar nicht ansiedlungsfähig, verfehlt der Bebauungsplan auch dann sein Ziel, wenn zwar andere Vorhaben innerhalb des Plangebietes angesiedelt werden können, jedoch nicht solche Vorhaben, für die nach dem planerischen Willen der Gemeinde eine Ansiedlungsmöglichkeit geschaffen werden sollte.

Legt man dies alles zugrunde, wird man zumeist davon ausgehen können, dass Probleme im Hinblick auf einen angemessenen Störfallschutz im Planvollzug lösbar sind, wenn in Form eines Angebotsbebauungsplans ein Gewerbe- oder Industriegebiet festgesetzt wird. Die planende Gemeinde kann sich in diesem Fall darauf verlassen, dass § 15 Abs. 1 BauNVO eine hinreichende Nachsteuerungsmöglichkeit auch dann bietet, wenn der Bebauungsplan keine besonderen Einschränkungen enthält, die gezielt auf den Störfallschutz abzielen. Es genügt daher, wenn sich die Gemeinde bei der Aufstellung oder Änderung eines Bebauungsplans dieser Möglichkeit bewusst ist. Geht es um eine dem BImSchG unterfallende Anlage, was bei störfallrelevanten Vorhaben regelmäßig der Fall ist, kommt hinzu, dass im Planvollzug nicht nur über § 6 Abs. 1 Nr. 2 BImSchG die bauplanungsrechtlichen Anforderungen einschließlich § 15 Abs. 1 BauNVO zu beachten sind, sondern gem. § 6 Abs. 1 Nr. 1 i. V. m. § 5 Abs. 1 Satz 1 BImSchG auch die Grundpflichten des Immissionsschutzrechts. Zu den gem. § 5 Abs. 1 Satz 1 Nr. 1 BImSchG zu vermeidenden sonstigen Gefahren gehören auch dabei solche aufgrund von Störfällen.[42] Können die im Einzelfall bestehenden Restrisiken nicht auf ein sozialadäquates Maß begrenzt werden, ist ggf. der entsprechende Genehmigungsantrag abzulehnen. Die Rechtmäßigkeit des Bebauungsplans wird dadurch regelmäßig nicht in Frage gestellt, da es zahlreiche andere Gewerbe- und Industrievorhaben gibt, die für den Störfallschutz nicht relevant sind und daher im Geltungsbereich des Bebauungsplans zugelassen werden können.[43] Anders kann dies aus den dar-

---

[42] *Jarass* (Fn. 10), § 5 Rn. 45; *Becher* (Fn. 8), S. 114.

[43] BVerwG ZfBR 2012, 252; s. im Hinblick auf die im Genehmigungsverfahren zu berücksichtigenden Anforderungen der 12. BImSchV auch *Hansmann,* in: Landmann/Rohmer, Umweltrecht, Stand: April 2012, Vorb. zur 12. BImSchV Rn. 1 f., § 3 Rn. 7.

gestellten Gründen allerdings dann sein, wenn ein Bebauungsplan gezielt aufgestellt wurde, um die Ansiedlung eines bestimmten Vorhabens zu ermöglichen, etwa in Form eines vorhabenbezogenen Bebauungsplans i.S.v. § 12 BauGB oder bei einem Angebotsbebauungsplan durch die Festsetzung eines Sondergebietes (§ 11 BauNVO) für ein bestimmtes störfallrelevantes Vorhaben. Selbst bei einem offen gestalteten Angebotsbebauungsplan bestehen Probleme, wenn der Plan gezielt die Ansiedlung eines ganz bestimmten Vorhabens ermöglichen soll und dies, ggf. auch im Hinblick auf die Standortentscheidung, dem Bebauungsplan zugrunde gelegt wurde.

Geht es um die Festsetzung eines Bebauungsplans für (möglicherweise) schutzbedürftige Nutzungen i.S.v. § 50 Satz 1 BImSchG, Art. 12 Abs. 1 UAbs. 2 Seveso-II-Richtlinie, können die planungsrechtlichen Anforderungen deutlich höher sein. Wird etwa in der Nachbarschaft eines vorhandenen Betriebsbereiches i.S.v. § 3 Abs. 5a BImSchG ein reines oder allgemeines Wohngebiet geplant, muss dort auch unter Störfallgesichtspunkten eine bauliche Nutzung zulässig sein, sei es wegen der Gewährleistung angemessener Abstände, sei es aufgrund einer zulässigen Unterschreitung angemessener Abstände im konkreten Fall. Allerdings ist das Nutzungsspektrum bei einem allgemeinen oder gar bei einem reinen Wohngebiet so eng, dass im Planvollzug deutlich geringere Nachsteuerungsmöglichkeiten bestehen als bei einem Plangebiet mit einem breiteren Nutzungsspektrum. Die Möglichkeiten zur Konfliktverlagerung in den Planvollzug sind entsprechend geringer. Günstiger stellt sich daher die Situation beispielsweise bei der Festsetzung eines Mischgebietes dar, bei dem aufgrund des breiteren Nutzungsspektrums zugleich auch größere Nachsteuerungsmöglichkeiten gem. § 15 Abs. 1 BauNVO im Planvollzug bestehen, ohne dass dadurch zugleich die Zweckbestimmung des Baugebietes (s. für ein Mischgebiet § 6 Abs. 1 BauNVO) in Frage gestellt wäre.

III. Umsetzung des Abwägungsergebnisses

Das Ergebnis der planerischen Abwägungsentscheidung wird durch die Festsetzungen des aufzustellenden Bebauungsplans oder auch durch das Unterlassen bestimmter Festsetzungen zu satzungsgemäß anzuwendendem Baurecht (§ 10 Abs. 1 BauGB). Wie auch sonst bei der Aufstellung eines Bebauungsplans kommt der Gemeinde hierbei grundsätzlich kein „Festsetzungserfindungsrecht" zu. Sie darf nur die Festsetzungen in einen Bebauungsplan aufnehmen, für die es eine entsprechende Ermächtigung gibt. Soweit es sich nicht um einen vorhabenbezogenen Bebauungsplan handelt, bei dem die Gemeinde im Bereich des Vorhaben- und Erschließungsplans nicht an die Festsetzungen nach § 9 BauGB gebunden ist (§ 12 Abs. 3 Satz 2 BauGB), ist sie auf die sich daraus ergebenden Festsetzungsmöglichkeiten beschränkt.[44] Zudem müssen die Festsetzungen eines Bebauungsplans dem Gebot der hinreichenden Bestimmtheit Rechnung tragen.[45]

---

[44] *Stüer* (Fn. 39), Rn. 112.

[45] *Stüer* (Fn. 37), Rn. 367; *Mitschang/Reidt,* in: Battis/Krautzberger/ Löhr, BauGB, 12. Aufl. 2013, § 9 Rn. 6 f.

1. Verzicht auf Planfestsetzungen

Es kann durchaus das Ergebnis einer vertretbaren planerischen Abwägung sein, in Bezug auf den Störfallschutz keine besonderen Festsetzungen zu treffen, also die diesbezügliche Konfliktlösung in den Planvollzug zu verlagern. Dies gilt insbesondere dann, wenn ein offen gestalteter Angebotsbebauungsplan aufgestellt werden soll, in dem störfallrelevante Vorhaben angesiedelt werden können, nicht aber zwangsläufig angesiedelt werden müssen, um das angestrebte Planungsziel zu erreichen (z. B. bei der Festsetzung eines Industrie- oder Gewerbegebietes).[46] Je enger jedoch die Festsetzungsmöglichkeiten gefasst sind und je geringer die Variationsbreite der zulässigen Nutzungen in dem festgesetzten Baugebiet ist, desto eher ist die Gemeinde gehalten, die notwendige Konfliktbewältigung bereits auf der Ebene der Bebauungsplanung vorzunehmen oder jedenfalls hinreichend vorzubereiten.[47]

2. Begriff des Vorhabens i.S.v. § 29 Abs. 1 BauGB als Anknüpfungspunkt

Werden in einem Bebauungsplan Festsetzungen zum Störfallschutz getroffen, müssen sie den Vorhabenbegriff des § 29 Abs. 1 BauGB beachten, da in der Regel nur Vorhaben in diesem Sinne anhand der Festsetzungen eines Bebauungsplans zu prüfen sind.[48] Danach finden die bauplanungsrechtlichen Vorschriften der §§ 30 bis 37 BauGB nur auf die Errichtung, Änderung oder Nutzungsänderung von baulichen Anlagen Anwendung. Für den Störfallschutz i.S.v. § 50 Satz 1 BImSchG, Art. 12 Abs. 1 Seveso-II-Richtlinie ist jedoch nicht die einzelne Anlage i. S. d. Immissionsschutzrechts (§ 3 Abs. 5 BImSchG) oder das einzelne Vorhaben i. S. d. Städtebaurechts (§ 29 Abs. 1 BauGB) maßgeblich, sondern der Betriebsbereich i.S.v. § 3 Abs. 5a BImSchG, also der gesamte unter der Aufsicht eines Betreibers stehende Bereich, der auch mehrere Vorhaben umfassen kann.[49] Für das Bauplanungsrecht hat der Begriff „Betriebsbereich“ daher keine unmittelbare Bedeutung. Die Prüfung eines Betriebsbereiches an den Anforderungen des § 30 BauGB im Geltungsbereich eines Bebauungsplans findet nicht statt. Zu prüfen ist die bauplanungsrechtliche Zulässigkeit vielmehr nur für die einzelnen Vorhaben innerhalb eines Betriebsbereiches. Setzt eine Gemeinde daher zur Umsetzung der Anforderungen aus § 50 Satz 1 BImSchG, Art. 12 Abs. 1 Seveso-II-Richtlinie fest, dass in einem bestimmten Baugebiet nur solche Vorhaben zulässig sind, die die Mengenschwellen der 12. BImSchV für die dort geregelten Stoffe unterschreiten, wären zwei oder mehr Vorhaben, die diese Mengenschwellen jeweils für sich genommen unterschreiten, aber gemeinsam einen Betriebsbereich i.S.v. § 3 Abs. 5a BImSchG bilden, in bauplanungsrechtlicher Hinsicht grundsätzlich nicht zu beanstanden. Nachsteuerungsmöglichkeiten bestünden in diesem Fall lediglich über § 15 Abs. 1 BauNVO.[50] Die planende Gemeinde muss daher, wenn

---

[46] BVerwG ZfBR 2012, 252.
[47] S. vorstehend unter II. 2. a) und b).
[48] Zur grundsätzlichen Anknüpfungsfunktion des Vorhabenbegriffes für die bauplanungsrechtliche Prüfung s. etwa *Reidt,* in: Battis/ Krautzberger/Löhr, BauGB, 13. Aufl. 2012, § 29 Rn. 2.
[49] S. bereits vorstehend unter I. 2. a).
[50] S. vorstehend unter II. 2. b).

sie keine bewusste Konfliktverlagerung in den Planvollzug betreiben möchte, in den Blick nehmen, dass nicht nur Anlagen von Bebauungsplanfestsetzungen erfasst sein dürfen, die bereits selbst aufgrund ihrer Stoffmengen einen Betriebsbereich i.S.v. § 3 Abs. 5a BImSchG bilden, sondern auch solche, die dies (nur) dann tun, wenn sie gemeinsam mit anderen Anlagen die Mengenschwellen überschreiten.[51]

Da sich die bauplanungsrechtlichen Genehmigungstatbestände in den § 30 ff. BauGB auf Vorhaben i.S.v. § 29 Abs. 1 BauGB beziehen und damit nicht flächen- sondern anlagenbezogen sind, folgt daraus im Weiteren, dass Betriebsbereiche als unmittelbarer Anknüpfungspunkt für Planfestsetzungen dahingehend, dass Betriebsbereiche mit bestimmten Stoffen oder Stoffmengen zulässig oder unzulässig sind, ausscheiden. Ebenfalls nicht in Betracht kommen Festsetzungen, nach denen innerhalb eines bestimmten Baugebietes (z. B. eines festgesetzten GI-Gebietes) nur in durch den Plangeber festgesetzten Höchstmengen bestimmte Stoffe verwendet werden dürfen. Für eine solche vorhabenunabhängige Kontingentierung, die sich auf alle Grundstücke in einem Baugebiet bezieht, gibt es keine ausreichende Rechtsgrundlage. Zudem würde dadurch das Tor für sog. „Windhundrennen" potenzieller Investoren und Bauantragsteller eröffnet inklusive der Möglichkeit, dass Grundeigentümer im Falle der Erschöpfung des Kontingentes von der kontingentierten Nutzung ausgeschlossen sind. Daher kommt eine baugebietsbezogene Stoffmengenobergrenze nur in Betracht, wenn das Plangebiet lediglich ein Vorhaben zulässt.[52]

3. § 1 Abs. 4 Satz 1 BauNVO

§ 1 Abs. 4 Satz 1 BauNVO ermöglicht die Gliederung eines Baugebietes nach der Art der zulässigen Nutzung (Nr. 1) oder nach der Art der Betriebe und Anlagen und deren besonderen Bedürfnissen und Eigenschaften (Nr. 2). § 1 Abs. 4 Satz 2 BauNVO erweitert für Gewerbe- und Industriegebiete die Gliederungsmöglichkeiten dahingehend, dass eine Gliederung nicht nur innerhalb eines festgesetzten Baugebietes erfolgen kann, sondern auch innerhalb der jeweiligen Gemeinde baugebietsübergreifend.[53] Mit dem Begriff der Art der zulässigen Nutzung sind in § 1 Abs. 4 Satz 1 Nr. 1 BauNVO nur die in den Katalogen der Baugebiete der BauNVO genannten allgemein und ausnahmsweise zulässigen Nutzungen gemeint.[54] Für störfallrelevante Vorhaben scheidet diese Gliederungsmöglichkeit daher in der Regel aus. Für schutzbedürftige Nutzungen kommt sie zwar dahingehend in Betracht, dass bestimmte allgemein oder ausnahmsweise

---

[51] S. hierzu *Reidt/Schiller*, Erarbeitung und Formulierung von Festsetzungsvorschlägen für die Umsetzung der Abstandsempfehlungen für Anlagen, die einen Betriebsbereich i.S.v. § 3 Abs. 5a BImSchG bilden, nach den Vorgaben des BauGB und der BauNVO, Gutachten im Auftrag der Kommission für Anlagensicherheit (KAS) vom 23.1.2012, abzurufen über die Website der Kommission für Anlagensicherheit beim Bundesministerium für Umwelt, Naturschutz und Reaktorsicherheit www.sfk-taa.de, 10 ff.

[52] Vgl. insofern zu Verkaufsflächenobergrenzen im Einzelhandel, BVerwGE 131, 86 (89); BVerwG BauR 2011, 1118 (1119); zu Geruchsimmissionen BVerwG, Urt. v. 19.4.2012 – 4 CN 3.11, BauR 2012, 1351 (1353).

[53] S. etwa BVerwG NVwZ 1991, 881 (882); OVG Koblenz UPR 2011, 319.

[54] S. etwa BVerwGE 77, 308 (313 f.); s. auch *Söfker*, in: Ernst/Zinkahn/Bielenberg/Krautzberger, BauGB, Stand: April 2012, § 1 BauNVO Rn. 53.

zulässige Nutzungen in Teilen eines Baugebietes ausgeschlossen sind, jedoch ist auch hierbei der Anwendungsbereich eher begrenzt. Gedacht werden kann etwa an den Fall, dass bei der Festsetzung eines Mischgebietes (§ 6 BauNVO) in dem an einen vorhandenen Betriebsbereich i.S.v. § 3 Abs. 5a BImSchG angrenzenden Teil eine Wohnnutzung ausgeschlossen wird.

§ 1 Abs. 4 Satz 1 Nr. 2 BauNVO ermöglicht eine Gliederung nach der Art der Betriebe und Anlagen und deren besonderen Bedürfnissen und Eigenschaften. Die Notwendigkeit von Achtungsabständen zwischen Anlagen, die einen Betriebsbereich bilden, und schutzbedürftigen Gebieten i.S.v. § 50 Satz 1 BImSchG ist ein besonderes Bedürfnis von störfallrelevanten Vorhaben innerhalb des Betriebsbereichs. Es handelt sich dabei um einen anlagenspezifischen Umstand, der für eine bestimmte Art von Betrieben und Anlagen kennzeichnend ist.[55] Möglich ist es dabei, an die Abstandsklassen des Leitfadens KAS-18 dahingehend anzuknüpfen, dass in bestimmten Teilen eines Gewerbe- oder Industriegebietes Betriebe und Anlagen, die unter bestimmte Abstandsklassen des Leitfadens fallen, (allein) zulässig oder nicht zulässig sind. Verknüpft werden kann dies ggf. mit einem Ausnahmetatbestand i.S.v. § 31 Abs. 1 BauGB für den Fall, dass ein Vorhaben trotz eines grundsätzlichen Ausschlusses aufgrund der Gliederungsfestsetzung im konkreten Fall unbedenklich ist, etwa weil besondere bauliche oder technische Vorkehrungen vorgesehen sind.[56] Anstelle der Abstandsklassen des Leitfadens KAS-18 kommt auch die Möglichkeit in Betracht, in Bezug auf einzelne störfallrelevante Stoffe Regelungen zu treffen, um auf diese Weise die ggf. geringeren stoffspezifischen Abstände nutzen zu können. So wird beispielsweise Brom im Leitfaden KAS-18 in der Abstandsklasse II (500 m) geführt. Gleichwohl genügt nach Maßgabe des Leitfadens für Brom ein Abstand von 448 m. Durch einen solchen stoffbezogenen Ansatz können daher die baulichen Ausnutzungsmöglichkeiten der Grundstückseigentümer ggf. stoffspezifisch erweitert werden.

Für schutzbedürftige Nutzungen bieten sich die Gliederungsmöglichkeiten gem. § 1 Abs. 4 Satz 1 Nr. 2 BauNVO in der Regel nicht an. Man kann zwar daran denken, etwa eine Festsetzung dahingehend zu treffen, dass in Teilen eines Baugebietes Vorhaben mit hohem Publikumsverkehr ausgeschlossen sind, jedoch dürfte dies bereits neben der Praktikabilität auch Probleme in Bezug auf die erforderliche Bestimmtheit aufwerfen.[57] Zwar nicht unter Bestimmtheitsgesichtspunkten, wohl aber in Bezug auf die Praktikabilität problematisch wäre eine Festsetzung, nach den Vorhaben, die einer Ansiedlung in schutzbedürftigen Gebieten i.S.v. § 50 Satz 1 BImSchG vorbehalten sind, in Teilbereichen eines Baugebietes für unzulässig erklärt werden.[58]

---

[55] Vgl. zum Emissionsverhalten von Betrieben und Anlagen als besondere Eigenschaft etwa BVerwG NVwZ 1991, 881 (882); *Söfker* (Fn. 54), Rn. 62 ff.

[56] S. hierzu auch *Reidt/Schiller,* Erarbeitung und Formulierung von Festsetzungsvorschlägen für die Umsetzung der Abstandsempfehlungen für Anlagen, die einen Betriebsbereich i.S.v. § 3 Abs. 5a BImSchG bilden, nach den Vorgaben des BauGB und der BauNVO, Gutachten im Auftrag der Kommission für Anlagensicherheit (KAS) vom 23.1.2012, abzurufen über die Website der Kommission für Anlagensicherheit beim Bundesministerium für Umwelt, Naturschutz und Reaktorsicherheit www.sfk-taa.de, S. 16 ff.

[57] Vgl. VGH München BauR 1997, 84; *Reidt/Schiller* (Fn. 56), S. 34 f.

[58] *Reidt/Schiller* (Fn. 56), S. 35 f.

4. *§ 1 Abs. 9 BauNVO*

Gemäß § 1 Abs. 9 BauNVO können bestimmte Arten der in den Baugebieten allgemein oder ausnahmsweise zulässigen baulichen oder sonstigen Anlagen für unzulässig oder nur ausnahmsweise zulässig erklärt werden. Der Begriff „Arten baulicher Anlagen" bezieht sich auf Unterarten der in einem Baugebiet zulässigen Nutzungen.[59] Es muss sich dabei um eine abstrakt bestimmte oder jedenfalls bestimmbare Anlagenart handeln. Gattungsbezeichnungen o.ä. typisierende Beschreibungen sind dabei zulässig.[60] Allerdings muss eine ausreichende Abgrenzung von anderen Anlagentypen gewährleistet sein. Die Festsetzung muss sich auf einen Anlagentyp beziehen, der in der rechtlichen, sozialen oder ökonomischen Realität bereits vorhanden ist. Nicht ausreichend ist daher das bloße Abstellen auf die Anlagengröße, wenn diese weder generell, noch unter Berücksichtigung der besonderen örtlichen Verhältnisse einen bestimmten Anlagentypus umschreibt.[61]

Diesen Anforderungen ist genüge getan, wenn sich der generelle Ausschluss oder die Regelung einer nur ausnahmsweisen Zulässigkeit auf Anlagen bezieht, die einen Betriebsbereich i.S.v. § 3 Abs. 5a BImSchG bilden oder Teile eines Betriebsbereiches wären. Denn an diese Vorhaben stellt die 12. BImSchV spezifische Anforderungen, die für andere Anlagen nicht bestehen. Ebenso möglich sind Festsetzungen, die hinsichtlich der Zulässigkeit von Anlagen danach unterscheiden, ob es sich um solche handelt, die einen Betriebsbereich bilden oder die Teil eines Betriebsbereichs wären, der unter Anhang I Spalte 4 oder unter Anhang I Spalte 5 der 12. BImSchV fällt. Denn auch insoweit sieht die Rechtsordnung unterschiedliche Anforderungen vor. Das Anknüpfen an bestimmte Einsatzstoffe und deren Mengen dürfte nach diesen Grundsätzen ebenfalls zulässig sein, wenn dabei die Stoff- und Mengenschwellen aus Anhang I Spalte 4 oder Spalte 5 der 12. BImSchV verwendet werden. Hingegen dürfte die Verwendung davon unabhängiger Stoff- oder Mengenschwellen in einer auf § 1 Abs. 9 BauNVO gestützten Festsetzung unzulässig sein, da daran regelmäßig in der Rechtsordnung keine unterschiedlichen Anforderungen geknüpft werden.

Für schutzbedürftige Nutzungen kommt eine Festsetzung nach § 1 Abs. 9 BauNVO vor allem dahingehend in Betracht, bestimmte Arten von baulichen oder sonstigen Anlagen zu benennen, die in dem gesamten Baugebiet oder in Teilen davon ausgeschlossen werden. Zu denken ist etwa an den Ausschluss von großflächigen Einzelhandelsbetrieben, Vergnügungsstätten, Schank- und Speisewirtschaften, Betrieben des Beherbergungsgewerbes, Anlagen für Verwaltungen, Kirchen u.ä. Hingegen dürfte etwa der Ausschluss von baulichen oder sonstigen Anlagen mit hohem Publikumsverkehr ebenso wie gem. § 1 Abs. 4 Satz 1 Nr. 2 BauNVO ausgeschlossen sein, da es sich dabei, abgesehen von Bestimmtheitsproblemen, nicht um einen bestimmten Anlagentyp handelt.[62]

---

[59] BVerwGE 77, 317 (320); *Söfker* (Fn. 54), Rn. 100; *Jäde,* in: Jäde/Dirnberger/Weiß, BauGB/BauNVO, 6. Aufl. 2010, § 1 BauNVO Rn. 50.

[60] BVerwGE 77, 317 (322); *Söfker* (Fn. 54), § 1 BauNVO, Rn. 102.

[61] S. etwa BVerwGE 77, 317 (321 f.); BVerwG NVwZ 1994, 292; *Söfker* (Fn. 54), § 1 BauNVO Rn. 102.

[62] S. vorstehend unter III. 3.

5. § 1 Abs. 10 BauNVO

Soweit es um Bestandssituationen geht, die überplant werden sollen, kommt eine Festsetzung gem. § 1 Abs. 10 BauNVO in Betracht, die es ermöglicht, Erweiterungen, Änderungen, Nutzungsänderungen und Erneuerungen von vorhandenen baulichen oder sonstigen Anlagen für allgemein oder ausnahmsweise zulässig zu erklären, obgleich diese Anlagen nach der neu festgesetzten Gebietsart oder aufgrund eines Ausschlusses gem. § 1 Abs. 9 BauNVO an sich unzulässig wären.[63] Es handelt sich dabei um eine Regelung zur Erweiterung des Bestandsschutzes,[64] die im Einzelfall sogar geboten sein kann, um im Rahmen der planerischen Abwägung den Eigentümerbelangen angemessen Rechnung zu tragen.[65]

6. § 9 Abs. 1 Nr. 24 BauGB

Neben den Gliederungs- und Ausschlussfestsetzungen gem. § 1 Abs. 4 bis 10 BauNVO sind insbesondere Festsetzungen zu baulichen und sonstigen technischen Vorkehrungen gem. § 9 Abs. 1 Nr. 24 BauGB in Betracht zu ziehen. Dies gilt in erster Linie für § 9 Abs. 1 Nr. 24 Alt. 3 BauGB. Danach sind Festsetzungen zu baulichen oder sonstigen technischen Vorkehrungen möglich, die dem Schutz vor schädlichen Umwelteinwirkungen oder der Vermeidung oder Minderung solcher Einwirkungen dienen. Auch Störfälle können zu schädlichen Umwelteinwirkungen i.S.v. § 3 Abs. 1 BImSchG führen.[66] Festgesetzt werden können beispielsweise Schutzmaßnahmen, die an der Anlage des störfallrelevanten Vorhabens ansetzen, aber auch passive Schutzmaßnahmen an den Gebäuden der schutzbedürftigen Nutzung.[67]

---

[63] Vgl. etwa VGH München BauR 1999, 373 (378).
[64] S. etwa OVG Münster BauR 2001, 1052.
[65] S. bereits oben I. 4.
[66] *Jarass,* BImSchG, 9. Aufl. 2012, § 5 Rn. 12 und 27 m. w. N.
[67] Zu möglichen Maßnahmen s. Nr. 3.3.1 des Leitfadens KAS-18; s. auch *Kuschnerus* BauR 2011, 761 (764); *Mitschang/Reidt,* in: Battis/Krautzberger/Löhr, BauGB, 12. Aufl. 2013, § 9, Rn. 144.

WILHELM SÖFKER

Der Teilflächennutzungsplan

Der Teilflächennutzungsplan, geregelt in § 5 Abs. 2 b BauGB als „sachlicher Teilflächennutzungsplan" , ist ein relativ junges Instrument der Bauleitplanung, das erst in 2004 eingeführt und in 2012 geändert worden ist. In diesem Beitrag sollen seine – kurze – Entstehungsgeschichte, die Merkmale seiner Rechtsgrundlage in § 5 Abs. 2 b BauGB sowie seine Einordnung in das System der Bauleitplanung und der bauplanungsrechtlichen Zulässigkeit von Außenbereichsvorhaben behandelt werden.

I. Entstehungsgeschichte

§ 5 Abs. 2 b BauGB ist die Rechtsgrundlage für sachliche Teilflächennutzungspläne. Danach können für die Zwecke des § 35 Abs. 3 Satz 3 BauGB sachliche Teilflächennutzungspläne aufgestellt werden, und sie können auch für Teile des Gemeindegebiets aufgestellt werden. Die Vorschrift steht somit im Zusammenhang mit der sogen. Steuerung bestimmter, im Außenbereich privilegiert zulässiger Vorhaben nach § 35 Abs. 3 Satz 3 BauGB, die zusammen mit der Einführung des Privilegierungstatbestands für Anlagen für die Erforschung, Entwicklung oder Nutzung der Winde- oder Wasserenergie im Jahre 1996 in das BauGB aufgenommen worden war.[1]

Durch das BauGB – Änderungsgesetz 2004[2] wurde § 5 Abs. 2 b BauGB eingeführt. Die Vorschrift ist auf die Beratungen im Bundestagsausschuss für Verkehr, Bau- und Wohnungswesen zurückzuführen. Im Ausschussbericht[3] wurde dazu ausgeführt, dass die zentrale Funktion des Flächennutzungsplans als vorbereitender Bauleitplan nach § 5 Abs. 1 BauGB darin bestehe, die sich aus der beabsichtigten städtebaulichen Entwicklung ergebende Art der Bodennutzung in den Grundzügen für das gesamte Gemeindegebiet darzustellen, und dass dem Flächennutzungsplan eine weitergehende Funktion im Hinblick auf die Vorhaben im Sinne des § 35 Abs. 1 Nr. 2 bis 6 BauGB zukomme, sofern Darstellungen mit den Rechtswirkungen des § 35 Abs. 3 Satz 3 BauGB getroffen werden. Zur Erleichterung der Praxis habe es der Ausschuss für geboten angesehen, die Gemeinde durch die Einfügung des § 5 Abs. 2 b BauGB zu ermächtigen, hierfür sachliche Teilflächennutzungspläne aufstellen zu können.

---

[1] Gesetz zur Änderung des BauGB v. 30.7.1996, BGBl. I 1189.

[2] Gesetz zur Anpassung des Baugesetzbuchs an EU – Richtlinien (Europarechtsanpassungsgesetz Bau EAG Bau) v. 26.6.2004 (BGBl. I 1359).

[3] BT-Drs. 15/2996, S. 64 f.

Mit dem BauGB – Änderungsgesetz 2011[4] wurde § 5 Abs. 2 b BauGB neu gefasst. Die zuvor geltende Fassung[5] wurde ersetzt durch: „Für die Zwecke des § 35 Absatz 3 Satz 3 BauGB können sachliche Teilflächennutzungspläne aufgestellt werden; sie können auch für Teile des Gemeindegebiets aufgestellt werden". Nach der Begründung des Regierungsentwurfs[6] sollte mit dieser Neufassung sichergestellt werden, dass § 5 Abs. 2 b BauGB nicht dahin missverstanden werden solle, Teilflächennutzungspläne könnten nur aufgestellt werden, wenn sie ausschließlich Darstellungen mit den Rechtswirkungen des § 35 Abs. 3 Satz 3 BauGB enthalten. Darstellungen des Teilflächennutzungsplans hätten immer auch die Bedeutung, dass aus ihnen Bebauungspläne im Sinne des § 8 Abs. 2 BauGB entwickelt werden können. Dies solle klargestellt werden. Des Weiteren solle einem Bedürfnis der Praxis entsprochen werden, auch räumliche Teilflächennutzungspläne aufstellen zu können. Die Neufassung geht zurück auf die Beratungen in den „Berliner Gesprächen zum Städtebaurecht".[7]

II. Die Merkmale des sachlichen Teilflächennutzungsplans (§ 5 Abs. 2 b BauGB)

1. Anwendungsbereich

Der Anwendungsbereich des sachlichen Teilflächennutzungsplans ergibt sich daraus, dass er ein Flächennutzungsplan ist und dass er einen bestimmten Zweck haben muss. Er ist somit einzuordnen als Flächennutzungsplan, wobei sein Anwendungsbereich auf einen bestimmten Zweck beschränkt ist, nämlich den der Steuerung nach § 35 Abs. 3 Satz 3 BauGB. Nach dieser Vorschrift stehen „öffentliche Belange einem Vorhaben im Sinne des Absatzes 1 Nr. 2 bis 5 in der Regel auch dann entgegen, soweit hierfür durch Darstellungen im Flächennutzungsplan oder als Ziele der Raumordnung eine Ausweisung an anderer Stelle erfolgt ist". Durch die Darstellung von Flächen für bestimmte, privilegiert zulässige Vorhaben im Außenbereich kann auf diese Weise die Zulässigkeit solcher Vorhaben auf bestimmte Standorte im Außenbereich begrenzt werden. Insofern ist § 35 Abs. 3 Satz 3 BauGB eine Rechtsgrundlage für die „Steuerung von Vorhaben im Außenbereich".

Indem als Zweck die Steuerung von bestimmten Außenbereichsvorhaben verlangt wird, unterscheidet er sich vom allgemeinen Flächennutzungsplan im Sinne des § 5 Abs. 1 Satz 1 BauGB. In ihm ist „die sich aus der beabsichtigten städtebaulichen Entwicklung ergebende Art der Bodennutzung nach den voraussehbaren Bedürfnissen der Gemeinde in den Grundzügen darzustellen". Die Frage, ob auch diese Aufgabe vom sachlichen Teilflächennutzungsplan erfüllt werden muss, beant-

[4] Gesetz zur Förderung des Klimaschutzes bei der Entwicklung in den Städten und Gemeinden v. 22.7.2011 (BGBl. I 1509).

[5] § 5 Abs. 2 b BauGB a. F.: „Für Darstellungen des Flächennutzungsplans mit den Rechtswirkungen des § 35 Abs. 3 Satz 3 BauGB können sachliche Teilflächennutzungspläne aufgestellt werden."

[6] BT- Drs. 17/6076, zu Art. 1 Nr. 4 Buchst. b.

[7] S. Berichte (Bd. I) und Materialien (Bd. II), unter www.difu.de.

wortet das BauGB schon dadurch, dass den Darstellungen des Flächennutzungsplans auch die steuernde Wirkung des § 35 Abs. 3 Satz 3 BauGB zukommen kann. Damit berücksichtigt das BauGB die Bedeutung der Steuerung der betreffenden Außenbereichsvorhaben für die städtebauliche Entwicklung der Gemeinden, die in der erheblichen Ausweitung der Privilegierungstatbestände in § 35 Abs. 1 BauGB begründet ist.[8] Auch widerspricht die für Darstellungen nach § 35 Abs. 3 Satz 3 BauGB notwendige Konkretheit der Darstellungen den Aufgaben der Flächennutzungsplanung iSd § 5 Abs. 1 S. 1 BauGB nicht. Denn auch bei der Darstellung der Grundzüge der städtebaulichen Entwicklung der Gemeinde sind konkretisierende Darstellungen möglich, wenn sie den Bezug zur jeweiligen Konzeption für die Entwicklung des Gemeindegebiets wahren.[9] Dies kann generell bei Darstellungen iSd § 35 Abs. 3 Satz 3 BauGB angenommen werden.

Daraus folgt: Zweck des sachlichen Teilflächennutzungsplans muss – als Voraussetzung für seine Anwendung – die Steuerung von Vorhaben im Außenbereich im Sinne des § 35 Abs. 3 Satz 3 BauGB sein. Seine Darstellungen müssen diesem Zweck entsprechen. Da diese Steuerung für die nach § 35 Abs. 1 Nr. 2 bis 6 BauGB im Außenbereich privilegierten Vorhaben eingesetzt werden kann, kann auch der sachliche Teilflächennutzungsplan nur auf diese Vorhaben Anwendung finden. Dies sind die in den Nummern 2 bis 6 des § 35 Abs. 1 BauGB bezeichneten Anlagen für die gartenbauliche Erzeugung, für ortsgebundene gewerbliche Betriebe, für wegen bestimmter Auswirkungen und Anforderungen im Außenbereich zu verwirklichende Vorhaben, für Windenergieanlagen und für Biomasse – Anlagen. Haben die Darstellungen für solche Vorhaben nicht den Zweck der Steuerung iSd § 35 Abs. 3 Satz 3 BauGB, können sie nur Gegenstand des allgemeinen Flächennutzungsplans sein.[10]

Die Darstellungen im sachlichen Teilflächennutzungsplan mit ihren Rechtswirkungen müssen aber nicht auf die des § 35 Abs. 3 Satz 3 BauGB beschränkt sein, und es können im sachlichen Teilflächennutzungsplan auch weitergehende Darstellungen, die über die Rechtswirkungen des § 35 Abs. 3 Satz 3 BauGB hinaus gehen, aufgenommen werden. So können aus seinen Darstelllungen ggf. Bebauungspläne entwickelt werden (Anwendung des § 8 Abs. 2 Satz 1 BauGB). Auch können seine Darstellungen ggf. anderen Vorhaben im Außenbereich entgegengehalten werden (Anwendung des § 35 Abs. 3 Satz 1 Nr. 1 BauGB). Für die Aufnahme weitergehender Darstellungen in den sachlichen Teilflächennutzungsplan ist allerdings zu verlangen, dass sie einen sachlichen Zusammenhang mit der Steuerung der Standorte nach § 35 Abs. 3 Satz 3 BauGB haben. So können – im Zusammenhang mit der Steuerung der Standorte für die Windenergie – die Darstellungen im sachlichen Teilflächennutzungsplan, weil es sich um ergänzende Regelungen zur Steuerung im Sinne des § 35 Abs. 3 Satz 3 BauGB handelt, auch

[8] Die Privilegierungstatbestände der Nr. 2, 5 und 6 wurden in 1996, 1998 und 2004 durch Änderungen des BauGB aufgenommen, die Anwendung der Nr. 4 auf gewerbliche Tierhaltungsbetriebe durch die Rechtsprechung; s. dazu *Söfker,* in: Ernst/Zinkahn/Bielenberg/Krautzberger, BauGB, Stand: April 2012, § 35 Rn. 9, 10, 11 sowie 57.

[9] BVerwGE 124, 132 = BVerwG NVwZ 2006, 87; vgl. auch *Söfker* (Fn. 8), § 5 Rn. 12 m. w. N.

[10] Zu diesen Unterscheidungen s. auch *Söfker* (Fn. 8), § 5 Rn. 18e.

mit Bestimmungen iSd § 249 Abs. 2 BauGB (Bestimmungen zur Stilllegung und Beseitigung von Altanlagen) verbunden werden. Ebenso ist denkbar die Darstellung von Höhenbegrenzungen für Windenergieanlagen nach § 16 Abs. 1 BauNVO. Auch könnte eine Darstellung von Immissionsbegrenzungen etwa für gewerbliche Tierhaltungsbetriebe,[11] die nach Nr. 4 des § 35 Abs. 1 BauGB beurteilt werden und für die eine Steuerung iSd § 35 Abs. 3 Satz 3 BauGB in einem sachlichen Teilflächennutzungsplan erfolgt, in Betracht kommen. Dies alles entspricht auch den Intentionen des Gesetzgebers (s. oben 1.).

2. Rechtliche Selbständigkeit des sachlichen Teilflächennutzungsplans

Der sachliche Teilflächennutzungsplan ist ein rechtlich selbständiger Bauleitplan. Er wird in einem eigenständigen Verfahren der Bauleitplanung aufgestellt. Er setzt einen allgemeinen Flächennutzungsplan nicht voraus. Er kann, wenn ein solcher Flächennutzungsplan besteht, rechtlich unabhängig davon aufgestellt werden. Wegen dieser rechtlichen Selbständigkeit ist er von der Wirksamkeit des allgemeinen Flächennutzungsplans nicht abhängig. Allerdings sind dessen Darstellungen nicht ohne Bedeutung. Denn zu seinen Darstellungen dürfen die Darstellungen des Teilflächennutzungsplans nicht im Widerspruch stehen. Dies ist allerdings ebenso, wenn der allgemeine Flächennutzungsplan durch Darstellungen zur Steuerung der betreffenden Außenbereichsvorhaben ergänzt wird.

3. Die besonderen Anforderungen des sachlichen Teilflächennutzungsplans für die Steuerung nach § 35 Abs. 3 Satz 3 BauGB

Auf die in den sachlichen Teilflächennutzungsplan aufzunehmenden Darstellungen sind die auch für die Darstellungen des allgemeinen Flächennutzungsplans geltenden Regeln zu beachten. Dies sind die allgemeinen Regeln über die Aufstellung der Bauleitpläne, also vor allem auch die Grundsätze der Bauleitplanung nach §§ 1 und 1 a BauGB sowie die in § 5 Abs. 2 BauGB und in der BauNVO bezeichneten Darstellungen.

Für letztere kommen vor allem in Betracht die Darstellung von Sonderbauflächen oder Sondergebieten nach § 1 Abs. 1 und § 11 Abs. 2 BauNVO oder von Flächen für Versorgungsanlagen und die Gewinnung von Steinen, Erden und anderen Bodenschätzen (§ 5 Abs. 2 Nr. 4 und 8 BauGB). Dabei muss aus der Darstellung entnommen werden können, dass sie die steuernde Wirkung iSd § 35 Abs. 3 Satz 3 BauGB haben sollen.

Bezüglich der Grundsätze der Bauleitplanung gelten zum Einen die allgemeinen Regeln der §§ 1 und 1 a BauGB. Da es sich um die Ausweisung von Flächen für Vorhaben im Außenbereich handelt, sind namentlich die Auswirkungen auf die Umwelt im Rahmen der Umweltprüfung (§ 2 Abs. 4 BauGB) zu behandeln. Zum Anderen sind die spezifischen Anforderungen an die Steuerung iSd § 35 Abs. 3 Satz 3 BauGB zu beachten, wie sie von der Rechtsprechung entwickelt worden sind.[12] Sie lassen sich zusammenfassend wie folgt umschreiben:

---

[11] Bestätigt von BVerwG, Urt. v. 18.8.2005 – 4 C 13.04, BVerwGE 124, 132.

[12] Vgl. BVerwG, Beschl. v. 15.9.2009 – 4 BN 25.09, ZfBR 2010,96 = ZUR 2010,66 und Urt. v. 20.5.2010 – 4 C 7.09, DVBl 2010,1235 = ZfBR 2010, 675.

Erforderlich ist ein schlüssiges Plankonzept für den gesamten Außenbereich, dessen Ausarbeitung sich abschnittsweise vollzieht. Im ersten Abschnitt sind diejenigen Bereiche als Tabuzonen zu ermitteln, die sich für die Nutzung der Windenergie nicht eignen. Dies sind Zonen, in denen die Errichtung und der Betrieb entsprechender Vorhaben aus tatsächlichen oder rechtlichen Gründen schlechthin ausgeschlossen sind (harte Tabuzonen), und Zonen, in denen die Errichtung und der Betrieb von Windenergieanlagen zwar tatsächlich und rechtlich möglich sind, in denen nach den städtebaulichen Vorstellungen, die die Gemeinde anhand eigener Kriterien entwickeln darf, aber keine entsprechenden Vorhaben errichtet werden sollen (weiche Tabuzonen). Die nach Abzug dieser Tabuzonen verbleibenden sog. Potenzialflächen kommen für die Darstellung von Standorten für die betreffenden Vorhaben in Betracht. Diese sind in einem weiteren Arbeitsschritt zu den auf ihnen konkurrierenden Nutzungen in Beziehung zu setzen, wobei die öffentlichen Belange, die gegen die Ausweisung eines Landschaftsraums als Standorte für die betreffenden Vorhaben sprechen, mit dem Anliegen abzuwägen sind, den betreffenden Vorhaben an geeigneten Standorten eine Chance zu geben, die ihrer Privilegierung nach § 35 Abs. 1 Nr. 2 bis 6 BauGB gerecht wird. Als Ergebnis der Abwägung muss den Vorhaben in substanzieller Weise Raum geschaffen werden.

Diese besonderen Anforderungen, vor allem zur Verpflichtung, dass den betreffenden Vorhaben „in substanzieller Weise Raum gegeben werden" muss, modifizieren die allgemeinen Regeln über die Aufstellung der Bauleitplanung und schränken die Planungsbefugnisse bei der Steuerung iSd § 35 Abs. 3 Satz 3 BauGB ein. Dies gilt z. B. im Hinblick auf § 1 Abs. 3 Satz 1 BauGB (die Aufstellung der Bauleitpläne ist erforderlich, wenn sie nach der planerischen Konzeption der Gemeinde erforderlich ist[13]) und im Hinblick auf § 1 Abs. 3 Satz 2 BauGB (auf die Aufstellung von Bauleitplänen besteht kein Anspruch[14]). Da das Ergebnis dieser Planung – so die Rechtsprechung – stets zu einer positiven Ausweisung im Außenbereich führen muss, müssen auch andere Regeln zurücktreten. Dazu gehört etwa die Bodenschutzklausel mit ihrer Herausstellung der Nutzung von Maßnahmen der Innentwicklung (§ 1a Abs. 2 S. 1 BauGB). Ähnlich dürfte es sich verhalten, wenn die im Gesetzentwurf der Bundesregierung vom 4.7.2912 vorgesehene Begründungspflicht bei Inanspruchnahme von landwirtschaftlichen Flächen und Wald für bauliche Zwecke Gesetz wird.[15] Die dort verlangte Ermittlung der Möglichkeiten der Innenentwicklung dürfte in diesen Fällen, in denen Außenbereichsvorhaben in substanzieller Weise Raum gegeben werden muss, nicht einschlägig sein.

4. Der räumliche Teilflächennutzungsplan

Eine besondere Ausgestaltung kann der sachliche Teilflächennutzungsplan als räumlicher Teilflächennutzungsplan erhalten. Er ist im Halbsatz 2 des § 5 Abs. 2 b BauGB ausdrücklich erwähnt.

---

[13] Ständige Rechtspr. seit BVerwG, Urt. v. 7.5.1971 – 4 C 76.69, DVBl 1971,1626 = DÖV 1971,633.

[14] *Söfker* (Fn. 8), § 1 Rn. 42 a ff. m. w. N.

[15] Entwurf eines Gesetzes zur Stärkung der Innenentwicklung in den Städten und Gemeinden und weiteren Fortentwicklung des Städtebaurechts, BR-Drucks. 474/12; Änderung von § 1 Abs. 5, § 1a Abs. 2 und 3 BauGB.

Ein solcher räumlicher Teilflächennutzungsplan erfasst einen Teil des Außenbereichs der Gemeinde. Innerhalb dieses Teils werden die Flächen und Gebiete für die betreffenden Vorhaben dargestellt. Diese Darstellungen haben die Rechtswirkungen des § 35 Abs. 3 Satz 3 BauGB nur innerhalb des Gebiets des räumlichen Teilflächennutzungsplans und nicht auch außerhalb.

Die Gemeinde entscheidet darüber, ob und inwieweit sie einen räumlichen Teilflächennutzungsplan aufstellt. Dabei kommt es darauf an, inwieweit die Gemeinde nur für den entsprechenden räumlichen Teil des Außenbereichs einen Steuerungsbedarf sieht.

Da auch der räumliche Teilflächennutzungsplan für die Zwecke des § 35 Abs. 3 Satz 3 BauGB aufgestellt wird, gelten für seine Darstellungen von Flächen und Gebieten für entsprechende Vorhaben die gleichen Anforderungen wie bei Darstellungen für die betreffenden Vorhaben im allgemeinen Flächennutzungsplan. Dies gilt insbesondere für die Anforderungen an ein „schlüssiges Plankonzept“ und daran, dass den betreffenden Vorhaben im Planungsraum „in substanzieller Weise Raum gegeben wird“. Es sind daher die gleichen Anforderungen wie beim sachlichen Teilflächennutzungsplan zu beachten, allerdings beschränkt auf den vom räumlichen Teilflächennutzungsplan erfassten Teil des Außenbereichs.

5. Denkbare Fälle für die Anwendung von sachlichen und räumlichen Teilflächennutzungsplänen

Für die Anwendung des § 5 Abs. 2 b BauGB können verschiedene Fälle in Betracht kommen:

Als Grundfall kann bezeichnet werden, dass in einem allgemeinen Flächennutzungsplan iSd § 5 Abs. 1 Satz 1 BauGB keine Darstellungen iSd § 35 Abs. 3 Satz 3 BauGB enthalten sind (die Gemeinde hat bisher hierfür keinen Bedarf gesehen) und dass nunmehr eine solche Steuerung losgelöst vom allgemeinen Flächennutzungsplan vorgenommen werden soll. Denkbar ist auch, dass ein Flächennutzungsplan iSd § 5 Abs. 1 BauGB nicht besteht und auch nicht vorgesehen ist und nunmehr das Instrument des Flächennutzungsplans zur Steuerung von Außenbereichsvorhaben auf der Grundlage des § 5 Abs. 2 b BauGB genutzt werden soll. In beiden Fällen kann die Gemeinde eigenständig und rechtlich unabhängig vom vorhandenen oder nicht vorhandenen allgemeinen Flächennutzungsplan einen sachlichen Teilflächennutzungsplan für die Zwecke der Steuerung iSd § 35 Abs. 3 Satz 3 BauGB aufstellen.

Eine Variante dieses „Grundfalls“ ist der räumliche Teilflächennutzungsplan, mit dem nur für einen räumlichen Teil des Außenbereichs einer Gemeinde die Steuerung der Standorte entsprechender Außenbereichsvorhaben vorgesehen werden soll. Grund hierfür ist, dass die Gemeinde nur für einen Teilbereich des Außenbereichs einen Steuerungsbedarf iSd § 35 Abs. 3 Satz 3 BauGB erkennt. Dies kann etwa in Betracht kommen, weil für andere Teile des Außenbereichs der Gemeinde eine Steuerung nicht als erforderlich (iSd § 1 Abs. 3 Satz 1 BauGB) beurteilt wird oder weil in dem Teil des Außenbereichs, für den der räumliche Teilflächennutzungsplan aufgestellt werden soll, eine Steuerung vordringlich ist und für andere Teile des Außenbereichs nicht.

Eine andere Ausgangssituation ist gegeben, wenn die Gemeinde schon Darstellungen iSd § 35 Abs. 3 Satz 3 BauGB im allgemeinen Flächennutzungsplan getroffen hat, nunmehr aber die Steuerung auf eine eigenständige planungsrechtliche Grundlage zu stellen beabsichtigt, nämlich auf die Grundlage eines sachlichen Teilflächennutzungsplans. Eine solche Vorgehensweise kann vor allem bezüglich der Steuerung der Standorte für die Windenergie dadurch veranlasst sein, dass die Gemeinde auf der Grundlage eines neuen Plankonzepts die Standorte weitgehend neu bestimmen will. Erforderlich ist dafür, den Teilflächennutzungsplan aufzustellen und in einem parallelen Planverfahren die entsprechenden Darstellungen im allgemeinen Flächennutzungsplan aufzuheben.

Von vornherein nicht ausgeschlossen könnte sein, nachträglich – bedeutsam vor allem bei der Steuerung der Standorte für die Windenergie – zur Steuerung der betreffenden Standorte im allgemeinen Flächennutzungsplan für einen Teil des Außenbereichs einen räumlichen Teilflächennutzungsplan aufzustellen. Eine solche Vorgehensweise dürfte allerdings eine Reihe von Fragen aufwerfen, auch zu ihrer Praktikabilität. Denn sie führt zu einer Reduzierung des Planungsraums, der dem Plankonzept der Steuerung im allgemeinen Flächennutzungsplan zu Grunde liegt, und kann die Frage aufwerfen, ob daher die Steuerung im allgemeinen Flächennutzungsplan auf eine neue Grundlage zu stellen ist.

6. Sachlicher Teilflächennutzungsplan als Instrument einer gemeinsamen Flächennutzungsplanung nach § 204 Abs. 1 BauGB

Das Instrument des sachlichen Teilflächennutzungsplans kann von Bedeutung sein, wenn mehrere Gemeinden beabsichtigen, eine Steuerung der Standorte von Außenbereichsvorhaben durch gemeinsame Flächennutzungsplanung vorzusehen. Diese Frage stellt sich für die Steuerung der Standorte für die Windenergie, namentlich für Gemeinden in Ländern, in denen eine Steuerung der Standorte für die Windenergie durch Ziele der Raumordnung aufgegeben wird.[16] Rechtsgrundlage für eine gemeinsam Flächennutzungsplanung ist § 204 Abs. 1 BauGB (Gemeinsamer Flächennutzungsplan). Sie kann auch für die Flächennutzungsplanung nutzbar gemacht werden, mit der eine Steuerung iSd § 35 Abs. 3 Satz 3 BauGB vorgesehen werden soll.[17] Seine Vorteile sind ein größerer Planungsraum und damit mehr Möglichkeiten für die Auswahl der Standorte, die Möglichkeiten des Ausgleichs der Gemeinden untereinander und die Reduzierung des Planungsaufwands für die einzelne Gemeinde. Dabei ist mit Rücksicht auf die Anforderungen an die Steuerung nach § 35 Abs. 3 Satz 3 BauGB zu beachten, dass sich das den Darstellungen zu Grunde liegende gesamträumliche Konzept auf die Außenbereiche der beteiligten Gemeinden bezieht und dort die steuernde Wirkung iSd § 35 Abs. 3 Satz 3 BauGB herbei führt. Da die gemeinsame Flächennutzungsplanung in diesem Fall die Steuerung der Standorte für die Windenergie zum Gegenstand haben und nicht auch andere Fragen behan-

---

[16] So in Baden-Württemberg, Rheinland-Pfalz und Saarland; s. dazu *Krappel/Süßkind-Schwendi* ZfBR 2012, 65 mit Nachweisen; *Spannowsky* ZfBR 2012 Sonderausgabe S. 53.

[17] Näher dazu *Schwarz* ZfBR 2012, Sonderausgabe S. 83, und schon *Runkel,* in: Ernst/Zinkahn/Bielenberg/Krautzberger, BauGB, § 204 Rn. 9.

deln soll, liegt es nahe, die gemeinsame Flächennutzungsplanung durch Aufstellung eines gemeinsamen Teilflächennutzungsplans durch die beteiligten Gemeinden vorzusehen.

Dabei sind wegen der Besonderheiten der Steuerung der Standorte für die Windenergie iSd § 35 Abs. 3 Satz 3 BauGB einige Besonderheiten zu beachten: Beim Ablauf der Aufstellung des gemeinsamen Teilflächennutzungsplans besteht ein entsprechender Koordinierungsbedarf der beteiligten Gemeinden untereinander, der sich auf die Entwicklung des gesamträumlichen Plankonzepts, das sich auf die gesamten Außenbereiche der beteiligten Gemeinden erstreckt, und auf das zeitlich aufeinander abgestimmte Verfahren zur Aufstellung des gemeinsamen Teilflächennutzungsplans einschließlich der einzelnen Verfahrensschritte bezieht.[18]

III. Zur Stellung des Teilflächennutzungsplans als Instrument der Steuerung von Außenbereichsvorhaben im System des Bauplanungsrechts

Die Eigenständigkeit des in § 5 Abs. 2 b BauGB geregelten sachlichen Teilflächennutzungsplans gibt Veranlassung, dieses bauleitplanerische Instrument innerhalb des Systems der Bauleitplanung und der planungsrechtlichen Zulässigkeitsregeln zu betrachten.

1. Die Eigenständigkeit des sachlichen Teilflächennutzungsplans im Verhältnis zum allgemeinen Flächennutzungsplan

Die Eigenständigkeit des sachlichen Teilflächennutzungsplans folgt aus seiner Anwendbarkeit „für die Zwecke des § 35 Abs. 3 Satz 3 BauGB" und seiner formalen Trennung vom allgemeinen Flächennutzungsplan (s. oben II. 1 und 2). Er ist daher abzugrenzen von den früheren Regelungen im BauGB zum Teilflächennutzungsplan im Beitrittsgebiet (§ 246 a Abs. 1 S. 1 BauGB 1990 iVm § 5 Abs. 1 S. 1 DDR – BauZVO, § 246a Abs. 1Nr. 1 S. 3 BauGB 1993; entfallen seit dem BauGB – Änderungsgesetz 1998). Danach konnten bis zur Aufstellung eines das gesamte Gemeindegebiet umfassenden Flächennutzungsplans iSd § 5 Abs. 1 S. 1 BauGB Darstellungen für räumliche und sachliche Teile des Gemeindegebiets getroffen werden, wenn dies für die städtebauliche Entwicklung vordringlich war. Damit sollte für dringliche Investitionen die Möglichkeit gegeben werden, wenigstens für betroffene Teile des Gemeindegebiets der Aufstellung von Bebauungsplänen ein Gesamtkonzept zu Grunde zu legen. Vor allem aber ist der sachliche Teilflächennutzungsplan abzugrenzen von dem grundlegenden Zweck des allgemeinen Flächennutzungsplans, dessen Aufgabe es ist, für das gesamte Gemeindegebiet die sich aus der beabsichtigten städtebaulichen Entwicklung ergebende Art der Bodennutzung in den Grundzügen darzustellen (§ 5 Abs. 1 Satz 1 BauGB). Demgegenüber ist der sachliche Teilflächennutzungsplan iSd § 5

[18] Vgl. zur praktischen Umsetzung das Hintergrundpapier „Der Teilflächennutzungsplan – ein Instrument für die Steuerung der Windenergie im Außenbereich", Kap. 5, www.repowering-kommunal.de; Dokumentation Nr. 111 (2012), S. 64 ff.

Abs. 2 b BauGB auf eine andere Aufgabe ausgerichtet, nämlich die Steuerung von Außenbereichsvorhaben und nicht auf die Darstellung der Grundzüge der städtebaulichen Entwicklung in der Gemeinde oder ihrer Teile. Er lässt sich insofern dem Zulässigkeitsrecht des § 35 BauGB zuordnen, wobei er aber instrumentell der Flächennutzungsplanung zugeordnet bleibt.

Diese Funktion hat die Flächennutzungsplanung seit Einführung des § 35 Abs. 3 Satz 3 BauGB in 1996 zunächst im Rahmen des allgemeinen Flächennutzungsplans erhalten, seit 2004 auch im sachlichen Teilflächennutzungsplan. § 5 Abs. 2 b BauGB akzentuiert aber die Steuerungsfunktion der Flächennutzungsplanung für Außenbereichsvorhaben und stellt insofern eine Fortentwicklung der Aufgaben der Flächennutzungsplanung dar.

2. Die Funktion des sachlichen Teilflächennutzungsplans als öffentlicher Belang

Der (allgemeine) Flächennutzungsplan kann in unterschiedlicher Weise als Steuerungsinstrument für bestimmte, im Außenbereich nach § 35 Abs. 1 BauGB privilegiert zulässige Vorhaben eingesetzt werden, indem die privilegierte Zulässigkeit solcher Vorhaben für bestimmte Standorte im Außenbereich ausgeschlossen oder auf bestimmte Standorte im Außenbereich beschränkt oder die Zulässigkeit in anderer Weise eingeschränkt wird. Anders als in den nach §§ 30 und 34 BauGB zu beurteilenden Gebieten, in denen die Darstellungen im Flächennutzungsplan deren Zulässigkeitsregeln nicht modifizieren und zu deren bodenrechtlich verbindlicher Umsetzung es der Aufstellung oder Änderung von Bebauungsplänen bedarf, sind die im Außenbereich nach § 35 Abs. 1 BauGB als privilegiert zulässig zu behandelnden Vorhaben dort nicht generell zulässig. Ihre Zulässigkeit steht unter dem Vorbehalt, dass ihnen nicht öffentliche Belange entgegenstehen (Eingangsworte des § 35 Abs. 1 BauGB). Daran knüpfen die Regelungen an, die bestimmten Darstellungen des Flächennutzungsplans eine „steuernde Wirkung" für Außenbereichsvorhaben vermitteln. Für die hier interessierenden Fragen sind vor allem von Bedeutung:

Darstellungen des Flächennutzungsplans iSd § 35 Abs. 1 Nr. 1 BauGB können unter bestimmten Voraussetzungen (wesentlich sind Grad der Konkretisierung und ihr Gewicht) im Sinne einer Flächensicherung für bestimmte Nutzungen auch privilegierten Vorhaben entgegengehalten werden.[19] Darunter fällt nach dem BVerwG[20] auch der Fall der Darstellung von Vorkehrungen zum Schutz vor schädlichen Umwelteinwirkungen (§ 5 Abs. 2 Nr. 6 BauGB) durch Festlegung von Immissionsgrenzwerten, die die Zulässigkeit priviligierter Vorhaben als entgegenstehende öffentliche Belange beschränken können (entschieden zu Geruchsemissionen von Tierhaltungsanlagen).

Diese schon seit langem bestehende Sicherungsfunktion des Flächennutzungsplans für Außenbereichsvorhaben ist in 1996 ergänzt worden um die Funktion der Steuerung von Außenbereichsvorhaben auf Grund des § 35 Abs. 3 Satz 3 BauGB, durch die die privilegierte Zulässigkeit bestimmter Vorhaben auf bestimmte Standorte im Außenbereich begrenzt werden kann. Diese Regelung

---

[19] Im Einzelnen dazu s. *Söfker* (Fn. 8), § 35 Rn. 61.

[20] BVerwG, Urt. v. 18.8.2005 – 4 C 13.04, BVerwGE 124, 132 = NVwZ 2006, 87.

wurde, wie schon erwähnt, in 1996 im Zusammenhang mit der Aufnahme der privilegierten Zulässigkeit von Windenergieanlagen im Außenbereich eingeführt und durch die Änderungsgesetze 1998 und 2004 im Anwendungsbereich auf weitere Privilegierungstatbestände des § 35 Abs. 3 Satz 3 BauGB erstreckt. In diese Gesetzgebung reiht sich der Teilflächennutzungsplan iSd § 5 Abs. 2 b BauGB ein.

Auch das BVerwG[21] weist auf die Steuerungsfunktion der Darstellungen des Flächennutzungsplans für Außenbereichsvorhaben ausdrücklich hin. Das BVerwG hebt diese Steuerungsfunktion mit dem Hinweis hervor, dass sich die Gemeinde auf diese Steuerung durch Flächennutzungsplan beschränken darf und nicht darauf angewiesen ist, für ihren Außenbereich Bebauungspläne aufzustellen.[22] So hat diese Steuerungsfunktion des Flächennutzungsplans inzwischen in der Praxis vor allem bezüglich der Steuerung der Standorte für Windenergieanlagen im Außenbereich einen hohen Stellenwert erlangt. Auch für Vorhaben, auf die andere Privilegierungstatbestände des § 35 Abs. 1 BauGB Anwendung finden, wird die Steuerung durch Flächennutzungsplanung genutzt. Dies gilt z. B. für die von den Nummern 3, 4 und 6 des § 35 Abs. 1 BauGB erfassten Vorhaben, die den oberflächennahen Abbau von Bodenschätzen zum Gegenstand haben, für Vorhaben der gewerbliche Tierhaltungsbetriebe und für Biomasse – Anlagen.[23] Für die Steuerung der Standorte dieser Vorhaben ist die Konstruktion des § 35 Abs. 1 und Abs. 3 Satz 3 BauGB Ausgangspunkt, nämlich die Zulässigkeitsvoraussetzung der im Außenbereich als privilegiert zu behandelnden Vorhaben, denen öffentliche Belange nicht entgegenstehen dürfen.

Aus dieser Einordnung des Steuerungsinstruments der Flächennutzungsplanung für Außenbereichsvorhaben erklärt sich, dass die Rechtsprechung bestimmte Anforderungen gestellt hat, die über die Anforderungen an die allgemeinen Aufgaben des Flächennutzungsplans im Sinne des § 5 Abs. 1 Satz 1 BauGB und der „allgemeinen" Bauleitplanung hinausgehen (s. II 3). Es bestehen insofern Unterschiede zwischen der Steuerung im allgemeinen Flächennutzungsplan und dem Teilflächennutzungsplan, als dieser in bestimmter Weise eigenständig und formal – rechtlich getrennt vom allgemeinen Flächennutzungsplan aufgestellt werden kann. Darin kann eine Eigenständigkeit dieser Flächennutzungsplanung gesehen werden. Sie wird auch nicht dadurch eingeschränkt, dass der Teilflächennutzungsplan bei seinen Ausweisungen für bestimmte Außenbereichsvorhaben darauf zu achten hat, dass sie nicht in Widerspruch stehen zu den Darstellungen des allgemeinen Flächennutzungsplans, die die städtebauliche Entwicklung des Gemeindegebiets zum Gegenstand haben und vor allem Flächendarstellungen zu verschiedenen Nutzungen beinhalten. Es kann sich auch die Notwendigkeit ergeben, dass, sollen im Teilflächennutzungsplan Flächen für Außenbereichsvorhaben dargestellt werden, für die der allgemeine Flächennutzungsplan Flächen für andere Nutzungen dargestellt hat, die Darstel-

[21] BVerwG, Urt. v. 1.8.2002 – 4 C 5.01, BVerwGE 117,25 = NVwZ 2003,86; Urt. v. 18.8.2005 – 4 C 13.04, BVerwGE 124, 132.

[22] BVerwG, Urt. v. 18.8.2005 – 4 C 13.04, BVerwGE 124, 132; s. auch *Mitschang* ZfBR 2008, 227 (236 ff.).

[23] S. *Söfker* NVwZ 2008, 1273; *ders.* StuG 2011, 72.

lungen des allgemeinen Flächennutzungsplans zu überprüfen und ggf. in einem parallel zur Aufstellung des Teilflächennutzungsplans durchzuführenden Verfahren zur Änderung des allgemeinen Flächennutzungsplans zu ändern oder aufzuheben. Dabei kann dem Plankonzept, das der Steuerung im Teilflächennutzungsplan zu Grunde liegt, eine besondere Bedeutung zukommen.

3. Erweiterung der Regelungsbefugnisse durch § 249 Abs. 2 BauGB

Eine Erweiterung der Steuerungsfunktion des Flächennutzungsplans für Außenbereichsvorhaben ist schließlich durch das BauGB – Änderungsgesetz 2011 erfolgt, indem im Zusammenhang mit Darstellungen iSd § 35 Abs. 3 Satz 3 BauGB auch Bestimmungen zum Repowering von Windenergieanlagen iSd § 249 Abs. 2 BauGB getroffen werden können. Werden im Flächennutzungsplan Darstellungen iSd § 35 Abs. 3 Satz 3 BauGB (Ausweisung von Gebieten für die Windenergie) getroffen, können sie mit einer Bestimmung versehen werden, nach der die Zulässigkeit von Windenergieanlagen (sie ergibt sich an diesen Standorten aus der Anwendung des § 35 Abs. 1 Nr. 5 BauGB) davon abhängig ist, dass bestimmte Windenergieanlagen an anderen Standorten (Altanlagen, Altstandorten) zurückgebaut werden. Diese die Zulässigkeit unmittelbar betreffende Bestimmung erweitert die Regelungsmöglichkeiten des Flächennutzungsplans für Außenbereichsvorhaben. Sie ist auch anwendbar auf den Teilflächennutzungsplan iSd § 5 Abs. 2 b BauGB.

Die nach § 249 Abs. 2 BauGB ermöglichte Bestimmung stellt sich als systematische Erweiterung der Regelungsbefugnisse des Flächennutzungsplans überhaupt dar. Sie ist nicht dem § 35 Abs. 3 Satz 3 BauGB zuzuordnen. Denn Ausweisungen iSd § 35 Abs. 3 Satz 3 BauGB beinhalten lediglich die Beschränkung der privilegierten Zulässigkeit von Vorhaben auf bestimmte Teile des Außenbereichs. Und die Rechtswirkungen von Darstellungen des Flächennutzungsplans iSd Nr. 1 des § 35 Abs. 3 S. 1 BauGB setzen zusätzlich zum Inhalt der Darstellung eine Gewichtung und Abwägung im Sinne des „Entgegenstehens" eines öffentlichen Belangs voraus. Bestimmungen nach § 249 Abs. 2 BauGB regeln aber unmittelbar die Zulässigkeit der betreffenden Vorhaben der Windenergie nach § 35 BauGB.[24] Sie setzen nach § 249 Abs. 2 BauGB allerdings voraus, dass sie im Zusammenhang stehen mit der Flächennutzungsplanung, die eine Steuerung iSd § 35 Abs. 3 Satz 3 BauGB bezweckt und entsprechende Darstellungen enthält. Da § 249 Abs. 2 BauGB durch das BauGB –Änderungsgesetz 2011 im Zusammenhang mit der Änderung des § 5 Abs. 2 b BauGB eingeführt wurde, kann darin auch eine Herausstellung der Bedeutung des sachlichen Teilflächennutzungsplans gesehen werden.

4. Zu den Grenzen der Steuerungsfunktion des sachlichen Teilflächennutzungsplans

Über die dargelegten Bereiche hinaus hat der Gesetzgeber die Reichweite der Steuerungsfunktion des sachlichen Teilflächennutzungsplans wie auch seinen

---

[24] *Söfker* (Fn. 8), § 249 Rn. 24; vgl. auch *Otto* ZfBR 2012, Sonderausgabe S. 72.

Anwendungsbereich nicht erweitert. Die Regelungsbefugnisse sind beschränkt, auch im Verhältnis zum allgemeinen Flächennutzungsplan wie überhaupt zum Zulässigkeitsrecht des § 35 BauGB. Sie ergeben sich aus der städtebaulichen Aufgabenstellung des sachlichen Teilflächennutzungsplans als Steuerungsinstrument iSd § 35 Abs. 3 Satz 3 BauGB.

Entsprechend dem Zweck des Teilflächennutzungsplans enthält er Darstellungen stets mit Bedeutung iSd § 35 Abs. 3 Satz 3 BauGB und ggf. damit im Zusammenhang stehender weiterer Darstellungen, die etwa der Flächensicherung iSd § 35 Abs. 3 S. 1 Nr. 1 BauGB dienen (s. III 2). Weitere Darstellungen etwa in der Umgebung der ausgewiesenen Flächen, wie sie Gegenstand des allgemeinen Flächennutzungsplans sind, gehören nicht dazu. Von größerer Bedeutung ist, dass der sachliche Teilflächennutzungsplan ausschließlich zu den in den Nummern 2 bis 6 des § 35 Abs. 1 BauGB bezeichneten Vorhaben Darstellungen treffen kann. Andere im Außenbereich als privilegiert zu behandelnde Vorhaben wie insbesondere landwirtschaftlichen Betrieben dienende Vorhaben (Nr. 1) gehören nicht dazu. Das Gleiche gilt für die sonstigen Vorhaben (§ 35 Abs. 2 BauGB), auch für die nach § 35 Abs. 4 BauGB im Außenbereich „begünstigten" oder „teilprivilegierten" Vorhaben. Demgegenüber können sich die Darstellungen des allgemeinen Flächennutzungsplans auf alle Vorhaben beziehen, die nach § 35 BauGB beurteilt werden, also z. B. auch auf landwirtschaftlichen Zwecken dienende Vorhaben, und darüber hinaus auf alle baulichen und sonstigen Nutzungen, die Gegenstand von Festsetzungen in Bebauungsplänen sein können.

Hinzu kommt, dass die Rechtswirkungen der Darstellungen im sachlichen Teilflächennutzungsplan beschränkt sind. Die Darstellungen iSd § 35 Abs. 3 Satz 3 BauGB haben lediglich die Funktion eines öffentlichen Belangs, der auch nur „in der Regel" den betreffenden Vorhaben entgegensteht. § 35 Abs. 3 Satz 3 BauGB ist keine Rechtsgrundlage für weitergehende Darstellungen mit weitergehenden Rechtswirkungen. Und soweit die Darstellungen der Flächensicherung iSd § 35 Abs. 3 Satz 1 Nr. 1 BauGB dienen, kommt es jeweils darauf an, dass sie das notwendige Gewicht haben müssen, um einem anderen Vorhaben entgegengehalten werden zu können. Ausgenommen davon sind wiederum die in § 35 Abs. 4 BauGB bezeichneten „begünstigten" oder „teilprivilegierten" Vorhaben, weil deren Begünstigung oder Teilprivilegierung gerade darin besteht, dass ihnen Darstellungen des Flächennutzungsplans nicht entgegengehalten werden können. Das Gleiche gilt für Vorhaben im Gebiet der sogen. Außenbereichssatzung nach § 35 Abs. 6 BauGB. Im Übrigen bleibt es bei der Anwendung der Zulässigkeitsregeln des § 35 BauGB.

Die Regelungsbefugnisse des Teilflächennutzungsplans sind daher auch abzugrenzen von der unberührt bleibenden Möglichkeit der Aufstellung von Bebauungsplänen. Auch wenn, wie das BVerwG[25] annimmt, der Steuerung iSd § 35 Abs. 3 Satz 3 BauGB eine „dem Bebauungsplan vergleichbare Funktion" zukommt, indem er die Zulässigkeit von im Außenbereich privilegiert zulässigen Vorhaben auf bestimmte Standorte begrenzt, hat er in Funktion und Inhalt nicht die Regelungsbefugnisse und Rechtswirkungen eines Bebauungsplans mit seinen

[25] BVerwG, Urt. v. 26.4.2007 – 4 CN 3.06, NVwZ 2007, 1081 = ZfBR 2007, 570.

Festsetzungen als verbindlicher Bauleitplan.[26] So erklärt es sich, dass Gemeinden zunehmend zur Steuerung der Entwicklung im Außenbereich von ihrer Möglichkeit Gebrauch machen, durch Aufstellung eines Bebauungsplans iSd § 30 Abs. 3 BauGB die sich aus § 35 Abs. 1 BauGB ergebende weitreichende bauliche Inanspruchnahme ihres Außenbereichs zu begrenzen und mit ihrer städtebaulichen Entwicklung in Abstimmung zu bringen. Dazu stehen ihnen die verschiedenen Festsetzungsmöglichkeiten nach § 9 Abs. 1 BauGB zur Verfügung. Wesentlich und in der Praxis verbreitet ist die Festsetzung nach Nr. 18 Buchst. a (Flächen für die Landwirtschaft) in Kombination mit Festsetzungen nach Nr. 10 (von Bebauung freizuhaltende Flächen und ihre Nutzung).[27] Eine solche Bebauungsplanung ist nicht auf die Vorhaben iSd § 35 Abs. 1 Nr. 2 bis 6 BauGB beschränkt. Sie muss auch nicht die von der Rechtsprechung verlangten Anforderungen an die Steuerung iSd § 35 Abs. 3 Satz 3 BauGB beachten. Die Berücksichtigung der Investitionsinteressen, auch in Bezug auf die nach § 35 Abs. 1 BauGB im Außenbereich privilegiert zulässigen Vorhaben, bestimmt sich nach den allgemeinen Abwägungsgrundsätzen.

Als *Fazit* kann festgehalten werden: Der sachliche Teilflächennutzungsplan hat innerhalb der Bauleitplanung und im Zulässigkeitsrecht des § 35 BauGB eine eigenständige Funktion mit weitreichender Bedeutung für die Bauleitplanung und die Steuerung der baulichen Entwicklung im Außenbereich. Auf Grund seiner Einordnung in die Flächennutzungsplanung und in das Regelungssystem des § 35 1 und 3 BauGB sind seine Inhalte und Rechtswirkungen allerdings begrenzt. Gleichwohl kann er – auch als junges und in seiner Anwendbarkeit durch das BauGB – Änderungsgesetz 2011 verbessertes Instrument – neben der Steuerung durch Darstellungen im allgemeinen Flächennutzungsplan in der Praxis eine eigenständige Bedeutung erhalten. Weitergehende planungsrechtliche „Steuerungen" sind nur durch Aufstellung von Bebauungsplänen für den Außenbereich möglich.

[26] Näher dazu *Söfker* (Fn. 8), § 5 Rn. 7.

[27] Näher dazu *Söfker* (Fn. 8), § 9 Rn. 97 b und § 35 Rn. 13, jeweils mit Nachweisen zur Rechtsprechung.

TOMKE WEERS-HERMANNS

Die Pferdehaltung im Öffentlichen Baurecht

Jedem dem es vergönnt war, auf dem Leedener auf einer Anhöhe gelegenen „Landsitz" des Jubilars eingeladen zu werden, wird neben der Gastfreundschaft auch durch dessen Weitläufigkeit beeindruckt. Doch so sicher wie im Sommer anlässlich Seminarveranstaltungen gegrillt wird und Erdebeeren gereicht werden, wird sich beim obligatorischen Grenzgang bis zum Herrmannsweg fast immer ein anderer Gast, meist ein – zumindest an Erfahrung – junger Professor finden, der manches mal durchaus ein wenig keck die Frage nach der Größe des Grundstücks aufwirft, ohne zu ahnen, welche Freude er dem Jubilar damit bereitet. Dieser pflegt daraufhin schelmisch folgendes zu antworten: „Ich halte es da mit den Bauern im Münsterland. Wenn ich in den fünfziger Jahren bei auswärtigen Beurkundungen meiner Mutter[1] dabei sein durfte und man die Bauern fragte, wie groß den ihr Hof sei, antworteten diese: Soweit Sie gucken können."

Ob man nun einen Landsitz haben muss, um auch zumindest ein Pferd zu halten, ist, soviel sei vorweggenommen, eine Frage des Einzelfalls. Die private Pferdehaltung und wohl zumindest auch infolgedessen die gewerbliche Pferdehaltung nehmen immer weiter zu. Doch mit der Pferdehaltung sind wie mit jeder anderen Tierhaltung immer auch Geruchs- und Lärmbelästigungen verbunden. Da der ländliche Raum zudem auch immer mehr um seiner selbst Willen geschätzt und genutzt wird, sowie die Gemeinden sich immer weiter ausdehnen möchten, kollidiert die Pferdehaltung zunehmend mit den gegenläufigen Interessen von Wohnnutzung.

I. Geruchsbelästigungen durch Pferdehaltung

Die Geruchsbelästigungen durch die Pferdehaltung sind selbst bei einer Vielzahl von Tieren nicht so intensiv wie die Geruchbelästigungen, die von der Massentierhaltung von Schweinen, Rindern oder Geflügel ausgehen. Andererseits ist die Haltung von Pferden im Gegensatz zu der Haltung von Hunden und Katzen mit der Haltung von in Massentierhaltung gehaltenen Tieren allerdings insofern vergleichbar, als von der Pferdehaltung zumindest ähnliche Geruchsbelästigungen ausgehen.

II. Anwendbarkeit der GIRL/TA-Lärm und TA-Luft

Ob Geruchsbelästigungen durch die Pferdehaltung im Einzelfall noch zumutbar sind, kann – im Unterschied zur Rinder- Schweine- oder Geflügelhaltung – man-

[1] Rechtsanwältin und Notarin Martha Stüer, * 1904 in Münster † 1984 ebenda.

gels Vorhandenseins spezieller Regelwerke wie einer entsprechenden DIN oder auch anderer Regelwerke, die Mindestabstände zur angrenzenden Wohnbebauung enthalten und als Orientierungshilfe gelten, entschieden werden.[2] Auch zur Bewertung und Beurteilung von Geräuschen, wie zum Beispiel das Abschnauben der bewegten Pferde, ein Wiehern oder gelegentliche Menschenstimmen, die mit der Pferdehaltung verbunden sind, kann auch nicht schematisch auf die Regelungen der TA Lärm zurückgegriffen werden. Maßgebend sind daher die Umstände des Einzelfalls, die in einer Gesamtschau zu bewerten sind.[3]

Festzuhalten ist jedoch aus den Erfahrungen, dass bei der Geruchsbelastung von Pferden jedenfalls keinesfalls ein höherer Geruchsfaktor als bei Rindern angenommen werden kann. Dies kann für die Einzelhaltung aber sogar auch bei einer Pensionspferdehaltung gelten, weil bei einer Pensionspferdehaltung davon ausgegangen werden kann, dass die Pferde unter erhöhter Einstreu besonders sauber gehalten werden.[4] Als Bewertungsrichtlinie kann bei einer Bewertung von Gerüchen von Pferden neben der GIRL auch die Richtlinie VDI 3894 „Emissionen und Immissionen aus Tierhaltungsanlagen Haltungsverfahren und Emissionen Schweine, Rinder, Geflügel, Pferde" vom September 2011 herangezogen werden. Dabei wird für die Pferdehaltung dann ein Geruchsfaktor von 10 GE für noch angemessen gehalten. Aufgrund weiterer Kriterien wie einem günstigeren hedonistischen Faktor für Pferde und der entsprechenden Situation vor Ort ist die Anwendung eines Gewichtungsfaktors von 0,5 für die Pferdehaltung als sachgerecht anzusehen. Ein Vergleich der Geruchsbelastung von Rindern mit der Belastung von Pferden, geschieht lediglich in der Art einer „worst case-Betrachtung",[5] denn geruchsbedingte Störungen durch eine Pferdehaltung sind „bekanntermaßen grundsätzlich deutlich geringer als etwa bei der Haltung von Rindern oder Schweinen".[6] Die Geruchsbeeinträchtigungen sind besonders dann als sehr gering anzusehen, wenn es sich um eine sehr saubere und mit viel Einstreu betriebene Pferdehaltung handelt.[7]

III. Innenbereich oder Außenbereich

Neben den Bewertungskriterien für die Gerüche kann für die Beurteilung der Zulässigkeit der Pferdehaltung die Frage von entscheidender Bedeutung sein, ob es sich bei dem Gebiet um den Innenbereich oder Außenbereich handelt. Daher kommt es in schwierigen Fällen auf die Abgrenzung von beiden Bereichen an. Eine Abgrenzung zwischen Innen- und Außenbereich kann immer nur auf der Grundlage einer umfassenden, die gesamten örtlichen Gegebenheiten würdigenden Beurteilung getroffen werden. Die hierfür notwendige Grenzziehung zwischen Außen- und Innenbereich kann aber auch an äußerlich erkennbare, mit dem Auge wahr-

[2] VGH München, Urt. v. 17.3.2011 – 2 N 10.2071.
[3] VGH München, Beschl. v. 7.9.2011 – 15 CS 11.835.
[4] VG München, Urt. v. 22.3.2012 – M 11 K 10.1016.
[5] VGH München, Urt. v. 17.3.2011 – 2 N 10.2071.
[6] VGH München, Urt. v. 17.3.2011 – 2 N 10.2071; VGH Mannheim VBlBW 2004, 181.
[7] VG München, Urt. v. 22.3.2012 – M 11 K 10.1016.

nehmbare Gegebenheiten der vorhandenen Bebauung und der übrigen Geländeverhältnisse anknüpfen. Als weiteres wichtiges Abgrenzungskriterium kann auch der Erschließungszustand des Grundstücks von Bedeutung sein. Allerdings kann das Vorhandensein von Erschließungsanlagen alleine nicht dazu führen, dass einer nach den sonstigen Abgrenzungskriterien nicht einem Bebauungszusammenhang zuzuordnenden Fläche bereits Innenbereichsqualität zukommt.[8]

1. *Pferdehaltung im Innenbereich*

Da die Pferdehaltung insbesondere wenn es sich nicht um Pferdepensionshaltung somit nur um die Haltung von wenigen Tieren oder um Pferdpensionshaltung auf nur gepachteten Flächen handelt, teilweise nicht dem Außenbereich nach § 35 BauGB zugeordnet wird, weil es sich nicht um einen landwirtschaftlicher Betrieb im Sinne des § 35 Abs. 1 Nr. 1 BauGB handelt,[9] findet Pferdehaltung immer häufiger auch an Randlagen im Innenbereich statt. Grundsätzlich ist nach § 34 Abs. 1 BauGB ein Vorhaben im Innenbereich zulässig, wenn es sich nach Art und Maß der baulichen Nutzung, der Bauweise und der Grundstücksfläche, die überbaut werden soll, in die Eigenart der näheren Umgebung einfügt und die Erschließung gesichert ist. Dies bedeutet, dass die Anforderungen an gesunde Wohnverhältnisse gewahrt bleiben müssen, also das Ortsbild nicht beeinträchtigt werden darf.

Der in § 34 BauGB im Gegensatz zum Außenbereich geforderte Bebauungszusammenhang reicht dabei so weit, wie die aufeinander folgende Bebauung trotz dazwischen liegender unbebauter Freiflächen den Eindruck der Geschlossenheit als einer Zusammengehörigkeit vermittelt, an dem auch das entsprechende Baugrundstück teilnimmt. Die Vorschrift des § 34 BauGB knüpft dabei ausschließlich an die optisch wahrnehmbaren faktischen Verhältnisse an.[10]

Bei der räumlichen Bestimmung des unbeplanten Innenbereichs nach § 34 BauGB ist maßgeblich auf das Vorhandensein eines tatsächlichen Bebauungszusammenhangs abzustellen.[11] Liegt also ein Bebauungszusammenhang vor, gewährt das öffentliche Baurecht dem Nachbarn über die Art der baulichen Nutzung innerhalb desselben Gebietes ein subjektives Abwehrrecht gegenüber nicht gebietsverträglichen Nutzungen. Steht die Art der Nutzung im Streit hat der Nachbar also die Möglichkeit eine Klage zu erheben, bei der der Bauherr allerdings zu beteiligen ist. Dieser Abwehranspruch des Nachbarn geht sogar noch über das Rücksichtnahmegebot hinaus. Es ist ein Gebietsgewährleistungsanspruch, der darauf gerichtet ist, Nutzungen abwehren zu können, die mit der Eigenart des entsprechenden Baugebiets nicht verträglich sind.[12]

---

[8] BVerwG, Urt. v. 25.1.1985 – 4 C 29.81 BRS 44 Nr. 87; VG Saarlouis, Urt. v. 11.5.2011 – 5 K 897/10 – OVG Saarlouis, Urt. v. 26.4.2012 – 2 A 133/12; *Stüer,* Handbuch des Bau- und Fachplanungsrechts, 4. Aufl. 2009, Rn. 1604.

[9] BVerwG, Beschl. v. 19.7.1994 – 4 B 140/94, Buchholz 406.11 § 35 BauGB Nr. 301; BVerwG, Beschl. v. 10.1.1995 – 4 B 2/95, Buchholz 406.11 § 35 BauGB Nr 306.

[10] BVerwG, DVBl 1969, 262; BVerwG, Beschl. v. 27.5.1988 – 4 B 71.88, RdL 1988, 179; BVerwG, Urt. v. 28.10.1993 – 4 C 5.93, RdL 1994, 202; OVG Saarlouis, Urt. v. 25.5.1999 – 2 R 10/98.

[11] BVerwG, Urt. v. 1.12.2002 – IV C 6.71, NJW 2003, 1014; OVG Saarlouis, Urt. v. 20.10.1986 – 2 R 183/86, BRS 46, Nr. 163.

[12] VG Saarlouis, Urt. v. 3.8.2012 – 5 K 199/11.

Daneben können städtebauliche Spannungen, die sich im Rahmen des § 34 Abs. 1 BauGB zwischen der Wohnbebauung und der Tierhaltung aufgrund der mit der Tierhaltung verbundenen Emissionen ergeben, mit Hilfe des Gebots der Rücksichtnahme bewältigt werden.[13] Dabei ist im Rahmen der gebotenen Interessenabwägung zunächst zu differenzieren zwischen der Tierhaltung zu Erwerbszwecken und einer Tierhaltung aus Liebhaberei. Die Pferdehaltung aus Liebhaberei muss wohl gesehen werden bei nur zwei Tieren.[14] Die gewerbliche Tierhaltung steht unter dem Schutz des Art. 12 GG, so dass ihr bei der im Rahmen des Gebots der Rücksichtsnahme erforderlichen Interessenabwägung ein höherer Stellenwert einzuräumen ist als einer anderen Zwecken dienenden Tierhaltung, die lediglich durch Art. 2 GG geschützt ist. Bei einem Konflikt zwischen Wohnruhe und nichtgewerblicher Tierhaltung führt die durch das Gebot der Rücksichtnahme gebotene Interessenabwägung in der Regel zu einem Vorrang des Schutzes der Wohnruhe. Zwar ist im Rahmen einer angemessenen Nutzung eines Wohngrundstücks nach § 14 BauNVO auch die Haltung von Tieren, insbesondere von Hunden und Katzen erlaubt. Die durch die übliche Zahl von 1 bis 2 Hunden oder Katzen hervorgerufene Beeinträchtigung, etwa gelegentliches Bellen von Hunden oder Eindringen von Katzen in fremde Gärten, muss die Nachbarschaft als praktisch unvermeidliche Folge der zulässigen Haltung derartiger Tiere hinnehmen.[15]

Allerdings führt bei der Abwägung im Rahmen des Gebots der Rücksichtnahme die objektive Baurechtswidrigkeit des angegriffenen Vorhabens nicht bereits dazu, dass die Interessen des Bauherrn einer Pferdehaltung als gering zu werten sind und generell hinter denen des Nachbarn zurückzutreten haben. Der Eigentümer eines Grundstücks im Innenbereich kann nämlich gegenüber einer auf dem Nachbargrundstück im Außenbereich genehmigten Bebauung Rücksichtnahme auf seine Interessen im Rahmen einer Abwägung mit den Interessen des Bauherrn nur insoweit verlangen, als er über eine schutzwürdige Abwehrposition verfügt. Eine solche Position erlangt er nicht allein dadurch, dass die auf seinem Grundstück verwirklichte Nutzung baurechtlich zulässig, das auf dem anderen Grundstück genehmigte Vorhaben dagegen wegen einer Beeinträchtigung öffentlicher Belange, die nicht dem Schutz privater Dritter zu dienen bestimmt sind, unzulässig ist.[16] Aufgrund der Darstellungen vom Innenbereich nach § 34 BauGB würde sich nämlich grundsätzlich im Innenbereich die Pferdehaltung wegen der von ihr typischerweise ausgehenden Emissionen bauplanungsrechtlich als unzulässig erweisen, soweit eben auch die nähere Umgebung einem Wohngebiet entspricht.[17]

---

[13] Brügelmann, BauGB (Stand: 4.7.2011), § 34 Rn. 57 (Stand: Dezember 2002); BVerwG, Urt. v. 4.7.1980 – 4 C 101.77, BRS 36 Nr. 59; BVerwG, Urt. v. 3.4.1987 – 4 C 41.84, BRS 47 Nr. 63; BVerwG, Urt. v. 14.1.1993 – 4 C 19.90, BRS 55 Nr. 175.

[14] BVerwG, Beschl. v. 9.9.2004 – 4 B 58.04, BauR 2005, 1136; Stüer (Fn. 8), Rn. 2626.

[15] VG Saarlouis, Urt. v. 3.8.2012 – 5 K 199/11.

[16] BVerwG, Urt. v. 28.10.1993 – 4 C 5.93, RdL 1994, 202.

[17] VGH München Urt. v. 9.11.1979 – Z, BayVBl. 1980,212; VG Saarlouis, Urt. v. 3.8.2011 – 5 K 199/11; OGV Greifswald, Beschl. v. 1.3.2007 – 3 M 14/07; VGH Mannheim, Urt. v. 16.5.1990 – 3 S 218/90; OVG Saarlouis, Urt. v. 29.1.1988 – 2 R 363/86, BRS 48 Nr. 52.

Dabei ist allerdings immer zu berücksichtigen, ob sich die geplante Pferdehaltung in der unmittelbaren Nachbarschaft zu einer Wohnbebauung befindet oder das räumliche Umfeld etwas weitläufiger ist. Denn bei der anzustellenden typisierenden Betrachtungsweise muss in die Beurteilung der unzumutbaren Belästigungen immer eine Vielzahl von Kriterien mit beachtet werden, dies wären unter anderem dann die Zahl der Tiere, der Zuschnitt des Grundstücks, die Stellung der Wohngebäude, Hobbytierhaltung oder auch eine gewisse Vorbelastung mit Immissionen. Daher gibt es auch im Innenbereich Ausnahmen in denen die Pferdehaltung als zulässig erachtet wurde, weil es immer auf die Beurteilung im Einzelfall ankommt.

Im Einzelfall kann also die Pferdehaltung selbst in Wohngebieten zulässig sein. Dies jedoch nur dann, wenn es sich um weiträumige Grundstücke handelt, die die Errichtung eines Pferdestalls oder einer Pferdehaltung in ausreichender Entfernung von den Nachbargrundstücken erlauben. Ferner kann eine Pferdehaltung unter Umständen auch dann zugelassen werden, wenn sie derart am Ortsrand stattfinden soll, dass die Gegend mehr der freien Landschaft als einem Wohngebiet zugeordnet werden kann.[18]

Bereits bei der Einordnung des Gebietscharakters muss also daher darauf geachtet werden, ob es sich hier um das typische Wohngebiet handelt oder vielleicht um ein Wohngebiet mit dörflicher Prägung. Denn in einer Gemengelage die einem Wohngebiet mit dörflicher Prägung zuzuordnen ist, ist in aller Regel eine gewisse Geruchs- und Lärmbelästigung durch Nutztiere ortsüblich und darum im Hinblick auf das Gebot der Rücksichtnahme grundsätzlich hinzunehmen, zumal hier die Anforderungen insbesondere an eine Hobbypferdehaltung gerade nicht überspannt werden dürfen.[19]

Als Kriterium für die Zulassung von Pferdehaltung an Randgebieten selbst im Innenbereich kann mithin angeführt werden, dass – da der Außenbereich dazu dient, privilegierte Vorhaben, wie etwa landwirtschaftliche Betriebe, unterzubringen – die Eigentümer von Wohnhäusern im Randgebiet zum Außenbereich mit der Ansiedlung solcher Betriebe rechnen müssen. Insofern ist ihre Schutzwürdigkeit und Schutzbedürftigkeit gegenüber einer Wohnnutzung, die sich inmitten einer Ortslage befindet, deutlich herabgesetzt.[20] Dem entsprechend können Bewohner von Anwesen im Innenbereich, deren Grundstück sich an der Grenze zum Außenbereich befindet, grundsätzlich nicht unter Berufung auf die Rücksichtnahmepflicht einfordern, dass im angrenzenden Außenbereich keine Pferdehaltung oder andere Tierhaltung stattfindet, auch wenn dies mit den typischen Immissionen insbesondere durch Geruch, Abschnauben und Insekten verbunden ist. Diese Immissionen sind nämlich als außenbereichstypisch anzusehen und bei einem Innenbereichsgrundstück, das an den Außenbereich angrenzt, grundsätzlich hinzunehmen.[21]

---

[18] VGH München, Beschl. v. 7.9.2011 – 15 CS 11.835; VGH München, Urt. v. 5.10.2009 – 15 B 08.2380, BRS 74 Nr. 64.

[19] OVG Koblenz, Urt. v. 30.4.2010 – 1 A 11294/09; VGH München, Beschl. v. 7.9.2011 – 15 CS 11.835.

[20] VG München, Urt. v. 22.3.2012 – M 11 K 10.1011.

[21] VGH München, Urt. v. 5.10.2009 – 15 B 08.2380, BRS 74 Nr. 64; VG Saarlouis, Urt. v. 3.8.2011 – 5 K 199/11, BauR 2011, 1860.

2. *Pferdehaltung im Außenbereich*

Der Außenbereich umfasst nach der Prüfung die Gesamtheit der von den §§ 30, 34 BauGB nicht erfassten Flächen. Damit zählen zum Außenbereich Flächen, die weder im Geltungsbereich eines Bebauungsplanes im Sinne des § 30 BauGB noch innerhalb der im Zusammenhang bebauten Ortsteile liegen. Eine Fehlvorstellung ist es allerdings, den Außenbereich durch die optisch wahrnehmbaren faktischen Verhältnisse nur anzusehen als orts- oder stadtfern, freie und unberührte Natur oder gar Einsamkeit oder Abgeschiedenheit. Denn dann wären Konflikte in diesem Bereich, insbesondere im Zusammenhang mit der Pferdhaltung, nicht Gegenstand von zahlreichen Gerichtsverhandlungen.

Der Außenbereich nach § 35 BauGB ist geschaffen worden, damit die landwirtschaftliche Nutzung oder auch Tierhaltung hier unproblematisch stattfinden kann. Allerdings ist eine Pferdehaltung nur als Landwirtschaft nach § 201 BauGB zu werten, wenn das Futter in der unmittelbaren Bodenertragsnutzung erzeugt wird, dies etwa wenn mindestens 0,5 ha an Weideland pro Jahr für das Tier zur Verfügung stehen und 20–35 Tiere auf Dauer gehalten werden.[22] Daher ist im Außenbereich nach § 35 Abs. 1 BauGB ein Vorhaben nur zulässig, wenn öffentliche Belange nicht entgegenstehen. Die Beeinträchtigung öffentlicher Belange nach § 35 Abs. 3 BauGB als Folge eines Bauvorhabens begründet jedoch regelmäßig keine subjektiv öffentlichen Rechte des Nachbarn. Denn die öffentlichen Belange dienen allein dem öffentlichen Interesse, den Außenbereich von ungeordneter und störender Besiedlung freizuhalten. Einen Nachbarschutz gewähren die Vorschriften über das Bauen im Außenbereich im Rahmen des Gebots der Rücksichtnahme. Das Rücksichtnahmegebot ist dabei keine allgemeine Härteklausel, die über den Vorschriften des gesamten öffentlichen Baurechts steht, sondern Bestandteil einzelner gesetzlicher Vorschriften des Baurechts. Das Rücksichtnahmegebot soll nach der Rechtsprechung des BVerwG gewährleisten, dass Nutzungen, die geeignet sind, Spannungen und Störungen hervorzurufen, einander so zuzuordnen sind, dass ein Interessenausgleich möglich ist, der beiden Seiten gerecht wird.[23]

Zwar ist dieses Gebot der Rücksichtnahme, nach dem im Allgemeinen auf schutzwürdige Individualinteressen Rücksicht zu nehmen ist, nicht ausdrücklich in § 35 BauGB aufgeführt, es kann aber als besondere Ausformung aus der Beeinträchtigung der öffentlichen Belange, wenn ein Vorhaben schädliche Umwelteinwirkungen hervorruft nach § 35 Abs. 3 Satz 1 Nr. 3 BauGB und für nicht von dieser Vorschrift erfasste Auswirkungen als weiterer in dem nicht abschließenden Katalog des § 35 Abs. 3 BauGB nicht aufgeführter öffentlicher Belang, hergeleitet werden.[24]

Für den Begriff der schädlichen Umwelteinwirkungen in § 35 Abs. 3 Satz 1 Nr. 3 BauGB ist die Legaldefinition des § 3 Abs. 1 BImSchG heran zuziehen.[25]

---

[22] VG Düsseldorf, Urt. v. 4.5.1994 – 7 K 5002/91, Rdl 1994, 234; Stüer (Fn. 8), Rn. 2625.

[23] BVerwG, Urt. v. 13.3.1981 – 4 C 1.78, DVBl 1981, 928; BVerwG, Urt. v. 5.8.1983 – 4 C 96.79, NJW 1984, 138.

[24] VG Saarlouis, Urt. v. 11.5.2011 – 5 K 897/10; BVerwG, Beschl. v. 5.9.2009 – 4 B 56/00, BauR 2001, 83; BVerwG, Urt. v. 28.10.1993 – 4 C 5/93, NVwZ 1994, 686.

[25] *Söfker* in: Ernst/Zinkahn/Bielenberg, BauGB, Stand: November 2011, § 35 Rn. 88.

Daher bedeuten schädliche Umweltauswirkungen, dass es sich um Immissionen handelt, die nach Art, Ausmaß oder Dauer geeignet sind, Gefahren, erhebliche Nachteile oder erhebliche Belästigungen für die Allgemeinheit oder die Nachbarschaft herbeizuführen. Für die Beurteilung der für den Begriff der schädlichen Umwelteinwirkung maßgeblichen Erheblichkeitsschwelle von Nachteilen und Belästigungen ist ein objektiver Maßstab anzulegen. Weiterhin sind die Art des Gebiets und zum Teil eventuelle Vorbelastungen zu berücksichtigen. Die Erheblichkeit von Nachteilen und Belästigungen setzt hierbei voraus, dass das übliche und zumutbare Maß überschritten wird.[26]

Dieses Gebot der Rücksichtnahme gilt nicht nur für Außenbereichsvorhaben untereinander, sondern über Gebietsgrenzen hinweg und kann damit Eigentümern zu Gute kommen oder beschweren, deren Grundstücke im unbeplanten Innenbereich liegen.[27] Insoweit gilt es zu berücksichtigen, dass Wohngrundstücke am Rande zum Außenbereich mit den im Außenbereich typischerweise vorkommenden Auswirkungen landwirtschaftlicher Tätigkeit ebenso zu rechnen haben, wie mit einer Neuansiedlung eines landwirtschaftlichen Betriebes, weil der Außenbereich nach der in § 35 Abs. 1 Nr. 1 BauGB zum Ausdruck gelangten gesetzlichen Wertung hierfür gerade vorgesehen ist. Der Schutzanspruch des Eigentümers eines an den Außenbereich grenzenden Grundstücks in Ortsrandlage gegen im Außenbereich an sein Grundstück heranrückende Tierhaltung, die dort nach § 35 BauGB privilegiert zulässig sind, und gegen von solchen Vorhaben auf sein Grundstück einwirkende Beeinträchtigungen ist daher gemindert. Mit Rücksicht auf die besondere Lage des Grundstücks am Rande des Außenbereichs muss sich der Eigentümer ohne weiteres auf Veränderungen und Benachteiligungen einstellen, die daraus resultieren, dass bestimmte Vorhaben wegen ihrer im beplanten Innenbereich grundsätzlich nicht hinnehmbaren Auswirkungen auf die Umwelt und die Nachbarschaft gerade im Außenbereich errichtet werden sollen. Der Eigentümer eines solchen an der Grenze eines Wohngebiets zum Außenbereich gelegenen Grundstücks kann daher nicht verlangen, dass in seiner Nachbarschaft wiederum nur Wohnnutzung entsteht und dass keine Vorhaben verwirklicht werden, von denen eine Wohnnutzung nachteilig beeinflussende Immissionen ausgehen.[28]

IV. Zusammenfassung

Möchte eine Gemeinde oder ein Landkreis also Tierhaltung und hier insbesondere der Pferdehaltung einen Raum selbst am Rande zum Außenbereich gelegenen weitläufigen Grundstücken im Innenbereich geben, können auch Auflagen zur Immissionsverringerung wie der Beschränkung der Betriebszeiten zum Lärmschutz, die Pferdebewegungen auf einem Naturboden statt auf einem Sandboden zum Lärmschutz, Anweisungen der Trainer mittels Sprechfunk an die jeweiligen Reitschüler zum Lärmschutz, unter erhöhter Einstreu die Pferde besonders sauber

---

[26] VG Saarlouis, Urt. v. 11.5.2011 – 5 K 897/10.

[27] VG Saarlouis, Urt. v. 11.5.2011 – 5 K 897/10; BVerwG, Beschl. v. 5.9.2009 – 4 B 56/00, BauR 2001, 83; BVerwG, Urt. v. 28.10.1993 – 4 C 5/93, NVwZ 1994, 686.

[28] BVerwG, Urt. v. 19.1.1989 – 7 C 77/87, BVerwGE 81, 197.

halten um Geruchsimmissionen zu verringern und auch die Auslagerung von Misthaufen.

Als Kriterium für die Zulassung von Pferdhaltung an Randgebieten selbst im Innenbereich kann angeführt werden, dass da der Außenbereich dazu dient, privilegierte Vorhaben – wie etwa landwirtschaftliche Betriebe unterzubringen – die Eigentümer von Wohnhäusern im Randgebiet zum Außenbereich mit der Ansiedlung solcher Betriebe rechnen müssen. Insofern ist ihre Schutzwürdigkeit und Schutzbedürftigkeit gegenüber einer Wohnnutzung, die sich inmitten einer Ortslage befindet, deutlich herabgesetzt.[29]

[29] VG München, Urt. v. 22.3.2012 – M 11 K 10.1011; VG Augsburg, Urt. v. 21.6.2012 – Au 5 k 11.1659.

LARS WINTER

Bauleitplanung und elektronische Beteiligung – Beteiligungsverfahren des Baugesetzbuches im Wandel[1]

Die Bauleitplanung ist in der Regel ein enormer personeller, logistischer, zeitlicher und finanzieller Aufwand. Es handelt sich um einen stark durch Kommunikation geprägten Vorgang, an dem viele Akteure beteiligt sind. Nicht zuletzt durch das Planungsverfahren „Stuttgart 21" und Vorhaben rundum die Energiewende sind wieder zunehmend Rufe nach einer „besseren" und „stärkeren" Öffentlichkeitsbeteiligung laut geworden. Womöglich bedarf es gar nicht allzu großer Anstrengungen und Gesetzesänderungen, um den Erfordernissen einer zeitgemäßen Öffentlichkeits- und auch Behördenbeteiligung gerecht zu werden.

Die kommunale Bauleitplanung bietet gute Möglichkeiten, Elemente einer internetgestützten Beteiligung anzuwenden, so die Kernthese dieses Beitrags. Im Idealfall ergibt sich eine für Politiker, Verwaltung und Öffentlichkeit gewinnbringende Situation. Den Kommunen wird bei der elektronischen Öffentlichkeitsbeteiligung generell eine herausragende Funktion zugesprochen, insoweit die Bürger und andere Beteiligte auf dieser Ebene den Einfluss von politischen Entscheidungen auf ihren Alltag mit am unmittelbarsten erfahren würden.[2]

I. Einleitung

Viele technologische Entwicklungen, somit auch die vor ein paar Jahren noch als Visionen verschrienen, sind wahr geworden. Allen voran das Internet gehört heute zu den ganz alltäglichen Möglichkeiten der modernen Informationstechnologie. Manche Technologien und Nutzungen haben sich nicht ganz so wie vorausgesagt entwickelt, andere gar nicht und wieder andere vielleicht nur noch nicht. Die elektronische Datenverarbeitung im Gewand des Computers, die Nutzung von Internet[3] und E-Mail sind längst auch voll im privaten Alltag der Mehrheit angekommen.

Die elektronische Kommunikation und insbesondere das Internet haben nicht nur Strukturen in der privaten Wirtschaft und den Alltag der Menschen verändert. Auch Regierungen und öffentliche Verwaltungen haben die vielfältigen Möglich-

---

[1] Der Beitrag beruht wesentlich auf der Dissertationsschrift „Bauleitplanung und Internet – Beteiligungsverfahren des Baugesetzbuches im Wandel", mit der der Autor im Juli 2012 unter der Betreuung durch Prof. Dr. Stüer an der Universität Osnabrück promoviert wurde.

[2] *Korff*, Kommunale Demokratie und das Internet, in: Kamps (Hrsg.), Elektronische Demokratie? Perspektiven politischer Partizipation, S. 191.

[3] Mit Internet ist vorrangig das World-Wide-Web gemeint, also die multimediale Nutzeroberfläche bestehend aus Internetseiten, die anhand von Adressen, beginnend mit http://, aufgerufen werden können.

keiten des Internets erkannt und bieten Informationen und Dienstleistungen vermehrt auch online an. Die Nachfrage ist grundsätzlich da – seien es virtuelle Markt- und Handelsplätze, Online-Banking, Internetrecherche oder E-Mail – die Bevölkerungsgruppe, die das Internet aktiv nutzt ist heute deutlich größer als die Gruppe der sogenannten „Offliner".

Prognostizierte Auswirkungen des Internets auf die Verwaltung sind Kosteneinsparungen, mehr Bürgernähe und Effizienz- und Transparenzgewinne – die schon fast typischen Schlagwörter bei neuen Technologien. So hat, wie auch in vielen anderen Bereichen der öffentlichen Verwaltung, auch im Fachgebiet der Bauleitplanung das Internet als Kommunikations- und Informationsmedium Einzug gehalten und gewinnt zunehmend an Bedeutung. Mit § 4a Abs. 4 S. 1 wurde die zusätzliche Nutzungsmöglichkeit einer internetgestützten Öffentlichkeitsbeteiligung in das BauGB aufgenommen.[4] Immer mehr Gemeinden stellen Informationen zu aktuellen Bauleitverfahren ins Internet, ermöglichen die elektronische Kommunikation oder boten sogar schon vor der Klarstellung durch § 4a Abs. 4 S. 1 BauGB Plattformen für eine Öffentlichkeitsbeteiligung in Bauleitverfahren im Internet an. Zielsetzung, Quantität und Qualität unterscheiden sich jedoch stark.[5]

Um die Kultur der Öffentlichkeitsbeteiligung in der Bauleitplanung sei es dennoch nicht immer zum Besten bestellt.[6] So scheine es zuweilen, als würde die vorgeschriebene Beteiligung der Öffentlichkeit eher argwöhnisch betrachtet und als würden längst nicht alle Möglichkeiten genutzt, um die Verfahren für eine rege Beteiligung der Öffentlichkeit attraktiv zu gestalten. Zugleich kämpfen klassische Beteiligungsverfahren seit jeher mit dem Problem einer geringen und eher zögerlichen Teilnahme der Bürger. Dadurch kann ein erhebliches Potenzial an Abwägungsmaterial ungenutzt bleiben und negative Auswirkungen auf die Qualität der Planung sind nicht ausgeschlossen.

Mit dem anhaltenden Siegeszug moderner Informations- und Kommunikationstechnologien sind tiefgreifende Veränderungen nicht nur in der Kommunikationskultur einhergegangen und werden Staat und Gesellschaft weiter verändern. Selbst als die aktuellen Möglichkeiten erst teilweise absehbar waren, wurde schon länger der Übergang von einer Industrie- zur Informations- und Wissensgesellschaft beschrieben.[7] So stellen auch gewandelte gesellschaftliche, demographische und ökonomische Rahmenbedingungen an die Bauleitplanung neue Anforderungen.[8] Informations- und Kommunikationstechnologien sind einige der Schlüsseltechnologien, vor denen sich die Verwaltung nicht verschließen darf und die es anzuwenden gilt, will man als moderner und zeitgemäßer Staat dem Bürger dienen. Mögliche Effizienzsteigerungen und Kosteneinsparungen sind dabei, auch bei der Nutzung durch den Staat, nur ein Teil der Antriebsgründe.

Ein besserer Dienst am Kunden, dem Bürger oder privaten Unternehmen, sollte Antrieb genug sein. Probleme, die die internetgestützte Bauleitplanung und insbe-

[4] Schon durch das Europarechtsanpassungsgesetzes Bau v. 24.6.2004 (BGBl. I S. 1359).

[5] Vgl. Initiative eParticipation (Hrsg.), Elektronische Bürgerbeteiligungen in deutschen Großstädten – Website-Ranking, S. 18 ff.

[6] *Berghäuser/Berghäuser* NVwZ 2009, 766 (766).

[7] Etwa *Pitschas* DuD 1998, 139 (139); *Schoch* VVDStRL 57 (1998), 158 (168).

[8] Vgl. *Steinebach* ZfBR 2004, 16 (16).

sondere die Öffentlichkeitsbeteiligung als Teilbereich des E-Government aufwirft, gilt es zu bewältigen. Die internetgestützte Öffentlichkeits- und Behördenbeteiligung im Rahmen der Bauleitplanung ist dabei hauptsächlich an drei Punkten zu bewerten. Zu prüfen ist, inwiefern Ziele der klassischen Beteiligungsformen auch oder womöglich stattdessen über das Internet erreicht werden können, ob es einen Mehrertrag im Vergleich zu klassischen Formen gibt und ob und wenn welche rechtlichen Hindernisse einer internetgestützten Beteiligung entgegenstehen.

II. Legitimation staatlichen Handelns

Nach dem Demokratieprinzip legitimiert sich staatliches Handeln extrem verkürzt dargestellt dadurch, dass es aus demokratischen Willens- und Entscheidungsprozessen hervorgeht, welche in direkt oder indirekt demokratisch legitimierten Institutionen und in transparenten Verfahren ablaufen.[9] Der Beteiligung der Öffentlichkeit nach § 3 BauGB liegt wie auch anderen spezifisch verfahrensrechtlichen Instrumenten wie der Umweltverträglichkeitsprüfung, der Umweltprüfung oder dem Informationsauskunftsanspruch nach den Umweltinformationsgesetzen der Länder und des Bundes ein ausgeprägt demokratischer Ansatz zugrunde.

Die Bauleitplanung erfordert eine intensive Auseinandersetzung und Berücksichtigung mit den von der Planung betroffenen Interessen und Belangen. Zum Zweck der Rechtssicherheit und Legitimation soll im Sinne einer partizipatorischen Demokratie eine möglichst große Öffentlichkeit an dem Planungsprozess beteiligt werden.[10] Das Schlagwort „Legitimation durch Verfahren“[11] ist nach wie vor die Grundlage für baurechtliche Planungsverfahren. So sollen geduldige Informations- und Aushandlungsprozesse sowie die Berücksichtigung möglichst vieler Interessen, als Ergebnis nicht nur gute Entscheidungen hervorbringen, sondern auch eine möglichst große allgemeine Zustimmung garantieren.

Letztendlich lässt sich die Legitimation staatlichen Handelns in allen demokratischen Staaten auf die Volkssouveränität zurückführen. Demnach ist Herrschaft konstituiert und wird durch das institutionalisierte und streng kanalisierte Verfahren der Volkswahl legitimiert.[12] Legitimationssubjekt ist immer der Bürger. Demokratische Staaten erlangen ihre Legitimität somit grundlegend über den Grad, inwiefern sie Bürger an Entscheidungsprozessen beteiligen.[13] Dazu gehört auch das bürgerschaftliche Mitwirken in verschiedensten Formen und Ausprägungen der politischen Willensbildung.

---

[9] *Schedler/Proeller,* New Public Management, 3. Aufl. 2006, S. 8; vertiefend *Müller,* Internet-Stadtportale als Bestandteile des lokalen Kommunikations- und Partizipationsraumes – Untersuchungen am Beispiel der Städte Münster und Dortmund, S. 5 ff.

[10] *Wagner/Kulus/Krek,* Online gestützte Beteiligungsangebote in formellen Planungsprozessen am Beispiel des deutschen Bauleitplanverfahrens, in: CORP – Verein zur Förderung und Erforschung der Stadtplanung und Regionalentwicklung in der Informationsgesellschaft (Hrsg.), S. 349.

[11] Nach *Habermas,* Faktizität und Geltung, 1. Aufl. 1998 S. 369.

[12] *Schmitt Glaeser,* in: Isensee/Kirchhof, Handbuch des Staatsrechts der Bundesrepublik Deutschland, Band III (§§ 33–70), 3. Aufl., § 38 Rn. 30.

[13] *Donath,* Demokratie und Internet: Neue Modelle der Bürgerbeteiligung an der Kommunalpolitik – Beispiele aus den USA, S. 75.

So geht das Grundgesetz ganz selbstverständlich von der in der Demokratie bestehenden Notwendigkeit einer „politischen Willensbildung des Volkes" aus, wenn es in Art. 21 Abs. 1 S. 1 GG von den Parteien sagt, dass sie daran mitwirken.[14] Aufgrund der Formulierung „mitwirken", zu verstehen als jede legale Form der Einflussnahme,[15] wird ein Monopol der politischen Parteien auf die politische Willensbildung ausgeschlossen.[16] Verwiesen wird vielmehr auch auf andere gesellschaftliche Kräfte und Vereinigungen und nicht zuletzt auf den einzelnen Bürger. Die Mitwirkung am politischen Leben der staatlichen Gemeinschaft ist somit bedeutender Teil der funktionellen Grundlage der Demokratie. Das demokratische Prinzip baue auf dem informierten, am Staatsleben ständig teilhabenden Bürger, seine wissende Nähe zum Staat auf.[17] Demokratie ist somit im weiteren Sinn ein ständiger Kommunikationsprozess zwischen Regierenden und Regierten.[18]

Die Notwendigkeit von Information und Kommunikation zwischen Volk und Staatsorganen wurde immer wieder herausgestellt – etwa im ersten Urteil des BVerfG zur Öffentlichkeitsarbeit der Bundesregierung 1977: „Willensbildung des Volkes und Willensbildung in den Staatsorganen vollziehen sich in vielfältiger und tagtäglicher Wechselwirkung. Politisches Programm und Verhalten der Staatsorgane wirken unablässig auf die Willensbildung des Volkes ein und sind selbst Gegenstand der Meinungsbildung des Volkes; Meinungen aus dem Volk, sehr häufig vorgeformt und gestaltet vor allem in den politischen Parteien, aber auch zum Beispiel über Verbände und über Massenmedien, wirken auf die Willensbildung in den Staatsorganen ein."[19]

Diese grundlegende Feststellung, vor allem bezogen auf politische Willensbildung, ist auch für baurechtliche Beteiligungsprozesse richtungsweisend. So entspricht es dem demokratischen Prinzip aus Art. 20 Abs. 2 GG, wenn Bürger vermehrt amtliche Informationen zur Verfügung gestellt bekommen und somit die Bildung einer sachkundigen öffentlichen Meinung vorangetrieben wird.[20] Dabei fördern elektronische Beteiligungsverfahren die Informiertheit und Mündigkeit der Bürger ebenso wie etwa Akteneinsichts- und Auskunftsrechte, Öffentlichkeitsbeteiligungen und umfassende Betroffeneninformationen. Im Rahmen der politischen Kommunikation können den Bürgern heute über das Internet alle relevanten Informationen wie Protokolle, Gesetze, Reden und beispielsweise auch bauplanerische Gutachten jederzeit, kurzfristig und vor allem zu minimalen Kosten angeboten werden. Es sei damit das letzte durch den Hinweis auf Kosten legitimierende Argument für das Zurückhalten von „Herrschaftswissen" entfallen.[21] Demokratisierend wirken staatliche Informationen, wenn die Informationen und die Art der Aufbereitung den Bürger befähigen, am politischen und verwaltenden Handeln mitzuwirken und so auch eine effektive Kontrollfunktion wahrzunehmen.

[14] BVerfG, Beschl. v. 30.7.1958 – 2 BvF 3/58, BVerfGE 8, 104 (112 f.).
[15] Vgl. *Schmitt Glaeser* (Fn. 12), § 38 Rn. 11.
[16] Vgl. nur BVerfG, Urt. v. 9.4.1992 – 2 BvE 2/89, BVerfGE 85, 264 (284).
[17] *Kirchhof* JZ 1989, 453 (455).
[18] Vgl. *Initiative eParticipation* (Fn. 6), S. 6.
[19] BVerfG, Urt. v. 2.3.1977 – 2 BvE 1/76, BVerfGE 44, 125 (147).
[20] Vgl. zur Willensbildung *Stein/Frank,* Staatsrecht, 20. Aufl. 2007, § 8 IV S. 60 ff.
[21] *Wienhöfer/Kastenholz/Geyer,* Bürgerbeteiligung im Internet? Möglichkeiten und Grenzen elektronischer Demokratie – Bürgergutachten, S. 7.

Dieser Gedanke wird umso bedeutender, wenn man unterstellt, dass die umfassende Kontrolle und Lenkbarkeit der Verwaltung durch die Legislative immer mehr zur Fiktion werde.[22] So bewirke der Informationsvorsprung der Exekutive, dass die parlamentarische Kontrollfunktion weniger effektiv ist.[23] Insbesondere bei sehr umfangreichen und komplexen Verfahren kann eine Machtverschiebung deutlich werden. Weiter werde die Machtverschiebung zwangsläufig auch durch eine Fülle unbestimmter Rechtsbegriffe und Spielräume für Prognoseentscheidungen aufgrund der Komplexität der zu regelnden Sachverhalte, welche der Ausfüllung durch die Verwaltung offenstehen, verschärft, insofern der Verwaltung die Entscheidung eigentlich wesentlicher Fragen zugewiesen wird.[24]

Um diesem Prozess entgegenzusteuern, gebietet sich ein optimales Maß an Transparenz, welches durch elektronische Beteiligungsverfahren gesteigert werden kann. Die Möglichkeiten des Internets und anderer moderner Informations- und Kommunikationstechnologien können den politischen Willensbildungsprozess, positiv zugespitzt, nahezu unbegrenzt verbreitern und intensivieren bis hin zur Einrichtung einer elektronischen Demokratie.[25] Zumindest aber sollte der Versuch unternommen werden, der Politikverdrossenheit[26] entgegenzuwirken, indem dem Bürger mehr und auch sichtbare Willensbildungs- und Einflussmöglichkeiten an die Hand gegeben werden. Diese können zwar die seit Jahren zurückgehende Wahlbeteiligung nicht auffangen, bilden jedoch ein zumindest lokal wirksames Instrument, gerade bei informellen Beteiligungsverfahren, einen Teil des wachsenden Legitimitätsproblems der repräsentativen Demokratie abzufedern.[27] Wobei im informellen und vorpolitischen Bereich weiterhin ein hohes Engagement der Bürger zu verzeichnen ist.[28] Dieses gilt es zu fördern und auszubauen.

III. Partizipation

Nach den einzelnen Demokratietheorien lässt sich über den präzisen Begriff der Partizipation streiten[29] – vereinfacht bedeutet Partizipation nichts anderes als Beteiligung an (politischen) Entscheidungen. Die grundrechtlichen Freiheiten begründen jedoch nur das Recht auf eine Mitwirkung am Volks-, nicht am Staats-

[22] Vgl. *Habermas,* Strukturwandel der Öffentlichkeit – Untersuchungen zu einer Kategorie der bürgerlichen Gesellschaft, 1. Aufl. 11. Nachdruck, S. 216.

[23] *Kempen,* Grundgesetz, amtliche Öffentlichkeitsarbeit und politische Willensbildung – ein Aspekt des Legitimationsproblems in Verfassungsrecht, Verfassungspraxis und Verfassungstheorie, S. 217; *Gurlit,* Die Verwaltungsöffentlichkeit im Umweltrecht – ein Rechtsvergleich Bundesrepublik Deutschland – USA, S. 21.

[24] Vgl. *Hoffmann-Riem/Rubbert,* Atomrechtlicher Erörterungstermin und Öffentlichkeit – zum Verhältnis von Bürgerbeteiligung und Öffentlichkeit, S. 61.

[25] Vgl. *Schmitt Glaeser* (Fn. 12), § 38 Rn. 17.

[26] Siehe auch *Böge,* Empirische Bestandsaufnahmen zur Partizipationsbereitschaft der Bürgerinnen und Bürger in den alten Bundesländern, in: Bundeszentrale für politische Bildung (Hrsg.), S. 7 f.

[27] Vgl. *Baumann/Detlefsen/Iversen/Vogelsang,* Neue Tendenzen bei Bürgerbeteiligungsprozessen in Deutschland – Veränderte Rahmenbedingungen, Praktiken und deren Auswirkungen, S. 15 f.

[28] *Leggewie,* Von der elektronischen zur interaktiven Demokratie: Das Internet für demokratische Eliten, in: Klumpp (Hrsg.), Next Generation Information Society? Notwendigkeit einer Neuorientierung, S. 115 ff.

[29] Vertiefend *Müller* (Fn. 9), S. 9 ff.

willensbildungsprozess.[30] Es besteht somit kein ausdrückliches Grundrecht auf Partizipation, ein solches kann jedoch landesverfassungsrechtlich oder einfachgesetzlich eingerichtet sein. Auch ist die Möglichkeit der Bürger, ihr Urteil in einem freien und offenen Prozess der Meinungsbildung gewinnen und fällen zu können, wichtige Voraussetzung für die demokratische Legitimation durch Wahlen.[31] Damit wird der Volkswillensbildungsprozess nicht auf die Ebene der Legitimation selbst gehoben, aufgezeigt wird jedoch dessen Bedeutung.

Die Beteiligung der Öffentlichkeit an planerischen oder politischen Entscheidungen ist in Deutschland eigentlich nicht ganz neu. So sieht das Baurecht seit 1960 eine zwingende Beteiligung der Bürger bei Bauvorhaben, Planungen und Planänderungen vor. Anfang der 1970er Jahre sei es sogar zu einer regelrechten Partizipationswelle aufgrund gesetzlich vorgeschriebener Beteiligungsverfahren gekommen.[32] Die Prinzipien der Demokratie und der Rechtstaatlichkeit sind treibende Kräfte. Vor den 1960er Jahren war die Partizipation jedoch mit starken Vorbehalten und auch Vorurteilen besetzt. So wurde die Partizipation der Öffentlichkeit zum Teil einfach als unbegründet abgelehnt oder auch als systemfremd charakterisiert.[33]

Beteiligungsprozesse sollen zu einer verbesserten Entscheidungsgrundlage führen, ohne die politische Verantwortung der Volksvertreter zu ersetzen. Neben dem Ziel, die Planung durch Beteiligung zu legitimieren, tritt somit auch das Ziel, den bürgerlichen und sonstigen Sachverstand für den Planungsprozess zu gewinnen und somit letztlich eine „bessere" Planung zu ermöglichen. Zugleich entsteht durch eine Konfrontation und inhaltliche Auseinandersetzung mit den Planungsinhalten im Idealfall auch eine Identifikation mit der Planung, welche dazu beiträgt, dass eine Planung auch von der Öffentlichkeit „angenommen" wird.

Man mag zuletzt den Eindruck gewonnen haben, dass gerade dieser Faktor heutzutage (wieder vermehrt) wichtig ist: Hingewiesen sei nur auf das Großvorhaben „Stuttgart 21",[34] welches thematisch letztlich sogar die Landtagswahl in Baden-Württemberg mitentschieden hat. Eine kritische und engagierte Öffentlichkeit, neuerdings auch überspitzt als sogenanntes „Wutbürgertum" bezeichnet, kann erheblichen Einfluss auf Planungsvorhaben ausüben. Auch wenn es sich rechtlich bei „Stuttgart 21" um ein Planfeststellungsverfahren nach den §§ 72 ff. VwVfG handelt, sind die Probleme im Bereich der Einbeziehung der Öffentlichkeit in großen Teilen auf die Bauleitplanung übertragbar.[35] Nicht nur um eine Blockade und politisch konsensual festgefahrene Planungsprozesse zu vermeiden, muss gerade bei konfliktträchtigen Planungsprozessen schon frühzeitig auf eine ausreichende Einbeziehung der Öffentlichkeit hingearbeitet werden. Anderenfalls können trotz einem rechtlich nicht zu beanstandenden Planungsverfahren hinsichtlich der Einbeziehung der Öffentlichkeit vermeidbare Überzeugungsdefizite

[30] *Schmitt Glaeser* (Fn. 12), § 38 Rn. 32.

[31] Siehe nur BVerfG, Urt. v. 2.3.1977 – 2 BvE 1/76, BVerfGE 44, 125 (139).

[32] *Schulze-Wolf,* Beteiligungsprojekte im Internet – Erfahrungen und Anregungen aus der Praxis, in: Initiative eParticipation & Stiftung MITARBEIT (Hrsg.), E-Partizipation – Beteiligungsprojekte im Internet, Beiträge zur Demokratieentwicklung von unten Nr. 21, S. 7.

[33] Vgl. *Schmitt Glaeser* VVDStRL 31 (1973), 179 ff.

[34] http://www.bahnprojekt-stuttgart-ulm.de, besucht 24.6.2012.

[35] Vgl. zur Planfeststellung und Öffentlichkeitsbeteiligung: *Stüer/Buchsteiner* UPR 2011, 335 (336).

verbleiben und im Extremfall sogar die notwendige demokratische Legitimation fraglich erscheinen lassen.

Es gibt eine große Anzahl unterschiedlicher Konzepte, Methoden und Lehren, mit denen beteiligungsorientierte Beziehungen zwischen Individuen, Gruppen, Institutionen und dem Staat beschrieben werden. Der Begriff elektronische Demokratie, die wörtliche Übersetzung des englischen Begriffs „electronic democracy", wird dabei unterschiedlich weit oder eng benutzt, um partizipative Verfahren zu beschreiben.[36] Soweit partizipative Kommunikationsprozesse internetgestützt stattfinden, hat sich der Begriff E-Partizipation etabliert.[37] Unter diesem Oberbegriff lassen sich eine Vielzahl von grundverschiedenen Arten der elektronischen Beteiligung subsumieren wie etwa Online-Wahlen, elektronische Bürger- beziehungsweise Öffentlichkeitsbeteiligungen oder auch internetgestützte Beteiligungsverfahren, auch geläufig als Konsultationen, der Öffentlichkeit im Rahmen von Bauleitplanungen. E-Partizipation kann folglich als Teilhabe von natürlichen und juristischen Personen und auch Gruppierungen an politisch-administrativen Prozessen der Entscheidungsfindung mithilfe von Informations- und Kommunikationstechnik (IKT) verstanden werden.[38]

Partizipationsvorhaben sind häufig schwerpunktmäßig faktische „Betroffenenbeteiligungen",[39] wonach das Beteiligungsinteresse verallgemeinert mit dem Grad der Betroffenheit steigt. Die Bürger oder die Betroffenen gibt es als homogene Gruppe nicht.[40] Grundvoraussetzung für ein Partizipationsinteresse sei jedoch weiter das Gefühl, dass die Stellungnahmen oder sonstigen Beiträge auch, in welcher Form und Qualität auch immer, beachtet werden.[41] Besondere Bedeutung erhält die Partizipation als Ausdruck der Demokratie auf der lokalen Ebene, sei doch diese als „Schule der Demokratie" eine wichtige und oftmals primäre Stütze der politischen Sozialisation und Partizipation.[42]

IV. Einfluss der elektronischen Kommunikation

Mit dem Aufkommen der elektronischen Kommunikation, vor allem über das Internet, hat sich eine ganz neue Art und Qualität von medialer Infrastruktur entwickelt. Es wurden neue Wege der Kommunikation und Partizipation eröffnet.[43] Als weiterer Aspekt könnte mit einer für den einzelnen Bürger einfacheren Information eine Besserstellung gegenüber in der Regel besser organisierten und informierten

[36] Siehe *Wienhöfer/Kastenholz/Geyer* (Fn. 21), S. 53 f.

[37] Vgl. *Initiative eParticipation* (Fn. 6), S. 7.

[38] *Albrecht/Kohlrausch/Kubicek u.a.*, E-Partizipation – Elektronische Beteiligung von Bevölkerung und Wirtschaft am E-Government, Institut für Informationsmanagement Bremen GmbH (ifib) (Hrsg.), S. 5.

[39] Vgl. *Donath* (Fn. 13), S. 64.

[40] *Selle*, Was? Wer? Wie? Warum? Voraussetzungen und Möglichkeiten einer Nachhaltigen Kommunikation, S. 142 ff.

[41] *Initiative eParticipation* (Fn. 6), S. 22.

[42] Vgl. *Roth*, Die Kommune als Ort der Bürgerbeteiligung, in: Klein/Schmalz-Bruns (Hrsg.), Politische Beteiligung und Bürgerengagement in Deutschland – Möglichkeiten und Grenzen, S. 404 f.; *Müller* (Fn. 9), S. 71 ff.

[43] Vgl. *Siedschlag/Rogg/Welzel*, Digitale Demokratie: Willensbildung und Partizipation per Internet, S. 11.

ökonomischen Interessen erreicht werden.[44] Möglichen Bedenken, die Effizienz der Verwaltung könnte unter einer einfacheren Informationsmöglichkeit leiden, ist entgegenzuhalten, dass eine intensive Kommunikation zwischen Bürger und Staat die Wirkung von Verwaltungstätigkeit eher fördert.[45] Gerade bei der planenden Verwaltung wird klar, dass die Analyse der jeweils aktuellen Situation und die darauf aufbauende Prognose zukünftiger Entwicklungen eine umfassende Information und Kommunikation mit den Bürgern voraussetzt.[46]

Zusammenfassend besteht im Bauplanungsrecht der Zweck der Öffentlichkeitsbeteiligung darin, planungsrechtlich und kommunalpolitisch erhebliches Material zu sammeln und Vorstellungen sowie Belange der Öffentlichkeit in den Planungs- und Entscheidungsprozess einfließen zu lassen. Im Rahmen des Abwägungsgebotes aus § 1 Abs. 7 BauGB führe die Öffentlichkeitsbeteiligung in diesem Sinne zu einer Obliegenheit der Öffentlichkeit im eigenen Interesse, durch selbstständige Mitwirkung auch für ihre Belange einzutreten.[47] Die einzelnen Bürger interessieren sich häufig erst mit zunehmender Verfahrensdauer für Planungsvorhaben, gleichzeitig nehmen jedoch im zeitlichen Verlauf des Planungsvorhabens die Möglichkeiten zur Einflussnahme ab. Dies kann als „Beteiligungsparadox" bezeichnet werden.[48] Nichts destotrotz gilt richtigerweise der Grundsatz nach der Rechtsprechung des BVerfG, nach dem (Grund-) Rechtsschutz vorrangig durch das (Planungs-) Verfahren gewahrt wird.[49]

Bei aller Hoffnung auf und Begeisterung für internetgestützte Beteiligungsformen oder elektronische politische Meinungs- und Willensbildung darf jedoch nicht vergessen werden, dass auch das Internet nur ein Kommunikationsmedium ist, das entweder genutzt oder vielleicht auch nicht genutzt wird. Insbesondere Beteiligungsvorgänge sollten folglich nicht nur als formale Akte, sondern auch als kommunikative Prozesse aufgefasst werden.[50] Wird diese kommunikationsorientierte Perspektive ausreichend beachtet, kann sich eine qualitativ und quantitativ fruchtbarere Kommunikation zwischen den Beteiligten, insbesondere der Verwaltung und der Öffentlichkeit, entwickeln, die mit klassischen Medien schwerlich zu erreichen ist. Besonderes Merkmal der internetbasierten Beteiligung und Kommunikation generell ist, dass die Nutzer ihre Beteiligung entsprechend ihrer Vorstellung gestalten können und auch selbst Einfluss auf die Wissensvermittlung nehmen können, indem sie beispielsweise das Tempo und die Tiefe bestimmen.[51] Dahinterstehendes Ziel als staatliche beziehungsweise kommu-

---

[44] Vgl. *Bohne,* Der Informale Rechtsstaat – Eine empirische und rechtliche Untersuchung zum Gesetzesvollzug unter besonderer Berücksichtigung des Immissionsschutzes, S. 146 ff.

[45] Vgl. *Erichsen* NVwZ 1992, 409 (419).

[46] Vgl. schon *Pieroth* JuS 1981, 625 (626 f.).

[47] *Krautzberger,* in: Ernst/Zinkahn/Bielenberg/Krautzberger, BauGB, Stand 97. Ergänzungslieferung, § 3 Rn. 11.

[48] *Westholm,* Mit eDemocracy zu deliberativer Politik? Zur Praxis und Anschlussfähigkeit eines neuen Mediums, S. 14.

[49] Grundlegend Beschl. v. 20.12.1979 – 1 BvR 385/77, BVerfGE 53, 30 ff. – Mülheim-Kärlich.

[50] Vgl. *Kubicek/Lippa/Westholm,* Medienmix in der Bürgerbeteiligung – Die Integration von Online-Elementen in Beteiligungsverfahren auf lokaler Ebene, S. 13.

[51] Vgl. *Kowalewski/Voullieme,* Multimediale Stadtinformationssysteme, in: Selle (Hrsg.), Planung und Kommunikation – Gestaltung von Planungsprozessen in Quartier, Stadt und Landschaft: Grundlagen, Methoden, Praxiserfahrungen, S. 340 f.

nale Aufgabe sei auch ein besser informierter Bürger, der an Entscheidungen partizipieren kann und durch elektronische Behördengänge im Alltag entlastet wird.

Die Bürgerbeteiligung, respektive Öffentlichkeitsbeteiligung, kann dabei von direktdemokratischer Teilhabe als auch von eher kosmetischen Maßnahmen abgegrenzt werden, welche nur bedingt Beteiligungschancen bieten. Ausschlaggebend sei auch, inwiefern ein Dialog zwischen Bürgern und Entscheidungsträgern hergestellt und inwiefern eine gemeinsame Erarbeitung von Lösungen anvisiert wird.[52] Von einer Öffentlichkeitsbeteiligung ist erst zu sprechen, wenn Anregungen oder Stellungnahmen der Öffentlichkeit auch erkennbar in den Entscheidungsprozess einfließen.[53] Erfolgsrisiken für E-Partizipation seien vor allem bei verwaltungsinternen Barrieren zu suchen.[54] So liefen Beteiligungsprozesse oft quer zu den Eigeninteressen und der Kommunikationsstruktur der Verwaltung. Darüber hinaus würden sie die Einführung neuer Prozessabläufe notwendig machen und einen hohen ressortübergreifenden Abstimmungsaufwand auslösen. Im Gegensatz zu vielen Verwaltungsmodernisierungen auf dem Bereich der E-Administration machen E-Partizipations-Angebote nicht nur einmalige Investitionen nötig, sondern erfordern eine permanente personelle Betreuung, welche weitere Kosten nach sich zieht.

V. Bauleitplanung und Internet

Bei der Öffentlichkeitsbeteiligung und der Beteiligung der Behörden und sonstiger Träger öffentlicher Belange können nach § 4a Abs. 4 BauGB ergänzend elektronische Informationstechnologien genutzt werden. Der Wortlaut bestimmt somit, dass elektronische Informationstechnologien im Beteiligungsverfahren zulässig sind, jedoch grundsätzlich nur parallel zum obligatorischen klassischen papierbasierten Verfahren genutzt werden können.

Auch vor der Einführung des § 4a Abs. 4 BauGB war die Nutzung elektronischer Informationstechnologien als ergänzende Maßnahme zulässig.[55] Die somit fakultative Nutzung elektronischer Informationstechnologie ist dabei auf allen Stufen der Behörden- und Öffentlichkeitsbeteiligung, also auch in der frühzeitigen Beteiligung als auch im Verfahren einer erneuten Auslegung nach § 4a Abs. 3 BauGB, möglich. Die Einführung des § 4a Abs. 4 S. 1 BauGB als Befugnisnorm zur ergänzenden Nutzung elektronischer Informationstechnologien soll die Transparenz der Beteiligungsverfahren nach § 3 und § 4 BauGB erhöhen und die Beteiligung erleichtern.[56]

Angelehnt ist § 4a Abs. 4 S. 1 BauGB an Art. 5 Abs. 3 der Aarhus-Konvention und der zur Umsetzung erlassenen EU-Öffentlichkeitsrichtlinie 2003/35/EG. Der Wortlaut des § 4a Abs. 4 S. 1 BauGB deklariert eindeutig, dass die elektronische

[52] *OECD,* Citizens as Partners – Handbook on information, consultation and public partizipation in policy-making, S. 15 ff.

[53] Vgl. *Initiative eParticipation* (Fn. 6), S. 3.

[54] *Albrecht/Kohlrausch/Kubicek u.a.* (Fn. 38), S. 9.

[55] Vgl. *Bunzel* BauR 2008, 301 (304); *Krautzberger* (Fn. 47), § 4a Rn. 34.

[56] BT-Drs. 15/2250, S. 31.

Öffentlichkeitsbeteiligung nicht anstelle, sondern nur zusätzlich zu den formalen Erfordernissen des § 3 BauGB Anwendung finden kann. So wird auch in der Gesetzesbegründung betont, dass sich aus § 4a Abs. 3 S. 1 BauGB gerade keine (europarechtliche) Verpflichtung zur Einstellung von Bauleitplänen ins Internet und einer elektronischen Beteiligung ergibt.[57] Vielmehr wird die „völker- und europarechtliche Tendenz einer Betonung der Nutzung neuer Medien" aufgegriffen.[58] So bleiben die formalen Beteiligungserfordernisse des § 3 BauGB weiterhin verpflichtend.

§ 4a Abs. 4 Satz 2 BauGB ermöglicht demgegenüber nun für die Beteiligung der Behörden und sonstiger Träger öffentlicher Belange eine echte Erleichterung des Verfahrens für die Praxis. So kann eine Gemeinde ihre zu beteiligenden Ansprechpartner auch in elektronischer Form, etwa per E-Mail, über Ort und Dauer der Auslegung des Bauleitplans unterrichten, soweit die Gemeinde den Bauleitplan im Internet veröffentlicht hat und der Empfänger über einen entsprechenden Zugang verfügt. Anstelle der klassischen Übersendung der Planunterlagen in Papierform kann auf die Internetadresse verwiesen werden.[59] Es handelt sich um eine echte Alternative und nicht nur um eine zusätzliche Möglichkeit wie bei der Beteiligung der Öffentlichkeit. Somit kann auf das Übersenden der Plan-Dokumente verzichtet werden.

Effizienz- und Kostenabwägungen bestimmen gerade in Zeiten knapper öffentlicher Kassen das Verwaltungshandeln. Bei der Durchführung elektronischer Beteiligungsverfahren fallen immer zusätzliche Kosten an: Sei es nur die zusätzlich erforderliche Software für die Internetplattform, zusätzliche Arbeitszeit seitens der Verwaltung für die Pflege dieser oder die Kosten für externe Moderatoren. Selbst bei einem kleineren Verfahren können schnell 10.000 bis 30.000 Euro zusammenkommen.[60] Auf der Gewinnseite ist jedoch ein möglicher Erkenntnisgewinn und somit eine solidere Entscheidungsgrundlage für die Entscheidungsträger und womöglich eine bessere Akzeptanz der Planung seitens der Öffentlichkeit[61] zu verzeichnen. Auch sind weitere Verfahren durch gesammelte Erfahrungen und nicht immer neu zu beschaffene „Produktionsmittel" wie Software erwartungsgemäß kostengünstiger durchzuführen.

1. Potenziale

Bietet die Öffentlichkeitsbeteiligung in der Bauleitplanung Erfolg versprechende Einsatzmöglichkeiten für eine internetgestützte Partizipation? Schon relativ früh wurde die Gemeindeebene und speziell der Bereich der Bauleitplanung als mögliches Anwendungsgebiet neuer elektronischer Beteiligungsformen gesehen.[62] Das Internet bietet dabei für eine breite Öffentlichkeit Möglichkeiten einer Einbindung und Teilhabe in unterschiedlichen Phasen des Planungs-

[57] BT-Drs. 15/2250, S. 46.
[58] BT-Drs. 15/2250, S. 45.
[59] Vgl. BT-Drs. 15/2250, S. 46.
[60] Vgl. Auswertung eines Verfahrens in Esslingen, *Trénel/Märker/Hagedorn,* Bürgerbeteiligung im Internet – Das Esslinger Fallbeispiel, Discussion Paper FS II 01 – 308, S. 34.
[61] Vgl. *Trénel/Märker/Hagedorn* (Fn. 60), S. 34.
[62] Vgl. BT-Drs. 13/11004, S. 80.

verfahrens, darunter auch neue Formen und insgesamt Verbesserungen, wie sie vorher nicht möglich waren.[63] So sprächen zumindest aus theoretischer Sicht ein hohes Kommunikations-, Informations- und Partizipationspotenzial für den Einsatz internetgestützter Beteiligungsangebote in der Bauleitplanung.[64]

Bisher unterlag die Einsichtnahme in Planunterlagen grundsätzlich zeitlichen und örtlichen Beschränkungen, welche eine möglichst breite und intensive Information und Partizipation der Öffentlichkeit eher behinderte. Die internetunterstützte Öffentlichkeitsbeteiligung könnte das alte Merkmal, dass der Bürger zu den Planungsunterlagen gehen musste, umkehren – die Planungsunterlagen könnten zukünftig grundsätzlich in elektronischer Form dort verfügbar sein, wo der Bürger sich aufhält. Insbesondere für zeitlich nur eingeschränkt flexible Personengruppen wird die Beteiligung, unabhängig von festen Öffnungszeiten der Ämter, eröffnet. Daneben profitieren grundsätzlich auch in ihrer Mobilität eingeschränkte Bürger besonders von der Zeit- und Ortsungebundenheit internetgestützter Beteiligungsverfahren.

Eine internetgestützte Öffentlichkeitsbeteiligung könnte auf einzelnen oder allen Beteiligungsstufen Verwendung finden. Gleichfalls ist die Qualität und Quantität des Einsatzes von Informations- und Kommunikationstechnologie variabel. Zum Beispiel ist den Bürgern internetgestützt der Zugriff auf digitale Karten und Planzeichnungen zu ermöglichen.[65] Einfacher als bisher können auch geplante bauliche Zustände grafisch dargestellt werden und alternative Varianten elektronisch durchgespielt werden.[66] Gegenüber der papiergebundenen Kartendarstellung lässt sich durch technische Maßnahmen ein Mehrwert erzielen.[67] Der Art und Weise, wie die Informationen elektronisch aufbereitet sind, kommt jedoch eine hohe Bedeutung zu. So sollten die Angebote vor allem nutzerfreundlich sein und den Bürger ansprechen.

Die internetgestützte Öffentlichkeitsbeteiligung bietet über die digitale Informationsbereitstellung hinaus noch weitere Potenziale. So kann durch die Entkopplung der Information und Kommunikation von Raum, Hierarchie und Zeit Potenzial für Veränderungen des gesamten Beteiligungsprozesses ausgehen.[68] Die Möglichkeiten des Internets lassen sich besonders gut für kollektive Willensbildungsprozesse nutzen, welche den Bürger stärker in das politische, soziale und auch verwaltungstechnische Geschehen einbeziehen können.[69] Die Problemlösungskompetenz kann durch die Nutzung der neuen Medien auf eine fast unbegrenzte Anzahl von Bürgern ausgedehnt werden. Im Idealfall kann sich eine gemeinsame Sichtweise der Planungsprobleme unter den Teilnehmenden entwickeln und somit das Planungsverfahren unterstützen.

---

[63] *Carver* URISA Journal 2003, Vol. 15, S. 61 (63).

[64] *Hoecker* Politik und Zeitgeschichte B. 39–40, S. 37 (44 f.).

[65] *Lenk,* in: Lenk/Traunmüller, Öffentliche Verwaltung und Informationstechnik: Perspektiven einer radikalen Neugestaltung der öffentlichen Verwaltung mit Informationstechnik, S. 253 (268).

[66] *Holznagel/Hanßmann,* in: Holznagel, Elektronische Demokratie: Bürgerbeteiligung per Internet zwischen Wissenschaft und Praxis, S. 55 (68).

[67] *Kraft/Meister* VR 4/2003, S. 126 (128).

[68] *Kraft/Meister* (Fn. 67).

[69] *Groß* DÖV 2001, S. 159 (162 f.).

a) In welchem Planungsstadium?

Insbesondere die informell ausgestaltete frühzeitige Öffentlichkeitsbeteiligung nach § 3 Abs. 1 S. 1 BauGB wird als geeignet angesehen, neue Beteiligungsformen zu testen.[70] Richtig ist, dass aufgrund fehlender detaillierter Gesetzesvorgaben der Gemeinde ein breiter Ausgestaltungsspielraum gegeben ist. Darüber hinaus bietet sich in der Frühphase der Planung zumeist eine noch größere Flexibilität als in der schon fortgeschrittenen Planung und der förmlichen Öffentlichkeitsbeteiligung nach § 3 Abs. 2 BauGB.

So sind der Inhalt der frühzeitigen Öffentlichkeitsbeteiligung nach § 3 Abs. 1 S. 1 BauGB die allgemeinen Ziele und Zwecke der Planung. Einzelheiten der späteren Planfestsetzung spielen noch keine Rolle, es geht zunächst nur um die Grundzüge und voraussichtlichen Auswirkungen der Bauleitplanung.[71] Soweit die Planungen in diesem Stadium noch flexibel sind, können neue Erkenntnisse und Ideen der Öffentlichkeit, die durch die Beteiligung gewonnen werden sollen, in den Planungsprozess einfließen. Somit sind die Chancen auf eine „Verwertung" der Stellungnahmen der Öffentlichkeit im Vergleich mit Stellungnahmen im Rahmen der förmlichen Öffentlichkeitsbeteiligung womöglich größer.

Der Erfahrungs- und Meinungsaustausch über Szenarien und Konzepte kann auch über Diskussionsforen organisiert werden.[72] Zu erwähnen ist, dass internetgestützte Diskussionsforen und andere Angebote nicht erst in der Stufe der Öffentlichkeitsbeteiligung nutzbar sind, sondern gegebenenfalls schon vorher verwaltungsintern Kommunikations- und Abstimmungsprozesse erleichtern könnten. Ob jedoch reine, weitgehend nicht moderierte Diskussionsforen das alleinige richtige Mittel für eine internetgestützte Öffentlichkeitsbeteiligung sind, ist zweifelhaft. So fehlt es oftmals an einer Moderation und auch werden häufig nicht weiterführende Kettendiskussionen durch die Betriebsweise eines nicht oder schlecht moderierten Forums gefördert. Mittlerweile gibt es jedoch spezielle Anwendungen, die die Durchführung von E-Beteiligungen vereinfachen und den Ablauf verbessern.

b) Beteiligung als Organisationsproblem

Generell wird ein Absenken der Hemmschwelle bezüglich der Beteiligung der Bürger an Beteiligungsverfahren durch den Einsatz internetgestützter Systeme erwartet und so auch eine Belebung der Öffentlichkeitsbeteiligung im Planungsverfahren.[73] Da über geschriebene Nachrichten zeitversetzt kommuniziert werden kann, was bislang direkt nur zwischen Verwaltung und einzelnem Bürger möglich war, können Bürger zu jedem Zeitpunkt und von überall aus an dem Diskurs teilnehmen und auch untereinander direkt kommunizieren. Durch die Asynchronität können Bürger auch später einfach in das laufende Verfahren ein-

---

70 *Berghäuser/Berghäuser* NVwZ 2009, 766 (767).
71 *Stüer,* Handbuch des Bau- und Fachplanungsrechts, 4. Aufl. 2009, Rn. 1005.
72 *Lenk* (Fn. 65), S. 253, 267 f.
73 *Groß* DÖV 2001, S. 159 (162); *Holznagel/Hanßmann* (Fn. 66), S. 55 (68).

steigen, da alle Beiträge und somit Argumente zu jeder Zeit frei verfügbar sind. Auch eher schüchterne Bürger, die sich etwa während einer Bürgerversammlung in der frühzeitigen Öffentlichkeitsbeteiligung nicht beteiligen würden, kann die Beteiligung über das Internet leichter fallen. Rhetorische Fähigkeiten treten dabei stärker in den Hintergrund.

Der Ertrag internetgestützter Öffentlichkeitsbeteiligungen ist grundsätzlich derselbe wie bei gut durchgeführten und von der Bevölkerung angenommenen klassischen Beteiligungen ohne Online-Unterstützung. Es besteht jedoch die Erwartung, Öffentlichkeitsbeteiligungsverfahren könnten mit dem Einsatz neuer Medien effektiver und effizienter werden, womit eine stärkere Beachtung in der politischen Entscheidungsfindung einhergehen könnte.[74] Weiter würden den virtuellen Diskursen neue Eigenschaften verliehen, die persönlichen Diskursen überlegen seien. Der Grundsatz dieses Gedankens ist das Argument, dass Demokratie ein Organisationsproblem sei und deswegen in seiner Ausprägung von den zur Verfügung stehenden Kommunikationstechnologien abhänge.[75]

Bei internetgestützten Öffentlichkeitsbeteiligungen können grundsätzlich beliebig viele Personen gleichzeitig Stellungnahmen einreichen und Themen parallel bearbeiten. Zumindest im Vergleich mit Bürgerversammlungen oder anderen Diskussionsveranstaltungen ist damit zu rechnen, dass Bürger sich bei internetgestützten Verfahren in größerer Zahl und häufiger beteiligen werden.[76] Ein Vorteil internetgestützter Öffentlichkeitsbeteiligungen kann auch in einer stärkeren Kohärenz und Sachlichkeit liegen, die nur durch ein gutes elektronisches System voll erreicht werden können. Jedoch ergeben sich schon bei einfachen elektronischen Diskussionsforen im Vergleich zu mündlichen Diskussionen Vorteile, da die zeitversetzte und textbasierte Kommunikation ein gründlicheres Überdenken der eigenen Beiträge ermöglicht. Auch wird das Zitieren oder Aufgreifen von Argumenten oder Gegenargumenten erleichtert, insoweit diese in dem eigenen Beitrag kenntlich gemacht und einbezogen werden können.

Ein eher gesellschaftliches Problem internetgestützter Beteiligungen wird mit der Konkurrenz zu anderen „Beschäftigungsmöglichkeiten" im Internet gesehen, soweit diese Beteiligung zu zeit- und aufmerksamkeitsökonomischer Konkurrenz zu anderen Tätigkeiten im Privat- und Berufsleben tritt.[77] Da dieses Problem jedoch auch bei klassischen Beteiligungsformen besteht, sogar noch deutlicher, da eine Beteiligung bei einigen Formen noch stärker zeitlich vorherbestimmt ist, ist es somit schnell entkräftet.

2. Selektivität als Problem der Beteiligung

Demokratie lebt von und verlangt die gleichen Beteiligungschancen aller Bürger.[78] So verlangt das Demokratiegebot eine allgemeine Beteiligungsmöglichkeit aller Bürger an elektronischen Partizipations- und Demokratieangeboten.

---

[74] *Trénel/Märker/Hagedorn* (Fn. 60), S. 5.
[75] *Lenk,* Politik und Kommunikation, 1979, S. 235 ff.
[76] *Trénel/Märker/Hagedorn* (Fn. 60), S. 5.
[77] *Trénel/Märker/Hagedorn* (Fn. 60), S. 6.
[78] BT-Drs. 13/11004, S. 80.

Nachdem heute die technische Verfügbarkeit und Verbreitung von Internetzugängen selbst in schlecht versorgten Gebieten Deutschlands grundsätzlich möglich ist und allenfalls die verfügbare Bandbreite problematisch sein kann bzw. höhere Kosten verursacht, gibt es vor allem im Nutzungsverhalten weiterhin gravierende Unterschiede. Neben den Potenzialen dürfen die Restriktionen von internetgestützten Beteiligungsprozessen nicht aus dem Blick verloren werden. So werden privilegierte Bevölkerungsgruppen, die das Internet von sich aus schon stärker nutzen, möglicherweise zusätzlich gestärkt, während Bevölkerungsgruppen, die auch bislang bei politischen Prozessen weniger vertreten waren, noch weniger an Beteiligungsprozessen teilhaben, wenn diese über das Internet geführt werden.[79] Abweichend davon nutzen die 25- bis 29-Jährigen das Internet jedoch am häufigsten, während beim allgemeinen politischen Interesse eher Ältere bis 60 Jahren bei der Nutzung hervorstechen.[80]

Insgesamt ergibt sich für internetgestützte Beteiligungen dasselbe Problem, wie es auch bei klassischen Beteiligungsverfahren auftritt: bestimmte Personengruppen beteiligen sich stärker, andere weniger bis gar nicht. Das Medium Internet scheint so weit als „Verstärker" zu wirken. Es bliebe somit zu vermuten, dass sich wie bisher eher formal gut gebildete, ressourcenstarke und sozial integrierte Bevölkerungsgruppen stärker beteiligen, da sie die politische Kommunikation gewohnt sind.[81]

Nicht verkannt werden darf jedoch, dass das Internet als universales Trägermedium mittlerweile einen hohen Stellenwert eingenommen hat – vergleichbar mit dem Zugang zu Telefon oder Fernsehen. Neue Technologien unterscheiden diesbezüglich in entsprechender Weise erst gar nicht mehr und bieten alles im Paket über eine Leitung an. Erst recht wenn zukünftig auch der letzte Winkel Deutschlands technisch mit Breitbandzugängen versorgt ist, wird noch die finanzielle Leistungsfähigkeit dafür maßgebend sein, auf welcher Seite des „digitalen Grabens" der einzelne Bürger steht. Der Staat ist gefordert, diesbezüglich aktiv gegen die Verfestigung einer Zweiklassen-Gesellschaft vorzugehen. Ein vielversprechender Ansatz dürfte dabei sein, wie in Österreich, auch den Zugang zum Internet als Grundversorgung zu definieren und entsprechend zu bezuschussen.

3. *Akzeptanz und Auswirkungen*

Die internetgestützte Öffentlichkeitsbeteiligung kann im Idealfall erheblich dazu beitragen, eine umfassende Materialsammlung für den Abwägungsvorgang im Sinne des § 1 Abs. 7 BauGB zu generieren. Dabei ist es grundsätzlich nachrangig, in welchem Planungsstadium die Beteiligung durchgeführt wird – dies kann im Vorfeld eines Bauleitplanungsverfahrens geschehen oder auch im informellen beziehungsweise formellen Verfahren.

Entscheidende und vielleicht bisher nicht beachtete Argumente und Ideen der Öffentlichkeit konnten und können natürlich wie bisher auch auf klassischem

---

[79] Vgl. *Richter/Sinning,* Online-gestützte Kommunikation für Stadtmanagement – Potenziale, Restriktionen und Anforderungen, in: Sinning (Hrsg.), Stadtmanagement – Strategien zur Modernisierung der Stadt(-Region), S. 17; ähnlich auch *Kubicek/Lippa/Westholm* (Fn. 50), S. 35.

[80] *Kubicek/Lippa/Westholm,* (Fn. 50), S. 35.

[81] *Holtkamp* Theorie und Praxis Nr. 3/4, 11. Jahrgang, S. 48 (51 ff.).

Wege in Papierform bei der Gemeinde eingehen. Zusammen mit neuen internetgestützten Angeboten werden aber womöglich breitere Bevölkerungsgruppen erreicht, welche die klassischen Verfahren mit Stellungnahmen in Papierform oder Präsenzveranstaltungen eher nicht beachtet haben.[82] Klassische und internetgestützte Beteiligung zusammen können somit, entsprechend der Ziele der Öffentlichkeitsbeteiligung,[83] einen breiten Materialfundus für die kommunalen Entscheidungsträger liefern. Der Intention des § 3 BauGB in Verbindung mit § 4a Abs. 1 BauGB wird somit gedient.[84]

Kritisch ist jedoch auch anzumerken, dass bei internetgestützten Beteiligungsvorgängen, zumindest wenn zugunsten einer möglichst hohen Benutzerfreundlichkeit auf strenge Sicherheits- und Registrierungsfunktionen verzichtet wird, einfacher als bei klassischen Verfahren Missbrauch in Form von Mehrfachabstimmungen oder Mehrfacheingaben stattfinden kann.[85] Auf diese Art und Weise kann gegebenenfalls durch wenige Teilnehmer das Meinungsbild und somit auch die Abwägung verfälscht werden. Auch der auswertende Behördenmitarbeiter und Entscheidungsträger muss deshalb mit dem Medium Internet vertraut sein, um gewinnbringende Schlussfolgerungen ziehen zu können.

Andere Repräsentativitätsproblematiken lassen sich dagegen von der Offline-Welt mehr oder weniger direkt in die Online-Welt übertragen. So können auch bei internetgestützten Beteiligungsverfahren besonders interessierte und motivierte Teilnehmergruppen, wie etwa Bürgerinitiativen oder Vereine, die Repräsentativität unabhängig vom Kommunikationsweg verschieben.[86] Ähnlich wie durch die Wirkung von Leserbriefen verursacht, kann somit das vermeintliche Stimmungsbild der Öffentlichkeit verschoben sein und muss nicht mit der Realität übereinstimmen.

Selbst die besten Konzepte und Systeme für die Online-Beteiligung der Bürger an der Bauleitplanung drohen zu scheitern, wenn die neuen Möglichkeiten nicht von den Bürgern respektive anderen verwaltungsinternen Nutzern angenommen werden. Abgestimmt wird darüber mit Tastatur und Maus. Noch bleibt wohl festzuhalten, dass die Akzeptanz neuer elektronischer Informations- und Kommunikationsformen (noch) nicht an die klassischen Beteiligungsformen heranreicht.[87] Damit steht Deutschland nicht alleine – auch der Ausbau der E-Government-Angebote europaweit hat an der relativ geringen Nutzung durch Bürger bisher wenig geändert.[88] Durch die Wirtschaft werden E-Government-Angebote dagegen deutlich besser angenommen.

Grundsätzlich wächst die Partizipationsbereitschaft der Bürger mit der Nähe zum jeweiligen Vorhaben der Bauleitplanung und der persönlichen Betroffenheit.[89]

---

[82] Vgl. auch *Lührs,* E-Partizipation – Ein unverzichtbarer Bestandteil ausgewogener eGovernmentstrategien, in: Jahrbuch Monitoring eGovernment & Verwaltungsmodernisierung – Deutschland 2006/2007, S. 130 f.

[83] Vgl. *Krautzberger* (Fn. 47), § 3 Rn. 11.

[84] Vgl. *Battis,* in: Battis/Krautzberger/Löhr, BauGB, 11. Aufl. 2009, § 4a Rn. 2.

[85] *Westholm* (Fn. 48), S. 18 f.

[86] Vgl. *Westholm* (Fn. 48), S. 19.

[87] So schon *Kraft/Meister* (Fn. 67), S. 126 (129).

[88] *EU-Kommission,* Smarter, Faster, Better eGovernment – 8th Benchmark Survey, S. 59 f.

[89] *Floeting/Grabow,* Städte am Netz, in: Leggewie (Hrsg.), Internet & Politik: von der Zuschauer- zur Beteiligungsdemokratie?, S. 262 (271).

Insoweit hat die Form der Beteiligung keine Auswirkungen. So sei die Beteiligung umso erfolgreicher, je größer das Ausmaß an persönlicher Betroffenheit, je aktueller und brisanter das Thema, je größer die tatsächlichen Mitsprachemöglichkeiten, je geringer und überschaubarer der Zeitaufwand, je höher der persönliche Nutzen und je besser die im Beteiligungsprozess stattfindende Qualifikation.[90] Auch sei die Größe einer Gemeinde für die Quantität der sich online beteiligenden Bürger relativ betrachtet nicht entscheidend.[91] Einzelne Beispiele elektronischer Öffentlichkeitsbeteiligungen haben gezeigt, dass Bürger die Vorteile einer Beteiligung über das Internet schätzen, zumindest solange Nachteile durch ergänzende reale Treffen ausgeglichen werden.[92] Möglicherweise entwickelt sich daraus sogar eine Anspruchshaltung in dem Sinne, dass die Beteiligung erleichternde Möglichkeiten auch eingesetzt werden sollten.

VI. Fazit und Ausblick

An internationalen Standards gemessen ist die Öffentlichkeitsbeteiligung in Deutschland faktisch sehr restriktiv. So sei das Beteiligungsverfahren über Amtsblätter und Anzeigen in örtlichen Tageszeitungen mit der Transparenz einer Internetveröffentlichung nicht konkurrenzfähig.[93] Nach den gewaltigen Veränderungen durch das Internet in der Wirtschaft, auch bezogen auf die Strukturen und Managementmodelle,[94] prägen die neuen elektronischen Medien und Kommunikationsformen auch die öffentliche Verwaltung und werden diese weiter verändern. Wenn auch die internetgestützte Öffentlichkeitsbeteiligung bislang keine wesentliche Rolle spielt, bietet sich gerade die kommunale Bauleitplanung für elektronische Partizipationsformen an. Auch lassen sich insbesondere in einem den Bürgern grundsätzlich vertrauten Rahmen neue Erfahrungen mit E-Government-Angeboten sammeln.

Mittelfristig ist nicht von einem Ersatz der klassischen Öffentlichkeitsbeteiligung durch die internetgestützte Öffentlichkeitsbeteiligung auszugehen. Neben exakten rechtlichen Vorgaben fehlen flächendeckend, vornehmlich in der breiten Öffentlichkeit, auch noch die technischen und individuellen Möglich- und Fähigkeiten. Für allzu ambitionierte elektronische Beteiligungsangebote fehlen darüber hinaus, angesichts knapper öffentlicher Haushalte, oftmals auch die finanziellen Mittel.

Wenn die Bedeutung von E-Government gefördert werden soll, besteht auf gesetzlicher Ebene weiterer Änderungsbedarf hinsichtlich der Vorgaben für elek-

---

[90] *Bogumil,* Auf dem Weg zur Bürgerkommune? Der Bürger als Auftraggeber, Mitgestalter und Kunde, in: Kubicek u.a. (Hrsg.), Multimedia@Verwaltung: Marktnähe und Bürgerorientierung mit elektronischen Dienstleistungen, S. 53.

[91] *Kraft/Meister* (Fn. 67), S. 126 (129).

[92] Vgl. *Trénel/Märker/Hagedorn* (Fn. 60), S. 35.

[93] *Krautzberger,* in: Ernst/Zinkhahn/Bielenberg/Krautzberger, BauGB, Stand 97. Ergänzungslieferung, § 4a Rn. 33.

[94] Vgl. dazu *Kaczorowski,* eGovernment neu ausrichten: Mehr Demokratie wagen – vor allem nach den Wahlen, in: Heuermann/Reinhard, Reboot_D – digitale Demokratie: Alles auf Anfang, S. 30 (35).

tronische Beteiligungen im Bereich des Baurechts. Auch wenn das „Ob" einer Planänderung oftmals feststeht und nur noch das „Wie" einer Öffentlichkeitsbeteiligung zugänglich ist und somit eigentlich von einer „trivialen Konsultation"[95] zu sprechen ist, bietet gerade die Form der elektronischen Öffentlichkeitsbeteiligung neue Chancen, vor allem Bürger für die aktive Mitgestaltung an der bauplanerischen Gestaltung zu gewinnen.

Der Einsatz internetbasierter oder zumindest internetunterstützter Beteiligungsprozesse in der Bauleitplanung darf sich nicht allein an dem technisch Machbaren orientieren, sondern sollte vorrangig an dem Ziel einer modernen und grundsätzlich kundenorientierten Planungspraxis ausgerichtet sein. Einher geht dann fast automatisch eine Förderung und stärkere Gewichtung der Beteiligung im Planungsprozess. Es geht somit nicht um eine Spiegelung der bisherigen Planungspraxis ins Internet, sondern auch um eine Erneuerung, oftmals als neue Planungskultur bezeichnet. Geht mit der Nutzung neuer Medien nicht auch eine Neuausrichtung einher, erscheinen fakultative internetgestützte Beteiligungsprozesse mehr wie eine symbolische und rein legitimatorische Maßnahme.[96]

Es ist anzunehmen, dass der Einsatz von elektronischen Informationstechnologien auch auf dem Bereich der Bauleit- und Stadtplanung fortschreiten wird. Die vermehrte Öffnung der staatlichen Datenbestände für die Öffentlichkeit, etwa in Form von frei zugänglichen Geoinformationssystemen, dürfte nur ein weiterer Schritt sein.[97] Virtuelle 3D-Modelle zum Betrachten von gegenwärtigen Bauzuständen und auch Planentwürfen, vor allem in der Stadtplanung, können zukünftig erwartet werden und könnten klassische „hölzerne" Stadtmodelle verdrängen.[98] Schon jetzt wird auch der Einsatz von frei verfügbaren Internetanwendungen wie Google Earth[99] zur virtuellen dreidimensionalen Stadt- und Bauleitplanung untersucht und erprobt.[100]

Durch die Ausdehnung der Öffentlichkeitsbeteiligung auf elektronische Medien ergeben sich große Chancen, die Beteiligungsmöglichkeiten weiter zu öffnen und dabei quantitativ sowie qualitativ zu verbessern. Durch das Angebot internetgestützter Beteiligungsformen kann die Tatsachen- und Erkenntnisbasis für die Abwägungsvorgänge in der Bauleitplanung ausgeweitet werden. Neben Bürgern, die etwa aufgrund ihrer Arbeitszeiten Schwierigkeiten bezüglich der Wahrnehmung klassischer Auslegungsbeteiligungen haben, können insbesondere auch internetaffine Menschen, neben anderen bislang unterrepräsentierten Bevölkerungsgruppen, als neue potenzielle Teilnehmergruppe gewonnen werden. Fast schon nebenbei erhöht sich die Legitimationsgrundlage, wenn einer breiteren Öffentlichkeit eine Beteiligungsmöglichkeit an der Bauleitplanung geboten werden kann.

---

[95] Nach *Trénel/Märker/Hagedorn* (Fn. 60), S. 33.

[96] So auch schon früh *Kleinsteuber/Hagen* ZParl 1/1998, S. 136 f.

[97] Siehe nur http://www.geoportal-mv.de, besucht 24.6.2012; dazu Landtag-MV-Drs. 5/1877.

[98] *Höffken,* Google Earth in der Stadtplanung – Die Anwendungsmöglichkeiten von Virtual Globes in der Stadtplanung am Beispiel von Google Earth, in: Forum Stadt- und Regionalplanung e.V. (Hrsg.), Graue Reihe des Instituts für Stadt- und Regionalplanung TU Berlin, S. 28.

[99] http://earth.google.com/intl/de/, besucht 24.6.2012.

[100] *Höffken* (Fn. 98), S. 37 ff.

Technische sowie rechtliche Hinderungsgründe sind in den vergangenen Jahren fast vollständig entfallen. In abgestuftem Umfang können internetgestützte Beteiligungsangebote auch durch kleinere Planungsträger durchgeführt werden. Die Spanne kann dabei von der Bereitstellung des Planentwurfs und der Begründung im Internet mit der Möglichkeit, in einem Onlineformular eine Stellungnahme abgeben zu können, bis hin zu komplexen Angeboten mit Diskussionsforen und der Nutzung spezieller Software und multimedialer Angebote gehen.

Gerade die Bauleitplanung bietet sich an, um Impulse zur Stärkung der lokalen Demokratie und nebenbei zur Verwaltungsmodernisierung zu geben. Es gilt die internetgestützte Öffentlichkeits- und Behördenbeteiligung dauerhaft in die Planungsabläufe zu integrieren, so dass sie jederzeit genutzt werden kann – eine Standardisierung der notwendigen Software sowie eine Modularisierung dieser können dies ermöglichen. Der Ausbau von E-Government-Angeboten wird vielleicht noch nicht in der Form als Chance begriffen, auch unbefriedigende Verwaltungsprozesse und Abläufe zu verändern. Die Überprüfung dessen bietet sich jedoch gerade mit der Erweiterung oder dem Aufbau eines E-Government-Angebotes an. Teilweise gibt es auch keine Alternative, als manche Prozessabläufe in der Verwaltung an neue Technologien und gesellschaftliche Veränderungen anzupassen. Zumindest ist eine zögerliche „Erst-Muss"-Argumentation, um den Status Quo zu halten, aus technischer und rechtlicher Sicht argumentativ nicht mehr länger zu begründen.

Die aktuelle und wohl noch länger andauernde hochdefizitäre Haushaltslage der meisten Gemeinden könnte sich stattdessen als wahres Hindernis für die Umsetzung allzu ambitionierter elektronischer Beteiligungsmaßnahmen erweisen. Dabei darf jedoch nicht übersehen werden, dass schon mit relativ einfachen Mitteln und finanziellen Aufwendungen der Beteiligungsvorgang ergänzend im Internet stattfinden kann – dazu muss es nicht gleich die „ganz große Lösung" sein. Einen positiven Mehrertrag und eine Verbesserung der Partizipationsvoraussetzungen bringen auch weniger ambitionierte Internet-Beteiligungen.

Auch bieten möglicherweise interkommunale Kooperationen, nicht nur auf dem Gebiet der internetgestützten Bauleitplanung, neue Chancen, trotz hoher Finanzdefizite durch gemeinsame Kostentragung auch mit einer modernen Bauleitplanung im Internet vertreten zu sein.[101] Schließlich bieten sich gerade solche gemeindlichen Pflichtaufgaben für eine Verwaltungs-/Kooperationsgemeinschaft an. Durch mehrere Planungsträger gemeinsam betriebene Beteiligungsplattformen, als technische Grundgerüste der Angebote, reduzieren sowohl die Investitions- als auch die Vorhaltekosten erheblich. Zugleich kann auf schon gemachte Erfahrungen und Knowhow zurückgegriffen werden.[102]

Zudem bleibt den Gemeinden angesichts eines zunehmenden Modernisierungsdrucks auf Dauer wenig Spielraum, um sich dauerhaft der Einführung und Nutzung moderner Technologien zu verschließen.[103] Durch die klarstellende

[101] Zur interkommunalen Kooperation im E-Government *Kröger/Hanken,* Interkommunale Kooperation im E-Government, in: Kröger/Hoffmann (Hrsg.), Rechts-Handbuch zum E-Government, S. 289 ff.

[102] Siehe etwa http://www.bob-sh.de und http://www.demos-deutschland.de, besucht 24.6.2012.

[103] Vgl. auch *Schröer* (Fn. 103).

Aufnahme des § 4a Abs. 4 S. 1 BauGB sollte durch den Gesetzgeber auch eine häufigere Nutzung elektronischer Informationstechnologien bezweckt werden – schließlich war ihre Nutzung schon vor der Novellierung nicht ausgeschlossen.[104] In diesem Sinne wird auch eine zukünftige Verpflichtung der Planungsträger zur Durchführung internetgestützter Öffentlichkeitsbeteiligungen vorgeschlagen.[105] Ein umfangreicheres E-Government-Profil des Staates wäre wünschenswert. Insbesondere der Bereich der kommunalen Bauleitplanung bietet sich an, neue Beteiligungsformen und -wege zu testen.

Allgemein bleibt festzustellen, dass der Staat gut daran täte, Beteiligungsangebote auszubauen und dabei auch neue Wege, wie die der internetbasierten Öffentlichkeitsbeteiligung zu gehen. Ein Profit ist bei allen Beteiligten zu erwarten. Bieten sich doch wie dargestellt erhebliche Ansatzpunkte und Hoffnungen gerade auch umstrittene Verfahren und Planungen mit einem möglichst konsensfähigen Ergebnis abzuschließen. Das Planfeststellungsverfahren „Stuttgart 21" und auch die zuletzt immer wieder diskutierten notwendigen neuen Stromtrassen für den Umstieg auf weitere erneuerbare Energiequellen bergen beispielsweise erhebliches Konfliktpotenzial, welches idealerweise nicht erst im formellen Verfahren versucht werden sollte zu entschärfen. Begangene grundsätzliche Fehler, jedoch auch Erkenntnisse zur Verbesserung, erscheinen jeweils übertragbar auf andere formelle Planungsverfahren wie auch die der Bauleitplanung.

Das Selbstverständnis des Staates muss sich dabei keinesfalls in großen Schritten zu einem kooperativen Staat entwickeln. Volksabstimmungen oder anderer Instrumente direkter Demokratie in Bezug auf große Planungsverfahren bedarf es nicht. Vielmehr bietet sich durch internetgestützte Beteiligungsformen eine Ergänzung und sinnvolle Erweiterung der klassischen Formen der Entscheidungsbildung und -findung sowie zugleich auch eine Möglichkeit zur besseren Konfliktbewältigung. Es gilt jedoch, wie zumeist, dass dieses Potenzial auch voll ausgeschöpft werden will, sofern man gute und tragfähige Ergebnisse erwartet. Die verstärkte Anwendung internetgestützter Angebote zur Öffentlichkeitsbeteiligung besitzt viel Potenzial und bietet noch viel Entwicklungsspielraum, den es zu nutzen gilt.

---

[104] Vgl. auch *Bunzel* BauR 2008, 301 (304).
[105] So *Schröer* (Fn. 103).

C. PLANFESTSTELLUNGSRECHT

CHRISTOF AUSTERMANN

Eintrag prioritärer Stoffe aus Industrieanlagen in Gewässer

I. Einleitung

Die gesetzlichen Anforderungen an wasserrechtliche Gestattungen für Industrieanlagen sind in den letzten Jahren erheblich in Bewegung geraten. Die Grundlage dieser Dynamik bilden die Vorgaben des europäischen Gewässerschutzrechts und hier insbesondere die Regelungsgehalte der Wasserrahmenrichtlinie (WRRL)[1] und ihrer Tochterrichtlinien sowie deren Umsetzungen[2] im Wasserhaushaltsgesetz (WHG)[3] und in der Oberflächengewässerverordnung (OGewV).[4] Vor diesem Hintergrund mag es für den juristisch vorgebildeten Betrachter nicht verwunderlich erscheinen, dass die Auseinandersetzungen um die Deutungshoheit innerhalb dieses Regelungsregimes auch über zehn Jahre nach Erlass der WRRL nicht abreißen. So nachvollziehbar und begründet die jeweiligen Interpretationsansätze im Einzelfall sind, gilt es innerhalb dieser Debatte nicht die Interessen derjenigen aus den Augen zu verlieren, die die Umsetzung neuer Anforderungen in der Praxis zu bewältigen haben. Hierzu zählen neben den Betreibern wasserrechtlich gestattungspflichtiger Anlagen auch die Genehmigungsbehörden. Nicht zuletzt im Zuge der erweiterten Klagerechte der Umweltverbände hat nunmehr die Rechtsprechung erste deutliche Wegweiser für die wasserrechtliche Zulassungsfähigkeit, insbesondere von Kohlekraftwerken, aufgestellt.[5]

II. Erweitere Klagerechte von Umweltverbänden

Neue Fahrt hat die Diskussion über die wasserrechtliche Zulässigkeit von Industrieanlagen auch aufgrund der soeben erwähnten erweiterten Klagebefugnisse von anerkannten Umweltverbänden aufgenommen. Im Verfahren um die Aufhebung des Vorbescheides und der ersten Teilgenehmigung für das Steinkohlekraftwerk Lünen hat das OVG Münster wegen Zweifeln an der Reichweite des Rügerechts nach § 2 des Umweltrechtsbehelfsgesetzes (UmwRG)[6] durch

[1] Richtlinie 2000/60/EG des Europäischen Parlaments und Rates vom 23.10.2000 zur Schaffung eines Ordnungsrahmens für Maßnahmen der Gemeinschaft im Bereich der Wasserpolitik (ABl. L 327 vom 22.12.2000), zuletzt geänd. durch RL 2009/31/EG vom 23.4.2009 (ABl. L 140 vom 5.6.2009).

[2] Zu den wesentlichen Inhalten der Novelle *Stüer/Buchsteiner* DÖV 2010, 261.

[3] Wasserhaushaltsgesetz vom 31.7.2009 (BGBl. I S. 2585), zuletzt geänd. durch Art. 5 Abs. 9 des Gesetzes vom 24.2.2012 (BGBl. I S. 212).

[4] Oberflächengewässerverordnung vom 20.7.2011 (BGBl. I S. 1429).

[5] OVG Münster, Urt. v. 1.12.2011 – 8 D 58/08. AK; vgl. hierzu die Besprechungen von *Stüer/Stüer* DVBl 2012, 244 und *Enderle/Thaysen* UPR 2012, 173.

[6] Umwelt-Rechtsbehelfsgesetz vom 7.12.2006 (BGBl. I S. 2816), zuletzt geänd. durch Art. 5 Abs. 32 des Gesetzes vom 24.2.2012 (BGBl. I S. 212).

Vorlage an den EuGH[7] klären lassen, in welchem Umfang nach § 3 UmwRG anerkannte Umweltverbände aus der Regelung des Art. 10a der UVP-Richtlinie[8] eine Klagebefugnis ableiten können. Der EuGH hat diese Fragen dahingehend beantwortet, dass Umweltverbände auch die Verletzung nicht drittschützender nationaler Vorschriften geltend machen können, soweit diese aus dem Umweltrecht der Union hervorgegangen sind und dem Schutz der Umwelt dienen.[9] Diese Rechtsprechung des EuGH hat das BVerwG zwischenzeitlich bestätigt und festgestellt, dass die gerichtliche Rügebefugnis von Umweltvereinigungen direkt auf Art. 10a der UVP-RL gestützt werden kann.[10] Diese Klarstellung hat wiederum auch das OVG Münster in seiner Entscheidung zum Steinkohlekraftwerk Lünen aufgenommen.[11] Eine Rügebefugnis anerkannter Umweltverbände besteht folglich auch im Wasserrecht dann umfassend, wenn die Verletzung von wasserrechtlichen Bestimmungen geltend gemacht wird, die aus dem Unionsrecht hervorgegangen sind und dem Umweltschutz dienen.[12] Dies ist insbesondere dann der Fall, wenn ein Verstoß einer erteilten wasserrechtlichen Gestattung gegen die zur Umsetzung der Umweltziele der WRRL dienenden §§ 27 ff. WHG gerügt wird.

III. Umweltziele nach der Wasserrahmenrichtlinie

1. Regelungsregime des Wasserrechts

Nach der Regelung des § 27 Abs. 1 WHG sind oberirdische Gewässer grundsätzlich so zu bewirtschaften, dass eine Verschlechterung ihres ökologischen und chemischen Zustands vermieden wird und ein guter ökologischer Zustand erhalten und erreicht wird. Dieser gute Zustand ist gem. § 29 Abs. 1 WHG grundsätzlich bis zum 22.12.2015 zu erreichen, über § 29 Abs. 2 und 3 WHG besteht die Möglichkeit, diese Frist zweimal um jeweils sechs Jahre zu verlängern. Die für die Zulassung wasserrechtlicher Gestattungsanträge zur Einleitung von salz- und schwermetallhaltigen Prozessabwässern aus den Bereichen der konventionellen Energieerzeugung oder der chemischen Industrie als Emittenten von beispielsweise Cadmium, oder anderen prioritären (gefährlichen) Stoffen maßgebliche Regelung stellt § 12 Abs. 1 WHG dar. Danach sind Erlaubnis und Bewilligung zu versagen, wenn die Gewässerbenutzung schädliche Gewässerveränderungen erwarten lässt, die nicht vermieden oder ausgeglichen werden können. Schädlich ist eine Gewässerveränderung dann, wenn sie entweder das Wohl der Allgemein-

---

[7] OVG Münster, Beschl. v. 5.3.2009 – 8 D 58/08.AK, DVBl 2009, 654.

[8] Richtlinie 2011/92/EU über die Umweltverträglichkeitsprüfung bei bestimmten öffentlichen und privaten Projekten. Während der Vorlage galt noch die Richtlinie 85/337/EWG über die Umweltverträglichkeitsprüfung bei bestimmten öffentlichen und privaten Projekten. Diese Richtlinie wurde zwischenzeitlich durch die Richtlinie 2011/92/EU ersetzt. Die Regelung zu den Klagerechten der Umweltverbände wurde inhaltlich nicht angepasst. Art. 10a in der Richtlinie 85/337/EWG wurde durch Art. 11 der Richtlinie 2011/92/EU ersetzt.

[9] EuGH, Urt. v. 12.5.2011 – C 115/09, DVBl 2011, 757; *Stüer/Stüer* DVBl 2012, *Enderle/Thaysen* UPR 2012, 173.

[10] BVerwG, Urt. v. 29.9.2011 – 7 C 21.09; *Stüer/Buchsteiner* DVBl 2012, 92.

[11] OVG Münster, Beschl. v. 5.3.2009 – 8 D 58/08. AK, DVBl 2009, 654.

[12] OVG Münster, Urt. v. 1.12.2011 – 8 D 58/08. AK, juris Rn. 408.

heit, insbesondere die öffentliche Wasserversorgung, beeinträchtigt oder mit geltenden wasserrechtlichen Bestimmungen unvereinbar ist, § 3 Nr. 10 WHG. Mit anderen Worten ist eine schädliche Gewässerveränderung dann anzunehmen, wenn sie gegen geltende inhaltliche Anforderungen an den Gewässerschutz verstößt.[13]

Bei der Beurteilung, ob eine Erlaubnis oder Bewilligung zugelassen werden kann, bildet entsprechend des kombinierten Ansatzes[14] von Art. 10 WRRL das deutsche Ordnungsrecht und damit der emissionsbezogene Ansatz der Abwasserverordnung (AbwV)[15] die Grundlage der Prüfung. Entsprechend Erwägungsgrund 40 der WRRL fordert der kombinierte Ansatz sowohl eine Begrenzung der Verschmutzung an der Quelle durch die Vorgabe von Emissionsgrenzwerten als auch die Festlegung von immissionsbezogenen Umweltqualitätszielen.[16] Damit können die Gewässerziele der Union im Grundsatz auch durch die bestehenden Anforderungen an die Einleitung von Abwasser eingehalten werden. Erst wenn diese Mechanismen eine Zielerreichung nicht ermöglichen, muss das vorhandene Instrumentarium durch zusätzliche planerische Maßnahmen ergänzt werden.[17] Angesprochen sind hier insbesondere Gemengelagen in den Oberflächenwasserkörpern, die durch Vorbelastungen und kumulative Einleitungen geschaffen werden. Insoweit nimmt die WRRL entsprechend ihrer allgemeinen Zielsetzung, eine wirksame und kohärente Wasserpolitik durchzusetzen,[18] die konkrete Gewässersituation in den Blick, deren Belangen unter Umständen nicht durch Emissionsbegrenzungen entsprochen werden kann. Die inhaltlichen Anforderungen an die Beschaffenheit von Oberflächenwasserkörpern ergeben sich insbesondere aus den Bewirtschaftungszielen der §§ 27 bis 31 WHG, die maßgeblich die Umsetzung der Umweltziele des Art. 4 WRRL zum Inhalt haben und damit dem allgemeinen Ziel der WRRL, der Erhaltung und der Verbesserung der aquatischen Umwelt in der Gemeinschaft, dienen.

Das gesetzliche Bewirtschaftungsziel der Erreichung eines guten chemischen und ökologischen Gewässerzustands findet im WHG keine definitorische Grundlage. Für die weitere Erläuterung und inhaltliche Bestimmung dieses Begriffs des guten chemischen Zustands ist auf die unionsrechtlichen Regelungen der Wasserrahmenrichtlinie zurückzugreifen.[19] Nach Art. 2 Nr. 24 WRRL ist ein guter chemischer oder ökologischer Zustand eines Oberflächengewässers dann erreicht, wenn im Oberflächengewässer kein Schadstoff enthalten ist, der die für ihn festgelegten Umweltqualitätsnormen überschreitet.

Damit erfolgt über den Begriff des guten chemischen Zustandes der Brückenschlag zum unionsrechtlich determinierten qualitativen Ansatz der WRRL und der auf ihr beruhenden Ergänzungsvorschriften, insbesondere der Umweltquali-

---

[13] *Czychowski/Reinhardt,* WHG, 2010, § 3 Rn. 69.
[14] Hierzu *Durner* NuR 2010, 457.
[15] Abwasserverordnung in der Fassung der Bekanntmachung vom 17.6.2004 (BGBl. I S. 1108, 2625), zuletzt geändert durch Art. 5 Abs. 8 des Gesetzes vom 24.2.2012 (BGBl. I S. 212).
[16] Hierzu *Messerschmidt,* Europäisches Umweltrecht, 2011, § 14 Rn. 40.
[17] *Durner* (Fn. 14).
[18] Erwägungsgrund 17 der WRRL.
[19] *Reidt/Schiller* NuR 2011, 625.

tätsnormenrichtlinie (UQN-RL),[20] die über die Formulierung von Umweltzielen für die Entwicklung von Oberflächengewässern unionsweite Standards für den Umgang mit Oberflächengewässern und deren Bewirtschaftung zum Inhalt hat. Die Prüfung dieser Umweltqualitätsnormen findet sich damit bei der Abarbeitung der Standards für die Erteilung einer wasserrechtlichen Erlaubnis oder Bewilligung in § 12 Abs. 1 Nr. 1 WHG wieder.

Das Regelungsregime des europäischen Gewässerschutzrechts wirkt somit zum einen über die nationale Umsetzung der Vorgaben der WRRL über das in § 27 WHG enthaltene Verbesserungsgebot bzw. Verschlechterungsverbot sowie über die in Art. 16 WRRL erfolgte Konkretisierung der Umweltziele durch die UQN-Richtlinie und Art. 1 und Anhang II der Entscheidung 2455/2001/EG.[21] Die Umsetzung dieser europarechtlich festgelegten Qualitätsnormen in nationales Recht erfolgte durch den Erlass der Oberflächengewässerverordnung. Die darin übernommenen Qualitätsnormen dienen der Operationalisierung und Konkretisierung des Inhaltes des Verbesserungsgebotes und finden letztlich auch Berücksichtigung innerhalb des wasserrechtlichen Bewirtschaftungsermessens der zuständigen Genehmigungsbehörden.

a) Verschlechterungsverbot

Nach dem in Art. 4 lit. a) Ziff. i) WRRL und in § 27 Abs. 1 Nr. 1, Abs. 2 Nr. 1 WHG umgesetzten Verschlechterungsverbot sind oberirdische Gewässer so zu bewirtschaften, dass eine Verschlechterung ihres ökologischen und ihres chemischen Zustands vermieden wird. Dementsprechend verpflichtet das Verschlechterungsverbot die bewirtschaftende Behörde dazu, einen einmal erreichten Gewässerzustand nicht mehr zu unterschreiten, um diesen nach § 27 Abs. 1 Nr. 2 WHG sodann hierauf aufbauend zu erhalten und solange zu verbessern, bis der gute Zustand des jeweiligen Oberflächengewässers erreicht ist.[22] Die konkrete Auslegung des Verschlechterungsverbotes ist umstritten. Nach einer Auffassung liegt eine Verschlechterung in diesem Sinne nur dann vor, wenn mit der neu hinzukommenden Gewässerbelastung eine niedrigere Einstufung des Oberflächenwasserkörpers in den Zustandsklassen einhergeht, die sich aus der WRRL bzw. der OGewV ergeben, also bezogen auf den chemischen Zustand von „gut" zu „nicht gut" oder bezogen auf das ökologische Potenzial z. B. von „mäßig" zu „unbefriedigend" verändert.[23]

Andererseits wird vertreten, dass eine nachteilige Veränderung eines Oberflächenwasserkörpers bereits dann vorliegt, wenn sich durch die beantragte Nutzung die Eigenschaften des Gewässers auch nur gering im Vergleich zur vorherigen

---

[20] Richtlinie 2008/105/EG des Europäischen Parlaments und des Rates vom 16.12.2008 über Umweltqualitätsnormen im Bereich der Wasserpolitik und zur Änderung und anschließenden Aufhebung der Richtlinien des Rates 82/176/EWG, 83/513/EWG, 84/156/EWG, 84/491/EWG und 86/280/EWG sowie zur Änderung der Richtlinie 2000/60/EG (ABl. L 348, vom 24.12.2008).

[21] Entscheidung Nr. 2455/2001/EG vom 20.11.2001 zur Festlegung der Liste prioritärer Stoffe im Bereich der Wasserpolitik und zur Änderung der Richtlinie 2000/60/EG, Abl. Nr. L 331.

[22] *Czychowski/Reinhardt,* WHG, 10. Aufl. 2010, § 27 Rn. 15.

[23] *Schmid,* in: Berendes/Frenz/Müggenborg, WHG, 2011, § 27 Rn. 91; *Reidt/Schiller* NuR 2011, 626; *Breuer* NuR 2007, 507; *Füßer/Lau* NdsVBl. 2008, 196 f.; *Elgeti/Fries/Hurck* NuR 2006, 747.

Beschaffenheit nachteilig verändern.[24] Hierfür wird insbesondere der Wortlaut des Art. 4 Abs. 1 lit. a) Ziff. i) WRRL und von § 27 Abs. 1 Nr. 1 Abs. 2 WHG angeführt, der jeweils nicht auf eine stufenbezogene Verschlechterung abstellt. Gegen diese Auffassung spricht jedoch, dass die WRRL innerhalb der einzelnen Zustandsklassen keine Abstufung kennt[25] und die strenge Auslegung des Verschlechterungsverbotes somit keinen Rückhalt in der WRRL und der UQN-Richtlinie findet. Diese Auffassung wird auch von der EU-Kommission[26] und innerhalb des Positionspapiers der EU-Wasserdirektoren zu „Umweltzielen und Ausnahmen" vom Oktober 2006 geteilt.[27]

Auch die Vertreter dieser strengen Auffassung erkennen jedoch regelmäßig an, dass bei geringfügig gesteigerten tatsächlichen Beeinträchtigungen des absoluten Gewässerzustandes eine Verschlechterung nicht anzunehmen ist, soweit die negativen Auswirkungen unterhalb einer aus dem rechtsstaatlichen Verhältnismäßigkeitsmaßstab abzuleitenden Bagatellschwelle liegen.[28] Würde bereits jede Verschlechterung unter das Verschlechterungsverbot fallen, wäre nahezu jede zusätzliche Nutzung oberirdischer Gewässer grundsätzlich ausgeschlossen, denn jede negative Veränderung, sei es durch einen Schadstoffeintrag, Erhöhung der Temperatur oder durch einen Einfluss auf die aquatische Tier- und Pflanzenwelt, unterfiele dem Verschlechterungsverbot. Zudem würde die strenge Auslegung des Verschlechterungsverbotes zu einer von der WRRL nicht gewollten Umkehr der in Art. 4–7 WRRL bzw. in den §§ 28–31 WHG enthaltenen Regel-Ausnahmebestimmungen führen, wenn jede geringfügige nachteilige Veränderung das Verschlechterungsverbot auslöst und damit Gewässerbewirtschaftung in allen Fällen auch nur geringfügiger nachteiliger Veränderung auf die in diesen Regelungen enthaltenen Ausnahmetatbestände zurückgegriffen werden müsste.[29]

Im Übrigen finden sich in der Rechtsprechung keine Entscheidungen, die sich mit der Auslegung des Verschlechterungsverbotes inhaltlich auseinandersetzen. Lediglich der VGH München[30] und das OVG Bremen[31] haben in dieser Frage für die strenge Auslegung Position bezogen. Eine Auswertung der Urteile ergibt jedoch, dass keine weitergehenden Begründungen zum als maßgeblich angesehenen Bezugspunkt des Verschlechterungsverbots gegeben werden.

Festzuhalten bleibt somit, dass die besseren Argumente für die Vertreter der Zustandsklassen-Theorie sprechen. Würde bereits eine geringe negative Veränderung der derzeitigen Beschaffenheit eines Gewässers einen Verstoß gegen das Verschlechterungsverbot darstellen, so könnte jede zusätzliche Gewässerbenutzung

---

[24] *Köck/Möckel* NVwZ 2010, 1392; *Ginzky* NuR 2008, 150 ff.; *Gellermann* DVBl 2007, 1519 f.; *Ekardt/Weyland/Schenderlein* NuR 2009, 393.

[25] *Füßer/Lau* (Fn. 23), 197.

[26] Antwortschreiben der Europäischen Kommission vom 27.1.2010 auf Fragen der Deutschen Umwelthilfe vom 20.8.2009.

[27] *Redaktionsgruppe „Umweltziele und Ausnahmen"*, Für neue Änderungen und nachhaltige Entwicklungstätigkeiten de Menschen zulässige Ausnahmen von den Umweltzielen der Wasserrahmenrichtlinie (WRRL Art. 4 Abs. 7), S. 8.

[28] *Czychowski/Reinhardt,* WHG, 10. Aufl. 2010, § 27 Rn. 14; *Ekardt/Weyland/Schenderlein* NuR 2009, 393.

[29] *Schmid,* in: Berendes/Frenz/Müggenborg, WHG, 2011, § 27 Rn. 97.

[30] VGH München, Urt. v. 5.7.2005 – 8 B 04.356, juris Rn. 50.

[31] OVG Bremen, Urt. v. 4.6.2009 – 1 A 9/09, juris Rn. 117.

nur noch auf der Grundlage der Ausnahmetatbestände der §§ 28 – 31 WHG gestattet werden, was dem Charakter der Ausnahmeregelung des § 31 WHG zuwiderlaufen würde.

b) Verbesserungsgebot

Art. 4 Abs. 1 lit. a) Ziff. ii) und Ziff. iii) WRRL und § 27 Abs. 1 Nr. 1 Abs. 2 Nr. 1 WHG enthalten daneben ein Verbesserungsgebot. Danach ist ein guter Zustand aller Oberflächengewässer zu erreichen. Konkretisiert wird das Verbesserungsgebot jeweils durch Anhang 5 der WRRL und durch die UQN-Richtlinie auf Unionsebene sowie auf Bundesebene durch die OGewV. Nach der Legaldefinition des § 6 OGewV ist der chemische Zustand eines Oberflächenwasserkörpers „gut", wenn die Umweltqualitätsnormen nach Anlage 7 OGewV erfüllt werden. Anderenfalls ist der chemische Zustand „nicht gut".[32]

Die Einstufung des ökologischen Potenzials eines Oberflächenwasserkörpers richtet sich nach der Legaldefinition des § 5 Abs. 2 OGewV nach den in Anlage 3 OGewV aufgeführten Qualitätskomponenten. Ein Schadstoffeintrag kann dementsprechend gegen das Erhaltungs- und Verbesserungsverbot verstoßen, wenn dieser Eintrag der Zielerreichung des guten chemischen Zustands und des guten ökologischen Potenzials entgegenstünde. Der chemische Zustand stellt dabei auf die Schadstoffkonzentration ab und der ökologische Zustand auf biologische, hydromorphologische und physikalische Qualitätskomponenten. Dabei sind insbesondere der nach § 83 WHG zu erstellende Bewirtschaftungsplan bzw. das nach § 82 WHG zu erarbeitende Maßnahmenprogramm in Bezug zu nehmen, die im Hinblick auf das Verbesserungsgebot das „Wie" der Zielerreichung des guten chemischen Zustands und des guten ökologischen Potenzials konkretisieren.[33]

Bewirtschaftungsplan und Maßnahmenprogramm sind behördenverbindlich und besitzen insoweit im Zusammenhang mit der Zulassungsentscheidung der Wasserbehörde normative Qualität.[34] Der Wasserbehörde kommt folglich die Aufgabe zu, die Vorgaben der Maßnahmen- und Bewirtschaftungspläne bei der Zulassung beantragter Nutzungen zu berücksichtigen. Insoweit hat die Behörde das Integritätsinteresse des Gewässers mit dem Interesse an dessen wirtschaftlicher Nutzung in Einklang zu bringen, um dem Ziel der Erreichung des guten chemischen Zustands und des guten ökologischen Potenzials zu entsprechen.

c) Differenzierung des Verbesserungsgebotes durch Übernahme der Vorgaben für prioritäre sowie prioritär gefährliche Stoffe in die OGewV

Die Anforderungen des Verbesserungsgebotes und die damit verbundene Forderung zur Erreichung eines ökologisch und chemisch guten Gewässerzustands bis 2015 finden ihre Konkretisierung in der Liste prioritärer Stoffe, die gemäß

[32] Beispielhaft ist für Quecksilber in Nr. 21 der Anlage 7 OGewV in oberirdischen Gewässern ohne Übergangsgewässer ein Jahresdurchschnittswert (JD-UQN) von 0,05 µg/l bei einer zulässigen Höchstkonzentration (ZHK-UQN) von 0,07 µg/l und bei Biota (Biota-UQN) von 20µg/kg Nassgewicht festgesetzt.

[33] *Czychowski/Reinhardt,* WHG, 10. Aufl. 2010, § 27 Rn. 15.

[34] *Schmid,* in: Berendes/Frenz/Müggenborg, WHG, 2011, § 27 Rn. 107.

Art. 4 Abs. 1a Ziff. iv) WRRL ein erhebliches Risiko für die aquatische Umwelt darstellen.

Art. 2 Nr. 30 der WRRL definiert prioritäre Stoffe, die nach Art. 16 Abs. 2 WRRL bestimmt und im Anhang 10 der WRRL aufgeführt sind. Ein Bestandteil hiervon sind die nach Art. 16 Abs. 3 und Abs. 6 WRRL zu bestimmenden prioritären gefährlichen Stoffe. Diese unterscheiden sich dadurch von den prioritären Stoffen, die generell ein erhebliches Risiko für die aquatische Umwelt darstellen, dass sie auch toxisch, persisitent, bioakkumulierbar oder vergleichsweise besorgniserregend wirken. Der deutsche Gesetzgeber hat diese Liste der prioritären Stoffe als Anlage 7 Tabelle 1 in die OGewV aufgenommen. Die Ermittlung der in dem jeweiligen Oberflächenwasserkörper vorhandenen prioritären Stoffe obliegt den zuständigen Wasserbehörden. Nach § 4 Abs. 2 OGewV haben die zuständigen Behörden für jede Flussgebietseinheit bis zum 22. Dezember 2013 insbesondere eine Bestandsaufnahme der Emissionen, Einleitungen und Verluste aller prioritären Stoffe zu veranlassen.

Die Beachtung der in Anlage 7 enthaltenen Umweltqualitätsnormen im wasserrechtlichen Zulassungsverfahren wird über § 6 OGewV gewährleistet, indem sich die Einstufung des chemischen Zustands eines Oberflächenwasserkörpers nach den in Anlage 7 aufgeführten Umweltqualitätsnormen richtet. Die Beurteilung des ökologischen Potenzials eines Oberflächenwasserkörpers ergibt sich aus der Legaldefinition des § 5 Abs. 2 OGewV, entsprechend den in Anlage 3 OGewV aufgeführten Qualitätskomponenten.

d) Phasing-Out

Ein weiteres Umweltziel der WRRL betrifft das so genannte Phasing-Out. Das Phasing-Out-Ziel bzw. die Phasing-Out-Verpflichtung hat zum Inhalt, dass die Mitgliedstaaten die Verschmutzung durch prioritäre Stoffe schrittweise reduzieren und die Einleitung, Emissionen und Verluste prioritärer gefährlicher Stoffe beenden oder schrittweise einstellen. Ihre rechtliche Grundlage findet die Phasing-Out-Verpflichtung in Art. 4 Abs. 1 lit. a) Ziff. iv) in Verbindung mit Art. 16 Abs. 1 und 8 WRRL. Eine Umsetzung in deutsches Recht ist nicht erfolgt.

In seinem Urteil vom 1.12.2011 hat das OVG Münster[35] zu der bislang umstrittenen Auslegung des Phasing-Out-Ziels Stellung bezogen. Demnach sieht die UQN-Richtlinie keinen festen Zeitplan für die Beendigung oder schrittweise Einstellung der Einleitungen, Emissionen und Verluste prioritärer Stoffe vor. Der in der Literatur vertretenen Auffassung, dass sich aus Art. 4 Abs. 1 lit. a) Ziff. IV) ab spätestens 2028 ein striktes Verbot jeglicher Emissionen ergebe, von dem auch keine Ausnahmen vorgesehen seien,[36] wurde eine klare Absage erteilt.[37]

---

[35] OVG Münster, Urt. v. 1.12.2011 – 8 D 58/08. AK, juris Rn. 468.

[36] Vgl. insoweit *Köck/Möckel* NVwZ 2010, 1391; *Ginzky* ZUR 2009, 245; *Eckardt/Steffenhagen* NuR 2010, 709.

[37] Nach Art. 16 Abs. 6 WRRL legt die Kommission schrittweise Vorschläge für die Begrenzungen, insbesondere zur Beendigung oder schrittweisen Einstellungen von Einleitungen, Emissionen und Verlusten prioritärer Stoffe, einschließlich eines entsprechenden Zeitplanes vor. Dieser Zeitplan darf 20 Jahre ab dem Zeitpunkt, zu dem diese Vorschläge vom Europäischen Parlament und vom Rat angenommen werden, nicht überschreiten.

Weiter führte das Gericht aus, dass mit der UQN-Richtlinie vom 16.12.2008 das Europäische Parlament und der Rat der Europäischen Union – auf Vorschlag der Kommission – zwar Umweltqualitätsstandards festgelegt haben, die UQN-Richtlinie aber keinen Zeitplan für die Beendigung oder schrittweise Einstellung der Einleitungen, Emissionen und Verluste prioritärer Stoffe vorsehe. Aus Art. 4 Abs. 1 lit. a) Ziff. IV) WRRL ergebe sich aber das eindeutige Ziel, eine schrittweise Verringerung und Beendigung insbesondere des Quecksilbereintrags in Gewässer zu erreichen. Nach den Aussagen des Gerichts müssen dabei alle notwendigen anspruchsvollen Anstrengungen unternommen werden, um diesem Ziel so nahe wie möglich zu kommen. Entsprechend der derzeitigen Rechtslage bestehe jedoch keine unbedingte Verpflichtung zum Nulleintrag prioritär gefährlicher Stoffe in Gewässer.[38]

IV. Folgerungen für die wasserrechtliche Genehmigungsfähigkeit von Direkt- und Indirekteinleitungen durch Industrieanlagen

Für die Planung und den dauerhaften Betrieb von Industrieanlagen, für deren Produktions- oder Erzeugungsprozesse die Verwendung von Wasser erforderlich ist und infolge dessen es zu einem nicht vermeidbaren Eintrag von Schadstoffen in das Wasser kommt, bietet sich neben der direkten Einleitung der Prozessabwässer in einen Oberflächenwasserkörper auch die Möglichkeit der indirekten Einleitung der Abwässer über die Nutzung einer öffentlichen Abwasserbehandlungsanlage an. Für beide Einleitmöglichkeiten stellt sich gleichermaßen die Frage nach der Erforderlichkeit und des Umfangs der jeweiligen Koordination von immissionsschutzrechtlichem und wasserrechtlichem Verfahren.

1. Verhältnis von Immissionsschutz- und Wasserrecht

a) Bei Neuanlagen

Die im Zuge der Zulassung einer Industrieanlage zu prüfenden Umweltauswirkungen sind zum einen im Rahmen der immissionsschutzrechtlichen Zulassungsentscheidung und zum anderen in Bezug auf die Benutzung von Gewässern in eine wasserrechtliche Erlaubnis, Bewilligung oder Planfeststellung geteilt. Trotz dieser Trennung des Prüfregimes hinsichtlich der von einer Industrieanlage ausgehenden Umweltauswirkungen muss sichergestellt werden, dass eine umfassende Prüfung der Umweltauswirkungen auf alle Umweltmedien erfolgt. Die wasserrechtliche Zulassung ist auf die Benutzung von Gewässern begrenzt. Einwirkungen einer Industrieanlage, die nicht über die Benutzung von Gewässern entstehen, sind nicht unmittelbarer Gegenstand des wasserrechtlichen Verfahrens und daher im immissionsschutzrechtlichen Verfahren abzuprüfen.[39] Das OVG Münster hat im Urteil zum Neubauprojekt Lünen festgestellt, dass eine strikte Trennung der immissionsschutzrechtlichen und wasserrechtlichen Prüfmaßstäbe nicht den

[38] OVG Münster, Urt. v. 1.12.2011 – 8 D 58/08. AK, juris Rn. 477.
[39] *Ohms* NVwZ 2010, 926.

Ansprüchen einer umfassenden Zulässigkeitsprüfung hinsichtlich der zu genehmigenden Anlage entspricht. Vielmehr hat die Immissionsschutzbehörde aufgrund des ihr nach § 10 Abs. 5 S. 2 BImSchG in Verbindung mit § 11 der 9. BImSchV obliegenden Koordinationsgebotes zu prüfen, ob der Erteilung der wasserrechtlichen Erlaubnis erkennbare rechtliche Hindernisse entgegenstehen. Sollte eine abschließende Beurteilung nur in dem nachlaufenden wasserrechtlichen Erlaubnisverfahren möglich sein, dann hat die Immissionsschutzbehörde dem Koordinationsgebot dadurch Rechnung zu tragen, dass sie ihre Entscheidung unter den Vorbehalt nachträglicher Anordnungen, die sich aus dem wasserrechtlichen Verfahren ergeben, stellt. Allein diese beschränkte Doppelprüfung genüge dem Koordinationsgebot.[40]

Zudem hat das Gericht in seiner Entscheidung festgestellt, dass es sich bei dem indirekten Schadstoffeintrag in Gewässer über den Luftpfad nicht um einen Benutzungstatbestand im Sinne von § 9 WHG handelt.[41] Dementsprechend hat die Immissionsschutzbehörde im immissionsschutzrechtlichen Verfahren über den Eintrag von Schadstoffen über den Luftpfad in Gewässer zu entscheiden. Dabei sind auch die Wasserqualitätsvorgaben der WRRL und ihrer Tochterrichtlinien beachtlich. Augenmerk sei dabei insbesondere auf die in Art. 4 Abs. 1 lit a) Ziff. iv WRRL geregelte Phasing-Out-Verpflichtung zu richten. Denn das Richtlinienziel der schrittweisen Einstellung oder Beendigung des Eintrags prioritärer gefährlicher Stoffe könne ohne die Einbeziehung des Luftpfads nicht erreicht werden.[42] Ist danach der Emissionsbeitrag über den Luftpfad auf ein Gewässer nicht völlig zu vernachlässigen, sind diese luftgetragenen Emissionen von der Wasserbehörde im Rahmen ihrer wasserwirtschftlichen Ermessensausübung in die Gesamtbelastungsbetrachtung des Oberflächenwasserkörpers einzubeziehen.[43]

Schließlich hat auch die Wasserbehörde im wasserrechtlichen Erlaubnisverfahren nicht nur den Eintrag von Schadstoffen über den Wasserpfad, sondern auch über den Luftpfad in Gewässer zu berücksichtigen. Nur auf der Grundlage der Summe beider Einträge kann die Wasserbehörde ihr Bewirtschaftungsermessen sachgerecht ausüben.

b) Bei Bestandsanlagen

Die dargestellte Systematik zur Koordination von Immissionsschutz- und Wasserrecht gilt für die Zulassung von Neuanlagen, für deren gesamte genehmigungsrechtliche Zulässigkeit in aller Regel neben der Erlangung einer wasserrechtlichen Gestattung auch eine immissionsschutzrechtliche Zulassung notwendig ist. Für die Neubeantragung wasserrechtlicher Gestattungen für Bestandsanlagen ergeben sich jedenfalls insoweit Unterschiede, als dass in diesem Fall zum einen keine verfahrensrechtliche Koordination von wasserrechtlichem und immissionsschutzrechtlichem Verfahren erforderlich wird und zum anderen in materieller Hinsicht nicht

[40] OVG Münster, Urt. v. 1.12.2011 – 8 D 58/08. AK, juris Rn. 430 ff.

[41] OVG Münster, Urt. v. 1.12.2011 – 8 D 58/08. AK, juris Rn. 487 unter Verweis auf *Ohms* NVwZ 2010, 928; *Schmid,* in: Berendes/Frenz/Müggenborg, WHG, 2011, § 9 Rn. 18 ff.; a. A. *Kremer* ZUR 2009, 422 ff.

[42] OVG Münster, Urt. v. 1.12.2011 – 8 D 58/08. AK, juris Rn. 493.

[43] Hierzu *Riese/Dieckmann* UPR 2011, 214.

die Beurteilung eines bezogen auf die jeweilige Flussgebietseinheit erstmalig auftretenden Zusatzbeitrages in den Blick zu nehmen ist. Insoweit ist festzuhalten, dass die vom OVG Münster aus § 10 Abs. 5 S. 2 BImSchG in Verbindung mit § 11 der 9. BImSchV gefolgerte Koordinationspflicht der Immissionsschutzbehörde[44] nach dem Wortlaut der herangezogenen Regelungen und nach deren Systematik gerade von der immissionsschutzrechtlichen Genehmigungsbedürftigkeit der Anlage als solche abhängig ist.[45] An der Notwendigkeit der Durchführung eines immissionsschutzrechtlichen Verfahrens fehlt es jedoch bei der Erneuerung wasserrechtlicher Gestattungen für Bestandsanlagen, so dass von einer entsprechenden Koordinationspflicht nicht ausgegangen werden kann.

In materieller Hinsicht ist zu berücksichtigen, dass die Ausführungen des OVG Münster zur Koordination von immissionsschutz- und wasserrechtlichem Verfahren bei der Direkteinleitung jeweils vor dem Hintergrund einer bezogen auf den jeweiligen Wasserkörper erstmals zu beurteilenden zusätzlichen Wärmebelastung sowie ebenfalls erstmalig in Betracht zu ziehender zusätzlicher Salz- und Schwermetalleinträge erfolgten.[46] An diesen erstmalig in Betracht zu ziehenden Zusatzbeiträgen fehlt es jedoch bei der Erneuerung einer auslaufenden wasserrechtlichen Gestattung für Bestandsanlagen. Unter Beachtung dieses Ausgangspunkts sind die Ausführungen des Gerichts zur notwendigen Betrachtung von Summationseffekten zu bewerten. Bei der Beurteilung der Auswirkungen einer Bestandsanlage auf den Wasserkörper ist der zum Betrachtungszeitpunkt maßgebliche Gewässerzustand inklusive des gutachterlich prognostizierten künftigen Eintrags durch die Anlage maßgeblich. Um eine doppelte Betrachtung des von der Anlage ausgehenden Stoffeintrages zu vermeiden, ist entsprechend der bisherige Eintrag der Anlage vom Referenzzustand des Gewässers abzuziehen.

Bei der Gesamtbeurteilung der Auswirkungen einer Bestandsanlage auf das Wasser kann auch nicht die bestehende durch andere Emittenten erzeugte Vorbelastung des Gewässers außer Acht gelassen werden. Gerade bei der Berücksichtigung der Vorbelastung eines Oberflächenwasserkörpers gelangt das Immissionsschutzrecht aufgrund seines Anlagenbezugs rasch an Grenzen. Vielmehr obliegt es hier dem vom OVG Münster benannten planerischen Gestaltungsauftrag der Wasserbehörde auf Rechtsfolgenseite, durch eine nachhaltige Gewässerbewirtschaftung die Gewässer als Bestandteil des Naturhaushalts zu schützen und zu bewirtschaften.[47] Zur Wahrnehmung dieses Auftrags gehört auch die Prüfung des indirekten Schadstoffeintrags über die Luft in das zu betrachtende Gewässer, da es letztlich der Wasserbehörde obliegt, auf der Grundlage der Summe der wasser- und luftseititigen Einträge Bewirtschaftungsmaßnahmen festzulegen. Über dieses Handeln der Behörde wird auch der europarechtlich geforderten medienübergreifenden Betrachtung der Umweltauswirkungen der Gewässerbenutzung im Gestattungsverfahren Rechnung getragen. Die Umsetzung der Bewirtschaftungsmaßnahmen hat die Wasserbehörde jedoch über den konkreten Projekt- oder

[44] OVG Münster, Urt. v. 1.12.2011 – 8 D 58/08. AK, juris Rn. 430.

[45] Vgl. *Dietlein,* in: Landmann/Rohmer, Umweltrecht, BImSchG, Stand Juli 2009, § 10 Rn. 103; *Jarass,* BImSchG, 9. Aufl. 2012, § 10 Rn. 49.

[46] Vgl. OVG Münster, Urt. v. 1.12.2011 – 8 D 58/08. AK, juris Rn. 442, 445, 448 f.

[47] OVG Münster, Urt. v. 1.12.2011 – 8 D 58/08. AK, juris Rn. 425.

Anlagenbezug hinausgehend mit Blick auf den insgesamt von der Wasserbehörde zu betrachtende Flussgebietseinheit vorzunehmen. Einer erneuten Zulässigkeitsprüfung des bereits genehmigten indirekten Eintrags einer Industrieanlage in ein Gewässer bedarf es dabei nicht.

2. Direkteinleitung

Die zuvor genannten Anforderungen gelten unmittelbar für die in § 57 WHG geregelte Direkteinleitung von Abwasser im Sinne des § 54 Abs. 1 Nr. 1 WHG. Mit der Regelung des § 57 Abs. 1 WHG hat der Gesetzgeber eine systematische Prüfungsreihenfolge der materiellen Erlaubnisvoraussetzungen für die Direkteinleitung von Abwasser geschaffen. Prüfungsmaßstäbe bilden hierbei emissionsseitig begründete Mindestanforderungen sowie im Bedarfsfall darüber hinausgehende immissionsseitig zu begründende Anforderungen.[48] Die Vorschrift nimmt Bezug auf den Gewässerbegriff des § 2 Abs. 1 WHG und regelt unmittelbar den Gewässerbenutzungstatbestand des Einleitens nach § 9 Abs. 1 Nr. 4 WHG. Dementsprechend ergeben sich die materiellen Anforderungen für Direkteinleitungen aus den für alle Gewässerbenutzungen geltenden §§ 1, 5, 13 Abs. 1, 55 Abs. 1 WHG und vor allem aus der Regelung des § 12 Abs. 1 WHG und den damit oben dargestellten Gestattungsvoraussetzungen.

3. Indirekteinleitung

Nicht in gleichem Maße eindeutig sind die Voraussetzungen für die indirekte Einleitung von Abwasser zu beurteilen. Anders als bei der Direkteinleitung ist Bezugspunkt für die formellen und materiellen Anforderungen des § 58 WHG das Einleiten von Abwasser in öffentliche Abwasseranlagen.[49] Bei dem zugrunde zu legenden Begriff der Abwasseranlage nach § 60 WHG handelt es sich dann um eine öffentliche Anlage, wenn sie einem nach allgemeinen Merkmalen definierten Teilnehmerkreis zur Verfügung steht und dazu dient, Abwasser mit gefährlichen Stoffen aufzunehmen.[50] Unabhängig davon, ob die Anlage in privatem oder öffentlichem Eigentum steht, ist für ihre Einstufung als öffentliche Abwasseranlage im Sinne des § 57 WHG allein ihre Zweckbestimmung (Aufnahme und Behandlung der Abwässer einer unbestimmten Anzahl an Einleitern) entscheidend.[51]

Anders als bei der Direkteinleitung handelt es sich jedoch bei der Indirekteinleitung von Abwasser nach § 58 Abs. 1 S. 1 WHG nicht um einen Gewässerbenutzungstatbestand im Sinne des § 9 WHG. Ausgangspunkt von § 58 Abs. 1 WHG ist die Einleitung von Abwasser in öffentliche Abwasseranlagen. Im Gegensatz zur Direkteinleitung, deren Tatbestand das Einleiten von Abwasser in ein Gewässer im Sinne des § 9 Abs. 1 Nr. 4 WHG zum Gegenstand hat und damit originär eine Gewässerbenutzung im Sinne von § 9 WHG darstellt, hat der Tatbestand von § 58 WHG eine tatsächliche Verbringungshandlung zum Gegenstand und stellt damit

[48] Hierzu *Nisipeanu,* in: Berendes/Frenz/Müggenborg, WHG, 2011, § 57 Rn. 4.
[49] Hierzu *Nisipeanu* (Fn. 48), § 57 Rn. 15.
[50] *Czychowski/Reinhardt,* WHG, 10. Aufl. 2010, § 58 Rn. 7.
[51] VGH Mannheim, Urt. v. 16.3.2011 – 3 S 2668/08, juris Rn. 45, *Nisipeanu* (Fn. 48), § 58 Rn. 17; *Czychowski/Reinhardt* (Fn. 50).

im Unterschied zu der Erlaubnis für Direkteinleitungen eine eigenständige Gestattungsform innerhalb des WHG dar. Erst das aus dieser Anlage in das Gewässer eingeleitete Abwasser füllt dann als Direkteinleitung den Benutzungsbegriff des § 9 Abs. 1 Nr. 4 WHG aus.[52] Für diese Auslegung spricht auch die Regelung des § 58 Abs. 4 WHG, die ausdrücklich regelt, dass von den für Erlaubnisse und Bewilligungen geltenden Vorschriften lediglich § 13 Abs. 1 WHG und § 17 WHG entsprechend anzuwenden sind.[53] Eine Einleitung in ein Gewässer und damit die Eröffnung eines wasserrechtlichen Benutzungstatbestandes ist im Anwendungsbereich des § 58 WHG somit auch aus diesem Grund ausgeschlossen. Vielmehr ist der Begriff des Einleitens im Sinne des § 58 WHG so zu verstehen, dass es sich hierbei um eine bewusste Zuführung von Abwasser in ein technisches Entsorgungssystem handelt, das in der wasserrechtlichen Verantwortlichkeit eines anderen vorgehalten und betrieben wird.[54] Erst im Anschluss an diese tatsächliche Verbringungshandlung erfolgt die weitere Behandlung und letztlich die Einleitung in ein Gewässer.

Da es sich bei der Indirekteinleitung nach § 58 WHG gerade nicht um eine Gewässerbenutzung nach § 9 WHG handelt, sind die Zulassungsvoraussetzungen nach § 12 WHG auch nicht Bestandteil des Genehmigungsverfahrens nach § 58 WHG. Die materiell-rechtlichen Genehmigungsvoraussetzungen für die wasserrechtliche Gestattung einer Indirekteinleitung ergeben sich daher grundsätzlich aus § 58 Abs. 2 Nr. 1 – 3 WHG. Danach muss die Indirekteinleitung die Anforderungen der AbwV erfüllen, die Einhaltung der Anforderungen an die nachfolgende Direkteinleitung darf nicht gefährdet werden und die Indirekteinleitung muss in eine öffentliche Abwasseranlage erfolgen, die die Einhaltung der vorgenannten Anforderungen sicherstellt.

Soll für die Zulassung einer Industrieanlage die Erteilung einer Indirekteinleitung beantragt werden, sind grundsätzlich auch in diesem Fall im immissionsschutzrechtlichen Zulassungsverfahren die indirekten Schadstoffeinträge aus der Luft auf Gewässer unter Berücksichtigung der Wasserqualitätsvorgaben der Wasserrahmenrichtlinie und der Tochterrichtlinien in den Blick zu nehmen. Als fraglich erweist sich auch hier die Anwendung des vom OVG Münster festgestellten Koordinationsgebotes der Immissionsschutzbehörde hinsichtlich des immissionsschutzrechtlichen und des wasserrechtlichen Verfahrens.[55] Bei der Indirekteinleitung von Abwasser sind die Beantragung und der Erlass einer wasserrechtlichen Erlaubnis nicht erforderlich. Auch bei der Wahl der Indirekteinleitung entspricht es dem Sinn und Zweck des Koordinierungsgebots der Immissionsschutzbehörde, unter dem Vorbehalt nachträglicher Anordnungen gegenüber dem Antragsteller die Einhaltung der nachgelagerten Direkteinleitung sicherzustellen. Insoweit erfolgt die notwendige Koordination von wasserrechtlichem Indirekteinleiterverfahren und immissionsschutzrechtlichem Anlagenzulassungsregime über die Regelung des § 58 Abs. 2 Nr. 2 WHG, nach der die Erfüllung der Anforderungen

[52] *Czychowski/Reinhardt,* WHG, 10. Aufl. 2010, § 58 Rn. 6.
[53] *Zöllner,* in: Sieder/Zeitler/Dahme/Knopp, WHG, Stand März 2010, § 58 Rn.1.
[54] *Nisipeanu,* in: Berendes/Frenz/Müggenborg, WHG, 2011, § 58 Rn. 17.
[55] OVG Münster, Urt. v. 1.12.2011 – 8 D 58/08. AK, juris Rn. 430 ff.

an die Direkteinleitung nicht gefährdet werden dürfen. Insoweit gewährleistet § 58 Abs. 2 Nr. 2 WHG die Beachtung des Gewässerschutzes, indem die Stoffe aus dem Herkunftsbereich der Indirekteinleitung, welche in der öffentlichen Abwasserbehandlungsanlage nicht beseitigt oder zurückgehalten werden können, nicht auf dem Umweg der Indirekteinleitung ein wasserwirtschaftlich unerwünschter Schadstoffeintrag in ein Gewässer erfolgt.[56] Daraus folgt, dass das immissionsschutzrechtliche Koordinierungsgebot zwischen immissionsschutzrechtlichem Anlagenzulassungsverfahren und wasserrechtlicher Gestattung auch im Bereich der Indirekteinleitung zu erfolgen hat und nicht erst ein wasserrechtlicher Benutzungstatbestand nach § 9 Abs. 1 Nr. 4 WHG erfüllt sein muss. Für die Praxis bleibt auch festzuhalten, dass aufgrund der Mischung des Abwassers aus der Industrieanlage mit dem Abwasser von Dritteinleitern die Ursächlichkeit des konkreten Eintrags der jeweiligen Anlage für die nachteilige Veränderung des von der Direkteinleitung betroffenen Gewässers nachzuweisen bleibt.

V. Anwendung des wasserbehördlichen Bewirtschaftungsermessens

Auf der Rechtsfolgenseite kommt das bereits angesprochene Bewirtschaftungsermessen der Wasserbehörde zum Tragen. Der zuständigen Behörde steht sowohl bei Vorliegen der Gestattungsvoraussetzungen nach § 57 Abs. 1 WHG als auch bei Erfüllung der Voraussetzungen nach § 58 Abs. 2 Nr. 1 – 3 WHG ein Versagungs- und Bewirtschaftungsermessen zu. Auf die Erteilung einer Genehmigung nach § 57 WHG oder § 58 WHG besteht somit kein Rechtsanspruch.[57] Der Wasserbehörde ist vielmehr ein Ermessensspielraum eröffnet, den sie unter Berücksichtigung der Zweckbestimmung des § 1 WHG, der allgemeinen wasserwirtschaftlichen Grundsätze des § 6 WHG und deren Konkretisierungen in den Bewirtschaftungszielen der §§ 27, 28, 44 und 47 WHG auszuüben hat.[58] Zudem verfügt die Wasserbehörde über einen planerischen Gestaltungsspielraum aus dem sich der Auftrag zur nachhaltigen Gewässerbewirtschaftung ergibt, der insbesondere den Auftrag umfasst, alle Gewässer nach den durch die WRRL näher vorgegebenen Bewirtschaftungszielen unter Beachtung des Verschlechterungsverbots zu bewirtschaften.[59] Steuernd wirkt bei der Ermessensausübung insbesondere der Inhalt der konkreten gewässerbezogenen Maßnahmenprogramme nach § 82 WHG, die die Wasserbehörde in ihrer Abwägung im Konflikt zwischen dem Interesse am Schutz der betroffenen Gewässer einerseits und dem Interesse an ihrer wirtschaftlichen Nutzung andererseits zu berücksichtigen hat.[60] Wesentlicher Ausgangspunkt für die wasserrechtliche Zulassung von Industrieanlagen ist demnach die Gestaltung der Maßnahmenprogramme nach § 82 WHG. Enthält das

[56] Vgl. *Nisipeanu,* in: Berendes/Frenz/Müggenborg, WHG, 2011, § 58 Rn. 15, 40.

[57] Für die Ermessensentscheidung nach § 58 WHG vgl. *Czychowski/Reinhardt,* WHG, 10. Aufl. 2010, § 58 Rn. 19; *Zöllner,* in: Sieder/Zeitler/Dahme/Knopp, WHG, Stand März 2010, § 58 Rn. 5.

[58] *Schmid,* in: Berendes/Frenz/Müggenborg, WHG, 2011, § 12 Rn. 76, 80; *Czychowski/Reinhardt* (Fn. 57), § 12 Rn. 33; *Appel* NuR 2011, 678.

[59] OVG Münster, Urt. v. 1.12.2011 – 8 D 58/08. AK, juris Rn. 425.

[60] *Czychowski/Reinhardt,* WHG, 10. Aufl. 2010, § 12 Rn. 33, 49; *Reinhardt* NuR 2011, 839.

jeweilige Maßnahmenprogramm Vorgaben zur Steuerung des Eintrags bestimmter (prioritärer oder prioritärer gefährlicher) Stoffe, wird das behördliche Ermessen insoweit gebunden. Jedoch auch in diesem Rahmen obliegt es der Wasserbehörde durch eine Intensivierung ihrer Vollzugsplanung, auf der Ebene des Auswahlermessens, die Zulassungsfähigkeit weiterer Benutzungen etwa durch die Anpassung bestehender Gestattungen zu ermöglichen.

VI. Resümee

Die WRRL sowie die hierzu ergangenen Tochterrichtlinien und das daraufhin novellierte nationale Wasserrecht verlangen insbesondere von den Zulassungsbehörden eine nachvollziehbare Prüfung der Gestattungsanträge in Bezug auf die Erreichung der Bewirtschaftungsziele und den Vorgaben des Verschlechterungsverbotes sowie des Verbesserungsgebotes. Zur Erreichung dieser Ziele ist grundsätzlich auch der indirekte Eintrag von Schadstoffen über den Luftpfad zu beachten, wobei hier zwischen der Zulassung von Neuanlagen und Bestandsanlagen zu differenzieren ist. Hinsichtlich des den Wasserbehörden eröffneten Bewirtschaftungsermessens wird der planerischen Gestaltungstätigkeit der Wasserbehörden innerhalb der jeweiligen Flussgebietseinheit künftig eine erhöhte Bedeutung zukommen.

FRANK BERKA

Aktuelle Fragen zum Schienenverkehrslärmschutz

Technische und rechtliche Entwicklungen

I. Vorbemerkung[1]

Der Eisenbahnverkehr hat in Deutschland eine über 175-jährige Tradition. Die deutschen Eisenbahnunternehmen sind in aller Regel ein zuverlässiger Partner für Reisende und Güterverkehrskunden, auch wenn sie sich hin und wieder unterschiedlicher Kritik stellen müssen. Es verwundert nicht, dass für die Eisenbahn ein steigendes Verkehrsaufkommen prognostiziert wird. Und auch der öffentliche Personennahverkehr mit seinen Straßen-, U- und Stadtbahnen erfreut sich stetig wachsender Beliebtheit und Nachfrage.

Der Transport von Personen und Gütern auf der Schiene gehört nach wie vor zu den umweltfreundlichsten Verkehrsarten. Trotz einer sehr vorzeigbaren Umweltbilanz bestehen im Spannungsverhältnis zwischen Schienenverkehr und Umwelt aber auch mehrere Problemfelder. Abgesehen von der Neuanlage von Bahnstrecken ist der Schall, der von fahrenden Zügen ausgeht, das zentrale Umweltproblem des Schienenverkehrs. So ist der Verkehrslärmschutz in der eisenbahnrechtlichen Planfeststellung seit Jahren der meistdiskutierte Umweltbelang.[2] Ganz allgemein richtet sich das öffentliche Interesse aber nicht nur auf den Neu- oder Ausbau von Strecken, sondern zunehmend auch auf die so genannten Bestandsstrecken, beispielsweise am Mittel- und Oberrhein oder die „Güterumgehungsbahnen" in Großstädten.

II. Lärmvorsorge und Lärmsanierung

Der Betreiber eines Schienenweges ist rechtlich nicht verpflichtet, die vom Verkehr auf seiner Bahnanlage ausgehenden Schallimmissionen regelmäßig zu überwachen (einzige Ausnahme: das „besonders überwachte Gleis") und auf dieser Grundlage bauliche oder betriebliche Schutzvorkehrungen zu treffen oder nachzurüsten. Der Schienenverkehrslärmschutz soll vielmehr schon beim Bahnbau abschließend festgelegt und realisiert werden (Lärmvorsorge).

Das BImSchG regelt in seinem vierten Teil (§§ 38–43) die Beschaffenheit und den Betrieb von Fahrzeugen und den Bau und die Änderungen von Schienenwegen. Nach § 2 Abs. 1 Nr. 4 BImSchG gelten die Vorschriften dieses Gesetzes für

---

[1] Der Beitrag gibt ausschließlich die persönliche Meinung des Verfassers wieder.

[2] Einen umfassenden Überblick über die eisenbahnrechtliche Planfeststellung gibt *Stüer,* Handbuch des Bau- und Fachplanungsrechts, 4. Aufl. 2009, Rn. 3094–3149.

den Bau von Eisenbahnen und Straßenbahnen nach Maßgabe der §§ 41 bis 43 BImSchG. Aus der Systematik des BImSchG ergibt sich, dass seine Regelungen für den Betrieb von Anlagen gerade nicht für den Betrieb von Bahnanlagen gelten. Es verbleibt § 41 Abs. 1 BImSchG. Danach ist beim Bau oder der wesentlichen Änderung von Eisenbahnen, Magnetschwebebahnen und Straßenbahnen sicherzustellen, dass durch diese keine schädlichen Umwelteinwirkungen durch Verkehrsgeräusche hervorgerufen werden können, die nach dem Stand der Technik vermeidbar sind.

Gleichwohl ist auch nachträglicher Lärmschutz nicht völlig ausgeschlossen. So berücksichtigen spätere Planungen für ein lärmbelastetes Gebiet die vorgefundenen Immissionen, indem sie Schutzvorkehrungen für das Gebiet festsetzen. Die Verpflichtung zu Errichtung und Betrieb dieser Schutzvorkehrungen trifft aber nicht den Betreiber des Schienenweges. Anders ist das im Fall des § 75 Abs. 2 S. 2 und 3 VwVfG: Der Träger des Vorhabens ist verpflichtet, auf behördliche Anordnung hin Schutzvorkehrungen zu treffen, wenn nicht voraussehbare Wirkungen seines Vorhabens auf das Recht eines anderen erst nach der Unanfechtbarkeit des Plans auftreten.

Unabhängig von rechtlichen Vorsorgeverpflichtungen steht es dem Betreiber eines Schienenweges natürlich offen, freiwillig Lärmschutzmaßnahmen für seine Strecken zu treffen. Eine solche Lärmsanierung wird in Deutschland seit 1999 an bestehenden und stark befahrenen Eisenbahnstrecken der DB Netz AG durchgeführt. Grundlage ist ein Förderprogramm des Bundes, mit dem dieser die Lärmsanierungsmaßnahmen der DB Netz AG finanziert und so einen wertvollen Beitrag zum Umweltschutz leistet (Richtlinie für die Förderung von Maßnahmen zur Lärmsanierung vom 7.3.2005, Az. EW 15/14.86.02/6 BM 00).

III. Schienenfahrzeuge und Betrieb

Die in Kapitel II beschriebene Lärmvorsorge und das Lärmsanierungsprogramm des Bundes beziehen sich ausschließlich auf die Infrastruktur. Schienenverkehrslärmschutz ist aber auch unter dem Blickwinkel der Schienenfahrzeuge und des Betriebes zu betrachten.

1. Schienenfahrzeuge

In § 38 BImSchG findet sich nur eine sehr abstrakte Regelung zu Schienenfahrzeugen. Diese müssen so betrieben werden, dass vermeidbare Emissionen verhindert und unvermeidbare Emissionen auf ein Mindestmaß beschränkt bleiben. Und sie müssen so beschaffen sein, dass ihre durch die Teilnahme am Verkehr verursachten Emissionen bei bestimmungsgemäßem Betrieb die zum Schutz vor schädlichen Umwelteinwirkungen einzuhaltenden Grenzwerte nicht überschreiten. Von der Verordnungsermächtigung zur Konkretisierung dieser Regelung hat der Bund bislang im Hinblick auf Schienenfahrzeuge keinen Gebrauch gemacht, so dass es im Bundesrecht keine Fahrzeuggrenzwerte gibt. Etwas anderes gilt nunmehr auf der Ebene des EU-Rechts. Die Kommission hat mit ihrem Beschluss

2011/229/EU vom 4.4.2011 über die Technische Spezifikation für die Interoperabilität (TSI) zum Teilsystem „Fahrzeuge – Lärm" des konventionellen transeuropäischen Bahnsystems (TSI Noise) Lärmgrenzwerte für neu zuzulassende Eisenbahnfahrzeuge vorgegeben.

Die maßgebliche Geräuschquelle im Schienenverkehr ist der Rad-Schiene-Kontakt (außerdem können aerodynamische Fahrgeräusche im Hochgeschwindigkeitsverkehr und Geräusche durch Lüfter an Triebfahrzeugen, durch Aggregate auf Fahrzeugdächern und durch den Fahrzeugaufbau selbst – insbesondere bei Kesselwagen – entstehen). Sobald ein Fahrzeug auf einem Gleis bewegt wird, entsteht ein Rollgeräusch. Dieses wird wesentlich vom Grad der Verriffelung der Schienenlaufflächen und der Rauheit der Radlaufflächen bestimmt. Im Hinblick auf die Schienen wurden die technischen Möglichkeiten einer Verbesserung der Laufflächen bereits nahezu ausgereizt („besonders überwachtes Gleis"). Die Rauheit der Radlaufflächen wird maßgeblich von der Bremsbauart des Fahrzeugs bestimmt. Bei Fahrzeugen mit Scheiben- oder Radscheibenbremsen (z. B. moderne Lokomotiven, Triebwagen und Reisezugwagen) wirken die Bremsbeläge auf die Bremsscheiben ein – und damit nicht auf die Radlaufflächen. Ältere Lokomotiven und Wagen – insbesondere Güterwagen – haben dagegen sog. Klotzbremsen, bei deren Betätigung Bremsklötze seitlich auf die Radlaufflächen gedrückt werden und die Reibung zwischen Klotz und Fläche nicht nur für das Abbremsen sorgt, sondern auch zu einer Aufrauhung der Räder führt. Die herkömmlichen „Grauguss-" Klotzbremsen bestehen aus grauem Gusseisen. Der neue technische Lösungsansatz besteht darin, diese durch Verbundstoff-Klotzbremsen (Bremssohlen aus Verbundstoff) zu ersetzen.

Das Bundesministerium für Verkehr, Bau und Stadtentwicklung (BMVBS) und die Deutsche Bahn AG haben sich im Zusammenhang mit der Einführung eines lärmabhängigen Trassenpreissystems auf ein Förderprogramm für die Umrüstung von Güterwagen verständigt. Sie erwarten Gesamtkosten für die Umrüstung der etwa 150.000 geeigneten deutschen Güterwagen von ca. 300 Mio. Euro und eine daraus resultierende Lärmreduzierung von 10 dB(A) für einen umgerüsteten Zug. Das würde bedeuten, dass sich die empfundene Lautstärke der Güterzugvorbeifahrt halbieren würde. Die Schaffung eines finanziellen Anreizes durch ein lärmabhängiges Trassenpreissystem ist ein völlig neuer Weg zur Lärmbekämpfung.

Eine Zugtrasse ist – so die Legaldefinition in § 2 Nr. 1 EIBV – derjenige Anteil der Schienenwegkapazität eines Betreibers der Schienenwege, der erforderlich ist, damit ein Zug zu einer bestimmten Zeit zwischen zwei Orten verkehren kann. Vereinfacht gesagt erwirbt ein Eisenbahnverkehrsunternehmen beim Betreiber des Schienenwegs das Recht, einen konkreten Schienenweg zu einer bestimmten Zeit mit einem Zug zu befahren – und bezahlt dafür einen Trassenpreis. Und das Entgelt für diesen Trassenpreis soll zukünftig auch über die mit der Zugfahrt verbundenen Lärmemissionen bestimmt werden.

Grundlage der Einführung des neuen Systems ist eine so genannte Eckpunktevereinbarung, die das BMVBS und die Deutsche Bahn AG am 5.7.2011 abgeschlossen haben. Verabredet wurden die Einführung des lärmabhängigen Trassenpreissystems zum Fahrplanwechsel am 9.12.2012 und eine Laufzeit der Vereinbarung von zunächst acht Jahren mit dem Ziel, dass bis dahin keine Güterwagen mehr auf dem Schienennetz der DB Netz AG verkehren, die die Lärmgrenzwerte der TSI Noise überschreiten.

2. Betrieb

Die Regelungen des BImSchG für den Betrieb von Anlagen gelten nicht für den Betrieb von Schienenwegen. Und § 40 BImSchG, der sich innerhalb des vierten Teils des Gesetzes mit Verkehrsbeschränkungen befasst, behandelt ausschließlich Kraftfahrzeuge, nicht aber Schienenfahrzeuge. Dennoch werden innerhalb und auch außerhalb von eisenbahnrechtlichen Planfeststellungsverfahren gelegentlich Forderungen von Anliegern erhoben, das Eisenbahn-Bundesamt möge „der Bahn“ Geschwindigkeits- oder andere Verkehrsbeschränkungen wie Nachtfahrverbote aufgeben.

Die Gerichte[3] haben mehrfach die Ablehnung einer entsprechende Forderung durch die Behörde bestätigt: Ob Geschwindigkeitsbeschränkungen überhaupt Inhalt der Planfeststellung sein könnten, sei bisher in der Rechtsprechung nicht geklärt. § 18 AEG sehe nur für den Bau und die wesentliche Änderung von Schienenwegen eine Planfeststellung vor, nicht jedoch für deren Betrieb. Aus dem Bundesimmissionsschutzgesetz könne nichts Weitergehendes gefolgert werden. § 2 Abs. 1 Nr. 4 BImSchG beschränke die Vorschriften des Gesetzes auf den Bau von Eisenbahnen nach Maßgabe der §§ 41 – 43 BImSchG. Zwar lasse deren Wortlaut Interpretationen zu, wonach auch Betriebsbeschränkungen als Schutzmaßnahmen in Frage kommen könnten, jedoch enthalte § 41 BImSchG keine erkennbare Ausdehnung des möglichen Gegenstands der Planfeststellung. Und § 45 Abs. 1 b Nr. 5 StVO, der aus Lärmschutzgründen entsprechende Beschränkungen für den Straßenverkehr einräume, lasse den Umkehrschluss zu, dass mangels einer vergleichbaren Bestimmung nicht das gleiche für den Eisenbahnverkehr gelte. Dies könne jedoch auf sich beruhen, da eine solche Regelung, wenn überhaupt zulässig, nicht beansprucht werden könne. Das Ermessen der Planfeststellungsbehörde sei insofern keinesfalls auf Null reduziert. Die Regelung hätte nämlich schwerwiegende Nachteile. Sie würde die Funktion des Schienenwegs insgesamt beeinträchtigen. Der Schienenverkehr, an dessen wirtschaftlichem Betrieb ein öffentliches Interesse bestehe, befinde sich in Konkurrenz zu anderen Verkehrsmitteln. Ein wesentlicher Faktor dieser Konkurrenz – insbesondere auch gegenüber dem Güterverkehr auf der Straße – sei die Schnelligkeit. Geschwindigkeitsreduzierungen aus Gründen des Anliegerschutzes würden (übertragen auf das Bundesgebiet) zu einer schwerwiegenden Beeinträchtigung dieser Verkehrsart, an der ein öffentliches Interesse besteht, führen.

Die Oberverwaltungsgerichte räumen der Planfeststellungsbehörde in diesem Rahmen aber offenbar auch ein Ermessen ein, im Einzelfall der Vorhabenträgerin entsprechende Nebenbestimmungen aufzugeben. Und auch das BVerwG[4] zeigt sich für solche Regelungen bei besonderen Fallkonstellationen offen.

In der Regel wird aber zu beachten sein, dass Geschwindigkeits- oder andere Verkehrsbeschränkungen – jedenfalls im Bereich der öffentlichen Eisenbahnen – keine Schallschutzmaßnahme nach dem Stand der Technik darstellen. Stand der

[3] VGH München BImSchG-Rspr § 41 Nr. 65; VGH Kassel DVBl 2012, 514.
[4] BVerwG, DVBl 2012, 1102 mit Anm. *Stüer* DVBl 2012, 1104.

Eisenbahntechnik ist, mittels des Rad-Schiene-Systems Güter und Personen mit einer von den technischen Möglichkeiten bestimmten Geschwindigkeit von A nach B zu transportieren. Eine Geschwindigkeitsbeschränkung würde hinter diesem Stand der Technik zurückbleiben.[5]

IV. Die drei Ebenen des Schienenverkehrslärmschutzes

Nach § 18 AEG dürfen Betriebsanlagen einer Eisenbahn einschließlich der Bahnfernstromleitungen nur gebaut oder geändert werden, wenn der Plan vorher festgestellt ist. Bei der Planfeststellung sind die von dem Vorhaben berührten öffentlichen und privaten Belange einschließlich der Umweltverträglichkeit im Rahmen der Abwägung zu berücksichtigen. Die Planfeststellungsbehörde hat bei ihrer Entscheidung den vom späteren Verkehr auf dem neuen oder geänderten Schienenweg ausgehenden Lärm unter drei Gesichtspunkten zu betrachten, die auch als die drei Ebenen des Schienenverkehrslärmschutzes bezeichnet werden können: Das Hauptaugenmerk der Beteiligten richtet sich zumeist auf die einfachrechtliche Ebene (§§ 41–43 BImSchG i. V. m. der 16. BImSchV). Zunehmende Bedeutung gewinnt aber auch eine unmittelbar aus den Grundrechten auf Schutz der Gesundheit und des Eigentums (Art. 2 Abs. 2 und 14 Abs. 1 GG) abgeleitete Schutzpflicht. Und schließlich erfordert das fachplanungsrechtliche Abwägungsgebot eine eigene Entscheidung über den Schienenverkehrslärm.

Zu den Schutzpflichten des Vorhabenträgers und der Planfeststellungsbehörde korrespondieren Schutzansprüche der Betroffenen. Die Voraussetzungen der Schutzansprüche auf den drei Ebenen sind gleichermaßen uneinheitlich wie das Maß des zu gewährenden Schutzes. Das lässt sich bereits an den Schwellen zur Anspruchsberechtigung festmachen. Auf der einfachrechtlichen Ebene finden sich für bestimmte Sachverhalte in § 2 Abs. 1 der 16. BImSchV nach Gebietstypen und Tages- bzw. Nachtzeitraum differenzierte Immissionsgrenzwerte, die in § 1 Abs. 2 Satz 1 Nr. 1 und Satz 2 der 16. BImSchV für andere Konstellationen um „Lärmsteigerungsszenarien“ ergänzt werden. Auf der Ebene der Grundrechte wird mit einer grundrechtlichen Zumutbarkeitsschwelle gearbeitet, deren Tag- und Nachtwert jeweils deutlich über den Grenzwerten des § 2 Abs. 1 der 16. BImSchV liegt. Unter dem Gesichtspunkt des fachplanungsrechtlichen Abwägungsgebotes sind dagegen keine eigenen Grenz- oder Schwellenwerte zu bedenken. Daher ist dieses besonders dann von Interesse, wenn kein Tatbestand der 16. BImSchV erfüllt ist und/ oder deren Grenzwerte von den Immissionen nicht erreicht werden.

1. Die einfachrechtliche Ebene

Die einfachrechtliche Ebene hält für den Schienenverkehrslärmschutz mit den §§ 41–43, 50 BImSchG und den auf der Grundlagen von § 43 BImSchG erlassenen Rechtsverordnungen, insbesondere der 16. BImSchV, ein in sich geschlosse-

[5] Vgl. auch *Berka,* in: Kunz, Eisenbahnrecht, Stand: April 2012, A.6.2 – Kommentierung zur 16. BImSchV § 2 Abs. 1 Rn. 18.

nes System von Spezialvorschriften bereit. Die Regelung des § 74 Abs. 2 Satz 2 VwVfG über die Anordnung von Schutzvorkehrungen wird beim primären Luftschall durch § 41 BImSchG als lex specialis verdrängt.[6] Dagegen ist § 74 Abs. 2 Satz 3 VwVfG und der dort beschriebene Entschädigungsanspruch nicht ausgeschlossen: Gemäß § 42 Abs. 2 Satz 2 BImSchG bleiben Vorschriften, die „weitergehende Entschädigungen" gewähren, unberührt. Damit hat der Gesetzgeber den „kodifikatorischen Anspruch" der §§ 41–43 BImSchG selbst eingeschränkt.[7] Nach § 74 Abs. 2 Satz 3 VwVfG hat der Betroffene Anspruch auf angemessene Entschädigung in Geld, wenn Schutzvorkehrungen oder -anlagen untunlich oder mit dem Vorhaben unvereinbar sind.

a) Zwei Grundregeln

Der Darstellung der einzelnen Vorschriften sollen zwei wichtige Grundregeln des deutschen Schienenverkehrslärmschutzrechts vorangestellt werden: Das erste Prinzip lautet: Lärm wird nicht gemessen, Lärm wird berechnet. Die Berechnungsvorschriften ergeben sich aus der 16. BImSchV mit ihren Anlagen und der Lärmberechnungsrichtlinie Schall 03, auf die die 16. BImSchV in Anlage 2 zu § 3 für die meisten Sachverhalte Bezug nimmt. Der zweite Grundsatz betrifft den Maßstab für die Schutzansprüche und -maßnahmen: Entscheidend sind Beurteilungspegel in Dezibel (A) (dB(A)) als Berechnungsergebnisse, nicht jedoch sog. Spitzenpegel, also Lärmhöchstwerte aus einzelnen Schallereignissen.[8] Beide Grundregeln spiegeln sich in der 16. BImSchV wieder.

b) § 50 BImSchG

Nach § 50 BImSchG sind bei raumbedeutsamen Planungen und Maßnahmen die für eine bestimmte Nutzung vorgesehenen Flächen einander so zuzuordnen, dass schädliche Umwelteinwirkungen auf die ausschließlich oder überwiegend zum Wohnen dienenden Gebiete sowie auf sonstige schutzbedürftige Gebiete so weit wie möglich vermieden werden. Diese Regelung ist also bei der Planung eines Verkehrsweges als erste Pflicht zu beachten. Erst wenn die Trassenwahl eines Verkehrsweges trotz der Berücksichtigung dieses „planerischen Lärmschutzes"[9] nicht anders erfolgen kann, als dass schädliche Umwelteinwirkungen auf die genannten Gebiete nicht ausgeschlossen werden können, sind die §§ 41–43 BImSchG und die 16. BImSchV anzuwenden.[10] In einem dicht besiedelten Land wie der Bundesrepublik Deutschland ist es dabei kaum mehr möglich, eine längere Eisenbahntrasse ohne eine Berührung von Siedlungsgebieten oder auch Einzelanwesen zu planen. Das gilt schon deshalb, weil bei Eisenbahnen erheblich größere Radien für Kurven als bei Straßen zu wählen und bestehende Bahnhöfe

---

[6] BVerwGE 97, 367 (370), *Jarass,* BImSchG, § 41 Rn. 56, a. A. *Hansmann,* in: Landmann/Rohmer, Umweltrecht, Bd. 1, Stand März 2010, BImSchG § 41 Rn. 11.

[7] BVerwG NVwZ 2001, 78.

[8] VGH München NVwZ-RR 2009, 16; VGH München ZUR 2007, 540; VG Ansbach, Urt. v. 25.5.2007 – AN 10 K 05.01959.

[9] *Jarass* (Fn. 6), § 41 Rn. 2.

[10] BVerwG NVwZ 2009, 320.

als Verknüpfungspunkte in der Mobilitätskette zu berücksichtigen sind. Mit der Orientierung an § 50 BImSchG kann der Planer daher in der Regel nur größere Konfliktpotentiale ausräumen, während die verbleibenden kleinräumigeren Konflikte auf der Ebene des § 41 BImSchG und der 16. BImSchV zu lösen sind.

c) Anknüpfungspunkt Schienenweg

Nach § 41 BImSchG ist bei dem Bau oder der wesentlichen Änderung öffentlicher Straßen sowie von Eisenbahnen, Magnetschwebebahnen und Straßenbahnen unbeschadet des § 50 sicherzustellen, dass durch diese keine schädlichen Umwelteinwirkungen durch Verkehrsgeräusche hervorgerufen werden können, die nach dem Stand der Technik vermeidbar sind. Das gilt nicht, soweit die Kosten der Schutzmaßnahme außer Verhältnis zu dem angestrebten Schutzzweck stehen würden. Im Text spricht die Vorschrift also abstrakt von „Eisenbahnen" und „Straßenbahnen", während die amtliche Überschrift den engeren Begriff der „Schienenwege" verwendet. Die 16. BImSchV konkretisiert den einfachrechtlichen Lärmschutz. Nach ihrem § 1 Abs. 1 gilt die Verordnung für den Bau oder die wesentliche Änderung von öffentlichen Straßen sowie von Schienenwegen der Eisenbahnen und Straßenbahnen (Straßen und Schienenwege).

Der Anknüpfungspunkt für die Schallschutzverpflichtungen und -ansprüche auf der einfachrechtlichen Ebene ist also der (Neu-) Bau oder die wesentliche Änderung eines Schienenweges. Damit ist nicht jede planfeststellungspflichtige Änderung von Eisenbahnbetriebsanlagen ein möglicher Auslöser für Schallschutzmaßnahmen gegen Schienenverkehrslärm.

Zwei eigenständige Fragenkomplexe betreffen den Baustellenlärm bei der Errichtung oder Änderung von Eisenbahnbetriebsanlagen und den Lärm, der vom Betrieb bestimmter sonstiger Eisenbahnbetriebsanlagen wie Werkstätten und anderer Serviceeinrichtungen ausgeht. Auf diese Themen soll hier jedoch nicht näher eingegangen werden.

Der Begriff des Schienenweges erfasst allein die Gleisanlagen mit ihrem Oberbau, Unterbau und ihrer Oberleitung.[11] Der im „Oberaudorf"-Urteil verwendete Begriff „Überbau" meint nicht Brückenüberbauten, sondern auch und gerade Schienen, Schwellen, Schotter und feste Fahrbahnen. Zum Unterbau gehören Planumsschichten, Dämme und Brücken.[12] Seitliche Stromschienen von S- und U-Bahnen sind ebenfalls Bestandteile des Schienenweges. Dagegen gehören Signalanlagen, Bahnsteige, Fernmeldeanlagen, Funkmasten, Empfangsgebäude, Güterschuppen, Stellwerke etc. nicht zum Schienenweg i. S. d. § 1 Abs. 2 der 16. BImSchV. Bauvorhaben (-teile) wie Blockverdichtungen, (Wieder-) Errichtungen von Bahnsteigen, Umbauten von Bahngebäuden etc. sind nicht als bauliche Änderung eines Schienenweges anzusehen.[13] Das gilt auch für den Umbau der technischen Sicherungsanlage eines bereits vorhandenen Bahnübergangs.[14]

---

[11] BVerwG NVwZ 1999, 67.
[12] VGH München, Urt v. 25.2.2003 – 22 A 02.40013.
[13] Ausführlich dazu *Berka* (Fn. 5) § 1 Rn. 6 ff.
[14] VGH Mannheim NVwZ-RR 2009, 463.

d) Bau und wesentliche Änderung

Unter „Bau" ist ausschließlich der Neubau eines Schienenweges zu verstehen. Ist bereits ein Schienenweg vorhanden, so ist eine wertende Betrachtung anzustellen, ob ein geplantes Vorhaben einen Neubau oder eine wesentliche Änderung (Ausbau) darstellt. Wird eine vermeintlich neue Eisenbahnstrecke – etwa eine S-Bahnstrecke – in Parallellage zu einer bestehenden Strecke geplant, so handelt es sich nicht um den Neubau einer S-Bahnstrecke, sondern um die wesentliche Änderung einer bereits bestehenden Eisenbahnstrecke. Maßgeblich ist insoweit eine trassenbezogene Betrachtung mit Blick auf das räumliche Erscheinungsbild im Gelände.[15]

Es gibt zwei Fallgruppen für den Tatbestand einer wesentlichen Änderung: Die erste Gruppe betrifft die bauliche Erweiterung eines Schienenweges um ein oder mehrere durchgehende Gleise. Eine solche Erweiterung ist unabhängig vom Vorliegen weiterer Voraussetzungen stets eine wesentliche Änderung. Die aktuelle oder künftige Lärmbelastung ist in dieser Alternative erst bei der Prüfung von Schutzmaßnahmen relevant.

Der Begriff des durchgehenden Gleises ist auslegungsbedürftig. Maßgeblich ist, dass das zusätzliche Gleis eine mehr als nur untergeordnete Funktion hat. Das ist dann anzunehmen, wenn das neue Gleis zwischen zwei Betriebsstellen i. S. d. § 4 EBO angelegt und für Zugfahrten eingerichtet wird (z. B. eine bisher eingleisige Strecke wird auf zwei Gleise erweitert). Die Betriebsstelle muss dabei nicht notwendig schon vorhanden sein. Es genügt auch, wenn zwischen zwei vorhandenen Betriebsstellen eine neue geschaffen wird, etwa eine Überleitstelle, in der zwischen zwei Bahnhöfen vom zwei- auf den eingleisigen Betrieb übergegangen wird. Während der eingleisig bleibende Abschnitt nicht erweitert wird, ist beim künftig zweigleisigen Abschnitt von einer Erweiterung um ein durchgehendes Gleis auszugehen. Nicht durchgehend sind dagegen neu angelegte Überhol- oder Kreuzungsgleise in (neuen) Bahnhöfen und zusätzliche Bahnsteig-, Abstell- oder Rangiergleise.

Deutlich komplizierter ist die zweite Fallgruppe: § 1 Satz 1 Nr. 2 und Satz 2 der 16. BImSchV beschreiben drei miteinander verwandte Konstellationen, bei denen mehrere Voraussetzungen vorliegen müssen, damit das Bauvorhaben als wesentliche Änderung eines Schienenweges anzusehen ist. Allen Unterfällen ist gemeinsam, dass ein erheblicher baulicher Eingriff in den Schienenweg ursächlich für eine bestimmte Steigerung des Beurteilungspegels des von dem zu ändernden Verkehrsweg ausgehenden Verkehrslärms sein muss.

Ein baulicher Eingriff ist bei der Eisen- und Straßenbahn schon dann anzunehmen, wenn der Spurplan oder die Oberleitung geändert oder ergänzt werden. In Betracht mag auch die bloße Verstärkung von Oberbau, Unterbau oder Oberleitung bei gleicher Gleislage kommen. Das Korrektiv zur Ausgrenzung von Bagatellfällen ist das Merkmal „erheblich". Der Verordnungsgeber will damit nach der amtlichen Begründung zur 16. BImSchV (BR-Drs. 661/89) Erhaltungs- und Unterhaltungsmaßnahmen sowie kleinere Baumaßnahmen wie das Versetzen von Signalanlagen, Auswechseln von Schwellen, den Einbau von Weichen oder das

[15] BVerwG NVwZ 2005, 591.

Ändern der Fahrleitung ausschließen. Erheblich sei ein baulicher Eingriff nur, wenn in die Substanz des Verkehrsweges eingegriffen werde.

Im Einzelfall ist die Einordnung häufig schwierig. Das gilt besonders für so genannte Linienverbesserungen, die in der Regel mit dem Ziel einer Anhebung der Geschwindigkeit gebaut werden und daher auch in Zweifelsfällen als „erheblich" einzustufen sind. Ein erheblicher baulicher Eingriff in Bezug auf die Oberleitung ist dann anzunehmen, wenn eine Strecke oder auch ein einzelnes Gleis mit einer Oberleitung neu überspannt werden. Ist eine Fahrleitung dagegen bereits vorhanden, so dürfte deren Umbau und auch die Ergänzung durch eine Speise- oder Verstärkungsleitung nicht als „erheblich" zu qualifizieren sein.

Weiteres Merkmal ist eine Lärmsteigerung. Diese bezieht sich nicht auf den Emissionspegel (den Lärm, der von der Befahrung des Verkehrsweges ausgeht). Maßgeblich ist vielmehr der Beurteilungspegel, der für jeden Immissionsort individuell berechnet wird. Lärmschutzmaßnahmen sind nur zu gewähren, wenn der Beurteilungspegel durch ein Bauvorhaben ansteigt. Hat ein Bauvorhaben die Reduzierung des Beurteilungspegels zur Folge (an dieser Stelle der Prüfung werden eventuelle Lärmschutzmaßnahmen noch nicht in die Betrachtung einbezogen), so entstehen keine Schutzansprüche.

Gesonderte Voraussetzung der ersten Konstellation ist eine Lärmsteigerung um mindestens 3 dB(A). Da bei der Lärmberechnung am Ende nicht mathematisch gerundet, sondern der Gesamtbeurteilungspegel bzw. die Differenz des Beurteilungspegels stets auf ganze Dezibel aufgerundet wird (Anlage 2 zu § 3 der 16. BImSchV), genügt letztlich eine Lärmsteigerung um 2,1 dB(A). Dagegen ist im zweiten Unterfall eine Erhöhung auf mindestens 70 dB(A) am Tage oder mindestens 60 dB(A) in der Nacht gefordert. Werden die genannten Werte erreicht, hält der Verordnungsgeber jede Lärmsteigerung für eine wesentliche Änderung, auch wenn sie weniger als 2,1 dB(A) beträgt. Es genügt jede rechnerisch feststellbare Lärmzunahme. In der dritten Alternative geht es um die Erhöhung ausgehend von mindestens 70 dB(A) am Tage oder 60 dB(A) in der Nacht. Dieser Fall unterscheidet sich von dem zuvor beschriebenen dadurch, dass die vorgefundene Vorbelastung bereits oberhalb der genannten Werte liegt. Eine Lärmsteigerung für Immissionsorte in Wohn-, Kern-, Dorf- und Mischgebieten ist in beiden Fällen gleichermaßen als wesentliche Änderung anzusehen. Anders ist es jedoch in Gewerbegebieten: Hier besteht ein Schutzanspruch nur, wenn die Vorbelastung noch unterhalb der genannten Beurteilungspegel liegt. Warum der Verordnungsgeber diese sprachlich komplizierte Unterscheidung vorgenommen hat, lässt sich der amtlichen Begründung der Verordnung nicht entnehmen. Es wirft jedoch Zweifel auf, eine im Gewerbegebiet gelegene Werkswohnung schlechter zu behandeln als eine im Mischgebiet gelegene „Betriebswohnung". Daher erscheint es nicht nur zur Vereinfachung der Norm, sondern auch zur Erleichterung der Gutachtertätigkeit und vor allem zum Schutz der Bewohner der Gewerbegebiete überlegenswert, bei einer Änderung der 16. BImSchV die Differenzierung aufzuheben.

Vor der Pegelberechnung ist ein Blick in die Zukunft zu werfen. Benötigt wird eine Prognose des zukünftigen Zugverkehrs, der im Prognosezeitpunkt nach der Realisierung eines Vorhabens auf dem Verkehrsweg erwartet wird. Das ist mit zahlreichen Sach- und Rechtsfragen verbunden. Eine Verkehrsprognose unterliegt nur einer eingeschränkten gerichtlichen Kontrolle. Sie ist nur darauf zu überprüfen, ob sie methodisch einwandfrei erarbeitet worden ist, ob sie nicht auf unrealistischen Annahmen beruht bzw. der ihr zugrunde gelegte Sachverhalt zutreffend ermittelt und ob das Ergebnis einleuchtend begründet ist.[16] Der Prognosezeitpunkt (Prognosehorizont) muss sachgerecht gewählt sein. In der Regel sollten mindestens 10 Jahre zwischen der Aufstellung der Prognose (Erarbeitung der Planunterlagen) und dem analysierten Zeitpunkt liegen. Aber auch kürzere Zeiträume können in Einzelfällen nicht zu beanstanden sein, etwa wenn Grundlage einer Planung der Bundesverkehrswegeplan (BVWP) ist und zwischen dem Zeitpunkt der Vorhabensplanung und dem BVWP-Prognosezeitpunkt weniger als 10 Jahre liegen, weil zwischenzeitlich noch kein neuer BVWP aufgestellt wurde.[17] Es ist nicht erforderlich, eine rechnerische Vollauslastung einer Strecke zum Gegenstand der Prognose zu machen.[18]

Da es für die Lärmvorsorge ausschließlich auf die vorhabenbedingte Lärmzunahme ankommt, bleibt die Lärmsteigerung aufgrund einer projektunabhängigen Verkehrszunahme außer Betracht. Es wird also nicht der gegenwärtige Verkehrslärm (die gegenwärtige Verkehrsmenge) als Grundlage der Ausgangswerte herangezogen. Statt dessen wird eine weitere Prognose erstellt, die vielfach unklar als „Prognose-Null-Fall" bezeichnet wird. Gemeint ist eine Betrachtung, bei der für den Prognosezeitpunkt eine Verkehrsmenge und damit der zu erwartende Verkehrslärm ohne die Durchführung des Vorhabens, aber mit der allgemein zu erwartenden Verkehrssteigerung untersucht wird.

Nicht vernachlässigt werden darf das Erfordernis der Kausalität zwischen erheblichem baulichen Eingriff und Lärmsteigerung: Das Wort „durch" kennzeichnet die kausale Abhängigkeit zwischen einem erheblichen baulichen Eingriff einerseits und der zu erwartenden Lärmsteigerung andererseits. Eine Lärmsteigerung aufgrund der vorhabenunabhängigen allgemeinen Verkehrszunahme oder gar ein vorhabensbedingter Lärmrückgang (z. B. weil die Trasse von einem Ort abgerückt wird) löst keine Lärmschutzansprüche aus.

Mit dem Tatbestandsmerkmal „der zu ändernde Verkehrsweg" wird die Lärmquelle eingegrenzt und klargestellt, dass im Rahmen der 16. BImSchV eine Summenpegelbetrachtung aus allen im Umfeld eines Immissionsort bestehenden und zu ändernden Verkehrswegen nicht stattfindet. Ferner begrenzt das Tatbestandsmerkmal die in den Blick zu nehmenden Schienenwege. Nicht zum zu ändernden Verkehrsweg gehört eine kreuzende Eisenbahnstrecke oder eine parallel verlaufende Eisenbahnstrecke, die nach wertender Betrachtung nicht mit dem zu ändernden Verkehrsweg in Verbindung steht. Der zu ändernde Verkehrsweg ist aber auch in sich hinsichtlich der Lärmschutzansprüche begrenzt. Er besteht nicht aus einer ganzen Strecke zwischen zwei Knotenpunkten und deckt sich auch nicht zwingend mit dem Planfeststellungsumgriff. Andererseits ist er auch nicht auf den Bereich des erheblichen baulichen Eingriffs beschränkt.[19]

---

[16] BVerwGE 133, 239.
[17] VGH München BImSchG-Rspr § 41 Nr. 65.
[18] BVerwG NVwZ-RR 1999, 720.
[19] Weiterführend *Berka* (Fn. 5), § 1 Rn. 25.

e) Immissionsgrenzwerte

Die Immissionsgrenzwerte sind in § 2 Abs. 1 der 16. BImSchV aufgeführt. Anders als bei den Werten des § 2 der 18. BImSchV oder der TA Lärm handelt es sich nicht um Immissionsrichtwerte, deren Einhaltung anzustreben wäre, sondern um „echte" Grenzwerte. Sie unterscheiden sich je nach Gebietscharakter und nach Tag- und Nachtzeitraum. Der Verordnungsgeber geht davon aus, dass in unterschiedlichen Gebieten ein unterschiedliches Schutzbedürfnis besteht. Das ist sachgerecht. In den verschiedenen Gebietstypen sind auch die sonstigen Lärmimmissionen unterschiedlich hoch. Diese Vorbelastungen bestimmen das Schutzbedürfnis.

f) Kosten-Schutzzweck-Verhältnis

Nach § 41 Abs. 1 BImSchG ist bei dem Bau oder der wesentlichen Änderung von Eisenbahnen sicherzustellen, dass durch diese keine schädlichen Umwelteinwirkungen durch Verkehrsgeräusche hervorgerufen werden können, die nach dem Stand der Technik vermeidbar sind. Diese Sicherstellungsverpflichtung ist mehr als ein bloßes „Anstreben". Sie bedeutet zum einen, dass die Schallschutzmaßnahmen zur formalen Inbetriebnahme des neuen oder geänderten Schienenweges fertiggestellt sein müssen. Zum anderen drückt sich in dieser Vorschrift der Vorrang des aktiven Schallschutzes (z. B. Schallschutzwände oder -wälle) vor dem passiven Schallschutz (z. B. Schallschutzfenster am zu schützenden Gebäude) aus.[20]

Es gibt eine praktisch sehr bedeutsame Ausnahme zur Sicherstellungspflicht. Nach § 41 Abs. 2 BImSchG gilt Absatz 1 nicht, soweit die Kosten der Schutzmaßnahme außer Verhältnis zu dem angestrebten Schutzzweck stehen würden. Dabei sind zwei Fallgruppen zu unterscheiden, die unter Umständen auch kombiniert auftreten können: Einmal geht es um einzelne Anwesen im Außenbereich oder eine lockere dörfliche Bebauung und die Frage, ob überhaupt eine Schallschutzwand errichtet werden soll oder im Hinblick auf die wenigen zu schützenden Immissionsorte die Kosten der Wand unverhältnismäßig sind. Bei der anderen Konstellation geht es nicht um das „ob" der aktiven Schallschutzmaßnahmen, sondern um das „wie", zumeist konkret um das „wie hoch". Hier wird diskutiert, welche Schallschutzmaßnahmen (noch) von ihren Kosten her verhältnismäßig seien und welche schon nicht mehr. Hinsichtlich dieser Problematik sind zahlreiche einzelne Aspekte durch die Rechtsprechung geklärt worden, etwa die Frage, was konkret in den Blick zu nehmen sind. Es geht nicht um das Verhältnis zwischen den Kosten aktiver Schallschutzmaßnahmen und den ersatzweise anfallenden Kosten passiver Schallschutzmaßnahmen.[21]

Kosten im Sinne des Gesetzes sind die Kosten aktiver Schallschutzmaßnahmen. Der angestrebte Schutzzweck ist der Schutz der Nachbarschaft vor schädlichen Umwelteinwirkungen durch nach dem Stand der Technik vermeidbare Verkehrsgeräusche. Nachbarschaft ist der Personenkreis, der sich regelmäßig im Einwirkungsbereich des Verkehrsweges aufhält oder Rechte an dort befindlichen Sachen

---

[20] *Stüer* (Fn. 2) Rn. 3121.

[21] BVerwG NVwZ 2001, 78; vgl. auch BVerwG BImSchG-Rspr § 41 Nr. 85 und VGH München ZUR 2007, 540.

hat. Es besteht kein Schutz der Allgemeinheit. Das hat Bedeutung für die Qualifizierung von Einwendungen (Betroffeneneinwendungen in Abgrenzung zu Jedermanneinwendungen) und die Klagebefugnis.

Beim Schutzzweck sind die Vorbelastung, die Anzahl der Betroffenen, die Besiedelungsform und -dichte, die Zahl und Ausrichtung der Gebäude und Außenwohnbereiche (Immissionsorte), die erreichbare Minderung der Geräuschimmissionen incl. der Zahl der künftigen Grenzwerteinhaltungen, das Ausmaß einer verbleibenden Überschreitung der Grenzwerte unter Berücksichtigung der Wirkung ergänzender passiver Schallschutzmaßnahmen, die Besonderheiten für den Tag- und den Nachtzeitraum, mögliche Gefahren für Gesundheit und Eigentum bei Unterbleiben einer Maßnahme und der Umfang der dadurch hervorgerufenen Belästigung (und ergänzend städtebauliche Aspekte, das Ortsbild und eine entstehende Verschattung sowie die Barrierewirkung in Bezug auf Mensch und Natur) in den Blick zu nehmen.[22]

Das BVerwG hat in der letzten Zeit einen neuen Lösungsvorschlag, der als „Schutzfalltheorie" bezeichnet werden könnte, entwickelt.[23] Kern ist die Annahme, dass das planfestzustellende Bauvorhaben eine bestimmte Anzahl von Schutzfällen aufwirft und jede Variante des Schallschutzkonzepts eine mehr oder weniger große Anzahl von Schutzfällen wieder löst. Werden die Kosten der Variante durch die Anzahl der gelösten Schutzfälle geteilt, erhält man die Durchschnittskosten für die Lösung eines Schutzfalles. Die Durchschnittskosten der Varianten können miteinander verglichen werden. Bei der Variante „aktiver Vollschutz" entstehen die höchsten Kosten, zugleich werden alle Schutzfälle gelöst. Bei den „von oben abgestuften Varianten" sinken die Kosten nach und nach, aber dafür sinkt auch die Zahl der gelösten Schutzfälle; die Zahl der ungelösten Schutzfälle, bei denen Aufwendungsersatz für passive Maßnahmen zu gewähren ist, steigt an. Werden bei verschiedenen Varianten ähnliche Durchschnittskosten je Schutzfall ermittelt, so ist regelmäßig aufgrund des Vorrangs des aktiven Schallschutzes die Variante vorzugswürdig, die höhere Schallschutzwände und damit die Lösung von mehr Schutzfällen vorsieht. Wenn jedoch die Durchschnittskosten je Schutzfall bei einer Variante mit mehr gelösten Schutzfällen deutlich höher sind als bei einer Variante mit weniger gelösten Schutzfällen, mag letztere Variante vorzugswürdig sein. Die „Schutzfalltheorie" hat rasch Eingang in die fachliche Praxis gefunden. Sie ist grundsätzlich zu begrüßen, wirft aber auch neue Fragen auf.[24]

g) Berechnungsverfahren

Das Berechnungsverfahren ist in § 3 der 16. BImschV geregelt. Für Schienenwege wird auf Anlage 2 verwiesen. Diese enthält folgende sehr bedeutende Einschränkung: „Mit Hilfe der Gleichungen (1) und (2) werden die Beurteilungspegel für lange, gerade Gleise berechnet, die auf ihrer gesamten Länge konstante Emissionen und unveränderte Ausbreitungsbedingungen aufweisen. Falls eine dieser Vorausset-

---

[22] Vgl. zu den Kriterien BVerwG NVwZ 2001, 78; VGH München ZUR 2007, 540; *Jarass* (Fn. 6), § 41 Rn. 28 f.

[23] BVerwGE 134, 45; BVerwGE 134, 308; BVerwG SächsVBl. 2010, 166.

[24] Weiterführend *Berka* (Fn. 5) § 2 Rn. 13 ff.

zungen nicht zutrifft, muss das Gleis in einzelne Abschnitte unterteilt werden, deren einzelne Beurteilungspegel zu bestimmen sind nach der Richtlinie zur Berechnung der Schallimmissionen von Schienenwegen – Ausgabe 1990 – Schall 03, bekanntgemacht im Amtsblatt der Deutschen Bundesbahn Nr. 14 vom 4.4.1990 unter lfd. Nr. 133. Bei der Bestimmung der Beurteilungspegel sind auch die in der Richtlinie genannten Besonderheiten für Brücken, Bahnübergänge, Bahnhöfe usw. zu beachten.“ Da die genannten Voraussetzungen in den meisten Fällen nicht erfüllt werden, ist in der Praxis fast immer die Schall 03 anzuwenden.

Die „Richtlinie für schalltechnische Untersuchungen bei der Planung von Rangier- und Umschlagbahnhöfen“ (Akustik 04) ist eine Schwestervorschrift der Schall 03. Auf sie wird in Anlage 2 ebenfalls verwiesen.

Auch nach der Bahnreform ist die Anwendbarkeit der Richtlinien Schall 03 und Akustik 04 allgemein anerkannt. Bis zu einer Änderung der Verordnung ist die Anwendung der geltenden Schall 03 trotz der technischen Entwicklungen nach wie vor vom Einschätzungs-, Wertungs- und Gestaltungsspielraum des Verordnungsgebers gedeckt.[25]

Das gilt auch für die Frage nach Reflexionen hochabsorbierender Schallschutzwände. In einem aktuellen Fall machte die Klägerin sinngemäß geltend, die auf der anderen Seite der Bahn geplante hochabsorbierende Schallschutzwand verursache Reflexionen, so dass schon deswegen auch auf ihrer Seite eine Schallschutzwand zu errichten sei. Das BVerwG[26] ist dem nicht gefolgt. Vielmehr nehme die 16. BImSchV die Schall 03 in Bezug, und dort sei geregelt, dass die Schallreflexionen hochabsorbierender Schallschutzwände keine Berücksichtigung in der Berechnung der Immissionspegel fänden.

2. Lärmschutz aus Grundrechten

Lärmschutzansprüche können unmittelbar aus den Grundrechten auf Schutz der Gesundheit und des Eigentums (Art. 2 Abs. 2 und 14 Abs. 1 GG) abgeleitet werden. Das kann der Fall sein, wenn auf der einfachrechtlichen Ebene keine Lärmschutzansprüche gegeben sind. Die Ansprüche können aber auch nebeneinander bestehen.

a) Herleitung und Reichweite

Das BVerwG weist seit einigen Jahren zutreffend darauf hin, dass der Staat gegen seine grundrechtliche Schutzpflicht verstößt, wenn er es zulässt, dass durch den Bau oder die wesentliche Änderung eines öffentlichen Verkehrswegs eine die menschliche Gesundheit gefährdende Verkehrslärmbelastung entsteht, und sei es auch nur durch die Erhöhung einer bereits vorhandenen Vorbelastung.[27] Eine in der Planfeststellung zu befolgende grundrechtliche Pflicht, Schutzvorkehrungen zu treffen, setzt allerdings eine Kausalität zwischen dem Bau bzw. der Änderung des Verkehrswegs und der gesundheitsgefährdenden Verkehrsbelastung voraus. Eine

---

25 BVerwG ZfBR 2012, 386, vgl. auch *Berka,* in: Ronellenfitsch/Schweinsberg, Aktuelle Probleme des Eisenbahnrechts XIII, S. 79.

26 BVerwG ZfBR 2012, 386.

27 BVerwGE 107, 350; BVerwGE 125, 116; BVerwG UPR 2008, 136.

Lärmsanierungspflicht „bei Gelegenheit der Planfeststellung" besteht nicht. Führt ein Planvorhaben im Vergleich zu dem Zustand des Schienenwegs, der ohne die Planung bestünde, zu keiner Verschlechterung der Lärmsituation für die Nachbarschaft, so braucht die Planfeststellungsbehörde die Lärmproblematik im Rahmen der Abwägung grundsätzlich nicht aufzugreifen.[28] Lärmschutzbelange sind also grundsätzlich nur dann in die Abwägung einzubeziehen, wenn die Lärmbelastung durch das Vorhaben ansteigt. Denn nur unter dieser Voraussetzung besteht ein Zurechnungszusammenhang zwischen dem Vorhaben und der Lärmbelastung, der es rechtfertigt, Letztere als ein im Rahmen der Planung bewältigungsbedürftiges Problem zu behandeln. Das gilt unabhängig von der Höhe der Lärmbelastung; selbst grundrechtlich bedenkliche Belastungswerte bilden nicht stets, sondern nur dann die Grundlage einer in der Planfeststellung zu berücksichtigenden Schutzpflicht, wenn sie dem planfestgestellten Vorhaben zuzurechnen sind.

b) Grundrechtliche Zumutbarkeitsschwelle

Die Rechtsprechung hat über lange Zeit immer wieder darauf hingewiesen, dass es für die Schwellen zur Gesundheitsgefährdung bzw. Eigentumsbeeinträchtigung keine festen Grenzwerte gebe, sondern eine Einzelfallbetrachtung des konkreten Sachverhalts vorzunehmen sei.[29] Die Einzelfallbetrachtungen zu Schienenwegen führten dabei im Ergebnis jedoch immer wieder zu den gleichen Schwellenwerten: 70 dB(A) tagsüber/60 dB(A) nachts in Wohngebieten, 72 dB(A) tagsüber/62 dB(A) nachts in Dorf-, Kern- und Mischgebieten und 75 dB(A) tagsüber/65 dB(A) nachts in Gewerbegebieten. Diese Werte sind deutlich höher als die Grenzwerte in § 2 Abs. 1 der 16. BImSchV. Sie wurden auch in die Lärmsanierungsrichtlinie aufgenommen.[30]

In einer neueren Entscheidung hat der 7. Senat des BVerwG in der Urteilsbegründung ausdrücklich eine „in der höchstrichterlichen Rechtsprechung entwickelte grundrechtliche Zumutbarkeitsschwelle von 70 dB(A) tags und 60 dB(A) nachts" thematisiert.[31] Damit werden diese Werte soweit ersichtlich erstmals nicht mehr als für den konkreten Einzelfall in Wohngebieten sachgerecht relativiert, sondern als gebietsunabhängige feste Grenzwerte für die grundrechtliche Zumutbarkeit definiert. Es bleibt abzuwarten, ob andere Spruchkörper dieser Festlegung folgen oder bei der früheren Praxis der Einzelfallbetrachtung bleiben.[32]

c) Ermittlung der Beurteilungspegel

Für eine Lösung der vielen Einzelfragen zu Anspruchsvoraussetzungen und Anspruchserfüllung braucht das Rad nicht neu erfunden zu werden. Vielmehr können die meisten Antworten aus der Behandlung der einfachrechtlichen Ansprüche abgeleitet werden. Das gilt auch für das Rechenverfahren, das der 16. BImSchV bzw. der Schall 03 entnommen werden kann.

---

[28] BVerwG DVBl 2008, 1311.
[29] BVerwG NVwZ 1999, 67; BVerwG NVwZ 2005, 591 und BVerwGE 123, 23.
[30] Vgl. auch *Berka* (Fn. 5) Einleitung Rn. 12.
[31] BVerwG ZfBR 2012, 386.
[32] Nicht differenzierend VGH Mannheim, Urt. v. 25.4.2012 – 5 S 927/10.

Ausdrücklich geäußert hat sich das BVerwG[33] zuletzt zum Umgang mit Reflexionen von hochabsorbierenden Schallschutzwänden: In einer Berechnung der Immissionspegel für den Vergleich mit der grundrechtlichen Zumutbarkeitsschwelle brauchen die Reflexionen hochabsorbierender Schallschutzwände nicht einbezogen werden, da der Verordnungsgeber das auf der einfachrechtlichen Ebene auch nicht vorgesehen hat.

Diese Entscheidung ist zu begrüßen: Weil sich die Rechenverfahren auf den beiden Prüfungsebenen nicht unterscheiden, können die für einen Immissionsort in einem Rechengang gefundenen Beurteilungspegel jeweils mit den Grenzwerten der 16. BImSchV oder der grundrechtlichen Zumutbarkeitsschwelle verglichen werden.

Als Konsequenz aus der – sachgerechten – Schlussfolgerung des Gerichts ist festzuhalten, dass alle weiteren Entscheidungen des Verordnungsgebers (innerhalb seines Einschätzungs- und Gestaltungsspielraums) ebenfalls von der einfachrechtlichen auf die grundrechtliche Ebene übertragen werden können. Das gilt auch für den Schienenbonus. Bis zu seiner Abschaffung (dazu unten V. 1.) kommt er ebenfalls auf beiden Ebenen – einfachrechtlich und grundrechtlich – zur Anwendung.[34]

d) Betrachtung zu Spitzenpegeln

Die in IV. 1. a) getroffene Grundaussage, dass Spitzenpegel bei der Frage nach Schallschutzansprüchen generell außer Betracht bleiben, ist im Rahmen der Frage nach einer Gesundheitsgefährdung offenbar noch nicht abschließend geklärt. So nimmt das VG Ansbach[35] bei der Betrachtung von Pfeifsignalen von Schienenfahrzeugen die Spitzenpegel zunächst in den Blick, verneint letztlich aber eine Gesundheitsgefährdung schon deswegen, weil insoweit allgemein gültige Schwellenwerte, die den Übergang zur Gesundheitsgefährdung markieren, nach dem heutigen Stand der Lärmwirkungsforschung nicht benannt werden können. Dabei werde maßgeblich auf den Innenpegel in Schlafräumen, „also quasi am Ohr des Schläfers", abgestellt. Hintergrund der Entscheidung ist die Einforderung eines aufsichtsrechtlichen Einschreitens gegen die Geräuschemissionen. Dabei blieb offen, ob dieses Kriterium in einer Planfeststellung erst recht oder gerade nicht in den Blick zu nehmen sei. Der VGH München[36] hat den Antrag auf Zulassung der Berufung zurückgewiesen. Zum einen hinterfragt er (letztlich offen lassend), ob Dritte überhaupt einen Anspruch aus Art. 2 Abs. 2 Satz 1 GG gegen die Eisenbahnaufsichtsbehörden außerhalb eines Planfeststellungsverfahrens und von § 75 Abs. 2 und 3 VwVfG auf aufsichtsbehördliche Maßnahmen haben können. Zum anderen weist er darauf hin, dass selten auftretende kurzzeitige Geräuschspitzen als Dauerschallpegel kaum mehr relevant ins Gewicht fallen würden. Spitzenpegel, die unter der Zumutbarkeitsschwelle nach der TA Lärm lägen, lägen erst recht unter dem nach Art. 2 Abs. 2 Satz 1 GG einzuhaltenden Wert; denn die

---

[33] BVerwG ZfBR 2012, 386.
[34] Vgl. auch *Stüer* (Fn.2) Rn. 3117.
[35] VG Ansbach, Urt v. 25.5.2007 – AN 10 K 05.01959.
[36] VGH München NVwZ-RR 2009, 16.

Richtwerte der TA Lärm lägen genau wie jede fachplanungsrechtliche Zumutbarkeitsgrenze unterhalb der Schwelle der grundrechtsrelevanten Gesundheitsgefährdung. Unter Hinweis auf luftverkehrsrechtliche Rechtsprechung des BVerwG[37] (nächtliche Innenraum-Maximalpegel von 53 dB(A), die nicht häufiger als 13 mal überschritten werden, oder von 55 dB(A), die nicht häufiger als sechsmal überschritten werden) stellt der VGH fest, dass nächtliche Innenraum-Maximalpegel von 45 dB(A), die fünfmal pro Nacht aufgrund von Eisenbahn-Pfeifsignalen auftreten, noch nicht im Grenzbereich einer Gesundheitsgefährdung liegen. Offen bleibt dabei, ob auch bei der Ermittlung der Maximalpegel der Schienenbonus einbezogen werden könne.

3. *Das fachplanungsrechtliche Abwägungsgebot*

Das fachplanungsrechtliche Abwägungsgebot vermittelt den von einem Vorhaben betroffenen Menschen einen Anspruch auf gerechte Abwägung ihrer Belange.[38] Zu diesen Belangen gehören auch das Erholungs- und Ruhebedürfnis und die damit verbundenen Lärmschutzinteressen. Diese richten sich auch auf den Schutz vor Lärm, der unterhalb der gesetzlich normierten Grenzwerte verbleibt. Außerdem kommt in Betracht, die Lärmbelastungen in den Fällen, die außerhalb des Anwendungsbereichs der 16. BImSchV liegen, im Rahmen der allgemeinen fachplanungsrechtlichen Abwägung zu würdigen. Ein Fall hat in Fachkreisen ein besonderes Echo gefunden: Bei der Frankenschnellweg-Entscheidung des BVerwG[39] vom 17.3.2005 ging es darum, eine auf ein (Straßenneubau-) Vorhaben zurückzuführende Lärmsteigerung auf einer bereits vorhandenen Bundesfernstraße bzw. die Belange der an diesem Verkehrsweg gelegenen Gemeinden und ihrer Anwohner in die fachplanungsrechtliche Abwägung für den Straßenneubau unter bestimmten, vom BVerwG näher beschriebenen Voraussetzungen einzubeziehen.[40]

Seit Bekannt werden des Urteils gehen die Planfeststellungsbehörden in einer zunehmenden Zahl von Verfahren in der Begründung ihrer Planfeststellungsbeschlüsse auch im Zusammenhang mit dem Lärmschutz ausdrücklich auf das Abwägungsgebot ein. Zumeist wird dabei als Abwägungsergebnis entschieden, dem Vorhabenträger keine (weitergehenden) Schallschutzmaßnahmen aufzugeben. Das dürfte in den meisten Fällen schon deswegen sachgerecht sein, da es zu den in der 16. BImSchV vom Verordnungsgeber vorgenommenen Wertungen korrespondiert. Und nach diesen Wertungen bestehen unterhalb der Grenzwerte bzw. außerhalb des Anwendungsbereichs der 16. BImSchV auf der einfachrechtlichen Ebene gerade keine Lärmschutzansprüche.

In vielen Fällen, beispielsweise in Plangenehmigungsverfahren, gehen die Zulassungsbehörden in der Begründung ihrer Entscheidung nur unter bestimmten Blickwinkeln oder auch mit keinem Wort auf die Belange des Lärmschutzes ein. Daraufhin wird ihnen gelegentlich vorgeworfen, sie hätten die Belange des Lärmschutzes nicht sachgerecht abgewogen. Dieser Vorwurf ist jedoch in der Regel

---

[37] BVerwGE 125, 116.
[38] BVerwG UPR 2008, 355.
[39] BVerwGE 123, 152.
[40] Ausführlich dazu *Berka* (Fn. 5) Einleitung Rn. 14.

unberechtigt. Die tägliche Praxis der Eisenbahnplanfeststellung ist geprägt von Abwägungsvorgängen und der Befassung mit Schienenverkehrslärmschutz. In den Fällen, in denen sich die Begründung eines Planfeststellungsbeschlusses mit der einfachrechtlichen und/ oder der grundrechtlichen Ebene auseinandersetzt, kann für den Regelfall unterstellt werden, dass die Planfeststellungsbehörde auf der Grundlage des fachplanungsrechtlichen Abwägungsgebotes keinen (weitergehenden) Schallschutz gewährleisten wollte. Meiner Ansicht nach kann in diesen Fällen von einer Vermutung ausgegangen werden, dass die Behörde von den Wertungen des Verordnungsgebers nicht abweichen bzw. nicht über die dadurch vermittelten Schutzansprüche hinausgehen möchte.

Eine solche Vermutung ist meines Erachtens auch dann anzunehmen, wenn ein Planfeststellungsbeschluss oder eine Plangenehmigung gar keine Ausführungen zum Schallschutz enthält, weil der Anwendungsbereich der 16. BImSchV ersichtlich nicht eröffnet ist. Eisenbahnbetrieb führt immer auch zu Lärmemissionen. Mit der Änderung von Betriebsanlagen ist häufig auch eine mehr oder weniger geringfügige Änderung der bereits vorgefundenen Lärmsituation verbunden. Die 16. BImSchV und die Schall 03 beschränken den Kreis der einfachrechtlich relevanten Änderungen auf solche des Schienenweges.[41] Insbesondere der sonstige von Personenbahnhöfen ausgehende Lärm soll als Konvention bereits in dem für die dortigen Schienenwege (höher als tatsächlich vorhanden) berechneten Beurteilungspegel enthalten sein (Kapitel 8.1 der Schall 03). Schon deswegen werden regelmäßig bei Änderungen von „Verkehrsstationen" (die eisenbahnbetrieblich notwendigen Teile und Einrichtungen von Bahnhöfen und Haltepunkten für Reisezüge – in Abgrenzung zu den Empfangsgebäuden[42]) gar keine schalltechnischen Untersuchungen in die Planunterlagen aufgenommen. Eine planungsrechtliche Entscheidung für die Änderung einer Verkehrsstation enthält aus gleichem Grund regelmäßig keine Ausführungen zum Schallschutz. Es wäre gerade in diesen Fällen des Vorhandenseins eindeutiger rechtlicher Wertungen verfehlt, von der Planfeststellungsbehörde immer auch eine ausdrückliche Verneinung von Schallschutzansprüchen unterhalb der Grenzwerte oder außerhalb des Anwendungsbereichs der 16. BImSchV zu verlangen.

In Ausnahmefällen erscheint es aber auch gerechtfertigt, dem Vorhabenträger allein auf der Grundlage des fachplanungsrechtlichen Abwägungsgebotes Schallschutzmaßnahmen aufzugeben. Das kann der Fall sein, wenn die Nichtgewährung zu besonderen Ungerechtigkeiten führen würde. Solche erscheinen denkbar, wenn das Ende eines erheblichen baulichen Eingriffs in den Schienenweg so zum Ende einer Siedlung liegt, dass die Überstandslänge einer Schallschutzwand kurz vor dem letzten Haus enden würde und dieses ungeschützt bliebe. Ein weiterer Fall außerhalb des Anwendungsbereichs der Schall 03 könnte vorliegen, wenn eine Bebauung zwischen zwei benachbarten erheblichen baulichen Eingriffen, die auch nach einer wertenden Gesamtbetrachtung nicht als ein erheblicher baulicher Eingriff anzusehen sind,[43] liegt und die Überstandslängen sonst nicht miteinander

[41] BVerwG NVwZ 1999, 67.
[42] *Nowosad/Janicki,* Deine Bahn 2012, 37 (39).
[43] VGH München, Urt v. 25.2.2003 – 22 A 02.40013.

verbunden würden. Aber auch in Fällen mit einer Belastung unterhalb der Grenzwerte der 16. BImSchV könnten ausnahmsweise auf der Grundlage des fachplanungsrechtlichen Abwägungsgebotes Lärmschutzmaßnahmen zugestanden werden. Das könnte etwa dann der Fall sein, wenn eine Neubaustrecke mit hohem nächtlichen Güterverkehrsanteil in einem bislang völlig unvorbelasteten Gebiet gebaut werden soll und die Grenzwerte nur sehr knapp unterschritten würden.

V. Aktuelle Entwicklungen

Gegenwärtig bedürfen zwei aktuelle Entwicklungen einer näheren Betrachtung: die Abschaffung des Schienenbonus und die Einführung einer neuen Schall 03.

1. Schienenbonus

Innerhalb des Schienenverkehrslärmschutzes ist kein Detailaspekt so umstritten wie der Schienenbonus. Dieser wurde 1990 in der 16. BImSchV (und in der Schall 03) als Korrektursummand zur Berücksichtigung der geringeren Störwirkung des Schienenverkehrs vom Verordnungsgeber normativ festgelegt und hat seine Rechtsgrundlage in § 43 BImSchG. Fachliche Grundlagen waren eine Feldstudie und andere Untersuchungen, bei denen die Lästigkeit (als psychologische Störwirkung) des Jahres-Mittelungspegels von Schienenverkehrslärm mit dem von Straßenverkehrslärm verglichen wurde. Seit seiner Einführung wird der Schienenbonus von Vorhabenträgern, Planfeststellungsbehörden und Gerichten anerkannt.

Nachdem er jedoch in der Öffentlichkeit vielfach infrage gestellt wurde, haben die Regierungsparteien im Koalitionsvertrag vom 26.10.2009 für die 17. Legislaturperiode (Zeilen 1595–1598) verabredet: „Die Akzeptanz für einen weiteren Ausbau der Verkehrsinfrastruktur hängt entscheidend davon ab, dass die Lärmbelastung der Bevölkerung reduziert wird. Wir wollen deshalb den Lärmschutz ausweiten. Dazu wollen wir den Schienenbonus schrittweise reduzieren mit dem Ziel, ihn ganz abzuschaffen.“ Ein gutes Jahr später hat auch das BVerwG mahnende Worte gefunden und in einem Urteil vom Dezember 2010[44] ausgeführt (zit. Leitsatz): „Der Verordnungsgeber ist gehalten, die weitere Rechtfertigung des so genannten Schienenbonus auf der Grundlage der vorliegenden Studien der Lärmwirkungsforschung zu überprüfen.“

Der Deutsche Bundestag hat sich des Schienenbonus angenommen und am 18.3.2011 auf der Grundlage der Drs. 17/4861 u. a. beschlossen: „Der Deutsche Bundestag fordert die Bundesregierung im Rahmen der verfügbaren Haushaltsmittel auf, den Schienenbonus schrittweise abzuschaffen und dem Deutschen Bundestag hierzu einen Gesetzentwurf so rechtzeitig vorzulegen, dass die Vorhabenträger ab 2012 ihre Planungen für den neuen Bundesverkehrswegeplan ohne Schienenbonus planen können. So schnell ist es dann zwar nicht gekommen. Der Bundestag (konkret: der Ausschuss für Verkehr, Bau und Stadtentwicklung) hat

[44] BVerwG UPR 2011, 223.

aber am 14.12.2011 eine Sachverständigenanhörung zum Thema Verkehrslärm durchgeführt und dabei auch den Schienenbonus thematisiert.

Die Abschaffung des Schienenbonus steht also weiter auf der Tagesordnung. Bis Sommer 2012 war allerdings noch kein konkreter Umsetzungszeitplan bekannt gegeben worden. Offenbar wird erwogen, den Schienenbonus nun doch nicht stufenweise, sondern in einem Schritt aufzugeben und die Rechtsänderung an das Inkrafttreten eines neuen Bundesverkehrswegeplanes im Jahr 2015 zu koppeln. Daraus folgt für die Eisenbahnplanfeststellung, dass ein Vorhabenträger bis auf Weiteres bei der Berechnung der Schienenverkehrslärmimmissionen einen Schienenbonus von 5 dB(A) ansetzen kann.

Ob in besonderen Situationen schon vorab auf den Schienenbonus verzichtet werden könnte, so wie das derzeit offenbar auf der Neu- und Ausbaustrecke Karlsruhe – Basel vorgesehen ist, wirft zahlreiche zusätzliche Rechtsfragen auf. Da ist zum einen an den Grundsatz der Gleichbehandlung von Lärmbetroffenen zu denken, an den das BVerwG richtigerweise immer wieder erinnert.[45] Dieser gilt zumindest für alle von einer bestimmten Planung betroffenen Personen. Möglicherweise sind der Bund und die DB Netz AG aber auch gehalten, den Lärmbetroffenen anderer Planungen einen gleichen Schutz zu gewähren, wenn sie einmal ein höheres Schutzniveau gewähren („Präzedenzfall"). Andererseits erscheint es durchaus denkbar, dass im Falle von Zuwendungen Dritter für einen verbesserten Lärmschutz auch der Bund als Zuwendungsgeber und die DB Netz AG als Vorhabenträgerin noch einmal zusätzliche Mittel für einen verbesserten Schallschutz ohne präjudizierende Wirkung für andere Vorhaben in die Hand nehmen dürfen, weil ein sachlicher Grund für eine unterschiedliche Behandlung der Planungen eingetreten sei.[46]

Aus der Praxis der Planfeststellung heraus erscheint es jedenfalls sinnvoll, den Schienenbonus nicht stufenweise, sondern in einem Schritt (oder gar nicht) abzuschaffen und dafür eine sinnvolle Stichtagsregelung zu finden. Es sollte zunächst nicht die Ermächtigungsgrundlage (§ 43 BImSchG – durch Schaffung einer Ausnahme von der Ausnahme), sondern die auf dieser Grundlage erlassene Verordnung (16. BImSchV – durch den Wegfall der ursprünglichen Ausnahme) geändert werden, um eine möglichst unkomplizierte und klar verständliche Rechtslage zu schaffen.

2. Neue Schall 03

In den Jahren 2002 – 2006 hat ein Expertengremium unter Vorsitz des BMVBS und Beteiligung von Behörden, Unternehmen, Verbänden und Fachgutachtern eine neue „Schall 03 – Richtlinie zur Berechnung der Schallimmissionen von Eisenbahnen und Straßenbahnen" erarbeitet.[47] Diese soll die im März 1990 von der Zentrale Hauptverwaltung der Deutschen Bundesbahn eingeführten Regelwerke Schall 03 („Richtlinie zur Berechnung der Schallimmissionen von Schienenwegen") und Akustik 04 („Richtlinie für schalltechnische Untersuchungen bei

---

[45] BVerwG NVwZ 2010, 1151 m. w. N.

[46] Vgl. BVerwG NVwZ 2001, 79.

[47] Ausführlich dazu *Berka* (Fn. 25).

der Planung von Rangier- und Umschlagbahnhöfen") ersetzen. Wegen der Methodik des Rechenverfahrens der 16. BImSchV und aufgrund einer statischen Verweisung in Anlage 2 zu § 3 der 16. BImSchV können die bestehenden Rechenvorschriften nicht ohne weiteres durch ein neues Regelwerk ersetzt werden. Vielmehr ist ein Verordnungsverfahren erforderlich. Das BMVBS hatte seinerzeit auch begonnen, eine Änderungsverordnung zur 16. BImSchV zu entwerfen, ehe dieses zugunsten anderer Aufgaben zurückgestellt wurde. Inzwischen räumt das Ministerium dem Verordnungsverfahren wieder eine höhere Priorität ein, so dass die Verordnung wohl bald in Kraft treten wird.

VI. Ausblick

Es bleibt abzuwarten, welche Auswirkungen auf die Lärmsituation die aktuellen technischen und rechtlichen Entwicklungen für sich genommen und zusammen betrachtet haben werden. Es deutet sich an, dass die Lärmemissionen durch Schienenverkehr in den nächsten Jahren trotz des – insbesondere im Güterverkehr – erwarteten Verkehrszuwachses abnehmen werden. Offen sind jedoch der Zeitpunkt und das Maß des Rückgangs. Das wird u. a. davon abhängen, wie schnell Wagenumbauprogramme greifen, wie weit das „Besonders überwachte Gleis" weitere Anwendungsstrecken findet und welche Auswirkungen lärmabhängige Trassenpreise auf das Verhalten der Eisenbahnunternehmen haben werden. Die sog. innovativen Schallschutzmaßnahmen werden voraussichtlich in Einzelfällen sinnvolle Ergänzungen, insgesamt aber keine Allheilmittel sein können.

Der für die eisenbahnrechtliche Lärmvorsorge und -sanierung bedeutendste Einschnitt wird der Wegfall des Schienenbonus sein. Die Erhöhung der Beurteilungspegel um 5 dB(A) wird nicht durch den Einsatz innovativer Schallschutzmaßnahmen ausgeglichen werden können. Eine Kompensation wird allenfalls durch den vermehrten Einsatz lärmarmer Verbundstoff-Klotzbremsen erfolgen können. Und diese müssen erst einmal mit einem bestimmten Rechenwert zugelassen worden sein, um in einer schalltechnischen Untersuchung Berücksichtigung finden zu können.

Daraus folgt, dass in den Genehmigungsverfahren nach dem Wegfall des Schienenbonus voraussichtlich umfangreichere aktive und passive Schallschutzmaßnahmen planfestzustellen sind als zuvor. Das, was aus Sicht des Immissions- und Gesundheitsschutzes höchst begrüßenswert ist, wird sich auf die Wirtschaftlichkeit von Neu- und Ausbaumaßnahmen negativ auswirken. Es bleibt abzuwarten, ob es sich für die eine oder andere Baumaßnahme sogar als immissionsfachliches oder wirtschaftliches k.o.-Kriterium erweisen wird.

Andererseits werden im Rahmen zahlreicher Projekte schon jetzt bis zu fünf und sechs Meter hohe Schallschutzwände gebaut. Vermehrt weisen Kommunen und Anwohner in Planfeststellungsverfahren auf die negativen Auswirkungen so hoher Wände hin. Mit Blick auf das Orts- und Landschaftsbild sowie Verschattungswirkungen wird zumindest den Forderungen anderer Verfahrensbeteiligter nach höheren Wänden – wenn nicht sogar den Planungen des Vorhabenträgers – widersprochen.

Sollten also die Schienenverkehrslärmemissionen in den nächsten Jahren wie erwartet zurückgehen und dabei auch der Verkehrszuwachs überkompensiert werden, so wird es einen neuen Typ Vorhaben geben. Kommunen und Bürgerinitiativen werden auf die Infrastrukturbetreiber zugehen und fordern, die Schallschutzwände teilweise zurückzubauen. Das wird sicher nicht die zwei, drei oder vier Meter hohen Schallschutzwände aus Lärmvorsorge oder Lärmsanierung betreffen. Aber die fünf bis sechs Meter hohen Schallschutzwände, die in den letzten Jahren gebaut wurden und wohl auch noch eine Zeit lang gebaut werden, dürften irgendwann in ihrer Höhe hinterfragt werden.

Nach der Einführung einer neuen Schall 03 und der Anerkennung der Emissionskennwerte für alternative Klotzbremsen wird man mit überarbeiteten Verkehrsprognosen und dann wohl ohne einen Schienenbonus neue schalltechnische Untersuchungen erarbeiten und Vergleichsrechnungen aufstellen können. Diese werden in jedem Einzelfall zeigen, ob kein, ein oder gar zwei Meter Höhe einer Schallschutzwand belastungsneutral wieder abgebaut werden können. Eine solche Entwicklung wird sicher nicht in den nächsten Jahren kommen, aber irgendwann im nächsten Jahrzehnt wird sie eintreten.

THORSTEN BERGT UND JÖRN KÜCK

Rechtsfragen der Planfeststellung – Das Beispiel der Bremer Weserquerung*

Wie das Beispiel „Stuttgart 21" zeigt, bleiben Großvorhaben, selbst wenn sie in gerichtlichen Verfahren bestätigt worden sind, in der Öffentlichkeit umstritten. Umso wichtiger ist es, durch gründlich vorbereitete und mit entsprechenden Öffentlichkeits- und Behördenbeteiligungen durchgeführte Zulassungsverfahren die Grundlage für das Baurecht und damit dem jeweiligen Vorhaben eine entsprechende Legitimation zu verschaffen. Dass dies nicht immer ganz einfach ist, soll am Beispiel der Bremer Weserquerung dargelegt werden. Bernhard Stüer war daran in der vorbereitenden Verfahrenskoordination für die Anhörungsbehörde und in der Prozessvertretung vor dem BVerwG beteiligt.

I. Einführung

Als der 9. Senat des BVerwG am 9. und 10.11.2011 zur mündlichen Verhandlung über die Bremer Weserquerung[1] zusammentrat, mag sich so mancher der Beteiligten gefragt haben, ob das gewählte Verhandlungsdatum dem geschichtlichen Glücksfall des Mauerfalls zuzuordnen sei oder nicht. Denn immerhin schien der Ausgang des Verfahrens für die Kläger ebenso wie für die beklagte Freie Hansestadt Bremen[2] eine Schicksalsfrage zu sein. Für die Kläger, die im Falle einer Klageabweisung ihr Eigentum aufgeben müssten, liegt dies auf der Hand. Aber auch für Bremen war es eine Schicksalsfrage. Denn das Gesamtprojekt A 281 hing an diesen beiden Verhandlungstagen sozusagen an einem seidenen Faden. Denn das Unterliegen in den anhängigen Verfahren, so vermuteten Prozessbeobachter, hätte auch das schnelle politische Ende des Gesamtprojektes bedeuten können. In diesem Lichte betrachtet, hatten die Richter bei diesem für das Land Bremen und für die gesamte Region wichtigen Projekt über Alles oder Nichts zu entscheiden.

So hatte derselbe Senat[3] ein Jahr zuvor den Planfeststellungsbeschluss zum Parallelabschnitt 2/2 der A 281[4] mit der Begründung aufgehoben, die Freie Han-

* Auf Seiten der beklagten Freien Hansestadt Bremen waren die Verfasser gemeinsam mit Herrn Prof. Dr. Bernhard Stüer als Prozessbevollmächtigte (Thorsten Bergt) und als Projektleitender Ingenieur (Jörn Kück) tätig.

[1] BVerwG, Urt. v. 24.11.2010 – 9 A 23.10 bis 9 A 27.10, BVerwGE 138, 226.

[2] Der bremische Staat führt den Namen „Freie Hansestadt Bremen" und ist ein Glied der deutschen Republik und Europas, vgl. Art. 64 der Landesverfassung vom 21.10.1947, Brem.GBL. S. 251.

[3] Nachdem der frühere Vorsitzende Dr. Ulrich Storost zwischenzeitlich in den Ruhestand verabschiedet war, oblag der Vorsitz am 9. und 10.11.2011 dem Stellvertretende Vorsitzenden, Dr. Rüdiger Nolte, der die Verhandlung mit souveräner Hand führte.

[4] BVerwG, Urt. v. 24.11.2010 – 9 A 23.10 bis 9 A 27.10, BVerwGE 138, 226.

sestadt Bremen habe sich nicht an die Vorgaben des Flächennutzungsplans gehalten. Auch über dieses Verfahren soll daher hier berichtet werden, weil sich die rechtliche Beurteilung des Flächennutzungsplans[5] hier gleichsam zu wiederholen drohte. Die Geschichte allerdings – so ist die Erfahrung – wiederholte sich nicht.

II. Das Gesamtprojekt

Die Bundesautobahn A 281 ist eine Fernstraßenbaumaßnahme der Bundesrepublik Deutschland. Im Auftrag des Bundesministeriums für Verkehr, Bau und Stadtentwicklung (BMVBS) wird in sechs Bauabschnitten zwischen den Bundesautobahnen A 27 und A 1 eine Autobahneckverbindung verwirklicht, an deren Ende die Schließung eines Autobahnrings um Bremen steht. Die A 281 ist ein herausragendes Ziel bremischer Verkehrspolitik. Mit der Weserquerung ergibt sich eine Verkehrsverbesserung für den gesamten nordwestdeutschen Raum, insbesondere im Einzugsbereich des Autobahnkreuzes Bremen. Ihre Verknüpfung mit dem internationalen Fernstraßennetz macht sie für den Bestand und die Entwicklung des Güterverkehrszentrum (GVZ), die Häfen am linken und rechten Weserufer und den Flughafen Bremen äußerst bedeutungsvoll. Die gegenwärtige und prognostizierte Verkehrssituation im Land Bremen machen den Neubau der Umfahrung Bremen unumgänglich. Die Lärm- und Abgasbelastung der Wohnquartiere an den Hauptverkehrsstraßen von und zu den großen Verkehrserzeugern ist nicht allein aus Sicht der Anwohner unerträglich geworden. Der gesamte Verkehr zum und vom GVZ und zu den Häfen wälzt sich heute über die hochgradig überbelastete B 75 oder per „Stopp and go" über die Neuenlander Straße. Der Schwerlastverkehr hat hier inzwischen einen Anteil von über 15 % am Gesamtverkehr erreicht.

Abb. 1: Darstellung der Gesamtmaßnahme Autobahneckverbindung A 281

[5] Flächennutzungsplan Bremen von 1993.

Der gesamte Streckenbereich der A 281 befindet sich im Stadtgebiet von Bremen. Alle Abschnitte sind seit 1983 im Flächennutzungsplan dargestellt. Die Linienbestimung erfolgte im Jahre 1984. Der 1. Bauabschnitt zwischen der A 27 und der Hafenrandstraße ist seit 1995 unter Verkehr. Die Bauabschnitte 2/1 und 3/1 mit einer Gesamtlänge von 5,7 km wurden fertig gestellt und im Januar 2008 für den Verkehr freigegeben. Die Umsetzung der weiteren Bauabschnitte 2/2, 3/2, und 4 bis zum Netzschluss zwischen A 1 und A 27 erfolgt in den nächsten Jahren. Ziel ist es, den Netzschluss zwischen den Autobahnen A 27 und A 1 bis zum Ende dieses Jahrzehnts fertigzustellen.

Der Bau dieser innerstädtischen Autobahn ist eine enorme Herausforderung an Planung und Umsetzung, bei der neben vielen technischen Fragestellungen insbesondere die Belange der Anwohner sowie des Umwelt- und Naturschutzes angemessen berücksichtigt werden müssen. Neben einer spürbaren Entlastung der A 1, der A 27 und der Stephanibrücke im Zuge der B 6 schafft die A 281 eine erhebliche innerstädtische Verbesserung entlang der großen Einfallstraßen und eröffnet die Möglichkeit zur städtebaulichen Revitalisierung der an diese Straßenzüge angrenzenden Quartiere. Mit dem Bau der Autobahn ist eine Lösung für die anstehenden Verkehrsprobleme gefunden. Die Aufhebung der trennenden Wirkung des Weserflusses wird zugleich zum Vorteil für das niedersächsische Umland, denn das Zusammenwachsen bisher getrennter Wirtschaftsräume wird der Region neue Impulse geben. Das Investitionsvolumen für die beiden im Januar 2008 freigegebenen Bauabschnitte sowie die sich in unterschiedlichsten Planungsphasen befindlichen Bauabschnitte beträgt ca. 700 Mio. € bei einer Gesamtvorhabenlänge von ca. 16,6 km. Im Rahmen des ca. 4,9 km langen 4. Bauabschnitts, dem Herzstück der Autobahneckverbindung, soll die Weser mit einem Tunnelbauwerk gequert werden.

Zur Verhinderung dieses Vorhabens hatten sich fünf überwiegend enteignungsbetroffene Privatkläger gegen den Planfeststellungsbeschluss der Freien Hansestadt Bremen vom 30.6.2010, der den Neubau des 4. Bauabschnitts der A 281, die Weserquerung, feststellt, gewandt. Zwei weitere Kläger sind Großindustrielle, die mit ihren Klagen die Wahrung ihrer betrieblichen Belange verfolgen. Für diese Klagen sind vergleichsweise Lösungen in Aussicht. Derweil wurden sie mittels übereinstimmender gerichtlicher Erklärungen ruhend gestellt.

Das Vorhaben ist im Bedarfsplan für die Bundesfernstraßen als vierstreifige Autobahn ausgewiesen. Der Plan sieht vor, die Weser mit einem Tunnel zu queren, wobei der Tunnel im so genannten Einschwimm- und Absenkverfahren gebaut werden soll.

Zu diesem Zweck und auf der Grundlage umfangreicher Studien wurden in den vergangenen zehn Jahren zahlreiche politische Beschlüsse gefasst. Wegen des hohen Investitionsvolumens beschloss die Bremer Bürgerschaft im Jahre 2001, das Vorhaben auf der Basis des aus dem Jahr 1993 stammenden Fernstraßenbauprivatfinanzierungsgesetzes als sogenanntes F-Modell zu verwirklichen. Im Jahre 2002 entschied man sich wegen erheblicher städtebaulicher und umweltrelevanter Vorteile für eine Tunnellösung und gegen eine Brückenlösung. Der Einschwimm- und Absenktunnel erwies sich dabei gegenüber einem Bohrtunnel sowohl hinsichtlich der Investitionskosten (um ca. 26 Mio. Euro) als auch bei den Betriebskosten (um ca. 25 Mio. Euro) jeweils berechnet auf 30 Jahre als kostengünstiger, befand die Bremer Bürgerschaft im Jahre 2004. Das BMVBS erteilte im Jahr 2006 den sogenannten Gesehenvermerk auf den RE-Entwurf. Im Jahre 2008 wurde daraufhin das Planfeststellungsverfahren für dieses äußerst komplexe Projekt eingeleitet.

Abb. 2: Darstellung des 4. Bauabschnittes der A 281 mit seinem Herzstück, der Weserquerung, gemäß Planfeststellungsbeschluss vom 30.6.2010

Zur Querung der Weser mittels Einschwimm- und Absenkverfahren ist nach den Planunterlagen ein ca. 1.095 m langer Tunnel mit anschließenden Trogbauwerken erforderlich. Diese Form des Tunnelbaus in einer offenen Bauweise führt dazu, dass südlich der Weser im Ortsteil Seehausen mehrere Wohngebäude in Anspruch genommen werden müssen.

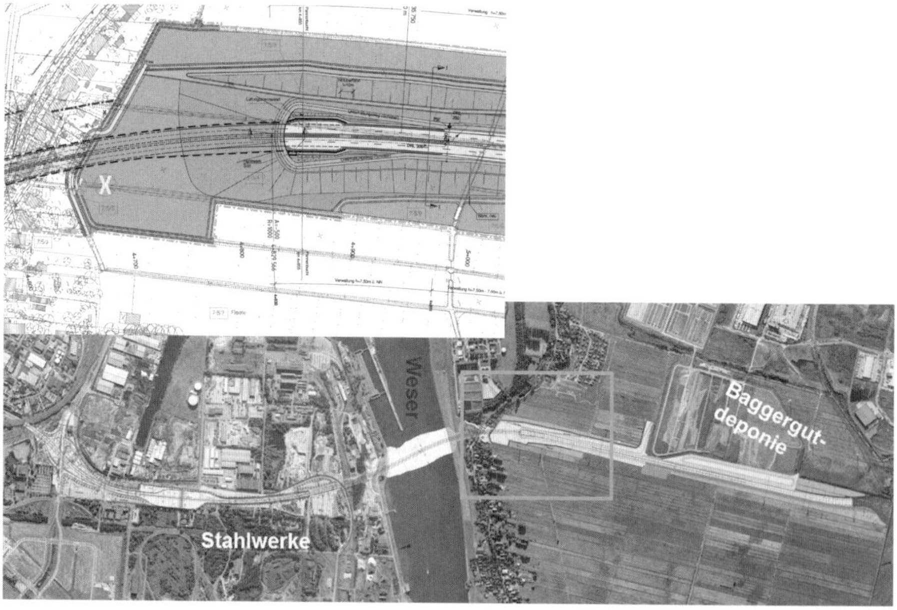

Abb. 3: Weserquerung der A 281 mit Darstellung der baubedingten Betroffenheiten südlich der Weser. Unterlagen aus der Planfeststellung vom 30.6.2010

Zur Aufnahme der prognostizierten ca. 40.000 Kfz/24h ist ein zweizelliger Stahlbetonrechteckrahmen mit je 9,54 m lichter Zellenbreite und mehr als 5,10 m lichter Höhe als wasserundurchlässige Betonkonstruktion vorgesehen. Wegen seiner Länge sind nach den Richtlinien zur Ausstattung dieses Bauwerkes je Fahrrichtung zwei Pannenbuchten erforderlich. Auf der Nordseite der Weser entsteht eine Mautstation mit geplanten 16 Durchfahrtsgassen. Die Gesamtkosten für den 4. Bauabschnitt einschließlich der Kosten für die Verknüpfung mit den beiden angrenzenden Abschnitten belaufen sich auf ca. 250 Mio. €. Eine Verkehrsfreigabe für den 4. Bauabschnitt und damit die Schließung des Autobahnringes A 281 ist zum Ende dieses Jahrzehntes vorgesehen. Soweit das Projekt.

III. Verhandlung und Urteil des BVerwG

Im Rahmen einer zweitätigen mündlichen Verhandlung am 9. und 10.11.2011 hatte das BVerwG einmal mehr Gelegenheit, die Rechtsinstitute des Fachplanungsrechts auf den konkreten Fall bezogen anzuwenden. Nachfolgend wird diese Entscheidung wiedergeben und, soweit es sich anbietet, kommentiert.

Die zulässigen Klagen wurden als unbegründet zurückgewiesen. Der Planfeststellungsbeschluss in der Gestalt eines noch kurzfristig vor der mündlichen Verhandlung ergangenen Ergänzungsbeschlusses vom 7.11.2011 sowie einer in der mündlichen Verhandlung abgegebenen Protokollerklärung litt nach Auffassung des BVerwG an keinem Rechtsfehler, der die mit enteignungsrechtlicher Vorwirkung betroffenen Kläger in ihren Rechten verletzt und die vollständige oder teilweise Aufhebung des Planfeststellungsbeschlusses oder die Feststellung seiner Rechtswidrigkeit und Nichtvollziehbarkeit gerechtfertigt hätte.

1. Verfahrensfehler

Der Planfeststellungsbeschluss wies keine Verfahrensfehler auf, die die Rechte der Kläger berührten.

a) Bekanntmachungsfehler

Die Einwände der Kläger, es läge eine Verletzung des § 9 Abs. 1b UVPG i. V. m. § 6 Abs. 3 Satz 1 Nr. 5 UVPG vor, die Beklagte habe es versäumt, einen Hinweis auf die UVP-Pflicht des Vorhabens zu erteilen und es fehle der Amtlichen Bekanntmachung der Hinweis auf die gemäß § 6 UVPG auszulegenden Unterlagen, wies der Senat zurück.

Die Einhaltung verfahrensrechtlicher Vorschriften sei kein Selbstzweck, sondern diene der besseren Durchsetzung von Belangen. Daher müsse ein Kläger zur Begründung einer Rechtsverletzung geltend machen, dass sich der von ihm gerügte Verfahrensfehler auf seine materiell-rechtliche Position ausgewirkt haben könnte. Gemessen daran konnten die von der Klägerin geltend gemachten Fehler sowohl der Bekanntmachung der Planauslegung und der Auslegung selbst (fehlende Auslegung von Gutachten) als auch der ergänzenden Auslegung (Möglichkeit der Einsichtnahme nur über CD-ROM und fehlende Auslegung im Ortsamt von Seehausen) sowie die Rüge einer verspäteten Erörterung der Einwendungen der Anfechtungsklage mangels Kausalität des gerügten Fehlers auf das Ergebnis nicht zum Erfolg verhelfen (§ 113 Abs. 1 Satz 1 VwGO). Zudem verfügten die Kläger im Zeitpunkt der Abgabe ihrer Einwendungen über alle verfahrens- und entscheidungsrelevanten Unterlagen, wie auch in der mündlichen Verhandlung deutlich wurde.

b) Kein Verstoß gegen das Umweltrechtsbehelfsgesetz

Ein Privater kann nach § 4 Abs. 1 i. V. m. Abs. 3 UmwRG die Aufhebung einer Entscheidung über die Zulässigkeit eines dem Recht der Umweltverträglichkeitsprüfung unterliegenden Vorhabens verlangen, wenn die vorgeschriebene Umweltverträglichkeitsprüfung oder die Vorprüfung des Einzelfalls über die UVP-Pflicht nicht durchgeführt worden ist. Nach Auffassung des 9. Revisionssenats begründen Fehler bei der Durchführung dieser Prüfung einen Verfahrensmangel im Sinne des § 4 Abs. 1 UmwRG nur dann, wenn der Verfahrensmangel für die Rechtsverletzung kausal ist. § 4 Abs. 1 UmwRG sei hier schon deshalb nicht anwendbar, weil eine UVP durchgeführt worden sei. Insoweit beschränke sich die weitere Prüfung allein auf das allgemeine Verwaltungsverfahrensrecht (§ 46 VwVfG), wonach der gerügte Verfahrensfehler nur beachtlich sei, wenn er sich auf das Ergebnis der Entscheidung haben auswirken können.

Dieses, nach deutschem Recht bestehende Kausalitätserfordernis[6] widerspricht nicht dem europarechtlichen Ziel, der betroffenen Öffentlichkeit einen weiten Zugang zu Gericht zu gewähren (Art. 10a Abs. 3 Satz 1 UVP-RL) und auch nicht dem unionsrechtlichen Effektivitätsprinzip, urteilten die Leipziger Richter. Auch das Eigenverwaltungsrecht der Europäischen Union fordere nicht, dass Form- und Verfahrensfehler für sich bereits beachtlich seien; es unterscheide vielmehr zwischen wesentlichen und unwesentlichen Fehlern (Art. 263 Abs. 2 AEUV). Dazu gehören Bekanntmachungsfehler jedenfalls dann nicht, wenn sich die Kläger – unabhängig von den Detailinformationen nach Maßgabe von § 9 Abs. 1a Nr. 2 und 5 UVPG – mit Einwendungen an dem Offenlageverfahren beteiligt hätten, so war wohl der dafür tragende Gedanke.

Mit enteignungsrechtlicher Vorwirkung oder in ihren Rechten Betroffene können allerdings eine zu Unrecht unterbliebene Umweltverträglichkeitsprüfung oder erforderliche Vorprüfung des Einzelfalls rügen, ohne dass es darauf ankommt, ob sich der Fehler auf ihre Rechtsposition ausgewirkt haben kann (§ 4 Abs. 3 UmwRG i. V. m. § 61 Nr. 1 VwGO).[7] Das ist seit dem Urteil zur Bremer Weserquerung neu und wird in einem weiteren Urteil zur A 4 bestätigt.[8]

Nach dem EuGH-Urteil[9] zum Trianel-Kraftwerk in Lünen können sich die Verbände über die durch die Öffentlichkeitsbeteiligungs-RL[10] geänderte UVP-

---

[6] BVerwG, Urt. v. 25.1.1996 – 4 C 5.95, BVerwGE 100, 238 = DVBl 1996, 677 – Eifelautobahn A 60.

[7] In der Tendenz bereits EuGH, Urt. v. 7.1.2004 – C-201/02, DVBl 2004, 370 = NVwZ 2004, 517 = EurUP 2004, 57 – Delena Wells.

[8] BVerwG, Urt. v. 20.12.2011 – 9 A 31.10 – BUND und – 9 A 30.10 – Regenrückhaltebecken im Einzugsgebiet einer Wassergewinnungsanlage.

[9] EuGH, Urt. v. 12.3.2011 – C-115/09, DVBl 2011, 757 = UPR 2011, 268; OVG Münster, Vorlage-Beschl. v. 5.3.2009 – 8 D 58/08.AK, DVBl 2009, 654.

[10] 97/11/EG des Rates v. 3.3.1997, ABl. L 73, S. 5.

RL[11] auch auf Umweltbelange berufen, selbst wenn durch die Rechtsnormen nicht zugleich auch individuelle Rechte Einzelner beeinträchtigt werden.[12] Die Umweltverbände haben danach über § 2 UmwRG hinaus Klagerechte im Hinblick auf umweltrechtliche Belange.[13] Eine Beschränkung der Rügebefugnis von Umweltverbänden nur auf drittschützende Vorschriften des Umweltrechts ist nach dem Richterspruch aus Luxemburg mit Art. 10a UVP-RL nicht vereinbar. Inzwischen vertritt das OVG Münster im Urteil zum Kraftwerk Datteln[14] sogar die Auffassung, dass die Verbände auch die nationalen Vorschriften des Umwelt- und Naturschutzrechts über die von Deutschland anerkannte Århus-Konvention[15] zum Gegenstand ihrer Klage machen könnten.

Auch ein Privatkläger ist rügebefugt wenn er hinreichend geltend machen kann, in seinen Rechten betroffen zu sein, nicht jedoch die nur allgemein betroffene Öffentlichkeit.[16] Die bisherige Rechtsprechung ging demgegenüber seit dem Urteil zur Eifelautobahn[17] davon aus, dass auch eine nicht durchgeführte Umweltverträglichkeitsprüfung dann unbeachtlich ist, wenn sich dies auf das Ergebnis nicht ausgewirkt hat, der Fehler also nicht kausal war. Im Verfahren Eifelautobahn war eine förmliche UVP unterblieben, weil erst das UVPG 1990 die UVP-RL umgesetzt hatte, während die Umsetzungsfrist dieser Richtlinie bereits am 3.7.1988 abgelaufen war.[18] Das Kausalitätserfordernis hatte das BVerwG auch für die Bauleitplanung im Diez-Verfahren bestätigt.[19] Hier ist nunmehr allerdings im Hinblick auf die europarechtlichen Anforderungen eine größere Vorsicht geboten. Ist eine erforderliche Umweltverträglichkeitsprüfung oder Vorprüfung nicht durchgeführt, muss die Zulassungsentscheidung in beachtlicher Weise als fehlerhaft angesehen werden.

Entwarnung hat der 9. Senat allerdings zum Inhalt der Umweltverträglichkeitsprüfung gegeben. Vollständigkeit wird hier nicht verlangt. Das gibt der Praxis die verdiente Entlastung. So ganz ausgestanden ist die Sache allerdings wohl noch nicht. Denn wenig später hat der 7. Senat dem EuGH in einem Vorabentscheidungsersuchen die Frage vorgelegt, ob nicht auch bloße Mängel bei der Durchführung einer erforderlichen Umweltverträglichkeitsprüfung zur Aufhebung einer

---

[11] Richtlinie 85/337/EWG.

[12] So auch OVG Münster, Urt. v. 1.12.2011– 8 D 58/08.AK, DVBl 2012, 244 m. Anm. *Stüer/Stüer* DVBl 2012, 245.

[13] So nunmehr auch BVerwG, Urt. v. 29.9.2011 – 7 C 21.09; *Berkemann* DVBl 2011, 1253; *Stüer/Buchsteiner* DVBl 2012, 92 m. w. Nachw.

[14] OVG Münster, Urt. v. 12.6.2012 – 8 D 38/08.AK – E.ON Kraftwerk Datteln IV; vgl. bereits OVG Münster DVBl Urt. v. 3.9.2009 – 10 D 121/07.NE, DVBl 2009, 1385.

[15] www.aarhus-konvention.de.

[16] Zur Abgrenzung des Personenkreises BVerwG, Urt. v. 20.12.2011 – 9 A 31.10 – BUND mit einer ausreichenden Betroffenheit der Umweltverbände einerseits und – 9 A 30.10 – mit einer nicht ausreichenden Betroffenheit andererseits – Regenrückhaltebecken im Einzugsgebiet einer Wassergewinnungsanlage.

[17] BVerwG, Urt. v. 25.1.1996 – 4 C 5.95, BVerwGE 100, 238 = DVBl 1996, 677 – Eifelautobahn A 60.

[18] EuGH, Urt. v. 9.8.1994 – Rs. C-396/92, Slg. 1994, I 3717 – BUND Bayern; Urt. v. 22.10.1998 – Rs C-301/95 – Kommission gegen Deutschland; zuvor bereits Urt. v. 21.1.1999 – Rs. C-150/97 – Kommission gegen Portugisische Republik; *Stüer,* Handbuch des Bau- und Fachplanungsrechts, 4. Aufl. 2009, Rn. 2918.

[19] BVerwG, Urt. v. 18.11.2004 – 4 CN 4.03, BVerwGE 122, 207 = DVBl 2005, 386.

Verwaltungsentscheidung berechtigen, sondern diese Folge nur dann eintritt, wenn die Umweltverträglichkeitsprüfung vollständig unterblieben ist.[20] Der Brüsseler UVP-Drops wird wohl endgültig erst in Luxemburg aufgelutscht.

§ 214 Abs. 1 Nr. 3 BauGB, wonach es fehlerhaft sein kann, wenn die Begründung des Umweltberichts nicht nur in unwesentlichen Punkten unvollständig ist, scheint auf dieser Linie zu liegen. Allerdings ist die Vorschrift eingebettet in den Gesamtzusammenhang der Regelungen, die sich auf die Zusammenstellung des Abwägungsmaterials und die Ausgleichsentscheidung beziehen. Zum Umweltbericht gehören nur umweltschützende Belange, die Gegenstand des Abwägungsmaterials sind, die also zu ermitteln und zu bewerten sind (§ 2 III BauGB). In der Regel sind es nur die im förmlichen Beteiligungsverfahren vorgetragenen Belange (§§ 3, 4 BauGB). Was dort nicht vorgetragen worden ist, ist nur dann erkennbar, wenn es sich dem Planer aufdrängt und geradezu offen auf der Hand liegt. Mängel im Abwägungsvorgang sind zudem nur erheblich, wenn sie offensichtlich und auf das Abwägungsergebnis von Einfluss gewesen sind (§ 214 III 2 BauGB).

Im Übrigen bleibt es dabei: Die Umweltprüfung ist kein allgemeines Suchverfahren, in dem alle nur erdenklichen Auswirkungen eines Vorhabens auf Umweltgüter und deren Wertigkeit bis in alle Einzelheiten und feinste Verästelungen zu untersuchen wären und gar Antworten auf in der Wissenschaft bisher noch ungeklärte Fragen gefunden werden müssten.[21] Das Europarecht gibt auch keine Aufschlüsse über Untersuchungsverfahren und Bewertungskriterien. Die Umweltprüfung ersetzt auch nicht fehlende Umweltstandards. Was auf diesem Felde die Wissenschaft (noch) nicht hergibt, vermag auch eine Umweltverträglichkeitsprüfung nicht zu leisten. Von der Behörde kann nicht mehr verlangt werden, als dass sie die Annahmen zugrunde legt, die dem allgemeinen Kenntnisstand und den allgemein anerkannten Prüfmethoden entsprechen.[22]

c) Das Gebot des fairen Verfahrens

Auch in Stadtstaaten muss für eine organisatorische und personelle Trennung der verschiedenen Aufgabenbereiche des Antragstellers, der Anhörungsbehörde und Planfeststellungsbehörde gesorgt werden. Diese bereits im Verfahren zur A 44 (Velbert/Ratingen) gewonnene Erkenntnis[23] hat das BVerwG auch im Urteil zum Wesertunnel bestätigt. Es verstoße nicht gegen das rechtsstaatliche Gebot der fairen Verfahrensgestaltung, die Aufgaben des Vorhabenträgers sowie der Anhörungs- und Planfeststellungsbehörde innerhalb derselben Behörde zusammenzufassen. Vielmehr seien diese Begriffe in einem funktionalen Sinne zu verstehen. Es gebe daher kein gesetzliches Verbot, die genannten Funktionen ein und derselben Behörde zuzuweisen. Allerdings sei die zu eigener planerischer

[20] BVerwG, Beschl. v. 10.1.2012 – 7 C 20.11 – Wasserrückhaltebecken Waldsee/Altrip/Neuhof.

[21] BVerwG, Urt. v. 21.3.1996 – 4 C 19.94, BVerwGE 100, 370 = DVBl 1996, 907 – Münchener Ring.

[22] BVerwG, Urt. v. 25.1.1996 – 4 C 5.95, BVerwGE 100, 238 = DVBl 1996, 677 – Eifelautobahn A 60; *Stüer,* Handbuch des Bau- und Fachplanungsrechts, 4. Aufl. 2009, Rn. 927; *Stüer/Bergt* DVBl 2012, 443.

[23] BVerwG, Urt. v. 18.3.2009 – 9 A 39.07, BVerwGE 133, 239.

Gestaltung ermächtigte Planfeststellungsbehörde zu Unparteilichkeit und innerer Distanz verpflichtet. Sie dürfe sich keiner Einflussnahme aussetzen, die ihr diese Freiheit faktisch nehme oder diese einschränke. So wird die fachbezogene Integrität der Anhörungs- und der Planfeststellungsbehörde nicht schon dadurch in Frage gestellt, dass innerhalb derselben Behörde auch die Aufgabe des Vorhabenträgers wahrgenommen wird. Denn diese Behörde habe als Teil der öffentlichen Verwaltung in allen ihr übertragenen Funktionen dem Gemeinwohl zu dienen, ist an Gesetz und Recht gebunden und untersteht exekutiver Aufsicht. Angesichts dessen ist eine neutrale Aufgabenwahrnehmung durch sie als Planfeststellungsbehörde jedenfalls dann in einer rechtsstaatlichen Anforderungen genügenden Weise gewährleistet, wenn behördenintern für eine organisatorische und personelle Trennung der Aufgabenbereiche gesorgt ist.

Der Kernbereich der planerischen Abwägung der Planfeststellungsbehörde darf nicht durch fachaufsichtliche Weisungen eines Dienstvorgesetzten gesteuert werden, der zugleich auch Vorhabenträger ist. Wesensmerkmal planerischer Abwägung ist die Herstellung eines gerechten Ausgleichs zwischen den vom Vorhaben berührten öffentlichen und privaten Belangen. Die Wahrnehmung dieser Aufgabe setzt Gestaltungsfreiheit sowie innere Distanz und Neutralität gegenüber allen am Planfeststellungsverfahren Beteiligten voraus.[24] Der rechtsstaatliche Grundsatz einer fairen Verfahrensgestaltung verbiete zwar nicht, einem Vorhabenträger die Befugnis zur planerischen Abwägung „in eigener Sache" einzuräumen, wenn dieser kein privates Unternehmen, sondern Teil der dem Gemeinwohl verpflichteten öffentlichen Verwaltung ist.[25] Begründet der Gesetzgeber jedoch – wie in Bremen – die eigene sachliche Zuständigkeit einer vom Vorhabenträger organisatorisch und personell getrennten Behörde für die Aufgabe der planerischen Abwägung, dann trägt er dem rechtspolitischen Anliegen Rechnung, die für eine sachgerechte Abwägung notwendige Gestaltungsfreiheit auch innerhalb der öffentlichen Verwaltung verfahrensrechtlich zu sichern. Das schließe Weisungen aus, die darauf abzielen, den Gestaltungsspielraum der Planfeststellungsbehörde einzuschränken, um eigene planerische Vorstellungen durchsetzen zu können.

Mit diesen gegenüber der bisherigen Rechtsprechung weiter ausgeprägten Rechtsgrundsätzen hat das BVerwG der Praxis einen Weg gewiesen, der einerseits die gebotene Koordination der unterschiedlichen Funktionen gewährleistet, zugleich aber auch die Rechte der Planbetroffenen nach einem fairen Verfahren sichert.

2. Materielle Rechtmäßigkeit

a) Planrechtfertigung

Der Bau der Autobahn A 281 war im Bedarfsplan für die Bundesfernstraßen zum Fernstraßenausbaugesetz i.d.F. vom 20.1.2005 (BGBl I S. 201) – FStrAbG – als Vorhaben des vordringlichen Bedarfs enthalten, nach § 1 Abs. 2 Satz 1 FStrAbG

---

[24] BVerwG, Urt. v. 5.12.1986 – 4 C 13.85, BVerwGE 75, 214 = NVwZ 1987, 578 – Erdinger Moos.

[25] BVerwG, Urt. v. 27.7.1990 – 4 C 26.87, Buchholz 442.08 § 36 BBahnG Nr. 18 S. 29 f.; Beschl. v. 24.8.1987 – 4 B 129.87, Buchholz 442.08 § 36 BBahnG Nr. 12 S. 6 f.

gemessen an der Zielsetzung des § 1 Abs. 1 FStrG vernünftigerweise geboten und aufgrund der gesetzlichen Bedarfsfeststellung nach ständiger Rechtsprechung[26] für das gerichtliche Verfahren verbindlich, wenn sich die gesetzliche Vorgabe nicht als verfassungswidrig erweist.

Dem stand die beabsichtigte Privatfinanzierung im Wege des sogenannten F-Modells nicht entgegen. Das Modell ist ein Public Private Partnership-Modell für Ingenieurbauwerke (Brücken, Tunnel, Gebirgspässe) nach dem Fernstraßenbauprivatfinanzierungsgesetz. Der Betreiber übernimmt dabei die Funktionen „Ausführungsplanung", „Bau", „Finanzierung", „Unterhaltung", „privater Betrieb", „Übernahme des Verkehrsmengenrisikos" und „Mautverwaltung". Aus diesem Grund wird dieses Modell zur Kategorie der Betreibermodelle (BOT) gezählt.

Ist das Straßenbauprojekt in die Dringlichkeitsstufe des „vordringlichen Bedarfs" eingestuft, kann regelmäßig nicht angenommen werden, dass dessen Finanzierung aus Mitteln des Bundeshaushalts bis zum Außerkrafttreten des Planfeststellungsbeschlusses ausgeschlossen ist".[27] Nach einem „Sichtvermerk" des Bundesministeriums für Verkehr, Bau und Stadtentwicklung vom Juli 2006 stand die Art der Finanzierung erst nach Schaffung des Baurechts an. Zudem hatte das BMVBS mit Schreiben vom 12.10.2011 bestätigt, dass das Vorhaben im Falle einer nicht zu Stande kommenden Privatfinanzierung wie jede andere Maßnahme des vordringlichen Bedarfs konventionell finanziert würde. Damit war der Fragenkreis der Planrechtfertigung geschlossen.

b) Anpassungsgebot an den Flächennutzungsplan

Aus Bremer Sicht wurde es besonders spannend, als es um die Beurteilung der Frage ging, inwieweit der Planfeststellungsbeschluss gegen das Anpassungsgebot des § 7 Satz 1 BauGB verstoßen haben könnte. Immerhin hatte der Senat ziemlich genau ein Jahr zuvor in einem Parallelverfahren der A 281 die Einhaltung des Anpassungs- und Entwicklungsgebotes im Sinne des § 7 BauGB verneint und den Klagen gegen den Abschnitt 2/2 der A 281 aus diesem Grunde stattgegeben.

Nach § 7 BauGB haben öffentliche Planungsträger, die an der Aufstellung eines Flächennutzungsplans nach § 4 oder § 13 BauGB beteiligt worden sind, ihre Planungen dem Flächennutzungsplan insoweit anzupassen, als sie diesem Plan nicht widersprochen haben. § 7 Satz 1 BauGB geht damit über die allgemeine Pflicht zur Berücksichtigung städtebaulicher Belange bei der fachplanerischen Abwägung hinaus, indem er den Darstellungen des Flächennutzungsplans eine ihnen sonst nicht zukommende rechtliche Verbindlichkeit gegenüber dem öffentlichen Planungsträger für den Fall verleiht, dass dieser dem Flächennutzungsplan trotz ordnungsgemäßer Beteiligung nicht widersprochen hat.[28] Allerdings folgt aus diesem Anpassungsgebot keine strickte Beachtenspflicht. Vielmehr ist, vergleichbar mit dem Entwicklungsgebot des § 8 BauGB im Verhältnis zwischen Flächennutzungsplan und Bebauungsplan, ein planerischer Konkretisierungsspielraum eingeräumt.

---

[26] BVerwG, Urt. v. 12.3.2008 – 9 A 3.06, BVerwGE 130, 299 Rn. 43.
[27] BVerwG, Urteile vom 20.5.1999 – 4 A 12.98, Buchholz 407.4 § 17 FStrG Nr. 154 S. 32 und Urt. v. 15.1.2004 – 4 A 11.02, BVerwGE 120, 1 [5].
[28] BVerwG, Urt. v. 24.11.2010 – 9 A 13.09, BVerwGE 138, 226 Rn. 37 ff. m. w. N.

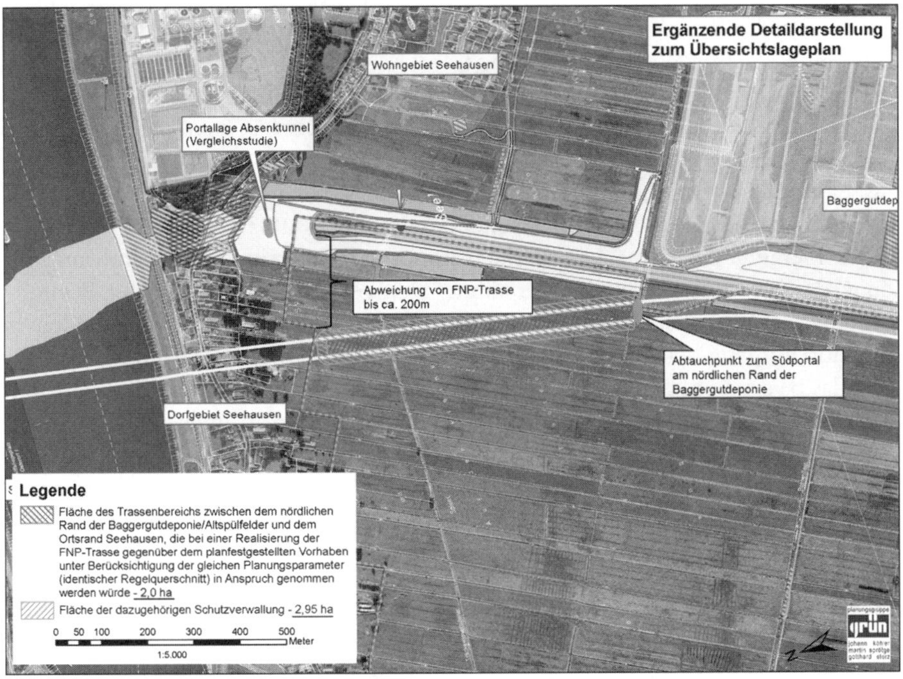

Abb. 4: Trassenführung des 4. Bauabschnittes südlich der Weser gemäß Planfeststellung und gemäß den Darstellungen des Flächennutzungsplanes 1983/1993 [gelbe Umrandung]. Unterlagen aus der mündlichen Verhandlung der Klagen vor dem BVerwG Leipzig vom 09/10.11.2011.

Zeichnerische Darstellungen oder textliche Ausführungen über den Abtauchpunkt des Wesertunnels sah der Flächennutzungsplan nicht vor. Auch enthielt der Erläuterungsbericht hierzu keinerlei Hinweise.

In Fortentwicklung der Urteile vom 24.11.2010, die der Senat nicht etwa wie eine in Blei gegossene Schrift auf die Weserquerung übertrug, betonte er nochmals, dass der Träger der Fachplanung an die im Flächennutzungsplan dargestellte Grundkonzeption gebunden sei.[29] Allerdings ist die Kraft gesetzlicher Anordnung gegebene Anpassungspflicht nicht im Sinne einer rechtssatzmäßigen Anwendung („Vollzug“) der einzelnen Darstellungen des Flächennutzungsplans, sondern als planerische Fortentwicklung der im Flächennutzungsplan dargestellten Grundkonzeption zu verstehen.[30] Mit dem Begriff des Entwickelns verbindet das BVerwG eine Gestaltungsfreiheit, soweit die Planung nicht der Grundkonzeption des Flächennutzungsplans widerspricht und sich die Abweichungen vom Flächennutzungsplan aus dem Übergang in eine stärker verdeutlichende Planstufe recht-

[29] BVerwG, Beschl. v. 20.7.1990 – 4 N 3.88, Buchholz 406.11 § 5 BBauG/BauGB Nr. 7 S. 15, unter Hinweis auf *Gaentzsch/Philipp,* in: Berliner Kommentar zum BauGB, Bd. 1, Stand Oktober 2010, § 7 Rn. 5.

[30] BVerwG, Beschl. v. 20.7.1990 – 4 N 3.88, Buchholz 406.11 § 5 BBauG/BauGB Nr. 7 S. 15; Beschl. v. 3.10.1984, 4 N 3.84 BVerwGE 70, 171 [177].

fertigt. Für die Beurteilung, ob noch ein Entwickeln vorliegt, sind die jeweiligen Umstände des Einzelfalls maßgeblich.[31]

Die Trassierung des Teilabschnitts 2/2 der BAB 281 sah der Senat nicht als planerische Fortentwicklung der Grundkonzeption des Flächennutzungsplans an, weil der Flächennutzungsplan den Trassenverlauf der A 281 im Bereich der heute als Stadtstraße vorhandenen Neuenlander Straße vorsieht.

Im Erläuterungsbericht zum Flächennutzungsplan 1983 wird als wesentliches neues Element des damaligen Verkehrskonzepts sogar eine „Tunnelführung im Zuge der Neuenlander Straße" erwähnt. Demgegenüber verschob der Planfeststellungsbeschluss die Trasse um eine Strecke von bis zu 200 m nach Süden in eine dort ausgewiesene gewerbliche Baufläche hinein. Diese Änderungen bezeichnete das BVerwG in der zitierten Parallelentscheidung angesichts der Eindeutigkeit der Darstellung des Trassenverlaufs im Flächennutzungsplan nicht mehr als durch den Übergang in eine stärker verdeutlichende Planungsstufe erklärbar. Sie ließe die Grundkonzeption des Flächennutzungsplans in diesem Bereich nicht unangetastet, die darin bestehe, die heute trennende Wirkung der Neuenlander Straße aufzuheben und die nördlich der Straße gelegenen Kleingarten- und Wohngebiete durch die Führung der Autobahn in Tunnellage vor zusätzlichen Lärmbeeinträchtigungen zu schützen.

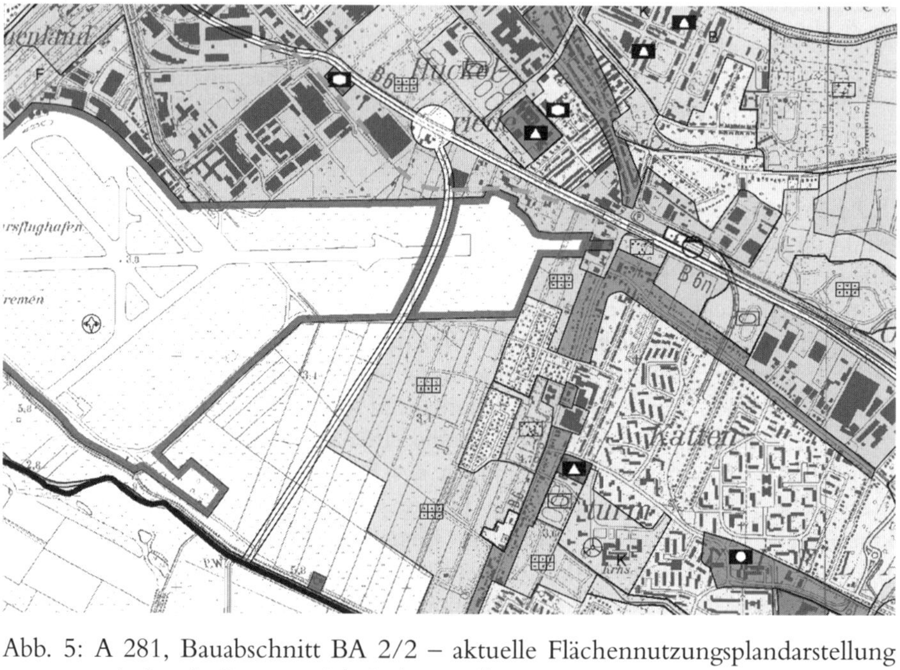

Abb. 5: A 281, Bauabschnitt BA 2/2 – aktuelle Flächennutzungsplandarstellung mit dem in Rot gestrichelt dargestellten Trassenverlauf des BA 2/2 gemäß Planfeststellungsbeschluss.

[31] Zum Verhältnis von Flächennutzungsplan und Bebauungsplan Urt. v. 28.2.1975 – 4 C 74.72, BVerwGE 48, 70 [74 f.] und BVerwG, Urt. v. 26.2.1999 – 4 CN 6.98, Buchholz 406.11 § 214 BauGB Nr. 14 S. 4 f.

Zwar wich auch im Abschnitt 4 die planfestgestellte Trasse im Bereich nördlich der Deponie bzw. des Spülfeldes bis zur Weser um bis zu 200 m von der im Flächennutzungsplan zeichnerisch dargestellten Linienführung nach Osten ab. Im Bereich der Weserquerung war aber keine städtebauliche Konzeption des Flächennutzungsplans erkennbar, nach der die Trassenführung der A 281 exakt durch die Flächennutzungsplanung vorgegeben werden sollte. Die Darstellung der Trassenführung knüpfe nicht an bereits vorhandene Trennlinien zwischen Gebieten unterschiedlicher Nutzungsart an, wie dies im Teilabschnitt 2/2 der A 281 in Gestalt der Neuenlander Straße[32] oder auch hier im Übergangsbereich zwischen Deponie und Vogelschutzgebiet der Fall sei, sondern verlaufe „auf grüner Wiese". Die Planung widerspreche auch nicht deshalb einer (Grund-) Konzeption des Flächennutzungsplans, weil im Rahmen der 14. Änderung dieses Plans die Darstellung eines kleinen Wohngebiets in der Ortslage von Seehausen beschlossen wurde, auf die die Plantrasse zulaufe. Denn auch die im Flächennutzungsplan dargestellte Trasse laufe direkt auf die Ortslage von Seehausen zu, und zwar auf einen Bereich intensiverer Bebauung, siehe oben Abb. 4. Diese Darstellung könne daher nicht als Ausdruck eines Konzepts zum Schutz der Wohnbevölkerung verstanden werden; auch der Erläuterungsbericht zur 14. Änderung des Flächennutzungsplans enthalte hierfür keine Anhaltspunkte. Die Plantrasse liege daher noch innerhalb des Rahmens, den die „grobmaschige" Darstellung des Flächennutzungsplans der nachfolgenden Planung zur Ausfüllung belasse.

Dabei kann nur eindeutig erkennbaren Darstellungen des Flächennutzungsplans Bindungswirkung gegenüber nachfolgenden Planungen zukommen (§ 7 Satz 1, § 8 Abs. 2 BauGB). Diese müssen daher so bestimmt sein, dass sie einen ausreichenden Rahmen für die planerischen Konkretisierungen abbilden können. Auf den Erläuterungsbericht und auf die Begründung des Plans sei nur zur Verdeutlichung einer eindeutig vorhandenen Darstellung zurückzugreifen.[33]

Von diesen Grundsätzen ausgehend fehlte es dem Flächennutzungsplan im Hinblick auf das südliche Tunnelportal an einer eindeutigen zeichnerischen wie textlichen Darstellung. Im Beschlussprotokoll über die Sitzung der Stadtbürgerschaft am 15.9.1993 wird lediglich die Tatsache berichtet, dass die 14. Änderung des Flächennutzungsplans beschlossen wurde; Einzelheiten über den Inhalt des Änderungsbeschlusses werden nicht genannt. Der Bremer Senat wies zwar in seinem Beschluss an die Stadtbürgerschaft vom 3.8.1993 „zur Stellungnahme der Deputation für Stadtentwicklung" darauf hin, „dass die A 281 nach der Darstellung des Flächennutzungsplanes am westlichen Rand außerhalb der geplanten Baggergutdeponie, jedoch z.T. innerhalb des vorhandenen Spülfeldes geführt werden und am nördlichen Rand abtauchen soll". Dieser „Hinweis" ist allerdings mehrdeutig. Er kann so verstanden werden, dass er auf eine – offenkundig nicht vorhandene – Darstellung des Abtauchpunktes der A 281 auf dem Plandokument mit den zeichnerischen Darstellungen verweist, also falsch ist. Er kann aber auch so interpretiert werden, dass sich die Formulierung „nach der Darstellung des Flächennutzungsplanes" nur auf den Trassenverlauf bezieht und damit

[32] BVerwG, Urt. v. 24.11.2010 – 9 A 23.10 bis 9 A 27.10, BVerwGE 138 (226, Rn. 40).
[33] BVerwG, Urt. v. 18.2.1994 – 4 C 4.92, BVerwGE 95, 123 [126].

den zeichnerischen Entwurf der Änderungsplanung richtig beschreibt. Die weitere Aussage zum Standort des Abtauchpunktes der A 281 stellte sich dann lediglich als politische Absichtserklärung dar. Dass sich der Senat der Stellungnahme der Deputation für Stadtentwicklung anschließen und der Stadtbürgerschaft vorschlagen wollte, eine Darstellung zum Standort des südlichen Tunnelportals zu beschließen, stellt daneben nur eine, nach dem Wortlaut des „Hinweises" nicht einmal naheliegende Deutungsmöglichkeit dar. Gegen diese Deutung spricht zudem, dass in diesem Fall gegen die Pflicht zur erneuten Auslegung des so geänderten Entwurfs des Flächennutzungsplans verstoßen worden wäre (§ 3 Abs. 3 BauGB a. F.). Ein Indiz gegen eine textliche Darstellung des Standortes des Tunnelportals stellt ferner der Umstand dar, dass auf dem Plandokument zur 14. Änderung des Flächennutzungsplans mit den zeichnerischen Darstellungen neben der Legende ausdrücklich eine textliche Darstellung aufgenommen und als solche gekennzeichnet wurde. Dies lässt den Schluss zu, dass auch eine textliche Darstellung des Abtauchpunktes der A 281 auf dem Plandokument selbst kenntlich gemacht worden wäre. Somit kann offen bleiben, ob der Senatsbeschluss vom 3.8.1993 zunächst mit dem Original des Plans mit den zeichnerischen Darstellungen und dem Erläuterungsbericht zu einem Dokument verbunden wurde, was zwischen den Beteiligten streitig ist. Auch wenn dies unterstellt wird, kann aus besagten Gründen nicht mit der gebotenen Eindeutigkeit festgestellt werden, dass die Stadtbürgerschaft eine Darstellung des Standortes des Tunnelportals beschlossen hat.

c) Gebiets- und Vogelschutz

Die A 281 durchquert in ihrem Planungskorridor das Landschaftsschutzgebiet Niedervieland, ein FFH und Vogelschutzgebiet (VSG). Folglich hatten die Bundesrichter zu prüfen, ob die Trassierung den strengen Vorgaben des § 34 Abs. 1 und 2 BNatSchG standhalten konnte. Obwohl die Naturschutzbehörde in einer fundierten und fachlich unangegriffenen Stellungnahme die Verträglichkeit des Eingriffs bestätigt hatte, lag es unter juristischen Gesichtspunkten zumindest nahe, rein vorsorglich eine Abweichungsprüfung durchzuführen, denn – so wissen fachkundige Juristen – klingelt es einem bereits in den Ohren, wenn ein Vorhaben in einem Vogelschutzgebiet verwirklicht werden soll. Mit diesen Worten jedenfalls, führte der Vorsitzende Richter, Dr. Rüdiger Nolte, in das Verhandlungsthema ein.

Denn von dem Vogelschutzgebiet sollten immerhin 6,4 ha in Anspruch genommen werden. Zuvor hatte das Kieler Institut für Landschaftsökologie in einer Untersuchung nachgewiesen, dass das Vogelschutzgebiet als Ganzes oder seine wesentlichen Bestandteile im Hinblick auf die Erhaltungsziele durch die Maßnahmen nicht erheblich beeinträchtigt werden. Es leitete diese Auffassung vor allem aus dem Gesichtspunkt ab, dass das betroffene Gebiet sich in Teilen in absoluten Randlagen befinde und für die Erhaltungsziele, zu deren Sicherung das Gebiet unter Schutz gestellt worden sei, aufgrund seiner Nähe zur Bebauung und im Hinblick auf die schon heute auf diesen Gebietsteil einwirkenden Vorbelastungen keine Funktionen als Vogelschutzgebiet (VSG) wahrnehme.

Gleichwohl wurde angesichts der in der Rechtsprechung des EuGH[34] und des BVerwG an die Verträglichkeit eines Vorhabens gestellten Anforderungen[35] als rein vorsorglich eine Abweichungsprüfung durchgeführt, um das für Bremen wichtige Projekt nicht von der Richtigkeit der fachlichen Begutachtung abhängig zu machen. Immerhin war in der Rechtsprechung bereits geklärt, dass jede Inanspruchnahme der Fläche eines Lebensraumtyps oberhalb der Bagatellgrenze[36] in einem FFH-Gebiet zu einer Unverträglichkeit des Vorhabens führen kann. Ob bei einer flächenmäßigen Inanspruchnahme eines Vogelschutzgebietes weniger strenge Anforderungen zu stellen wären, war bislang noch nicht abschließend geklärt.

Im konkreten Falle war also zu fragen, ob angesichts des beabsichtigten Vorhabens bzw. des damit verbundenen Flächenverlustes die konkrete Möglichkeit bestand, negative Veränderungen der Strukturen und Funktionen eines Lebensraums bzw. des Bestands einer Art zu besorgen.[37] Das Gericht folgte dem Gutachter und dessen fachlichen Bewertungen. Danach steht die Verträglichkeit des Vorhabens mit den Erhaltungszielen des Vogelschutzgebiets „Niedervieland" zur Überzeugung des Senats fest. Bestätigt wurde also die Bewertung des Fachgutachters, wonach Verluste von Habitatflächen nicht ohne Weiteres zu einer Verschlechterung des Erhaltungszustands der geschützten Art und damit im Wege der reinen Flächeninanspruchnahme zur Unverträglichkeit des Vorhabens führten. Die im Endbericht zum Teil Fachkonventionen vorgeschlagenen Orientierungswerte würden nur dann Anwendung finden, wenn es um den Schutz von Lebensraumtypen gehe,[38] was hier offenkundig nicht der Fall sei. Vielmehr habe der Gutachter nachvollziehbar darlegen können, dass für alle von Beeinträchtigungen betroffenen Vogelarten die Möglichkeit bestehe, innerhalb des Vogelschutzgebiets auf adäquate Flächen auszuweichen, denn die geschützten Vogelarten (Wiesenvögel) seien nicht brutplatztreu, könnten also an unbelasteten Standorten alternative Nester bauen. Insoweit biete das Vogelschutzgebiet auch ausreichendes Potenzial, zumal die Beeinträchtigungen nur in seinem Randbereich erfolgten. Auch sei das Gebiet nicht bereits voll besetzt, was über mehrere Jahre vorgenommene Kartierungen dokumentieren würden. Generell sei eine ganz unterschiedliche Siedlungsdichte von Wiesenvögeln selbst bei Flächen mit vergleichbaren Strukturen festzustellen. Das Potenzial der Siedlungsgebiete werde von den Wiesenvögeln häufig nicht ausgeschöpft. Demnach sei es jedenfalls bei Wiesenvögeln nicht sinnvoll, die im Endbericht zum Teil Fachkonventionen des im Auftrag des Bundesamtes für Naturschutz durchgeführten Forschungsvorhabens zur Bestimmung der Erheblichkeit im Rahmen der FFH-VP vorgeschlagenen Orientierungswerte für den Verlust von Habitatflächen anzuwenden, bei deren Überschreiten stets von einer Unverträglichkeit auszugehen sei.

---

[34] EuGH, Urt. v. 7.9.2004 – C-127/02, Slg. 2004, 1-7405 – Herzmuschelfischerei.

[35] BVerwGE 116, 254 – Hessisch Lichtenau I; BVerwGE 125, 116; BVerwGE 128, 1 – Halle-Westumfahrung; BVerwGE 130, 299 – Hessisch Lichtenau II; OVG Lüneburg, Urt. v. 11.9.2008 – 7 K 1269.00 – Hildesheim II.

[36] BVerwG, Urt. V. 13.5.2009 – A 4 – Braunkohlentagebau Hambach.

[37] BVerwG, Urt. v. 17.1.2007 – 9 A 20.05 – 128, 1 Rn. 40 ff.

[38] BVerwG, Urt. v. 12.3.2008 – 9 A 3.06, BVerwGE 130, 299, Rn. 132 f.

Diese Rechtsprechung ist begrüßenswert und dürfte in der Praxis, vor allem in der gutachterlichen und behördlichen Fachwelt, zu einiger Erleichterung führen. Immerhin stärkt sie die konkrete wissenschaftliche Betrachtung und Bewertung der betroffenen Schutzgüter im Einzelfall und folgt nicht etwa einer undifferenzierten und dem Einzelfall nicht gerecht werdenden Unterstellung, die Verträglichkeit oder die Unverträglichkeit einer Maßnahme richte sich nach dem Vorliegen oder Nichtvorliegen bloßer Flächen- oder Bewertungseinheiten.

Wenn allerdings die Inanspruchnahme von Habitatflächen – vorliegend immerhin in einer Größenordnung von gut 6,5 ha – nicht stumpf per Heranziehung eines Flächenansatzes (Bagatellgrenze) zur Unverträglichkeit der Maßnahme führt, wird dies bei umgekehrter Betrachtung gleichwohl zur Feststellung der Unverträglichkeit einer Maßnahme führen, selbst wenn vielleicht nur vergleichsweise geringe Habitatflächen in Anspruch zu nehmen sind, die Schutz- und Erhaltungsziele aber als gefährdet zu betrachten wären.

Gleichwohl werden die Behörden nach wie vor gut beraten sein, wenn sie durch eine vorzeigbare naturschutzfachliche Abweichungsprüfung eine zweite Verteidigungslinie einziehen und nicht alles auf die Karte der Verträglichkeit eines Vorhabens setzen.[39] Denn auch nach dem Bremer Wesertunnel Urteil verbleiben nicht zu unterschätzende Risiken, die in aller Regel nicht in Kauf genommen werden sollten. Überschießende, d.h. wegen der Verträglichkeit eines Vorhabens nicht erforderliche Kohärenzmaßnahmen können in einem Ökokonto angespart, sozusagen umgetauft und später zur Sicherung des europäischen Netzes „Natura 2000“ einem anderen Vorhaben zugeordnet werden.

Auch im Hinblick auf etwaige artenschutzrechtliche Fragen folgte das Gericht den konkreten Bewertungen, die durch die Naturschutzbehörde bzw. durch die hierzu befragten Fachgutachter abgegeben wurden. Es wurden keine Mängel festgestellt, die zur Rechtswidrigkeit oder zur Nichtvollziehbarkeit des beklagten Beschlusses geführt hätten.

d) Fehlerhafte Abwägung und ihre Folgen

Auch an den Belangen der enteignungsbetroffenen Kläger ist das Vorhaben letztlich nicht gescheitert. Die Eigentumsbelange der Kläger seien zwar nicht ausreichend in der Abwägung verarbeitet worden,[40] dieser Mangel habe das Abwägungsergebnis aber nicht entscheidungserheblich geprägt und sei daher im Ergebnis unbeachtlich (§ 17e Abs. 6 Satz 1 FStrG).

Die für den Kostenvergleich der beiden Tunnelvarianten vorgenommene Kostenermittlung sei fehlerfrei durchgeführt worden. Der Einschwimm- und Absenktunnel sei nach der nicht widerlegbaren Einschätzung der Behörde gegenüber der Bohrtunnelvariante mit Kostenvorteilen von insgesamt 51 Mio. € verbunden. Es sei dabei nicht zu beanstanden, wenn der Variantenprüfung eine Kostenschätzung

---

[39] OVG Münster, Urt. v. 1.12.2011– 8 D 58/08.AK, DVBl 2012, 244 m. Anm. *Stüer/Stüer*, DVBl 2012, 245.

[40] Zum Abwägungsgebot BVerwG, Urt. v. 14.2.1975 – 4 C 21.74, BVerwGE 48, 56 [63 f.], vom 8.6.1995 – 4 C 4.94, BVerwGE 98, 339 [349 f.] und vom 24.11.2010 – 9 A 13.09, BVerwGE 138 (226 Rn. 56).

mit prognostischem Gehalt zugrunde gelegt werde, die ihrerseits keinen methodischen Bedenken begegne und schlüssig nachvollziehbar sei.

Hierzu wurden zur Ermittlung von zu erwartenden Investitionskosten vergleichbare und schon realisierte oder sich in der Realisierung befindliche Projekte herangezogen und auf die in Bremen geplante Weserquerung abgebildet. Die beiden herangezogenen Vergleichsprojekte, der Wesertunnel bei Dedesdorf und die Travequerung in Lübeck, sind in Bezug auf das Bauverfahren und die Untergrundsituationen als vergleichbar zu bewerten. Für beide Projekte waren abgerechnete Kosten einschließlich aller Nachtragskosten bekannt. Zur Ermittlung von zu kalkulierenden Investitionskosten für die Bremer Weserquerung wurden die unterschiedlichen Geometrien ermittelt und mit den bekannten Kostenansätzen aus Dedesdorf und Lübeck abgeglichen. Hierzu wurden zur Ermittlung der Kosten für die Vortriebsmaschine und für den Ausbau mit Tübbingen (äußere Betonringe des Tunnels) die unterschiedlichen Tunneldurchmesser ermittelt und im Verhältnis der Umfangvergrößerung angepasst. Zur Ermittlung des gesamten Aufbruchs wurden die Faktoren zur Umrechnung von Kosten auf die geplante Weserquerung aus den unterschiedlichen Längen und unterschiedlichen Kreisdurchmesser ermittelt. Mit dieser Methode ist es möglich, ohne Ausplanung des Bauwerkes belastbare Investitionskosten zu ermitteln.

Allerdings hatten die durch die enteignungsrechtliche Vorwirkung des Planfeststellungsbeschlusses betroffenen Kläger nach Auffassung des Gerichts zu Recht gerügt, die Planfeststellungsbehörde habe das Interesse am Erhalt ihres überwiegend selbst genutzten Wohneigentums verkannt und in dessen Folge fehl gewichtet.

Der Eigentumsgarantie komme im Gefüge der Grundrechte die Aufgabe zu, dem Träger des Grundrechts einen Freiheitsraum im vermögensrechtlichen Bereich zu sichern und ihm dadurch eine eigenverantwortliche Gestaltung seines Lebens zu ermöglichen. Es bilde die Grundlage der eigenverantwortlichen privaten Lebensgestaltung und genieße daher einen besonders ausgeprägten staatlichen Schutz, soweit es um die Sicherung der persönlichen Freiheit des Einzelnen gehe.[41]

Nach dieser Rechtsprechung des BVerfG war mit Rücksicht auf die enteignungsrechtliche Vorwirkung der fernstraßenrechtlichen Planfeststellung das Bestandsinteresse der Kläger mit besonderem Gewicht in die planerische Abwägung einzustellen, woran es nach Auffassung des Gerichts gefehlt hatte.[42]

Konkret vermerkte der Planfeststellungsbeschluss bei der Alternativenprüfung (Tunnel im unterirdischen Vortrieb- gegenüber einer Herstellung im offenen Bauverfahren, d.h. Einschwimm- und Absenkmethode), dass die Herstellung des Absenktunnels den Abriss von sechs Wohngebäuden erfordere. Diesem Umstand wurde gegenübergestellt, dass die Ortslage Seehausen auch bei Herstellung eines Bohrtunnels durch Erschütterungen, Setzungen und Lärm belastet werde. Unter

---

[41] BVerfG, B Beschl. v. 16.2.2000 – 1 BvR 242/91, 315/99, BVerfGE 102, 1 [15] m. w. N.

[42] BVerfG, Beschl. v. 22.5.2001 – 1 BvR 1512, 1677/97, BVerfGE 104, 1 [11] zur baulichen Nutzung; vgl. auch BVerfG, Beschl. v. 26.5.1993 – 1 BvR 208/93, BVerfGE 89, 1 [6] zur Wohnungsmiete.

Umständen müssten die oberhalb der Vortriebstrecke belegenen Wohngebäude sogar zeitweise geräumt und/ oder kostenaufwändig gesichert werden.

Diese Bewertung der Eigentumsbelange begegnete richterlichen Bedenken, weil eine konkrete Abwägung des Bestandsinteresses der Eigentümer und Bewohner der abzubrechenden Gebäude mit gegenläufigen, im Falle eines Bohrtunnels entstehenden Beeinträchtigungen der Ortslage Seehausen ausgeblieben war. So sei die Abwägung in Teilen schon gar nicht nachvollziehbar dokumentiert worden, denn nach den Untersuchungen der Vergleichsstudie, auf die die Planfeststellungsbehörde ihre Alternativenprüfung ja ausdrücklich gestützt hatte, waren die genannten Beeinträchtigungen nicht auf den Bohrtunnel begrenzt, sondern wären, im Falle des Verfolgens der Absenkmethode – wie auch planfestgestellt – deutlich intensiver.

Zwar hatte die Planfeststellungsbehörde versucht, dem Eingriff im Lichte des Verhältnismäßigkeitsgrundsatzes mit mildernden Maßnahmen, wie der räumlichen Begrenzung des Zugriffs, dem Versuch des freihändigen Erwerbs der Grundstücke und der Bereitstellung von Ersatzgrundstücken Rechnung zu tragen. Diese Erwägungen waren allerdings nach Auffassung des Gerichts nicht geeignet, die Inanspruchnahme der Grundstücke rechtfertigen zu können, denn diese stellen keine Gemeinwohlbelange im Sinne von Art. 14 Abs. 3 GG dar, an denen allein die Inanspruchnahme privaten Eigentums zu messen ist.

Dieser Abwägungsfehler war allerdings nicht kausal für die Planfeststellung (§ 17e Abs. 6 Satz 1 FStrG), weil der Bohrtunnel, mit dem sich der Eigentumseingriff nur hätte vermeiden lassen, nur mit einem unverhältnismäßigen Mehraufwand von 51 Mio. € hätte verwirklicht werden können. Unabhängig von den Finanzierungsmodellen ergibt sich hier ein finanzieller Vorteil für einen Einschwimm- und Absenktunnel, der die enteignende Inanspruchnahme des betroffenen Grundeigentums rechtfertigt. Dabei muss der Ansatz der Wirtschaftlichkeit und Sparsamkeit (ökonomisches Prinzip) beiden Finanzierungsmodellen zu Gute kommen. Das Gebot der sparsamen Mittelverwendung ist in der Rechtsprechung unumstritten und hat auch in § 7 BHO Gestalt gefunden. Die Einhaltung der Grundsätze von Wirtschaftlichkeit und Sparsamkeit muss dabei sowohl bei einer Steuerfinanzierung als auch einer Privatfinanzierung des Projektes gewährleistet sein. Dabei trägt die Beachtung dieser Grundsätze den vielfachen Gemeinwohlinteressen auch im Angesicht einer persönlich nur schwer erträglichen Enteignung Rechnung und muss daher im Sinne von Staatsraison den Vorrang genießen.[43]

Nach diesen Erwägungen konnte nicht zweifelhaft sein, dass die Planfeststellungsbehörde auch bei fehlerfreier Berücksichtigung des privaten Interesses am Erhalt der Wohngebäude an der Auswahl des Absenktunnels festgehalten hätte, zumal der Umstand, dass diese Auswahlentscheidung den Abbruch von sechs Wohngebäuden zur Folge hat und dies einen schwerwiegenden Eingriff in die Rechte der Betroffenen darstellt, als solcher nicht übersehen wurde. Gestützt wird

---

[43] Zur Ergebnisrelevanz eines Abwägungsfehlers BVerwG, Urt. v. 21.3.1996 – 4 C 19.94, BVerwGE 100, 370 [379 f.]; Urt. v. 12.3.2008 – 9 A 3.06, BVerwGE 130, 299 Rn. 163; st. Rspr.

diese Einschätzung im Übrigen durch den Hinweis im Planfeststellungsbeschluss, dass beim Vergleich Brücke/Tunnel wegen einer deutlich günstigeren „Qualitätsstruktur" (deutliche Vorteile des Tunnels in allen untersuchten Zielfeldern außer der „Wirtschaftlichkeit") dem Tunnel trotz dessen höherer Kosten nur deshalb der Vorzug gegeben worden sei, weil die Differenzen der geschätzten Kosten noch im Rahmen möglicher Schätzfehler gelegen hätten.

Abb. 6: Licht am Ende des Tunnels
A 281, Bauabschnitt BA 4 – Visualisierung des Tunnelportals auf der Südseite der Weser

Nach dieser Grundsatzentscheidung, die aus der Sicht der Verfahrensbeteiligten streckenweise durchaus auf der Kippe zu stehen schien, ist nun grünes Licht für den Bau der Weserquerung gegeben worden. Damit ist das Vorhaben allerdings noch nicht ganz über den Berg. Beim BVerwG schlummern noch zwei ruhend gestellte Klageverfahren aus dem Bereich der Großindustrie nördlich der Weser. In diesen Gerichtsverfahren geht es vor allem um Entschädigungsfragen für die doch recht stattlichen Eingriffe in die dort vorhandenen Industrieanlagen, u.a. auch eines Stahlwerks. Und dann müssen ja auch noch Bau und Finanzierungsfragen geklärt werden. Hier steht zunächst ein Ausschreibungsverfahren für das mautfinanzierte F-Modell auf dem Programm. Sollte dieses Verfahren etwa nicht gelingen, dann würde es nach den Zusagen des Bundes auf eine konventionelle Finanzierung hinauslaufen.

Ganz ist der Bremer Autobahnring erst geschlossen, wenn auch das Planfeststellungsverfahren zum Abschnitt 2/2 repariert ist. Das Bremer Autobahnprojekt der A 281, das über die B 212n zugleich eine Anbindung nach Niedersachsen vorsieht, bleibt daher auch weiterhin spannend.

Persönliche Anmerkung der Verfasser:

Aus Sicht der Verfasser wäre es wohl zu kurz gegriffen, dem Jubilar mit diesem Beitrag allein für seine fachliche Unterstützung in Bremen danken zu wollen. Bernhard Stüer, den wir im Rahmen der gemeinsamen Projektarbeit A 281 kennen und schätzen lernen durften war und ist mehr für uns. Er war unser geistiger Mentor und bei aller Streitbarkeit, die einen guten Juristen auszeichnet, auch ein leuchtendes und lebendiges Beispiel für Jemanden, der auf Konsens und nicht auf Dissens setzt. Ein brillianter Analytiker. Ein famoser Rhetoriker. Ein sich mitteilender Mensch, dem das Trennende fern liegt und der es liebt, sein Wissen zu teilen. Jemand, der uns lernen lässt zuzuhören, weil dies dem Verstehen und der Verbindung dient.

Jemand, der Brücken – und sogar Tunnel bauen kann!

DIRK BUCHSTEINER

Die lignogene Verkehrswegeplanung im Spannungsfeld zwischen Frust und Forst

I. Einleitung

Festschriften, insbesondere juristische, bieten nicht nur die Gelegenheit zur Veröffentlichung von diesen oder jenen Feinsinnigkeiten bzw. zu sonst schwierig an den geneigten Leser zu bringenden Erkenntnissen aus dem Elfenbeinturm der Wissenschaften, sondern sie erlauben die Ergründung von grundsätzlichen Fragestellungen. Hierbei liegt das *„besondere Anliegen“* einer Festschrift, *„die ihrer Bezeichnung und ihres Zweckes würdig ist“*, gerade darin, mittels einer *„ausgewogene[n] Kombination von Nabelschau und perspektivischer Weite zur systemimmanenten Hinterfragung zu gelangen.“*[1] Festschriften für hochgestellte und renommierte Jubilare neigen zur Üppigkeit, so dass man durchaus auf halbem Weg – einem Sorbet[2] in der klassischen französischen Menüfolge[3] gleich – eine kleine Verschnaufspause zur Erfrischung und Schärfung der Sinne gebrauchen kann. Hierfür wurde das Zwischenwort eingeführt, dessen Qualität sowohl für die bisherigen Beiträge sprechen, als auch leuchtend darauf deuten soll, was denn noch komme.[4] Nichts erfrischt jedoch den Juristen so sehr, wie die Befassung mit unbekannten oder philosophischen, ja gar mystischen Sachverhalten[5] bzw. Themenkomplexen.

So ein Themenkomplex ist auch die lignogene Verkehrswegeplanung. Vorliegender Beitrag für den hochverehrten Jubilar bietet die Möglichkeit sich im Rahmen eines hier womöglich notwendigen Epiprologs, respektive Proepilogs,[6] den Fragen der lignogenen Verkehrswegeplanung en détail zu widmen. Diese bildet einen vielfach übersehenen, aber wichtigen Teil des deutschen Fachplanungsrechts, der zu Unrecht bisher keine tiefgehende Untersuchung im Festschriftwesen erhalten hat. Neben historischen Abgrenzungsfragen stellen sich hierbei auch solche in Hinblick auf die Planung des Wegs nach Nirgendwo (hierbei geht es auch um

[1] *Zeidler,* Vorwort in: *Umbach/Urban/Fritz* (Hrsg.), Das wahre Verfassungsrecht – Zwischen Lust und Leitung, Gedächtnisschrift für F. G. Nagelmann, 1984, S. 14.

[2] Hierzu empfiehlt sich insbesondere ein Buttermilchsorbet aufgegossen mit Rosé Champagner (beispielsweise ein Dom Ruinart Rosé 1996, resp. 1998; Anmerkung des Verfassers).

[3] Larousse Gastronomique, engl. Ausgabe 2009, Eintrag zu *„Sorbet“,* S. 987 mit weiteren Rezepten.

[4] Sog. Bifocal-Effekt, vgl. *Zeidler,* GS Nagelmann (Fn. 1), S. 14. Siehe zu der grundlegenden Bedeutung des Zwischenwortes in der juristischen Festschrift, *Herzog,* Zwischenwort GS Nagelmann (Fn. 1), S. 299–304.

[5] Siehe hierzu die fruchtbare Arbeit von F. G. Nagelmann. Dieser war bis zu seinem hochbetagten Ableben Inhaber eines Lehrstuhls für mystische Sachverhalte an der Universität Potsdam.

[6] Zur Unterscheidung siehe *Herzog,* GS Nagelmann (Fn. 1), S. 302. Auch hier mag der geneigte Leser im Sinne der herzöglich-subjektiven Theorie zum Zwischenwort durchaus denken: *„Auch das noch!“*

eisenbahnrechtliche Fragestellungen)[7] und den Weg zum Ziel. Letzterer lässt sich wiederum oftmals unterteilen in den einfachen und in den richtigen Weg.

II. Via lignissima melior quam nulla

Rechtlich untermauert wurde die lignogene Verkehrswegeplanung zunächst durch das wissenschaftliche Œuvre des Verfassungs- und Forstrechtlers *Friedrich Gottlob Nagelmann.*[8] Ausgehend von seinem wichtigsten Theorem „*Via lignissima melior quam nulla*",[9] begründete *Nagelmann* die erste grundlegend positive Definition der *via ligna. Nagelmann,* der sogar in der Steigerung zu *via lignissima* den nicht zu verachtenden Zusatz *melior quam nulla* anfügte, leistete so einen wertvollen Beitrag zur Abgrenzung vom einfachen Weg ins Nichts bzw. dem nicht vorhandenen Weg oder der Situation der Ausweglosigkeit,[10] ohne dabei den forstwirtschaftlichen Bezug zu verlieren.

Aufbauend auf dem Grundsatz *„Manches ist gleich, Manches genauso"*[11] im zwingenden Recht[12] entwickelte *Nagelmann,* rechtsphilosophisch und philologisch untermauert, den hölzersten aller Verkehrswege, der eben besser ist als gar kein Weg. In der Bezeichnung als lignogene Verkehrswegeplanung von *Nagelmann* begründet, geht die Geschichte, historisch betrachtet, allerdings weit zurück.

III. Grundaspekte der lignogenen Verkehrswegeplanung – Oder: Der Holzweg als Weg als Solcher

Terminologische Basis als wohlverstandenes Fundament der Grundlage und hierbei insbesondere als Ausgangsgrundlage für die lignogene Verkehrswegeplanung bilden sogenannte „Holzwege". „*Holz lautet ein alter Name für Wald. Im Wald sind Wege, die meist verwachsen jäh im Unbefangenen aufhören. Sie heißen Holzwege. Jeder verläuft gesondert, aber im selben Wald. Oft scheint es, als gleiche einer dem anderen* ([13]). *Doch das scheint nur so. Holzmacher und Waldhüter kennen die Wege. Sie wissen was es heißt, auf dem Holzweg zu sein.*"[14] Unter Holzwegen sind also in der Regel

---

[7] 1972 sang *Christian Anders* mit „Es fährt ein Zug nach Nirgendwo" seinen bekanntesten Hit. Da war der Jubilar Verwalter einer wissenschaftlichen Assistentenstelle an der Universität Münster.

[8] Vgl. insbesondere *Nagelmann,* Das Menschenbild des Grundgesetzes und die Zukunft des deutschen Waldes, Karlsruhe, 1954 (Abdruck der Rede auf der Frühjahrstagung des Bayerischen Forstbeamtenbundes am 1. April 1953 in München), *ders.,* Wege und Irrwege – Ein Leitfaden für die Praxis, 3. Aufl. Peine/Pattensen/Paris, 1958; *ders.,* Wege des Borkenkäfers: Naturrechtliche Grenzfälle und Fallen, Worpswede/Kigali, 1970.

[9] *Nagelmann,* Von der via ligna über die Via Appia nach Insterburg – Ein Reisebericht, Königsberg, 1925.

[10] Vgl. hierzu den ehernen Grundsatz der Rechtswissenschaft und Seefahrt: „*Vor Gericht und auf hoher See, sind wir alle in Gottes Hand*", vgl. *Stüer,* NJW 1995, 2142.

[11] Die rechtswissenschaftliche Forschung ist sich indes nicht mehr sicher, ob hiermit nicht auch die beiden Nagelmann'schen Kurzhaarteckel *Manche* und *Manches* gemeint waren.

[12] Vgl.: *Nagelmann,* Das „ius cogens" bei Adalbert von Rüppurr, Diss-iur, Königsberg, 1925.

[13] Hier bleibt wieder der Grundsatz „Manches ist gleich, Manches genauso" (siehe oben) zu berücksichtigen.

[14] *Heidegger,* Gesamtausgabe I. Abteilung: Veröffentlichte Schriften 1914–1970, Band 5 Holzwege, v. Herrmann (Hrsg.) 1977. Klappentext noch vor dem Inhaltsverzeichnis.

unbefestigte Wege zu verstehen, die mitten in einen Forst führen und als solche vom Weg in das nächste Dorf zu unterscheiden sind. Diese Definition findet sich mit Verweis auf hier näher zu untersuchende historische Quellen im Deutschen Wörterbuch von *Jacob* und *Wilhelm Grimm*.[15] Ein Holzweg sei demnach ein *„weg der zu wirtschaftszwecken in ein holz gemacht ist und nicht der verbindung zweier orte unter einander dient: daʒ der holzweg von Uwisen untz gen Mörla offen sol sin, wäner uszer den güttern gemainlich geben ist."*[16]

Zuzüglich zur Bezeichnung als Holzweg sind für solche dem Holzabtransport dienende, in den Wald geschlagene, forstwirtschaftliche Wege die Bezeichnung Rückegassen bzw. Rückewege (letztere häufig bei stärkerer Hangneigung) gebräuchlich. Der Name bezieht sich auf das Rücken des Holzes, also dem Transport von gefällten Bäumen innerhalb des Waldes weg vom Hiebort. Rückegassen führen bestimmungsgemäß aus dem Wald heraus auf die mit Kraftfahrzeugen oder Fuhrwerken befahrbaren Fortstraßen.[17] Regelungen zur Waldnutzung finden sich im Bundeswaldgesetz (BWaldG),[18] eine weitere Ausgestaltung im jeweiligen Landesrecht.[19] Im Rahmen der Bewirtschaftung des Waldes hat eine Erschließung dessen bedarfsgerecht und naturschonend zu erfolgen.[20] Folglich berührt der Waldwegebau verschiedene Rechtsbereiche. So bleiben das jeweilige Landeswaldgesetz, das Landesnaturschutzgesetz und das Bundes-Bodenschutzgesetz zu berücksichtigen, womöglich spielen entsprechend der Baumaßnahmen auch wasserrechtliche, bauordnungsrechtliche, straßenrechtliche Belange etc. eine Rolle.[21]

Die Verwendung des Begriffs *„Holzweg"* kann bis in das 13. Jahrhundert zurückverfolgt werden. Schon das Mittelhochdeutsche kannte den Begriff des *„holwec*". Die sprichwörtliche Verwendung, die den Grundstock dessen bildete, woraus *Nagelmann* die lignogene Verkehrswegeplanung entwickelte, ist seit dem 15. Jahrhundert belegt.[22] Richtungsweisend, wenn auch nur einen Teil der Prob-

[15] Nicht zu Unrecht trägt der Hauptstandort der Bibliothek der Humboldt-Universität zu Berlin, in der diese Zeilen zum Großteil entstanden, den Namen „Grimm-Zentrum". Dem unbekannten Finder seiner Brieftasche, die bei der Recherche verloren ging und beim Pförtner abgegeben wurde, dankt der Verfasser herzlich.

[16] *J. u. W. Grimm*: Deutsches Wörterbuch, Artikel Holzweg, holzweg bis holzwurz, Bd. 10, Sp. 1784 bis 1785.

[17] Siehe zum Waldwegebau die einschlägige Literatur: *Stenzel/Preusse,* Die Erhaltung der Waldwege, Radebeul, 1955; *v. Schultzendorff,* Die technische und wirtschaftliche Entwicklung des Waldwegebaus im südniedersächsischen Bergland in der Zeit von 1950 bis 1980, Diss., Göttingen, 1985; *Dürrstein,* Die EDV-gestützte Projektierung im Forstwegebau, Diss., München 1987. *Jaeger,* Planung und Bewertung von Baumaßnahmen in der freien Landwirtschaft unter Einsatz geographischer Informationssysteme und computergestützter interaktiver Planungsmethoden (CAD) am Beispiel der integrierten Erschließungs- und Projektplanung von Waldwegen, Diss., Göttingen, 1995.

[18] Gesetz zur Erhaltung des Waldes und zur Förderung der Forstwirtschaft (Bundeswaldgesetz) vom 2.5.1975 (BGBl. I S. 1037), zuletzt geändert am 31.7.2010.

[19] LWaldG B-W; BayWaldG; LWaldG Berlin; LWaldG Brandenburg; BremWaldG; LWaldG Hamburg; ForstG Hessen; LWaldG M-V; NWaldLG; LFoG NRW; LWaldG R-P; LWaldG Saarland; SächsWaldG; LWaldG S-A; LWaldG S-H; ThürWaldG.

[20] Vgl. statt aller § 14 LWaldG B-W; Art. 14 Abs. 1 Nr. 2 BayWaldG; § 4 LWaldG Brandenburg; § 6 Abs. 4, Nr. 9 ForstG Hessen.

[21] *Dietz/Knigge/Löffler,* Walderschließung. Ein Lehrbuch für Studium und Praxis unter besonderer Berücksichtigung des Waldwegebaus, Hamburg, Berlin, 1984.

[22] *Kluge* Artikel: Holzweg, in *ders.,* Etymologisches Wörterbuch der deutschen Sprache, bearbeitet von *Elmar Seebold,* 23. Aufl., 1995.

lematik abdeckend, war die Bestimmung des Begriffs „Feld- oder Waldweg" durch den BGH in seiner Entscheidung vom 18.11.1975.[23] Die Bezeichnung als Holzweg in Abgrenzung zu einer befestigten und damit „richtigen" Straße findet sich auch in der wohl vor 1243 verfassten, mittelalterlichen Tristan-Fortsetzung, also der Forterzählung der Geschichte von Tristan und Isolde bei *Ulrich v. Turheim*: „*mît die rehten strâze unt ganc die holzwege hin (...).*"[24] Auch das Grimm'sche Wörterbuch führt diese Unterscheidung an und weist auf die sich früh entwickelnde sprichwörtliche Verwendung hin: *„Der gegensatz des holzwegs zur geraden und rechten strasze scheint in häufigen sprichwörtlichen redensarten wieder, die den holzweg als weg des irrthums, als falsche bahn hinstellen (...)."*

IV. Was sich am Ende des Holzwegs findet, Teil 1 – Oder: „Warum schickst Du mich in die Hölle?"

Aufbauend auf dem obigen begrifflichen Verständnis, diente die Bezeichnung *„Holzweg"* so der Versinnbildlichung des moralischen Irrwegs, also der Abkehr vom Pfad der Tugend(haftigkeit).[25] Diese bildliche Verwendung tritt bereits in der zweiten Hälfte des 13. Jahrhunderts auf. Ein frühes Beispiel findet sich in den Versen 1033 ff. der als moralisches Lehrstück zu verstehenden Dichtung „*Der Jüngling*" von *Konrad von Haslau,* welche auch das Deutsche Wörterbuch der Gebrüder Grimm anführt:

„*dar an sich manger verschriet,/der einen holzwec geriet:/der dünket in der beste;/dar nâch so vindt er ronen und este,/die von den boumen sint gerêret;/swelch tumber da niht wider kêret,/daz spriche ich wol in sînen hulden,/der muoz vil unrede dulden*" („darin irrte sich mancher/indem er auf einen Holzweg geriet:/er dachte, es sei der beste [Weg];/dann aber findet er umgestürzte Stämme und Äste/die von den Bäumen gefallen sind;/wer so töricht ist und nicht umkehrt,/das sage ich in seinem Sinne [oder: zu seinem Besten],/der muss böse Reden über sich ergehen lassen").

In der sprichwörtlichen und (insbesondere reformatorisch geprägten[26]) theologisch motivierten Verwendung des Begriffs „Holzweg" steht dieser folglich für die Abkehr von Christus und der göttlichen Ordnung.[27] Der Holzweg mutiert so zum Teufelswerk, der geradewegs in die Hölle führt: „*man findt under tausent nicht einen, der dem rechten weg nachtrachtet, sonder sie gehn all dem holzweg nach und eilen heftig bisz sie zu der hellen kommen*" („Unter Tausend [Menschen]

[23] BGH, Urt. v. 18.11.1975 – VI ZR 172.74: Haftungsverteilung bei Kollision mit einem aus einem Feldweg einfahrenden Fahrzeug; Zur Vorfahrtregelung durch Verkehrszeichen nach der StVO 1970.

[24] *U. v. Turheim,* Tristan-Fortsetzung, in *Gottfried von Straßburg,* Werke. Aus den besten Handschriften mit Einleitung und Wörterbuch herausgegeben von Friedrich Heinrich von der Hagen, Band 1, 1823, Neuabdruck 2003, S. 269–321.

[25] Zu verschiedene kruden Ansichten u. a. zur fehlenden Moral im Zivilrecht und hier insbesondere im Familien- und Erbrecht mit hanebüchenen Unterstellungen, siehe (wenn auch nicht empfehlenswert): *Heinz,* Holzwege der deutschen Zivilistik, Bonn, 2008.

[26] Mit Verweis auf die Tischreden von Martin Luther, *J. u. W. Grimm*: Deutsches Wörterbuch (Fn. 16).

[27] Siehe hierzu auch: *Zöbeley,* Das Wunder im Spannungsfeld zwischen Glaubensfreiheit und bestmöglicher Krankenversorgung, GS Nagelmann (Fn. 1), S. 27 ff.

findet man nicht einen, der nach dem rechten Weg strebt [hier wohl als gottgefälliges Leben zu verstehen], sondern sie alle folgen dem Holzweg und eilen [darauf] sehr bis sie [letztendlich] in der Hölle ankommen").[28] Zwar führt (womöglich) ein Holzweg in *Dante Alighieris „Commedia"* (auch genannt: Die Göttliche Komödie) schließlich ebenfalls zum Tor der Hölle, obschon *Dante* in seiner Schilderung als 35jähriger Ich-Erzähler, nachdem er sich zunächst im Wald verirrt hatte, dem Berg der Tugend entgegen strebte und unter der Führung von *Vergil* schließlich *Inferno* (die Hölle) und *Purgatorio* (das Fegefeuer) durchwandert, bis er im *Paradies* anlangt:

„Als ich auf halben Weg stand unseres Lebens,
Fand ich mich einst in einem dunklen Walde,
Weil ich vom rechten Weg verirrt mich hatte; (...)"[29]

Abseits einer moralischen Verwerflichkeit des „Holzwegs", die *Nagelmann* aus der Kant'schen Rechtslehre[30] heraus begründet ablehnte, blieb vor *Nagelmann* und seinem Theorem der *via lignissima* ein Beschreiten des Holzwegs zumindest in der Sinnhaftigkeit umstritten. Nach einem in der Provinz Ostpreußen gebräuchlichen Sprichwort *„Jener geit den Holtweg, de andre den Soltweg"*[31] („Jener geht den Holzweg, der andere den Salzweg"), das auch *Nagelmann* in seiner wissenschaftlichen Befassung rezipierte, wird der Holzweg der lukrativen Salzstraße, also dem Salzhandelsweg gegenübergestellt, ohne eine besondere moralische Verwerflichkeit festzustellen. *Nagelmann* interpretierte diese Gegenüberstellung als wertneutral und schlussfolgerte, dass sowohl der Holzweg als auch der Salzweg zu einem zufriedenstellenden Leben und wirtschaftlichem Erfolg führen können.[32] Allerdings ist unbekannt, ob *Nagelmann* die Verwendung des Begriffspaars „Salzweg" und „Holzweg" auch in der schleswig-holsteinischen Variante kannte: *„Wenn de een de Holtweg geit un de anner de Soltweg, denn kümmt gar nix na."* Diese Verwendung bezieht sich auf Eheleute, die sich nicht vertragen können.[33]

Nagelmanns bewundernswerte wissenschaftliche Leistung liegt gerade darin, dass er den sprichwörtlichen Holzweg zu seinen forstwissenschaftlichen und forsttechnischen Grundzügen zurückführte und negative Konnotationen ausräumte. Wenn schon nicht die Hölle und der Leibhaftige selbst, bleibt fraglich, was sonst am Ende des Holzwegs zu finden ist oder ob aus der christlichen Prägung heraus nicht auch der Weg selbst das Ziel sein kann. *Luther* setzte dem Ende des Holzwegs

[28] So der abgedruckte Predigttext von *Johann Geiler von Kaysersberg* (1445–1510) aus dem Jahr 1495 in: *J. u. W. Grimm*: Deutsches Wörterbuch (Fn. 16), *Röhrich,* Lexikon der sprichwörtlichen Redensarten, Bd. 2, Easy – Holzweg, S. 734, Freiburg/Basel/Wien, 1991.

[29] *Dante,* La Commedia, 1307–1321, in der Übersetzung von *Philalethes* 1839, 1. Gesang, Vers 1–3.

[30] Siehe *Nagelmann,* Abituraufsatz: „Hat uns der kategorische Imperativ heute noch etwas zu sagen?" Ich meine ja (Anmerkung des Verfassers). Mit näheren Ergänzungen wird sich die Erinnerungsschrift für FG Nagelmann (Arbeitstitel: Das wahre Verfassungsrecht – 30 Jahre später) befassen müssen (erscheint wohl 2014 oder nie).

[31] *Röhrich,* Lexikon der sprichwörtlichen Redensarten, (Fn. 28), S. 734; vgl. auch: *v Rautenberg,* Lorbas, nimm noch e Schlubberche, Sprichwörter und Redensarten aus Ostpreußen, 2003; *Popp von Elwert,* Ostpreußische Sprichwörter, 1948.

[32] *Nagelmann,* Wege und Irrwege – Ein Leitfaden für die Praxis (Fn. 8), S. 238 ff.

[33] *Röhrich,* Lexikon der sprichwörtlichen Redensarten, (Fn. 28), S. 734.

die Bezeichnung „*im Lerchenfeld sein*“ gleich.[34] Das ist ja auch mal eine schöne Bezeichnung. Geistreich wie er war, sah *Heidegger* in einem Holzweg auch nur einen Weg, der plötzlich aufhört.[35] Schwer zu umfassen wäre allerdings, würde man nur von einem *Nichts* am Ende des Holzwegs ausgehen. Allerdings betonte *Heidegger* an bedeutenderer Stelle: *„Das Nichts ist niemals nichts, es ist ebenso wenig ein Etwas im Sinne eines Gegenstandes; es ist das Sein selbst, dessen Wahrheit der Mensch dann übereignet wird, wenn er sich als Subjekt überwunden hat und d. h., wenn er das Seiende nicht mehr als Objekt vorstellt.* Der Leibhaftige und auch die Hölle[36] – selbst wenn man eben Genanntes ablehnt und nur von einer schnöden Waldmitte[37] o. ä. ausgeht – sie müssen wohl als ein *Etwas* verstanden werden. Zu dieser Einsicht kam auch *Nagelmann* bereits 1910, als er als Gasthörer an forstwissenschaftlichen Vorlesungen an der Universität Königsberg teilnahm.[38]

Die Zeiten, in denen im Wald die Räuber,[39] allen voran Räuber *Hotzenplotz*[40] und *Schillers* „Räuber“, aber auch Waldschrate oder zuckerglasierte Hexenhäuser zu finden waren, sind inzwischen Vergangenheit. Gerade die fehlende konkrete Privilegierung von Hexenhäusern im Außenbereich[41] hat zu ihrer Verdrängung aus den Wäldern und den Waldlichtungen, für die sie einst prägend waren, geführt. Übrig geblieben ist nur die Zulassung von temporären und damit weniger wirtschaftlichen Hexenhäusern mit Süßwarenverkauf im Rahmen der engen Zeitfenster von Weihnachtsmärkten oder regionalen Jahrmärkten.[42] Diese sind regelmäßig nur in Innenstädten, aber nicht in Waldnähe zu finden. Zuletzt entschied das Amtsgericht Untermilchwald[43] in einem Aufsehen erregenden Strafprozess, in dessen Mittelpunkt das Geschwisterpaar *Hänsel und Gretel* standen, dass ein Abkommen vom Weg und ein Verlaufen in den Wald eigenverantwortlich geschehen. Dies gelte auch für den übermäßigen Konsum von Süßigkeiten im Anschluss.

In einem dicht besiedelten Land wie der Bundesrepublik, in der Wälder und Felder allesamt mit zielführenden Wegen durchzogen sind, erscheint ein Verirren im Wald oder im Hinterland vergleichsweise nur noch in den Vereinigten Staaten von Amerika erfolgversprechend, so suggeriert es zumindest die Unterhaltungsindustrie.[44] Was für die sogenannten „*Wüsten des Rechts*“ gilt, mag vielleicht im übertragenen Sinne auch für die Holzwegproblematik gelten. Hierfür bieten Fest-

---

[34] *Luther,* Sprichwörtersammlung 1639, in Lehmann (Hrsg.), („Irren“ 42), S. 418.

[35] *Heidegger,* Der Weg. Der Gang durch SZ (unveröffentlichtes Typoskript 1945), zitiert nach *Kiesel,* Das Versagen von Sein und Zeit, in: Rentsch (Hrsg.): Sein und Zeit, 2001, S. 276.

[36] Laut *Dante,* La Commedia (Fn. 30) nach verschiedenen (Un-)Bequemlichkeiten gestaffelt.

[37] Nicht zu Verwechseln mit der *Grasmitte,* bekannt durch eines der schönsten deutschen Palindrome: *„Grasmitte, da kniet ein Kadett im Sarg.“*

[38] Siehe Lebenslauf von F. G. Nagelmann in GS Nagelmann (Fn. 1), S. 513.

[39] Siehe hierzu: *Urmersbach,* Im Wald, da sind die Räuber: Eine Kulturgeschichte des Waldes, Berlin 2009.

[40] Nicht zu verwechseln mit der tschechischen Stadt *Osoblaha* (z.dt. *Hotzenplotz*).

[41] Vgl. *Ehebrecht-Stüer,* in: *Stüer,* Handbuch des Bau und Fachplanungsrechts, 4. Auflage 2009, Rn. 2612 ff. zum Bauen im Außenbereich.

[42] Siehe auch: BVerwG, Urt. v. 27.5.2009 – 8 C 10.08.

[43] AG Untermilchwald, Urt. v. 1.4.1904 – 03 D 3494 St.

[44] Vgl.: „The Blair Witch Project“ (1999); „Wrong Turn“ (2003); und über ein abgeschiedenes Dorf im Wald: „The Village“ (2004). Zum Verirren im amerikanischen Hinterland aus der Reihe der Familienfilme (statt aller) „The Hills Have Eyes“ (Original 1977, Remake 2006). Besonders erwähnenswert ist auch *Antichrist* (2009), allerdings im heimischen Sauerland gedreht.

schriften, wie auch vorliegende, eine „*Oase*“ und „*Rettung für den (...), der seine Orientierung verloren hat.*“[45] In diesem Sinne ist auch eine grundlegende Auseinandersetzung mit den lignogenen Verkehrswegen viel zu lange versäumt worden.

V. Naulamies suomen tikkutiellä – Oder: Nagelmann auf dem finnischen Holzweg

Nagelmanns umfassend forstrechtlich geschulter Blick fokussierte schon früh auf Finnland.[46] Die dortige Wertschätzung von Holz und Wald sowie von Papier und Kartonagen, die auch *Nagelmann* teilte, manifestiert sich in dem finnischen Bonmot, dass der doch ganz eigene Geruch, der bei der Zellulosefabrikation entweicht, als Geruch des Geldes bezeichnet wird. In ausgedehnten Selbststudien folgte *Nagelmann* (in Finnland auch als *Naulamies* bekannt) dem Ruf der finnischen Wälder. Die finnische Tradition von Forstwirtschaft und gewerblicher Waldnutzung und die Tradition des uitto, also des Flößens, reizten *Nagelmann* und führten zu einer vertieften wissenschaftlichen Untersuchung.[47] Laut der finnischen Definition ist Flößen „tapa kuljetta puutavaraa, pääasiallisesti tukkipuita, vesitse“, also die Beförderung von Holzmaterial, insbesondere Holzstämmen, per Wasser. Flößen bleibt in Finnland in Hinblick auf eigenes Holz weiterhin ein Jedermannsrecht. Nähere Regelungen finden sich im vesioikeus (Wasserrecht), hierbei insbesondere im vesilaki (Wassergesetz), ausgestaltet durch die Flößordnungen (uittosääntö) der verschiedenen Flößgemeinschaften.[48] Für den Holzweg in obiger Definition kennt das Finnische den Begriff „tukkitie“, als Sonderform des Waldwegs (metsätie), in Abgrenzung zum reinen Wirtschaftsweg (taloustie), der wiederum auch zur nächsten Gastwirtschaft führen kann. Wenn man also auch in Finnland auf dem tukkitie irrt, ist man oft tief im Wald (ihan metsässä) und es besteht die Gefahr, dass man frontal gegen eine Kiefer läuft (se meni ihan päin mäntyä). Unter diesen Begrifflichkeiten verstehen zumindest die Finnen, was es bedeutet auf dem Holzweg zu sein. *Nagelmanns* fortswissenschaftliche Bildungsreisen führten ihn in den späten Herbstmonaten der Jahre 1926 bis 1928[49] wiederholt zu den Flößern (uittojätkä) vom Kymijoki. Das Flößen am Kymijoki blickte damals bereits auf eine lange Tradition zurück. Der Transport von Holz erfolgte flussabwärts nach Korkeakoski (Ort am hohen Wasserfall). Seit 1720 wurde dort ein Sägewerk (Korkeakosken saha) betrieben. Wie in seinem juris-

---

[45] *Zeidler,* Vorwort in GS Nagelmann (Fn. 1), S. 16.

[46] Dies ist nicht erstaunlich, schließlich war Nagelmann wegen Stab- und Kurzsichtigkeit sowie für seine Kenntnisse auf dem Gebiet der Augenheilkunde bekannt.

[47] *Nagelmann,* Reisebericht „Olen ihan metsässä“, für das finnische Forstjournal „METSÄ“, Joensuu 1928.

[48] Siehe zur Geschichte des Flößens auch: *Pakkanen,* Antaa pölkyn juosta! Pieni kirja uittosta (Lasst den Stamm fließen! Kleines Buch über das Flößen), herausgegeben vom finnischen Waldmuseum und Waldwissenschaftszentrum (Suomen metsämuseo ja metsätietokeskus) und dem finnischen Flößerverband (Suomen uittajäinyhdistys), 2004.

[49] Dieser Teil seiner Biographie wird vielfach unterschlagen, Die Gedächtnisschrift Nagelmann (Fn. 1) verweist für den Zeitraum 1921–1928 nur auf die Tätigkeit in der preußischen Forstverwaltung und zahlreiche Verwendung an verschiedenen Orten; u.a. als Leiter der Dezentralen Grundlagenforschung und Saatgutverwaltung.

tisch fundierten Reisebericht „Olen ihan metsässä“ (Ich glaub ich steh im Wald) belegt, untersuchte *Nagelmann* neben dem uitto, auch weitere Aspekte der Holzwegplanung nach dem metsälaki, dem finnischen Forstgesetz. Nach § 14 Abs. 2 Nr. 4. 1. Alt. des metsälaki bedarf es einer sog. Waldnutzungserklärung zum Fällen von Bäumen für einen Weg, die gegenüber dem Forstzentrum nicht später als zwei Wochen vor dem geplanten Fällen bzw. früher als zwei Jahre im Voraus einzugehen hat. Die Prägung des Rechtssatzes „puusiin tie on parempi kuin ei mikään, in direkter Anlehnung an via lignissima melior quam nulla, der auch das Forstrecht in Finnland revolutionierte, brachte *Nagelmann* 1928 den selten vergebenen Titel des Ehrenflößers (kunniajätkä) der Kymijoen Uittoyhdiytys (Flößverein Kymijoki, gegr. 1907) ein. Dieser Flößverein stellte die Nachfolgeorganisation des 1873 gegründeten Kyminer Fährvereins (Kymin lauttausyhtien) dar, der 1880 die erste Fährordnung (lauttaussääntö) erlassen hatte. Darin wurde erstmals auch das Flößen geregelt. Die Fährordnung wurde schließlich und durch einige Flößordnung des uittoyhdystys ersetzt, bei dessen Erarbeitung *Nagelmann* beratend mitwirkte. Wie fruchtbar der Nachlass von *Nagelmann* zur Fortentwicklung des Forstwesens und insbesondere auch des Flößens in Finnland war, bleibt nicht zu unterschätzen.

VI. Sonderformen des Holzwegs – Oder: Land in Sicht? Bzw. „Let my people go!”

Eine besondere Form der lignogenen Verkehrswege bilden von *Nagelmann* erstaunlicherweise nicht untersuchte historische Beispielfälle, in denen die *via ligna* auch auf Holz in Schiffform bezogen ist. Grundfragen des Charonischen Transports[50] sollen hier nicht Gegenstand der Untersuchung sein.

So war auch *Cristoforo Colombo (Kulumbus),* als er vermeintlich 1492 Amerika entdeckte, auf dem Holzweg, schließlich wollte er ursprünglich den Seeweg nach Indien finden. Das Amerika dazwischen lag, konnte er nicht wissen. Für ihn standen am Ende seines Holzweges indigene Völker, die fälschlicherweise als „Indianer“ bezeichnet wurden, aber auch reichlich Edelmetall, das daheim in Spanien zur Inflation führte.

Auch *Odysseus* befand sich auf dem Holzweg, als er meinte, er könne ohne Global Positioning System (GPS) den Weg heim nach Ithaka zu seiner Frau Penelope finden. Berücksichtigt man neues Kartenmaterial und geht man von Troja als dem Ruinenberg aus, den schon *Schliemann* erkundete (heute: Troya Tarihi Milli Parkı), so beträgt die Strecke von Troja nach Ithaka, laut Google Maps, für die Fahrt mit dem Auto und entsprechende Fährstrecken, etwa 955 km. Die Zeitangabe beträgt 20 Stunden und 27 Minuten. Sollte man sich entscheiden zu Fuß zu gehen, braucht man für die längste der drei vorgeschlagenen Routen inklusive Fährstrecken etwa 97 Stunden für 1228 km. Doch Vorsicht (so die Warnung von Google Maps): Auf dieser Route gibt es eventuell keine Bürgersteige

[50] Gemeint ist hier Charon, der Fährmann über den Acheron, vgl. *Dante,* La Commedia (Fn. 29), 3. Gesang, Vers 71–100 ff.

oder Fußwege. Zudem sind weder Zyklopen,[51] Sirenen[52] noch Hexen, die Menschen bei Bedarf auch in Schweine verwandeln können – wie Kirke[53] – im Kartenmaterial verzeichnet. Dies könnte die Reise womöglich verlängern. *Homer* bringt dieses Dilemma schon in der Anrufung der Muse (Μοῦσα) treffend zum Ausdruck:

Ἄνδρα μοι ἔννεπε, Μοῦσα, πολύτροπον, ὃς μάλα πολλὰ
πλάγχθη, ἐπεὶ Τροίης ἱερὸν πτολίεθρον ἔπερσε
πολλῶν δ' ἀνθρώπων ἴδεν ἄστεα καὶ νόον ἔγνω,
πολλὰ δ' ὅ γ' ἐν πόντῳ πάθεν ἄλγεα ὃν κατὰ θυμόν, (...).[54]

Die Holzwegproblematik wird in den Gesängen 9 bis 12 in Odysseus' eigener Schilderung noch verdeutlicht. Übertroffen wird Odysseus 30jährige Reise nur durch die zeitlich länger zurückliegende, 40 Jahre andauernde Wüstenwanderung des Volks Israel auf dem Weg aus Ägypten nach Kanaan. Man dachte, dort würden Milch und Honig fließen.[55] Verortet man den Auszug der Israeliten zeitlich in die Regentschaft von *Ramses II* (um 1303 v. Chr.- 27. Juni 1213 v. Chr.), müsste man folglich den Ausgangsort des Exodus nach Theben bzw. Luxor (Al-Uqsur الأقصر) legen. Von dort beträgt die kürzeste Strecke bis zur heutigen Staatsgrenze Israels (Dank an Google Maps), ohne Abkürzung durch das Rote Meer, 982 km. Hierfür werden für einen Fußmarsch 199 Stunden veranschlagt.

VII. Lignogene Verkehrswege als Gewinn für andere Zulassungsverfahren von Vorhaben – Oder: Was sich am Ende des Holzwegs findet, Teil 2 Oder: Über die A20, durch den Jagdberg- und Wesertunnel, über die Hochmoselbrücke, an Kassel-Calden und westlich an Halle während Cyrill vorbei, Bad Oeynhausen links liegengelassen, Hessisch-Lichtenau passierend und dann im schlingernden Kurswagen (mit BahnCard 100) von Hildesheim nach Oldenburg Oder: Eine Seminarfahrt ins Grüne bzw. Blaue

Im Unterschied zum Planfeststellungsverfahren oder zu immissionsschutzrechtlichen Genehmigungsverfahren stellt die lignogene Verkehrswegeplanung ein Zulassungsverfahren *sui generis* dar. *Nagelmann* hätten indes neuere Beispiele aus der Fachplanung erfreut, wenn er noch hätte miterleben können, wie fruchtbar auch der Einfluss der lignogenen Verkehrswegeplanung auf andere Formen der Vorhabenzulassung wirken kann. Die Besonderheit ist, dass trotz der naheliegenden Verbindung zum immissionsschutzrechtlichen Genehmigungsverfahren, bei

[51] *Homer,* Odyssee, 9. Gesang, Zeilen 362–386.

[52] *Homer,* Odyssee, 12. Gesang, Zeilen 184–200; vgl. *Horn* „Manchmal muss man sich selbst überlisten, wenn man ein kurzes Glück nicht mit langem Leid bezahlen will. „Selbstbindung" nennt man jenen Triumph des Verstandes über den Impuls FAZ 79/1999 S. 18.

[53] *Homer,* Odyssee, 10. Gesang, Zeilen 316–332.

[54] Auf eine Übersetzung kann hier verzichtet werden. Das Prooimiom, *Homer,* Odyssee, 1. Gesang, Zeilen 1–10 (hier wiedergegeben sind Zeilen 1–4), gehört zum Lehrplan jedes guten Gymnasiums.

[55] Siehe hierzu ausführlich: Die Bibel, 2. Buch Mose m. w. N.

denen es auch um persönliche Investitionsentscheidungen geht, persönliche (Fehl-)Entscheidungen bzw. die irrende Holzwegbeschreitung i. d. R. ohne formelle Öffentlichkeitsbeteiligung stattfinden. Das vielfach verkannte Problem ist, je mehr Reflektion und Beeinflussung von Außen erfolgt, desto schwerer gestaltet sich die lignogene Verkehrsplanung. Die Wahrscheinlichkeit vom rechten Weg abzukommen, ist aber stets auch eine Frage des Umfelds und somit der Gesellschaft, in die man hineingerät.[56]

Leider geschieht es ab und zu, dass die lignogene Verkehrswegeplanung durch eine gute und umfassende anwaltliche Beratung durchkreuzt wird. So gilt es stets, eine gründliche anwaltliche Vorhabenbegleitung zum Wohle des Holzwegs umfassend zu vermeiden. Besonders gefährlich sind dabei diese wenigen, äußerst erfahrenen und zugegebenermaßen brillanten Juristen, die sich mit der „Ampelschaltung“ im Naturschutzrecht auskennen.[57] Auch sollten Klagen vor Verwaltungsgerichten besser nicht zurückgenommen werden, selbst dann, wenn eine darauf folgende Befassung durch den EuGH schlafende Hunde wecken könnte.[58]

Es bleibt doch viel unterhaltsamer, wenn Vorhabenträger und ihre Vorhaben (zunächst) auf dem Holzweg schließlich vor einem Erdbau des Feldhamsters (*Cricetus cricetus*)[59] oder vor anderem Possierlichem, wie der Bechstein-Fledermaus (*Myotis bechsteinii*)[60] oder dem Großen Mausohr (*Myotis myotis*) oder gar dem Wachtelkönig (*Crex crex*)[61] anlangen und ein Vorhaben (erst einmal) stumpf in den Boden geht. Am Ende des Holzwegs sind auch Felder mit dreiblättrigem Schierlings-Wasserfenchel (*Oenanthe conioides*)[62] oder mit großen Wiesenköpfen (*Sanguisorba officinalis*) besonders pittoresk. Wenn diese Wiesenköpfe auch noch vom Dunklen Wiesenknopf-Ameisenbläuling (*Maculinea nausitous*)[63] umschwirrt werden, muss jedem (auch bundesrichterlichen) Lepidopterologen das Herz aufgehen, obschon *Maculinea nausitous* Ähnlichkeiten aufweisen soll mit Motten im heimischen Kleiderschrank des Jubilars, wie dieser im Rahmen seiner berühmten Seminare mehrfach verlauten lies. Für manche Vorhaben endete der Holzweg auch zunächst nur in der Waldmitte, wie der Mitte der Wälder bei Cappenberg.[64]

---

[56] Auch im rechtswissenschaftlichen Studium kann es passieren, dass man sich mit „sogenannten Studentinnen“ einlässt, vgl. *Loriot,* Ödipussi, 1988.

[57] Vgl. *Stüer,* Westumfahrung Halle: Rote Ampeln vor Habitat- und Vogelschutz-Gebieten? NVwZ 2007 S. 1147–1149; *ders.,* Europäischer Gebiets- und Artenschutz in ruhigeren Gefilden – Von der Halle-Westumfahrung und Hessisch-Lichtenau durch den Jagdbergtunnel und über die Hochmoselbrücke nach Bad Oeynhausen mit Schlingerkurs nach Hildesheim, DVBl 2009, 1–12.

[58] EuGH, Urteil zum Habitatschutz an der Ems vom 14.1.2010 – C-226.08, siehe auch *Stüer,* Naturschutz in der bau- und fachplanerischen Abwägung, Vortrag am 14.9.2010 in der TU Berlin.

[59] EuGH, Urt. v. 9.6.2011 – C-383/09 (Feldhamster im Elsass); *Gellermann,* in: Carlsen (Hrsg.), Schutz wildlebender Tiere und Pflanzen in staatlichen Planungs- und Zulassungsverfahren, 2007, S. 126; BVerwG, Beschl. v. 9.9.2009 – 4 BN 4.09.

[60] BVerwG, Urt. v. 9.7.2008 – 9 A 14.07 – Bad Oeynhausen; BVerwG, Urt. v. 13.5.2009 – 9 A71.07, (A 4 zwischen Kerpen und Düren); BVerwG, Beschl. v. 6.6.2012 – 7 B 68.11.

[61] BVerwG, Beschl. v. 18.6.2007 – 9 VR 13.06.

[62] VG Hamburg, Beschl. v. 15.1.2001 – 15 VG 3932.00, DA-Erweiterung A3XX.

[63] BVerwG, Urt. v. 12.3.2008 – 9 A 3.06; BVerwG, Urt. v. 15.1.2004 – 4 A 11.02; BVerwG, Urt. v. 16.5.2002 – 4 A 28.01 Hessisch-Lichtenau.

[64] OVG NRW, Urt. v. 1.12.2011 – 8 D 58.08.

VIII. Fazit und Ausblick – Oder: Über Walhall nach Insterburg/Ostpreußen

Im Ergebnis bleibt festzuhalten, dass die rechtswissenschaftliche Untersuchung der lignogenen Verkehrswegeplanung nicht ausschließlich aus einem breiten historischen Erfahrungsschatz schöpfen kann. Abgrenzungsfragen gestalten sich trotz der tiefgehenden Befassung als weiterhin schwierig. So bleibt das schwer zu fassende und definitorisch komplizierte *Nichts* am Ende des Weges allein aus der christlichen Tradition heraus eher unbefriedigend und somit bleibt stets von einem *Etwas* auszugehen. Allerdings sollten die Ansprüche an dieses *Etwas* nicht zu hoch angesetzt werden. Teilweise finden sich aber auch possierliche Tierchen. Keinesfalls kann die Erkenntnis, dass am Ende eines jeden Regenbogens ein Topf voll Gold zu finden sei, auf die hier dargelegte Holzwegproblematik übertragen werden. Zumal zumindest im *Ring des Nibelungen* am Ende eines Regenbogens auch unter Umständen die Götterburg Walhall zu finden sein kann – und kein Gold.[65] Eine Analogiebrücke erscheint hier allerdings wenig tragfähig und bleibt abzulehnen, obschon eine planwidrige Lücke auch in einem Holzweg problematisch sein kann. Dies gilt insbesondere für Holzstege über Gewässer und finnische Sümpfe und hier vor allem nachts. Eine Ausnahme für Gold mitten im Wald bietet allerdings der *Niblungen Hort* (soviel Gold, wie es bedurfte um *Freia* ganz zu bedecken, abzüglich des Rings und der Tarnkappe), der weiterhin in einer Höhle in der Mitte eines Waldes liegen muss, nachdem *Siegfried* dort *Fafner* (in Lindwurmgestalt) erschlagen und den Hort zurückgelassen hat. Leider sind die Ortsangaben unpräzise.[66]

Auch im Zuge der Bestrebungen um verbesserte Öffentlichkeitsbeteiligung in der Fachplanung, bleibt diese in der lignogenen Verkehrswegeplanung ein zweischneidiges Schwert, bietet aber Raum für weitere Diskussionen. Im Grunde bleibt die Einsicht, die zu Beginn dieser Untersuchung aufgestellt worden ist, dass der hölzernste Weg stets besser als gar keiner bleibt, man sollte aber tunlichst eine Abweichungsprüfung vermeiden. Erstaunlich war dabei die Erkenntnis, dass dieser Weg nicht zwingend hölzern sein muss. Allerdings bleibt zu vermerken, dass eine überwältigende Mehrheit der historisch bedeutsamen Fälle eine Verbindung zu Holz aufweist. So war auch die Karavelle bzw. Karacke *Santa Maria,* das Flaggschiff von Kolumbus, aus Holz.

Wer hätte jedoch die Grundzüge und auch Vorzüge der lignogenen Verkehrswegeplanung besser beschreiben können, als ihr Begründer selbst: *Friedrich Gottlob Nagelmann*. Dies kommt insbesondere im Schlusscouplet des berühmten 25. Sonetts aus der auch literarisch wertvollen Gedichtsammlung der Insterburger Sonette[67] vortrefflich zum Ausdruck:

---

[65] *Wagner,* Das Rheingold (WWV 86 A, 1869), „*Plötzlich verzieht sich die Wolke; Donner und Froh werden sichtbar: von ihren Füßen aus zieht sich, mit blendendem Leuchten, eine Regenbogenbrücke über das Tal hinüber bis zur Burg, die jetzt, von der Abendsonne beschienen, im hellsten Glanze erstrahlt. Fafner, der neben der Leiche seines Bruders endlich den ganzen Hort eingerafft hat, den ungeheuren Sack auf dem Rücken, während Donners Gewitterzauber die Bühne verlassen.*" Regieanweisung 4. Szene.

[66] „*Nach Osten weithin dehnt sich ein Wald: der Niblungen Hort entführte Fafner dorthin.*" so *Siegrune* in: *Wagner,* Die Walküre (WWV 86 B, 1870), 3. Aufzug, 1. Szene.

[67] *Nagelmann,* in Nagelmann/Karschunke/Kraschewski/Grigoleit, Gedichtband „Insterburger Sonette", Königsberg, 1938.

„Dieser Weg wird kein leichter sein
Dieser Weg wird steinig und schwer
Nicht mit vielen wirst du einig sein
Doch dieses Leben bietet mehr.[68]
Lieber doch ein Holzweg als nur ein Weg ins Nirgendwo
Bleibe glücklich, bleibe froh, wie der Mops im Paletot.“[69]

[68] Berühmtheit erlangte dieser Abschnitt des Insterburger Sonetts Nr. 25 durch die Vertonung des Künstlers *Xavier Naidoo* im Jahre 2005. Der Song kletterte bis auf Platz zwei der deutschen Charts und verharrte dort mehrere Wochen lang. Außerdem erreichte er die Top Ten in Österreich und in der Schweiz, während die Insterburger Sonette nur noch in gut sortierten Antiquariaten zu bekommen sind.

[69] Diesem Wunsch für den Jubilar kann sich der Verfasser nur anschließen. Zu Sinn und Unsinn humoristischer Festschriftbeiträge bleibt auf die GS Nagelmann (Fn. 1) zu verweisen.

WOLFGANG DURNER

Reformbedarf in der Planfeststellung?*

I. Die Planfeststellung im Lichte von „Stuttgart 21"

In der Generation nach *Willi Blümel* und *Werner Hoppe* gilt *Bernhard Stüer* als einer der besten Kenner des Rechts der Planfeststellung.[1] Als der Verfasser dieses Beitrags im 51. Jahr des Bestehens des Arbeitskreises „Straßenrecht" dessen jährliches Forschungsseminars im September 2009 auf das Thema der Zukunftsfähigkeit des Planfeststellungsverfahrens festlegte,[2] konnte er daher für den Grundsatzvortrag kaum einen bessere Referenten gewinnen als den Jubilar. Nach *Stüers* kundiger Einschätzung hatte das Fachplanungsrecht in Deutschland auch in der Zeit nach der Wiedervereinigung seine Bewährungsprobe bestanden. Der Referent plädierte jedoch für weitere Vereinheitlichungen durch Übernahme von Sonderregelungen der Fachgesetze in das allgemeine Verwaltungsverfahrensrecht von Bund und Ländern sowie für einen Ausbau der Planerhaltung.[3]

Nur wenige Monate nach dieser Bilanz wurde jedoch die Akzeptanz der fachplanerischen Zulassungsverfahren durch die Massenproteste gegen das Verkehrsprojekt „Stuttgart 21" erschüttert. Blickt man auf die Berichterstattung, so haben diese Vorgänge offenbar einem großen Teil der Öffentlichkeit wie auch der politischen Entscheidungsträger das gewaltige Konfliktpotential der Planung und Zulassung umweltbelastender Großvorhaben überhaupt erst bewusst gemacht; die Rede ist von einem „Testfall für die Demokratie"[4] oder gar einer neuen Ära der „Postdemokratie".[5] Demgegenüber hatte *Stüer* bereits zehn Jahre zuvor in einem Sammelband dokumentiert, dass gesellschaftlicher Widerstand gegen Großvorhaben kein neues Phänomen ist.[6] Ältere Beispiele bilden die hochumstrittenen Zulassungsverfahren für Atomkraftwerke und Müllverbrennungsanlagen, die Wiederaufarbeitungsanlage in Wackersdorf oder zuletzt der

* Die folgenden Ausführungen sind weiterentwickelte Fassung eines Beitrags, den der Verfasser unter dem Titel „Möglichkeiten der Verbesserung förmlicher Verwaltungsverfahren am Beispiel der Planfeststellung" in der Zeitschrift für Umweltrecht (ZUR) 7/8/2011, S. 354 ff. veröffentlichte und der wiederum im Zusammenhang eines Rechtsgutachtens entstand, das er zusammen mit Prof. Dr. *Martin Burgi* für das Land Nordrhein-Westfalen erstellt und unter dem Titel „Modernisierung des Verwaltungsverfahrensrechts durch Stärkung des VwVfG" 2011 im Nomos-Verlag publiziert hat.

[1] Vgl. aus der Fülle der einschlägigen Publikationen des Jubilars nur die beiden Monographien *Stüer,* Handbuch des Bau- und Fachplanungsrechts, 4. Aufl. 2009; *ders./W. E. Probstfeld,* Die Planfeststellung, 2003.

[2] Vgl. bereits den Bericht von *Stüer* DVBl 2009, 1432.

[3] *Stüer,* in: Durner, Die Zukunftsfähigkeit der Planfeststellung, 2010, S. 10 ff.

[4] *Sarcinelli* Das Parlament v. 3.1.2011, S. 9; ähnlich *Gross,* in: Beck/Ziekow, Mehr Bürgerbeteiligung wagen. Wege zur Vitalisierung der Demokratie, 2011, S. 127 ff.

[5] *Jörke* APuZ 1–2/2011, 13 ff. sowie die weiteren Beiträge in diesem Heft.

[6] *Stüer* (Hrsg.), Planung von Großvorhaben, 1999.

Truppenübungsplatz Wittstocker Heide. Auch Verkehrsvorhaben, etwa der Berliner Großflughafen und diverse Erweiterungen des Frankfurter Flughafens, die Magnetschnellbahn „Transrapid", der Hamburger Elbtunnel und die Elbvertiefung haben schon in der Vergangenheit zeitweilig zu gerichtlichen Materialschlachten, verkehrspolitischen Kontroversen sowie vereinzelt auch zu gewaltsamen Protesten geführt. In all diesen Konstellationen stellt sich immer wieder die Frage nach der verbleibenden Leistungs- und Befriedungskraft des geltenden Zulassungsrechts für Großprojekte.

Im Grundsatz handelt es sich bei Konflikten wie dem um „Stuttgart 21" auch um keine spezifisch deutsche Problemstellung. Die Widerstände gegen Großvorhaben finden in vergleichbaren Industriestaaten vielmehr fast durchgängig Parallelen;[7] so sah sich Präsident *Obama* im November 2011 gezwungen, die Entscheidung über die umstrittene, durch die Regierung jedoch als sinnvoll angesehene 3200 Kilometer lange Pipeline „Keystone XL" des kanadischen Energiekonzerns TransCanada Chart wegen massiver öffentlicher Widerstände auf die Zeit nach der nächsten Präsidentschaftswahl zu vertagen.[8] Dementsprechend ist auch der deutsche „Wutbürger", den die Gesellschaft für deutsche Sprache als Ausdruck einer angeblich völlig neuen „Empörung in der Bevölkerung" darüber deutete, „dass politische Entscheidungen über ihren Kopf hinweg getroffen werden", und folgerichtig mit kaum verhohlener Sympathie zum „Wort des Jahres 2010" kürte,[9] letztlich nur die deutsche Variante jenes weniger idealisierten „angry citizen", der in den USA seit der Anti-Atomkraftbewegung in den lokalen Widerständen gegen Müllverbrennungsanlagen und sonstige Infrastrukturvorhaben die Diskussion beherrscht.[10] Mit alledem soll keineswegs bestritten werden, dass die Stärkung und Erhaltung der Stellung des Bürgers gegenüber der Exekutive eine Daueraufgabe der Verwaltungsrechtswissenschaft ist und bleibt.[11] Singulär sind die Vorgänge um „Stuttgart 21" jedoch weder in globaler noch in historischer Perspektive.

II. Forderungen nach einer Verbesserung des maßgeblichen Verfahrensrechts

Zweifellos lassen sich jedoch auch für alte Probleme neue Lösungen finden. Einen gemeinsamen Nenner zahlreicher Wortmeldungen in der Debatte um „Stuttgart 21" bildet insoweit die Annahme, es bedürfe nur einer entschlossenen

[7] Vgl. etwa zum Bereich des Straßenbaus die Fallstudien in *Rubel/Silbermann,* Road Planning in Europe, 2007. Eine grundlegende Perspektive zu dieser Frage entwickelt *Davy,* Essential Injustice. When Legal Institutions Cannot Resolve Environmental and Land Use Disputes, 1997.

[8] Milliarden-Projekt Keystone XL. Obama kapituliert vor Pipeline-Protesten, Spiegel-Online vom 11. November 2011; *Welter* FAZ v. 12.11.2011, 20.

[9] Gesellschaft für deutsche Sprache, Pressemitteilung vom 17. Dezember 2010; vgl. aber auch die Kritik an dieser Deutung bei *Kurbjuweit* Der Spiegel Nr. 41/2010, 26.

[10] Umfassend zu dieser weiter fortgeschrittenen amerikanischen Diskussion *Susskind/Field,* Dealing with an Angry Public, 1996; eng damit verknüpft ist die Debatte um das „Not In My Back Yard"- oder „NIMBY"-Phänomen, das dem deutschen Sankt-Florians-Prinzip entspricht, vgl. nur *Dear* Journal of the American Planning Association 58 (1992), 288 ff.

[11] Vgl. dazu zuletzt besonders *von Arnauld* JöR 59 (2011), 497 ff.

Verbesserung des maßgeblichen Verfahrensrechts, um nicht nur die gesellschaftlichen Widerstände gegen ganz unterschiedliche Großvorhaben in breiten Konsens zu überführen, sondern darüber hinaus auch die gesamten Realisierungsprozesse für die entsprechenden Vorhaben weitreichend zu beschleunigen. Gerade auch in der rechtspolitischen Diskussion um das Eisenbahnprojekt „Stuttgart 21" wurden – zumindest insoweit sind reale Beschleunigungseffekte nicht von der Hand zu weisen – in immer rascherer Abfolge zahlreiche Vorschläge für eine Überarbeitung der gesetzlichen Rahmenbedingungen für die Zulassung und Verwirklichung von Großvorhaben bis hin zu konkreten Gesetzesänderungsanträgen vorgelegt.[12] Im Vordergrund stehen dabei Forderungen nach einer „Demokratisierung" der Planung[13] oder zumindest nach erweiterten Partizipationsmöglichkeiten,[14] einer Verbesserung der vorhabenbezogenen Kommunikation und zugleich einer Beschleunigung der Entscheidungsprozesse.[15] So beruhte das „7-Punkte-Programm" der vormaligen Landesregierung Baden-Württemberg auf den drei Elementen der möglichst frühzeitigen Öffentlichkeitsbeteiligung noch vor dem eigentlichen Zulassungsverfahren, der erhöhten Transparenz im Verfahren und der gesteigerten Neutralität der Akteure.[16] Etwas andere Akzente setzt demgegenüber – in seiner neuen Funktion als EU-Kommissar für Energie – der frühere Ministerpräsident desselben Bundeslandes, der bereits mehrfach die Forderung nach „besseren und schnelleren Genehmigungsverfahren" erhoben hat.[17] Der Städte- und Gemeindebund fordert angesichts der Proteste in Stuttgart eine „Modernisierung der Bürgerbeteiligung", die sowohl zu einer verbesserten Einbindung der Bürger als auch zu einer Straffung der Planungsverfahren führen soll.[18] Ähnlich hatte zuvor auch *Heiner Geißler* in seinem Schlichtungsspruch zu „Stuttgart 21" geradezu in einem Atemzug erklärt, die „Zeit der Basta-Politik" sei vorbei, auch Parlamentsbeschlüsse müssten „immer wieder begründet und erläutert werden", zugleich seien jedoch die Zeitabläufe „zwischen Planung und Realisierung von Großprojekten [...] viel zu lang".[19]

Jedenfalls bei einigen der konkreten Forderungen drängt sich der Eindruck auf, dass es sich um juristische Schnellschüsse handelt, mit denen zwar die Politik ihre Reaktions- und Handlungsbereitschaft dokumentieren mag, die jedoch weder im

---

[12] Vgl. etwa Innenministerium Baden-Württemberg, Bundesratsinitiative zur Stärkung der Öffentlichkeitsbeteiligung bei Großvorhaben, Pressemitteilung Nr. 80/2011 vom 1.3.2011; Ministerium für Wirtschaft, Energie, Bauen, Wohnen und Verkehr des Landes Nordrhein-Westfalen, Entwurf eines Gesetzes zur Stärkung der Bürgerbeteiligung v. 18.4.2011; eine Synopse der wichtigsten Einzelvorschläge liefern *Stüer/Buchsteiner* UPR 2011, 335 (336 ff.).

[13] So etwa *Fischer* Wochenbericht des DIW Berlin Nr. 51–52/2010, 19 ff.; *Prantl* ZRP 2011, 24 f.; dagegen jedoch *Leisner* NJW 2011, 33 ff.

[14] So statt vieler *Birk* FAZ v. 27.1.2011, 6.

[15] *Geißler,* Schlichtung Stuttgart 21 PLUS vom 30. November 2010, S. 6.

[16] *Landesregierung Baden-Württemberg,* 7-Punkte-Programm für die Zeit nach der Faktenschlichtung zu Stuttgart 21 vom 1. Dezember 2010, S. 2.

[17] *Oettinger,* Energiepolitische Herausforderungen für die nächste Dekade, 2010, S. 4; vgl. weiter die Mitteilung der EU-Kommission v. 17.11.2010, Energieinfrastrukturprioritäten bis 2020 und danach – ein Konzept für ein integriertes europäisches Energienetz, KOM (2010) 677 endg., S. 9 und 15 ff. sowie den Beschluss des Europäischen Rates vom 4.2.2011 Nr. PCE 026/11 „Conclusions on Energy".

[18] *Deutscher Städte- und Gemeindebund* BWGZ 2011, 4.

[19] *Geißler* (Fn. 15), S. 6.

Hinblick auf die Analyse der Ursachen noch auf die tatsächlichen Defizite des bestehenden Rechtsrahmens, die zum Teil handgreiflichen Zielkonflikte – namentlich zwischen verstärkter Bürgerbeteiligung einerseits und Verfahrensbeschleunigung andererseits – und das reale Befriedungspotential der vorgeschlagenen Gesetzesänderungen hinreichend durchdacht sind.[20] Zudem wird in vielen der aktuellen Vorschläge alter Wein in neuen Schläuchen verkauft. Dies ist vielleicht am augenfälligsten bei der wohlfeilen politischen Forderung nach schnelleren Zulassungsverfahren, die eine jahrzehntelange, bis unmittelbar vor „Stuttgart 21" anhaltende Beschleunigungsgesetzgebung[21] völlig ausblendet, in der die Potentiale für eine Straffung der Verfahren längst umfassend ermittelt und – meist zu Lasten der Betroffenen – teilweise bis hart an die Grenze des verfassungsrechtlich Hinnehmbaren ausgeschöpft wurden. Ähnliches gilt – wie im Folgenden zu zeigen ist – ein Stück weit auch für die aktuelle Forderung nach einer Ausweitung der Öffentlichkeitsbeteiligung.

III. Das Projekt der Verankerung einer frühen Bürgerbeteiligung im VwVfG

1 Häufung der Forderung nach einer frühen Bürgerbeteiligung

Das Plädoyer für die Einführung einer zusätzlichen Bürgerbeteiligung nach dem Vorbild des § 3 Abs. 1 BauGB[22] bildet den wohl am meisten beachteten Vorschlag in den Debatten um „Stuttgart 21". So forderte das Land Rheinland-Pfalz im Februar 2011,

> *„... ein umfassendes Dialog- und Beteiligungskonzept für Großvorhaben zu erarbeiten, das die breite Öffentlichkeit frühzeitig, umfassend und in verständlicher Form über die Projektabsicht informiert, über aktuelle Entwicklungen und Planungsschritte auf dem Laufenden hält sowie die Beteiligung der Bürgerinnen und Bürger an Entscheidungen in allen Entwicklungs- und Planungsphasen ermöglicht."*[23]

Verdienstvollerweise versucht das Land, dieses Konzept zunächst im Rahmen der bestehenden gesetzlichen Vorgaben zu erproben und forderte erstmals im Zusammenhang mit dem umstrittenen, mittlerweile allerdings vorläufig aufgege-

---

[20] Ähnlich bereits die Einschätzung von *Schönenbroicher* VBlBW 2010, 466 ff.

[21] Vgl. aus dieser Debatte zuletzt etwa *Blümel* in FS Steiner, 2009, S. 77 (81 ff.); ferner *Bullinger,* Beschleunigte Genehmigungsverfahren für eilbedürftige Vorhaben, 1991; *Dose/Holznagel/Weber,* Beschleunigung von Genehmigungsverfahren, 1994; *Repkewitz* VerwArch 88 (1997), 137 ff.; *Ziekow/Oertel,* Beschleunigung von Genehmigungsverfahren, 2004.

[22] Auslöser der politischen Diskussion war wohl vor allem der Beitrag von *Birk* (Fn.14). Entsprechende Forderungen erheben aktuell jedoch auch *Fehling* VVDStRL 70 (2011), 277 (308); seitdem haben sich zahlreiche Stimmen den Vorschlag von *Birk* zu Eigen gemacht, vgl. nur *Schink* ZG 2011, 226 (236 f.); ein ausformulierter Gesetzesvorschlag findet sich bei *Stüer/Buchsteiner* (Fn. 12), S. 340.

[23] *Staatskanzlei Rheinland-Pfalz,* Bürgerbeteiligung im Rahmen des Raumordnungsverfahrens Mittelrheinbrücke und bei der Erstellung eines Masterplans Oberes Mittelrheintal, Pressemitteilung vom 21. Februar 2011. Diese Forderungen stehen im Kontext eines umfassenderen Projekts des Landes Rheinland-Pfalz zur verstärkten Einbeziehung der Bürgerinnen und Bürger, vgl. *Sarcinelli/König* APuZ 7–8/2011, 32 ff. sowie die einzelnen Beiträge bei *Beck/Ziekow* (Fn. 4), besonders S. 137 ff.

benen Projekt einer Mittelrheinbrücke die Vorhabenträger Ende Januar 2011 auf, „noch vor Einleitung des Raumordnungsverfahrens in ein Verfahren zur Bürgerbeteiligung einzutreten“.[24] Freilich hält auch Rheinland-Pfalz zumindest mittelfristig die Verankerung einer frühen Bürgerbeteiligung im Verwaltungsverfahrensgesetz für geboten.[25] Forderungen nach raschem gesetzgeberischem Tätigwerden erhebt demgegenüber eine Entschließung, die das Land Baden-Württemberg am 1. März 2011 im Bundesrat einbrachte. Sie zielt darauf ab, die Öffentlichkeit bei Großprojekten schon im Vorfeld stärker zu beteiligen und auch im Verfahren selbst „vollständige Transparenz“ zu garantieren, indem bei Großprojekten in das Verwaltungsverfahrensgesetz eine neue Regelung zur „Vorerörtung im Vorfeld von Planfeststellungsverfahren“ aufgenommen werden soll.[26] Im Juni hat schließlich der Bundesinnenminister diesen Vorstoß aufgegriffen und an die Länder eine neue Entwurfsfassung des seit Jahren geplanten „Infrastrukturplanungsbeschleunigungsgesetzes“ versandt, die in allgemeiner Form in § 25 VwVfG eine Art vorgezogene Bürgerbeteiligung statuiert, interessanterweise jedoch nicht als Pflicht, sondern als bloße „Obliegenheit“.[27]

Nochmals radikaler ist der Ansatz des im Juli 2011 völlig überhastet verabschiedeten, handwerklich und verfassungsrechtlich in vieler Hinsicht fragwürdigen Gesetzespakets zur Beschleunigung des Netzausbaus Elektrizitätsnetze,[28] das mit den vor Erlass des Bundesbedarfsplans vorgeschriebenen Verfahrensschritten – der Erarbeitung des Szenariorahmens, des gemeinsamen nationalen Netzentwicklungsplans der Übertragungsnetzbetreiber, des jährlich fortzuschreibenden Netzentwicklungsplans und schließlich des Bundesbedarfsplans – drei oder vier und mit dem förmlichen Zulassungsverfahren nach dem neuen Netzausbaubeschleunigungsgesetz nochmals weitere zwei Stufen der Öffentlichkeitsbeteiligung vorsieht. Die Gesetzesbegründung verspricht sich von dieser massiven Ausweitung der Partizipation der Öffentlichkeit auf bis zu sechs Stufen im Zusammenspiel mit einer ganzen Reihe weiterer innovativer Änderungen eine Verkürzung der entsprechenden Verfahren von zehn auf vier bis fünf Jahre.[29] In den bisher vorliegenden Stellungnahmen ist dieser Optimismus allerdings vorwiegend auf Skepsis gestoßen.[30]

---

[24] *Staatskanzlei Rheinland-Pfalz* (Fn. 23).

[25] Ministerium des Inneren und für Sport Rheinland-Pfalz, Stellungnahme vom 6. Januar 2011 zum Entwurf des Bundesministeriums des Innern für ein Gesetz zur Vereinheitlichung und Beschleunigung von Planfeststellungsverfahren (Planungsvereinheitlichungsgesetz – PlVereinhG), S. 3 f.

[26] Innenministerium Baden-Württemberg (Fn. 12), wo dieses Vorgehen als „Umsetzung von Empfehlungen einer Expertenanhörung zur Bürgerbeteiligung bei Planungsprozessen“ bezeichnet wird.

[27] Referentenentwurf für ein Planungsvereinheitlichungsgesetz v. 1.6.2011, nunmehr ersetzt durch den Entwurf für ein Gesetz zur Verbesserung der Öffentlichkeitsbeteiligung und Vereinheitlichung von Planfeststellungsverfahren v. 9.1.2012.

[28] Gesetz über Maßnahmen zur Beschleunigung des Netzausbaus Elektrizitätsnetze (NABEEG) v. 28.7.2011 BGBl. I S. 1690.

[29] Entwurf eines Gesetzes über Maßnahmen zur Beschleunigung des Netzausbaus Elektrizitätsnetze, BT-Drs. 17/6073 v. 6.6.2011, S. 5.

[30] Vgl. dazu mit im Detail unterschiedlichen Vorbehalten *Durner* DVBl 2011, 853 ff.; *Moench/Ruttloff* NVwZ 2011, 1040 ff.; *Sellner/Fellenberg* NVwZ 2011, 1025 ff.; *Schönenbroicher* Publicus 2011.10, 8 ff.; deutlich positiver *Wagner* DVBl 2011, 1453 ff.

2. *Vorläuferdiskussionen zu Großvorhaben und ihr Niederschlag im geltenden Recht*

In all diesen Vorschlägen bleibt unerwähnt, dass nicht nur die Problemlagen, sondern auch die nunmehr entwickelten Lösungsvorschläge sich weithin mit Vorläuferdiskussionen überschneiden, die bereits seit den 60er Jahren im In- und Ausland geführt wurden. Im Grunde befremdet, in welchem Maße dieselben Gedankengänge nunmehr ein weiteres Mal als neu präsentiert werden.[31]

In der Verwaltungsrechtswissenschaft gingen über Jahrzehnte von kaum einem Thema derart starke Impulse aus wie von dem grundrechtlich überhöhten Verfahrensgedanken.[32] Im Zusammenhang mit Großvorhaben waren die zentralen Aspekte all dieser Debatten ähnlich wie heute die Demokratisierung und die Legitimationssteigerung der Vorhabenzulassung durch plebiszitäre Elemente,[33] die Verbesserung der Akzeptanz – insbesondere durch vorgezogene Formen der Öffentlichkeitsbeteiligung[34] – sowie das gegenläufige Bestreben nach einer Beschleunigung der Zulassungsverfahren.[35] Ein Schlüsselelement bildete insoweit schon damals die jahrzehntelange Forderung nach einer „frühen Bürgerbeteiligung".[36] Als ein Dokument unter vielen sei hier die 30 Jahre zurückliegende Feststellung des damaligen Bundesministers für Raumordnung, Bauwesen und Städtebau *Haack* aus dem Jahr 1981 zitiert, die „Notwendigkeit einer frühzeitigen Bürgerbeteiligung" sei „heute weitgehend anerkannt", die Details bedürften jedoch noch einer weiteren Klärung.[37] Diese Diskussion wurde anschließend auf europäischer Ebene aufgegriffen und in die über Jahre erarbeitete Konzeption einer strategischen Umweltprüfung (SUP)[38] einbezogen, die schließlich zur Verankerung einer Pflicht in der SUP-Richtlinie 2001/42/EG führte, sämtliche raumbedeutsamen Planungen und Programme einem systematischen Umweltprüfungsverfahren mit integrierter Öffentlichkeitsbeteiligung zu unterwerfen.[39] Die

---

[31] Vgl. *Gärditz* GewArch 2011, 273 (die Problematik sei „weder neu noch wissenschaftlich unterbelichtet").

[32] So *von Mutius* in seinem Vorwort zu: *Hill,* Das fehlerhafte Verfahren und seine Folgen im Verwaltungsrecht, 1986, S. V; vgl. weiter *Pietzcker* VVDStRL 41 (1983), 193 (291 ff.).

[33] Vgl. etwa *Dienel,* Techniken bürgerschaftlicher Beteiligung an Planungsprozessen, in: Partizipation, Aspekte politischer Kultur, 1970; *ders.* DV 1971, 151 ff.; *Steinberg* ZRP 1982, 113 ff.; umfassend und weitsichtig zu der damaligen Debatte noch immer *Blümel* in FS Forsthoff, 1972, S. 9 (19 ff.) m. w. N.

[34] Vgl. nur *Blümel,* Frühzeitige Bürgerbeteiligung bei Planungen, 1982, oder aus neuerer Zeit *Öko-Institut,* Anforderungen an die Gestaltung der Öffentlichkeitsbeteiligung im Endlagerauswahlverfahren. Kurzberichte zur Analyse der Großvorhaben, 2007.

[35] Vgl. die Nachweise oben Fn. 19.

[36] Vgl. etwa die Forderungen bei *von Mutius,* in: Blümel (Fn. 34), S. 157 (185), *Söfker,* ebenda, S. 97 (109 f.); *Kurz,* Juristische Aspekte der Öffentlichkeitsbeteiligung bei der Planung und Genehmigung umweltrelevanter Großvorhaben, 1991, S. 49 ff. m. w. N.; aus jüngerer Zeit *Wickel,* in: Fehling/Kastner, Verwaltungsrecht, 2. Aufl. 2010, § 73 VwVfG Rn. 106.

[37] *Haack,* Eröffnungsansprache des Bundesministers für Raumordnung, Bauwesen und Städtebau, in: Blümel (Fn. 34), S. 13.

[38] Vgl. ganz beispielhaft *Platzer-Schneider,* in: Hendler u.a., Die strategische Umweltprüfung (sog. Plan-UVP) als neues Instrument des Umweltrechts, 2003, S. 15 (22 ff.); *Feldmann,* ebenda, S. 27 (31 f.); *Lindemann,* ebenda, S. 61 (70 ff.); *Calliess,* ebenda, S. 153 (170 ff.).

[39] Vgl. dazu nur die Beiträge bei *Hendler* (Fn. 38); *Schink,* in: GfU, Risikoregulierung und Risikokommunikation. Dokumentation zur 28. wissenschaftlichen Fachtagung 2004, 2005, S. 93 ff.

anschließende Umsetzung der Richtlinie führte im deutschen Recht zum Erlass umfassender Regelungen zur frühzeitigen Öffentlichkeitsbeteiligung in praktisch sämtlichen vorgelagerten planerischen Entscheidungsstufen.

3. Bestehende Vorgaben zur Öffentlichkeitsbeteiligung am Beispiel der Fernstraßen

Diese bereits im zurückliegenden Jahrzehnt geschaffenen Strukturen der Öffentlichkeitsbeteiligung, deren Existenz und Vollzug nicht nur der Politik offenbar teilweise unbekannt sind, sollen hier am Beispiel der Planung und Zulassung von Bundesfernstraßen und -autobahnen skizziert werden, die in mehreren Stufen unter intensiver Einbindung der Parlamente und der Öffentlichkeit erfolgt und in der Regel insgesamt ein bis zwei Jahrzehnte in Anspruch nimmt.[40]

Auf der ersten Stufe erstellt der Bund auf der Grundlage von Bedarfsanmeldungen der Länder einen Bedarfsplan, der in den Bundesverkehrswegeplan integriert wird. Für einen großen Teil der entsprechenden Vorhaben schreibt der Bundestag anschließend durch förmliche Aufnahme des Bedarfsplans in das Fernstraßenausbaugesetz den Bedarf für das einzelne Vorhaben verbindlich fest (§ 1 Abs. 2 FStrAbG). Bereits die Aufstellung dieser Pläne bedarf nach § 19b UVPG i. V. m. Nr. 1.1 der Anlage 3 zum UVPG jeweils einer strategischen Umweltprüfung mit einer ersten Öffentlichkeitsbeteiligung.[41] Dem folgt ein Raumordnungsverfahren, das ermitteln soll, ob und wie das Fernstraßenvorhaben mit anderen Erfordernissen der Raumordnung abgestimmt werden kann.[42] Nach § 15 Abs. 3 Satz 3 ROG ist hierbei die Öffentlichkeit ein zweites oder drittes Mal – diesmal fakultativ – zu beteiligen.[43] Anschließend oder auch parallel erfolgt die Linienbestimmung durch das Bundesverkehrsministerium nach § 16 Abs. 1 FStrG, die die Grobtrassierung und die Verknüpfung mit dem vorhandenen Netz festlegt.[44] Sie unterfällt der UVP-Pflicht gem. § 2 Abs. 3 Nr. 2 UVPG[45] und erfolgt unter erneuter Beteiligung der Öffentlichkeit. Gewöhnlich werden in diesem Stadium zudem flankierende Planungen durchgeführt, um das Vorhaben zu sichern: Als in Aussicht genommene Planung soll die Fernstraße nach § 5 Abs. 4 BauGB nachrichtlich in den Flächennutzungsplan übernommen werden, wobei ein weiteres Mal die Vorschriften über die Öffentlichkeitsbeteiligung – diesmal nach § 3 BauGB und damit grundsätzlich in der Form zunächst einer frühen und dann nochmals einer förmlichen Bürgerbeteiligung – zu

---

[40] Vgl. zum folgenden etwa *Durner,* Konflikte räumlicher Planungen, 2005, S. 69 ff.; *Leue,* in: Kodal, Straßenrecht, 7. Aufl. 2010, Kap. 34 und 35; *Siegel,* Entscheidungsfindung im Verwaltungsverbund, 2009, S. 189 ff.; tatsächliche Defizite der Planungsprozesse untersucht *Lewin,* Gestufte Planung von Bundesverkehrswegen, 2003, S. 32 ff.

[41] Näher *Springe,* in: Kodal (Fn. 40), Kap. 33 Rn. 2.1 ff. und *Leue,* ebenda, Kap. 34 Rn. 20.6 ff.; *Stüer* (Fn. 1), Rn. 3007.

[42] Näher etwa *Schlosser,* in: Marschall/Kastner, FStrG, Kommentar, 5. Aufl. 1998, § 9a Rn. 13 ff.

[43] In zahlreichen Bundesländern ist diese im Bundesrecht fakultative Pflicht zwingend ausgestaltet, vgl. *Goppel,* in: Spannowsky/Runkel/Goppel, ROG, Kommentar, 2010, § 15 Rn. 58 ff.

[44] Näher *Leue* (Fn. 40), Kap. 35 Rn. 1 ff.; *Kühling/Hermann,* Fachplanungsrecht, 2. Aufl. 2000, Rn. 247 ff.

[45] *Stüer* (Fn. 1), Rn. 3008; *Hünnekens,* in: Hoppe, UVPG, Kommentar, 3. Aufl. 2007, § 19b Rn. 18 f. m. w. N.

beachten sind. Auf der Ebene der Landesplanung werden regelmäßig bindende Ziele der Raumordnung aufgestellt, um die Trasse freizuhalten.[46] Die Öffentlichkeit ist auch hier nach § 10 ROG zwingend zu beteiligen.[47] Erst als letzte Stufe dieses mehrstufigen Prozesses folgt dann die eigentliche Planfeststellung nach § 17 FStrG mit der letzten und abschließenden Öffentlichkeitsbeteiligung nach § 73 VwVfG.

Dieser Überblick verdeutlicht den Prozesscharakter der Planung der meisten Großprojekte. Auch wenn die abschließende Zulassungsentscheidung im Falle der Fernstraßen im Planfeststellungsverfahren getroffen wird, sind zu diesem Zeitpunkt längst weichenstellende Vorentscheidungen getroffen, an denen neben politischen Entscheidungsträgern auch die Öffentlichkeit mehrfach beteiligt wurde.

4. Verbleibender Bedarf für eine „frühe Bürgerbeteiligung"?

Vor diesem normativen Hintergrund ist der behauptete Bedarf einer quantitativen Ausweitung der Öffentlichkeitsbeteiligung nicht leicht zu erkennen. Zweifellos sind die erwähnten Instrumente überwiegend jüngeren Datums, sodass das Niveau der Öffentlichkeitsbeteiligung in älteren Zulassungsverfahren noch niedriger ausfiel. Ebenso sind die verfahrensrechtlichen Anforderungen im Detail sehr unterschiedlich; so entfallen für bestimmte Projekte – etwa Ortsumgehungen – einzelne der erwähnten Verfahrensstufen. Für manches atypische Vorhaben – etwa die Festlegung von Flugrouten, aber auch für nach dem Bundes-Immissionsschutzgesetz genehmigungsbedürftige Vorhaben – mag sogar in der Tat eine gesetzgeberische Ausweitung der Öffentlichkeitsbeteiligung geboten oder jedenfalls diskutabel sein.[48] Insgesamt jedoch erscheint namentlich bei planfeststellungspflichtigen Großprojekten die Zahl der mittlerweile gesetzlich vorgesehenen Beteiligungsstufen eher überzogen.[49] So drängt sich auch bei künftig bis zu sechs Stufen der Öffentlichkeitsbeteiligung beim Ausbau der Höchstspannungsnetze[50] die Frage auf, welche Vertreter der Zivilgesellschaft an solch ausufernden Beteiligungskaskaden tatsächlich mitwirken werden.

Diesen Erwägungen wird zwar entgegengehalten, im Zuge der raumordnerischen Öffentlichkeitsbeteiligung seien noch keine individuellen Betroffenheiten erkennbar und deshalb eine Aktivierung der potentiell betroffenen Öffentlichkeit schwierig.[51] Doch ist dieser Einwand in solcher Allgemeinheit kaum zutreffend: Zum einen kann und wird der Konkretisierungsgrad eines flankierenden Raumordnungsziels gerade bei Großvorhaben regelmäßig gebiets- oder sogar parzellen-

---

[46] Näher *Kühling/Hermann* (Fn. 44), Rn. 251; *Reidt/Schiller,* in: Landmann/Rohmer, Umweltrecht, § 13 FluglärmG (2008) Rn. 35.

[47] Umfassend dazu *Runkel,* in: Spannowsky/Runkel/Goppel (Fn. 43), § 10 Rn. 1 ff.

[48] Näher dazu *Böhm* NuR 2011, 614 (616); *Wulfhorst* DÖV 2011, 581 (587).

[49] Vgl. insoweit die Überlegungen zu einer Bündelung der Öffentlichkeitsbeteiligung bei *Numberger,* in: Durner, Die Zukunftsfähigkeit der Planfeststellung, 2010, S. 39 (47 f.), sowie *Schneider,* Planungs-, genehmigungs- und naturschutzrechtliche Fragen des Netzausbaus, 2010, S. 12; Kritik an der Zersplitterung der Öffentlichkeitsbeteiligungsvorschriften auch bei *Steinberg* ZUR 2011, 340 (341 f.).

[50] Vgl. dazu oben in und bei Fn. 28 ff.

[51] *Fehling* (Fn. 22), S. 308 f. in Fn. 114.

scharf ausfallen.[52] Spätestens das Raumordnungsverfahren jedenfalls legt die Betroffenheiten ungleich deutlicher offen als eine frühe Bürgerbeteiligung nach § 3 Abs. 1 BauGB, da die raumordnerische Öffentlichkeitsbeteiligung prozedural durch das Erfordernis einer (strategischen) Umweltprüfung veranlasst und in diese eingebettet ist, in der die Auswirkungen auf Mensch und Umwelt systematisch ermittelt werden. Diese Informationen bildeten auch die Grundlage der zahlreichen Einwendungen gegen „Stuttgart 21" in dem entsprechenden Raumordnungsverfahren. Eine solche kritische Informationsmasse ist im Vergleichsfall der völlig informalen frühen Bürgerbeteiligung nach § 3 Abs. 1 BauGB allenfalls in seltenen Ausnahmefällen gegeben.

Insgesamt geht daher die für Großprojekte, insbesondere für fachplanerische Vorhaben im dem Stadium vor Einleitung des Planfeststellungsverfahrens vorgesehene Beteiligung der Öffentlichkeit schon heute regelmäßig deutlich über das Niveau des § 3 Abs. 1 BauGB hinaus. Ein sinnvoller Anwendungsbereich einer zusätzlichen „frühen Öffentlichkeitsbeteiligung" im Verwaltungsverfahren könnte vor allem dort verbleiben, wo das maßgebliche Verfahrensrecht lückenhaft ist oder eine raumordnerische Beteiligung der Öffentlichkeit entweder nicht stattgefunden hat oder sehr lange zurückliegt. Selbst dann sollte ein entsprechendes Institut aber nicht als „frühe" Bürgerbeteiligung, die scheinbar voraussetzungslos an einem planerischen Nullpunkt ansetzt, sondern vielmehr als Brückennorm zur Öffentlichkeitsbeteiligung in der Raumordnung ausgestaltet werden. Auf keinen Fall sollten den zu Beteiligenden bereits vorhandene Vorentscheidungen, rechtliche Vorgaben oder Sachzwänge vorenthalten werden – denn kaum ein Planungs- oder Genehmigungsverfahren ist in einem fortgeschrittenen Planungsstadium jemals faktisch oder auch nur im Rechtssinne völlig voraussetzungslos oder ergebnisoffen.

IV. Verfahrenstechnische Befriedungspotentiale und ihre Grenzen

Insgesamt deutet jedoch die Analyse des bestehenden Rechts und der praktischen Vollzugserfahrungen wohl darauf hin, dass die wesentlichen noch nicht ausgeschöpften Befriedungs- und Akzeptanzförderungspotentiale keineswegs in der immer noch weitergehenden *quantitativen* Ausweitung der förmlichen Öffentlichkeitsbeteiligung oder in der Verankerung zusätzlicher Prüfpflichten, sondern vielmehr in der *qualitativen* Verbesserung der Verfahrensgestaltung liegen könnten. Gerade im Bereich der Kommunikation dürfte auch im Zusammenhang mit dem Vorhaben „Stuttgart 21" nicht nur auf Landesebene mancher Fehler begangen worden sein.

1. Zu den wechselseitigen Aufgaben von Verwaltung und Politik

Mit der Nutzung dieser Akzeptanzförderungspotentiale würde dem Verwaltungsverfahren nunmehr freilich explizit eine Funktion zugewiesen, die es bislang

[52] Vgl. ganz beispielhaft BVerwG NVwZ 2003, 1263; *Steinberg* (Fn. 33), S. 114; *Durner* (Fn. 40), S. 216 ff. m. w. N.; vgl. aber zuletzt *Rojahn* NVwZ 2011, 654 (659), der gebiets- oder parzellenscharfe Standortfestlegungen durch die Raumordnung auch nach der Rechtsprechung des BVerwG für unzulässig hält.

zumindest aus der Sicht des Rechts allenfalls als untergeordneten Nebenzweck erfüllt hat. Auch wenn im Schrifttum dem Verwaltungsverfahren schon bislang Funktionen wie Befriedung und Schaffung von Akzeptanz, bisweilen sogar demokratische Gehalte zugewiesen wird,[53] dient dieses nach der bisher Gesetzgebung und Rechtsprechung prägenden Sicht doch in erster Linie dem Erlass eines recht- und zweckmäßigen Verwaltungsaktes oder dem Abschluss eines recht- und zweckmäßigen öffentlich-rechtlichen Vertrages. Insoweit kann aber letztlich kaum Zweifel bestehen, dass das geltende Verfahrensrecht diese Aufgaben insgesamt trotz der erheblichen Verschärfungen durch die erwähnten Beschleunigungsnovellen[54] weiterhin sachgerecht erfüllt – insbesondere auch im Falle von „Stuttgart 21" erfüllt hat[55] – und ebenso den Erfordernissen demokratischer Legitimation hinreichend gerecht wird.[56]

Mit den nunmehr geplanten Neuerungen will der Gesetzgeber demgegenüber erstmalig ganz bewusst erreichen, dass Einwendern und Betroffenen im und durch das Verwaltungsverfahren zusätzlich die Sinnhaftigkeit der verfahrensgegenständlichen Projekte vermittelt, Widerstände überwunden und Zustimmung geschaffen werden. Das Verwaltungsverfahren soll dazu führen, dass Infrastrukturvorhaben, Energiefreileitungen, FFH-Gebiete und andere Großprojekte nicht nur rechtmäßig und rechtssicher zugelassen werden, sondern auch tatsächlich verwirklicht werden können und nicht an dem Protestpotential der Bevölkerung scheitern. Überspitzt gesagt erwartet die Politik, dass die Zulassungsbehörden ihr den „Wutbürger" möglichst weit vom Leibe halten. Sie knüpft dabei in der Sache an über 40 Jahre alte Überlegungen des Systemtheoretikers *Niklas Luhmann* an, der dem Verfahren aus Sicht der Rechtssoziologie tatsächlich vor allem die Funktion zugesprochen hat, die faktische Hinnahme der Endentscheidung durch alle Betroffenen sicherzustellen.[57]

Vor allzu hohen Erwartungen ist dabei freilich zu warnen. Bereits bislang haben die zusätzlich eingeführten Beteiligungsschritte die Widerstände gegen Großvorhaben nicht nennenswert vermindert. *Luhmann* hat dies damit erklärt, dass es bei bloßen Zweckprogrammen – und Großvorhaben fallen unter diese Kategorie – nicht möglich sei, der Verwaltung „die politische Mitverantwortung für die wohlwollende Aufnahme ihrer Entscheidungen durch das Publikum" zuzuschieben"; diese Legitimationsleistung müsse das politische System vielmehr selbst erbringen.[58] In der Tat würde die Aufgabe der Bewältigung umwelt- oder infrastrukturpolitischer Grundsatzkonflikte die Leistungsfähigkeit des Verwaltungsverfahrensrechts unweigerlich überspannen. So sind auch die Proteste gegen „Stuttgart 21"

---

[53] Vgl. dazu bilanzierend *Schmidt-Aßmann,* in: Isensee/Kirchhof, Handbuch des Staatsrechts, Bd. V, 3. Aufl. 2007, § 109 Rn. 33 ff.; skeptisch *Debus,* in: GfU, Dokumentation zur 32. wissenschaftlichen Fachtagung 2008, 2009, S. 185 (188 ff.).

[54] Auf deren negative Auswirkungen für die Beteiligung der Betroffenen und der Verbände verweist besonders *Schmidt* ZUR 2011, 296 ff.

[55] Dies bescheinigt dem Verfahren das Urteil des VGH Mannheim VBlBW 2007, 143 ff.; vgl. weiter *Schönenbroicher* Publicus 2010.2, 4 ff.

[56] *Wittreck* ZG 2011, 209 (211 ff.).

[57] *Luhmann,* Legitimation durch Verfahren (1969), 3. Aufl. 1978, dort auf S. 55 ff. vor allem für das Gerichtsverfahren, aber auf S. 201 ff. auch für Verfahren der Verwaltung dargestellt; vgl. zu dieser oft verkannten Hauptaussage des Werks zuletzt *Pietzcker,* FS Scheuing, 2011, S. 374 f.

[58] *Luhmann* (Fn. 57), S. 209.

zunächst kein Problem des Verfahrensrechts, sondern der Infrastrukturpolitik und müssen als solche politisch ausgetragen und ausgehalten werden. Die erforderliche Überzeugungsarbeit muss letztlich die Politik und nicht die Verwaltung leisten.[59] Allerdings spricht nichts dagegen, im Zuge des Zulassungsverfahrens bestehende Verbesserungspotentiale zu nutzen und dabei dem Verfahren zusätzliche flankierende Zwecke zuzuweisen.

2. *Strategien zur Verbesserung der Kommunikation im Verfahren*

Tatsächlich bezieht sich ein erheblicher Teil der aktuellen Verbesserungsvorschläge zur Öffentlichkeitsbeteiligung nicht ausdrücklich auf eine Modifikation der rechtlichen Vorgaben, sondern vielmehr auf eine Verbesserung der Kommunikation im Rahmen der oder unabhängig von den bestehenden Verwaltungsverfahren.[60] So zielen etwa die Überlegungen des Städte- und Gemeindebundes in erster Linie auf eine Ausweitung der begleitenden Aufklärungs- und Informationsarbeit, die frühzeitige Offenlegung der Planungsunterlagen, ein Maximum an Transparenz und auf eine Verhandlungskultur, die sich an dem Ziel einer Herstellung von „Konsens unter Beteiligung der Bürgerinnen und Bürger" ausrichtet.[61] Diese Forderungen überschneiden sich mit den Prämissen der Theorie der „Verfahrensgerechtigkeit", die in den amerikanischen Debatten um „Environmental Justice" eine Schlüsselrolle spielt.[62] Solche Prämissen sind freilich leichter formuliert als umgesetzt. Bereits in den Diskussionen um eine frühe Bürgerbeteiligung vor 30 Jahren wurde jedoch darauf hingewiesen, dass die Defizite der bestehenden Beteiligungsverfahren vor allem in kommunikativen Vermittlungsproblemen bestehen: Die Betroffenen seien in frühen Stadien oft nicht hinreichend erkennbar, zu breit gestreut, zu einer hinreichenden Beteiligung nicht zu motivieren oder würden zeitlich weit entfernte Vorhaben trotz umfassender Aufklärung lange nicht als eigene Betroffenheit erleben.[63] Faktisch entwickelt ein Großteil der Betroffenen Widerstand gegen ein Vorhaben so im Grunde erst dann, wenn der Bagger gleichsam bereits vor der Tür steht. Als Gegenstrategie wurden namentlich im amerikanischen Schrifttum zahlreiche Vorschläge zur prozeduralen Schaffung von Konsens und frühzeitiger Akzeptanz u.a. durch die Anerkennung der Bedenken der Einwender und die Förderung gemeinsamer Tatsachenermittlung vorgelegt.[64] So werden in einem einschlägigen Band von *Lawrence Susskind* und *Patrick Field* die folgenden Kommunikationsstrategien als zentral ermittelt:

- Die Anerkennung der Bedenken der Einwender,
- die Förderung gemeinsamer Tatsachenermittlung,

---

[59] So zuletzt *Schwenn* FAZ v. 24.11.2011, S. 10.

[60] Vgl. etwa *Schink* (Fn. 22), S. 243 ff.; *ders.* DVBl 2011, 1377 ff.

[61] *Deutscher Städte- und Gemeindebund* (Fn. 18), S. 4.

[62] Näher *Kloepfer,* Umweltgerechtigkeit, 2006, S. 47 ff.; *Davy* Risk: Health, Safety & Environment 7 (1996), 99 (103 ff.).

[63] *Dienel,* in: Blümel (Fn. 34), S. 191 (192); ähnlich *Söfker* (Fn. 36), S. 101 f.

[64] Umfassend etwa *Susskind/McKearnan/Thomas-Larmer,* The Consensus Building Handbook, 1999, und dazu *Davy* ZfV 22 (1997), 190 f.; vgl. weiter *Dear* Journal of the American Planning Association 58 (1992), S. 291 ff.; *Davy* ÖS 21 (3–4) 1995, 34 (55 f.); *Susskind/Field* (Fn. 10); *Wulfhorst* (Fn. 48), S. 588 ff.; ein „Negativkatalog" findet sich bei *Uhlendahl* Angewandte Geographie 2011, 22 (27).

– die glaubwürdige Verpflichtung zur Entschädigung der Nachteile vor Ort,
– die Übernahme von Verantwortung und das Eingestehen von Fehlern,
– vertrauenswürdiges Auftreten und
– der Aufbau dauerhafter Beziehungen zu den Projektgegnern.[65]

Vergleichbare Überlegungen finden sich auch in soziologischen Veröffentlichungen u.a. der neueren „Akzeptanzforschung", die dem Staat das Wissen vermitteln soll, um beispielsweise die Technikaufgeschlossenheit der Bürger oder die Akzeptanz von FFH-Gebieten in der Bevölkerung zu steigern.[66] Gerade im Zusammenhang mit „Stuttgart 21" wurde vielfach auf die Bedeutung dieser und ähnlicher Kommunikationsstrategien verwiesen.[67] Insgesamt erweist sich die Optimierung der Kommunikation im Verfahren somit als multidisziplinäre Aufgabenstellung, die im Generaltitel dieser Tagung „Planen, Erklären, Zuhören" präzise und plastisch zum Ausdruck kommt.

3. Sinnhaftigkeit einer Verrechtlichung dieser Elemente?

Alles spricht dafür, dass vor dem Hintergrund schwindender Akzeptanz gegenüber zwar demokratisch legitimierten und rechtsstaatlich bestätigten, gleichwohl aber mit örtlichen Belastungseffekten verbundenen Großvorhaben künftig Vorhabenträger und ggf. auch die politischen Akteure gut beraten sein dürften, solche und ähnliche Optionen zur Schaffung von Akzeptanz für ihre Vorhaben wahrzunehmen. Aus jener *rechts*politischen Perspektiv, die der Tradition der Bitburger Gespräche entspricht, ist freilich die zentrale Frage, ob und wieweit entsprechende Verbesserungen des Verfahrensmanagements einer Verrechtlichung zugänglich sind oder zumindest durch geeignete normative Vorgaben flankiert werden könnten. Diese Frage ist aus Sicht einer Rechtswissenschaft, die den Gesetzgeber in zunehmendem Maße für die soziale Steuerung durch Recht zu sensibilisieren versucht,[68] *prima facie* offenbar genauso naheliegend zu bejahen wie aus Sicht einer Politik, die durch wahrnehmbare Gesetzgebung auch Handlungsbereitschaft dokumentieren will.

Relativ unproblematisch erscheint eine solche Verrechtlichung, soweit sie sich auf die Bereitstellung von Informationen bezieht. Ein augenfälliger Ansatzpunkt ist insoweit der verstärkte Einsatz des Internets zur Bereitstellung von Information über das Vorhaben, der in der Tat zu einem deutlichen Zugewinn an Bürgernähe und Transparenz im Verfahren führen kann.[69] Der ebenfalls im Infrastrukturplanungsbeschleunigungsgesetz[70] enthaltene Neuvorschlag eines § 27a

[65] *Susskind/Field*, Dealing with an Angry Public, 1996, S. 37 f.

[66] Vgl. ganz beispielhaft die im Auftrag des Bundesministeriums für Bildung, Wissenschaft, Forschung und Technologie erstellte Studie von *Baron*, Technikaufgeschlossenheit in Deutschland. Pragmatische Maßnahmen zur Förderung der Technikaufgeschlossenheit in Deutschland, 1997, oder die für das Bundesamt für Naturschutz erstellte Studie von *Sauer/Luz/Suda/Weiland*, Steigerung der Akzeptanz von FFH-Gebieten, 2005.

[67] *Harnischfeger* SZ v. 7.10.2010 (im Internet unter http://www.sueddeutsche.de/politik/stuttgart-ohne-kommunikation-ist-alles-nichts-1.1009123).

[68] Exemplarisch hierfür *Franzius*, in: Hoffmann-Riem/Schmidt-Aßmann/Voßkuhle, Grundlagen des Verwaltungsrechts, Bd. 1, 2006, S. 155 ff.

[69] So etwa Landesregierung Baden-Württemberg, 7-Punkte-Programm (Fn. 16), S. 2.

[70] Vgl. oben Fn. 27.

VwVfG knüpft insoweit an die bereits bestehenden Regelungen des Bauplanungs- und Immissionsschutzrechts in § 4a Abs. 4 BauGB und § 8 Abs. 1 Satz 1 der 9. BImSchV an und schreibt eine öffentliche Bekanntmachung des Vorhabens im Internet vor. Die Potentiale des Internet würden durch eine solche Regelung freilich bei weitem noch nicht ausgeschöpft; so wäre in diesem Zusammenhang denkbar, die Regelung über die Bekanntmachung des Plans in § 73 Abs. 1 und 2 sowie in § 76 VwVfG dahingehend zu modifizieren, dass die Pläne und Genehmigungsunterlagen nicht nur einmalig, sondern über die gesamte Dauer des Verfahrens und in jeweils aktueller Fassung einschließlich nachträglicher Tekturen im Internet zur Verfügung gestellt werden.

Im Hinblick auf weitergehende kommunikative Verfahrenshandlungen hingegen spricht eine Reihe von Erwägungen für eine gewisse gesetzgeberische Vorsicht:[71] Erstens ist darauf hinzuweisen, dass die Öffentlichkeits- und Überzeugungsarbeit der Politik und des Vorhabenträgers für ein bestimmtes Projekt jedenfalls verfassungsrechtlich keiner gesetzlichen Grundlage bedarf, sondern auch ohne normativen Auftrag möglich ist und im wohlverstandenen Interesse des Vorhabens in einigen Fällen schlechthin unabdingbar sein dürfte. Die gewaltigen Spielräume, die sich insoweit eröffnen,[72] würden durch formale gesetzliche Vorgaben tendenziell eher eingeengt als erweitert. So bedurfte das in Stuttgart durchgeführte Ad-Hoc-Schlichtungsverfahren keiner gesetzlichen Grundlage und gewann gerade durch seine Freiwilligkeit besondere Überzeugungskraft; zugleich ist zweifelhaft, ob eine solche Schlichtung generell als Verfahrensschritt vorgeschrieben werden sollte. Zweitens dürften sich die entscheidenden Faktoren einer gesetzlichen Fixierung ein Stück weit entziehen; „vertrauenswürdiges Auftreten" etwa lässt sich als solches durch Gesetz nur begrenzt erzwingen. Drittens stellt sich die Frage, ob die Zuweisung werbender kommunikativer Verfahrenspflichten an die im Planfeststellungsverfahren beteiligten Behörden überhaupt mit deren Funktion in einem rechtstaatlichen Zulassungsverfahren vereinbar wäre. Ein „Werben für das Projekt" im Kontext eines rechtstaatlichen Zulassungsverfahrens ist grundsätzlich allein die Aufgabe des Vorhabenträgers oder auch einer das Vorhaben befürwortenden Regierung, nicht aber der für die präventive Eröffnungskontrolle zuständigen Behörde oder gar der Gerichte, die ganz im Gegenteil grundsätzlich zur Distanz gegenüber dem Vorhaben und dem Vorhabenträger gehalten sind.[73]

Viertens müsste schließlich – dies wurde im Zusammenhang mit der Option einer Ausweitung der Alternativenprüfung bereits angesprochen – vor der Verankerung zusätzlicher Vorgaben zur Projektkommunikation auch stets kritisch bedacht werden, welche Bedeutung Verstöße gegen entsprechend vollmundig formulierte Vorgaben für die Rechtmäßigkeit der Planung haben könnten. Die Aufgabe der gerichtlichen Kontrolle kann jedenfalls nicht darin bestehen, am Ende auch noch zu überprüfen, ob der Staat die Bürger von einem Vorhaben überzeugt hat. Soweit die bereits vorliegenden Vorschläge vor diesem Hintergrund dem Vor-

---

[71] So auch *Wulfhorst* (Fn. 48), S. 586 f.

[72] Den Wert der verfahrenstechnischen Flexibilität unterstreicht auch die Fallstudie von *Brinckmann* ZUR 2010, 467 (469 ff.).

[73] Näher zu diesem Gesichtspunkt *Gärditz* GewArch 2011, 273 (276).

bild des § 214 Abs. 1 BauGB folgend Verstöße gegen die neu verankerten Kommunikationspflichten umgehend wieder für unbeachtlich erklären[74] oder die Pflicht von vornherein als „Obliegenheit" einstufen wollen,[75] stellt dies die Sinnhaftigkeit der Verrechtlichung als solcher in Frage.[76] Letztlich bedarf wohl die Frage, welche Rolle das Recht bei der Verbesserung der Kommunikation überhaupt effektiv spielen kann, noch weitergehender – auch interdisziplinärer – Erforschung.

V. Direkte Demokratie als Weg „aus der Sackgasse"

Ein zentrales kommunikatives Problem der seit Jahrzehnten vorangetriebenen Ausweitung der Öffentlichkeitsbeteiligung besteht darin, dass die immer stärkere Aufladung der förmlichen Verwaltungsverfahren durch partizipative Elemente aus Sicht der Einwender unweigerlich immer mehr den unzutreffenden Eindruck erzeugen muss, dass die verfahrensgegenständliche Planung oder Genehmigung in den entsprechenden Foren gleichsam ausgehandelt oder „basisdemokratisch" festgelegt werden könnte.[77] Dies ist nach geltender Rechtslage gerade nicht der Fall. Allerdings haben auch in den letzten Monaten zahlreiche Stimmen einmal mehr als Weg „aus der Sackgasse" eine Demokratisierung der Planung empfohlen[78] und dabei an jahrzehntealte Forderungen[79] angeknüpft. Spielarten solcher Vorschläge sind einerseits die Integration demokratisierender Elemente unmittelbar in den Planungsprozess – etwa durch eine Aufwertung des Erörterungstermins – und andererseits die grundsätzliche Entscheidung über die Verwirklichung von Großprojekten durch die Gesamtheit der Bürger im Vorfeld oder auch Anschluss an einen konkreten Planungsprozess.

Bekanntlich treffen bei der Bewertung unmittelbar-demokratischer Elemente generell und nicht nur in Deutschland sehr unterschiedliche Auffassungen aufeinander.[80] Speziell im Hinblick auf die Aufgabe der Planung bestehen zwei relativ grundlegende Einwände gegen eine solche Einführung basisdemokratischer Elemente: Erstens ist die Gruppe der Einwender in einem Verfahren oder der Anwesenden in einem Erörterungstermin nicht mit jenem Legitimationssubjekt „Volk" identisch, das dem verfassungsrechtlichen Demokratieprinzip zu Grunde liegt.[81] Die in den 70ern offen vertretene These der damaligen Bürgerinitiativbewegung,

[74] So der Vorschlag eines neuen § 73a VwVfG zur vorgezogenen Öffentlichkeits- und Behördenbeteiligung durch *Stüer/Buchsteiner* UPR 2011, 335 (341), dessen Absatz 3 Satz 2 relativierend vorsieht: „Für die Rechtswirksamkeit des Planfeststellungsverfahrens ist die vorgezogene Öffentlichkeits- und Behördenbeteiligung nicht beachtlich."

[75] Vgl. oben in und bei Fn. 27.

[76] Vgl. bereits *Durner* (Fn. 40), S. 327 m. w. N.

[77] Vgl. bereits *Blümel* (Fn. 34), S. 23 ff.

[78] So etwa *Fischer* Wochenbericht des DIW Berlin Nr. 51–52/2010 S. 19 ff.; vgl. die weiteren Nachweise oben in Fn. 13.

[79] Vgl. die Nachweise oben in Fn. 33.

[80] Vgl. etwa zuletzt ganz beispielhaft die kritische Stellungnahme bei *Krause,* in: Isensee/Kirchhof, Handbuch des Staatsrechts, Bd. III, 3. Aufl. 2005, S. 55 ff. m. w. N., und demgegenüber aus den USA die Argumente für eine Ausweitung durch *Barber,* Strong Democracy, 1984; vermittelnde Vorschläge zuletzt etwa bei *Patzelt* FAZ v. 3.6.2011, 9.

[81] Näher *Gärditz* (Fn. 73), S. 275.

der „Grad an Sach- und Zusammenhangswissen, auf den man in jenen Regionen trifft, die als Standorte gefürchteter großtechnologischer Projekte ausersehen sind“, rechtfertige ein erhöhtes „Gewicht der politischen Mitsprache“, und die „Bewohner um Wyhl und Gorleben“ seien letztlich „ideale ‚Repräsentanten' der Gesamtbevölkerung“ und einer „Haltung, welche einer verantwortungsbewussten, wachen Mehrheit eigentlich zukäme“,[82] läuft letztlich auf die Aufkündigung des Prinzips demokratischer Gleichheit unter dem Anspruch vermeintlicher politischer Wahrheitsansprüche hinaus.[83]

Ein zweiter Einwand verweist auf die hohe Technizität von Großprojekten und das mittlerweile immer komplexere Geflecht des maßgeblichen Planungs- und Genehmigungsrechts, insbesondere die diffizilen Anforderungen des Abwägungsgebots, die beide tendenziell für eine genuin demokratische Willensbildung derart wenig Raum belassen, dass die Optionen einer „Demokratisierung der Planung“ und einer „rechtsstaatlichen Planung“ von vornherein in einem Spannungsverhältnis stehen.[84] Zwar ist es grundsätzlich möglich, die Anforderungen des Abwägungsgebots in einem parlamentarischen Gesetzgebungsverfahren durch die Einschaltung von Ausschüssen in die Sachverhaltsermittlung abzuarbeiten.[85] In eine Volksabstimmung lassen sich Abwägungsfragen jedoch kaum angemessen integrieren. Ebensowenig steht die Planung zur Disposition der mehr oder weniger zufälligen Mehrheiten im Rahmen eines Erörterungstermins; dies sollte in den entsprechenden Verfahren auch offen vermittelt werden, um keine falschen Erwartungen zu erzeugen.

Beide Einwände führen freilich nicht dazu, dass im Gesamtsystem der staatlichen Willensbildung, das der Verwirklichung von Großprojekten dient, überhaupt Raum für basisdemokratische Elemente bleiben würde. Vielmehr könnten in den Bundesländern, deren Verfassungsordnung dies zulässt, schon heute zumindest die den entsprechenden Projekten gegebenenfalls zu Grunde liegenden Finanzierungsentscheidungen der Länder zum Gegenstand von Volksentscheiden gemacht werden. Ob das geltende Landesverfassungsrecht solche Volksentscheide derzeit bereits ermöglicht und ob die entsprechenden Möglichkeiten ausgedehnt werden sollten, wird derzeit intensiv diskutiert.[86] Prominentes Beispiel für diesen Ansatz war die umstrittene Volksabstimmung über das Stuttgart-21- „Ausstiegsgesetz“ in Baden-Württemberg[87] Solche Volksentscheide würden sich zwar bereits auf konkretisierte Planungen beziehen, jedoch gerade nicht politische Willensbildungen an die Stelle konkreter gesetzesgebundener Planungsentscheidungen setzen. Zugleich würde sich das Problem einer mangelnden demokratischen Legitimität nicht stellen, denn berechtigt zur Teilnahme an solchen

[82] *Guggenberger,* in: ders./Offe, An den Grenzen der Mehrheitsdemokratie, 1984, S. 207 (213).
[83] Deutlich *Möllers,* Demokratie – Zumutungen und Versprechen, 2008, S. 80.
[84] Grundlegend dazu *Blümel* (Fn. 34); ähnlich in der jüngeren Debatte etwa *Böhm* (Fn. 48), S. 617; *Gärditz* (Fn. 73), S. 274 f.; *Ewer* NJW 2011, 1328 (1329 ff.); *Schink* (Fn. 60), S. 1385; *Steinberg* (Fn. 33), S. 348 f.; *Wulfhorst* (Fn. 48), S. 585 f.
[85] Vgl. dazu die Aussagen in der grundlegenden Entscheidung zur „Südumfahrung Stendal“ BVerfGE 95, 1 (3 ff. und 23 ff.).
[86] *Groß* DÖV 2011, 510 (513 f.); *Wittreck* (Fn. 56), S. 223 f.
[87] Vgl. zur umstrittenen Frage der Zulässigkeit dieses Volksentscheids *Stüer/Buchsteiner* (Fn. 74), S. 337 f. m. w. N.

Abstimmungen wären ebenjene Aktivbürger, die durch ihre Steuergelder die entsprechenden (Teil-)Finanzierungen zu erbringen haben.

Schließlich spricht vieles dafür, dass Elemente direkter Demokratie die Durchführung von Großprojekten insgesamt eher erleichtern als erschweren:[88] Empirische Untersuchungen in der Schweiz haben jedenfalls gezeigt, dass sowohl in eidgenössischen als auch in 102 kantonalen Abstimmungen zu verkehrspolitischen Vorhaben die Behörden sich mit ihren Planungen regelmäßig durchzusetzen vermögen und dass der Ausgang der Abstimmungen im Wesentlichen von dem „Ausmaß der Unterstützung durch die politische Elite" und von den konkreten Vorschlägen von Bundesrat und Parlament abhängt – sofern es diesen gelingt, ihre Planungen dem Wahlvolk verständlich zu machen.[89] Die infrastrukturbezogenen Referenden in der Schweiz schaffen also zwar für ebenjene Eliten den heilsamen Zwang zur Begründung ihrer Planabsichten, entlasten dann aber die eigentlichen Genehmigungsverfahren und die Realisierungsprozesse. Auch in anderen europäischen Nachbarländern, beispielsweise in Dänemark, gelingt es durch demokratische Mechanismen – in diesem Falle durch eine Behandlung der gegen das Vorhaben erhobenen Einwendungen im dänischen Parlament und den anschließenden Erlass eines Maßnahmengesetzes[90] –, die Widerstände gegen Großvorhaben offenbar insgesamt besser zu bewältigen als in Deutschland.

Auch wenn diese im Kontext völlig anders ausgestalteter politischer Gesamtsysteme gesammelten Erfahrungen sicher nicht ohne Weiteres Geltung für die Bundesrepublik beanspruchen können, spricht daher manches dafür, von den bereits nach geltendem Landesverfassungsrecht bestehenden Möglichkeiten, Volksabstimmungen auch im Hinblick auf die Finanzierung konkreter Verkehrsprojekte durchzuführen, durchaus stärkerer Gebrauch zu machen, wie es die neue Landesregierung von Baden-Württemberg ja auch beabsichtigt. Überhaupt sollten wir einen genaueren Blick auf Staaten wie die Schweiz oder auch Dänemark werfen, die die Widerstände gegen Großvorhaben mit demokratischen Mechanismen tendenziell offenbar besser bewältigen als wir. Einer Modifikation der die eigentliche Planungsentscheidung tragenden Verwaltungsverfahren bedürfte es hierfür jedoch nicht. Im Kontext von direkter Demokratie und Finanzierungsfragen auftretende Streitfragen,[91] die sich aus dem begrenzten Anwendungsbereich, den oftmals wenig präzise formulierten Finanzvorbehalten des Landesverfassungsrechts[92] und aus Art. 28 GG ergeben,[93] wären dabei gegebenenfalls im Finanzverfassungsrecht

[88] *Kirchgässner* NZZ v. 12.1.2011 (im Internet unter http://www.nzz.ch/nachrichten/startseite/lehrreicher_kontrast_zwischen_stuttgart_21_und_neat_1.9067016.html).

[89] *Maibach,* Akzeptanz der schweizerischen Verkehrspolitik bei Volksabstimmungen und im Vollzug, 2000.

[90] Vgl. dazu die rechtsvergleichenden Ausführungen in: Bundesministerium für Verkehr, Bau und Stadtentwicklung, Eine feste Fehmarnbeltquerung und die Umwelt. Umweltkonsultationsbericht, 2006, S. 107 f.

[91] Eingehend dazu *Neumann,* Sachunmittelbare Demokratie, 2009, S. 391 ff. Besonders interessant erscheint die Frage, inwieweit auch die *Ablehnung* eines ausgabenintensiven Planungsprojekts durch das Volk in die Budgethoheit des Parlaments eingreifen kann.

[92] Vgl. nur *Gärditz* (Fn. 73), S. 278; *Groß* (Fn. 86), S. 515; *Günther,* in: Heusch/Schönenbroicher, Landesverfassung Nordrhein-Westfalen, 2010, Art. 68 Rn. 7 f. und *Muhle/Lontzek* NordÖR 2007, 227 ff.; weitere Nachweise bei *Krause* (Fn. 80), S. 76 in Fn. 124.

[93] Näher *Selmer/Hummel* NordÖR 2009, 137 (141 f.).

der Länder zu lösen und sind jedenfalls nicht Gegenstand des hier thematisierten Verwaltungsverfahrensrechts.

VI. Die Überschätzung des Verfahrensrechts und die Bedeutung materieller Faktoren

Die für die Politik in mancher Hinsicht traumatisierenden Erfahrungen in Stuttgart haben zu sehr grundsätzlichen Diskussionen über die Verbesserung förmlicher Verwaltungsverfahren geführt. Bei alledem sollte freilich abschließend auch gefragt werden, ob nicht sowohl in den früheren als auch den aktuellen Debatten die reale Bedeutung und Befriedungskraft des Verfahrensrechts erheblich überschätzt wird.[94] Bereits der gesamten Beschleunigungsdebatte lag die eher realitätsferne Annahme zugrunde, eine radikale Reform des maßgeblichen Verfahrensrechts berge gewaltige Potentiale sowohl zur Beschleunigung der Verwirklichung von Großvorhaben als auch zur Bewältigung sämtlicher durch ein Vorhaben aufgeworfener Konfliktlagen. Diese Vorstellung steht in auffälligem Kontrast zu der in der Praxis wohl vorherrschenden Einschätzung, dass – jedenfalls seit den Beschleunigungsnovellen des letzten Jahrzehnts – zeitaufwendig weniger die Vornahme der vorgeschriebenen Verfahrenshandlungen als die Abarbeitung der substantiellen rechtlichen Anforderungen ist und dass vor allem die Planprozesse selbst und die Einarbeitung ständig neuer und vertiefter Erkenntnisse Zeit beanspruchen. Die Tatsache etwa, dass bei den meisten Großvorhaben zwischen dem Abschluss des Raumordnungsverfahrens und der Einleitung des Planfeststellungs- oder Genehmigungsverfahrens wie auch in Stuttgart mehrere Jahre verstreichen, erklärt sich offenkundig nicht aus verfahrensrechtlichen Defiziten, auch wenn das Verfahrensrecht regelmäßig als Sündenbock für unüberlegte Planungsentscheidungen, Zeitverluste im Verfahrensmanagement, fehlende Finanzmittel oder mangelnde politische Unterstützung herhalten muss. Entsprechendes gilt für gesetzlich sicherlich nicht geforderte Materialorgien wie das 18.000 Seiten umfassende Protokoll des Erörterungstermins für den Ausbau des Frankfurter Flughafens.[95] Umgekehrt lässt sich außerhalb der Idealwelt herrschaftsfreier Diskurse auch bei Einsatz der subtilsten Kommunikationstechniken kaum vermeiden, dass jedes Großvorhaben auch zu spezifischen Belastungen führt, Verlierer erzeugt und dass sich z. B. mancher Schallbetroffene auch gegenüber gemeinnützigen Vorhaben nicht mit Lärmschutzfenstern nach Maßgabe der 16. Verordnung zum Bundes-Immissionsschutzgesetz abfinden will. Diese Gesichtspunkte kommen in den aktuellen Debatten mit ihrer nahezu ausschließlichen Fixierung auf das Verfahrensrecht deutlich zu kurz. Für den Betroffenen zählt am Ende eben doch vor allem das Ergebnis und weniger der Entscheidungsprozess.[96]

Maßgebliche Faktoren für die Dauer von Genehmigungsverfahren sind vor allem die Anforderungen des Fachrechts – etwa die Pflicht zur Durchführung von FFH-Alternativenprüfungen und sonstigen Umweltprüfungen – und das Konflikt-

[94] Vgl. dazu auch *Hufen,* GS für Kopp, 2007, S. 39 (46 f.).
[95] Vgl. dazu *von Knebel* ZUR 2011, 351 (353).
[96] So zu Recht *Fehling* (Fn. 22), S. 283.

potential für betroffene Dritte – beispielsweise durch Lärm, visuelle Beeinträchtigungen und vor allem durch grundstücksbezogene Werteinbußen. Eine wichtige Rolle spielen aber ebenso die Personalausstattung beim Vorhabenträger und bei der Zulassungsbehörde sowie die Einspielung und Optimierung der Arbeitsprozesse.[97] Für die Akzeptanz einer Entscheidung bei den Betroffenen hingegen kommt es nicht allein auf die Vermittlung der Sinnhaftigkeit des Vorhabens, sondern ebenso auf die finanziellen Spielräume an, um solche Betroffenheiten etwa durch Schallschutzmaßnahmen, Erdverlegungen von Leitungen oder finanzielle Ausgleichsmechanismen ein Stück weit abzufedern.[98] Reformbedarf für die Planfeststellung besteht wohl in erster Linie im Hinblick auf solche Rahmenbedingungen, die durch Verfahrensrecht nur schwer zu beeinflussen sind.

[97] Vgl. dazu im Zusammenhang mit der Energienovelle 2011 den in der Begründung des Regierungsentwurfs, BT-Dr 17/6073, S. 21 auf stolze 240 Stellen bezifferten Personalbedarf und dazu z.T. kritisch *Moench/Ruttloff* (Fn. 30), S. 1045; *Sellner/Fellenberg* (Fn. 30), S. 1033.

[98] Vgl. auch hierzu *Steinberg* (Fn. 33), S. 350.

WILFRIED ERBGUTH

Rechtsregime für Energienetze im Zeichen des NABEG: ergänzende Anmerkungen

I. Einleitung

In Zeiten der (bundesdeutschen) Energiewende[1] geht es vornehmlich um den Ausbau der Offshore-Windkraftanlagen in der Nord- und Ostsee und die Sicherung der Trassen für den Transport der dort gewonnenen Energie nach Süden. Zu Letzterem ist Mitte des letzten Jahres das sog. NABEG (Netzausbaubeschleunigungsgesetz Übertragungsnetz) als Art. 1 des Gesetzes über Maßnahmen zur Beschleunigung des Netzausbaus Elektrizitätsnetze[2] erlassen worden, das eine Bundesfachplanung für die Trassenkorridore der Höchstspannungsleitungen vorsieht (§§ 4 ff. NABEG) und nachfolgende Planfeststellungen für deren Errichtung (§§ 18 ff. NABEG).

Das Gesetz hat überwiegend positive Einschätzungen, aber auch Kritik erfahren.[3] Es geht dabei um grundsätzliche Problemlagen, wie diejenigen der zugrunde gelegten Gesetzgebungs- und Verwaltungskompetenzen, solche der Systemgerechtigkeit im Verhältnis zum Raumordnungsrecht oder jene zum Umfang der Weisungsunterworfenheit der Bundesnetzagentur, die nach dem NABEG zuständig für die Bundesfachplanung ist und der im Wege des Verordnungserlasses auch die Zuständigkeit der Länder für die Planfeststellung übertragen werden kann.

II. Hauptteil

Zu alldem soll nicht erneut Stellung bezogen werden,[4] wohl aber zu Rechtsfragen betreffend die Verwaltungskompetenz des Bundes für besagte Planfeststellung

[1] Näher zu den Hintergründen und den – ehrgeizigen – Zielen etwa *Appel* UPR 2011, 406 (406).

[2] v. 28.7.2011, BGBl. I S. 1690; zum insoweit eiligen und zugleich schwierigen Gesetzgebungsverfahren, insbesondere mit Blick auf die Zuständigkeit einer Bundesbehörde (Bundesnetzagentur) für das Planfeststellungsverfahren vgl. *Grigoleit/Weisensee* UPR 2011, 401 (401); vorher: Gesetz zur Neuregelung energiewirtschaftlicher Vorschriften v. 26.7.2011, BGBl. I S. 1554. Zum weiteren rechtlichen Hintergrund der Energiewende *Moench/Ruttloff* NVwZ 2011, 1040 (1040); Darstellung der Gesetzesinhalte bei *Wagner* DVBl 2011, 1453 (1454 f.); zum NABEG auch *Beckmann* VR 2011, 365, unter Hervorhebung der bußgeldrechtlichen Vorschriften des Gesetzes und ihrer Durchsetzung, 366 ff.

[3] Vgl. *Durner* DVBl 2011, 853; *Schmitz/Jornitz* NVwZ 2012, 332; *Grigoleit/Weisensee* UPR 2011, 401; *Moench/Ruttloff* NVwZ 2011, 1040; *Appel* UPR 2011, 406; *Greinacher* UPR 2011, 305; *Kment* RdE 2011, 341 (344); *Mikesic/Strauch* RdE 2011, 347; *Sellner/Fellenberg* NVwZ 2011, 1025; *Wagner* DVBl 2011, 1453; bereits Positionspapier Nr. 88 der *Akademie für Raumforschung und Landesplanung* (ARL) „Raumordnerische Aspekte zu den Gesetzentwürfen für eine Energiewende", Juli 2011.

[4] Vgl. *Erbguth* DVBl 2012, 325; *ders.* NVwZ 2012, 326.

(dazu unter II. 2. a), den diesbezüglichen Zuständigkeitstransfer auf die Bundesnetzagentur durch Verordnungserlass (dazu unter II. 2. b), den Rechtsschutz gegen die Bundesfachplanung durch „atypische" Feststellungsklage (dazu unter 3.) – und zu den Konsequenzen des bevorstehenden Erlasses einer EU-Verordnung betreffend europaweite Energiekorridore für das Regelungskonzept des NABEG (dazu unter C.).

Dem seien allerdings, gleichsam als Grund(lage) für Trassenführung und Errichtung besagter Energieleitungen, Hinweise zum raumordnungsrechtlichen Regime für den Ausbau der Windenergie zu Wasser vorausgeschickt (dazu unter I.).

1. Raumordnerische Steuerungsmöglichkeiten beim Ausbau der Offshore-Windenergie

Kompetenz und Reichweite raumordnerischer Einwirkungen auf die Ansiedlung von Windenergieanlagen zu Wasser können in relativer Kürze abgehandelt werden. Zwar handelt es sich beim maritimen Bereich noch um ein relativ junges Einsatzfeld der Raumordnung; gleichwohl gibt es hiermit bereits praktische Erfahrungen[5] und entsprechende rechtliche Grundlagen sind ebenfalls vorhanden – wenngleich nicht unumstritten.[6] Dergestalt lediglich skizziert ergibt sich Folgendes:

Die (deutschen) Küstenbundesländer haben in der 12-Seemeilenzone des Küstenmeers, das seiner Gebietshoheit unterfällt,[7] prinzipiell dieselben raumordnerischen Befugnisse wie zu Land, lediglich völkerrechtlich durch das Seerechtsübereinkommen der Vereinten Nationen zugunsten der friedlichen Durchfahrt von Drittstaaten eingeschränkt. Instrumentell gilt Entsprechendes, sodass neben der Aufstellung von Raumordnungsplänen etwa der Einsatz des Raumordnungsverfahrens eröffnet ist. Im Rahmen der Raumordnungsplanung kann zudem von den gebietskategorialen Ausweisungen des § 8 Abs. 7 ROG Gebrauch gemacht und können damit für Windenergieparks Vorrang-, Vorbehalts-, Eignungsgebiete und auch die sog. Kombinationsgebiete nach § 8 Abs. 7 S. 2 ROG festgesetzt werden, dies alles natürlich nach Maßgabe rechtsstaatsgerechter Abwägung.

Dass zu Wasser nicht sämtliche Festlegungen, die terrestrisch Verwendung finden, „passen", insbesondere nicht solche zur Siedlungsstruktur,[8] beruht auf Besonderheiten des Planungsgegenstandes Meer und stellt die hierauf gerichtete raumordnerische Planbarkeit nicht prinzipiell in Frage; das gilt auch für die Einsetzbarkeit der die hochstufige Planungsebene konkretisierenden Regionalplanung.[9] [10] Allerdings zieht bespw. das niedersächsische Modell der Regionalplanung in Trägerschaft der Kreise (bzw. kreisfreien Städte) jedenfalls gegenwärtig einen Ausschluss der Aufstellung von Regionalplänen im Küstenmeer nach sich:

[5] Dazu *Erbguth* DÖV 2011, 373 (378) m. Fn. 59.

[6] Ebda., auch zum Nachfolgenden.

[7] Dazu etwa *Schubert,* Rechtliche Aspekte der maritimen Raumordnung unter besonderer Berücksichtigung der Fischerei, in: Lukowicz/Hilge (Hrsg.), Maritime Raumordnung – Interessenkonflikt mit der Fischerei oder Werkzeug für das Management, 2009, S. 47, 53 ff.

[8] Zur diesbzgl. Ausweisung § 8 Abs. 5 S. 1 Nr. 1 ROG, § 3 Abs. 2 Nr. 1 NROG.

[9] Vgl. § 8 Abs. 3 NROG.

[10] Vgl. etwa *Erbguth* (Fn. 5), 374; gegen einen Ausfall der Regionalplanung wegen deren kommunalverbandlicher Organisation *ders.* DV 42 (2009), 179 (191 f.).

Da die Kreise die Aufgabe als Angelegenheit des eigenen Wirkungskreises, also als Selbstverwaltungsaufgabe, wahrnehmen,[11] fehlt den an die Nordseeküste angrenzenden Kreisen die Gebietshoheit im fraglichen maritimen Bereich.[12] Abhilfe könnte nur eine Inkommunalisierung der seewärtigen Flächen schaffen. Anders sieht es hingegen bei der Durchführung von Raumordnungsverfahren aus. Hier agieren die Kreise als untere Landesplanungsbehörden im übertragenen, mithin staatlichen Aufgabenbereich.[13] Staats-, also (auch) Landesgebiet ist das Küstenmeer – sodass dementsprechend Gebietshoheit besteht.

Anzufügen bleibt, dass einerseits infolge europäischen und absehbar wohl auch unionsrechtlichen Drucks die maritime Raumordnung weiter aufgewertet werden wird, dies im Sinne der Harmonisierung im Verhältnis der Mitgliedstaaten und unter Ausrichtung der raumordnerischen Beschäftigung mit dem Umweltschutz auf den Ökosystemschutz,[14] nicht aber durch Hochzonung der Raumordnung auf europäische Ebene. Andererseits dürfte besagte Harmonisierung durch die Aufteilung der raumordnerischen Verantwortung zwischen Bund und Ländern in der (deutschen) AWZ einerseits und im Küstenmeer andererseits ebenso erschwert werden wie die innerstaatliche raumordnerische Abstimmung zwischen beiden (völkerrechtlich bedingten) Meeresteilen.[15]

2. Höchstspannungsleitungen: Trassensicherung und Errichtung nach dem NABEG

a) Planfeststellung als zentrale Aufgabe, Art. 87 Abs. 3 S. 1 GG?

Was die der Bundesfachplanung nachfolgende Planfeststellung für die Errichtung und den Betrieb von Leitungen u.ä.m. nach § 18 ff. NABEG und die Frage einer diesbezüglichen Bundeskompetenz (nach Art. 87 Abs. 3 S. 1 GG), die angesichts des durch §§ 2 Abs. 2, 31 Abs. 2 NABEG angelegten Aufgabentransfers auf die Bundesnetzagentur virulent wird, anbelangt, so wird dies nicht als gesamtstaatliche und entsprechend zentral zu erledigende Aufgaben i. S. d. Art. 87 Abs. 3 S. 1 GG verstanden werden können; das zeigen deren kleinräumiger(er) Zuschnitt sowie der Umstand, dass hierfür bislang die Länder zuständig waren[16] und nach dem NABEG auch (noch) sind.

Dem lässt sich zum einen nicht mit der prognostischen Unterstellung begegnen, der Bundesnetzagentur werde nur eine überschaubare Zahl an Planfeststellungs-

---

[11] Vgl. § 26 Abs. 1 S. 2 NROG.

[12] Vgl. auch § 26 I 1 NROG, wonach die Landkreise (und kreisfreien Städte) Träger der Regionalplanung *für ihr Gebiet* sind. Das Gebiet des LK besteht nach § 23 I 2 NKomVG aus den Gebieten der kreisangehörigen Gemeinden und den zum Landkreis gehörenden gemeindefreien Gebieten. Zu Letzteren gehören wiederum keine Flächen des Küstenmeeres: http://de.wikipedia.org/wiki/Liste_der_Städte_und_Gemeinden_in_Niedersachsen. Anhand der Gemeinden *Erbguth,* FG für Peter Ehlers zum 65. Geburtstag, 2010, S. 83 (96 ff.).

[13] Vgl. §§ 25 Abs. 4 Nr. 2, 24 Abs. 1 S. 1 Hs. 1 NROG.

[14] Dazu *Erbguth* (Fn. 5) 377 f.; allg. zum europäischen Raumordnungsrecht insoweit *Erbguth/ Schubert* AöR 137 (2012), 72.

[15] *Erbguth* (Fn. 5), 380 f.

[16] Zu letzterem Gedanken allg. *Durner* DV 2011, 853 (857) unter Hinweis auf BVerfGE 110, 33 (49 f.); eingehend insoweit *ders.* NuR 2012, 369 (375); das überinterpretierend *Appel* UPR 2011, 406 (411).

verfahren nach § 2 Abs. 2 NABEG übertragen – schon deshalb nicht, weil ein gänzlicher Aufgabentransfer nach § 2 Abs. 2 NABEG ohne Weiteres eröffnet ist.[17] Argumentativ noch weniger tragfähig erscheint die eingebrachte Hoffnung auf eine die Länder nicht unzulässig in Anspruch nehmende Praxis der Bundesnetzagentur.[18]

In Anbetracht dessen erscheint der durch § 31 Abs. 2 i. V. m. § 2 Abs. 2 NABEG ermöglichte Aufgabentransfer der Zuständigkeit für die Planfeststellung auf die Bundesnetzagentur angesichts der zentralstaatlichen Maßgabe des Art. 87 Abs. 3 S. 1 GG kompetenzrechtlich bedenklich.[19]

b) Zuständigkeitstranfer auf die Bundesnetzagentur durch Rechtsverordnung

aa) Gesetzesvorbehalt?

Strittig ist ferner, ob die durch Verordnungserlass eröffnete Verlagerung der (Länder-)Zuständigkeit für die der Bundesfachplanung folgenden Planfeststellungsverfahren auf die Bundesnetzagentur mit dem institutionellen Gesetzesvorbehalt des Art. 87 Abs. 3 S. 1 GG zu vereinbaren ist.[20] Dieser gilt nach überwiegender Auffassung nicht nur für die Errichtung einer neuen Bundesverwaltungsstelle, sondern auch für den sachlich nicht anders zu beurteilenden Fall der Übertragung neuer Aufgaben auf eine schon vorhandene Bundesbehörde[21] – wie es nach § 2 Abs. 2 (i. V. m. § 31 Abs. 2) NABEG der Fall ist.

Der damit nahe liegenden Kollision mit der verfassungsrechtlichen Vorgabe kann der (fehlende[22]) föderative Schutzgedanke nicht entgegengehalten werden,[23] schon weil es darum bei S. 1 des Art. 87 Abs. 3 GG nicht geht.[24] Ferner dürfte es nicht weiterführen, anhand der Gesetzesmaterialien zu konstruieren, dass der fragliche Transfer zum Bund bereits Grundlage der fraglichen Gesetzgebung war, es also nur noch um die Einzelheiten der Zuständigkeitsverlagerung gehe,[25] bei denen es eines formellen Gesetzes nicht bedarf.[26] Dem steht der eindeutige Wortlaut des § 2 Abs. 2 NABEG entgegen, wonach es im Gegensatz zum Gesetzentwurf, der von einer originären Zuständigkeit der Bundesnetzagentur für das

---

[17] Auch in Fn. 29; das ignorierend *Appel* UPR 2011, 406 (412).

[18] So aber *Appel,* ebda.

[19] Ähnlich *Moench/Ruttloff* NVwZ 2011, 1040 (1041); anders wohl die überwiegende Auffassung, etwa *Grigoleit/Weisensee* (Fn. 3), 402, freilich unter wenig tragfähigem Hinweis auf die Verwobenheit der Planfeststellung mit der Bundesfachplanung (weil die höhere Komplexität im großräumigen Bezugsrahmen eben durch Letztere abgearbeitet wird – was Sinn jeglicher horizontalen Entscheidungsstufung ist); ähnlich *Schmitz/Jornitz* NVwZ 2012, 332 (334): Synergieeffekte aufgrund der bisherigen Planungsstufen; *Kment* RdE 2011, 341 (342); *Sellner/Fellenberg* NVwZ 2011, 1025 (1032); *Mikesic/Strauch* RdE 2011, 347 (352 f.); zu undifferenziert *Appel* (Fn. 17), 412. Zu – weiteren – Bedenken gegenüber § 2 Abs. 2 NABEG vor dem Hintergrund von Art. 80 Abs. 1 S. 2, Art. 87 Abs. 3 S. 1, 2 GG allerdings nachfolgend unter b).

[20] *Grigoleit/Weisensee* (Fn. 3), 402 f.; anders *Appel/Eding* NVwZ 2012, 343 (344 ff.)

[21] Vgl. nur *Sachs,* in: ders., GG, 6. Aufl. 2011, Art. 87 Rn. 71 f. m. w. N.

[22] Wegen des Zustimmungserfordernisses zugunsten des Bundesrates, *Appel/Eding* NVwZ 2012, 343 (344 f.)

[23] So aber *Appel/Eding* (Fn. 22).

[24] Vgl. nachfolgend vor Fn. 36.

[25] So *Appel/Eding* (Fn. 22), 345.

[26] Vgl. nur *Pieroth,* in: Jarass/Pieroth, GG, 11. Aufl. 2011, Art. 87 Rn. 13.

Planfeststellungsverfahren ausging, der Übertragung durch Rechtsverordnung auf die Bundesstelle bedarf.[27]

Gegenteiliges lässt sich aber ggf. daraus ableiten, dass, worauf sogleich einzugehen ist (nachfolgend unter c)), dem Verordnungsgeber aufgrund der Ermächtigung des § 2 Abs. 2 NABEG keinerlei inhaltlicher Gestaltungsspielraum verbleibt. Bei einer derartigen gesetzgeberischen (Voll-)Programmierung des Verordnungserlasses erschiene es als reine Formalie, auf einer formell-gesetzlichen Entscheidung zu beharren.

bb) Mangelnde Bestimmtheit?

Entgegen anders lautenden Einschätzungen[28] dürften, und zwar hinsichtlich der allgemeinen Ermächtigung in § 2 Abs. 2 NABEG, keine Bedenken an einer hinreichenden Bestimmtheit der Verordnungsermächtigung i. S. d. Art. 80 Abs. 1 S. 2 GG aufgeworfen sein; denn § 2 Abs. 2 NABEG richtet sich auf gänzlichen Zuständigkeitstransfer.[29] Dann aber stehen Inhalt, Zweck und Ausmaß der gesetzgeberischen Delegation fest, weil dem Verordnungsgeber nur das davon Gebrauchmachen verbleibt, hingegen keine inhaltliche Ausgestaltungs- bzw. Entscheidungsspielräume belassen sind.[30]

Abweichendes lässt sich lediglich für § 31 Abs. 2 NABEG annehmen, der auch partielle Transfers dieser Art ermöglicht, ohne insoweit nähere Vorgaben oder Abgrenzungen zu liefern.[31]

cc) Fehlender Konkretisierungsauftrag

Aus der durch § 2 Abs. 2 NABEG eröffneten vollständigen Aufgabenübertragung[32] leitet sich spiegelbildlich die eigentliche Unvereinbarkeit der Vorschrift mit Art. 80 Abs. 1 S. 2 GG ab. Denn die von der Verfassungsnorm geforderten gesetzgeberischen Grenzziehungen implizieren einen den Verordnungserlass typisierenden inhaltlichen Konkretisierungsauftrag, dies im Verhältnis zur gesetzlichen Grundlage.[33] Darin liegt eben die Art. 80 GG allgemein charakterisierende Entlastungsfunktion.[34] Von einer solchen Entlastung des Gesetzgebers durch konkretisierendes Exekutivrecht kann indes keine Rede sein, wenn das Regelungsprogramm des Ver-

---

[27] Diesem eindeutigen Wortlaut lässt sich nicht unter Hinweis auf Begrifflichkeiten aus dem Gesetzgebungsverfahren bzw. unter Hinweis auf eine unglückliche Wortwahl und eine lediglich „handwerklich unsaubere Formulierung" begegnen, so aber *Appel/Eding* (Fn. 22), 346.

[28] Vgl. *Grigoleit/Weisensee* (Fn. 3), 403.

[29] Zwar kann es nach dem Wortlaut des § 31 Abs. 2 NABEG durch den Verordnungserlass zu einem nur partiellen Transfer kommen: „...für alle Vorhaben im Anwendungsbereich dieses Gesetzes, die nicht durch die Rechtsverordnung nach § 2 Absatz 2 auf die Bundesnetzagentur übertragen worden sind." Der allgemeine(re) § 2 Abs. 2 NABEG und dessen uneingeschränkte Bezugnahme auf den das Planfeststellungsverfahren regelnden Abschnitt 3 des NABEG eröffnet hingegen eine umfassende Übertragbarkeit „uno actu".

[30] Dies mit § 31 Abs. 2 NABEG vermischend *Appel/Eding* (Fn. 22), 346.

[31] Anders *Appel/Eding,* ebda., die unter pauschalem Hinweis auf den „Gesamtregelungszusammenhang des Gesetzes" das Gegenteil konstatieren: „keine bloße Pauschalermächtigung" – und dabei die (Auswahl-)Kriterien aus Sinn und Zweck des Gesetzes ableiten: Dringlichkeit, a. a. O., 346 f.

[32] Vgl. vor Fn. 29.

[33] *Schnapauff,* in: Hömig (Hrsg.), Grundgesetz, 9. Aufl. 2010, Art. 80 Rn. 5.

[34] BVerfGE 7, 267 (272); 55, 27 (228, 241 f.); ferner etwa *Haratsch,* in: Sodan (Hrsg.), Grundgesetz, 2. Aufl. 2011, Art. 80 Rn. 1.

ordnungsgebers bereits in der Gesetzesnorm selbst formuliert ist und nur noch das formale Ob und Wann des untergesetzlichen Normerlasses offen bleibt.

dd) Bindung an Zustimmung des Bundesrats

Mit dem Verfassungsrecht nicht zu vereinbaren ist ferner die in § 2 Abs. 2 NABEG vorgeschriebene Bindung des Verordnungserlasses an die Zustimmung des Bundesrats. Nach Wortlaut und Systematik des Art. 87 Abs. 3 GG ist Derartiges nur nach S. 2 der Vorschrift eröffnet, nicht aber in der hier maßgeblichen Konstellation des Art. 87 Abs. 3 S. 1 GG. Dem lässt sich nicht damit entgehen, Art. 87 Abs. 3 S. 2 GG könne nicht als abschließend verstanden werden, oder gar, bei S. 1 des Art. 87 Abs. 3 GG handele es sich insoweit um ein Redaktionsversehen. Denn besagte Differenzierung folgt Sinn und Zweck der beiden Alternativen zur Begründung von Verwaltungszuständigkeiten des Bundes, ist mithin teleologisch radiziert und damit festgeschrieben: Während es bei S. 2 des Art. 87 Abs. 3 S. 2 GG um die Installation von Mittel- und Unterbehörden geht, was eine weitreichende Einwirkung auf die gerade regional orientierten Verwaltungsaufgaben der Länder bedeutet und von daher eine wesentliche Mitwirkung der Länder über den Bundesrat gebietet,[35] ist dies im Anwendungsbereich des Art. 87 Abs. 3 S. 1 GG nicht so. Das folgt schon daraus, dass es lediglich um die Einrichtung von bundesweit zuständigen Stellen geht; vor allem aber versteht sich die Vorschrift als Kompensation zugunsten der gesamtstaatlichen Verwaltung wegen der Vorrangigkeit der Länder im Gesetzesvollzug aufgrund Art. 83 GG,[36] – so dass sich hiermit eine erneute Abhängigkeit von einer Vetoposition des Bundesrats bei der Situierung von Bundesoberbehörden (u.ä.) in Widerspruch stellte.

In Anbetracht dessen mag die von Art. 2 Abs. 2 NABEG angeordnete Zustimmung des Bundesrats beim Zuständigkeitstransfer auf die Bundesnetzagentur rechtspolitisch verständlich, zumindest nachvollziehbar sein; verfassungsrechtlich ist sie indes nicht mit Art. 87 Abs. 3 S. 1 GG in Einklang zu bringen.[37]

3. *Bundesfachplanung und „atypische Feststellungsklage"*

Neben grundlegenden Fragen im Spannungsfeld von phasenspezifischem und konzentriertem Rechtsschutz bei Bundesfachplanung und Planfeststellung[38] sind die näheren prozessualen Möglichkeiten für eine prinzipale Kontrolle der Bundesfachplanung (§§ 4 ff. NABEG) von Interesse.

Zwar wird solches de lege lata nicht über § 47 VwGO eröffnet, weil sie als Bundesplan(ung) der verwaltungsgerichtlichen Normenkontrolle unzugänglich ist. Nach jüngerer, wenn auch rechtsdogmatisch angreifbarer Rspr. des BVerfG und BVerwG kommt der „atypischen Feststellungsklage"[39] bei Bundesverordnun-

[35] BVerfGE 14, 197 (211); *Hömig,* in: ders. (Fn. 33), Art. 87 Rn. 17.

[36] Vgl. nur *Hömig* , wie vor, Art. 87 Rn. 15 m. w. N.

[37] Tendenziell ähnlich *Grigoleit/Weisensee* (Fn. 3), S. 403: Verwischung der Grenze zwischen Art. 87 Abs. 3 S. 1 und 2 GG; das kann wegen der speziellen Systematik des Art. 87 Abs. 3 GG nicht unter Rückgriff auf allgemeine Möglichkeiten nach Art. 80 GG überspielt werden, so aber *Appel/Eding* (Fn. 22), S. 345 m. w. N.

[38] Dazu näher *Erbguth* (Fn. 4), S. 327 f.

[39] BVerfGE 71, 305 (334 f.); 74, 69 (74) (Klageart noch offen lassend); BVerwGE 111, 276 (278 f.); BVerwG DVBl 2004, 382. Mit guten Gründen kritisch *Rupp* NVwZ 2002, 286; *Weide-*

gen allerdings eine Stellvertreterfunktion für das Normenkontrollverfahren zu, sofern – als Gebot der Sachentscheidungsvoraussetzung „Rechtsverhältnis" – Rechtspositionen vollzugsunabhängig bereits unmittelbar beeinträchtigt werden. Solche Auswirkungen, die nicht nur ein konkretes Rechtsverhältnis begründen, sondern zugleich einen Außenrechts- und damit Rechtsverordnungscharakter der Bundesfachplanung implizieren, werden infolge der Festlegung von Trassen und Trassenkorridoren regelmäßig bei dadurch räumlich tangierten Gemeinden eintreten, und zwar zulasten ihres Selbstverwaltungsrechts.[40] Aber auch individuelle Rechtspositionen können nach Maßgabe der jeweiligen Gegebenheiten tangiert sein; zu denken ist an Konstellationen, in denen Rechtsbetroffenheiten, etwa in Eigentumspositionen, infolge der Bundesfachplanung bereits feststehen, ohne dass sie auf Planfeststellungsstufe wieder entfallen können.[41]

Jenen verfassungsrechtlichen resp. grundrechtlichen Befund vermag die apodiktische Behauptung des Gegenteils durch den Wortlaut des einfachgesetzlichen § 15 Abs. 1 S. 1 NABEG („keine unmittelbare Außenwirkung") nicht beiseite zu schieben.

Folgt man Sichtweisen im Schrifttum, die Art. 19 Abs. 4 GG bzw. die Justizgewährleistungspflicht mit guten Gründen sehr wohl auf normatives Unrecht beziehen und damit dessen unmittelbare Angreifbarkeit für verfassungsrechtlich geboten halten;[42] so verstößt hiergegen sogar von vorneherein der Ausschluss einer Angreifbarkeit der Bundesfachplanung durch § 15 Abs. 3 S. 3 NABEG. Dann muss zunächst lückenfüllend im Wege der vorstehend umrissenen Feststellungsklage, mittelfristig aber durch Erweiterung des § 47 VwGO auf untergesetzliche Bundesvorschriften[43] die prinzipale Kontrolle der Bundesfachplanung eröffnet sein bzw. werden.[44]

---

mann NVwZ 2007, 1268; *Hufen,* FS für Wolf-Rüdiger Schenke zum 70. Geburtstag, 2011, S. 803, 805 ff.; *Geis,* Die Feststellungsklage als Normenkontrolle zwischen suchender Dialektik und dogmatischer Konsistenz, daselbst, S. 709, 714 ff.; jeweils m. w. N.

[40] Etwa *Kment* RdE 2011, 341 (344); anders *Schmitz/Jornitz* NVwZ 2012, 332 (335).

[41] Wenn jede denkbare Planfeststellungsentscheidung den Betroffenen in seinen Rechten verletzt, etwa bei einer sich aufdrängenden Planungsalternative, näher *Moench/Ruttloff* (Fn. 3), 1043, unter Hinweis auf BVerfG, DVBl 1981, 374 (375) und m. w. N.; *Sellner/Fellenberg* (Fn. 19), S. 1031 f.; allein aus § 16 NABEG kann dies allerdings nicht begründet werden (so aber *Moench/ Ruttloff,* wie vor), weil die dort vorgesehene Veränderungssperre nicht automatisch durch die Bundesfachplanung ausgelöst wird, sondern einer gesonderten, im Ermessen der Bundesnetzagentur stehenden Entscheidung bedarf; anders bei dem in Bezug genommenen § 9a FStrG, vgl. dazu *Steinberg/Wickel/Berg,* Fachplanungsrecht, 3. Aufl. 2000, § 7 Rn. 14; für das NABEG generell ablehnend *Appel* (Fn. 3), S. 413; *Schmitz/Jornitz* (Fn. 3), S. 335; differenzierender Ansatz zu § 15 Abs. 3 S. 1 NABEG bei *Kment* (Fn. 3), S. 344: keine Rechtswirkung der Bundesfachplanung gegenüber Privaten, wohl aber (von vorneherein) gegenüber (Bundes-)Ländern und Gemeinden; vgl. vor Fn. 40.

[42] Grundlegend *Schenke,* Rechtsschutz bei normativem Unrecht, 1979, S. 28, 55; *Hufen* (Fn. 39), S. 803, 803 f.; *Geis* (Fn. 39), S. 709, 110.

[43] Vgl. *Hufen* (Fn. 39), S. 803, 811.

[44] Allg. in diese Richtung unter Aspekten einer Fortentwicklung des Individualrechtsschutzes für einen dergestalt phasenspezifischen Rechtsschutz *Erbguth* VVDStRL 61 (2002), S. 221, (243 f.); *ders.* NVwZ 2005, 241. Jenseits dessen ist nicht nur die Bundesfachplanung, sondern auch das Verfahren der Planfeststellung durch beständig einzuhaltende Fristen geradezu geprägt (§ 12 Abs. 2 S. 3, § 13 Abs. 2, § 14, § 20 Abs. 3, § 21 Abs. 5, § 22 Abs. 1–3, 4, 6 NABEG); in Anbetracht dessen dürfte die Effektivität des Rechtsschutzes immerhin unter zeitlichen Gesichtspunkten nicht zu kurz kommen.

III. Ausblick

Allerdings sind Stimmen nicht zu überhören, welche die vorstehende Kritik am NABEG unter Hinweis auf kommendes Unionsrecht nur für eine dauerhaft nicht tragfähige Momentaufnahme halten.[45] Hingewiesen wird auf den Entwurf einer Verordnung der EU-Kommission zu Leitlinien für die transeuropäische Energieinfrastruktur,[46] demzufolge die Mitgliedstaaten binnen 6 Monaten nach Erlass der Verordnung eine zuständige Behörde für die Genehmigung von Energieleitungsvorhaben „von gemeinsamem Interesse“ benennen müssen.[47] Jene Vorhaben sind in den 4 vorrangigen Stromkorridoren zu verwirklichen, die Anhang 1 des Verordnungsentwurfs im europaweiten Zuschnitt benennt (Offshore-Netz der nördlichen Meere, Nord-Süd-Stromverbindungsleitungen in Westeuropa, diejenigen in Mittel- und Südosteuropa, Stromverbund für den Energiemarkt im Ostseeraum). Daraus findet sich abgeleitet, besagte zentrale Behörde könne nur die Bundesnetzagentur sein – und, weil ihr die Zuständigkeit für die Genehmigung der Energieleitungen zukomme, zeige sich umso mehr, dass von §§ 2 Abs. 2, 31 Abs. 2 NABEG Gebrauch gemacht und die Zuständigkeit für die Planfeststellung der Elektrizitätsleitungen durch Rechtsverordnung auf die Bundesnetzagentur übertragen werden müsse.[48]

Demgegenüber kann zunächst festgehalten werden, dass sich aus der geplanten EU-Verordnung keinerlei Rückwirkungen auf die vorstehend dargestellten Einschätzungen gegenüber der Bundesfachplanung nach dem NABEG ableiten. Vielmehr verstärken sich die für ein raumordnerisches Charakteristikum jener neuen Planungsform streitenden Gründe, weil die Ermittlung und Feststellung der Vorhaben von gemeinsamem Interesse, was konzeptionell der Bundesfachplanung entsprechen dürfte, nicht nur einer sog. regionalen Gruppe – und damit nicht der „zuständigen Behörde“ – anheim gegeben ist, sondern dass auch (und gerade) bei diesem Auswahlprozess nach dem Europarecht neben wirtschaftlichen explizit soziale und ökologische Gesichtspunkte der Tragfähigkeit eine Rolle zu spielen haben.[49]

Was die Zulassungsebene anbelangt, also die „umfassende Entscheidung“ in der Diktion des Verordnungsentwurfs, so spricht aus erster Sicht die formale Vorgabe des Europarechts für die Mitgliedstaaten, hierfür jeweils eine zuständige Behörde zu benennen („one-shop-stop“), ferner der europaweite Zuschnitt der Stromkorridore[50] dafür, dass dies aus bundesdeutscher Sicht eine Bundesstelle sein muss – und in Anbetracht der Parallelitäten zum NABAG nahe liegender Weise die Bundesnetzagentur.

---

45 *Schmitz/Jornitz* (Fn. 3), S. 333, 336 f.

46 Europäische Kommission, Vorschlag für eine Verordnung des Europäischen Parlaments und des Rates zu Leitlinien für die transeuropäische Energieinfrastruktur und zur Aufhebung der Entscheidung Nr. 1364/2006/EG v. 19.10.2011, KOM (2011) 658 endg. (nachfolgend: VO-E).

47 Art. 9 Abs. 1 VO-E; Zu den sich vom NABEG unterscheidenden großräumigen Versorgungszielen zurecht *Durner* NuR 2012, 369 (371).

48 *Schmitz/Jornitz* (Fn. 3), 337.

49 Art 3 Abs. 2 i. V. m. Art. 4 Abs. 1 lit. b) VO-E.

50 Dazu *Schmitz/Jornitz* (Fn. 3), S. 336.

Bei näherer Betrachtung lässt sich das indes hinterfragen,[51] worauf aber angesichts des gegenwärtigen Entwurfsstadiums der Verordnung nicht näher eingegangen werden soll – und auch nicht muss: Richtig ist nämlich nach wie vor, dass Unionsrecht die innerstaatliche Kompetenzordnung nicht verändern kann[52]; damit bleibt es bei den erörterten Anforderungen des Art. 87 Abs. 3 S. 1 GG, insbesondere bei dem Problem, ob es sich bei der „umfassenden" Genehmigung für Elektrizitätsleitungen um eine zentral zu erledigende Aufgabe handelt. Dies ist im Kontext der Planfeststellung für die Höchstspannungsleitungen nach dem NABEG, also im nationalen Kontext, im Gegensatz zur wohl überwiegenden Auffassung in der Literatur verneint worden.[53] Dass sich an der insoweit konstatierten Kleinteiligkeit des Vorhabenzuschnitts allein deshalb etwas ändert, weil es sich um zu verwirklichende Elektrizitätsleitungen mit europaweiter Bedeutung und entsprechend weiträumigem Verlauf handelt, erscheint nicht zwingend, erweitern sich doch damit nicht automatisch die Grenzen der Problemverarbeitungskapazität des Verfahrens.

Gegenteiliges ließe sich allenfalls auf die nach Vorstehendem wenig realitätsnahe Annahme stützen, der Verordnungsentwurf eröffne mangels diesbzgl. Regelung keinerlei Abschnittsbildungen. Selbst dann beruhte aber die verfassungsrechtliche Vereinbarkeit einer Betrauung der Bundesnetzagentur mit den Aufgaben der „umfassenden Genehmigung" auf Besonderheiten der europaweiten Netzinfrastruktur – so dass hieraus keine (Rück-)Schlüsse auf die Zulässigkeit eines Transfers im nationalen Maßstab des NABEG nach dessen §§ 2 Abs. 2, 31 Abs. 2, nämlich auf die Bundesnetzagentur, abgeleitet werden können.

---

[51] Etwa dahin gehend, dass zumindest im „koordinierten" Verfahren nach Art. 9 Abs. 2 lit. b) VO-E die zuständige Behörde in der Sache nicht (allein) entscheidet; vielmehr verbleiben Entscheidungsbefugnisse anderer staatlicher Stellen.

[52] Allg. etwa *Degenhart,* in: Sachs (Fn. 21), Art. 70 Rn. 25.

[53] Vor und nach Fn. 16.

GÜNTER HALAMA

Lärmschutz bei der Straßenplanung

Das Thema „Lärmschutz bei der Straßenplanung" ist ein alter Hut. Der Jubilar hat es indes – vielfach belegt – stets verstanden, auch alte Hüte mit neuen Federn aufzuputzen. So mag er es nachsehen, wenn der Versuch unternommen wird, dem stattlichen Federbusch, den er sein eigen nennen kann, eine kleine Feder aus fremder Feder hinzuzufügen.

I. Verkehrslärm als schädliche Umwelteinwirkung

Der Bau einer Straße ist stets das Ergebnis eines Planungsakts, der den allgemeinen Regeln des Abwägungsgebots unterliegt (vgl. z. B. § 17 S. 2 FStrG), soweit nicht der Gesetzgeber den Abwägungsprozess partiell durch eine Sonderregelung steuert.

1. Teil eines solchen Sonderregimes ist § 41 Abs. 1 BImSchG. Danach ist bei dem Bau oder der wesentlichen Änderung öffentlicher Straßen sicherzustellen, dass durch diese keine schädlichen Umwelteinwirkungen durch Verkehrsgeräusche hervorgerufen werden können, die nach dem Stand der Technik vermeidbar sind. Die Regelung dient mithin der Abwehr schädlicher Umwelteinwirkungen. Der Gesetzgeber legt aber nicht selbst fest, wann Einwirkungen, die von Verkehrsgeräuschen herrühren, durch das Qualifikationsmerkmal der Schädlichkeit gekennzeichnet sind. Dies zu konkretisieren, überlässt er untergesetzlicher Normierung. Auf der Grundlage der in § 43 BImSchG enthaltenen Ermächtigung ist im Jahre 1990 die Verkehrslärmschutzverordnung erlassen worden. Diese Regelung ist im Vergleich mit anderen Lärmregelwerken nicht geeignet, Lärmbetroffene mit eitel Freude zu erfüllen.

Aus der Sicht eines wirkungsvollen Lärmschutzes positiv zu beurteilen ist freilich, dass die in dieser Verordnung genannten Lärmwerte als Grenzwerte konzipiert sind, die im Falle der Überschreitung zwingend Lärmschutzmaßnahmen – welcher Art auch immer – nach sich ziehen. Das bedeutet, dass Lärmvorbelastungen, die sonst nach allgemeinen Abwägungsgesichtspunkten schutzmindernd wirken, außer Betracht bleiben.

Mit dieser Regelung ist der Kreis der für Lärmbetroffene positiven Wirkungen indes bereits erschöpfend umschrieben. Ansonsten überwiegen Elemente, die sich von den übrigen Lärmregelwerken deutlich nachteilig abheben. Die Liste beginnt schon bei den Lärmwerten an sich. Ein besonders markantes Beispiel ist der für reine Wohngebiete maßgebliche Nachtwert. Die Sportanlagenlärmschutzverordnung, die TA Lärm und die Freizeitlärmrichtlinie geben als Richtwert 35 dB(A) vor; die Verkehrslärmschutzverordnung differenziert nicht zwischen allgemeinen und reinen Wohngebieten und setzt in § 2 Abs. 1 Nr. 2 für beide einen Grenzwert von 49 dB(A) fest. Das läuft auch wenn den Eigenheiten der jeweiligen Ermittlungsverfahren Rechnung getragen wird – auf eine ungefähr 20-fach stärkere Lärmbelastung hinaus, die der Normgeber indes für zumutbar hält, wenn sie von Straßenverkehrsgeräuschen herrührt. Die Verordnung erweist sich auch sonst als relativ grobschlächtig. Sie kennt als Beurteilungszeit nur den Tages- und den Nachtzeitraum und sieht vor, dass über die gesamte Periode der 16 Stunden des Tages sowie der acht Stunden der Nacht gemittelt wird. Die Sportanlagenlärmschutzverordnung und die Freizeitlärmrichtlinie sehen demgegenüber für die Zeiten des Tages, in denen ein erhöhtes Ruhebedürfnis besteht (Abendstunden, Wochenenden), einen eigenen Beurteilungszeitraum mit strengeren Werten vor. Die TA Lärm kennt dieses System zwar nicht, sie berücksichtigt Ruhezeiten aber immerhin mithilfe von Zuschlägen. Als noch rigoroser erweist sich das Lärmschutzkonzept der Verkehrslärmschutzverordnung in der Nachtzeit. Während nach allen übrigen Regelwerken auf die lauteste Stunde abgestellt wird, ist beim Verkehrslärm über den vollen Nachtzeitraum zu mitteln. Überdies sind der Verkehrslärmschutzverordnung im Gegensatz zu den anderen Lärmregelwerken Spitzenpegel, denen in der Kombination mit Dauerschallpegeln eine gewisse Deckelungsfunktion zukommt, fremd. Auch in einem weiteren Punkt werden Lärmbetroffene durch die Verkehrslärmschutzverordnung schlechter gestellt als durch die sonstigen Lärmschutzregelungen. Die in der Verordnung genannten Grenzwerte beziehen sich ausschließlich auf den Lärm, den die neue oder die zu ändernde Straße erwarten lässt. Die in der Anlage 1 für das Ermittlungsverfahren aufgeführten Parameter lassen keinen irgendwie gearteten Raum für die Bildung eines Summenpegels, in den die Beiträge anderer Lärmquellen Eingang finden könnten.

Diese von der Rechtsprechung gebilligte[1] ausschließlich vorhabenbezogene Lärmbeurteilung steht nach Auffassung mancher Autoren nicht in Einklang mit den gesetzgeberischen Vorgaben.[2] Ein Verstoß gegen § 41 BImSchG liegt indes nicht vor. Nach dieser Bestimmung ist bei dem Bau oder der wesentlichen Änderung öffentlicher Straßen sicherzustellen, dass durch diese keine schädlichen Umwelteinwirkungen durch Verkehrsgeräusche hervorgerufen werden können. Das Bezugsobjekt für den Satzteil „durch diese" bildet bei unbefangener Lesart der neue oder der zu ändernde Verkehrsweg. Dieses Verständnis ist freilich nicht zwingend. Grammatikalisch ebenfalls vertretbar wäre eine Auslegung, nach der es ausreicht, dass durch den Bau oder die wesentliche Änderung einer Straße ein Kausalbeitrag geleistet wird, der geeignet ist, zusammen mit sonstigen Lärmquellen eine schädliche Umwelteinwirkung herbeizuführen. Ein solcher Regelungswille wird durch den Wortlaut allerdings nicht eben nahegelegt. Hätte er gleichwohl der Absicht des Gesetzgebers entsprochen, so wäre ein entsprechender Hinweis zu erwarten gewesen. Die Gesetzesbegründung bietet indes keine

[1] Vgl. BVerwGE 101, 1 (3 ff.), BVerwGE 123, 152 (155) und BVerwG UPR 2011, 68 (73).

[2] Vgl. *Schulze-Fielitz,* in: Planung 2000 – Herausforderungen für das Fachplanungsrecht, 2001, 105 (119 ff.); *Koch/Ziehm,* ZUR 2005, 406 (409); *Bracher,* in: Landmann/Rohmer, Kommentar zum BImSchG § 41 Rn. 44 ff.

Anhaltspunkte, die – auch nur im Entferntesten – in diese Richtung weisen. Dies lässt den Schluss zu, dass der Verordnungsgeber jedenfalls von der Ermächtigung des § 43 BImSchG in gesetzeskonformer Weise Gebrauch gemacht hat.

Hiergegen wird geltend gemacht, dass der Begriff der schädlichen Umwelteinwirkung in § 41 BImSchG keinen anderen Inhalt haben könne als sonst im Bundes-Immissionsschutzgesetz. Dieser Annahme entzieht der Gesetzgeber selbst den Boden. Wie aus § 2 Abs. 1 Nr. 4 und § 3 Abs. 5 Nr. 3 BImSchG zu ersehen ist, billigt er dem Verkehrslärmschutz eine Sonderrolle zu: Nach § 2 Abs. 1 Nr. 4 gilt das Bundes-Immissionsschutzgesetz für den Bau öffentlicher Straßen nur „nach Maßgabe der §§ 41–43". § 3 Abs. 5 Nr. 3 tut ein Übriges. Vom Anlagenbegriff, der in Abs. 5 definiert wird, werden auch Grundstücke umfasst, auf denen Tätigkeiten verrichtet werden, die geeignet sind, Emissionen zu verursachen. Ausgenommen werden aber ausdrücklich „öffentliche Verkehrswege". Daraus folgt, dass der anlagenbezogene Teil des Bundes-Immissionsschutzgesetzes auf öffentliche Straßen nicht anwendbar ist.

Nach Ansicht mancher Autoren kann die Sonderrolle, die sich aus den genannten Regelungen ableiten lässt, nicht als Beleg dafür gewertet werden, dass der Gesetzgeber den Verkehrslärmschutz von der akzeptorbezogenen Betrachtungsweise freistellt, die zu den Grundprinzipien des Immissionsschutzrechts schlechthin gezählt wird. Ob schädliche Umwelteinwirkungen vorliegen, hängt nach dieser Auffassung ausschließlich davon ab, wie groß die Lärmbelastung an einem bestimmten Einwirkungsort ist, unabhängig davon, aus welchen und aus wie vielen Quellen der Lärm gespeist wird.[3] Soweit hieraus die Forderung nach einer lärmquellenunabhängigen Gesamtlärmbeurteilung abgeleitet wird, ist allerdings festzustellen, dass das deutsche Lärmschutzrecht generell einem anderen Muster folgt.

2. Die für den Bereich des Verkehrslärmschutzes charakteristische sektorale Betrachtungsweise ist kennzeichnend für das gesamte deutsche Lärmschutzsystem. Die Regelwerke außerhalb des Anwendungsbereichs der Verkehrslärmschutzverordnung sind zwar offen für eine Summenpegelbildung, eine lärmartenübergreifende Beurteilung ist ihnen dennoch fremd. Bei der Zulassung einer gewerblichen Anlage sind in die Lärmermittlung nach der TA Lärm zwar Vorbelastungen einzubeziehen. Zu berücksichtigen sind aber nur solche von Anlagen, die ihrerseits von der TA Lärm erfasst werden. Sonstige Geräusche (z. B. Straßen- oder Sportlärm) bleiben außer Betracht. In der gleichen Weise gehen die Sportanlagenlärmschutzverordnung und die Freizeitlärmrichtlinie jeweils für ihr Lärmsegment vor. In diesem Gesamtbild hebt sich die Verkehrslärmschutzverordnung von den übrigen Regelwerken lediglich durch ihre Zuspitzung ab. Sie geht nämlich so weit, dass bei der Lärmbeurteilung außer lärmartfremden Immissionen auch die Verkehrsgeräusche auszublenden sind, die durch andere Straßen hervorgerufen werden.[4] Dies ändert indes nichts daran, dass sie sich von ihrem methodischen Ansatz her nicht grundlegend von den anderen Lärmschutzregelungen unterscheidet.

---

[3] Vgl. *Koch* NVwZ 2000, 490 (493); *Schulze-Fielitz* Die Verwaltung 35 (2002), 525 (535).
[4] Vgl. BVerwGE 123, 23 (33).

3. § 3 Abs. 1 BImSchG steht einer Aufspaltung nach Lärmarten nicht entgegen. Nach dieser Vorschrift sind schädliche Umwelteinwirkungen Immissionen, die nach Art, Ausmaß oder Dauer geeignet sind, Gefahren, erhebliche Nachteile oder erhebliche Belästigungen für die Allgemeinheit oder die Nachbarschaft herbeizuführen.

Mit dem Gefahrenbegriff knüpft der Gesetzgeber an das herkömmliche Ordnungsrecht an, das der Abwehr von Gefahren für die öffentliche Sicherheit dient. Von dem Schutzgut der öffentlichen Sicherheit ist seit alters her auch die Wahrung elementarer verfassungsrechtlich geschützter Individualrechtsgüter umfasst. Dazu gehören das Leben, die Gesundheit sowie der Kernbestand des Eigentums. Mit diesen Schutzgegenständen zeichnet § 3 Abs. 1 BImSchG gleichsam eine oberste durch die Verfassung gezogene Grenze nach. Damit lässt es der Gesetzgeber freilich nicht bewenden. Er zieht mit dem Begriff der erheblichen Belästigungen einfachgesetzlich eine zusätzliche Zumutbarkeitsschwelle unterhalb des verfassungsrechtlich gebotenen Schutzstandards ein. Er unterlässt es indes, näher zu bestimmen, wann Belästigungen als erheblich zu qualifizieren sind. Dies stellt er untergesetzlicher Konkretisierung anheim. Zu diesem Zweck schafft er in den §§ 7, 23, 43, 48 und 48a Normen, die zum Erlass von Rechtsverordnungen und Verwaltungsvorschriften ermächtigen. Mit dieser Regelungstechnik gibt er den Weg dafür frei, auf der Grundlage der einzelnen Ermächtigungsnormen bereichsspezifische Lärmschutzregelungen zu treffen. Die tatsächliche Entwicklung legt von dieser gesetzgeberischen Zurückhaltung Zeugnis ab. Die Sportanlagenlärmschutzverordnung ist auf § 23, die Verkehrslärmschutzverordnung auf § 43 und die TA Lärm auf § 48 BImSchG gestützt.

Alle diese Regelwerke beruhen insofern auf nachvollziehbaren vernünftigen Erwägungen, als sie, jedes für sich, den Besonderheiten des jeweils erfassten Lebensbereichs Rechnung tragen. Die Fragen, die durch diese Art der Lärmsegmentierung aufgeworfen werden, würden sich auch bei der Bildung eines alle Lärmarten umfassenden Gesamtbeurteilungspegels nicht erübrigen. Wäre es angemessen, den Lärm aus den verschiedenen Bereichen über einen Leisten zu schlagen und nach dem Motto, Lärm ist Lärm, gleich zu bewerten, oder wäre es nicht auch bei einer gesamthaften Betrachtung angebracht, die jeweiligen Lärmsektoren je nach Einschätzung ihrer Lästigkeit im Verhältnis zueinander zu gewichten? Sämtliche Regelwerke nehmen überdies für sich in Anspruch, nicht lediglich für ihren Bereich ein zumutbares Lärmniveau zu gewährleisten; alle sind vom Ansatz her so konzipiert, dass auch beim Zusammentreffen mit Vorbelastungen, die aus anderen Quellen herrühren, sich aber im Rahmen der für sie geltenden Vorschriften halten, die Gesamtbelastung den gesetzlichen Vorgaben genügt.[5]

Vor dem Hintergrund des § 3 Abs. 1 BImSchG lautet die Frage nicht, ob jedes Regelwerk für sich allein geeignet ist, zur Konkretisierung der einfachgesetzlichen Erheblichkeitsschwelle beizutragen. Entscheidend ist vielmehr, ob die Regelwerke auf hinreichend konservativen Annahmen beruhen, um in ihrer Gesamtheit bei einer Zusammenschau aufs Ganze betrachtet ein Lärmschutzniveau deutlich unterhalb der durch die Verfassung markierten Zumutbarkeitsschwelle zu gewährleisten.

[5] Vgl. BVerwG NVwZ 2001, 1167 (1169).

4. Dies richtet sich danach, bei welchen Lärmwerten die Grenze erreicht ist, die durch die Verfassung gezogen wird. Einen Fingerzeig in dieser Richtung bietet § 1 Abs. 2 S. 1 Nr. 2 und S. 2 der Verkehrslärmschutzverordnung. Der Bundesgerichtshof hat auf der Grundlage von Erkenntnissen der Lärmwirkungsforschung und der Medizin ein Modell entwickelt, in dem Dauerschallpegel von 70 bis 75 dB(A) tagsüber und von 60 bis 65 dB(A) nachts als Schwellenwerte fungieren.[6] Das Bundesverwaltungsgericht folgt dieser Linie, die sich nach Einschätzung der Rechtsprechung bisher noch nicht aufgrund neuerer Forschungsergebnisse als korrekturbedürftig erwiesen hat.[7] Der Gesetzgeber legt in § 3 Abs. 1 BImSchG keinen bestimmten, in dB(A) messbaren Abstand zwischen der verfassungsrechtlich relevanten Zumutbarkeitsschwelle und der einfachgesetzlichen Erheblichkeitsgrenze fest. Obwohl der Lärmspiegel in Deutschland in den letzten Jahrzehnten stetig gestiegen ist, besteht kein Zweifel daran, dass die aufgrund des Zusammenspiels der Regelwerke begrenzte Gesamtlärmbelastung die von der Rechtsprechung markierten Werte durchweg noch deutlich unterschreitet. Jedoch ist nicht zu übersehen, dass es, etwa im Umfeld von Großflughäfen oder in Ballungsräumen, Bereiche gibt, in denen der Weg zu verfassungsrechtlich bedenklichen Zuständen nicht mehr sehr weit zu sein scheint. Auch sonst gibt es punktuell Konstellationen, in denen der Lärm aus verschiedenen Quellen sich zu einer Gesamtbelastung aufsummiert, die durch die Wirkungsweise der verschiedenen Regelwerke nicht in der in § 3 Abs. 1 BImSchG vorausgesetzten Weise gedeckelt wird.

5. Nach der Rechtsprechung des Bundesverfassungsgerichts darf der Gesetzgeber sich grundsätzlich mit einer auf die Typik des geregelten Sachverhalts zugeschnittenen generalisierenden und pauschalierenden Regelung begnügen. Er braucht nicht allen denkbaren Eventualitäten bis hin zur Erfassung jedes Einzel- oder Ausnahmefalls Rechnung zu tragen.[8] Er muss allerdings ein Instrumentarium bereitstellen, das der Gefahr vorbeugt, dass in den Fällen, in denen sein der Lärmsegmentierung Vorschub leistendes Regelungskonzept nicht greift, verfassungswidrige Zustände die Folge sind.

II. Verkehrslärmschutz durch Abwägung

Ein solches Korrektiv steht auf dem Felde des Verkehrslärmschutzes in Gestalt des Abwägungsgebots zur Verfügung.

1. Die Verkehrslärmschutzverordnung beeinflusst den Abwägungsvorgang insofern, als mit den Grenzwerten Schranken aufgerichtet werden, die nicht im Wege der Abwägung überwindbar sind. Der Verordnungsgeber nimmt für sich indes nicht in Anspruch, eine abschließende Regelung getroffen zu haben. Er bestimmt lediglich, dass Kompensationsmaßnahmen ergriffen werden müssen, wenn sich für das konkrete Vorhaben eine Grenzwertüberschreitung prognostizieren lässt, er

[6] Vgl. BGHZ 122, 76 (81); BGHZ 129, 124 (127).
[7] Vgl. BVerwGE 106, 241 (249); BVerwGE 111, 108 (122); BVerwGE 123, 23 (35); BVerwGE 125, 116 (249 ff.).
[8] Vgl. BVerfGE 105, 73 (127); BVerfGE 116 (164, 182 ff.); BVerfGE 122, 210 (232 ff.).

enthält sich jedoch jeglicher Aussage dazu, unter welchen Voraussetzungen außerhalb seines Anwendungsbereichs Lärmschutzvorkehrungen in Betracht kommen oder geboten sind. Das Abwägungsgebot erweist sich im Gesamtregelungszusammenhang im Verhältnis zum rigiden Lärmschutzkonzept der Verordnung als flankierendes Instrument. Es ist geeignet, die mitunter harten Konsequenzen abzumildern, die sich für Lärmbetroffene aus dem verkehrsprojektzentrierten Ansatz der Verordnung ergeben können.[9]

2. Nach den zum Abwägungsgebot entwickelten Grundsätzen sind in die Abwägung alle Belange einzustellen, die nach Lage der Dinge abwägungserheblich sind. Dies bedeutet, dass unter Lärmschutzgesichtspunkten in die Betrachtung nicht nur die nach § 41 Abs. 1 BImSchG relevanten Verkehrsgeräusche, sondern unter Bildung eines Summenpegels auch die Lärmvorbelastungen einzubeziehen sind. Daraus folgt zunächst lediglich, dass mehr als geringfügig beeinträchtigte Lärmschutzbelange als Abwägungsposten zu berücksichtigen sind, aber gegebenenfalls hinter als gewichtiger bewertete Verkehrsinteressen zurückgesetzt werden dürfen. Erst wenn das Lärmschutzinteresse der Betroffenen im Geflecht der gegenläufigen Belange so schwer zu Buche schlägt, dass der Planungsträger dem Verdikt der Abwägungsdisproportionalität nur dadurch aus dem Wege gehen kann, dass er Lärmschutzmaßnahmen anordnet, lassen sich aus dem Abwägungsgebot konkrete Abwehransprüche herleiten.

3. Der Fall, dass sich das Abwägungsergebnis ohne die Durchführung von Lärmschutzmaßnahmen als defizitär erweisen kann, tritt, anders als es die Rechtsprechung des Bundesverwaltungsgerichts nahelegen mag,[10] nicht erst dann ein, wenn sich aus der Lärmvorbelastung und der durch den Bau oder die wesentliche Änderung einer Straße hervorgerufenen zusätzlichen Lärmbeeinträchtigungen eine Gesamtbelastung ergibt, die den Grad einer Gesundheitsgefährdung erreicht oder einen Eingriff in die Substanz des Eigentums darstellt und damit den Rahmen des verfassungsrechtlich noch Hinnehmbaren sprengt. Es versteht sich von selbst, dass die öffentliche Hand keine Verkehrsprojekte zulassen darf, die mit einer Grundrechtsverletzung einhergehen. Dem einfachgesetzlichen Grundgesetz des § 3 Abs. 1 BImSchG lässt sich darüber hinaus die Wertungsentscheidung des Gesetzgebers entnehmen, dass der immissionsschutzrechtliche Schutzanspruch nicht erst zur Geltung kommt, wenn verfassungsrechtlich geschützte Rechtsgüter auf dem Spiel stehen, sondern schon dann, wenn Belästigungen jedenfalls so schwer wiegen, dass sie sich bereits aufgrund einer am Schutzzweck des § 1 BImSchG orientierten Interessenbewertung als nicht mehr zumutbar qualifizieren lassen.

Erreichen Lärmbeeinträchtigungen diesen Intensitätsgrad, so kann sich der Planungsträger über sie nicht im Wege der Abwägung hinwegsetzen, ohne eine Kompensation gewähren zu müssen.

4. Die normativen Wertungen, die der Verkehrslärmschutzverordnung zugrunde liegen, lassen Rückschlüsse darauf zu, wann der Verzicht auf Lärm-

[9] Vgl. BVerwG Buchholz 407.4 § 17 FStrG Nr. 149; BVerwG BauR 2005, 829; BVerwG BauR 2011, 1306.

[10] Vgl. BVerwGE 101, 1 (9 ff.); BVerwGE 107, 350 (356 ff.); BVerwGE 123, 23 (25); BVerwGE 125, 116 (255); BVerwG NVwZ 2005, 591 (594).

schutzmaßnahmen als Beleg dafür dienen kann, dass der Planungsträger von seiner Abwägungsbefugnis fehlerhaften Gebrauch gemacht hat. Der Verordnungsgeber bringt zum Ausdruck, dass von Lärmschutzanlagen in aller Regel abgesehen werden kann, wenn die Lärmimmissionen, die das Bau- oder das Änderungsvorhaben erwarten lässt, die maßgeblichen Grenzwerte nicht überschreiten. Daraus lässt sich in einem Erst-Recht-Schluss folgern, dass sich Vorkehrungen regelmäßig erübrigen, wenn sich die vorhabenbedingten Lärmeinwirkungen selbst unter Einrechnung der Vorbelastungen nicht in einer Gesamtbelastung niederschlagen, die das Ausmaß erreicht, das nach der Einschätzung des Normgebers zu Schutzmaßnahmen nötigt. Allenfalls unter ganz besonderen vom Regelfall abweichenden Umständen lässt das Abwägungsgebot für eine andere Interessenbewertung Raum.

Auch wenn der prognostizierte Vorhabenlärm zusammen mit den Vorbelastungen die in der Verordnung bezeichnete Erheblichkeitsschwelle überschreitet, läuft dies nicht automatisch darauf hinaus, dass der Verzicht auf Lärmschutzvorkehrungen einen Abwägungsmangel indiziert. Nach dem Modell, das der Verkehrslärmschutzverordnung zugrunde liegt, ist Lärmschutz zwingend nur dann zuzubilligen, wenn das Bau- oder Änderungsvorhaben für sich allein genommen ohne Rücksicht auf die sonstige Lärmsituation ein Lärmpotenzial aufweist, das über die durch die Grenzwerte bezeichnete Zumutbarkeitsschwelle hinausreicht. Dieses auf strikte Separation angelegte rechtlich unbedenkliche – Konzept würde leerlaufen, wenn aus jeder durch die Kumulation von Vorbelastung und vorhabenbedingter Zusatzbelastung ausgelösten Überschreitung der in der Verordnung festgelegten Werte ein Anspruch auf die Gewährung von Lärmschutz hergeleitet werden könnte. Von Ausnahmesituationen abgesehen, denen im Rahmen der auf einen gerechten Ausgleich unter Berücksichtigung aller relevanten Belange angelegten Abwägung Rechnung zu tragen ist, würde eine solche Praxis den Intentionen des Normgebers erkennbar zuwiderlaufen.

5. Dagegen bietet das auf eine Gesamtlärmbetrachtung ausgerichtete Abwägungsgebot eine Grundlage für die Durchsetzung von Lärmschutzansprüchen in dem Bereich, der oberhalb der verordnungsrechtlich festgelegten Grenzwerte beginnt, die durch die Verfassung gezogene Gefahrenschwelle aber noch nicht erreicht zu haben braucht. In welchen Fällen das Abwägungsgebot als einfachgesetzliches Instrument unabhängig von den Anforderungen des Verfassungsrechts den Planungsträger vor die Alternative stellt, Lärmschutzmaßnahmen zu ergreifen oder von dem Projekt Abstand zu nehmen, lässt sich nicht an bestimmten Lärmwerten festmachen. Verschiedene Faktoren können dazu beitragen, dass sich der Abwägungsspielraum, über den der Planer verfügt, so weit verengt, dass die Planung ohne Lärmschutzvorkehrungen nicht mehr als das Ergebnis gerechter Abwägung erscheint. Je stärker sich die Gesamtbelastung der verfassungsrechtlichen Schutzsphäre annähert, desto unabweisbarer schlägt das Lärmschutzbedürfnis der Betroffenen im Verhältnis zu etwaigen Kostenerwägungen zu Buche.[11] Je umfangreicher der Personenkreis ist, der verkehrsbedingt Lärmbeeinträchtigungen ausgesetzt wird, desto mehr muss sich dem Planer die Notwendigkeit aufdrängen,

[11] Vgl. BVerfG NVwZ 2009, 1489 (1492).

durch Lärmschutzmaßnahmen Abhilfe zu schaffen.[12] Je größer die durch Schutzvorkehrungen erreichbare Lärmminderungswirkung ist, desto eher ist es angebracht, von diesem Mittel Gebrauch zu machen.

III. Fazit

Freilich braucht der Planungsträger nur die Lärmschutzmaßnahmen zu treffen, die erforderlich sind, um den mit seinem Vorhaben verbundenen Anteil am Gesamtlärm zu minimieren. Er ist nicht verpflichtet, darüber hinaus einen Beitrag zur allgemeinen Lärmsanierung zu leisten und auf diese Weise auf einen Abbau der von ihm bereits vorgefundenen Lärmkulisse hinzuwirken. Dies kann Fragen in den Fällen aufwerfen, in denen der Planungsträger der vorhabenbedingten Verlärmung nur mit Maßnahmen des passiven Lärmschutzes zu begegnen imstande ist. Die handelsüblichen Lärmschutzfenster sind so konstruiert, dass sie dem Lärmzuwachs, den es zu kompensieren gilt, nicht immer passgenau entsprechen. Sie sind in Lärmschutzklassen auf dem Markt, die häufig einen höheren Schutz gewährleisten als nötig wäre, um den an sich gebotenen Lärmschutz sicherzustellen. Dies beruht darauf, dass ihre Dämmwirkung um jeweils 5 dB(A) differiert. Lärmbetroffene kommen in diesen Fällen gegebenenfalls in den Genuss einer Kompensationsleistung, die über das hinausgeht, worauf sie Anspruch haben. Gleichzeitig stellt sich der Vorgang aus der Sicht des Planungsträgers als eine Teilsanierung dar, zu der er rechtlich nicht verpflichtet ist. Der Überlegung, den Nutznießer einer solchen Leistung an den Kosten für den Einbau eines überkompensatorisch wirkenden Schallschutzfensters zu beteiligen, ist die Rechtsprechung indes entgegengetreten. Der Planungsträger hat sicherzustellen, dass durch sein Vorhaben keine unzumutbaren Lärmbeeinträchtigungen hervorgerufen werden. Kann er diesem Erfordernis aus technischen Gründen nur dadurch genügen, dass er Maßnahmen ergreift, deren Wirkungen über das rechtlich gebotene Maß hinausgehen, so darf sich dies nicht zum Nachteil der Betroffenen auswirken. Kann er deren Schutzanspruch nur in überobligationsmäßiger Weise erfüllen, so liegt dies in seinem Verantwortungsbereich. Die Betroffenen brauchen es nicht hinzunehmen, dass die Kosten für die ihnen „aufgedrängte Bereicherung" auf sie abgewälzt werden.[13]

---

[12] Vgl. BVerfGE 100, 313 (376); BVerfG NVwZ 2008, 775 (777).
[13] Vgl. BVerwGE 97, 367 (375 ff.).

CHRISTOFER LENZ

Flughafenplanung vor dem BVerfG

I. Flughafenplanung

Bernhard Stüer mag Flughäfen. Nicht nur, weil er sie privat und beruflich intensiv nutzt. Sondern gerade aus den Gründen, die Flughäfen für viele zu einem roten Tuch machen: Wegen des enormen Flächenanspruchs solcher Vorhaben, wegen des von Flughäfen ausgehenden Lärms, der sich wie ein Teppich auf die durchaus auch weitere Umgebung legt, wegen der Konflikte mit europäischem Natur- und Artenschutzrecht und ganz generell wegen der Standortwahl für solche raumbedeutsamen Fachplanungsprojekte. Denn für einen Anwalt, der so wie Bernhard Stüer mit Herzblut im Fachplanungsrecht tätig ist, sind Flughafenplanungsprojekte etwas Schönes. Sie bieten die Gelegenheit, sich unter den Augen der aufmerksamen Öffentlichkeit beruflich zu betätigen, insbesondere als anwaltlicher Vertreter von Beteiligten in luftverkehrsrechtlichen Verfahren, als Sachverständiger und als juristischer Schriftsteller. Bernhard Stüer beherrscht alle diese Rollen virtuos und es gehört zu seinen sympathischen Eigenheiten, dass er darauf in einschlägigen Veröffentlichungen selbst ganz offen hinweist.[1]

Bernhard Stüer ist aber nicht nur begeisterter (Fach-)Planungsrechtler, sondern auch auf dem Gebiet des Verfassungs- und Verfassungsprozessrechts in vielerei Weise aktiv,[2] wozu auch die Mitwirkung im Verfassungsrechtsausschuss der Bundesrechtsanwaltskammer gemeinsam mit dem Verfasser gehört.

Diese beiden Neigungen des Jubilars zusammenfassend soll hier die Überprüfung der Flughafenplanung vor dem BVerfG behandelt werden. Unter Flughafenplanung wird dabei die Planfeststellung für Flughäfen nach § 8 LuftVG und die Genehmigung für Flugplätze nach § 6 LuftVG verstanden, und zwar einschließlich ihrer raumordnerischen Vorbereitung und enteignungsrechtlichen Durchsetzung. Von der konkreten Flughafenplanung gelöste Fragen wie die nach dem ausreichenden gesetzgeberischen Schutz gegen Fluglärm[3] sind aber nicht Gegenstand dieses Beitrags.

II. Seit 25 Jahren keine Senatsentscheidung

Angesichts der großen Betroffenheiten, die fachplanerische Entscheidungen zum Aus- oder gar Neubau von Flughäfen auf sehr viele Menschen haben und

[1] Vgl. beispielhaft etwa *Stüer* DVBl 2007, 610, bei der Sternchenfußnote.
[2] Vgl. zuletzt *Stüer* DVBl 2012, 751 ff.
[3] Vgl. zuletzt den Nichtannahmebeschluss der 1. Kammer des Ersten Senats v. 4.5.2011 – 1 BvR 1502/08 – Gesetzesunmittelbare Verfassungsbeschwerde gegen die Novellierung des Fluglärmschutzgesetzes.

zwangsläufig haben müssen, erweist sich die bislang vorliegende Rechtsprechung des BVerfG als erstaunlich karg. Ins Auge fällt vor allen Dingen, was es in den letzten 25 Jahren nicht gegeben hat: Eine Senatsentscheidung des BVerfG zur Flughafenplanung.

Die letzten Senatsentscheidungen im Zusammenhang mit der Planung von Flughäfen stammen aus den frühen 80er Jahren des letzten Jahrtausends. Das betraf noch den Planfeststellungsbeschluss für den Flughafen München[4] und inhaltlich die eher nebensächliche Frage, ob durch einstweilige Anordnung des BVerfG in fachgerichtliche Entscheidungen über die Ablehnung des für die Flughafen München GmbH tätigen Sachverständigen einzugreifen sei. Heute wundert weniger, dass dies abgelehnt wurde, sondern dass dies damals noch durch einen mit acht Bundesverfassungsrichtern voll besetzten Senat geschah und dieser Beschluss sogar Eingang in die amtliche Sammlung gefunden hat.[5] Heute wäre dafür eine Kammer zuständig (§ 93d Abs. 2 Satz 1 BVerfGG).

Weitere Senatsentscheidungen der frühen 1980er Jahre betrafen die vom Zweiten Senat bestätigte Verweigerung der Zulassung eines Volksbegehrens für ein Gesetz über die Raumordnung im Bereich des Verkehrsflughafen Frankfurt am Main (Volksbegehren keine Startbahn West)[6] und Aussagen des Ersten Senats zu verfahrenstechnischen Fragen (Massenverfahren) bei der Planfeststellung des Flughafens München.[7] Andere Senatsentscheidungen dieser Zeit hatten zwar einen Bezug zu konkreten Flughäfen, aber keine konkreten Planfeststellungs-, Raumordnungs- oder Enteignungsverfahren für Flughäfen zum Gegenstand.[8]

In den letzten 25 Jahren sind zahlreiche, auch bedeutende deutsche Flughäfen auf der Grundlage von Planfeststellungsbeschlüssen erweitert oder neu errichtet worden, ohne dass die Verfassungsbeschwerden hiergegen zu einer einzigen Senatsentscheidung geführt hätten. Die Kammern des BVerfG, insbesondere die 3. Kammer des Ersten Senats, haben alle Verfassungsbeschwerden in diesem Zusammenhang nicht zur Entscheidung angenommen. Der einzige Ausreißer ist eine Entscheidung zum Neubau des Flughafens Berlin-Brandenburg in Schönefeld, wo für zwei Beschwerdeführer die im Planfeststellungsbeschluss festgesetzte Entschädigung bei der Übernahme ihres Grundstücks beanstandet und der den Planfeststellungsbeschluss insoweit bestätigende Beschluss des BVerwG wegen Verletzung von Art. 14 Abs. 1 GG aufgehoben wurde.[9]

---

[4] Beschl. des Zweiten Senats vom 9.7.1980 – 2 BvR 701/80.

[5] BVerfGE 55, 1.

[6] BVerfG, Beschl. des Zweiten Senats v. 24.3.1982 – 2 BvH 1/82 u.a., BVerfGE 60, 175.

[7] BVerfG, Beschl. des Ersten Senats v. 28.11.1984 – 1 BvR 1113/83, NJW 1985, 729.

[8] BVerfG, Beschl. des Ersten Senats v. 14.1.1981 – 1 BvR 612/72, BVerfGE 56, 54 gegen das Unterlassen staatlicher Organe, wirksame Maßnahmen zum Schutz gegen den vom Flughafen Düsseldorf-Lohhausen ausgehenden Lärm zu treffen und BVerfG, Beschluss des Ersten Senats vom 12.3.1986 – 1 BvL 81/79 betreffend zivilrechtliche Abwehransprüche von deutschen Grundstückseigentümern gegen Fluglärm, der vom Betrieb des österreichischen Flughafen Salzburg ausging. In diesem Zusammenhang gehört auch der Beschluss des Zweiten Senats, mit dem die Verordnung über die Festsetzung des Lärmschutzbereichs für den militärischen Flughafen Memmingen auf eine Kommunalverfassungsbeschwerde nach § 91 BVerfGG für nichtig erklärt worden ist, vgl. BVerfG, Beschl. des Zweiten Senats v. 7.10.1980 – 2 BvR 584/76 u.a., BVerfGE 56, 298.

[9] BVerfG, Beschl. der 3. Kammer des Ersten Senats v. 23.2.2010 – 1 BvR 2736/08.

III. Verfassungsprozessuale Ursachen

Das Ausbleiben von Senatsentscheidungen bedeutet, dass die Flughafenplanung gar nicht im eigentlichen Sinne „vor" das BVerfG kommt. Jedenfalls werden dort die auf die Flughafenplanung bezogenen verfassungsgerichtlichen Verfahren nicht in öffentlicher, mündlicher Verhandlung erörtert. Denn liegt die Entscheidungszuständigkeit erst einmal bei den Kammern, dann ist damit zugleich verbunden, dass nicht mündlich verhandelt werden darf (§ 93d Abs. 1 Satz 1 BVerfGG).

Rechtlich hat das Ausbleiben von Senatsentscheidungen zur Flughafenplanung vor allem verfassungsprozessuale Hintergründe. Sie ergeben sich aus dem Zusammenspiel der Annahmevoraussetzungen in § 93a BVerfGG mit der in den §§ 93b und 93c BVerfGG verankerten Abgrenzung der Zuständigkeit zwischen den Senaten und den Kammern. Eine Verfassungsbeschwerde ist nach § 93a Abs. 2 BVerfGG nur dann zur Entscheidung anzunehmen, wenn ihr entweder grundsätzliche verfassungsrechtliche Bedeutung zukommt, oder die Annahme zur Durchsetzung der verfassungsbeschwerdefähigen Rechte angezeigt ist.[10] § 93b BVerfGG trifft eine weitgehende Zuständigkeitsregelung zugunsten der Kammern. Sie können die Annahme der Verfassungsbeschwerde ablehnen oder – wie zuletzt im Fall der Entschädigungshöhe beim Berliner Flughafen geschehen – der Verfassungsbeschwerde im Fall des § 93c stattgeben. Letzteres betrifft Fälle, in denen die Verfassungsbeschwerde zur Durchsetzung der verfassungsbeschwerdefähigen Rechte angezeigt ist, die für die Beurteilung maßgeblichen verfassungsrechtlichen Fragen durch das BVerfG, also durch einen Senat, schon entschieden sind und die Verfassungsbeschwerde offensichtlich begründet ist (§ 93c Abs. 1 Satz 1 BVerfGG). Daraus ergeben sich auch die drei Konstellationen, in denen überhaupt noch Senatsentscheidungen über Verfassungsbeschwerden möglich sind: Dann, wenn die Verfassungsbeschwerde wegen der mit ihr verbundenen grundsätzlichen verfassungsrechtlichen Bedeutung im Sinne des § 93a Abs. 2 Buchst. a) BVerfGG zur Entscheidung angenommen werden soll (echte Grundsatzentscheidung). Außerdem dann, wenn die Verfassungsbeschwerde zur Durchsetzung der verfassungsbeschwerdefähigen Rechte im Sinne des § 93a Abs. 2 Buchst. b) BVerfGG angezeigt ist, aber die Voraussetzungen des § 93c Abs. 1 BVerfGG nicht vorliegen, insbesondere wenn die für die Beurteilung maßgeblichen verfassungsrechtlichen Fragen noch nicht in der Senatsrechtsprechung geklärt sind. Und schließlich sind Fälle denkbar, in denen zwar keiner der Annahmegründe des § 93a Abs. 2 BVerfGG vorliegt, innerhalb der Kammer dazu aber nicht die von § 93d Abs. 3 Satz 1 BVerfGG verlangte Einstimmigkeit herbeigeführt werden kann.[11]

Das Ausbleiben von Senatsentscheidungen des BVerfG zu Flughafenplanungsfällen lässt sich deshalb vergleichsweise leicht interpretieren: Die Kammern des Ersten Senats gehen davon aus, dass typischerweise in Verfassungsbeschwerdeverfahren zu Flughafenplanungsfällen keine Fragen von grundsätzlicher Bedeutung

---

[10] Grundlegend und zu beiden Aspekten restriktiv BVerfGE 90, 22 (24 ff.) – Erster Senat; vgl. für den Zweiten Senat BVerfGE 96, 245 (248 ff.).

[11] Vgl. zu allem *Lenz/Hansel,* BVerfGG, 2012, § 93b, Rn. 12.

mehr aufgeworfen werden, sondern schon durch die Rechtsprechung der Senate diese geklärt sind.

IV. Typische Rügen einer Verfassungsbeschwerde gegen Flughafenplanungen

Tatsächlich variieren die Verfassungsbeschwerden, welche behördliche und wegen § 90 Abs. 2 BVerfGG vor allen Dingen verwaltungsgerichtliche Entscheidungen zur Flughafenplanung angreifen, einen vergleichsweise übersichtlichen Kanon verfassungsrechtlicher Fragestellungen. Denn für die Grundsatzannahme nach § 93a Abs. 2 Buchst. a) BVerfGG genügt es nicht, wenn die Verfassungsbeschwerde nur einfach-rechtliche oder tatsächliche Fragen von grundsätzlicher Bedeutung aufwirft, sondern die Verfassungsbeschwerde muss entscheidungserheblich von der Klärung bislang ungeklärter Fragen zur Auslegung des Verfassungsrechts selbst abhängen.[12] Inhaltlich lassen sich die in den Jedermann-Verfassungsbeschwerdeverfahren nach § 90 BVerfGG auftretenden verfassungsrechtlichen Fragen wie folgt zusammenfassen:

1. Im Vordergrund stehen Fragen zum Eigentumsschutz nach Art. 14 GG. Dabei ist allerdings nach Betroffenheiten zu differenzieren. Geht es bei echten Enteignungen um die Höhe der zu leistenden Entschädigung (Art. 14 Abs. 3 bis 4 GG) oder bei kompensationsbedürftigen Inhalts- und Schrankenbestimmungen im Sinne von Art. 14 Abs. 1 Satz 2 GG um die Höhe der Ausgleichsleistungen, dann betrifft das die Flughafenplanung nur auf einer sekundären Ebene. Denn es liegt auf der Hand, dass durch höhere Entschädigungen oder Ausgleichsleistungen im Regelfall die Realisierung des Flughafenprojekts nur verteuert, nicht aber wirklich beeinträchtigt oder verhindert wird. Vielleicht gerade deshalb, weil Verfassungsbeschwerden gegen die Höhe von Entschädigungen und Ausgleichsleistungen das eigentliche Vorhaben nicht torpedieren können, liegt die Schwelle für eine stattgebende Entscheidung durch das BVerfG hier offenbar niedriger.[13]
2. Auf den Kern der Flughafenplanung zielen dagegen Verfassungsbeschwerden Enteignungsbetroffener, die eine Verletzung von Art. 14 Abs. 3 Satz 1 GG behaupten. Danach ist eine Enteignung nur zum Wohl der Allgemeinheit zulässig. Das führt nach der ständigen Rechtsprechung des BVerfG und der Verwaltungsgerichte dazu, dass die üblicherweise so genannten Enteignungsbetroffenen eine vollständige Kontrolle der Planungsentscheidung darauf beanspruchen können, ob der Zugriff auf ihr Eigentum wirklich in jeder Hinsicht rechtmäßig ist. Darauf, ob die jeweils einzelne Norm des einfachen nationalen oder europäischen Rechts zugunsten des Betroffenen drittschützend ist, kommt es bei diesen Betroffenen nicht an. Wichtig ist nur, ob ohne einen Verstoß gegen eine solche Norm der Zugriff auf das Eigentum dieses Betroffenen hätte unterbleiben müssen. Diese Konstellation betrifft nicht nur die der luftverkehrsrechtlichen Plan-

---

[12] Grundlegend BVerfGE 90, 22 (24); 96, 245 (248); siehe auch *Lenz/Hansel* (Fn. 11), § 93a, Rn. 31 ff.; *Zuck*, in: Lechner/Zuck, BVerfGG, 6. Aufl. 2011, § 93a Rn. 8.

[13] Vgl. BVerfG, Beschl. der 3. Kammer des Ersten Senats vom 23.2.2010 – 1 BvR 2736/08, dazu noch näher unter VII.

feststellung nachfolgenden Enteignungs- und Besitzeinweisungsverfahren (§§ 28, 27g LuftVG), sondern schon die Planfeststellung selbst. Das ist deshalb unausweichlich, weil der Gesetzgeber die luftverkehrsrechtliche Planfeststellung mit der so genannten enteignungsrechtlichen Vorwirkung (vgl. § 28 Abs. 2 LuftVG) ausgestattet hat.[14]

3. Unterhalb einer enteignenden Betroffenheit greift Art. 14 Abs. 1 GG. Die luftverkehrsrechtliche Planfeststellung und die dabei zugelassenen Einwirkungen auf das Eigentum Betroffener hängen von gesetzlichen Vorschriften ab, die Inhalts- und Schrankenbestimmungen nach Art. 14 Abs. 1 Satz 2 GG sind.[15] Sie müssen als solche der verfassungsrechtlich garantierten Eigentumsstellung und dem Gebot der sozial gerechten Eigentumsordnung in gleicher Weise Rechnung tragen, also die schutzwürdigen Interessen der Beteiligten in einen gerechten Ausgleich und in ein ausgewogenes Verhältnis bringen.[16]
4. Außerhalb der Eigentumsgarantie geht es regelmäßig um Fragen unzureichenden Lärmschutzes unter dem Aspekt der sich aus Art. 2 Abs. 2 Satz 1 GG ergebenden staatlichen Schutzpflicht zur Ergreifung von Maßnahmen zum Schutz vor gesundheitsschädigenden und gesundheitsgefährdenden Auswirkungen von Fluglärm.[17]
5. Soweit gelegentlich auch das Grundrecht auf Wohnung aus Art. 13 Abs. 1 GG oder die durch Art. 11 Abs. 1 GG gewährleistete Freizügigkeit im Bundesgebiet gerügt werden, hält das BVerfG dies erkennbar für thematisch nicht recht einschlägig.[18]
6. Flughafenplanungen werden vor dem BVerfG meistens auch mit der Rüge angegriffen, es seien Verfahrensgrundrechte verletzt worden. Das betrifft in erster Linie die Ablehnung von Beweisanträgen unter dem Aspekt des in Art. 103 Abs. 1 GG geschützten Rechts auf rechtliches Gehör,[19] im Hinblick auf die Europäisierung des Umweltrechts aber zunehmend die Rüge des Entzugs des gesetzlichen Richters durch Nichtvorlage an den Gerichtshof der Europäischen Union (EuGH) nach Art. 267 AEUV (früher Art. 234 EG).[20] In letzterem

[14] BVerfG, Beschl. der 3. Kammer des Ersten Senats v. 20.2.2008 – 1 BvR 2389/06, Rn. 9 bei Juris – Flughafen Berlin-Brandenburg I; siehe auch BVerfG, Beschl. der 3. Kammer des Ersten Senats vom 20.2.2008 – 1 BvR 2722/06, Rn. 50 f. bei Juris – Flughafen Berlin-Brandenburg II.

[15] Vgl. BVerfG, Beschl. der 3. Kammer des Ersten Senats v. 23.2.2010 – 1 BvR 2736/08, Rn. 39 bei Juris.

[16] Vgl. BVerfG, Beschl. der 3. Kammer des Ersten Senats vom 20.2.2008 – 1 BvR 2722/06, Rn. 54 bei Juris – Flughafen Berlin-Brandenburg II; siehe auch Beschl. der 3. Kammer des Ersten Senats vom 29.7.2009 – 1 BvR 1606/08, Rn. 32 bei Juris – Flughafen Berlin-Brandenburg III.

[17] Vgl. etwa Beschl. der 3. Kammer des Ersten Senats v. 29.7.2009 – 1 BvR 1606/08, Rn. 10 ff. bei Juris – Flughafen Berlin-Brandenburg III; grundlegend BVerfGE 56, 54 (73 ff.).

[18] Vgl. BVerfG, Beschl. der 3. Kammer des Ersten Senats v. 29.7.2009 – 1 BvR 1606/08, Rn. 34 bei Juris – Flughafen Berlin-Brandenburg III (zu Art. 13 Abs. 1 GG i.V. mit Art. 8 EMRK); BVerfG, Beschl. der 3. Kammer des Ersten Senats v. 20.2.2008 – 1 BvR 2722/06, Rn. 90 ff. bei Juris – Flughafen Berlin-Brandenburg II (Art. 11 GG).

[19] Vgl. die umfangreichen, aber allesamt nicht hinreichend dargelegten Rügen in BVerfG, Beschl. der 3. Kammer des Ersten Senats v. 20.2.2008 – 1 BvR 2722/06, Rn. 8 ff. bei Juris – Flughafen Berlin-Brandenburg II.

[20] Vgl. BVerfG, Beschl. der 3. Kammer des Ersten Senats vom 20.2.2008 – 1 BvR 2722/06, Rn. 27 ff. bei Juris – Flughafen Berlin-Brandenburg II; siehe auch Entscheidung zu Werksflugha-

Zusammenhang erscheint durchaus auch eine Senatsentscheidung möglich und angebracht, weil der Erste und der Zweite Senat des BVerfG ganz ausdrücklich unterschiedliche und erkennbar auch zu unterschiedlichen Ergebnissen führende Ansätze zum verfassungsrechtlichen Kontrollmaßstab praktizieren.[21]

V. Kontrolle der Standortentscheidung durch Enteignungsbetroffene

Den stärksten Bezug zu den einfach-rechtlichen Fragen der Planfeststellung von Flughäfen haben Beschwerden von enteignungsbetroffenen Grundstückseigentümern, welche bei einem Neubau eines Flughafens die Standortfestlegung in Frage stellen. Solche Beschwerden sind für den Betreiber des künftigen Flughafens besonders gefährlich, weil sie sein Gesamtprojekt wenn nicht zu Fall bringen, so doch deutlich zu verzögern und möglicherweise zu verlagern vermögen – sofern sie Erfolg haben. Um dieses Risiko auszuschließen, bemühen sich die Vorhabenträger von Flughäfen ähnlich wie die Vorhabenträger anderer größerer Fachplanungsprojekte darum, solche Grundstücke freihändig und durchaus auch zu erhöhten Preisen zu erwerben. Denn diese Betroffenen sind als Beschwerdeführer besonders gefährlich, weil sie mit der Rüge der Verletzung von Art. 14 Abs. 3 GG eine Vollkontrolle des Planfeststellungsbeschlusses erreichen können.

Eine solche Konstellation lag der unter dem Aktenzeichen 1 BvR 2189/06 geführten Verfassungsbeschwerde zugrunde, die den Flughafen Berlin-Brandenburg betraf. Bei ihm war zwischen den Ländern Berlin und Brandenburg lange umstritten, ob ein deutlich von der Stadt Berlin abgerückter Standort (Vorteile: Volle Nachtflugmöglichkeiten; Entwicklung strukturschwacher Räume Brandenburgs; Nachteil: Entfernung zur Berliner Innenstadt) oder ein Standort möglichst nah bei Berlin (Vorteil: Nähe zu Berliner Innenstadt; Nachteile: Mehr Lärmbetroffene; mögliche Einschränkungen des Flugbetriebs in der Nacht) gewählt werden soll. Für die erste Variante stand besonders der vom früheren brandenburgischen Ministerpräsidenten Stolpe favorisierte ländliche Standort in Sperenberg, für die zweite Variante der schließlich gewählte Standort Schönefeld. Diese Standortentscheidung war lange vor der Planfeststellung auf der vorgelagerten raumordnerischen Ebene im Landesentwicklungsplan getroffen worden, die für die Planfeststellungsbehörde später verbindlich war. Bei der Landesplanung ging es recht hemdsärmlich zu, was sich auch daran zeigte, dass verschiedene den Standort Schönefeld festschreibende Landesentwicklungspläne vom zuständigen Oberverwaltungsgericht für nichtig erklärt wurden.[22] Das BVerwG „hielt" aber den späteren Planfeststellungsbeschluss.[23]

---

fen Hamburg. Siehe auch BVerfG, Beschl. der 1. Kammer des Ersten Senats vom 10.5.2001 – 1 BvR 481/01 u.a., Rn. 20 ff. bei Juris – Planfeststellungsbeschluss für die Erweiterung des Werksgeländes der EADS Airbus in Hamburg-Finkenwerder.

[21] Vgl. die Nachweise bei *Lenz,* Rechtsschutz vor europäischen Gerichten, in: Quaas/Zuck, Prozesse in Verwaltungssachen, 2. Aufl. 2011, Rn. 51 bis 53.

[22] OVG Frankfurt/Oder, Urt. v. 24.8.2001 – 3 D 4/99.NE; OVG Frankfurt/Oder, Urt. v. 10.2.2005 – 3 D 104/03.NE, das Revisionsverfahren wurde nach übereinstimmender Erledigungserklärung eingestellt, vgl. BVerwG, Beschl. des 4. Senats v. 27.9.2006 – 4 CN 1/05.

[23] Vgl. u.a. BVerwGE 125, 116.

Auf die dadurch vorgezeichneten Angriffe der Verfassungsbeschwerde reagiert das BVerfG zugunsten der Flughafenplanung zunächst einmal mit einer deutlichen Abschwächung seiner Prüfungsintensität. Die raumordnerischen und luftverkehrsrechtlichen Planungsentscheidungen für einen Flughafen könnten vom BVerfG auch gegenüber Enteignungsbetroffenen nur daraufhin überprüft werden, ob sie das Willkürverbot beachten und verhältnismäßig sind.[24] Das ist ein sehr magerer und jedenfalls bei enteignenden Eingriffen der Bedeutung des Eigentumsschutzes kaum gerecht werdender Maßstab. Es fällt auch auf, dass die 3. Kammer des Ersten Senats sich insoweit nicht auf Senatsentscheidungen stützen kann, jedenfalls nicht auf einschlägige. BVerfGE 76, 107 (121 f.) betraf eine Kommunalverfassungsbeschwerde, also Art. 28 Abs. 2 Satz 1 GG, nicht die Garantie privaten Eigentums in Art. 14 GG. BVerfGE 95, 1 (22 f.) betraf mit der Südumfahrung Stendal eine Planfeststellung durch den Gesetzgeber und deshalb ist dort auch zu Recht die (größere) Gestaltungsbefugnis des Gesetzgebers betont worden. Es erscheint wünschenswert, wenn das BVerfG zu dieser zentralen Maßstabsfrage bei der Kontrolle von behördlichen Planfeststellungsbeschlüssen für Flughäfen durch Enteignungsbetroffene eine Senatsentscheidung trifft.

Weiterer Spielraum zugunsten der Flughafenplanung entsteht dadurch, dass, soweit bei der Überprüfung von Abwägungsentscheidungen über Wertungen und Prognosen zu befinden ist, die Nachprüfung des BVerfG darauf beschränkt ist, ob diese Einschätzungen und Entscheidungen offensichtlich fehlerhaft oder eindeutig widerlegbar sind oder der verfassungsrechtlichen Ordnung widersprechen.[25] Damit ist bei der Verdünnung des verfassungsrechtlichen Prüfungsmaßstabs aber noch nicht das Ende der Fahnenstange erreicht. Die Vorverlagerung der Standortentscheidung vom Planfeststellungsverfahren in das Raumordnungsverfahren macht sich für die Flughafenplanung „bezahlt", weil die Maßstäbe der Abwägungskontrolle „ebenenspezifisch" bestimmt werden und deshalb dem Plangeber einer höherstufigen Planung wie der Raumplanung ein größerer administrativer Gestaltungsspielraum eingeräumt wird, als bei der Fachplanung.[26]

Diese mehrfache Verdünnung erlaubte es dem BVerfG, die beiden Hauptstolperstellen für die Standortentscheidung für Schönefeld beiseite zu schieben – die Lärm- und die Nachtflugthematik. Das BVerfG räumt ausdrücklich ein, dass nicht näher ermittelt wurde, wie viele Anwohner an den Standorten Schönefeld und Sperenberg tatsächlich durch Fluglärm betroffen wären. Ausreichend sei schon, dass der Plangeber meint, seine vorrangig verfolgten anderen planerischen Ziele an dem Standort mit jedenfalls weniger Lärmbetroffenen nicht verwirklichen zu können. Ermittlungen zur Nutzbarkeit der Nachtflugbewegungen an den beiden Standorten hätten deshalb im Raumordnungsverfahren noch nicht festgestellt werden müssen, weil der raumordnerische Plangeber gar nicht von einem einen

---

[24] BVerfG, Beschl. der 3. Kammer des Ersten Senats v. 20.2.2008 – 1 BvR 2389/06, Rn. 13 bei Juris – Flughafen Berlin-Brandenburg I.

[25] BVerfG, Beschl. der 3. Kammer des Ersten Senats v. 20.2.2008 – 1 BvR 2389/06, Rn. 13 bei Juris – Flughafen Berlin-Brandenburg I; im Anschluss an BVerfGE 95, 1 (22 f.) und 76, 107 (121 f.).

[26] BVerfG, Beschl. der 3. Kammer des Ersten Senats v. 20.2.2008 – 1 BvR 2389/06, Rn. 14 bei Juris – Flughafen Berlin-Brandenburg I.

Nachtflugverkehr erfordernden Verwendungszweck ausgegangen sei, also nicht von einem internationalen Großflughafen, sondern nur von einem mittelgroßen Verkehrsflughafen.[27]

Dieses Muster findet sich bei der Überprüfung der Frage wieder, ob der Plangeber des Landesentwicklungsplans bei der Abwägungsentscheidung die Lärmbetroffenheiten fehlgewichtet hat. Die erforderliche offensichtliche Fehlerhaftigkeit kann mit dem Hinweis verneint werden, dass über die konkrete Belastung durch Fluglärm erst auf der Ebene der Planfeststellung entschieden wird.[28]

Auf den Vorwurf der Verfassungsbeschwerde, durch die Vorverlagerung der Standortentscheidung in das Raumordnungsverfahren werde die gerichtliche Kontrolle verwässert, reagiert das BVerfG mit der Aussage, dass die Überprüfbarkeit der Rechtmäßigkeit des der Planfeststellung vorausgegangenen raumordnerischen Hoheitsakts nicht „unzumutbar erschwert" werden darf. Allerdings kommt insoweit der Flughafenplanung zugute, dass die im konkreten Fall vom BVerwG vorgenommene inzidente Kontrolle der raumordnerischen Standortentscheidung nicht nach dem strengen fachplanungsrechtlichen, sondern nur nach dem loseren raumordnungsrechtlichen Kontrollmaßstab erfolgt.

VI. Zurückhaltung beim verfassungsrechtlichen Schutz vor Fluglärm

In ähnlicher Weise geht das BVerfG mit Rügen um, welche Planfeststellungsbeschlüsse für Flughäfen nicht über die Eigentumsschiene, sondern unter Berufung auf die sich aus Art. 2 Abs. 2 Satz 1 GG ergebende Schutzpflicht vor gesundheitsschädigenden und gesundheitsgefährdenden Auswirkungen von Fluglärm angreifen.

Exemplarisch hierfür stehen die Entscheidungen zu den Verfassungsbeschwerden gegen den Ergänzungsplanfeststellungsbeschluss für den Verkehrsflughafen Leipzig/Halle.[29] Der Flughafen Leipzig/Halle war schon zuvor durch einen Planfeststellungsbeschluss von 2004 umgestaltet worden und zwar mit dem zentralen Planungsziel des Ausbaus zu einem Drehkreuz für den Luftfrachtverkehr. Eine zentrale Rolle spielte dabei die unbefristete Nachtfluggenehmigung vom 20.9.1990, also noch aus Zeiten der DDR. Klagen lärmbetroffener Anwohner führten schließlich dazu, dass der Freistaat Sachsen vom BVerwG verpflichtet wurde, neu darüber zu entscheiden, ob der Nachtflugbetrieb weiter beschränkt wird. Mit dem Ergänzungsplanfeststellungsbeschluss von 2007 wurden solche, von den Betroffenen und späteren Beschwerdeführern als unzureichend empfundene Beschränkungen getroffen. Deren Verfassungsbeschwerde rügte in erster Linie eine Verletzung von Art. 2 Abs. 2 Satz 1 GG.

Die 3. Kammer des Ersten Senats bekräftigt zwar unter Anlehnung an die alten Senatsentscheidungen zur Fluglärmschutzgesetzgebung,[30] dass die sich aus Art. 2

[27] BVerfG, Beschl. der 3. Kammer des Ersten Senats v. 20.2.2008 – 1 BvR 2389/06, Rn. 19 f. bei Juris – Flughafen Berlin-Brandenburg I.

[28] BVerfG, Beschl. der 3. Kammer des Ersten Senats v. 20.2.2008 – 1 BvR 2389/06, Rn. 23 bei Juris – Flughafen Berlin-Brandenburg I.

[29] Vgl. u.a. BVerfG, Beschl. der 3. Kammer des Ersten Senats v. 15.10.2009 – 1 BvR 3474/08, NVwZ 2009, 1489.

[30] BVerfGE, 56, 54 (73 ff.).

Abs. 2 Satz 1 GG ergebende Schutzpflicht auch die Ergreifung von Maßnahmen zum Schutz vor gesundheitsschädigenden und gesundheitsgefährdenden Auswirkungen von Fluglärm umfasst, sagt in diesem Zusammenhang aber auch, dass insoweit alles von den jeweils maßgeblichen Umständen abhängt.[31] Betont wird die dem Gesetzgeber bei der Erfüllung von Schutzpflichten zukommenden weiten Einschätzungs-, Wertungs- und Gestaltungsbereiche, die auch Raum lassen, konkurrierende öffentliche und private Interessen zu berücksichtigen, weshalb das BVerfG nur überprüfen könne, ob der Gesetzgeber seinen Einschätzungsspielraum vertretbar gehandhabt hat.[32]

Die praktische Umsetzung bei der Überprüfung des Ergänzungsplanfeststellungsbeschlusses nimmt das BVerfG mit einer zweigestuften Argumentation vor. Es begibt sich zunächst auf die Ebene des einfachen Rechts, um den Beschwerdeführern vorhalten zu können, die vom BVerwG der Entscheidung zugrundegelegte Rechtsauffassung sei einfach-rechtlich gut vertretbar oder jedenfalls nicht unvertretbar.[33] Das wird auf der zweiten Stufe im Hinblick auf die verfahrensrechtliche Dimension der aus Art. 2 Abs. 2 Satz 1 GG folgenden Schutzpflicht argumentativ zusätzlich abgesichert, indem die als vertretbar eingestufte Auslegung und Handhabung des einfachen Rechts durch das BVerwG daraufhin überprüft wird, ob der Rechtsschutz der Beschwerdeführer verkürzt wurde, was im Ergebnis verneint wird.[34]

Diese verfahrensrechtlich angereicherte Vertretbarkeitsprüfung hinsichtlich des einfachen Rechts ist letztlich Ausfluss des Umstands, dass das BVerfG auch im lärmschutzrelevanten Bereich die Vorgaben der fachplanerischen Abwägung nicht als spezifisches Verfassungsrecht ansieht, sondern dem einfachen Recht zuordnet.[35] Aus der insoweit stets wiederholten Formel, das BVerfG könne (auch luftverkehrsrechtliche) Planungsentscheidungen nur daraufhin überprüfen, ob sie das Willkürverbot beachten und verhältnismäßig sind,[36] wird der Sache nach eine Prüfung der bloßen Vertretbarkeit der Handhabung des einfachen Rechts.[37]

In einem ebenfalls primär den Fluglärmschutz unter dem Aspekt des Art. 2 Abs. 2 Satz 1 GG betreffenden Verfassungsbeschwerdeverfahren zum Flughafen Berlin-Brandenburg hat die 3. Kammer des Ersten Senats ausdrücklich dargestellt, dass eine weitergehende Überprüfung der Flughafenplanung nicht zur Aufgabe

---

[31] Vgl. BVerfG, Beschl. der 3. Kammer des Ersten Senats v. 15.10.2009 – 1 BvR 3474/08, Rn. 26 bei Juris.

[32] Vgl. BVerfG, Beschl. der 3. Kammer des Ersten Senats v. 15.10.2009 – 1 BvR 3474/08, Rn. 27 bei Juris.

[33] Vgl. BVerfG, Beschl. der 3. Kammer des Ersten Senats v. 15.10.2009 – 1 BvR 3474/08, Rn. 30 bis 35 bei Juris.

[34] Vgl. BVerfG, Beschl. der 3. Kammer des Ersten Senats v. 15.10.2009 – 1 BvR 3474/08, Rn. 36 bis 39 bei Juris.

[35] Vgl. BVerfG, Beschl. der 3. Kammer des Ersten Senats v. 15.10.2009 – 1 BvR 3474/08, Rn. 42 bei Juris.

[36] Vgl. BVerfG, Beschl. der 3. Kammer des Ersten Senats v. 15.10.2009 – 1 BvR 3474/08, Rn. 41 bei Juris. Vgl. zur Kritik an der fehlenden Unterlegung durch wirklich einschlägige Senatsentscheidungen oben unter VI.

[37] Besonders deutlich BVerfG, Beschl. der 3. Kammer des Ersten Senats v. 15.10.2009 – 1 BvR 3474/08, Rn. 47 bei Juris.

des BVerfG gehöre.[38] Das BVerfG sieht es insbesondere nicht als seine Aufgabe an, „bei Meinungsverschiedenheiten in der Lärmwirkungsforschung selbst die maßgeblichen Lärmgrenzwerte zu ermitteln und festzulegen".[39] Deshalb war bislang auch immer ausreichend, wenn die vom BVerwG gebilligte Methode zur Ermittlung der Lärmgrenzwerte nicht evident ungeeignet ist.[40]

Praktisches Ergebnis ist, dass nicht das verfassungsrechtliche Schutzgebot des Art. 2 Abs. 2 Satz 1 GG und das BVerfG, sondern der Gesetzgeber und das BVerwG die Entwicklung beim Fluglärmschutz bestimmen.[41]

VII. Stattgebende Entscheidung zum Flughafen Berlin-Brandenburg

Ganz aus der die Verfassungsbeschwerden nicht annehmenden Reihe der Kammerrechtsprechung zur Flughafenplanung fällt der Beschluss der 3. Kammer des Ersten Senats vom 23.2.2010 – 1 BvR 2746/08.

Beschwerdeführer waren Eigentümer eines Grundstücks, das im Zentrum der Einflugschneise der neuen Startbahn Süd des Flughafens Berlin-Brandenburg in Schönefeld liegt und für das der Planfeststellungsbeschluss wegen des prognostizierten Dauerschallpegels und der Überschreitungshäufigkeit des Maximalpegels von 70 dB(A) während der Nacht von 29,3 eine Zuordnung zum dort festgesetzten Entschädigungsgebiet „Übernahmeanspruch" vorgenommen hat. Auf Antrag der Eigentümer hatten die Träger des Flughafenvorhabens gegen Übereignung des Grundstücks eine Entschädigung in Höhe des Verkehrswerts zu leisten, wobei für die Ermittlung des Verkehrswerts auf den Stichtag der Geltendmachung des Anspruchs abzustellen ist. Darin sahen die Beschwerdeführer eine Verletzung von Art. 14 Abs. 1 GG, weil der Planfeststellungsbeschluss und die ihn bestätigende Entscheidung des BVerwG dazu führte, dass sie über 50 % der durch das Flughafenvorhaben ausgelösten Wertminderung selbst zu tragen hätten.

Das BVerfG hat die Fragestellung nicht Art. 14 Abs. 3 GG und den in den dortigen Sätzen 2 bis 4 getroffenen Aussagen zur Entschädigungshöhe bei einer Enteignung zugeordnet, weil der Planfeststellungsbeschluss keinen unmittelbaren Zugriff auf das Grundstück vorsieht. Das Gericht ist vielmehr seiner allgemeinen Linie gefolgt, Vorschriften, die den in der Folge einer luftverkehrsrechtlichen Planfeststellung auf einem Wohngrundstück hinzunehmenden Fluglärm regeln, als bloße Inhalts- und Schrankenbestimmungen nach Art. 14 Abs. 1 Satz 2 GG einzustufen.[42] Den eingeräumten Übernahmeanspruch ordnet das BVerfG als kompensatorische Vorkehrung zur Vermeidung einer unverhältnismäßigen oder

---

[38] BVerfG, Beschl. der 3. Kammer des Ersten Senats v. 29.7.2009 – 1 BvR 1606/08, Rn. 22 bei Juris.

[39] BVerfG, Beschl. der 3. Kammer des Ersten Senats v. 29.7.2009 – 1 BvR 1606/08, Rn. 22 bei Juris.

[40] BVerfG, Beschl. der 3. Kammer des Ersten Senats v. 20.2.2008 – 1 BvR 2722/06, Rn. 82 bei Juris – Flughafen Berlin-Brandenburg II.

[41] Vgl. zum Fluglärmschutzgesetz in seiner 2007 novellierten Fassung den Nichtannahmebeschluss der 1. Kammer des Ersten Senats des BVerfG v. 4.5.2011 – 1 BvR 1502/08.

[42] BVerfG, Beschl. der 3. Kammer des Ersten Senats v. 23.2.2010 – 1 BvR 2736/08, Rn. 39 bei Juris.

gleichheitswidrigen Belastung besonders intensiv Betroffener ein.[43] In diesem Zusammenhang folgt es auch der keineswegs selbstverständlichen Linie der Senatsrechtsprechung, wonach die grundrechtlich relevante Einbuße bei ausgleichspflichtigen Inhalts- und Schrankenbestimmungen zugunsten Privater vollständig zu kompensieren ist, nicht aber dann, wenn die Inhaltsbeschränkungen zum Wohl der Allgemeinheit erfolgt, da in diesen Fällen der Ausgleichsanspruch nur der Kompensation eines gleichheitswidrigen Sonderopfers dient.[44] Das ist hier relevant, weil der geplante Flughafen dem allgemeinen Verkehr gewidmet ist und deshalb die durch den Planfeststellungsbeschluss bewirkte Inhalts- und Schrankenbestimmung dem Wohl der Allgemeinheit dient.[45]

Die Brücke zur Feststellung eines Verfassungsverstoßes liegt in der Argumentation, mit der die 3. Kammer des Ersten Senats dem BVerwG und der Planfeststellungsbehörde vorhält, die Bedeutung des Eigentumsgrundrechts im konkreten Fall verkannt zu haben. Zentral ist insoweit die weder vom BVerwG noch von der Planfeststellungsbehörde aufgenommene, in der Rechtsprechung des BVerfG aber etablierte Feststellung, dass die Eigentumsgarantie bei der Bestimmung von Inhalt und Schranken dann besonderes Gewicht hat, soweit das Eigentum die persönliche Freiheit des Einzelnen im vermögensrechtlichen Bereich sichert.[46] So richtig das ist, so kann man sich doch gut vorstellen, dass sich der eine oder andere Richter im BVerwG bei der Lektüre der Aufhebungsentscheidung am Hinterkopf gekratzt und gefragt hat: Warum hat eigentlich der Aspekt des besonderen Gewichts des Eigentums für die persönliche Freiheit des Einzelnen in der bisherigen Rechtsprechung des BVerfG zur Flughafenplanung diese herausgehobene Rolle nicht gespielt? Es ist auch recht entlarvend, wenn die 3. Kammer des Ersten Senats sich insoweit ausschließlich auf Senatsentscheidungen stützt, die gar nicht zu behördlichen Planfeststellungsverfahren ergangen sind. Das ist aber keine Kritik am Ergebnis dieses Kammerbeschlusses, sondern unterstreicht nur die Notwendigkeit, durch eine Senatsentscheidung zu klären, welche Maßstäbe aus Art. 14 Abs. 1 und 3 GG für die Kontrolle von behördlichen Flughafenplanungsentscheidungen folgen.

Im konkreten Fall war ausschlaggebendes Kriterium für die 3. Kammer des Ersten Senats, ob die Betroffenen aufgrund der Festlegung des Stichtags für die zu zahlende Entschädigung nicht mehr in der Lage sind, sich ein adäquates Wohngrundstück für sich und ihre Familie leisten zu können. Das könne wegen der von den Beschwerdeführern geltend gemachten Wertminderung im Ausmaß von 50% bis 60 % und dem Verzicht des BVerwG auf eine Beweisaufnahme zur tatsächlich eintretenden Wertminderung nicht verlässlich ausgeschlossen werden.[47]

---

[43] BVerfG, Beschl. der 3. Kammer des Ersten Senats v. 23.2.2010 – 1 BvR 2736/08, Rn. 41 bei Juris, im Anschluss an die Senatsentscheidung BVerfGE 100, 226 (244).

[44] BVerfGE 100, 226 (244); 100, 289 (303 ff.). Daran anknüpfend BVerfG, Beschl. der 3. Kammer des Ersten Senats v. 23.2.2010 – 1 BvR 2736/08, Rn. 43 bei Juris.

[45] Vgl. dazu auch *Lenz* NJW 2005, 257 ff. und *Lenz* NordÖR 2002, 442 (444 ff.).

[46] BVerfG, Beschl. der 3. Kammer des Ersten Senats v. 23.2.2010 – 1 BvR 2736/08, Rn. 48 bei Juris unter Anlehnung insbesondere an BVerfGE 102, 1 (21); 95, 64 (84).

[47] BVerfG, Beschl. der 3. Kammer des Ersten Senats v. 23.2.2010 – 1 BvR 2736/08, Rn. 49 bei Juris.

VIII. Resümee und Perspektive

Auch das BVerfG mag Flughäfen. Anders als Bernhard Stüer hat es aber bislang keine große Neigung gezeigt, sich intensiver mit den Problemen und Konfliktlagen zu befassen, die mit diesen raumbedeutsamen und störungsintensiven Vorhaben verbunden sind. Die Rechtsprechung des BVerfG war bei der verfassungsrechtlichen Kontrolle von Flughafenplanungsentscheidungen außerordentlich zurückhaltend. Die Maßstäbe sowohl im Bereich des Eigentums- wie des Gesundheitsschutzes sind so formuliert und gehandhabt worden, dass ein durchgreifender Erfolg für die Angreiferseite zwar nicht unmöglich, aber ausgesprochen unwahrscheinlich war. Es passt in dieses Bild, dass der einzige stattgebende Kammerbeschluss eine Verfassungsbeschwerde betrifft, in der es lediglich um eine finanzielle Mehrbelastung des Flughafenvorhabenträgers ging, sein Vorhaben selbst aber nicht in Frage gestellt wurde. Das muss aber nicht so bleiben. Erstens stellt die Begründung dieser stattgebenden Kammerentscheidung die bisherigen restriktiven Maßstäbe erneut auf den Prüfstand. Außerdem ist unverkennbar, dass sich in Sachen Flughafenplanung der Wind gedreht hat. Fluglärm und insbesondere Flugbewegungen zur Nachtzeit werden schon bei der Anwendung des einfachen Rechts kritischer gesehen als noch vor fünf oder 15 Jahren. Man wird gespannt sein dürfen, ob diese kritischere Haltung gegenüber Flughäfen auch im BVerfG seinen Niederschlag findet. Dann könnte es auch zu dem eigentlich überfälligen Senatsurteil zur Flughafenplanung kommen. Es würde einen nicht wundern, wenn dann in der mündlichen Verhandlung auch Bernhard Stüer für einen Beteiligten zu Wort käme.

STEFAN RUDE

Eisenbahnkreuzungsrecht und Planfeststellung

Bernhard Stüer hat sich in seinem umfangreichen literarischen Werk, bei seinen immer anregenden Lehrveranstaltungen und natürlich auch als Rechtsanwalt eingehend mit dem Straßen- und Eisenbahnrecht befasst.[1] Dort, wo sich Eisenbahnen und Straßen überschneiden, treffen auch die Interessen von Straßenbaulastträger und Eisenbahnbaulastträger aufeinander. Sie werden idealerweise in einer Kreuzungsvereinbarung in Einklang gebracht, die Planung und Durchführung einer Kreuzungsbaumaßnahme und die Verteilung der Kosten regelt. Nicht immer verfolgt man jedoch gemeinsame Interessen; mitunter werden Konflikte vor Gericht ausgetragen. Dabei wird hin und wieder übersehen, dass Eisenbahnkreuzungsmaßnahmen sowohl einen planungsrechtlichen als auch einen davon unabhängig zu beurteilenden kreuzungsrechtlichen Hintergrund haben.

I. Verhältnis vom Eisenbahnkreuzungsrecht und Planfeststellungsrecht

Die Kreuzung von öffentlichen Straßen und Eisenbahnen ist in Deutschland in einem besonderen Eisenbahnkreuzungsgesetz[2] geregelt. Es betrifft sowohl höhengleiche Kreuzungen (Bahnübergänge) als auch nicht höhengleiche Kreuzungen (Überführungen). Das EKrG befasst sich im Wesentlichen mit der Erforderlichkeit von Änderungen an Eisenbahnkreuzungen und der Verteilung der Kosten auf die Kreuzungsbeteiligten. Kreuzungsbeteiligte sind der Baulastträger der kreuzenden Straße und der Baulastträger der kreuzenden Eisenbahn. Zwischen diesen Kreuzungsbeteiligten besteht im Hinblick auf die gemeinsame Kreuzung ein besonderes kreuzungsrechtliches Gemeinschaftsverhältnis.[3] Als bloßer Kostenträger sind Bund oder Land unabhängig von ihrer etwaigen Baulastträgerschaft beteiligt, wenn Bahnübergänge geändert werden. Dann tragen sie neben den beiden Baulastträgern ein Drittel der Kosten (§ 13 Abs. 1 EKrG).

Auch für Baumaßnahmen an Eisenbahnkreuzungen ist die Zulassung durch einen Planfeststellungsbeschluss oder eine Plangenehmigung erforderlich. Deren Grundlage ist jedoch nicht das EKrG. Das EKrG ist kein Fachplanungsgesetz für

---

[1] Siehe nur *Stüer,* Bau- und Fachplanungsrecht, 4. Aufl. Rn. 3276 ff.; *Stüer/Probstfeld,* Die Planfeststellung.

[2] Gesetz über Kreuzungen von Eisenbahnen und Straßen (EKrG) vom 14.8.1963, zuletzt geändert durch Art 281 V vom 31.10.2006 (BGBl. I 2407).

[3] BVerwG, Urt. v. 12.6.2002 – 9 C 6.01, BVerwGE 116, 312; auch der BGH, Urt. v. 11.1.2007 – III ZR 294/05, NJW-RR 2007, 457, erkennt im Kreuzungsverhältnis ein wechselseitiges Rechte- und Pflichtenverhältnis, das zu einer rechtlichen Sonderverbindung führt, die ein Schuldverhältnis im Sinne des § 241 Abs. 1 BGB begründet. Eine schuldhafte Verletzung von Pflichten aus diesem Gemeinschaftsrechtsverhältnis führt gemäß § 280 BGB zu einem Anspruch auf Schadensersatz.

Eisenbahnkreuzungen. Die Planfeststellung erfolgt nicht durch die Anordnungsbehörde nach EKrG,[4] sondern durch die nach dem Fachplanungsrecht zuständige Planfeststellungsbehörde. Als Grundlagen der Planfeststellung kommen §§ 17 ff. FStrG, die Landesstraßengesetze, §§ 18 ff. AEG, die Landeseisenbahngesetze und §§ 28 ff. PBefG in Betracht.[5] Es wird für die Änderungen an Straße und Eisenbahn im Bereich der Kreuzung regelmäßig eine einheitliche Planfeststellung oder -genehmigung ergehen können, entweder als Mitregelung einer notwendigen Folgemaßnahme am jeweils anderen Verkehrswege oder gemäß § 78 VwVfG.[6]

Im Unterschied zu den Eisenbahnkreuzungen sind Kreuzungen anderer Verkehrswege nicht Gegenstand eines eigenen Gesetzes, sondern in den Fach(planungs-)gesetzen mitgeregelt.[7] Die Eigenständigkeit der Eisenbahnkreuzungsregelungen führen zu Besonderheiten, denen in der Praxis Rechnung zu tragen ist. Insbesondere sind das Kreuzungsrechtsverfahren nach § 6 ff. EKrG, in dem eisenbahnkreuzungsrechtliche Konflikte durch die Anordnungsbehörde geklärt werden, und das Planfeststellungsverfahren voneinander unabhängige Verfahren.[8] Selbstverständlich gibt es aber Wechselbeziehungen zwischen dem Eisenbahnkreuzungsrecht und dem Planfeststellungsrecht, die in diesem Beitrag aufgezeigt werden sollen. Dabei soll der Bedeutung des Eisenbahnkreuzungsrechts für das Planfeststellungsverfahren und der Bedeutung des Planfeststellungsverfahrens für das Eisenbahnkreuzungsverhältnis nachgegangen werden.

II. Bedeutung des Eisenbahnkreuzungsrechts für das Planfeststellungsverfahren

Das EKrG enthält nur wenige Vorgaben für die planungsrechtliche Zulässigkeit von Eisenbahnkreuzungen. Dennoch wird immer wieder versucht, Planfeststellungsbeschlüsse mit eisenbahnkreuzungsrechtlichen Erwägungen in Frage zu stellen.

1. Planungsvorgaben des EKrG

a) Planrechtfertigung durch § 3 EKrG

Nach § 3 EKrG sind Kreuzungen zu ändern, wenn und soweit es die Sicherheit und Abwicklung des Verkehrs unter Berücksichtigung der übersehbaren Verkehrsentwicklung erfordern. Damit begründet der Gesetzgeber eine gemeinsame Kreuzungsbaulast der Kreuzungsbeteiligten und eine Pflicht zum Handeln. Diese Pflicht ist zugleich eine gesetzliche Planrechtfertigung für die Planfeststellung eines Vorhabens, mit dem die Pflicht umgesetzt werden soll. Maßnahmen zur Erfüllung der Kreuzungsbaulast sind regelmäßig vernünftigerweise geboten.[9] Umgekehrt setzt § 3 EKrG auch einen Mindeststandard, denn Kreuzungsmaßnahmen dürften

[4] So aber noch § 9 EKrG 1971, der durch Art. 6 Abs. 106 ENeuOG gestrichen wurde.

[5] Siehe dazu ausführlich *Stüer,* Fn. 1.

[6] Siehe *Stahlhut* in: Kodal, Straßenrecht, Rn. 21.101; *Stüer* Fn. 1, Rn. 4187.

[7] z. B. § 12 FStrG (Kreuzungen öffentlicher Straßen), § 12a FStrG (Kreuzungen von Bundesfernstraßen mit Gewässern), § 40 ff. BWaStrG.

[8] BVerwG, Urt. v. 11.12.1981 – 4 C 97/79, DÖV 1983, 211; Urt. v. 14.5.1992 – 4 C 28/90, NVwZ-RR 1993, 286; Beschl. v. 2.8.2006 – 9 B 9/06, NVwZ 2006, 1290.

[9] vgl. OVG Münster, Urt. v. 9.12.2010 – 20 D 28/09.AK.

nur dann genehmigungsfähig sein, wenn sie auch geeignet sind, die Anforderungen aus § 3 EKrG zu erfüllen.

b) Materielle Planungsvorgabe in § 2 Abs. 1 EKrG

Materielle Planungs- und Bauvorschriften für Kreuzungsvorhaben enthält das Eisenbahnkreuzungsrecht kaum. Für Bahnübergänge finden sich vielmehr in § 11 Eisenbahn Bau- und Betriebsordnung genaue Vorgaben. Allein § 2 EKrG regelt auch für die Planfeststellungsbehörde verbindlich, dass neue Kreuzungen von Eisenbahnen und Straßen, die nach der Beschaffenheit ihrer Fahrbahn geeignet und dazu bestimmt sind, einen allgemeinen Kraftfahrzeugverkehr aufzunehmen, als Überführungen herzustellen sind. Nur in Ausnahmefällen, insbesondere bei schwachem Verkehr, können Ausnahmen zugelassen werden.

§ 2 EKrG vermittelt im Übrigen keinen Drittschutz im Hinblick auf die Anfechtung des Planfeststellungsbeschlusses.[10] Ziel der Vorschrift ist, im Interesse der Sicherheit und Leichtigkeit des Verkehrs höhengleiche Bahnübergänge bei der Anlegung neuer Kreuzungen von vorneherein zu vermeiden. Die insoweit statuierte Pflicht zum Bau von Überführungen knüpft also nicht etwa an ein konkretes Sicherheitsdefizit eines Bahnübergangs und an besondere Gefahren für einen bestimmten Personenkreis an, sondern bezweckt im öffentlichen Interesse eine generelle Verbesserung der Verkehrsverhältnisse in Fällen, in denen ohnehin eine neue Kreuzung gebaut wird. § 2 Abs. 1 EKrG lässt sich daher nicht – wie die Vorschriften der Eisenbahn Bau- und Betriebsordnung über die Sicherung höhengleicher Bahnübergänge – als eine die allgemeine Verkehrssicherungspflicht konkretisierende Norm auffassen.[11]

c) Keine Variantenvorgabe in § 3 EKrG

In § 3 EKrG ist nicht nur die Pflicht zur Änderung einer Kreuzung für den Fall geregelt, dass sie den Anforderungen nicht mehr gerecht wird. Es finden sich in Nrn. 1 bis 3 auch Bestimmungen dazu, was Änderungsmaßnahmen im Einzelnen sein können: Kreuzungen können danach entweder beseitigt oder durch Baumaßnahmen entlastet werden, die den Verkehr an der Kreuzung vermindern, oder durch den Bau von Überführungen, durch die Einrichtung technischer Sicherungen, durch die Herstellung von Sichtflächen an Bahnübergängen oder in sonstiger Weise geändert werden. Wie die nach § 3 EKrG erforderliche Änderung im Einzelnen zu bewirken ist, ist Gegenstand eines abwägenden Variantenvergleichs.

Aus der in § 3 EKrG angegebenen Reihenfolge von Maßnahmen lässt sich dabei keine materielle Planungsvorgabe im Sinne einer Rangfolge von zu ergreifenden Maßnahmen ableiten. Ferner enthält § 3 EKrG keine Planungsvorgabe dahingehend, dass bei Änderungen von Bahnübergängen vorrangig Überführungen herzustellen sind,[12] wie vielleicht im Hinblick auf § 2 EKrG vermutet werden

---

[10] *Stüer* Fn. 1, Rn. 4191.

[11] BVerwG, Beschl. v. 19.3.1997 – 11 B 102/96, NVwZ-RR 1998, 93; Beschl. v. 16.1.2007 – 9 B 14/06, NVwZ 2007, 462.

[12] OVG Münster, Urt. v. 9.12.2010 – 20 D 28/09; VGH Kassel, Urt. v. 12.6.2012 – 2 C 165/11. T.

könnte. Die verschiedenen Änderungsvarianten sind grundsätzlich gleichberechtigt in der Abwägung zu berücksichtigen. Die in § 3 Nrn. 1 bis 3 EKrG bezeichneten Maßnahmen sind zunächst einmal danach zu beurteilen, ob und inwieweit eine Änderung mit Blick auf die Sicherheit oder die Abwicklung des Verkehrs unter Berücksichtigung der übersehbaren Verkehrsentwicklung erforderlich ist. Vor allem der zuletzt genannte Gesichtspunkt der Verkehrsentwicklung soll den Ausschlag geben, wenn es um die Auswahl unter den Änderungsvarianten geht.[13] Aus den §§ 2 f. EKrG könnten, so das OVG Münster, Aussagen zur Gewichtung von im Rahmen der Abwägung einzustellenden Eigentumsbelangen ebenso wenig abgeleitet werden, wie zu der Frage, ob bei zwei in Betracht kommenden Änderungsvarianten der mit der einen Variante verbundene größere Sicherheitsgewinn es rechtfertige, die andere Variante zu verwerfen, obwohl diese keine oder eine deutlich geringere Eigentumsinanspruchnahme erfordere.

2. *Kosten der Eisenbahnkreuzung in der Abwägung*

Bei der Planfeststellung sind die von dem Vorhaben berührten öffentlichen und privaten Belange im Rahmen der Abwägung zu berücksichtigen.[14] Die Kosten einer Maßnahme können als öffentlicher Belang in die Abwägung einzustellen sein, etwa beim Variantenvergleich. Grundsätzlich spielt aber die Art der Finanzierung einer Maßnahme im Planfeststellungsbeschluss keine Rolle, es sei denn, die aussichtslose Finanzierbarkeit der Maßnahme lässt die Planrechtfertigung entfallen.[15] Mit einer Kreuzungsmaßnahme können aber zwingend Kostenlasten auch für den Kreuzungsbeteiligten verbunden sein, der die Maßnahme nicht will. Bei von der Eisenbahn veranlassten Änderungen an Bahnübergängen kommen etwa auf die Gemeinden als Straßenbaulastträger immer Kostenanteile von einem Drittel zu. Die Frage, ob das Interesse einer Gemeinde, im Hinblick auf die in § 13 Abs. 1 EKrG vorgesehene Kostenverteilung von der Beseitigung eines Bahnübergangs und von in Folge dessen an anderen Anlagen erforderlich werdenden Maßnahmen abzusehen, im Rahmen der gebotenen Abwägung zu berücksichtigen ist, hat das BVerwG in einem Fall offen gelassen.[16] Das wird jedoch regelmäßig nicht der Fall sein. Denn wenn und soweit die Sicherheit oder Abwicklung des Verkehrs eine Änderung der Kreuzung i. S. d. § 3 EKrG erfordern, sind die Kreuzungsbeteiligten nach der Rechtsprechung gemeinsam zur Änderung verpflichtet. Der Einwand mangelnder Leistungsfähigkeit ist den Kreuzungsbeteiligten dann abgeschnitten, so das BVerwG.[17] Soweit eine planfestgestellte Kreuzungsmaßnahme nach § 3 EKrG dagegen nicht erforderlich ist, braucht der Kreuzungsbeteiligte eine Kostenbeteiligung auch nicht zu befürchten. Insoweit wäre eine Einwendung, von Kosten verschont bleiben zu wollen, im Planfeststellungsverfahren deshalb unberechtigt. Nicht die Planfeststellungsbehörde, sondern die Anordnungs-

---

[13] OVG Münster, Urt. v. 9.12.2010 – 20 D 28/09.

[14] Ausführlich zum Abwägungsgebot *Stüer* (Fn. 1), Rn. 1308.

[15] BVerwG, Beschl. v. 26.3.1998 – 11 B 27/97; Beschl. v. 2.8.2006 – 9 B 9/06, NVwZ 2006 1290.

[16] BVerwG, Beschl. v. 2.8.2006 – 9 B 9/06, NVwZ 2006, 1290.

[17] BVerwG, Urt. v. 14.5.1992 – 4 C 28/90; vgl. auch BVerwG, Urt. v. 5.12.2000 – 11 C 6.00.

behörde entscheidet im Konfliktfall, ob die Kosteninanspruchnahme nach dem EKrG gerechtfertigt ist.

3. Kostenübernahmeerklärung im Planfeststellungsverfahren

Die aus § 3 EKrG folgende Kreuzungsbaulast verpflichtet die Kreuzungsbeteiligten gemeinsam zu Änderungen der Kreuzung nur soweit es die Sicherheit oder die Abwicklung des Verkehrs erfordern. Häufig ist es jedoch so, dass die Kreuzungsbeteiligten etwa aus städtebaulichen oder wirtschaftlichen Gründen weitergehende Anforderungen an das Kreuzungsbauwerk haben. Das Bahnunternehmen möchte vielleicht aus Rationalisierungsgründen und zur Einsparung von Personal den Bahnübergang anders ausstatten als es nach § 3 EKrG notwendig wäre oder der Straßenbaulastträger möchte aus Anlass des Bauvorhabens die Straße großzügiger und schöner gestalten. Sofern diese zusätzlichen Anforderungen an die Kreuzung vom Vorhabenträger nicht in das Planfeststellungsverfahren eingebracht werden, stellt sich die Frage, inwieweit die Planfeststellungsbehörde verpflichtet ist, den Wünschen des Kreuzungspartners bei der Entscheidung Rechnung zu tragen. Das BVerwG verlangt von dem Kreuzungspartners, dass von ihm bereits im Planfeststellungsverfahren Kostenübernahmeerklärungen abgegeben werden, weil seine zusätzlichen Anforderungen an die Kreuzung im Planfeststellungsverfahren sonst unberücksichtigt bleiben könnten.[18] Denn bei vorhandenen Überführungen ist ein Kreuzungsbeteiligter aus Anlass eines eigenen Ausbauvorhabens zu einer Verbesserung des jeweils anderen Verkehrsweges grundsätzlich nur verpflichtet, wenn der andere Kreuzungsbeteiligte dies verlangt und als Folge davon anteilig die Kosten trägt.

III. Bedeutung der Planfeststellung für das Eisenbahnkreuzungsverhältnis

Das EKrG regelt – wie bereits ausgeführt – im Wesentlichen die Verteilung der Kosten einer Kreuzungsmaßnahme. Da Kreuzungsrecht und Planfeststellungsrecht unabhängig voneinander sind, sind die kreuzungsrechtlichen Kostenregelungen auch unabhängig davon anwendbar, auf welcher verfahrensrechtlichen Grundlage die Maßnahme selbst durchgeführt wird. Eine Planfeststellung oder Plangenehmigung ist für die Frage, ob eine Kreuzungsmaßnahme i. S. d. § 3 EKrG vorliegt, nicht maßgeblich. Das bestimmt sich allein nach den in § 3 EKrG genannten Kriterien,[19] die im Streit von der kreuzungsrechtlichen Anordnungsbehörde oder einem Gericht anzuwenden sind. Dennoch hat das Planfeststellungsverfahren bzw. der Planfeststellungsverfahren Bedeutung für das eisenbahnkreuzungsrechtliche Verhältnis der Beteiligten.

1. Planfeststellung regelt nicht Kostenverteilung

Im Planfeststellungsbeschluss über eine Eisenbahnkreuzungsmaßnahme wird zunächst einmal nicht die Verteilung der Kosten auf die Kreuzungsbeteiligten festgelegt. Für die Kreuzung etwa von Bundesfernstraßen mit anderen Straßen

[18] BVerwG, Urt. v. 17.12.2009 – 7 A 7/09, NVwZ 2010, 584.
[19] Vgl. VG Regensburg, Urt. v. 30.6.2011 – RN 2 K 10.01009.

oder Gewässern ist das anders. In §§ 12 Abs. 4 S. 1, 12a Abs. 4 FStrG ist bestimmt, dass im Planfeststellungsbeschluss auch die Aufteilung der Kosten zwischen den Kreuzungsbeteiligten geregelt werden soll. Diese gesetzliche Grundlage für die Auferlegung von Leistungspflichten ist erforderlich, weil sich eine Planfeststellung zwar in dem für die Durchführung des Planvorhabens erforderlichen Maß über Rechte und rechtlich geschützte Belange Dritter bis hin zur Zulassung der Enteignung hinwegsetzen, sie jedoch ohne eine gesonderte gesetzliche Grundlage nicht zu Lasten Dritter positive Leistungspflichten begründen kann. Die Festlegung solcher Leistungspflichten geht über die mit der Planfeststellung erreichbare Pflicht Dritter zur Duldung von Eingriffen in bestehende Rechtspositionen hinaus und bedarf demgemäß nach dem aus Art. 20 Abs. 3 GG und den Grundrechten ableitbaren Erfordernis der Gesetzmäßigkeit der Verwaltung einer gesonderten gesetzlichen Grundlage.[20] Diese gesetzliche Grundlage besteht für Eisenbahnkreuzungen in den Fachplanungsgesetzen nicht. In der Planfeststellung darf deshalb keine eigenständige Regelung über die Kostentragung getroffen werden. Sofern die Beteiligten keine Vereinbarung über die Kostenverteilung schließen, wird darüber allein im Kreuzungsrechtsverfahren von der Anordnungsbehörde oder in einem Gerichtsverfahren entschieden.[21]

2. Geltendmachung einer Warte- oder Anpassungspflicht

Die Verteilung der Kosten einer Kreuzungsbaumaßnahme auf die Beteiligten wird im EKrG nicht nach einem einheitlichen Prinzip, sondern je nach Baumaßnahme verschieden geregelt. So werden die Kosten für die nach § 3 EKrG erforderlichen Änderungen von Bahnübergängen unabhängig vom Verursacher oder Interessenten gedrittelt, wobei neben den beiden Kreuzungsbeteiligten entweder das Land oder der Bund ein Drittel der Kosten übernimmt (§ 13 Abs. 1 EKrG). Die Kostenverteilung für Änderungen an Überführungen bestimmt sich demgegenüber danach, welcher Kreuzungsbeteiligte die Änderungen verlangt hat oder hätte verlangen müssen (§ 12 EKrG). Beim Neubau einer Kreuzung teilen sich die Kreuzungsbeteiligten die Kosten, wenn ihre Verkehrswege gleichzeitig angelegt werden (§ 11 Abs. 2 EKrG). Werden die Verkehrswege nicht gleichzeitig angelegt, trägt der Baulastträger des später hinzukommenden Verkehrsweges allein die Kosten (§ 11 Abs. 1 EKrG). Dieser sehr wesentliche Unterschied bei der Kostentragung für Neubaumaßnahmen kann die Baulastträger dazu veranlassen, ihre eigenen Bauvorhaben zu beschleunigen, um die gesamten Kosten der Kreuzung dem späteren Verkehrsweg auf zu bürden. Einem Wettlauf der Planungen zur Vermeidung der Kostenteilung hat das BVerwG jedoch eine Grenze gezogen.[22] Das kreuzungsrechtliche Gemeinschaftsverhältnis begründet die grundsätzliche Verpflichtung der Kreuzungsbeteiligten, die Kostenmasse möglichst klein und den jeweiligen Partner von überflüssigen Kosten frei zu halten. Das gilt auch vor Entstehung der gemeinsamen Kreuzungsbaulast. Bereits im Stadium der Planung und Ausführung von sich kreuzenden Verkehrswegen ist daher auf die Interessen des

[20] BVerwG, Urt. v. 4.6.1982 – 4 C 28.79, BVerwGE 65, 346.
[21] BVerwG, Beschl. v. 2.8.2006 – 9 B 9/06, NVwZ 2006, 1290.
[22] BVerwG, Urt. v. 26.11.2003 – 9 C 8.02, DÖV 2004, 393.

Kreuzungspartners Rücksicht zu nehmen. Es besteht eine Warte- und Anpassungspflicht der (künftigen) Kreuzungspartner. Nach der Rechtsprechung des BVerwG soll es aber Sache des Baulastträgers des späteren Verkehrsweges sein, diese Warte- und Anpassungspflicht im Planfeststellungsverfahren für den früheren Verkehrsweg ausdrücklich geltend zu machen.[23] Insoweit kann ein bestimmtes Verhalten der Beteiligten im Planfeststellungsverfahren maßgeblich für die kreuzungsrechtliche Kostenverteilung sein.

3. Planfeststellung unmaßgeblich für Kostenverteilung nach EKrG

Die Kostenverteilung bei Eisenbahnkreuzungsmaßnahmen wird weder durch die Planfeststellungsbehörde geregelt noch durch den Planfeststellungsbeschluss vorgegeben. Die Planfeststellung besagt nichts darüber, ob im kreuzungsrechtlichen Sinne ein Verkehrsweg neu angelegt oder eine bestehende Kreuzung geändert worden ist.[24] Die Änderung einer Anlage, die i. S. d. Fachplanungsgesetzes eine Planfeststellungsbedürftigkeit auslöst, ist nicht gleichbedeutend mit der Änderung i. S. d. EKrG. Die maßgebliche Regelung für Änderungsmaßnahmen ist insoweit § 3 EKrG, auf den die Kostenregelungen in §§ 12, 13 EKrG Bezug nehmen. Kreuzungsbedingte Maßnahmen liegen nur vor, wenn und soweit es die Sicherheit oder die Abwicklung des Verkehrs erfordern. Zwar wird regelmäßig eine Planrechtfertigung für das Vorhaben anzunehmen sein, wenn die Voraussetzungen des § 3 EKrG vorliegen, doch gilt dies nicht umgekehrt. Nicht jedes planungsrechtlich gerechtfertigte Vorhaben ist zugleich i. S. d. EKrG erforderlich. Maßnahmen an einem Bahnübergang können etwa allein aus wirtschaftlichen Gründen durchgeführt werden (zur Einsparung von Personal), wären damit aber nicht aus Sicherheits- oder verkehrlichen Gründen erforderlich. Eine Grundlage für Kostenerstattungsansprüche nach dem EKrG ist damit nicht gegeben. Die Frage der Erforderlichkeit i. S. des § 3 EKrG muss also unabhängig davon beantwortet werden, ob für das Vorhaben unter planungsrechtlichen Vorzeichen ein als Planrechtfertigung dienendes Bedürfnis bejaht worden ist.[25] Im Planfeststellungsverfahren wird auch nicht für das Kreuzungsrecht verbindlich entschieden, ob ein Verkehrswegeausbau im Hinblick auf die übersehbare Verkehrsentwicklung i. S. d. § 3 EKrG erforderlich ist. Der Vorhabenträger muss deshalb bei seinen Planungen selbst darauf achten, ob das beantragte Vorhaben später auch unter Beteiligung des anderen Kreuzungsbeteiligten oder des Staatsdrittels finanziert werden kann. Insbesondere müssen fachliche Stellungnahmen der anderen Beteiligten im Planfeststellungsverfahren keinerlei Verbindlichkeit im Kreuzungsverhältnis haben, etwa wenn ein Beteiligter aus seiner fachlichen Sicht als Träger öffentlicher Belange einen möglichen Bedarf an einer größeren Dimensionierung des Kreuzungsbauwerkes zum Ausdruck bringt. Auch das ist nicht ohne Weiteres maßgeblich für die Beurteilung der kreuzungsrechtliche Erforderlichkeit der Maßnahme.[26]

---

[23] Ebda.

[24] BVerwG, Urt. v. 11.12.1981 – 4 C 97/79, DÖV 1983, 211; Urt. v. 14.5.1992 – 4 C 28/90, NVwZ-RR 1993, 286.

[25] BVerwG, Urt. v. 14.5.1992 – 4 C 28.90, Buchholz 407.2 EKrG Nr. 17; *Marschall/Schweinsberg*, EKrG-Kommentar, Rn. 2.1 zu § 3.

[26] Vgl. OLG Brandenburg, Urt. v. 27.11.2001 – 2 U 6/01, NVwZ-RR 2002, 813.

4. Planfeststellungsfähigkeit von Fiktiventwürfen

Die Festlegung der eisenbahnkreuzungsrechtlichen Kostenpflichten erfordert in verschiedenen Konstellationen die Erarbeitung von Fiktiventwürfen. Häufig gibt es bei den Maßnahmen eine tatsächlich ausgeführte Variante und eine oder mehrere Varianten, die nicht ausgeführt werden. Diese Fiktivvarianten beschreiben Kreuzungsmaßnahmen, wie sie allein nach den Maßstäben des EKrG oder allein auf Grund des Verlangens eines Kreuzungsbeteiligten auszuführen wären. Mithilfe der Fiktivvarianten werden Maßstäbe für die Kostenverteilung gebildet. Die sich aus den Fiktivvarianten ergebenden Kosten und nicht die Ist-Kosten sind dann Grundlage der Kostenverteilung. Fiktivvarianten sind aber nur dann als Kostenmaßstab geeignet, wenn sie rechtlich und technisch durchsetzbar sind. Die Fiktivvarianten sind also u. a. daraufhin zu überprüfen, ob sie planfeststellungsfähig sind. Würde eine Fiktivvariante bei der Abwägung an entgegenstehenden Belangen scheitern oder nur erheblich modifiziert planfestgestellt werden, taugt sie nicht als Maßstab. Das Planungsrecht ist also bei der Erstellung und Überprüfung von Fiktivvarianten immer mit zu berücksichtigen.

5. Planfeststellung als Voraussetzung der Duldungspflicht

Kreuzungsmaßnahmen des einen Baulastträgers beeinträchtigen häufig den Verkehrsweg und das Eigentum des anderen Baulastträgers. Der Eigentümer des betroffenen Grundstücks könnte seine Mitwirkung bei den Maßnahmen deshalb an Bedingungen knüpfen und das Kreuzungsrechtsverhältnis nach seinen Vorstellungen gestalten. Im äußersten Fall wäre eine Enteignung des Eigentümers erforderlich. Diese missliche Situation wird mit § 4 EKrG vermieden. Die Kreuzungsbeteiligten sind danach untereinander zur Duldung von Kreuzungsbaumaßnahmen verpflichtet. Das gilt für die nach § 3 EKrG erforderlichen Änderungen an Kreuzungen, aber auch für die Schaffung einer neuen Kreuzung. Nach § 4 Abs. 1 EKrG hat ein Kreuzungsbeteiligter eine neue Kreuzungsanlage bei Berücksichtigung seiner verkehrlichen und betrieblichen Belange zu dulden, sofern die Linienführung einer neu zu bauenden Straße oder Eisenbahn einer Kreuzung erfordert. Eine solche Linienführung könnte sich etwa für Bundesfernstraßen auf Grund der Linienbestimmung nach § 16 FStrG ergeben. Sofern es keine solche vorbereitende Planung gibt, wird sich die Linienführung aus dem Planfeststellungsbeschluss oder der Plangenehmigung für das jeweilige Bauvorhaben ergeben und damit Grundlage der Duldungspflicht sein. Insofern kann die Planfeststellung maßgeblich für das Eisenbahnkreuzungsverhältnis werden. Über die Duldungspflicht entscheidet im Konfliktfall aber dennoch nicht die Planfeststellungsbehörde, sondern wiederum die Anordnungsbehörde nach § 6 EKrG.[27]

Die Duldungspflicht überlagert das Eigentum des Kreuzungsbeteiligten öffentlich-rechtlich. In der Planfeststellung kann deshalb dem Eigentümer ein Abwehrrecht kaum zur Verfügung stehen, jedenfalls wenn die Duldungspflicht bereits vor der Planfeststellung bestand. Wenn die Planfeststellung die Überlagerung des

[27] *Stahlhut* (Fn. 6), Rn. 21.29.

Eigentums mit der Duldungspflicht erst begründet, müssen dem Eigentümer die üblichen Abwehrrechte gegen die Inanspruchnahme noch zur Seite stehen.

6. *Planfeststellung als Voraussetzung für Entbehrlichkeit einer Vereinbarung*

Die Planfeststellung wird im EKrG nur einmal erwähnt. Nach § 5 EKrG sollen die Kreuzungsbeteiligten über Art, Umfang und Durchführung einer Maßnahme eine Vereinbarung treffen. Einer solchen Vereinbarung soll es nach Abs. 2 nicht bedürfen, wenn sich ein Beteiligter oder ein Dritter bereit erklärt, die Kosten für die Änderung oder Beseitigung eines Bahnübergangs nach § 3 EKrG abweichend von den Vorschriften dieses Gesetzes allein zu tragen, und für die Maßnahme ein Planfeststellungsverfahren durchgeführt wird. Die Regelung soll es einem Beteiligten ermöglichen, die Kreuzungsmaßnahme allein durchzuführen. Der Bezug auf eine vorhergehende Planfeststellung soll wiederum die Interessenwahrung des anderen Kreuzungsbeteiligten sicherstellen.[28] Möglicherweise regelt ein Planfeststellungsbeschluss aber nicht alle technischen Einzelheiten einer Maßnahme. Insoweit muss es den Kreuzungsbeteiligten weiterhin möglich sein, ein Kreuzungsrechtsverfahren zu betreiben.[29]

7. *Kosten der Planung und des Planfeststellungsverfahrens*

Der Träger des (Kreuzungsbau-)Vorhabens wird regelmäßig erhebliche Kosten zur Vorbereitung und Durchführung des Planfeststellungsverfahrens aufwenden müssen. Sofern sich nach dem EKrG eine Kostenbeteiligung des anderen Kreuzungsbeteiligten oder eines Dritten ergibt, sind diese Kosten Bestandteil der sog. Kostenmasse. Die Kostenmasse bestimmt sich im Wesentlichen nach der 1. EKrV.[30] Sie setzt sich aus Grunderwerbs-, Bau- und Verwaltungskosten zusammen (§ 2 1. EKrV). Die Verwaltungskosten werden pauschal mit 10 % der aufgewandten Grunderwerbs- und Baukosten abgegolten. Bestimmte vorbereitende Tätigkeiten des Vorhabenträgers (z. B. Baugrunduntersuchungen) mögen Baukosten sein, im Übrigen werden die Planfeststellungs- (Gebühren, Gutachten etc.) und Planungskosten aber von der Verwaltungskostenpauschale umfasst. Der Vorhabenträger muss dabei zum einen damit rechnen, dass seine Planungskosten nur teilweise von der Kostenmasse berücksichtigt werden, zum anderen, dass seine Planungskosten überhaupt nicht erstattet werden. Das ist der Fall, wenn das Vorhaben nicht realisiert wird. Wenn keine Baukosten anfallen, ist auch die Verwaltungskostenpauschale gleich Null. Um das Risiko des planenden Kreuzungsbeteiligten zu begrenzen, auf seinen Kosten sitzen zu bleiben, selbst wenn er das Scheitern des Vorhabens nicht zu verantworten hat, werden in der Praxis Planungsvereinbarungen geschlossen. Diese sind zwar im EKrG nicht erwähnt, aber ohne weiteres zulässig und geeignet, die Kostenrisiken bei der Planung von Kreuzungsbaumaßnahmen angemessen zu verteilen.

---

[28] *Marschall/Schweinsberg,* EKrG-Kommentar, § 5 Rn. 1.3.
[29] Kritisch zu dieser Vorschrift deshalb *Stahlhut* (Fn. 6), Rn. 21.86.
[30] 1. Eisenbahnkreuzungsverordnung vom 2.9.1964 (BGBl. I S. 711), die durch Art. 1 der Verordnung vom 11.2.1983 (BGBl. I S. 85) geändert worden ist.

IV. Zusammenfassung

Wenn die Kreuzungsbeteiligten vor Planung und Durchführung einer Baumaßnahme keine Kreuzungsvereinbarung getroffen haben, müssen sie ihre Rechte und Interessen sowohl im Planfeststellungsverfahren als auch im Kreuzungsrechtsverhältnis wahren. Der Kreuzungsbeteiligte, der allein Vorhabenträger ist, muss insbesondere berücksichtigen, dass mit der Planfeststellung der Kreuzungsbaumaßnahme keine Aussage oder Vorentscheidung über die Kostenbeteiligung der anderen Beteiligten getroffen wird. Die anderen Kreuzungsbeteiligten dürfen wiederum nicht darauf vertrauen, dass der Vorhabenträger und die Planfeststellungsbehörde ihren Ansprüchen an die Baumaßnahme ohne Weiteres Rechnung tragen müssen. Vielmehr ist eine aktive Beteiligung im Planfeststellungsverfahren, ggf. unter Beibringung von Kostenübernahmeerklärungen erforderlich.

ALEXANDER SCHINK

Herausforderungen des Umweltrechts für die Bauleitplanung

Aus der Praxis für die Praxis, so lässt sich die Zielsetzung charakterisieren, mit der Bernhard *Stüer* sein umfangreiches literarisches Werk insbesondere zum Fachplanungs- und Baurecht beschrieben hat.[1] Neben dem Kommunalrecht[2] das er seit den Zeiten seiner Dissertation „Funktionalreform und kommunale Selbstverwaltung“[3] stets gepflegt hat, gilt sein besonderes Interesse dem Fachplanungs- und Baurecht.[4] Angesichts der Rechtsentwicklung und hier insbesondere der neueren Gesetzgebung, vor allem aber auch der Bedeutung, die das europäische Naturschutzrecht in der Rechtsprechung durch Entscheidungen des EuGH und des BVerwG für die Planung bekommen hat,[5] hat er sich in der jüngsten Vergangenheit mit den Wirkungen der einschlägigen EU-rechtlich dominierten Regelungen des FFH- und Artenschutzrechts und der hierzu ergangenen höchstrichterlichen Rechtsprechung auf die Bauleitplanung befasst.[6] Auch hierbei ging es ihm in erster Linie um praktische Folgen. Insoweit hat er nach der Entscheidung des EuGH zu niederländischen Herzmuschelfischerei[7] und des BVerwG zur Westumfahrung Halle,[8] in denen die Rechtsprechung hohe Anforderungen an die Verträglichkeitsprüfung bei erheblicher Beeinträchtigung von FFH-Gebieten insbesondere im Hinblick auf die Alternativenprüfung gestellt hat,[9] vor einem Umweltmonopoly als Folge dieser Rechtsprechung gewarnt. In der für ihn typischen humorvollen Art bemerkte er zu diesen Entscheidungen, dass sie dazu führen können, dass zukünftig Projektentwickler und Behörden um ihren „sprichwörtlichen Schlaf gebracht würden, ja mehr als das, dass das Habitat- und Artenschutzrecht die Projektplaner“ kurz vor Erreichung der Schlossallee im Umweltmonopoly mit der Aufforderung konfrontieren (würde): 'Gehe zurück an den Start und fange in der Alternativenprüfung noch mal wieder ganz von vorne an'“.[10] Weder im Planfeststellungs- noch im Bauleitplanungsrecht, beides in seinen Augen auf Konsens angelegte Rechtsbereiche, dürften, so *Stüer*, umweltrecht-

[1] Dazu Vorwort, in: *Stüer*, Handbuch des Bau- und Fachplanungsrechts, 3. Aufl. 2005, S. VII, und Vorwort, in: *Stüer*, Der Bebauungsplan 4. Aufl. 2009, S. VI, wo es jeweils heißt, dass das Buch aus der Praxis für die Praxis geschrieben wurde.

[2] Vgl. etwa *Stüer*, Kommunalrecht Nordrhein-Westfalen in Fällen, 1997.

[3] *Stüer*, Funktionalreform und kommunale Selbstverwaltung, 1980.

[4] Vgl. dazu nur *Stüer*, Bebauungsplan (Fn. 1); *Stüer*, Handbuch des Bau- und Fachplanungsrechts, 4. Aufl. 2009.

[5] Aus der überbordenden Literatur zu diesem Thema vgl. nur *Stüer* BauR 2010, 1521 ff.; *Mitschang/Wagner*, DVBl 2010, 1257 ff.; *dies.*, DVBl 1010, 1457 ff.

[6] Vgl. in diesem Zusammenhang nur: *Stüer* DVBl 2007, 416 ff.; *ders.* DVBl 2009, 1 ff.; *ders.* BauR 2010, 1521 ff.

[7] EuGH, Urt. v. 7.9.2004 – C-127/02, NuR 2004, 788.

[8] BVerwG, Urt. v. 17.1.2007 – 9 A 20.05, BVerwGE 128, 1 ff.

[9] Dazu *Stüer* DVBl 2007, 416 (421 f.).

[10] *Stüer* DVBl 2007, 416 (423).

liche Partikularinteressen im Habitatbereich überbetont werden, die gemeinwohlbezogene Gewichtsverteilung dürfte nicht zugunsten von Partikularinteressen aus den Fugen gebracht werden. Dies gelte gerade auch für Belange des Umwelt- und Naturschutzes, denen auch „im Garten Eden eines gelisteten Habitates von gemeinschaftlicher Bedeutung kein absoluter Vorrang" gebühre.[11] Nach den Entscheidungen des BVerwG zu Hessisch Lichtenau[12] und Hochmoselbrücke,[13] in denen das BVerwG die Anforderungen an die Alternativenprüfung reduziert und praxistauglicher ausgestaltet hat,[14] stellte er Überlegungen dazu an, wie das Habitat- und Artenschutzrecht unter Wahrung der EU-rechtlichen Vorgaben im Recht der Bauleitplanung praxisgerechter ausgestaltet werden kann. Dabei plädierte er für beide Bereiche für eine 2-stufige Prüfung, die einen Konflikttransfer dergestalt ermöglicht, dass nur eine erste Abschichtung der FFH Problematik und eine Prüfung auf Planungshindernisse im Artenschutzrecht in der Bauleitplanung erfolgen, die Detailprüfung indessen im Zulassungs- oder Genehmigungsverfahren angesiedelt werden solle.[15] Auf diese Weise solle vor allem die Planung erleichtert werden, die gerade bei komplexen Großvorhaben – wie Kraftwerken – die Aufgabe der Konfliktbewältigung auch und gerade im Habitat- und Artenschutz kaum leisten und angesichts der beschränkten Festsetzungsmöglichkeiten des § 9 BauGB auch keinen Detaillierungsgrad wie Auflagen in einer Zulassungsentscheidung haben könne. Diese Vorschläge hat der Gesetzgeber – zu Unrecht – bislang nicht aufgegriffen, ganz im Gegensatz zu *Stüers* Vorschlag, den Klimaschutz in den Grundsatzkatalog der städtebaulichen Belange des § 1 Abs. 5 BauGB aufzunehmen.[16]

Der vorliegende Beitrag geht der Frage nach, welche Aufgabe dem Bauplanungsrecht bei der Verwirklichung umweltrelevanter Zielsetzungen zukommt. Auch hierbei geht es eher um praktische Fragestellungen, nämlich darum, in welcher Weise Umwelt- und Naturschutzbelange auf die Bauleitplanung einwirken, welche Berücksichtigungsnotwendigkeiten es insoweit gibt und wie sich der bauleitplanerische Auftrag auch durch Anforderungen des Umweltschutzes heute darstellt.

I. Die Bauleitplanung – Eine Umweltplanung?

Umweltbelangen kommt heute in der Bauleitplanung ein überragender Stellenwert für die Lenkung der städtebaulichen Entwicklung zu.[17] Die Bauleitplanung ist zwar keine Umweltschutz(Fach)-Planung; sie ist jedoch umweltschutz-

[11] *Stüer* DVBl 2007, 423 f.
[12] BVerwG, Urt. v. 12.3.2008 – 9 A 3.06, BVerwGE 130, 299 ff.
[13] BVerwG, Beschl. v. 17.7.2008 – 9 B 15.08.
[14] *Stüer* DVBl 2009, 3 ff.; vlg. *Stüer,* BauR 2010, 1521 ff.
[15] *Stüer/Ehebrecht-Stüer* DVBl 2010, 1541 ff.
[16] Dazu *Stüer/Ehebrecht-Stüer* DVBl 2010, 1541. Zur Verankerung des Klimaschutzes als städtebaulichem Grundsatz in § 1 Abs. 5 BauGB: *Krautzberger* UPR 2011, 361; *Krautzberger/Stüer* BauR 2011, 1416 (1419); *Battis/Krautzberger/Mitschang/Reidt/Stüer* NVwZ 2011, 899 (900); *Schink,* Umweltschutz durch Bauplanungsrecht, in: Hansmann/Sellner, Grundzüge des Umweltrechts, 4. Aufl. 2012, 5/Rn. 29 f., 101; *Söfker* ZfBR 2011, 543 ff.; *Wickel* UPR 2011, 416 (417 f.).
[17] Vgl. *Schink,* in: Hansmann/Sellner, Grundzüge des Umweltrechts (Fn. 16), 5/2.

orientiert[18] in dem Sinne, dass die Berücksichtigung und Beachtung von Umweltbelangen eines der Leitziele der Bauleitplanung darstellt.[19] Sie wird als „zentrales Umsetzungsinstrument moderner Umweltpolitik" im Städtebaurecht angesehen.[20]

1. Umweltschutzorientierung der Bauleitplanung

Die Umweltschutzorientierung der Bauleitplanung hat eine doppelte Zielsetzung: Ziel der Bauleitplanung ist es, die bauliche und sonstige Nutzung der Grundstücke in der Gemeinde vorzubereiten und zu lenken. Trifft die Bauleitplanung Festsetzungen in diesem Sinne, hat sie Umweltwirkungen: Boden wird versiegelt, Fläche wird verbraucht, Auswirkungen auf den Naturhaushalt, den Wasserhaushalt, das (Klein)-Klima sowie Lärm- und Luftbelastungen können bei einer Realisierung der Festsetzungen der Bauleitplanung die Folge sein. Vor diesem Hintergrund versteht sich, dass die Berücksichtigung von Umweltbelangen zu den Kernbestandteilen der planerischen Abwägung gehört. § 1 Abs. 5 BauGB verankert dies in der Weise, dass Bauleitpläne eine nachhaltige städtebauliche Entwicklung gewährleisten sollen, die u.a. die umweltschützenden Anforderungen auch in Verantwortung gegenüber künftigen Generationen berücksichtigt; Bauleitplanung soll dazu beitragen, eine menschenwürdige Umwelt zu sichern, die natürlichen Lebengrundlagen zu schützen und zu entwickeln, sowie eine klimagerechte Stadtentwicklung zu fördern (§ 1 Abs. 5 S. 2 BauGB). Schutz, Entwicklung und Wahrung der natürlichen Lebensgrundlagen sind damit Oberziele der Bauleitplanung, die gleichgerichtet neben sozialen und wirtschaftlichen Belangen verwirklicht werden sollen.

Über die Bauleitplanung als Planinstrument kann die Umwelt allerdings nicht nur (negativ) beeinflusst werden. Über die Bauleitplanung kann für die Umwelt auch ein Schutzauftrag verwirklicht werden. Durch Freiraumplanung, insbesondere auf der Ebene der Flächennutzungsplanung, können für den Naturschutz, das Kleinklima oder den Bodenschutz wichtige Freiflächen vor ihrer Inanspruchnahme durch bauliche Nutzungen gesichert werden; das Trennungsprinzip und die hieraus folgende planerische Verpflichtung, miteinander nicht vereinbare bauliche Nutzungen so zuzuordnen, dass Beeinträchtigungen nach Möglichkeit unterbleiben, dienen dem Lärmschutz, der Abwehr von Luftverunreinigungen und Gerüchen und tragen ebenfalls zu einer umweltsichernden Funktion in der Bauleitplanung bei. Die vorsorgende Verhinderung von Nutzungskonflikten auch und gerade unter Umweltaspekten ist ebenfalls ein Leitziel, dem die Bauleitplanung durch die in § 1 Abs. 5 BauGB verankerten Grundsätze der Bauleitplanung verpflichtet ist.[21] Der Planung wird durch diese Regelung ein allgemeines Ziel

[18] *Krautzberger,* in: Battis/Krautzberger/Löhr, BauGB, 11. Aufl. 2009, § 1 a Rn. 1; *ders.,* in: Ernst/Zinkahn/Bielenberg/Krautzberger, BauGB, Stand: 2010, § 2 Rn. 3; *Schink* BauR 1998, 1163; *ders.*, in: Hansmann/Sellner, Grundzüge des Umweltrechts (Fn. 16), 5/2; *Schroedter,* in: ders., Baugesetzbuch, Kommentar, 5. Aufl. 2006, § 1 a Rn. 1.

[19] *Söfker,* in: Ernst/Zinkahn/Bielenberg/Krautzberger, BauGB (Fn. 18), § 1 Rn. 103.

[20] *Mitschang,* in: Berliner Kommentar zum BauGB, Stand 2012, § 1 a Rn. 6.

[21] Einzelheiten dazu bei *Hoppe,* in: Hoppe/Bönker/Grotefels, Öffentliches Baurecht, 4. Aufl. 2010, § 7 Rn. 24; *Erbguth,* Öffentliches Baurecht, 5. Aufl. 2009, § 5 Rn. 119; *Schink,* in: Hansmann/Sellner, Grundzüge des Umweltrechts (Fn. 16), 5/94 ff.; *Stollmann,* Öffentliches Baurecht, 7. Aufl. 2010, § 7 Rn. 25.

auch in dem Sinne gegeben, dass Erhaltung und Entwicklung der natürlichen Umwelt Gegenstand und Aufgabe der Bauleitplanung ist.[22] Festgestellt werden kann damit, dass die Bauleitplanung eine umweltorientierte Planung in doppelter Hinsicht ist: Ihr Ziel ist die Umwelt zu schützen und zu entwickeln; sie hat insoweit eine statische und dynamische, auf Verbesserung der Umweltsituation ausgerichtete Komponente. Zugleich soll sie bei Realisierung von Nutzungen den Umweltschutz mit verfolgen mit dem Ziel, eine nachhaltige Flächennutzung ebenso wie die Vorsorge gegen eine Verringerung von Umweltbelastungen bei der Realisierung baulicher Nutzungen sicherzustellen.

2. Die Bauleitplanung auf dem Weg zur Umleitplanung?

Der Planung wird bei einer aktiven und langfristigen, auf Nachhaltigkeit, Schutz und Vorsorge ausgerichteten Umweltpolitik eine besonders große Bedeutung beigemessen.[23] Vor allem wird dabei betont, dass räumliche Planung gegenüber direkter und indirekter Verhaltenssteuerung eine größere Problemverarbeitungskapazität hat.[24] Gerade die Zielsetzung räumlicher Gesamtplanung, alle Umweltaspekte zu erfassen, mit und gegeneinander abzuwägen und konsensuale, auf die Berücksichtigung möglichst vieler Interessen ausgerichtete Lösungen zu finden, wird als besonderer Vorteil öffentlicher (Gesamt)-Planung im System des Umweltschutzrechts angesehen. Der Vorschlag einer Umweltgrundlagenplanung in §§ 19 bis 30 UGB-ProfE[25] bzw. des § 69 UGB-KomG[26] ist zwar wegen des Scheiterns des UGB nicht Gesetz geworden. Die Zielsetzungen der Umweltleitplanung werden von der Bauleitplanung inzwischen jedoch zumindest in Teilen abgedeckt:

Grundgedanke der in § 69 UGB-KomG formulierten Umweltgrundlagenplanung (Umweltleitplanung) ist es, raumbedeutsame Planungen und Maßnahmen durch Bestandsaufnahme, Prognose und Bewertung der Umweltbelange sowie durch Ausarbeitung der anzustrebenden Umweltziele vorzubereiten. Ökologische Auswirkungen, die raumbedeutsame Planungen langfristig haben werden, können auf diese Weise, so die Zielsetzung, besser beurteilt, nachteilige Auswirkungen vermieden und der Zustand der Umwelt verbessert werden.[27] Die Umweltgrundlagenplanung (Umweltleitplanung) soll dabei in erster Linie eine dienende Funktion haben: Der Umweltgrundlagenplan soll wesentliche Daten für die Zielbestimmungen raumbedeutsamer Planungen und Maßnahmen insbesondere der gesamträumlichen Planung sowie der Abwägung bei solchen Planungen liefern;

---

[22] Vgl. *Gaentzsch,* in: Berliner Kommentar zum BauGB (Fn. 20), § 1 Rn. 49.

[23] *Hoppe* VVDStRL 38 (1980), 211 (232); *Kloepfer,* Umweltrecht, 3. Aufl. 2004, § 4 Rn. 5; *Rehbinder,* Ziele, Grundsätze, Strategien und Instrumente, in: Hansmann/Sellner (Fn. 16) 3/373; *Schmidt-Aßmann* DÖV 1990, 169 (171).

[24] Vgl. *Rehbinder* (Fn. 23).

[25] Dazu: *Kloepfer/Rehbinder/Schmidt-Aßmann,* Umweltgesetzbuch – Allgemeiner Teil, 1990, S. 199 ff.; *Kloepfer,* Umweltrecht, 3. Aufl. 2004, § 1 Rn. 45.

[26] Dazu: Entwurf der unabhängigen Sachverständigenkommission zum Umweltgesetzbuch beim Bundesministerium für Umwelt, Naturschutz und Reaktorsicherheit, Umweltgesetzbuch (UGB-KomE), 1998, S. 566 ff.

[27] UGB-KomE, S. 576. Vgl. auch *Erbguth/Wiegand,* Landschaftsplanung als Umweltleitplanung, 1994, S. 18 ff.

er sollte als Deskription, Analyse und Diagnose für die Gesamtplanung eine Grundlage sein und hierin in der planerischen Abwägung verwertet werden.[28]

Die Bauleitplanung stellt sicherlich keine Reinform der so umrissenen Umweltgrundlagenplanung (Umweltleitplanung) dar. Denn sie geht über eine Bestandsaufnahme und Bewertung der Umweltbelange hinaus und umfasst nicht allein deskriptive, analytische und diagnostische Elemente. Als räumliche Gesamtplanung mit umweltschutzorientierter Zielsetzung ist sie jedoch verpflichtet, den Gesamtkanon der Umweltbelange, die durch die Bauleitplanung betroffen werden, zu erfassen, zu diagnostizieren und zu analysieren, darzustellen und zu bewerten und – vor allem – eine Abwägungsentscheidung mit konfligierenden gegenläufigen Belangen zu treffen. Insbesondere angesichts des umfassenden Ermittlungsauftrages der Bauleitplanung und ihrer in §§ 1 Abs. 5 und 1 a BauGB konkretisierten inhaltlich-gegenständlichen umweltschutzorientierten Zielrichtung sowie durch das prozedurale Element der Umweltprüfung in § 2 Abs. 4 BauGB[29] enthält die Bauleitplanung nicht nur die Verpflichtung zu umweltschutzorientierten Bestandsanalyse, sondern hat zugleich auch einen umweltbezogenen Schutz- und Vorsorgeauftrag. Sie enthält damit zumindest Teile einer Umweltleitplanung, denn insbesondere im Umweltbericht sind alle raumbezogenen Umweltaspekte im Geltungsbereich des jeweiligen Bauleitplanes zu erfassen, zu analysieren, zu bewerten und für die Abwägung so aufzubereiten, dass sie entsprechend ihrem Stellenwert in der Abwägung berücksichtigt werden können. Prognose, Analyse und Bewertung von Umweltbelangen sind essentiale Bestandteile des Umweltberichts in der Bauleitplanung. Für ihren räumlichen Geltungsbereich hat sie die Aufgabe, die Umweltgrundlagen zu diagnostizieren und zu bewerten und mit dem ihnen eigenen objektiven Gewicht in die planerische Gestaltung einzustellen. Insbesondere im Hinblick auf die Umweltanalytik und -bewertung, enthält die Bauleitplanung deshalb zumindest Grundelemente einer Umweltgrundlagenplanung (Umweltleitplanung).

II. Systematisierung der Wechselwirkungen zwischen Umweltschutz und Bauleitplanung

Bei näherer Betrachtung gibt es vielfältige Wechselwirkungen zwischen Umweltschutz und Bauleitplanung. Diese lassen sich – im Überblick – wie folgt systematisieren:

- Die Bauleitplanung hat im Hinblick auf Umweltbelange eine Darstellungs- und Informationsfunktion. Die Darstellungsfunktion wird insbesondere auf der Ebene des Flächennutzungsplanes erfüllt. Der Katalog der Darstellungsmöglichkeiten des Flächennutzungsplanes in § 5 Abs. 2 BauGB sowie die Vorgaben für die Kennzeichnung von Flächen in § 5 Abs. 3 BauGB und die nachrichtliche Übernahme anderer Planungen und Nutzungsregelungen sowie von Überschwemmungsgebieten gemäß § 5 Abs. 4, 4 a BauGB und nicht zuletzt die

[28] UGB-KomE, a. a. O.

[29] Dazu *Stüer*, Bebauungsplan (Fn. 1), Rn. 138 ff.

Begründung des Flächennutzungsplanes geben umfassend Auskunft über bestehende und beabsichtigte Planungen und ihre Relevanz für Umweltbelange. Aus diesen Darstellungen können wesentliche Informationen über den Schutz von Umweltbelangen im Rahmen der beabsichtigten städtebaulichen Entwicklung entnommen werden. Das gilt – wenngleich in kleinerem – Maßstab auch für den Bebauungsplan als Ergebnis der Abwägung gegenläufiger Interessen. Vor allem die Umweltprüfung gemäß § 2 Abs. 4 BauGB trägt zur Informationsfunktion der Bauleitplanung in Bezug auf Umweltbelange bei. Auch im Verfahren der Öffentlichkeitsbeteiligung ist wesentliche Zielsetzung die Information der Öffentlichkeit über Aspekte des Umweltschutzes, die durch die Planung betroffen sein können.

– Im engen Zusammenhang mit der Darstellungs- und Informationsfunktion, aber auch mit dem Ergebnis der planerischen Abwägung steht die Ermittlungsfunktion der Bauleitplanung. Die Grundsätze planerischer Abwägung verlangen von der Gemeinde, alle Belange, die durch die Planung berührt werden, zu ermitteln, damit sie in die Abwägung eingehen und dort berücksichtigt werden können. Zum Ermittlungsumfang gehören insbesondere auch die Umweltbelange, für die die Umweltprüfung ein in die Bauleitplanung integriertes besonderes Prüfverfahren darstellt. Dabei stellt die Umweltprüfung durch ihren medienübergreifenden Ansatz sicher, dass alle Umweltaspekte ermittelt werden und so in die Abwägung als zu berücksichtigende Belange eingehen können. Dem dient auch ihre Funktion, Träger im sogenannten „Huckepackverfahren" für andere Umweltprüfungen, etwa die Verträglichkeitsprüfung bei Natura 2000 Gebieten und die Artenschutzprüfung zu sein. Schließlich gewährleistet die Überwachung gemäß § 4 e BauGB, dass auch nach Aufstellung eines Bauleitplanes über ein Monitoring nicht vorgesehene Umweltauswirkungen ermittelt werden, damit hieraus ggf. Konsequenzen für die Planung gezogen werden können.
– Für Umweltbelange kommt der Bauleitplanung auch eine Schutz- und Vorsorgefunktion zu. Diese wird zunächst gewährleistet durch die Beachtung zwingenden Umweltschutzrechts, etwa des Naturschutz-, Wasser- und Immissionsschutzrechts. Zielsetzung dieser rechtlichen Regelungen ist es gerade, auch mit Wirkung für die Bauleitplanung bestimmte Umweltbelange einem Schutz zu unterwerfen und sie vor einer Beeinträchtigung durch anderweitige, mit dem Schutzziel nicht vereinbaren Nutzungen zu bewahren. Schutz- und Vorsorgefunktion haben auch die Planungsgrundsätze des § 1 a BauGB. Sie sollen insgesamt dafür Sorge tragen, dass die in dieser Vorschrift genannten Belange des Bodenschutzes, des Naturschutzes und des Klimaschutzes bei der Bauleitplanung Berücksichtigung finden und Vorsorge dafür getroffen wird, dass eine Beeinträchtigung vermieden oder jedenfalls ausgeglichen wird. Generell ist im Übrigen zu beachten, dass die planerische Abwägung dem Vorsorgeprinzip verpflichtet ist und ganz allgemein das Ziel verfolgen muss, für einen gerechten Ausgleich betroffener Belange zu sorgen und damit zu einem angemessenen Schutz auch von solchen Umweltbelangen zu kommen, denen kein (gesetzlicher) Entscheidungsvorrang zukommt.

– Eng verbunden mit der Schutz- und Vorsorgefunktion ist eine Vermeidungs- und Ausgleichsfunktion der Bauleitplanung. Beeinträchtigung von Umweltbelangen durch bauliche Nutzungen sollen vermieden, unvermeidbare Beeinträchtigungen sollen ausgeglichen werden. Vermeidungs- und Ausgleichsregeln lassen sich zunächst in gesetzlichen Regeln verorten. Das gilt etwa für die naturschutzrechtliche Eingriffsregelung, die FFH-Verträglichkeitsprüfung, den Artenschutz, das Immissionsschutzrecht und den Hochwasserschutz. Daneben kommt auch dem Abwägungsgebot die Aufgabe zu, Umweltbelastungen durch gerechten Ausgleich der Belange zu vermeiden oder jedenfalls auszugleichen. Dazu tragen insbesondere zu beachtende Vorrangregelungen, wie § 50 BImSchG, das Gebot der Konfliktbewältigung und das Rücksichtnahmegebot bei.
– Der Bauleitplanung kommt schließlich eine Entlastungsfunktion im Bereich der Berücksichtigung umweltschützender Belange bei der Vorhabenzulassung zu. Verfahrensmäßig wird diese Entlastungsfunktion vor allem auch durch die Umweltprüfung gewährleistet, die eine Abschichtungswirkung gegenüber Zulassungsentscheidungen hat und andere Umweltprüfungen im Huckepackverfahren integriert (FFH- und Artenschutzverträglichkeitsprüfung). Darüber hinaus entlastet die Bauleitplanung nachfolgende Zulassungsverfahren durch ihre Standortprüfung. Standortalternativenprüfungen werden insbesondere für immissionsschutzrechtliche Zulassungsverfahren auf der Ebene der Bauleitplanung vorgenommen. Das Verbot des Konflikttransfer gewährleistet dabei, dass diese Funktion in der Bauleitplanung möglichst umfassend wahrgenommen wird und ergänzende Prüfungen auf der Zulassungsebene nur insoweit erfolgen (müssen), als dort Konflikte tatsächlich bewältigt werden können.

III. Darstellungs- und Informationsfunktion der Bauleitplanung für Umweltbelange

1. Darstellungsfunktion

Der Flächennutzungsplanung kommt insgesamt eine dreifache Aufgabe zu: Sie hat andere (Fach)-Planungen umzusetzen, nachfolgende Planungen zu steuern und Standortbestimmungen für Bodennutzungen zu treffen.[30]

Diese Funktionen erfüllt die Bauleitplanung zunächst dadurch, dass sie gemäß § 1 Abs. 4 BauGB die Ziele der Raumordnung beachtet und die Bauleitplanung an diese Ziele anpasst.[31] Insoweit kommt der Bauleitplanung eine ausführende Darstellungsfunktion zu: Über Ziele der Raumordnung kann sie sich nicht hin-

[30] *Löhr,* in: Battis/Krautzberger/Löhr, (Fn. 18), § 5 Rn. 4.
[31] Zur Bindungswirkung des § 1 Abs. 4 BauGB: BVerwG, Urt. v. 18.9.2003 – 4 CN 20.02, BVerwGE 119, 54 (60); *Beckmann,* Raumordnungsrecht, in: Hoppenberg/de Witt, Handbuch des öffentlichen Baurechts, Stand: 2011, N/Rn. 62, *Hoppe* (Fn. 21), § 4 Rn. 15 ff.; *Hendler,* in: Koch/Hendler, Baurecht, Raumordnungs- und Landesplanungsrecht, 5. Aufl. 2009, § 3 Rn. 7 ff.; *Erbguth* (Fn. 21), § 5 Rn. 90; *Paetow,* in: FS für Wahl, 2011, S. 511 (518 ff.); *Schink,* in: Hansmann/Sellner (Fn. 16), 5/67 ff.; *ders.,* Steuerung von Industrievorhaben durch Landes- und Regionalplanung I+E 2011, 211 (213 ff.); *Stüer,* Bebauungsplan (Fn. 1), Rn. 1240 ff.

wegsetzen. Sie sind verbindlich. Sie können auf der Ebene der Bauleitplanung lediglich konkretisiert werden, soweit die Unschärfe der Darstellung auf der Ebene von Raumordnung und Landesplanung dies zulässt und erfordert.[32] Im Regelfall folgt aus dieser Funktion der Ziele der Raumordnung, dass die Ergebnisse raumordnerischer Planung auch in Bezug auf Umweltaspekte in der Bauleitplanung lediglich „darzustellen" sind; inhaltlich können sie nur konkretisiert, nicht aber modifiziert oder verändert werden; sie können nicht mehr in Frage gestellt werden.[33]

In der räumlichen Gesamtplanung ist es Aufgabe von Raumordnung und Landesplanung, Umweltaspekte bereits bei raumordnerischen Entscheidung zu berücksichtigen. Dies geschieht insbesondere durch Freiraumplanungen und Entscheidungen über die räumliche Zuordnung baulicher Nutzungen. Über die raumordnerische Festlegung der hierfür nutzbaren Flächen werden Umweltaspekte ebenso mit Bindungswirkung für die Bauleitplanung in konkrete Darstellungen und Festsetzungen mit der Folge überführt, dass hiervon für nachfolgende Planungsträger und insbesondere für die Bauleitplanung Bindungswirkung ausgeht, soweit eine Festsetzung als Ziel der Raumordnung erfolgt ist. Das gilt auch für Standortentscheidungen und Trassenfestlegungen, die auf der Ebene der Raumordnung erfolgen können.[34] Die Bauleitplanung konkretisiert diese Ziele und wandelt sie auf der Ebene des Bebauungsplanes in unmittelbar außenwirksame Festsetzungen um. Letztlich ist ihre Funktion in diesem Zusammenhang aber lediglich eine darstellende und verfeinernde. Grundsätzliche Aussagen zum Schutz und zur räumlichen Verortung bestimmter Umweltbelange werden demgegenüber auf der Ebene der Raumordnung getroffen.

Ergänzt wird diese Darstellungsfunktion des Flächennutzungsplans[35] dadurch, dass gem. § 5 Abs. 3 BauGB Flächen zu kennzeichnen und – vor allem – gem. § 5 Abs. 4, 4a BauGB Planungen und sonstige Nutzungsregelungen, die nach anderen gesetzlichen Vorschriften festgesetzt sind oder in Aussicht genommen wurden bzw. festgesetzte Überschwemmungsgebiete i. S. d. § 76 Abs. 2 WHG und Hochwasserrisikogebiete nachrichtlich übernommen bzw. gekennzeichnet werden sollen. Diese Regelungen ergänzen die Darstellungsfunktion des Flächennutzungsplanes und gewährleisten, dass für das gesamte Gemeindegebiet die geplante Bodennutzung unabhängig davon dargestellt wird, auf welchen Vorschriften sie im Einzelfall beruht.[36] Dasselbe gilt soweit geplante Festsetzungen nach anderen rechtlichen Vorschriften, die gem. § 6 Abs. 4, 4a BauGB vermerkt werden sollen.

---

[32] OVG Koblenz, Urt. v. 21.1.2011 – 8 C 1058/10, NuR 2011, 355 (358 Rn. 41); *Scheidler,* Festsetzungen in Bebauungsplänen für Windkraftanlagen BauR 2011, 1103 (1108); *ders.,* Rechtsfragen im Zusammenhang mit der Errichtung von Windkraftanlagen, BayVBl. 2011, 161 (165); *Schink,* in: Hansmann/Sellner (Fn. 16), 5/93.

[33] Zu dieser Vorgabe BVerwG, Urt. v. 16.3.2006 – 4 A 1075.04, BVerwGE 125, 116 (140 Rn. 78).

[34] Dazu *Schink,* in: Hansmann/Sellner (Fn. 16), 5/84 ff.

[35] Zu dieser ausführlich: *Mitschang,* Steuerung der städtebaulichen Entwicklung der Bauleitplanung, 2003, S. 379 ff.; *ders.,* Die Belange von Natur und Landschaft in der kommunalen Bauleitplanung, 2. Aufl. 1996, 263 ff.

[36] *Löhr,* in: Battis/Krautzberger/Löhr (Fn. 18), § 5 Rn. 44

Die Darstellungsfunktion des Flächennutzungsplans wird schließlich auch in Bezug auf Umweltbelange dadurch gewährleistet, dass nach dem Katalog des § 5 Abs. 1, 2 BauGB nicht nur die bauliche Entwicklung, bauliche Anlagen und Verkehrsanlagen, sondern auch solche Flächen darzustellen sind, auf denen Vorkehrungen zum Schutz gegen schädliche Umwelteinwirkungen i. S. d. Bundesimmissionsschutzgesetzes realisiert werden sollen (§ 5 Abs. 2 Nr. 6 BauGB), Wasserflächen und im Interesse des Hochwasserschutzes freizuhaltende Flächen (§ 5 Abs. 2 Nr. 6 BauGB), Flächen für Maßnahmen zum Schutz, zur Pflege und zur Entwicklung von Boden, Natur und Landschaft (§ 5 Abs. 2 Nr. 10 BauGB). Über Flächen, die bestimmte Umweltfunktionen haben, weil sie z. B. als Gebiete zum Schutz der Natur oder Lärmschutzeinrichtungen oder Ausgleichsmaßnahmen im Naturschutz vorgesehen sind (vgl. § 5 Abs. 2a BauGB) gibt der Flächennutzungsplan über seine Darstellungen deshalb umfassend Auskunft.

2. *Informationsfunktion*

Wichtiger als die Darstellungsfunktion und damit in unmittelbarem Zusammenhang stehend ist die Informationsfunktion der Bauleitplanung über Umweltbelange. Dieser Informationsfunktion kommt die Bauleitplanung in dreifacher Hinsicht nach: Im Verfahren durch den Umweltbericht und die Öffentlichkeitsbeteiligung. Materiell-rechtlich wird diese Funktion durch Darstellungen und Festsetzungen in Bauleitplänen erfüllt.

a) Umweltbericht

Gem. § 2 a BauGB hat die Gemeinde bereits im Aufstellungsverfahren in die Begründung des Bauleitplans einen Umweltbericht aufzunehmen, der mindestens die in der Anlage 1 zum BauGB aufgeführten Angaben enthält. Der Umweltbericht ist verpflichtender Bestandteil der Begründung des Bauleitplans und nimmt verfahrensmäßig als Teil der Planbegründung am Planaufstellungsverfahren teil.[37] Der Umweltbericht soll dabei nicht nur belegen, dass die Gemeinde die besonderen verfahrensrechtlichen Anforderungen bei der Prüfung der Umweltbelange in der bauleitplanerischen Abwägung beachtet hat. Er soll vielmehr die Ergebnisse der Umweltprüfung dokumentieren und das Ergebnis dieser Prüfung belegen.[38] Im Zusammenhang mit der Informationsfunktion der Bauleitplanung kommt ihm deshalb eine wichtige Funktion zu. Das gilt zunächst für den Prozess der Ermittlung, Beschreibung und Bewertung von Umweltbelangen. In der Bauleitplanung ist insoweit die Anlage 1 zum BauGB abzuarbeiten, die nach Nr. 2 a eine Bestandsaufnahme des derzeitigen Umweltzustandes, einschließlich der Umweltmerkmale des Plangebiets, die erheblich beeinflusst werden können, eine Prognose die Entwicklung des Umweltzustandes bei Durchführung der Planung und bei ihrer Nichtdurchführung sowie eine Darstellung von Maßnahmen zur Vermeidung, Verringerung und zum Ausgleich nachteiliger Auswirkungen enthalten muss.[39] Der Umweltbericht gibt damit umfassend Auskunft über den Zustand

[37] *Stüer,* Bebauungsplan (Fn. 1), Rn. 150.
[38] *Stüer,* Bebauungsplan (Fn. 1), Rn. 151.
[39] Zu diesen Anforderungen: *Stüer,* Bebauungsplan (Fn. 1), Rn. 157–160.

der Umwelt im Plangebiet, ihre voraussichtliche Entwicklung und die zur Abwehr von Beeinträchtigungen vorgesehenen Vermeidungs-, Verringerungs- und Kompensationsmaßnahmen. Auch mögliche Schutzmaßnahmen sind darzustellen. Hierdurch hat er für die Umweltsituation im Plangebiet eine wichtige Informationsfunktion: Er gibt Auskunft über Stand und voraussichtliche Entwicklung der Umweltsituation im Plangebiet.

b) Öffentlichkeitsbeteiligung

Der Umweltbericht dient dabei nicht allein als Dokumentation der Durchführung der Umweltprüfung entsprechend den Anforderungen des § 2 Abs. 4, Anlage 1 BauGB. Er hat auch eine wichtige Informationsfunktion im Rahmen der Öffentlichkeitsbeteiligung. Er ist als Teil der förmlichen Öffentlichkeitsbeteiligung nach § 3 Abs. 2 BauGB offen zu legen (vgl. § 2 a BauGB). Die Öffentlichkeit wird über die Offenlage des Umweltberichts deshalb umfassend über den Stand der Umweltsituation im Plangebiet sowie die durch die Planung hervorgerufenen voraussichtlichen Umweltauswirkungen und die von der Gemeinde vorgesehenen Gegenmaßnahmen unterrichtet. Dabei ist diese Informationsfunktion keine statische, sondern eine dynamische. Der Umweltbericht kann insbesondere auf der Grundlage der in der Behörden- und Öffentlichkeitsbeteiligung vorgetragenen Anregungen und Bedenken geändert und modifiziert werden, und zwar sowohl hinsichtlich der Umweltgrundlagen, als auch der Vermeidungs-, Verminderungs- und Ausgleichsmaßnahmen. Zweck der Öffentlichkeitsbeteiligung ist dabei nicht nur eine Information der Öffentlichkeit über Planungsgrundlagen, Planungsstand und Planungsinhalt, auch und gerade in Bezug auf die Umweltsituation, sondern – vor allem auch – eine responsive Information der Gemeinde über betroffene Umweltbelange, bei der insbesondere die als Bedenken und Anregungen vorgebrachte Beeinträchtigung subjektiver Rechte einer Verletzung von Umweltbelangen durch die Planung (z. Bsp. Lärmschutz, Gerüche u.a.) entgegenwirken sollen.[40]

c) Darstellungen und Festsetzungen

Informationsfunktion kommt schließlich Darstellungen und Festsetzungen in der Bauleitplanung zu. Diese geben Auskunft über die bauliche Nutzung im Plangebiet. In diesem Zusammenhang enthalten sie insbesondere auch Darstellungen und Festsetzungen über Maßnahmen zum Schutz der Umwelt, wie zum Schutz der Natur, zum Immissionsschutz, zum Gewässerschutz und anderen (Umwelt)-Belangen.[41] Aus den bauleitplanerischen Darstellungen und Festsetzungen ist deshalb ersichtlich, in welchem Umfang Umweltbelange in der Planung tatsächlich Berücksichtigung gefunden haben und inwieweit Ausgleichs-, Kompensations- und Schutzmaßnahmen für Umweltgüter in der Bauleitplanung tatsächlich umgesetzt wurden.[42]

[40] Zu den Funktionen der Öffentlichkeitsbeteiligung in diesem Sinne: *Dolde/Mencke* NJW 1999, 1070 (1079); *Schink* ZG 2011, 226 (230 f.); *ders.* DVBl 2011, 1377 (1382); *Stüer/Buchsteiner* UPR 2011, 335 (336).

[41] Dazu schon oben III 1.

[42] Zur Informationsfunktion der Flächennutzungsplanung vgl. nur *Löhr,* in: Battis/Krautzberger/Löhr (Fn. 18), § 5 Rn. 6.

IV. Ermittlungsfunktion

Das planerische Abwägungsgebot fordert gem. § 1 Abs. 7 BauGB, dass bei der Aufstellung der Bauleitpläne die öffentlichen und privaten Belange gegeneinander und untereinander gerecht abzuwägen sind. Dies erfordert in einem ersten Schritt, dass die öffentlichen und privaten Belange ermittelt und bewertet werden. Die sog. Zusammenstellung des Abwägungsmaterials, d.h. aller Belange, die für die Abwägung von Bedeutung sind (vgl. § 2 Abs. 3 BauGB) ist integraler Bestandteil des planerischen Abwägens in der Bauleitplanung. Im Hinblick auf die Umweltbelange wird sie dabei durch die Umweltprüfung und den hierbei zu erstellenden Umweltbericht funktional gesteuert und inhaltlich im Detail vorgegeben.

1. Anforderungen an die Zusammenstellung des Abwägungsmaterials

Bei der Ermittlung des Abwägungsmaterials handelt es sich um einen Vorgang der Informationsgewinnung.[43] Nach der Rechtsprechung des BVerwG geht es dabei um zwei Aspekte, nämlich

- die abstrakt-begriffliche (tatbestandliche) Abgrenzung der Gesichtspunkte, die abwägungserheblich sind, und
- eine Entscheidung darüber, mit welcher Bedeutung diese Belange in die Abwägung eingestellt werden müssen.[44]

Der Prozess der Informationsgewinnung bei der Zusammenstellung des Abwägungsmaterials erfasst dabei insbesondere die Erhebung und Ermittlung von Tatsachen und Entwicklungen (Realfaktoren) und die sich hieraus ergebenden Interessen (Belange).[45]

Bei der Zusammenstellung des Abwägungsmaterials hat die Gemeinde grundsätzlich alle privaten und öffentlichen Belange zu ermitteln und zu bewerten. Dabei beziehen sich die öffentlichen Belange auf alle öffentlichen Interessen, die im Zusammenhang mit der Bodennutzung und mit der städtebaulichen Entwicklung und Ordnung stehen. Wesentliche Anhaltspunkte hierfür ergeben sich aus den Planungsleitlinien des § 1 Abs. 5 BauGB sowie den Planungsgrundsätzen der §§ 1 Abs. 5, 1a Abs. 1 BauGB.[46] Gegenstand der privaten Belange sind insbesondere subjektive private Rechte, aber auch andere private Interesse, wie künftige Markt- und Erwerbschancen.[47] Dabei müssen die Belange für die Gemeinde erkennbar, schutzwürdig und mehr als geringfügig sein.[48]

Nach diesen Grundsätzen sind Umweltaspekte Belange, die in der Bauleitplanung umfassend zu ermitteln sind. Sie können einerseits zu den öffentlichen Belangen gehören wie dies insbesondere bei Naturschutzaspekten oder wasserwirtschaftlichen Fragen der Fall ist, die durch die Planung berührt und betroffen

---

[43] Dazu Hoppe (Fn. 21), § 7 Rn. 40 ff.

[44] BVerwG, Urt. v. 5.7.1974 – IV C 50.72 , BVerwGE 45, 309 ff.; Urt. v. 14.2.1975 – IV C 21.74 , BVerwGE 48, 56 ff.; kritisch zu dieser Einordnung: *Hoppe* (Fn. 21), § 2 Rn. 40 ff.

[45] So mit Recht: *Hoppe* (Fn. 21), § 2 Rn. 40 ff.

[46] *Stüer,* Bebauungsplan (Fn. 1), Rn. 867; *Muckel,* ÖffBauR, 2010, § 5 Rn. 121.

[47] BVerwG, Urt. v. 24.8.1999 – 4 A 24.98, Buchholz 407.4 § 17 FStRG Nr. 152; *Muckel* (Fn. 46), § 5 Rn. 119; *Stüer,* Bebauungsplan (Fn. 1), Rn. 467.

[48] *Stüer,* Bebauungsplan (Fn. 1), Rn. 868 ff.

werden. Sie können aber auch private Belange darstellen wie dies insbesondere bei Luft-, Lärm- und Geruchsbelastungen der Fall ist, die durch planerische Festsetzungen ausgelöst werden können. Die Pflicht zur Ermittlung dieser Belange ist dabei unabhängig davon gegeben, ob es sich im Einzelnen um private oder öffentliche Belange handelt. Für die Pflicht zu ihrer Ermittlung ist dies nicht von Bedeutung; allerdings kann diese Frage bei der Bewertung dieser Belange und damit für die Frage, mit welchem Gewicht sie im Einzelfall in die Abwägung eingehen, von Bedeutung sein. Auch hierbei ist eine stärkere Gewichtung der privaten Belange vor den öffentlichen Belangen nicht anzuerkennen. Vielmehr sind alle Belange in der Bauleitplanung grundsätzlich gleichwertig; ihr konkretes Gewicht ergibt sich aus ihrem tatsächlichen Gewicht und ihrer konkreten Betroffenheit in der jeweiligen Planungssituation. Allerdings kann das Gewicht durch rechtliche Vorgaben gestärkt werden.

Für Umweltbelange wird die gebotene Ermittlungstiefe insbesondere durch § 2 Abs. 4 Satz 3 und Anhang I BauGB gesteuert. Diese muss hiernach angemessen sein. Liegen bereits entsprechende Erkenntnisse vor, kann eine grobe Abschätzung genügen.[49]

2. *Umweltprüfung*

Gemäß § 2 Abs. 4 Satz 1 BauGB sind Bauleitpläne einer Umweltprüfung zu unterziehen, in der die voraussichtlichen erheblichen Umweltauswirkungen ermittelt und in einem Umweltbericht beschrieben und bewertet werden. Die Umweltprüfung ist Regelverfahren grundsätzlich für alle Bauleitpläne und hat den Zweck, in einem gesonderten, allerdings in das Verfahren der Bauleitplanung integrierten Verfahren die in der Abwägungsentscheidung zu berücksichtigenden Umweltbelange vorab zu prüfen.[50] Sie stellt keine neuen materiell-rechtlichen Anforderungen, sondern zielt darauf ab, die Umweltauswirkungen eines Vorhabens möglichst lückenlos zu erfassen, zu bewerten und in der Gewichtung der Belange bei der Abwägung einzubeziehen.[51] Ziel ist eine Verbesserung der Intensität der Ermittlung, Beschreibung und Bewertung der Umweltbelange. Mit dieser Zielsetzung hat die Umweltprüfung vor allem Auswirkungen auf das tatsächliche Gewicht von Umweltbelange in der planerischen Abwägung: Hierdurch steigt ihr Gewicht tendenziell,[52] ja mehr als das: Die durch die Umweltprüfung vorgeschriebene medienübergreifende und ökologieinterne Ermittlung und Bewertung der Umweltbelange kann auch materiell-rechtlich zu einer anderen, nämlich höheren Gewichtung der Umweltbelange in der Abwägung führen.[53] Der

---

[49] OVG NRW, Beschl. v. 25.1.2008 – 7 B 1743/07.NE, NuR 2008, 210 = BauR 2008, 962; *Stüer,* Bebauungsplan (Fn. 1), Rn. 867.

[50] *Battis,* in: Battis/Krautzberger/Löhr, (Fn. 18), § 2 Rn. 6; *Schink,* in: Hansmann/Sellner (Fn. 16), 5/39.

[51] *Bönker,* in: Hoppe/Bönker/Grotefels (Fn. 21), § 5 Rn. 172.

[52] BVerwG, Urt. v. 8.6.1995 – 4 C 4/94, NVwZ 1996, 381; OVG Lüneburg, Beschl. v. 11.2.2004, 8 LA 206/03, NVwZ-RR 2004, 407; OVG NRW, Beschl. v. 7.1.2004 – 22 B 1288/03, NVwZ-RR 2004, 408 ff.; *Mitschang* ZfBR 2001, 380 (385); *Bönker,* in: Hoppe/Bönker/Grotefels (Fn. 21), § 5 Rn. 172.

[53] *Erbguth* NuR 1997, 261 (265) *ders.* (Fn. 21), § 3 Rn. 35; *Schink* NVwZ 1999, 11 (12); *ders.,* in: Hansmann/Sellner (Fn. 16), 5/39.

Ermittlungsauftrag der Umweltprüfung ist dabei im Hinblick auf die in der Umweltprüfung zu berücksichtigenden Umweltbelange umfassend. Gewährleistet wird dies durch den Prüfauftrag des § 2 Abs. 4 Satz 1 bis 3 BauGB sowie den Umstand, dass die Umweltprüfung zugleich auch Trägerverfahren für andere umweltbezogene Prüfverfahren ist. Dazu gehören insbesondere die naturschutzrechtliche Eingriffsregelung, die FFH-Prüfung und die Projekt-UVP.[54]

Gegenstand der Umweltprüfung sind gem. § 2 Abs. 4 Satz 1 BauGB die in § 1 Abs. 6 Nr. 7 und § 1a BauGB genannten Belange des Umweltschutzes. Wirtschaftliche, politische, soziale, ethische oder sonstige außerökologische Gründe und Belange gehören hierzu nicht.[55] § 2 Abs. 4 Satz 3 BauGB regelt dabei, dass im Hinblick auf die Untersuchungstiefe der Bestandsaufnahme, aber auch bei der Prognose über die voraussichtliche Entwicklung des Umweltzustandes bei Durchführung der Planung und ihrer Nichtdurchführung nur das verlangt werden kann, was nach gegenwärtigem Wissensstand und allgemein anerkannten Prüfmethoden sowie nach Inhalt und Detaillierungsgrad des Bauleitplans angemessen ist. In dieser Regelung kommt zunächst zum Ausdruck, dass die Umweltprüfung kein „Suchverfahren" ist, in dem alle nur erdenklichen Auswirkungen eines Vorhabens auf Umweltgüter oder deren Wertigkeit bis in allen Einzelheiten und feinsten Verästelungen zu untersuchen sind oder Antworten auf in der Wissenschaft noch ungeklärte Fragen gefunden werden müssen.[56] Die Ermittlungstiefe richtet sich im Übrigen danach, was nach den Maßstäben praktischer Vernunft in der konkreten Planungssituation in angemessener Weise verlangt werden kann.[57] In naturschutzfachlicher Hinsicht kann dabei z. B. auf das Vorhandensein bestimmter Indikatoren bei der Erfassung der von einem bestimmten Vorhaben betroffenen Tier- und Pflanzenarten abgestellt werden; das gesamte Spektrum vorhandener Tier- und Pflanzenarten muss nicht erfasst werden.[58] Die in § 2 Abs. 4 Satz 3 BauGB betonte Angemessenheit des Prüfungsumfangs verdeutlicht, dass je größer und intensiver die Dimension oder die Qualität von Umweltauswirkungen ist, umso intensivere und zeitaufwändigere und kostenträchtigere Untersuchungen sind zumutbar.[59] Allgemeine Aussagen dazu verbieten sich.

Insgesamt kann festgestellt werden, dass die Umweltbelange in ihrer konkreten Ausprägung und Betroffenheit in jedem Bauleitplanverfahren im Umweltbericht nach § 2 Abs. 4 Satz 1 bis 3 BauGB umfassend ermittelt und bewertet werden müssen. Integraler Bestandteil jeder Bauleitplanung ist deshalb eine Ermittlung der vorgefundenen Umweltsituation und ihrer Veränderung als Folge der Planung,

---

[54] *Battis*, in: Battis/Krautzberger/Löhr (Fn. 18), § 2 Rn. 6; *Mitschang* (Fn. 20), § 2 Rn. 191. Vgl. dazu und zu den Differenzierungen der einzelnen umweltrechtlichen Prüfverfahren *Mitschang/Wagner* DVBl 2010, 1257 (1259 f.); *Schink*, Umweltverträglichkeitsprüfung – Verträglichkeitsprüfung – Naturschutzrechtliche Eingriffsregelung – Umweltprüfung, in: Erbguth, Die Umweltverträglichkeitsprüfung: Neuregelungen, Entwicklungstendenzen, 2004, S. 33 ff.; *ders.* NuR 2003, 647 ff.

[55] *Mitschang* (Fn. 18), § 2 Rn. 283; *Schrödter* (Fn. 18), § 2 Rn. 82 f.; vgl. auch *Haneklaus*, in: Hoppe/Beckmann, UVPG, 4. Aufl. 2012, § 5 Rn. 15; *Erbguth/Schink*, UVPG, 2. Aufl. 1996, Einl. Rn. 25 ff.

[56] BVerwG, Urt. v. 21.3.1996 – 4 C 19.94, BVerwGE 100, 370.

[57] OVG NRW, Urt. v. 17.2.2011 – 2 D 36/09.

[58] BVerwG, Beschl. v. 21.2.1997 – 4 B 177.96, ZfBR 1997, 261.

[59] *Schink* (Fn. 16), 5/50.

einschließlich der Berücksichtigung vorgesehener Vermeidungs-, Verminderungs- und Kompensationsmaßnahmen. Jeder Bauleitplanung liegt damit in Richtung auf Umweltbelange gerade auch und wegen der Verpflichtung zur Durchführung einer Umweltprüfung eine umfassende Kenntnis der Umweltsituation und ihrer voraussichtlichen Entwicklung und Änderung durch die vorgesehene Planung zugrunde. Dies kann nicht hoch genug eingeschätzt werden, denn ohne diese Kenntnisse kann eine Einstellung von Umweltbelangen in die planerische Abwägung und damit ihre Berücksichtigung entsprechend ihrem tatsächlichen und rechtlichen Gewicht nicht oder jedenfalls nicht angemessen erfolgen.

3. Monitoring

Eine wichtige Informationsfunktion hat schließlich das Monitoring. Gem. § 4 c BauGB haben die Gemeinden erhebliche Umweltauswirkungen zu überwachen, die aufgrund der Durchführung der Bauleitpläne eintreten, um so unvorhergesehene nachteilige Auswirkungen frühzeitig zu ermitteln und in der Lage zu sein, geeignete Abhilfemaßnahmen zu ergreifen.[60] Über die Methodik und die zeitlichen Abläufe des Monitorings entscheiden dabei die Gemeinden; das geplante Konzept ist gem. § Nr. 3 b der Anlage 1 BauGB im Umweltbericht zu beschreiben. Darüber hinaus nutzen die Gemeinden gem. § 4 c Satz 2 BauGB die Informationen der Behörden nach § 4 Abs. 3 BauGB. Hiernach sind die an der Bauleitplanung beteiligten Behörden verpflichtet, die Gemeinden über erhebliche, insbesondere nachteilige Umweltauswirkungen zu unterrichten. Auf diese Weise soll nicht nur Doppelarbeit vermieden, sondern vor allem erreicht werden, dass die Gemeinde beim Monitoring ein umfassendes Bild von den eingetretenen erheblichen Umwelteinwirkungen erhält, die Folge der Umsetzung ihrer Planung sind.[61] Das Monitoring zielt insgesamt darauf ab, der Gemeinde umfassende Kenntnis auch über in der Planung unvorhergesehene erhebliche Umweltauswirkungen des Planvollzugs zu verschaffen.[62] Dabei ist zwar keine permanente Umweltprüfung vorgesehen; ihre Fortführung in der Umsetzungsphase ist nicht Ziel des § 4 c BauGB.[63] Allerdings bildet das Monitoring eine wichtige Grundlage für eine Umweltbeobachtung in den Gemeinden,[64] es ist ein wichtiges Mittel zur Qualitätskontrolle von Bauleitplänen.[65] Es verpflichtet die Gemeinden im Übrigen grds. nicht, eine Planänderung zu initiieren.[66] Immerhin verlängert das Monitoring die Informationsfunktion der Bauleitplanung in die Zeit des Planvollzuges und eröffnet der Gemeinde so die Möglichkeit, auf nicht vorhergesehene Fehlentwicklungen planerisch zu reagieren. Eine Informationsfunktion für die Öffentlichkeit kommt dem Monitoring dabei allerdings nicht zu, da eine Unterrichtung der Öffentlichkeit über deren Ergebnisse nicht vorgesehen ist. Insoweit

[60] Ausführlich dazu *Stüer,* Bebauungsplan (Fn. 1), Rn. 559 ff.
[61] *Stüer,* Bebauungsplan (Fn. 1), Rn. 563.
[62] *Gaentzsch,* in: Berliner Kommentar zum BauGB (Fn. 20), § 4 c Rn. 6.
[63] *Gaentzsch,* in: Berliner Kommentar zum BauGB (Fn. 20), § 4 c Rn. 6.
[64] *Gaentzsch,* in: Berliner Kommentar zum BauGB (Fn. 20), § 4 c Rn. 6.
[65] *Stüer,* Bebauungsplan (Fn. 1), Rn. 570.
[66] *Gaentzsch,* in: Berliner Kommentar zum BauGB (Fn. 20), § 4 c Rn. 8; *Stüer,* Bebauungsplan (Fn. 1), Rn. 566 ff.

mag die Gemeinde allerdings gem. §§ 7 Abs. 1, 10 UIG verpflichtet sein, die Ergebnisse öffentlich zugänglich und auf diese Weise die Ergebnisse des Monitorings transparent zu machen.[67]

V. Schutz- und Vorsorgefunktion

Der Bauleitplanung kommt für den Umweltschutz auch eine wichtige Schutz- und Vorsorgefunktion zu: Ziel der Bauleitplanung ist es auch, eine Beeinträchtigung von Umweltbelangen zu vermeiden, indem bestimmte Eingriffe in bestimmte Umweltmedien generell untersagt werden oder zumindest eine Berücksichtigung der Umweltbelange entsprechend ihrer tatsächlichen und rechtlichen Gewichtung in der Abwägung mit dem Ziel erfolgt, Vorsorge gegen vermeidbare Beeinträchtigungen ebenso zu treffen wie Beeinträchtigungen zu minimieren oder auszugleichen.

Schutzfunktionen für die Umwelt in der Bauleitplanung vermitteln zunächst die in der Abwägung zu beachtenden zwingenden rechtlichen Vorgaben. Solche auch als Planungsleitsätze bezeichneten Beachtensregeln können durch die Abwägung nicht überwunden werden.[68] Sie enthalten eine Abwägungssperre, ein Abwägungsverbot. Solche Verbote können sich in Bezug auf Umweltbelange zum einen aus sondergesetzlichen Regelungen, zum anderen aber auch aus der Anpassungspflicht an die Ziele der Raumordnung gem. § 1 Abs. 4 BauGB ergeben.[69]

1. Fachrechtliche Abwägungssperren

Fachrechtliche Abwägungssperren, also gesetzliche Vorrangregelungen des Umweltschutzes können eine relative und absolute (situationsabhängige oder situationsunabhängige) Vorrangwirkung haben.[70] Abwägungssperren im eigentlichen Sinne stellen dabei nur die absoluten Vorrangregeln dar, da sie generell und ohne Rücksicht auf die konkrete Situation wirken und es in der Abwägung unzulässig ist, sich über diese hinwegzusetzen. Freilich können gesetzliche Ausnahme- oder Befreiungsregelungen unter den dort jeweils genannten tatbestandlichen Voraussetzungen eine Abweichung von der Abwägungssperre zulassen. Relative Vorrangregelungen stellen demgegenüber keine eigentliche Abwägungssperre dar. Sie sollen vielmehr die Abwägung inhaltlich steuern, indem sie bewirken, dass ein Belang rechtlich von vornherein ein besonderes Gewicht mit der Folge erhält, dass er sich gegenüber konkurrierenden Belangen regelmäßig im Ausgleichsprozess der Abwägung durchsetzt, sofern diese Belange nicht ebenfalls ihrerseits von

---

[67] Zur aktiven Informationsverpflichtung für Überwachungsdaten: Olaf *Reidt*/Gernot *Schiller*, in: Landmann/Rohmer, Umweltrecht, § 7 UIG Rn. 6, 10, § 10 UIG Rn. 16 f.; Alexander *Schink*, Das NRW Pipeline-Kataster, in: Becker/Hendler/Proelß/Reiff, Aktuelle Rechtsfragen und Probleme des freien Informationszugangs, insbesondere im Umweltschutz, 2011, S. 245, 265 ff.

[68] BVerwG, Urt. v. 22.3.1985 – 4 C 73.82, BVerwGE 71, 163; *Stüer*, Bebauungsplan (Fn. 1), Rn. 616.

[69] Zu letzterem: *Stüer*, Bebauungsplan (Fn. 1), Rn. 616.

[70] Zu dieser Unterscheidung: *Hoppe* (Fn. 21), § 4 Rn. 7, 62.

besonderem (rechtlichen oder tatsächlichen) Gewicht sind.[71] Solche mit einem relativen Vorrang ausgestatteten (Umwelt-)Belange können durch Abwägung überwunden werden.

Als Abwägungssperren in der Bauleitplanung von Bedeutung sind vor allem naturschutzrechtliche Schutzgebietsfestsetzungen (Naturschutzgebiete, Landschaftsschutzgebiete, Nationalparke und Nationale Naturmonumente, gesetzlicher Biotopschutz). Bauplanungsrechtliche Festsetzungen, die diesen Schutzgebietsfestsetzungen bzw. dem gesetzlichen Biotopschutz widersprechen, sind grundsätzlich unzulässig.[72] Die Bauleitplanung, die gegen Schutzgebietsfestsetzungen oder den gesetzlichen Biotopschutz verstößt, ist vollzugsunfähig und deshalb gem.§ 1 Abs. 3 Satz 1 BauGB rechtsunwirksam.[73] Anders als bei der naturschutzrechtlichen Eingriffsregelung oder der FFH-Prüfung ist eine Verzahnung mit der Bauleitplanung in diesen Fällen nicht erfolgt. Naturschutzrechtliche Schutzgebietsfestsetzungen bzw. der gesetzliche Biotopschutz stellen deshalb grundsätzlich ein Planungshindernis für die Bauleitplanung dar. Allerdings ist dies nicht der Fall, wenn in eine Befreiungslage geplant wird. Hierunter wird eine Situation verstanden, in der objektiv eine Ausnahme- oder Befreiungslage gem. § 67 BNatSchG gegeben ist und Hindernisse einer Überwindung der betreffenden Verbotsregeln auch sonst nicht entgegenstehen.[74] Verfahrensmäßig ist dabei nur für den gesetzlichen Biotopschutz gem. § 30 Abs. 4 BNatSchG eine Befreiung bereits im Aufstellungsverfahren ausdrücklich möglich.[75] Nach zutreffender Auffassung ist dies auch in der Bauleitplanung ohne ausdrückliche gesetzliche Regelung zulässig.[76] Als dinglicher Verwaltungsakt kann die Befreiung dann auch zugunsten des späteren Bauherrn wirken.[77]

Sind Natura 2000-Gebiete durch eine Bauleitplanung in ihren Erhaltungszielen erheblich beeinträchtigt, ergibt sich auch hieraus grundsätzlich ein Planungsverbot. Dies folgt aus § 34 Abs. 2 BNatSchG. Allerdings ist unter den Voraussetzungen des § 34 Abs. 3 BNatSchG eine Abweichungsentscheidung möglich; diese Abweichungsentscheidung ist verfahrensmäßig gem. § 1a Abs. 4 BauGB in das Bauleitplanverfahren integriert. Die Entscheidung über die Abweichung kann deshalb von der Gemeinde eigenständig in der Bauleitplanung getroffen werden.[78] Als Abwägungssperren wirken auch die artenschutzrechtlichen Zugriffs-, Besitz- und Vermarktungsverbote des § 44 Abs. 1 BNatSchG. Ist im Zeitpunkt der Aufstellung des Bauleitplans erkennbar, dass dieser aufgrund dauerhafter rechtlicher Zugriffsverbote

[71] *Hoppe* (Fn 21), § 7 Rn. 62.

[72] Vgl. *Lau,* in: Frenz/Müggenborg, BNatSchG, 2011, § 67 Rn. 13.

[73] Vgl. BVerwG, Urt. v. 21.10.1999 – 4 C 1.99, BVerwGE 109, 371 (373 f.).

[74] BVerwG, Urt. v. 30.1.2003 – 4 CN 14.01, BVerwGE 117, 351 (353 f.).

[75] Dazu und zu ihrer Wirkung: *Endres,* in: Frenz/Müggenborg (Fn. 72), § 30 Rn. 21; *Kratsch/Czybulka,* in: Schumacher/Fischer-Hüftle, BNatSchG, 2. Aufl. 2011, § 30 Rn. 51 ff.

[76] Zu Meinungsstand vgl. HessVGH, Urt. v. 21.2.2008 – 4 N 869/07, NuR 2008, 352 (353 f.).

[77] BVerwG, Urt. v. 17.12.2002 – 4 C 15.01, BRS 65, Nr. 95; *Egner* NuR 2003, 734 f. *Fischer* NuR 2007, 307 (314); *Lau,* in: Frenz/Müggenborg (Fn. 72), § 67 Rn. 14; *Schink* (Fn. 16), 5/231; *Schroedter* (Fn. 18), § 1 a Rn. 64, 143 ff.

[78] Zu den Anforderungen vgl. zusammenfassend: *Stüer,* Bebauungsplan (Fn. 1), Rn. 690 ff.; *ders.* BauR 2010, 1521 ff.; *Mitschang/Wagner* DVBl 2010, 1257 ff.; *Schink* (Fn. 16), 5/233 ff.; *Frenz,* in: Frenz/Müggenborg (Fn. 72), § 34 Rn. 59 ff.

aus § 44 Abs. 1 BNatSchG nicht verwirklicht werden kann, ist der Bauleitplan wegen eines Verstoßes gegen § 1 Abs. 3 BauGB unwirksam.[79] Die Vollzugsfähigkeit des Bauleitplans stellt insoweit ein Einfallstor für das Artenschutzrecht dar; dies ist bereits auf der Ebene der Bauleitplanung zu berücksichtigen.[80] Auch insoweit kann allerdings eine artenschutzrechtliche Befreiungslage bestehen, die eine Planung trotz entgegenstehender artenschutzrechtlicher Verbote ermöglicht.[81] In diesem Zusammenhang ist es der Gemeinde möglich, in der Bauleitplanung ein artenschutzrechtliches Kompensationskonzept mit der Folge umzusetzen, dass trotz bestehender artenschutzrechtlicher Verbotsnormen die Bauleitplanung zulässig ist (§ 44 Abs. 5 BNatSchG).[82] Auch die artenschutzrechtliche Abwägungssperre ist damit nur eine relative; sie kann im Einzelfall bei Bestehen einer Befreiungslage bzw. einer Kompensationsplanung der Gemeinde überwunden werden.

Zu beachten sind in der Bauleitplanung auch in Wasserschutzgebietsverordnungen gem. § 51 Abs. 1 WHG festgesetzte Bauverbote. Aus §§ 5 Abs. 4 Satz 1, 9 Abs. 6 BauGB ergibt sich zunächst, dass solche Schutzgebiete in den Flächennutzungs- und Bebauungsplänen nachrichtlich übernommen werden sollen.[83] Die Wirkung von Bauverboten in Flächennutzungsplänen geht hierüber jedoch hinaus: Hierfür besteht nicht nur ein konkreter Vorrang[84]; vielmehr wirken sich Gebote und Verbote einer Wasserschutzgebietsverordnung in der Bauleitplanung als Planungsschranke aus; sie stellen zwingendes Recht dar, über das die Gemeinde sich nicht hinwegsetzen darf.[85] Überdies sind Erkenntnisse darüber, dass die vorgesehene Bebauung ein Gefährdungspotenzial für den Wasserhaushalt darstellt, im Vorfeld der Festsetzung von Wasserschutzgebieten in der Abwägung gem. § 1 Abs. 6 Satz 2 Nr. 7 BauGB zu beachten.[86] Ähnlich wie im Bereich des Naturschutzes kann jedoch auch bei bestehenden Wasserschutzgebieten in eine Befreiungslage hinein geplant werden, wenn sicher feststeht, dass für die getroffenen Festsetzungen eine Befreiung gem. § 52 Abs. 1 Satz 2 WHG erteilt werden kann.

Von besonderer Bedeutung sind weiter Regelungen des Hochwasserschutzes. In festgesetzten Überschwemmungsgebieten ist gem. § 78 Abs. 1 Nr. 1 WHG die Ausweisung neuer Baugebiete unzulässig. Hier besteht grundsätzlich ein Planungsverbot.[87] Verboten ist dabei allerdings nur die Ausweisung neuer Baugebiete; ein völliges Verbot der Bauleitplanung besteht nicht.[88] Sie darf allerdings

---

[79] BVerwG, Beschl. v. 25.8.1997 – 4 NB 12/97, NVwZ-RR 1998, 162 (163); Beschl. v. 9.2.2004 – 4 BN 28/03, NVwZ 2004, 1242 (1243); *Mitschang/Wagner* DVBl 2010, 1459.

[80] *Schink,* in: Hansmann/Sellner (Fn. 16), 5/254.

[81] Zusammenfassend: BVerwG, Urt. v. 8.7.2008 – 9 A 14.07, BVerwGE 131, 274 Rn. 53; Urt. v. 18.3.2009, 9 A 39.07, NVwZ 2010, 44 Rn. 43 ff.; *Mitschang/Wagner* DVBl 2010, 1462; *Schink* (Fn. 16), 5/257 ff.

[82] Dazu: *Lau* (Fn. 72), § 44 Rn. 43; *Heugel,* in: Lütkes/Ewer, BNatSchG, § 44 Rn. 50; *Mitschang/Wagner* DVBl 2010, 1457 (1464); *Schink* (Fn. 16), 5/261.

[83] Dazu: *Czychowski/Reinhardt,* Wasserhaushaltsgesetz, Kommentar, 10. Aufl. 2010, § 51 Rn. 23.

[84] So aber *Kotulla,* Wasserhaushaltsgesetz, 2. Aufl. 2011, § 52 Rn. 13.

[85] BVerwG, Beschl. v. 26.3.1993 – 4 NB 45/92, NVwZ-RR 1993, 598 (599).

[86] BVerwG, Beschl. v. 26.3.1993 – 4 NB 45/92, NVwZ-RR 1993, 598 (599); *Stüer,* Bebauungsplan (Fn. 1), Rn. 777 ähnlich: *Kotulla* (Fn. 84), § 52 Rn. 13.

[87] *Czychowski/Reinhardt* (Fn. 83), § 78 Rn. 6; *Zloch,* in: Berendes/Frenz/Müggenborg, WHG, 2011, § 78 Rn. 5; *Kotulla* (Fn. 76), § 78 Rn. 7.

[88] *Czychowski/Reinhardt,* und *Zloch,* jeweils a. a. O.; a. A.: *Kotulla* NVwZ 2006, 131.

lediglich Darstellungen und Festsetzungen jenseits einer Bebauung enthalten.[89] Allerdings handelt es sich auch bei dem Planungsverbot nach § 78 Abs. 1 Nr. 1 WHG lediglich um ein repressives Verbot mit Befreiungsvorbehalt: § 78 Abs. 2 WHG ermöglicht unter den dort genannten Voraussetzungen im Einzelfall die Ausweisung von Baugebieten. Freilich sind die Voraussetzungen hierfür in der Bauleitplanung nur schwer herzustellen. Erforderlich ist neben der alternativlosen Siedlungsentwicklung, dass das Baugebiet an ein bestehendes unmittelbar angrenzt, seine Ausweisung eine Gefährdung von Leben oder erhebliche Gesundheits- oder Sachschäden nicht erwarten lässt, die für den Hochwasserschutz bedeutende Rückhaltung des Wassers nicht beeinträchtigt werden darf und die Hochwassergefahr durch eine Beeinträchtigung vorhandener Schutzvorkehrungen für die vorgefundene bauliche Nutzung nicht erkennbar erhöht wird.[90] Dabei obliegt die Beweislast für das Vorliegen der Voraussetzungen des § 78 Abs. 2 WHG dem jeweiligen kommunalen Planungsträger.[91]

Auch das Immissionsschutzrecht kennt Planungsverbote. Insbesondere bei Planung von Straßen oder von Sportanlagen durch Bebauungsplan sind die 16. bzw. 18. BImSchV strikt zu beachten.[92] Eine strikte Bindung besteht bei immissionsschutzrelevanten bauleitplanerischen Festsetzungen indessen nur aus ausnahmsweise. Ganz überwiegend sind die immissionsschutzrechtlichen Regelwerke, wie die TA Lärm, die DIN 1805 – Schutz vor Verkehrslärm in Wohngebieten, die 16. und 18. BImSchV, die VDI-Richtlinien 3471 und 3472 sowie die Geruchsimmissionsrichtlinie GIRL lediglich als Orientierungswerte zu beachten. Sie sind abwägenden Entscheidungen damit generell zugänglich.[93] Ähnliches gilt für Festsetzungen in Luftreinhalteplänen oder Lärmaktionsplänen. Solche Festsetzungen sind gem. § 46 Abs. 6 Satz 2 BImSchG (Luftreinhaltepläne) bzw. § 47a Abs. 6 i. V. m. § 47 Abs. 6 Satz 2 BImSchG (Lärmaktionspläne) lediglich im Rahmen der Abwägung zu berücksichtigen.[94] Die Schutzintensität immissionsschutzrechtlicher Regelungen und Festsetzungen ist derzeit im Vergleich zu natur- und gewässerschutzbezogenen Normativen und europäischen Regelwerken erheblich geringer ausgeprägt.

2. *Ziele der Raumordnung*

Von besonderer Bedeutung im vorliegenden Zusammenhang sind die Ziele der Raumordnung, an die die Bauleitpläne gem. § 1 Abs. 4 BauGB anzupassen sind. Diese Ziele sind einer Abwägung nicht zugänglich; sie sind strikt zu beachten. Die Gemeinde kann – wie ausgeführt – lediglich konkretisierende Festsetzungen

---

[89] *Kotulla,* NVwZ 2006, 131.

[90] Zu diesen und weiteren Voraussetzungen vgl. etwa *Czychowski/Reinhardt* (Fn. 83), § 78 Rn. 27 ff.; *Kotulla,* (Fn. 84), § 78 Rn. 22 ff.; *Zloch,* in: Berendes/Frenz/Müggenborg, (Fn. 87), § 78 Rn. 30 ff.

[91] *Kotulla,* (Fn. 84), § 78 Rn. 22.

[92] Dazu nur BVerwG, Urt. v. 28.1.1999 – 4 CN 5.98, BVerwGE 108, 248; BVerwG, Beschl. v. 14.5.2007 – 4 B 9.07, BauR 2007, 2041; *Schink* (Fn. 16), 5/163 bzw. 174.

[93] Vgl. dazu: *Schink* (Fn. 16), 5/172, 178, 180 ff., 183 f., 189 ff.

[94] Vgl. *Sellner/Reidt/Ohms,* Immissionsschutz und Industrieanlagen, 3. Aufl. 2006, Rn. 1/287, 289; *Wysk,* in: Giesberts/Reinhardt, Umweltrecht, § 47d BImSchG Rn. 27 § 47 BImSchG Rn. 18 f.; *Schink* (Fn. 16), 5/187, 188. Umfassend: *Scheidler* UPR 2012.

treffen, darf die Abwägung jedoch – auch bei Standortentscheidungen – nicht wiederholen oder durch eine eigene mit abweichendem Ergebnis ersetzen. Festsetzungen von Regionalplänen kommt deshalb als nicht überwindbare Abwägungsinhalte in der Bauleitplanung gerade für den Umweltschutz maßgebende Bedeutung zu. Sind dort Bereiche für den Schutz der Natur festgesetzt, kann die Gemeinde in der Bauleitplanung keine davon abweichende Planungsentscheidung treffen. Ähnliches gilt, wenn Vorrangzonen für Windenergieanlagen ausgewiesen sind, etwa mit dem Ziel, die notwendigen Abstände zur Wohnbebauung zu schaffen. Auch diese Festsetzungen sind für die Gemeinde verbindlich.[95] Gleiches gilt für die Festsetzung von Straßentrassen. Auch an solche Inhalte der Regionalplanung ist die Gemeinde gebunden. Besondere Bedeutung kommt der Regionalplanung im Ergebnis überdies für die Frage der Flächeninanspruchnahme zu. Ihre Aufgabe ist es, die Bauflächenentwicklung in einer Gemeinde zu steuern. Sind diese im Regionalplan limitiert, hat die Gemeinde keine Möglichkeit, weitere Flächen für eine Bauleitplanung mit dem Ziel einer Siedlungsflächenentwicklung in Anspruch zu nehmen. Der Freiflächenschutz wird deshalb grundlegend in der Regionalplanung mit für die Gemeinden bindender Wirkung umgesetzt.

3. Schutz- und Vorsorgefunktion der planerischen Abwägung

Die Schutz- und Vorsorgefunktion der Bauleitplanung für den Umweltschutz kommt auch in den für die Abwägung maßgebenden Regelungen zum Ausdruck. Dabei kommt §§ 1 Abs. 5 und 1a BauGB maßgebende Bedeutung zu. Überdies ist die Abwägung ihrerseits schutz- und vorsorgeorientiert mit der Folge, dass auch unabhängig von die Abwägung begrenzenden rechtlichen Regelungen über Schutz und Vorsorge von Umweltbelangen in der planerischen Abwägung zu entscheiden ist.

a) Umweltorientierte Planungsziele für die Bauleitplanung, § 1 Abs. 5 BauGB

In § 1 Abs. 5 BauGB sind umweltorientierte Planungsziele als generelle Planungsziele für die Bauleitplanung enthalten, die durch die Planungsleitlinien des § 1 Abs. 6 BauGB näher konkretisiert werden.[96] Genannt werden in Bezug auf den Umweltschutz die Gewährleistung einer nachhaltigen städtebaulichen Entwicklung, die Sicherung einer menschlichen Umwelt, Schutz und Entwicklung der natürlichen Lebensgrundlagen und die klimagerechte Stadtentwicklung. Dem Ziel der nachhaltigen städtischen Entwicklung kommt dabei vor allem die Aufgabe zu, die zukünftigen Planungsfolgen im Sinne einer Zukunftsvorsorge zu steuern.[97] Demgegenüber bringt das Gebot, bei der Bauleitplanung eine menschenwürdige Umwelt zu sichern und die natürlichen Lebensgrundlagen zu entwickeln, zum Ausdruck, dass der Umweltschutz eine eigenständige Aufgabe der Bauleitplanung ist, der neben die der städtebaulichen Entwicklung tritt und

[95] Dazu und zu den Grenzen der Konkretisierung durch die Kommunen, die z. Bsp. eine Verringerung der Größe der Konzentrationszonen einschließen kann: OVG Koblenz, Urt. v. 21.1.2011 – 8 C 1058/10, NuR 2011, 355, 358; *Scheidler,* BayVBl. 2011 (Fn. 32), 165.

[96] Zur Systematik: *Hoppe* (Fn. 21), § 7 Rn. 24; *Erbguth* (Fn. 21), § 5 Rn. 119.

[97] *Hoppe* NVwZ 2008, 936 (938); *Krautzberger,* in: Battis/Krautzberger/Löhr (Fn. 18), § 1 Rn. 45; *Söfker,* in: Ernst/Zinkahn/Bielenberg/Krautzberger, BauGB (Fn. 18), § 1 Rn. 103.

immer mit bedacht werden muss. Vorsorgender Umweltschutz ist hiernach zwar nicht vorrangig vor anderen Belangen zu verfolgen; er ist jedoch Leitbild der Bauleitplanung.[98] Auch der Klimaschutz ist seit Änderung des BauGB durch das Gesetz zur Förderung des Klimaschutzes vom 22.7.2011[99] ein eigenständiges Planungsziel der Bauleitplanung und gleichgewichtig neben dem Umweltschutz und der städtebaulichen Entwicklung zu verfolgen.[100]

Näher konkretisiert werden die genannten Grundsätze der Bauleitplanung durch die Planungsleitlinien in § 1 Abs. 6 BauGB. In diesem Katalog sind die Umweltaspekte gleichgewichtig neben anderen Belangen genannt. Ihr konkretes Gewicht erhalten sie aus der jeweiligen Situation. Die Frage, welche Zielsetzungen bei der Einbeziehung von in § 1 Abs. 6 BauGB genannten Umweltbelangen in der Abwägung zu verfolgen ist, ergibt sich aus § 1 Abs. 5 BauGB. Danach ist insbesondere eine Schutz- und Vorsorgefunktion für die Umwelt in der Bauleitplanung anzustreben.

b) Konkretisierung der Schutz- und Vorsorgefunktion in § 1a BauGB

Die Schutz- und Vorsorgefunktion der bauleitplanerischen Abwägung wird in § 1a BauGB näher konkretisiert. Die Regelung ist für die Beachtung der spezifischen Anforderungen aus den Bereichen des Naturschutzes sowie des Boden- und Klimaschutzes von maßgebender Bedeutung. Sie füllt § 1 Abs. 5, 6 BauGB näher aus und konkretisiert diese Regelung.[101] Neben der planerischen Umweltprüfung gem. § 2 Abs. 4 BauGB stellt die Regelung ein zentrales Element für die Umweltschutzorientierung der Bauleitplanung dar. Im Gegensatz zu § 2 Abs. 4 BauGB, der das Verfahren der Prüfung von Umweltbelangen in der Bauleitplanung regelt und damit vor allem für die Zusammenstellung des Abwägungsmaterials von Bedeutung ist, steuert § 1a BauGB materiell Abwägungsinhalt und Abwägungsergebnis der Bauleitplanung. Zweifelhaft ist es deshalb, wenn *Mitschang* davon ausgeht, dass § 2 Abs. 4 BauGB zu einer Akzentverschiebung geführt hat und die zentrale Stellung des § 1a BauGB für die Berücksichtigung von Umweltbelangen in der Abwägung nicht mehr besteht.[102] Für den Bodenschutz, den Naturschutz und den Klimaschutz ergeben sich die materiellen Planungsvorgaben für die Bauleitplanung aus § 1a BauGB. Verdeutlicht wird dabei, dass die Bauleitplanung gerade in Richtung auf diese Belange schutz- und vorsorgeorientiert ist, wenngleich diese Orientierung nicht für alle Umweltmedien gleich stark ausgeprägt ist.

Besonders deutlich kommt sie in § 1a Abs. 3, 4 BauGB für die Naturschutzbelange zum Ausdruck. Bei der naturschutzrechtlichen Eingriffsregelung ist das Vermeidungsgebot in der planerischen Abwägung zumindest gleichgewichtig zu beachten. Durch die Kompensationsforderung wird in der Bauleitplanung Schutz und Vorsorge für nachteilige Eingriffe in den Naturhaushalt gewährleistet. Noch deutli-

[98] *Gaentzsch,* in: Berliner Kommentar zum BauGB (Fn. 20), § 1 Rn. 53; *Söfker,* in: Ernst/Zinkahn/Bielenberg/Krautzberger, BauGB (Fn. 18), § 1 Rn. 105.

[99] BGBl. I 1501.

[100] Dazu nur *Söfker* ZfBR 2011, 442; *Schink* (Fn. 16), 5/101.

[101] Zur Konkretisierungsfunktion: *Mitschang* (Fn. 20), § 1a Rn. 6; *Krautzberger,* in: Ernst/Zinkahn/Bielenberg/Krautzberger, BauGB (Fn. 18), § 1a Rn. 1.

[102] Vgl. *Mitschang* (Fn. 20), § 1a Rn. 5.

cher wird die Schutz- und Vorsorgeorientierung für Natura 2000-Gebiete in § 1a Abs. 4 BauGB hervorgehoben. Aus § 34 Abs. 2 BNatSchG folgt hierfür grundsätzlich ein Planungsverbot bei erheblicher Beeinträchtigung dieser Gebiete in ihren Erhaltungszielen oder in ihrem Schutzzweck; nur unter den Voraussetzungen des § 34 Abs. 3 BauGB ist in diesen Fällen eine Bauleitplanung überhaupt zulässig. Sie muss dann aber die notwendigen Kohärenzmaßnahmen i. S. d. § 34 Abs. 5 BauGB vorsehen; weiter dürfen Alternativen zu dieser Planung nicht bestehen.

Weniger ausgeprägt sind die Schutz- und Vorsorgeorientierung der Bauleitplanung für den Bodenschutz und den Klimaschutz. Der Bodenschutz ist über die Bodenschutzklausel in § 1a Abs. 2 Satz 1 BauGB lediglich in der Abwägung als Belang zu berücksichtigen. Freilich soll dieser Belang eine hervorgehobene Bedeutung, einen herausgehobenen Stellenwert im Rahmen der Abwägung haben. Eine Zurückstellung kommt nur zugunsten entsprechend gewichtiger anderer Belange in Betracht, die in der Abwägung präzise zu benennen sind.[103] Die Begrenzung der Bodenversiegelung und der schonende Umgang mit Grund und Boden sind deutlich mehr als nur ein in der Abwägung zu berücksichtigender einfacher Belang.[104] Freilich hindert die Bodenschutzklausel nicht daran, bei der Ausweisung von Bauland auf noch naturnahen Flächen zu planen; sie muss dann aber das erhöhte innere Gewicht der Bodenschutzbelange berücksichtigen.[105] Vor diesem Hintergrund ist die Schutz- und Vorsorgefunktion des § 1a BauGB in Bezug auf die Belange des Bodenschutzes zwar stärker als bei anderen gesetzlich nicht besonders hervorgehobenen Umweltbelangen. Sie bleibt jedoch eine nur relative, da in der Abwägung bei hinreichender Rechtfertigung durch andere gegenläufige Belange die Aspekte des Freiflächenverbrauchs und des Schutzes wertvoller Böden hintangestellt werden können.

Einen solchen Stellenwert haben die Belange des Klimaschutzes in der Abwägung nicht. Ihnen kommt weder ein abstrakter noch ein relativer Vorrang zu.[106] Sie haben kein rechtlich hervorgehobenes Gewicht. Das ihnen beizumessende Gewicht steht vielmehr in Abhängigkeit von den mit der Planung verfolgten Zielen und hängt von der konkreten planerischen Situation ab.[107]

VI. Vermeidungs- und Ausgleichsfunktion

In einem engen systematischen Zusammenhang mit der Schutz- und Vorsorgefunktion der Bauleitplanung steht ihre Vermeidungs- und Ausgleichsfunktion. In der Bauleitplanung sollen Belastungen der Umwelt vermieden und absehbare Beeinträchtigungen ausgeglichen werden. Diese Funktionen werden zum einen

---

[103] BVerwG, Beschl. v. 12.6.2008 – 4 BN 8.08, BauR 2008, 1416; *Mitschang* (Fn. 20), § 1a Rn. 120; *Krautzberger,* in: Ernst/Zinkahn/Bielenberg/Krautzberger, BauGB (Fn. 18), § 1a Rn. 6.

[104] BVerwG, Urt. v. 22.3.2007 – 4 CN 2.06, BVerwGE 128, 238.

[105] BVerwG, Urt. v. 22.3.2007 – 4 CN 2.06, BVerwGE 128, 238; *Krautzberger,* in: Ernst/Zinkahn/Bielenberg/Krautzberger, BauGB (Fn. 18), § 1a Rn. 6; *ders.* (Fn. 18), § 1a Rn. 57; *Mitschang* (Fn. 20), § 1a Rn. 121 f.

[106] In diesem Sinne: *Battis/Krautzberger/Mitschang/Reidt/Stüer* NVwZ 2011, 899; *Krautzberger/Stüer* BauR 2011, 1418; *Mitschang* (Fn. 20), § 1a Rn. 740; *Söfker* ZfBR 2011, 542.

[107] So mit Recht: *Mitschang* (Fn. 20), § 1a Rn. 740.

durch sondergesetzliche Bestimmungen gewährleistet; zum anderen trägt dieser Funktion auch das planerische Abwägungsgebot Rechnung.

1. *Vermeidungsfunktion*

Bindende gesetzliche Vorgaben, die Abwägungsschranken für die Bauleitplanung darstellen, haben auch die Funktion, Belastungen von Natur und Landschaft durch städtebauliche Nutzungen, die in der Bauleitplanung festgesetzt werden, von vornherein zu verhindern. Dazu gehören die o.g. bindenden Regelungen des Naturschutz-, Gewässerschutz- und Immissionsschutzrechts.

Neben in der Abwägung nicht überwindbaren rechtlichen Vorgaben ist das umweltrechtliche Vermeidungsprinzip für den Naturschutz über die Anforderungen der in der Bauleitplanung zu berücksichtigenden naturschutzrechtlichen Eingriffsregelung durch § 1a Abs. 3 Satz 1 BauGB besonders ausgeprägt. In der Abwägung ist über die Vermeidung von Eingriffen in Natur und Landschaft zu entscheiden. Dabei sind die materiell-rechtlichen Anforderungen des naturschutzrechtlichen Vermeidungsgebots des § 15 Abs. 1 BNatSchG im Rahmen der planerischen Abwägung zu berücksichtigen. Der Grundsatz, dass die Eingriffsfolgen bei der Verwirklichung des Vorhabens minimiert werden sollen,[108] ist auch in der Bauleitplanung zu berücksichtigen. Freilich kommt der Vermeidung dabei kein Vorrang vor dem Ausgleich zu. Beiden Belangen kommt auch kein abstrakter Vorrang vor anderen zu; sie können in der Abwägung bei hinreichender Rechtfertigung durch andere Belange vielmehr auch hintangestellt werden.[109] Allerdings kommt den Belangen von Natur und Landschaft und insbesondere der naturschutzrechtlichen Eingriffsregelung in der Bauleitplanung eine herausgehobene Bedeutung zu.[110] *Stüer* hat dazu festgestellt, dass die naturschutzrechtlichen Regelungen keine optimierende Berücksichtigung der betroffenen Belange, wohl aber eine zusätzliche Befassung mit den zurückgestellten, nachteilig betroffenen fordern. Diese seien in der Ausgleichsentscheidung daraufhin zu prüfen, ob eine Vermeidung oder Minderung im Sinne eines Schonungsgebotes unter Wahrung der Planungsziele möglich ist oder ob für die danach zurückzustellenden Belange ein Ausgleich oder eine Kompensation in sonstiger Weise geschaffen werden kann. Diese Prüfung unterliege der planerischen Abwägungsentscheidung und sei hinsichtlich des Ergebnisses nicht von vornherein festgelegt.[111]

Hinzuweisen ist darüber hinaus auf das Trennungsgebot des § 50 BImSchG, das in der Bauleitplanung zu beachten ist und die Gemeinde dazu anhält, miteinander nicht vereinbare Nutzungen nicht nebeneinander anzuordnen. Auch hierbei handelt es sich indessen nicht um eine zwingende Vorgabe; § 50 BImSchG kommt

[108] So zum Inhalt des Vermeidungsgebots: BVerwG, Urt. v. 19.5.1998, 4 C 11.96 – NuR 1998, 649 (650); *Koch,* in: Kerkmann, Naturschutzrecht in der Praxis, 2. Aufl. 2010, § 4 Rn. 31; *Guckelberger,* in: Frenz/Müggenborg, BNatSchG (Fn. 72), § 15 Rn. 16.

[109] BVerwG, Beschl. v. 31.1.1997 – 4 NB 27.96, BVerwGE 104, 68; *Krautzberger,* in: Ernst/Zinkahn/Bielenberg/Krautzberger, BauGB (Fn. 18), § 1a Rn. 74; *Mitschang,* in: Berliner Kommentar zum BauGB (Fn. 20), § 1a Rn. 242; *Schink* (Fn. 16), 5/319; *Schrödter,* (Fn. 18), § 1a Rn. 33; *Stüer,* Bebauungsplan (Fn. 1), Rn. 694.

[110] BVerwG, Beschl. v. 31.1.1997 – 4 NB 27.96, BVerwGE 104, 68.

[111] *Stüer,* Bebauungsplan (Fn. 1), Rn. 694; *ders.,* Handbuch des Bau- und Fachplanungsrechts (Fn. 4), Rn. 1600.

in der planerischen Abwägung ein herausgehobener Stellenwert zu.[112] Eine Kompensationsforderung ist hiermit im Übrigen überhaupt nicht verbunden.

2. *Kompensationsregelungen*

Zu beachten in der Bauleitplanung sind auch die gesetzlichen Kompensationsvorgaben für Beeinträchtigungen von Umweltgütern. Sie ergeben sich zum Teil aus spezialgesetzlichen Regelungen (vgl. z. B. § 78 Abs. 3 Satz 1 WHG für den Hochwasserschutz), zumeist jedoch aus Bestimmungen des Bauplanungsrechts. Zu nennen sind insbesondere die Kompensationsverpflichtung bei Eingriffen in Natur und Landschaft aus § 1a Abs. 3 Satz 1 BauGB sowie das Kohärenzgebot bei Abweichungsentscheidung gem. § 1a Abs. 4 BauGB i. V. m. § 34 Abs. 5 Satz 1 BNatSchG. Das Ausgleichsgebot ist freilich rechtlich noch weniger als das Vermeidungsgebot ausgeprägt. Durch in der Abwägung zu beachtende (Abwägungs-)Regelungen ist es vor allem für den Bereich des Naturschutzes vorgegeben. Auch im Immissionsschutz ist durch die Verpflichtung bei der Straßenplanung, zur Vermeidung von unzulässigen Lärmbelastungen, Maßnahmen des aktiven und passiven Lärmschutzes vorzusehen, eine Vermeidungs- und Ausgleichsverpflichtung normiert.

3. *Abwägungsgebot*

Vor diesem Hintergrund kommt der planerischen Abwägung insbesondere für die Ausgleichs- aber auch für die Vermeidungsfunktion besondere Bedeutung zu. Gewährleistet wird diese Funktion dabei vor allem durch
- die Verpflichtung zur Alternativenprüfung,
- das Gebot planerischer Konfliktbewältigung und
- das Gebot der Rücksichtnahme.

a) Alternativenprüfung

In der planerischen Abwägung ist die Gemeinde grundsätzlich zur Durchführung einer Alternativenprüfung verpflichtet.[113] Die Gemeinde hat in der Planbegründung die Gründe für die Entscheidung für die ausgewählte Variante darzulegen und die Frage zu beantworten, ob sich die mit dem Plan verbundenen städtebaulichen Ziele auf andere Art und Weise besser und (umwelt-)verträglicher umsetzen lassen.[114] Sie muss räumliche Planungsalternativen entwickeln und die konkrete Standortwahl planerisch begründen.[115] Nur dann, wenn die vorrangig raumordnerische Entscheidung eines Standorts bereits auf einer vorgelagerten Stufe abschließend getroffen wurde, ist eine Alternativenprüfung in der Bauleitplanung nicht mehr erforderlich.[116] Gleiches mag gelten, wenn es für Alternativüberlegungen keine greifbaren Anhaltspunkte gibt, etwa weil die Gemeinde über den Projektentwurf eines künftigen Bauherren in einem Vorhaben- und Erschlie-

---

[112] Ausführlich dazu *Grüner* UPR 2011, 50 ff.
[113] BVerwG, Beschl. v. 20.12.1988 – 7 NB 2.88, DVBl 1989, 512.
[114] *Gierke,* in: Brüggemann u.a., BauGB, § 2 Rn. 126; *Weyrauch* BauR 2011, 446.
[115] BVerwG, Urt. v. 22.3.1985 – 4 C 15.83, BVerwGE 71, 166; Urt. v. 5.12.1986 – 4 C 13.85, BVerwGE 75, 214.
[116] BVerwG, Urt. v. 16.3.2006 – 4 A 1075.04, BVerwGE 125, 116, Ls. 1.

ßungsplan entscheidet.[117] Unabhängig davon ist die Alternativenprüfung einer der zentralen Kerne planerischer Abwägung bei der Standortauswahl für bauliche Vorhaben in der Bauleitplanung.[118] Die Alternativenprüfung wird dabei im BauGB vor allem durch die Pflicht zur Prüfung von Alternativen im Rahmen der Umweltprüfung sowie durch Sonderregelungen für die FFH-Verträglichkeitsprüfung und den Artenschutz (vgl. §§ 34 Abs. 2 Nr. 3 BNatSchG, 44 Abs. 7 Satz 2 BNatSchG)[119] ausdrücklich gefordert. Sie beschränkt sich zwar auf planzielkonforme Alternativen und den räumlichen Geltungsbereich der Planung.[120] Sie hat jedoch vorrangig die Funktion, Konflikte mit Umweltbelangen zu vermeiden oder zu minimieren. Freilich muss die Gemeinde nicht die beste Alternative wählen; ein Fehler im Abwägungsergebnis liegt bei der Alternativenprüfung nur vor, wenn der Ausgleich der konfligierenden Belange unangemessen ist, weil eine andere Alternative eindeutig vorzugswürdig gewesen wäre.[121]

Die Alternativenprüfung ist damit dem Ziel der Vermeidung und des Schutzes von Umweltgütern verpflichtet. Absolut wird dieses Ziel bei der Alternativenprüfung indessen nicht verfolgt; die Gemeinde hat vielmehr bei der Umsetzung der Anforderungen einen großen Spielraum.

b) Das Gebot planerischer Konfliktbewältigung

Wichtiger für Vermeidung und Ausgleich ist deshalb das Gebot planerischer Konfliktbewältigung. Von jeder Bauleitplanung muss hiernach erwartet werden, dass sie die ihr zuzurechnenden Konflikte bewältigt. Regelungen des Bebauungsplanes müssen „sozusagen im Angesicht der konkreten Sachlage" getroffen werden.[122] Das Gebot der Konfliktbewältigung verlangt dabei, dass die Gemeinden gerade auch im Hinblick auf Umweltaspekte bei der planerischen Abwägung ein „Worst-Case-Szenario" durchführen und eine Prognose dazu anstellen, welche Umweltauswirkungen auf der Grundlage der planerischen Festsetzungen überhaupt möglich sind, wie sie vermieden werden können, entweder durch planerische Festsetzungen im Plan oder im nachfolgenden Genehmigungsverfahren.[123] Letzteres freilich muss sichergestellt sein; eine Konfliktlösung kann nur in das Genehmigungsverfahren verschoben werden, wenn sie dort hinreichend sicher erfolgen kann (Verbot des Konflikttransfers).[124]

Aus dem Gebot der Konfliktbewältigung folgt für die Bauleitplanung, dass die Gemeinde verpflichtet ist, in der planerischen Abwägung Umweltkonflikte

[117] Dazu *Stüer,* Bebauungsplan (Fn. 1), Rn. 920 unter Hinweis auf BVerwG, Beschl. v. 28.8.1987 – 4 N 1.86, DVBl 1987, 1273.

[118] *Durner* ZUR 2011, 354, 358.

[119] Näher dazu *Schink* (Fn. 16), 5/114.

[120] Vgl. *Mitschang* (Fn. 20), § 2 Rn. 357; *Stüer,* Bebauungsplan (Fn. 1), Rn. 920.

[121] BVerwG, Urt. v. 26.3.1998 – 4 A 7.97; Urt. v. 14.11.2002 – 4 A 15.02; *Krautzberger,* in: Ernst/Zinkahn/Bielenberg/Krautzberger, BauGB (Fn. 18), § 11 Rn. 117a; *Stüer,* Bebauungsplan (Fn. 1), Rn. 920.

[122] BVerwG, Urt. v. 30.1.1976 – IV C 26.74, BVerwGE 50, 114, 119.

[123] *Schink* (Fn. 16), 5/128.

[124] BVerwG, Beschl. v. 16.3.2010 – 4 NB 66.09, NVwZ 2010, 1246; Beschl. v. 23.1.2002 – 4 BN 3.02, NVwZ-RR 2002, 329 = BauR 2002, 730; *Krautzberger,* in: Ernst/Zinkahn/Bielenberg/Krautzberger, BauGB (Fn. 18), § 1 Rn. 118; *Stüer,* Bebauungsplan (Fn. 1), Rn. 895; *Schink* (Fn. 16), 5/127.

zunächst zu vermeiden; ist eine Vermeidung nicht möglich, hat sie eine Lösung für den Konflikt zu finden, indem sie insbesondere in der Abwägung darüber entscheidet, ob Ausgleichsmaßnahmen für Belastungen der Umwelt getroffen werden. Für die Ausgleichsfunktion der Bauleitplanung ist das Gebot der Konfliktbewältigung deshalb von ganz erheblicher Bedeutung. Vor allem dann, wenn Grenzwerte, etwa des Lärmschutzes oder der Luftbelastung voraussichtlich durch die Realisierung bauleitplanerischer Festsetzungen überschritten werden, ist nach dem Gebot der Konfliktbewältigung Sorge dafür zu tragen, dass durch Ausgleichsmaßnahmen die Belastung so vermindert wird, dass eine Überschreitung der Grenzwerte unterbleibt. Ansonsten ist die Planung rechtlich unzulässig.

c) Das Gebot der Rücksichtnahme

Zu beachten in der planerischen Abwägung ist schließlich das Rücksichtnahmegebot. Dieses verlangt, dass die planerische Entscheidung einen Ausgleich zwischen den unterschiedlich betroffenen Interessen nach Maßgabe der planerischen Zielkonzeption anzustreben hat; die Gemeinde muss dabei ihre Planungsvorstellungen in die Umgebung einbetten und auf diese Weise unterschiedliche Nutzungen angemessen zuordnen.[125] Daraus kann sich z. B. ein Gebietserhaltungsanspruch ergeben.[126] Weiterhin können Abstandsflächen gefordert sein, die zum Schutz einer Beeinträchtigung rechtlich schutzwürdiger Nutzungen erforderlich sind.[127] Das Rücksichtnahmegebot verpflichtet die Bauleitplanung deshalb, in der Abwägung dem Vermeidungs- und Ausgleichsziel durch räumliche Zuordnung der beabsichtigten Nutzung zu empfindlichen derart Rechnung zu tragen, dass eine Beeinträchtigung nach Möglichkeit unterbleibt.

VII. Entlastungsfunktion

Der Berücksichtigung von Umweltbelangen in der Bauleitplanung kommt schließlich eine wichtige Entlastungsfunktion zu. Diese besteht zum einen darin, dass insbesondere durch das Verfahren der Umweltprüfung gem. § 2 Abs. 4 BauGB andere Prüfverfahren entbehrlich werden und in der Bauleitplanung auf diese Weise eine Konzentration von Umweltprüfungen mit Entlastungsfunktion für andere Verfahren stattfinden kann. Zum anderen hat die Bauleitplanung Entlastungsfunktion insoweit, als sie die Prüfung von Umweltaspekten für Zulassungsverfahren vorwegnimmt oder zumindest eine Abschichtung der Prüfung von Umweltaspekten bewirkt.

1. Verfahren

Der Bauleitplanung liegt materiell gem. §§ 1 Abs. 1a, 5, 6 BauGB ein integrativer Ansatz für die Einbeziehung von Umweltbelangen in die räumliche Planung

---

[125] *Stüer,* Bebauungsplan (Fn. 1), Rn. 907.
[126] Dazu *Stüer,* Bebauungsplan (Fn. 1), Rn. 914.
[127] BVerwG, Beschl. v. 22.11.1984 – 4 B 244.84, NVwZ 1985, 653; Urt. v. 16.5.1991 – 4 C 17.90, BVerwGE 88, 191; *Stüer,* Bebauungsplan (Fn. 1), Rn. 916.

zugrunde.[128] Vervollständigt wird dieser integrative Ansatz durch die Verfahrenskonzentration der Prüfung von Umweltbelangen, die vor allem durch die Umweltprüfung gem. § 2 Abs. 4 BauGB bewirkt wird. Durch diese Zusammenführung von Umweltprüfungen in der Bauleitplanung und die materielle Verpflichtung, dem integrativen Prüfungsansatz hierbei Rechnung zu tragen, kommt der Bauleitplanung eine entlastende Funktion zu. Sie ermöglicht es nämlich zunächst, die Umweltprüfung im Städtebaurecht in der Bauleitplanung zu konzentrieren und andere Prüfverfahren umweltbezogenen Inhalts zu vermeiden.[129] Sie ist auf eine integrative vollständige Prüfung ausgerichtet.[130] Dabei ist die Umweltprüfung auf die Zusammenführung aller Prüfverfahren ausgerichtet; sie dient als formales Trägerverfahren, das alle städtebaulich relevanten Umweltverfahren zusammenführt.[131] Ihr Ziel ist es, die Umweltauswirkungen eines Bauleitplans möglichst lückenlos zu erfassen, zu bewerten und so in die Abwägung einzubringen.[132] Auf diese Weise werden Einzelverfahren der Umweltprüfung vermieden, die sich auf die verschiedenen Bereiche des Umweltschutzes beziehen.[133] Aufgabe der Umweltprüfung ist es deshalb auch, andere Verfahren zu entlasten.

Das gilt vor allem auch für die in die Umweltprüfung integrierte Standortalternativenprüfung. Auch hierbei sind die Umweltbelange zu beachten und in der Umweltprüfung, soweit sie Alternativen betreffen, zusammenzuführen.[134]

2. *Materielle Entlastungswirkung*

Materiell-rechtlich kommt der Bauleitplanung Entlastungswirkung in zweifacher Hinsicht zu:

Gemäß § 2 Abs. 4 Satz 5 BauGB hat die Umweltprüfung Abschichtungswirkung für nachfolgende Bauleitplanverfahren. Ist sie in einem Flächennutzungs- oder Bebauungsplanverfahren durchgeführt worden, soll die Umweltprüfung in einem zeitlich nachfolgend oder gleichzeitig durchgeführten Bauleitplanverfahren auf zusätzliche oder andere erhebliche Umweltauswirkungen beschränkt werden. Gleiches gilt, wenn die Umweltprüfung in der Regionalplanung durchgeführt wurde. Insbesondere die Umweltprüfung in der Flächennutzungsplanung hat damit für nachfolgende Bebauungsplanverfahren eine Abschichtungswirkung. Die Abschichtungswirkung aus § 2 Abs. 4 Satz 5 BauGB erstreckt sich freilich nicht auf nachfolgende Zulassungsverfahren.[135] Sie betrifft lediglich die hierarchische Aufeinanderfolge verschiedener räumlicher Gesamtplanungen.[136] Zu beachten ist jedoch § 17 Abs. 3 UVPG. Hiernach kann eine Abschichtungswirkung von der Umweltprüfung im Bebauungsplan für eine in einem nachfolgenden Zulassungsverfahren erforderliche Umweltprüfung ausgehen.[137] Vor allem kommt diese

---

[128] *Mitschang* (Fn. 20), § 1a Rn. 7.
[129] *Mitschang* (Fn. 20), § 1a Rn. 7; *Krautzberger* (Fn. 18), § 1a Rn. 1.
[130] *Battis,* in: Battis/Krautzberger/Löhr (Fn. 18), § 2 Rn. 9.
[131] *Mitschang/Wagner* DVBl 2010, 1259; *Mitschang* (Fn. 20), § 2 Rn. 103.
[132] *Hoppe/Bönker,* in: Hoppe/Bönker/Grotefels (Fn. 21), § 5 Rn. 172.
[133] *Mitschang* (Fn. 20), § 2 Rn. 103.
[134] Zur Prüfungstiefe in der Alternativenprüfung: *Schink* (Fn. 16), 5/116 ff.
[135] *Mitschang* (Fn. 20), § 2 Rn. 471.
[136] *Mitschang* (Fn. 20), § 2 Rn. 461.
[137] Dazu *Mitschang* (Fn. 20), § 2 Rn. 471 f.

Abschichtungswirkung bei zeitgleich durchgeführten Verfahren zur Aufstellung eines vorhabenbezogenen Bebauungsplans und einer (immissionsschutzrechtlichen) Zulassungsentscheidung zum Tragen.[138]

Abschichtungswirkung kommt der Bauleitplanung über die Umweltprüfung hinaus auch insoweit zu, als sie Standortfestlegungen für andere Zulassungsverfahren beinhaltet und dabei eine Prüfung der Umweltbelange und die Entscheidung hierüber in der planerischen Abwägung stattfindet. Das gilt insbesondere für das Immissionsschutzrecht. Dort sind gem. § 6 Abs. 1 Nr. 2 BImSchG für die Zulässigkeit von Vorhaben an bestimmten Standorten grundsätzlich die bauleitplanerischen Festsetzungen zu beachten. Teilaspekte der standortbezogenen Umweltprüfung im immissionsschutzrechtlichen Zulassungsverfahren werden deshalb in der Bauleitplanung durchgeführt. Die umweltrechtlichen Fragestellungen, die sich aus der Wahl des Standorts für Industrieanlagen ergeben, werden durch die Bauleitplanung abgearbeitet. Nach dem Gebot der Konfliktbewältigung müssen sie hier immer dann abschließend bewältigt werden, wenn eine Konfliktlösung auf der Ebene des Zulassungsverfahrens nicht sichergestellt ist.[139] Für das immissionsschutzrechtliche Zulassungsverfahren geht von der Standortausweisung in der Bauleitplanung für Industrieanlagen deshalb eine entlastende Wirkung aus.

Entlastende Wirkung kommt schließlich der Abarbeitung der Anforderungen der naturschutzrechtlichen Eingriffsregelung und der Natura 2000-Problematik in der Bauleitplanung zu. Ähnliches gilt für Festsetzungen artenschutzrechtlicher Kompensationsmaßnahmen. Gemäß § 18 Abs. 1 BNatSchG wird über die Anforderungen der naturschutzrechtlichen Eingriffsregelung in der Bauleitplanung abschließend entschieden; die §§ 14 bis 17 BNatSchG sind auf Vorhaben in Gebieten mit Bebauungsplänen gem. § 30 BauGB nicht anzuwenden (§ 18 Abs. 2 Satz 1 BNatSchG). Gleiches gilt für die Prüfung der Verträglichkeit bauplanerischer Festsetzungen mit den Schutz- und Erhaltungszielen von Natura 2000-Gebieten. Auch hier findet die Prüfung abschließend im Bauleitplanverfahren statt (§ 34 Abs. 8 BNatSchG). Für den Artenschutz kann eine ähnliche Wirkung von Kompensationsfestsetzungen in der Bauleitplanung auf der Grundlage des § 44 Abs. 5 BauGB eintreten.[140]

---

[138] *Mitschang* (Fn. 20), § 2 Rn. 472.

[139] Dazu schon oben 7 c) bb).

[140] *Lau,* in: Frenz/Müggenborg, BNatSchG (Fn. 72), § 44 Rn. 43; *Klinge* NuR 2010, 538, 541; *Armbrecht* BayVBl. 2011, 396 (398 f.); *Schink* (Fn. 16), 5/261.

UDO STEINER

Straßenrecht im Wandel

I. Der Aufstieg des Straßenrechts 1953 bis 2013

Man kann – erlaubt vereinfacht – formulieren, dass sich das deutsche Straßenrecht in den letzten 60 Jahren aus dem Recht der öffentlichen Sachen gelöst und seinen eigenen Weg zu einem der profiliertesten Rechtsgebiete des Besonderen Verwaltungsrechts gegangen ist. Wenn 2013 dem Jubilar zum 65. Geburtstag diese Festschrift überreicht wird, ist das Bundesfernstraßengesetz 60 Jahre alt. Sein Inkrafttreten im Jahre 1953 und die dadurch ausgelöste Straßengesetzgebung der Länder haben der rechtswissenschaftlichen Befassung mit dem Recht der öffentlichen Straße und Wege einen ganz entscheidenden Impuls vermittelt. *Ernst Marschalls* Kommentierung des Bundesfernstraßengesetzes erschien 1954, heute in der 6. Auflage,[1] ergänzt seit 2008 durch die Kommentierung von *Müller/Schulz.*[2] *Kurt Kodals* ebenfalls 1954 gestartetes opus magnum „Straßenrecht" liegt heute in der 7. Auflage vor.[3] Hinzu kommen lehrbuchmäßige Gesamtdarstellungen des deutschen Straßenrechts durch *Thomas von Danwitz*[4] *Michael Sauthoff*[5] und *Udo Steiner*[6] Die Länderstraßengesetze haben eigene Erläuterungswerke erhalten, allen voran der Großkommentar von *Herbert Zeitler.*[7] Fast unüberschaubar ist längst das sonstige Schrifttum zu wohl allen Fragen, die Praxis und Theorie des Straßenrechts in den vergangenen sechs Jahrzehnten aufgeworfen haben.[8] Vom Wandel des Straßenrechts durch Wachstum der Straßenrechtswissenschaft könnte man sprechen. *Johann Mang* hat in seinem Lehrbuch „Verwaltungsrecht in Bayern"[9] – mit immerhin schon 31 Mitautoren – der Darstellung des „Wegerechts" (einschließlich der Bundesautobahnen) gerade 16 Druckseiten zugestanden. In Rechtsprechung und Schrifttum der Jahrzehnte seit 1953 hat aus guten Gründen die straßenrechtliche Planfeststellung mit ihrer Leitfunktion für die Planfeststellung in anderen Verwaltungsbereichen die größte Aufmerksamkeit gefunden. Es sind ihr zu Recht zahlreiche Beiträge in dieser Festschrift gewidmet. Es gibt aber auch ein straßenrechtliches Leben außerhalb der Planfeststellung. Dies ist im Folgenden aufzuzeigen.

---

[1] *Marschall,* Bundesfernstraßengesetz, bearbeitet von *Grupp u.a.,* 6. Aufl. 2012.
[2] Müller/Schulz (Hrsg.), Bundesfernstraßengesetz mit Autobahnmautgesetz, 2008.
[3] *Kodal,* Straßenrecht, bearbeitet von *Aust u.a.,* 7. Aufl. 2010.
[4] *von Danwitz,* Straßen- und Wegerecht, in: Schmidt-Aßmann/Schoch (Hrsg), Besonderes Verwaltungsrecht, 14. Aufl. 2008, S. 875 ff.
[5] *Sauthoff,* Öffentliche Straßen, 2. Aufl. 2010.
[6] *Steiner,* Recht der Verkehrsinfrastruktur, insbesondere der öffentlichen Straßen und Wege, in: Steiner (Hrsg.), Besonderes Verwaltungsrecht, 8. Aufl. 2006, IV, S. 577 ff.
[7] *Zeitler,* Bayerisches Straßen- und Wegegesetz, Loseblatt-Kommentar, hrsg. v. Wiget.
[8] Dazu und zum Folgenden die Literaturübersicht bei *Kodal* (Fn. 3), S. 1 – 12.
[9] Siehe *Mang,* Verwaltungsrecht in Bayern, Bd. II, 1952, S. 454.

II. Von der staatlichen „Erfüllungsverantwortung" zur staatlichen Gewährleistungspflicht im Straßenwesen

1. Die grundgesetzliche „Architektur" des deutschen Straßenwesens

Das Grundgesetz hat dem Straßenwesen einen organisationsrechtlichen Rahmen gegeben, der bis heute nicht wesentlich verändert wurde. In Art. 74 Abs. 1 Nr. 22 GG ist dem Bund die Kompetenz zugewiesen, den Bau und die Unterhaltung von Landstraßen für den Fernverkehr zu regeln; später (1969, 2006) wurde die Gesetzgebungszuständigkeit erweitert auf die Erhebung und Verteilung von Gebühren oder Entgelten für die Benutzung öffentlicher Straßen mit Fahrzeugen. Die Vorschrift des Art. 90 GG über Eigentum an und über die Verwaltung der Bundesautobahnen und Bundesstraßen ist völlig unverändert geblieben. Dies kann man als Unikat im Regelungsbereich der Art. 83 ff. GG bewundern. Gleichwohl hat sich das Verhältnis von Bund und Ländern in Bezug auf den Bau und die Unterhaltung der Fernstraßen nicht außerhalb der Spannungen halten können, die den deutschen Bundesstaat von Anfang an geprägt und zahlreiche Verfassungsänderungen ausgelöst haben. Zum Konfliktpotenzial gehört vor allem seit langem das Klassifizierungssystem des deutschen Straßenrechts und ganz besonders die Frage der Abstufung von Bundesstraßen in den Landesbereich dort, wo diese Straßen ihre Funktion als Straßen des Fernverkehrs ganz oder teilweise verloren haben, weil sie zu Parallelstraßen von Bundesautobahnen wurden.[10] Das BVerfG hat in seinem Urteil vom 3. Juli 2000[11] entschieden, dass eine Weisung des Bundes an ein Land zur Herabstufung einer Bundesstraße oder eines Teils von ihr keine Grundlage in Art. 85 Abs. 3 und Art. 90 Abs. 2 GG findet. Nach Auffassung des Gerichts stehen dem Bund lediglich die Möglichkeiten offen, eine als Bundesstraße entbehrlich gewordene Straße in Ausübung seines Weisungsrechts zu entwidmen oder dem Land nach Vereinbarung zu überlassen.[12] Inzwischen haben der Bund und die betroffenen Länder den Weg einer solchen Vereinbarung beschritten.[13] Allerdings geht es in der Zwischenzeit um die sehr viel weiterreichende Vorstellung, die Bundesautobahnen in Bundeseigenverwaltung zu nehmen und die Bundesstraßen in die Verwaltung der Länder zu geben.[14] Politisch lassen sich die Aussichten einer solchen Verfassungsänderung kaum einschätzen. Man darf aber voraussagen, dass sie in eine ähnlich komplexe Regelung münden würde, wie sie in Art. 87e GG für die Eisenbahnen des Bundes getroffen wurde.

2. Der Paradigmenwechsel im Straßenbau: steuern, weniger rudern

Längst haben sich jedoch innerhalb des grundgesetzlichen Gefüges Änderungen vollzogen, die man – zumindest partiell – als Systemwechsel oder Systemmodifika-

[10] Siehe dazu näher *Herber,* in: Kodal (Fn. 3), S. 75 ff., 399 ff.

[11] BVerfGE 102, 167; kritisch dazu *Herber* (Fn. 3), S. 401 ff.; zur Reaktion des Gesetzgebers siehe § 2 Abs. 4 FStrG.

[12] BVerfGE 102, 167 (175).

[13] Zu diesem Komplex siehe den Bericht von *Stüer* über die Referate von *Herber* und *Sauthoff* mit Diskussion in DVBl 2011, 1404 (1405/1407).

[14] Siehe zu dieser Vorstellung des Bundesrechnungshofs und anderen Reformvorschlägen *Herber,* in: Kodal (Fn. 3), S. 75 ff.; *Witting,* in: Müller/Schulz (Fn. 2), Vor § 1 Rn. 36 ff.

tion in der Organisation des Baus, Betriebs und Erhalts öffentlicher Straßen bewerten kann. Sie sind eingebettet in die große Privatisierungswelle der 1990er Jahre, die mit einer massiven Entstaatlichung großer Dienstleistungsbereiche, etwa bei Post, Telekommunikation oder Eisenbahnverkehrsleistungen, verbunden sind (Art. 87e, Art. 87f GG). Es wurde materiell, organisationsrechtlich und „funktional" privatisiert.[15] Von der Heranziehung privater Kompetenz, Erfahrung und vor allem Ressourcen wird auch das besondere öffentliche Gut „Straße" erfasst. Es sind die gewaltigen Bauleistungen als Folge der Deutschen Einheit, die organisatorisch und finanziell nicht mit den herkömmlichen Mitteln der staatlichen Straßenbauverwaltung erbracht werden konnten. Stand der Staat bis dahin in einer sog. Erfüllungsverantwortung, versucht er sich zumindest teilweise darauf zurückzuziehen, dass er durch Private eine Aufgabe erfüllen lässt, gleichzeitig aber in der (natürlich auch juristischen) Verantwortung für Qualität und Quantität der Aufgabenerledigung bleibt (Gewährleistungsverantwortung).[16] Der Staat will weiter steuern, aber weniger selbst rudern.[17] Für diese Entwicklung steht ein so prominentes Stichwort wie die DEGES (Deutsche Einheit Fernstraßenplanungs- und Baugesellschaft mbH).[18] Das Fernstraßenbaufinanzierungsgesetz[19] gibt die Rechtsgrundlage ab für das sog. Betreibermodell, um Bau, Erhaltung, Betrieb und Finanzierung von Bundesfernstraßen Privaten „zur Ausführung" zu übertragen (§ 1 Abs. 2). So bleibt es rechtlich bei einer staatlichen Aufgabe. Einzelheiten dieses Konzepts müssen hier nicht noch einmal dargestellt werden,[20] ebenso nicht die Konstruktion anderer Modelle, wie des sog. A-Modells[21] (Autobahnausbaumodell).[22] Sie steht jedenfalls bei den außerörtlichen Straßen für den Wandel im Straßenrecht weg von der Unentgeltlichkeit des Gemeingebrauchs zur Entgelt- und Gebührenerhebung. Alle diese Wege sind theoretisch und praktisch umstritten, nicht zuletzt unter dem Gesichtspunkt ihrer Wirtschaftlichkeit. Für Weltanschauungsdiskussionen eignet sich das Thema freilich nicht. Die Finanzierbarkeit

---

[15] Siehe zur Begriffs- und Systembildung statt vieler *Maurer* in FS Steiner, 2009, S. 528; *Burgi,* in: Isensee/Kirchhof (Hrsg.), HdbStR Bd. IV, 3. Aufl. 2006, § 75.

[16] Siehe dazu *Steiner* in GS Tettinger, 2007, S. 179.

[17] Siehe dazu grundlegend *Schmidt-Preuß/Di Fabio,* VVDStRL 1997, 160.

[18] Siehe dazu *Tegtbauer,* in: Kodal (Fn. 3), S. 573 f.

[19] Fernstraßenbaufinanzierungsgesetz (FStrPrivFinG) vom 30.8.1994 (BGBl. I S. 2243) i.d.F. vom 6.1.2006 (BGBl. I S. 49).

[20] Siehe näher dazu *Tegtbauer,* in: Kodal (Fn. 3), S. 575 ff.; *Witting,* in: Müller/Schulz (Fn. 2), Vor § 1 Rn. 41 ff., insbes. Rn. 47 ff. und schon die Referate von *Klofat* und *Wahl* (in: Einschaltung Privater beim Verkehrswegebau, hrsg. v. Blümel, 2. Aufl. 1993, S. 7, 24) sowie von *Grupp, Hahn* und *Bruns* (in: Verkehrswegerecht im Wandel, hrsg. v. Blümel, 1994, S. 129 (149, 159); vgl. ferner *Stüer* DVBl 2007, 231. Grundsätzlich: *Bartlsperger,* Das Fernstraßenwesen in seiner verfassungsrechtlichen Konstituierung. Staatsaufgabe und Objekt funktionaler Privatisierung, 2006. Speziell zur Privatisierung der Nebenbetriebe an Bundesautobahnen siehe *Rinke* in FS Bartlsperger, 2006, S. 515, *Steiner* NJW 1994, 1712 und jetzt *Stern/Ningelgen,* Die Rechtsstellung der Nebenbetriebe an Bundesautobahnen im Kontext des Fernstraßenrechts der Bundesrepublik Deutschland, 2012.

[21] Siehe dazu *Rösch,* Das A-Modell im Bundesautobahnenbau, 2008 und den Praxisbericht von *Recker* zum Ausbau der sog. Hansa-Linie im Bereich Bremen-Hamburg auf der Grundlage dieses Modells (*Stüer* DVBl 2010, 1492 (1494)).

[22] Siehe zu dem 2003 in Kraft getretenen Autobahnmautgesetz für schwere Nutzfahrzeuge (ABMG; BGBl. I S. 1234) die Kommentierung von *Schulz u.a.*, in: Müller/Schulz (Fn. 2), S. 669 ff.

des öffentlichen Straßennetzes bleibt im Hinblick auf die vorerst ungebrochen steigende Beanspruchung der Straßen in Deutschland für Verkehre auf der politischen Tagesordnung.[23]

III. Das straßenrechtliche Nutzungsregime zwischen Beharrung und Veränderung

1. Nutzungsinteressen und Nutzungsregime

Die Nutzungswünsche an den zu allen Zeiten höchst attraktiven öffentlichen Straßenraum waren von Anfang an – und nicht erst nach dem Einsetzen der Motorisierung – vielfältig[24] und schon immer Gegenstand juristischer Kontroversen. Sie sind ein Spiegel der allgemeinen Lebensverhältnisse und ihres Wandels. *Otto Mayers* farbige Darstellung des Lebens im gemeindlichen Straßenraum um die Jahrhundertwende ist zumindest eines wörtlichen Teil-Zitates wert.[25] Man spottet, man habe auf manchen städtischen Straßen zu manchen Zeiten nicht rauchen dürfen, wohl aber seine Schweine umtreiben.[26] Heute wird das Auto soweit als möglich aus den innerstädtischen Zentren verdrängt; es drängen sich kulturelle, soziokulturelle und sportliche „Events" auf Straßen und Plätze.[27]

Das deutsche Straßenrecht reagiert auf die erfüllbaren und unerfüllbaren Nutzungswünsche mit einem verhältnismäßig einfachen Modell. Wer eine Straße zum Verkehr nutzt, nutzt sie als Gemeingebrauch. Dieser Gebrauch ist jedermann gestattet im Rahmen der Widmung und der verkehrsbehördlichen Vorschriften (§ 7 Abs. 1 S. 1 FStrG). Die Länder haben in ihren Straßengesetzen diese Formel im Wesentlichen übernommen. Die gesetzliche Abgrenzung des (erlaubnis- und entgeltfreien) Gemeingebrauchs zur Sondernutzung ist über alle sechs Jahrzehnte seit 1953 im Wesentlichen unverändert geblieben. Für das Bundesrecht formuliert das FStrG, und ihm folgend die Länderstraßengesetze, die Benutzung der Bundesfernstraßen über den Gemeingebrauch (§ 7 Abs. 1 Satz 1 FStrG) hinaus ist Sondernutzung (§ 8 Abs. 1 Satz 1 FStrG). Die Gemeinden können die Grenze zwischen Gemeingebrauch und Sondernutzung nicht mit Hilfe einer Sondernutzungssatzung, zu deren Erlass die Straßengesetze regelmäßig ermächtigen, verschieben. Sie sind lediglich befugt, die praktische Handhabung der beiden Nutzungsformen zu „verwischen", indem sie beispielsweise häufig vorkommende Nutzungen unter

---

23 So nachdrücklich *Tegtbauer,* in: Kodal (Fn. 3), S. 581 f.

24 Zur Zeit vor der Erfindung des Autos siehe anschaulich *Wessel,* in: 300 Jahre OLG Celle, FS, hrsg. v. Götz von Olenhusen, 2011, S. 91.

25 Siehe *Mayer,* Verwaltungsrecht, Bd. II, 3. Aufl. 1924, S. 78 ff.: „Der Straßenboden selbst vor dem Hausgrundstück wird in einer Weise in Anspruch genommen, die mit dem Verkehr nichts mehr zu tun hat. Wagen halten daselbst und werden abgeladen, Brennholz wird niedergelegt, vielleicht auch klein gemacht, Kohlen werden zum Kellerloch eingeschaufelt. Man lässt allerlei Geräte, Karren und Fässer da herumstehen, stellt sich des Abends Bänke vors Haus, um Luft zu schnappen, der Handwerksbetrieb findet teilweise auf der Straße statt, wie nicht minder die Kindererziehung …".

26 So *Kegel/Schurig,* IPR, 9. Auf. 2004, S. 537.

27 Love Parade, Marathon, Inlineskating, Beachvolleyball. Dazu etwa *Bette,* Asphaltkultur. Zur Versportlichung und Festivalisierung urbaner Räume, in: *Hohm,* Straße und Straßenkultur, 1997, S. 305.

Berücksichtigung örtlicher Gewohnheiten erlaubnis- und gebührenfrei stellen.[28] Für bestimmte Interessen des Anliegers hat sich das Gesetz interessiert; als eigene Nutzungskategorie ist der „Anliegergebrauch" aber eher eine Erfindung von Rechtsprechung und Wissenschaft.[29] Zu den nutzungsrechtlichen Fragen, die nie praktisch in Bewegung gekommen sind, gehört im Übrigen die Unterscheidung zwischen öffentlich-rechtlicher und privatrechtlicher Nutzung der Straße (vgl. § 8 Abs. 10 FStrG und die entsprechenden Vorschriften der Länderstraßengesetze). Die Forderung aus der Wissenschaft, alle Rechte zur Benutzung der Straßen einem einheitlichen öffentlich-rechtlichen Rechtsregime zu unterstellen,[30] sind bisher erfolglos geblieben.

2. Das straßenrechtliche Nutzungsregime im Lichte der Grundrechte

a) Grundrechtsgestützte Kommunikation im Straßenraum

Zu den hier zu notierenden Entwicklungen im Straßenrecht gehört die Interpretation der straßenrechtlichen Nutzungstatbestände im Lichte der grundrechtlichen Freiheiten des Grundgesetzes und insbesondere der sog. kommunikativen Grundrechte, wie sie in den 1970er Jahren eingesetzt hat. Diese Entwicklung wurde von der Rechtsprechung auf den Weg gebracht. Sie hat zwar nicht zu einer architektonischen Verschiebung der Nutzungstatbestände geführt, jedoch praktisch wichtige Modifikationen des straßenrechtlichen Nutzungsregimes ausgelöst.[31] Den entscheidenden Impuls erhielt sie durch das städtebauliche Konzept der Fußgängerbereiche, die von den Städten und Gemeinden in den 1960er Jahren eingerichtet wurden. Es galt, erwünschte Kommunikation in diesen Räumen auf der Grundlage der Grundrechte aus Art. 4, Art. 5 und Art. 8 GG grundsätzlich dem erlaubnis- und gebührenfreien Gemeingebrauch zuzuordnen. Dies sollte nur dann nicht gelten, wenn derartige kommunikative Nutzungen mit der Aufstellung von platzbeanspruchenden Sachen oder Einrichtungen verbunden war.[32] Diese Linie der Rechtsprechung hat sich, überwiegend wohl freundlich von der Straßenrechtswissenschaft begleitet, durchgesetzt. In die Straßengesetze ist sie interessanterweise nie rezipiert worden. Deshalb kann man von einem eher verdeckten Wandel des Straßenrechts sprechen.

---

[28] Allgemeine Meinung: Siehe z. B. *Steiner* (Fn. 6), IV, Rn. 128.

[29] Siehe unten unter IV 2b.

[30] Siehe dazu grundlegend *Bartlsperger,* etwa in *Bartlsperger/Blümel/Schroeter,* Ein Vierteljahrhundert Straßenrechtsgesetzgebung, 1980, S. 13; vgl. auch *Grupp,* in: Marschall (Fn. 1), § 8 Rn. 45 ff., insbes. Rn. 47. Allgemein zu Fragen des Rechtsregimes in der Verwaltungsrechtsordnung jetzt *Burgi,* in: Hoffmann-Riem/Schmidt-Aßmann/Voßkuhle, Grundlagen des Verwaltungsrechts, Bd. I, 2. Aufl. 2012, § 18 Rn. 96 ff.

[31] Siehe dazu *Sauthoff* (Fn. 5), Rn. 301 ff.; *Steiner* (Fn. 6), IV, Rn. 144 ff., jeweils mit Nachweisen. Kritisch *Bartlsperger,* Werbung und „Straßenkommunikation" in der Mehrzweckordnung öffentlicher Straßen, in: Blümel (Hrsg.), Die Straße als Mehrzweckinstitut, 1997, S. 45. Allgemein zu den Rechtsproblemen der Sondernutzungen *Kissner,* in: Blümel (Hrsg.), Planung und Sondernutzung von Straßen, 2. Aufl. 1991, S. 41 und *v. Mannstein,* Die Nutzung der öffentlichen Straßen, 2008.

[32] Eine Sondernutzung soll auch dann vorliegen, wenn durch sog. Flashmobs, Smartmobs und Massenpartys andere Verkehrsteilnehmer an der Fortbewegung gehindert werden. Siehe dazu *Neumann* NVwZ 2011 1171 (1179).

b) Der Rechtsstatus des Straßenanliegers

Ähnlich verschlossen hat sich der Gesetzgeber des FStrG und insgesamt auch der Länder gegenüber der Rechtsprechung verhalten, die dem Straßenanlieger auf der Grundlage des verfassungsrechtlichen Eigentumsrechts (Art. 14 GG) einen interessengerechten Rechtsstatus sichern will. Bis heute ist gesetzlich nicht allgemein anerkannt, dass der Anliegergebrauch in gewissen Grenzen Bestandteil des Gemeingebrauchs sein kann. Das BVerwG hat diese judikative Rechtswohltat in die Formel gekleidet, der grundrechtlich gewährleistete Anliegergebrauch reiche soweit, „wie die angemessene Nutzung des Grundeigentums eine Benutzung der Straße" erfordere.[33] Damit hat die Rechtsprechung den Straßenanlieger aus dem Niemandsland des straßenrechtlichen Nutzungsrechts geholt und rechtlich gestärkt. Auch wenn der Grundstückseigentümer, etwa zur Aufstellung eines Gerüsts für eine bauliche Maßnahme auf seinem Anwesen, eine Sondernutzungserlaubnis benötigt, kann er sich dabei gegenüber kollidierenden Sondernutzungsinteressen Dritter durchsetzen.[34] Freilich ist sein status quo – in der Sache zu Recht – nicht gegenüber Veränderungen der Straße und deren Nutzung gesichert. Es bleibt insoweit bei der Formel des BVerwG, dass der Gemeingebrauch „als Recht dort" ende, „wo es für seine Ausübung an einem Substrat, das heißt an einer Straße selbst, fehlt".[35]

c) Abgrenzungsfragen im Verhältnis von Grundrecht und Sondernutzung

Trotz einer umfangreichen Rechtsprechung und einem hohen Einsatz der Straßenrechtswissenschaft über viele Jahrzehnte hinweg bleibt die Abgrenzung von Gemeingebrauch und Sondernutzung im Einzelfall ein Schwerpunkt des Straßenrechts. Dazu trägt die tägliche Erfahrung bei, dass die Menschen unter den Lebensverhältnissen in Deutschland immer mehr Optionen haben und diese Optionen sich auch auf die Nutzung des öffentlichen Straßenraums beziehen. Nicht das Straßenrecht wandelt sich hier; es kommen aber neue Formen der Straßennutzung hinzu. Die Rechtsprechung hat es nicht immer leicht, hier im Konfliktfall zu einer klaren Antwort zu finden. Die Event- und Spaßneigung der jungen Deutschen und deren Erfindungsfreude hat dem Straßenrecht das sog. Party- oder Bier-Bike als Rechtsproblematik aufgegeben.[36] Die Verwaltungsgerichte haben deren Einsatz auf öffentlichen Straßen als Sondernutzung qualifiziert, wenn es nicht primär um die Teilnahme am Verkehr gehe.[37] Klarer ist schon die Frage zu verneinen, ob sich die Nutzung der Straße durch Fahrzeuge von „Google Street View" als Sondernutzung darstellt.[38] Anders wird man die Plazierung von

[33] Siehe etwa BVerwGE 54, 1; BVerwG NJW 1988, 432 (433).

[34] BayVGH BayVBl. 2008, 276. Es ging um die „Kollision" mit einer sondernutzungsrechtlich genehmigten Freischankfläche eines Cafés.

[35] BVerwGE 32, 222 (225).

[36] Es geht um Fahrzeuge, über 5m lang, mit Pedalen betrieben, gehobene Schrittgeschwindigkeit, ausgestattet mit Musikanlage und Alkohol. Dazu *Cornils* ZIS 2012, 120.

[37] So OVG Münster, Urt. vom 23.11.2011 – 11 A 2511/10 – juris und jetzt auch BVerwG, Beschl. v. 28.8.2012, NJW-aktuell 42/2012, 10; krit. *Cornils* ZIS 2012, 120 (121 ff.); siehe auch *Lund* DVBl 2011, 339.

[38] So zutreffend *Jüngel/Fandrey* NVwZ 2010, 683 (685) und *Knoblauch* Kommunal Praxis BY 2010, 174.

Aufladestationen für Elektrofahrzeuge sehen müssen.[39] Bleibt noch über den Tag hinaus die Frage, ob Alkoholverbot im öffentlichen Straßenraum auf der Grundlage straßenrechtlicher Sondernutzungssatzungen untersagt werden kann.[40]

d) Die Indienstnahme des Sondernutzungstatbestandes für straßenfremde Zwecke

Eine problematische Tendenz, die man durchaus als Wandel im Nutzungsregime des Straßenrechts einordnen kann, ist im kommunalen Bereich zu beobachten. Gemeinden versuchen immer wieder auf der Grundlage des ihnen bei der Entscheidung über die Gewährung einer Sondernutzung eingeräumten Ermessens, mit dem Instrument des Erlaubnisvorbehalts spezifische politische Ziele durchzusetzen. Dies beschränkt sich nicht auf das Straßenrecht. Auch in anderen Bereichen nutzen Gemeinden ihr Satzungsrecht, um derartige Ziele, etwa wettbewerbs-, friedens-, außen- oder umweltpolitischer Art, im örtlichen Bereich zu verfolgen, beispielsweise durch entsprechende Festsetzungen in Bebauungsplänen oder auch in Friedhofssatzungen.[41] Traditionell gilt es, mit Hilfe des straßenrechtlichen Erlaubnisvorbehalts die Nutzungsinteressen im Straßenraum zu koordinieren. Im Rahmen der Ermessensausübung müssen es grundsätzlich straßenspezifische Gesichtspunkte sein, wie z. B. die Verträglichkeit der Nutzung mit den Interessen anderer Nutzer, der Schutz der Straßensubstanz, die Belange der Straßenanlieger und natürlich auch Gesichtspunkte des Schutzes und der Pflege des Stadtbildes, etwa bei der „Möblierung" von Freisitzen.[42] Die Rechtsprechung hat insgesamt den Begriff der straßenspezifischen Belange zu Recht eher großzügig interpretiert, aber eben auch Grenzen gesetzt. Es muss ein sachlicher Bezug zur Straße vorhanden sein.[43] Die Durchsetzung einheitlicher „Kernladenöffnungszeiten" wird deshalb zu Recht als straßenrechtsfremde Erwägung angesehen.[44] Sollen andere als straßenspezifische Gesichtspunkte bei der Entscheidung über Anträge auf Erteilung einer Sondernutzungserlaubnis maßgeblich sein, bedarf es einer entsprechenden gesetzlichen Ermächtigung, die sich im Kompetenzrahmen des Länderstraßenrechts halten muss.[45] § 11 Abs. 2 BerlStrG enthält nach Auffassung des OVG Berlin-Brandenburg eine Ermächtigung zum Klimaschutz mit Mitteln des Sondernutzungsrechts und damit zur Verfolgung straßenferner öffentlicher Belange,[46] weil

[39] Zutreffend als Sondernutzung qualifiziert: *Michaels/Wyl/Ringwald* DÖV 2011, 831 (833 f.) Zur nutzungsrechtlichen Einordnung moderner Straßenwerbung siehe *Smith* NVwZ 2012, 1001

[40] Dazu statt vieler *Hebler/Schäfer* DVBl 2009, 1424 (1427 f.)

[41] Siehe dazu *Battis/Krautzberger/Löhr,* BauBG, 11. Aufl. 2009, § 9 Rn. 4a; großzügig BayVerfGH BayVBl. 2012, 234 (Zulässigkeit einer Satzungsbestimmung, nach der nur Grabmäler aufgestellt werden dürfen, die nachweislich in der gesamten Wertschöpfungskette ohne ausbeuterische Kinderarbeit hergestellt wurden).

[42] Siehe zu dieser Rechtsprechung *Sauthoff* (Fn. 5), Rn. 365 ff.; *Steiner* (Fn. 6), IV, Rn. 127 Fn. 218 – 220.

[43] VGHBW NVwZ-RR 2006, 835.

[44] VGHBW NVwZ-RR 2010, 164. Gleiches wird wohl gelten, würde man mit Hilfe des Sondernutzungsrechts die informationelle Selbstbestimmung der Bürger gegenüber Google Street View schützen wollen. So zu Recht *Jüngel/Fandrey* NVwZ 2010, 683 (685).

[45] Siehe zu *Ingold* GewArch 2010, 89 (zu den sog. Heizpilzen in der Gastronomie). Beispiele unzulässiger straßenfremder Gesichtspunkte bei *Sauthoff* (Fn. 5), Rn. 372.

[46] So OVG Berlin-Brandenburg NVwZ-RR 2012, 217 zur Versagung der Sondernutzungserlaubnis für die Aufstellung eines Gasheizstrahlers (Heizpilz) im Schankvorgarten.

die Erlaubnis versagt werden kann, wenn ihrer Erteilung öffentliche Interessen entgegenstehen.

IV. Reichweite und Grenzen des straßenrechtlichen Geltungsanspruchs im innerstädtischen Raum

1. Die kommunale Verkehrsplanung als Herausforderung für das Straßenrecht

Zu den zentralen Herausforderungen des Straßenrechts in den vergangenen Jahrzehnten gehörte die Selbstbehauptung der straßenrechtlichen Statusakte (Widmung, Einziehung, Teileinziehung, Umstufung) gegenüber dem Anspruch des Straßenverkehrsrechts, primär die Antworten auf die Steuerung des Verkehrs in den innerörtlichen Straßenräumen und vor allem im innerstädtischen Verkehrsnetz zu geben. Es waren und sind vor allem die Stadtzentren, in denen besonders viele Verkehrsansprüche auf begrenzten Flächen konkurrieren und tendenziell zunehmen. Die Stadt- und Verkehrsplaner haben insbesondere in den 1980er und 1990er Jahren Verkehrskonzepte entwickelt, die auf eine Verminderung des Kraftfahrzeugverkehrs (Durchgangsverkehr, Berufs- und Berufspendlerverkehr als motorisierter Individualverkehr) und auf eine Verbesserung der Situation der erwünschten Verkehre (Wirtschafts- und Dienstleistungsverkehr, auch Einkaufsverkehr) gerichtet waren. Aus kommunaler Sicht stellte sich die Frage, auf welchen Wegen die geplanten Maßnahmen (etwa Präferenz für den ÖPNV; zeitlich begrenzte oder unbegrenzte Aussparung von Kraftfahrzeugen mit bestimmten Verkehrszielen; regelmäßige Aussperrung des allgemeinen Kfz-Verkehrs während bestimmter Tage oder bestimmter Stunden; Rückbau von Straßen; Neuverteilung des öffentlichen Straßenraums zu Gunsten des öffentlichen Verkehrs, Fußgängern oder Radfahrern; Parklizenzierung für Anwohner; Verringerung oder Beseitigung des öffentlichen Parkraums in der Umgebung von Parkhäusern) juristisch umgesetzt werden können. Diese Maßnahmen sollten den Einsatz der rechtlich schon speziell ausgeformten Instrumente der Verkehrsberuhigung (Fußgängerbereiche; Verkehrsberuhigte Bereiche; Verkehrsberuhigte Geschäftsbereiche; Zonen mit beschränkter Geschwindigkeit) ergänzen.[47] Straßenrecht und Straßenverkehrsrecht standen in Konkurrenz bei der Mittelwahl.

2. Der sog. Vorbehalt der Widmung

Es ist bekannt und schon mehrfach beschrieben worden, dass die Gemeinden aus praktischen Gründen Instrumente des Straßenverkehrsrechts und hier insbesondere die Möglichkeiten straßenverkehrsrechtlicher Anordnungen auf der Grundlage des scheinbar juristisch allmächtigen § 45 StVO[48] präferiert haben. Diese Praxis wurde erleichtert dadurch, dass § 45 StVO 1980 auf die Lösung der

[47] Heute werden neue oder fortentwickelte Ideen diskutiert und teilweise auch praktiziert: „shared space", „Gemeinschaftsstraßen", „Begegnungszonen". Siehe dazu *Kettler* NZV 2010, 169; 2012, 17 und *Dosch,* 50. Deutscher Verkehrsgerichtstag 2012, S. 229.

[48] Zu den Anordnungsmöglichkeiten siehe etwa *Rebler* NZS 2006, 113.

spezifischen städtebaulichen und umweltlichen Probleme des innerstädtischen Verkehrs zugeschnitten wurde.[49] Umfangreiche Monographien nahmen sich dieses Problems an.[50] Auch der Ausschuss Straßenrecht der Forschungsgesellschaft für das Straßen- und Verkehrswesen war mit der Thematik befasst.[51] Insgesamt lässt sich bilanzieren, dass das Straßenrecht grundsätzlich den Führungsanspruch seiner Statusakte gegenüber dem Straßenverkehrsrecht behaupten konnte, bei einer quantitativen Betrachtungsweise aber der innerstädtische Verkehr eher mit den flexiblen Instrumenten des Straßenverkehrsrechts gesteuert wird. Für diese Bilanz war maßgeblich verantwortlich, dass das BVerwG[52] den sog. Vorbehalt der Widmung zur Geltung brachte: Danach liegt es in der Zuständigkeit des Straßenbaulastträgers, durch Widmung und gegebenenfalls durch (nachträgliche) Abänderung der Widmung die spezifische Verkehrsaufgabe einer Straße den Vorschriften des Straßenverkehrsrechts und den Straßenverkehrsbehörden rechtlich verbindlich vorzugeben. Die Widmung legt den Nutzungsrahmen fest. Mit ihr und durch sie bestimmt der Träger der Straßenbaulast eigenverantwortlich Art, Ausmaß und Zweck der als Gemeingebrauch gestatteten Nutzung. Innerhalb des Nutzungsrahmens kommen die Straßenverkehrsvorschriften und die auf der Grundlage vor allem des § 45 StVO erlassenen Anordnungen zum Zuge.

Es ist andererseits das Straßenverkehrsrecht, das unter dem Gesichtspunkt der Sicherheit, Ordnung und Flüssigkeit des Verkehrs das Verhältnis der (widmungsrechtlich zugelassenen) Verkehrsarten und Verkehrsteilnehmer untereinander regelt oder zu regeln die Straßenverkehrsbehörden ermächtigt. Darin liegt sein Auftrag und zugleich seine Grenze.[53] Insofern kommt der Vorrang des Straßenverkehrsrechts zur Geltung. Diese Grundsätze gelten vor allem im Hinblick auf Eingriffe in den fließenden Verkehr. Die Grundlagen für Maßnahmen des ruhenden (haltenden und parkenden) Verkehrs sind bis auf weiteres primär dem Straßenverkehrsrecht vorbehalten. Aber auch die konkrete Ordnung des Verkehrs in einer Straße darf grundsätzlich nicht dauerhaft auf eine Einschränkung der Widmung hinauslaufen (Grenzen der „Überlagerungsfähigkeit" der straßenrechtlichen Anordnung).[54] Einzelheiten interessieren hier nicht.[55] Im Vordergrund des juristischen Interesses stehen im Übrigen heute straßenverkehrsrechtliche Maßnahmen zum Schutz der Bevölkerung vor Lärm und Abgasen, die den widmungsgemäßen Lkw-Verkehr auf öffentlichen Straßen einschränken.[56]

---

[49] Dazu *Steiner* NJW 1980, 2339.

[50] Siehe *Beaucamp,* Innerstädtische Verkehrsreduzierung mit ordnungsrechtlichen und planungsrechtlichen Mitteln, 1997; *Dannecker,* Rechtliche Neukonzeption der kommunalen Straßenverkehrsplanung, 1997.

[51] Siehe unten Fn. 57. Dazu *Steiner* DVBl 2009, 614 (618).

[52] Zur Rechtsprechung des BVerwG siehe BVerwG DÖV 1980, 915; BVerwGE 62, 376.

[53] Vgl. auch BVerfGE 67, 299 (322).

[54] BVerwGE 62, 376. Siehe zum Ganzen auch *Manssen* DÖV 2001, 151.

[55] Siehe zusammenfassend *Herber,* in: Kodal (Fn. 3), S. 186 ff.; *Sauthoff* (Fn. 5), Rn. 37 ff.; *Steiner* (Fn. 6), IV Rn. 153 ff.

[56] Siehe zu den Nachtfahrverboten *Steiner* DAR 1994, 341 und *Herber,* in: Kodal (Fn. 3), S. 191. Zu den Durchfahrtverboten für den sog. Mautausweichverkehr auf der Grundlage des § 45 Abs. 9 StVO siehe BVerwG NJW 2012, 1608.

V. Wandel und Bewegung

Das deutsche Straßenrecht hat sich in den Jahrzehnten seit 1953 gewandelt, in der Regel mehr behutsam als revolutionär, eher verdeckt und still als spektakulär. Der Jubilar hat diese Entwicklung als Chronist des früheren Arbeitsausschusses und jetzigen Arbeitskreises Straßenrecht[57] in zahlreichen Berichten dokumentiert,[58] natürlich mit einer besonderen Zuwendung zum Planfeststellungsrecht, einem Rechtsgebiet, in dem er zu den Großmeistern zählt. Als Mitglied dieses Gremiums steht er beispielhaft für dessen Vorzug, Praxis und Theorie des Straßenrechts zusammenzuführen. Dem Jubilar ist in diesem Zusammenhang dafür besonders zu danken, dass er in seinen Berichten freundlicherweise die Fachöffentlichkeit über die Qualität der Vortrags- und Diskussionsbeiträge des Verfassers immer wieder getäuscht hat. Ist das Straßenrecht in Deutschland im Wandel, so ist der Jubilar stets in Bewegung, ohne Tempolimit, ein juristisches und geographisches Perpetuum mobile gleichermaßen. Die vorliegende Festschrift dokumentiert seine nimmermüde fachlich-wissenschaftliche und höchst produktive Präsenz in der deutschen Verwaltungsrechtsordnung. Es lohnt sich eben, auf Schlaf zu verzichten.

---

[57] Zur Arbeit dieses Gremiums, das 30 Jahre lang (1976 – 2006) von Willi Blümel geleitet wurde, siehe *Steiner* DVBl 2009, 614.

[58] Siehe die Nachweise bei *Steiner* DVBl 2009, 614, 615 Fn. 8 und ergänzend *Stüer* DVBl 2011, 1404 Fn. vor 1.

ULRICH STOROST

Fachplanungsrecht in der Rechtsprechung des BVerwG

Das Planungsrecht wurde weniger durch konditionale Vorgaben des Gesetzgebers als durch Richterrecht geprägt und fortgebildet. Das BVerwG hat sich seit Begründung seiner erstinstanzlichen Zuständigkeit für Streitigkeiten über wichtige Infrastrukturvorhaben verstärkt bemüht, das Fachplanungsrecht nachvollziehbar zu strukturieren und damit Rechtssicherheit für Planungsträger und Planungsbetroffene zu schaffen. *Bernhard Stüer* hat dabei als sachkundiger Prozeßvertreter von Planungsbehörden und als kritischer Kommentator engagiert mitgewirkt.Ein Überblick über die neueste Rechtsprechung der mit dem Fachplanungsrecht befaßten Senate kann bei der Beurteilung helfen, ob es dem Gericht gelungen ist, diesem Rechtsgebiet eine ausgewogene Systematik zu verschaffen und zu erhalten.

I. Formelles Fachplanungsrecht

Thema der Rechtsprechung waren auch in neuester Zeit Probleme des formellen Fachplanungsrechts. Das BVerwG hat sich hier um einen Mittelweg bemüht, der dem rechtsstaatlichen Eigenwert von Formvorschriften Rechnung trägt, ohne sie zum Selbstzweck werden zu lassen.

Durch die im Planfeststellungsverfahren vorgeschriebene *Auslegung der Planunterlagen* sollen die Betroffenen in die Lage versetzt werden, Einwendungen zu erheben, die zumindest in groben Zügen erkennen lassen, welche Rechtsgüter als gefährdet angesehen und welche Beeinträchtigungen befürchtet werden.[1] Dementsprechend kann sich die Auslegung auf die Unterlagen beschränken, deren der Einzelne bedarf, um als Laie den Grad seiner Betroffenheit abschätzen und sich das Interesse, Einwendungen zu erheben, bewußt machen zu können. Die technische Ausführungsplanung des Vorhabenträgers muß nicht zur Einsicht ausgelegt werden, weil der Vorhabenträger nicht verpflichtet ist, dem Plan bereits eine vollständig ausgearbeitete Detailplanung zur Bauausführung beizufügen. Vielmehr reicht es aus, wenn die Planfeststellungsbehörde im Planfeststellungsverfahren prüft, ob der Stand der Technik für die zu bewältigenden Probleme geeignete Lösungen zur Verfügung stellt, und die Beachtung der entsprechenden technischen Vorgaben dadurch gewährleistet, daß sie dem Vorhabenträger die Vorlage der Ausführungsplanung vor Baubeginn zur Genehmigung durch die Planfeststellungsbehörde aufgibt.[2] Soweit sich erst im Laufe des Planfeststellungsverfahrens oder nach

[1] Vgl. BVerfG, Beschl. v. 8.7.1982 – 2 BvR 1187/80, BVerfGE 61, 82 (117 f.).
[2] BVerwG, Urt. v. 18.3.2009 – 9 A 39.07, BVerwGE 133, 239 Rn. 97.

Vorlage der Ausführungsplanung zur Genehmigung herausstellen sollte, dass die Bauausführung Probleme aufwirft, die im Rahmen planerischer Abwägung bewältigt werden müssen, sind darauf bezogene Einwendungen der Betroffenen nicht ausgeschlossen, da sie innerhalb der Einwendungsfrist nicht erhoben werden konnten.[3]

In Bezug auf Zuständigkeitszuweisungen und Einflussnahmen Dritter auf die Planfeststellungsbehörde hat das BVerwG auf die dahinter stehenden *rechtsstaatlichen Grundsätze* abgestellt: Ein Verbot, dieselbe Stelle der öffentlichen Verwaltung als Vorhabenträger und Planfeststellungsbehörde zu bestimmen, ergebe sich daraus nicht. Eine neutrale Aufgabenwahrnehmung durch eine solche Behörde mit Doppelzuständigkeit sei jedenfalls dann in einer rechtsstaatlichen Anforderungen genügenden Weise gesichert, wenn behördenintern für eine organisatorische und personelle Trennung beider Aufgabenbereiche gesorgt ist. Das schließe fachaufsichtliche Weisungen der mit den Aufgaben des Vorhabenträgers betrauten Behörde oder Dienststelle gegenüber der als Planfeststellungsbehörde bestimmten Behörde oder Dienststelle aus, die den durch Gestaltungsfreiheit geprägten Kernbereich planerischer Abwägung betreffen.[4] Grundsätzlich beständen auch keine Bedenken dagegen, dem Planfeststellungsverfahren ein informelles Verfahren mit dem Ziel vorzuschalten, eine Empfehlung für eine Planung zu erarbeiten, die auf breite Akzeptanz in der Öffentlichkeit stoßen kann. Um der Gefahr jeder Art von Vorfestlegung der Planfeststellungsbehörde für deren spätere Abwägungsentscheidung vorzubeugen, sei allerdings eine klare Trennung eines solchen informellen Verfahrens von dem Planfeststellungsverfahren geboten, auf dem die Entscheidung beruht.[5]

Jeder, dessen Belange durch das Vorhaben berührt werden, kann bis zwei Wochen nach Ablauf der Auslegungsfrist schriftlich oder zur Niederschrift bei der Anhörungsbehörde oder bei der Gemeinde *Einwendungen* gegen den Plan erheben (§ 73 Abs. 4 Satz 1 VwVfG). Entsprechendes gilt gemäß § 17a Nr. 3 FStrG bei Bundesfernstraßen für Stellungnahmen der anerkannten Vereinigungen des Natur- oder Umweltschutzes. Nach Ablauf der Einwendungsfrist sind gemäß § 73 Abs. 4 Satz 3 VwVfG alle Einwendungen ausgeschlossen, die nicht auf besonderen privatrechtlichen Titeln beruhen. Bei Bundesfernstraßen gilt diese Präklusion auch für Einwendungen und Stellungnahmen der Vereinigungen (§ 17a Nr. 7 Satz 1 und 2 FStrG). Bei Landes-, Kreis- und Gemeindestraßen ordnet § 64 Abs. 2 BNatSchG die entsprechende Geltung des § 2 Abs. 3 UmwRG an. Danach ist eine Vereinigung, die im Verwaltungsverfahren Gelegenheit zur Äußerung gehabt hat, im Rechtsbehelfsverfahren mit allen Einwendungen ausgeschlossen, die sie im Verwaltungsverfahren nicht oder nach den geltenden Rechtsvorschriften nicht rechtzeitig geltend gemacht hat, aber hätte geltend machen können. Nach der Rechtsprechung des BVerwG steht diese Regelung der Einwendungspräklusion mit den Vorschriften des europäischen

[3] BVerwG, Urt. v. 3.3.2011 – 9 A 8.10, NVwZ 2011, 1256 Rn. 21.

[4] BVerwG, Urt. v. 18.3.2009 – 9 A 39.07, BVerwGE 133, 239 Rn. 24 und v. 24.11.2011 – 9 A 23.10, DVBl 2012, 443 Rn. 20 ff.

[5] BVerwG, Urt. v. 3.3.2011 – 9 A 8.10, NVwZ 2011, 1256 Rn. 25.

Unionsrechts in Einklang, und zwar auch, soweit danach Rügen einer Verletzung von FFH-Recht ausgeschlossen sind.[6]

Der *Einwendungsausschluß* setzt voraus, dass das Bekanntmachungs- und Auslegungsverfahren ordnungsgemäß durchgeführt wurde; er entfällt, wenn dieses Verfahren mit einem Mangel behaftet ist, bei dem nicht ausgeschlossen werden kann, dass er für das Nichtvorbringen von Einwendungen des Betroffenen bzw. der Vereinigung ursächlich war. Der Einwendungsausschluss erstreckt sich ferner nicht auf solche Umstände, die – weil erst nach Ablauf der Einwendungsfrist eingetreten – während der Einwendungsfrist (noch) nicht vorgebracht werden konnten. Der Umfang des Einwendungsausschlusses bestimmt sich schließlich aus der sachbezogenen Betrachtungsweise: Einwendungen, die der Präklusion unterliegen können, sind sachliches, auf die Verhinderung oder Modifizierung des Vorhabens abzielendes Gegenvorbringen.[7] Mit ihnen bringt der Einwender zum Ausdruck, bestimmte Beeinträchtigungen von Rechten oder Belangen nicht hinnehmen zu wollen. Dies setzt ein Mindestmaß von Konkretisierung voraus. Das bloße Nein gegenüber dem Vorhaben, der nicht näher spezifizierte Protest, die schlichte Mitteilung, es würden Einwendungen erhoben, stellt ebenso wenig ein Vorbringen von Einwendungen dar[8] wie der bloße Vortrag von Verfahrensrügen.[9] Auch der Hinweis eines Einwenders auf Stellungnahmen in einem anderen Verfahren oder in einem Vorstadium des eigentlichen Planfeststellungsverfahrens reicht grundsätzlich nicht aus, um eine präklusionshindernde Einwendung zu erheben.[10] Verstöße gegen Vorschriften, die den formell-rechtlichen Rahmen der Planfeststellung abstecken, z. B. die sachliche Zuständigkeit, können im Klageverfahren unabhängig davon gerügt werden, ob sich der Kläger schon im Anhörungsverfahren darauf berufen hat.[11] Eine solche Rüge kann aber in der Sache keinen Erfolg haben, wenn der gerügte Verfahrensmangel nur Teile des Vorhabens betrifft, die nicht in ursächlichem Zusammenhang mit den Einwirkungen des Vorhabens auf nicht präkludierte Rechte oder Belange des Klägers stehen.[12]

Das sachliche Gegenvorbringen muss so *konkret* sein, dass die Planfeststellungsbehörde erkennen kann, in welcher Hinsicht sie bestimmte Belange einer näheren Betrachtung unterziehen soll. Der Einwender muß daher zumindest in groben Zügen darlegen, welches Schutzgut als gefährdet angesehen und welche Beein-

---

[6] Vgl. BVerwG, Beschl. v. 11.11.2009 – 4 B 57.09, Buchholz 406.254 URG Nr. 1 Rn. 2 ff.; Urt. v. 14.4.2010 – 9 A 5.08, BVerwGE 136, 291 Rn. 107 f.; Beschl. v. 14.9.2010 – 7 B 15.10, NVwZ 2011, 364 Rn. 6 ff.; Urt. v. 3.3.2011 – 9 A 8.10, NVwZ 2011, 1256 Rn. 35 ff.: Beschl. v. 17.6.2011 – 7 B 79.10, Rn. 10 ff.; Urt. v. 14.7.2011 – 9 A 12.10, NuR 2011, 866 Rn. 23 ff.; Urt. v. 14.7.2011 – 9 A 14.10, NVwZ 2012, 180 Rn. 21 ff.; Urt. v. 29.9.2011 – 7 C 21.09, NVwZ 2012, 176 Rn. 31 ff.

[7] BVerwG, Urt. v. 17.7.1980 – 7 C 101.78, BVerwGE 60, 297 (300) und v. 14.7.2011 – 9 A 14.10, NVwZ 2012, 180 Rn. 12.

[8] Vgl. BVerwG, Urt. v. 17.7.1980 – 7 C 101.78, BVerwGE 60, 297 (300).

[9] Vgl. BVerwG, Beschl. v. 12.2.1986 – 7 B 16.86, Buchholz 451.171 AtG Nr. 16 S. 65.

[10] BVerwG, Urt. v. 27.8.1997 – 11 A 18.96 Buchholz 316 § 73 VwVfG Nr. 24 S. 28; Beschl. v. 28.12.2011 – 9 B 59.11 NVwZ-RR 2012, 261 Rn. 9.

[11] Vgl. BVerwG, Urt. v. 14.7.2011 – 9 A 12.10, NuR 2011, 866 Rn. 29.

[12] BVerwG, Urt.v. 14.7.2011 – 9 A 12.10, NuR 2011, 866 Rn. 30 und v. 14.7.2011 – 9 A 14.10, NVwZ 2012, 180 Rn. 13.

trächtigungen befürchtet werden, ohne dies allerdings begründen zu müssen.[13] Will sich der durch ein Vorhaben enteignend Betroffene die Rüge einer Beeinträchtigung öffentlicher Belange offen halten, so darf er sich mit seinen Einwendungen im Planfeststellungsverfahren nicht auf die Geltendmachung eigener Rechte und Belange beschränken, sondern muss auch bereits die Beeinträchtigung der betreffenden öffentlichen Belange einwenden.[14] Hat ein Planbetroffener Beeinträchtigungen von Naturgütern durch das Vorhaben innerhalb der Einwendungsfrist nicht ansatzweise thematisiert, so ist er mit dem Einwand, die Bestandserfassung und -bewertung des Planungsraums sei defizitär, unabhängig davon präkludiert, ob die behaupteten Defizite für einen Laien aus den ausgelegten Unterlagen erkennbar waren.[15]

Bei der Frage, welcher *Grad von Konkretisierung* vom Einwender erwartet werden kann, ist an die ausgelegten Planunterlagen anzuknüpfen. Dem Einwender obliegt es, die aus seiner Sicht gegen die Planung sprechenden Gesichtspunkte geltend zu machen, die sich – anknüpfend an die ausgelegten Unterlagen – einem Laien in seiner Lage von dessen eigenem Kenntnis- und Erfahrungshorizont her erschließen. Ausführungen, die wissenschaftlich-technischen Sachverstand voraussetzen, werden von den Betroffenen im Verwaltungsverfahren nicht verlangt.[16] Ebenso kann privaten Einwendern keine rechtliche Einordnung ihrer Einwendungen abverlangt werden.[17] Befassen sich die Planunterlagen ausführlich mit dem Belang, dessen Beeinträchtigung geltend gemacht werden soll, müssen darauf abzielende Einwendungen entsprechend konkretisiert werden, damit die Planfeststellungsbehörde sich veranlasst sieht, die Planung unter dem geltend gemachten Gesichtspunkt näher zu überprüfen.

Entsprechendes gilt für Einwendungen der anerkannten *Vereinigungen* des Natur- und Umweltschutzes. Mit der Präklusionsregelung des § 17a Nr. 7 Satz 2 FStrG sollen diese Vereinigungen angehalten werden, bereits im Verwaltungsverfahren ihre Sachkunde einzubringen; zugleich soll der Vorhabenträger vor überraschendem Prozeßvortrag geschützt werden.[18] Ausgehend von dieser Zielrichtung muß eine solche Vereinigung in ihren Einwendungen zumindest Angaben dazu machen, welches Schutzgut betroffen wird und welche Beeinträchtigungen ihm drohen. Auch die räumliche Zuordnung eines Vorkommens oder einer Beein-

[13] Vgl. BVerwG, Urt. v. 9.9.1988 – 7 C 3.86, BVerwGE 80, 207 (219); Urt. v. 1.9.1997 – 4 A 36.96, BVerwGE 105, 178 (183 f.): Beschl. v. 16.10.2001 – 9 VR 20.01 – Buchholz 407.4 § 17 FStrG Nr. 165 S. 83; Beschl. v. 18.6.2007 – 9 VR 13.06, Buchholz 406.400 § 42 BNatSchG 2002 Nr. 2 Rn. 18; Urt. v. 30.1.2008 – 9 A 27.06, Buchholz 407.4 § 17 FStrG Nr. 195 S. 10; Urt. v. 14.7.2011 – 9 A 14.10, NVwZ 2012, 180 Rn. 17; Beschl. v. 4.8.2011 – 9 B 33.11 – Rn. 2; Beschl. v. 11.8.2011 – 9 A 7.11 – Rn. 14.

[14] BVerwG, Urt. v. 14.7.2011 – 9 A 14.10, NVwZ 2012, 180 Rn. 18.

[15] BVerwG, Urt. v. 14.7.2011 – 9 A 14.10, NVwZ 2012, 180 Rn. 20.

[16] BVerwG, Urt. v. 3.3.2004 – 9 A 15.03, Buchholz 406.25 § 41 BImSchG Nr. 40 S. 108, v. 30.1.2008 – 9 A 27.06, Buchholz 407.4 § 17 FStrG Nr. 195 Rn. 30 und v. 26.5.2011 – 7 A 10.10 – Rn. 31.

[17] BVerwG, Urt. v. 21.6.2006 – 9 A 28.05, BVerwGE 126, 166, Rn. 27 und v. 14.7.2011 – 9 A 14.10, NVwZ 2012, 180 Rn. 17.

[18] BVerwG, Urt. v. 27.2.2003 – 4 A 59.01, BVerwGE 118, 15 (17 f.) und v. 22.1.2004 – 4 A 4.03, Buchholz 406.400 § 61 BNatSchG 2002 Nr. 4 S. 27 f.; Beschl. v. 23.11.2007 – 9 B 38.07, Buchholz 406.400 § 61 BNatSchG 2002 Nr. 7 Rn. 31.; Urt. v. 14.7.2011 – 9 A 12.10, NuR 2011, 866 Rn. 19.

trächtigung ist zu spezifizieren, wenn sie sich nicht ohne weiteres von selbst ergibt. Je umfangreicher und intensiver die vom Vorhabenträger bereits geleistete Begutachtung und fachliche Bewertung in den Planunterlagen ausgearbeitet ist, um so intensiver muß auch die Auseinandersetzung mit dem vorhandenen Material ausfallen.[19] Der Einwendungsausschluß im gerichtlichen Verfahren tritt allerdings nicht ein, wenn die Planfeststellungsbehörde ihre Entscheidungsgrundlage durch eine gutachtliche Ausarbeitung nachträglich ergänzt hat, ohne sie der Vereinigung noch zur Stellungnahme zuzuleiten.[20]

II. Materielles Fachplanungsrecht

Während das formelle Fachplanungsrecht weitgehend durch konkrete gesetzliche Regelungen determiniert ist, weist das materielle Fachplanungsrecht ein geringeres Maß an normativer Regelungsdichte auf. Die Gleichmäßigkeit der Rechtsanwendung kann hier nur durch die Herausbildung von Richterrecht sichergestellt werden. Das BVerwG hat sich dieser Aufgabe angenommen und die Dogmatik des materiellen Planungsrechts in ihren Grundzügen selbst entwickelt.

1. Abwägungsgebot

Die wichtigste materiellrechtliche Bindung der planenden Verwaltung ist das Gebot, unter Beachtung gesetzlicher Wertungen alle von der Planung berührten öffentlichen und privaten Belange gegeneinander und untereinander *gerecht abzuwägen*. Es verlangt, dass – erstens – eine Abwägung überhaupt stattfindet, dass – zweitens – in die Abwägung an Belangen eingestellt wird, was nach Lage der Dinge in sie eingestellt werden muß, und dass – drittens – weder die Bedeutung der betroffenen Belange verkannt noch der Ausgleich zwischen ihnen in einer Weise vorgenommen wird, die zur objektiven Gewichtigkeit einzelner Belange außer Verhältnis steht.[21] Das Abwägungsgebot ergibt sich unabhängig von seiner gesetzlichen Normierung in den einzelnen Fachplanungsgesetzen unmittelbar aus dem Rechtsstaatsprinzip und gilt dementsprechend für hoheitliche Planungen allgemein. Es trägt in einer für planerische Entscheidungen spezifischen Weise dem Verhältnismäßigkeitsprinzip Rechnung und stellt damit die dem Wesen der Planung angemessene Regel dar, nach der sich auch der Schutz der Grundrechte bei der Aufstellung von Plänen vollzieht.[22]

Im Hinblick darauf bedarf der in § 17e Abs. 6 Satz 1 FStrG unternommene Versuch, die *Erheblichkeit* von Mängeln bei der Abwägung der von dem Vorhaben berührten Belange einzuschränken, einer verfassungskonformen, nämlich engen Auslegung.[23] Nach dieser Vorschrift soll der Anspruch auf gerechte Abwägung

---

[19] Vgl. BVerwG, Urt. v. 22.1.2004 – 4 A 4.03, Buchholz 406.400 § 61 BNatSchG 2002 Nr. 4 S. 27 f.; Beschl. v. 23.11.2007 – 9 B 38.07, Buchholz 406.400 § 61 BNatSchG 2002 Nr. 7 Rn. 31; Urt. v. 14.7.2011 – 9 A 12.10, Rn. 21. Kritisch dazu *Gellermann* NuR 2012, 34 (36 f.).
[20] BVerwG, Urt. v. 13.5.2009 – 9 A 73.07, Buchholz 451.91 Europ.UmweltR Nr. 39 Rn. 58.
[21] BVerwG, Urt. v. 14.2.1975 – IV C 21.74, BVerwGE 48, 56 (63 f.); st.Rspr.
[22] BVerwG, Urt. v. 7.7.1978 – 4 C 79.76 BVerwGE 56, 110 (123); st.Rspr.
[23] Vgl. BVerwG, Urt. v. 21.8.1981 – 4 C 57.80, BVerwGE 64, 33 (36).

durch Mängel bei der Abwägung nur verletzt sein, wenn diese Mängel „offensichtlich und auf das Abwägungsergebnis von Einfluß gewesen sind". Als „offensichtlich" anzusehen ist alles, was zur „äußeren" Seite des Abwägungsvorgangs derart gehört, daß es auf objektiv erfaßbaren Sachumständen beruht, also Fehler und Irrtümer, die z. B. die Zusammenstellung und Aufbereitung des Abwägungsmaterials, die Erkenntnis und Einstellung aller wesentlichen Belange in die Abwägung oder die Gewichtung der Belange betreffen und sich etwa aus den Aufstellungsvorgängen, der Planbegründung oder sonstigen Unterlagen ergeben; sie sind daher, wenn sich für ihr Vorliegen positive Anhaltspunkte ergeben, vom Gericht – ggf. durch Beweiserhebung – aufzuklären.[24]

Ein in diesem Sinne „offensichtlicher" Abwägungsmangel ist auf das Abwägungsergebnis „von Einfluß gewesen", wenn die konkrete Möglichkeit besteht, daß ohne den Mangel die Planung anders ausgefallen wäre. Das ist der Fall, wenn sich anhand der Planungsunterlagen oder sonst erkennbarer oder naheliegender Umstände bei realistischer Betrachtungsweise ergibt, daß sich ohne den Mangel im maßgeblichen Zeitpunkt des Erlasses der Planungsentscheidung ein anderes Abwägungsergebnis abgezeichnet hätte.[25] Dabei kann die Möglichkeit einer anderen Entscheidung nur dann verneint werden, wenn der Abwägungsmangel weggedacht werden kann, ohne daß in einer nachfolgenden Phase der Abwägung ein weiterer Mangel erwächst, auf dem die Entscheidung beruhen kann. Besteht der Abwägungsmangel beispielsweise in der Verkennung eines abwägungserheblichen Belangs oder seiner Bedeutung und ergeben sich keine konkreten Anhaltspunkte, daß die Planungsbehörde ohne diesen Mangel zu einem anderen Ergebnis gelangt wäre, ist zusätzlich zu prüfen, ob das in der nachfolgenden Phase gebotene Ins-Verhältnis-Setzen der gegenläufigen Belange das Abwägungsergebnis auch bei fehlerfreier Berücksichtigung des verkannten Belangs rechtfertigen würde.[26] Nur bei diesem Verständnis ist § 17e Abs. 6 Satz 1 FStrG verfassungsrechtlich unbedenklich.

An diesem Grundsatz verfassungsrechtlich gebotener Plankontrolle ist um so mehr festzuhalten, als der Umfang der gerichtlichen Prüfung durch die subjektivrechtliche Ausgestaltung des verwaltungsgerichtlichen Rechtsschutzes eingeschränkt ist: Im Verwaltungsstreitverfahren sind die Rechtmäßigkeitsvoraussetzungen nicht abstrakt zu erörtern, sondern nur im Hinblick auf die individuelle Betroffenheit des jeweiligen Klägers. Dieser kann keine umfassende objektivrechtliche Planprüfung, sondern nur die gerichtliche Prüfung erreichen, ob die Planung im Hinblick auf die nachteilige Berührung gerade seiner eigenen Belange dem Abwägungsgebot entspricht.[27]

Allerdings ist insoweit einschränkend zu beachten, daß das Gewicht der individuell betroffenen Belange und das Maß ihrer Beeinträchtigung notwendig in einer *Wechselbeziehung* zu dem Gewicht und der Bedeutung stehen, die die ihnen in der Abwägung gegenübergestellten anderen, vornehmlich öffentlichen Belange

[24] BVerwG, Urt. v. 21.8.1981, a. a. O., S.38; st.Rspr.
[25] BVerwG, Urt. v. 21.8.1981, a. a. O. S. 38 ff.; st.Rspr.
[26] Vgl. BVerwG, Urt. v. 24.11.2011 – 9 A 23.10, DVBl 2012, 443 Rn. 68.
[27] BVerwG, Urt. v. 14.2.1975 – 4 C 21.74, BVerwGE 48, 56 (66 f.); st.Rspr.

aufweisen müssen, damit eine Zurücksetzung jener privaten Belange im Sinne des Abwägungsgebots gerechtfertigt erscheint.[28] Auf der speziellen Ausprägung dieses Grundsatzes in Art. 14 Abs. 3 Satz 1 GG beruht die Rechtsprechung, daß der Eigentümer des durch eine Planfeststellung mit enteignender Wirkung betroffenen Grundstücks die Verletzung des Abwägungsgebots grundsätzlich auch mit der Begründung geltend machen kann, öffentliche Belange seien nicht hinreichend beachtet worden.[29] Die Folgen dieser Rechtsprechung werden durch das Erfordernis der Erheblichkeit eines Abwägungsmangels in den Grenzen des durch Art. 19 Abs. 4 GG Gebotenen gehalten. Auch dieses Erfordernis ist im Rahmen der subjektiv-rechtlichen Konzeption des Rechtsschutzes nämlich so zu verstehen, daß es nur auf die Erheblichkeit für die ins Feld geführten und nicht präkludierten eigenen Belange des Klägers ankommt. Erheblich sind Abwägungsmängel also nur dann, wenn zumindest die konkrete Möglichkeit einer anderweitigen Abwägung mit einem anderweitigen, sich auf die subjektive Rechtsstellung des Klägers begünstigend auswirkenden Abwägungsergebnis besteht.[30] Auch der durch die enteignungsrechtliche Vorwirkung betroffene Grundstückseigentümer kann sich deshalb auf die Beeinträchtigung eines öffentlichen Belangs dann nicht berufen, wenn auch die Beachtung dieses Belangs nicht zu einer Veränderung der Planung im Bereich seines Grundstücks führen würde.[31] Dagegen sind Abwägungsfehler zu Lasten fremder – öffentlicher oder privater – Belange auf die Klage eines *nur mittelbar* Betroffenen bei der gerichtlichen Abwägungskontrolle grundsätzlich auch nicht saldierend in der Weise zu berücksichtigen, dass sie das Gewicht der für die Planung streitenden Belange relativieren.[32] Eine gewisse Ausdehnung mag die Kontrolle lediglich in der Weise erfahren, dass gleichgerichtete Interessen wie z.B die Lärmschutzbelange benachbarter Anlieger, die sinnvollerweise nur einheitlich mit den entsprechenden Belangen eines Klägers gewichtet werden können, in die Prüfung einzubeziehen sind.[33] Wenn das die Betroffenheit begründende Eigentum allerdings nur erworben worden ist, um die Voraussetzungen für eine Prozeßführung zu schaffen, die nach dem Rechtsschutzsystem der Verwaltungsgerichtsordnung einem Eigentümer vorbehalten ist, reicht der Hinweis auf die Eigentümerstellung nicht aus, um die Klagebefugnis zu begründen. Ihr steht vielmehr der Einwand der unzulässigen Rechtsausübung entgegen.[34]

a) Alternativenprüfung

Das Abwägungsgebot richtet sich auch und gerade an das Berücksichtigen planerischer *Alternativen.* Bei der Zusammenstellung des Abwägungsmaterials müssen alle ernsthaft in Betracht kommenden Alternativen berücksichtigt werden und mit

---

[28] BVerwG, Urt. v. 14.2.1975, a. a. O.

[29] BVerwG, Urt. v. 18.3.1983 – 4 C 80.79, BVerwGE 67, 74 (76 f.); seitdem st.Rspr.

[30] BVerwG, Urt. v. 18.3.1983 – 4 C 80.79, BVerwGE 67, 74 (77); st.Rspr.

[31] BVerwG, Urt. v. 18.3.1983, a. a. O. S. 77 f.; st.Rspr.

[32] Vgl. BVerwG, Urt. v. 20.12.2011 – 9 A 30.10, DVBl 2012, 501 Rn. 18.

[33] Vgl. BVerwG, Beschl. v. 16.1.2007 – 9 B 7.07, Buchholz 407.4 § 1 FStrG Nr. 11 S. 5 f.

[34] Vgl. BVerwG, Urt. v. 12.7.1985 – 4 C 40.83, BVerwGE 72, 15 (16), v. 27.10.2000 – 4 A 10.99, BVerwGE 112, 135 (137), v. 9.7.2008 – 9 A 14.07, BVerwGE 131, 274 Rn. 42 und v. 25.1.2012 – 9 A 6.10, Rn. 13 ff.

der ihnen zukommenden Bedeutung in die vergleichende Prüfung der von den möglichen Alternativen jeweils berührten öffentlichen und privaten Belange eingehen.[35] Dabei ist der Planfeststellungsbehörde ein gestuftes Verfahren gestattet, bei dem sich die Anforderungen an den Umfang der Sachverhaltsermittlung und -bewertung nach dem erreichten Planungsstand und den im Laufe des Verfahrens gewonnenen Erkenntnissen richten.[36] Die Grenzen der planerischen Gestaltungsfreiheit bei der Trassenwahl sind nur dann überschritten, wenn der Planfeststellungsbehörde beim Auswahlverfahren infolge einer fehlerhaften Ermittlung oder Bewertung einzelner Belange ein rechtserheblicher Fehler unterlaufen ist oder eine andere als die gewählte Trasse sich unter Berücksichtigung aller abwägungserheblichen Belange eindeutig als die bessere, weil öffentliche und private Belange insgesamt schonendere hätte aufdrängen müssen.[37] Dabei entspricht es dem Grundsatz der Wirtschaftlichkeit nach § 7 Abs. 1 BHO, den volkswirtschaftlichen Nutzen der zur Auswahl stehenden Varianten nicht als eigenständigen Belang in die Abwägung einzustellen, sondern nur in seiner Relation zu den Baukosten im Rahmen einer Nutzen-Kosten-Analyse.[38] Dagegen entspricht es dem Grundsatz der Sparsamkeit nach § 7 Abs. 1 BHO, die Baukosten der zur Auswahl stehenden Varianten nicht nur im Rahmen der Nutzen-Kosten-Analyse zu berücksichtigen, sondern daneben auch als eigenständigen Belang.[39] Bei der Prognose der Baukosten der Varianten kommt der Behörde ein gerichtlich nur eingeschränkt überprüfbarer Einschätzungsspielraum zu.[40]

b) *Imissionsschutz*

Zu den abwägungserheblichen Gesichtspunkten einer Fachplanung gehört insbesondere der Schutz der Nachbarschaft vor durch das Vorhaben verursachten *Immissionen*. Die durch das Bundes-Immissionsschutzgesetz und die untergesetzlichen Regelwerke hierzu festgesetzten Grenzwerte stellen sicher, daß unzumutbare Immissionen nicht hingenommen werden müssen. Nach ständiger Rechtsprechung des BVerwG beschränkt sich aber das Fachplanungsrecht nicht auf diesen durch die einschlägigen Grenzwerte vermittelten Schutz, sondern geht mit dem Abwägungsgebot darüber hinaus. Abwägungserheblich sind nicht nur private Rechte, sondern auch alle sonstigen im jeweiligen Einzelfall von der Planung betroffenen Belange mit Ausnahme derjenigen, die objektiv geringwertig oder nicht schutzwürdig sind.[41] Die Schutzwürdigkeit fehlt einem privaten Belang

---

[35] BVerwG, Beschl. v. 20.12.1988 – 7 NB 2.88, BVerwGE 81, 128 (136 f.); Urt. v. 9.6.2004 – 9 A 11.03, Buchholz 406.400 § 61 BNatSchG 2002 Nr. 5 S. 41 und v. 24.11.2011 – 9 A 23.10, DVBl 2012, 443 Rn. 54.

[36] BVerwG, Beschl. v. 24.4.2009 – 9 B 10.09, NVwZ 2009, 986 f.; Urt. v. 3.3.2011 – 9 A 8.10 – NVwZ 2011, 1256 Rn. 65.

[37] Vgl. BVerfG, Beschl. v. 20.2.2008 – 1 BvR 2722/06, NVwZ 2008, 780 (783) und v. 8.7.2009 – 1 BvR 2187/07, NVwZ 2009, 1283 (1286); BVerwG, Urt. v. 16.3.2006 – 4 A 1075.04, BVerwGE 125, 116 Rn. 98.

[38] BVerwG, Urt. v. 3.3.2011 – 9 A 8.10, NVwZ 2011, 1256 Rn. 98.

[39] BVerwG, Urt. v. 3.3.2011 – 9 A 8.10, NVwZ 2011, S. 1256 ff., Rn. 99.

[40] BVerwG, Urt. v. 3.3.2011 – 9 A 8.10, NVwZ 2011, 1256 ff., Rn. 90.

[41] BVerwG, Urt. v. 28.3.2007 – 9 A 17.06, Buchholz 442.09 § 18 AEG Nr. 64 Rn. 19; Beschl. v. 31.1.2011 – 7 B 55.10, NVwZ 2011, 567 Rn. 6; Urt. v. 20.12.2011 – 9 A 30.10, DVBl 2012, 501 Rn. 16.

nicht nur, wenn er makelbehaftet ist, sondern auch dann, wenn sein Träger sich vernünftigerweise auf Veränderungen, wie sie mit dem Vorhaben verbunden sind, einstellen muß und deswegen nicht auf den Fortbestand einer bestimmten Situation vertrauen darf.[42] Zukunftsplanungen eines Grundstückseigentümers, die durch die Zulassung des Vorhabens unmöglich gemacht oder erschwert werden, müssen nur dann in die Abwägung eingestellt werden, wenn sie sich nach Lage und Beschaffenheit des Grundstücks bei vernünftiger und wirtschaftlicher Betrachtungsweise objektiv anbieten und nach dem Willen des Eigentümers in absehbarer Zeit verwirklicht werden sollen.[43] Nutzungen, die in Widerspruch zu den Darstellungen eines Flächennutzungsplans stehen, gehören nicht dazu.[44] Wenn erst auf Grund eines noch nicht vorliegenden konkreten Nutzungskonzepts beurteilt werden kann, ob das Vorhaben eine sich objektiv anbietende und nach dem Willen des Eigentümers in absehbarer Zeit zu verwirklichende Grundstücksnutzung unmöglich macht oder wesentlich erschwert, so kann die Planfeststellungsbehörde gemäß § 74 Abs. 3 VwVfG verpflichtet sein, im Planfeststellungsbeschluß eine – nach Vorlage eines Nutzungskonzepts zu treffende – Entscheidung über eventuelle Schutzvorkehrungen vorzubehalten.[45]

Schutzwürdig ist grundsätzlich auch der Belang, nicht von mehr als nur geringfügigen Immissionen *unterhalb der Schwelle der Unzumutbarkeit* betroffen zu sein, und zwar auch bei normativ festgesetzten Immissionsgrenzwerten.[46] § 74 Abs. 2 Satz 2 VwVfG, wonach dem Träger des Vorhabens Schutzmaßnahmen aufzuerlegen sind, die zum Wohl der Allgemeinheit oder zur Vermeidung nachteiliger Wirkungen auf Rechte anderer erforderlich sind, besagt nichts anderes. Diese Vorschrift kennzeichnet eine im Wege der Abwägung nicht zu überwindende Schwelle zum Schutz von Rechtspositionen und vermittelt einen Rechtsanspruch auf die Anordnung von Schutzmaßnahmen.[47] Sie läßt aber nicht den Gegenschluß zu, daß nachteilige Wirkungen unterhalb dieser Schwelle Dritte nicht in schutzwürdigen und schutzbedürftigen Interessen betreffen. Vielmehr haben Planbetroffene Anspruch auf fehlerfreie Abwägung auch dann und insoweit, als ihre Betroffenheit die Behörde nicht schon nach § 74 Abs. 2 Satz 2 VwVfG zu Schutzanordnungen verpflichtet. Ebenso wenig hindert § 74 Abs. 2 Satz 2 VwVfG die Behörde, abwägungserhebliche Belange nach Maßgabe der jeweiligen Gegebenheiten als so gewichtig zu betrachten, daß der Vorhabenträger zur Vornahme von Schutzmaßnahmen verpflichtet wird, obwohl die in Rede stehenden Einwirkungen als solche Rechte anderer nicht beeinträchtigen.[48]

Entsprechendes gilt im *Luftverkehrsrecht,* bei der die fachplanungsrechtliche Zumutbarkeitsschwelle durch § 9 Abs. 2 LuftVG markiert wird, jedoch mangels untergesetzlicher Regelung von den Zulassungsbehörden und im Streitfall von

[42] BVerwG, Urt. v. 28.3.2007 – 9 A 17.06, Buchholz 442.09 § 18 AEG Nr. 64 Rn. 19 und v. 20.12.2011 – 9 A 30.10, DVBl 2012, 501 Rn. 16.

[43] BVerwG, Urt. v. 28.1.1999 – 4 A 18.98, Buchholz 407.4 § 17 FStrG Nr. 146 S. 5.

[44] BVerwG, Urt. v. 14.7.2011 – 9 A 14.10, NVwZ 2012, 180 Rn. 39.

[45] BVerwG, Beschl. v. 16.2.2012 – 9 A 14.11, NVwZ-RR 2012, 303

[46] Vgl. BVerwG, Beschl. v. 11.11.2008 – 9 A 56.07, Buchholz 406.25 § 41 BImSchG Nr. 51 Rn. 3 und v. 31.1.2011 – 7 B 55.10, NVwZ 2011, 567 Rn. 6.

[47] Vgl. BVerwG, Urt. v. 16.3.2006 – 4 A 1075.04, BVerwGE 125, 116 Rn. 251, 268.

[48] Vgl. BVerwG, Beschl. v. 31.1.2011 – 7 B 55.10, NVwZ 2011, 567 Rn. 7.

den Gerichten festgelegt werden muß.[49] Dabei sind die Erkenntnisse der Lärmmedizin und der Lärmwirkungsforschung zu berücksichtigen. Um den Anforderungen des Abwägungsgebots zu genügen, reicht es zwar nicht aus, allein dafür Sorge zu tragen, daß diese Schwelle nicht überschritten wird. Hat bei der Planfeststellung der Anlegung oder Änderung eines Flugplatzes die Planfeststellungsbehörde die fachplanungsrechtliche Zumutbarkeitsschwelle fehlerfrei bestimmt, genügt es allerdings für die Abwägung grundsätzlich, die Lärmschutzbelange ausgehend davon zu gewichten: Sie sind um so gewichtiger, je näher die Lärmbelastungen an diese Schwelle heranreichen, und ihr Gewicht ist um so geringer, je weiter sie hinter dieser Schwelle zurückbleiben. Eine erneute Auseinandersetzung mit den Erkenntnissen der Lärmmedizin und der Lärmwirkungsforschung ist für diese Gewichtung nicht erforderlich.[50]

Nach ständiger Rechtsprechung des BVerwG kann sich ein Eigentümer gegen eine heranrückende Planung, die sein Grundstück noch nicht unmittelbar betrifft, zur Wehr setzen, wenn ein *Zwangspunkt* geschaffen wird, der im weiteren Planungsverlauf zur Betroffenheit dieses Grundstücks führen muß.[51] Eine solche vorbeugende Klagemöglichkeit ist zur Sicherung effektiven Rechtsschutzes auch demjenigen eröffnet, der geltend machen kann, es hätte eine andere Trasse gewählt werden müssen, weil sein im Folgeabschnitt liegendes und nicht durch das Vorhaben selbst in Anspruch genommenes Grundstück jedenfalls unvermeidbar und rechtswidrig durch von der Straße ausgehende Verkehrsimmissionen belastet werde. Entfaltet ein Planfeststellungsbeschluß für die Variantenauswahl im anschließenden Abschnitt nur insoweit eine Vorwirkung, als er die in Betracht kommenden Varianten reduziert, rechtfertigt dies allerdings noch nicht die Annahme eines Zwangspunktes.[52]

Ist der Planfeststellungsbeschluß unanfechtbar geworden, so sind gemäß § 75 Abs. 2 Satz 1 VwVfG Ansprüche auf Unterlassung des Vorhabens, auf Beseitigung oder Änderung der Anlagen oder auf Unterlassung ihrer Benutzung ausgeschlossen. Treten nicht voraussehbare Wirkungen des Vorhabens oder der dem festgestellten Plan entsprechenden Anlagen auf das Recht eines anderen erst nach Unanfechtbarkeit des Plans auf, so kann der Betroffene gemäß § 75 Abs. 2 Satz 2 VwVfG Schutzmaßnahmen verlangen, welche die nachteiligen Wirkungen ausschließen. Dieser Anspruch setzt allerdings voraus, daß der Betroffene bereits nach der dem unanfechtbar gewordenen Planfeststellungsbeschluß zugrunde liegenden Rechtslage einen Anspruch auf Schutzmaßnahmen gehabt hätte, wenn die nachteiligen Wirkungen bereits im Zeitpunkt der Planfeststellung voraussehbar gewesen wären.[53] Deshalb scheidet ein Anspruch auf nachträglichen Lärmschutz jedenfalls für solche baulichen Anlagen aus, die bei Erlaß des Planfeststellungsbeschlusses weder vorhanden noch auch nur planerisch hin-

---

[49] Vgl. BVerwG, Urt. v. 16.3.2006 – 4 A 1075.04, BVerwGE 125, 116 Rn. 251 ff. und v. 21.9.2006 – 4 C 4.05, BVerwGE 126, 340 Rn. 34.

[50] BVerwG, Urt. v. 13.10.2011 – 4 A 4001.10, NVwZ 2012, 432 Rn. 166.

[51] BVerwG, Urt. v. 26.6.1981 – 4 C 5.78, BVerwGE 62, 342, v. 21.3.1996 – 4 C 1.95 – Buchholz 407.4 § 17 FStrG Nr. 115 und v. 25.1.2012 – 9 A 6.10 Rn. 9.

[52] BVerwG, Urt. v. 25.1.2012 – 9 A 6.10 – Rn. 21 ff.

[53] BVerwG, Beschl. v. 19.10.2011 – 9 B 9.11, UPR 2012, 147 Rn. 4.

reichend verfestigt waren.[54] Allerdings hätte der Umstand der (bloßen) Baureife des betreffenden Grundstücks bei der Abwägung berücksichtigt werden müssen. Daraus folgt jedoch, auch wenn die Baureife erst nachträglich eingetreten ist, kein Anspruch auf die Anordnung von Schutzmaßnahmen.

2. *Naturschutzrecht*

Neben dem Abwägungsgebot hat die Planungsbehörde auch die *zwingenden Vorschriften*des Naturschutzrechts zu beachten, soweit nicht der in § 4 Satz 1 BNatSchG normierte Bestandsschutz hiervon dispensiert.[55] Dazu gehören insbesondere die zum Habitat- und Artenschutz erlassenen Bestimmungen. Sie verleihen nach der Rechtsprechung des BVerwG allerdings einem einzelnen kein Rügerecht, sind also *nicht drittschützend*. Gleichwohl können Fragen des Habitat- und Artenschutzes Gegenstand von Klagen einzelner Privatpersonen sein. Nach ständiger Rechtsprechung des BVerwG haben nämlich Privatpersonen, deren durch Art. 14 Abs. 1 GG geschütztes Grundeigentum für ein Vorhaben in Anspruch genommen werden soll, ein Recht darauf, von einer Entziehung ihres Grundeigentums verschont zu bleiben, die nicht dem Wohl der Allgemeinheit dient, insbesondere nicht gesetzmäßig ist (Art. 14 Abs. 3 Satz 1 GG), und auf eine dahingehende umfassende gerichtliche Überprüfung des Planfeststellungsbeschlusses. Dieser Vollüberprüfungsanspruch des von der enteignungsrechtlichen Vorwirkung Betroffenen unterliegt allerdings Einschränkungen. Er umfaßt zum einen grundsätzlich nicht die Befugnis des Eigentumsbetroffenen, sich zum Sachwalter von Rechten zu machen, die – wie das nach Art. 28 GG geschützte städtebauliche Entwicklungsinteresse der Gemeinden oder das nach Art. 14 GG geschützte private Interesse anderer Eigentümer am Fortbestand ihres Eigentums – nach der Rechtsordnung bestimmten anderen Rechtsinhabern zur eigenverantwortlichen Wahrnehmung und Konkretisierung zugewiesen sind.[56] Zum anderen führt nicht jeder objektiv-rechtliche Fehler einer Planung zur Aufhebung des Planfeststellungsbeschlusses oder zur Feststellung seiner Rechtswidrigkeit und Nichtvollziehbarkeit. Diese Rechtsfolge scheidet vielmehr aus, wenn der geltend gemachte Rechtsfehler für die Eigentumsbetroffenheit des Klägers aus tatsächlichen oder rechtlichen Gründen unerheblich, insbesondere nicht kausal ist. Deshalb können Verstöße gegen Vorschriften des nationalen oder unionsrechtlichen Naturschutzrechts dann nicht zu einem Erfolg eines Anfechtungsbegehrens führen, wenn die Planung nur an Mängeln leidet, die für die Sachentscheidung nicht von Einfluss gewesen oder durch eine schlichte Planergänzung zu beheben sind i.S.v. § 17e Abs. 6 FStrG.[57]

Ob nicht nur von der enteignungsrechtlichen Vorwirkung Betroffene, sondern auch nur mittelbar – z. B. durch Immissionen – Betroffene kraft Unionsrechts

---

[54] BVerwG, Beschl. v. 19.10.2011 – 9 B 9.11, UPR 2012, 147 Rn. 5.

[55] Dazu vgl. BVerwG, Urt. v. 22.11.2000 – 11 A 4.00, BVerwGE 112, 214 (zu § 38 Nr. 3 BNatSchG a. F.).

[56] BVerwG, Urt. v. 3.3.2011 – 9 A 8.10, NVwZ 2011, 1256 Rn. 106 und v. 24.11.2011 – 9 A 24.10, DVBl 2012, 449 m. Anm. *Stüer.*

[57] BVerwG, Urt. v. 9.7.2008 – 9 A 14.07, BVerwGE 131, 274 Rn. 129 ff. und v. 12.8.2009 – 9 A 64.07, BVerwGE 134, 308 Rn. 24.

rügen können, daß das Vorhaben gegen die Vogelschutz- oder Habitatrichtlinie bzw. die sie umsetzenden Vorschriften des Naturschutzrechts verstößt, hat das BVerwG mangels Entscheidungserheblichkeit zunächst mehrfach offengelassen,[58] zuletzt aber unter Berufung auf das nationale Prozeßrecht mit dürren Worten verneint.[59] Im Hinblick auf den unionsrechtlichen Grundsatz der Effektivität des Richtlinienrechts erscheint dies durchaus zweifelhaft.[60] Unabhängig davon können mittelbar Betroffene gemäß § 4 Abs. 3 UmwRG i. V. m. § 61 Nr. 1 VwGO jedenfalls eine zu Unrecht unterbliebene Umweltverträglichkeitsprüfung oder eine zu Unrecht unterbliebene Vorprüfung des Einzelfalls über die UVP-Pflichtigkeit rügen, ohne daß es darauf ankommt, ob sich der Fehler auf ihre Rechtsposition ausgewirkt haben kann.[61] Das ändert jedoch nichts daran, daß sich ein Einzelner auf einen solchen Verfahrensfehler nicht unabhängig von der Betroffenheit in eigenen Rechten berufen kann. Aus § 4 Abs. 3 i. V. m. Abs. 1 UmwRG folgt nach Auffassung des BVerwG nichts Abweichendes, da diese Regelung nur die Sachprüfung im Rahmen eines zulässigen Rechtsbehelfsverfahrens betreffe, aber keine Bedeutung für die Klagebefugnis habe.[62] Fehler bei einer durchgeführten Umweltverträglichkeitsprüfung begründen dagegen nach Auffassung des BVerwG von vornherein keinen absoluten Verfahrensmangel im Sinne des § 4 Abs. 1 UmwRG. Insoweit gelte vielmehr § 46 VwVfG, in dem das Erfordernis der Kausalität zwischen Verfahrensfehler und Inhalt der angegriffenen Entscheidung seine gesetzliche Stütze finde.[63] Ob § 4 Abs. 1 UmwRG bei dieser durch Wortlaut und Entstehungsgeschichte nahegelegten Auslegung mit dem europäischen Unionsrecht[64] vereinbar ist, unterliegt jedoch Zweifeln, so daß der 7. Revisionssenat die Frage nunmehr dem Gerichtshof der Europäischen Union zur Entscheidung vorgelegt hat.[65]

a) Habitatschutz

Die von der Europäischen Kommission in die Liste nach Art. 4 Abs. 3 Unterabs.2 der *Habitatrichtlinie*[66] aufgenommenen Gebiete von gemeinschaftlicher Bedeutung unterliegen gemäß Art. 4 Abs. 5 den Bestimmungen des Art. 6 Abs. 2 bis 4 dieser Richtlinie, und zwar unabhängig davon, ob der betreffende Mitgliedstaat seiner sich aus Art. 4 Abs. 4 der Richtlinie ergebenden Pflicht zur Ausweisung als besonderes Schutzgebiet und zur näheren Festlegung der Prioritäten dieses Schutzes bereits nachgekommen ist. Den Bestimmungen des Art. 6 Abs. 2 bis

[58] BVerwG, Urt. v. 26.4.2007 – 4 C 12.05, BVerwGE 128, 358 Rn. 32 und v. 24.11.2011 – 9 A 24.10, Rn. 36, 48; Beschl. v. 4.8.2011 – 9 B 33.11, Rn. 4.

[59] BVerwG, Urt. v. 4.4.2012 – 4C 8.09 u.a., Rn. 577.

[60] Vgl. EuGH, Urt. v. 7.3.1996 – Rs. C-118/94 – Slg. 1996, I-1223 Rn. 19 und v. 19.9.2000 – Rs. C-287/98 – Slg. 2000, I-6917 Rn. 32; Nr. 141 der Schlußanträge der Generalanwältin v. 29.1.2004 in der Rechtssache C-127/02, Slg. 2004, I-7405.

[61] BVerwG, Urt. v. 24.11.2011 – 9 A 24.10, DVBl 2012, 449 m. Anm. *Stüer.*

[62] BVerwG, Urt. v. 20.12.2011 – 9 A 30.10, DVBl 2012, 501 Rn. 20.

[63] BVerwG, Urt. v. 24.11.2011 – 9 A 23.10, DVBl 2012, 443 Rn. 17.

[64] Art. 10a der Richtlinie 85/337/EWG des Rates über die Umweltverträglichkeitsprüfung bei bestimmten öffentlichen und privaten Projekten.

[65] BVerwG, Beschl. v. 10.1.2012 – 7 C 20.11, NVwZ 2012, 448.

[66] Richtlinie 92/43/EWG des Rates vom 21.5.1992 zur Erhaltung der natürlichen Lebensräume sowie der wildlebenden Tiere und Pflanzen (ABl. Nr. L 206 S. 7) – FFH-RL.

4 FFH-RL unterliegen auch die von einem Mitgliedstaat nach Art. 4 Abs. 1 der Vogelschutzrichtlinie[67] zu besonderen Schutzgebieten erklärten oder nach Art. 4 Abs. 2 dieser Richtlinie als solche anerkannten Gebiete. Sowohl die Gebiete von gemeinschaftlicher Bedeutung als auch die aufgrund der Vogelschutzrichtlinie ausgewiesenen besonderen Schutzgebiete bilden das europäische ökologische Netz „Natura 2000".

Nach Art. 6 Abs. 3 FFH-RL erfordern Pläne oder Projekte, die nicht unmittelbar mit der Verwaltung eines zum ökologischen Netz „Natura 2000" gehörenden besonderen Schutzgebiets in Verbindung stehen oder hierfür nicht notwendig sind, die ein solches Gebiet jedoch einzeln oder in Zusammenwirkung mit anderen Plänen und Projekten erheblich beeinträchtigen könnten, eine Prüfung auf Verträglichkeit mit den für dieses Gebiet festgelegten Erhaltungszielen. Unter Berücksichtigung der Ergebnisse dieser Verträglichkeitsprüfung und vorbehaltlich der Möglichkeit einer Abweichungsprüfung dürfen die zuständigen Behörden dem Plan bzw. Projekt nur zustimmen, wenn sie festgestellt haben, dass das Gebiet als solches nicht beeinträchtigt wird, und nachdem sie gegebenenfalls die Öffentlichkeit angehört haben.

Das BVerwG hat diese Vorgaben für die Umsetzung des Art. 6 Abs. 3 FFH-RL durch § 34 Abs. 1 und 2 BNatSchG im Fachplanungsrecht konkretisiert: Die FFH-Vorprüfung (Art. 6 Abs. 3 Satz 1 FFH-RL) beschränkt sich auf die Frage, ob nach Lage der Dinge ernsthaft die Besorgnis nachteiliger Auswirkungen besteht.[68] Sind erhebliche Beeinträchtigungen eines besonderen Schutzgebiets schon nach einer FFH-Vorprüfung offensichtlich ausgeschlossen, erübrigt sich eine FFH-Verträglichkeitsprüfung. Wenn nach der Vorprüfung Zweifel verbleiben, ist eine FFH-Verträglichkeitsprüfung erforderlich. Diese Konzeption setzt voraus, daß sich die Vorprüfung auf eine Offensichtlichkeitskontrolle beschränkt und nicht hinsichtlich ihrer Prüftiefe – z. B. durch Einholung mehrerer Sachverständigengutachten oder Entwicklung eines eigenen Schutzkonzepts mit Vermeidungs-, Verminderungs- und Kompensationsmaßnahmen – einer FFH-Verträglichkeitsprüfung gleichkommt.[69] Zudem braucht die Vorprüfung nicht formalisiert durchgeführt zu werden. Kann im Zeitpunkt des Planfeststellungsbeschlusses eine Beeinträchtigung der Erhaltungsziele eines FFH-Gebiets ohne vertiefte Prüfung ausgeschlossen werden, so stellt der Verzicht auf eine Verträglichkeitsprüfung unabhängig davon, auf welche Weise die Planfeststellungsbehörde sich diese Gewissheit verschafft hat, keinen Rechtsfehler dar.[70]

In der FFH-Verträglichkeitsprüfung (Art. 6 Abs. 3 Satz 2 FFH-RL) muß der Vorhabenträger unter Berücksichtigung der besten einschlägigen wissenschaftlichen Erkenntnisse nachweisen, dass eine Beeinträchtigung der Erhaltungsziele der betroffenen Gebiete durch das Vorhaben ausgeschlossen ist. Dies erfordert eine Einzelfallbeurteilung, die wesentlich von naturschutzfachlichen Feststellun-

[67] Richtlinie 2009/147/EG des Europäischen Parlaments und des Rates vom 30.11.2009 über die Erhaltung der wildlebenden Vogelarten (ABl. Nr. L 20 S. 7) – VRL.

[68] Vgl. BVerwG, Beschl. v. 26.11.2007 – 4 BN 46.07, Buchholz 451.91 Europ.UmweltR Nr. 29 Rn. 9 und v. 13.8.2010 – 4 BN 6.10, NuR 2010, 797 Rn. 4.

[69] Vgl. *Steeck/Lau,* NVwZ 2008, 854 (856); *Gellermann* NuR 2012, 112 (113 f.).

[70] BVerwG, Urt. v. 14.7.2011 – 9 A 12.10, NuR 2011, 866 Rn. 89.

gen und Bewertungen abhängt.[71] Bestehen aus wissenschaftlicher Sicht vernünftige Zweifel daran, so darf die für die Zustimmung zuständige Behörde kein positives Ergebnis der Verträglichkeitsprüfung feststellen, sondern das Vorhaben nur aufgrund einer Abweichungsprüfung nach § 34 Abs. 3 und 4 BNatSchG zulassen. Ermittlungs- und Bewertungsdefizite, die der einem Planfeststellungsbeschluss zugrunde gelegten Verträglichkeitsprüfung anhaften und nicht in Anwendung von § 17e Abs. 6 Satz 1 FStrG unbeachtlich sind, können grundsätzlich nur durch ein ergänzendes Verfahren nach §§ 17d, 17e Abs. 6 Satz 2 Hs. 1 FStrG behoben werden, das auf der Grundlage einer ordnungsgemäßen FFH-Verträglichkeitsprüfung, einer aktualisierten Bewertung des Artenschutzes und einer von Ermittlungs- und Bewertungsdefiziten nicht beeinflussten fachplanerischen Abwägung mit einer erneuten, den früheren Planfeststellungsbeschluss insoweit ersetzenden Zulassungsentscheidung der zuständigen Behörde abschließt.[72]

Ein Verkehrswegebaubauvorhaben kann ein Natura-2000-Gebiet auch durch *Luftverunreinigungen* erheblich beeinträchtigen, die mit der Verwirklichung des Vorhabens einzeln oder im Zusammenwirken mit anderen Plänen oder Projekten verbunden sind und als Immissionen auf Tiere und Pflanzen, den Boden, das Wasser oder die Atmosphäre einwirken. Gegenstand der Rechtsprechung waren insbesondere Schad- und Nährstoffeinträge infolge straßenverkehrsbedingter Luftverunreinigungen. Bei der Beurteilung, ob ein Natura-2000-Gebiet in seinen für die Erhaltungsziele maßgeblichen Bestandteilen erheblich beeinträchtigt werden kann, sind gleichartige Belastungen aus anderen Quellen als Vorbelastung zu berücksichtigen.[73] Einzubeziehen sind nach Art. 6 Abs. 3 Satz 1 FFH-RL auch Beeinträchtigungen, die sich durch ein Zusammenwirken mit anderen Plänen oder Projekten ergeben können. Dazu müssen die Auswirkungen der anderen Pläne oder Projekte und damit das Ausmaß der Summationswirkung aber verläßlich absehbar sein. Das ist grundsätzlich erst dann der Fall, wenn die hierfür erforderliche Zulassung erteilt ist.[74]

Schöpft bereits die Vorbelastung die Unbedenklichkeitsgrenze aus oder überschreitet sie diese, so läuft prinzipiell jede *Zusatzbelastung* dem Erhaltungsziel zuwider und ist deshalb erheblich. Eine Verträglichkeitsprüfung muß dann in jedem Fall stattfinden. Wenn unter Berücksichtigung regionalspezifischer Daten nicht auszuschließen ist, dass sich ein zu schützender Lebensraum bereits aufgrund der Vorbelastung durch Stickstoffeintrag in einem aktuell ungünstigen Erhaltungszustand befindet, rechtfertigt dies keine zusätzlichen Beeinträchtigungen, die eine weitere Verschlechterung nach sich zögen. Vielmehr wäre das Gebiet unter diesen Umständen grundsätzlich für jede Zusatzbelastung gesperrt. Irrelevanzschwellen, die generalisierend Zusatzbelastungen durch Stickstoffdepositionen bis zu einem bestimmten Prozentsatz der als Beurteilungswerte zugrunde gelegten Critical

[71] BVerwG, Beschl. v. 7.2.2011 – 4 B 48.10, NuR 2012, 188 Rn. 6.

[72] BVerwG, Beschl. v. 10.12.2009 – 9 A 9.08, Buchholz 407.4 § 17e FStrG Nr. 7.

[73] BVerwG, Beschl. v. 10.11.2009 – 9 B 28.09, Buchholz 406.400 § 34 BNatSchG 2002 Nr. 3 Rn. 3.

[74] BVerwG, Urt. v. 14.7.2011 – 9 A 12.10, NuR 2011, 866 Rn. 81; Beschl. v. 9.12.2011 – 9 B 44.11, NuR 2012, 125 Rn. 3.

Loads für unbedenklich erklären, sind mit den habitatrechtlichen Vorgaben nicht ohne weiteres zu vereinbaren.[75]

Eine Ausnahme von dieser grundsätzlichen Sperre kommt in Betracht, wenn unter Berücksichtigung der besten einschlägigen wissenschaftlichen Erkenntnisse kein vernünftiger Zweifel verbleibt, dass eine solche Zusatzbelastung durch die von dem Vorhaben zu erwartenden Verkehrsabgase im Einzelfall unkritisch ist, weil sie durch anderweitige Entlastungen des zu schützenden Lebensraums kompensiert wird. Eine vorhabenbedingte Zusatzbelastung mit Stickstoffeinträgen kann mit dem Erhaltungsziel ausnahmsweise auch dann verträglich sein, wenn Vorbelastungen, die schon oberhalb der kritischen Belastungsschwelle liegen, zwar zum Verschwinden hochempfindlicher lebensraumtypischer Arten geführt haben, jedoch der Lebensraum sich aufgrund des verbliebenen, die Vorbelastung dauerhaft verkraftenden Artenspektrums immer noch in einem günstigen Erhaltungszustand befindet. Ob und wann dies der Fall ist, ist nur nach naturschutzfachlichen Maßstäben zu beurteilen.[76]

Auch eine Zielunverträglichkeit der Zusatzbelastung steht zudem unter dem durch den Verhältnismäßigkeitsgrundsatz gebotenen *Bagatellvorbehalt.* Es ist eine wiederum zuvörderst naturschutzfachlicheFrage, ob eine Zusatzbelastung, die eine den maßgeblichen Critical-Load-Wert ausschöpfende oder überschreitende Vorbelastung nur gering anhebt, noch als Bagatelle zu werten ist, wenn davon lediglich eine Fläche des geschützten Lebensraumtyps betroffen ist, die sowohl absolut als auch in Relation zur Gesamtfläche dieses Lebensraumtyps im Schutzgebiet ohne Bedeutung ist.[77] Insoweit bietet sich eine Analogie zu den für direkte Flächenverluste entwickelten Werten an, die der geringeren Beeinträchtigung durch nur graduelle Funktionsverluste Rechnung trägt. Unabhängig davon hat das BVerwG[78] „jedenfalls" in Fallgestaltungen, in denen die Vorbelastung den maßgeblichen Critical-Load-Wert um mehr als das Doppelte übersteigt, unter Berücksichtigung einschlägiger naturschutzfachlicher Erkenntnisse eine Irrelevanzschwelle von 3 % dieses Wertes anerkannt. Ob diese Schwelle auch bei einer nur knappen Überschreitung des maßgeblichen Critical-Load-Wertes angesetzt werden kann, hat das Gericht offengelassen. Der 7. Revisionssenat hat hierzu ohne jede Begründung die Auffassung vertreten, die Irrelevanzschwelle markiere „insoweit" zugleich die Erheblichkeitsschwelle für die Erforderlichkeit einer FFH-Verträglichkeitsprüfung.[79] Diese Auffassung dürfte auf einer grundsätzlichen Verkennung des unionsrechtlich vorgegebenen Verhältnisses zwischen FFH-Vorprüfung und FFH-Verträglichkeitsprüfung beruhen und ist deshalb im Schrifttum zu Recht auf überzeugend begründete Kritik gestoßen.[80]

---

[75] Vgl. BVerwG, Urt. v. 17.1.2007 – 9 A 20.05, BVerwGE 128, 1 Rn. 108; Beschl. v. 10.11.2009 – 9 B 28.09, Buchholz 406.400 § 34 BNatSchG 2002 Nr. 3 Rn. 3.

[76] BVerwG, Beschl. v. 10.11.2009 – 9 B 28.09, Buchholz 406.400 § 34 BNatSchG 2002 Nr. 3 Rn. 7.

[77] BVerwG, Beschl. v. 10.11.2009 – 9 B 28.09, Buchholz 406.400 § 34 BNatSchG 2002 Nr. 3 Rn. 8.

[78] Urt. v. 14.4.2010 – 9 A 5.08, BVerwGE 136, 291 Rn. 93 f.

[79] Urt. v. 29.9.2011 – 7 C 21.09, NVwZ 2012, 176 Rn. 42.

[80] *Gellermann* NuR 2012, 112 (113 f.).

b) Artenschutz

Zu den *artenschutzrechtlichen* Verbotstatbeständen des § 44 Abs. 1 BNatSchG hat das BVerwG u.a. folgende Grundsätze herausgearbeitet: Der Tatbestand des *Tötungsverbots* (§ 44 Abs. 1 Nr. 1 BNatSchG) ist trotz seines Individuenbezugs bei der Gefahr von Kollisionen im Straßenverkehr nur erfüllt, wenn sich durch das Vorhaben das Kollisionsrisiko in einer für die betroffene Tierart signifikanten Weise erhöht.[81] Insoweit stehe der sachverständig beratenen Planfeststellungsbehörde eine naturschutzfachliche Einschätzungsprärogative zu.[82] Der Behörde dabei unterlaufene Ermittlungs- und Bewertungsdefizite könnten nicht durch ein bloßes Monitoring kompensiert werden. Ein Monitoring könne nur dazu dienen, aufgrund einer fachgerecht vorgenommenen Risikobewertung verbleibenden Unsicherheiten Rechnung zu tragen, die sich aus nicht behebbaren naturschutzfachlichen Erkenntnislücken ergeben, sofern wirksame Reaktionsmöglichkeiten zur Verfügung stehen.[83]

Zur Konzeption des Gesetzgebers, dem auf Fortpflanzungs- oder Ruhestätten der wild lebenden Tiere der besonders geschützten Arten bezogenen *Beschädigungs- und Zerstörungsverbot* (§ 44 Abs. 1 Nr. 3 BNatSchG) durch § 44 Abs. 5 Satz 1 bis 3 BNatSchG eine funktionsbezogene Erheblichkeitsschwelle einzuziehen, hat sich das BVerwG ebenfalls geäußert. Nach dieser Regelung soll bei nach § 15 BNatSchG zulässigen Eingriffen, soweit streng geschützte Arten der wild lebenden Tiere oder europäische Vogelarten betroffen sind, ein Verstoß gegen das Verbot des Abs. 1 Nr. 3 und – europarechtswidrig[84] – im Hinblick auf damit verbundene unvermeidbare Beeinträchtigungen auch gegen das insbesondere den Fang, die Verletzung oder die Tötung von Individuen betreffende Verbot des Abs. 1 Nr. 1[85] nicht vorliegen, soweit die ökologische Funktion der von dem Eingriff betroffenen Fortpflanzungs- oder Ruhestätten im räumlichen Zusammenhang weiterhin erfüllt wird; hierfür können, soweit erforderlich, auch vorgezogene Ausgleichsmaßnahmen festgesetzt werden. Führt ein Verkehrswegebauvorhaben zu Beeinträchtigungen, die den Vorgaben der naturschutzrechtlichen Eingriffsregelung des § 15 BNatSchG widersprechen, so ist der mit dem Vorhaben verbundene Eingriff in Natur und Landschaft unzulässig mit der Folge, daß gemäß § 44 Abs. 5 Satz 1 BNatSchG auch anderen von ihm ausgehenden Beeinträchtigungen die artenschutzrechtliche Privilegierung des § 44 Abs. 5 Satz 2 und 3 BNatSchG verwehrt bleibt.[86] Sind vorgezogene Ausgleichsmaßnahmen absehbar mit dem Fang, der Verletzung oder der Tötung von Individuen verbunden, müßten europarecht-

[81] BVerwG, Urt. v. 12.3.2008 – 9 A 3.06, BVerwGE 130, 299 Rn. 219, v. 9.7.2008 – 9 A 14.07, BVerwGE 131, 274 Rn. 90 f., v. 18.3.2009 – 9 A 39.07, BVerwGE 133, 239 Rn. 58, v. 13.5.2009 – 9 A 73.07, Buchholz 451.91 Europ.UmweltR Nr. 39 Rn. 86 und v. 12.8.2009 – 9 A 64.07, BVerwGE 134, 308 Rn.56.

[82] BVerwG, Urt. v. 13.5.2009 – 9 A 73.07, Buchholz 451.91 Europ.UmweltR Nr. 39 Rn. 87; Beschl. v. 28.12.2009 – 9 B 26.09, Buchholz 406.400 § 61 BNatSchG 2002 Nr. 10 Rn. 18.

[83] BVerwG, Urt. v. 14.7.2011 – 9 A 12.10, NuR 2011, 866 Rn. 105.

[84] Vgl. BVerwG, Urt. v. 14.7.2011 – 9 A 12.10, NuR 2011, 866 Rn. 119.

[85] Kritisch dazu insbesondere *Sobotta* NuR 2007, 642 (645); *Gellermann* NuR 2007, 783 (788); *Möckel* ZUR 2008, 57 (60, 63); *Lau/Steeck* NuR 2008, 386 (394). Differenzierend *de Witt,* in: Handbuch des öffentlichen Baurechts, Z III, Rn. 45.

[86] Vgl. BVerwG, Urt. v. 14.7.2011 – 9 A 12.10, NuR 2011, 866 Rn. 117 f.

lich zudem die Ausnahmevoraussetzungen des Art. 16 Abs. 1 FFH-RL bzw. des Art. 9 Abs. 1 und 2 VRL vorliegen.[87]

[87] Vgl. BVerwG, Urt. v. 14.7.2011 – 9 A 12.10, NuR 2011, 866 Rn. 119.

D. STADT- UND LANDESENTWICKLUNG

HEINZ JANNING

Die künftige landesplanerische Steuerung von Einzelhandelsgroßprojekten in NRW

I. Rechtliche Grundlagen der raumordnerischen Einzelhandelssteuerung

1. Städtebauliche und raumordnerische Einzelhandelssteuerung

Bei der planungsrechtlichen Steuerung von Standorten für Einzelhandelsvorhaben ist zwischen der städtebaulichen und der raumordnerischen Steuerung zu unterscheiden. Städtebaulich werden Einzelhandelsvorhaben auf der Grundlage von BauGB und BauNVO über Zulassungsentscheidungen und über die Bauleitplanung gesteuert.

Die raumordnerische Einzelhandelssteuerung bedient sich spezieller Festlegungen in Raumordnungsplänen, die bei der Bauleitplanung insbesondere für Einzelhandelsgroßprojekte im Sinne des § 11 Abs 3 BauNVO entweder als Ziele strikt zu beachten oder als Grundsätze in der Abwägung zu berücksichtigen sind. Durch diese raumordnerischen Festlegungen werden die einschlägigen in § 2 ROG aufgeführten Grundsätze der Raumordnung im Sinne der Leitvorstellung einer nachhaltigen Raumentwicklung konkretisiert.

2. Ziele, Grundsätze und sonstige Erfordernisse der Raumordnung

Bei den raumordnerischen Festlegungen ist zwischen Zielen, Grundsätzen und sonstigen Erfordernissen der Raumordnung zu unterscheiden.

Ziele der Raumordnung sind nach § 3 Abs. 1 Nr. 2 ROG verbindliche Vorgaben in Form von räumlich und sachlich bestimmten oder bestimmbaren, vom Träger der Raumordnung abschließend abgewogenen textlichen oder zeichnerischen Festlegungen in Raumordnungsplänen zur Entwicklung, Ordnung und Sicherung des Raums. Ziele der Raumordnung sind in der Bauleitplanung aufgrund des Anpassungsgebotes des § 1 Abs. 4 BauGB strikt zu beachten und der Abwägung nicht zugänglich.

Grundsätze der Raumordnung sind nach § 3 Abs. 1 Nr. 3 ROG Aussagen zur Entwicklung, Ordnung und Sicherung des Raums als Vorgaben für nachfolgende Abwägungs- oder Ermessensentscheidungen. Damit sind die für die Planung von Einzelhandelsgroßprojekten einschlägigen Grundsätze in der bauleitplanerischen Abwägung nach § 1 Abs. 7 BauGB zu berücksichtigen.

Dasselbe gilt für die in Aufstellung befindlichen Ziele der Raumordnung, die § 3 Abs. 1 Nr. 4 ROG den sonstigen Erfordernissen der Raumordnung zuordnet.

Bei den Raumordnungsplänen ist wiederum zwischen einem landesweit geltenden Raumordnungsplan (oft auch Landesentwicklungsplan genannt) und einem Regionalplan für einen Teilraum des Landes zu unterscheiden.

3. Übersicht über die rechtlichen Anforderungen an raumordnerische Festlegungen

Bei den raumordnerischen Festlegungen für die Bauleitplanung zugunsten von Einzelhandelsgroßprojekten muss eine Reihe von rechtlichen Anforderungen[1] erfüllt werden, die hier nur in einer zusammenfassenden Übersicht dargestellt werden können.

– Raumordnerische Vorgaben insbesondere in Form von Zielen und Grundsätzen zur Einzelhandelssteuerung müssen raumordnerische Anliegen verfolgen, indem sie Grundsätze der Raumordnung (vgl. § 2 Abs. 2 ROG) konkretisieren.
– Diese Festlegungen müssen zusammenfassende, überörtliche und fachübergreifende Plansätze im Sinne des § 3 Abs. 1 Nr. 7 ROG sein und die Plangebungskompetenzzuordnung des Grundgesetzes wahren.
– Die mit den Festlegungen verfolgten raumordnerischen Belange müssen von solcher Bedeutung sein, dass sie als überörtliche Interessen von höherem Gewicht die mit den Festlegungen verbundenen Einschränkungen der kommunalen Planungshoheit rechtfertigen können.
– Diese in die kommunale Planungshoheit eingreifenden Festlegungen müssen das Verhältnismäßigkeitsprinzip und das Willkürverbot beachten.
  Die jeweiligen Vorgaben müssen erforderlich sein, um den angestrebten raumordnerischen Zweck zu erreichen. Dieser Zweck darf nicht im gleichen Maße durch andere, weniger einschneidende Mittel erreicht werden können. Er muss in einem angemessenen Verhältnis zu den damit bewirkten Beschränkungen der kommunalen Planungshoheit stehen; im Rahmen einer Güterabwägung muss das Recht auf kommunale Selbstverwaltung angemessen berücksichtigt worden sein. In den Vorgaben vorgenommene Differenzierungen dürfen nicht willkürlich, sondern müssen sachgerecht begründet sein. Dies gilt insbesondere für Schwellenwerte. Je strikter solche Schwellenwerte wirken, desto höher ist die Begründungslast des Plangebers für den festgelegten Wert.
– Bei Zielfestlegungen in Raumordnungsplänen müssen die Anforderungen des § 3 Abs. 1 Nr. 2 ROG beachtet werden. Es muss sich demnach um verbindliche Vorgaben in Form von räumlich und sachlich bestimmten oder bestimmbaren und vom Träger der Raumordnung abschließend abgewogenen Festlegungen handeln.
– Hinzu kommen die formellen Anforderungen an raumordnerische Festlegungen, nämlich insbesondere die Beteiligung der öffentlichen Stellen und der Öffentlichkeit im Aufstellungsverfahren, die Planbegründung, die Umweltprüfung mit Umweltbericht sowie die ordnungsgemäße Bekanntmachung.

---

[1] Vgl. dazu im Einzelnen: *Bunzel/Hanke,* Grenzen der Regelungskompetenz der Raumordnungsplanung im Verhältnis zur kommunalen Planungshoheit, hrsg. von der Freiherr vom Stein-Akademie, Kommunal- und Schulverlag Wiesbaden 2011; *Bunzel,* Grenzen der Gestaltungsmöglichkeiten der Raumordnungsplanung im Lichte der kommunalen Planungshoheit, in: Steger/Bunzel, Raumordnungsplanung – quo vadis? hrsg. von der Freiherr vom Stein-Akademie, Kommunal- und Schulverlag Wiesbaden 2012, S. 42–62; *Janning/Grotefels,* Rechtliche Anforderungen an raumordnerische Festlegungen zur Einzelhandelssteuerung, in Konze/Wolf (Hrsg.), Einzelhandel in NRW planvoll steuern, ARL-Arbeitsbericht 2, Hannover 2012; S. 55–100; weitere Hinweise auf Literatur und Rechtsprechung zur raumordnerischen Einzelhandelssteuerung im Anhang.

– Die Festlegungen müssen auch mit dem EU-Recht vereinbar sein. Sie dürfen insbesondere nicht die unionsrechtlich garantierte Niederlassungsfreiheit verletzen.

4. Gemeinsamkeiten und Unterschiede bei den landes- und regionalplanerischen Vorgaben

Die Festlegungen für die raumordnerische Einzelhandelssteuerung in den Raumordnungsplänen auf Landes- und Regionalebene sind dem Länderrecht zuzuordnen. Diese Festlegungen verfolgen zwar gemeinsame Grundanliegen, sind aber in ihrer konkreten Ausprägung sehr unterschiedlich.

Gemeinsam sind die raumordnerischen Anliegen, Einzelhandelsgroßprojekte auf die zentralörtliche Gliederung und innerörtlich auf städtebaulich integrierte Standorte, insbesondere auf zentrale Versorgungsbereiche, auszurichten sowie eine möglichst verbrauchernahe Versorgung sicherzustellen, soweit diese nicht bereits durch die Zentrenorientierung gewährleistet ist.

Die wichtigsten raumordnerischen Festlegungen können schlagwortartig mit folgenden Geboten und Verboten grob umrissen werden.

Nach dem *Konzentrationsgebot,* auch Zentralitätsgebot genannt, sollen neue Einzelhandelsgroßprojekte nur in Orten mit zentralörtlicher Versorgungsfunktion angesiedelt werden dürfen.

Für die innergemeindliche Standortwahl gibt das *Integrationsgebot* vor, solche Großprojekte nur an städtebaulich integrierten Standorten durch die Ausweisung von Kern- oder Sondergebieten zu ermöglichen. Dieses Integrationsgebot wird zunehmend bei zentrenrelevanten Kernsortimenten auf die Lage in zentralen Versorgungsbereichen bezogen.

Einzelhandelsgroßprojekte sollen aber auch im Hinblick auf Art und Umfang regionalverträglich sein. Deshalb wird oft durch ein sog. *Kongruenzgebot* vorgegeben, dass Art und Umfang des Projekts der zentralörtlichen Versorgungsfunktion der Standortgemeinde entsprechen müssen. Teilweise wird das Kongruenzgebot auch in der Form eines „Überschreitungsverbotes“ vorgegeben, wonach die Kaufkraftbindung des jeweiligen Vorhabens den zentralörtlichen Verflechtungsbereich der Standortgemeinde nicht wesentlich überschreiten darf, dass sich also Einzugsbereich des Vorhabens und zentralörtlicher Versorgungsbereich im Wesentlichen decken sollen.

Fast alle Raumordnungspläne enthalten auf jeden Fall ein sog. *Beeinträchtigungsverbot,* mit dem eine Beeinträchtigung der zentralörtlichen Versorgungsfunktion der Nachbargemeinden ausgeschlossen werden soll. Teilweise ist dieses Verbot auch unmittelbar auf die Funktionsfähigkeit zentraler Versorgungsbereiche sowie die wohnungsnahe Versorgung der Bevölkerung ausgerichtet.

Zunehmend findet sich in Raumordnungsplänen seit einigen Jahren auch ein sog. *„Agglomerationsverbot“,* das darauf abzielt, zentrenschädliche Agglomerationen von nicht großflächigen Einzelhandelsbetrieben auszuschließen, die zwar nicht die begrifflichen Voraussetzungen eines Einkaufszentrums im Sinne des § 11 Abs. 3 Satz 1 Nr. 1 BauNVO erfüllen, die aber genauso wirken wie Einkaufszentren außerhalb der zentralen Versorgungsbereiche. Diese Agglomerationen werden dann wie die Einzelhandelsgroßprojekte im Sinne des § 11 Abs. 3 BauNVO denselben Vorgaben unterworfen.

Diese Gebote und Verbote sind in den Raumordnungsplänen der einzelnen Bundesländer sehr unterschiedlich ausgestaltet. Hinzu kommt, dass die dabei unvermeidbar verwendeten unbestimmten Rechtsbegriffe durch die Obergerichte der Länder auch noch sehr unterschiedlich ausgelegt werden. Da die raumordnerischen Festlegungen dem Landesrecht zugerechnet werden, ist zudem nur eine begrenzte Kontrolle der Auslegung und Anwendung dieser Rechtsbegriffe durch das BVerwG möglich. Aus all diesen Umständen ergibt sich, dass für die raumordnerische Einzelhandelssteuerung keine bundeseinheitlichen Vorgaben existieren und dass es damit entscheidend auf die jeweiligen landesplanerischen oder regionalplanerischen Festlegungen und deren Kontrolle durch das jeweilige Obergericht ankommt.

II. Bisherige landesplanerische Festlegungen für Einzelhandelsgroßprojekte in NRW

Bis zum 31.12.2011 waren die Ziele und Grundsätze der Landesplanung für die raumordnerische Steuerung der Einzelhandelsgroßprojekte in NRW in § 24 a LEPro geregelt. Diese Vorschrift war im Juli 2007 in Kraft getreten und hatte den früheren § 24 Abs. 3 LEPro abgelöst, der in mehreren gerichtlichen Entscheidungen problematisiert worden war.

Nach dem seinerzeit neuen § 24 a LEPro durften Kerngebiete und Sondergebiete für Einzelhandelsgroßprojekte nur in zentralen Versorgungsbereichen ausgewiesen werden. Dies galt uneingeschränkt für Vorhaben mit zentren- und nahversorgungsrelevanten Kernsortimenten. Dieses auf die zentralen Versorgungsbereiche ausgerichtete Integrationsgebot hat sich in der kommunalen Praxis weitgehend bewährt und dazu geführt, dass viele Städte und Gemeinden Einzelhandels- und Zentrenkonzepte aufstellten und durch entsprechende Bauleitplanungen umsetzten.

Sondergebiete für Großvorhaben mit nicht zentrenrelevanten Kernsortimenten durften außerhalb von zentralen Versorgungsbereichen ausgewiesen werden, wenn der Standort innerhalb eines im Regionalplan dargestellten Allgemeinen Siedlungsbereiches lag und der Umfang der zentren- und nahversorgungsrelevanten Randsortimente maximal 10 % der Verkaufsfläche, jedoch nicht mehr als 2.500 m² betrug.

Art und Umfang der Großprojekte sollten sich nach der Funktion des zentralen Versorgungsbereichs richten, in dem ihr Standort lag. Sie durften weder die Funktionsfähigkeit zentraler Versorgungsbereiche noch die wohnungsnahe Versorgung der Bevölkerung in ihrem Einzugsbereich beeinträchtigen.

Nach § 24 a Abs. 1 Satz 4 LEPro durften Hersteller-Direktverkaufszentren (Factory Outlets-Center) mit mehr als 5.000 m² Verkaufsfläche nur ausgewiesen werden, wenn sich der Standort in einer Gemeinde mit mehr als 100.000 Einwohnern befand. Diese Bestimmung ist durch den Verfassungsgerichtshof NRW durch

Urteil vom 26.8.2009[2] mit der Begründung für unwirksam erklärt worden, dass sie das gemeindliche Selbstverwaltungsrecht verletze.

Durch Urteil vom 30.9.2009[3] stellte das OVG Münster fest, dass § 24 a LEPro kein Ziel der Raumordnung darstelle. Die eingelegte Nichtzulassungsbeschwerde wurde vom BVerwG am 14.4.2010[4] zurückgewiesen, sodass das Urteil des OVG München rechtskräftig wurde.

Da insbesondere das Integrationsgebot und das Beeinträchtigungsverbot als strikt zu beachtende Ziele ausfielen und allenfalls noch als Grundsätze in der Abwägung zu berücksichtigen waren, blieben die Festlegungen des § 24 a LEPro nach diesen Urteilen weitgehend wirkungslos. Am 31.12.2011 liefen das LEPro insgesamt und damit auch die landesplanerischen Vorgaben des § 24 a LEPro für die Planung von Einzelhandelsgroßprojekten aus.

III. Vorarbeiten für eine Neuregelung

Ab 2010 liefen Vorarbeiten für neue landesplanerische Vorgaben für die Planung von Einzelhandelsgroßprojekten an. Nach dem Koalitionsvertrag von 2010 sollten Landesentwicklungsplan NRW und LEPro zu einem neuen Landesentwicklungsplan zusammengefasst werden, der auch die entsprechenden Ziele und Grundsätze zur Steuerung des großflächigen Einzelhandels enthalten sollte.

Zur Neuformulierung der Festlegungen für die landesplanerische Einzelhandelssteuerung wurden verschiedene Expertenworkshops durchgeführt. Mitglieder einer Arbeitsgruppe „Einzelhandelsentwicklung in NRW" der Landesarbeitsgemeinschaft Nordrhein-Westfalen der Akademie für Raumforschung und Landesplanung (ARL) erarbeiteten ein Positionspapier[5] mit Vorschlägen für diese landesplanerische Steuerung und stellten diese im Juli 2011 zur Diskussion. Dieses Positionspapier wird in einem ausführlichen Arbeitsbericht[6] mit Fachbeiträgen verschiedener Autoren näher erläutert. Das von der Staatskanzlei beauftragte Büro Junker & Kruse Stadtforschung/Planung erarbeitete in einem Gutachten „Grundlagen für die Erarbeitung einer neuen landesplanerischen Regelung zur Steuerung des großflächigen Einzelhandels" (Dortmund, Juni 2011).

Die Arbeiten am Entwurf für einen neuen umfassenden Landesentwicklungsplan verzögerten sich jedoch und konnten bis zum Auslaufen des bisherigen LEPro zum Jahresende 2011 nicht mehr abgeschlossen werden.

Als sich dann der Landtag in NRW vorzeitig auflöste und Neuwahlen für den 13.5.2012 angesetzt wurden, entschloss sich die damalige Landesregierung, einen sachlichen Teilplan zur landesplanerischen Steuerung des großflächigen Einzelhandels vorzuziehen. Der unter der Federführung der Staatskanzlei als Landesplanungsbehörde erarbeitete Entwurf für den sachlichen Teilplan „Großflächiger Ein-

[2] Az. VerfGH 18/08 (zur Erweiterung des Euregio-Outlet-Centers – eoc – in Ochtrup).
[3] Az. 10 A 1676/08 (ebenfalls zur eoc-Erweiterung in Ochtrup).
[4] Az. 4 B 78/09.
[5] Einzelhandel in NRW planvoll steuern! Positionspapier aus der ARL Nr. 87, Hannover 2011.
[6] *Konze/Wolf* (Hrsg.), Einzelhandel in NRW planvoll steuern!, Arbeitsberichte der ARL 2, Hannover 2012.

zelhandel" wurde am 17.4.2012 vom Landeskabinett beschlossen und für das Verfahren zur Beteiligung der Öffentlichkeit und der öffentlichen Stellen freigegeben, das vom 4.6. bis 4.10.2012 durchgeführt worden ist.

Der Teilplan soll dann nach Aufstellungsbeschluss des Kabinetts und nach Beratung im Landtag möglichst noch im 1. Halbjahr 2013 als Rechtsverordnung in Kraft gesetzt werden.

Bis zu diesem Inkrafttreten sind die in Aufstellung befindlichen Ziele als sonstige Erfordernisse der Raumordnung in der bauleitplanerischen Abwägung zu berücksichtigen.

Gemäß § 36 Abs. 1 Nr. 2 Landesplanungsgesetz kann die Landesplanungsbehörde im Einvernehmen mit den fachlich zuständigen Landesministerien die Bauleitplanung für Einzelhandelsgroßprojekte befristet untersagen, wenn zu befürchten ist, dass die Planung die Verwirklichung der vorgesehenen Ziele der Raumordnung unmöglich machen oder wesentlich erschweren würde.

IV. Ziele und Grundsätze im Entwurf für den sachlichen Teilplan „Großflächiger Einzelhandel"

1. Eckpunkte für die zukünftige landesplanerische Einzelhandelssteuerung

a) Gegenstand der zukünftigen landesplanerischen Einzelhandelssteuerung sind alle Einzelhandelsgroßprojekte im Sinne des § 11 Abs. 3 BauNVO, also nicht nur Großprojekte mit überörtlichem Einzugsbereich. Zu den Einzelhandelsgroßprojekten gehören auch die Herstellerdirektverkaufszentren (FOC). Der Entwurf verzichtet aber auf spezielle Vorgaben für diese besondere Art eines Einkaufszentrums.

In die landesplanerische Steuerung sind künftig auch zentrenschädliche Agglomerationen nicht großflächiger Einzelhandelsbetriebe einbezogen, von denen dieselben nachteiligen Wirkungen ausgehen wie von nicht integrierten Einkaufszentren.

b) Die im Entwurf vorgesehenen Ziele und Grundsätze beziehen sich auf die Bauleitplanungen für die Ansiedlung neuer und für die künftige Erweiterung bestehender großflächiger Einzelhandelsvorhaben im Sinne des § 11 Abs. 3 BauNVO sowie auf die Bauleitplanung zur Verhinderung zentrenschädlicher Agglomerationen nicht großflächiger Einzelhandelsbetriebe.

Aus der Formulierung der Festlegungen wird deutlich, dass es sich um Vorgaben für die kommunale Bauleitplanung handelt, die sich primär an die planenden Gemeinden richten. Schon von ihrem Wortlaut her können diese Vorgaben nicht mehr als unzulässige bodenrechtliche Zulässigkeitsregelungen für die Baugenehmigungsbehörden missdeutet werden, wies dies etwa beim früheren § 24 a LEPro im Urteil des OVG NRW vom 30. September 2009 zur eoc-Erweiterung in Ochtrup geschehen ist.

c) Wichtigstes Schutzgut des künftigen landesplanerischen Steuerungssystems ist die Erhaltung und Entwicklung zentraler Versorgungsbereiche. Nach den Erläuterungen des Entwurfes geht es vor allem darum, die Innenstädte und örtlichen Zentren als Arbeits-, Handels- und Wohnstandorte konsequent zu revitalisieren und zu stärken. Die Zentren würden vor dem Hintergrund des demografischen Wandels als Versorgungsstandorte noch stärker an Bedeutung gewinnen. Vor allem ältere Menschen und auch Familien benötigten ein wohnortnahes Versorgungsangebot, das auch ohne Auto auf kurzem Wege erreichbar sei. Durch die Stärkung der Zentren werde dafür Sorge getragen, öffentliche und private Einrichtungen der Daseinsvorsorge auch in Zukunft effektiv auszulasten, die Inanspruchnahme von Freiraum auf ein Mindestmaß zu begrenzen und Verkehr zu vermeiden.

Als weiteres Schutzgut ist die möglichst verbrauchernahe Versorgung benannt, soweit diese nicht bereits durch die zentralen Versorgungsbereiche sichergestellt wird.

d) Die geplanten Festlegungen differenzieren zwischen dem Einzelhandel mit zentrenrelevanten und nicht zentrenrelevanten Kernsortimenten. Als stets zentrenrelevante Leitsortimente in NRW sind in den Erläuterungen (zu Ziel 2) angeführt: Papier-, Büro-, Schreibwaren; Bücher; Bekleidung und Wäsche; Schuhe und Lederwaren; medizinische, orthopädische und pharmazeutische Artikel; Haushaltswaren, Glas/Porzellan/Keramik; Spielwaren; Sportbekleidung, Sportschuhe und Sportartikel; Elektrogeräte, Medien (= Unterhaltungs- und Kommunikationselektronik) Computer, Foto; Uhren und Schmuck sowie die gleichzeitig auch nahversorgungsrelevanten Sortimente Nahrungs- und Genussmittel und Gesundheits- und Körperpflegeartikel.

Diese gutachterlich ermittelten Leitsortimente sind von den Gemeinden bei der Erstellung ihrer ortstypischen Sortimentslisten zu beachten. Ob eine solche strikte Zielbindung in der Planerläuterung erzeugt werden kann, ist nicht sicher. Um diesbezügliche Risiken auszuschließen, bietet es sich an, die Liste dieser Leitsortimente als Anlage zum Zielkatalog auszubilden und damit in den Text der Festlegungen aufzunehmen, wie dies im früheren § 24 a LEPro der Fall war.

Außerdem ist zu prüfen, ob nicht auch Heimtextilien, Kunstgegenstände, Bilder und Bilderrahmen weiterhin zu den stets zentrenrelevanten Leitsortimenten zählen sollen oder ob es den Gemeinden überlassen werden soll, diese – wie auch andere Sortimente – in ihrer ortsspezifischen Sortimentsliste als zentrenrelevant einzustufen.

e) Der Teilplanentwurf enthält ausführliche Erläuterungen, in denen zunächst einmal (auf den S. 8 – 10) die raumordnerischen Anliegen verdeutlicht werden, die den mit den Festlegungen verbundenen Eingriff in die unionsrechtlich garantierte Niederlassungsfreiheit rechtfertigen.[7] Sodann werden die einzelnen Ziele und Grundsätze näher erläutert.

Um erneuten Zweifeln an der Regelungskompetenz für diese Festlegungen im neuen LEP vorzubeugen, sollten die Erläuterungen um den Hinweis ergänzt werden, dass die angeführten raumordnerischen Anliegen überörtliche Interessen von

[7] Näheres hierzu siehe EuGH, Urt. v. 24.3.2011 – C 400/08; Urt. v. 15.4.2010, CIBA, C-96/08, Slg. 2010, I-0000, Rn. 48; *Hager* BauR 2011, 1093 ff; siehe ferner auch BVerwG Urt. v. 16.12.2010 – 4 C 8.10; OVG Lüneburg Urt. v. 25.4.2012 – 1 KN 215/10 (zum FOC Soltau); *Janning/Grotefels* (Fn. 1), Abschnitt 2.11, S. 68–70.

höherem Gewicht sind, die die vorgesehenen Festlegungen als zulässige raumordnerische Regelungen ausweisen und auch die mit ihnen verbundenen Einschränkungen der kommunalen Planungshoheit rechtfertigen. Dass diese Einschränkungen geeignet, erforderlich und angemessen, also verhältnismäßig und frei von Willkür sind, ist bereits in den Erläuterungen des Entwurfs zur Vereinbarkeit mit der unionsrechtlich garantierten Niederlassungsfreiheit und mit der EG-Dienstleistungsrichtlinie 2006/123/EG aufgezeigt.

Ergänzt werden sollte ferner der Hinweis, dass die angeführten raumordnerischen Interessen auch die Zurückstellung privater Entwicklungsinteressen von Grundstückseigentümern und Inhabern von Einzelhandelsbetrieben in der für diesen raumordnerischen Teilplan notwendigen Abwägung rechtfertigen.

Hilfreich wäre es auch, den überörtlichen Regelungsbedarf für alle Einzelhandelsgroßprojekte noch ausführlicher zu begründen.[8] Die Frage der überörtlichen Bedeutung darf nicht allein an einer überörtlichen Versorgungsfunktion festgemacht werden. Über den Schutz einer verbrauchernahen Versorgung hinaus erfordern nämlich auch andere raumordnerische Zwecke die landesplanerische Steuerung aller Einzelhandelsgroßprojekte. Hierbei geht es darum, die öffentliche Infrastruktur effektiv zu nutzen und zu bündeln, unnötigen Straßenverkehr und unnötigen Flächen- und Ressourcenverbrauch durch Außenentwicklung zu vermeiden, gewachsene und auch historisch wichtige Stadt- und Ortskerne vor dem Verfall zu bewahren usw. Es besteht also ein gewichtiges Landesinteresse an einer vornehmlich zentrenorientierten und verbrauchernahen Versorgungsstruktur mit ihren sozialen, stadtwirtschaftlichen und ökologischen Vorteilen in möglichst allen Teilräumen des Landes.

Die Notwendigkeit einer überörtlichen Abstimmung und Standortsteuerung wird in den Entwurfserläuterungen mit dem Hinweis begründet, dass ortsübergreifend wirkende Rahmenbedingungen zu schaffen sind, um den Wettbewerb zwischen den Gemeinden um die Ansiedlung von Einzelhandelsgroßprojekten zu ordnen und eine Schädigung der zentralen Versorgungsbereiche und der wohnortnahen Versorgung zu verhindern. Hier wäre ein ergänzender Hinweis angebracht, dass ein raumordnerischer Steuerungsbedarf besteht, obwohl den Gemeinden ein ausdifferenziertes städtebaurechtliches Steuerungsinstrumentarium zur Verfügung steht, um die vorgenannten raumordnerischen Anliegen, die zugleich auch städtebauliche Anliegen sind, umzusetzen. Der Einsatz des städtebaurechtlichen Instrumentariums ist aber vom Willen der Gemeinden abhängig. Manche Gemeinden verzichten bewusst auf eine zentrenorientierte Einzelhandelssteuerung, um sich Vorteile zulasten anderer Gemeinden zu verschaffen. Das bauplanungsrechtliche Zulässigkeitsrecht mit seinen rechtlich gebundenen Entscheidungen ermöglicht nur eine relativ grobe Einzelhandelssteuerung. Die notwendige Feinsteuerung der Einzelhandelsnutzung im Städtebaurecht ist nur über die Bauleitplanung möglich, die vom Planungswillen der jeweiligen Gemeinde abhängig ist. Vor diesem Hintergrund ist eine eigenständige raumordnerische Einzelhandelssteuerung zur landesweiten Umsetzung der raumordnerischen Zwecke unverzichtbar.[9]

---

[8] Hierzu Näheres bei *Janning/Grotefels* (Fn. 1), Abschnitt 2.2; S. 59–60.
[9] Siehe *Janning/Grotefels* (Fn. 1), Abschnitt 2.3; S. 60–61.

Durch solche ausführlichen Erläuterungen muss verhindert werden, dass die vorgesehenen Festlegungen vom VGH NRW oder vom OVG NRW als nicht ausreichend begründet verworfen oder dass die raumordnerische Regelungskompetenz erneut bezweifelt werden kann.

2. *Zielvorgaben zur Standortwahl*

a) Auf ein Konzentrationsgebot kann in Nordrhein-Westfalen verzichtet werden, da hier jede Gemeinde eine zentralörtliche Versorgungsfunktion hat.

b) Im Ziel 1 wird vorgegeben, dass Kerngebiete und Sondergebiete für Einzelhandelsgroßprojekte nur in regionalplanerisch festgelegten Allgemeinen Siedlungsbereichen dargestellt und festgesetzt werden.

Dadurch sollen die Bereiche für gewerbliche und industrielle Nutzungen (GIB) den Gewerbe- und Industriebetrieben vorbehalten werden, die erhebliche Emissionen erzeugen und auf diese Bereiche angewiesen sind.

c) Nach dem Ziel 2 dürfen Kerngebiete und Sondergebiete für Einzelhandelsgroßprojekte mit zentrenrelevantem Kernsortiment nur in zentralen Versorgungsbereichen festgesetzt werden.

Damit wird das Integrationsgebot in NRW konkretisiert und auf die städtebauliche Kategorie der zentralen Versorgungsbereiche ausgerichtet.[10]

Das Abstellen auf diese städtebauliche Kategorie des zentralen Versorgungsbereiches macht aus dieser raumordnerischen Zielvorgabe keine unzulässige städtebauliche Regelung. Die Verwendung dieser städtebaulichen Kategorie trägt vielmehr dazu bei, das auch raumordnerisch relevante Anliegen des Zentrenschutzes durch die Wahl desselben Begriffes besonders wirksam zu unterstützen, der in der Bauleitplanung bereits bei der städtebaulichen Einzelhandelssteuerung eine wichtige Rolle spielt. Wenn aber gerade dieses Abstellen des Integrationsgebotes auf zentrale Versorgungsbereiche das raumordnerische Interesse an der Erhaltung und Entwicklung dieser Zentren besonders wirksam fördert, ist die in dem schon erwähnten Urteil vom 30. September 2009 vertretene Auffassung des OVG NRW nicht haltbar, dass der Plangeber mit einer solchen Vorgabe eine unzulässige städtebauliche Planung betreibe.

Dieses so ausgerichtete Integrationsgebot ist zugleich ein Kernelement des raumordnerischen Ordnungsrahmens für den interkommunalen Wettbewerb. Das interkommunale Abstimmungsgebot des § 2 Abs. 2 BauGB kann die benachbarten Gemeinden nur vor unzumutbaren Beeinträchtigungen ihrer zentralen Versorgungsbereiche und damit auch ihrer zentralörtlichen Versorgungsfunktion schützen. Die verbindliche Zielvorgabe, zukünftig zentrenrelevante Einzelhandelsgroßprojekte nur noch in den zentralen Versorgungsbereichen planerisch zu ermöglichen, sorgt schon im Vorfeld unzumutbarer Beeinträchtigungen dafür, dass der interkommunale Wettbewerb mit zentrenrelevanten Einzelhandelsgroßprojekten nur noch in den zentralen Versorgungsbereichen bestritten werden kann und dass damit ein unfairer Standortwettbewerb zwischen den Kommunen mit nach-

---

[10] Zu den Rechtmäßigkeitsanforderungen eines solchen Integrationsgebotes s. *Janning,* Eckpunkte einer möglichen landesplanerischen Steuerung, in: *Konze/Wolf* (Hrsg.), Einzelhandel in NRW planvoll steuern; ARL-Arbeitsbericht 2, Hannover 2012, S. 77–84.

teiligen Folgen für das Zentrengefüge ausgeschaltet wird. Leider hat das BVerwG dem Integrationsgebot trotz dieser vorsorgenden Ordnungswirkung den Charakter einer gemeindenachbarschützenden Norm abgesprochen.[11] Gleichwohl wird dieses so ausgestaltete Integrationsgebot einen entscheidenden Beitrag für das dem Raumordnungsrecht und dem Städtebaurecht gemeinsame Anliegen der Erhaltung und Entwicklung zentraler Versorgungsbereiche leisten können.

In den Erläuterungen wird ausdrücklich klargestellt, dass sich dieses Integrationsgebot zunächst einmal auf die tatsächlich vorhandenen zentralen Versorgungsbereiche der Gemeinden bezieht. Wenn aber die Gemeinden auf der Grundlage eines qualifizierten Einzelhandels- und Zentrenkonzeptes einen neuen zentralen Versorgungsbereich entwickeln wollen, ist das Integrationsgebot für die Planung neuer Einzelhandelsgroßprojekte auch in diesem neuen Zentrum gewahrt. In der Erläuterung wird die Absicherung dieses zu entwickelnden zentralen Versorgungsbereiches durch eine entsprechende Darstellung im Flächennutzungsplan empfohlen.

Ausnahmsweise dürfen Einzelhandelsgroßprojekte mit nahversorgungsrelevantem Kernsortiment auch außerhalb zentraler Versorgungsbereiche geplant werden, wenn nachweislich eine integrierte Lage in den zentralen Versorgungsbereichen nicht möglich ist, die Gewährleistung einer wohnortnahen Versorgung mit Gütern des täglichen Bedarfs diese Bauleitplanung erfordert und zentrale Versorgungsbereiche von Gemeinden nicht wesentlich beeinträchtigt werden.

Bei den Ausnahmevoraussetzungen sollte die Notwendigkeit der städtebaulichen Integration in einem Wohnsiedlungszusammenhang ergänzt werden. Andererseits muss es ausreichen, wenn das Großprojekt mit nahversorgungsrelevantem Kernsortiment überwiegend der wohnortnahen Versorgung mit Gütern des täglichen Bedarfs dient. Dass die Gewährleistung einer wohnortnahen Versorgung diese Bauleitplanung erfordert, geht wohl zu weit und ist zudem europarechtlich problematisch, wenn darin eine unzulässige Bedarfsprüfung gesehen wird.

Außerdem ist zu prüfen, ob nicht auf die Ausnahmevoraussetzung, dass die Ansiedlung in den zentralen Versorgungsbereichen nicht möglich ist, verzichtet werden sollte. Wenn nämlich das Planvorhaben siedlungsräumlich integriert ist, der wohnungsnahen bzw. der wohnortnahen Versorgung dient und zentrale Versorgungsbereiche nicht wesentlich beeinträchtigt, sollte es nicht darauf ankommen, dass diese Versorgung nicht von einem Markt in dem weiter entfernt liegenden Zentrum übernommen werden kann. In einer hochverdichteten Großstadtsiedlung kann ein sondergebietspflichtiger Lebensmittelmarkt durchaus die fußläufige Nahversorgung übernehmen, ohne dem nächstgelegenen Zentrum zu schaden. Im dünn besiedelten Raum kann ein solcher Markt in einem kleinen Ortsteil, in dem aufgrund der geringen Einwohnerzahl ein echtes Nahversorgungszentrum als zentraler Versorgungsbereich nicht entwickelt werden kann, einen Versorgungsschwerpunkt bilden, der auch benachbarte kleine Ortsteile mitversorgt und damit der wohnortnahen Versorgung dient, ohne das Zentrengefüge zu stören.

Solche und andere Annahmen von der „Zentrenpflicht" für kern- und sondergebietspflichtige Einzelhandelsgroßprojekte mit nahversorgungsrelevantem Kern-

[11] Urt. v. 5.11.2009 – 4 C 3.09.

sortiment dürften allerdings relativ selten zum Zuge kommen. Zu berücksichtigen ist nämlich, dass auch ein großflächiger Lebensmittelmarkt mit bis zu 2.000 m² Geschossfläche nach den Empfehlungen der Arbeitsgruppe „Strukturwandel im Lebensmitteleinzelhandel und § 11 Abs. 3 BauNVO" (vom 30.4.2002)[12] nicht sonder- und kerngebietspflichtig ist, wenn der Non-food-Anteil weniger als 10 % der Verkaufsfläche beträgt, sein Standort verbrauchernah und hinsichtlich des induzierten Verkehrs verträglich sowie städtebaulich integriert ist. Von derartigen Vorhaben sind nämlich entgegen der bei 1.200 m² Geschossfläche einsetzenden Regelvermutung des § 11 Abs. 3 Satz 3 BauNVO keine negativen städtebaulichen und raumordnerischen Auswirkungen zu erwarten. Dies gilt im Übrigen nicht nur für vollsortimentierte Lebensmittelsupermärkte, sondern auch für moderne Lebensmitteldiscounter, die inzwischen auch nicht mehr mit 800 m² Verkaufsfläche und 1.200 m² Geschossfläche auskommen. Derartige integrierte Nahversorger unterfallen trotz ihrer Großflächigkeit nicht dem Sonderregime des § 11 Abs. 3 BauNVO und damit auch nicht den landesplanerischen Zielvorgaben für die Planung von Großprojekten im Sinne dieser Vorschrift. Da das Anliegen der städtebaulichen Integration in diesen Fällen gewahrt ist, besteht insofern auch kein raumordnerischer Steuerungsbedarf.

d) Das Integrationsgebot gilt auch für die *Erweiterung bestehender Betriebe.* Daher sind Kern- und Sondergebietsausweisungen für eine Erweiterung bestehender Betriebe mit zentrenrelevanten Sortimenten außerhalb der zentralen Versorgungsbereiche unzulässig.

Ziel 7 erlaubt aber die Festsetzung von Sondergebieten für bestehende Großbetriebe im Sinne des § 11 Abs. 3 BauNVO außerhalb von zentralen Versorgungsbereichen wenn die Verkaufsflächen auf den genehmigten Bestand begrenzt werden.

Aus der Erläuterung des Teilplans geht hervor, dass sich dieses Beschränkungserfordernis wohl nur auf zentrenrelevante Sortimente beziehen soll. Für eine Festschreibung der Verkaufsfläche für nicht zentrenrelevante Sortimente kann jedenfalls nicht der Zentrenschutz als Rechtfertigung herangezogen werden.

Nur ausnahmsweise kommen an diesen Altstandorten außerhalb der Zentren geringfügige Erweiterungen der zentrenrelevanten Verkaufsflächen in Betracht, wenn diese für eine funktionsgerechte Weiternutzung des Bestandes notwendig sind und wenn dadurch zentrale Versorgungsbereiche nicht wesentlich beeinträchtigt werden.

Die mit dem aus dem Integrationsgebot folgenden Erweiterungsverbot verbundene grundsätzliche Beschränkung bestehender Nutzungsrechte auf den vorhandenen Bestand ist insbesondere durch den raumordnerischen Belang der Erhaltung und Entwicklung zentraler Versorgungsbereiche gerechtfertigt; dieses raumordnerische Anliegen ist ein überörtliches Interesse von höherem Gewicht, das auch die mit diesem Erweiterungsverbot verbundenen Einschränkungen der kommunalen Planungshoheit rechtfertigt.

Im Hinblick auf die Belange der Grundstückseigentümer und Inhaber bestehender Betriebe ist auf der landesplanerischen Ebene durchaus eine abschließende Abwägung möglich. Ein Eingriff in eine geschützte Rechtsposition durch die

---

[12] ZfBR 2002, 598 (614).

Unterbindung von Erweiterungsplanungen an derartigen Altstandorten liegt nicht vor, weil die Baufreiheit nur im Rahmen der Gesetze besteht und das BauGB einen Anspruch auf entsprechende Kerngebiets- oder Sondergebietsausweisungen durch § 1 Abs. 3 Satz 2 BauGB ausschließt. Das Entwicklungsinteresse der Eigentümer und Betriebsinhaber ist zwar abwägungsrelevant, es kann aber aufgrund des überragenden Gewichts des öffentlichen Belangs des Zentrenschutzes schon auf dieser Planungsebene zurückgestellt werden.

Bereits bestehende Baurechte für eine Erweiterung vorhandener Betriebe werden durch das Verbot nicht tangiert. Mit dem Erweiterungsverbot soll nur die „aktive" Bauleitplanung für die Erweiterung nicht integrierter Standorte grundsätzlich ausgeschlossen werden.

Die im Ziel 7 vorgesehene Ausnahme für geringfügige Erweiterungen, die für eine funktionsgerechte Weiternutzung des Bestandes notwendig sind und von denen keine zusätzlichen zentrenschädlichen Auswirkungen ausgehen, stellt sicher, dass auch der Grundsatz der Angemessenheit der raumordnerischen Abwägungsentscheidung zugunsten des Schutzes und der Stärkung der Zentren im Verhältnis zum Eigentumsschutz gewahrt bleibt.

3. Vorgaben zur Dimensionierung des zentrenrelevanten Einzelhandels

a) Der Entwurf des Teilplans verzichtet auf ein *Kongruenzgebot,* das sicherstellen soll, dass Art und Umfang geplanter Einzelhandelsgroßprojekte der zentralörtlichen Versorgungsfunktion ihrer Standortgemeinde entsprechen.

Das BVerwG hat in seinem Urteil vom 16.12.2010[13] die Auslegung einer solchen Regelung im Sinne eines Überschreitungsverbotes in Baden-Württemberg als raumordnerisches Ziel bundesrechtlich nicht beanstandet. Das BVerwG hatte über die einschlägige Zielbestimmung dieses Landes zu befinden, wonach die Verkaufsfläche der Einzelhandelsgroßprojekte so bemessen sein soll, dass deren Einzugsbereich den zentralörtlichen Verflechtungsbereich nicht wesentlich überschreitet. Diesen unbestimmten Rechtsbegriff der wesentlichen Überschreitung hat das BVerwG unter dem Aspekt der notwendigen Bestimmtheit nicht beanstandet. Es hat auch den in Baden-Württemberg angewandten Schwellenwert akzeptiert, wonach eine wesentliche Überschreitung in der Regel gegeben ist, wenn mehr als 30 % des Umsatzes aus Räumen außerhalb des Verflechtungsbereiches erzielt werden.

Nun hat aber NRW die zentralörtlichen Verflechtungsbereiche im Gegensatz zu Baden-Württemberg nicht normativ bestimmt und räumlich abgegrenzt. In NRW sind auch keine Kriterien geregelt, mit denen eine Abgrenzung vorgenommen werden könnte. Die mehr theoretische Möglichkeit, zur Herstellung der Kongruenz zwischen Einzugsbereich des Vorhabens und zentralörtlichem Verflechtungsbereich auf die tatsächlichen Versorgungsbeziehungen etwa im Einzelhandel abzustellen, wurde ebenfalls verzichtet. Eindeutige Kriterien zur Bestimmung eines faktischen zentralörtlichen Verflechtungsbereiches sind nämlich auch nicht vorhanden. Zudem dürfte dies problematisch sein, weil durch das Abstellen

---

[13] Az. 4 C 4.10.

allein auf die tatsächlichen Versorgungsbeziehungen die Gemeinden begünstigt würden, die sich in der Vergangenheit rücksichtslos durch überdimensionierte Einzelhandelsansiedlungen Vorteile zulasten ihrer Nachbargemeinden verschafft haben.

Wenn aber die zentralörtlichen Verflechtungsbereiche nicht klar abgegrenzt werden können, fehlt es an der notwendigen Bestimmtheit eines solchen „Überschreitungsverbotes". Dies hat unlängst auch das niedersächsische OVG in seinen Urteilen vom 15.3.2012[14] zur „Neuen Mitte" Garbsen überzeugend herausgearbeitet und den Zielcharakter des Kongruenzgebotes im niedersächsischen Landesraumordnungsprogramm (2008) verneint.

Dass der Plangeber in NRW unter diesen Umständen auf die Zielvorgabe eines Kongruenzgebotes verzichtet, ist durchaus nachvollziehbar. Mit diesem Verzicht auf die Vorgabe, dass Art und Umfang der geplanten Einzelhandelsgroßprojekte der zentralörtlichen Versorgungsfunktion der Standortgemeinde entsprechen muss, wird indessen nicht die Bindung an die zentralörtliche Gliederung aufgegeben. Die Umsetzung des Zentrale-Orte-Prinzips kommt bei einem Verzicht auf ein ausdrückliches Kongruenzgebot dann immer noch dem sogenannten Beeinträchtigungsverbot zu, also dem noch näher zu behandelnden Verbot in Ziel 3, durch die Ausweisung von Kern- und Sondergebieten für Einzelhandelsgroßprojekte mit zentrenrelevantem Kernsortiment zentrale Versorgungsbereiche auch von Nachbargemeinden wesentlich zu beeinträchtigen. In den Erläuterungen des Teilplanentwurfes ist auf Seite 12 ausdrücklich klargestellt, dass mit dem Schutz der zentralen Versorgungsbereiche, die eine überörtliche Versorgungsfunktion erfüllen, damit zugleich die zentralörtliche Versorgungsfunktion des jeweiligen Mittel- oder Oberzentrums im Hinblick auf den Einzelhandel geschützt wird. Beim zentrenrelevanten Einzelhandel kann sich die Sicherung der zentralörtlichen Gliederung räumlich auf den Schutz der zentralen Versorgungsbereiche konzentrieren, die eine mittel- oder oberzentrale Versorgungsfunktion erfüllen.

Da das Beeinträchtigungsverbot allerdings gewissermaßen nur eine „Gefahrenabwehrregelung" ist, während ein Kongruenzgebot durch planerische Vorsorge jegliche Beeinträchtigung zentralörtlicher Versorgungsfunktionen von vornherein ausschließt, sollte in NRW an einer sachgerechten Bestimmung der Mittel- und Oberbereiche gearbeitet werden, weil ein Kongruenzgebot in der vom BVerwG gebilligten Ausformung gegenüber dem Beeinträchtigungsverbot das wirksamere Mittel ist, um die raumordnerischen Interessen bei der landes- und regionalplanerischen Einzelhandelssteuerung durchzusetzen. Dazu muss aber das Zentrale-Orte-Prinzip in NRW grundlegend überdacht und neu ausgerichtet werden.

b) Eine Beschränkung von Einzelhandelsgroßprojekten von Art und Umfang her wird sich in NRW für Einzelhandelsgroßprojekte mit zentrenrelevanten Kernsortimenten somit bis dahin nur durch das Ziel 3 ergeben, wonach solche Projekte zentrale Versorgungsbereiche von Gemeinden nicht wesentlich beeinträchtigen dürfen.

Mit dem Verbot „wesentlicher" Beeinträchtigungen trägt der Plangeber der Kritik des OVG Münster im Urteil vom 30.9.2009 Rechnung, dass den § 24 a

---

[14] Az. 1 KN 152/10 und 1 KN 251/10.

Abs. 1 Satz 3 LEPro mit der Begründung als zu unbestimmt verworfen hatte, dass sich eine Einschränkung des Verbots auf „wesentliche" Beeinträchtigungen dem Wortlaut der Vorschrift nicht entnehmen lasse.

Zur Bestimmung einer wesentlichen Beeinträchtigung greifen die Erläuterungen auf die Kriterien zurück, die das BVerwG für zentrenschädliche Auswirkungen im Sinne des § 34 Abs. 3 BauGB entwickelt hat.[15] Demnach ist eine wesentliche Beeinträchtigung zentraler Versorgungsbereiche anzunehmen, wenn durch die geplanten Großprojekte beachtliche Funktionsstörungen für zentrale Versorgungsbereiche innerhalb des Einzugsbereiches dieser Projekte zu erwarten sind. Eine Funktionsstörung ist dann zu erwarten, wenn diese zentralen Versorgungsbereiche so gestört werden, dass ihr Versorgungsauftrag generell oder hinsichtlich einzelner Branchen nicht mehr erfüllt werden kann.[16]

Vorschlägen, das Beeinträchtigungsverbot bereits bei nicht nur unwesentlichen Auswirkungen greifen zu lassen, sollte auf keinen Fall gefolgt werden. Wie u.a. aus § 11 Abs. III BauNVO zu entnehmen ist, ist dies die Relevanzschwelle für die städtebauliche und raumordnerische Steuerung und kann schon von daher nicht als „Verbotsschwelle" in Betracht gezogen werden.

In den Erläuterungen zum Beeinträchtigungsverbot ist dann noch eine Vermutungsregelung eingebaut, wonach eine wesentliche Beeinträchtigung zentraler Versorgungsbereiche in der Regel anzunehmen ist, wenn der zu erwartende Umsatz der geplanten Einzelhandelsvorhaben in allen oder in einzelnen der vorgesehenen Sortimentsgruppen die Kaufkraft der Einwohner in dem dem zentralen Versorgungsbereich zugeordneten Gemeindebereich übersteigt. Beim Überschreiten dieser Regelvermutungsgrenze ist der Nachweis, dass eine solche wesentliche Beeinträchtigung nicht vorliegt, von der planenden Gemeinde zu erbringen.

Ob diese Regelvermutung für die Praxis wirklich hilfreich ist, bleibt abzuwarten. Auf jeden Fall muss aber vor dem Umkehrschluss gewarnt werden, dass von einem Vorhaben, dessen Umsatzsoll die branchenspezifische Kaufkraft der Einwohner im Gemeindegebiet bzw. in dem funktional zugeordneten Stadtteil nicht übersteigt, keine wesentliche Beeinträchtigung des betroffenen zentralen Versorgungsbereiches ausgehen könnte und dass sich daher eine konkrete Zentrenverträglichkeitsprüfung i. d. R. erübrige. Diese ist in jedem Falle erforderlich.

Dabei sind – wie bei § 34 Abs. 3 BauGB auch – alle städtebaulich relevanten Umstände in die notwendige Auswirkungsprognose einzubeziehen. Eine derartige

[15] Hierzu siehe insb. folgende Entscheidungen des BVerwG: Urt. v. 11.10.2007 – 4 C 7.07, BVerwGE 129, 307 = NVwZ 2008, 308 = BauR 2008, 79 = ZfBR 2008, 49; Beschl. v. 12.2.2009 – 4 B 5.09, NVwZ 2009, 260 = BauR 2009, 946 = UPR 2009, 193 = ZfBR 2009, 363; Beschl. v. 12.2.2009 – 4 B 3.09, NVwZ 2009, 781 = BauR 2009, 946 = ZfBR 2009, 363; Urt. v. 17.12.2009 – 4 C 1.08, NVwZ 2010, 587 = BauR 2010, 732; Urt. v. 17.12.2009 – 4 C 2.08, NVwZ 2010, 590 = BauR 2010, 736 = ZfBR 2010, 267; Beschl. v. 11.6.2010 – 4 B 75.09, ZfBR 2010, 580; Beschl. v. 12.1.2012 – 4 B 39.11.

[16] Das niedersächsische OVG hat in seinen bereits erwähnten Urteilen vom 15.3.2012 das im niedersächsischen Landes-Raumordnungsprogramm 2008 enthaltene Verbot, die Funktionsfähigkeit der zentralen Orte und integrierter Versorgungsstandorte wesentlich zu beeinträchtigen, auf die städtebauliche Kategorie der zentralen Versorgungsbereiche ausgerichtet und zur Auslegung des Begriffs der wesentlichen Beeinträchtigung ebenfalls auf die Rechtsprechung des BVerwG zu zentrenschädlichen Auswirkungen im Sinne des § 34 Abs. 3 BauGB verwiesen.

einzelfallbezogene Auswirkungsprognose ist ohnehin für eine sachgerechte Abwägung bei der Festsetzung eines Kern- oder Sondergebietes zugunsten von Einzelhandelsgroßprojekten unumgänglich. Diese städtebaurechtlich gebotene Abschätzung der absatzwirtschaftlichen Auswirkungen des Planvorhabens und seiner städtebaulichen Folgewirkungen kann dann ohne Weiteres auch für die Abschätzung der raumordnerischen Folgewirkungen und damit der landesplanerischen Verträglichkeit des jeweiligen Planvorhabens genutzt werden. Dies setzt allerdings voraus, dass solche Untersuchungen frühzeitig vorgenommen und schon der landesplanerischen Anfrage nach § 34 Landesplanungsgesetz zugrunde gelegt werden. Um die Vermeidung zentrenschädigender Auswirkungen geht es auch in den Zielen 2, 5 und 7.

Für Einzelhandelsgroßprojekte mit nicht zentrenrelevanten Kernsortimenten gibt das Ziel 5 vor, dass durch den absoluten Umfang der zentrenrelevanten Randsortimente zentrale Versorgungsbereiche von Gemeinden nicht wesentlich beeinträchtigt werden dürfen.

Das Beeinträchtigungsverbot gilt auch für geringfügige Erweiterungen von Altstandorten außerhalb der zentralen Versorgungsbereiche, wie sich aus der Ausnahmeregelung im Ziel 7 für die Überplanung solcher Problemstandorte ergibt.

Ebenso setzt eine Ausnahme in Ziel 2 für integrierte Nahversorger außerhalb der Zentren voraus, dass durch diese Märkte zentrale Versorgungsbereiche nicht wesentlich beeinträchtigt werden.

Die Feststellung zentrenschädigender Beeinträchtigungen setzt eine Abschätzung der absatzwirtschaftlichen Auswirkungen und der städtebaulichen Folgewirkungen eines Planvorhabens voraus. Solche Auswirkungsprognosen sind – wie andere Prognosen auch – häufig mit Unwägbarkeiten und Unsicherheiten verbunden. Sie sind keine logischen Ableitungen oder mathematischen Kalkulationen. In vielen Fällen gibt es eben nicht das einzig richtige Ergebnis, sondern vielmehr eine ganze Bandbreite vertretbarer Einschätzungen. Zudem arbeiten verschiedene Gutachter mit unterschiedlichen Datengrundlagen, Methoden und Bewertungsmaßstäben und kommen auch schon deshalb zu unterschiedlichen Ergebnissen. Nicht selten wird auch der Vorwurf eines interessengesteuerten „Gefälligkeitsgutachtens" berechtigt sein, das die verschiedenen „Stellschrauben" zur Erzielung des gewünschten Ergebnisses einsetzt.

Die Verwaltungsgerichtsbarkeit kann die Auswirkungsprognosen nur darauf überprüfen, ob diese mit den im maßgeblichen Zeitpunkt verfügbaren Erkenntnismitteln unter Beachtung der für sie erheblichen Umstände sachgerecht erarbeitet worden sind. Das Gericht prüft insbesondere, ob eine geeignete fachspezifische Methode gewählt, der der Prognose zugrunde liegende Sachverhalt zutreffend ermittelt und das Prognoseergebnis plausibel begründet worden ist.[17]

Trotz dieser Unsicherheiten und der nur eingeschränkten Kontrollierbarkeit führt kein Weg an der für die Ermittlung wesentlicher Beeinträchtigungen notwendigen Einzelfallprüfung i. d. R. durch gutachterliche Auswirkungsanalysen und -prognosen vorbei. Einfach zu handhabende quantitative Schwellenwerte, die

---

[17] Siehe u. a. Urt. des OVG Koblenz v. 15.11.2010 – 1 C 10320/09 (zum FOC-Vorhaben in Montabaur).

den gerichtlich entwickelten Rechtsmäßigkeitsanforderungen genügen, stehen nicht zur Verfügung.

In dieser Situation wäre es hilfreich, in dem ohnehin zu überarbeitenden „Einzelhandelsserlass NRW" die formalen und inhaltlichen Anforderungen an solche Verträglichkeitsgutachten aufzuzeigen, um Transparenz, Nachvollziehbarkeit und Vergleichbarkeit solcher Gutachten zu gewährleisten und dadurch die Beurteilung der anstehenden Planvorhaben zu erleichtern.[18]

4. *Vorgaben für Einzelhandelsgroßprojekte mit nicht zentrenrelevantem Kernsortiment*

Zur Sicherstellung der Raumverträglichkeit von Großvorhaben mit nicht zentrenrelevanten Kernsortimenten, also insbesondere von großen Möbel- und Einrichtungshäusern sowie Bau- und Gartenmärkten, müssen zum einen eine übermäßige Konzentration auf wenige Standorte im Interesse einer möglichst verbrauchernahen und verkehrsmindernden Versorgung vermieden werden und zum anderen die zentrenrelevanten Randsortimente zum Schutz der Zentren eingeschränkt werden.

a) Für die Ausweisung von Sondergebieten für Einzelhandelsgroßprojekte mit nicht zentrenrelevantem Kernsortiment sieht der Grundsatz 4 daher eine Begrenzung des Umfangs derartiger Großprojekte vor.

Insbesondere die immer größer werdenden Möbel- und Einrichtungshäuser führen zu einer übermäßigen Konzentration an wenigen Standorten, die eine verbrauchernahe Versorgung der Bevölkerung mit Möbeln und Einrichtungsgegenständen gefährden oder gar zerstören kann. Um eine solche Entwicklung, die auch zu unnötigem Einkaufsverkehr führt, zu unterbinden oder wenigstens einzugrenzen, gibt der Grundsatz 4 vor, dass bei der Ausweisung von Sondergebieten für Einzelhandelsgroßprojekte mit nicht zentrenrelevantem Kernsortiment außerhalb von zentralen Versorgungsbereichen der zu erwartende Gesamtumsatz der durch die jeweilige Festsetzung ermöglichten Einzelhandelsnutzungen die Kaufkraft der Einwohner der jeweiligen Standortgemeinde für die geplanten Sortimentsgruppen nicht überschreiten soll.

Bei dieser Festlegung geht es primär um das Schutzgut der verbrauchernahen Versorgung und um die Vermeidung unnötigen Fahrverkehrs. Dieser Vorgabe liegen die schon oben erwähnten gutachterlichen Untersuchungen von Junker & Kruse zugrunde, die festgestellt haben, dass das Ausmaß negativer Auswirkungen in der Region vor allem auch von der Relation abhängt, in der der zu erwartende Umsatz der Vorhaben unter Berücksichtigung des vorhandenen Einzelhandelsbestandes zur lokalen einzelhandelsrelevanten Kaufkraft in der Standortgemeinde steht. Bei einer bereits sehr hohen Zentralität der Standortkommune können auch vergleichsweise geringe Zuwächse durch neue Vorhaben die verbrauchernahe Versorgung in der Region gefährden. Für die Gegenüberstellung von Umsatz und lokaler Kaufkraft muss auf jeden Fall bei Erweiterungsvorhaben auch der Umsatz des Bestandes berücksichtigt werden. Einzubeziehen ist des Weiteren wohl auch

[18] Siehe hierzu *Wolf,* Anforderungen an Einzelhandelsgutachten, in: Konze/Wolf (Hrsg), Einzelhandel in NRW planvoll steuern, ARL-Arbeitsbericht 2, Hannover 2012, S. 114–134.

der Umsatz der bestehenden Betriebe im räumlich-funktionalen Zusammenhang mit dem Vorhabensstandort. Welcher Einzelhandelsbestand bei der Umsatzberechnung zu berücksichtigen ist, müsste noch in den Erläuertungen näher bestimmt werden

Die Orientierung am lokalen Kaufkraftpotenzial der Standortgemeinde dient einer möglichst verbrauchernahen und verkehrsmindernden Versorgung der Bevölkerung und darf ebenfalls nicht mit einer unzulässigen wirtschaftlichen Bedarfsprüfung verwechselt werden.

Die Beschränkung des Umfangs für geplante Einzelhandelsgroßprojekte mit nicht zentrenrelevantem Kernsortiment wird erkennbar nicht mehr aus der zentralörtlichen Gliederung abgeleitet. Ob sich die jetzt vorgesehene Steuerungsgröße der geschilderten Umsatz-Kaufkraft-Relation als wirksame Vorkehrung gegen geradezu riesige Erweiterungen und Neuansiedlungen vor allem im Bereich der Möbel- und Einrichtungshäuser und damit gegen eine übermäßige Konzentration dieser Branchen auf einige wenige Standorte erweisen wird, bleibt abzuwarten. Ein Versuch, diese sowohl aus städtebaulicher als auch aus raumordnerischer Sicht bedenkliche Entwicklung solcher Großkomplexe außerhalb der zentralen Versorgungsbereiche einzudämmen, ist auf jeden Fall geboten.

Zudem sollte geprüft werden, ob nicht für große Einzelvorhaben oder auch für größere Agglomerationen solcher Märkte mit regionaler Versorgungsbedeutung die Darstellung eines allgemeinen Siedlungsbereiches mit Zweckbindung im Regionalplan gefordert werden muss, um die Regionalverträglichkeit zusätzlich abzusichern. Ein solcher Ansatz war bereits für solche Agglomerationen im § 24a Abs. 3 Satz 3 LEPro enthalten.

b) Zur Sicherstellung der Raumverträglichkeit solcher Großvorhaben mit nicht zentrenrelevantem Kernsortiment sind des Weiteren unbedingt die *zentrenrelevanten Randsortimente zu beschränken*, um die zentralen Versorgungsbereiche zu schützen.

Nach Ziel 5 dürfen Einzelhandelsgroßprojekte mit nicht zentrenrelevantem Kernsortiment auch außerhalb von zentralen Versorgungsbereichen (aber innerhalb des Allgemeinen Siedlungsbereiches) ausgewiesen werden, wenn der Umfang der zentrenrelevanten Randsortimente maximal 10 % der Verkaufsfläche beträgt. Dabei dürfen zentrale Versorgungsbereiche durch den absoluten Umfang der zentrenrelevanten Randsortimente nicht wesentlich beeinträchtigt werden. Nach dem Grundsatz 6 soll der Umfang der zentrenrelevanten Randsortimente 2.500 m² Verkaufsfläche nicht überschreiten.

Randsortimente haben lediglich ergänzenden Charakter, stehen in Beziehung zum Kernsortiment und müssen dem Kernsortiment in Umfang und Gewichtigkeit deutlich untergeordnet sein. Die Beschränkung der zentrenrelevanten Randsortimente auf max. 10 % der Verkaufsfläche markiert die absolute Obergrenze. Entscheidend ist aber, dass von diesen zentrenrelevanten Randsortimenten keine Schädigung zentraler Versorgungsbereiche ausgehen darf. Bei sehr großen Fachmärkten, vor allem in kleinen Mittelzentren, können zentrenrelevante Randsortimente auch bereits unterhalb der Maximalgrenze von 10 % der Gesamtverkaufsfläche zentrenschädlich sein. Zur Bestimmung des absoluten

Umfangs der zentrenrelevanten Randsortimente ist daher eine projekt- und situationsbezogene Zentrenverträglichkeitsprüfung erforderlich. Eine derartige Prüfung ist ohnehin schon aus städtebaurechtlichen Gründen für eine sachgerechte Abwägung erforderlich.

Um wesentliche Beeinträchtigungen zentraler Versorgungsbereiche auszuschließen, müssen in diese Auswirkungsprognosen auch die zentrenbezogenen Wirkungen der zentrenrelevanten Randsortimente der in den im Einzugsbereich der betroffenen zentralen Versorgungsbereiche bestehenden Fachmärkte einbezogen und bei der Bestimmung der jeweiligen projektbezogenen Obergrenzen berücksichtigt werden.

Diese Art der Zentrenverträglichkeitsprüfung darf nicht mit einer wirtschaftlichen Bedarfsprüfung verwechselt werden. Bei der Bestimmung der jeweiligen Obergrenze geht es nur darum, zentrenschädliche Auswirkungen und damit städtebauliche und raumordnerische Fehlentwicklungen auszuschließen.

Die absolute Obergrenze von 2.500 m² Verkaufsfläche ist im Planentwurf nur noch als Grundsatz 6 ausgebildet. Die Untersuchungen von Junker & Kruse haben gezeigt, dass eine feste Obergrenze von 2.500 m² sich empirisch nicht exakt belegen lässt. Sie entspricht aber einer langjährigen Verwaltungspraxis und wird daher von den Planerläuterungen in Form eines zu berücksichtigenden Grundsatzes zur Anwendung empfohlen.

Wie bei allen relativen oder absoluten Obergrenzen besteht auch hier die Gefahr, dass diese durch kumulierende Vorhaben unterlaufen werden. Bei Bauleitplanungen für mehrere Großprojekte, die in einem engen funktionalen und räumlichen Zusammenhang realisiert werden sollen, ist daher sicherzustellen, dass insgesamt die jeweiligen Obergrenzen für zentrenrelevante Randsortimente nicht überschritten werden. Entsprechende Kumulationsregelungen sollten in den Text der Festlegungen aufgenommen werden. Für die gewollte Bindungswirkung dürfte es nicht ausreichen, eine Gesamtbetrachtung kumulierender Vorhaben nur in den Erläuterungen vorzugeben.

5. Verbot zentrenschädlicher Agglomerationen

Mit dem Ziel 8 will der Teilplan sicherstellen, dass die Gemeinden dem Entstehen neuer und der Verfestigung und Erweiterung bestehender zentrenschädlicher Einzelhandelsagglomerationen außerhalb allgemeiner Siedlungsbereiche entgegenwirken sollen. Dasselbe gilt für die Verfestigung und Erweiterung bestehender zentrenschädlicher Einzelhandelsagglomerationen mit zentrenrelevanten Kernsortimenten außerhalb zentraler Versorgungsbereiche.

Mit dieser Festlegung will der Teilplan die erkennbar zentrenschädlichen räumlichen Konzentrationen auch nicht großflächiger Einzelhandelsbetriebe den für Einzelhandelsgroßprojekte geltenden raumordnerischen Zielen unterwerfen. Es ist in der Tat nicht einzusehen, dass zentrenschädliche Einkaufszentren im Sinne des § 11 Abs. 3 Satz 1 Ziffer 1 BauNVO durch diese Zielvorgaben verhindert werden sollen, zentrenschädliche Agglomerationen aber entstehen oder verfestigt werden können, die zwar nicht die Begriffsvoraussetzungen eines Einkaufszentrums erfüllen, die aber dieselben schädigenden Auswirkungen auf das Zentrengefüge haben.

Das BVerwG hat in seinem Urteil vom 10.11.2011[19] eine Regelung im Regionalplan Heilbronn-Franken als raumordnerisches Ziel anerkannt, wonach eine Agglomeration wie ein großflächiger Einzelhandelsbetrieb oder wie ein Einkaufszentrum zu behandeln ist, sofern raumordnerische Wirkungen wie bei einem solchen großflächigen Einzelhandelsbetrieb oder einem Einkaufszentrum zu erwarten sind.

Die Anwendung der für die Planung von Einzelhandelsgroßprojekten im Sinne des § 11 Abs. 3 BauNVO geltenden Festlegungen, insbesondere des Integrationsgebotes und des Beeinträchtigungsverbotes, können dann im Hinblick auf bestehende oder entstehende zentrenschädliche Agglomerationen zu entsprechenden Planungspflichten der jeweiligen Gemeinde führen. Eine solche raumordnerische Agglomerationsregelung schlägt somit die Brücke zur Anwendung der einschlägigen Festlegungen und schließt damit eine bislang bestehende Lücke der raumordnerischen Einzelhandelssteuerung.

Die Formulierung des Zieles 8 zu Einzelhandelsagglomerationen bedarf noch einer Optimierung. Die Festlegung muss den Begriff der Agglomeration raumordnerisch noch definieren und dann regeln, dass die für Einzelhandelsgroßprojekte geltenden Festlegungen, also die verschiedenen Ge- und Verbote, auch auf solche zentrenschädliche Einzelhandelsagglomerationen anzuwenden sind.

Die vom BVerwG gebilligte Formulierung der Agglomerationsregelung hat folgenden Wortlaut: „Mehrere selbstständige, je für sich nicht großflächige Einzelhandelsbetriebe sind bei einer räumlichen Konzentration als Agglomeration anzusehen und damit als großflächiger Einzelhandelsbetrieb bzw. als Einkaufszentrum zu behandeln, sofern raumordnerische Wirkungen wie bei einem großflächigen Einzelhandelsbetrieb bzw. Einkaufszentrum zu erwarten sind."

Diese Formulierung sollte weitgehend übernommen werden. Dabei sollte aber berücksichtigt werden, dass auch bestehende großflächige Betriebe Bestandteil einer zentrenschädigenden Agglomeration sein können. Dies könnte durch die Formulierung geschehen, dass mehrere selbständige, auch (d. h. nicht nur) je für sich nicht großflächige Einzelhandelsbetriebe bei einer räumlichen Konzentration als Agglomeration anzusehen sind.

Eine solche Agglomerationsregelung enthält selbst kein eigenständiges Ziel, sondern unterwirft eine solche Agglomeration den für die Planung von Einzelhandelsgroßprojekten geltenden raumordnerischen Vorgaben (Gebote und Verbote) und löst damit im Hinblick auf die einschlägigen Ziele über § 1 Abs. 4 BauGB entsprechende Anpassungspflichten für die jeweilige Standortgemeinde aus.

Verstöße insbesondere gegen das Integrationsgebot und das Beeinträchtigungsverbot können mit den verfügbaren städtebaulichen Planungsinstrumentarien weitgehend verhindert werden.[20] Die wichtigste Möglichkeit, das Verbot durchzusetzen, zentrenschädlichen Agglomerationen zu ermöglichen oder zu verfestigen, besteht in Baugebieten, insbesondere in Gewerbe- und Mischgebieten in

[19] Az. 4 C N 9.10 (zum IKEA-Vorhaben in Rastatt); zum raumordnerischen Agglomerationsverbot siehe auch das OVG Koblenz, Urt. v. 23.3.2012 – 2 A 11176/11.OVG.

[20] Zu den planerischen Möglichkeiten siehe die Erläuterungen des Teilplanentwurfes auf S. 16 sowie *Janning/Grotefels* (Fn. 1), Abschnitt 2.6.3, S. 98 bis 99.

dem Ausschluss der gesamten Einzelhandelsnutzung nach § 1 Abs. 5 oder zumindestens des zentrenrelevanten Einzelhandels nach § 1 Abs. 9 BauNVO. Im unbeplanten Innenbereich eröffnet § 9 Abs. 2 a BauGB die Möglichkeit, durch einen einfachen Bebauungsplan den zentrenrelevanten Einzelhandel auszuschließen.[21]

6. *Regionalplanerische Einzelhandelssteuerung*

Zur Frage der regionalplanerischen Einzelhandelssteuerung enthält der Entwurf des Teilplanes nur den Grundsatz, dass regionale Einzelhandelskonzepte bei der Aufstellung und Änderung von Regionalplänen in die Abwägung einzustellen sind.

In der einschlägigen Erläuterung wird ausgeführt, dass regionale Einzelhandelskonzepte ein wichtiges informelles Instrument einer kooperativen Einzelhandelsentwicklung darstellen. Der einschlägige Grundsatz betone die Wichtigkeit solcher Konzepte im Rahmen der Abwägung bei der Aufstellung und Änderung von Regionalplänen.

Welche Rolle die Regionalpläne bei der raumordnerischen Einzelhandelssteuerung konkret spielen sollen und dürfen, wird in dem Teilplan nicht weiter ausgeführt.

Hier wird insbesondere noch zu klären sein, ob und inwieweit Regionalpläne Elemente aus einem regionalen Einzelhandelskonzept als verbindliche Ziele für die Bauleitplanung übernehmen dürfen. Hierbei ist insbesondere die Frage zu klären, ob und inwieweit Regionalpläne gebietsscharfe Festlegungen für regional bedeutsame zentrale Versorgungsbereiche oder auch für die Ansiedlung neuer oder die Erweiterung bestehender Einzelhandelsgroßbetriebe mit regionaler Ausstrahlung treffen dürfen. Diese Fragen dürften aber nur im Zusammenhang mit der anstehenden umfassenden Novellierung des Landesplanungsrechtes in NRW zu klären und zu entscheiden sein.

V. Fazit

Der vorliegende Entwurf des sachlichen Teilplans „Großflächiger Einzelhandel" lässt die Konturen für die künftige landesplanerische Steuerung der Einzelhandelsgroßprojekte hinreichend deutlich erkennen. Eine Untersagung zielwidriger Planungen nach § 36 Abs. 1 Nr. 2 Landesplanungsgesetz ist daher durchaus möglich.

Die Grundausrichtung der vorgesehenen Ziele und Grundsätze ist von der Leitvorstellung einer nachhaltigen Stadt- und Raumentwicklung und von den Grund-

---

[21] Zu einer solchen Ausschlussplanung siehe insbesondere die neueren bundesverwaltungsgerichtlichen Entscheidungen: BVerwG Urt. v. 29.1.2009 – 4 C 16.07; ZfBR 2009, 466 ff; Urt. v. 26.3.2009 – 4 C 21.07; DVBl 2009, 910; BauR 2009, 1245; ZfBR 2009, 463 (mit Anmerkung von *Janning,* S. 437–439); Beschl. v. 23.7.2009 – 4 BN 28.09; Beschl. v. 21.2.2011 – 4 BN 7.11 (BauR 2011, 1127); Beschl. v. 1.6.2011 – 4 B 2.11; Beschl. v. 26.7.2011 – 4 BN 9.11 sowie *Kuschnerus,* Der standortgerechte Einzelhandel, 2007, S. 253–273; *Bunzel/Janning/Kruse/Kühn,* Erhaltung und Entwicklung zentraler Versorgungsbereiche, difu-Arbeitshilfe, 2009, S. 125–159; *Janning,* Ausschluss und Beschränkung des zentrenrelevanten Einzelhandels außerhalb der zentralen Versorgungsbereiche, Handbuch Einzelhandel (Hrsg. Kruse), Aug. 2012, S. 159–194.

anliegen der Erhaltung und Entwicklung zentraler Versorgungsbereiche sowie einer auch im Übrigen verbrauchernahen Versorgung her ausdrücklich zu begrüßen.

Der Entwurf war eine gute Grundlage für das durchgeführte Beteiligungsverfahren. Er muss für die Endfassung des Teilplans lediglich noch in wenigen Regelungs- und Begründungselementen optimiert werden.

Anhang 1: Rechtsprechung und Literatur zur raumordnerischen Einzelhandelssteuerung

- **Wichtige Entscheidungen des BVerwG**
  - Urt. v. 17.9.2003 – 4 C 14.01; BauR 2004, 443; DVBl 2003, 1456 BVerwGE 118, 181
  - Beschl. v. 8.3.2006 – 4 B 75.05; BauR 2006, 1087; DVBl 2006, 772; UPR 2006, 236
  - Urt. v. 5.11.2009 – 4 C 3.09; DVBl 2010, 180
  - Beschl. v. 14.4.2010 – 4 B 78/09; NVwZ 2010, 1026
  - Urt. v. 16.12.2010 – 4 C 8.10; DVBl 2011, 491; BauR 2011, 781; UPR 2011, 273
  - Urt. v. 22.6.2011 – 4 CN 4.10
  - Urt. v. 10.11.2011 – 4 CN 9.10

- **Wichtige obergerichtliche Entscheidungen**
  - VGH Baden-Württemberg, Urt. v. 21.9.2010 – 3 S 324/08 –, Urt. v. 17.12.2009 – 3 S 2110/08 – sowie Beschl. v. 9.12.2005 – 3 S 1754/05 -,
  - VGH Bayern, Urt. v. 7.6.2000 – 26 N 99.2961 –, – 26 N 99.3207 –, – 26 N 99.3265 –;
  - OVG Sachsen, Urt. v. 26.5.1993 – 1 S 68/93 –;
  - OVG Mecklenburg-Vorpommern, Urt. v. – 3 K 27/07 –;
  - OVG Thüringen, Urt. v. 20.12.2004 – 1 N 1096/03 –;
  - VGH Hessen, Urt. v. 24.8.2006 – 3 N 2489/05 –;
  - OVG Rheinland-Pfalz, Urt. v. 15.11.2010 – 1 C 10320/09.OVG –; Urt. v. 23.3.2012 – ZA 11176/11. OVG
  - OVG Berlin-Brandenburg, Urt. v. 12.5.2006 – OVG 12 A 28.05 –;
  - OVG Schleswig-Holstein, Urt. v. 22.4.2010 – 1 KN 19/09;
  - VerfGH NRW, Urt. v. 26.8.2009, – 18/08 –;
  - OVG NRW, Urt. v. 30.9.2009 – 10 A 1676/08;
  - Nieders. OVG, Urt. v. 15.3.2012 – 1 KN 152/10 + 1 KN 251/10; Urteil vom 25.4.2012 – 1 KN 215/10 (zum FOC Soltau)

Literaturhinweise zur raumordnerischen Einzelhandelssteuerung

Bunzel/Hanke, Grenzen der Regelungskompetenz der Raumordnungsplanung im Verhältnis zur kommunalen Planungshoheit, hrsg. von der Freiherr vom Stein-Akademie, Kommunal- und Schul-Verlag Wiesbaden 2011;

Bunzel/Steger, Raumordnungsplanung quo vadis? Tagungsband, hrsg. von der Freiherr vom Stein-Akademie, Kommunal- und Schul-Verlag Wiesbaden 2012

Bunzel, Steuerung von Einzelhandelsstandorten durch Raumordnungsplanung; im Handbuch Einzelhandel (Hrsg. Kruse), vhw-Verlag Bonn 2012, S. 89 – 134

Janning/Grotefels, Rechtliche Anforderungen an raumordnerische Festlegungen zur Einzelhandelssteuerung; in Konze/Wolf (Hrsg.) Arbeitsbericht 2 der Akademie für Raumforschung und Landesplanung (ARL), Einzelhandel in NRW planvoll steuern, Hannover 2012; S. 55 – 100

Janning, Eckpunkte einer möglichen landesplanerischen Steuerung, in: Konze/Wolf (Hrsg.), Arbeitsbericht 2 der Akademie für Raumforschung und Landesplanung (ARL), Einzelhandel in NRW planvoll steuern, Hannover 2012, S. 101 – 113

Uechtritz, Neues zur raumordnerischen Einzelhandelssteuerung; Zulässigkeit von Kongruenzgeboten als Soll-Ziele, ZfBR 2011, 648;

Uechtritz, Zur Erforderlichkeit und zu den Möglichkeiten der räumlichen Steuerung von Einzelhandelsstandorten durch die Raumordnungsplanung, in: Bunzel/Steger, Raumordnungsplanung quo vadis? Tagungsband (S. 103 – 129), hrsg. von der Freiherr vom Stein-Akademie, Kommunal- und Schulverlag Wiesbaden 2012, S. 103 – 129

Kuschnerus, Der standortgerechte Einzelhandel, 2007, S. 214 ff.;

Kuschnerus, Die Steuerung des Einzelhandels durch landesplanerische Ziele der Raumordnung, ZfBR 2010, 324 ff

Sparwasser, Einzelhandelssteuerung in der Regionalplanung, VBlBW 2008, 171 ff.;

vgl. auch MKRO – Ministerkonferenz für Raumordnung, Bedeutung des Einzelhandels für die Innenstädte, Beschluss vom 29.4.2008 sowie Positionspapier vom 15.12.2010,

Anhang 2: Landesentwicklungsplan Nordrhein-Westfalen – Sachlicher Teilplan Großflächiger Einzelhandel

(Auszug aus dem Entwurf v. 17.4.2012)

Festlegungen zum großflächigen Einzelhandel

Ziele und Grundsätze

1. Ziel: Standorte nur in Allgemeinen Siedlungsbereichen

Kerngebiete und Sondergebiete für Vorhaben i. S. des § 11 Abs. 3 Baunutzungsverordnung dürfen nur in regionalplanerisch festgelegten Allgemeinen Siedlungsbereichen dargestellt und festgesetzt werden.

2. Ziel: Zentrenrelevante Kernsortimente: Standorte nur in zentralen Versorgungsbereichen

Dabei dürfen Kerngebiete und Sondergebiete für Vorhaben i. S. des § 11 Abs. 3 Baunutzungsverordnung mit zentrenrelevantem Kernsortiment nur in zentralen Versorgungsbereichen dargestellt und festgesetzt werden.

Ausnahmsweise dürfen Kerngebiete und Sondergebiete für Vorhaben i. S. des § 11 Abs. 3 Baunutzungsverordnung mit nahversorgungsrelevantem Kernsortiment auch außerhalb zentraler Versorgungsbereiche dargestellt und festgesetzt werden, wenn nachweislich:

- eine integrierte Lage in den zentrale Versorgungsbereichen nicht möglich ist und
- die Gewährleistung einer wohnortnahen Versorgung mit Gütern des täglichen Bedarfs diese Bauleitplanung erfordert und
- zentrale Versorgungsbereiche von Gemeinden nicht wesentlich beeinträchtigt werden.

3. Ziel: Zentrenrelevante Kernsortimente: Beeinträchtigungsverbot

Durch die Darstellung und Festsetzung von Kerngebieten und Sondergebieten für Vorhaben i. S. des § 11 Abs. 3 Baunutzungsverordnung mit zentrenrelevantem Kernsortiment dürfen zentrale Versorgungsbereiche von Gemeinden nicht wesentlich beeinträchtigt werden.

4. Grundsatz: Nicht zentrenrelevante Kernsortimente: Verkaufsfläche

Bei der Darstellung und Festsetzung von Sondergebieten für Vorhaben i. S. des § 11 Abs. 3 Baunutzungsverordnung mit nicht-zentrenrelevantem Kernsortiment außerhalb von zentralen Versorgungsbereichen soll der zu erwartende Gesamtumsatz der durch die jeweilige Festsetzung ermöglichten Einzelhandelsnutzungen die Kaufkraft der Einwohner der jeweiligen Gemeinde für die geplanten Sortimentsgruppen nicht überschreiten.

5. Ziel: Nicht zentrenrelevante Kernsortimente: Standort, Beeinträchtigungsverbot, relativer Anteil zentrenrelevanter Randsortimente

Sondergebiete für Vorhaben i. S. des § 11 Abs. 3 Baunutzungsverordnung mit nicht zentrenrelevantem Kernsortiment dürfen auch außerhalb von zentralen Versorgungsbereichen dargestellt und festgesetzt werden, wenn der Umfang der zentrenrelevanten Randsortimente maximal 10 % der Verkaufsfläche beträgt. Dabei dürfen zentrale Versorgungsbereiche von Gemeinden durch den absoluten Umfang der zentrenrelevanten Randsortimente nicht wesentlich beeinträchtigt werden.

6. Grundsatz: Nicht zentrenrelevante Kernsortimente: Verkaufsfläche zentrenrelevanter Randsortimente

Der Umfang der zentrenrelevanten Randsortimente eines Sondergebietes für Vorhaben i. S. des § 11 Abs. 3 Baunutzungsverordnung mit nicht zentrenrelevantem Kernsortiment soll 2.500 m^2 Verkaufsfläche nicht überschreiten.

7. Ziel: Überplanung von vorhandenen Standorten

Vorhandene Standorte von Vorhaben im Sinne von § 11 Abs. 3 Baunutzungsverordnung außerhalb von zentralen Versorgungsbereichen dürfen als Sondergebiete gemäß § 11 Abs. 3 Baunutzungsverordnung dargestellt und festgesetzt werden. Dabei sind die Verkaufsflächen in der Regel auf den genehmigten Bestand zu begrenzen.

Ausnahmsweise kommen auch geringfügige Erweiterungen in Betracht, wenn diese für eine funktionsgerechte Weiternutzung des Bestandes notwendig sind und durch die Festlegung keine wesentliche Beeinträchtigung zentraler Versorgungsbereiche von Gemeinden erfolgt.

8. Ziel: Einzelhandelsagglomerationen

Die Gemeinden haben dem Entstehen neuer sowie der Verfestigung und Erweiterung bestehender zentrenschädlicher Einzelhandelsagglomerationen außerhalb Allgemeiner Siedlungsbereiche entgegenzuwirken. Darüber hinaus haben sie dem Entstehen neuer sowie der Verfestigung und Erweiterung bestehender zentrenschädlicher Einzelhandelsagglomerationen mit zentrenrelevanten Kernsortimenten außerhalb zentraler Versorgungsbereiche entgegenzuwirken. Sie haben sicherzustellen, dass eine wesentliche Beeinträchtigung zentraler Versorgungsbereiche von Gemeinden durch zentrenschädliche Einzelhandelsagglomerationen vermieden wird.

9. Grundsatz: Regionale Einzelhandelskonzepte

Regionale Einzelhandelskonzepte sind bei der Aufstellung und Änderung von Regionalplänen in die Abwägung einzustellen.

FOLKERT KIEPE

Interkommunale Zusammenarbeit – nur sektoral oder in Städteregionen?

I. Ausgangslage

Bei den Debatten über notwendige Verwaltungsstrukturreformen in den Mitgliedstaaten der Europäischen Union und in den Ländern der Bundesrepublik Deutschland gewinnen Überlegungen an Bedeutung, zentral-staatliches Handeln zu beschränken und statt dessen dezentrale Strukturen auf der lokalen und regionalen Ebene – d. h. in Deutschland die kommunale Selbstverwaltung – zu stärken. Dazu gehören auch bessere und neue Formen interkommunaler Zusammenarbeit in den jeweiligen Regionen.

Städteregionen und Verdichtungsräume werden zunehmend als regionale Wachstumsmotoren gesehen, öffentliche wie private Akteure fordern übereinstimmend eine verbesserte interkommunale Zusammenarbeit im regionalen Kontext. Zu den Gründen zählen insbesondere

- kommunale Grenzen überschreitende Aufgaben und Problemstellungen,
- die zu kleinteiligen politisch-administrativen Strukturen auf lokaler Ebene,
- zunehmende finanzielle Ungleichgewichte zwischen Kernstädten und Umlandgemeinden,
- eine Regionalisierung staatlicher Förderpraxis sowie
- ein Bedeutungsgewinn der regionalen Ebene (Metropolregionen) im Kontext des sich verschärfenden und internationalisierenden Wettbewerbs der Städte.[1]

II. Aufgabenfelder interkommunaler Zusammenarbeit

In der Fachwelt herrscht schon seit längerem Konsens darüber, dass es auf der Ebene der Stadtregionen eine ganze Reihe von Aufgabenfeldern gibt, in denen interkommunale Zusammenarbeit notwendig ist und die auch durch Kooperation auf der regionalen Ebene bewältigt werden können.[2]

1. Freiraum- und Klimaschutz

Die Erhaltung und Sicherung von Flächen für den großräumigen Freiraum- und Klimaschutz einschließlich der Abstimmung von Ausgleichsmaßnahmen ist schon früh als übergemeindliche, regionale Aufgabe erkannt worden.

---

[1] Heinz (Hrsg.): Stadt und Region – Kooperation oder Koordination?; ein internationaler Vergleich, 2000, S. 31 ff. und S. 169 ff.

[2] *Kiepe* „Die Stadt und ihr Umland – Zur Notwendigkeit der Bildung von Stadtregionen", in: Informationen zur Raumentwicklung der Bundesforschungsanstalt für Landeskunde und Raumordnung, Heft 4/5 1996, S. 307–316.

2. *Siedlungsentwicklung und Bodenpolitik*

Notwendig ist eine Abstimmung der Ausweisung und Bereitstellung von Gewerbeflächen und Wohnungsbauflächen.

3. *Verkehrsentwicklung*

Eine gemeinsame Aufgabe der Städte und Gemeinden in den gewachsenen Verkehrsregionen ist der Ausbau, die Beschleunigung und die Vernetzung der ÖPNV-Systeme einschließlich der damit verbundenen Fragen der Verkehrslenkung zu Umsteigeanlagen sowie der Tariffragen und die Verknüpfung des ÖPNV mit dem Verkehrsnetz des Individualverkehrs (Kfz-, Fahrrad-, Fußwege).

4. *Infrastruktur für Ver- und Entsorgung*

Als weiteres Aufgabenfeld kommunaler Zusammenarbeit drängen sich Planung, Bau und Betrieb regional bedeutsamer Versorgungs- und Entsorgungseinrichtungen auf, z. B. im Bereich der Energieversorgung, Abfallbeseitigung und Stadtentwässerung.

5. *Regionales Standortmarketing*

Aufgaben kommunaler Zusammenarbeit sind ferner Wirtschaftsförderung, Stadtmarketing, Werbung und Tourismus.

6. *Kulturförderung*

Sinnvoll ist auch eine gemeinsame Verantwortung der Städte und Gemeinden einer Region zur Gestaltung kultureller Angebote und Einrichtungen, insbesondere solcher, die für das individuelle Profil und die Identität einer Region von Bedeutung sind. Dies schließt die Vernetzung weiterhin selbständiger Institutionen, z. B. der Weiterbildung, ebenso ein wie eine gemeinsame Trägerschaft von Theatern, Orchestern und Museen.

7. *Grenzüberschreitende Kooperationen*

Ein weiteres Handlungsfeld kommunaler Zusammenarbeit ergibt sich bei grenzüberschreitenden Kooperationen. Dies gilt nicht nur für die interkommunale Zusammenarbeit über Landesgrenzen hinweg, wie z. B. zwischen Bonn und den Gemeinden an der Ahr, sondern auch staatsgrenzenüberschreitend z. B. im Raum Aachen-Maastricht-Lüttich und Saar-Lor-Lux

III. Kooperationsformen für einzelne Aufgabenfelder

Aus den Ausführungen zu den Aufgabenfeldern kommunaler Zusammenarbeit in der Region ergibt sich, dass die Handlungsformen kommunaler Kooperation in den einzelnen Bereichen verschieden sein werden und sich auf jeweils unterschiedliche Bezugsebenen beziehen können. Zwei Organisationsformen stehen im Vordergrund:

1. Zweckverbände

Viele der zuvor genannten Aufgabenfelder können in der Form des Zweckverbandes bewältigt werden. Bei dieser Kooperationsform gehen hinsichtlich des vereinbarten Aufgabenbereichs grundsätzlich alle Rechte und Pflichten einschließlich des Satzungsrechts auf die neue Körperschaft über. Hauptanwendungsfälle dieser Zweckverbände liegen im Ver- und Entsorgungsbereich, zum Beispiel in der Wasser- und Energieversorgung, der Abwasser- und Müllbehandlung, im öffentlichen Personennahverkehr sowie in der gemeinsamen Unterhaltung bestimmter öffentlicher Einrichtungen wie Sportstätten, Volkshochschulen, Musikschulen und Museen.

2. Umland- und Regionalverbände

In den Ballungsräumen reicht diese Kooperationsform in der Regeln nicht aus; wegen der Intensität der sich überlagernden Aufgabenfelder bietet sich hier die Organisationsform der Umland- und Regionalverbände an. In vielen Verdichtungsräumen wurden per Gesetz Regionalverbände als Planungsverbände gegründet. Die Problem- und Aufgabenstellung dieser Verbände ist gekennzeichnet durch das jeweilige Verhältnis von Kernstadt und Umlandgemeinden. Ein gutes Beispiel interkommunaler Zusammenarbeit wurde mit dem neuen Verband Region Stuttgart geschaffen. Dieser 1994 gegründete Verband muss als Träger der Regionalplanung die geordnete Entwicklung der Region fördern, dabei die Ziele der Raumordnung und Landesplanung beachten, sowie auf einen Ausgleich der Interessen zwischen den Mitgliedsgemeinden hinwirken. In diesem Verband werden die Beschlussorgane direkt gewählt.

IV. Ziele einer Neuordnung der regionalen Ebene

Für eine über die einzelnen Fachsektoren hinausreichende, integrierte Steuerung der kommunalen Aufgaben auf der regionalen Ebene sind aber Zweckverbände auf Dauer keine Lösung. Die einzelnen fachlich sektoral organisierten und auch agierenden Zweckverbände (z. B. in den Bereichen ÖPNV, Abwasser, Siedlungsentwicklung, Einzelhandel, Kultur) werden weder fachlich ausreichend koordiniert, noch sind sie hinsichtlich des kommunalen Gesamtinteresses auf der regionalen Ebene ausreichend legitimiert. Die kommunale Selbstverwaltung wird damit im Ergebnis eher geschwächt.

Über alle unterschiedlichen Sichtweisen hinweg kann wohl festgehalten werden, dass angesichts der neuen Aufgabenstellungen für die Länder und die kommunalen Gebietskörperschaften – insbesondere auf der regionalen Ebene und im europäischen Zusammenhang – und angesichts eingeschränkter öffentlicher Finanzierungsspielräume Verwaltungsstrukturreformen dringend geboten sind. Dabei sollten – aus kommunaler Sicht – folgende Grundüberlegungen leitend sein:

Die kommunale Selbstverwaltung und die damit verbundene kommunale Eigenständigkeit im Staatsaufbau ermöglichen eine orts- und bürgernahe Staats-

und Verwaltungstätigkeit und bieten außerdem zwei außerordentlich wichtige Vorteile, die gerade in Zeiten grundlegender Veränderungen (im ökonomischen Bereich die Globalisierung, im politischen Bereich die Vertiefung und Erweiterung der EU) von besonderer Bedeutung sind: Zum einen ist dieses dezentrale System besonders flexibel und kann die unterschiedlichen Entwicklungen in den einzelnen Räumen eines großen Flächenstaates – und erst recht der Europäischen Union – viel besser aufnehmen, als dies eine Zentralverwaltung könnte. Zum anderen ist mit diesem System die für grundlegende Entscheidungen unabdingbare Zustimmung der Bevölkerung eher erreichbar als auf nationaler oder europäischer Ebene. Richtig praktiziert kann es somit zwei wichtige Säulen erfolgreichen Verwaltungshandelns miteinander verbinden: Effizienz und Legitimität.

Das Ziel solcher Verwaltungsstrukturreformen in den Ländern muss sein,
- die Landesverwaltungen auf rein staatliche Aufgaben zu konzentrieren und sie von nichtstaatlichen Aufgaben zu entlasten (Dezentralisierungsgedanke);
- die kommunale Selbstverwaltung in ihrer Handlungsfähigkeit und in ihrem Gestaltungsspielraum zu stärken und ihr dazu all die Aufgaben zuzuweisen, die örtlich und regional bewältigt werden können (Subsidiaritätsgedanke);
- die Schnittstelle zwischen neu organisierter staatlicher Landesverwaltung und kommunaler Selbstverwaltung so zu organisieren, dass sie sowohl jeweils für sich als auch gemeinsam ihre Leistungsfähigkeit steigern können (Effizienzgedanke).

V. Eckpunkte für eine Verwaltungsstrukturreform der lokalen und regionalen Ebene

Hierauf gestützt sollten bei den Verwaltungsstrukturreformen zur Modernisierung und Stärkung kommunaler Selbstverwaltung folgende *Eckpunkte* berücksichtigt werden:

1. Bei allen Organisationsüberlegungen muss zunächst eine Aufgabenkritik und -prüfung stattfinden, um entscheiden zu können, ob die jeweilige Aufgabe als öffentliche Aufgabe künftig ganz entfallen und statt dessen privatem Handeln überlassen werden kann oder staatlich bzw. kommunal wahrgenommen werden soll. Erst wenn man sich darauf verständigt hat, was auf der örtlichen, was auf einer kommunal verfassten regionalen Ebene und was auf der Ebene staatlicher Landesverwaltung zu regeln und zu beachten ist, sollte man über die entsprechenden Organisationsformen debattieren, streiten und entscheiden.

2. Zur kommunalen Selbstverwaltung gehört sowohl die örtliche, als auch die regionale Ebene. Zur staatlichen Landesverwaltung gehören die Ministerien und - soweit in den großen Flächenländern erforderlich - die Bezirksregierungen als sog. Mittelbehörden mit Bündelungsfunktion.

3. Die Bezirksregierungen sollten auf ihre originären staatlichen Aufgaben begrenzt werden. Dazu gehören unstreitig alle hoheitlichen Aufgaben, wie z. B. die Kommunal- und Rechtsaufsicht sowie die Polizei. Dagegen sind die Aufgabenfelder Regionalplanung, Verkehr, Sport, Kultur und Denkmalschutz, Gesundheit, Soziales und auch Umwelt, Wirtschaft und Schule der kommunalen

Selbstverwaltung zuzuordnen und daher von einer kommunalverfassten Regionalorganisation übernommen werden.

4. Bei einer Neuverteilung der Aufgaben müssen Doppelzuständigkeiten bzw. fachliche Kompetenzüberschneidungen vermieden werden. Die bisher vorhandenen Landesober-, Unter- und Sonderbehörden sind aufzulösen und in den Verwaltungsaufbau des Landes bzw. der kommunalen Selbstverwaltung einzugliedern. Neue staatliche Sonderverwaltungen darf es nicht geben.

5. Kommunale und staatliche Verwaltungen auf der mittleren Ebene sollten nicht in einer gemeinsamen Behörde zusammengefasst werden, um staatliche Eingriffe in kommunale Selbstverwaltungsaufgaben von vornherein auszuschließen. Nur mit einer klaren Trennung der staatlichen und der kommunalen Sphäre kann die notwendige Transparenz in der Aufgaben- und Verantwortungszuweisung erreicht werden.

6. Neue Modelle für eine bessere Organisation der kommunalen Selbstverwaltung auf der örtlichen und der regionalen Ebene dürfen auf keinen Fall zur Errichtung einer zusätzlichen Verwaltungsebene führen. Dies würde sowohl dem Ziel der Verwaltungsvereinfachung, als auch der gewünschten verbesserten Kooperation der kommunalen Gebietskörperschaften zuwiderlaufen. Eine qualitativ neue Planungs- und Verwaltungsebene regionalen Zuschnitts setzt deshalb voraus, dass die kommunale Selbstverwaltung auf dieser Ebene so organisiert wird, dass auf eine der bisherigen Verwaltungsebenen verzichtet werden kann. Zwischen den Städten und Gemeinden einerseits sowie der Landesverwaltung andererseits sollte es daher nur eine – und zwar kommunal organisierte – regionale Ebene geben. Diese Städteregionen würden jeweils von den kreisfreien Städten sowie den Städten und Gemeinden mehrerer Kreise einer funktional gewachsenen Region gebildet und alle kommunalen Aufgaben auf der regionalen Ebene übernehmen. Eine solche Organisationsstruktur erfordert auch eine Veränderung des Aufgaben- und Organisationszuschnitts der Bezirksregierungen – soweit diese in den großen Flächenländern weiterhin erforderlich sind; sie verlangt zugleich eine Integration der Kreise und Zweckverbände in die neuen kommunalverfassten Städteregionen.

7. Voraussetzung jeder Aufgabenverlagerung auf die kommunale Ebene ist die strikte Beachtung des Prinzips der Konnexität von Aufgaben- und Finanzzuweisung.

8. Die zuvor skizzierten, neuzubildenden kommunalverfassten Regionen mit einem bedeutenden, bisher teils in staatlicher, teils in kommunaler Verantwortung liegenden Aufgabenzuschnitt bedürfen einer hinreichenden demokratischen und bürgernahen Legitimation.

VI. Fazit und Ausblick

Die Neugestaltung der interkommunalen Zusammenarbeit in den Regionen ist zwar ein Prozess. Man sollte deshalb schrittweise in realistischen Etappen vorgehen, um Konflikte zu begrenzen und um verschiedene Kooperationsformen zu testen.

Es ist also sinnvoll, die interkommunale Zusammenarbeit in den Regionen zunächst mit den unterschiedlichsten Handlungsformen zu beginnen – und nicht die eine gegen die andere Organisationsform ausspielen, sondern alle Formen auf ihre Stärken und Schwächen hin testen.[3] Diese Phase durchlaufen wir zur Zeit. Die Beispiele reichen von Kooperation auf der Grundlage des privaten Vereinsrechts bis zu Zweckverbänden in einzelnen Aufgabenfeldern und Umlandverbänden mit einer vielfältigen Aufgabenpalette. Auch das Instrument des regionalen Flächennutzungsplans gem. § 9 Abs. VI ROG könnte und sollte stärker genutzt werden.

Bei allen Schwierigkeiten und Widerständen, die mit einer grundlegenden Reform der kommunalen Selbstverwaltung auf der regionalen Ebene verbunden sind, kommt man aber nicht an der Erkenntnis vorbei, dass die hier angesprochenen offenen Fragen beantwortet werden müssen. Wenn es eine leistungsfähige kommunale Selbstverwaltung und lokale Demokratie in der EU auch zukünftig geben soll, müssen Aufgabenzuordnung, Finanzierungsmöglichkeiten und Entscheidungskompetenzen in den funktionalen Räumen wieder in ein kongruentes Verhältnis gebracht werden. Dies wird nur möglich sein, wenn in den gewachsenen Regionen – den funktionalen Räumen – die Bereitschaft entsteht bzw. geschaffen wird, eine Verantwortungsgemeinschaft auf der Basis eines Vorteils- und Lastenausgleichs zu bilden – im Interesse der betroffenen Städte und Gemeinden.[4]

Nur mit solchen funktionsfähigen Städteregionen wird es bundesweit gelingen, eine Konzentration des dynamischen Entwicklungsprozesses auf die sogenannten Metropolregionen zu vermeiden, dem auf Ausgleich zielenden sozialstaatlichen Gebot der „Gleichwertigkeit der Lebensbedingungen“ zu entsprechen und damit zugleich leistungsstarke dezentrale Strukturen mit kommunaler Selbstverwaltung und lokaler Demokratie in der erweiterten Europäischen Union mit 27 Mitgliedstaaten und fast 500 Mio. Einwohnern zu schaffen.

[3] *Fürst* „Weiche“ versus „harte“ Kommunalverbände: Gibt es Gründe für eine „härtere“ Institutionalisierung der regionalen Kooperation?, in: Gerhard Seiler (Hrsg.), Gelebte Demokratie Festschrift für Manfred Rommel, 1997, S. 131 – 157; und *Hesse* Regierungs- und Verwaltungsreform in Nordrhein-Westfalen, in: Eildienst Städtetag Nordrhein-Westfalen, Heft 5/1999, S. 92 – 109.

[4] Siehe hierzu *Priebs* der Städtetag 2000, 18–21; *ders.* DÖV 2002, 144–151; *ders.* DÖV 2010, 503–511; *Priebs/Schwarz* DÖV 2008, 45–53.

MICHAEL MOESKES

Die Planungshoheit der Gemeinden

Dr. Michael Moeskes, Rechtsanwalt, Fachanwalt für Verwaltungsrecht, Lehrbeauftragter für Verwaltungsrecht an der Hochschule Magdeburg, Mitglied des Verfassungsrechtsausschusses der Bundesrechtsanwaltskammer, Präsident der Rechtsanwaltskammer Sachsen-Anhalt

I. Verfassungsrechtlicher Rahmen

Die Planungshoheit ist einer der politisch-funktional wirksamsten und praktisch bedeutsamsten Bereiche der kommunalen Selbstverwaltung.[1] Das kommunale Selbstverwaltungsrecht gemäß Art. 28 Abs. 2 GG stellt ein staatliches Strukturprinzip dar und ist als solches im Grundgesetz und zudem in den Landesverfassungen verfassungsrechtlich verankert.[2]

Die Gemeinde ist hiernach Grundlage und Glied des demokratischen Staates. Sowohl „Grundlage" als auch „Glied" zu sein, kennzeichnet eine Doppelrolle der Gemeinden. Diese Doppelrolle kommt darin zum Ausdruck, dass die Gemeinde zum einen eine Hauptverwaltungsstufe im Bundesstaat bildet. Bei dieser findet zum anderen das Organisationsprinzip der Dezentralisation ebenso seinen Ausdruck wie der Aspekt der vertikalen Gewaltenteilung.[3] Die Gemeinde stellt eine dezentralisierte, partizipative Verwaltung mit einem eigenen Legitimationssystem dar, welches der Bürgernähe, Überschaubarkeit, Flexibilität und Spontanität dienen soll.[4] Die kommunale Selbstverwaltung ist danach nicht nur ein Verwaltungsprinzip, das eine verfassungsrechtliche Absicherung gefunden hat, sondern ist Teil der Verfassungsstrukturentscheidungen selbst.[5]

Die Gemeinde verwaltet – in eigener Verantwortung – „ihre" Angelegenheiten „im Rahmen" der Gesetze.[6] Diese in Art. 28 Abs. 2 GG gewählte Formulierung

[1] Neben der Organisationshoheit, der Personalhoheit, der Steuerhoheit, der Rechtssetzungshoheit und der Finanzhoheit.

[2] Artikel 28 Abs. 2 GG; in den Landesverfassungen Baden-Württemberg: Art. 71 LV Bd. Wtt.; Bayern: Art. 11 Abs. 2 in Verbindung mit Art. 83 LV Bay.; Brandenburg: Art. 97 LV Brandenburg; Bremen: Art. 144 BremVerf; Hessen: Art. 137 HV; Mecklenburg-Vorpommern: Art. 72 Verf M-V; Niedersachsen: Art. 57 NV; Nordrhein-Westfalen: Art. 78 LV NRW; Rheinland-Pfalz: Art. 49 und Art. 50 LV Rh.Pf.; Saarland: Art. 118 SVerf; Sachsen-Anhalt: Art. 2 Abs. 3 und Art. 87 LV Sachsen-Anhalt; Schleswig-Holstein: Art. 46 Abs. 1 und 2 LV Schl.H.; Thüringen: Art. 91 Abs. 1 und 2 ThürVerf.

[3] *Erbguth* VerwArch 1995, 327.

[4] *Henneke,* in: Schmidt-Bleibtreu/Hofmann/Hopfauf, GG, 12. Aufl. 2011, Art. 28 Rn. 30 m. w. N.

[5] BVerfGE 56, 298 (313); 76, 107 (118 f.); *Nierhaus,* in: Sachs, GG, 5. Aufl. 2009, Art. 28 Rn. 56.

[6] Vgl. etwa § 1 Abs. 1 Satz 1 und Satz 2 1. Halbsatz Gemeindeordnung LSA.

greift auf den bereits vom Preußischen Oberverwaltungsgericht geprägten Grundsatz der „Universalität" des gemeindlichen Wirkungskreises zurück.[7] Die in Art. 28 Abs. 2 GG gewählte Formulierung beinhaltet die Gewährleistung der eigenverantwortlichen Regelung „aller Angelegenheiten der örtlichen Gemeinschaft".[8] Die Gemeinde muss sich grundsätzlich alle Angelegenheiten der örtlichen Gemeinschaft, die nicht durch Gesetz bereits anderen Trägern öffentlicher Verwaltung übertragen sind, ohne besondere Kompetenztitel annehmen können (Allzuständigkeit der Gemeinde).[9] Art. 28 Abs. 2 GG enthält also ein verfassungsrechtliches Aufgabenverteilungsprinzip zugunsten der Gemeinden.[9] Für eine Aufgabenerfüllung der Gemeinden sind sie Teil einer Zuständigkeitsvermutung.[9] Dies gilt auch für neue Aufgaben, die sich die Gemeinden aus ihrem Recht zur spontanen Aufgabenerfüllung erschließen können (Aufgabenerfindungsrecht).[9]

Nach der Rechtsprechung des BVerfG sind die Gemeinden als Glieder der staatlichen Gesamtverwaltung in die staatliche Gesamtverwaltung als Träger mittelbarer Staatsverwaltung einbezogen.[9] Hierbei sind sie Teil der vollziehenden Gewalt im Sinne von Art. 20 Abs. 2 GG. Dabei bildet die Gemeindeverwaltung (Kommunalverwaltung) keine dritte Ebene innerhalb des Bundesstaates, vielmehr gehören die Gemeinden bekanntlich zum Organisationsbereich der Länder.[10]

Es ist damit zunächst zu konstatieren, dass die jeweilige Gemeinde sowohl Teil der Exekutive des Gesamtstaates ist, außerdem, dass sie – offenbar „zugleich" – eine der Wirksamkeitsgrundlagen für die Geltung des Demokratieprinzips selbst im Sinne von Art. 20 Abs. 1 GG schafft. Sie ist also mit dem Demokratieprinzip des Grundgesetzes geradezu immanent verknüpft. Die politische Gestaltung erfolgt unmittelbar und elementar auf der Ebene der Gemeinde. Stüer beschreibt dies: „Die Gemeinden sind Teil des demokratischen Staatsaufbaus und nehmen wichtige demokratische, integrative, gewaltenteilende, machtneutralisierenden, konfliktverarbeitende, freiheitssichernde, legitimierende, rechtstaatliche und sozialstaatliche Funktionen wahr.[11] Kommunale Selbstverwaltung bedeutet also zugleich auch stets Dezentralisierung des Staates.

Der kommunalen Selbstverwaltung kommt eine verwaltungsorganisatorische und politisch-demokratische Funktion zu.[12] Denn es besteht eine spezifische demokratische Eigenlegitimation der Gemeinden.[13] Demzufolge ist es nur konsequent, dass hinsichtlich kommunaler Satzungen – der praktisch wichtigsten Handlungsform im Rahmen der gemeindlichen Planungshoheit – den staatlichen Verwaltungsbehörden daher eine allgemeine Normenverwerfungsbefugnis nicht zusteht.[14] Die gemeindliche Satzung ist ein zentrales Instrument zur kommunalen Selbstorganisation sowie der Planung.[15] Satzungsgebung ist Ausübung von Ver-

[7] Vgl. etwa PrOVGE 12, 155 (158).
[8] Vgl. statt anderer *Wiegand/Grimberg,* Gemeindeordnung Sachsen-Anhalt, 3. Aufl. 2003, § 1 Rn. 15.
[9] BVerwG NJW 1991, 159.
[10] Vergleiche statt anderer *Wiegand/Grimberg* (Fn. 8), § 1 Rn. 2.
[11] *Stüer,* Handbuch des Bau- und Fachplanungsrechts, 4. Aufl., Rn. 148.
[12] *Henneke* (Fn. 4), Art. 28 Rn. 30.
[13] *Henneke* (Fn. 4), Art. 28 Rn. 93.
[14] BVerwGE 75, 142 (143 ff.); *Henneke* (Fn. 4), Art. 28 Rn. 93.
[15] *Henneke* (Fn. 4), Art. 28 Rn. 92 m. w. N.

waltungstätigkeit.[16] Das BVerfG hat jedoch ausdrücklich offengelassen, inwieweit die Satzungsgebung zum Kernbereich der Selbstverwaltung gehört.[17]

Zugleich verwirklicht sich ein Teil der Gesamtexekutive des Staates unmittelbar im politischen Planungsprozess der Gemeinde selbst. Lässt sich ein derartiger politischer Prozess auf der Ebene der Gemeinde (überhaupt) nicht mehr durchführen, sind die Gemeinden nicht mehr Grundlage des demokratischen Staatsaufbaus. Ein „Restbereich" oder „Kernbereich" muss also bei der Gemeinde verbleiben. Dies verstärkt sich auch aus dem Demokratieprinzip selbst, neben dem Recht aus Art. 28 Abs. 2 GG. Denn es besteht eine spezifische demokratische Eigenlegitimation der Gemeinden.[18] Das BVerwG hat der Entwicklung, Aufgaben durch Gesetz hochzuzonen und so den Kommunen zu entziehen, Grenzen gesetzt. Es postuliert, dass bei den Gebietskörperschaften ein Kernbereich eigener Kompetenzen bestehen muss. Die Planungshoheit ist daher einer der politisch funktionalen Kernbereiche der kommunalen Selbstverwaltung.[19] Die gemeindliche Planungshoheit darf nicht beseitigt oder derartig ausgehöhlt werden, dass die Gemeinden keinen ausreichenden Planungsspielraum mehr haben.[20] Bei der Bestimmung des Kernbereiches ist vor allem der geschichtlichen Entwicklung und traditionellen Entscheidungsformen der Selbstverwaltung Rechnung zu tragen.[21]

Als Rechtinstitut weist die kommunale Selbstverwaltung einen Wesensgehalt auf, der aus der Institution nicht entfernt werden kann, ohne deren Strukturtypus zu verändern.[22] Gesetzliche Einschränkungen der kommunalen Selbstverwaltungsgarantie müssen also diesen Kernbereich kommunaler Selbstverwaltung unangetastet lassen.[23] Der Kernbereich an bestimmten oder nach feststehenden Merkmalen bestimmbaren Aufgaben ist gegenständlich nicht exakt fixierbar.[24] Die Verfassungsrechtsprechung nimmt vielmehr jeweils kontextabhängig auf die geschichtliche Entwicklung, die verschiedenen historischen Erscheinungsformen und auf das aktuelle Bild kommunaler Selbstverwaltung Bezug.[25] Die jeweilige Entscheidungsform und das Ausmaß kommunaler Selbstverwaltung im Verhältnis zu staatlichen Entscheidungen sind jeweils kontextabhängig. Es handelt sich hierbei um ein politisch-funktionales und damit juristisch-normatives Entscheidungsprogramm, welches, bedingt durch die eingangs aufgezeichnete Doppelrolle, je nach Sachbereich, Interessenlage und der räumlichen Bedeutung und mithin abhängig von jeweiligen geschichtlichen, politischen und wirtschaftlichen Kontext

[16] BVerfG 78, 344 (348); *Henneke* (Fn. 4), Art. 28 Rn. 92.

[17] BVerfG DVBl 1982, 27 (28); *Henneke* (Fn. 4), Art. 28 Rn. 92.

[18] *Henneke* (Fn. 4), Art. 28 Rn. 93.

[19] Neben der Organisationshoheit, der Personalhoheit, der Steuerhoheit, der Rechtssetzungshoheit und der Finanzhoheit.

[20] BVerfGE 103, 332 (366); *Henneke* (Fn. 4), Art. 28 Rn. 90.

[21] Vgl. BVerfGE 59, 216 (226); 76, 107 (118); *Nierhaus* (Fn. 5), Art. 28 Rn. 64.

[22] Vgl. *Henneke* (Fn. 4), Art. 28 Rn. 55.

[23] BVerfGE 78, 344 (348); vergleiche BVerfGE 79, 127 (143, 146); 103, 332 (365); *Henneke* (Fn. 4), Art. 28 Rn. 92.

[24] BVerfGE 78, 344 (348); vergleiche BVerfGE 79, 127 (146); *Henneke* (Fn. 4), Art. 28 Rn. 92.

[25] Vgl. BVerfGE 59, 216 (226); 76, 107 (118); 79, 127 (146); 83, 363 (381); 86, 90 (107); 91, 228 (238); 78, 344 (348); *Henneke* (Fn. 4), Art. 28 Rn. 92.

variiert. Ob und inwieweit die Planungshoheit zum Kernbereich der kommunalen Selbstverwaltung nach Art. 28 Abs. 2 GG gehört, lässt das BVerfG daher aus gutem Grund offen.[26]

II. Europarechtlicher Anwendungsvorrang

Wegen des Anwendungsvorranges des Europarechts auch gegenüber mitgliedsstaatlichem Verfassungsrecht wirkt Art. 28 Abs. 2 GG nicht gegenüber Vorgaben des Gemeinschaftsrechts.[27] Art. 28 Abs. 2 GG ist also nicht europafest.[28] Nach Art. 4 Abs. 2 EUV ist die nationale Identität der Mitgliedsstaaten, wie sie in ihren grundlegenden politischen und verfassungsmäßigen Strukturen einschließlich der regionalen und der kommunalen Selbstverwaltung zum Ausdruck kommt, jedoch von der Union zu achten.[29] Insoweit EU-Recht Umsetzungsspielräume bietet, ist Art. 28 Abs. 2 GG bei deren Ausfüllung durch die nationalen Gesetzgeber und die deutschen Behörden zu beachten.[30] Verpflichtungsadressat des Art. 28 Abs. 2 sind alle Träger deutscher öffentlicher Gewalt, mithin der Bund, die Länder, allerdings auch die Gemeinden im Verhältnis zueinander. Art. 28 Abs. 2 GG hat auch eine interkommunale Geltung.[31] Europarecht erfasst nicht die mitgliedsstaatliche Binnenorganisation, sodass spezifische Regelungen in Bezug auf Kommunen unzulässig sind.[12] Zum anderen gibt es jedoch – negativ –europarechtlich keinen besonderen Schutz der kommunalen Selbstverwaltung.[32]

Das Recht der kommunalen Selbstverwaltung hat in Deutschland eine lange, bis in das frühe Mittelalter zurückreichende Tradition und ist daher in seiner geschichtlichen Entwicklung. zwar nicht denknotwendig mit dem demokratischen Prinzip des Staates verknüpft, ist jedoch Teil der deutschen „nationalen Identität" und eines der Strukturprinzipien des Staates. Geschichtlich zu nennen ist etwa das Magdeburger Stadtrecht. Es hat seinen Ursprung in der Stadt Magdeburg und entwickelte im Laufe der Jahrhunderte einen großen Einfluss auf das Stadtrecht im übrigen Mitteleuropa und in Osteuropa. Städte, die ein Magdeburger Stadtrecht erhielten, sind etwa Kaunas in Litauen oder Kiew. In Kiew war es bis in die erste Hälfte des 19. Jahrhunderts gültig.[33] Der Absolutismus drängte den Gedanken der kommunalen Selbstverwaltung wieder zurück. Die preußische Städteordnung vom 19.11.1808 etablierte die kommunale Selbstverwaltung neu.

---

[26] Hierzu nachfolgend III.

[27] *Henneke* (Fn. 4), Art. 28 Rn. 46a.

[28] *Henneke* (Fn. 4), Art. 28 Rn. 46.

[29] *Henneke* (Fn. 4), Art. 28 Rn. 46b.

[30] BVerwGE 75, 142 (143 ff.); Henneke (Fn. 4), Art. 28 Rn. 30.

[31] *Henneke* (Fn. 4), Art. 28 Rn. 46c.

[32] *Henneke* (Fn. 4), Art. 28 Rn. 30.

[33] Instruktiv: *Lück,* Die Verbreitung des Sachsenspiegels und des Magdeburger Rechts in Osteuropa in: Fansa (Hrsg.), Der sassen speyghel. Sachsenspiegel – Recht – Alltag. Band 2 Oldenburg 1995, S. 37–49; *Rogatschewski,* Das Magdeburger Recht auf dem heutigen Territorium Russlands: Forschungsstand und Forschungsperspektiven, in: Eichler/Lück (Hrsg.), Rechts- und Sprachtransfer in Mittel- und Ostmitteleuropa. Sachsenspiegel und Magdeburg Recht. Internationale und interdisziplinäre Konferenz in Leipzig vom 31. Oktober bis 2. November 2003. (IVS saxonico-maidebvrgense in Oriente Bd. 1), Berlin 2008.

III. Planungshoheit

1. Negativabgrenzung

Obgleich Teil der Gemeindehoheit das Recht der Gemeinde zur Führung ihres einmal bestimmten Namens ist,[34] ist kein Fall des Art. 28 Abs. 2 GG und der Ausübung von Planungshoheit nach impliziter Auffassung des OVG Magdeburg[35] die etwa unter raumordnerischen Gesichtspunkten erfolge Namenswahl der Gemeinde selbst in Ausübung des von Art. 28 Abs. 2 GG im Übrigen verfassungsrechtlich geschützten Namensrechts der Gemeinden durch die Gemeinde, mag die Wahl eines Namens Ergebnis derartiger Planungen der jeweiligen Gemeinde (etwa als „Tourismuszentrum") unter Hinzufügung eines Landschaftsnamens in dem Gemeindenamen u. ä. sein. Grundsätzlich kann sich die Gemeinde zwar auf ein eigenes Namensrecht berufen und darauf gestützte öffentlich-rechtliche Unterlassungsansprüche geltend machen. Ein Rechtsstreit zwischen zwei benachbarten öffentlich-rechtlichen Gebietskörperschaften betraf das öffentlich-rechtliche Namensrecht von Gebietskörperschaften. Es handelt sich hier um die bisher einzige verwaltungsrechtliche Entscheidung zum öffentlich-rechtlichen Namensrecht im Verhältnis zwischen zwei Gemeinden. Das OVG Magdeburg entschied, dass Gebietskörperschaften ein dem zivilrechtlichen Namensrecht (§ 12 BGB) vergleichbares Namensrecht zusteht und sie unter denselben Voraussetzungen wie ein anderer Namensträger gegen nichtberechtigte Dritte vorgehen können.[36]

Ein entsprechendes Namensrecht besteht hiernach auch, wenn die Verletzung des Namens durch einen öffentlich-rechtlichen Eingriff in Streit steht, und gibt dann einen öffentlich-rechtlichen Namensschutz. Die in § 12 BGB geregelten Beseitigungs- und Unterlassungsansprüche gelten in einer solchen Konstellation entsprechend, wobei Rechtsgrundlage für das Abwehrrecht die Namensregelung im jeweiligen landesrechtlichen Kommunalrecht ist.[37] Art. 28 Abs. 2 GG hat auch eine interkommunale Geltung.[38] Hierauf stellt das OVG jedoch gerade nicht ab. Immerhin stellt nach wohl allgemeiner Auffassung das in § 2 Abs. 2 BauGB normierte interkommunale Abstimmungsgebot eine Ausformung der gemeindlichen Planungshoheit dar, die damit das Recht einschließt, sich gegen Planungen anderer Kommunen zur Wehr zu setzen, die die eigene Planungshoheit verletzen,[39] so dass das interkommunale Abstimmungsgebot auch außerhalb des Planungsrechts bzw. der Planungshoheit Verfassungsrang hat. Nur eine besondere Ausprägung der interkommunalen Geltung des § 28 Abs. 2 GG regelt § 2 Abs. 2 Satz 1 BauGB mit dem baurechtlichen Gebot der interkommunalen Rücksichtnahme.[40]

---

[34] BVerfGE 59, 216 (226); BGH NJW 63, 2267; BVerwGE 44, 351.
[35] OVG LSA, Urt. v. 11.11.2004 – 2 K 144/01.
[36] OVG LSA a. a. O., m. w. N.
[37] Vgl. *Blum u.a.*, Kommunalverfassungsrecht Niedersachsen, § 13 NGO Rn. 53 m. w. N.; vgl. auch BVerwG, Urt. v. 6.7.1979 – VII C 59.76 und v. 8.2.1974 VII C 16.71 –, jeweils zit. nach JURIS.
[38] *Henneke* (Fn. 4), Art. 28 Rn. 46c.
[39] Vergleiche BVerwGE 84, 209 (214 ff.); 117, 25 (31 ff.) zu Factory Outlet Centern.
[40] BVerwGE 75, 142 (143 ff.); BVerwGE 117, 25 (32).

2. Rechtsprechung zur Planungshoheit

Die Planungshoheit der Gemeinde ist das Recht, a) die im Gemeindebereich anfallenden planungsfähigen Aufgaben eigenverantwortlich im Rahmen der Zuständigkeit wahrzunehmen und b) an höherstufigen Planungsvorgängen angemessen beteiligt zu werden, sofern die Gemeinde hierdurch berührt wird.[41] Landesplanerische überörtliche Fachplanungen im Sinne von Standortbestimmungen bedürfen einer Grundsatzentscheidung und sind vom Parlament durch formelles Gesetz selbst zu treffen.[42] Maßnahmen und Planungen überörtlicher Verwaltungsträger wirken sich auf die der Selbstverwaltung der Gemeinde unterliegenden örtlichen Verhältnisse in vielfältiger Weise aus.[43]

a) Die Planungshoheit umfasst die Befugnis der Kommunen, bei der Erledigung ihrer Angelegenheiten aufgrund eigenprognotisch erkennbarer Entwicklungen ein Konzept zu erarbeiten, das den einzelnen Verwaltungsvorgängen – etwa Organisation und Infrastruktur – Rahmen und Ziel weist.[44] Die Raumplanungshoheit ist das Recht der Gemeinde, die Entwicklung ihres Gebietes sowie seine baurechtliche Gestaltung und Nutzung nach eigenen Vorstellungen zu ordnen.[45] Wichtigster Anwendungsfall für die gemeindliche Raumplanungshoheit ist die örtliche Bauleitplanung.[46] Nach der Rechtsprechung des BVerfG gehört die gemeindliche Planungshoheit zum unantastbaren Kernbereich der Selbstverwaltung.[47] Dies ist allerdings in der Literatur nicht unumstritten.[48]

Nach der (bisherigen) Rechtsprechung des BVerwG kommt der Planungshoheit gegenüber fremden Fachplanungen auf dieser Ebene nur dann Bedeutung zu, wenn die Gemeinde ihre Planung hinreichend konkretisiert hat.[49] Eine Beeinträchtigung der gemeindlichen Planungshoheit durch die überörtliche Raumplanung liegt nur dann vor, wenn die überörtliche Raumplanung eine hinreichend konkrete örtliche Planung nachhaltig stört oder wesentliche Teile des Gemeindegebietes eine durchsetzbare Planung der Gemeinde entzieht.[50]

Eine Verletzung des interkommunalen Abstimmungsgebotes kann eine Verletzung der Planungshoheit einer Nachbargemeinde durch die Genehmigung eines einzelnen Vorhabens auf dem Gebiet einer anderen Gemeinde darstellen und liegt jedoch nur dann vor, wenn von dem Vorhaben unmittelbar negative Auswirkungen gewichtiger Art auf das Gebiet der Nachbargemeinde ausgehen und auf deren schutzwürdige Belange nicht hinreichend Rücksicht genommen worden ist.[51]

---

[41] Vgl. statt anderer *Wiegand/Grimberg* (Fn. 8), § 1 Rn. 31.

[42] Vgl. statt anderer *Wiegand/Grimberg* (Fn. 8), § 1 Rn. 2; *Erbguth* VerwArch 1995, 327.

[43] Vgl. statt anderer *Wiegand/Grimberg* (Fn. 8), § 1 Rn. 2.

[44] *Henneke* (Fn. 4), Art. 28 Rn. 87 m. w. N. *Nierhaus* (Fn. 5), Art. 28 Rn. 64.

[45] BVerfGE 103, 332 (366); Verfassungsgericht Bbg. DVBl 2000, 1440 (1441); Verfassungsgerichtshof NRW DVBl 1997, 1107 (1108); *Henneke* (Fn. 4), Art. 28 Rn. 90.

[46] BVerfGE 103, 332 (366); BVerfGE 76, 107 (117); BVerwGE 112, 274 (291); *Henneke* (Fn. 4), Art. 28 Rn. 90.

[47] Vergleiche BVerwGE 56, 298 (317).

[48] Siehe etwa Nachweise bei *Battis,* in: ders./Krautzberger/Löhr, Baugesetzbuch, § 2 Rn. 20 f.

[49] Vgl. BVerwG NVwZ 2001, 88; *Henneke* (Fn. 4), Art. 28 Rn. 88.

[50] Vgl. BVerfG 79, 127 (143, 146); 103, 332 (365); BVerwG 90, 96 (110).

[51] BVerwGE 84, 209 (214); BVerwG NVwZ 1994, 285 (288); VG Magdeburg LKV 1996, 340 (341); OVG Weimar LKV 1999, 194 (195); OVG Koblenz NVwZ 1999, 435 (437); VGH München BayVBI. 2000, 152; VG Koblenz, Beschl. v. 24.7.2000 – 1 L 1756/00, BRS 63

b) Aus Art. 28 Abs. 2 Satz 1 GG ergibt sich ein Anhörungsrecht der Gemeinde sowie ein Recht auf fehlerfreie Abwägung zwischen örtlichen und überörtlichen Belangen, wenn das gemeindliche Selbstverwaltungsrecht durch die Planungs- oder Genehmigungsentscheidung eines anderen Verwaltungsträgers beeinträchtigt wird.[52] Die gemeindliche Stellungnahme muss von dem anderen Verwaltungsträger zur Kenntnis und bei seiner Entscheidung in Erwägung gezogen werden.[53] Eine Pflicht zur Anhörung besteht also bei Vorliegen eines planerischen Einschlags, wie er etwa bei einer durch Gesetz vollzogenen flächendeckenden Gebietsreform auf Kreisebene anzunehmen ist. Auch bei überörtlichen administrativen Planungen kann sich – nach der Rechtsprechung des BVerfG – ein Anspruch einer Kommune auf Anhörung nur dann ergeben, wenn sich aus dem Planungsakt konkrete Einwirkungen auf die Selbstverwaltung einzelner Gemeinden ergeben können und den betroffenen Gemeinden hierdurch im Vergleich zu anderen Gemeinden ein Sonderopfer auferlegt wird.[54]

Auch der Umstand, dass die Gemeinde bei § 36 BauGB nur eine eingeschränkte Prüfungskompetenz hat und ihr Einvernehmen gemäß § 36 Abs. 2 Satz 1 BauGB nur aus den sich aus den §§ 31, 33, 34 und 35 BauGB ergebenden Gründen versagen darf, rechtfertigt es nicht, die ihr zu gewährende Entscheidungsfrist so kurz zu bemessen, dass sie oder ihr Gemeinderat sich damit nicht mehr sachgerecht befassen könnten.[55]

c) Entwürfe von Flächennutzungsplänen sind grundsätzlich unbeachtlich. Zwar hat das BVerwG auch Überlegungen dazu angestellt, ob Darstellungen im Entwurf eines Flächennutzungsplans ebenfalls einem im Außenbereich nach § 35 Abs. 1 Nr. 6 BauGB privilegierten Vorhaben entgegenstehen können, dies jedoch letztlich nur für den Fall in Erwägung gezogen, dass der Flächennutzungsplanentwurf im Sinne von § 33 BauGB „planreif ist.[56] Insofern ist beachtlich, ob den Darstellungen eine ausschließende oder begünstigende Funktion zukommt.[57] Werden durch Darstellungen des Flächennutzungsplans bestimmte Standortausweisungen getroffen, wie insbesondere die Darstellung von Flächen für bestimmte Vorhaben und Baugebiete, kommt ihnen eine die Zulässigkeit sonstiger Vorhaben grundsätzlich ausschließende Bedeutung zu.[58] Die Darstellung von Flächen für die Landwirtschaft in einem Flächennutzungsplan enthält im Allgemeinen keine solche qualifizierte Standortzuweisung, sondern weist dem Außenbereich nur die ihm ohnehin nach dem Willen des Gesetzes.[59] in erster Linie zukommende Funktion zu, der Land- und Forstwirtschaft – und dadurch zugleich auch der allgemeinen Erholung – zu dienen.[60]

Nr. 208; *Battis,* in: Battis/Krautzberger/Löhr, BauGB, 8. Aufl. 2002, § 2 Rn. 9; *Kopp/Schenke,* a. a. O., § 42 Rn. 138.

[52] BVerwGE 81, 95 (106); 97, 203 (211 f.); vergleiche *Henneke* (Fn. 4), Art. 28 Rn. 89.

[53] BVerfGE 78, 344 (348); BVerwGE 112, 274 (290); *Henneke* (Fn. 4), Art. 28 Rn. 92.

[54] Vgl. BVerfGE 56, 298 (320); LVerfG LSA, Urt. v. 25.4.2007 – LVG 6/06, Rn. 63 des Internetauftritts; LVerfG LSA Urt. v. 21.4.2009 – LVG 12/08 RdNr. 13 des Internetauftritts.

[55] OVG LSA, Urt. v. 14.6.2012 – 2 L 124/11.

[56] BVerwG NVwZ 2003, 1261.

[57] *Söfker,* in: Ernst/Zinkahn/Bielenberg/Krautzberger, BauGB, Stand Dezember 2007, § 35 Rn. 80.

[58] *Söfker* (Fn. 57), § 35 Rn. 80.

[59] § 35 Abs. 2 und 3 BauGB.

[60] BVerwG, Urt. v. 6.10.1989 – 4 C 28/86, ZfBR 1990, 41.

d) Das BVerfG hat die Frage offengelassen, ob die Planungshoheit zum Kernbereich der Selbstverwaltungsgarantie gehört.[61] Jedenfalls gilt dies nur für deren Wesensgehalt und nicht für die Planungshoheit in vollem Umfang und auch nicht in all ihren Entscheidungsformen.[62] Die konkrete Bauleitplanung wird zum Kernbereich gehören, für die Flächennutzungsplanung ist dies jedoch umstritten.[63] Dabei ist jedoch darauf hinzuweisen, dass gerade auch die Flächennutzungsplanung ein bewusstes politisch-funktionales Steuerungsmittel der Gemeinde darstellt, wir etwa im Außenbereich § 35 Abs. 3 Ziff. 1 BauGB zeigt. Es kann gerade Ergebnis einer ureigenen bewussten Entscheidung der insoweit demokratisch legitimierten und hierzu berufenen Gemeindevertretung sein, eine konkrete Bauleitplanung noch nicht vorzunehmen. Damit ist zwar die Frage – die insoweit gar nicht streitig ist – nur beantwortet, dass die Flächennutzungsplanung zwar zur Planungshoheit gehört, jedoch nicht die weitere und ungleich spannendere Frage, ob die Flächennutzungsplanung Bestandteil des Kernbereichs ist. Hier kann das Merkmal der Konkretheit der Planung weiterhelfen. Denn wenn kontextabhängig der Kernbereich der Planungshoheit bestimmt werden kann, lässt sich eine Bewertung des Verhältnisses nur erreichen durch eine normative Bewertung der jeweiligen Interessen. Hier wäre die Funktionalität einer bestimmten Planung umso höher zu bewerten, je mehr potentielle Betroffenheiten und politische, wirtschaftliche und soziale Interessen zu berücksichtigen sind, die zu einem Eigengewicht führen können und damit die zunächst gegebene Vorrangstellung der gemeindlichen Flächennutzungsplanung im Ergebnis verdrängen. Nach einer vermittelnden Auffassung soll die Flächennutzungsplanung ohnehin zum Wesensgehalt des Selbstverwaltungsrechts gehören, jedoch gleichwohl ein Eingriff verfassungsrechtlich gerechtfertigt sein, wenn insoweit den Gemeinden ausreichende Mitwirkungsmöglichkeiten verbleiben[64] und überörtliche Interessen von einigem Gewicht den Eingriff in die Planungshoheit erfordern.[65] Für die konkrete Bauleitplanung stellt sich diese Problematik nicht. Denn diese Bauleitplanung ist immer so konkret, dass der Wert des einzelnen Vorhabens kontextabhängig insoweit vorbestimmt ist, als ohne die Zugehörigkeit der konkreten Bauleitplanung zum Kernbereich der kommunalen Selbstverwaltung ein eigenverantwortlicher Wirkungsbereich der Gemeinde kaum verbliebe. Damit würde diese Zuständigkeit leerlaufen, was nach der Rechtsprechung des BVerfG verfassungsrechtlich unzulässig wäre. Demzufolge würde bei der Frage, ob die Flächennutzungsplanung zum Wesensgehalt gehört, bei der Konkretheit einer anderweitigen Planung angesetzt und diese ins Verhältnis gesetzt werden zur Bedeutung der jeweiligen konkreten Flächennutzungsplanung der Gemeinde. Ferner müssen die öffentlichen Interessen, die gegen die Flächennutzungsplanung sprechen, so stark sein, dass die ansonsten für die Zuständigkeit der Gemeinde sprechende Vermutung widerlegt und verdrängt wird. Im Ergebnis gehört daher die Flächennutzungspla-

---

[61] Vgl. BVerfGE 56, 298 (313); 76, 107 (118f).; *Nierhaus* (Fn. 5), Art. 28 Rn. 56.
[62] BVerfGE 103, 332 (366); BVerwGE 118, 181 (185 f.); *Nierhaus* (Fn. 5) Rn. 56.
[63] Vgl. *Nierhaus,* in: Hoppe/Bönker/Grotefels (Hrsg.), Öffentliches Baurecht Ausgabe 2004, § 2 Rn. 35.
[64] *Nierhaus* (Fn. 5), Art. 28 Rn. 56 m. w. N.
[65] BVerfG DVBl 2001, 1415 (1420 f.); *Nierhaus* (Fn. 5), Art. 28 Rn. 56 m. w. N.

nung nicht zum Kernbereich, sondern ist kontextabhängig von dem jeweiligen konkreten Gewicht der entgegenstehenden überörtlichen Planung. Allerdings liegt die Begründungslast auf Seiten der überörtlichen Planung.

e) In der Literatur wird hervorgehoben, dass gemeindliche, auf eine Verletzung der Planungshoheit gestützte Klage gegen eine fremde Fachplanung oder eine überörtliche Raumplanung nur in Ausnahmefällen erfolgreich, zumeist aber im Ergebnis erfolglos gewesen sind.[66]

Planungen und Maßnahmen überörtlicher Verwaltungsträger hat hiernach die betreffende Gemeinde im Grundsatz ohne die Möglichkeit rechtlicher Gegenwehr hinzunehmen, auch wenn sie sich hierdurch in ihren Belangen oder ihrer Eigenart beeinträchtigt sieht. Sie berühren nach dieser Auffassung in der Regel nicht ihre geschützte Rechtsposition, sondern sind Bestandteil der dieser Rechtsposition vorgegebenen und ständigem Wandel unterworfenen tatsächlichen Lage.[67]

Dies überrascht. Denn Eingriffe in die Planungshoheit der Gemeinde sind nur zulässig, wenn sie durch überörtliche Interessen von höherem Gewicht erfordert werden.[68] Dieser Befund dürfte tatsächlich nicht zutreffend sein. Wie gerade die nachfolgenden Beispiele aus der insbesondere fachgerichtlichen Rechtsprechung „vor Ort" zeigen, ist auch hier die Rechtsprechung in einem Bereich, der ohnehin stark durch case law gekennzeichnet ist – was wegen der Kontextabhängigkeit der Anwendung des normativen Entscheidungsprogramms zwangsläufig ist – flexibel und uneinheitlich.

Dies zeigt sich gerade im Verhältnis der kommunalen Planungshoheit und deren Grenzen und damit zur überörtlichen Planung. Zum Teil – aber nicht immer – gilt diese Rechtsprechung für das ansonsten geforderte Merkmal der Konkretisierung gemeindlicher Planungsabsichten hinaus und lässt es bereits als ausreichend erscheinen, wenn auch nur die planerischen Möglichkeiten einer Gemeinde eingeschränkt werden (bei Normenkontrollverfahren).

Instruktiv ist die Entscheidung des OVG Sachsen-Anhalt.[69] Eine Gemeinde bei Halle begehrte im Wege der Normenkontrolle, die im regionalen Entwicklungsprogramm für den Regierungsbezirk Halle enthaltene Festsetzung von Eignungsgebieten für die Nutzung von Windenergie für nichtig zu erklären. Am 30.1.1996 beschloss die Landesregierung das regionale Entwicklungsprogramm für den Regierungsbezirk Halle. Dieses legte als konkrete Ziele der Raumordnung zur Regionalentwicklung verschiedene Vorranggebiete, regional bedeutsame Standorte und Vorsorgegebiete für unterschiedliche Zwecke sowie Maßnahmen der Verkehrsinfrastruktur fest.

Zunächst stellen die in einem Regionalplan enthaltenen Ziele der Raumordnung Rechtsvorschriften im Sinne des § 47 Abs. 2 Satz 1 VwGO dar, auch wenn der Landesgesetzgeber für den Plan keine Rechtssatzform vorgibt.[70] Für die

---

[66] Vgl. *Henneke* (Fn. 4), Art. 28 Rn. 91 m. w. N.; ähnlich *Wiegand/Grimberg* (Fn. 8), § 1 Rn. 31.

[67] BVerfG DVBl 1981, 374; *Henneke* (Fn. 4), Art. 28 Rn. 46a.

[68] Vgl. *Jarass/Pieroth*, GG, 11. Aufl. 2011, Art. 28 Rn. 23; BVerfGE 56, 298 (313 f.); 76, 107 (119 f.); 103, 332 (366 f.), BVerwGE 112, 274 (286); 118, 181 (185).

[69] OVG LSA, Urt. v. 11.11.2004 – 2 K 144/01.

[70] BVerwG DVBl. 2004, 629; OVG Magdeburg, Urt. v. 11.11.2004 – 2 K 144/01.

Antragsbefugnis der Gemeinde reicht es aus, dass die angegriffene Norm im Gemeindegebiet gilt und von ihr bei der Wahrnehmung der eigenen oder übertragenen Angelegenheiten zu beachten ist; rechtliche Bindungen dieser Art können auch aufgrund überörtlicher Vorschriften bestehen, welche die Gemeinde bei ihren Planungen berücksichtigen muss.[71]

Die Festlegung solcher Konzentrationsflächen bedarf einer raumordnungsrechtlichen gesetzlichen Ermächtigung; die bodenrechtliche Vorschrift des § 35 Abs. 3 Satz 3 BauGB, nach der einem nach § 35 Abs. 1 Nr. 2 bis 6 BauGB privilegierten Vorhaben öffentliche Belange unter anderem dann in der Regel entgegen stehen, soweit hierfür als Ziele der Raumordnung eine Ausweisung an anderer Stelle erfolgt ist, vermag die erforderliche raumordnungsrechtliche Ermächtigung zur Festlegung von Konzentrationsflächen nicht zu ersetzen.[72] Die Ausweisung solcher Gebiete stellt einen Eingriff in die Planungshoheit der Gemeinden dar, weil sie deren planerische Möglichkeiten einschränkt. Denn die Gemeinden haben solche Festlegungen als Ziele der Raumordnung bei ihren Planungen zu beachten.

Unausgesprochen meint diese Rechtsprechung, dass – quasi bei der Individualverfassungsbeschwerde abgelehnt – dass die Gemeinde unmittelbar, selbst und gegenwärtig schon in ihrem Selbstverwaltungsrecht betroffen ist und zwar – oder gerade! – auch dann, wenn sie noch über keinerlei konkretisierte Planungen verfügt. Damit ist hier nicht der Kernbereich betroffen, jedoch in das Selbstverwaltungsrecht eingegriffen. Unabhängig von der Verletzung des Kernbereichs kann der Gemeinde daher bereits ein Abwehrrecht gegen eine überörtliche Planung zustehen, bevor sich konkretisierte Planungen oder Planungsabsichten bei ihr überhaupt gebildet haben.

Dafür spricht, dass gerade angesichts der bereits vor einer planenden Entscheidung der Gemeinde dort häufig zu koordinierenden Interessen politischer, wirtschaftlicher und sozialer Art auftreten und durch politische Entscheidung im Rahmen der demokratischen Eigenlegitimation der Gemeinden noch in erheblichem Umfang getroffen werden müssen im Sinne der Aufrechterhaltung eines Freiraums und einer Offenhaltung für künftige, dann konkretisierte Planungen der Gemeinde. Konsequent genügt bereits ein Abwägungsmangel einer übergeordneten Planung – wozu die nicht ausreichende Beachtung gemeindlicher Interessen führen kann –, sodass eine derartige überörtliche Planung im Ergebnis nicht realisiert werden kann. Ein solcher Eingriff in ihr Recht auf Selbstverwaltung ist gemäß Art 28 Abs. 2 Satz 1 GG nur zulässig durch Gesetz oder durch eine untergesetzliche Norm, die auf einer hinreichend bestimmten gesetzlichen Ermächtigung beruht.[73] Die Ausweisung solcher Gebiete stellt einen Eingriff in die Planungshoheit der Gemeinden dar, weil sie deren planerische Möglichkeiten einschränkt. Die Gemeinden haben solche Festlegungen als Ziele der Raumordnung bei ihren Planungen zu beachten.[74] Dem gegenüber postuliert das BVerwG in seiner Entscheidung vom 28.10.2008[75]:

---

[71] BVerwGE 81, 307 (309), m. w. N.; OVG LSA, Urt. v. 11.11.2004 – 2 K 144/01.
[72] Vgl. BVerwGE 118, 33 (38).
[73] Vgl. BVerfGE 76, 106 (117) m. w. N.; OVG Magdeburg, Urt. v. 11.11.2004 – 2 K 144/01.
[74] OVG LSA, Urt. v. 11.11.2004 – 2 K 144/01.
[75] Az. 7 BN 4.08 m. w. N.

„Jedoch ist die gemeindliche Planungshoheit als Bestandteil der kommunalen Selbstverwaltung nicht schlechthin dagegen geschützt, dass andere Träger hoheitlicher Aufgaben Teile des Gemeindegebiets für insbesondere überörtliche Zwecke in Anspruch nehmen und dadurch einer Planung der Gemeinde entziehen. Die Voraussetzungen, unter denen eine Gemeinde in einem solchen Fall die Verletzung ihrer Planungshoheit geltend machen kann, sind in der Rechtsprechung des BVerwG geklärt. Eine unverhältnismäßige Beeinträchtigung der Planungshoheit kommt nur dann in Betracht, wenn durch das zugelassene Vorhaben eine hinreichend konkrete und verfestigte eigene Planung der Gemeinde nachhaltig gestört wird oder wenn das Vorhaben wegen seiner Großräumigkeit wesentliche Teile des Gemeindegebiets einer durchsetzbaren kommunalen Planung entzieht; das ist ersichtlich nicht der Fall, wenn die Gemeinde lediglich bestimmte Nutzungsarten und Baugebiete nicht mehr festsetzen kann, hier also keine Gewerbe- und Industriegebiete mehr ausweisen kann. Das Vorhaben darf ferner von der Gemeinde konkret in Betracht gezogene städtebauliche Planungsmöglichkeiten nicht unnötig verbauen."

Änderungen zeigen sich auch im Bereich des § 36 BauGB. Das Erfordernis des gemeindlichen Einvernehmens nach § 36 Abs. 1 BauGB dient der verfahrensmäßigen Absicherung des gemeindlichen Planungswillens. Die Rechtsprechung zum Verhältnis des § 36 BauGB zur gemeindlichen Planungshoheit ist nicht einheitlich und einem Wandel unterworfen.

Bis vor wenigen Jahren hat die Rechtsprechung noch entschieden, dass sich eine Verletzung eigener Rechte einer Gemeinde durch die einem Dritten erteilte Baugenehmigung aus einer Verletzung ihrer Planungshoheit ergeben kann, nicht aber aus einem bloßen Widerspruch zu den in §§ 31 und 33 bis 35 BauGB genannten Zulässigkeitskriterien, auch wenn sich hierauf ihr nach § 36 Abs. 1 BauGB erforderliches Einvernehmen bezieht; denn § 36 BauGB begründet hinsichtlich der materiellen Planungshoheit keine Rechte, sondern setzt sie vielmehr voraus.[76]

Wendet sich eine Gemeinde gegen eine ihr Einvernehmen nach § 36 Abs. 2 Satz 3 BauGB ersetzende Genehmigung kann sich nach dieser Rechtsprechung die nach § 113 Abs. 1 Satz 1 VwGO erforderliche Verletzung in eigenen Rechten aus einer Verletzung ihrer Planungshoheit ergeben, nicht aber aus einem Widerspruch zu den in §§ 31 und 33 bis 35 BauGB genannten Zulässigkeitskriterien, auch wenn sich hierauf ihr nach § 36 Abs. 1 BauGB erforderliches Einvernehmen bezieht[77]; denn § 36 BauGB begründet hinsichtlich der materiellen Planungshoheit keine Rechte, sondern setzt sie vielmehr voraus.[78] Wenn eine Verletzung der

---

[76] Vgl. BVerwG, Beschl. v. 10.1.2006 – 4 B 48/05, BauR 2006, 815; Beschl. d. Senats v. 7.5.2007 – 2 M 89/07; VGH Kassel, Beschl. v. 27.9.2004 – 2 TG 1630/04, ESVGH 55 (82) und vom 15.11.2006 – 3 UZ 634/06; JURIS; OVG Greifswald, Beschl. v. 19.10.2006 – 3 M 63/06, BauR 2007, 515; a. A. noch BVerwG NVwZ 1991, 1076; OVG Magdeburg, Beschl. v. 6.2.2004 – 2 L 5/00, Juris; VGH Mannheim DVBI. 1998, 909; OVG Frankfurt/Oder, Beschl. v. 29.11.2005 – 2 S 115.05, BauR 2006, 1100.

[77] Vgl. OVG Magdeburg, Beschl. v. 7.5.2007 – 2 M 89/07 a. A.: OVG Lüneburg, Urt. v. 10.1.2008 – 12 LB 22/07, juris; OVG Berl.-Bbg., Beschl. v. 29.11.2005 – 2 S 115.05, BauR 2006, 1100.

[78] Vgl. BVerwG, Beschl. v. 10.1.2006 – 4 B 48/06, BauR 2006, 815; OVG Greifswald, Beschl. v. 19.10.2006 – 3 M 63/06, BauR 2007, 515; VGH Kassel, Beschl. v. 15.11.2006 – 3 UZ 634/06 und v. 27.9.2004 – 2 TG 1630/04, jeweils juris.

Planungshoheit einer Gemeinde zu verneinen ist, kann diese sich daher auch nicht mit Erfolg gegen die Ersetzung des Einvernehmens wenden.[79]

Diese Rechtsprechung wurde aufgegeben. Die Regelung in § 36 Abs. 2 Satz 1 BauGB, dass die Gemeinde (bei Vorhaben im Außenbereich) ihr Einvernehmen nur aus den sich aus § 35 BauGB ergebenden Gründen versagen darf, bedeutet, dass die Voraussetzungen des § 35 BauGB auf das Rechtsmittel der Gemeinde hin in vollem Umfang nachzuprüfen sind; liegt ein Versagungsgrund im Sinne des § 35 BauGB vor, erweist sich die Ersetzung des Einvernehmens als rechtswidrig.[80] Die Gemeinde kann also insbesondere geltend machen, dass ein Vorhaben öffentliche Belange nach § 35 Abs. 3 BauGB beeinträchtige.[81] Die von der Beigeladenen zitierte gegenteilige Rechtsprechung des Hessischen VGH, die auch das OVG LSA zeitweilig vertreten hat,[82] ist damit obsolet geworden.[83]

f) Letzteres hat bedeutende Konsequenzen: Die Gemeinden haben das Recht – und die Pflicht-, die in § 35 BauGB genannten Belange und damit die des Umwelt- oder Immissionsschutzes zu prüfen. Rechtswidrig ist die Verweigerung des Einvernehmens nur dann, wenn die Position der Gemeinde fachlich nicht vertretbar ist. Andernfalls ist die Ersetzung durch die Kommunalaufsicht rechtswidrig.

Außerdem hat dies erhebliche Wirkungen sowie Folgen bei der Zuordnung von Zuständigkeiten der Erteilung des Einvernehmens innerhalb einer Verbandsgemeinde in deren Verhältnis zur Mitgliedsgemeinde.

Nach § 203 Abs. 2 BauGB können durch Landesgesetz Aufgaben der einzelnen Mitgliedsgemeinden auf die Verbandsgemeinden übertragen werden. Dies ist im Land Sachsen-Anhalt mit § 2 Abs. 1 Nr. 1 VerbGemG LSA für den Bereich der Flächennutzungsplanung erfolgt. Mit der Übertragung der Aufgabe der Flächennutzungsplanung ist auch die Aufgabe aus § 36 BauGB auf die einzelnen Verbandsgemeinden übergegangen.

Bei der Beteiligung der Gemeinden nach § 36 BauGB handelt es sich um eine nach § 203 Abs. 2 BauGB übertragbare Aufgabe der Gemeinden, die durch das Selbstverwaltungsrecht gewährleistete wird, und gerade nicht lediglich um ein ihnen zustehendes Recht.[84]

Die Übertragung der Planungshoheit auf die Verbandsgemeinde per Gesetz ist nach § 203 Abs. 2 BauGB zulässig und mit der gemeindlichen Selbstverwaltungsgarantie des Art. 28 Abs. 2 S. 1 GG und des Art. 87 Abs. 1 Verf LSA vereinbar und steht weder zur Disposition der Verbandsgemeinde noch ihrer Mitgliedsgemeinden. Die Einschränkung der Planungshoheit der einzelnen Mitgliedsgemeinden entsprechend § 203 Abs. 2 BauGB ist daher verfassungsrechtlich zulässig[85] und hat zum Ziel, die unzureichende Leistungsfähigkeit zu kompensieren oder

[79] BVerwG, Beschl. v. 10.1.2006, a. a. O.

[80] BVerwGE 137, 74 (79) Rn. 34; BVerwGE 137, 247 (258) Rn. 32; OVG Magdeburg, Urt. v. 14.6.2012 – 2 L 124/11.

[81] BVerwG, Beschl. v. 24.6.2010 – 4 B 60.09, BauR 2010, 1737.

[82] Vgl. Beschl. v. 7.5.2007 – 2 M 89/07, Juris.

[83] OVG Magdeburg, Urt. v. 14.6.2012, 2 L 124/11.

[84] Vgl. BVerwG, Beschl. v. 5.3.1999 – 4 B 62.98; *Gaentzsch,* in: Berliner Kommentar zum BauGB, § 203 Rn. 9.

[85] BVerwG, Urt. v. 14.12.2000 – 4 C 13.99.

zwischengemeindliche Planungsaufgaben wirksam lösen zu können. Dieser Zweck kann effektiv jedoch nur dann erreicht werden, wenn auch die sich aus § 36 BauGB ergebende Aufgabe der Verbandsgemeinde übertragen wird.

Das Erfordernis des gemeindlichen Einvernehmens bei der Erteilung von Baugenehmigungen steht im engen Zusammenhang mit der Zuständigkeit der Gemeinde für die Aufstellung der Bauleitpläne (§ 1 Abs. 3 S. 1 und § 2 Abs. 1 S. 1 BauGB) und damit der Aufstellung der Flächennutzungspläne. Zweck ist insbesondere der Schutz der Planungshoheit der Gemeinde. Dies entspricht der Planungszuständigkeit der Gemeinden für die Bauleitplanung und den Grundsätzen der Bauleitplanung (so die ständige und traditionelle Rechtssprechung des BVerwG). Das Einvernehmenserfordernis ist wesentliches Instrument der Planungszuständigkeit der Gemeinde vor Erteilung der Baugenehmigung. Dabei ist es unerheblich, ob die Gemeinde bereits von ihrem Planungsrecht gebrauch gemacht hat.

Ist nun also wesentlicher Zweck des § 36 BauGB der Schutz der Planungshoheit der Gemeinde und die Gewährleistung der Beteiligung der Gemeinde am baurechtlichen Genehmigungsverfahren, so liegt mit Blick auf den Umstand, dass der Landesgesetzgeber einen wesentlichen Teil der Planungshoheit durch § 2 Abs. 1 Nr. 1 VerbGemG LSA auf die Verbandsgemeinden übertragen hat, die Schlussfolgerung nahe, dass auch die Zuständigkeit nach § 36 BauGB zweckentsprechend bei der Verbandsgemeinde liegen muss. Anders ließe sich der mit § 2 Abs. 1 VerbGemG LSA verfolgte Zweck nicht erreichen.

Die gewollte Zuständigkeit der Verbandsgemeinde bei § 36 BauGB ergibt sich auch aus einer weiteren gesetzgeberischen Intention bei § 2 VerbGemG LSA. Die gesetzliche Übertragung der in § 2 Abs. 1 VerbGemG LSA aufgeführten Pflichtaufgaben auf die Verbandsgemeinde beruht auf der Erfahrung, dass in der Vergangenheit die Weigerung der verwaltungsgemeinschaftsangehörigen Gemeinden, einzelne Aufgaben auf die Verwaltungsgemeinschaft zu übertragen, zur Vorhaltung einer nicht ausgenutzten Infrastruktur und damit zu anhaltenden hauswirtschaftlichen Defiziten geführt hat.[86] Zur Vermeidung solcher Fehlentwicklungen sind die in § 2 Abs. 1 VerbGemG LSA genannten Aufgaben kraft Gesetzes auf die Verbandsgemeinde zur Erfüllung im eignen Namen übertragen worden. Hätte nun aber jede einzelne Mitgliedsgemeinde die Möglichkeit, durch gezielte Verweigerung des Einvernehmens nach § 36 BauGB die der Verbandsgemeinde übertragene Planungshoheit zu konterkarieren, so könnte der mit § 2 Abs. 1 Nr. 1 VerbGemG LSA beabsichtigte Zweck nicht erreicht werden.

Im Ergebnis lässt sich daher festhalten, dass eine an Sinn und Zweck des § 36 BauGB und des § 2 VerbGemG LSA orientierte Auslegung dazu führt, dass anstelle der Ortsgemeinde die Verbandsgemeinde die Zuständigkeit nach § 36 BauGB inne hat. Damit ist auch im vorliegenden Fall allein die Verbandsgemeinde und gerade nicht die Ortsgemeinde für die Erteilung oder die Verweigerung des Einvernehmens zum Bauvorhaben zuständig.

---

[86] LT-Drs. 5/902 S. 57 f.

WOLFGANG PLÜCK

Umnutzung denkmalgeschützter Gebäude
Konflikte – Ursachen – Lösungen

Eng ist die Welt, und das Gehirn ist weit.
Leicht beieinander wohnen die Gedanken,
doch hart im Raume stoßen sich die Sachen.
Friedrich Schiller
Wallensteins Tod II,2

I. Wissenschaftliche Positionen, gesetzliche Vorschriften und politische Ambitionen – eine Ausgangslage

Ökologische und ökonomische Aspekte, die Bewahrung identitätsstiftender Situationen als zunehmend geschätzte Qualität dörflicher oder städtischer Strukturen, verschaffen dem „Bauen im Bestand" einen wachsenden Stellenwert. So haben diese Bauaufgaben mit ihrem Wertschöpfungspotential die Neubautätigkeit bereits überrundet.

Geeignete Nutzungen sind auch Garanten für die Erhaltung denkmalgeschützter Gebäude oder ganzer Ensemble. Sie erfordern allerdings häufig Eingriffe in das Denkmal. Durch solche Adaptionen entstehen funktional, wirtschaftlich und gestalterisch erfolgreiche, aber aufgrund der Eingriffsintensität unter denkmalpflegerischen Gesichtspunkten auch umstrittene Lösungen. Dies führt zwischen beteiligten und handelnden Personen zu Konflikten, die nicht selten vor Verwaltungsgerichten ausgetragen werden. Die Ursachen dafür sollen benannt und Verfahren zur Lösung oder zumindest Konfliktbegrenzung vorgeschlagen werden.

Dies geschieht aus der Sicht eines Planers und Entwicklers, dessen Tätigkeitsschwerpunkte in NRW liegen, der aber auch in anderen Bundesländern und im europäischen Ausland bei der Umsetzung solcher Prozesse Erfahrungen sammeln konnte.

Viele der Ursachen für Konflikte oder Störungen finden sich auf drei Ebenen, die einander wechselseitig beeinflussen.

1. Unterschiedliche wissenschaftliche Positionen und Haltungen

Die interessierte Öffentlichkeit erkennt zunehmend, dass es in der wissenschaftlichen Diskussion divergierende Auffassungen zu denkmalpflegerischen Positionen gibt. Es existiert nicht, wie häufig fälschlich kommuniziert, die eine Wahrheit oder die richtige Lösung. Diese Diskurse relativieren den Anspruch auf Objektivität und Legitimation der Entscheider über Eingriffe in denkmalgeschützte Gebäude. Auf der Jahrestagung der Landesdenkmalpfleger in Hamburg zum

Thema „Konversionen: Denkmal – Werte – Wandel" sollte u.a. den Fragen nachgegangen werden:

„Wie weit darf das Weiterbauen am Denkmal gehen? Welche Umgestaltungstoleranz bieten die verschiedenen Denkmäler in welchen Abhängigkeiten? Vernichten wir unsere Denkmale, in dem wir sie mit fragwürdigen Kompromissen erhalten? [...] Welchen Wertkonkurrenzen (Politik, Ökonomie, Klima, andere öffentliche Belange, Ästhetik...) unterliegen die Denkmäler bei der Umnutzung und wie wirken sie sich aus? Welche Rolle spielen Bauherrenwille, Impetus der Architekten oder technische Zwänge?"[1]

All diese Fragen zeigen, der Umgang mit dem Denkmal ist sich allmählich ändernden Kommunikations- und Abwägungsprozessen unterworfen. Das ist dem vielbeschworenen „Öffentlichen Interesse" auch zunehmend geschuldet und bei Konflikten mehr und mehr eingefordert. Dennoch besteht auf vielen Ebenen denkmalpflegerischen Handelns und Entscheidens kein Konsens darüber, welche Eingriffsintensität in ein Denkmal zum Verlust der Urkunde führt. Allein, dass diese Themen auf der jüngsten Jahrestagung der Landesdenkmalpfleger – und dann auch noch in der Hansestadt Hamburg – behandelt wurden, lässt vermuten und hoffen, dass in Zukunft viele Fragestellungen und die Beurteilung von Lösungen aus den elfenbeinernen Türmen unterschiedlicher wissenschaftlicher Positionen mehr in die Mitte der Gesellschaft gerückt werden. Etwas, das in Hamburg durch die Arbeit von Luis Moreno[2] zur denkmalpflegerischen Doktrin wurde: *„Denkmalpflege ist keine museale Handlung[...]"*[3]

Denn viel zu häufig wurden – und werden teilsweise immer noch – Diskussionen über unterschiedliche Lösungen in der denkmalpflegerischen Praxis durch Hinweise auf das Amt und die damit verbundene Amtsautorität oder „Richtlinienkompetenz" ersetzt. Für diese Art der Problembewältigung gibt es auf der Ebene denkmalrechtlicher Verfahren weiterhin kodifizierte Anker, die sinnvolle Diskurse erschweren. Dahinter verbergen sich Ansprüche und Einstellungen, die benannt und diskutiert werden müssen. Dies wurde schon 2002 in einem Positionspapier der Kultusministerkonferenz als Risikofaktor für die Denkmale thematisiert, ohne dass hierzu in den Verfahren und Entscheidungsstrukturen Änderungen vorgenommen wurden.[4]

2. Denkmal- und verfahrensrechtliche Vorschriften in NRW

Denkmalrechtliche Verfahren werden in NRW durch das 1980 beschlossene Denkmalschutzgesetz (DSchG) geregelt. Es hat seit seinem Inkrafttreten bis heute keine wesentlichen Novellierungen erfahren, obwohl sich Einstellungen und Positionen im Umgang mit Denkmalen gewandelt haben. Die denkmalrechtlichen Abläufe bei substanziellen Eingriffen bergen Risiken für das Denkmal. Die Verfahren leiden unter mangelnder Konkretheit, denn es fehlen kodifizierte qualitative

[1] Konversionen: Denkmal – Werte – Wandel. Jahrestagung der Vereinigung der Landesdenkmalpfleger in der Bundesrepublik Deutschland. Tagungsprogramm – Auszug.

[2] Luis Moreno, bis 2007 Denkmalpfleger in Hamburg.

[3] *Jaeger/Dinse* (Hrsg.), Denkmalpflege kreativ. Hamburg, 2007.

[4] Positionspapier der KMK „Zukunftsfähigkeit von Denkmalschutz und Denkmalpflege" Beschluss der Kultusministerkonferenz vom 1.2.2002.

Anforderungsprofile, ganz im Gegensatz zu bauordnungsrechtlichen Verfahren, die in regelmäßigen Abständen an neue Entwicklungen angepasst werden. Durch den Vergleich der Verfahren nach der Landesbauordnung (LBauO) mit denkmalrechtlichen Verfahrensschritten bei Umnutzungsprozessen können Risiken und Chancen für die Sache erkannt und Ergänzungen und Änderungen auf der gesetzlichen Ebene angeregt werden. Bereits 2002 weist eine Expertenkommission auf verfahrensursächliche Gefährdungspotentiale hin, ohne dass der Gesetzgeber in NRW auch hier Maßnahmen ergriffen hat.[5]

3. Politische und gesellschaftliche Einflüsse

Häufig überschätzt ambitionierte Politik wirtschaftliche, personelle und qualitative Ressourcen der Exekutive „vor Ort". In NRW müssen die Unteren Denkmalbehörden (UDB) kleiner Gemeinden aufgrund politischer Willensbildung Aufgaben übernehmen, die mit ihrer Personaldecke auf einem guten Niveau nicht oder kaum zu bewältigen sind.

„Unser Standesbeamter, gleichzeitig Mitarbeiter des Ordnungsamtes, übernimmt mit ca. 1/8tel Stellenanteil – genau ist das nicht festgeschrieben – die Aufgaben der Unteren Denkmalbehörde, weil das ja irgendwie was mit Kultur zu tun hat."[6]

Aber auch die Landesdenkmalämter beklagen eine nicht ausreichende personelle Ausstattung, da sie vielfach gezwungen sind, Leistungen der UDB mit zu erbringen. Umnutzungsprozesse können ungünstig verlaufen, wenn von den Verfahrensbeteiligten zu wenig Zeit aufgewendet und kompetentes Personal bereitgestellt wird. Auf diese systemische Schwäche wurde in dem bereits erwähnten Bericht der Denkmalkommission deutlich hingewiesen. So läuft der jeweilige „Einzelfall"- und somit das Denkmal – Gefahr, nicht mit der nötigen Sorgfalt und Kompetenz angemessen betreut zu werden.

Deshalb werden zum Nutzen der Denkmale für diese relevanten Ebenen Veränderungen der Verfahren, der gesetzlichen Grundlagen unter Berücksichtigung sich ändernder gesellschaftlicher Positionen vorgeschlagen. Ganz konkret sollen Risiken und Chancen der jetzigen Praxis an zwei Beispielen erläutert werden. Beide Objekte sind deshalb geeignet, weil ihre Lösungsqualität – trotz gleicher Ausgangsbedingungen – nach der Umnutzung erheblich variiert.

II. Hochofenwerk Phoenix, Revitalisierung durch Umnutzung – Prozesse und Ergebnisse am Beispiel der Waschkaue + Tor II [102] und des Labor- und Bürogebäudes [104]:

Die beiden ausgewählten Gebäude sind Teil des Industriekomplexes 'Hochofenwerk Phoenix' in Dortmund – Hörde und befinden sich in unmittelbarer Nachbarschaft. Es handelt sich um das 'Laborgebäude', einem ehemaligen Hüttenlabor

---

[5] Bericht der Denkmalkommission Nordrhein-Westfalen Köln, 7.10.2002.

[6] Ergebnis bei einer Befragung der Unteren Denkmalbehörden im Kreis Borken, Frühjahr 2011.

und der 'Waschkaue + Tor II', einem Sozialgebäude. Sie wurden zu Beginn der 1950er Jahre vom gleichen Architekten errichtet und auf Anordnung der Bezirksregierung Arnsberg im Februar 2002 unter Denkmalschutz gestellt. Grundlage der Unterschutzstellung war eine denkmalpflegerische Bestandsaufnahme und Bewertung von einem externen Fachbüro. Dabei wurde das Ziel der Untersuchung wie folgt definiert:

„Ziel dieser Arbeit ist, den Gesamtbestand der noch auf dem Werksgelände erhaltenen Bauten und Anlagen zu erfassen, deren Bau- und Nutzungsgeschichte zu untersuchen, die Objekte in Fotos und Plänen zu dokumentieren und darauf aufbauend eine denkmalpflegerische Bewertung vorzuschlagen."[7]

Die Unterschutzstellung durch die UDB der Stadt Dortmund – veranlasst aufgrund einer Eintragungsanordnung der Bezirksregierung Arnsberg vom 13.2.2002 – basiert auf einer unspezifischen und wenig detaillierten Eintragungsbegründung. Das sollte bei der „Waschkaue + Tor II" im späteren Verlauf des Umnutzungsprozesses zu Problemen im Ablauf und Qualitätseinbußen beim Ergebnis führen.

Die Grundlage für die Inventarisation ist ein achtzeiliger Text für beide Objekte –'Laborgebäude' und 'Waschkaue + Tor II'– in dem Denkmaleigenschaften sehr global und unscharf beschrieben werden, ohne auf die spezifischen Eigenheiten beider Objekte einzugehen.

„102., 104. Waschkaue, Tor II, Labor- und Bürogebäude Die beiden baugleichen Gebäude in anspruchsvoller Architektur der 50er Jahre sollten den neuen Eingang in das Werk von der Hochofenstraße her markieren. Mit den Gebäuden und dem eingeschossig angebauten Torhaus sind auch zeittypische Bau- und Architekturdetails und Ausstattungen erhalten, wie z. B. Türen, Fenster, Decken, Böden usw. Besonders hingewiesen werden soll auf die teilweise noch vorhandenen Stahlfenster. Der Denkmalwert ist wegen ihrer Bedeutung für den Betrieb, das Dokument der Verbesserung der sozialen und hygienischen Verhältnisse und auch der Architektur sehr hoch."[8]

---

[7] *Flach/Höhmann*, Denkmalpflegerische Bestandsaufnahme und Bewertung – Hochofenwerk Phoenix Dortmund-Hörde, Darmstadt 1999.
[8] *Flach/Höhmann* (Fn. 7).

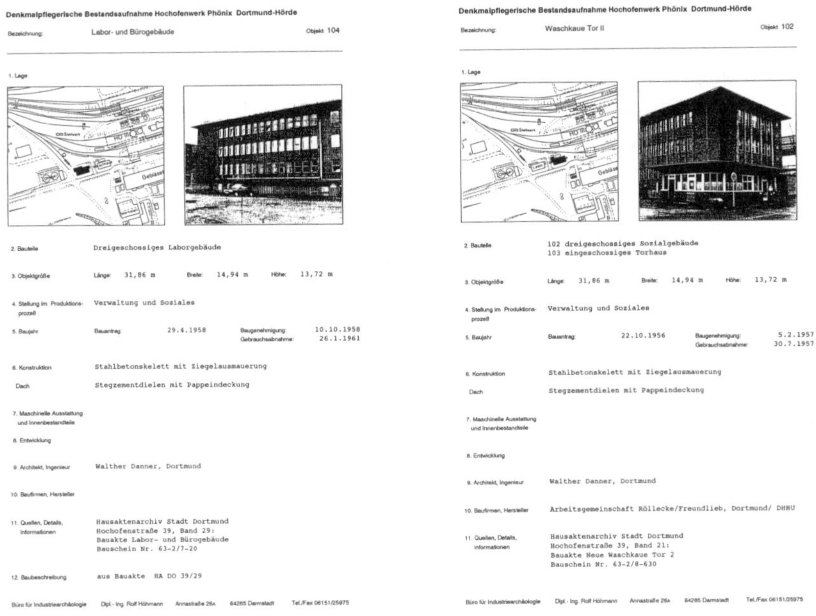

Denkmalpflegerische Bestandsaufnahme Hochofenwerk Phönix Dortmund-Hörde

Bezeichnung: Labor- und Bürogebäude — Objekt 104

1. Lage	
2. Bauteile	Dreigeschossiges Laborgebäude
3. Objektgröße	Länge: 31,86 m — Breite: 14,94 m — Höhe: 13,72 m
4. Stellung im Produktionsprozeß	Verwaltung und Soziales
5. Baujahr	Bauantrag: 29.4.1958 — Baugenehmigung: 10.10.1958 — Gebrauchsabnahme: 26.1.1961
6. Konstruktion	Stahlbetonskelett mit Ziegelausmauerung
Dach	Stegzementdielen mit Pappeindeckung
7. Maschinelle Ausstattung und Innenbestandteile	
8. Entwicklung	
9. Architekt, Ingenieur	Walther Danner, Dortmund
10. Baufirmen, Hersteller	
11. Quellen, Details, Informationen	Hausaktenarchiv Stadt Dortmund Hochofenstraße 39, Band 29: Bauakte Labor- und Bürogebäude Bauschein Nr. 63-2/7-20
12. Baubeschreibung	aus Bauakte HA DO 39/29

Büro für Industriearchäologie Dipl.-Ing. Rolf Höhmann Annastraße 26A 64285 Darmstadt Tel./Fax 06151/25975

Denkmalpflegerische Bestandsaufnahme Hochofenwerk Phönix Dortmund-Hörde

Bezeichnung: Waschkaue Tor II — Objekt 102

1. Lage	
2. Bauteile	102 dreigeschossiges Sozialgebäude 103 eingeschossiges Torhaus
3. Objektgröße	Länge: 31,86 m — Breite: 14,94 m — Höhe: 13,72 m
4. Stellung im Produktionsprozeß	Verwaltung und Soziales
5. Baujahr	Bauantrag: 22.10.1956 — Baugenehmigung: 5.2.1957 — Gebrauchsabnahme: 30.7.1957
6. Konstruktion	Stahlbetonskelett mit Ziegelausmauerung
Dach	Stegzementdielen mit Pappeindeckung
7. Maschinelle Ausstattung und Innenbestandteile	
8. Entwicklung	
9. Architekt, Ingenieur	Walther Danner, Dortmund
10. Baufirmen, Hersteller	Arbeitsgemeinschaft Röllecke/Freundlieb, Dortmund/ DHHU
11. Quellen, Details, Informationen	Hausaktenarchiv Stadt Dortmund Hochofenstraße 39, Band 21: Bauakte Neue Waschkaue Tor 2 Bauschein Nr. 63-2/8-630

Büro für Industriearchäologie Dipl.-Ing. Rolf Höhmann Annastraße 26A 64285 Darmstadt Tel./Fax 06151/25975

Abb. 1: Datenblätter Bestandsaufnahme „Laborgebäude"; „Waschkaue mit Tor II"

Außer einigen „beispielhaften" Hinweisen können keine konkreten Merkmale abgeleitet werden. Die Aussagen sind pauschal und interpretierbar. Das kann der Tatsache geschuldet sein, dass auf Anordnung der Bezirksregierung Arnsberg in einer Gewaltaktion 74 Gebäude und Anlagen eines großen Industrieareals unter Schutz gestellt werden mussten.

In einem solchen Fall sollte aber verbindlich vorgeschrieben sein, dass bei pauschalen und nicht spezifizierten Grundlagen, die zur Inventarisierung geführt haben, eine aktuelle, umfassende denkmalpflegerische Bestandsaufnahme zu erfolgen hat, um die vorhandene Substanz und die Eingriffsintensität beurteilen zu können, bevor Umnutzungskonzepte genehmigt und umgesetzt werden. Zur Eintragung wurde von der UDB Dortmund aber lediglich der Text des Gutachtens ohne ergänzende Spezifikationen übernommen. Eine Eintragungsbegründung nach einem Anforderungsprofil der Landesdenkmalpfleger wäre eine solidere Grundlage für die Beurteilung geplanter Eingriffe gewesen.

„Die Denkmalliste ist Grundlage und Teil der Denkmaltopographie. In der Denkmalliste werden Einzeldenkmale und Ensembles hinreichend charakterisiert dargestellt. Sie müssen in ihrer Situation eindeutig identifizierbar sein. Diese Charakterisierung muss auf die Begründung des Denkmalwertes zielen."[9]

[9] Auszug Fundstelle: Deutsche Kunst und Denkmalpflege 1981, S. 69. zit. nach: Martin Krautzberger, Handbuch Denkmalschutz und Denkmalpflege, 2. Aufl. 2006, S. 176.

Dies wird bei der vergleichenden Betrachtung der Abläufe und Ergebnisse beider Umnutzungsprojekte im gesamten bauordnungsrechtlichen Genehmigungsverfahren deutlich.

Diese vage Ausgangslage ist mitverantwortlich für den weitgefassten Eingriffsspielraum bei der Adaption der Denkmale und die sehr unterschiedliche Qualität der Ergebnisse nach Durchführung der Maßnahmen. Doch auch die Abläufe in beiden Verfahren, sowie die Qualifikation der handelnden Personen, haben die Qualität der jeweiligen Lösung entscheidend beeinflusst.

Der Umnutzungsprozess des 'Laborgebäudes' und der 'Waschkaue + Tor II' vollzog sich in mehreren Schritten zu unterschiedlichen Zeiten und mit unterschiedlichen Akteuren. Das Land NRW als Eigentümer war vertreten durch die landeseigene Entwicklungsgesellschaft LEG. Sämtliche Flächen und aufstehenden Gebäude sollten privatisiert werden. Um dies zu erreichen, wurde die „Vermarktungsgruppe Phoenix" gegründet, die sich mit dem Vertrieb der Flächen und aufstehenden Gebäude befassen sollte. Dieser Gruppierung gehörten Interessenvertreter verschiedener Verbände, kommunaler Verwaltungen und der freien Wirtschaft an. Der in dieser Zeit geführte Schriftverkehr und dokumentierte Entscheidungen belegen, dass wirtschaftliche Aspekte zu Lasten denkmalpflegerischer Prinzipien priorisiert wurden. So heißt es in einem Vermerk vom 25.6.2003 u.a.:

„G-TEC[10] hat mit dem Denkmalschutz geklärt, dass das Laborgebäude um ein Staffelgeschoss erweitert werden kann. Sie wird dazu eine Wirtschaftlichkeitsberechnung erstellen. In vier Wochen ist ein gemeinsamer Termin mit G-TEC, der LEG NRW GmbH, dem Dortmund-Projekt und der WBF-Do[11] geplant, in dem das weitere Vorgehen abgestimmt werden soll."

1. *Laborgebäude – Umnutzung zu Büroflächen*

Abb. 2: Laborgebäude Phoenix vor und nach erfolgter Umnutzung

In einer Synopse ist der Ablauf von der Unterschutzstellung bis zur Fertigstellung dargestellt. Das Ergebnis der Umnutzung des am 13.2.2002 in die Denkmalliste eingetragenen Gebäudes wurde am 1.11.2010 durch den Bund Deutscher Architekten BDA ausgezeichnet. In der gesamten Umnutzungsphase hat es mehrere Genehmigungsanläufe gegeben, da immer wieder Interessenten an dem

[10] Anm.: G-TEC war ein am Erwerb des Objektes interessiertes Unternehmen.
[11] Anm.: WBF-Do Bezeichnung der Wirtschaftsförderung Dortmund.

Objekt interessiert waren. 2007 wurde dann das Objekt endgültig an einen privaten Bauherrn veräußert. Es wurde 2008 nach einem Jahr Planungs- und Bauzeit in hoher Qualität fertig gestellt.

LABORGEBÄUDE PHOENIX - Objekt 104		
Beteiligt	**Datum**	**Bemerkung**
Fachbüro	01.01.2000	Denkmalpfl. Bestandsaufnahme + Bewertung
UDB	13.02.2002	Eintragung in die Denkmalliste
G - Tec	18.12.2002	Bauvoranfrage - grundsätzl. Zustimmung UDB
LEG	16.12.2005	Konzept für Dach- + Fachsanierung
LEG	19.05.2005	Bauantrag für Dach + Fach eingereicht
UBD	10.06.2005	Antrag an RP Arnsberg
RP	20.06.2005	Auflagen gem. § 9 DSchG
UDB	20.06.2005	Benehmen mit LWL
LEG	30.06.2005	Erweiter. Bauantrag v. 19.05.05 - Kellernutzung
UBD	20.07.2005	LWL - Detailfragen - z.B. Fensterausbildung
LEG	Verk. 2007	Verkauf des Objekts an privaten Bauherrn
Bauherr	05.04.2007	Sanierungs- + Nutzungskonzept
UDB	03.07.2007	Zustimmung
Bauherr	02.07.2007	Bauantrag
UDB	03.07.2007	Denkmalpflegerische Erlaubnis erteilt
LWL	03.07.2007	Benehmen hergestellt
Bauherr	06.02.2008	Steuerbescheinigung erbeten
Bauherr	19.04.2008	Fertigstellung + Bezug
LWL	14.05.2008	Zustimmung zur Steuerbescheinigung erteilt
UDB	24.04.2008	Umgebungsschutz vom RP Zustimmung eingeh.
UDB	29.04.2008	Benehmen zur Steuerbescheinigung vom LWL
UDB	21.05.2008	Bescheinigung erteilt
RP	16.10.2009	Keine Bedenken bzgl. Umgebungsschutz
Bauherr	01.11.2010	BDA - Auszeichnung guter Bauten
Bau.O	aktuell	Schlussabnahme noch nicht bescheinigt

Abb. 3: Planungs- und Realisierungsablauf Laborgebäude Phoenix

Abb. 4: Objektzustand bei Maßnahmenbeginn

Für die Umnutzung des Laborgebäudes wurde den Genehmigungsbehörden durch ein qualifiziertes Architekturbüro ein detailliertes Nutzungs- und Sanierungskonzept vorgelegt. Darin waren die beabsichtigten Eingriffe dokumentiert. Deshalb waren über den Erlaubnisvorbehalt gem. § 9 DSchG nur wenige Punkte zu klären. Wesentliche, an die ursprüngliche Nutzung erinnernde Ausbauelemente und Bauteile blieben erhalten. Der vom BDA verliehene Preis hat eben diese Qualität gewürdigt, die durch einen behutsamen und kreativen Umgang mit der Bausubstanz erzeugt wurde. In der Laudatio heißt es dazu u.a.:

„Auch Denkmale wie das 'Labor Phoenix' können durch Umbauten oder Ergänzungen eine neue Nutzungs- und Zeitschicht erhalten. Für sie gilt eine besondere Zurückhaltung beim Umbau, die eine hohe Sensibilität der Architekten, verknüpft mit intensiver Dialogfähigkeit mit der Denkmalpflege, erfordert. Nur so kann die authentische Substanz des Denkmals erhalten bleiben. Dieser hohe Anspruch wird mit dem vorliegenden Projekt in beispielhafter Weise erfüllt. Die Jury würdigt mit ihrer Anerkennung den behutsamen, dabei kreativen und erfrischenden Umgang mit der vorhandenen Bausubstanz."[12]

Abb. 5: Innenräume Labor Phoenix nach der Umnutzung

[12] Auszug aus der Laudatio zum BDA Preis 2010.

2. *Waschkaue + Tor II*

Abb. 6: Waschkaue + Tor II vor und nach erfolgter Umnutzung

Zwischen der LEG und dem jetzigen Eigentümer des Objektes Waschkaue + Tor II wurden bereits ab 2003 Verkaufsgespräche geführt. Der Kaufvertrag wurde allerdings zu einem sehr viel späteren Zeitpunkt geschlossen, u. a. auch deshalb, weil durch den Erwerber Eingriffsoptionen ausgelotet und geklärt werden sollten. Mit der später realisierten Planung war der jetzige Hauptmieter des Objektes, ein Ingenieurbüro, befasst. Bereits am 3.6.2003 wurde auf die mangelnde Qualität an aussagekräftigen Unterlagen hingewiesen. Es heißt dazu u.a.:

„Leider ist es wie meistens bei den Bauanträgen, sie sagen nur wenig zu den denkmalrelevanten Fragen, wie Fenster und Fassaden aus. Im Vorfeld hatte es mehrere Gespräche mit den Antragstellern gegeben, so dass ich etwas besser unterrichtet bin.“[13]

Ein Planvergleich macht die Eingriffsintensität besonders deutlich. In einem Bauantrag der LEG vom 22.4.2003 waren noch Reste der ehemaligen Waschkaue erhalten und funktionstüchtig hergerichtet. Diese für den Denkmalwert des Objektes wesentlichen Flächen waren im Bauantrag vom 10.8.2004 völlig verschwunden. Dies geschah allerdings mit Billigung der Unteren Denkmalbehörde:

„Das Objekt selbst hat im Inneren erheblichen Schaden durch Vandalismus genommen, so dass die keramischen Bestandteile der Nasszellen nahezu alle zertrümmert sind. [...] Ein auch nur teilweises Erhalten der Nassbereiche ist nicht mehr möglich.“[14]

Grundsätzlich beabsichtigte die Behörde dieser Planung zuzustimmen und über einen Erlaubnisvorbehalt im Bauschein denkmalpflegerische Anforderungen und Auflagen insbesondere der Gebäudehülle zu klären. Ein solches Vorgehen birgt Gefahren bei der Abwägung, denn durch den „Druck der Baustelle“ und der Priorisierung von Vertriebs- und Wirtschaftinteressen können denkmalpflegerische Standards unterbewertet und dadurch vernachlässigt werden.

Ein beredtes Beispiel ist der konkrete Genehmigungsverlauf für die Erneuerung der Fenster und Installierung eines beantragten Sonneschutzsystems. Dieses Ver-

---

[13] Aktenvermerk 63/2-6Dkm vom 3.6.2003.
[14] Denkmalbehörde Dortmund, Schreiben vom 24.11.2004.

fahren begann mit Hinweisen zu denkmalpflegerischen Auflagen bereits Mitte 2003 und zog sich nahezu über zwei Jahre hin. Das Ergebnis belegt eindrucksvoll, dass ohne klare Verabredungen durch „Kuhhändel" keine geeigneten Lösungen generiert werden können.

Datum	Beteiligt	Inhalt Schriftverkehr
05.06.2003	LEG	Hinweise zu denkmalpflegerischen Auflagen
02.03.2005	Bauherr Neu	Zustimmung zu Sonnenschutz + Fensterkonstruktion
16.03.2005	UDB	Vom LWL Zustimmung für die Lösung erbeten
29.03.2005	LWL	Zustimmung verweigert
07.04.2005	UDB	Nochmaliger Vorstoß mit Bitte um Zustimmung
18.04.2005	LWL	Zustimmung mit Bedenken und Auflagen
26.04.2005	UDB	Erteilung der denkmalpflegerischen Erlaubnis

Abb. 7: Genehmigungsablauf Waschkaue + Tor II – Sonnenschutz + Fenster

In dem Schreiben vom 18.4.2005 teilt das Westfälische Amt für Denkmalpflege im Rahmen der Benehmensherstellung gem. § 9 und § 24.1 mit:

„[...]aufgrund Ihrer Ausführungen zu den Themen Fenstererneuerung und Anbringung eines Sonnenschutzes nehmen wir die geplanten Maßnahmen hin, obwohl wir sie nach wie vor für eine Beeinträchtigung des Baudenkmals halten.

Wir schlagen jedoch vor, an geeigneter Stelle ein oder zwei Originalfenster als Belegexemplare zu erhalten. Sollte dies nicht am Objekt möglich sein, sollte ein Fenster ausgebaut und im Gebäude verwahrt werden."[15]

Die Hinweise der Fachbehörde wurden dem Bauherrn mit Schreiben vom 26.4.2005 durch die Denkmalbehörde der Stadt Dortmund mitgeteilt. Die Abstimmung und Entscheidung über die Ausführungsart und Details der zu verwendenden Fensterkonstruktion hat – trotz der bereits 2003 erteilten Hinweise – nahezu zwei Monate beansprucht. Die kompromissbehaftete Lösung war im Ergebnis für die Denkmalfachbehörde sehr unbefriedigend. Es sei noch einmal daran erinnert, dass es die *„zeittypischen Bau- und Architekturdetails und Ausstattungen, wie zum Beispiel Türen, Fenster, Decken"* waren, die den Denkmalwert ausgemacht haben.

[15] Vgl.: Schreiben Westfälisches Amt für Denkmalpflege vom 18.4.2005.

Abb. 8: Zustand nach „Vandalismus“, Abb. 9: „Erhalt“ von Substanz

Abb. 10: Zustand nach „Vandalismus“, Abb. 11: Interieur

Die Hülle des Gebäudes wurde zwar in ihren Grundstrukturen respektiert, das Interieur und die Ausstattung aber – bis auf eine nachträglich als Reminiszenz geflieste Halbsäule[16] – entsorgt oder verkleidet. Die Forderung des Westfälischen Amts für Denkmalpflege, zwei bauzeitliche Fenster zu ver- und so zu bewahren, sind ein beredtes Alibi für einen schlechten Kompromiss einer strenggenommen unter denkmalpflegerischen Gesichtspunkten gescheiterten Umnutzung.

III. Positionen und Anregungen für Veränderungen

Eine Veränderung der Abläufe und Konkretisierung eines verbindlichen Anforderungsprofils, sowie eine Anpassung der gesetzlichen Grundlagen bieten Chan-

[16] Vgl. Abb. 9 „Erhalt“ von Substanz.

cen, die Qualität der Ergebnisse bei Umnutzungen zu steigern und Streitigkeiten zu vermeiden. Das fördert in gleicher Weise die Akzeptanz denkmalpflegerischer Maßnahmen, da eine höhere Nachvollziehbarkeit gewährleistet ist.

„Nachvollziehbarkeit: in der Dokumentation sind die Grundlagen, das Maßnahmenkonzept und die Begründung für die Entscheidungen festzuhalten. Die verantwortlichen Organisationen und Einzelpersonen sind zu benennen.“[17]

Neben Anforderungen an die Dokumentation und Transparenz von Verfahren erfordert dies auch Qualifizierungsmaßnahmen und eine ausreichende personelle Ausstattung fachlich Beteiligter. Nachfolgend sind die wesentlichen Mechanismen benannt, die überdacht, adaptiert oder neu gefasst werden sollten, um diese Verbesserungen zu erreichen.

1. Adaption gesetzlicher Grundlagen und Verordnungen

Das von der Politik in NRW immer wieder als leistungsfähig beschriebene zweistufige Verfahren unter Verwendung einer konstitutiven Denkmalliste muss überdacht werden. Die überwiegende Anzahl der Bundesländer führt deklaratorische Denkmallisten. Darin sind Objekte verzeichnet, die lt. Denkmalschutzgesetz des jeweiligen Bundeslandes Denkmaleigenschaften besitzen. Die Objekte sind aufgrund der Bestimmungen des DSchG eo ipso Denkmale, ob sie in die Liste eingetragen sind oder nicht. Die teilweise vagen Beschreibungen früherer Inventarisierungen in NRW sind Schwachstellen. Wird in solchen Fällen über Eingriffe in das Denkmal gestritten, weisen Verwaltungsgerichte gern auf den Mangel an Konkretheit der Denkmalwertbegründungen hin.

Wenn es sich lt. DSchG um ein Denkmal handelt, unterliegen Eingriffe in das Denkmal einer Abwägung im Einzelfall, bei der neben denkmalpflegerischen Aspekten auch andere öffentliche und private Sachverhalte zu würdigen sind. Dies eröffnet die Chance, alle Positionen zu Gehör zu bringen und dann gegeneinander abzuwägen. Dies ist in einem demokratischen Gemeinwesen der 'Königsweg' oder besser 'Bürgerweg'.

Die Abwägungsgehalte konnten durch das bis 2007 mögliche Widerspruchsverfahren transparent gemacht werden. Eine Einigung zwischen den Parteien wurde somit erleichtert. Ob das am 1.11.2007 in Kraft getretene II. Gesetz zum Bürokratieabbau tatsächlich wirksam war, ist nur schwer abzuschätzen. Ob dadurch Entscheidungsprozesse schnell und effizient ohne unnötige Verfahrensschritte erledigt wurden, bleibt ebenfalls unklar. Bezogen auf den Denkmalschutz muss allerdings festgestellt werden, dass nach Aussage des Statistischen Landesamtes eine deutliche Erhöhung der streitigen Fälle bei den Verwaltungsgerichten verzeichnet werden konnte. Außerdem beklagen viele Beteiligte, dass die Chancen auf Verhandlungslösungen, die durch das Widerspruchsverfahren geboten waren, durch die Aussetzung zunichte gemacht wurden. Es wäre wünschenswert, wenn das Widerspruchsverfahren wieder eingeführt wird.

---

[17] Vereinigung der Landesdenkmalpfleger in der Bundesrepublik Deutschland: Leitbild Denkmalpflege – Zur Standortbestimmung der Denkmalpflege in Deutschland, Wiesbaden 2011, S. 38.

Eine Abkehr in NRW von der Praxis der konstitutiven Denkmalliste hin zu einem deklaratorischen System ist ein Paradigmenwechsel mit erheblichen Vorteilen für Abwägungsprozesse und wird helfen, Konflikte besser zu steuern. Dadurch sind allerdings an alle Beteiligten, insbesondere an die UDB, höhere Anforderungen zu stellen.

2. *Aufgaben, Ausstattung und Leistungsfähigkeit der UDB in NRW*

2006 schrieb der amtierende Minister für „Bauen und Verkehr" in einer umfassenden Dokumentation:

„Mit der Bestimmung aller Gemeinden zu Unteren Denkmalbehörden sollen in erster Linie die örtlichen Gemeinschaften Verantwortung für den Denkmalschutz tragen und diesen zu ihrer eigenen Sache machen. Ein solches Vertrauen in die Fähigkeiten der Gemeinden entspricht der nordrhein-westfälischen Staatspraxis, öffentliche Aufgaben grundsätzlich durch die Gemeinden und nicht durch staatliche Behörden wahrnehmen zu lassen. [...] Die Generalkompetenz der Unteren Denkmalbehörde für den Vollzug des Denkmalschutzgesetzes gilt sowohl für die Angelegenheiten des Denkmalschutzes als auch der Denkmalpflege."[18]

Solch hehre und anspruchsvolle Kompetenz- und Aufgabenzuteilung wurde und wird nicht durch eine adäquate Mittelzuteilung unterstützt. Dies ist wieder ein sehr konkretes Beispiel für die Verkündung politischer Ziele, ohne die Erreichung dieser Ziele materiell zu unterstützen. Es gibt – bis auf eine Studie[19] des Deutschen Instituts für Urbanistik [difu] aus 2008 – leider wenig gesicherte Daten über „das Funktionieren" der UDB. Die Studie ist nicht geeignet, die Arbeit der UDB hinsichtlich ihrer Qualität einzuschätzen. Das methodische Vorgehen einer einseitigen Befragung ohne Berücksichtigung aller Beteiligten ist fragwürdig. Sie gibt deshalb keine verwertbaren Aussagen über Qualitäten, sondern bildet lediglich statistische Wirklichkeiten über Bearbeitungsbereiche, bearbeitete Fälle und Personalstrukturen ab. So wird die Tatsache, dass 2008 in knapp 25 % der nordrhein-westfälischen Gemeinden noch ein erheblicher Rückstau an nicht eingetragenen Baudenkmälern besteht, statistisch aufbereitet aber nicht bewertet. Deshalb verwundert der Hinweis in einem Kommentar zum Denkmalschutzgesetz Nordrhein-Westfalen:

„Eine Umfrage zur Organisation und Aufgabenwahrnehmung Unterer Denkmalbehörden in Nordrhein-Westfalen bestätigt, dass sich das Gesetz in der Praxis bewährt hat und kein Anlass besteht, an den Grundfesten von Denkmalschutz und Denkmalpflege in Nordrhein-Westfalen zu rütteln."[20]

Gerüttelt werden muss an der tatsächliche Arbeitssituation – abseits von politischen Verlautbarungen – denn die UDB müssen personell und organisatorisch besser aufgestellt werden. Dazu gehören Stellenpläne, Stellenbeschreibungen und

---

[18] Ministerium Bauen Wohnen + Verkehr: Denkmalschutz und Denkmalpflege in Nordrhein-Westfalen, 2006.

[19] *Echter/Grimm*, Denkmalschutz und Denkmalpflege in nordrhein-westfälischen Städten und Gemeinden, in: Difu- Impulse, Bd. 3/2008.

[20] *Davydov et al.*, Denkmalschutzgesetz Nordrhein-Westfalen, 2010.

obligatorische Weiterbildungsmaßnahmen. Wenn das in kleineren Gemeinden nicht möglich ist, muss der Gesetzgeber die gesetzlichen und finanziellen Möglichkeiten schaffen, diese Aufgaben durch Fachleute aus der freien Wirtschaft erledigen zu lassen. Diese Praxis der Hinzuziehung von Prüfingenieuren und Sachverständigen hat sich seit Jahren im Baugenehmigungsverfahren bewährt.

3. Chancen für kleinere Verwaltungseinheiten – der Denkmalpflegeplan

Der § 25 DSchG „Denkmalpflegeplan" ist eindeutig und verpflichtet alle Gemeinden zu einer Planaufstellung. Dennoch existieren in NRW weniger als 20 Denkmalpflegepläne bei knapp 400 Städten und Gemeinden. Aufgrund der faktischen Arbeitssituation kann der Denkmalpflegeplan gerade kleinere Verwaltungseinheiten bei denkmalpflegerischen Problemstellungen organisatorisch und inhaltlich unterstützen. Die Chancen, die ein Denkmalpflegeplan gerade diesen Verwaltungseinheiten eröffnet, sind bisher nicht ausreichend kommuniziert worden, dabei wurden auch wirtschaftliche Gesichtspunkte außer acht gelassen.

„Eine regelmäßige Begutachtung des Zustands eines Denkmals und damit verbundene Maßnahmen zur Unterhaltung und Pflege (Denkmalpflegeplan, Parkpflegewerk etc.) können durchgreifende Sicherungs- und Sanierungsmaßnahmen und unnötige Kosten vermeiden."[21]

Diese Bringschuld „Denkmalpflegeplan" sollte eingefordert und die Finanzierung durch das Land unterstützt werden. Dabei können wissenschaftliche Institute oder fachlich geeignete Büros mit dieser Leistung beauftragt werden. Ein Denkmalpflegeplan wird die Arbeit der UDB kleiner Verwaltungseinheiten mit begrenztem Personalbestand erleichtern und qualitativ verbessern und dazu beitragen, dass sich der Rückstau bei einzutragenden Baudenkmälern abbaut.

4. Inhaltliche Anforderungen: Qualität der Inventarisation

Unabhängig von der Tatsache, ob es einen Systemwechsel hin zu deklaratorischen Denkmallisten gibt, müssen die vorhandenen Inventarlisten auf ihre Aussagequalität überprüft werden – ein paar Zeilen aus dem Dehio sind nicht auskömmlich! Es verwundert, wie vage und allgemein teilweise die bei der Inventarisation aufgeführten Informationen über Denkmaleigenschaften und die Aussagen zum Denkmalwert sind. Der Hinweis allein, dass es sich um ein wichtiges Zeugnis „für die Entwicklung der Arbeits- und Produktionsverhältnisse" handelt, reicht sicherlich nicht aus. Gleiches gilt für Kategorien wie: künstlerisch, wissenschaftlich, volkskundlich etc. Auf der Jahrestagung der Landesdenkmalpfleger im Juni 2012 in Hamburg „Konversionen: Denkmal – Werte – Wandel" sollte auch *„die meist ämterübliche Trennung der Fachbereicht Inventarisation und praktische Denkmalpflege"* hinterfragt werden. Diese Organisationsänderung bietet die Chance, die Denkmaleigenschaften durch konkrete, am Denkmal verortete und dokumentierte Tatbestände belegen zu können, wodurch bei jedem Eingriff eine Bestandsdokumentation und Bewertung als Grundlage den Abwägungsprozess

[21] Vereinigung der Landesdenkmalpfleger in der Bundesrepublik Deutschland: Leitbild Denkmalpflege – Zur Standortbestimmung der Denkmalpflege in Deutschland, 2011, S. 32.

herangezogen werden kann. Unabhängig davon muss vor Beginn einer Maßnahme festgestellt und dokumentiert werden, ob sich der Zustand des Denkmals seit der Unterschutzstellung verändert hat. Möglicherweise haben der „Zahn der Zeit", Vandalismus oder Naturereignisse wesentliche Denkmaleigenschaften zerstört.

Nach meinem Verständnis prägen und begründen diese Informationen die Eingriffsspielräume und verlangen deshalb mehr Klarheit. Jeder Problemlösungsprozess beginnt mit einer Anamnese, in diesem Fall mit dem Aufschluss des tatsächlichen und beschrieben Zustands des Denkmals.

5. Organisatorische Anforderungen – Einbindung der Erlaubniserteilung

Im Gegensatz zum Baugenehmigungsverfahren – Bauvorlagenverordnung – gibt es keine allgemein verbindlichen Vorschriften für die Qualität und Vollständigkeit der gem. § 26 DSchG vorzulegenden Unterlagen. Dies wird auch von der Denkmallisten-Verordnung aus dem Jahr 1981 nicht geleistet. Die mangelnde Qualität eingereichter Unterlagen wurde bei Gesprächen mit Vertretern der UDB häufig beklagt, insbesondere bei bauordnungsrechtlich genehmigungsfreien Vorhaben.

Die Mitwirkung der UDB wird auch dadurch erschwert, weil beabsichtigte Vorhaben und der vorgefundene Bestand nicht eindeutig aufbereitet sind. In einigen Kommentaren werden zwar der § 26 (1) erläutert und verwaltungsrechtliche Vorschriften beigezogen, aber dies scheint in der Praxis keine bindende Wirkung zu haben.

Bei Vorhaben, die auch bauordnungsrechtlich zu genehmigen sind, wird die Qualität der Unterlagen zur Beurteilung durch die UDB besser eingeschätzt, da wegen der einschlägigen Vorschriften der LBauO die technischen Unterlagen vollständiger aufbereitet sind.

Die beim Erlaubnisvorbehalt geübte Praxis führt häufig zu Problemen zwischen der Behörde und dem Bauherrn, da noch um Lösungen gerungen werden kann und teilweise muss, während das Baugeschehen längst begonnen hat. Hier hilft ein Blick nach Frankreich, wo ein gesamtes denkmalpflegerisches Konzept vorzulegen ist, bevor mit Baumaßnahmen begonnen wird. Sollten sich dann während der Bauphase Probleme ergeben, werden diese durch freiberufliche Architekten mit denkmalpflegerischer Qualifikation vor Ort mit den Beteiligten besprochen und entschieden. Diese Praxis wäre bei den UDB in kleinen Verwaltungseinheiten und der Aufgabenfülle der Denkmalfachbehörden durchaus auch für NRW sinnvoll.

6. Evaluierung der Ergebnisse nach der Realisierung

Jeder Bauherr muss bei Abschluss einer genehmigten Baumaßnahme eine Abnahme beantragen, bei der die Benutzung des Gebäudes geprüft wird – vgl. § 80 (8) BauO NW. Mit der Feststellung der ordnungsgemäßen Fertigstellung einer Baumaßnahme kann auch eine Abnahme der Umsetzung der denkmalpflegerischen Maßnahmen erfolgen und die Einhaltung der erteilten Auflagen geprüft werden. Erst danach werden steuerliche Bescheinigungen erteilt oder Zuschüsse für erhöhte Aufwendungen ausgekehrt.

Dies geschieht heute in der Regel ohne die Realisierung vor Ort zu überprüfen. Auch hier lohnt ein Blick nach Frankreich. Dort werden denkmalpflegerische Maßnahmen nicht nur kontinuierlich auf der Baustelle begleitet, nach Abschluss der Maßnahme erfolgt auch eine förmliche Abnahme, die die Mängelfreiheit bescheinigt oder Nachbesserungen verlangt.

IV. Aussichten

Viele Diskurse zur Eingriffsintensität bei Umnutzungen sorgen nicht für Klarheit. Sie verunsichern bei der praktischen Umsetzung, weil diese Diskussionen von unterschiedlichen Gruppen auf unterschiedlichen Ebenen mit unterschiedlichen Interessen geführt werden. Um dies zu vermeiden, fordert die Vereinigung der Landesdenkmalpfleger u.a.:

Die Vertretung der denkmalpflegerischen Belange obliegt den Denkmalbehörden. […] Im Interesse der Öffentlichkeit erfüllen sie den gesetzlichen Auftrag, die Denkmale zu pflegen und zu erschließen bzw. zu vermitteln. Dies ist nur im engen Miteinander mit Verfügungsberechtigten, Planungsbüros, Behörden und sonstigen Fachdisziplinen möglich, […].[22]

Dadurch können bei den erforderlichen Abwägungsprozessen zwischen denkmalpflegerischen Belangen und anderen öffentlichen und privaten Interessen mehr Aspekte eingebracht und so die Transparenz von Entscheidungen erhöht werden. Dies vermittelt den Verfügungsberechtigten zugleich den Eindruck, dass ihre Belange bei der Gestaltung und dem Ablauf des Umnutzungsprozesses angemessen behandelt und berücksichtigt zu werden.

Viele der beschriebenen Maßnahmen erfordern einen höheren finanziellen und personellen Aufwand und eine ausreichende Qualifizierung aller Beteiligten. Wenn aber politische Erklärungen nicht nur Reden für die Galerie bleiben, sondern umgesetzt werden sollen, ermöglichen die vorgeschlagenen Ansätze Verbesserungen der Umnutzungsprozesse. Dies nutzt insbesondere der Erhaltung der Denkmale. Dazu sind keine umfassenden systemischen Eingriffe nötig, sondern lediglich Ergänzungen und Konkretisierungen und ein den Aufgaben und Leistungen angepasstes Budget.

„Es obliegt daher allen politisch, fachlichen und gesellschaftlich Verantwortlichen, die Rahmenbedingungen für eine sachgerechte Nutzung der in den Denkmalen manifesten kulturellen und historischen Potenziale zu sichern oder zu schaffen."[23]

[22] Vereinigung der Landesdenkmalpfleger in der Bundesrepublik Deutschland: Leitbild Denkmalpflege – Zur Standortbestimmung der Denkmalpflege in Deutschland, 2011, S. 28.
[23] Ebenda, S. 26.

Literaturliste:

Bericht der Denkmalkommission Nordrhein-Westfalen I. Düsseldorf 2002.

Davydov et alt.: Denkmalschutzgesetz Nordrhein-Westfalen. Wiesbaden, 2010.

DNK – Deutsches Nationalkomitee für Denkmalschutz: Denkmalwert auf dem Prüfstand? Aktuelle Rechtsprechung zum Denkmalrecht aus der Sicht der Inventarisation. In.: *www.dnk.de/archiv/n2413/?node_id=2399&from_node=2413&beitrag_id=232.*

Echter, Claus-Peter; Grimm, Andrea: Denkmalschutz und Denkmalpflege in nordrhein-westfälischen Städten und Gemeinden. In: Difu- Impulse, Bd. 3/2008.

Flach, Franz Peter; Höhmann, Rolf: Denkmalpflegerische Bestandsaufnahme und Bewertung – Hochofenwerk Phoenix Dortmund-Hörde. Darmstadt 1999.

Jaeger, Falk; Dinse, Peter (Hg.) Denkmalpflege kreativ. Hamburg 2007.

Maaß, Jörg: Denkmalschutz jenseits hoheitlichen Verwaltungshandelns. In: www.kunsttexte.de 2/2002.

Mainzer, Udo: Ein Teil der Architekturgeschichte – Weiterbauen zur Umnutzung. In: StadtBaukultur NRW (Hg): Vom Nutzen des Umnutzens – Umnutzung von denkmalgeschützten Gebäuden. Bonn, o. A.

Martin, Dieter J.; Krautzberger, Michael: Handbuch Denkmalschutz und Denkmalpflege. 2. Aufl., München 2006.

Meier, Hans-Rudolf; Will, Thomas: Dehio 2000 – Paradigmenwechsel in der modernen Denkmalpflege? In: ZeitSchichten. Erkennen und Erhalten – Denkmalpflege in Deutschland, (Hg.) Deutsche Stiftung Denkmalschutz, Vereinigung der Landesdenkmalpfleger in der Bundesrepublik Deutschland und Ingrid Scheuermann für die Dehio Vereinigung. München 2005. S. 320–329.

Ministerium Bauen Wohnen + Verkehr: Denkmalschutz und Denkmalpflege in Nordrhein-Westfalen. Düsseldorf, 2006.

Mohr, Christoph: Zum Denkmalbegriff der Nachkriegsarchitektur. In:*www.denkmalpflege-hessen.de/LFDH4_Publikationen/Veroffentlichungen/Ausgabe_1_1988/88-1_Mohr/88-1_mohr.html.*

Scheurmann, Ingrid; Meier, Hans-Rudolf (Hg.): Zeitschichten der Denkmalpflege. Berlin 2006.

Schmidt, Leo: Das Denkmal als Prozess und Kommunikation. in: Bildung und Denkmalpflege. 2010, S. 107 ff.

Siegel, Michael: Denkmalpflege als öffentliche Aufgabe: eine ökonomische, institutionelle und historische Untersuchung. Göttingen 1985.

Vereinigung der Landesdenkmalpfleger in der Bundesrepublik Deutschland: Leitbild Denkmalpflege – zur Standortbestimmung der Denkmalpflege in Deutschland. Wiesbaden 2011.

Bildnachweis:

LEG Archiv: Abb. 2 links; Abb.4; Abb. 6 links; Abb. 8; Abb. 10

Peter Lippsmeier: Abb. 2 rechts; Abb. 5; Abb. 6 rechts; Abb. 9; Abb. 11

HOLGER SPREEN

Planung in der Landespolitik

„Was wären wir ohne den Gesetzgeber – Die dankbare schreibende Zunft der juristischen Kommentatoren." Diese vielsagende Erkenntnis, die Prof. Dr. Bernhard Stüer schon 1998 der Fachwelt mit auf den Weg gegeben hat,[1] beschreibt vielleicht auf einfache Weise das Spannungsfeld, in dem sich Politik und Planung bewegen. Mit planvollen und teilweise bis ins Kleinste strukturierten Vorgaben versucht die Politik durch Gesetze und Verordnungen, das Zusammenleben in einem Gemeinwesen zu strukturieren, unserer Leben in planvoll geordneten Bahnen zu halten. Nach langer gesetzgeberischer Vorbereitung und mühsamen Debatten gerade im Gesetz- und Verordnungsblatt veröffentlicht, hat die Realität mitunter eine andere Wendung genommen. Kaum sind die ersten Gesetzeskommentierungen abgeliefert, da ist zugleich die erste Novelle schon auf dem Weg. Das mag weniger wohlgesonnene Zeitgenossen vielleicht zu der Aussage verleiten, Politik und Planung hätten miteinander nichts zu tun. Und in der Tat ist Politik an mancher Stelle nicht planbar. Gleichwohl sollte gute Politik im Grundsatz von langer Hand geplant sein. Um das zu erreichen, leisten Praktiker wie Professor Dr. Bernhard Stüer nicht nur als Mitglied der Zunft der juristischen Kommentatoren an der Schnittstelle zwischen Politik und Planung beratend ihren Beitrag, um Politik, Parlament und Verwaltung praxisgerechte Wege aufzuzeigen. Der nachfolgende Beitrag gibt einen Einblick in diese Einwirkungs- und Gestaltungsmöglichkeiten.

I. Begriffsbestimmungen: Was ist „Politik"?

„Politik" ist täglich in aller Munde. In den Printmedien, in Funk und Fernsehen wird täglich über Weltpolitik und vermeintlich „große" Politik aus Berlin berichtet, weiter hinten in den Zeitungen folgen dann Landespolitik und lokalpolitische Ereignisse. Der Fremdwörter-Duden definiert Politik als „auf die Durchsetzung bestimmter Ziele besonders im staatlichen Bereich und auf die Gestaltung des öffentlichen Lebens gerichtetes Handeln von Regierungen, Parlamenten, Parteien, Organisationen oder Ähnlichen".[2] Auf dieser Grundlage scheinen Politik und Planung gut zusammenzupassen: Wer das öffentliche Leben gestalten will, der muss eine Idee davon haben, wo er hin will, er braucht also ein Ziel vor Augen. Den Weg dorthin versuchen Politik und Verwaltung mit planvollen Schritten zu gehen. Eine sinnvolle Planung scheint insoweit unabdingbare Voraussetzung zu

---

[1] Einleitung zum Vorwort zur 2. Auflage des Standardwerks *Stüer,* Handbuch des Bau- und Fachplanungsrechts, München 1998.

[2] Dudenredaktion (Hrsg.), Duden – Das Fremdwörterbuch, Mannheim u.a. 2010.

sein. Mit zielgerichtetem Verhalten nimmt Politik Einfluss darauf, wie sich unser Gemeinwesen entwickelt. Zielgerichtet ist ein Verhalten aber vor allem dann, wenn es vorausschauend und planvoll erfolgt. Doch ganz so einfach ist Planung in der Politik dann doch wieder nicht.

1. Grundlagen der politischen Arbeit

Wer einmal „Politik und Planung“ als Suchbegriff in eine Suchmaschine eingibt, stößt im Internet auf ungefähr 38.300 Treffer. Auf den ersten Blick scheint es sich also um ein häufig diskutiertes Thema zu handeln. Doch die Praxis ist eine andere. Tatsächlich gibt es wohl nicht viele Begriffspaare, deren Teile einerseits gut harmonieren und andererseits gegensätzlicher kaum sein könnten. Politische Arbeit ist nicht bis ins Kleinste planbar. Erst recht nicht im voraus.

Politik kann die großen Linien vorausplanen. Doch das politische Tagesgeschäft ist in der Praxis im Detail weder planbar noch vorhersehbar. Es entwickelt sich und ist damit abhängig von vielen Unbekannten.

In unserem demokratischen Gemeinwesen sind es die Parteien, die die Politik gestalten. Art. 21 Abs. 1 S. 1 GG bestimmt: „Die Parteien wirken bei der politischen Willensbildung des Volkes mit.“ Sie sind jedoch regelmäßig nur dann medial wahrnehmbar, wenn sie es in einen Landtag oder den Deutschen Bundestag geschafft haben. Zwei Hauptakteure finden sich dort: die Legislative und die Exekutive, d.h. Parlament und Regierung. Sie unterscheiden sich auch in der Planbarkeit ihres Handelns.

a) Legislative

Obwohl einer der wesentlichen Akteure in der Politik, agiert die Legislative, also der Gesetzgeber in seiner Gesamtheit, nicht einheitlich. Es sind im Parlament die Fraktionen, die die wesentlichen Entscheidungen entwickeln und tragen. Dagegen hat die Parlamentsverwaltung mit dem jeweiligen Bundestags- oder Landtagspräsidenten an ihrer Spitze im inneren Gefüge eine gewisse Stellung, doch für das politische Tagesgeschäft bleibt sie weitgehend ohne Bedeutung. Sie ist gewissermaßen ausführendes Organ des Parlamentspräsidenten und des Präsidiums, in dem regelmäßig die Fraktionen des Hauses vertreten sind. Mithilfe der Geschäftsordnung[3] sichert der Präsident einen geordneten Sitzungsablauf und ein geordnetes Beratungsverfahren. Präsident, Präsidium, Parlamentsverwaltung und Geschäftsordnung setzen also formal einen Rahmen für eine geordnete Streitkultur, ohne die Inhalte der Politik wesentlich mitzubestimmen.

Die inhaltliche Gestaltung von Politik findet maßgeblich in den Fraktionen statt. Sie bestimmen die Tagespolitik durch ihre Pressemeldungen, Anträge und Gesetzentwürfe. Wesentlicher Akteur ist der jeweilige Fraktionsvorstand mit dem Fraktionsvorsitzenden an der Spitze. Es sind damit die Vorsitzenden der die

---

[3] Zum Beispiel Geschäftsordnung des Deutschen Bundestages i. d. F. der Bek. v. 2.7.1980 (BGBl. I S. 1237), zuletzt geändert laut Bek. v. 7.5.2012 (BGBl. I S. 1119).

Regierung tragenden Fraktionen,[4] [5] die tatsächlich einen großen Einfluss auf die Gestaltung von Politik ausüben.

b) Exekutive

Der eigentliche Leitakteur auf dem Feld der Politik ist indessen nicht das Parlament, sondern die Regierung. Das wird schon allein deutlich an den verfassungsrechtlichen Klarstellungen sowohl im Grundgesetz als auch in den Landesverfassungen, wonach der jeweilige Regierungschef die Richtlinien der Politik bestimmt.[6] Die Regierung mit ihren Ministerien und den nachgeordneten Behörden bildet als vollziehende Gewalt im Staat die Exekutive.

Auch die Exekutive handelt aufgrund der Vielzahl ihrer Akteure und Organisationseinheiten nicht einheitlich und in ihrer Gesamtheit nicht politisch. „Die Verwaltung" als solche ist in weiten Teilen unpolitisch. Es gilt die bekannte Weisheit: Die Regierungen kommen und gehen, die Verwaltung bleibt bestehen. Für das Tagesgeschäft in irgend einer Behördendienststelle irgendwo im Land ist es nahezu gleichgültig, wer gerade regiert. Die Aufgaben dort sind im Regelfall auf den Bürger ausgerichtet, ganz unabhängig von tagespolitischen Diskussionen. Politik findet weitgehend in den obersten Landes- oder Bundesbehörden statt, und auch dort nur in der Führungsebene. Den Sachbearbeitern und vielen Referenten ist es weitgehend einerlei, für welchen Minister oder Staatssekretär sie den gewünschten Sachstandsvermerk erstellen, einen Brief beantworten oder eine Rede entwerfen. Für viele von Ihnen ist Politik nur von geringem Interesse. So ist es mitunter erstaunlich, wie unpolitisch selbst ein Ministerium in der mittleren und unteren Ebene besetzt sein kann und trotzdem funktioniert.

2. *Politik im weiteren Sinne*

Als wesentlicher Akteur bestimmt die Exekutive die politische Debatte. „Die Exekutive" als solche gibt es als einheitliche Behörde gleichwohl nicht. Häufig verfügen oberste Bundes- und Landesbehörden über nachgeordnete Behörden, Mittelbehörden und untere Behörden mit unterschiedlichen Ausprägungen an Rechts- und Fachaufsicht. Nach Art. 83 ff. GG ist die Ausführung von Bundesgesetzen und damit die Verwaltung im Wesentlichen Länderaufgabe, soweit sich aus dem Grundgesetz nichts anderes ergibt. Auch wenn die dort arbeitenden Beamten und Beschäftigten wie dargestellt zu einem überwiegenden Teil unpolitisch agieren, so ist ihr Handeln doch durch die Politik bestimmt. Ein Blick auf die jüngere Geschichte der Bundesrepublik Deutschland beweist deutlich:

---

[4] Die die Regierung tragenden Fraktionen werden in der Berichterstattung fälschlicherweise häufig als „Regierungsfraktionen" bezeichnet. Eine Fraktion ist jedoch begrifflich der Zusammenschluss von Abgeordneten einer Partei in einem Parlament. Eine Regierung hat damit keine Fraktionen.

[5] Bei der Regierungsbildung kommt es meist zur Koalition mehrerer Parteien, Alleinregierungen einer Partei sind aufgrund des Verhältniswahlrechts in Deutschland selten. Anders ist dies in Ländern mit Mehrheitswahlrecht wie z. B. in Großbritannien.

[6] Siehe Art. 65 S. 1 GG für den Bund oder beispielhaft für die Länder z. B. Art. 37 Abs. 1 S. 1 NdsVerf.

Alle großen politischen Entscheidungen, etwa die Westbindung oder die Wiederbewaffnung, die Römischen Verträge, die Ostverträge oder der Einigungsvertrag, waren nach umfangreicher öffentlicher Debatte eine Entscheidung der Politik, die die Verwaltung anschließend auszuführen hatte. Auch bei im Vergleich kleineren Vorhaben von nur nationaler Bedeutung ist es nicht anders. Viele Planungsentscheidungen sind bei den Menschen umstritten und werden sehr emotional diskutiert. Ob nun Verkehrswegeplanungen wie der Ausbau von Autobahnen oder der Neubau von Bahnstrecken vorgesehen sind oder das in jüngster Zeit medial sehr beachtete Bauvorhaben am Stuttgarter Bahnhof „Stuttgart21", und nicht zuletzt die sogenannte „Energiewende": Stets kann und wird die Fachverwaltung eine solche Entscheidung vorbereiten und die bestehenden Möglichkeiten mit allen Alternativen aufzeigen. Doch bestimmen kann – gerade bei emotional sehr hochgespielten Vorhaben – letzten Endes nur die Politik mit ihren Akteuren, die dafür vom Souverän gewählt worden sind. Die Fachverwaltung wird mit dieser Richtungsentscheidung dann die Detailplanung vollenden.

Politik im hier verstandenen weiteren Sinne umfasst damit also auch die Verwaltung, unabhängig von der jeweiligen Behörde oder deren Ebene im Gefüge.

II. Politik in der Praxis

Die Politik ist in der täglichen Praxis ein schnelllebiges Geschäft, das nur wenige professionell beherrschen.

1. Notwendige Qualifikationen eines in der Politik Tätigen

Es sind die Abgeordneten im Deutschen Bundestag und in den Landtagen, die sich hauptberuflich[7] mit Politik beschäftigen. Politiker ist dabei kein erlernbarer Beruf oder eine Tätigkeit, die vorher genau bestimmte Qualifikationen erfordert.[8] Das Grundgesetz sieht in Art. 38 Abs. 2 lediglich vor, dass für die Wahlen zum Bundestag jeder wählbar ist, der das Alter erreicht hat, mit dem die Volljährigkeit eintritt. Es ist also gewollt, dass das Parlament möglichst einen Querschnitt der Bevölkerung widerspiegelt. Das gelingt in der Praxis jedoch nur bedingt.[9] Tatsächlich sind jedenfalls in den Parlamenten jeweils nur wenige, die wirklich eine Begabung für das politische Geschäft mitbringen und dieses mit Leidenschaft betreiben.[10] Sie – aber nicht nur sie – schaffen es meist in höhere Führungsfunktionen und werden damit überregional wahrnehmbar.

---

[7] Mit wenigen Ausnahmen, z. B. Hamburg.

[8] Vgl. auch *Weber*, Politik als Beruf, 1919, seitdem als Standardwerk der Politikwissenschaft in verschiedenen Ausgaben und Kommentierungen veröffentlicht.

[9] Vielfach wird beklagt, in den Parlamenten finden sich zunehmend Angehörige des öffentlichen Dienstes. Tatsächlich sind in den links der Mitte angesiedelten Fraktionen überdurchschnittlich viele Lehrer und Gewerkschaftsfunktionäre vertreten, während sich in den bürgerlichen Fraktionen meist etwas mehr Rechtsanwälte und Juristen finden als im Bevölkerungsdurchschnitt.

[10] *Weber*, (Fn. 8), nennt als die drei wichtigsten Eigenschaften eines Politikers sachliche Leidenschaft, Verantwortungsgefühl und distanziertes Augenmaß.

Diese Funktionen finden sich in Legislative und Exekutive gleichermaßen. Im Parlament sind es regelmäßig die Vorsitzenden der Fraktionen und die Parlamentarischen Geschäftsführer, in der Exekutive sind es die Kabinettsmitglieder. Besonders herausragende Fähigkeiten benötigen dabei der jeweilige Regierungschef und die Fraktionsvorsitzenden: Nur sie müssen nahezu jederzeit in der Lage sein, zu allen politischen Fragen sprechfähig zu sein, während die Fachminister nur jeweils ihren Arbeitsbereich zu beherrschen haben. So verwundert es nicht, wenn nach dem Rücktritt z. B. eines Ministerpräsidenten nicht automatisch ein regierungserfahrener Fachminister seinen Platz einnimmt, sondern häufig auch der Fraktionsvorsitzende der stärksten die Regierung tragenden Fraktionen.[11]

2. *Arbeitsalltag eines Spitzenpolitikers*

Der Arbeitsalltag eines Regierungschefs, Ministers oder Fraktionsvorsitzenden ist in den meisten Punkten vergleichbar. Zwei Merkmale sind vielleicht besonders charakteristisch: Der Amtsinhaber ist häufig fremdbestimmt und nahezu ständig unter Zeitdruck. Die Sicherung eines letzten Restes privater Zeit wird zu einer permanenten Herausforderung. Für herausgehobene Funktionsträger ließe sich aufgrund der Vielzahl der Terminanfragen jeder Tag mehrfach verplanen. Das gilt um so mehr noch, je beliebter der Amtsinhaber bei den Menschen ist. Ein guter Redner zu sein, das kann auch eine Last sein: Jeder öffentliche Termin führt zu mehreren neuen Terminanfragen, denen man aus zeitlichen Gründen nur zu einem Bruchteil gerecht werden kann.

3. *Mitarbeiter in Fraktion und Ministerumfeld*

Politik in der Praxis funktioniert nicht ohne Mitarbeiter. Jeder Politiker in einem herausgehobenen Amt braucht ein enges Umfeld von Mitarbeitern, das ihm zuarbeitet und auf das er sich voll und ganz verlassen kann.

a) Organisatorische Planung

Das beginnt bereits bei den schon genannten Terminen. Die Vielzahl der Terminanfragen wird nicht nur gefiltert und ggf. mit einer Empfehlung versehen. Die engen Mitarbeiter sind auch „Herr über die Zeit" des Politikers, denn der Terminkalender wird regelmäßig im Vorzimmer geführt. Die Mitarbeiter kennen somit auch viele persönliche Details aus dem Leben ihres Chefs: private Termine, Geburtstage der Familienmitglieder, Kontaktdaten. Denn wären diese Daten nicht im Kalender notiert, würden die ihnen zugedachten Zeiträume durch das Büro für dienstliche Termine verplant. Es bedarf also eines engen Vertrauensverhältnisses zwischen einem Spitzenpolitiker und seinem engen Mitarbeiterumfeld, um einen derartigen Einblick in das Privatleben auch zuzulassen.

---

[11] So folgte in jüngerer Zeit z. B. in Niedersachen 2010 David McAllister auf Christian Wulff oder 1999 Sigmar Gabriel auf den zurückgetretenen Gerhard Glogowski. In Baden-Württemberg wurde in den letzten Jahrzehnten sogar stets der Fraktionsvorsitzende neuer Regierungschef, so 2009 Stefan Mappus, 2005 Günther Oettinger, 1991 Erwin Teufel und selbst dessen Vorgänger Lothar Späth war 1978 nur wenige Monate Minister, davor aber sechs Jahre Fraktionsvorsitzender, bevor er ins Amt kam.

b) Inhaltliche Planung

Doch auch über Terminfragen hinaus sind enge Mitarbeiter wichtige Ratgeber eines Politikers. Sie bereiten inhaltliche Entscheidungen vor und versehen fachliche Empfehlungen mit einem letzten, häufig entscheidenden Votum. Die erste Reihe, der Politiker, präsentiert eine Idee, eine Problemlösung oder einen gefundenen Kompromiss. Er „verkauft" die Politik nach außen gegenüber der Öffentlichkeit, den Medien. Doch das ist meist das Ende einer längeren Kette von Vorarbeiten und Aufträgen. Keine Konferenz mit Spitzenpolitikern, kein EU-Gipfel, keine Ministerpräsidenten- oder Ministerkonferenz mit längerer Tagesordnung könnte in der Regel gelingen, wenn nicht Spitzenbeamte und enge Mitarbeiter aus der zweiten Reihe zuvor gute Vorarbeit geleistet hätten. Den Spitzenbeamten, also meist den Staatssekretären, bleibt dabei die Klärung komplexer Einzelprobleme vorbehalten. Über die größere Zahl der Diskussionspunkte einigen sich meist schon im Vorfeld weitgehend die Fachbeamten auf Arbeitsebene. Das heißt in diesem Fall also: Politik und Planung bedingen einander. Größere politische Konferenzen sind ohne lange Planung nicht zu meistern.

Planung meint somit nicht nur die Organisation, sondern eben auch die inhaltliche Planung. In den Ministerien koordinieren ganze Referate, welches Thema in welchen Sitzungen vorbesprochen wird, welche Mitarbeiter welche Ausarbeitungen bis wann auf dem Dienstweg wem vorzulegen haben und wer dabei alles fachlich zu beteiligen ist. Sobald die Meinungsbildung dann z. B. in einem Ministerium abgeschlossen ist, beginnen im Idealfall die fachlichen Beratungen mit den Ministerien der anderen Konferenzteilnehmer. In Arbeitsgruppensitzungen und Telefonschaltkonferenzen kommt die Fachebene zu einem Ergebnis, das dann der politischen Spitze zur abschließenden Beratung mit auf den Weg gegeben wird. Bei genauer Betrachtung können große Konferenzen anders auch gar nicht funktionieren, denn bei einer längeren Tagesordnung würde man bei einem vertretbaren zeitlichen Rahmen zu keinem vernünftigen Ergebnis kommen, wären die einzelnen Punkte nicht zuvor schon auf der Fachebene vorbesprochen. Die hoch komplexen rechtlichen Probleme von der Euro-Rettung bis hin zu Steuerrechtsänderungen oder der Energiewende sind zu vielschichtig, um sie ohne ausgiebige Vorberatungen mit entsprechend rechtlich abgeprüften Formulierungsvorschlägen allein auf Ministerkonferenzen klären zu können.

III. Externe Einwirkungsmöglichkeiten auf die politische Planung

Dieses Zusammenwirken von Politik und Verwaltung verdeutlicht, wo Bedarf besteht für qualitativ hochwertige externe Beratung. Entscheidend ist dabei, dass diese Beratung zur rechten Zeit erfolgt und an der richtigen Stelle ansetzt. Hier sind in der Praxis viele Bemühungen in Unkenntnis der politik- und behördeninternen Abläufe häufig wirkungslos und damit ineffektiv.

1. Einwirkungsversuche in der täglichen Praxis

Viele hochbezahlte Politikberatungsgesellschaften und Agenturen bringen ihren vermeintlich guten Rat (der vielfach nur Lobbyistenmeinung ist) ausschließlich und direkt bei dem oder den politischen Entscheider(n) an. Und das dann meist auch noch zu spät. Das ist doppelt ungeschickt und meist vergebliche Mühe. Die praktische Wirkung ist begrenzt.

Denn erstens: Ein politischer Entscheider wird gerade bei öffentlich sehr emotional diskutierten Themen von Meinungsäußerungen und Ratschlägen überflutet. Er kann die Vielzahl von Eingaben gar nicht alle persönlich zur Kenntnis nehmen. Wenn er seine Aufgabe ernst nimmt, darf er seinen Tag aus Zeitgründen auch nicht mit zu viel Postlektüre verbringen, da das Amt ihm viele andere wichtige Aufgaben abverlangt. Dass dies tagtäglich auch gelingt, dafür sorgt nicht zuletzt ein gut funktionierendes Büro, das nur die wirklich wichtigen oder politisch bedeutsamen Eingänge vorlegt und die meisten anderen direkt an das zuständige Fachreferat zur Bearbeitung weiterleitet. Dort werden sie geprüft und fließen in die Meinungsbildung ein – oder auch nicht.[12]

Dieser Ablauf zeigt aber zweitens auch, warum die meisten Eingaben, häufig erst in der Woche vor einer umstrittenen Entscheidung beim Adressaten eingehend, in der Regel zu spät kommen, um noch auf irgend etwas Einfluss nehmen zu können. Den politischen Entscheider erreichen Sie in der Regel nicht direkt, und bei so einem späten Eingang dann auch nicht mehr indirekt. Denn die Arbeit der Verwaltung, die Vorbereitung der Entscheidung durch entsprechende Aufbereitung des Sachverhaltes, durch rechtliche Würdigung der Vor- und Nachteile sowie durch eine abschließende Handlungsempfehlung, diese Vorarbeit ist in der Woche vor der Entscheidung in der Regel längst abgeschlossen. Der gut gemeinte Rat geht also ins Leere.

2. Beratung an der richtigen Stelle

Fachlicher oder rechtlicher Rat für die Politik setzt häufig genug an der falschen Stelle an: Wenn eine Handlungsempfehlung einen Spitzenpolitiker erreichen soll, dann ist es nicht nur oder nicht immer zielführend, allein mit diesem das Gespräch zu suchen. Das zu transportierende Anliegen ist häufig derart vielschichtig und kompliziert, dass gesprächsbegleitend eine schriftliche, zuvor ausgearbeitete Stellungnahme übergeben wird. Dieses Papier wird der Politiker in einem herausgehobenen Amt aber regelmäßig nicht lesen, denn die Zeit dazu hat er gar nicht. Die Ausarbeitung wird an das zuständige Fachreferat zur weiteren Veranlassung gegeben. Sollte es im Gespräch gelungen sein, besonderes Interesse für die Thematik zu wecken, so ergeht an das Fachreferat vielleicht zugleich die Bitte um Zusammenfassung und Stellungnahme; der Fachbeamte prüft daraufhin und gibt seine Einschätzung zurück an die Politik. Anderenfalls hat das Fachreferat die Angelegenheit in eigener Verantwortung weiterzuführen. Das heißt im Klartext: Das Fachreferat entscheidet selbst, wie der Vorgang weiterzuführen ist. Dies geschieht zwar im Rahmen der großen politischen Linie der politischen Spitze,

---

[12] Gerade bei vielen fachlichen Einzelproblemen, die an die Politik herangetragen werden, ist ein solches Vorgehen für alle Beteiligten dienlich: Die Verwaltung kann effizient arbeiten und der Petent bekommt zeitnah eine fachlich versierte Antwort. Für den Petenten ist es in der Regel zweitrangig, wer ihm antwortet, solange er überhaupt eine Antwort erhält und sein Anliegen fachlich geprüft wird.

die jedoch für den Einzelfall meist hinreichend Spielraum offen lässt. Das vorausgegangene, vielleicht einstündige Gespräch zwischen Verbandsvertreter und Politik war damit im Ergebnis ineffektiv und wirkungslos.

In der Praxis empfiehlt es sich daher, wenigstens begleitend zu dem politischen Gespräch auch an die Fachebene im Ministerium direkt (schriftlich) heranzutreten und diese zu überzeugen zu versuchen. Ein solches Vorgehen verspricht zweierlei Vorteile: Der Austausch ist erstens einfacher, weil der Gesprächspartner in der Verwaltung als Spezialist im Thema steckt. Und zweitens erlangt das Anliegen ein viel höheres Gewicht, wenn es auf diesem Wege an die Politik transportiert wird. Der Politiker an der Spitze kennt sein Haus und weiß seine Fachbeamten aus häufig jahrelanger Zusammenarbeit einzuschätzen. Im Idealfall vertraut er auf ihren Rat. Das externe Anliegen wird also zugleich auf besonders vertrauenswürdigem Weg transportiert. Das ist naturgemäß nicht der Fall bei einem einmaligen Verbandsgespräch auf Spitzenebene, das sich für den Politiker zugleich einreiht in eine Vielzahl ähnlicher Gespräche.

Eine solche zielgerichtete Ansprache der Fachebene bedingt allerdings im Vorfeld eine sorgfältige Auswertung der Organisationsstruktur der Behörde und die Ermittlung des richtigen Adressaten.

3. Beratung zur richtigen Zeit

Mit diesen Feststellungen wird zugleich auch deutlich, wann externe Beratung im Idealfall beginnt. Dies sollte nicht erst der Fall sein, wenn das sprichwörtliche Kind in den Brunnen gefallen ist, eine behördliche Entscheidung also beklagt wird und sich einer rechtlichen Überprüfung unterziehen muss. Stattdessen ist es ratsam, bereits zu Beginn eines Verfahrens oder einer politischen Meinungsbildung Einfluss auf die Entwicklung des Vorhabens zu nehmen. Nur dann lässt sich nämlich effektiv noch mitgestalten. Wenn einzelne Überlegungen bereits über lange Zeit gereift und mit den verschiedenen zentralen Akteuren inhaltlich abgestimmt sind, werden sich meist nur noch marginale Veränderungen erreichen lassen. Ist also z. B. ein Gesetzgebungsvorhaben der Regierung bereits zwischen allen beteiligten Ministerien auf Arbeitsebene hinlänglich diskutiert und schließlich von der jeweiligen politischen Hausspitze mitgezeichnet und auch mit den Fraktionsspitzen der die Regierung im Parlament tragenden Fraktionen abgestimmt worden, so sind sich die Hauptakteure in den zentralen Punkten des Vorhabens einig geworden. Aufgrund der darauf regelmäßig folgenden Anhörungen fachlich kompetenter Verbände und Vereinigungen werden ggf. noch kleinere Veränderungen am Gesetzestext vorgenommen. Das zentrale politische Anliegen wird allerdings aller Wahrscheinlichkeit nach in der bereits vereinbarten Form Gesetzeskraft erlangen. Schließlich sind sich alle wesentlichen politischen Akteure zuvor einig geworden.

4. Fachlich fundierte Beratung

Um inhaltlich auf politische Planungsprozesse Einfluss nehmen zu können, muss externe Beratung fachlich fundiert sein. Herausragende juristische Expertise des Beraters wird dabei vorausgesetzt. Über eigene rechtliche Kenntnisse verfügt so mancher Spitzenpolitiker und jedenfalls die hinter einem Amtsträger stehende Verwaltung. Fachlich fundierte Beratung beginnt also dort, wo Spezialwissen gefragt ist, das nur im besonderen Einzelfall erforderlich und damit in der regulären Mitarbeiterschaft der Behörde meist nicht im notwendigen Umfang vorhanden ist. Fundierte Beratung muss also einen inhaltlichen Mehrwert bieten. Ein externer Experte, der sich in vergleichbaren Fällen bereits entsprechendes Renommee erworben hat, wird dann zu einem gern gesehenen Ratgeber.

Fachlich fundierte Beratung wird dabei, anders als es manches Mal den Anschein hat, nicht am Umfang des vorgelegten Schriftsatzes bemessen. Wer nichts zu sagen hat, gebraucht dafür häufig viele Worte. Die Kunst einer guten Beratung für einen zeitlich sehr eingespannten Spitzenpolitiker besteht gerade darin, komplexe Sachverhalte auf den wesentlichen Kern zu konzentrieren und den Rat in verständlicher Sprache vorzutragen. Mehrere hundert Seiten starke Gutachten mögen bei Gericht mitunter unvermeidbar sein, in der politischen Beratung sind sie fehl am Platz. Aus Zeitgründen wird sie niemand lesen.

Deshalb gilt: (Externe) Beratung zur Planung politischer Prozesse ist in verständlicher Sprache kurz und bündig geschrieben und auf das Wesentliche konzentriert. Das Wesentliche ist immer einfach.

5. Fazit

Guter Rat in der und für die Politik zeichnet sich also durch dreierlei aus: Er muss erstens an der rechten Stelle und zweitens zur rechten Zeit erfolgen. Und er muss drittens fachlich fundiert sein und somit einen inhaltlichen Mehrwert bieten. Diese Punkte werden in der Praxis – oft genug aus Unkenntnis – nicht beherzigt oder vernachlässigt. Das ist der Grund, warum guter Rat nicht immer zu einem Bestandteil guter Politik wird.

IV. Beratung im Planungsverfahren

Vor allem im Rahmen der Politik im weiteren Sinne[13] ist Planung ein häufig anzutreffender Politikbegleiter. Hier findet sich dann regelmäßig auch das Tätigkeitsfeld externer rechtlicher Ratgeber, die mit ihrer Fachkenntnis komplexe Fragestellungen mitgestalten und auf diesem Wege auf viele Entscheidungen in der Praxis Einfluss nehmen. Dies lässt sich beispielhaft an größeren Planungsverfahren verdeutlichen.

Die Planung von Großvorhaben in Deutschland ist langwierig und in fast allen Einzelfällen gesellschaftlich umstritten.[14] Ob im Bundesfernstraßenbau beim Neubau von Autobahnen oder Ortsumgehungen, beim Ausbau von Eisenbahnstrecken, der Erweiterung von Flughäfen oder dem Ausbau von Wasserwegen – kein Großvorhaben kann volkswirtschaftlich sinnvoll genug sein, um nicht zugleich Proteste dagegen mit Klageverfahren durch alle Instanzen hervorzuru-

---

[13] Siehe oben unter I.2.

[14] Vgl. Band 2 der von *Bernhard Stüer* herausgegebenen Reihe „Planungsrecht" mit dem Titel „Planung von Großvorhaben", Osnabrück, 1999.

fen.[15] Diese Proteste gewinnen damit in einer Zeit um so mehr an Bedeutung, in der Infrastruktur-Ausbauentscheidungen in einem Umfang wie seit Jahrzehnten nicht mehr auf der Tagesordnung stehen.[16] Dies betrifft etwa den Norden Deutschlands mit umfangreichen Hafeninvestitionen,[17] aber auch die bundesweiten Ausbauplanungen für die Energienetze und Anlagen zur (regenerativen) Energieerzeugung,[18] die infolge der Energiewende erforderlich geworden sind.

An dieser Stelle setzt sinnvolle Beratung für Politik und Verwaltung an. Je komplexer das Vorhaben, je größer die Proteste dagegen, um so häufiger können sich Fehler in die Planung einschleichen, die im ungünstigsten Fall zur gerichtlichen Aufhebung eines Planfeststellungsbeschlusses führen könnten. Um so mehr ist auch die Fachverwaltung in einem solchen Fall geneigt, externe rechtliche Unterstützung in Anspruch zu nehmen. Sofern ein Großvorhaben vor Gericht scheitert, hat dies nicht nur erhebliche zeitliche Verzögerungen und deutliche planerische Mehrkosten zur Folge, von den damit verbunden volkswirtschaftlichen Schäden ganz zu schweigen. Aus diesem Grunde ist es legitim, in komplexen Einzelfällen externe Expertise einzubeziehen. Die dadurch entstehenden Kosten sind für die Verwaltung einer Art Versicherung gegen das Scheitern des Projektes vergleichbar. Bei Projektkosten bis in den dreistelligen Millionenbereich und teilweise sogar darüber hinaus[19] fallen die dafür aufzuwendenden Kosten als „Versicherungsprämie" kaum ins Gewicht.

An dieser Stelle leisten nun Planungsrechtler wie Prof. Dr. Bernhard Stüer schon seit Jahrzehnten wertvolle Dienste. Angefangen bei kommunalen Neugliederungen und dem „Meerbusch-Urteil"[20] über die Emsvertiefung[21] und den Bau des Emssperrwerks bis zu umstrittenen Straßenbauprojekten wie der Hochmoselquerung[22] oder den Bremer Wesertunnel im Verlauf der A 281[23] – stets hat Prof. Stüer nicht nur einen Beitrag geleistet zur rechtlichen Klärung einer schwierigen Materie, sondern meist auch der Verwaltung im Planungsverfahren schon dazu verholfen, Fehler zu vermeiden.

---

[15] Gegen diese gesellschaftliche Tendenz gibt es zunehmend auch beachtliche warnende Stimmen. So hat etwa der Niedersächsische Ministerpräsident *David McAllister* bereits in einer seiner ersten großen wirtschaftspolitischen Grundsatzreden nach Amtsübernahme im Oktober 2010 vor Unternehmern vor einer „schleichenden De-Industrialisierung in den Köpfen der Menschen" gewarnt; Hannoversche Allgemeine Zeitung (HAZ) v. 13.10.2010, „McAllister: 'Mehr Offenheit für Infrastrukturprojekte'".

[16] Ministerpräsident *David McAllister* spricht für Niedersachsen gar von einem „Ausbau wie seit 1946 nicht mehr", HAZ a. a. O.

[17] Neben dem Hamburger Hafen mit seiner bundesweit führenden Position und den Häfen in Bremen und Bremerhaven hat z. B. Niedersachen in den letzten Jahren flächendeckend in seine Häfen investiert in Wilhelmshaven mit dem JadeWeserPort und in die Häfen in Emden, Nordenham, Brake, Cuxhaven und Stade. Durch den zunehmenden Welthandel gewinnen die Häfen als Umschlagplätze verstärkt an wirtschaftlicher Bedeutung.

[18] Vgl. *Spreen* NVwZ 2005, 653; *Hermanns/Thomsen* NordÖR 2006, 51.

[19] Allein für den Bau des JadeWeserPorts in Wilhelmshaven, des einzigen Tiefwasserhafens in Deutschland, waren etwa Investitionen von rund einer Milliarde Euro erforderlich.

[20] VerfGH NRW, Urt. v. 13.9.1975 – VerfGH 43/74, StuGR 1975, 367 mit Anm. *Hoppe/Stüer* StuGR 1975, 371.

[21] *Stüer/Schulze* ZfW 1996, 269.

[22] *Stüer/Probstfeld* DöV 2000, 701.

[23] BVerwG, Urt. v. 24.11.2010 – 9 A 23.11, DVBl 2012, 443 mit Anm. *Stüer/Bergt* DVBl 2012, 449.

Wie dargestellt ist es wichtig, schon zu Beginn eines Verfahrens den richtigen Experten mit an Bord zu haben. Denn dort werden die ersten Weichen gestellt und im ungünstigsten Fall erste Fehler begangen, die sich im weiteren Verlauf nur schwer bis gar nicht korrigieren lassen. Prof. Stüer hat durch seine langjährige Mitwirkung an einer Vielzahl von großen Infrastrukturprojekten in allen Teilen der Republik ein Renommee erworben, das ihn zu einem gefragten Experten hat werden lassen, der regelmäßig bereits frühzeitig in laufende Planungsverfahren einbezogen wird.

Die Planung von Infrastrukturvorhaben erfolgt auf der Grundlage des Verwaltungsverfahrensgesetzes in Verbindung mit den jeweils für das konkrete Vorhaben einschlägigen Fachvorschriften, also z. B. dem Fernstraßengesetz, dem Eisenbahngesetz oder dem Luftverkehrsgesetz. Auch wenn die grundlegenden Vorgaben daher bei den unterschiedlichen Vorhaben vergleichbar sind, so bleiben doch eine Vielzahl von Klippen, die es zu umschiffen gilt: Was gehört konkret zu den zu erstellenden Planungsunterlagen? Was ist bei der öffentlichen Auslegung zu beachten? Und wie ist mit den Einwendungen im Planfeststellungsverfahren konkret umzugehen? Alles Fragen, auf die ein Spezialist in Kenntnis der dazu ergangenen Rechtsprechung Antworten geben kann. Besonders bei Großvorhaben werden häufig tausende von Einwendungen gegen die Planungen vorgebracht.[24] Spezialisierte Planungsrechtler wie Prof. Stüer unterstützen die Verwaltung darin, diese zu systematisieren und ordnungsgemäß abzuarbeiten. Ziel ist ein Planfeststellungsbeschluss, der auch gerichtlicher Überprüfung standhält. Deshalb ist hier besondere Sorgfalt geboten, denn bei einem Umfang von mitunter mehreren tausend Seiten[25] sind Fehler nie ganz auszuschließen. Entscheidend für die Planer ist dann, ob etwaige Fehler nach § 46 VwVfG unbeachtlich sind oder ggf. nach § 45 VwVfG geheilt werden können.[26]

V. Fazit

Politik und Planung bedingen einander, auch wenn es in der täglichen Praxis regelmäßig politische Entwicklungen gibt, die unvermutet auftreten und sich somit einer geordneten Planung entziehen. Hinreichende Planung ist Voraussetzung für eine gute Politik. Gerade wenn man unter Politik im weiteren Sinne auch das Handeln der Verwaltung mit den nachgeordneten Behörden der Ministerien mit einbezieht, ist Planung wichtiger Bestandteil von Politik. Für einen guten Planungserfolg ist eine fachliche Begleitung wichtig. Hier hat fundierte externe Beratung ihre Berechtigung, wie spezialisierte Rechtsanwälte sie bieten.

Anerkannte Experten wie Prof. Stüer sind bundesweit gefragt. Man trifft ihn daher auch schon mal abends um halb zehn an irgendeinem Bahnhof in Deutsch-

[24] So sind z. B. gegen die jüngste Elbvertiefung, deren Planungen am 23.4.2012 mit dem Planfeststellungsbeschluss der WSD Nord abgeschlossen wurden, mehr als 7.000 Einwendungen eingegangen; zu den Details siehe http://www.wsd-nord.wsv.de/Planfeststellung/Planfeststellung_Elbe/index.html.

[25] Der Planfeststellungsbeschluss zur genannten Elbvertiefung ist z. B. 2.593 Seiten lang.

[26] Zu den Fehlerfolgen in der Fachplanung siehe *Stüer,* in: ders. (Hrsg.), Planung von Großvorhaben, S. 241 ff.

land auf seinem Weg, dem ersten Vormittagstermin am Folgetag noch ein Stück näher entgegenzureisen. Dabei nach außen hin stets gut gelaunt und humorvoll berichtend von den Erlebnissen der letzten Wochen, nutzt Prof. Stüer die Wartezeiten, um das jüngste Mandat oder Urteil zu einem seiner in die Hunderte zählenden Aufsätze zu verarbeiten. Sein Leben ist fast wie die Planung in der Politik: Das optimale Ausnutzen der Zeit mag von langer Hand geplant sein, um zu einem guten Ergebnis zu kommen. Mitunter ist es aber auch schlicht der Entwicklung eines Tages geschuldet, wenn die Dinge wieder einmal anders verlaufen als gedacht. Der Jubilar würde das dann vielleicht mit den Worten kommentieren: 50 % der Anwälte beim BGH gewinnen, und 50 % verlieren. Aber nach der Verhandlung kommen 100 % klüger aus dem Gerichtssaal.

PETER SZCZEKALLA

Flächenverbrauch in der Auseinandersetzung: Der Bauernverband gegen Naturschutzgebiete, die Naturschutzverbände für Nachhaltigkeit und die (vorläufige) Antwort des Baugesetzgebers

Täglich wird in Deutschland eine Fläche von 134 Fußballfeldern in Straßen, Parkplätze, Häuser oder Grünanlagen verwandelt.[1] Zwischen 2006 und 2009 nahm die Siedlungs- und Verkehrsfläche um drei Prozent oder 1.371 Quadratkilometer zu. Das entspricht mittlerweile einem rechnerischen Anteil von 94 Hektar pro Tag.[2] Gegenüber den Werten zwischen 2005 und 2008 mit ihren noch 104 Hektar pro Tag liegt darin immerhin eine kleinere Einsparung. Gleichwohl wird deutliche Kritik insbesondere am Raumbedarf des Verkehrs geäußert. Hier werde in jedem Jahr eine Fläche so groß wie die der Insel Sylt verbraucht. Inzwischen lägen fünf Prozent Deutschlands „unter Asphalt". Bei Fortsetzung dieser Entwicklung lägen in 155 Jahren 30 Prozent des Bundesgebiets unter Beton, also eine Fläche, die Deutschlands Wälder insgesamt ausmachten.[3]

Mittlerweile liegt der tägliche Flächenverbrauch bei ungefähr 77 *Hektar pro Tag*.[4] Vor diesem Hintergrund war der gemeinsame Kampf aller Beteiligten – also von Regierungen und Verbänden – gegen diesen „Flächenfraß" naheliegend. Inzwischen gibt es aber Gegenwind.[5] Diesem – kleinen – Sturm soll an dieser Stelle ein wenig nachgegangen werden.

Dies gilt vor allem auch deshalb, weil der Jubilar zu diesem Thema zuletzt wieder einmal fachjournalistisch tätig geworden ist und einen Bericht über den Kabinettsbeschluss zur Städtebaurechtsnovelle 2012 verfasst hat, die – unter anderem – auch dem Flächenverbrauch gewidmet ist.[6]

I. Flächenverbrauch und Gegensteuerung

Eines der wichtigsten zunächst *rechtspolitischen Ziele* der jeweiligen Bundesregierungen ist es, die Flächeninanspruchnahme zu vermindern und eine nachhaltige

[1] S. NOZ v. 7.10.2010, S. 23 („Fünf Prozent Deutschlands unter Asphalt").
[2] Vgl. *Statistisches Bundesamt,* Pressemitteilung Nr. 358 vom 6.10.2010 („Zunahme der Siedlungs- und Verkehrsfläche: 94 Hektar pro Tag").
[3] NOZ (Fn. 1).
[4] S. Bundesministerium für Ernährung, Landwirtschaft und Verbraucherschutz (*BMELV*), Pressemitteilung Nr. 148 v. 25.5.2012.
[5] Vgl. F.A.Z. Nr. 86 v. 12.4.2012, S. 11 („Bauernverband: Die Politik soll den Flächenfraß stoppen").
[6] S. *Stüer* DVBl 2012, 1017 ff.

Siedlungsentwicklung zu fördern.[7] Die Bundesregierungen haben sich in ihren jeweiligen Zusammensetzungen nämlich das Ziel gesetzt, den Flächenverbrauch auf *30 Hektar pro Tag* im Jahr *2020* zu begrenzen.[8] Bis *2050* soll dann ein so genanntes *Nullwachstum* erreicht werden.[9] Unabhängig davon, ob diese 30 Hektar – oder eine andere, namentlich: geringere Zahl – faktisch möglich sind, ist indes fraglich, ob diese Zielsetzung rechtlich möglich ist. Selbst wenn eine solche trennscharfe Festlegung von Seiten des Bundes jedenfalls nicht möglich sein dürfte, kann diese Idee Leitbild der künftigen Politik sein und auch die nicht direkt an sie gebundenen Träger öffentlicher Gewalt beeinflussen.

Historische Vorläufer der Forderung nach Senkung des Flächenverbrauchs gibt es jedenfalls zahlreiche. Der politische Beginn lässt sich wohl schon in der so genannten *„Grünen Charta von der Mainau"* aus dem Jahr *1961* finden, in deren drittem Punkt am Ende es heißt: „Die gesunde Landschaft wird in alarmierendem Ausmaß verbraucht".[10]

Auch in den deutschen Bundesländern gibt es seit den 90er Jahren des vergangenen Jahrhunderts Bestrebungen, den Flächenverbrauch einzudämmen. Anstatt auf so genannte harte Mittel des Rechts zu setzen, hat man sich stattdessen auf die „weichen" Instrumente berufen, namentlich auf Aufklärung über gute Praktiken, Überzeugung von deren Richtigkeit und entsprechende Nachahmung. Insbesondere in Bayern und in Baden-Württemberg haben das „Flächenressourcen-Management"[11] bzw. das „Flächenmanagement"[12] zu Entwicklung und Veröffentlichung kommunaler Instrumente geführt.[13] Namentlich in Bayern gibt es eine so genannte *Best Practice*-Sammlung für eine flächensparende und bodenschonende Siedlungsentwicklung.[14] Zuletzt hat sich etwa das Bundesland *Niedersachsen* dazu bekannt, die konsequente Entsiegelung von Böden dort, wo es nutzungsbedingt sinnvoll ist, als geeignete Maßnahmen zu erwähnen, um Neuausweisungen auf der „grünen Wiese" und die damit zusammenhängende Versiegelung zu vermin-

---

[7] S. *Bundesregierung,* Perspektive für Deutschland, S. 287 ff. Vgl.a. *Bundesregierung,* Fortschrittsbericht 2008, S. 143 ff.; *Koalitionsvertrag zwischen CDU, CSU und FDP,* S. 33 ff.; *Abschlußbericht der Enquete-Kommission* „Schutz des Menschen und der Umwelt", BT-Drs. 13/11200 v. 26.6.1998, 126 ff. Zur historischen Entwicklung *K. Borchard,* IzR 2008, 676 ff. m.z.N.

[8] Vgl. *Bundesregierung* (Fn. 7), S. 288.

[9] Bezug genommen wird dabei auf die Siedlungs- und Verkehrsfläche (SuV), d.h. die Summe der im Nutzungsartenverzeichnis der Arbeitsgemeinschaft der Vermessungsverwaltungen der Länder der Bundesrepublik Deutschland (AdV) nachgewiesenen Nutzungsarten Gebäude- und Freifläche, Betriebsfläche (ohne Abbauland), Erholungsfläche, Verkehrsfläche und Friedhof.

[10] Vom 20.4.1961 (Internetfassung unter <http://www.landespflege.de/ziele/#charta> oder <http://www.1000dokumente.de/pdf/dok_0076_mai_de.pdf>).

[11] Internet <http://www.lfu.bayern.de/umweltkommunal/flaechenmanagement/kommunales_frm/index.htm>.

[12] Internet <http://www.flaechenmanagement.baden-wuerttemberg.de/>. S. dazu auch den Statusbericht 2011 zum Umweltplan Baden-Württemberg (Mai 2011, Internet: <http://www.nachhaltigkeitsbeirat-bw.de/mainDaten/dokumente/statusbericht2011.pdf>), S. 31.

[13] Bsp.: *(Bay.) Staatsministerium des Innern, Oberste Baubehörde (Hrsg.),* Planungshilfen für die Bauleitplanung. Planungshilfen 2010/2011 (Stand: Mai 2011 – Internetfassung <http://www.verwaltung.bayern.de/egov-portlets/xview/Anlage/4025361/Planungshilfen%20f%FCr%20die%20Bauleitplanung.pdf>).

[14] Internet <http://www.stmug.bayern.de/umwelt/boden/bestpractice/index.htm>.

dern und den Flächenverbrauch für Siedlungs- und Verkehrsflächen zu reduzieren,[15] etwa bei der Nutzung von innerstädtischen Baulücken sowie der Reaktivierung ehemaliger Gewerbe- und Industriestandorte aus Bodenschutzsicht. Dazu will man etwa die eigenen Fördermittel des Landes effektiver einsetzen.[16] Ähnliche Positionen gab es auch in weiteren Bundesländern. So sah der Koalitionsvertrag zwischen der Christlich Demokratischen Union und der Grün-Alternativen Liste *Hamburgs* vom 17.4.2008 ebenfalls vor, den zunehmenden Flächenverbrauch einzudämmen. Danach schone eine intelligente Stadtentwicklung Flächen und ermögliche qualitativ hochwertigen Ausbau. Ziel war ein Rückgang bei der Umwandlung von Kultur-/Naturraum in Verkehrsfläche.[17]

Dieser Rechtspolitik aller Bundes- und Länderregierungen entspricht vom Ansatz her auch die Haltung vieler Verbände. Im Jahr *2006* haben sich Vertreter des Bundesverbandes der gemeinnützigen Landgesellschaften (BLG),[18] des Bundes für Umwelt und Naturschutz Deutschland (*BUND*),[19] des Deutschen Bauernverbandes (DBV),[20] des Deutschen Verbandes für Landschaftspflege (DVL),[21] des Naturschutzbundes Deutschland (NABU)[22] und des Verbandes der Landwirtschaftskammern (VLK)[23] zu einem Brief an die Bundeskanzlerin veranlasst gesehen.[24] Im beiliegenden Positionspapier[25] unterstützen die unterzeichnenden Verbände und Institutionen nachdrücklich das Ziel der *Nationalen Nachhaltigkeitsstrategie,* den Flächenverbrauch bis zum Jahr 2020 auf 30 Hektar pro Tag zu senken. Die Beteiligten haben gemeinsame Forderungen aus Landwirtschaft *und* Naturschutz zur Verringerung der Flächeninanspruchnahme durch Siedlungen und Verkehr im Sinne des Naturschutzes, der Landwirtschaft und des ländlichen Raums formuliert. Das prioritäre Ziel lautet „Entsiegelung bei Neuversiegelung", um auf diese Weise den anhaltenden Flächenverbrauch zu stoppen. Wichtige Ansätze und Maßnahmen, die angesichts der Tragweite des Problems zukünftig verstärkt in der Praxis berücksichtigt werden müssen, insbesondere zur optimierten Anwendung der Eingriffsregelung als Folge von Eingriffen in Natur und Landschaft, werden ausformuliert. Im Sinne von Naturschutz und Landwirtschaft sollten zukünftig beispielsweise verstärkt gesamträumliche flächensparende

---

[15] S. NOZ v. 2.3.2011, S. 5 („Sander: In Zentren verstärkt Brachflächen für Bebauung nutzen"). Zum Umweltbericht 2010 im Internet vgl. <http://www.umweltbericht.niedersachsen.de/>, dort unter 3.3. Versiegelung.

[16] S. die Pressemitteilung 25a/2011 des Nds. Ministeriums für Umwelt und Klimaschutz v. 1.3.2011.

[17] Vertrag über die Zusammenarbeit in der 19. Wahlperiode der Hamburgischen Bürgerschaft zwischen der Christlich Demokratischen Union, Landesverband Hamburg, und Bündnis 90/Die Grünen, Landesverband Hamburg, GAL (<http://www.cduhamburg.de/27002/Uploaded/2008_ koalitionsvertrag.pdf>).

[18] <http://www.landgesellschaften.de/>.

[19] <http://www.bund.net/>.

[20] <http://www.bauernverband.de/>.

[21] <http://www.lpv.de/>.

[22] <http://www.nabu.de/>.

[23] <http://www.landwirtschaftskammern.de/verband.htm>.

[24] 11.5.2006, Text z. B. unter <http://www.nabu.de/imperia/md/content/nabude/landwirtschaft/19.pdf>.

[25] Text bspw. unter <http://www.nabu.de/imperia/md/content/nabude/landwirtschaft/20.pdf>.

Kompensations- und Flächenmanagementkonzepte in Kooperation mit Landwirtschaft und Naturschutz zum Einsatz kommen.

Zuletzt hat das Bundesministerium für Ernährung, Landwirtschaft und Verbraucherschutz (BMELV) die Diskussion für den *Entwurf einer „Charta für Landwirtschaft und Verbraucher“* genutzt, die am Rande der *Grünen Woche 2012* vorgestellt wurde.[26] Derzeit werden Handlungsoptionen und Maßnahmen ausgearbeitet, um die außerlandwirtschaftliche Inanspruchnahme von Agrarflächen auf ein Mindestmaß zu begrenzen. Erstellt werden soll ein umfangreiches Gesamtkonzept, um dem Flächenverbrauch mit gezielten Regelungen und mit intelligentem Management zu begegnen.[27]

II. Einzelstrategien bei der Bekämpfung des Flächenverbrauchs

In Deutschland werden rund 50 Prozent der Gesamtfläche landwirtschaftlich genutzt. Boden stellt dabei den wichtigsten Produktionsfaktor für die Landwirtschaft dar. Allerdings nimmt die Landwirtschafts-Fläche stetig ab: Zwischen 2000 und 2010 gingen den Landwirten in Deutschland rund 409.000 Hektar für die Nutzung verloren. Dieser Rückgang geht in großen Teilen auf die Zunahme der Siedlungs- und Verkehrsfläche zurück, die sich in den vergangenen Jahren zwar abgeschwächt hat, derzeit aber immer noch bei gut 77 Hektar pro Tag liegt. Hierbei sind indes noch nicht die so genannten Ausgleichsflächen miteinbezogen, die der weiteren landwirtschaftlichen Nutzung weitgehend entzogen sind.[28]

Mit einer Reform des *Baurechts* ist versucht worden, eine Verringerung des Flächenverbrauchs für Bau- und Verkehrsvorhaben auf Kosten von Agrarflächen einzuführen. Dabei gilt der Grundsatz Innenentwicklung vor Außenentwicklung. Außerdem müssen Flächen, die für die landwirtschaftliche Nutzung besonders geeignet sind, bei der Aufstellung von Bauleitplänen geschont werden.[29]

Im Bundesnaturschutzgesetz ist schon jetzt geregelt, dass auf agrarstrukturelle Belange und besonders geeignete Böden Rücksicht genommen werden soll. Der Bund arbeitet derzeit an einer *Kompensationsverordnung,* damit die bereits bestehenden Instrumente für einen flächenschonenden Ausgleich in ganz Deutschland einheitlich genutzt werden können. Die Kommunen können zum Beispiel mit der Entsiegelung von nicht genutzten Gewerbeflächen dazu beitragen, dass weniger Agrarflächen für den Ausgleich in Anspruch genommen werden. Diese Möglichkeiten der Kompensationen werden bislang indes recht selten genutzt.[30]

Das BMELV hat jetzt eine „Plattform zum Schutz der natürlichen Ressource Boden“ ins Leben gerufen. In diesem Gremium sollen Vertreter von Bund, Ländern und Kommunen sowie Verbänden, Wissenschaft und Investoren zusammen wirken. In einer Art „weichem“ Dialogprozess soll der Weg fortgesetzt werden,

---

[26] 19.1.2012, Text unter <http://www.bmelv.de/SharedDocs/Downloads/Ministerium/ChartaLandwirtschaftVerbraucherDownload.pdf?__blob=publicationFile>.
[27] Vgl. *BMELV* (Fn. 4).
[28] S. *BMELV* (Fn. 4), sowie *Stüer* DVBl 2012, 1017 ff.
[29] Vgl. *BMELV* (Fn. 4).
[30] S. *BMELV* (Fn. 4).

der schon zur „Charta für Landwirtschaft“ geführt hat. Die Probleme des Flächenverbrauchs werden jedenfalls allein mit Bundesgesetzen nicht lösbar sein. Es geht vielmehr um die Begrenzung außerlandwirtschaftlicher Nutzung von Agrarflächen auf das notwendige Maß im Wege eines Dialogs aller Beteiligten. Die Plattform soll am 15.6.2012 erstmals zusammen kommen. Schon ab Herbst 2012 sollen erste Vorschläge vorliegen.[31]

III. Der Bauernverband, damals und heute

1. Vordergründige Einigkeit

Im Jahr 2006 bestand weitgehende Einigkeit zwischen Bauverband und Naturschutzorganisationen.[32] Beide Gruppen unterstützten insbesondere das Ziel, bis zum Jahr 2020 auf eine Senkung des Flächenverbrauchs auf 30 Hektar zu gelangen. „Entsiegelung bei Neuversiegelung“ und optimierte Anwendung der so genannten Eingriffsregelung standen im Mittelpunkt der gemeinsamen Forderungen aus Sicht der Landwirtschaft und des Naturschutzes. Im Vordergrund stand dabei der Schutz des Bodens, welcher als Grundlage für die landwirtschaftliche Produktion von Lebens- und Futtermitteln sowie nachwachsenden Rohstoffen angesehen wird.[33]

Aus landwirtschaftlicher Sicht wird das Vorhandensein ausreichender landwirtschaftlicher Nutzflächen als Voraussetzung für die Entwicklungsfähigkeit der Betriebe angesehen. Der Schutz der Produktionsflächen soll mit Blick auf zukünftige Produktionsmöglichkeiten und eines Pachtflächenanteils von 64 Prozent auch im Sinne des Ressourcenschutzes gesamtgesellschaftliches Ziel sein.[34] Ein besonderes Problem wird in der Zerschneidungswirkung des Straßenbaus gesehen. Und als mittelbare Folge der naturschutzrechtlichen Kompensation für flächenfressende Eingriffe wird dann ein dauerhafter Verlust von landwirtschaftlichen Produktionsflächen angesprochen.[35] Hier komme es zu zwei Nachteilen für die Landwirtschaft: Neben einem direkten Verlust an Nutzflächen durch den Eingriff werden in erheblichem Maße landwirtschaftliche Flächen aus der Produktion genommen (bspw. für Renaturierung, Aufforstung oder Sukzession), um die naturschutzrechtliche Kompensation zu erbringen. Ebenso werden teilweise Bebauungspläne durch umfangreiche Freiflächenanteile ausgedehnt. Auch dies führe zu einem Entzug landwirtschaftlicher Flächen.[36]

Auch aus naturschutzfachlicher Sicht wird bei der Umsetzung von Ausgleichs- und Ersatzmaßnahmen eine qualitativ und quantitativ verbesserte Anwendung angemahnt.[37] Allein der *ad hoc*-Ankauf von Flächen parallel zum Eingriffsvorhaben führe jedenfalls nicht zu einer dauerhaft sicheren Kompensation. Allerdings sei die Landwirtschaft hier ein wichtiger Partner bei der Pflege der entsprechenden

[31] Vgl. *BMELV* (Fn. 4).
[32] S.o., Fn. 24 f.
[33] S. das Positionspapier (Fn. 25), S. 3.
[34] Vgl. Positionspapier (Fn. 25), S. 4.
[35] S. Positionspapier (Fn. 25), S. 4.
[36] Vgl. Positionspapier (Fn. 25), S. 4.
[37] S. Positionspapier (Fn. 25), S. 6.

Flächen. Die Flächen- und Maßnahmenpools böten jedenfalls die Chance für ein naturschutzfachlich sinnvolles und nachhaltiges Kompensationsflächen- und Maßnahmenmanagement.[38]

Die Betrachtung der landwirtschaftlichen Nutzflächen nur als Flächenreserve für andere Nutzungen und die bloße Reduzierung der Landwirtschaft auf die Funktion des Flächenbereitstellers werde den künftigen gesellschaftlichen Herausforderungen des ländlichen Raums nicht gerecht. Auch als Partner für den Natur- und Landschaftsschutz benötigten die landwirtschaftlichen Unternehmen verlässliche wirtschaftliche Grundlagen, einen ausreichenden Entwicklungsspielraum und möglichst wenig bürokratische Vorgaben.[39] Vertragsnaturschutz und Agrarumweltprogramme könnten der Pflege und dem Erhalt der Kulturlandschaft dienen. Anderseits sei eine Eingliederung von Kompensationsmaßnahmen in die landwirtschaftliche Produktion als zusätzliche wertschöpfende Möglichkeit denkbar.[40]

Verlangt wird zunächst eine solide statistische Berechnung.[41] Eine solche Berechnung existierte natürlich (auch) schon im Jahr 2006. Heute ergibt sie, dass täglich 77 *Hektar pro Tag* an Fläche verbraucht werden.[42] „Verbrauch" meint dabei natürlich nicht, dass die Fläche nicht mehr zur Verfügung steht. Die Fläche bleibt natürlich bestehen. Lediglich ihre Nutzung wird „nachteilig" verändert, weswegen der Begriff „Flächenfraß" bisweilen vorgezogen wird. Was in diesem Sinne nachteilig ist, hängt von Wertungen ab. Wertungsmäßig nachteilig ist jedenfalls eine versiegelnde Bebauung, eine Asphaltierung etwa zum Straßenbau, nicht aber eine begrünende Fläche im Vorgarten eines Einfamilienhauses. Beim Begriff der Siedlungs- und Verkehrsfläche (SuV) ist auf die gebäudebezogenen Freiflächen besonders zu achten, weil sie nicht notwendigerweise zu einem „Flächenfraß" führen. Gleiches gilt für Erholungsflächen, d.h. Sportanlagen, Campingplätze, Parks und Grünanlagen. Nachteilig sind jedenfalls nach dem Positionspapier der Verbände Verkehrswege, Wohn- und Gewerbegebiete, deren Zunahme auch durch interkommunale Zusammenarbeit begegnet werden soll.[43]

Begründet wird die Notwendigkeit, schädlichen Flächenverbrauch zu verhindern, auch mit ökonomischen Rationalitäten: Angesichts der heute in vielen Regionen zum Teil unausgelasteten Infrastruktur und einer künftig schrumpfenden Bevölkerung sei die Begrenzung neuer Baulandausweisungen „auch ökonomisch vernünftig".[44] Statt dessen gehe es in Zukunft um die Revitalisierung von Gewerbe- und Industriebrachen (*Flächenrecycling*). Zugleich sei eine Erschließung und Revitalisierung innerörtlicher Potenziale erforderlich, bspw. von Innenstadt bzw. Dorfkern (*Baulückenschließung*).[45]

Konkret in Bezug auf die Eingriffsregelung wird eine konsequentere Beachtung des *Vermeidungsgrundsatzes* als wichtiger Beitrag zur Reduzierung der Flächeninan-

---

[38] Vgl. Positionspapier (Fn. 25), S. 6., 9 f.
[39] S. Positionspapier (Fn. 25), S. 7.
[40] Vgl. Positionspapier (Fn. 25), S. 7, 10.
[41] S. Positionspapier (Fn. 25), S. 7.
[42] Vgl. Fn. 4.
[43] S. Positionspapier (Fn. 25), S. 8.
[44] Vgl. Positionspapier (Fn. 25), S. 8.
[45] S. Positionspapier (Fn. 25), S. 8.

spruchnahme angesehen.[46] Im *Ausgleichsfall* geht es den Verbänden um die Nutzung von Entsiegelungspotenzialen und kooperativen Lösungen zwischen Landwirtschaft und Naturschutz. Gerade Ackerflächen würden bislang allerdings allzu leicht verplant und für Kompensationszwecke in Anspruch genommen, da ihnen in den angewandten pauschalen Bewertungsverfahren oftmals eine geringe ökologische Wertigkeit und damit ein hohes Aufwertungspotenzial beigemessen werde. Damit werde die Bedeutung dieser Flächen zum Erhalt der Kulturlandschaft und als Lebensraum nicht entsprechend berücksichtigt. Gleichzeitig stellten diese – insbesondere durch ihr meist hohes Ertragspotenzial – die Versorgung mit hochwertigen Lebensmitteln und nachwachsenden Rohstoffen sicher.[47] In Zukunft sollten insbesondere Entsiegelungsmaßnahmen vorrangig Berücksichtigung finden.[48] Auch sollte in der Praxis stärker zwischen Eingriff und Ausgleich zeitlich und räumlich entkoppelt werden, etwa durch Nutzung von Ökokonten und Flächenpools. Damit könnten Kompensationsmaßnahmen gebündelt und auch mit Maßnahmen kombiniert werden, die unter Einsatz von Ersatzgeldern umgesetzt werden.[49]

Insgesamt geht es den Verbänden nach um eine Orientierung an landschaftstypischen Leitbildern. Hier sei der Grundsatz „Naturschutz durch Nutzung" zu verwirklichen. Eine umwelt- und naturverträgliche Nutzung der landwirtschaftlichen Flächen sowie die ökologische Aufwertung von vorhandenen Biotopen durch produktions- und betriebsintegrierte Maßnahmen (u.a. Blühstreifen) könnten eine Kompensation für bestimmte Eingriffe darstellen.[50]

2. *Bauernverband gegen Flächenfraß*

Jetzt hat sich das Klima ein wenig verändert. Der Generalsekretär des Deutsches Bauernverbands (DBV), *Helmut Born,* hat jedenfalls in einem Gespräche mit der Frankfurter Allgemeinen Zeitung die Forderung erhoben, die Ausweitung von Naturschutzgebieten zu stoppen.[51] Zugrunde liegt dem Ganzen eine Initiative des DBV. Gefordert wird ein Umdenken in Politik und Gesellschaft. Mit seiner Initiative für ein Gesetz zum Schutz landwirtschaftlicher Flächen hat der DBV zum einen Vorschläge zur Reduzierung des Flächenverbrauchs durch Siedlungs- und Verkehrsmaßnahmen sowie für einen flächenschonenderen und intelligenteren Naturschutzausgleich unterbreitet. Außerdem hat er eine (Online-) Petition zum Flächenschutz eingelegt. Beide Initiativen, insbesondere die über 200.000 Unterzeichner der Petition, zeigen, dass dem Thema Flächenverbrauch erhebliche Aufmerksamkeit zukommt.[52]

Die Petition verlangt vom Deutschen Bundestag ein Gesetz, welches landwirtschaftliche Nutzflächen als unvermehrbare Produktionsgrundlage zur Ernährungs-

[46] Vgl. Positionspapier (Fn. 25), S. 9.
[47] S. Positionspapier (Fn. 25), S. 9.
[48] Vgl. Positionspapier (Fn. 25), S. 10.
[49] S. Positionspapier (Fn. 25), S. 10.
[50] Vgl. Positionspapier (Fn. 25), S. 10.
[51] S. Fn. 5.
[52] Details im Internet unter <http://www.bauernverband.de/flaechenschutz>.

sicherung und für nachwachsende Rohstoffe schützt.[53] Ferner soll der Bundestag die Bundesregierung beauftragen, wirksame Maßnahmen zu ergreifen, um den Flächenverbrauch durch Überbauung sowie durch Ausgleichsmaßnahmen zu reduzieren. Hier geht es dem Bauernverband also um zweierlei: Einmal den direkten Flächenfraß durch Bebauung von landwirtschaftlichen Flächen, zum anderen aber um den Verlust von Fläche durch die (naturschutzrechtlichen) Ausgleichsmaßnahmen. Insoweit scheint ein Widerspruch zur gemeinsamen Aktion der Verbände aus dem Jahr 2006 zu bestehen.[54]

Begründet wird die neue Initiative des DBV damit, dass die Landwirtschaft *weltweit* vor der Herausforderung stehe, eine bis 2050 auf 9 Milliarden Menschen wachsende Weltbevölkerung zu ernähren und zugleich einen spürbaren Beitrag zur Energieversorgung und bei nachwachsenden Rohstoffen zu leisten.[55] Dieses allgemeine Ziel ist mit Sicherheit berechtigt. Gleichwohl stellt sich die Frage, ob die *deutsche* Landwirtschaft hier einen großen Anteil an der Ernährung der Weltbevölkerung spielt bzw. spielen sollte. Nur zusammen mit der Europäischen Union und den durch ihre Rechtsakte möglicherweise gesenkten Preisen wäre eine solche Rolle als Weltversorger berechtigt. Jedenfalls mahnt der DBV, dass der Verlust landwirtschaftlicher Nutzflächen die Versorgungssicherheit bei Nahrungs- und Futtermitteln sowie Energie gefährde und die Abhängigkeit von Importen aus Drittländern steigere. Das scheint in der Tat eines der wichtigsten Probleme zu sein: die Gefährdung der Energieerzeugung. Heute gibt es jedenfalls einen Trend zur *Vermaisung* deutscher Landwirtschaft.[56] Dieser Trend hat zu Monokulturen und Intensivdüngerei geführt.[57] Die Steuerung der Errichtung von Biogasanlagen in manchen Gebieten führt jedenfalls zu großen Problemen.

Der Gesetzentwurf selbst ist angelehnt an Vorgaben des Bundeswaldgesetzes (Art. 1 Gesetz zum Schutz landwirtschaftlicher Nutzflächen). Außerdem sieht er Änderungen in acht Bundesgesetzen vor (Baugesetzbuch sowie Bodenschutz-, Raumordnungs-, Bundesnaturschutz-, Netzausbau-, Energiewirtschafts-, Bundesfernstraßen- und Eisenbahngesetz). Hinzu kommen notwendige Änderungen von außergesetzlichen Maßnahmen, namentlich die Ausrichtung der Städtebauförderung auf die Innenentwicklung oder die Verbindung der Energiewende mit der Flächenschonung.[58]

Gesetzeszweck des Art. 1 des Gesetzes zum Schutz landwirtschaftlicher Nutzflächen ist es, diese landwirtschaftlichen Nutzflächen wegen ihres wirtschaftlichen Nutzens als Produktionsgrundlage zur Ernährungssicherung und für nachwachsende Rohstoffe sowie wegen ihrer Bedeutung für die Umwelt, die Bodenfruchtbarkeit, das Landschaftsbild, die Agrar- und Infrastruktur und die Erholung der Bevölkerung (Schutz- und Erholungsfunktion) zu erhalten und erforderlichenfalls

[53] Landwirtschaftliche Bodennutzung – Flächenverbrauch senken und landwirtschaftliche Nutzflächen schützen v. 24.11.2011, im Internet unter <https://epetitionen.bundestag.de/index.php?action=petition;sa=details;petition=21302>.

[54] S. oben, Fn. 24 f.

[55] Vgl. Fn. 52.

[56] S. NOZ v. 20.2.2010, S. 21 („Maisfelder, so weit das Auge reicht").

[57] Aus wasserrechtlicher Sicht s. *Reinhardt* DVBl 2012, 1195 ff.

[58] Details der Entschließung vom 11.10.2011 im Internet unter <http://www.bauernverband.de/mediaarchiv/grab_pic_chris.php?id=541983>.

zu mehren. Bei Planungen und Maßnahmen, welche eine Inanspruchnahme von landwirtschaftlichen Nutzflächen im oben genannten Sinne vorsehen oder die in ihren Auswirkungen landwirtschaftliche Nutzflächen betreffen können, sind erstens die Funktionen landwirtschaftlicher Nutzflächen sowie die Agrarstruktur zu wahren und zweitens die für die Landwirtschaft zuständigen Behörden bereits bei der Vorbereitung der Planungen und Maßnahmen zu unterrichten und anzuhören. Im Falle des Verlustes landwirtschaftlicher Nutzflächen sollen Ausgleichsmaßnahmen zum Erhalt des landwirtschaftlichen Produktionspotenzials ergriffen werden. Gedacht wird insbesondere an Rekultivierung, Flurneuordnungsmaßnahmen oder Aufwertung landwirtschaftlicher Flächen (bspw. Be- und Entwässerung).

Das Gesetz zur Gleichstellung stillgelegter und landwirtschaftlich genutzter Flächen (FGlG)[59] sollte in dem Gesetz zum Schutz landwirtschaftlicher Flächen aufgehen. Das Ziel des *FGLG* ist es, dass Flächen, welche unter anderem aufgrund von Maßnahmen nach der Reform der Gemeinsamen Agrarpolitik der Europäischen Union (EU) stillgelegt worden seien, weiterhin als landwirtschaftlich genutzte Flächen gelten. Nach § 14 Abs. 3 des BNatSchG[60] sollte darüber hinaus eine Klarstellung verankert werden, dass landwirtschaftliche Flächen, bei denen aufgrund von vertraglichen, zeitlich befristeten und freiwilligen Naturschutzmaßnahmen ein aus Naturschutzsicht schützenswerter Zustand erreicht worden sei, nach Ablauf der Naturschutzmaßnahme wieder als landwirtschaftliche Nutzfläche genutzt werden könnten.

In seinem *Art. 2* geht es um eine Änderung des Gesetzes zum Schutz vor schädlichen Bodenveränderungen und zur Sanierung von Altlasten (BBodSchG).[61] Hier will man eine Verankerung einer umfassenden gesetzlichen Schutzklausel für landwirtschaftliche Nutzflächen vorsehen, welche als Maßstab auch bei der Abwägung in anderen Rechtsbereichen heranzuziehen sei. Ebenso müsse auch der Grundsatz verankert werden, dass bei Versiegelung landwirtschaftlicher Flächen durch Siedlung und Verkehr an anderer Stelle eine gleichgroße Fläche zu entsiegeln sei.

Auch das Baugesetzbuch (BauGB) wird in einem *Art. 3* einer Änderung unterzogen. Entgegen bisheriger Versuche, die Innenbereichsnutzung zu intensivieren,[62] möchte man eine Stärkung des Grundsatzes der Flächenschonung in der Bauleitplanung erreichen, da dieser bisher gegenüber anderen Belangen nicht durchsetzbar war. Hierfür sollten die Flächenschonung und der Schutz der Agrarstruktur im Baugesetzbuch priorisiert werden.

Art. 4 betrifft die Änderung des Raumordnungsgesetzes (ROG).[63] Hier soll eine verpflichtende Bedarfsplanung für die Kommunen in der Raumordnungspla-

---

[59] BGBl. I 1995, S. 910, zuletzt geändert durch Art. 26 des Gesetzes v. 9.12.2010 (BGBl. I S. 193).

[60] V. 29.7.2009 (BGBl. I S. 2542), zuletzt geändert durch Art. 5 des Gesetzes v. 6.2.2012 (BGBl. I S. 148).

[61] V. 17.3.1998 (BGBl. I S. 502), zuletzt geändert durch Art. 5 Abs. 30 des Gesetzes v. 24.2.2012 (BGBl. I S. 212).

[62] S. insbes. die §§ 1a Abs. 2 und § 13a BauGB i. d. F. der Bek. v. 23.9.2004 (BGBl. I S. 2414), zuletzt geändert durch Art. 1 des Gesetzes v. 22.7.2011 (BGBl. I S. 1509).

[63] V. 22.12.2008 (BGBl. I S. 2986), zuletzt geändert durch Art. 9 des Gesetzes v. 31.7.2009 (BGBl. I S. 2585).

nung verankert werden. Es bedürfe der Verpflichtung, dass eine Ausweisung von neuen Wohn- und Gewerbebaugebieten nur erfolgen dürfe, wenn nachgewiesen sei, dass alle Potentiale der Innenentwicklung ausgeschöpft seien. Leerstands- und Baulückenkataster seien zudem in allen Kommunen verpflichtend zu führen. Zugleich sollen die Kommunen zur interkommunalen Abstimmung unter Einbeziehung der nächsthöheren Verwaltungsebene verpflichtet werden.

Mit entscheidend sind die vorgeschlagenen Änderungen des BNatSchG[64] in einem *Art. 5*: Hier geht es dem DBV um eine Stärkung des Grundsatzes der Flächenschonung im Rahmen der Eingriffsregelung, da diese zu kurz greife und in der Praxis nur unzureichend Anwendung finde. Verpflichtend sollte daher vorgegeben werden, dass der Ausgleich für Eingriffe durch Bautätigkeiten durch Entsiegelung oder flächenneutrale Maßnahmen erfolgen müsse. Beispielsweise solle Pflege oder Aufwertung vorhandener Biotope, produktionsintegrierte Kompensationsmaßnahmen, Maßnahmen in Schutzgebieten oder für Gewässer nach der Wasserrahmenrichtlinie (WRRL)[65] erfolgen. Auch der Artenschutz-Ausgleich für besonders geschützte Arten und Biotope nach der FFH-Richtlinie[66] müsse dem Prinzip der Flächenschonung unterliegen. Die Errichtung von Anlagen im Sinne des Gesetzes für den Vorrang Erneuerbarer Energien (EEG)[67] dürfe grundsätzlich keine Ausgleichsmaßnahmen auslösen. Auf „agrarstrukturelle Belange" müsse beim Naturschutzausgleich Rücksicht genommen werden. Diese Stärkung müsse darin liegen, dass agrarstrukturelle Belange nicht berührt werden bzw. zumindest dem nicht entgegenstehen dürften. Berufsständische Organisationen (Kreisbauernverbände, Landwirtschaftskammern) seien hierbei verpflichtend einzubeziehen. Weiter sei ein Fachbeitrag Landwirtschaft verbindlich und gleichrangig einzuführen. Dieser Fachbeitrag sei von Landwirtschaftsexperten bzw. landwirtschaftlichen Fachbehörden zu erarbeiten. Im Rahmen der Planungen von Eingriffen in Natur und Landschaft sowie deren Ausgleich stehe dieser neben dem üblichen Fachbeitrag Naturschutz. Künftig dürften land- und forstwirtschaftliche Flächen für Ausgleichs- und Ersatzmaßnahmen nur noch im Einvernehmen mit der Land- und Forstwirtschaftsverwaltung in Anspruch genommen werden. Die von der bisherigen Regierungskoalition zugesagte Gleichstellung des Ersatzgeldes mit Kompensationsmaßnahmen im Sinne der Flächenschonung müsse sicherstellen, dass das Ersatzgeld nicht zum Flächenkauf oder zur Haushaltssanierung zweckentfremdet werde, sondern für zielführende und flächenschonende Naturschutzmaßnahmen eingesetzt werden. Hier schwebt dem DBV insbesondere die Aufwertung und Pflege vorhandener Biotope vor. Bei der Verwendung der Ersatzgelder müssten die Landwirtschaftsbehörden zum Schutz landwirtschaftlicher Flächen und der Agrarstruktur verpflichtend eingebunden werden. Außerdem sei ein „Entsiege-

---

[64] S. oben, Fn. 60.

[65] Richtlinie 2000/60/EG des EP und des Rates v. 23.10.2000 zur Schaffung eines Ordnungsrahmens für Maßnahmen der Gemeinschaft im Bereich der Wasserpolitik, ABl. L 327 v. 22.12.2000, S. 1.

[66] Richtlinie 92/43/EWG des Rates vom 21.5.1992 zur Erhaltung der natürlichen Lebensräume sowie der wildlebenden Tiere und Pflanzen, ABl. L 206 v. 22.7.1992, S. 7.

[67] V. 25.10.2008 (BGBl. I S. 2074), zuletzt geändert durch Art. 2 Abs. 69 des Gesetzes v. 22.12.2011 (BGBl. I S. 3044).

lungs- bzw. Brachenrevitalisierungsfonds" zur Bündelung von Kompensationsmaßnahmen erforderlich. Er werde durch das Ersatzgeld gespeist. Schließlich möchte der DBV eine bundesweite Vereinheitlichung der Bewertungssysteme zur Bemessung von Eingriffen und deren Kompensation im Sinne der Flächenschonung und Priorisierung der Entsiegelung.

In einem *Art. 6* möchte der DBV eine Änderung des Netzausbaubeschleunigungsgesetzes: Es geht ihm dabei um eine konsequente Umsetzung des Prinzips „Ausbau vor Neubau". Der Grundsatz der Flächenschonung beim Ausbau von Stromtrassen habe oberste Priorität. Es gehe eher um Ausbau als Neubau mit entsprechender bodenschutzfachliche Baubegleitung. Die Erdverkabelung von Hochspannungsleitungen (380 kV-Übertragungsnetz) wird jedenfalls wegen nicht absehbarer Auswirkungen auf den Bodenschutz und den Anbau aus landwirtschaftlicher Sicht kritisch gesehen. Insgesamt geht es dem DBV um einen Verzicht bzw. um eine flächenneutrale Umsetzung der Naturschutz-Kompensation beim Neu- und Ausbau von Leitungsnetzen, Stromtrassen und Bioenergieerzeugungsanlagen ohne Inanspruchnahme landwirtschaftlicher Nutzflächen. Wenn der Ausgleich für Eingriffe ins Landschaftsbild in Geld erfolgen sollte, müsse verhindert werden, dass das Ersatzgeld zum Flächenkauf verwendet wird.

Hinzu kommt eine Änderung des Energiewirtschaftsgesetzes in *Art. 7*: Die Entschädigungsgrundsätze und angemessene Vergütungs- und Ausgleichzahlungen für die Inanspruchnahme land- und forstwirtschaftlicher Flächen für Energieleitungstrassen müssten überprüft bzw. neu geregelt werden. Auch hier müsse der Grundsatz der Flächenschonung beim Ausbau von Energieleitungsnetzen oberste Priorität genießen. Erdgas- und Stromtrassen müssten also eher aus- als neugebaut werden, wobei auch hier eine bodenschutzfachliche Baubegleitung erforderlich sei.

In *Art. 8* geht es um eine Änderung des Bundesfernstraßengesetzes: Hier müsse das Prinzip „Ausbau vor Neubau" konsequent umgesetzt werden. Auch gelte es, einen Grundsatz zur Flächenschonung zu verankern. Gleiches wird in einem *Art. 9* für das Allgemeine Eisenbahngesetz gefordert.

In weiterführenden, nicht unbedingt gesetzlichen Maßnahmen geht es dem DBV um vier Punkte: Erstens ein Vorrang der Innenentwicklung, zweitens eine flächenschonende Energiewende, drittens eine strikte flächenschonende Umsetzung bei Naturschutz-Kompensation und viertens eine Förderung der produktiven, effizienten Landwirtschaft in der Agrar- und Umweltpolitik.

Der DBV stützt sich bei seiner Initiative auch auf eine Umfrage des Osnabrücker Meinungsforschungsinstituts „Produkt und Markt".[68] Danach wolle die Mehrheit der Deutschen die landwirtschaftlichen Flächen vor Versiegelung und Bebauung schützen. In dieser repräsentativen Untersuchung im Auftrag des DBV von Anfang November 2011 sprechen sich 67 Prozent der Bevölkerung für einen gesetzlichen Schutz von Äckern und Grünland vor Bebauung aus. 84 Prozent der Bevölkerung sind dafür, nicht mehr benötigte Industrieanlagen und innerstädtische Grundstücke zu sanieren. Drei Viertel der Bevölkerung möchte die Innenentwicklung der Städte und Dörfer voranbringen und sprach sich gegen Bautätigkeiten auf der grünen Wiese aus.

[68] S. im Internet unter <http://media.repro-mayr.de/84/541984.pdf>.

Schließlich nimmt der DBV auch Bezug auf die gemeinsame Erklärung der Verbände aus Landwirtschaft und Naturschutz aus dem Jahr 2006. Diese Bekräftigung kann aber nur eine scheinbare sein, geht es dem Bauernverband in seiner Initiative aus dem Jahr 2012 ersichtlich um einen Schutz vor den (naturschutzrechtlichen) Ausgleichsmaßnahmen und einen Schutz jeglicher, insbesondere auf nachwachsende Energiepflanzen bezogener Landwirtschaft.

IV. Zwischenreaktion des Gesetzgebers: Die Städtebaurechtsnovelle 2012

Die Bundesregierung hat in diesem Zusammenhang zwischenzeitlich zumindest teilweise reagiert: Ein Jahr nach Inkrafttreten der – vorgezogenen – *BauGB-Klimanovelle*[69] liegt nun der Kabinettsentwurf der *Städtebaurechtsnovelle 2012* vor. Sie soll das BauGB und die BauNVO[70] behutsam fortentwickeln und damit zugleich einige der Vorschläge aufgreifen, die bei den so genannten Berliner Gesprächen[71] behandelt worden sind.[72] In einer überregionalen Zeitung heißt es zu dem Text jedenfalls in der Überschrift, dass er „mehr Schutz für Ackerflächen" biete.[73]

Der Kabinettsentwurf will unter anderem *Innenstädte* und *Ortskerne* als Schlüsselfaktoren für die Stadtentwicklung herausstreichen. Diese seien für die *Identifikation* der Bürger mit ihren Städten und Gemeinden unverzichtbar. Umstrukturierungsprozesse könnten indes die Funktionsfähigkeit dieser Zentren zunehmend gefährden. Es sei und bleibe ein Ziel der Städtebaupolitik des Bundes, die *Innenentwicklung* in den Städten und Gemeinden zu stärken. Dabei gehe es zum einen darum, die Neuinanspruchnahme von Flächen auf der berühmten *„Grünen Wiese"* weitestgehend zu vermeiden.

Allerdings habe die Innenentwicklung zum anderen auch eine *qualitative Dimension*. Diese Dimension ziele darauf ab, *Urbanität und Attraktivität* von Städten und Gemeinden gerade auch in *baukultureller* Hinsicht zu wahren und zu stärken.

Mit dem Gesetz zur Erleichterung von Planungsvorhaben für die Innenentwicklung der Städte vom 21.12.2006[74] seien bereits wirksame Instrumente für die Stärkung der Innenentwicklung eingeführt worden. Mit der *Städtebaurechtsnovelle 2012* sollen fortführende und weitere wesentliche Regelungen für die Innenentwicklung getroffen werden.

Die explizit flächensparenden Aspekte des Entwurfs bestehen zum einen in der Ergänzung des § 1 Abs. 5 BauBG um den Satz „Hierzu soll die städtebauliche

[69] V. 22.7.2011 (BGBl. I S. 1509); Gesetzentwurf v. 6.6.2011, BT-Drs. 17/6076, in Kraft getreten am 30.7.2012. Aus dem Schrifttum s. etwa *U. Battis/M. Krautzberger/S. Mitschang/O. Reidt/B. Stüer,* NVwZ 2011, 897 ff.; *M. Krautzberger/B. Stüer,* BauR 2011, 1416 ff.

[70] Baunutzungs-Verordnung i.d.F. v. 23.1.1990 (BGBl. I S. 132), zuletzt geändert durch Art. 3 des Gesetzes v. 20.4.1993 (BGBl. I S. 466).

[71] S. im Internet unter <http://www.difu.de/publikationen/2010/berliner-gespraeche-zum-staedtebaurech.html>. Aus der Literatur s. bspw. A. *Bunzel,* DVBl 2010, 1551; hierzu mit Gesetzgebungsvorschlägen *B. Stüer/E-M. Stüer,* DVBl 2010, 1540 ff.

[72] Ausführlich *Stüer* (Fn. 6).

[73] F.A.Z. Nr. 154 v. 5.7.2012, S. 11.

[74] BGBl. I S. 3316.

Entwicklung vorrangig durch Maßnahmen der Innenentwicklung erfolgen".[75] Zum anderen wird § 1a Abs. 2 BauBG um einen vierten Satz erweitert: „Die Notwendigkeit der Umwandlung landwirtschaftlich oder als Wald genutzter Flächen soll begründet werden; dabei sollen Ermittlungen zu den Möglichkeiten der Innenentwicklung zugrunde gelegt werden, zu denen insbesondere Brachflächen, Gebäudeleerstand, Baulücken und andere Nachverdichtungsmöglichkeiten zählen können".[76] In diesem Zusammenhang wird nach § 1a Abs. 3 S. 4 BauGB ein Verweis auf § 15 Abs. 3 BNatSchG[77] eingefügt,[78] also der Vorschrift, die bei der Inanspruchnahme von land- oder forstwirtschaftlich genutzten Flächen für Ausgleichs- und Ersatzmaßnahmen auf agrarstrukturelle Belange Rücksicht nimmt und unter anderem auch Entsiegelungsmaßnahmen vorsieht.

Mit den künftigen Soll-Vorschriften versucht der Vorschlag einerseits die Stärkung der Innenentwicklung und andererseits die Begründung der Nutzung landwirtschaftlich oder als Wald genutzter Flächen voranzutreiben. So weit wie der *DBV* in seinem Gesetzentwurf geht der Entwurf indes noch nicht. Immerhin setzt er den bislang bestehenden, flächensparenden Trend in der Gesetzgebung, namentlich seit der Novelle aus dem Jahre 2006,[79] fort. Soweit es sich um größere Gemeinden handelt, nimmt der Vorschlag zumindest auf Flächenkataster Bezug, welche die besagten Innenentwiclungspotentiale ergeben können.[80] Eine allgemeine Katasterpflicht ist indes nicht vorgesehen. Ingesamt bleibt es also eher bei einem Appellcharakter der Vorschrift.[81] Andere Vorschläge aus der Literatur haben insoweit eine deutlichere Sprache gefunden.[82]

Etwas besser sieht es bei der enteignenden Inanspruchnahme von Flächen für naturschutzrechtliche Kompensationsmaßnahmen aus, namentlich bei der Anwendung von § 15 Abs. 3 BNatSchG. Solche Flächen dürfen nach der bisherigen Rechtsprechung nur in Anspruch genommen werden, wenn Flächen in öffentlicher Hand nicht zur Verfügung stehen.[83] Zudem müssen in aller Regel Existenzgefährdungen ausgeschlossen sein.[84] § 1a Abs. 3 S. 5 des Entwurfs verstärkt diese Prüfungserfordernisse und stellt für die Praxis das Gebot eines sachgerechten Interessenausgleichs naturschutzrechtlicher Kompensationserfordernisse einerseits und der schützenswerten Agrarstruktur andererseits auf.[85] Alles in allem führt der Entwurf mithin zu einem kleinen Erfolg der Landwirtschaft im Städtebaurecht.

---

[75] Art. 1 Nr. 2 lit. a des Gesetzentwurfs v. 4.7.2012, im Internet bspw. unter (<http://www.bmvbs.de/cae/servlet/contentblob/86970/publicationFile/59664/baugesetzbuch-regierungsentwurf-2012.pdf>).

[76] Art. 1 Nr. 3 lit. a, bb des Gesetzentwurfs (Fn. 75).

[77] S. oben, Fn. 60.

[78] Art. 1 Nr. 3 lit. b des Gesetzentwurfs (Fn. 75).

[79] S. Fn. 74.

[80] Vgl. S. 27 des Gesetzentwurfs (Fn. 75).

[81] S. *Stüer* (Fn. 6).

[82] *Stüer/Stüer* DVBl 2010, 1540 ff.: „Eine Inanspruchnahme von Außenbereichsflächen ist unzulässig, wenn sie nicht durch besondere städtebauliche Gründe gerechtfertigt ist".

[83] BVerwG, Urt. v. 6.6.2002 – 4 CN 6.01, NVwZ 2002, 1506 = BauR 2002, 1660.

[84] BVerwG, Urt. v. 18.3.2009 – 9 A 40.07, NVwZ 2010, 66 = UPR 2010, 62 = DVBl 2009, 1465 (LS); m. Anm. *Nolte,* jurisPR-BVerwG 3/2010 Anm. 4 – A 44 Ratingen/Velbert: Existenzgefährdung eines landwirtschaftlichen Betriebs.

[85] Vgl. *Stüer* (Fn. 6).

V. Ergebnis

Hauptgrund für die Auseinandersetzung zwischen Bauernverbandsvertretern und Naturschutzverbänden ist nach alledem wohl ein unterschiedlicher Begriff von Fläche und deren „Verbrauch“: Während aus landwirtschaftlicher Sicht jeder Gebrauch von Fläche für Zwecke der Nahrungs- oder Energierohstoffproduktion „natürlich“ ist im Sinne einer ländlichen und agrarstrukturellen Entwicklung, bleiben die Naturschutzverbände bei ihrer Begrifflichkeit von Flächenschutz im Sinne eines Ressourcen- und Freiraumschutzes: Danach ist nur die Fläche eine natürliche Fläche, die ihrem unmittelbar sichtbaren Zweck enthoben wird. Die „natürlichen“ Bodenfunktionen bieten zugleich das Potenzial für Arten und Biotope. Allenfalls werden Ausnahmen für Biolandbau oder bestimmte Energiepflanzen gemacht.[86]

Ähnliche Konflikte gibt es zwischen touristischen und naturschutzrechtlichen Nutzungs- bzw. Nichtnutzungsmöglichkeiten: So kann etwa das Bestreben, einen neuen Wanderweg auf den Harz-Berg Brocken zu schaffen, z. B. die Wiedereröffnung des so genannten „Knochenbrecherweges“, aus Gründen des Schutzes der nördlichsten natürlichen Waldgrenze abzulehnen sein.[87]

Auf dieser fundamentalen Ebene gibt es natürlich keine oder kaum eine Möglichkeit des Zusammenwirkens von Verbänden und deren Vertretern. Sobald man hinter den Oberbegriff „Flächensparen“ blickt, sind die Unterschiede doch zu groß, jedenfalls deutlich größer, als im gemeinsamen Positionspapier aus dem Jahr 2006 hervortritt. Hier ist der Ort des Rechts, das die Aufteilung des Bodens ermöglicht und der Flächennutzung Grenzen setzt. Das gilt insbesondere für das Bau- und das Naturschutzrecht. Danach darf manche landwirtschaftliche oder verkehrliche Nutzung von Gebieten durchaus auch zugunsten schutzrechtlicher Regime eingeschränkt oder ganz verboten werden. Und hier kennt sich der Jubiliar bestens aus, wie sich unter anderem aus seiner jüngsten Veröffentlichung zur Städtebaurechtsnovelle 2012 ergeben hat.

---

[86] Vgl. F.A.Z. Nr. 129 v. 5.6.2012, S. 10 („Wachstumskritik ohne Grenzen. Allianz von DGB, evangelischer Kirche und Naturschutzring“).

[87] S. NOZ v. 25.4.2012, S. 5 („Ärger um Wege zur Brockenspitze. Der Harzclub fordert einen neue Wanderroute, stößt damit aber auf heftige Kritik“).

MICHAEL UECHTRITZ

Einzelhandelsgroßprojekte: Planung und Rechtsschutz

Vorbemerkung

Es gibt wohl kaum einen Typus von baulichen Anlagen, der seit Jahrzehnten Planungspraxis und Gerichte so dauerhaft beschäftigt hat, wie die in § 11 Abs. 3 BauNVO geregelten (Einzel)handelseinrichtungen. Schon der Vergleich der vier unterschiedlichen Fassungen der BauNVO belegt dies. Während § 11 BauNVO i.d.F. 1962 noch keine Sonderregelungen für Einzelhandelsgroßprojekte enthielt, sah sich der Verordnungsgeber im Jahr 1968 zu einer Regelung (durch Anfügen eines Abs. 3) veranlasst; diese wurde in den beiden Novellen 1977 und 1990 jeweils modifiziert. Die Gründe hierfür liegen auf der Hand: „Handel ist Wandel". Der Einzelhandel ist einer dynamischen Entwicklung und permanenten Veränderung unterworfen. Genannt seien nur die Stichworte Flächenwachstum, Unternehmenskonzentration, das Auftreten neuer Handels- und Betriebsformen sowie gewandelte Standortpräferenzen, die zugleich gewandelte Herausforderungen für die städtebauliche Planung und die Raumordnung darstellen.[1] Im Rahmen dieses Beitrags soll nicht die Rechtsentwicklung der vergangenen Jahrzehnte, an der unser Jubilar im Rahmen seiner beruflichen und wissenschaftlichen Tätigkeit aktiv teilgenommen hat, nachgezeichnet werden. Vielmehr sollen primär aktuelle Fragen der Planung und des Rechtsschutzes bei Einzelhandelsgroßprojekten erörtert werden.

I. Planung von Einzelhandelsgroßprojekten

1. Begriffliche Klärung

Der Begriff „Einzelhandelsgroßprojekte" findet sich weder im BauGB noch in der BauNVO. Gemeint sind damit die drei in § 11 Abs. 3 BauNVO genannten Anlagetypen: Einkaufszentren, großflächiger Einzelhandelsbetriebe und sonstige großflächige Handelsbetriebe, die im Hinblick auf den Verkauf an letzte Verbraucher den Auswirkungen großflächiger Einzelhandelsbetrieben vergleichbar sind. Da diese Anlagetypen eine besondere Herausforderung für die städtebauliche Planung darstellen, unterwirft sie der Verordnungsgeber dem Sonderregime des § 11 Abs. 3 BauNVO, auf dessen Systematik und Wirkungsweise zugleich näher eingegangen werden soll. Zuvor bedarf es einer kurzen begrifflichen Klärung hinsichtlich der drei in § 11 Abs. 3 BauNVO genannten Anlagetypen.

---

[1] Vgl. hierzu nur *Blotevogel,* Herausforderungen für die Raumordnungsplanung heute, in: Steger/Bunzel (Hrsg.), Raumordnungsplanung quo vadis?, 2012, S. 11 (28 f.) und *Moench,* FS Hoppe, 2000, S. 459 f.

a) Einkaufszentren

aa) § 11 Abs. 3 BauNVO nennt in Satz 1 Nr. 1 zunächst *Einkaufszentren.* Obwohl der Begriff des Einkaufszentrums sich bereits in der BauNVO i.d.F. 1968 findet, bereitet die Klärung, ob und unter welchen Voraussetzungen ein Einkaufszentrum vorliegt, im Einzelfall unverändert Schwierigkeiten. Die Ursache hierfür liegt jedenfalls auch darin, dass mit diesem Begriff keine abgrenzbare Nutzungsart umschrieben wird, sondern (jedenfalls primär) die *Funktion eines Gesamtvorhabens.*[2] Das BVerwG hat angenommen, bei einem Einkaufszentrum handele es sich „im Regelfall" um eine einheitlich geplante und aus anderen Gründen sich als gewachsen darstellende räumliche Konzentration von Einzelhandelsbetrieben verschiedener Art und Größe, die zumeist in Kombination mit verschiedenartigen Dienstleistungen auftreten.[3] Die Agglomeration, also das räumliche Nebeneinander verschiedener Einzelhandelsbetriebe, stellt für sich genommen noch kein Einkaufszentrum dar, auch wenn es vergleichbare städtebauliche (und raumordnerische) Auswirkungen auslöst. Allerdings kann nach der Auffassung des BVerwG ein Einkaufszentrum auch nachträglich entstehen, wenn die verschiedenen Betriebe aus der Sicht des Kunden als planvoll zusammengefasst und nicht bloß als zufällige Anhäufung erscheinen.[4]

bb) Unerheblich für das Vorliegen eines Einkaufszentrums ist die Frage, wie umfassend das vorliegende Warenangebot ist. Ein beschränktes Branchenspektrum steht der Annahme eines Einkaufszentrums nicht entgegen.[5] Folglich hatte das BVerwG auch keine Bedenken, ein Factory Outlet Center ungeachtet der Spezifika des Warenangebots als Einkaufszentrum zu qualifizieren.[6] Besondere Probleme bereitet der Praxis die Frage, ob im Einzelfall eine Agglomeration von Einzelhandelsbetrieben zu einem Einkaufszentrum wird, wenn sich die bestehende Situation verändert, etwa durch das Hinzutreten weiterer Betriebe, oder wenn eine vorhandene Agglomeration ein gemeinsames Konzept entwickelt oder durch Kooperation miteinander verbunden in Erscheinung tritt. Orientiert man sich an den Kriterien des BVerwG, dann ist dies ein Indiz für eine baurechtlich relevante Nutzungsänderung – nämlich die Umwandlung von (bisher nicht großflächigen) Einzelhandelsbetrieben zu einem Einkaufszentrum. In der Literatur herrscht weitgehend Konsens darüber, dass das Problem der Abgrenzung eines Einkaufszentrums gegenüber einer bloßen Ansammlung von Läden nicht geklärt bzw. nur schwer handhabbar ist.[7] Wollte man die vom BVerwG genannten Indizien für das Vorliegen eines Einkaufszentrums „großzügig" handhaben, käme das Entstehen eines Einkaufszentrums schon dann in Betracht, wenn einzelne Läden im Ortskern, die eine Rolle für die Nachbarschaft besitzen, ein gemeinsames Innenstadt-Marketing betreiben und ggf. noch zusätzlich ein gemeinsames Stellplatz-Konzept entwi-

---

[2] *Stock,* in: König/Roeser/Stock, BauNVO, 2. Aufl. 2003, § 11 Rn. 39.
[3] BVerwGE 117, 25 (34).
[4] BVerwG ZfBR 1995, 338.
[5] BVerwG NVwZ 2003, 86.
[6] BVerwG NVwZ 2003, 86; *Stock* (Fn. 2), § 11 Rn. 44.
[7] *Büchner,* in: Spannowsky/Krämer (Hrsg.), Großflächiger Einzelhandel und Windkraftanlagen in Raumordnung und Städtebau, 2003, S. 55 (62), siehe auch *Ziegler,* in: Brügelmann, BauGB, Stand Dezember 2004, § 11 Rn. 88 ff.

ckeln.[8] Gerade dieses Beispiel zeigt, dass bei der Annahme des nachträglichen Entstehens eines Einkaufszentrums (jedenfalls bei Fehlen einer baulich-funktionalen Verknüpfung) nur eine gewisse Zurückhaltung sachgerechte Ergebnisse gewährleistet.

cc) Ebenfalls ungeklärt ist die Frage, welche *Mindestgröße* gegeben sein muss, damit bei Bejahung der übrigen Voraussetzungen vom Vorliegen eines Einkaufszentrums gesprochen werden kann.[9] In der Rechtsprechung sind außerordentlich unterschiedliche Größenordnungen genannt worden. Während das OVG Münster annimmt, ein Einkaufszentrum komme schon ab 1.400 m² Geschossfläche in Betracht,[10] hat der BayVGH in einer älteren Entscheidung den Schwellenwert bei „nicht wesentlich unter 10.000 m²" angesetzt.[11] Geht man von der Vorgabe des BVerwG aus, dass mit dem Begriff Einkaufszentrum mehr die *Funktion* eines Gesamtvorhabens beschrieben ist, dann folgt hieraus, dass sich keine allgemein gültigen Schwellenwerte benennen lassen: Die Frage, ob ein Vorhaben „Magnetwirkung", also eine „*Zentrums*wirkung" entfalten kann, dürfte von der städtebaulichen Situation abhängen.[12] In einer kleinen Gemeinde oder im ländlichen Raum kann der Schwellenwert niedriger anzusetzen sein, als in einem Ballungsgebiet. Zustimmung verdient auch die Auffassung, dass die Geschossfläche des Vorhabens jedenfalls über 1.200 m² Geschossfläche liegen muss,[13] weil andernfalls § 11 Abs. 3 BauNVO einen Wertungswiderspruch enthielte: Einkaufszentren unterfallen in jedem Fall dem Sonderregime des § 11 Abs. 3 BauNVO, während bei großflächigen Einzelhandelsbetrieben erst ab Überschreiten eines Schwellenwertes von 1.200 m² Geschossfläche eine (widerlegbare) Vermutung für das Vorliegen negativer städtebaulicher und raumordnerischer Auswirkungen eingreift.

b) Großflächige Einzelhandelsbetriebe

aa) Einzelhandelsbetriebe unterfallen § 11 Abs. 3 BauNVO nur, wenn sie großflächig sind und die in § 11 Abs. 3 BauNVO beschriebenen negativen städtebaulichen und raumordnerischen Auswirkungen haben können. Da § 11 Abs. 3 Nr. 2 BauNVO keinen Schwellenwert enthält, ab wann die Großflächigkeit eines Einzelhandelsbetriebes zu bejahen ist, oblag es der Rechtsprechung, Vorgaben zu machen, die der Planungs- und Lebenspraxis möglichst Rechtssicherheit vermittelt. Im Ausgangspunkt besteht Konsens darüber, dass die Großflächigkeit typischerweise dort beginnt, wo keine wohnungsnahe Versorgung mehr stattfindet. Einen exakten Flächenwert hatte das BVerwG zunächst nicht festgelegt, sondern – interpretationsfähig und bedürftig – formuliert, die Schwelle zur Großflächigkeit liege nicht wesentlich unter aber auch nicht wesentlich über einer *Verkaufsfläche* von 700 m².[14] Nachdem diese Rechtsprechung – wie zu erwarten war – eine

---

[8] *Büchner* (Fn. 7), S. 62.

[9] Hierzu *Stock* (Fn. 2), § 11 Rn. 46; *Söfker*, in: Ernst/Zinkahn/Bielenberg, BauGB, Stand Januar 2009, § 11 BauNVO Rn. 50 und *Kuschnerus*, Der standortgerechte Einzelhandel, 2007, Rn. 131 ff.

[10] OVG Münster ZfBR 1989, 175.

[11] BayVGH ZfBR 1988, 98.

[12] *Ziegler* (Fn. 7), § 11 Rn. 88k und Stock (Fn. 2), § 11 Rn. 47 m. w. N.

[13] *Söfker* (Fn. 9), § 11 BauNVO Rn. 50 und *Stock* (Fn. 2), § 11 BauNVO Rn. 46.

[14] BVerwG NVwZ 1987, 1076.

intensive Diskussion darüber hervorgerufen hatte, wann und unter welchen Voraussetzungen eine „*wesentliche*“ Überschreitung der Schwelle von 700 m² Verkaufsfläche vorliegt, hat das BVerwG nunmehr die Grenze strikt bei 800 m² angesetzt[15] – wobei dieser Wert unabhängig davon gilt, in welcher städtebaulichen oder raumordnerischen Situation sich das jeweilige Vorhaben befindet.

bb) Gleichfalls geklärt hat das BVerwG inzwischen die zwischen den Obergerichten umstrittene Frage, unter welchen Voraussetzungen die Addition benachbarter (für sich genommen nicht großflächiger) Einzelhandelsbetriebe in Betracht kommt. Unter Zurückweisung von teilweise weitergehenden Annahmen hat sich das BVerwG für eine restriktive Linie entschieden. Maßgeblich sind allein baulich- und betrieblich-funktionelle Gesichtspunkte. Kann eine Betriebsstätte selbstständig genutzt werden, so scheidet eine Addition der Verkaufsflächen regelmäßig aus. Abweichendes kommt nur im Verhältnis Haupt-/Nebenbetrieb in Betracht.[16]

cc) Die Großflächigkeit des Einzelhandelsbetriebs reicht für sich genommen, nicht aus, die Anwendbarkeit des planungsrechtlichen Sonderregimes des § 11 Abs. 3 BauNVO zu begründen. Hinzu kommen muss die Annahme, dass sich der jeweilige Betrieb nach Art, Lage oder Umfang auf die Verwirklichung der Ziele der Raumordnung und Landesplanung oder auf die städtebauliche Entwicklung und Ordnung nicht nur unwesentlich auswirken kann. Eine Vermutung hierfür statuiert § 11 Abs. 3 Satz 3 BauNVO, wenn das Vorhaben die Geschossfläche von 1.200 m² überschreitet. Ist diese Voraussetzung gegeben, ist § 11 Abs. 3 BauNVO nur dann nicht anwendbar, wenn es sich im Hinblick auf die städtebauliche Situation oder den zu beurteilenden Betriebstypus um eine atypische Situation handelt.[17] Dabei wachsen die Anforderungen an die Atypik in dem Maße, in dem der Schwellenwert von 1.200 m² Geschossfläche überschritten wird.[18]

Besondere Bedeutung für die Genehmigungspraxis hat die Rechtsprechung des BVerwG, die eine „Aushebelung“ der Regelvermutung des § 11 Abs. 3 BauNVO im Einzelfall durch gutachterlichen Nachweis fehlender negativer Auswirkungen abgelehnt hat.[19]

c) Sonstige großflächige Einzelhandelsbetriebe

Wenige Probleme bereitet der Betriebstypus der sonstigen großflächigen Handelsbetriebe i. S. d. § 11 Abs. 3 Nr. 3 BauNVO. Diese werden den großflächigen Einzelhandelsbetrieben i. S. d. § 11 Abs. 3 Nr. 2 BauNVO gleichgestellt, wenn sie

[15] NVwZ 2006, 452; die Diskussion hat sich inzwischen darauf verlagert, welche Bereiche zur Verkaufsfläche zählen und welche nicht; hierzu OVG Schleswig, Beschl. v. 28.9.2010 – 1 MB 22/10, juris und *Fickert/Fieseler,* BauNVO, 11. Aufl. 2008, § 11 Rn. 19.3.

[16] BVerwG BauR 2006, 644; auf eine Korrektur dieser Rechtsprechung zielt die Stellungnahme des Bundesrates zum Entwurf des Gesetzes zur Stärkung der Innenentwicklung in den Städten und Gemeinden und weiteren Fortentwicklung des Städtebaurechts BR-Drucks. 474/12 vom 21.9.2012, die eine Ergänzung des § 11 Abs. 3 BauNVO vorschlägt, mit der „Ansammlungen von mehreren Einzelhandelsbetrieben in räumlich funktionalem Zusammenhang“ den großflächigen Einzelhandelsbetrieben gleichgestellt werden sollen.

[17] BVerwGE 68, 342 (345); ausführlich hierzu *Söfker* (Fn. 9), § 11 BauNVO Rn. 82 ff.

[18] Zur „Sonderbehandlung von Lebensmittelvollsortimenten“ siehe die Empfehlungen der Arbeitsgruppe Strukturwandel im Lebensmittelrecht, ZfBR 2002, 598; hierzu auch *Berghäuser/Berg/Brendel* BauR 2002, 31 ff.

[19] BauR 2002, 1825.

im Hinblick auf den Verkauf an Letztverbraucher und auf ihre Auswirkungen den in Nr. 2 bezeichneten Einzelhandelsbetrieben vergleichbar sind. Mit dieser Regelung werden Betriebe erfasst, die zwar formal als Großhandelsbetriebe agieren, aber durch Ausgabe von Einkaufsausweisen oder ähnlichen Berechtigungen in vergleichbarer Weise wie „echte" Einzelhandelsbetriebe Verkäufe gegenüber Endverbrauchern tätigen.[20]

2. Das Planungsrechtliche Sonderregime des § 11 Abs. 3 BauNVO: Regelmäßiger „Planungszwang" für die Zulassung von Einzelhandelsgroßprojekten

a) „Funktion" des § 11 Abs. 3 BauNVO

Die vorstehend beschriebenen Betriebe werden durch § 11 Abs. 3 BauNVO einem Sonderregime unterworfen. Sie sind – außer in Kerngebieten – nur in für sie festgesetzten Sondergebieten zulässig. Hieraus folgt: Die Errichtung entsprechender Einrichtungen erfordert, sofern nicht ausnahmsweise die Voraussetzungen des § 34 BauGB erfüllt sind oder die Ansiedlung in einem planerisch festgesetzten oder faktischen Kerngebiet in Rede steht, *eine planerische Zulassungsentscheidung* in der Form der Ausweisung eines Sondergebiets voraus. § 11 Abs. 3 BauNVO stellt gegenüber den sonstigen Bestimmungen der §§ 2 ff. BauNVO über die Zulässigkeit baulicher Anlagen in den einzelnen Baugebieten eine Sondernorm dar, indem sie keine „positive" Aussage trifft, sondern vielmehr „negativ" festlegt, dass die Betriebe i. S. d. § 11 Abs. 3 BauNVO in sämtlichen Baugebieten (mit Ausnahme von Kerngebieten) unzulässig sind. Die Norm ist Ausdruck der besonderen städtebaulichen Bedeutung der von ihr erfassten Betriebsarten. Da großflächige Einzelhandelsbetriebe tendenziell schädliche städtebauliche oder infrastrukturelle Auswirkungen besitzen können und insbesondere die verbrauchernahe Versorgung der Bevölkerung gefährden können, wenn sie an „städtebaulich falscher" Stelle errichtet werden, hat es der Verordnungsgeber für geboten gehalten, die Zulässigkeit großflächiger Einzelhandelsbetriebe in den Baugebieten zu beschränken und den Gemeinden grundsätzlich die planerische Entscheidungsmöglichkeit darüber einzuräumen, ob und wo im Einzelfall großflächige Einzelhandelsbetriebe errichtet werden sollen.[21] Das BVerwG hat formuliert, die besondere Bedeutung des § 11 Abs. 3 BauNVO liege darin, großflächigen Einzelhandel vor allem von Industrie- und Gewerbegebieten fernzuhalten.[22]

b) Situation im Innenbereich nach § 34 BauGB

Lässt man Kerngebiete außer Betracht (bei denen die Ansiedlung eines großflächigen Einzelhandelsbetriebes typischerweise keine negativen städtebaulichen oder infrastrukturellen Auswirkungen haben wird), dann ist das Sonderregime des § 11 Abs. 3 BauNVO nur im Hinblick auf § 34 BauGB lückenhaft, da eine Ansiedlung im Außenbereich nach § 35 BauGB regelmäßig nicht in Betracht kommt. Und

[20] *Söfker* (Fn. 9), § 11 BauNVO Rn. 54.

[21] *Söfker* (Fn. 9), § 11 BauNVO Rn. 41; siehe auch *Uechtritz,* in: Steger/Bunzel (Fn. 1), S. 103, 106.

[22] BVerwGE 68, 342.

zwar insoweit, als die Ansiedlung eines großflächigen Einzelhandelsbetriebes *ohne* planerische Zulassungsentscheidung der Gemeinde zulässig ist, wenn sich ein solcher nach § 34 Abs. 1 BauGB einfügt oder die Genehmigung nach § 34 Abs. 2 BauGB in Betracht kommt.[23] Dies gilt insbesondere deshalb, weil – wie das BVerwG klargestellt hat[24] – die „Fernwirkungen" von großflächigen Einzelhandelsbetrieben, die § 11 Abs. 3 BauNVO im Blick hat, im Rahmen des § 34 Abs. 1 BauGB keine Bedeutung besitzen.

Um diese „Schutzlücke" zu schließen, hat der Gesetzgeber im EAG Bau 2004 § 34 BauGB um einen neuen Abs. 3 ergänzt, der eine Versagung der Genehmigung im Hinblick auf die Fernwirkung einer großflächigen Einzelhandelseinrichtung ermöglicht. Nämlich dadurch, dass diese unzulässig wird, wenn von dem geplanten Vorhaben schädliche Auswirkungen auf zentrale Versorgungsbereiche in der Gemeinde oder in anderen Gemeinden zu erwarten sind.[25]

Eine weitere Möglichkeit, der Errichtung von großflächigen Einzelhandelseinrichtungen im unbeplanten Bereichen zu begegnen, hat der Gesetzgeber durch § 9 Abs. 2a BauGB eröffnet, der durch die BauGB-Novelle 2007 eingefügt wurde: Diese Norm gestattet es den Gemeinden durch einfachen Bebauungsplan für im Zusammenhang bebaute Ortsteile zur Erhaltung und Entwicklung zentraler Versorgungsbereiche auch im Interesse einer verbrauchernahen Versorgung der Bevölkerung und der Innenentwicklung, in einem Bebauungsplan festzusetzen, dass nur bestimmte Arten der nach § 34 Abs. 1 und 2 BauGB zulässigen Nutzungen zulässig oder nicht zulässig sind oder ausnahmsweise zugelassen werden können. Diese Regelung ermöglicht es den Gemeinden, ohne Ausweisung eines Baugebietstyps, die in überbauten Gemengelagen Schwierigkeiten bereiten kann, durch einen, „Negativ-Bebauungsplan" gezielt Einzelhandelsbetriebe auszuschließen.[26]

Mit diesem neuen Instrumentarium hat der Gesetzgeber die bereits vorher in § 11 Abs. 3 BauNVO zum Ausdruck gebrachte Grundentscheidung weiter verdeutlicht: Nämlich dahingehend, dass die Gemeinden eine grundsätzlich „freie" Entscheidung darüber treffen können (und sollen), ob und wo im Gemeindegebiet sie eine großflächige Einzelhandelseinrichtung zulassen wollen.

3. Spezifische Anforderung an die Planung von Einzelhandelsgroßprojekten

a) Die raumordnerischen Vorgaben

Die vorstehend beschriebene grundsätzlich Freiheit der gemeindlichen Entscheidung über die Zulassung großflächiger Einzelhandelseinrichtungen unterliegt allerdings weitreichenden Beschränkungen – speziell durch die Raumordnung. Gerade in Bezug auf die Ansiedlung großflächiger Einzelhandelsbetriebe i. S. d.

[23] Zur Frage der Möglichkeit eines faktischen „Sondergebiets großflächiger Einzelhandel" *Krautzberger,* in: Battis/Krautzberger/Löhr, BauGB, 11. Aufl. 2010, § 34 Rn. 49 und *Spannowsky,* in: Spannowsky/Uechtritz, BauGB, § 34 Rn. 49.1.

[24] BVerwG NVwZ 1994, 285 und BVerwGE 119, 25 ff.

[25] Näher hierzu BVerwGE 129, 307 (311 ff.) und BVerwGE 136, 10 (15 ff.); hierzu auch *Uechtritz* NVwZ 2004, 1025 (1029) und *ders.* DVBl 2006, 799 (806 f.); zur Bedeutung von Marktgutachten im Rahmen von § 34 Abs. 3 BauGB *Schlarmann/Hamann* NVwZ 2008, 384 ff; zum Begriff zentraler Versorgungsbereiche *Battis* DVBl 2011, 196.

[26] *Uechtritz* BauR 2007, 476 (487 f).

§ 11 Abs. 3 BauNVO trifft die Aussage zu, die kommunale Planungshoheit, die sich grundsätzlich auf den verfassungsrechtlichen Schutz des Art. 28 Abs. 2 GG berufen kann, sei „auch nicht mehr das, was sie früher einmal war". In zunehmendem Maße erfolgt die Steuerung der Ansiedlung des großflächigen Einzelhandels durch Ziele der Raumordnung, die nach § 1 Abs. 4 BauGB für die Gemeinden zwingend und der Abwägung vorgelagert sind. Da die Grundstrukturen der raumordnerischen Steuerung und die aktuelle Entwicklung an anderer Stelle ausführlich dargestellt worden sind,[27] genügt es, das Steuerungsinstrumentarium knapp zu skizzieren: Die raumordnerische Steuerung des Einzelhandels knüpft an das zentralörtliche Gliederungsprinzip an. Der großflächige Einzelhandel wird den zentralen Orten mit ihrer jeweils unterschiedlichen Versorgungsfunktion „zugeordnet". Die Steuerung erfolgt durch die Festlegung von Zielen i. S. d. § 1 Abs. 4 BauGB. Dabei finden sich regelmäßig folgende Vorgaben:
- das *Konzentrationsgebot*[28] wonach großflächiger Einzelhandelsbetriebe nur in zentralen Orten angesiedelt werden dürfen;
- das *Kongruenzgebot*[29] welches vorschreibt, dass der anzusiedelnde großflächige Einzelhandelsbetrieb der zentralörtlichen Versorgungsfunktion bzw. dem Verflechtungsbereich des jeweiligen zentralen Ortes entsprechen muss;
- das *Beeinträchtigungsverbot*[30] wonach die planungsrechtliche Zulassung eines großflächigen Einzelhandelsbetriebes unzulässig ist, wenn hierdurch die verbrauchernahe Versorgung der Bevölkerung und die Funktionsfähigkeit anderer zentraler Orte (wesentlich) beeinträchtig wird (entsprechendes gilt auch für die Beeinträchtigung der zentralen Versorgungsbereiche der Standortgemeinde);
- das sog. *Integrationsgebot*[31] das gebietet, Einzelhandelsgroßprojekte nur in städtebaulich integrierten Lagen zuzulassen, wobei für nicht-zentrenrelevante Warensortimente regelmäßig auch Randlagen möglich sind.

In jüngerer Zeit hat der Steuerungsanspruch der Raumordnung an Intensität zugenommen. Typisch hierfür ist das Bestreben, raumordnerische Ziele auch als *gebietsscharfe* Vorgaben festzulegen, also nicht nur zu bestimmen, an welchen (zentralen) Orten großflächige Einzelhandelsbetriebe zulässig sind, sondern auch vorzuschreiben, wo *innerhalb* der Gemeinde Einrichtungen i. S. d. § 11 Abs. 3 BauNVO zulässig sind.[32] Dies erfolgt teilweise durch gebietsscharfe Raumnutzungskarten, die

[27] *Uechtritz* NVwZ 2007, 1337 ff.; *ders.*, Die planerische Steuerung des großflächigen Einzelhandels, in: Erbguth/Kluth, Kolloquium zum Gedenken an Werner Hoppe, 2012, S. 57 f. und *ders.*, in: Steger/Bunzel (Fn. 1), S. 103 ff.; zur Problematik auch *Schmitz/Federwisch,* Einzelhandel und Planungsrecht, 2004 und *Wahlhäuser,* Steuerung des Einzelhandels durch die Raumordnung, in: Jarass (Hrsg.), Einzelhandel und Planungsrecht, 2011, S. 77 ff.

[28] Vgl. hierzu jüngst BVerwG BauR 2011, 1771 und *Uechtritz* NVwZ 2007, 1337 (1339).

[29] Hierzu jüngst das BVerwG in seiner Entscheidung IKEA-Rastatt (BauR 2011, 781); und OVG Lüneburg, Urt. v. 15.3.2012 – 1 KN 152/10, juris *Hager* BauR 2011, 1093 ff. und *Uechtritz* ZfBR 2011, 648 ff.

[30] Hierzu in jüngster Zeit OVG Koblenz BauR 2011, 963 ff. und *Bunzel/Hanke,* Grenzen der Regelungskompetenz der Raumordnungsplanung im Verhältnis zur kommunalen Planungshoheit, 2011, S. 87 ff.

[31] *Uechtritz* NVwZ 2007, 1337 (1344 f.), siehe hierzu auch noch OVG Schleswig, Urt. v. 22.4.2010 – 1 KN 19/09, Rn. 134 bei juris mit kaum begründeten Zweifeln an der Zielqualität einer entsprechenden Vorgabe.

[32] Ausführlich hierzu *Bunzel/Hanke* (Fn. 30), S. 52 ff.; hierzu auch OVG Münster BauR 2010, 426.

es den Gemeinden grundsätzlich verwehren, außerhalb der jeweils raumordnerisch vorgesehen Bereiche großflächige Einzelhandelsbetriebe anzusiedeln. Dieser verstärkte Steuerungsanspruch der Raumordnung hat im Schrifttum die Frage nach den Grenzen der Regelungskompetenz der Raumordnung im Verhältnis zur kommunalen Planungshoheit hervorgerufen.[33]

Eine vertiefte Erörterung der Fragen, die die Einschränkung der kommunalen Planungshoheit durch die Raumordnung im Hinblick auf großflächige Einzelhandelsbetriebe erfahren hat, kann an dieser Stelle nicht geleistet werden. Es muss genügen, darauf hinzuweisen, dass die Gemeinde in Bezug auf das „Ob", darüber hinaus aber auch auf das „Wie" der planerischen Zulassungsentscheidung auf einer ersten – der Abwägung nach § 1 Abs. 7 BauGB vorgelagerten Stufe – prüfen muss, ob und wo auf ihrer Gemarkung überhaupt ein großflächiger Einzelhandelsbetrieb zulässig ist. Was die *Dimension* des Vorhabens angeht, bedarf es im Hinblick auf das Beeinträchtigungs- und das darüber hinausgehende Kongruenzgebot einer prognostischen Ermittlung und Beurteilung der Auswirkung des anzusiedelnden Vorhabens,[34] was regelmäßig die Einholung eines Marktgutachtens bedingen dürfte. Ergibt die gutachterliche Prüfung, dass das Vorhaben mit dem raumordnerischen Beeinträchtigungsverbot oder dem Kongruenzgebot kollidiert,[35] stellt sich die Frage einer Reduzierung des Vorhabens, speziell der Verkaufsfläche, um dieses auf ein raumordnerisch verträgliches Maß zurückzuführen.

b) Zielabweichung

Ergibt die Prüfung des Ansiedlungsvorhabens einen nicht ausräumbaren Verstoß gegen ein entgegenstehendes Ziel der Raumordnung, so kommt eine planerische Zulassungsentscheidung nur noch durch eine Zielabweichungsentscheidung nach § 6 Abs. 2 ROG in Betracht. Wie schon der Wortlaut des § 6 Abs. 2 ROG verdeutlicht, besteht hierauf aber regelmäßig kein Rechtsanspruch.

Das BVerwG hat in seiner IKEA-/Rastatt-Entscheidung aber klargestellt, dass nicht jedwede Abweichung vom zentralörtlichen Gliederungsprinzip einen Grundzug der Planung berührt, und insofern von vornherein nach § 6 Abs. 2 ROG ausscheidet.[36]

c) Ermittlung der städtebaulichen Auswirkungen

Ergibt die – vorgelagerte – raumordnerische Prüfung die Zulässigkeit des Ansiedlungsvorhabens, stellt sich die Frage, welche spezifischen Anforderungen im Hinblick auf die Ermittlung und Bewertung des Abwägungsmaterials nach § 2

---

[33] *Bunzel/Hanke* (Fn. 30), passim; zum Problem auch *Uechtritz,* in: Erbguth/Kluth (Fn. 27), S. 59 ff.; zur grundsätzlichen Vereinbarkeit der raumordnerischen Steuerung des Einzelhandels mit unionsrechtlichen Vorgaben EuGH BauR 2011, 1117 sowie *Hager* BauR 2011, 1093 ff.

[34] Hierzu – speziell im Hinblick auf das Kongruenzgebot – *Kuschnerus* ZfBR 2010, 329.

[35] Zur Frage, ob es für die Einhaltung des Kongruenzgebotes z. B. i. S. d. Plansatzes 3.3.7.1 Satz 1 des LEP 2002 BaWü darauf ankommt, ob das Vorhaben insgesamt den Einzugsbereich des zentralen Verflechtungsbereichs nicht wesentlich überschreitet, oder ob auch die Überschreitung mit einzelnen Sortimenten schädlich ist, *Uechtritz*, in: Steger/Bunzel (Fn. 1), S. 123.

[36] BVerwG BauR 2011, 781; hierzu *Hager* BauR 2011, 1093 (1097) und *Uechtritz* ZfBR 2011, 648 (655 f.).

Abs. 3 BauGB und die letztlich zu treffende Abwägungsentscheidungen nach § 1 Abs. 7 BauGB bei der Ansiedlung großflächiger Einzelhandelsbetriebe zu beachten sind.

aa) Zu ermitteln und bewerten sind zunächst die Auswirkungen, die in der Standortgemeinde selbst eintreten werden. Dabei steht regelmäßig die Frage im Vordergrund, welche (innerstädtischen) Kaufkraftverlagerungen zu erwarten und wie diese zu bewerten sind. Dabei wird die Gemeinde bzw. der Vorhabenträger regelmäßig gehalten sein, diese Auswirkungen prognostisch zu ermitteln. Auch wenn die Ermittlung die zu erwartenden Kaufkraftverlagerungen (und damit primär *wirtschaftliche* Konsequenzen) der beabsichtigten Ansiedlung in Blick nimmt, besteht Konsens, dass die wettbewerblichen Auswirkungen eines Ansiedlungsvorhabens für sich genommen städtebaulich irrelevant und in der Abwägung nicht zu berücksichtigen sind. Das Städtebaurecht ist grundsätzlich wettbewerbsneutral.[37] Nur und erst dann, wenn die wettbewerblichen Auswirkungen städtebauliche Konsequenzen haben können, insbesondere dadurch, dass es zu Geschäftsaufgaben in zentralörtlichen Versorgungsbereichen kommt und hierdurch die Versorgungsfunktion des zentralörtlichen Versorgungsbereichs und weiter dessen Attraktivität gefährdet wird, besteht eine städtebauliche Relevanz der wettbewerblichen Auswirkungen, die in der Abwägung zu berücksichtigen sind. Dabei ist es für sich genommen – städtebaulich – unschädlich, wenn die Ansiedlung eines neuen „attraktiven“ Einzelhandelsbetriebs einer bestimmten Branche dazu führt, dass ein bestehender Betrieb in seiner wirtschaftlichen Existenz gefährdet ist. Anderes kann gelten, wenn ein einzelner (möglicherweise gefährdeter) Betrieb auf Grund seiner Bedeutung für die Attraktivität eines zentralen Versorgungsbereichs eine besondere (Magnet-)Funktion besitzt, sodass dessen zu erwartende Aufgabe städtebaulich negative Auswirkungen zur Folge haben kann.

bb) Zu beachten ist, dass derartiges regelmäßig ausscheidet, wenn die Ansiedlung eines Betriebes mit nicht zentrenrelevanten Sortimenten an einem nicht integrierten Standort, etwa die planerische Zulassung eines Bau- oder Möbelmarktes (ohne zentrenrelevante Randsortimente bzw. unter entsprechenden Beschränkungen für solche Sortimente), dazu führt, dass andere Betriebe mit den gleichen Sortimenten, die bereits bisher an peripheren Standorten existieren, ihre wirtschaftliche Grundlage verlieren. Insoweit setzt sich wieder der Grundsatz der „Wettbewerbsneutralität“ der städtebaulichen Planung durch.

cc) Nicht selten sind auch Konflikte, wenn es um die Ansiedlung eines innerstädtischen Einkaufszentrums[38] geht, das zwar innerhalb des zentralörtlichen Versorgungsbereichs der Standortgemeinde erfolgen soll, dessen ungeachtet aber Verlagerungen *innerhalb* dieses Bereichs bewirken wird – etwa dahingehend, dass eine etablierte Einkaufslage an Attraktivität verliert und sich ein Einkaufsschwerpunkt verschiebt – allerdings nicht in der Form, dass Kaufkraft, die innerhalb eines zent-

---

[37] BVerwG, BRS 74 Nr. 99 und jüngst VGH München, Beschl. v. 5.3.2012 – 2 NE 12.215, juris; hinzuweisen ist darauf, dass auch die raumordnerische Steuerung aus unionsrechtlichen Gründen wettbewerbsneutral sein muss, EuGH BauR 2011, 1117, da andernfalls eine nicht gerechtfertigte Einschränkung der Niederlassungsfreiheit vorliegen kann.

[38] Hierzu *Mayer-Dukart* BWGZ 2010, 508.

ralörtlichen Versorgungsbereichs gebunden war, nunmehr an einen peripheren Standort abfließt, sondern eine Binnenverlagerung innerhalb des zentralörtlichen Versorgungsbereichs zu beurteilen ist. In derartigen Konstellationen gilt. Es steht den Gemeinden grundsätzlich frei, Städtebaupolitik zu betreiben. Dies bedeutet auch, dass Veränderungen und Schwerpunktverlagerungen innerhalb zentralörtlicher Versorgungsbereiche zugelassen werden können.[39]

dd) Nicht selten stellt sich bei der Ermittlung der Auswirkungen eines Vorhabens folgendes Problem: Da es bei der Ausweisung eines Sondergebietes für einen großflächigen Einzelhandelsbetrieb typischerweise um eine vorhabenbezogene Planung geht (die Kommune reagiert auf ein an sie herangetragenes Ansiedlungsvorhaben eines Investors), stellt sich die Frage, wie die Auswirkungen des planerisch zuzulassenden Vorhabens zu bewerten sind. Regelmäßig geschieht dies durch gutachterliche Prüfung, welche Kaufkraftbindung durch das Vorhaben (unter Berücksichtigung der Flächenproduktivität der jeweiligen Sortimente) zu erwarten ist, welche Kaufkraft diesbezüglich im Einzugsbereich des Vorhabens gegeben ist und welche Kaufkraftverlagerungen zu erwarten sind. In Bezug auf die Flächenproduktivität bestehen aber nicht nur sortimentsspezifische Unterschiede, sondern auch – teilweise erhebliche – zwischen verschiedenen Betreibern der gleichen Branche. Da mit dem Vorhaben die planerischen Voraussetzungen für die Zulassung eines Vorhabens geschaffen werden, das regelmäßig nach zulässigen Sortimenten und deren Umfang festgesetzt werden wird, verbietet sich im Ausgangspunkt ein Abstellen auf Spezifika des konkreten Vorhabenträgers. Dies schon deshalb, weil mit der planerischen Festsetzung „SO-Gebiet, Baumarkt mit max. 10.000 m^2 Verkaufsfläche" keine Entscheidung darüber getroffen wird, ob an diesem Standort auf Dauer der Betreiber A (mit geringer Flächenproduktivität) oder ein Betreiber B (mit hoher Flächenproduktivität) das Einzelhandelsgeschäft betreiben wird. Fraglich ist aber, ob hieraus die Konsequenz zu ziehen ist, dass regelmäßig eine „worst case"-Betrachtung anzustellen ist, also die Auswirkungen eines Vorhabens zu ermitteln und zu bewerten sind mit der höchsten Flächenproduktivität, die bei einem derartigen Betrieb in Betracht kommt. Sachgerecht erscheint ein Abstellen auf die Flächenproduktivität eines Betriebes, die typischerweise bei einem Vorhaben dieser Art zu erwarten ist.[40]

d) Planerische Festsetzungen

Hat die Gemeinde (regelmäßig gutachterlich) die Auswirkungen des anzusiedelnden Vorhabens ermittelt, bedarf es der Klärung, welche konkreten Festsetzungen hierfür zu treffen sind.[41] Im Regelfall geht es um die Ausweisung eines Sondergebietes i. S. d. § 11 BauNVO. Bei Festsetzungen für ein SO-Gebiet ist die

---

[39] Zu gelegentlichen Versuchen, dies im Hinblick auf das raumordnerische Beeinträchtigungsverbot zu problematisieren, *Uechtritz,* in: Erbguth/Kluth (Fn. 27), S. 60 f.

[40] Vgl. insoweit VGH München BauR 2012, 909 im Hinblick auf die Auswirkungen i. S. d. § 34 Abs. 3 BauGB; im Hinblick auf die Schwierigkeiten, Kaufkraftabflüsse und Umsatzumverteilungen zu ermitteln, hat das OVG Münster NVwZ 2007, 727, die Eignung von Marktgutachten generell in Zweifel gezogen; dieser Einschätzung ist das BVerwG entgegengetreten, NVwZ 2008, 308; zu dieser Entscheidung *Schlarmann/Hamann* NVwZ 2008, 384.

[41] Hierzu näher *Kuschnerus* (Fn. 9), S. 313 ff.

Gemeinde nicht an den numerus clausus der Festsetzungsmöglichkeiten gebunden, die die BauNVO für die einzelnen Baugebietstypen unter Berücksichtigung der Gliederungsmöglichkeiten nach §§ 1 Abs. 4 ff. BauNVO eröffnet. Zulässig und möglich sind vielmehr „passgenaue" Festsetzungen. Dies bedeutet bei großflächigen Einzelhandelsbetrieben insbesondere, dass exakte Festlegungen über die Art der zulässigen Sortimente und deren jeweilige Obergrenze zulässig und typischerweise auch geboten sind[42] – und zwar unabhängig davon, ob mit den jeweiligen Flächengrenzen Betriebe umschrieben werden, die einem Betriebstypus entsprechen, der in der wirtschaftlichen Realität bereits existiert.[43] Steht also die planerische Zulassung, eines Einzelvorhabens in Rede, so können sich die Festsetzungen zu den Flächenobergrenzen an dem orientieren, was im Rahmen der Ermittlung der Auswirkungen des Vorhabens als noch verträglich eingestuft worden ist. So kann etwa bei einem Einkaufszentrums mit 10.000 m² Verkaufsfläche die Obergrenze für einzelne – städtebaulich besonders sensible Sortimente, wie Textilien, Schuhe oder Sportartikel – exakt vorgegeben werden.

Schwierigkeiten bestehen, wenn ein Sondergebiet festgesetzt werden soll, in dem mehrere Betriebe (möglicherweise mit identischem oder sich überschneidendem Sortiment) zugelassen werden sollen. Auch wenn eine Angebotsplanung für ein Sondergebiet „großflächiger Einzelhandel" in der Praxis kaum stattfindet, handelt es sich bei dem genannten Beispiel um ein realistisches Szenario: Zu denken ist an die Konstellation, dass ein Investor im künftigen Plangebiet in verschiedenen Teilbereichen Vorhaben ansiedeln will, zum Zeitpunkt der anstehenden bauleitplanerischen Entscheidung aber noch keine Klarheit darüber herrscht, welche Betriebe mit welchen Sortimenten im Einzelnen realisiert werden sollen. Die Planungspraxis hat hierauf nicht selten mit der Festlegung gebietsbezogener Verkaufsflächenobergrenzen reagiert. Es wurde festgesetzt, wie viele Verkaufsflächen für die einzelnen Sortimente im Gebiet zulässig sind. Häufig geschah dies in der Form, dass man sich daran orientierte, welche (maximalen) Verkaufsflächen für die einzelnen Sortimente in der zuvor eingeholten gutachterlichen Untersuchung als (noch) zentrenverträglich eingestuft worden waren.[44]

Dieser Vorgehensweise hat das BVerwG inzwischen einen Riegel vorgeschoben. Es hat betont, dass auch im Rahmen eines Sondergebietes nur vorhaben- nicht gebietsbezogene Festsetzungen zulässig sind.[45] Die Planungspraxis muss also in derartigen Konstellationen andere Wege gehen, mit denen einerseits den Vorga-

---

[42] So bestehen Bedenken im Hinblick auf das rechtsstaatliche Bestimmtheitsgebot, wenn „*innenstadtrelevante Sortimente*" ausgeschlossen werden, ohne dass diese im Einzelnen aufgeführt oder durch Bezugnahme auf eine konkrete Liste oder einen bestimmten Erlass konkretisiert werden, vgl. hierzu OVG Münster BauR 2002, 1746 und VGH Mannheim, Urt. v. 4.5.2007 – 5 S 2484/05; bei einem Einkaufszentrum bedarf es einer Festlegung im Einzelnen, welche Sortimente und sonstige Nutzungen (z. B. Dienstleistungen) zulässig sind, vgl. *Ziegler* (Fn. 7), § 11 BauNVO Rn. 48.

[43] Zu diesen Beschränkungen bei der Gliederung eines Gewerbe- oder Industriegebietes BVerwG NVwZ 1987, 1074 (1075).

[44] Zu dieser Vorgehensweise *Uechtritz* BauR 2008, 1821.

[45] BVerwG BauR 2008, 1273; zu dieser Entscheidung *Uechtritz* BauR 2008, 1821, Schlarmann/*Krappel* DVBl 2008, 1473 und *Mampel* BauR 2009, 435; siehe auch *Rojahn,* Verkaufsflächenobergrenzen in Bebauungsplänen, in: Jarass (Fn. 27), S. 43 ff; zur ausnahmsweisen Zulässigkeit, wenn im Plangebiet nur ein Vorhaben zulässig ist BVerwG, BauR 2011, 1118.

ben des BVerwG Rechnung getragen wird, andererseits aber auch die planerisch gewünschte Steuerung des Einzelhandels realisiert wird.[46]

Besondere Probleme stellen sich (auch im Hinblick auf die Unzulässigkeit gebietsbezogener Verkaufsflächenobergrenzen) bei der *Überplanung gewachsener Gemengelagen*. Etwa dann, wenn eine Gemeinde einen bisher unbeplanten Bereich nach § 34 BauGB, in dem sich mehrere großflächige Einzelhandelsbetriebe angesiedelt haben, überplanen will, um die weitere (Einzelhandels-)Entwicklung in diesem Bereich zu steuern. Entsprechendes kommt auch in Betracht, wenn ein „altes" SO-Gebiet überplant werden soll, das einen weiten Rahmen für die Ansiedlung großflächiger Einzelhandelsbetriebe eröffnet hat (etwa durch die Festsetzung „SO – großflächiger Einzelhandel"). Die sich insoweit stellenden – komplexen – Probleme können nur stichwortartig genannt werden: Zunächst bestehen hohe Anforderungen an die Ermittlung des tatsächlichen Bestandes,[47] wobei ggf. nicht nur die Ist-Situation im Hinblick auf die vorhandenen Verkaufsflächen zu prüfen ist, sondern auch in Blick zu nehmen ist, ob (noch wirksame) Genehmigungen existieren, die die Realisierung weiterer Verkaufsflächen zulassen. Die zutreffende Ermittlung der tatsächlichen und rechtlichen Ausgangslage ist unabdingbare Bedingung dafür, dass die Gemeinde eine ordnungsgemäße Abwägungsentscheidung trifft, mit der sie bestehenden Betrieben Schranken auferlegt. Auch wenn es städtebaulich und raumordnerisch gute Gründe dafür gibt, in den geschilderten Situationen vorhandene Betriebe auf ihren Bestand „festzuschreiben", muss sich eine Gemeinde in derartigen Konstellationen auch damit auseinandersetzen, inwieweit die bestehenden Betriebe möglicherweise für ihr dauerhaftes Überleben auch ein gewisses Entwicklungspotenzial besitzen müssen, ob diesen also über den bloßen Bestand hinaus Erweiterungsmöglichkeiten zuzugestehen sind.[48]

Auch bei der Überplanung gewachsener Lagen muss der Rechtsprechung des BVerwG Rechnung getragen werden, dass keine gebietsbezogenen Verkaufsflächenobergrenzen zulässig sind.[49] Die Gemeinde kann also nicht in der Weise verfahren, dass sie die tatsächlich vorhandenen bzw. genehmigten Verkaufsflächen im Plangebiet festschreibt – eventuell mit einem gewissen prozentualen „Zuschlag" für künftige Entwicklungen. Vielmehr muss die Gemeinde – sofern der vorhandene Bestand nicht als ein Einkaufszentrum qualifiziert werden kann[50] – differenzierte Festsetzungen treffen, also orientiert an dem vorhandenen Bestand verschiedene Sondergebiete festsetzen, um auf diese Weise die Entwicklungsmöglichkeiten der einzelnen Betriebe zu steuern bzw. zu beschränken.

---

[46] Hierzu näher *Schmidt-Eichstaedt* BauR 2009, 755.

[47] Dies betont zurecht *Kuschnerus* (Fn. 9), Rn. 637 ff.

[48] In Betracht kommt insoweit insbesondere ein Rückgriff auf die Festsetzungsmöglichkeit nach § 1 Abs. 10 BauNVO, wenn bei der Überplanung ein Gebietstyp festgesetzt werden soll, in dem großflächiger Einzelhandel nicht (mehr) zulässig ist; näher hierzu *Kuschnerus* (Fn. 9), Rn. 542 ff.

[49] BVerwG BauR 2008, 1273; hierzu auch die Nachweise in Fn. 45.

[50] Da es sich bei einem Einkaufszentrum um ein einheitliches Vorhaben handelt, bestehen nach der Auffassung des BVerwG keine Bedenken, in einem Bebauungsplan die Festsetzung „Einkaufszentrum" zu treffen und Verkaufsflächenobergrenzen festzulegen. Dies deshalb, weil eine derartige Festsetzung vorhabenbezogen ist; hierzu BVerwG BauR 2011, 1118.

e) Einzelhandelskonzepte

Besondere Beachtung kann das Vorhandensein eines städtebaulichen Einzelhandelskonzepts besitzen. Viele Städte haben in den vergangenen Jahren Einzelhandelskonzepte entwickelt, um auf deren Grundlage den Einzelhandel (nicht nur den großflächigen) zu steuern, zum Schutzes und der Entwicklung vorhandener oder künftiger, geplanter zentraler Versorgungsbereiche. Derartige Einzelhandelskonzepte basieren regelmäßig auf einer gutachterlichen Erfassung des Bestandes verbunden mit einer „politischen", also rechtlich nicht bindenden Entscheidung darüber, in welchen Bereichen künftig Einzelhandelsflächen der unterschiedlichen Sortimente und Branchen angesiedelt werden sollen.[51]

Derartige Einzelhandelskonzepte sind regelmäßig geeignet, die planerische Entscheidung von Gemeinden zur Steuerung des Einzelhandels zu erleichtern und die Anforderungen an die Ermittlung und Bewertung im Einzelfall zu reduzieren, wenn es um die Umsetzung des vorher aufgestellten und beschlossenen Einzelhandelskonzepts.[52]

Geht es um die Ansiedlung eines großflächigen Einzelhandelsvorhabens, dann erweist sich ein entsprechendes Einzelhandelskonzept als unproblematisch, wenn sich das neue Vorhaben im Rahmen des Konzepts hält, also an einem Standort realisiert werden soll, der für die Ansiedlung großflächiger Einzelhandelsbetriebe vorgesehen ist. Schwierigkeiten bestehen, wenn eine Gemeinde dem Ansiedlungswunsch eines Vorhabenträgers auf einer Fläche entsprechend will, die nach dem Einzelhandelskonzept nicht für großflächigen Einzelhandel vorgesehen ist. Insoweit hat die Rechtsprechung wiederholt hervorgehoben, dass derartige Konzepte nicht bindend sind und es der Standortgemeinde im Einzelfall sehr wohl frei steht, sich bei ihrer Planungsentscheidung über das Einzelhandelskonzept hinwegzusetzen.[53] Allerdings bestehen für eine derartige Entscheidung gesteigerte Begründungsanforderungen zur Vermeidung eines Abwägungsfehlers.

f) Anforderungen im Hinblick auf das interkommunale Abstimmungsgebot

Besondere Anforderungen bei der Planung großflächiger Einzelhandelsbetriebe ergeben sich aus dem interkommunalen Abstimmungsgebot des § 2 Abs. 2 BauGB.[54] Auch wenn diese Norm für planerische Vorhaben jedweder Art gilt, betreffend die meisten Streitfälle zum interkommunalen Abstimmungsgebot den großflächigen Einzelhandel. Die ohnehin schon erhebliche Bedeutung des § 2 Abs. 2 BauGB ist durch die Anfügung des § 2 Abs. 2 Satz 2 im Zuge des EAG

---

[51] *Bunzel* KommJur 2009, 449 (451 f.); *Jaeger* BauR 2009, 1674 ff. und *Uechtritz* ZfBR 2011, 646 ff.

[52] BVerwG NVwZ 2009, 1228 und OVG Münster NVwZ-RR 2012, 460; zur Mißbilligung eines planerischen Einzelhandelsausschlusses wegen Fehlens eines Einzelhandelskonzepts OVG Münster BauR 2012, 750; zu den Grenzen einer planerischen Beschränkung *Tünnesen-Harmes*, NVwZ 2012, 1298.

[53] BVerwG BauR 2008, 325, 326; ähnlich auch VGH BaWü BRS 57 Nr. 6 und VGH BaWü, Urt. v. 31.7.2007 – 5 S 2103/06.

[54] Hierzu aus der umfangreichen Literatur nur allgemein *Kuschnerus* (Fn. 9), Rn. 668 ff. und *Uechtritz,* in: Spannowsky/Uechtritz, BauGB, § 2 Rn. 18 ff.; *ders.* NVwZ 2004, 1025 ff. und *Bunzel* ZfBR 2008, 132 ff.

Bau im Jahr 2004 noch gewachsen. Nach Satz 2 können sich die (Nachbar-)Gemeinden nunmehr auch auf die ihnen durch Ziele der Raumordnung zugewiesenen Funktionen berufen sowie auf Auswirkungen auf ihre zentralen Versorgungsbereiche – wobei letzteres nur eine gesetzgeberische Klarstellung bedeutet.[55]

Im Grundsatz besteht Einigkeit, dass das interkommunale Abstimmungsgebot ein Unterfall bzw. eine spezielle Ausprägung des allgemeinen Abwägungsgebotes nach § 1 Abs. 7 BauGB darstellt.[56] Die geforderte Abstimmung bezieht sich dabei nicht auf die formelle (verfahrensmäßige) Seite der Abstimmung. Vielmehr zielt Abs. 2 auf die *materielle* Abstimmung, das Abgestimmtsein als Zustand.

Aus § 2 Abs. 2 BauGB folgt zunächst, dass die Gemeinde, die die Ansiedlung eines großflächigen Einzelhandelsbetriebs beabsichtigt, auch die Auswirkungen dieses Vorhabens auf benachbarte Gemeinden in den Blick nehmen muss. „Benachbart" in diesem Sinne sind alle Gemeinden, auf die sich das Ansiedlungsvorhaben städtebaulich auswirken kann.[57] Bei einem Einzelhandelsvorhaben mit einem weiten Einwirkungsbereich führt die Abstimmungspflicht also deutlich über den Kreis der angrenzenden Gemeinden hinaus. Im Rahmen des § 2 Abs. 2 BauGB stellen sich für die Planungspraxis zahlreiche Probleme. Im Folgenden sind einige der wichtigsten Konstellationen, die die Praxis immer wieder beschäftigen, anzusprechen:

aa) Klärungsbedürftig ist zunächst, welche Voraussetzungen für das Eingreifen der Abstimmungspflicht bestehen. Insoweit hat die von der Rechtsprechung des BVerwG häufig verwendete Formel, es gehe um *„unmittelbare Auswirkungen* gewichtiger Art"[58] Verwirrung gestiftet. Zutreffend ist inzwischen klargestellt worden, dass letztlich alle Auswirkungen abwägungserheblich sind, sofern diese nicht ausnahmsweise nicht schutzwürdig oder objektiv geringwertig sind.[59]

Bei großflächigen Einzelhandelsvorhaben geht es regelmäßig um die Frage der Intensität der Kaufkraftverlagerungen und damit verbundene negative städtebauliche Auswirkungen auf die Nachbargemeinde. Dabei operiert die Praxis vielfach mit Faustformeln: Nämlich in der Art, dass negative städtebauliche Auswirkungen erst ab einer Schwelle von 10 % zu erwarten sein sollen[60]; unzumutbare Auswirkungen dem gegenüber erst ab einer Schwelle von 20 %.

Gegenüber derartig festen Schwellenwerten, auf die sich das BVerwG nie gestützt hat, ist Zurückhaltung geboten. Diese können allenfalls indiziellen Charakter dafür haben, wie stark im Einzelfall die negativen Auswirkungen eines Vorhabens auf eine benachbarte Gemeinde sind.[61] Zu berücksichtigen ist neben dem

---

[55] Näher zur Bedeutung des § 2 Abs. 2 Satz 2 BauGB *Uechtritz* NVwZ 2004, 1025 ff.; siehe hierzu auch *Hoppe/Otting* DVBl 2004, 1125 ff.

[56] BVerwGE 40, 323 und NVwZ 2003, 86; näher zum Verhältnis des § 2 Abs. 2 BauGB zu den Anforderungen des allgemeinen Abwägungsgebots Halama, DVBl 2004, 79 ff. und *Uechtritz* (Fn. 54), § 2 Rn. 21.1.

[57] BVerwG NVwZ 1995, 649.

[58] Dies ist die von der Rechtsprechung im Anschluss an das „Krabbenkamp-Urteil" (BVerwGE 40, 323) ständig verwendete Formel.

[59] *Halama* DVBl 2004, 79 ff.

[60] Vgl. z. B. OVG Münster BauR 1998, 309 (312); OVG Koblenz NVwZ-RR 2001, 638 und OVG Münster BauR 2005, 1587.

[61] BVerwG BauR 2006, 802 und BauR 2012, 204; siehe auch OVG Koblenz BauR 2011, 963 und 971.

bloßen Prozentsatz der Kaufkraftverlagerung insbesondere auch, wie intensiv die Nachbargemeinde von der Verlagerung (städtebaulich) tatsächlich betroffen ist. Allein der Umstand, dass die Kaufkraftverlagerung bei „grundsätzlich" innenstadtrelevanten Sortimenten eintritt, reicht für sich nicht aus, negative städtebauliche Auswirkungen zu bejahen, wenn die 10 %-Schwelle überschritten wird.[62] Zu denken ist an das Beispiel, dass die Standort Gemeinde A innerhalb ihres zentralen Versorgungsbereichs ein Vorhaben für innenstadtrelevante Sortimente plant und negativ betroffen hiervon eine Einzelhandelsagglomeration der Nachbargemeinde B ist, die zwar schwerpunktmäßig ein innenstadtrelevantes Sortiment führt, tatsächlich aber an einem peripheren Standort angeboten wird. In derartigen Konstellationen, in der die Nachbargemeinde ihre eigene Innenstadt durch die Zulassung (innenstadtrelevanten) Einzelhandels auf der „grünen Wiese" geschädigt hat, besteht regelmäßig keine schutzwürdige Abwehrposition der Nachbargemeinde.[63]

bb) Die Rechtsprechung hat auch anerkannt, dass „Vorschädigungen" zu berücksichtigen sind.[64] Geht es um die Ermittlung der Auswirkung eines Ansiedlungsvorhabens auf den zentralen Versorgungsbereich einer Nachbargemeinde, der bereits durch andere großflächige Einzelhandelsbetriebe „vorgeschädigt" ist, kann auch eine Kaufkraftverlagerung, die unter der 10 %-Schwelle liegt, eine gravierende Schädigung der Nachbargemeinde darstellen.

cc) Zu beachten ist letztlich, dass auch erheblich negative Auswirkungen auf eine Nachbargemeinde nicht zwingend die Konsequenz haben, dass die Standortgemeinde der Planungsvorhaben aufgeben muss. Im Einzelfall, wenn hinreichend gewichtige städtebauliche Gründe für das Vorhaben der planenden Gemeinde sprechen, kann es vertretbar sein, ein großflächiges Einzelhandelsvorhaben zuzulassen, auch wenn dieses zu erheblichen nachteiligen Auswirkungen auf eine benachbarte Stadt führt.[65] Erst unzumutbare Auswirkungen, die nicht allein anhand abstrakte Schwellenwerte bestimmt werden können, markieren eine nicht überschreitbare „Planungsschranke".

4. „Heternonomer" Planungszwang

Oben (I.2.a) wurde betont, dass das Sonderregime des § 11 Abs. 3 BauNVO im wesentlichen die Funktion hat, der Standortgemeinde die Entscheidungsfreiheit darüber zu geben, ob und wo sie großflächige Einzelhandelsprojekte i. S. d. § 11 Abs. 3 BauNVO zulassen will. Nachdem zuvor die Rahmenbedingungen raumordnerischer und städtebaulicher Art erörtert worden sind, die die Gemeinde bei einer derartigen Zulassungsentscheidung zu beachten hat, ist nunmehr der Blick darauf

---

62 Näher hierzu *Uechtritz,* in: Jarass (Hrsg.), Interkommunale Abstimmung in der Bauleitplanung, 2003, S. 59, 70 ff.

63 OVG Brandenburg BauR 1999, 613 (615) und VGH Mannheim VBlBW. 2000, 479.

64 BVerwG BauR 2010, 736 (739); die Aussagen des BVerwG, die zu § 34 Abs. 3 BauGB ergangen sind, können auf die Anforderungen aus dem interkommunalen Abstimmungsgebot übertragen werden; ebenso bereits *Schmitz* BauR 1999, 1100 und 1009 und *Uechtritz,* in: Jarass (Fn. 62), S. 79.

65 Erweisen sich die Auswirkungen auf die Nachbargemeinde als gewichtig, so unterliegt die planende Gemeinde einem erhöhten Rechtfertigungszwang, BVerwG NVwZ 2003, 86 und VGH Mannheim VBlBW. 2008, 218 (219).

zu richten, unter welchen Voraussetzungen eine *Planungspflicht* der Gemeinde[66] bestehen kann, um eine ansonsten zulässige Ansiedlung zu verhindern.

a) Erforderlichkeit einer Bauleitplanung nach § 1 Abs. 3 BauGB i. V. m. § 2 Abs. 2 BauGB

Wie das BVerwG festgestellt hat, kommt eine Planungspflicht nach § 1 Abs. 3 BauGB i. V. m. § 2 Abs. 2 BauGB in Betracht.[67] Generell bestimmt § 1 Abs. 3 BauGB, dass die Gemeinden Bauleitpläne aufzustellen haben, sobald und soweit dies für die städtebauliche Entwicklung und Ordnung erforderlich ist. Auch wenn im Grundsatz unstreitig ist, dass hieraus im Einzelfall eine *Planungspflicht* abgeleitet werden kann,[68] spielt eine solche in der Praxis kaum eine Rolle. Auch insoweit hat aber die besondere städtebauliche Relevanz des großflächigen Einzelhandels eine „Reaktivierung" dieser Norm bejaht. In einer Konstellation, in der in einer Standortgemeinde über § 34 BauGB eine unkontrollierte Ansiedlung großflächiger Einzelhandelsbetriebes stattfand, die zu erheblichen negativen Auswirkungen auf benachbarte Mittel- und Oberzentren führte („Mülheim-Kärchlich"), hat das BVerwG angenommen, aus § 1 Abs. 3 BauGB i. V. m. § 2 Abs. 2 BauGB könne eine Rechtspflicht der Standortgemeinde abzuleiten sein, durch planerische Mittel die – unkontrollierte – weitere Ansiedlung großflächigen Einzelhandels mit negativen Auswirkungen auf benachbarte Gemeinden zu begrenzen.[69]

Zu beachten ist allerdings, dass diese Entscheidung zu einem Zeitpunkt erging, als § 34 BauGB noch nicht den heutigen Abs. 3 enthielt und folglich im Rahmen des § 34 BauGB „Fernwirkungen" der Ansiedlung von großflächigem Einzelhandel nicht berücksichtigt werden konnte. Auch wenn die Aussagen, die das BVerwG in der Mühlheim-Kärlich-Entscheidung getroffen hat, grundsätzlich unverändert Gültigkeit besitzen, hat sich durch § 34 Abs. 3 BauGB die Dringlichkeit einer Bauleitplanung zur Verhinderung weiterer großflächiger Einzelhandelsbetriebe reduziert.[70]

b) Planungsgebot zur Anpassung an die Ziele der Raumordnung, § 1 Abs. 4 BauGB

Eine Planungspflicht, speziell in der Form des Gebots, ältere Bebauungspläne anzupassen, kommt auch im Hinblick auf § 1 Abs. 4 BauGB in Betracht. Bauleitpläne sind den Zielen der Raumordnung anzupassen. Im Hinblick darauf ist anerkannt, dass eine Gemeinde nicht nur dann zu Anpassung an Ziele der Raumordnung verpflichtet ist, wenn sie Bauleitpläne aus eigenem Entschluss aufstellt oder ändert, sondern dass sie vielmehr auch dann planerisch aktiv werden muss, wenn

[66] Umfassend hierzu *Ingold,* Erstplanungspflichten im System des Planungsrechts, 2007; siehe auch *Moench* DVBl 2004, 676 ff.

[67] BVerwGE 119, 25 ff.

[68] *Krautzberger* (Fn. 23), § 1 Rn. 27 m. w. N.

[69] BVerwGE 119, 25 ff.

[70] § 34 Abs. 3 BauGB, der auf eine Empfehlung der unabhängigen Expertenkommission vom August 2002 (hierzu *Stüer/Upmeier* ZfBR 2003, 114 ff.) zurückgeht, kann auch als Reaktion des Gesetzgebers auf die Probleme, die die Mülheim-Kärlich-Entscheidung aufgezeigt hat, verstanden werden, hierzu *Uechtritz* NVwZ 2004, 1025 (1029).

geänderte oder neue Ziele der Raumordnung eine Anpassung bestehender Bauleitpläne erfordern.[71]

In Bezug auf die hier zu erörternde Problematik kommt ein solcher Anpassungszwang in mehrfacher Hinsicht in Betracht: Denkbar ist etwa, dass eine Gemeinde ohne zentralörtliche Funktion einen Bebauungsplan aufgestellt hat, der großflächigen Einzelhandel zulässt. Ein solcher Plan kann im Widerspruch zu einem (nachträglich in Kraft getretenen) raumordnerischen Ziel stehen, das großflächigen Einzelhandel an einem Ort ohne zentralörtliche Funktion ausschließt. In entsprechender Weise kommt eine Anpassungspflicht in Betracht, wenn in der jeweiligen Gemeinde ältere Bebauungspläne, die noch auf der Basis der BauNVO i. d. F. 1962 in Kraft getreten sind, existieren, die die Ansiedlung (weiterer) großflächiger Einzelhandelsbetriebe gestatten – mit der Konsequenz, dass hierdurch ein raumordnerisches Beeinträchtigungsverbot und/oder eine raumordnerisches Kongruenzverbot verletzt würden.[72]

Soweit ersichtlich, war die Rechtsprechung noch nicht mit der Frage befasst, in welchem Verhältnis ein derartiges Anpassungsgebot nach § 1 Abs.4 BauGB zur Rechtsposition der Grundstückseigentümer steht, denen durch die Anpassung Entwicklungsmöglichkeiten entzogen werden oder denen im Einzelfall die planerische Grundlage für die tatsächlich ausgeübte Nutzung entzogen wird und diese auf den durch die Baugenehmigung vermittelten Bestandsschutz verwiesen werden. Jedenfalls der Entzug bisher nicht ausgenutzter Nutzungsmöglichkeiten dürfte regelmäßig zulässig sein und im Grundsatz keine unverhältnismäßige Beschränkung der Rechte der Betroffenen Grundstückseigentümer darstellen. Differenzierungen erscheinen geboten, sofern die Anpassung im Einzelfall zum Entzug der planerischen Grundlage für eine formell und materiell legal ausgeübte Nutzung führen würde.

c) Sonderfall: Planungszwang zur Vermeidung von Agglomerationen

Ein besonderer – raumordnerisch vermittelter – Planungszwang hat jüngst das BVerwG beschäftigt,[73] und zwar im Zusammenhang mit einer Agglomerationsregelung, die sich vermehrt in neueren Regionalplänen finden.[74] Im konkreten Fall enthielt der einschlägige Raumordnungsplan die Aussage, dass die Ziele, die für großflächige Einzelhandelsbetriebe festgesetzt waren, auch für die Agglomeration nicht großflächiger Einzelhandelsbetriebe gelten sollte. Mit entsprechenden Agglomerationsregelungen hat die Raumplanung auf die oben dargestellte – grundsätzlich restriktive – Position des BVerwG zur Funktionseinheit benachbarter (nicht großflächiger) Einzelhandelsbetriebe reagiert. Das BVerwG hatte (ebenso wie die Vorinstanz, der VGH Mannheim) keine Bedenken, dass die Agglomerationsregelung raumordnerische Anforderungen an nicht großflächige Einzelhandelsbetriebe aufstellte. Es sah auch keinen Widerspruch zu seiner Recht-

---

[71] *Dirnberger,* in: Spannowsky/Uechtritz, BauGB, 1. Aufl. 2009, § 1 Rn. 71.

[72] Vgl. insoweit z. B. Ziff. 4.3.1 des Einzelhandelserlasses des Wirtschaftsministeriums Baden-Württemberg vom 21.2.2001 (GABl. S. 290).

[73] BVerwG BauR 2012, 456.

[74] Näher hierzu *Uechtritz* VBlBW. 2010, 185 ff.

sprechung zur nur in Ausnahmefällen möglichen Annahme eines einheitlichen Vorhabens bei benachbarten nicht großflächigen Einzelhandelsbetrieben.[75]

Fraglich und klärungsbedürftig bleibt, in welchen Konstellationen Gemeinden gezwungen sind, im Hinblick auf derartige Agglomerationsregelungen planerische Festsetzungen zu treffen, mit denen bei neu ausgewiesenen Misch- oder Gewerbegebieten *von vornherein* Regelungen zum Ausschluss des nicht großflächigen Einzelhandels getroffen werden müssen, weil andernfalls die grundsätzliche Gefahr des künftigen Entstehens einer Agglomeration besteht.[76] Der Fall, den das BVerwG zu entscheiden hatte, betraf eine Konstellation, in der tatsächlich bereits eine Agglomerationslage bestand, deren Verfestigung durch die angegriffene Planungsentscheidung manifest drohte. Ob dies auch dann gilt, wenn bei der Neuausweisung eines Misch- oder Gewerbegebietes keinerlei Anhaltspunkte für das Entstehen einer Agglomeration gegeben sind, erscheint fraglich.

II. Rechtsschutz

Da die Ansiedlung großflächiger Einzelhandelsbetriebe im Sinne des § 11 Abs. 3 BauNVO wegen deren Auswirkung häufig umstritten und vielfach Anlass zu verwaltungsgerichtlichen Auseinandersetzungen ist, ist abschließend ein Überblick über die spezifischen Rechtsschutzfragen zu geben, die sich in diesem Zusammenhang stellen.

1. Normenkontrollverfahren nach § 47 VwGO

a) Allgemeines

Da die Ansiedlung eines Betriebes i. S. d. § 11 Abs. 3 BauNVO – wie dargelegt – im Regelfall die vorherige Schaffung einer planungsrechtlichen Grundlage, meist in der Form der Ausweisung eines Sondergebiets bedingt, erfolgt die Überprüfung der Ansiedlungsentscheidung häufig im Rahmen eines Normenkontrollverfahrens nach § 47 VwGO gegen den Bebauungsplan, der die Grundlage für die Ansiedlung liefert. An der grundsätzlichen Statthaftigkeit eines derartigen Normenkontrollantrags bestehen nach § 47 Abs. 1 Nr. 2 VwGO keine Probleme. Die Zulässigkeit des Antrags setzt nach § 47 Abs. 2 VwGO voraus, dass die natürliche oder juristische Person, die den Antrag stellt, geltend machen kann, durch den Bebauungsplan oder dessen Anwendung in ihren Rechten verletzt zu sein. Welche spezifischen Fragen sich insoweit bei potenziellen Antragstellern in Streitfällen um die planerische Zulassung großflächiger Einzelhandelsbetriebe stellen, wird sogleich unter lit. b. vertieft erörtert.

Hinsichtlich der Zulässigkeit des Antrags ist die Regelung des § 47 Abs. 2a VwGO zu beachten: Der Normenkontrollantrag ist unzulässig, wenn der Antragsteller im Rahmen der öffentlichen Auslegung keinerlei Einwendungen geltend

---

[75] BVerwG BauR 2012, 456 (457); ebenso das OVG Koblenz in Bezug auf eine Agglomerationsregelung im LEP IV Rheinland-Pfalz, BauR 2012, 1069.

[76] Näher hierzu *Uechtritz* VBlBW. 2010, 185 (190 ff.).

gemacht hat. Allerdings enthält § 47 Abs. 2a VwGO nur eine eingeschränkte Präklusion. Sind vom späteren Antragsteller im Rahmen der Planauslage nach § 3 Abs. 2 BauGB Einwendungen erhoben worden, so ist dessen Normenkontrollantrag zulässig und kann auch auf Erwägungen gestützt werden, die während der Planauslage nicht vorgebracht worden sind.[77] Im Hinblick darauf, dass die Ansiedlungsentscheidung für einen großflächigen Einzelhandelsbetrieb regelmäßig ein hohes Maß an Publizität erzeugt, dürfte die Präklusionsregelung des § 47 Abs. 2a VwGO Normenkontrollanträgen häufig nur selten entgegenstehen.

Im Rahmen eines zulässigen Normenkontrollantrags kommt dem Antragsteller die Doppelfunktion des Normenkontrollverfahrens zugute: Dieses ist nicht nur subjektives Rechtsschutzverfahren sondern auch ein Verfahren zur objektiven Rechtskontrolle.[78] Erweist sich ein Normenkontrollantrag als zulässig, so findet durch das Oberverwaltungsgericht eine umfassende Prüfung des Bebauungsplans statt – unabhängig davon, ob der Antragsteller durch die planerische Zulassung eines großflächigen Einzelhandelsbetriebs in eigenen Rechten verletzt wird.

Besondere Beachtung verdient die Möglichkeit der *Beiladung,* die nach § 47 Abs. 2 Satz 4 VwGO auch in einem Normenkontrollverfahren besteht. Zwar liegt diese regelmäßig im Ermessen des Normenkontrollgerichts. In den typischen Konstellationen, in denen es sich um einen Bebauungsplan handelt, der ein Sondergebiet für ein einzelnes Vorhaben zulässt, dürfte das Ermessen aber regelmäßig auf Null geschrumpft sein, da kaum sachliche Gründe dafür ersichtlich sind, die ein Absehen von einer Beiladung des Vorhabenträgers rechtfertigen könnten.[79]

b) Mögliche Antragsteller

„Typische" Antragsteller bei Bebauungsplänen, die großflächige Einzelhandelseinrichtungen zulassen, sind häufig Konkurrenten, die durch die beabsichtigte Ansiedlung wirtschaftliche Nachteile befürchten oder gar ihre wirtschaftliche Existenzgrundlage gefährdet sehen. Darüber hinaus wenden sich in vielen Fällen Nachbargemeinden gegen das Ansiedlungsvorhaben.

aa) In Bezug auf *Normenkontrollanträge von Konkurrenten* ist die Rechtslage nach der obergerichtlichen Rechtsprechung eindeutig: Unter Berücksichtigung der grundsätzlichen wirtschaftspolitischen Neutralität des Städtebaurechts und des weiteren Umstandes, dass Markt- und Erwerbschancen von der Rechtsprechung jedenfalls insoweit als nicht schutzwürdig angesehen werden, als diese sich durch die Zulassung eines Konkurrenten verändern können, besteht diesbezüglich keine Abwägungserheblichkeit der Belange des Konkurrenten, sodass insoweit keine über das Abwägungsgebot vermittelte Antragsbefugnis eingreift.[80] Die hiergegen vereinzelt im Schrifttum geäußerte Kritik[81] ist in der Rechtsprechung – soweit ersichtlich – bisher nicht aufgegriffen worden.

---

[77] BVerwG BauR 2010, 1051.

[78] *Sodan/Ziekow,* VwGO, 3. Aufl. 2010, § 47 Rn. 31 ff.

[79] *Sodan* (Fn. 78), § 47 Rn. 276 ff.

[80] BVerwG NVwZ-RR 1993, 513 und NVwZ 1997, 683 f. sowie OVG Münster, Beschl. v. 9.3.2007 – 10 B 2675/06.

[81] *Ziekow* (Fn. 78), § 47 Rn. 167 f.

bb) Nachbargemeinden, die sich durch die planerische Zulassung eines großflächigen Einzelhandelsbetriebes negativ betroffen sehen, können die Antragsbefugnis grundsätzlich auf das interkommunale Abstimmungsgebot des § 2 Abs. 2 BauGB stützen.[82] Dabei tendiert die Rechtsprechung zu einer großzügigen Bejahung der Antragsbefugnis, wenn es um die Überprüfung einer Planung für ein Vorhaben i. S. d. § 11 Abs. 3 BauNVO geht. Ausreichend ist, dass die Nachbargemeinde im Normenkontrollverfahren substantiiert Tatsachen vorträgt, die eine Verletzung des interkommunalen Abstimmungsgebotes als möglich erscheinen lassen. Nicht ausreichend ist die pauschale Berufung auf negative städtebauliche Auswirkungen.[83] In der obergerichtlichen Rechtsprechung wird die Antragsbefugnis häufig bereits deshalb bejaht, weil es sich um die Planung für einen Anlagentyp i. S. d. § 11 Abs. 3 BauNVO handelt, bei dem eine grundsätzliche Vermutung für negative raumordnerische und städtebauliche Belange (also auch von Nachbargemeinden) eingreifen soll.[84] In dieser Pauschalität kann der entsprechenden Rechtsprechung nicht zugestimmt werden. Dies deshalb, weil bei diesem Ansatz eine Bestimmung, welche Gemeinden im Hinblick auf ihre Betroffenheit den Status als abstimmungsberechtigte Nachbargemeinde reklamieren könnten, nicht möglich wäre. Gemeinden, die von der Standortgemeinde räumlich weit entfernt liegen, besitzen nicht automatisch die Antragsbefugnis nach § 47 Abs. 2 VwGO, weil die Standortgemeinde eine Anlagen i. S. d. § 11 Abs. 3 BauNVO plant.[85]

cc) Zu beachten ist, dass § 2 Abs. 2 Satz 2 BauGB eine Erweiterung der Antragsbefugnis bewirkt hat: Wenn es (Nachbar-)Gemeinden im Rahmen des interkommunalen Abstimmungsgebots auch möglich ist, sich auf die durch Ziele der Raumordnung zugewiesenen raumordnerischen Funktionen zu berufen, dann kann eine Stadt, die raumordnerisch den Status eines Oberzentrums hat, zur Bejahung ihrer Antragsbefugnis gegen ein Ansiedlungsvorhaben für einen großflächigen Einzelhandelsbetrieb auch geltend machen, sie sei – möglicherweise – in ihrer raumordnerischen Funktion verletzt, weil das Planvorhaben negative Auswirkungen auf ihre Funktion als Oberzentrum habe. Derartiges kommt, etwa bei der planerischen Zulassung eines Factory Outlet Centers, das einen weiten Einzugsbereich hat, auch dann in Betracht, wenn eine erhebliche Distanz zwischen planender Standortgemeinde und klagender Nachbargemeinde besteht.

Noch nicht abschließend geklärt ist die Frage, ob in einer derartigen Konstellation die „abstrakte" Berufung auf eine (mögliche) Beeinträchtigung der zentralörtlichen Funktion ausreicht, oder ob – was zutreffend erscheint – es zumindest möglich erscheinen muss, dass durch das Planvorhaben negative Auswirkungen auf das „benachbarte" Oberzentrum, das die Antragsbefugnis reklamiert, in Betracht kommen.[86]

---

[82] BVerwG NVwZ 1995, 266.

[83] *Uechtritz,* in: Spannowsky/Uechtritz (Fn. 54), § 2 Rn. 48 m. w. N.

[84] In diesem Sinne etwa OVG Münster BauR 2005, 1587 und OVG Berlin-Brandenburg LKV 2007, 32.

[85] *Uechtritz* ZfIR 2005, 878 f.; der Sache nach macht die Rechtsprechung auch insoweit zumindest Einschränkungen, als sie die Antragsbefugnis damit begründet, dass die antragstellende Gemeinde im Einzugsbereich des Vorhabens i. S. d. § 11 Abs. 3 BauNVO liegt, vgl. BVerwG BauR 2010, 740 (741).

[86] Vgl. hierzu OVG Lüneburg BauR 2007, 342 und VGH Mannheim VBlBW. 2008, 218 (219) sowie *Uechtritz,* in: Spannowsky/Uechtritz (Fn. 54), § 2 Rn. 40.

2. *Klagen gegen Einzelgenehmigungen*

Negativ betroffene Konkurrenten und Nachbargemeinden erheben häufig auch Anfechtungsklage gegen die Genehmigung für das Vorhaben i. S. d. § 11 Abs. 3 BauNVO, die entweder – nach Inkrafttreten eines entsprechenden Bebauungsplans – auf diesen gestützt ist oder – wenn die Genehmigung im Vorgriff auf den künftigen Bebauungsplan erteilt worden ist – auf der Rechtsgrundlage von § 33 BauGB erteilt worden ist.

Die Frage, ob und unter welchen Voraussetzungen das interkommunale Abstimmungsgebot des § 2 Abs. 2 BauGB auch Rechtsschutzmöglichkeiten gegen Einzelgenehmigungen vermittelt, ist außerordentlich umstritten. Insoweit beschränken sich die nachfolgenden Ausführungen auf einige zentrale Punkte:

a) Mögliche Antragsteller

In Bezug auf Anfechtungsklagen von Konkurrenten gilt grundsätzlich das Gleiche, was vorstehend zu deren Antragsbefugnis im Rahmen eines Normenkontrollverfahrens ausgeführt worden ist. Da der Schutz vor Konkurrenz von den Verwaltungsgerichten regelmäßig nicht als subjektives Recht i. S. d. § 42 Abs. 2 VwGO anerkannt wird, fehlt es für Konkurrentenklagen regelmäßig bereits an der Antragsbefugnis des § 42 Abs. 2 VwGO.[87]

b) Klagen von Nachbarkommunen

In Bezug auf Klagen von Nachbarkommunen ist umstritten, ob deren Klagebefugnis auf § 2 Abs. 2 BauGB gestützt werden kann.[88] Teilweise wird dies in Rechtsprechung und Literatur pauschal bejaht. Diese Annahme erweist sich aber als unzutreffend. Es besteht kein Zweifel daran, dass § 2 Abs. 2 BauGB als Adressat die planende Gemeinde hat und nicht die Bauaufsichtsbehörde, die mit der planenden Gemeinde auch keinesfalls stets identisch sein muss. Die Frage der Rechtmäßigkeit von Baugenehmigungen beurteilt sich planungsrechtlich nach den Tatbeständen der §§ 30 ff. BauGB.[89] Im Grundsatz hat dies das BVerwG auch anerkannt, wenn es formuliert hat, § 2 Abs. 2 BauGB könne ein einzelvorhabenbezogenes Abwehrrecht „*allenfalls*" dann begründen, wenn die Gemeinde dem Bauinteressenten unter Missachtung des § 2 Abs. 2 BauGB einen Zulassungsanspruch verschafft habe.[90]

Folgt man dieser Auffassung, dann ist im Rahmen einer Anfechtungsklage gegen eine (typischerweise plankonforme) Baugenehmigung für ein Vorhaben i. S. d. § 11 Abs. 3 BauNVO zunächst zu prüfen, ob der Bebauungsplan, der die Grundlage für dieses Vorhaben liefert, wirksam ist. Erweist sich der fragliche Bebauungsplan bei dieser Inzidentkontrolle als unwirksam, so schlägt dies nicht automatisch auf die Rechtmäßigkeit der erteilten Baugenehmigung durch. Es

---

[87] *Kuschnerus* (Fn. 9), Rn. 754; BVerwG, BRS 74 Nr. 99 und VGH München, Beschl. v. 5.3.2012 – 2 NE 12.215, juris.

[88] Näher hierzu *Uechtritz* (Fn. 54), § 2 Rn. 53 ff. m. w. N.

[89] Näher hierzu *Uechtritz* (Fn. 54), § 2 Rn. 53 f.

[90] BVerwG NVwZ 1994, 285 (288), ebenso OVG Weimar LKV 1999, 194.

bedarf dann der Ermittlung, nach welcher planungsrechtlichen Maßstabsnorm das Vorhaben bei unterstellter Unwirksamkeit des Bebauungsplans zu prüfen ist. Ist einschlägige Maßstabsnorm § 35 BauGB, so erweist sich die Anfechtungsklage der benachbarten Kommune nach den Maßstäben, die das BVerwG in seiner Zweibrücken-Entscheidung aufgestellt hat, regelmäßig als begründet.[91] Liegt das Vorhaben bei unterstellter Unwirksamkeit des Bebauungsplans in einem Bebauungszusammenhang nach § 34 BauGB, so stellt sich die Frage, ob das Vorhaben mit § 34 Abs. 3 BauGB unvereinbar ist, weil es schädliche Auswirkungen auf zentralörtliche Versorgungsbereiche von Nachbargemeinden haben kann. Unstrittig ist insoweit, dass § 34 Abs. 3 BauGB auch zu Gunsten von Nachbargemeinden drittschützend ist.[92]

Zweifel bestehen, wie das Vorhaben zu beurteilen ist, wenn es bei unterstellter Unwirksamkeit des Bebauungsplans, häufig einer Bebauungsplanänderung, die zur Zulassung des Vorhabens erfolgt ist, nach den Festsetzungen eines qualifizierten Bebauungsplans nach § 30 BauGB zu beurteilen ist. Teilweise wird in derartigen Konstellationen angenommen, die Standortgemeinde habe dem Vorhaben i. S. d. Rechtsprechung des BVerwG unter Missachtung des § 2 Abs. 2 BauGB einen Zulassungsanspruch verschafft, sodass in dieser Konstellation die Baugenehmigung wegen eines Verstoßes gegen § 2 Abs.2 BauGB fehlerhaft sei. Alternativ kommt in Betracht, ein verletztes Recht der Nachbargemeinde unmittelbar im Hinblick auf Art. 28 Abs. 2 GG anzunehmen, wobei dann viel dafür spricht, die Klage der Nachbargemeinde gegen eine rechtswidrige Baugenehmigung nicht erst dann als begründet anzusehen, wenn die Auswirkungen des Vorhabens für die klagende Nachbargemeinde unzumutbar sind, sondern bereits bei unmittelbar wirksamen und gewichtigen Auswirkungen auf die Nachbargemeinde.[93]

---

[91] BVerwG NVwZ 2003, 86.

[92] *Kuschnerus* (Fn. 9), Rn. 347.

[93] Zum Meinungsstand *Uechtritz* (Fn. 54), § 2 Rn. 56 und Hoffmann, NVwZ 2010, 738 ff.; vertiefend hierzu auch *Schenke* VerwArch 98 (2007), 561 (569 ff.).

HOLGER ZOUBEK

Moderne Formen der Kommunalfinanzierung – Risiken und Kontrollmöglichkeiten

I. Einleitung[1]

„Klamm, klammer, Kommunen" – mit diesem Wortspiel brachte das Wochenmagazin „Der Spiegel"[2] die Situation in vielen Städten und Gemeinden auf den Punkt. Zahlreiche Kommunen sind seit Jahren reich an Schulden und arm an Einnahmequellen. Allein der Investitionsrückstand in den Kommunen belief sich zum Jahresbeginn 2012 auf fast 100 Millionen Euro, wie das aktuelle Kommunalbrevier 2011 der Kreditanstalt für Wiederaufbau (KfW) ermittelt hat.[3] Nach Aussage der KfW wird dieser Nachholbedarf auch in den kommenden fünf Jahren bei rund 75 Prozent der Kommunen nicht abgebaut werden können.

Wen wundert es da, dass in den Kämmereien neue Wege zur Einnahmenbeschaffung gesucht und fantasievolle Modelle zur optimalen Nutzung des bestehenden Vermögens kreiert werden. Das führt dazu, dass zunächst in den Kämmereien, dann in den Stadt- und Gemeinderäten und schließlich auch in den Medien und der Öffentlichkeit immer häufiger über neue Finanzierungsmodelle wie Cross-Border-Leasing, Public-Private-Partnership oder Swap-Geschäfte diskutiert wird. Einige Kommunen und Kämmerer sehen in diesen modernen Finanzierungsstrategien eine Art Allheilmittel gegen den drohenden finanziellen Kollaps. Mittlerweile sind viele dieser Finanzierungsstrategien in der Öffentlichkeit in Verruf geraten. Andere sind durch Rechtsänderungen unmöglich gemacht worden (z. B. Cross-Border-Leasing). Dennoch haben diese zum Teil noch erhebliche Auswirkungen auf die Haushalte der sie nutzenden Kommunen.

Es ist davon auszugehen, dass das Nutzen von bzw. das Auseinandersetzen mit modernen Finanzierungsformen derzeit zum festen Bestandteil des kommunalen Haushaltsvollzugs gehört. Diese modernen kommunalen Finanzierungsformen bergen erhebliche Risiken, die mit der Erwartung auf hohe Einnahmen einhergehen. Daher ist auf kommunaler Ebene ein Risikomanagementsystem in Form einer kommunalen Investitionsleitplanung notwendig, das die Risiken solcher modernen Finanzierungsformen deutlich und beherrschbar macht. Die Grundzüge und Voraussetzungen einer solchen kommunalen Investitionsleitplanung können aus der Struktur und den Grundsätzen der Bauleitplanung abgeleitet werden.

---

[1] Vgl. zu diesem Thema: *Zoubek,* Moderne Finanzierungsstrategien im Gefüge kommunaler Finanzverfassungen: Beispiele – Gesetzgebungsvorschläge, 2011.
[2] Vgl. *Ott,* spiegel-online vom 19.1.2010.
[3] Vgl. *KfW-Bankengruppe,* KfW Kommunalpanel 2011, 2012.

II. Formen kommunaler Finanzierung

1. „Klassische“ Kommunalfinanzierung

Kommunen stehen nach Art. 28 Abs. 2 Satz 3 Halbsatz 2 gesetzlich garantierte Finanzmittel zu. Dabei können grundsätzlich vier Haupteinnahmenbereiche unterschieden werden: Abgaben, Zuweisungen, Kreditaufnahme und sonstige Einnahmen.[4]

2. Moderne kommunale Finanzierungsstrategien

a) Allgemeines

Moderne kommunale Finanzierungsstrategien wurzeln in den Möglichkeiten, die sich in den vergangenen Jahren aus der Deregulierung der Finanzmärkte ergeben haben. Sie sind geprägt durch flexible Investitionsformen, bieten größere Chancen, d.h. höhere Renditen, bergen aber auch größere Risiken. Dabei haben diese neuen Finanzierungsstrategien zwei unterschiedliche Ansatzpunkte in der kommunalen Finanzverfassung: Sie können die kommunalen Ausgaben vermindern, indem sie das kommunale Investitionsvolumen durch anderweitige finanzielle Mittel absenken. Oder sie modifizieren die Einnahmenseite und erlauben es den Kommunen, ihre Einnahmen zu erhöhen.

b) Definition

Moderne kommunale Finanzierungsstrategien lassen sich allgemein definieren als Rechtshandlungen öffentlich-rechtlicher Körperschaften, die zur Erhöhung von Einnahmen oder Verringerung von Ausgaben unter bewusstem Ausnutzen von Chancen und unter Inkaufnahme von Risiken gleich einem privaten Investor am nationalen und internationalen Finanzmarkt führen, sich an der Grenze des kommunalen Treuhandprinzips bewegen und nicht unmittelbar zu den klassischen Finanzierungsinstrumenten zu rechnen sind. Das bedeutet nicht notwendigerweise, dass sie sich nicht auch unter einen Zentralbegriff der klassischen Finanzierungsmöglichkeiten subsumieren lassen. So ist der Begriff „sonstige Einnahmen“ der klassischen Kommunalfinanzierung durchaus auslegbar, um auch moderne Formen der Kommunalfinanzierung zu erfassen. Allerdings ist im Rahmen der modernen Finanzierungsformen eine deutliche Verschiebung vom Prinzip der sicheren hin zur ertragbringenden Anlage zu erkennen, die in diesem Verhältnis nicht bei den bisherigen Formen der Kommunalfinanzierung aufgetreten ist. Ein weiteres Indiz einer modernen Finanzierungsstrategie ist der mit ihr verbundene erhebliche finanzielle, personelle und organisatorische Mehraufwand.

In der Literatur finden sich nur vereinzelte Ansätze einer umfassenden Definitionsbildung für moderne Formen der Kommunalfinanzierung. Nach Albers[5] sind

---

[4] Vgl. *Schmidt-Jortzig/Makswit,* Handbuch des kommunalen Finanz- und Haushaltsrechts, 1991, Rn. 42; *Kirchhof,* in: Püttner, Handbuch der Kommunalen Wissenschaft und Praxis, Band 6: Kommunale Finanzen, 1985, S. 18.

[5] Vgl. *Albers,* Finanzierung kommunaler Investitionen: Darstellung, 2000, S. 87.

unter dem Begriff „alternative Finanzierungsinstrumente“ alle diejenigen Finanzierungsmodelle definiert, „die überwiegend außerhalb des kommunalen Haushalts realisiert werden können“. Nach Büschgen[6] können unter den Begriff der modernen Finanzinnovationen „all jene Entwicklungen im monetären Bereich subsumiert werden, die den Marktteilnehmern grundsätzlich neue, durch bisherige am Markt existierende Leistungen nicht dargebotene Anlage- und/oder Finanzierungsmöglichkeiten eröffnen“. Allgemein werden moderne Finanzierungsformen von der Literatur[7] bisher in drei große Bereiche eingeteilt:

Die Ergänzung und Weiterentwicklung der traditionellen öffentlichen Kreditaufnahme, die private Finanzierung bzw. private Vorfinanzierung öffentlicher Investitionen und den Einsatz derivater Finanzinstrumente durch die öffentliche Hand.

III. Rechtliche Zulässigkeit der Nutzung moderner kommunaler Finanzierungsstrategien

1. Allgemeines

Grundsätzlich verbieten Recht und Gesetz nicht das Eingehen von Risiken im Rahmen von Finanzgeschäften – auch nicht den Kommunen. Jeder, der am Kapitalmarkt tätig ist, geht Risiken ein. Daher sind Aussagen, dass die Kommunen Anlageformen für ihr Vermögen wählen sollen, die „einen risikolosen wirtschaftlichen Ertrag sichern“[8] nicht realistisch. Eine Kommune, die sich nur in risikofreien Bereichen bewegen will, ist nicht handlungsfähig und wird die gesetzlichen Aufgaben nicht auf Dauer erfüllen können.[9] Daher ist es grundsätzlich zulässig, dass Kommunen im Rahmen ihrer Finanzgeschäfte Risiken eingehen,[10] lediglich der Umfang dieser Risiken ist diskutabel.

Da staatliches Handeln an Recht und Gesetz gebunden ist,[11] müssen sich aus dem Gesetz Grundlagen zum Einsatz moderner kommunaler Finanzierungsstrategien ergeben.[12] Daher sollen im Folgenden die wichtigsten rechtlichen Voraussetzungen summarisch und ohne Anspruch auf Vollständigkeit dargestellt werden.

2. Art. 28 Abs. 2 GG

Art. 28 Abs. 2 GG gewährt Kommunen das Recht, ihre örtlichen Angelegenheiten im Rahmen der Gesetze selbst zu regeln. Diese Selbstverwaltungsgarantie umfasst auch die Finanzhoheit der Kommunen.[13] Da die Finanzhoheit als Fähigkeit verstanden wird, sich die zur Erfüllung seiner Aufgaben notwendigen Geldmittel nach eige-

[6] Vgl. *Büschgen* ZfB 1986, 301 (301).
[7] Vgl. *Meister,* in: Müller, Haushaltsreform und Finanzkontrolle, 1997, S. 100.
[8] Vgl. *Schmidt-Jortzig/Makswit* (Fn. 4), Rn. 514.
[9] Vgl. *Bühner/Oberndörfer* DB 2004, 941 (941).
[10] Vgl. *Freiling* ZKF 1998, 272 (272); *Bühner/Oberndörfer* (Fn. 9), S. 941.
[11] Vgl. *Kirchhof* (Fn. 4) 3.
[12] Vgl. für den Einsatz von PPP-Maßnahmen: *Tettinger* DÖV 1996, 764 (769); für Cross-Border-Leasing-Transaktionen: *Elster/Knappe* dgh 2009, 121 (121).
[13] Vgl. *Kirchhof* (Fn. 4) 4; BVerfGE 26, 244; *Stern,* Das Staatsrecht der Bundesrepublik Deutschland, Bd. 1, 1980, S. 413 f. m.w.N.

nem Wunsch und Willen zu beschaffen,[14] gehört dazu grundsätzlich auch die Wahl der Finanzierungsform sowie die Wahl der Verwendung der eingenommenen Mittel. Daher haben die Kommunen grundsätzlich aus der Finanzhoheit des Art. 28 Abs. 2 GG ein umfassendes Recht, im Rahmen der Einnahmen- und Ausgabenwirtschaft zwischen klassischen und modernen Finanzierungsformen zu wählen.

Allerdings enthält die Selbstverwaltungsgarantie nach Art. 28 Abs. 2 GG die Einschränkung, dass die Selbstverwaltung den Kommunen nur im Rahmen der Gesetze gewährt wird. Diese Einschränkung muss sich damit zwangsläufig auch auf die aus Art. 28 Abs. 2 GG folgende Finanzhoheit der Kommunen erstrecken. So hat das BVerfG[15] auch die Finanzhoheit der Kommunen insoweit eingeschränkt, als sie nur „die Befugnis zu einer eigenverantwortlichen Einnahmen- und Ausgabenwirtschaft im Rahmen eines gesetzlich geordneten Haushaltswesens" haben. Damit können die Kommunen nicht jede Form der Haushaltsfinanzierung nutzen; diese muss vielmehr mit den weiteren gesetzlichen Regelungen im Einklang stehen und einem geordneten Haushaltswesen entsprechen.

Das Grundgesetz, und insbesondere Art. 28 Abs. 2 GG, enthält kein explizites Verbot des Einsatzes moderner kommunaler Finanzierungsstrategien. Diese werden als solche nicht erwähnt, sind aber aufgrund der umfassenden Selbstverwaltungsgarantie grundsätzlich von dieser Regelung mit umfasst. Diese modernen Finanzierungsinstrumente müssen aber den weiteren gesetzlichen Regelungen, insbesondere den Vorschriften zum Haushaltsrecht, genügen. Darüber hinaus muss ihr Einsatz, den Vorgaben des BVerfG zufolge, auch allen anderen Inhalten der Finanzhoheit und einem geordneten Haushaltswesen entsprechen.

3. Haushaltsgrundsatz der stetigen Aufgabenerfüllung

Der allgemeine Haushaltsgrundsatz der stetigen Aufgabenerfüllung durch die Kommunalverwaltung wird durch die Nutzung moderner Finanzierungsstrategien grundsätzlich nicht verletzt. Denn die Finanzierung der Kommune durch das Heranziehen alternativer Finanzquellen soll gerade die Aufgabenerfüllung auch in Zeiten schlechter Finanzsituationen ermöglichen.

Daher könnte man sogar so weit gehen zu sagen, dass die Nutzung moderner kommunaler Finanzierungsstrategien den Grundsatz der stetigen Aufgabenerfüllung gerade sichern soll, sofern die Einnahmen aus klassischen Finanzquellen nicht ausreichen. Daraus könnte sogar eine Pflicht zur Nutzung solcher moderner kommunaler Finanzierungsstrategien abgeleitet werden oder zumindest eine Prüfverpflichtung, ob im konkreten Fall eine Nutzung solcher moderner Formen der Kommunalfinanzierung möglich wäre. Denn die Kommune hat die Pflicht, die ihr zu Verfügung stehenden Einnahmequellen angemessen und kontinuierlich auszuschöpfen,[16] wobei natürlich der mittelfristige Finanzbedarf gesichert werden muss.[17] Damit kann auch eine mögliche Verpflichtung zur Nutzung bzw. zur

---

[14] Vgl. *Kirchhof* (Fn. 4) 10.

[15] Vgl. BVerfGE 26, 244; 22, 208; 23, 369.

[16] Vgl. ähnlich *Schmidt-Jortzig/Makswit* (Fn. 4), Rn. 315.

[17] Vgl. *Schmidt-Jortzig/Makswit* (Fn. 4), Rn. 313; *Pagenkopf*, Kommunalrecht, Band 2, 1976, S. 209 f.

Prüfung der Nutzung moderner kommunaler Finanzierungsstrategien nicht zu einem Freibrief für deren Nutzung zu Lasten künftiger Haushalte werden.

4. Haushaltsgrundsatz der Sparsamkeit und Wirtschaftlichkeit

Der Grundsatz der Sparsamkeit und Wirtschaftlichkeit wird durch die Nutzung moderner Finanzierungsformen der Kommune nicht verletzt. Da die Kommune alle ihr zur Verfügung stehenden Einnahmequellen ausschöpft und sogar weitere neue Quellen erschließt, kann sogar von einer Förderung dieses Grundsatzes ausgegangen werden, was als zusätzliches Argument für die bereits angesprochene mögliche Verpflichtung zur Nutzung bzw. Prüfung von modernen kommunalen Finanzierungsstrategien herangezogen werden kann. Insofern ist der Einsatz moderner kommunaler Finanzierungsstrategien auch als stimulierend für die Wirtschaftlichkeit des kommunalen Handelns einzustufen.

5. Haushaltsgrundsatz der Einnahmenbeschaffung

Gleiches gilt für den Grundsatz der Einnahmenbeschaffung. Dieser, z. B. in § 83 NGO[18] festgeschriebene Grundsatz (dort „Grundsatz der Finanzmittelbeschaffung" genannt), befasst sich dem Wortlaut zufolge mit allen Einnahmequellen von Kommunen (Abgaben, sonstige Finanzmittel, Leistungsentgelte, Steuern und Kredite). Diese Vorschrift legt auch die Reihenfolge der zu erhebenden Einnahmen fest. Zu den sonstigen Finanzmitteln können auch die Einnahmen aus denjenigen modernen kommunalen Finanzierungsstrategien gezählt werden, die innerhalb des kommunalen Haushaltsrechts umgesetzt werden. In diesem Fall haben sie grundsätzlich einen Bezug zum Gemeindevermögen und beruhen auf einer besonderen Bewirtschaftung desselben. Damit unterliegen auch die modernen Formen der Kommunalfinanzierung dem Grundsatz der Einnahmenbeschaffung und stehen diesem nicht entgegen.

Aus diesem Haushaltsgrundsatz könnte sich ebenfalls ein weiteres Argument für die bereits angeführte (Prüfungs-)Pflicht zur Nutzung moderner Formen der Kommunalfinanzierung ergeben. Denn wenn die Kommunen verpflichtet sind, nach den Abgaben vorrangig sonstige Finanzmittel einzusetzen und dazu auch die Nutzung moderner kommunaler Finanzierungsstrategien gehört, kann u.U. ein Verstoß gegen den Grundsatz der Einnahmebeschaffung angenommen werden, wenn Kommunen die Möglichkeit haben, durch die Nutzung einer bereits bekannten und erprobten modernen Finanzierungsstrategie eine Einnahmequelle zu erschließen, dies aber unterlassen und stattdessen zum Haushaltsausgleich Kredite aufnehmen.

Hinzu kommt, dass Bund, Länder und Gemeinden im Rahmen ihrer Aufgabenerfüllung verpflichtet sind, ihr finanzielles Handeln so rationell und ökonomisch wie möglich zu gestalten.[19] Das bedeutet aber auch, dass alle in Frage

---

[18] Vgl. § 78 GemO BW; Art. 62 GO BY; § 75 GO BB; § 34 Abs. 1 LHO BE; § 93 HGO; § 34 Abs. 1 LHO HB; § 34 LHO HH; § 44 KV MV; § 77 GO NRW; § 94 GemO RLP; § 76 GO SH; § 83 KSVG SL; § 73 SächsGemO; § 91 GO LSA; § 54 ThürKO.

[19] Vgl. *Reiners,* Einführung in das Kommunale Haushaltsrecht, 1993, S. 7; *Thiele,* Niedersächsische Gemeindeordnung, 2004, S. 327.

kommenden Finanzierungsmöglichkeiten ausgeschöpft werden, um eine effektive Aufgabenerfüllung zu gewährleisten.

6. *Das Treuhandprinzip*

Das Treuhandprinzip als ungeschriebener Grundsatz der kommunalen Finanzwirtschaft ist Bestandteil vieler Haushaltsprinzipien. Das Treuhandprinzip besagt, dass die Kommune im Rahmen ihrer Vermögens- und Haushaltswirtschaft grundsätzlich Wirtschaftsgüter des Volkes verwaltet und daher ganz besonderen Auflagen und Verpflichtungen unterliegt. Die Einnahmen der Kommune werden von den Einwohnern und Bürgern aufgebracht. Sie dienen daher allein dem Zweck, die Bedürfnisse der Einwohner und Bürger zu befriedigen. Daher hat die öffentliche Mittelbeschaffung den Charakter eines demokratischen Treuhandverhältnisses.[20] Der Staat ist insoweit „Hüter fremder Güter" bzw. „Haushälter fremder Güter".[21]

Die konkrete Ausgestaltung bzw. Nutzung einer modernen kommunalen Finanzierungsstrategie kann in bestimmten Konstellationen zu einer Verletzung des Treuhandprinzips führen. Denn ein wesentliches Merkmal moderner kommunaler Finanzierungsstrategien ist die im Gegensatz zu herkömmlichen Finanzierungsmöglichkeiten deutliche Verschiebung des Investitionsschwerpunktes von risikoarmen hin zu risikoreichen Anlageformen. Das bedeutet allerdings nicht, dass aufgrund mangelnder Sicherheit der Anlagen in jedem Falle eine Verletzung des Treuhandprinzips durch die Nutzung moderner kommunaler Finanzierungsstrategien vorliegen muss. Ausschlaggebend sind immer die konkreten Modalitäten des Einsatzes einer modernen Finanzierungsstrategie im Einzelfall. Allerdings ist die Gefahr der Verletzung dieses Prinzips bei Nutzung solcher Finanzierungsstrategien im Gegensatz zu klassischen Formen der Kommunalfinanzierung deutlich höher. Das bringt die Notwendigkeit mit sich, solche Finanzierungsformen genauer auf Risiken zu prüfen und entsprechende Kontrollen und Risikoüberwachungsmechanismen zu schaffen.

IV. Risiken im Rahmen der Nutzung moderner kommunaler Finanzierungsstrategien

1. *Allgemeines*

Der Einsatz moderner kommunaler Finanzierungsstrategien in der kommunalen Haushaltswirtschaft ist darauf abgestellt, in erster Linie besonders hohe oder zusätzliche Erträge zu erzielen. Dies ist mit entsprechenden (finanziellen) Risiken verbunden. Allgemein kann gesagt werden, dass Risiko und Ertrag sich bedingen: Je höher das Risiko einer Anlage ist, desto höher muss auch der zu erwartende Ertrag ausfallen. Festzuhalten ist, dass es grundsätzlich keine Anlage ohne Risiko gibt. Selbst bei einem festverzinslich aufgenommenen Darlehen besteht das Risiko

---

[20] Vgl. *Schmidt-Jortzig/Makswit* (Fn. 4), Rn. 281.

[21] Vgl. *Stern,* Das Staatsrecht der Bundesrepublik Deutschland, Bd. 2, 1984, S. 1251; *Zachariä,* 40 Bücher vom Staate, Bd. 7, 1843, S. 147.

der Zinsänderung (Prolongationsrisiko),[22] sowie die Gefahr der Insolvenz des Vertragspartners.

Grundsätzlich verbieten die haushaltsrechtlichen Vorgaben, insbesondere das Gebot der wirtschaftlichen Mittelverwendung, nicht das Eingehen von Risiken durch die Kommune im Rahmen ihrer Finanzbewirtschaftung. Allerdings muss das eingegangene Risiko hinsichtlich seiner Höhe beschränkt sein.[23] Um ein Risiko jedoch bestimmen zu können, muss das Risiko zunächst erkannt und bewertet werden können.

Im Rahmen der Nutzung moderner kommunaler Finanzierungsstrategien können bestimmte Fallgruppen von immer wieder auftretenden Risiken herausgearbeitet werden. Dabei muss grundsätzlich zwischen allgemeinen Risiken und den spezifischen der jeweiligen Finanzierungsstrategie (strategieimmanenten Risiken) unterschieden werden. Auf die spezifischen Risiken soll im Folgenden nicht weiter eingegangen werden, da diese stets von der konkret gewählten kommunalen Finanzierungsstrategie abhängig sind.

2. Risikofallgruppen

a) Zeitliches Risiko

Ein bedeutendes allgemeines Risiko im Rahmen der Umsetzung von modernen kommunalen Finanzierungsstrategien ergibt sich aus dem zeitlichen Element.[24] Je länger die Laufzeit einer solchen Investition ist, desto unvorhersehbarer werden zukünftige Entwicklungen. Durch dieses zeitliche Risiko können die erhofften und angestrebten Vorteile der Finanzierungsstrategie erheblich gefährdet werden.

b) Rechtliches Risiko

Eine weitere allgemeine Risikogruppe bildet das Vertrauen auf die bestehenden rechtlichen Rahmenbedingungen. Viele moderne kommunale Finanzierungsstrategien haben ihren Ursprung in einer bestimmten (steuer-)rechtlichen Bewertung eines Sachverhalts. Im Rahmen der Entscheidung über die Nutzung dieser Gewinnmöglichkeit wird meist von der Beibehaltung der rechtlichen Rahmenbedingungen ausgegangen. Diese Annahme wird damit zum Grundgerüst der Anlageentscheidung.

Verändern sich jedoch während des laufenden Investments die rechtlichen Rahmenbedingungen und wird dadurch beispielsweise auch die Behandlung des dem Investments zugrundeliegenden Sachverhalts geändert, besteht die Gefahr, dass sich die zu Anfang prognostizierten Gewinnaussichten nicht realisieren lassen. Das Risiko einer Rechtsänderung, einer Änderung der Rechtsprechung oder anderer Vorschriften stellt also, sofern kein Vertrauensschutz angenommen werden kann, ein nicht zu unterschätzendes Risiko bei jeder Anlageentscheidung dar.

---

22 Vgl. *Venbert* der gemeinderat 2007, 18; *Venbert/Scholz* der gemeinderat 2006, 44.
23 Vgl. *Freiling* ZKF 1998, 272 (272).
24 Vgl. für CBL-Verträge: *Bühner/Oberndörfer* DB 2004, 941 (945).

c) Finanzielles Risiko

Das finanzielle Risiko beschreibt im Rahmen der Nutzung moderner kommunaler Finanzierungsstrategien allgemein das Verlustrisiko des eingesetzten Kapitals. Denn die Finanzmärkte bieten neben neuen Chancen auch zusätzliche und höhere Risiken (z. B. überraschende Zins- und Wechselkursschwankungen).[25]

d) Psychologisches Risiko

Die psychologischen Risiken einer modernen kommunalen Finanzierungsstrategie beziehen sich in erster Linie auf die Außenwirkungen, die der Entschluss, eine solche Strategie umzusetzen, in der Bevölkerung, in den Medien, aber auch bei Aufsichtsbehörden hervorrufen kann. Darüber hinaus wird in der Literatur z.T. auch ein psychologisches Risiko bei den Verantwortlichen in der Kommune gesehen, da größere Projekte „häufig euphorisch und mit amtlich befohlenem Optimismus angegangen" würden, wobei mahnende Stimmen oft als „Querulanten" eingestuft würden.[26]

e) Organisatorisches Risiko

Das organisatorische Risiko umfasst die tatsächlichen Rahmenbedingungen bei der Umsetzung moderner kommunaler Finanzierungsstrategien. Für diese Aufgabe wird besonders geschultes bzw. ausgebildetes Personal gebraucht, um die Umsetzung innerhalb der Verwaltung zu betreuen.[27] Und dieses steht oft nicht im kommunalen Bereich zur Verfügung[28] bzw. muss zunächst aufwändig geschult werden. Zwar wird sich der Informationsstand der Mitarbeiter mit zunehmendem Durchsetzen des Einsatzes moderner kommunaler Finanzierungsstrategien in der Kommunalverwaltung ausweiten. Doch wird dadurch das Risiko nicht kleiner: Denn mit zunehmender Akzeptanz dieser Finanzierungsformen kann auch eine Ausweitung des Angebots erwartet werden, was wiederum zu Wissensdefiziten führt. Hinzu kommt im Rahmen des organisatorischen Risikos, dass bei der Umsetzung von modernen kommunalen Finanzierungsstrategien oft mit Beratungsunternehmen der Privatwirtschaft (Rechtsanwälten, Unternehmensberatungs-, Steuerberatungs- und Wirtschaftsprüfungsgesellschaften) zusammengearbeitet wird, aufgrund der Komplexität mancher Anlagemodelle sogar zusammengearbeitet werden muss. Da die Qualität dieser Beratung entscheidenden Einfluss auf die Umsetzung der modernen kommunalen Finanzierungsstrategie hat, enthält dieser Bereich auch ein erhebliches Risiko.

Als weiteres organisatorisches Risiko kommt die allgemeine Vertragsgestaltung in Betracht, die für die Kommune nachteilig ausfallen kann. Dazu zählen beispielsweise Klauseln, nach denen ausländisches Recht auf den Vertrag und die damit

[25] Vgl. *Rehm,* in: Müller, Haushaltsreform und Finanzkontrolle, 1997, S. 80.

[26] Vgl. *Bühner/Oberndörfer* DB 2004, 941 (945); *Dreger,* Erfolgreiches Risikomanagement bei Projekten, 2000, S. 257.

[27] Vgl. *Rehm* (Fn. 25), S. 83.

[28] Vgl. *Kroll,* Leasinghandbuch für die öffentliche Hand, 1999, S. 180.

verbundene Finanzierungsmöglichkeit anzuwenden ist. In einem solchen Fall, der grundsätzlich auch rechtliche Risiken aufwirft und daher auch als allgemein rechtliches Risiko eingestuft werden kann, gibt die Kommune viele Möglichkeiten des eigenen Handelns aus der Hand und macht sich unter Umständen vollständig abhängig von externen, spezialisierten Beratern. Dies bringt ein weiteres ggf. hohes Kostenrisiko bei möglichen Rechtsstreitigkeiten mit sich und birgt darüber hinaus die Gefahr, durch überlegenes Wissen des Vertragspartners in dessen „Mutterrecht" übervorteilt zu werden. Auch das Abfassen des Vertragswerks in einer ausländischen Sprache ist als organisatorisches Risiko zu nennen, aus dem sich insbesondere Interpretationsprobleme ergeben können.

3. Ergebnis

Die aufgezeigten Risiken, die im Rahmen jeder Nutzung moderner kommunaler Finanzierungsstrategien auftreten können, machen eine umfassende Risikokontrolle notwendig. In der Literatur[29] wird aufgrund der Finanzmisere der öffentlichen Verwaltung und der sich immer schneller ändernden tatsächlichen Verhältnisse die Einführung eines allgemeinen Risikomanagements empfohlen, um die im Rahmen des Verwaltungshandelns auftretenden Risiken erkennen und adäquat auf sie reagieren zu können. So halten z. B. Bühner/Oberndörfer[30] im Rahmen von CBL-Verträgen die Einrichtung von Risikomanagementsystemen für dringend erforderlich. Kroll[31] spricht sich allgemein für Regelungen (Verwaltungsanweisungen) aus, die die Entscheidungsgrundlage der kommunalen Investitionsentscheidung übernehmen sollen. Weber[32] fordert für PPP-Projekte ein begleitendes Verfahren und allgemein anerkannte Standards. Auch Kamlah[33] sowie Weber und Rambold[34] plädieren in diesem Zusammenhang für die Einführung eines Risikomanagementverfahrens. Im Rahmen der Umsetzung von Swap-Geschäften fordert Rehm[35] die Installation eines wirksamen Kontrollsystems, um die Gefahr eines spekulativen Einsatzes dieses Finanzierungsinstrumentes zu unterbinden. Auch Freiling[36] plädiert für die Einführung eines umfassenden Risikomanagements bei der Nutzung von Swap-Geschäften. Auch weitere Literaturvertreter[37] haben auf die Notwendigkeit eines Risikomanagements hingewiesen. Auf EU-Ebene gibt es Bestrebungen zur Einführung eines verbindlichen Risikomanagementsystems im öffentlichen Sektor.[38] Derzeit existiert aber nur ein Arbeitspapier.[39]

---

[29] Vgl. *Trips* NVwZ 2003, 804 ff.; *Bühner/Oberndörfer* DB 2004, 941 (941); *Meister*, in: Müller (Fn. 7), S. 106 ff.
[30] Vgl. *Bühner/Oberndörfer* DB 2004, 941 (941).
[31] Vgl. *Kroll* (Fn. 28) S. 180.
[32] Vgl. *Weber*, Public-Private-Partnership: Formen-Risiken-Chancen, 2004, S. 33 ff.
[33] Vgl. *Kamlah*, Innovative Verwaltung, S. 17 ff.
[34] Vgl. *Weber/Rambold*, Bundesbaublatt 2005, 34.
[35] Vgl. *Rehm*, in: Müller (Fn. 25), S. 81, 83.
[36] Vgl. *Freiling* ZKF 1998, 272, 276.
[37] Vgl. *Moritz/Löffler*, der gemeinderat 2004, 19.
[38] Vgl. *Europäische Kommission*, Europäisches Regieren – Ein Weißbuch, 2001; *Bühner/Oberndörfer* DB 2004, 941 (941).
[39] Vgl. *Ruter/Müller*, in: Pfitzer/Oser, Deutscher Corporate Governance Kodex, 2003, S. 405 (432 f.).

V. Einführung eines Risikomanagementsystems

Um die beschriebenen Risiken im Rahmen der Nutzung moderner kommunaler Finanzierungsstrategien zu minimieren und beherrschbar zu machen, ist die Einführung eines von der Literatur geforderten Risikomanagementsystems auf kommunaler Ebene im Bereich von Investitionsentscheidungen unumgänglich.

Auch zahlreiche Beispiele aus der Praxis zeigen, dass das kommunale Entscheidungssystem bestimmten risikoreichen Geschäften nicht gerecht wird. Seit einigen Jahren mehren sich mediale Berichte über gescheiterte kommunale Investitionen, Millionenverlusten mit entsprechenden Geschäften und Regressklagen von Kommunen gegen beratende Finanzinstitute.[40] Auch der Gesetzgeber hat eine entsprechende Notwendigkeit mittlerweile erkannt.[41]

Zur Einführung eines entsprechenden Risikomanagementsystems müssen die bestehenden rechtlichen Vorgaben um entsprechende Regelungen ergänzt bzw. erweitert werden. Grundsätzlich gibt es in diesem Zusammenhang zwei unterschiedliche Möglichkeiten, wie im Rahmen von kommunalen Investitionsentscheidungen ein wirksames Risikomanagementsystem verankert werden kann. Entweder werden konkreten Einzelfallvorgaben für jede Investitionsform vorgegeben oder es werden abstrakte Investitionsleitlinien entwickelt.

VI. Die Vorteile abstrakter Investitionsleitlinien

Abstrakte Investitionsleitlinien bieten entscheidende Vorteile gegenüber der Einführung von konkreten Einzelfallvorgaben. Solche abstrakten Regelungen können so ausgestaltet werden, dass nicht nur alle derzeit sich in der Anwendung befindlichen modernen kommunalen Finanzierungsstrategien berücksichtigt werden. Vielmehr ist es möglich, über offen gehaltene Tatbestände bzw. unbestimmte Rechtsbegriffe zukünftig auftretende Finanzierungsstrategien bereits jetzt in den Anwendungsbereich mit einzubeziehen. Auch wenn dies lediglich unter Abstecken von Rahmenverpflichtungen oder –berechtigungen umsetzbar ist, wird doch bereits jetzt für zukünftig eintretende Situationen eine erheblich größere Rechtssicherheit erzeugt, die z. B. auch Rechtsstreitigkeiten zwischen Kommune und Aufsichtsbehörde ob der Zulässigkeit einer Finanzierungsmöglichkeit vermeidet. Auch in der praktischen Umsetzung wären abstrakte Vorgaben wesentlich weniger aufwändig. Der Entscheidungsprozess würde u.U. etwas umfangreicher; dafür erhielten die Kommunen im Gegenzug aber die Möglichkeit der eigenverantwort-

[40] Vgl. beispielhaft *hpa,* Pforzheims Klage gegen JP Morgan geht weiter, Frankfurter Allgemeine Zeitung vom 24.3.2012, S. 19; *Fehr,* Städte verlieren mit Zinswetten Millionen, Frankfurter Allgemeine Zeitung vom 31.8.2007, S. 20; *ad,* Mit Swap in den Finanzstrudel, Zeitung für kommunale Wirtschaft 2008, Heft 4, S. 1; *Willms,* Kämmerer haben Millionen verzockt, die tageszeitung, vom 23.10.2008, S. 3; *Bartsch/Kleinhubbert/Wassermann,* Geschäfte mit den Caymans, Der Spiegel, Ausgabe 4/2008, S. 44 ff.; *Paul,* Zinswetten in der Provinz, Frankfurter Allgemeine Zeitung vom 29.10.2008, S. 20.

[41] So will z. B. der Freistaat Sachsen über eine Gesetzesinitiative des Staatsministeriums des Innern die Gemeindeordnung dahingehend ändern, dass Kommunen zukünftig hochspekulative Zinsgeschäfte verboten werden, vgl. dazu: Verbot für Zinswetten, Der Spiegel 12/2012, S. 19.

lichen Nutzung neuer Finanzierungsalternativen ohne konkrete rechtliche Ge- und Verbote. Dies kann die Auseinandersetzung auch mit anderen Formen der Finanzierung fördern und so das Wissen innerhalb der Kommune zu modernen Formen der Kommunalfinanzierung erweitern.

Darüber hinaus würden die Verwaltungskapazitäten der Aufsichtsbehörde im Rahmen von abstrakten Investitionsregeln weniger stark in Anspruch genommen als bei konkreten Ge- bzw. Verboten. In diesen Fällen müsste die zuständige Aufsichtsbehörde jeden Fall prüfen und ggf. Weisungen an die Kommunen erlassen.

Durch die Gleichbehandlung aller auftretenden modernen kommunalen Finanzierungsstrategien würden abstrakte Regelungen auch zu einer größeren Rechtssicherheit bei der Anwendung führen, da alle Finanzierungsalternativen zunächst gleich behandelt würden und erst in einem einzelfallbezogenen Entscheidungsverfahren über ihre Zu- bzw. Unzulässigkeit auf kommunaler Ebene entschieden würde. Ein solches Verfahren hätte auch den Vorteil, dass es in allen Ländern nahezu einheitlich eingeführt werden könnte, da es in die bestehenden Regelungen der Gemeindeordnungen bzw. des Haushaltsrechts implementiert werden kann.

In der Rechtsanwendung hätten abstrakte Investitionsleitlinien die Chance, aufgrund einer einheitlichen Regelung aller Finanzierungsalternativen zu einer größeren Akzeptanz bei den kommunalen Anwendern und den Bürgern zu führen. Denn durch einen vorgegebenen, zu durchlaufenden Prozess würden die Entscheidungen über solche Finanzierungsformen nachvollziehbarer und daher transparenter. Es erfolgt – anders als bei konkreten Entscheidungen der Aufsichtsbehörde – kein „obrigkeitstreues" Ge- und Verbot von bestimmten Möglichkeiten. Damit verlagern abstrakte Investitionsleitlinien die Verantwortung für die Investitionsentscheidung wieder auf die Ebene, auf die sie nach den gesetzlichen Vorgaben auch gehört: auf die der kommunalen Entscheidungsträger. Eine solche Tendenz zur Selbststeuerung und Eigenentscheidung entspräche damit auch stärker dem Grundsatz der kommunalen Selbstverwaltung.

Am bedeutendsten ist jedoch, dass sich abstrakte Investitionsleitlinien in einem kommunalen Investitionsentscheidungsverfahren umsetzen lassen, das wiederum in eine umfangreiche Risikomanagementstruktur auf kommunaler Ebene eingebaut werden kann. Damit wird die kommunale Investitionsentscheidung Teil eines Verfahrens, das die einmal getroffene Entscheidung über die gesamte Laufzeit begleitet, überwacht und bewertet. So kann auf kommunaler Ebene erhebliche Rechtssicherheit im Rahmen der Finanzpolitik geschaffen werden. Zugleich wäre die geschaffene Risikomanagementstruktur auch für Entscheidungen anderer Rechtsbereiche nutzbar, z. B. für die Bewertung, Umsetzung und den Vollzug von Bauvorhaben mit erheblichem Investitionsvolumen oder für Umstrukturierungsentscheidungen innerhalb der Kommune.

Abstrakte Investitionsleitlinien besitzen daher entscheidende Vorteile, die über die Nutzung moderner kommunaler Finanzierungsstrategien weit hinausgehen. Die Einführung abstrakter Investitionsleitlinien entspräche auch dem Prinzip der Verhältnismäßigkeit, da mit einer solch eigenverantwortlichen Investitionsentscheidung weit weniger in das verfassungsrechtlich garantierte Selbstverwaltungsrecht der Kommunen aus Art. 28 Abs. 2 GG eingegriffen werden würde als mit strikt einzuhaltenden Einzelfallvorgaben.

VII. Neuentwicklung von Kontrollstrukturen oder Rückgriff auf ein bestehendes Verfahren?

Grundsätzlich können für die Entwicklung abstrakter Investitionsleitlinien zwei Wege beschritten werden. Entweder wird ein vollkommen neues Verfahren entwickelt oder es erfolgt eine Orientierung an den Inhalten und Grundsätzen eines bereits bestehenden Verfahrens, das an die Notwendigkeiten im Bereich der kommunalen Investitionsleitlinien entsprechend angepasst werden würde.

Der Rückgriff auf eine bestehende Verfahrensstruktur im Rahmen des Entwurfs eines Investitionsentscheidungsverfahrens macht aber nur Sinn, wenn in einem anderen Rechtsgebiet bereits ein Verfahren existierte, das für die Ausgestaltung herangezogen werden könnte. Notwendige Voraussetzungen sind, dass das bestehende Verwaltungsverfahren eine Rechtsmaterie betrifft, die derjenigen eines Investitionsentscheidungsverfahrens ähnelt. Ferner muss das bestehende Verfahren auf die von Investitionsentscheidungen betroffenen Entscheidungsträger zugeschnitten sein, im vorliegenden Fall also im kommunalen Bereich einsetzbar sein. Außerdem sollte das bestehende Verwaltungsverfahren bekannt sein und sich in der Praxis bewährt haben. Denn nur dann kann durch die Übertragung der wesentlichen Verfahrensstrukturen auf einen neuen Bereich gewährleistet werden, dass Synergieeffekte durch eine schnelle Akzeptanz bei den Rechtsanwendern eintreten. Schließlich muss das bestehende Verfahren von seiner Struktur her so flexibel sein, dass es sich zur Anpassung an eine andere Rechtsmaterie eignet.

VIII. Rückgriff auf die Grundzüge der Bauleitplanung

Die Grundzüge der Bauleitplanung bieten die oben genannten Voraussetzungen, um als beispielhafte Vorlage für die Entwicklung eines Investitionsentscheidungsverfahrens herangezogen zu werden.

Das Bauplanungsrecht bietet eine in sich stimmige, komplexe Struktur, mit der es möglich gemacht wird, widerstreitende Interessen untereinander abzuwägen und so eine geordnete städtebauliche Entwicklung langfristig zu ermöglichen. Der besondere Vorteil der Bauleitplanung liegt in ihrer hohen Präsenz in den Kommunen, in ihrem Bekanntheitsgrad sowie in ihrer großen Akzeptanz. Diese Vorteile können für die Entwicklung einer Investitionsleitplanung genutzt werden.

Notwendige Voraussetzung zur Übertragung von Strukturen der Bauleitplanung auf eine Investitionsleitplanung ist die Vergleichbarkeit von Grundsätzen und Form in beiden Bereichen. Eine Anknüpfung an die Vergleichbarkeit des Inhalts scheidet aus, da beide Verfahren in zwei völlig unterschiedlichen Rechtsgebieten stattfinden. Das bestehende Verfahren der Bauleitplanung besitzt aber viele hervorragende Anknüpfungspunkte, um die Struktur einer Investitionsleitplanung ableiten zu können.

Die Übertragung der Strukturen der Bauleitplanung auf die kommunale Investitionsleitplanung ist nur dann sinnvoll, wenn aus formaler und inhaltlicher Sicht Parallelen in beiden Entscheidungsverfahren vorliegen. Das ist der Fall.

In der Bauleitplanung ist der Gemeinderat das entscheidungsbefugte Gremium. Auch in der Finanzverfassung ist der Gemeinderat das zuständige Entscheidungsgremium. Der Bebauungsplan wird als Satzung erlassen. Der Haushaltsplan wird ebenfalls als Satzung erlassen. Das Planaufstellungsverfahren folgt streng vorgegebenen formalen Regelungen. Gleiches gilt auch für die Aufstellung der Finanzplanung der Kommune. Damit folgen beide Verfahren aus formaler Hinsicht ähnlichen Grundsätzen.

Auch inhaltlich gibt es zwischen dem Bauleitverfahren und den notwendigen Vorgaben an ein kommunales Investitionsleitverfahren erhebliche Übereinstimmungen. Im Rahmen des Bauleitverfahrens ist nach § 8 Abs. 2 BauGB der Bebauungsplan aus dem Flächennutzungsplan zu entwickeln. Der Flächennutzungsplan soll dabei nach § 5 Abs. 1 BauGB auch eine allgemeine und langfristige Planung der Kommune im Rahmen der Flächennutzung sicherstellen. Der Bebauungsplan konkretisiert insofern für bestimmte Bereiche die Darstellungen des Flächennutzungsplans.[42] Im Rahmen des Haushaltsrechts gibt es ähnliche Strukturen. Dort wird der kommunale Haushalt in Form einer Satzung erlassen. Die Haushaltssatzung hat sich an dem von der Kommune aufzustellenden Finanzplan zu orientieren.[43] Dieser Finanzplan soll eine langfristige Planung der Kommune in finanzieller Hinsicht sicherstellen: Für die Kommune stellt der Finanzplan eine Orientierungshilfe für die kommenden fünf Jahre dar.[44] Damit konkretisiert die Haushaltssatzung, ebenso wie der Bebauungsplan, jeweils einen klar bestimmten und aktuellen Ausschnitt aus dem langfristigen Finanzplan bzw. Flächennutzungsplan.

Im Bereich der Bauleitplanung haben festgelegte bzw. entschiedene Planvorhaben unmittelbare Auswirkungen auf die zukünftige Entwicklung der Kommune. Ähnliche Auswirkungen haben auch Entscheidungen über finanzielle Investitionen im Rahmen der kommunalen Finanzverfassung. Auch dort werden durch Beschlüsse und deren Umsetzung entscheidende Weichen für die zukünftige Entwicklung der Kommunalfinanzen getroffen, die – ebenso wie im Baurecht – u.U. nur schwer zu korrigieren sind.

Die Bauleitplanung wurde unter anderem entwickelt, um die begrenzt zur Verfügung stehende Ressource der bebaubaren Flächen innerhalb einer Kommune möglichst effektiv, schonend und konfliktneutral zu nutzen. Damit ist eines der Grundanliegen des Bauplanungsrechts, die Nutzung einer begrenzt zur Verfügung stehende Ressource vernünftig zu regeln. Die Grundlagen des kommunalen Haushaltsrechts zielen in eine ähnliche Richtung: In dieser Rechtsmaterie sollen die begrenzt zur Verfügung stehenden kommunalen Einnahmen möglichst effektiv genutzt werden. Dies erstreckt sich sowohl in die Richtung der möglichst effektiven Einnahmenerhebung, als auch in die Richtung der möglichst effektiven Aus-

[42] Vgl. *Stüer,* Der Bebauungsplan, 2009, Rn. 205 (S. 135).
[43] Vgl. *Schmidt-Jortzig/Makswit* (Fn, 4), Rn. 285.
[44] Vgl. *Schmidt-Jortzig/Makswit* (Fn, 4), Rn. 292.

gabengestaltung. Damit dienen sowohl das Bauplanungsrecht als auch das kommunale Haushaltsrecht der effektiven Verwaltung begrenzt zur Verfügung stehender Ressourcen.

Der Bauleitplanung liegt als besonders ausgeprägter Grundsatz der Ausgleichsgedanke zugrunde. Widerstreitende Interessen innerhalb der Planung sollen herausgearbeitet, zusammengetragen und untereinander nach § 1 Abs. 7 BauGB abgewogen werden. Dabei müssen insbesondere Individualinteressen von Grundstückseigentümern untereinander sowie gegenüber einer bestimmten Planungsabsicht der Kommune abgewogen werden. Das bedeutet, bestehende, widerstreitende Interessen der Beteiligten müssen durch ein feststehendes, formales System zu einem Ausgleich kommen. Auch im kommunalen Haushaltsrecht finden sich ähnliche Konfliktbewältigungs- und Abwägungsansätze. Da ist beispielsweise die Verpflichtung, einen ausgeglichenen Haushalt herzustellen. Diese Pflicht impliziert, dass zwischen Einnahmen und Ausgaben eine Art der Abwägung stattfinden muss, die beide Größen in Einklang bringt. Ähnliche Verfahren laufen auch auf der Ausgabenseite bzgl. der Haushaltsansätze ab. Da die Ausgabenseite grundsätzlich von den Vorgaben der Einnahmenseite determiniert wird, müssen die unterschiedlichen Ansätze der einzelnen Haushaltstitel derart abgestimmt werden, dass die Ausgabenseite schließlich der Einnahmenseite entspricht.

Die im Bauplanungsrecht bestehenden Beteiligungsnotwendigkeiten anderer Hoheitsträger (z. B. das interkommunale Abstimmungsgebot nach § 2 Abs. 2 BauGB oder die Genehmigung der Aufsichtsbehörde nach § 10 Abs. 2 BauGB) finden sich in anderem Zusammenhang auch im Haushaltsrecht wieder: In § 86 Abs. 1 Niedersächsische Gemeindeordnung ist beispielsweise geregelt, dass die Haushaltssatzung der Aufsichtsbehörde vorgelegt werden muss.

Das im Bauplanungsrecht stark hervorgehobene Element der Öffentlichkeitsbeteiligung findet sich in Ansätzen bereits jetzt schon in Regelungen zum kommunalen Haushaltsrecht: Nach § 80 Abs. 3 Gemeindeordnung Nordrhein-Westfalen ist der Entwurf der Haushaltssatzung öffentlich auszulegen.[45] In Niedersachsen ist der Haushaltsplan nach Bekanntmachung der Haushaltssatzung für sieben Tage öffentlich auszulegen (§ 86 Abs. 2 Niedersächsische Gemeindeordnung).[46] Nach dem Beschluss über die Haushaltssatzung ist diese gemeinsam mit dem Beschluss öffentlich bekannt zu machen (vgl. § 86 Abs. 2 Niedersächsische Gemeindeordnung; § 80 Abs. 5 Gemeindeordnung Nordrhein-Westfalen).[47]

Das Bauplanungsrecht sieht eine Abstimmung von Planungsvorhaben vor. Nach § 2 Abs. 2 BauGB muss jede Kommune ihre Bauleitpläne mit den benachbarten Kommunen abstimmen (interkommunales Abstimmungsgebot). Damit soll u.a. im gesamten Bundesgebiet eine ausgewogene Flächennutzung erreicht werden. Die

---

[45] Vgl. auch die Regelung in § 76 Abs. 1 SächsGemO.

[46] Vgl. auch die Regelungen in den anderen Ländern, § 81 Abs. 3 GO BW; Art. 65 Abs. 3 GO BY; § 78 Abs. 5 GO BB; § 97 Abs. 2 HGO; § 47 Abs. 5 KV MV; § 97 Abs. 2 GO RLP; § 86 Abs. 4 KSVG SL; § 76 Abs. 3 SächsGemO; § 94 Abs. 3 GO LSA; § 79 Abs. 3 GO SH; § 57 Abs. 3 ThürKO; ähnl. auch § 1 Abs. 2 LHO HH.

[47] Vgl. auch die Regelungen in anderen Ländern, z. B. § 81 Abs. 3 GO BW; Art. 65 Abs. 3 GO BY; § 78 Abs. 5 GO BB; § 97 Abs. 5 HGO; § 47 Abs. 3 KV MV; § 97 Abs. 1 i. V. m. § 24 GO RLP; § 79 Abs. 3 GO SH; § 86 Abs. 3 KSVG SL; § 76 Abs. 3 SächsGemO; § 94 Abs. 3 GO LSA, § 57 Abs. 3 ThürKO.

Finanzplanung der Kommune hat ähnliche Grundsätze. Zweck der Finanzplanung ist es, eine dauerhafte Ordnung der kommunalen Finanzen zu sichern, einen ausgeglichenen Haushalt zu gewährleisten, Schwerpunktbildung zuzulassen und eine koordinierte Planung für den gesamten öffentlichen Bereich zu ermöglichen.[48] § 83 Gemeindeordnung Nordrhein-Westfalen beispielsweise dient dieser Koordinierung der Finanzplanung von Bund, Ländern und Kommunen.[49] Gleiches gilt auch für die entsprechende niedersächsische Vorschrift des § 90 Niedersächsische Gemeindeordnung,[50] sowie aller anderen Länder. Eine koordinierte Planung für den gesamten öffentlichen Bereich ist aber nur im Rahmen eines Mindestmaßes an gegenseitiger Abstimmung unter den Kommunen möglich.

Die dargestellten ähnlichen formalen Strukturen und grundsätzlich gleichlaufenden Grundsätze im Bauplanungsrecht und Haushaltsrecht, vereinfachen die Übertragung der im Bauplanungsrecht vorherrschenden Strukturen auf eine kommunale Investitionsleitplanung. Darüber hinaus hätte eine solche Übertragung von Strukturen noch weitere Vorteile.

Das Verfahren der Bauleitplanung ist in der kommunalen Verwaltung und den kommunalen Entscheidungsorganen bekannt und hat sich seit seiner Einführung unzählige Male bewährt. Das bedeutet, dass dieses Verfahren großes Vertrauen genießt. Dieses Vertrauen, die Bekanntheit und die Bewährtheit des Verfahrens können erheblich dazu beitragen, die Akzeptanz eines neuen Verfahrens zu vergrößern. Zugleich führt ein Wiedererkennen von bekannten Verfahrensstrukturen zu Synergieeffekten und einem höheren Maß an Sicherheit im Umgang mit einem neuen Verfahren.

Das Verfahren der Bauleitplanung ist als sehr effizient und verlässlich bekannt. Würde die Struktur dieses Verfahren auf den Entwurf eines kommunalen Investitionsleitverfahrens übertragen und entsprechend angepasst, so besteht die nicht unwahrscheinliche Chance, dass sich die Effektivität und Verlässlichkeit der Bauleitplanung auch im kommunalen Investitionsleitverfahren wieder findet.

IX. Entwicklung einer kommunalen Investitionsleitplanung

Zwischen dem existierenden Verfahren der Bauleitplanung und den Regelungen zum kommunalen Haushaltsrecht sind formelle und strukturelle Gemeinsamkeiten erkennbar. Diese Gemeinsamkeiten lassen sich zur Entwicklung eines Investitionsleitverfahrens innerhalb des kommunalen Haushaltsrechts nutzen. Dazu müssen bei der Übernahme und Übertragung von Strukturen aus der Bauleitplanung entsprechende Anpassungen vorgenommen werden. Dabei sind sowohl die spezifischen Notwendigkeiten einer kommunalen Investitionsleitplanung als auch diejenigen des kommunalen Haushaltsrechts als rechtlicher und struktureller Hintergrund zu berücksichtigen. Mit den Regelungen einer kommunalen Investitionsleitplanung sollen insbesondere die herausgearbeiteten Risiken bei der Nut-

---

[48] Vgl. *Rehn/Cronauge,* Kommentar zur Gemeindeordnung Nordrhein-Westfalen, Stand 2002, § 83 I 2; § 83 III 1.

[49] Vgl. *Rehn/Cronauge,* (Fn. 48), § 83 III 1.

[50] Vgl. *Thiele* (Fn. 19), S. 342 ff.

zung moderner kommunaler Finanzierungsstrategien beherrschbar gemacht, verringert und im Idealfall vermieden werden.

X. Grundzüge einer kommunalen Investitionsleitplanung

Wesentlicher Inhalt eines kommunalen Investitionsverfahrens wäre:

Die Zuständigkeit für die Entscheidungen im Rahmen der Investitionsleitplanung sollte dem unmittelbar gewählten kommunalen Entscheidungsorgan (Gemeinderat) zustehen. Der Beschluss über die Nutzung einer modernen kommunalen Finanzierungsstrategie kann nicht – wie im Rahmen der Bauleitplanung üblich – als Satzung ergehen, da das Investitionsleitverfahren Teil des kommunalen Haushaltsrechts ist und der kommunale Haushalt bereits als Satzung beschlossen wird. Da das Investitionsleitverfahren aber Teil des kommunalen Haushalts sein soll, kann es nicht als eigenständiger Beschluss mit Satzungscharakter ergehen.

Notwendig ist vielmehr ein rechtlich verbindlicher Beschluss des kommunalen Entscheidungsorgans (Gemeinderat) über die Umsetzung der geplanten Investitionsentscheidung im Rahmen der kommunalen Finanzplanung, der sich auf schriftlich fixierte Grundlagen stützt und aufgrund eines fest vorgegebenen formalen Verfahrens (Investitionsleitverfahren) zustande gekommen ist. Der Beschluss muss Teil eines kommunalen Risikomanagementsystems sein.

Der Investitionsbeschluss soll, entsprechend dem Aufstellungsbeschluss in der Bauleitplanung (§ 2 Abs. 1 BauGB), das förmliche Verfahren zur Investitionsplanung einleiten. Zuständig für den entsprechenden Beschluss ist das kommunale Entscheidungsorgan (Gemeinderat), dessen Zuständigkeit sich für entsprechende Beschlüsse aus den jeweiligen Gemeindeordnungen bzw. des jeweiligen Ortsrechts ergibt. Wie im Baurecht muss dem Investitionsbeschluss ein Antrag auf Nutzung einer bestimmten modernen kommunalen Finanzierungsstrategie voraus gehen. Diese Initiative kann von der Verwaltung, einem Ersuchen aus der Mitte des Rates oder des Finanzausschusses ausgehen, u.U. aber auch durch die Anregung aus der Bürgerschaft.

Der Investitionsbeschluss ist – wie der Planaufstellungsbeschluss im Baurecht – ortsüblich bekannt zu machen, um die Einwohner und Bürger der Kommune auf die Absicht der Nutzung einer modernen kommunalen Finanzierungsstrategie hinzuweisen (Anstoß- und Hinweisfunktion). Damit erhält die Öffentlichkeit erste Kenntnisse von den Planungen der Kommune und kann sich auf eine Mitwirkung einstellen und den weiteren Prozess verfolgen. Wie im Baurecht sollte die Bekanntmachung derart erfolgen, dass sie den an der beabsichtigten Investition interessierten Bürgern ihre Interessen an Information und Beteiligung durch Anregungen und Bedenken bewusst macht.

Unmittelbar an den Beschluss zur Nutzung einer modernen kommunalen Finanzierungsstrategie schließt sich der Verfahrensabschnitt der Ausarbeitung des konkreten Nutzungsentwurfs an. In diesem Schritt werden die Investitionsmodalitäten der zu nutzenden Finanzierungsstrategie ausgearbeitet. Die Kommune kann, vergleichbar dem Bauplanungsrecht, selbst den Investitionsentwurf erarbeiten oder ein externes Beratungsbüro bzw. ein Finanzinstitut damit beauftragen.

Im Rahmen der kommunalen Investitionsleitplanung bietet es sich an, eine an die Vorschriften des § 2 Abs. 4 i. V. m. § 3 BauGB angelehnte strategische Investitionsprüfung durchzuführen, die mit einem Investitionsbericht – angelehnt an den in den Vorschriften genannten Umweltbericht – abgeschlossen würde. In der strategischen Investitionsprüfung sollen die voraussichtlich erheblichen Auswirkungen auf die Finanzlage der Kommune durch die geplante Finanzierungsstrategie ermittelt und im vorgesehenen Investitionsbericht beschrieben und bewertet werden. Das Ergebnis des Investitionsberichts muss in der folgenden Entscheidung des Gemeinderates über die Investition berücksichtigt werden. An der strategischen Investitionsprüfung sollen betroffene Behörden und die Öffentlichkeit beteiligt werden; der Investitionsbericht ist zu veröffentlichen und Einwände dagegen sind ggf. im weiteren Verfahren zu berücksichtigen. Um den Aufwand im Rahmen einer Investitionsprüfung möglichst gering zu halten, könnte überlegt werden – analog zu dem Gedanken in § 14 b Abs. 2 UVPG – eine strategische Investitionsprüfung nur dann verpflichtend zu machen, wenn „erhebliche finanzielle Auswirkungen" für die Kommune (angelehnt an die „erheblichen Umweltauswirkungen" in § 14 b Abs. 2 UVPG) zu befürchten wären. Da diese „erheblichen finanziellen Auswirkungen" ein unbestimmter Rechtsbegriff wären und – bevor sich zu diesem Thema eine Rechtsprechung gebildet hat – die Auslegung erheblich zwischen den Kommunen variieren könnte (abhängig vom Investitionsgrad und der Risikoneigung des jeweiligen Entscheidungsorgans), sollte für die „erheblichen finanziellen Auswirkungen" eine feste Summe eingeführt werden, beispielsweise in Höhe von 10 Prozent des (letzten) Haushaltsvolumens der betreffenden Kommune.

Als verbindlich vorgegebener Inhalt des nach Abschluss der strategischen Investitionsprüfung zu verfassenden Investitionsberichts sollte eine Kurzdarstellung der angestrebten Investition, alle relevanten und bekannte Entscheidungsgründe für und gegen die Investition, eine Darstellung, in welcher Form die Investition die kommunale Finanzlage in der Zeit ihres Bestehens sowie darüber hinaus beeinflussen wird, eine Ausarbeitung, welche Auswirkungen beim unvorteilhaftesten Verlauf der Investition anzunehmen wären, eine Darstellung von möglichen Maßnahmen, die geeignet wären und geplant sind, dem unvorteilhaftesten Verlauf zu begegnen, die durch die Investition betroffenen und die dabei beteiligten Behörden, ein Hinweis, ob sich bei der Erarbeitung der Investitionsidee Bereiche ergeben haben, in denen noch Informationen fehlen oder die noch nicht auf ihre Zuverlässigkeit geprüft wurden, eine Kurzdarstellung von Investitionsalternativen mit Begründung, warum diese nicht bevorzugt wurden sowie eine Darstellung von Überwachungsmaßnahmen während der Laufzeit der Investition (Risikomanagementsystem) vorgeschrieben werden.

Am Verfahren der strategischen Investitionsprüfung sollen die Öffentlichkeit sowie die betroffenen Behörden beteiligt werden. Damit soll die Entscheidungsgrundlage verbreitert und einige der bei der Nutzung moderner kommunaler Finanzierungsstrategien auftretenden Risiken minimiert werden. Nach Fertigstellung des Investitionsberichts sollte dieser – analog zum Umweltbericht in § 14 i Abs. 2 UVPG – der Öffentlichkeit sowie den beteiligten Behörden zugänglich gemacht werden. Einwände, die aufgrund dieses Zugänglichmachens noch von den Beteiligten erhoben werden, sollten im weiteren Investitionsverfahren berücksichtigt werden. Auch die Kommunalaufsicht sollte als zuständige Aufsichtsbehörde in bestimmten Fällen am Verfahren in Form von Mitwirkungspflichten beteiligt werden. Bereits jetzt sieht die Gesetzeslage die Beteiligung der Aufsichtbehörde an bestimmten Investitionsentscheidungen im Rahmen der Nutzung moderner kommunaler Finanzierungsstrategien durch Kommunen vor.[51]

Neben der Beteiligung der Aufsichtsbehörde in bestimmten Fällen sollte in jedem Fall zwingend die bei der Kommune einzurichtende Risikomanagementstelle an der Investitionsleitplanung als Trägerin öffentlicher Belange beteiligt werden. Die Einrichtung einer solchen Risikomanagementstelle ist notwendige Voraussetzung, um die Risiken, die mit der Nutzung von modernen kommunalen Finanzierungsstrategien einhergehen, für die handelnde Kommune in größtmöglichem Umfang beherrschbar zu machen. Diese Risikomanagementstelle sollte mit der Bewertung, Durchführung, Abwicklung und Überwachung der gewählten modernen kommunalen Finanzierungsstrategie betraut werden. Um aber bereits im vorausgehenden Investitionsverfahren die Kompetenz dieser Stelle für die konkrete Investitionsentscheidung nutzbar zu machen und, um der Risikomanagementstelle die Möglichkeit zu geben, auf die von ihr später zu betreuenden Investitionen Einfluss auszuüben, sollte die Risikomanagementstelle zwingend bereits im Investitionsleitverfahren beteiligt werden.

Darüber hinaus sollte im Investitionsleitverfahren eine umfassende Öffentlichkeitsbeteiligung vorgesehen werden. Die Öffentlichkeitsbeteiligung im Rahmen der Investitionsleitplanung verfolgt, wie die Öffentlichkeitsbeteiligung im Rahmen der Bauleitplanung, mehrere Ziele: Sie soll informieren (Informationsfunktion), die Öffentlichkeit an dem Planungsprozess beteiligen (demokratische Funktion), deren Einwirkungsmöglichkeiten verbessern (Rechtsschutzfunktion) und vor allem die Akzeptanz der kommunalen Investitionsentscheidung verbessern (Integrationsfunktion).

Derzeit sieht das Verfahren zur kommunalen Haushaltsaufstellung eine umfassende Beteiligung der Öffentlichkeit – im Gegensatz zum Bauleitverfahren- nicht vor. Dennoch könnte eine stärkere Einbindung der Öffentlichkeit im Bereich der Nutzung moderner kommunaler Finanzierungsstrategien zu einem transparenteren, und damit risikoärmeren Umgang mit diesen Finanzierungsmodellen beitragen. Denn wenn eine Öffentlichkeitsbeteiligung in Form der Information und Offenlegung der Gründe für die Wahl und die Nutzung einer bestimmten modernen kommunalen Finanzierungsstrategie erforderlich wäre, müssten die kommunalen Entscheidungsträger sich aufgrund der folgenden öffentlichen Diskussion wesentlich intensiver mit den Vorteilen und Risiken befassen. Dies könnte zu einem bewussteren Umgang mit diesen modernen Finanzierungsformen beitragen.

Die Öffentlichkeitsbeteiligung sollte sich dabei auf zwei Arten vollziehen: Information und Teilhabe. Dies wird zum einen durch die Bekanntgabe des kon-

---

[51] Vgl. die Zusammenfassung in *Frischmuth/Richter,* Kommunales Zins- und Schuldenmanagement, Deutscher Städtetag, Beiträge zur Finanzpolitik, Reihe G, Heft 14, 2007.

kreten Investitionsbeschlusses umgesetzt, zum anderen durch eine verpflichtend vorgeschriebene Anhörung der Bürger der betreffenden Kommune.

Beide Arten der Öffentlichkeitsbeteiligung sind notwendig, um den Bürgern die Wichtigkeit der Nutzung moderner kommunaler Finanzierungsstrategien nahe zu bringen und für eine größere Akzeptanz dieser Finanzierungsstrategien innerhalb der Bevölkerung zu sorgen. Die Bürger sollen über allgemeine Ziele und Zwecke der Investition, die wesentlichen Lösungsmöglichkeiten und die voraussichtlichen Auswirkungen auf die kommunale Haushaltssituation informiert werden. Mit diesem Verfahren sollen die Bürger in die Lage versetzt werden, eigene Vorstellungen und Anregungen in das Investitionsverfahren mit einzubringen.

Wie im Baurecht auch, sollten im kommunalen Investitionsleitverfahren die Unterlagen der beabsichtigten Investition für einen Monat ausgelegt werden. Auch in diesem Fall sollen alle für die Investition relevanten Unterlagen (z. B. auch die Stellungnahme der Aufsichtsbehörde und der Risikomanagementstelle) veröffentlicht werden. Die Auslegung muss ortsüblich bekannt gemacht werden mit dem Hinweis, dass Anregungen während der Auslegungsfrist eingereicht werden können. Denn Voraussetzung für die Umsetzung der Anhörung ist die zunächst erfolgte Information der Bürger in Form der Auslegung aller für die Investition notwendigen Unterlagen. Die innerhalb der Auslegungsfrist von vier Wochen vorgebrachten Bürgereinwände, -vorschläge und –anregungen hat die Kommune zu prüfen und in ihre Entscheidung über die Vornahme der Investition miteinzubeziehen. Sie muss die vorgebrachten Bürgeräußerungen schriftlich festhalten und auch ihre, nach Prüfung der Eingaben erfolgte Entscheidung samt Begründung schriftlich fixieren und den jeweiligen Eingebern mitteilen. Die Betroffenen sollen damit die für den Investitionsbeschluss maßgeblichen Abwägungsgründe erfahren, um gegebenenfalls weiter Schritte einleiten zu können.

Dem Prozess der Information soll sich dann ein Prozess der bürgerschaftlichen Teilhabe in Form einer Anhörung zur beabsichtigten Investition anschließen. Dieser Anhörung kommt im Rahmen der Öffentlichkeitsbeteiligung eine Schlüsselrolle zu. Mit ihrer Hilfe erhalten die Bürger die Möglichkeit, sich unmittelbar am Investitionsverfahren zu beteiligen und entsprechenden Einfluss auszuüben. Zugleich wirkt die Anhörung als Korrektiv für die Entscheidungen des kommunalen Entscheidungsorgans, da sich der Wille des Volkes unmittelbar aus den Eingaben ablesen und umsetzen lässt. Damit ist ein großer Schritt hin zur Vermeidung bzw. Verringerung der Risiken innerhalb der Nutzung von modernen kommunalen Finanzierungsstrategien getan. Gleichzeitig verbreitert die Anhörung die argumentative Entscheidungsgrundlage des kommunalen Entscheidungsorgans über die konkrete Investitionsentscheidung. Denn mit den Eingaben der Bürger werden u.U. bisher noch nicht berücksichtigte Vorteile bzw. Risiken der angestrebten Investition in das Verfahren eingeführt.

Die Kommune sollte im Investitionsleitverfahren die Möglichkeit – und beim Vortragen von gravierenden und bisher noch nicht berücksichtigten Risiken die Pflicht – haben, den bisher vorgelegten Investitionsentwurf aufgrund der Ergebnisse der Öffentlichkeitsbeteiligung abzuändern.

Die Investition wird im Rahmen eines üblichen Ratsbeschlusses beschlossen. Gegenstand des Beschlusses ist derjenige Investitionsentwurf, der nach der Beteiligung der Öffentlichkeit vorliegt. Die Zuständigkeit für den Beschluss über die Investitionsentscheidung richtet sich grundsätzlich nach dem Kommunalverfassungsrecht. Das wird in der Regel der Gemeinderat als kommunales Entscheidungsorgan sein. Die Kommune hat die getroffene Investitionsentscheidung öffentlich bekannt zu machen

Mit der Schlussbekanntmachung ist das Investitionsleitverfahren grundsätzlich abgeschlossen. Es folgt die Übergabe der Ausführung der Investition an die Risikomanagementstelle, die für die weitere Umsetzung der Investition verantwortlich ist. Denn der Einsatz moderner kommunaler Finanzierungsinstrumente setzt ein professionelles und verantwortungsbewusstes Risikomanagement voraus.[52] Die Risikomanagementstelle überwacht während der gesamten Laufzeit des Investments die Ausführung, kontrolliert die zuvor festgestellten Risiken und steuert gegebenenfalls gegen.

XI. Ergebnis

Kommunen können grundsätzlich moderne Finanzierungsformen nutzen. Diese enthalten allerdings spezifische Risiken, derer sich die Kommune bewusst werden muss. Diese Risiken müssen durch ein entsprechendes Risikomanagementsystem erkannt, bewertet und kontrolliert werden. Zur Entwicklung eines solchen Risikomanagementsystems bietet sich die Einführung einer kommunalen Investitionsleitplanung an, die auf die Grundzüge der bestehenden Bauleitplanung zurückgreifen und daraus weiter entwickelt werden kann.[53]

---

[52] Vgl. für derivative Finanzierungsinstrumente: *Meister*, in: Müller (Fn. 7), S. 100.

[53] Detailliertere Ausführungen zum Thema sowie ein ausgearbeiteter Gesetzgebungsvorschlag finden sich unter: *Zoubek* (Fn. 1).

E. RECHTSSTAAT

CASPAR DAVID HERMANNS

Die niedersächsischen Selbsttitulierungsrechte auf dem verfassungsrechtlichen Prüfstand

Am Anfang seiner beruflichen Tätigkeit wurde der Jubilar mitleidig bis argwöhnisch von sogenannten Kollegen befragt, ob man denn von der auf das Verwaltungsrecht fokussierten anwaltlichen Tätigkeit leben könne. „Wenn man bescheiden ist", pflegte der Jubilar mit der ihm eigenen Gelassenheit und versteckter Ironie zu entgegnen. Dabei ist der auch wirtschaftliche Erfolg des Jubilars gar nicht den „vergangenen goldenen Zeiten für anwaltliche Tätigkeit", sondern vielmehr auch der Befolgung zweier Regeln, die trotz des inzwischen doch überwiegend widrigen Marktumfeldes weiterhin nur wenige Rechtsanwälte beherzigen, geschuldet. Es ist zunächst die Regel, die der Jubilar manches Mal insbesondere anlässlich der zahlreichen von ihm veranstalteten Seminare gerne an jüngere Juristengenerationen weitergab: Es sei ganz einfach als Rechtsanwalt zu Wohlstand zu gelangen, man müsse nur arbeiten wie ein Bäcker und ein Wirt. Man müsse also jeden Morgen um 03.00 Uhr (wenn auch der Bäcker in die Backstube komme) mit dem Tagwerk beginnen. Und wenn der Bäcker am Nachmittag die Backstube verlasse, müsse man wie der Wirt am Nachmittag in die Kneipe, um das Abendgeschäft vorzubereiten, das dann um 01.00 Uhr ende. Dies liegt nicht jedem, pflegt der Jubilar augenzwinkernd hinzuzufügen (denn sonst funktioniere der Witz ja nicht, was allerdings nur in sehr vertrauter Runde ergänzt wird). Wenn man aber diese Regel nicht befolgen möge, könne man einer zweiten Regel den Vorzug geben: Man nehme nur Fälle an, die man gewinnt.

Aber auch weil diese Regeln (zu) wenig beherzigt werden, gibt es auch eine zunehmende Zahl an Rechtsanwälten, die wirtschaftlich nur sehr schwierig zurecht kommen und am Ende vor der Privatinsolvenz stehen. Wird dabei ein Kredit, insbesondere ein Immobilienkredit, notleidend, bedeutet dies für den Darlehensgeber regelmäßig einen erheblichen Verlust. Dieser vergrößert sich, je länger der Zeitraum zwischen dem ersten Entstehen der Rückstände und der Verwertung der Sicherheiten liegt.

Aufgrund verschiedener in den vergangenen Zwanziger- und Dreißigerjahren, insbesondere nach der Machtergreifung durch die Nationalsozialisten, beschlossener Gesetze wurde es mehreren (vormals) staatlichen Kreditinstituten ermöglicht, sich im Wege der Selbsttitulierung Titel zu verschaffen, die als Grundlage von Zwangsvollstreckungsmaßnahmen dienten und dienen. Begünstigt von diesen Regelungen, die es nur in Niedersachsen gibt, sind immer noch die Ritterschaftlichen Kreditinstitute des Fürstentums Lüneburg und Stade, die Bremer Landesbank, die Landessparkasse zu Oldenburg und der Calenberger Kreditverein. Es ist noch gar nicht lange her, dass Zweifel an der Privilegierung dieser Kreditinstitute zum einen kaum geäußert wurden, vor allem aber kaum wahrnehmbar waren. Inzwischen hat sich die Lage aber verändert, die vereinzelten Störfeuer von den betroffenen Kreditinstituten wohl als Ideen weniger querulatorisch veranlagter Schuldner und entsprechender Rechtsanwälte wahrgenommen, entwickelte sich innerhalb von wenigen Monaten für das Selbsttitulierungsrecht zu einem Flächenbrand.

I. Kehrtwende der Oldenburger Gerichte

Denn insbesondere von Oldenburger Gerichten wurde in den letzten eineinhalb Jahren eine Kehrtwende dahin gehend vollzogen, dass § 21 Satz 2 des Gesetzes für den Freistaat Oldenburg betreffend die Staatliche Kreditanstalt Oldenburg (Staatsbank)[1] und § 16 Abs. 2 des Gesetzes für den Landesteil Oldenburg betreffend die Landessparkasse zu Oldenburg vom 3.7.1933[2] für verfassungswidrig erachtet werden.

Zwar beschied noch im Jahr 2007 die 16. Zivilkammer des Landgerichts Oldenburg einen Antrag auf Gewährung von Prozesskostenhilfe, der sich gegen die Zwangsvollstreckung aufgrund eines Titels, den sich die gegnerische Sparkasse mittels ihres Selbsttitulierungsrechts nach § 16 Abs. 2 GLSO verschafft hatte, abschlägig, ging dabei aber nur auf die Frage ein, ob diese Norm nachkonstitutionelles Recht darstelle.[3] Hinsichtlich der Verfassungsgemäßheit des Gesetzes hatte sich der Einzelrichter darauf beschränkt festzustellen, dass verfassungsrechtliche Bedenken vom Antragsteller nicht geäußert wurden und auch nicht ersichtlich seien, ohne Letzteres zu begründen. Weiter vertritt die 6. (Beschwerde)Kammer des Landgerichts Oldenburg in ständiger Rechtsprechung die Auffassung, dass keine Zweifel an der Verfassungsmäßigkeit von § 16 Abs. 2 GLSO bestünden und wies die sofortigen Beschwerden von Schuldnern, deren Immobilie der Zwangsversteigerung unterworfen ist, zurück, ließ hierbei allerdings zuletzt die Rechtsbeschwerde zum Bundesgerichtshof zu.[4]

Die Zulassung der Rechtsbeschwerde erfolgte vor dem Hintergrund, dass sich das Oberlandesgericht Oldenburg und andere Kammern des Landgerichts Oldenburg gegenteilig positioniert haben. So beschloss zunächst die 1. Zivilkammer des Landgerichts Oldenburg am 18.2.2011, dass § 21 Satz 2 OLStaatsbankG verfassungswidrig und deshalb dem BVerfG zur Nichtigerklärung vorzulegen sei.[5] Eine im Tenor diesem Beschluss entsprechende Entscheidung fasste am 17.3.2011 sodann auch der 8. Zivilsenat des Oberlandesgerichts Oldenburg und legte seinerseits dem BVerfG den § 21 Satz 2 OLStaatsbankG zur Verwerfung vor.[6] Mit vom 23.2.2012 datierenden in einem Prozesskostenhilfeverfahren und am 8.11.2012 im Hauptsacheverfah-

[1] Gesetz vom 22.9.1933, Gesetzblatt für den Freistaat Oldenburg – Landesteil Oldenburg – herausgegeben am 26.9.1933, Nr. 144). Im Folgenden „OLStaatsbankG".

[2] In der Fassung des § 43 Abs. 1 Nr. 5 NSpG vom 6.7.1962 (Nds GVBl S. 77). Im Folgenden GLSO.

[3] LG Oldenburg, Beschl. v. 11.12.2007 – 16 O 3051/07.

[4] LG Oldenburg, Beschl. v. 8.11.2011 – 6 T 665/11 und Beschl. v. 2.1.2012 – 6 T 917/11; jeweils unter Berufung auf LG Oldenburg, Beschl. v. 8.1.2007 – 6 T 2/07.

[5] LG Oldenburg, Beschl. v. 18.2.2011 – 1 O 755/10.

[6] OLG Oldenburg, Beschl. v. 17.3.2011 – 8 U 139/10.

ren bestätigten, § 16 Abs. 2 des Gesetzes für den Landesteil Oldenburg, betreffend die Landessparkasse zu Oldenburg vom 3. Juli 1933 betreffenden Beschluss bekräftigte der Senat seine Auffassung.[7] Weiter setzte die 13. Zivilkammer des Landgerichts Oldenburg als Einzelrichter die Vollstreckung in ein Grundstück aufgrund einer von der LzO selbst titulierten Forderung aus.[8] Ebenso setzte die 9. Zivilkammer des Landgerichts Oldenburg die Vollstreckung in ein Grundstück aufgrund einer von der LzO selbst titulierten Forderung aus, wies aber darauf hin, dass es das Vorgehen für rechtsmissbräuchlich erachte und lehnte deshalb gleichzeitig die Gewährung von Prozesskostenhilfe mangels hinreichender Erfolgsaussichten der Vollstreckungsgegenklage ab.[9]

II. Erfolgsaussichten bezüglich der Vorlagebeschlüsse

Die Erfolgsaussichten der beiden Vorlagebeschlüsse müssen bezogen auf das Ergebnis als offen bezeichnet werden. Bei dem landgerichtlichen Beschluss der 1. Zivilkammer ist allerdings zweifelhaft, ob die hohen Anforderungen an die Zulässigkeit einer Richtervorlage erfüllt werden, weshalb es letztlich auf den oberlandesgerichtlichen Beschluss ankommen dürfte.

1. Zulässigkeit der Vorlagebeschlüsse

Das BVerfG stellt in ständiger Rechtsprechung folgende, nicht geringe, Anforderungen an Vorlagebeschlüsse: In dessen ständiger Rechtsprechung wird verlangt, dass das vorlegende Gericht gemäß Art. 100 Abs. 1 S. 1 GG in Verbindung mit § 80 Abs. 2 S. 1 BVerfGG darlegen muss, inwiefern seine Entscheidung von der Vorlage abhängt und dass es die gebotene Prüfung der Entscheidungserheblichkeit vorgenommen hat. Weiter muss dem Beschluss mit hinreichender Deutlichkeit zu entnehmen sein, dass und aus welchen Gründen das vorlegende Gericht bei der Gültigkeit der Vorschrift zu einem anderen Ergebnis kommen würde als im Fall ihrer Ungültigkeit.[10] Hierbei muss das vorlegende Gericht im Hinblick auf die Entscheidungserheblichkeit der Vorlagefrage den verfassungsrechtlichen Prüfungsmaßstab nennen und die für seine Überzeugung von der Verfassungswidrigkeit maßgebenden Erwägungen nachvollziehbar und umfassend darlegen,[11] wobei insbesondere auf die Rechtsprechung des BVerfG eingegangen werden muss.[12] Weiter muss das vorlegende Gericht auch auf naheliegende tatsächliche und rechtliche Gesichtspunkte eingehen, wobei es erforderlich sein kann, die Gründe zu erör-

[7] OLG Oldenburg, Beschl. v. 23.2.2012 – 8 W 13/12.

[8] LG Oldenburg, Beschl. v. 7.11.2011 – 13 O 3343/11.

[9] LG Oldenburg, Beschl. v. 14.2.2012 – 9 O 3343/11.

[10] Jüngst BVerfG, Beschl. v. 4.10.2011 – 1 BvL 3/08 unter Berufung auf BVerfGE 86, 71 (77); BVerfGE 88, 187 (194); Beschl. v. 20.2.2002 – 1 BvL 19/97, 1 BvL 20/97, 1 BvL 21/97 u. 1 BvL 11/98, BVerfGE 105, 48 (56); BVerfGE 105, 61 (67).

[11] Jüngst BVerfG, Beschl. v. 4.10.2011 – 1 BvL 3/08 – unter Berufung auf BVerfGE 86, 71 (77 f.); Beschl. v. 12.1.1993 – 1 BvL 7/92, 1 BvL 27/92 u. BVerfGE 88, 70 (74); BVerfGE 88, 187 (194).

[12] Jüngst BVerfG, Beschl. v. 19.8.2011 – 1 BvL 15/11 – unter Berufung auf BVerfGE 86, 52 (57).

tern, die im Gesetzgebungsverfahren als für die gesetzgeberische Entscheidung maßgebend genannt worden sind.[13]

Diesen Anforderungen wir der vom 18.2.2011 datierende Beschluss des Landgerichts nicht gerecht, weil er sich nicht mit der verfassungsgerichtlichen Rechtsprechung auseinandersetzt. Zweifelhaft ist aber unabhängig hiervon, ob die als verfassungswidrig beanstandete Vorschrift des § 16 Abs. 2 GLSO tatsächlich als nachkonstitutionelles Recht anzusehen ist, weil erforderlich ist, dass die als verfassungswidrig vorgelegte Norm unter der Herrschaft des Grundgesetzes als der höheren Norm ergangen sein muss, die sie vernichtet.[14] Dies ist insofern deshalb zweifelhaft, als dass das BVerfG an für die Überleitung von vorkonstitutionellem zu nachkonstitutionellem Recht zwar nicht unüberwindbare, aber doch nicht unwesentliche Anforderungen stellt.[15]

Zu untersuchen ist die Frage ob vorkonstitutionelles Recht vorliegt insbesondere deshalb, weil nach dem vom 11.10.1989 datierenden Gesetzentwurf der Niedersächsischen Landesregierung das GLSO aus dem Jahre 1933 vollständig aufgehoben werden (Art. 21 Nr. 1) und die LzO nur noch nach den Vorschriften der Zivilprozessordnung vollstrecken dürfen (Art. 6 Nr. 3) sollte. Hiergegen sprach sich jedoch der Ausschuss des Landtags für Rechts- und Verfassungsfragen aus. Er empfahl, das Titulierungsrecht der LzO beizubehalten und die Neuregelung dieses Komplexes einer späteren Novellierung des Sparkassengesetzes vorzubehalten, worauf der Landtag dieser Empfehlung folgte und die beiden vorgenannten Bestimmungen aus dem Gesetzentwurf strich. Dass als Ergebnis der „Streichung" die §§ 38 bis 44 des bisherigen Sparkassengesetzes gemeint waren, ergibt sich hiernach aus dem Bericht des Ausschusses für Rechts- und Verfassungsfragen des Niedersächsischen Landtags wonach die Streichung des § 43 Abs. 1 Nr. 5 des Sparkassengesetzes in der früheren Fassung auf das Titulierungsrecht der LzO nicht auswirken wollte[16].

Das Landgericht setzt sich in seinem Aussetzungs- und Vorlagebeschluss vom 18.2.2011 nicht weiter mit der Frage, ob eine Inkorporierung gegeben ist, auseinander, was zur Unzulässigkeit der Vorlage führen dürfte. Das Oberlandesgericht streift diesen Gesichtspunkt dagegen und führt hierzu aus, dass der nachkonstitutionelle Gesetzgeber diese Bestimmung in seinen Willen aufgenommen und damit bestätigt habe. Durch § 78 Abs. 3 des Niedersächsischen Verwaltungsvollstreckungsgesetzes[17] seien die Worte „im Verwaltungswege" in § 21 S. 1 des Gesetzes für den Freistaat Oldenburg betreffend die Staatliche Kreditanstalt Oldenburg (Staatsbank) vom 22.9.1933 gestrichen worden, weil sich die Vollstreckung insbesondere von Ansprüchen aus Darlehen nunmehr nach den Vorschriften der ZPO habe richten sollen.

Zwar reiche die Änderung einzelner Vorschriften eines vorkonstitutionellen Gesetzes oder der Umstand, dass der Gesetzgeber eine vorkonstitutionelle Norm

---

[13] Jüngst BVerfG, Beschl. v. 4.10.2011 – 1 BvL 3/08 – unter Berufung auf BVerfGE 86, 71 (77 f.).

[14] BVerfGE 2, 124 (130); BVerfGE 7, 330 (335); BVerfGE 60, 135 (153).

[15] Vgl. hierzu *Umbach/Clemens/Dollinger,* BVerfGG, § 80 Rn. 41.

[16] Niedersächsischer Landtag, Drs. 11/5157; ebenso LG Oldenburg, Beschl. v. 11.12.2007 – 16 O 3051/07.

[17] Nds. GVBl. 32/1982, ausgegeben am 8.6.1982, S.150.

nur als solche hinnimmt und von ihrer Aufhebung vorerst absieht, allein für die Annahme eines Bestätigungswillens nicht aus. Der erforderliche konkrete Bestätigungswille des an das Grundgesetz gebundenen Gesetzgebers ergebe sich aber aus der Begründung des Gesetzgebers zur Änderung von § 21 S. 1 des Gesetzes für den Freistaat Oldenburg betreffend die Staatliche Kreditanstalt Oldenburg,[18] da es dort wörtlich heiße: „Ihr Vollstreckungsantrag ersetzt weiterhin den Vollstreckungstitel. Insoweit bleibt ihre Rechtsposition erhalten". Das beinhalte eine ausdrückliche Aufnahme des Selbsttitulierungsrechts in den Willen des nachkonstitutionellen Gesetzgebers, zumal dieser ohnehin die Regelung über längere Zeit in Geltung gelassen habe, so dass die Voraussetzungen für die Annahme, er habe sie in seinen Willen aufgenommen, eher gering anzusetzen seien.

Zwingend ist diese Argumentation aber insofern nicht, als dass es bei den Gesetzesänderungen, die das Oberlandesgericht als Begründung des parlamentarischen Willens zur Fortgeltung von § 21 OLStaatsbankG annimmt, nicht das Gesetz, geschweige denn andere Absätze des § 21 OLStaatsbankG selbst, sondern das GLSO betrafen. Auch ist das von den betroffenen Kreditinstituten angeführte Argument, die Niedersächsische Landesregierung habe sich mehrfach mit der Materie befasst, nicht durchgreifend, da dieser Ansatz unter Außerachtlassung des Gewaltenteilungsprinzips die insofern alleinige parlamentarische Verantwortung des Landtages ausblendet. Jedoch dürfte es – wenn auch zumindest bezüglich § 21 OLStaatsbankG die besseren Argumente für eine fehlende Aufnahme in den Gesetzgebungswillen sprechen – gleichwohl vertretbar sein, eine Inkorporierung anzunehmen, wenn man davon ausgeht, dass dem Gesetzgeber aufgrund seiner seinerzeitigen Befassung mit der Materie die Grundkonstellation bekannt war und er dennoch über Jahrzehnte die entsprechenden Gesetze nicht änderte.

2. Begründetheit der Vorlagebeschlüsse

a) Standpunkt der Oldenburger Prozessgerichte

Die Vorlagebeschlüsse gehen davon aus, dass es einen erheblichen Unterschied darstelle, wenn eine Geschäftsbank sich einen Titel selbst verschafft und unmittelbar ohne vorangegangenes Erkenntnisverfahren mit der Folge vollstrecken könne, dass der Kreditnehmer sich gemäß § 767 ZPO oder mit anderen vollstreckungsrechtlichen Rechtsbehelfen verteidigen und versuchen müsse, die einstweilige Einstellung des Zwangsversteigerungsverfahrens zu erreichen oder ob die Bank erst in einem gerichtlichen Erkenntnisverfahren, in dem der Kreditnehmer alle Einwendungen ohne den Druck des laufenden Vollstreckungsverfahrens vorbringen könne, einen Titel erlangen müsse. Nur in dem zuletzt genannten Fall sei dem vom Rechtsstaatsprinzip geforderten wirkungsvollen Rechtsschutz in bürgerlichrechtlichen Streitigkeiten genüge getan.

Dem stehe auch nicht entgegen, dass die betroffenen Banken bei der Grundschuldbestellung auf eine Unterwerfung des Klägers unter die sofortige Zwangsvollstreckung hätten hinwirken können und dass dieser dann hinsichtlich des

[18] Nds. Landtag, Drs. 9/2185, S. 59, zu § 78 Abs. 3, 4 Nds. VerwaltungsvollstreckungsG.

Rechtsschutzes nicht besser gestanden hätte als im Fall des Gebrauchmachens von dem Selbsttitulierungsrecht. Die Unterwerfung unter die sofortige Zwangsvollstreckung (§ 794 Abs. 1 Nr. 5 ZPO) erfordere nämlich die Mitwirkung des sich Unterwerfenden, der, da sie notariell zu beurkunden sei, über die Folgen von dem amtierenden Notar gewarnt und aufgeklärt werden müsse.

Der Landesgesetzgeber könne sich zudem auch nicht auf § 801 ZPO als Ermächtigungsgrundlage berufen. Zwar gestatte ihm § 801 ZPO, die gerichtliche Zwangsvollstreckung auf Grund anderer als der in den §§ 704, 794 ZPO bezeichneten Schuldtiteln zuzulassen. Das entbinde den Landesgesetzgeber jedoch nicht von der Einhaltung der Normen des Grundgesetzes.

b) Position der betroffenen Kreditinstitute

Die betroffenen Banken halten dem entgegen, dass Ansprüche der Gläubigerin aus Darlehnsbewilligungen durch Zwangsvollstreckung im Verwaltungswege durchgesetzt werden könnten, da die betroffenen Kreditinstitute der Daseinsvorsorge dienten, ja hierfür sogar unverzichtbar seien, weshalb im Interesse dieser Gemeinnützigkeit und damit im Interesse des Landes Niedersachsen den begünstigten Kreditinstituten jeweils ein Instrumentarium an die Hand gegeben werden müsse, das es ihnen erlaube, schnell und unkompliziert ihre Forderungen durchzusetzen.

Kernpunkt der Argumentation ist aber, dass der Vollstreckungsschuldner nicht gehindert sei, materiell-rechtliche Einwände gegen die Höhe der geltend gemachten Forderung gerichtlich überprüfen zu lassen. So stehe ihm neben einer Klauselerinnerung nach § 732 Abs. 1 Nr. 5 ZPO insbesondere die Möglichkeit der Vollstreckungsgegenklage gemäß § 767 ZPO zur Verfügung, wobei bei den selbsttitulierten Titeln keine Einschränkung aufgrund der Regelung des § 767 Abs. 2 ZPO gegeben sei. Es stelle aber keinen Grundrechtsverstoß dar, dass derartige Einwände nicht im Vollstreckungs- beziehungsweise vor allem im Versteigerungsverfahren geltend gemacht werden könnten.

Außerdem seien auch keine Verstöße gegen Art. 3 Abs. 1 GG und Art. 14 GG gegeben. Eine Verletzung von Art. 3 Abs. 1 GG scheide insbesondere deshalb aus, weil § 4 des Niedersächsischen Sparkassengesetzes es als Aufgabe einer Sparkasse festschreibe, eine angemessene und ausreichende Versorgung aller Bevölkerungskreise und insbesondere des Mittelstands mit geld- und kreditwirtschaftlichen Leistungen in der Fläche sicherzustellen. Ferner habe sie die kommunale Aufgabenerfüllung der Trägers im wirtschaftlichen, regionalpolitischen, sozialen und kulturellen Bereich zu unterstützen. Ein Verstoß gegen Art. 14 Abs. 1 GG scheide aus, weil eine Absicherung einer schuldrechtlichen Forderung im Zeitpunkt ihrer Begründung durch dingliche Rechte auf dem freien Willen der vertragsschließenden Parteien beruhe. Ebenso sei es zulässig, dass sich ein Schuldner bereits bei der Begründung einer Forderung durch eine notarielle Urkunde der sofortigen Zwangsvollstreckung unterwerfe. Wenn der Gesetzgeber durch eine Sonderregelung, die im Einklang mit § 801 ZPO stehe, eine weitere Möglichkeit der Schaffung eines Vollstreckungstitels vorsehe, führe dies nicht zu einer Verletzung des grundgesetzlich geschützten Eigentumsrechtes.

Schließlich berufen sich die betroffenen Kreditinstitute darauf, dass Schuldner, die sich auf die Verfassungswidrigkeit des Selbsttitulierungsrechts berufen würden, rechtsmissbräuchlich handeln würden.

c) Rechtslage

Überzeugend sind die Ausführungen der betroffenen Kreditinstitute allerdings nicht.

aa) Die begünstigten Kreditinstitute wollen letztlich nichts anderes als eine Umkehr des allgemeinen Prinzips der Zwangsvollstreckung, dass ein Erkenntnisverfahren der Titulierung vorgeht. Man fühlt sich an Manns Kesselmeyer[19] erinnert, wenn nach den Vorstellungen der betroffenen Kreditinstitute der Schuldner auf die angeblich gleichwertige Vollstreckungsgegenklage verwiesen werden soll, bei der er – um jedenfalls vorläufig geschützt zu sein – im Regelfall eine Sicherheit leisten müsste. Auch das Vorbringen, dass die Sparkassen und Landesbanken im erheblichen Maße zur Stärkung der regionalen Wirtschaftsstruktur beitrügen ist so einfach wie nicht zu Ende gedacht. Würde man dem folgen, müsste man auch den meisten Genossenschaftsbanken ein Selbsttitulierungsrecht einräumen. Überdies trifft es nicht zu, dass die öffentlichen Banken unentbehrlich sind, wie man gerade bei verschiedenen Landesbanken beobachten kann.[20] In kleinerer Münze gilt dies im Ergebnis auch für Sparkassen, nur dass diese sich im Falle von langfristigen Schieflagen durch Fusionen aus der Affäre ziehen, was bei den Landesbanken vielfach nicht mehr geht, da dies nur dazu führen würde, dass in diesen Fällen der Lahme den Blinden stützt.

bb) Doch ungeachtet dieser rechtstatsächlichen Aspekte dürfte es entscheidend darauf ankommen, welche rechtsstaatlichen Anforderungen an Vollstreckungshandlungen man aus dem Grundgesetz ableitet. Der aus Art. 2 Abs. 1 GG i. V. m. dem Rechtsstaatsprinzip und aus Art. 92 GG folgende Justizgewährungsanspruch fordert nach der Rechtsprechung des BVerfG eine grundsätzlich umfassende tatsächliche und rechtliche Prüfung des Streitgegenstands sowie eine verbindliche Entscheidung durch ein staatliches Gericht.[21]

Auszugehen ist mithin von dem Grundsatz, dass die staatliche Justizgewährung als Kehrseite des staatlichen Gewaltmonopols das zentrale rechtsstaatliche Gebot ist. Mit diesem dem Rechtsstaatsgebot immanenten Gedanken korrespondiert der staatliche Gewährleistungsauftrag, einen wirkungsvollen Rechtsschutz für bürgerlich-rechtliche Streitigkeiten zur Verfügung zu stellen. Denn trotz dessen, dass dem Gesetzgeber eine gewisse Gestaltungsfreiheit zukommt hat er hierbei die verfassungsrechtlichen Erfordernisse zu beachten, die immer eingreifen, wenn staatliche Gerichtsbarkeit wahrgenommen wird. Hierzu gehören insbesondere die Gewährleistungen der richterlichen Unabhängigkeit, des gesetzlichen Richters und des rechtlichen Gehörs vor Gericht, Art. 92, 97, 101, 103 GG.[22]

---

[19] Thomas *Mann,* Buddenbrooks, Erstveröffentlichung am 26.2.1901.

[20] Zum (verbliebenen) öffentlichen Auftrag von Landesbanken, auch im Hinblick auf gemeinschaftsrechtliche Erfordernisse, ausführlich *Lampert* DVBl 2010, 1466 ff.

[21] BVerfGE 85, 337 (345).

[22] OLG Oldenburg, Beschl. v. 17.3.2011 – 8 U 139/10.

Darüber hinaus gehört es zu den Mindestanforderungen des Rechtsstaatsprinzips sowie der Grundrechte – hier insbesondere dem in dem Gleichheitsgrundsatz verankerten Willkürverbot als zentralem Aspekt der Rechtsstaatlichkeit –, die eigenmächtig-gewaltsame Durchsetzung von Rechtsansprüchen zwischen Privaten grundsätzlich zu verwehren. Die Parteien werden auf den Rechtsweg verwiesen, sie sollen dort ihren Streit in einem geordneten Verfahren gewaltlos austragen und eine verbindliche Entscheidung erwirken, damit durch die Rechtsprechung das innerstaatliche Gewaltverbot und das staatliche Gewaltmonopol ihre Ausprägung finden.

Verfahrensrecht hat mithin auch in diesem Zusammenhang in hohem Maße freiheitsgewährleistende Funktion für den Einzelnen wie für das Gemeinwesen.[23] Der Justizgewährungsanspruch beinhaltet dabei somit auch das Recht auf Zugang zu den Gerichten und auf eine grundsätzlich umfassende tatsächliche und rechtliche Prüfung des Streitgegenstands sowie eine verbindliche Entscheidung durch den Richter. Dabei betont das BVerfG, dass im Hinblick darauf, dass den Beteiligten auf dem Rechtsweg mannigfache menschliche und materielle Lasten, die sich nicht nur auf die gerichtlichen und außergerichtlichen Kosten beschränken, entstehen und die richterliche Entscheidung tief in die Rechtssphäre der Beteiligten, etwa durch einen Titel, der den vollstreckungsrechtlichen Zugriff auf Vermögenswerte gestattet oder zu dulden verpflichtet, eingreifen kann. Diese richterliche, die Vollstreckung legitimierende Entscheidung steht regelmäßig am Ende des Verfahrens.[24]

Der Staat muss mithin für Streitigkeiten zwischen Privatpersonen Möglichkeiten gerichtlicher Entscheidung sicherstellen, wobei hierbei das Gebot effektiven Rechtsschutzes gilt. Zwar kann der Private auch auf diesen durch die primär staatliche Kontrolle vermittelten rechtsstaatlichen Schutz verzichten. Dies setzt aber immer eine bewusste in aktives Handeln mündende Entscheidung voraus, wenn die Kontrolle durch staatliche Gerichte vor Titulierung zugunsten einer unmittelbaren Titulierung durch Private verzichtet werden soll. So bedürfen beispielsweise Schiedsgerichtsvereinbarungen einer bestimmten Form (§ 1029 Abs. 2 ZPO) und selbst notariell beurkundete Vollstreckungsunterwerfungserklärungen werden in der Rechtsprechung kritisch gesehen, wenn als Korrektiv nicht besondere Nachweise vor Klauselerteilung gegenüber dem Notar erbracht werden müssen.[25]

cc) Zwar mag man dagegen einwenden, dass jedenfalls die auf das Bauträgergeschäft bezogene Rechtsprechung auf die §§ 3 und 12 MaBV zurückgehe. Diesem Einwand steht aber entgegen, dass auch die §§ 3 und 12 MaBV gerade dazu geschaffen wurden, Vermögensverschiebungen zu Lasten des sich der Zwangsvollstreckung unterwerfenden Käufers zu unterbinden. Insofern überzeugt der Hinweis der Kreditinstitute, dass die §§ 704 und 794 ZPO die Schaffung weiterer, nicht auf eine richterliche Entscheidung basierender, Titel zulasse, nicht. Denn diese Argumentation blendet aus, dass keiner der in den §§ 704 und 794 ZPO

23 BVerfGE 54, 277.
24 BVerfGE 85, 337 (345).
25 Grundlegend BGH, Urt. v. 22.10.1998 – VII ZR 99/97, WM 1999, 29.

genannten Titel anders als bei § 16 Abs. 2 GLSO beziehungsweise § 21 S. 1 OLStaatsbankG einseitig von einer Partei geschaffen werden kann. Wie man es dreht und wendet versteht es sich aber von selbst, dass die Grundsätze der rechtsstaatlichen Primärkontrolle bei der Selbsttitulierung nicht von den begünstigten Banken eingehalten werden (können). Dies scheitert schon daran, dass das Tätigwerden einen Mitwirkungs- und Unterwerfungsakt des betroffenen Schuldners und die Einhaltung rechtsstaatlicher Mindeststandards etwa durch die Bestellung neutraler Richter erfordert.

Berücksichtigt man weiter, dass das Selbsttitulierungsrecht undifferenziert für jedwede Forderungen der begünstigten Banken gilt, muss man zu dem Ergebnis gelangen, dass diese Privilegierung weder den Anforderungen an den Gleichheitsgrundsatz gerecht wird, vor allem aber sich nicht mit dem Rechtsstaatsgebot vereinbaren lässt.

Der Einwand des rechtsmissbräuchlichen Verhaltens ist schließlich ebenfalls nicht durchgreifend. Hierzu stellte der 8. Zivilsenat knapp und zutreffend fest: „Es kann keinen vernünftigen Zweifeln begegnen, dass ein Schuldner, gegen den vollstreckt wird, obwohl die allgemeinen Voraussetzungen der Zwangsvollstreckung – insbesondere ein Titel – nicht vorliegen, dies mit der Klage analog § 767 ZPO rügen darf.“[26] Dem ist nichts hinzuzufügen.

4. Konsequenzen

Geld hat man zu haben, lautet eine Grundregel nicht nur des allgemeinen Schuldrechts. Es verwundert, dass die betroffenen Banken – so stellt es sich jedenfalls derzeit dar – primär versuchen, weiter mit dem Selbsttitulierungsrecht zu arbeiten und in Erinnerungsverfahren, in Kenntnis der oberlandesgerichtlichen und der landgerichtlichen Rechtsprechung und gleichsam mit dem Kopf durch die Wand, auf dieses beharren. Zwar soll nicht unterschlagen werden, dass der ein oder andere Rechtspfleger die Auffassung des Oberlandesgerichts Oldenburg nicht teilt und neben der 6. Kammer des Landgerichts Oldenburg inzwischen zumindest Amtsrichter des Amtsgerichts Oldenburg sowie des Amtsgerichts Varel der Auffassung des Oberlandesgerichts Oldenburg die Gefolgschaft versagten. Wenn letztere den begrenzten Ausführungen ihres jeweils zuständigen Rechtspflegers ohne weitere Begründung und allein durch Bezugnahme folgen[27] und sich hierbei deren eher schlichten Argumentation – bei der primär darauf abgestellt wird, dass die Forderungen der privilegierten Kreditinstitute fällig und nicht bezahlt seien – anschließen, wird dies den im Streit stehenden Fragen nicht gerecht.

Anders sind jedoch die genannten Beschlüsse der 6. (Beschwerde)Kammer des Landgerichts Oldenburg zu sehen. Diese befassen sich sehr ausführlich mit den Wurzeln des Selbsttitulierungsrechts und sind mit den Ausführungen eines betroffenen Kreditinstituts nahezu identisch – in Oldenburg kommt so etwas vor.[28] Allerdings überraschen die Beschlüsse nun insofern auch nicht, als die gleiche

---

[26] OLG Oldenburg, Beschl. v. 23.2.2012 – 8 W 13/12.
[27] So AG Oldenburg, Beschl. v. 7.11.2011 – 34 K 22/11.
[28] LG Oldenburg, Beschl. v. 8.11.2011 – 6 T 665/11.

Kammer schon in zwei wortgleichen ausführlichen Beschlüssen aus dem Jahre 2007 diese These der Verfassungsmäßigkeit des § 16 Abs. 2 GLSO vertreten hatte[29] und eine Aufgabe der eingenommenen Rechtsposition angesichts der im Wesentlichen gleichen Besetzung wie vor fünf Jahren daher nicht zu erwarten war und ist.

Gestärkt sehen sich die betroffenen Banken durch einen zwischenzeitlich ergangenen und die Prozesskostenhilfe für ein Rechtsbeschwerdeverfahren versagenden Beschluss des Bundesgerichtshofs. Dieser führte aus, dass die Verfassungswidrigkeit des § 16 Abs. 2 Satz 2 des Gesetzes für den Landesteil Oldenburg betreffend die Landessparkasse zu Oldenburg jedenfalls nicht auf der Hand liege, weshalb im Vollstreckungsverfahren die Verfassungsmäßigkeit des dem Titel zugrunde liegenden Gesetzes im Ergebnis nicht zu prüfen sei.[30] Für die beteiligten Kreditinstitute ist dies nun eine Entscheidung, die sie gleicher einer Monstranz vor sich her tragen, auch wenn sie tatsächlich zum eigentlichen Problem keine Aussagen enthält.

Für die Schuldner ist dies aber insofern nicht weiter relevant, solange die Prozessabteilungen des Landgerichts in den Vollstreckungsgegenklageverfahren die Vollstreckung weiterhin einstweilen einstellen und dem 8. Zivilsenat des Oberlandesgerichts nicht die Gefolgschaft aufkündigen. Gleichwohl ist der Zeitverlust aufgrund dessen, dass die Schuldner auch noch ganz kurz vor dem Versteigerungstermin Vollstreckungsgegenklage erheben können so hoch, dass diese Vorgehensweise jedenfalls unter wirtschaftlichen Aspekten – vor allem wenn man die nicht unerheblichen und im Regelfall auch nicht im Erstattungswege realisierbaren Rechtsverfolgungskosten berücksichtigt, die den betroffenen Banken jeweils entstehen – nicht nachvollziehbar. Dies gilt erst recht wenn man berücksichtigt, dass die Rechtsprechung des Oberlandesgerichts Oldenburg und des Landgerichts Oldenburg nicht nur nun als gefestigt gelten kann, sondern die Rechtsauffassung beider Gerichte auch zutrifft. Aus Kreisen der betroffenen Kreditinstitute wird hierzu in Hintergrundgesprächen wie in Verhandlungen verlautbart, dass diese Beträge aber die Kreditinstitute nicht ärmer machen würden – eine Einstellung, die angesichts dessen, dass die betroffenen Kreditinstitute eine staatstragende Funktion für sich in Anspruch nehmen und letztlich mit öffentlichen Geldern arbeiten, vorsichtig ausgedrückt, befremdet.

Für die betroffenen Schuldner lautet jedenfalls bis zur Entscheidung des BVerfG die Konsequenz, spätestens kurz vor dem Versteigerungstermin eine Vollstreckungsgegenklage zu erheben nebst Vollstreckungsschutzantrag und Prozesskostenhilfeantrag zu stellen, letzteren gehörig glaubhaft zu machen und sodann in Verhandlungen zu treten. Das mag man gutheißen oder nicht, das Problem ist hausgemacht, solange die betroffenen Kreditinstitute nicht von ihrem Glauben an „ihr Selbsttitulierungsrecht" abrücken und bei säumigen Schuldnern andere Wege beschreiten.

---

[29] LG Oldenburg, Beschl. v. 8.1.2007 – 6 T 2/07; Beschl. v. 8.1.2007 – 6 T 4/07.
[30] BGH, Beschl. v. 4.4.2012 – V ZA 8/12.

F. ANWALTSRECHT

KLAUS SAERBECK

Anwaltliches Fehlverhalten – Muss das Sanktionssystem neu geordnet werden?

Der Jubilar ist seit vielen Jahren engagierter Anwaltsrichter. Er wurde 1992 ehrenamtlicher Richter, zunächst als Beisitzer des Anwaltsgerichtes Hamm, 1996 als anwaltlicher Beisitzer des Anwaltsgerichtshofes des Landes Nordrhein-Westfalen. Er ist seit 2006 anwaltlicher Beisitzer des Senats für Anwaltssachen des BGH. Eine ihm gewidmete Festschrift muss entsprechend der Breite seines Wirkens ein anwaltsrechtliches Thema aufgreifen.

Das Bild der Anwaltschaft hat sich in den letzten Jahrzehnten rasant verändert. Die Zahl der in Deutschland zugelassenen Rechtsanwälte hat sich von 1975, als der Jubilar zur Anwaltschaft zugelassen wurde, mit ca. 27.000 bis 2011 auf ca. 155.000 vervielfacht.[1] Die äußere Form der anwaltlichen Berufsausübung hat sich stark gewandelt. Während zu Beginn der Tätigkeit des Jubilars noch der Einzelanwalt der typische Anwalt war, allenfalls vier oder fünf Anwälte in einer Sozietät zusammenarbeiteten und die größte deutsche Sozietät aus 12 Anwälten bestand, arbeiten Rechtsanwälte heute in überörtlichen, internationalen Sozietäten, die nach amerikanischem oder englischem Recht organisiert sind und zu denen selbst in Deutschland mehrere 100 Rechtsanwälte gehören. Die Lokalisation und die Singularzulassung sind weggefallen. Ein deutscher Rechtsanwalt kann bis auf die Zivilsenate beim BGH in Zivilsachen vor jedem deutschen Gericht Mandanten vertreten.[2] Von den Standesrichtlinien gezogene Grenzen, die sich an früheren Vorstellungen, wie der Rechtsanwalt seinen Beruf auszuüben hatte und die der Art seiner Berufsausübung nur wenig Spielraum ließen, orientierten, sind gefallen, und zwar zu Recht. Meilensteine auf diesem Wege, der das Berufsbild des Rechtsanwalts stark verändert hat, waren die Entscheidungen des BVerfG vom 14. Juli 1987, die sogenannten Bastille Entscheidungen, die die Frage nach der gesetzlichen Grundlage stellten, die Art. 12 GG und die Freiheit des Rechtsanwalts bei der Ausübung seines Berufs in den Mittelpunkt stellte und nach diesen Maßstäben die Regeln für die Berufsausübung prüften.[3]

Aus den vielen Problemen, die der Wandel der Anwaltschaft aufgeworfen hat, soll an dieser Stelle der Frage nachgegangen werden, ob die Maßnahmen, die die Bundesrechtsanwaltsordnung (BRAO) als Reaktionen auf anwaltliches Fehlverhalten und insbesondere auf schuldhafte Pflichtverletzungen vorsieht, noch zeitgemäß sind und ausreichen.[4] *Teichmann/Bürgeln* in Anwaltsblatt 2010, 735 ff. – Ein Gebiss

[1] Vgl. *Kilian /Dreske,* Statistisches Jahrbuch der Anwaltschaft 2010/2011, S. 17 ff.

[2] Vgl. zur Änderung des anwaltlichen Berufsbildes u.a. *Henssler* AnwBl. 2009, 1 ff. und *Prütting,* AnwBl. 2009, 9 ff.

[3] BVerfGE 76, 171 = NJW 1988, 191 und BVerfGE 76, 196 = NJW 1988, 194

[4] Vgl. auch zu dieser Thematik *Weyland,* FS Die Rechtsanwaltschaft im Oberlandesgerichtsbezirk Hamm 1879, 2004, S. 419 – 433, der Unstimmigkeiten im Rechtsschutz gegen Rügen und missbilligender Belehrung kritisiert.

für den zahllosen Tiger – und Streck, Anwaltsblatt 2010, 755 – Dürfen Anwälte/Anwältinnen bestrafen? sehen Widersprüche und Unstimmigkeiten, nennen praktische Probleme bei der Umsetzung, meinen, dass das System wenig übersichtlich sei und Anwälte/Anwältinnen nicht mehr erschrecke, wenn sie es einmal kennen gelernt hätten. Die möglichen Reaktionen auf unerhebliche Pflichtverletzungen und bei geringfügigem Verschulden, nämlich missbilligende Belehrung, Rüge, Warnung, Verweis, lägen dicht beieinander und wären dem Grunde nach kaum unterscheidbar. Die Reaktionen auf und die Sanktionen für typische Berufsrechtsverstöße wie gegen das Sachlichkeitsgebot, Werbeverbot, gegen das Gebot des korrekten Umganges mit Fremdgeldern, bei Interessenkollisionen usw. unterschieden sich deutlich und ließen eine gewisse Beliebigkeit erkennen, auch verursacht durch unbestimmte Rechtsbegriffe wie „geringe Schuld" in § 74 Abs. 1 S. 1 BRAO als Voraussetzung für eine Rüge oder „unerhebliche" bzw. „erhebliche" Pflichtverletzung, um die anwaltsgerichtlichen Maßnahmen des § 114 BRAO voneinander abzugrenzen. Teichmann/Bürgeln aaO. schlagen ein schlichteres, vierstufiges System vor, das sowohl der Rechtsanwaltskammer als auch den Anwaltsgerichten die Befugnis zur Verhängung von Bußgeldern ermögliche; insbesondere die Vorstände der Rechtsanwaltskammern müssten wirkungsvolle Sanktionsmittel an die Hand bekommen. Streck aaO fordert, dem Vorstand der Kammer ein neues, effektiveres Schwert in die Hand zu geben.

Ist eine Generalrevision der Sanktionen notwendig? Muss die Sanktionsgewalt des Vorstandes der Rechtsanwaltskammer verstärkt und erweitert werden? Kann sie zugunsten des Vorstandes überhaupt erweitert werden? Oder hat, um die Gegenfrage zu stellen, die anwaltliche Selbstverwaltung ausreichende Mittel, um die Einhaltung der anwaltlichen Pflichten, insbesondere der für die Rechtsanwaltschaft unverzichtbaren Grundprinzipien wie Unabhängigkeit, Verschwiegenheit, Freiheit von Interessenkollisionen und weitere Standards wie Sachlichkeit effektiv zu kontrollieren? Kann es, muss es nicht sogar aus Gründen der Gewaltenteilung bei der jetzigen Struktur bleiben, die die Aufgabe des Vorstandes auf präventive Beratung und Belehrung begrenzt (mit Ausnahme der Rüge), die zu disziplinären, repressiven Reaktionen nur die Anwaltsgerichtsbarkeit ermächtigt?

I. Rechtsanwalt als unabhängiges Organ der Rechtspflege

Der Rechtsanwalt ist – und daran hat sich jede Reaktion auf anwaltliches Verhalten zu messen, sei sie präventive Belehrung, sei sie repressive Sanktion – nach § 1 BRAO ein unabhängiges Organ der Rechtspflege und, so steht es in § 3 BRAO, der berufene unabhängige Berater und Vertreter in allen Rechtsangelegenheiten, dessen Recht, in Rechtsangelegenheiten tätig zu werden, nur durch ein Bundesgesetz eingeschränkt werden kann. Jedermann hat das Recht, sich von einem Rechtsanwalt als seinem rechtskundigen Beistand vertreten zu lassen. Die Tätigkeit des Rechtsanwaltes dient der Verwirklichung des Rechtsstaates. Dessen Freiheitsrechte gewährleisten die Teilhabe des Bürgers am Recht, wie § 1 BORA – Freiheit der Advokatur – formuliert. Der Rechtsanwalt übt damit einen

Beruf aus, um aus der Entscheidung des BVerfG zum Sozietätswechsel[5] zu zitieren,

„der die staatliche Kontrolle und Bevormundung prinzipiell ausschließt und unter der Herrschaft des Grundgesetzes der freien und unreglementierten Selbstbestimmung des Einzelnen überantwortet ist... Ihre eigenständige und unabhängige Funktion in der Durchsetzung des Rechtes nehmen Rechtsanwälte gerade in Bezug auf ihre jeweiligen Mandanten wahr.“

und um weiter aus der Entscheidung des BVerfG zur Frage der Verfassungsmäßigkeit der anwaltlichen (Ehren)Gerichte zu zitieren[6]:

Die Rechtsanwaltschaft ist nicht nur Vertreterin privater Interessen, sondern zugleich Organ der Rechtspflege (§ 1 BRAO). Damit tritt die Rechtsanwaltschaft ... an die Seite des Gerichts und der Staatsanwaltschaft.“

Die Freiheit der Advokatur ist der Garant für die Wahrung von individuellen Bürgerrechten und -freiheiten. Der Rechtsanwalt hat die Aufgabe, zum Finden einer sachgerechten Entscheidung beizutragen, das Gericht vor Fehlentscheidungen zu Lasten seines Mandanten zu bewahren und diesen vor verfassungswidriger Beeinträchtigung oder staatlicher Machtüberschreitung zu sichern; insbesondere soll er die rechtsunkundige Partei vor der Gefahr des Rechtsverlustes schützen.[7] Bei der Vertretung seiner Mandanten hat der Rechtsanwalt besondere Befugnisse, um deren Interessen optimal wahrnehmen zu können. Jede Einschränkung seiner Möglichkeiten, jede Maßnahme, mit der auf seine anwaltliche Berufsausübung reagiert wird, hat Rückwirkungen auf das Mandat, bedeutet für den Mandanten, dass sein Rechtsanwalt in seiner Vertretung behindert ist.

Der Rechtsanwalt ist Organ der Rechtspflege,[8] gleichberechtigter Partner von Gerichten und Staatsanwaltschaft und hat insoweit Verpflichtungen, die über die ausschließliche Wahrnehmung individueller Interessen hinausgehen. Er steht in der Verantwortung und der Pflicht gegenüber dem Gemeinwesen; er hat in dem „Kampf ums Recht“ an der staatlichen Rechtspflege mitzuwirken und auf sie Bedacht zu nehmen.

Die Organe der anwaltlichen Selbstverwaltung haben die Freiräume, die der Rechtsanwalt für die Ausübung seines Berufes benötigt, zu sichern. Sie haben aber auch im Rahmen einer Selbstkontrolle dahin zu wirken, dass der einzelne Rechtsanwalt sowohl seiner Verantwortung gegenüber dem Mandanten als auch seiner Stellung als Organ der Rechtspflege gerecht wird, dass er die ihm eingeräumten Freiheitsrechte und Mitwirkungsbefugnisse, das Wissen, das er in dem Mandat erhält, nicht missbraucht, dass er die Bindungen und den Kernbereich der Pflichten als Organ der Rechtspflege und als Vertreter seiner Mandanten, die letztendlich die Erhaltung der Integrität und Gradlinigkeit der Anwaltschaft dienen, beachtet.

[5] BVerfG NJW 2003, 2520
[6] BVerfG NJW 1969, 2192
[7] BVerfG NJW 1996, 3268.
[8] Vgl. *Jaeger* NJW 2004, 1 ff.

II. Verletzung anwaltlicher Pflichten

Gegenstand der Kontrolle, einerseits durch Belehrung seitens des Kammervorstandes, andererseits im Wege der anwaltsgerichtlichen Maßnahmen ist eine Verletzung anwaltlicher Pflichten. Dies führt zu der Frage, ob das konkrete Verhalten schon als zu beanstandender Verstoß zu bewerten ist oder ob es sich in einem Bereich unterhalb der Schwelle bewegt, ob es sich lediglich um ethische Pflichten handelt, deren Verletzung sanktionslos zu bleiben hat.

1. Das BVerfG hat in seinen grundlegenden Entscheidungen vom 14.7.1987[9] klargestellt, dass nach Art 12. Abs. 1 S. 2 GG Eingriffe in die Berufsausübung nur durch Gesetz oder auf Grund eines Gesetzes möglich sind. Weiter, dass Standesrichtlinien, die das Standesethos widerspiegeln mögen, keine rechtserhebliche Bedeutung haben, dass sie weder als normative Regelung der anwaltlichen Berufspflichten noch als rechtserhebliche Hilfsmittel zur Konkretisierung der Generalklausel des § 43 BRAO in Betracht kommen; sie sind keine ausreichende Grundlage für ehrengerichtliche Maßnahmen. Das BVerfG hat eine Neuordnung des anwaltlichen Berufsrechts durch den Gesetzgeber verlangt und eine gesetzliche Grundlage für Eingriffe in die anwaltliche Berufsausübung, für Sanktionen gleich welcher Art angemahnt.

Mit dem Gesetz zur Neuregelung des Berufsrechts der Rechtsanwälte und Patentanwälte[10] sind die wesentlichen Berufspflichten normiert (§§ 43a ff BRAO). Außerdem ist die Satzungsversammlung nach § 59 b BRAO ermächtigt, berufliche Rechte und Pflichten durch Satzung in einer Berufsordnung zu bestimmen, nämlich allgemeine Berufspflichten und Grundpflichten wie Gewissenhaftigkeit, Wahrung der Unabhängigkeit, Verschwiegenheit, Sachlichkeit, Verbot der Vertretung widerstreitender Interessen, Umgang mit fremden Vermögenswerten und Kanzleipflicht, außerdem besondere Berufspflichten im Zusammenhang mit dem Führen der Fachanwaltsbezeichnung, im Zusammenhang mit der Werbung, im Zusammenhang mit der Versagung der Berufstätigkeit, im Zusammenhang mit der Übernahme und der Wahrnehmung eines Mandates, gegenüber Gerichten und Behörden, bei der Abrechnung der Gebühren und gegenüber der Rechtsanwaltskammer.

2. Gefragt werden muss, wie die vom Gesetzgeber beibehaltene und damit bestätigte Generalklausel des § 43 BRAO, mit der allgemeine Berufspflichten des Rechtsanwaltes beschrieben werden und wonach der Rechtsanwalt seinen Beruf gewissenhaft auszuüben sowie sich innerhalb und außerhalb des Berufes der Achtung und des Vertrauens, welche die Stellung des Rechtsanwaltes erfordert, würdig zu erweisen hat, in das Sanktionssystem einzuordnen ist. Denkbar ist zum einen, dass § 43 BRAO keinerlei normative Bedeutung mehr zukommt, da die Berufspflichten in §§ 43 a ff BRAO und in der BORA abschließend normiert sind. Vertreten wird sodann, dass es sich bei § 43 BRAO um eine Transportnorm/Überleitungsnorm, dh. um eine Norm, die die sich aus anderen Regelungen

---

[9] BVerfGE 76, 171 = NJW 1988, 191 und BVerfGE 76, 196 = NJW 1988, 194.
[10] Gesetz vom 2.9.1994 (BGBl. I S. 2278).

mit berufsrechtlichem Charakter ergebenden Verpflichtungen in das anwaltliche Berufsrecht überleitet, handelt und nur in Verbindung mit solchen anderweitigen Regelungen wirkt. Schließlich wird – dies scheint die herrschende Meinung zu sein – in § 43 BRAO ein Auffangtatbestand gesehen. Welche Antwort richtig ist, ist streitig.[11]

Es ist immer wieder ein berufliches Verhalten eines Rechtsanwaltes zu beurteilen, das als unlauter bezeichnet wird, das möglicherweise nicht strafbar ist, sich aber im Grenzbereich bewegt und so gegen Grundsätze der gewissenhaften Berufsausübung verstößt; ein berufliches Verhalten, das aber durch den Katalog der §§ 43 a ff. BRAO, durch die Berufsordnung unmittelbar nicht erfasst wird. Weil entsprechende Regelungen fehlen, könnte die Befugnis zu berufsrechtlichen Maßnahmen zweifelhaft sein. Der Rechtsanwalt empfiehlt seiner Mandantin, die mit ihrem Kind, das keinen gültigen Personalausweis hat und auch nicht bekommen kann, aber nach Deutschland einreisen will, einen Ausweis eines ähnlich aussehenden Kindes zu verwenden. Die Mandantin besorgt sich einen solchen Ausweis. Der anwaltliche Rat bleibt letztendlich, auch für den Anwalt straflos, weil der falsche Ausweis tatsächlich nicht vorgezeigt werden musste und der Versuch nicht strafbar ist. Darf ein Rechtsanwalt zu einem gesetzeswidrigen Verhalten raten? Darf er unter bewusster Umgehung von Gesetzen Fakten schaffen, um dann mit der normativen Kraft des Faktischen seinem Mandanten einen Vorteil zu verschaffen? Wie ist es, wenn der Rechtsanwalt, wie bisweilen im Masseninkasso zu beobachten, unseriöse Geschäftspraktiken mit anwaltlicher Autorität unterstützt, mit unzutreffenden und unvollständigen Angaben zur Rechtslage Dritte, Verbraucher und frühere Geschäftspartner seiner Mandanten veranlasst, nicht gerechtfertigte Forderungen, die relativ häufig im kleineren Bereich bleiben, aber durch die Addition zu Millionenbeträgen führen, auszugleichen? Ist die Ausnutzung des anwaltlichen Vertrauensvorsprunges, der anwaltlicher Autorität in Verbindung mit der Asymmetrie von Informationen mit allgemeinen Berufspflichten in Einklang zu bringen, kann die Tatsache, dass der Rechtsanwalt das Vertrauen der angeschriebenen Schuldner auf die Richtigkeit seiner Erklärung missbräuchlich ausnutzt, sanktionslos bleiben?

Es spricht einiges für die herrschende Meinung,[12] die in § 43 BRAO unter engen Voraussetzungen einen Auffangtatbestand sieht, nämlich dann wenn eine Lücke im Gesetz oder in der Berufsordnung, die nicht auf einem bewussten Verzicht des Gesetzgebers oder der Satzungsversammlung auf eine Statuierung einer Berufspflicht beruht, festzustellen ist, wenn der Sachverhalt, weil man an ihn nicht gedacht oder man ihn sich nicht vorgestellt hatte, ungeregelt blieb. Eine lückenlose Normierung von Berufspflichten wird nicht zu erreichen sein. Die Lebensverhält-

---

[11] Vgl. zur Diskussion über die Bedeutung und den Anwendungsbereich des § 43 *Zuck,* in: Gaier/Wolf/Göcken, Anwaltliches Berufsrecht, 2010, § 43 BRAO Rn. 46 ff, Prütting, in: Henssler/Prütting, Bundesrechtsanwaltsordnung, 3. Aufl. 2010, § 43 Rn. 9 ff; *Prütting,* in: Hartung/Römermann, Berufs- und Fachanwaltsordnung, 4. Aufl. 2008, § 43 BRAO Rn. 4 ff; *Kleine-Cosack,* BRAO, 6. Aufl. 2009, § 43 Rn. 1 ff. *Feuerich,* in: Feuerich/Weyland, BRAO, 8. Aufl. 2012, § 43 Rn. 9 ff.

[12] AGH NW BRAK-Mitt. 2011, 150 ff.; *Zuck* (Fn. 11), § 43 BRAO Rn. 46 ff , *Kleine-Cosack* (Fn. 11), 43 Rn. 1 ff.

nisse ändern sich ständig und bringen neue Konstellationen. Der Gesetzgeber und die Satzungsversammlung haben nicht an alle Fallgestaltungen denken und nicht alle Möglichkeiten erfassen können. Erst die tägliche Praxis zeigt das – bislang nicht wahrgenommene – Problem, stellt die Frage, entspricht der anwaltliche Rat, entspricht das anwaltliche Vorgehen der gewissenhaften Berufsausübung. Erst in der täglichen Praxis wird die Prüfung und Abwägung ergeben, ob und dass zur Wahrung berufsrechtlicher Standards eine Sanktion erforderlich ist. Der Gesetzgeber dürfte das Problem gesehen haben. Er hat in § 59 b Abs. 2 Ziffer 1 BRAO der von der Satzungsversammlung zu verabschiedenden Berufsordnung die Aufgabe zugewiesen, die Berufspflicht der Gewissenhaftigkeit näher zu beschreiben und den Begriff der Gewissenhaftigkeit auszufüllen. Dies ist bislang nicht geschehen. Zumindest zur Zeit liegt eine temporäre Regelungslücke vor, die über die Generalklausel auszufüllen ist. Ob dies nach einer Ergänzung der BORA durch die Satzungsversammlung anders zu sehen ist, muss abgewartet werden; dies wird von der dort gefundenen Regelung abhängen.

Die Meinung, die in § 43 BRAO eine Transportnorm sieht[13] und fragt, ob sich in anderen Gesetzen Regelungen mit berufsrechtlicher Relevanz finden, die in das anwaltliche Berufsrecht übertragen werden können, hat Probleme mit der Abgrenzung. Sie muss sagen, welche Normen außerhalb der BRAO und der BORA berufsrechtliche Relevanz haben. Dies mag bei vorsätzlich begangenen Straftaten noch relativ einfach festzustellen sein, wird aber bei der Verletzung zivilrechtlicher Pflichten fraglich. Zwar wird gesagt, dass die Verletzung von zivilrechtlichen Verpflichtungen anwaltsgerichtlich nicht geahndet werden kann. Ausnahmen werden jedoch bei groben Verstößen, bei Vorliegen besonderer Umstände gemacht. Was ein grober Verstoß ist, was besondere Umstände sind, muss durch Auslegung dieser unbestimmten Rechtsbegriffe ohne genaue Konturen ermittelt werden.

III. Selbstverwaltung und Selbstkontrolle

Selbstverwaltung und Selbstkontrolle der Rechtsanwaltschaft durch Aufsicht einerseits und die Ahndung von Pflichtverletzungen andererseits sind Aufgaben mit unterschiedlichen Inhalten. Für die Wahrnehmung dieser Aufgaben sind funktional getrennte Organe zuständig, müssen es nach dem Grundsatz der Gewaltentrennung in Art. 20 Abs. 2 GG, wonach die Staatsgewalt durch besondere Organe der Gesetzgebung, der vollziehenden Gewalt und der Rechtsprechung ausgeübt wird, auch sein. Den jeweiligen Gewalten sind die Mittel an die Hand gegeben worden, die sie benötigen, um ihre Aufgaben zu erfüllen. Entsprechend den jeweiligen Funktionen unterscheiden sich die Mittel.

Zum einen ist der Kammervorstand zuständig. Dessen Aufgaben sind in § 73 BRAO beschrieben. Er hat die Belange der Kammermitglieder zu wahren und zu fördern, die Belange der Anwaltschaft insgesamt wahrzunehmen und Verwaltungsaufgaben, die Rechtsanwälte betreffen, übernommen. Er wirkt, soweit es um das Verhalten des einzelnen Rechtsanwaltes geht, durch Beratung und Belehrung

---

[13] Vgl. *Feuerich* (Fn. 11) § 43 Rn.13 ff; *Prütting* (Fn. 11), § 43 Rn. 21 ff, 32.

präventiv.[14] Daneben und dagegen steht die Anwaltsgerichtsbarkeit. Sie hat vom Gesetzgeber neben der Aufgabe, die Entscheidungen des Kammervorstandes in Verwaltungsverfahren zu überprüfen, die Aufgabe, Verstöße gegen berufsspezifische Pflichten zu ahnden.

1. Im vierten Teil der BRAO unter der Überschrift „Die Rechtsanwaltskammern" findet sich im zweiten Abschnitt unter der Überschrift „Die Organe der Rechtsanwaltskammer" die Beschreibung der Aufgaben des Vorstandes in den §§ 73 ff.

§ 73 Abs. 1 BRAO nennt als Aufgaben des Kammervorstandes allgemein die Verpflichtung, die Belange der Kammer zu wahren und zu fördern, die Interessen der Rechtsanwaltschaft, die den Berufsstand als Ganzes berühren, zu vertreten.[15] Der Katalog des § 73 Abs. 2 BRAO konkretisiert die Aufgaben, nämlich die Mitglieder der Kammer in Fragen der Berufspflichten zu beraten und zu belehren, bei Streitigkeiten unter Mitgliedern oder zwischen Mitgliedern und Mandanten zu vermitteln, die Erfüllung der den Mitgliedern obliegenden Pflichten zu überwachen und das Recht der Rüge zu handhaben.

Nach § 73 Abs. 2 Nr. 4 BRAO hat der Kammervorstand die Aufgabe, die Erfüllung der den Mitgliedern der Kammer obliegenden Pflichten zu überwachen und das Recht der Rüge zu handhaben.Das Aufsichtsrecht gehört zu den Aufgaben des Vorstandes. Es ist notwendig, um rechtzeitig Fehlentwicklungen zu erkennen und auf diese zu reagieren, den einzelnen Rechtsanwalt an die Erfüllung seiner Berufspflichten zu erinnern.[16]

Der Vorstand der Kammer hat, wenn ihm ein Vorgang bekannt wird, zu prüfen, ob er einschreitet, ob und in welchem Maße eine Pflichtverletzung festzustellen ist, ob eine Reaktion erforderlich ist und welche, ob von Maßnahmen abgesehen werden kann, ob eine Rüge, die nach § 74 Abs. 1 S. 1 BRAO bei geringer Schuld verhängt werden kann, aber auch nur dann, angemessen ist oder ob wegen größerer Schuld eine anwaltsgerichtliche Ahndung notwendig wird und das Verfahren an die Staatsanwaltschaft abzugeben ist.

Prüfungsmaßstab sind die Vorgaben der BRAO, nämlich Vorwerfbarkeit und Schwere des Berufsrechtsverstoßes. Teichmann/Bürglen a. a. O. ist zuzustimmen, dass es sich um unbestimmte Rechtsbegriffe handelt und dass bei ihrer Auslegung der Vorstand einen erheblichen Ermessensspielraum hat, der dazu führen kann, dass vergleichbare Sachverhalte zu unterschiedlichen Ergebnissen führen, dass Vorstände voneinander abweichende Mittel einsetzen. Dies lässt sich nicht vermeiden und spricht nicht gegen den Katalog der dem Kammervorstand zur Verfügung gestellten Aufsichtsmittel; auch die von Teichmann/Bürglen vorgeschlagene Neuordnung knüpft an die Schwere der Verstöße an und differenziert zwischen unterdurchschnittlichen, durchschnittlichen und überdurchschnittlichen schweren Verstößen, arbeitet mit unbestimmten, ausfüllungsbedürftigen Rechtsbegriffen. Das Problem der Auslegung dieser Begriffe, die keine klaren Konturen haben und dem Rechtsanwender einen erheblichen Ermessensspielraum einräumen, bleibt.

---

[14] Vgl. Feuerich/Weyland (Fn. 11), § 73 Rn. 1 Rn. 4 ff.
[15] BGH NJW 1998, 2533.
[16] Vgl. Feuerich/Weyland (Fn. 11), § 73 Rn. 43 ff. m. w. N.

Auch dann werden erhebliche Unterschiede in der Bewertung auftreten, wird der eine Vorstand etwas als unterdurchschnittlichen Verstoß ansehen, was für den anderen ein durchschnittlich schwerer Verstoß ist. An der Breite wird sich nichts ändern, so dass an sich kein Anlass für eine Änderung eines Systems, das zwischen Aufsichtsmaßnahmen der Kammer einerseits, und Disziplinarmaßnahmen der Anwaltsgerichtsbarkeit anhand einer definierten Grenze andererseits unterscheidet, zu erkennen ist.

Aufsichtsmittel des Kammervorstandes sind einmal die missbilligende Belehrung bei fehlender Schuld und zum anderen die Rüge als Ausdruck der Missbilligung des Verhaltens bei geringer Schuld. Die Rüge ermöglicht dem Kammervorstand, den Rechtsanwalt bei geringfügigen Verstößen gegen anwaltliche Pflichten außerhalb des förmlichen anwaltsgerichtlichenVerfahrens zu kritisieren. Die Rüge ist und bleibt eine Aufsichtsmaßnahme des Kammervorstandes. §§ 73, 74 BRAO begründen keine Disziplinarbefugnisse mit Strafcharakter im eigentlichen Sinne zu Gunsten des Kammervorstandes.[17] Nicht zu verkennen ist, dass der Rechtsschutz gegen die jeweiligen Maßnahmen nicht stimmig ist. Während für die Überprüfung der Rüge das Anwaltsgericht letzte Instanz ist, kann ein belehrender Hinweis, eine missbilligende Belehrung vor dem Anwaltsgerichtshof mit der Möglichkeit der Berufung zum BGH angefochten werden.[18]

2. Die Möglichkeiten des Vorstandes der Kammer, das Verhalten der Mitglieder zu steuern, sind begrenzt, und zwar zu Recht. Art. 20 GG weist die Ausübung der Staatsgewalt verschiedenen Organen zu und verlangt eine strikte Trennung zwischen den Organen der vollziehenden Gewalt und der Rechtsprechung. Der Kammervorstand ist kein Träger der Disziplinargewalt gegenüber Rechtsanwälten. Die Befugnis, auf die Verletzung anwaltlicher Pflichten zu reagieren und Sanktionen mit Strafcharakter zu verhängen, hat der Gesetzgeber ihm nicht übertragen; er kann keine Disziplinarmaßnahmen verhängen. Die Ahndung von Pflichtverletzungen ist der Anwaltsgerichtsbarkeit vorbehalten.

Anwaltsgerichte sind staatliche Gerichte im Sinne des Grundgesetzes. Das BVerfG hat die Verfassungsmäßigkeit der Anwaltsgerichtsbarkeit bestätigt.[19]

Den Anwaltsgerichten ist das staatliche Bestrafungsrecht übertragen. Sie sind staatliche Gerichte im Sinne des Art. 92 GG i. V. m. Art. 20 Abs. 2 GG. Sie dürfen rechtsprechende Gewalt ausüben, soweit die Rechtsanwaltschaft als solche betroffen ist. Ihre Einrichtung beruht auf staatlichem Gesetz und ihre personelle Zusammensetzung entscheidend auf staatlicher Mitwirkung.

Die anwaltlichen Beisitzer haben als ehrenamtliche Richter während der Dauer ihres Amtes die Stellung von Berufsrichtern (§ 103 Abs. 2, § 95 Abs. 1 BRAO). Sie sind als Richter nach Art. 97 Abs. 1 GG unabhängig und nur dem Gesetz unterworfen. Sie sind vor Intervention oder Druck geschützt; ihre Amtszeit von 5 Jahren ist lang genug bemessen, um die Unabhängigkeit zu gewährleisten; sie sind praktisch für die Dauer ihrer Amtszeit nicht absetzbar.

---

[17] Vgl. *Hartung,* in: Henssler/Prütting (Fn. 11), § 74 Rn. 3 ff.

[18] Vgl. *Weyland,* FS Die Rechtsanwaltschaft im Oberlandesgerichtsbezirk Hamm 1879–2004, S. 419–433.

[19] BVerfGE 26, 186 = NJW 1969, 2192 und NJW 2006, 3049.

Auch wenn die Richter aus dem Kreis der Rechtsanwälte von den Landesjustizverwaltungen aufgrund einer Vorschlagsliste der Rechtsanwaltskammer ernannt werden, so handelt es sich dabei nur um Empfehlungen. Die Vorschläge sind nicht endgültig und ausschließlich; die Justizverwaltung hat das Recht, eine Ergänzung zu verlangen. Die Justizverwaltung führt die Aufsicht und die Geschäftsordnungen der Anwaltsgerichtsbarkeit bedürfen der Bestätigung der Justizverwaltung.

Die richterliche Tätigkeit erfordert Neutralität und Distanz gegenüber den Verfahrensbeteiligten. Eine zu enge personelle Verbindung der Gerichte mit den Stellen, über deren Entscheidungen und Anträge zu befinden ist, darf nicht gegeben sein. Diese ist gewahrt. Die ehrenamtliche Richtertätigkeit ist unvereinbar mit der Mitgliedschaft in dem Kammervorstand oder der Satzungsversammlung. Die anwaltlichen Richter verpflichten sich „nach bestem Wissen und Gewissen ohne Ansehen der Person" ihr Richteramt auszuüben. Durch den Geschäftsverteilungsplan als allgemeine Regelung wird gesagt, welcher Richter zur Entscheidung im konkreten Fall tätig wird. Darüber hinaus ist durch die gesetzlichen Bestimmungen zur Ablehnung sicher gestellt, dass im Einzelfall ein Richter, der nicht die Gewähr der Unparteilichkeit bietet, von der Ausübung des Amtes ausgeschlossen ist oder abgelehnt werden kann. Die Anwaltsgerichtsbarkeit ist organisatorisch und personell in genügendem Maße von den Organen der Rechtsanwaltskammer getrennt.

Nach § 113 BRAO wird gegen einen Rechtsanwalt, der schuldhaft gegen Pflichten verstößt, die in der BRAO oder der BORA bestimmt sind, eine anwaltsgerichtliche Maßnahme verhängt, während ein außerhalb des Berufes liegendes Verhalten nur unter besonderen Voraussetzungen zu einer anwaltsgerichtlich zu ahndenden Pflichtverletzung führt.

Der zentrale Begriff ist der der anwaltlichen Pflichtverletzung. Die herrschende Meinung geht nach dem Grundsatz der Einheitlichkeit der Pflichtverletzung davon aus, dass mehrere Handlungen, die jeweils für sich einen Pflichtenverstoß darstellen, rechtlich eine Einheit bilden und als einheitlicher Pflichtverstoß anzusehen sind. Erst bei der Würdigung des Gesamtverhaltens wird geprüft, ob und welche anwaltsgerichtliche Maßnahme erforderlich ist. Deshalb ist dann, wenn eine von mehreren angeschuldigten Handlungen nicht als anwaltliche Pflichtverletzung durch das Gericht beurteilt wird, nicht auf einen Teilfreispruch zu erkennen; lediglich in den Entscheidungsgründen wird gesagt, welches Verhalten der Verurteilung zugrunde gelegt worden ist.

Der Katalog der möglichen Maßnahmen zur disziplinären Ahndung ergibt sich aus § 114 BRAO. Er reicht von der Warnung, die, soweit der Unterzeichner sieht, in der anwaltsgerichtlichen Rechtsprechung keine Rolle spielt und praktisch nicht verhängt wird, da sie allenfalls bei geringem Verschulden in Betracht käme und dieser Bereich in der Regel durch die Rüge abgedeckt wird – diese Maßnahme könnte gestrichen werden –. Es folgen der Verweis und die Geldbuße bis zu 25.000,00 €. Die Geldbuße spielt in der Praxis eine erhebliche Rolle, wenn auch bei der Frage, welche Höhe angemessen ist, erhebliche Wertungsunterschiede zu Tage treten. Der Strafenkatalog geht bis zum Verbot, auf bestimmten Rechtsgebieten als Vertreter oder Beistand für die Dauer von 1 – 5 Jahren tätig zu werden und endet schließlich bei der Ausschließung aus der Rechtsanwaltschaft; eine Maßnahme zu der bei gravierenden Verstößen durchaus gegriffen werden muss, wenn ihre Notwendigkeit auch vor dem Hintergrund des Art 12. GG zu prüfen ist. Nach Abs. 2 des § 114 BRAO können die anwaltsgerichtlichen Maßnahmen des Verweises und der Geldbuße nebeneinander verhängt werden; dies kommt in der Praxis relativ häufig vor.

Dabei sei auch ein kurzer Blick auf die Statistik geworfen und auf die anhängigen anwaltsgerichtlichen Verfahren. Die Zahl der in Nordrhein-Westfalen zugelassenen Rechtsanwälte belief sich in den vergangenen Jahren auf ca. 35.000. Dem stehen vor den Anwaltsgerichten Düsseldorf, Hamm und Köln im Jahresdurchschnitt circa 160 bis 170 anhängige anwaltsgerichtliche Verfahren gegenüber; die Rügeverfahren beliefen sich auf 30 – 40. Die geringe Zahl belegt, dass die Anwaltschaft ihre Berufspflichten ernst nimmt, und widerlegt die These, dass das System Anwälte nicht schrecke.

Zuständig für die Einleitung des anwaltsgerichtlichen Verfahrens ist nach § 121 BRAO die Staatsanwaltschaft, die bei dem Anwaltsgericht die Anschuldigungsschrift einreicht.

Es gilt das Anklagemonopol des Staates, und zwar trotz und entgegen Bestrebungen der Rechtsanwaltschaft bei der Beratung zur Rechtsanwaltsordnung (RAO 1878). Zwar bestand Einigkeit, dass es bei der Disziplinargewalt der Gerichte über die Rechtsanwälte, die bis in das 19. Jahrhundert Realität und bei der das Gericht Ankläger und Richter in einer Person war, nicht bleiben konnte. Die Anwaltschaft sollte der richterlichen Disziplinaraufsicht entzogen werden und mit der Ehrengerichtsbarkeit/ Anwaltsgerichtsbarkeit eine eigene Berufsgerichtsbarkeit erhalten. Streitig war, ob auch die Einleitung von anwaltsgerichtlichen Verfahren der Anwaltschaft übertragen werden konnte. Der Staat blieb bei seinem Anklagemonopol, weil er sich die dadurch ergebenen Einflussmöglichkeiten nicht nehmen lassen und Kontrollbefugnisse behalten wollte; den staatlichen Strafanspruch wollte er nicht preisgeben.

Zwar heißt es in § 120 a BRAO, dass die Staatsanwaltschaft und der Vorstand der Rechtsanwaltskammer sich gegenseitig unterrichten, sobald sie von einem Verhalten eines Rechtsanwalts Kenntnisse erlangen, das den Verdacht einer schuldhaften Verletzung seiner Pflichten, die mit einer anwaltsgerichtlichen Maßnahme geahndet werden kann, begründet. § 121 BRAO ist eindeutig: Das anwaltsgerichtliche Verfahren wird dadurch eingeleitet, dass die Staatsanwaltschaft bei dem Anwaltsgericht eine Anschuldigungsschrift einreicht. Der Vorstand der Rechtsanwaltskammer hat zwar die Möglichkeit, einen Antrag zu stellen und nach § 122 BRAO eine gerichtliche Entscheidung zu beantragen, wenn die Staatsanwaltschaft dem Antrag auf Einleitung eines anwaltsgerichtlichen Verfahrens nicht nachkommt. Diese Ergänzung ändert nichts an dem Anklagemonopol des Staates.

3. Zu vervollständigen ist der Katalog mit dem Zwangsgeld nach § 57 BRAO. Es handelt sich um ein Ordnungsmittel, um einen Rechtsanwalt zur Erfüllung seiner Verpflichtungen aus § 56 BRAO, nämlich in Aufsichts- und Beschwerdesachen dem Vorstand Auskunft zu geben, anzuhalten. Ein solches Ordnungsmittel ist nichts Besonderes.

IV. Belehrende Hinweise und Ahndung von Pflichtverletzungen

Die Instrumente, den Rechtsanwalt an die Einhaltung seiner Berufspflichten zu erinnern, Pflichtverletzungen zu ahnden, sind bekannt. Es ist Aufgabe des Vorstandes der Anwaltskammer, Aufgabe der Anwaltsgerichtsbarkeit, dem jeweiligen anwaltlichen Verhalten im Spannungsverhältnis zwischen den dem Rechtsanwalt im Interesse seiner Mandanten zustehenden Freiheitsrechten einerseits und seinen Verpflichtungen dem Mandanten gegenüber und aus seiner Stellung als Organ der Rechtspflege andererseits die jeweils adäquate Maßnahme zuzuordnen.

1. Oben ist bereits gesagt, dass es nach § 73 Abs. 2 Nr. 1 BRAO Aufgabe des Vorstandes ist, die Mitglieder der Kammer in Fragen der Berufspflichten zu beraten und zu belehren. Der Vorstand der Kammer hat zu prüfen, ob die Berufsangehörigen, die den Beruf und die berufliche Zusammenarbeit prägenden Regeln einhalten, insbesondere ob die in § 43 a BRAO normierten anwaltlichen Grundwerte wie Unabhängigkeit, Verschwiegenheit, Freiheit von Interessenkollisionen, Sachlichkeit, Vertraulichkeit, ordnungsgemäße Verwaltung von Fremdgeldern usw. beachtet werden.

Rechtsanwälte verfolgen individuelle Ziele, egoistische Ziele; ökonomische Interessen spielen durchaus eine Rolle und können die Unabhängigkeit gefährden, den Anwalt in die Versuchung führen, Mandate zu übernehmen, obwohl er zuvor einen anderen Beteiligten in gegenläufigen Interesse vertreten hatte, ihm anvertraute Gelder zurückzuhalten, die Gebote der Sachlichkeit zu missachten. Die Einhaltung der Pflichten, die zum Kernbereich gehören, muss angemahnt und kontrolliert werden, und zwar effektiv.

2. Der Vorstand der Rechtsanwaltskammern hat nach § 73 Abs. 2 Nr. 1 BRAO die Aufgabe der Beratung und Belehrung der Kammermitglieder.

Dies kann in vielfältiger Form geschehen und geschieht in vielfältiger Form. Die Rechtsnatur der jeweiligen Maßnahme, die Eingriffe in und die Auswirkungen auf die Berufsausübung sind unterschiedlich. Der Vorstand der Kammer kann präventiv belehren oder auf ein Verhalten reagieren und den Rechtsanwalt auffordern, solches Verhalten künftig zu unterlassen. Damit verbunden ist die Frage, ob ein solcher Hinweis unverbindlich und unbeachtlich, aber auch nicht mit Rechtsmitteln anfechtbar ist oder zur gerichtlichen Überprüfung gestellt werden kann.

Die Auskünfte, die der Kammervorstand auf Anfrage eines Rechtsanwalts oder aus gegebenem Anlass erteilt, beinhalten keine Bewertung eines bestimmten Verhaltens und sind insbesondere keine Missbilligung eines bestimmten Verhaltens, das in die Rechtstellung des Rechtsanwalts eingreifen könnte.

Beispielhaft sei in diesem Zusammenhang BGH NJW 2006, 2926 angesprochen. Ein Fachanwalt für Steuerrecht fragte an, ob die Teilnahme an einem Online-Seminar als Teilnahme an einer anwaltlichen Fortbildungsveranstaltung im Sinne des § 15 FAO gewertet würde. Die Rechtsanwaltskammer verneinte diese Frage, da es anders als bei einer Präsenzveranstaltung an einer ausreichenden Kontrollmöglichkeit betreffend die Identität des Seminarteilnehmers fehle. Der angesprochene Rechtsanwalt wollte eine Klärung und stellte den Antrag auf gerichtliche Entscheidung. Der BGH verneinte die Zulässigkeit. Präventive Auskünfte der Rechtsanwaltskammer über die Rechtmäßigkeit des künftigen Verhaltens seien nicht anfechtbar, weil sie nicht in die Rechte des Rechtsanwalts eingriffen. Allein die Klärungsbedürftigkeit einer Rechtsfrage, um darauf das anwaltliche Verhalten in der Zukunft abstellen zu können, rechtfertige keine andere Beurteilung.

Anders ist der Hinweis der Kammer zu beurteilen, wenn er zu einem konkreten Verhalten in der Vergangenheit Stellung nimmt und den Rechtsanwalt belehrt, dass dieses konkrete Verhalten gegen Berufspflichten verstieße.

Eine solche Missbilligung eines vergangenen Verhaltens darf nicht so weit gehen, dass die Kammer wie in einer Ordnungsverfügung dem Rechtsanwalt eine bestimmte Handlung oder Unterlassung aufgibt, ihn also auffordert, künftig seinen Briefbogen anders zu gestalten, dieses oder jenes Verhalten zu unterlassen. Die Frage, ob der Vorstand der Rechtsanwaltskammer von einem kammerangehörigen Rechtsanwalt kraft Berufsrecht die Vornahme oder Unterlassung einer bestimmten Handlung verlangen kann, hat der BGH verneint.[20] Dem Normgefüge der BRAO sei insgesamt zu entnehmen, dass die Bundesrechtsanwaltsordnung dem Vorstand der Rechtsanwaltskammer keine Rechtsgrundlage dafür gebe, Pflichtverletzungen aller Art, die ein Rechtsanwalt gegenüber einem Mandanten oder dem sonstigen rechtssuchenden Publikum gegenüber begangen habe oder deren Begehung unmittelbar bevorstünden durch den Erlass mit Verwaltungszwang durchsetzbarer Ge- und Verbote zu begegnen. Derart weitgehende einschneidende Eingriffsmöglichkeiten würden auch der Stellung des Rechtsanwalts nicht gerecht. Dieser sei unabhängiges Organ der Rechtspflege und stünde als solches nicht in einem allgemeinen Abhängigkeits- und Unterordnungsverhältnis zum Kammervorstand. Der Schutz der unreglementierten, freien Berufsausübung hat Vorrang. Es ist und bleibt Sache des einzelnen Rechtsanwalts, wie er seinen Beruf ausübt.

Unter der Schwelle der Gebots- und Verbotsverfügung bleibt der belehrende Hinweis.

Er kritisiert das tatsächliche Verhalten des Rechtsanwalts, dem ein Schuldvorwurf nicht gemacht werden kann, als objektiv pflichtwidrig. Er weist den Rechtsanwalt darauf hin, dass er mit dem beanstandeten Verhalten nicht einverstanden sei, dass im Wiederholungsfall mit einer weitergehenden Reaktion gerechnet werden müsse, mit der Einleitung eines Rügeverfahrens oder eines anwaltsgerichtlichen Verfahrens. Insoweit handelt es sich um ein legitimes Mittel der Berufsaufsicht, da dem Rechtsanwalt die möglichen Konsequenzen seines Verhaltens vor Augen geführt werden und er Gelegenheit hat, die Rechtslage zu prüfen, ohne unmittelbare Sanktionen befürchten zu müssen.[21] Es handelt sich um eine Unterrichtung, ohne dass dem Rechtsanwalt schon ein Schuldvorwurf gemacht wird.

Ein solch belehrender Hinweis kann nach § 112 a BRAO durch den Antrag auf gerichtliche Entscheidung zur Nachprüfung durch den Anwaltsgerichtshof gestellt werden.[22] Damit ist gegen diese Maßnahmen, die einen Eingriff in die

---

[20] BGH Beschl. v. 25.11.2002, NJW 2003, 504.

[21] So BGH a.a.O; vgl. Feuerich (Fn. 11), § 74 Rn. 8 ff. m. w. N.

[22] BVerfG NJW 1979, 1159; *Schmidt-Ränsch,* in: Gaier/Wolf/Göcken, Anwaltliches Berufsrecht (Fn. 11), § 112 a Rn. 10.

anwaltliche Berufsausübung darstellen und als sonstige hoheitliche Maßnahmen qualifiziert werden können, ein uneingeschränkter und umfassender Rechtschutz gegeben. Anders als bei dem Rügeverfahren besteht die Möglichkeit einer zweiten Instanz mit der Berufung zum BGH, wenn Rechtsfragen von grundsätzlicher Bedeutung angesprochen sind und die Berufung vom AGH oder BGH zugelassen wird.[23]

Ein solcher Hinweis kann Konsequenzen haben. Der Rechtsanwalt kann sich beim nächsten Mal, bei dem nächsten Verstoß gegen die angemahnten Pflichten nicht mehr darauf berufen, sich in einem Irrtum befunden zu haben; er muss mit einer disziplinären Ahndung und einer anwaltsgerichtlichen Maßnahme rechnen. Dies reiche – so das BVerfG[24] –, um den Rechtsanwalt in seiner grundrechtlich geschützten Freiheit zu beschränken, den Beruf grundsätzlich frei von Reglementierung eigenverantwortlich auszuüben. Zwar fehle der Missbilligung eine unmittelbare Rechtswirkung in Gestalt einer förmlichen Sanktion. Dies schließe aber Folgewirkungen zumindest im Wiederholungsfalle keineswegs aus.

Anzusprechen ist die Rüge des § 74 BRAO. Sie gibt dem Vorstand die Möglichkeit, pflichtwidrige Vergehen zu rügen, bei denen die Schuld des Rechtsanwaltes gering ist.

Die Rüge mag zwar im unteren Bereich bleiben. Sie ist aber adäquate Reaktion auf eine anwaltliche Pflichtverletzung, wenn die Schuld des Rechtsanwalts gering und ein Antrag auf Einleitung eines anwaltsgerichtlichen Verfahrens nicht erforderlich ist. Sie ist Ausdruck der Missbilligung des Verhaltens durch den Kammervorstand.

Übersehen werden darf aber nicht, dass letztendlich die Staatsanwaltschaft entscheidet, ob die Schuld des Rechtsanwalts gering ist und ein anwaltsgerichtliches Verfahren in Betracht kommt oder nicht. Nach § 115 a BRAO steht der Einleitung eines anwaltsgerichtlichen Verfahrens gegen einen Rechtsanwalt nicht entgegen, dass der Vorstand der Rechtsanwaltskammer ihm bereits wegen desselben Verhaltens eine Rüge erteilt hat; die Entscheidung des Kammervorstandes ist nicht vorgreiflich; er kann auf diese Weise einen Rechtsanwalt nicht einer anwaltsgerichtlichen Sanktion entziehen. Letztendlich entscheidet die Staatsanwaltschaft als Trägerin des staatlichen Anklagemonopols, ob die Voraussetzungen, unter denen eine anwaltsgerichtliche Ahndung in Betracht kommen kann, vorliegen und ein anwaltsgerichtliches Verfahren eingeleitet wird oder nicht.

Teichmann/Bürgeln a. a. O. vertreten zwar die Auffassung, dass die Rüge die Betroffenen wenig bis gar nicht kümmere. Dies mag sein. Auf der anderen Seite sollten aber die Auswirkungen nicht übersehen werden. Eine Rüge kann im Bereich des Anwaltsnotariats dazu führen, dass eine Bewerbung um eine offene Notariatsstelle für eine gewisse Zeit zurückgestellt wird. Außerdem spielen Rügen eine Rolle, wenn es in späteren anwaltsgerichtlichen Verfahren um berufsrechtliche Vorbelastungen geht. Eine Mehrzahl von Rügen kann durchaus Auswirkungen auf das Strafmaß haben.

---

[23] Vgl. Feuerich (Fn. 11), § 74 Rn. 14 ff. m. w. N.
[24] BVerfG NJW 1979, 1159.

V. Maßnahmen der Anwaltsgerichtsbarkeit

Während der Bereich der Beratung, des belehrenden Hinweises im Rahmen der Wahrnehmung von präventiven Aufgaben der Anwaltskammer erfolgt, ohne dass dies mit dem Unwerturteil einer schuldhaften Pflichtverletzung verbunden wäre, setzt die anwaltsgerichtliche Maßnahme eine schuldhafte Pflichtverletzung voraus.

Die Reaktion auf eine schuldhafte Verletzung von anwaltlichen Berufspflichten, und zwar deren Anschuldigung und deren Bestrafung fällt nicht mehr in den Zuständigkeitsbereich des Vorstandes der Rechtsanwaltskammer. Der Gesetzgeber hat eine deutliche Grenze gezogen, vor der die Kammer als Selbstverwaltungsorgan Halt machen muss und die sie nicht überschreiten darf.

Der Staat hat den Strafanspruch behalten und nicht abgegeben. Seine Interessen sind durch die Verletzung der von ihm normierten Berufspflichten, durch die schuldhafte Verletzung der von ihm aufgestellten Regeln betroffen. Der Staat hat sich die Befugnis vorbehalten, berufsspezifische Pflichtverletzungen durch berufsbezogene Maßnahmen zu ahnden, Sanktionen, die Strafcharakter hatten, zu verhängen.

Dabei sind die Maßnahmen, die die Anwaltsgerichtsbarkeit verhängen kann, gestuft. Es besteht die Möglichkeit, entsprechend der Schwere der Pflichtverletzung die erforderliche, aber auch ausreichende Maßnahme zu verhängen. Man mag sich darüber streiten, ob die Maßnahmen, mit denen die Anwaltsgerichtsbarkeit Pflichtverletzungen ahndet, angemessen sind. Dies ist aber ein Problem, das auch die staatliche Strafgerichtsbarkeit hat, die sich ebenfalls fragen lassen muss, ob die Straftat angemessen sanktioniert wird.

Es kommt darauf an, in welchem Kontext die Ahndung steht. Im Rahmen der Strafzumessung ist zu berücksichtigen, ob das Verschulden nur gering ist, ob als Reaktion eine geringe Maßnahme genügt oder ob es sich um einen „Wiederholungstäter" handelt, der sich im Laufe seines Berufsleben eine Vielzahl von Berufspflichtverletzungen zu schulden hat kommen lassen. Unterschiedliche Strafen sind kein Grund, das System in Frage zu stellen, wie auch keiner die Strafgerichtsbarkeit in Frage stellt, weil unterschiedliche Gerichte vergleichbare Taten unterschiedlich behandeln.

Zu sehen ist aber auch, dass jede anwaltliche Maßnahme sich an Art. 12 GG messen lassen muss. Nach Art. 12 Abs. 1 S. 2 GG kann die Berufungsausübung durch Gesetz oder aufgrund eines Gesetzes geregelt werden. Anwaltsgerichtliche Maßnahmen greifen in die Berufsausübung ein. Sie müssen abwägen, ob und in welchem Umfang die Berufsausübungsfreiheit mit den Belangen der Allgemeinheit in Einklang gebracht werden kann.

VI. Fazit

Zusammenfassend kann festgestellt werden, dass das System der Reaktionsmöglichkeiten abgestuft ist und es den zuständigen Organen der Anwaltschaft, dem

Vorstand der Anwaltskammer einerseits und der Anwaltsgerichtsbarkeit andererseits, erlauben, jeweils angemessen zu reagieren.

Präventive Aufgabe des Vorstandes der Anwaltskammer ist es, dem einzelnen Anwalt durch Beratung und Belehrung die Handhabe zu geben, seinen Beruf gewissenhaft auszuüben. Die Anwaltsgerichtsbarkeit reagiert auf schuldhafte Pflichtverletzungen. Diese Aufgabenteilung: hier präventiv, dort repressiv, hat sich bewährt. An ihr sollte nichts geändert werden. Die Frage nach einer Neuordnung des Sanktionssystems führt nicht weiter. Es dürfen Dinge, die nicht zusammen gehören und auf Grund des Prinzips der Gewaltenteilung verschiedenen Organen übertragen sind, nicht zusammengebracht werden. Die Antwort auf die Kritik kann deshalb nur lauten, dass bei aller Unzulänglichkeit und trotz der unterschiedlichen Ergebnisse sich das System selbst bewährt hat, dass Änderungsbedarf nicht besteht. Die Antwort muss darauf hinweisen, dass der Vorschlag von Teichmann/Bürglen die Grenzlinie, die zwischen den Aufgaben der vollziehenden Gewalt, den Aufgaben des Vorstandes der Rechtsanwaltskammer, auf der einen Seite und den Aufgaben der rechtsprechenden Gewalt, den Aufgaben der Anwaltsgerichtsbarkeit, auf der anderen Seite verschiebt, und zwar zu Gunsten des Vorstandes. Dafür besteht aber kein Grund und keine Rechtfertigung.

MICHAEL QUAAS

Der Anwaltssenat des BGH als Oberverwaltungsgericht (OVG) in verwaltungsrechtlichen Anwaltssachen

Bernhard Stüer ist Fachanwalt für Verwaltungsrecht und richterliches Mitglied im Anwaltssenat des BGH. Das ist für ihn und den Anwaltssenat ein Gewinn, insbesondere, seit der Anwaltssenat mit Inkrafttreten der BRAO-Reform 2009[1] als „Oberverwaltungsgericht" in verwaltungsrechtlichen Anwaltssachen fungiert (vgl. § 112 a Abs. 2 Nr. 1 BRAO). Bernhard Stüer kann so sein umfangreiches verwaltungsrechtliches Wissen und seine jahrzehntelange Praxiserfahrung vor den Verwaltungsgerichten aller Instanzen in die Beratungen mit den Berufsrichtern im Anwaltssenat, die aus der Zivil- oder Strafgerichtsbarkeit stammen, einbringen. Sekundiert wurde er nicht selten von dem Autor dieses Beitrags als zweitem anwaltlichen Beisitzer. Die Beratungen unter dem Vorsitz des Präsidenten des BGH (vgl. § 106 Abs. 2 BRAO) gestalteten sich so zu einem interdisziplinären Fachgespräch auf höchster Ebene, das sicher keiner der Beteiligten missen möchte. Gegenüber den Berufsrichtern hat Bernhard Stüer zudem den Vorteil, dass seine Amtszeit nicht an das Erreichen des 65. Lebensjahres gebunden ist.

I. BRAO-Novelle 2009: vom FGG zur VwGO

Das Kernstück der BRAO-Novelle 2009 bildet das durch die §§ 112 a bis 112 f BRAO neu gefasste gerichtliche Verfahren in verwaltungsrechtlichen Anwaltssachen.[2] § 112 a Abs. 1 BRAO eröffnet einheitlich für alle verwaltungsrechtlichen Streitigkeiten im anwaltlichen Berufsrecht den Zugang zu der Anwaltsgerichtsbarkeit, die in den dafür vorgesehen Instanzen des AGH und des BGH als „besondere Verwaltungsgerichte" ausgestaltet sind. Die zuvor getrennt stehenden Rechtsschutznormen in Zulassungssachen (§§ 37 bis 42 BRAO a. F.), Beschlüsse und Wahlen (§§ 90, 91, 191 BRAO a. F.) sowie gegen VAe (§ 223 BRAO a. F.) wurden als neu gefasster 4. Abschnitt des 5. Teils der BRAO zusammengefasst und der Begriff der „verwaltungsrechtlichen Anwaltssachen" in § 112 a Abs. 1 BRAO legal definiert. Darüber hinaus findet auf das gerichtliche Verfahren vor dem AGH und dem BGH nach § 112 c BRAO grundsätzlich die VwGO Anwendung, die insoweit das bisher anwendbare Verfahren nach dem Gesetz über die Angelegenheiten der freiwilligen Gerichtsbarkeit (FGG) ersetzt. Das FGG – Verfahren für verwaltungsrechtliche Streitigkeiten vor den anwaltlichen Berufsgerichten hatte sich in

---

[1] Vgl. das am 1.9.2009 in Kraft getretene Gesetz zur Modernisierung von Verfahren im anwaltlichen und notariellen Berufsrecht, zur Errichtung einer Schlichtungsstelle der Rechtsanwaltschaft sowie zur Änderung sonstiger Vorschriften (BGB. I S. 2449).

[2] Vgl. dazu *Quaas/Dahns* NJW 2009, 2705 ff; zum Folgenden s. a. Quaas DVBl 2012, 1413.

der gerichtlichen Praxis weitgehend als unzureichend erwiesen. Das FGG – auch nach der am 1.9.2009 in Kraft getretenen Reform durch FamFG[3] – betrifft die vorsorgende oder betreuende Rechtspflege, also im Regelfall nicht-streitige Verfahren. Hintergrund der vormaligen Verweisung der BRAO auf das FGG (§§ 40 Abs. 4, 223 Abs. 4 und 91 Abs. 7 BRAO a. F.) war unter anderem, dass die VwGO erst nach Erlass der BRAO im Jahre 1959, nämlich am 1.4.1960 in Kraft getreten ist.[4]

Die Umstellung der BRAO auf die VwGO hat u. a. zur Folge, dass der Senat für Anwaltssachen beim BGH nunmehr „Berufungsgericht" ist, der über das Rechtsmittel der Berufung – und nicht mehr über den Antrag auf gerichtliche Entscheidung und die sofortige Beschwerde – entscheidet. Im Übrigen wird das gerichtlichen Verfahren in einem möglichst weiten Umfang an die Bestimmungen der VwGO angelehnt, die – anders als das vormals geltende FGG – klare Regeln über die möglichen Klagearten, die Sachurteilsvoraussetzungen und das Verfahren im ersten und zweiten Rechtszug vorgibt. Es bestehen damit nur noch wenige verfahrens- oder prozessrechtliche Sonderregelungen im Berufsrecht der BRAO, welche als leges speziales den allgemeinen Vorschriften vorgehen. Sie sind in den §§ 112 a bis § 112 f BRAO zusammengefasst.

II. Aufgaben und Besetzung des Anwaltssenats

1. Aufgabenbereich und Kompetenzen

Der Senat für Anwaltssachen ist ein eingegliederter Teil und damit Spruchkörper des BGH. Er ist „formell" – aus Gründen der möglichen Anrufung des Großen Senats nach § 132 GVG – ein Zivilsenat. „Materiell" handelte es sich um die die oberste Instanz der Berufsgerichtsbarkeit der Rechtsanwälte. Der Anwaltssenat entscheidet als Revisionsinstanz bei Rechtsmitteln gegen Entscheidungen des AGH in Disziplinarsachen und als Berufungsinstanz für verwaltungsrechtlichen Streitigkeiten im anwaltlichen Berufsrecht bzw. – in Altfällen – als Beschwerdeinstanz gem. § 223 Abs. 3, 4 BRAO a. F.. Schließlich obliegt ihm auch die erstinstanzliche Zuständigkeit in weiteren öffentlich-rechtlichen Streitigkeiten über Klagen, die Entscheidungen des Bundesministeriums der Justiz (BMJ) oder der RAK beim BGH oder die Nichtigkeit von Wahlen betreffen.

Als Berufungsinstanz in verwaltungsrechtlichen Anwaltssachen entscheidet der Anwaltssenat über das Rechtsmittel der Berufung gegen Urteile des AGH, die der Sache nach in der Regel die Zulassung zur Anwaltschaft (Ablehnung, Rücknahme oder Widerruf der Zulassung gem. §§ 6 ff BRAO) oder Entscheidungen über die Erteilung bzw. den Widerruf der Fachanwaltsbezeichnung betreffen. Die in § 112 a Abs. 2 Nr. 1 BRAO getroffene Formulierung „Berufung gegen Urteile des AGH" ist weit zu verstehen. Es kommt nicht darauf an, auf welchem Weg es zu einer solchen Entscheidung kommt. Eine Entscheidung über die Berufung

[3] Gesetz über das Verfahren in Familiensachen und in den Angelegenheiten der freiwilligen Gerichtsbarkeit (FamFG) vom 17.12.2008 (BGBl. I S. 2586).

[4] BT-Drs. 16/11385 S. 38.

liegt deshalb sowohl bei der Zulassung der Berufung durch den AGH oder BGH als auch dann vor, wenn der BGH einen Antrag auf Zulassung der Berufung zurückweist.[5] Die erstinstanzlichen Verfahren betreffen im Wesentlichen die Wahl der Anwälte zum BGH und die Nichtigkeit von Wahlen und Beschlüssen der BRAK oder der RAK bei dem BGH. Davon erfasst sind auch die Beschlüsse der Satzungsversammlung (SV) bei Änderung oder Neufassung der Berufsordnung der Rechtsanwälte (BORA) oder der Fachanwaltsordnung (FAO), die der Prüfung durch das BMJ unterliegen.

2. *Besetzung*

Der Senat für Anwaltssachen entscheidet als Spruchkörper seit der Neufassung der BRAO 2009 in der Besetzung von fünf Mitgliedern, davon drei Berufsrichtern und zwei anwaltlichen Beisitzern. Insoweit kennt § 106 Abs. 2 BRAO keine unterschiedliche Besetzung bei Entscheidungen außerhalb oder in einer mündlichen Verhandlung. Die Mitwirkung anwaltlicher Beisitzer, die nach § 110 Abs. 1 Satz 2 BRAO die Stellung eines Berufsrichters und damit volles Stimmrecht haben, sah die BRAO bereits 1959 als unentbehrlich an. Allerdings darf durch das Hinzutreten anwaltlicher Beisitzer der BGH als Rechtsprechungskörper, wie er nach dem GVG verfasst ist, nicht verändert werden. Wohl deshalb – auch um ihn als „staatliches Gericht" zu erhalten – sind die anwaltlichen Beisitzer gegenüber den Berufsrichtern in der Minderzahl. Insoweit unterscheidet sich die Besetzung des Anwaltssenats von der des AGH, bei dem drei anwaltliche Mitglieder und zwei Berufsrichter entscheiden (§ 104 Satz 2 BRAO). Der Zahl nach entspricht die Besetzung des Anwaltssenats damit der eines Verwaltungsgerichtes (VG), bei dem drei Berufsrichter und zwei ehrenamtliche Richter entscheiden. An die Stelle der ehrenamtlichen Richter des VG treten beim Anwaltssenat die anwaltlichen Beisitzer, weshalb auch insoweit die Parallele zum VG nach der Meinung mancher Beobachter nicht ganz falsch gezogen ist.

Hinsichtlich des Vorsitzes des Anwaltssenats hält § 106 Abs. 2 BRAO – entgegen dem Vorschlag des Regierungsentwurfs – daran fest, dass der Präsident des BGH kraft Gesetzes dem Senat für Anwaltssachen angehört und ihm vorsitzt. Dadurch ist gewährleistet, dass der BGH-Präsident prägend auf das Berufsrecht der Anwaltschaft einwirken kann.

III. Die Spruchtätigkeit des Anwaltssenats nach der BRAO-Reform 2009

Es kann im Folgenden nicht darum gehen, die Fülle der Entscheidungen – oder auch nur die wichtigsten – zu referieren, die der Anwaltssenat „als OVG" seit der BRAO-Reform 2009 getroffen hat. Von Interesse sind vielmehr diejenigen, die einen spezifischen verfahrensrechtlichen Bezug zur Implementierung der VwGO in das gerichtliche Verfahren in verwaltungsrechtlichen Anwaltssachen aufweisen und wie der Anwaltssenat damit umgegangen ist. Sie betreffen den –

[5] *Schmidt-Räntsch* in: Gaier/Wolf/Göcken (Hrsg.), Anwaltliches Berufsrecht, 1. Aufl. 2010, § 112 a Rn. 12.

seit dem 1.9.2009 bestehenden – „Anwaltszwang“ vor dem AGH und dem BGH (1.), die Selbstvertretung des Rechtsanwalts im gerichtlichen Widerrufsverfahren (2.), den maßgebenden Entscheidungszeitpunkt im gerichtlichen Widerrufsverfahren (3.) und die rechtliche Einordnung eines „belehrenden Hinweises“ in das Klagesystem der VwGO (4.):

1. Anwaltszwang

Nach früherem Recht gab in verwaltungsrechtlichen Anwaltssachen weder vor dem AGH noch vor dem BGH einen Vertretungszwang (§§ 40 Abs. 4, 42 Abs. 6 Satz 2, 223 Abs. 4 BRAO a. F.).[6] Das ist jetzt anders. Ausgangspunkt ist die Regelung in § 112 c Abs. 1 Satz 1 Hs. 1 BRAO, wonach der AGH einem OVG gleich steht. Das führt zur Regelung in § 67 Abs. 4 VwGO. Danach müssen sich die Beteiligten vor dem AGH und dem BGH durch Prozessbevollmächtigte vertreten lassen. Der Rechtsanwalt darf sich dabei selbst vertreten. Die Rechtsanwaltskammer und die beteiligten Behörden dürfen sich durch eigene Beschäftigte mit Befähigung zum Richteramt vertreten lassen. Der insoweit bestehende „Anwaltszwang“ ist durch die neuere Judikatur des Anwaltssenats bestätigt. Der Vertretungszwang gilt – mit Aufnahme von Prozesskostenhilfeverfahren – für das gerichtliche Verfahren umfassend. Insoweit unterliegt auch die Einlegung und Begründung eines Antrags auf Zulassung der Berufung dem Anwaltszwang.[7] Dass § 67 Abs. 4 Satz 4 bis 7, Abs. 2 Satz 1 VwGO in bestimmten Fällen eine Vertretung durch Personen erlaubt, die nicht als Anwälte zugelassen sind, ändert nichts daran, dass außerhalb der dort genannten Fallgestaltungen stets eine Vertretung durch einen Rechtsanwalt geboten ist, also Anwaltszwang herrscht.

2. Selbstvertretung im gerichtlichen Widerrufsverfahren

Der vor dem AGH und dem BGH bestehende Vertretungszwang hat sehr rasch nach Bekanntwerden der neuen Rechtslage zu der Frage geführt, ob sich ein Rechtsanwalt, dessen Zulassung widerrufen worden ist, selbst gegen diese gegen ihn gerichtete Verfügung in einem anschließenden Klageverfahren vertreten darf, und zwar auch dann, wenn die RAK die sofortige Vollziehung des Widerrufs angeordnet hat:

a) Widerrufsverfügung ohne Sofortvollzug

Das ist unzweifelhaft der Fall, solange es an einer solchen Vollzugsanordnung fehlt. Widerspruch und Klage haben nach § 80 Abs. 1 Satz 1 VwGO aufschiebende Wirkung. Die Zulassung des Rechtsanwalts besteht fort und erlischt erst, wenn die Rücknahme oder der Widerruf der Zulassung bestandskräftig geworden ist (§ 13 BRAO). Bis zu diesem Zeitpunkt ist daher von der Wirksamkeit der Prozesshandlungen dieses Rechtsanwalts grundsätzlich auszugehen.[8]

---

[6] *Schmidt-Räntsch* in: Gaier/Wolf/Göcken (o. Fn. 5) § 112 c Rn. 77.

[7] BGH, Beschl. v. 6.10.2011 – AnwZ(Brfg) 25/11, Juris, Rn. 8, 9; Beschl. v. 23.6.2012 – AnwZ(Brfg) 58/11, Juris Rn. 4.

[8] Henssler/Prütting/*Henssler*, BRAO, 3. Aufl. 2010, § 13 Rn. 3.

b) Widerrufsverfügung mit Sofortvollzug

Was aber ist, wenn die Rücknahme- oder Widerrufsverfügung mit Sofortvollzug (§ 112 c Abs. 1 BRAO i. V. m. § 80 Abs. 2 Nr. 4 VwGO) versehen worden ist, wie dies regelmäßig etwa bei Verlust des Haftpflichtversicherungsschutzes zu erfolgen hat (§ 14 Abs. 4 Satz 2 BRAO)? Der Sofortvollzug hat nach § 14 Abs. 4 Satz 1 BRAO die Wirkungen eines Berufsverbots. Der Gesetzgeber ordnet die entsprechende Anwendung der für die Verhängung eines vorläufigen Berufs- oder Vertretungsverbots (§ 150 BRAO) geltenden Bestimmungen der §§ 155 Abs. 2, 4 und 5, § 156 Abs. 2 BRAO an. Danach ist der betroffene Rechtsanwalt nicht mehr befugt, seine Rechtsanwaltstätigkeit auszuüben (§ 155 Abs. 2 BRAO). Auch eine Vertretung in eigenen Angelegenheiten ist ihm grundsätzlich verwehrt, soweit in solchen Verfahren die Vertretung durch einen Rechtsanwalt geboten ist (§ 155 Abs. 4 BRAO):

aa) Unbeschadet dessen bestimmt § 155 Abs. 5 Satz 1 BRAO, dass die Wirksamkeit von Rechtshandlungen des Rechtsanwalts durch das Berufs- oder Vertretungsverbot nicht berührt wird. Das gilt – auf Grund der Verweisungsvorschrift in § 14 Abs. 4 BRAO – auch im Fall der sofortigen Vollziehung einer Widerrufsverfügung. Mit anderen Worten: Ein solcher Rechtsanwalt darf sich zwar weder vor dem AGH noch dem BGH im Widerrufsverfahren vertreten. Über § 155 Abs. 5 Satz 1, 14 Abs. 4 BRAO wird seine Postulationsfähigkeit gleichwohl hergestellt. Das gilt auch in den Fällen, in denen sich der Rechtsanwalt bewusst über das Berufs-/Tätigkeitsverbot hinwegsetzt.[9] Die Postulationsfähigkeit eines Rechtsanwalts wird also nicht daduch beeinträchtigt, dass gegen ihn ein vorläufiges Berufsverbot verhängt oder seine Zulassung sofort vollziehbar widerrufen worden ist. Ein dem Anwaltszwang unterliegendes Rechtsmittel ist daher nicht deswegen als unzulässig zu verwerfen, weil es von dem sich selbst vertretenen Rechtsanwalt unter Verstoß gegen §§ 155 Abs. 2, 4 BRAO eingelegt worden ist.

bb) Allerdings will der Sächs. AGH die Bestimmung des § 155 Abs. 5 Satz 1 BRAO – im Einklang mit Stimmen im Schrifttum und in der Instanzrechtsprechung – dahin einschränken, die Wirksamkeit von Prozesshandlungen eines sich selbst vertretenen Anwalts dann nicht gelten zu lassen, wenn schutzwürdige Interessen Dritter oder die Rechtssicherheit eine solche Einschränkung erfordern.[10] Eine solche Fallgestaltung liege stets vor, wenn sich der betroffene Rechtsanwalt im Streit um die Wirksamkeit des Berufsverbots/des Zulassungswiderrufs selbst vertrete. Der Gesetzgeber wolle durch § 155 Abs. 5 Satz 1 BRAO aus Gründen der Rechtssicherheit verhindern, dass der Rechtsverkehr mit der Prüfung belastet werde, ob gegen den Rechtsanwalt ein Tätigkeitsverbot bestehe. Der Streit über die Wirksamkeit eines solchen Verbots müsse somit über einen bevollmächtigten Rechtsanwalt ausgetragen werden.

cc) Der Anwaltssenat des BGH ist dieser einschränkenden Auslegung des § 155 Abs. 5 Satz 1 BRAO, die zur Konsequenz hätte, dass Prozesshandlungen eines

---

[9] BGH, Beschl. v. 22.2.2012 – II ZB 8/09, WM 2010, 777 Rn. 13.

[10] AGH Dresden, BRAK-Mitt. 2010, 173 f; ders. Baden-Württemberg 2011, 249 f; OLG Karlsruhe, Anwaltsblatt 1996, 584; ähnlich *Feuerich/Weyland*, BRAO, 8. Aufl. 2012, § 155 Rn. 17; *Johnigk* in: Gaier/Wolf/Göcken (Fn. 5), § 155 BRAO Rn. 11 f.

Rechtsanwalts gerade in den Fällen der Selbstvertretung, in denen der Rechtsanwalt die gegen ihn ergriffenen berufsrechtlichen Maßnahmen gerichtlich angreift, nicht wirksam wären, zu Recht nicht gefolgt.[11] Die Bestimmung des § 155 Abs. 5 Satz 1 BRAO, die gemäß § 14 Abs. 4 BRAO bei einem sofort vollziehbaren Zulassungswiderruf sinngemäß anzuwenden ist, gilt nach ihrem Wortlaut uneingeschränkt für alle Rechtshandlungen, die von einem Rechtsanwalt entgegen einem Vertretungs- oder Tätigkeitsverbot vorgenommen werden. Solche Rechtshandlungen sind auch in den Fällen der unerlaubten Eigenvertretung nach § 155 Abs. 4 BRAO als wirksam zu behandeln. Das hat der BGH schon früh in einem Fall festgestellt, in dem sich der Rechtsanwalt in einem anwaltsgerichtlichen Verfahren gegen ein gegen ihn verhängtes Berufsverbot wendet.[12] Die vom Sächs. AGH und einem Teil des Schrifttums vorgenommene Differenzierung nach dem Maß der Beeinträchtigung der Rechtssicherheit oder den schutzwürdigen Interessen Dritter findet im Gesetz keine Stütze. Der Gesetzgeber will generell und unterschiedslos vermeiden, dass die Postulationsfähigkeit eines entgegen § 155 Abs. 2, 4 BRAO, § 14 Abs. 4 BRAO tätigen Rechtsanwalt in Zweifel gezogen wird und daher gerichtlich geklärt werden muss. Eine andere Auslegung wäre auch mit Art. 12 Abs. 1 GG nicht vereinbar.[13]

3. Maßgebender Beurteilungszeitpunkt

Mit der Übernahme der VwGO hat die BRAO 2009 für die gerichtlichen Verfahren in verwaltungsrechtlichen Anwaltssachen auch deren Klagearten übernommen und sich damit vom flexiblen Verfahren des FGG verabschiedet. Mit dieser Systemumstellung sind Fragen verbunden, die auch in das materielle Recht hineinwirken. Eine wesentliche betrifft den für die gerichtliche Entscheidung über eine Anfechtungsklage (§ 42 Abs. 2 VwGO) maßgeblichen Beurteilungszeitpunkt. In einem Fall, der den Widerruf der Zulassung zur Anwaltschaft wegen Vermögensverfall (§ 14 Abs. 2 Nr. 7 BRAO) betraf, hat der Senat dazu mit seinem Beschluss vom 29.6.2011[14] grundsätzlich Stellung genommen. Nach seiner Auffassung ist für die Beurteilung der Rechtmäßigkeit des Widerrufs einer Zulassung zur Rechtsanwaltschaft nach der durch die BRAO-Reform bewirkten Änderung des Verfahrensrechts allein auf den Zeitpunkt des Abschlusses des behördlichen Widerrufsverfahrens, also auf den Erlass des Widerspruchsbescheides oder – wenn das nach neuem Recht grundsätzlich vorgeschriebene Vorverfahren entbehrlich ist – auf den Ausspruch der Widerrufsverfügung abzustellen; die Beurteilung danach eintretender Entwicklungen ist einem Wiederzulassungsverfahren vorbehalten.

a) Sachverhalt

Dem als Einzelanwalt tätigen Kläger wurde mit Bescheid der beklagten RAK vom 12. November 2009 die Zulassung wegen Vermögensverfall widerrufen. Zu

[11] BGH, Beschl. v. 23.6.2012 – AnwZ(Brfg) 58/11 Juris Rn. 6 ff.
[12] BGH, Beschl. v. 10.5.1971 – AnwSt(R) 8/70, NJW 1971, 1373 unter B. I. 2. zur Wirksamkeit einer vom Anwalt selbst eingereichten Revisionsbegründung.
[13] Vgl. *Quaas* DVBl 2012, 1413.
[14] BGH, Beschl. v. 29.6.2011 – AnwZ(Brfg) 11/10 in BRAK-Mitt. 2011, 246.

diesem Zeitpunkt stand unstreitig der Vermögensverfall fest. Eine 64 Positionen umfassende Aufstellung belegte, dass Gläubiger des Klägers seit dem Jahre 2006 in zunehmendem Maße gezwungen waren, zur Durchsetzung ihrer Forderungen Zwangsvollstreckungsverfahren gegen den Kläger zu betreiben. Einzelne Verbindlichkeiten konnten beglichen werden. Zum Zeitpunkt des Widerrufs standen aber noch zahlreiche weitere – vollstreckbare – Forderungen in beträchtlicher Höhe offen.

Die gegen die Widerrufsverfügung erhobene Klage der AGH abgewiesen. Dabei hat er in den Urteilsgründen ausdrücklich offen gelassen, ob für die Beurteilung der Rechtmäßigkeit des Widerrufs der Zeitpunkt des Erlasses der Widerrufsverfügung maßgebend ist oder ob auch eine nachträgliche Konsolidierung der Vermögensverhältnisse zu berücksichtigen sei. Nach der bislang von dem AGH vertretenen Rechtsauffassung kann der Widerrufsgrund des Vermögensverfalls nachträglich entfallen, wenn sich die Vermögenssituation des Rechtsanwalts wieder verbessert hat und seine Vermögensverhältnisse wieder geordnet und konsolidiert sind. Die geänderte Situation kann jedoch nur dann zur Aufhebung der Widerrufsverfügung durch den AGH führen, wenn im Zeitpunkt der letzten mündlichen Verhandlung eine vollständige Konsolidierung der Vermögensverhältnisse des Rechtsanwaltes erreicht und zweifelsfrei nachgewiesen ist.[15]

b) Der Beschluss des BGH vom 29.6.2011

Der AGH hat in seinem Urteil vom 11. Juni 2010 die Berufung nicht zugelassen. Der dagegen gerichtete Antrag des Klägers hatte keinen Erfolg. Insbesondere – so der Anwaltssenat – bestünden keine ernstlichen Zweifel an der Richtigkeit des angefochtenen Urteils. Ein einzelner tragender Rechtssatz oder eine erhebliche Tatsachenfeststellung sei von dem Antragsteller nicht mit schlüssigen Argumenten in Frage gestellt worden.

Der Senat nahm die Entscheidung des Falles zum Anlass, seine grundsätzliche Auffassung zum maßgebenden Beurteilungszeitraum bei der gerichtlichen Überprüfung des Vorliegens der Widerrufsvoraussetzungen des § 14 BRAO mit Rücksicht auf das neue Verfahrensrecht darzulegen. Wir haben es also mit einer Grundsatzentscheidung im Wege eines obiter dictum zu tun, ein jedenfalls prozessual etwas ungewöhnliches Vorgehen. In der Sache bricht der Senat mit der – ständigen – Rechtsprechung, wonach insbesondere aus prozessökonomischen Gründen Veränderungen der Sach- und Rechtslage nach Erlass eines belastenden VA stets in allen Verfahrensstadien berücksichtigt werden können. Namentlich galt dies für die Konsolidierung der Vermögensverhältnisse des vermögenslos gewordenen Rechtsanwalts, wenn im Zeitpunkt der letzten mündlichen Verhandlung eine vollständige Konsolidierung erreicht und zweifelsfrei nachgewiesen war.[16]

Zur Begründung seiner – nicht nur Fachkreise überraschenden – Entscheidung verweist der BGH im Wesentlichen auf die Rechtsprechung des BVerwG zum Widerruf von Erlaubnissen im Gewerbe- und Berufsrecht als dem für den Beur-

---

[15] So die vom AGH üblicherweise verwendeten Hinweisbeschlüsse, zit. in Kammermitteilungen RAK Düsseldorf 2011, 251.
[16] St. Rspr. seit BGHZ 75, 356; 84, 149.

teilungszeitraum maßgeblichen materiellen Recht.[17] In diesen Fällen – etwa bei der Gewerbeuntersagung nach § 35 Abs. 6 Satz 1 GewO[18] oder dem Widerruf einer ärztlichen Approbation[19] – sehe das materielle Recht ein eigenständiges Wiederzulassungsverfahren vor, im dem alle nachträglichen Umstände Berücksichtigung fänden. Darüber hinaus würden es auch die nach bisher geltendem Recht vom Senat angenommenen „prozesswirtschaftlichen Erwägungen" nicht mehr zulassen, einen nachträglichen Wegfall des Rücknahme- oder Widerrufsgrundes bereits im laufenden Gerichtsprozess zu berücksichtigen. Solche „verfahrenswirtschaftliche Erwägungen" hätten sich in der Praxis nicht bewährt. Ihnen sei durch die gesetzliche Neuordnung des Prozessrechts die Grundlage entzogen worden.

Schließlich sei auch aus verfassungsrechtlicher Sicht eine Hinausschiebung des Zeitpunkts der Beurteilung einer Widerrufsverfügung nicht geboten. Die beruflichen Nachteile, die einem Rechtsanwalt durch den Verweis auf ein erneutes Zulassungsverfahren entstehen, seien vergleichsweise gering. Der Rechtsanwalt habe bei nachträglichem Wegfall des Widerrufsgrundes einen Anspruch auf sofortige Wiederzulassung und könne jederzeit, d. h. ohne Sperrfrist, einen entsprechenden Antrag nach §§ 6, 7 BRAO stellen. Diese Situation sei damit nicht mit der der Amtenthebung eines Notars (§ 50 Abs. 1 Nr. 6 BNotO) vergleichbar, bei der das BVerfG es als problematisch erachtet habe, die gerichtliche Entscheidung allein auf die Sach- und Rechtslage im Zeitpunkt der letzten Verwaltungsentscheidung (im Amtsenthebungsverfahren) zu stützen.[20]

c) Kritik

Der Beschluss des BGH vom 29.6.2011 stellt die wichtigste Entscheidung des Anwaltssenats dar, die er nach Inkrafttreten der BRAO-Reform 2009 „als OVG" erlassen hat. Das kommt nicht nur dadurch zum Ausdruck, dass die Entscheidung in die amtliche Sammlung des BGH[21] übernommen worden ist. Vielmehr hat sich die Entscheidung – sicher nicht unbeabsichtigt – in der Spruchtätigkeit des Senats dahin ausgewirkt, dass die zuvor sprudelnde Quelle der Fälle des Widerrufs der Zulassung zur Rechtsanwaltschaft wegen Vermögensverfall zwischenzeitlich gänzlich zu versiegen droht. Der durch die Entscheidung bewirkte Entlastungseffekt betrifft nahezu die Hälfte der bei dem Senat eingegangenen Verwaltungsstreitverfahren.[22] Es kommt hinzu, dass der Senat seine – geänderte – Rechtsprechung zum maßgebenden Beurteilungszeitpunkt – wie im Beschluss vom 29.6.2011 im Leitsatz der Entscheidung deutlich gemacht – nicht nur auf die Fallgestaltung des Widerrufs der Berufserlaubnis wegen Vermögensverfall (§ 14 Abs. 2 Nr. 7 BRAO)

---

[17] Vgl. etwa BVerwGE 65, 1, 2 ff; BVerwG NVwZ 1991, 372; zuletzt BVerwG NJW 2010, 2901 Rn. 10 f.

[18] BVerwGE 65, 1, 2 ff; BVerfG NVwZ 1991, 372 f.

[19] BVerwGE 105, 214, 220; BVerwG, Beschl. v. 9.11.2006 – 3 B 7/06, Juris Rn. 10.

[20] BVerfG NJW 2005, 3057 (3058).

[21] BGHZ 190, 187.

[22] Im Jahre 2009 betrug die Zahl der Neuzugänge beim BGH 125 Verwaltungssachen. Sie ist im Jahr 2011 auf 64 Verwaltungsstreitverfahren zurückgegangen – zu den jährlichen Eingangszahlen vgl. die Rechtsprechungsberichte bei *Quaas* BRAK-Mitt. 2011, 46.

angewendet wissen will. Sie gilt für alle Fälle der Widerrufsgründe nach Maßgabe des § 14 Abs. 2 BRAO. In einer Entscheidung zum Zulassungswiderruf wegen fehlender Berufshaftpflichtversicherung (§ 14 Abs. 2 Nr. 9 BRAO) führt der Senat aus, das seit dem 1.9.2009 geltende neue Verfahrensrecht lasse keinen Raum für die Berücksichtigung eines nachträglichen Wegfalls des Widerrufsgrundes. Entwicklungen, die nach Abschluss des behördlichen Verfahrens einträten, seien einem Wiederzulassungsverfahren vorbehalten. Zur Begründung nimmt der Senat ausdrücklich auf die Erwägungen im Beschluss vom 29.6.2011 Bezug.[23]

aa) Angesichts der weitreichenden Bedeutung der Entscheidung vom 29.6.2011 verwundert es nicht, dass die dadurch bewirkte massive Rechtschutzverkürzung für die vom Widerruf einer Berufserlaubnis betroffenen Rechtsanwälte auch kritische Stimmen erfahren hat.[24] Die Übernahme der Rechtsprechung des BVerwG zu vergleichbaren Fällen aus dem Gewerbe- und Heilberufsrecht wird als „verfehlt" angesehen. Mit der Neuregelung des gerichtlichen Verfahrens durch die BRAO-Reform 2009 habe sich das „materielle" Recht nicht geändert. Das gelte auch für die Aufforderung des BGH, der Abschluss des behördlichen Widerrufsverfahrens bewirke eine – im gerichtlichen Verfahren zu beachtende – Zäsur, weil der Widerruf einer Berufserlaubnis eine auf den Abschluss des Verwaltungsverfahrens bezogene rechtsgestaltende Wirkung entfalte. Dogmatisch würden diese Begründungsversuche am Maßstab des Art. 12 Abs. 1 GG scheitern, der es – bezogen auf den Widerrufsgrund des Vermögensverfalls nach § 14 Abs. 2 Nr. 7 BRAO – im Rahmen der Prüfung der Gefährdung der Interessen der Rechtsuchenden durch den Vermögensverfall gebiete, eine im Zeitpunkt der letzten mündlichen Verhandlung vorhandene Konsolidierung der Vermögensverhältnisse – und damit einen Ausschuss der Gefährdung der Interessen der Rechtsuchenden – zu berücksichtigen.

bb) Die Kritik am Kurswechsel des BGH kann im Ergebnis nicht überzeugen. Allerdings sind dogmatische Schwächen in der Begründung der Senatsentscheidung vom 29.6.2011 unverkennbar:

(1) Das gilt zunächst für die im Ausgangspunkt der Entscheidung vom 29.6.2011 getroffene Feststellung (Rn. 14), der Berücksichtigung eines nachträglichen Wegfalls des Widerrufsgrundes im gerichtlichen Verfahren sei durch die gesetzliche Neuordnung des Prozessrechts „die Grundlage entzogen worden" bzw. – noch deutlicher – das seit dem 1.9.2009 geltende neue Verfahrensrecht lasse „keinen Raum für die Berücksichtigung eines nachträglichen Wegfalls des Widerrufsgrundes".[25] Eine solche Argumentation verkennt, dass – wie der BGH selbst hervorhebt – der maßgebliche Prüfungszeitpunkt für eine Anfechtungsklage mit dem Ziel einer uneingeschränkten Aufhebung der angegriffenen Bescheide im Ausgangspunkt nicht durch das Verfahrensrecht, insbesondere die Klagearten der VwGO, sondern durch das auf den Streitgegenstand anzuwendende materielle Recht bestimmt wird.[26] Für die Frage des maßgebli-

---

[23] BGH, Beschl. v. 23.6.2012, AnwZ(Brfg) 58/11, Rn. 19.
[24] Vgl. insbesondere *Kleine-Cosack* AnwBl. 2011, 939 ff.
[25] BGH, Beschl. v. 23.6.2012 – AnwZ(Brfg) 58/11 Juris Rn. 19.
[26] St. Rspr. BVerwG NVwZ 1991, 372 m. w. Nw.; BVerwG NJW 2010, 2901; *Sauthoff*, FS 50 Jahre BVerwG, 2003, S. 599 ff.

chen Entscheidungszeitpunkts kann es somit nicht auf das seit dem 1.9.2009 geltende neue Verfahrensrecht, sondern ausschließlich darauf ankommen, ob das Recht der Zulassung des Rechtsanwalts zur Rechtsanwaltschaft nach den §§ 6 ff BRAO es gebieten, bei Anfechtungsklagen gegen den Widerruf der Zulassung auf den Zeitpunkt der letzten Behördenentscheidung oder den der (letzten) mündlichen Verhandlung bei Gericht abzustellen. Nur eine (neue) Interpretation dieser Bestimmungen – und nicht die Implementierung der VwGO in das gerichtliche Verfahren der Anwaltsgerichtsbarkeit – kann dazu führen, dass der bisherigen Rechtsprechung des Anwaltssenats zum Zulassungswiderruf und zur Berücksichtigung neuer Tatsachen im gerichtlichen Verfahren „die Grundlage entzogen" worden ist.

(2) Mit Rücksicht darauf hat der Anwaltssenat schon früh in einer seiner ersten Entscheidungen zum maßgeblichen Zeitpunkt bei der Anfechtung des Widerrufs der Zulassung zur Anwaltschaft auf den Zeitpunkt des Erlasses der angefochtenen Verfügung abgestellt.[27] Seine Entscheidung, einen „zweifelsfrei" feststehenden Rücknahme- oder Widerrufsgrund gleichwohl zu berücksichtigen, beruht ausschließlich auf verfahrensökonomischen Gründen. Es soll eine zeit- und kostenaufwendige Verdoppelung der Verfahren vermieden werden, wenn feststeht, dass die Zulassung zum Beruf sogleich wieder erteilt werden müsste.[28] Diese prozessökonomische Sichtweise steht mit der materiell-rechtlichen Beurteilung des Widerrufsgrunds etwa des Vermögensverfalls (§ 14 Abs. 2 Nr. 7 BRAO) im Einklang: Besteht im Zeitpunkt der gerichtlichen Entscheidung zweifelsfrei kein „Vermögensverfall" – weil etwa die Vermögensverhältnisse wieder geordnet sind –, kann der Widerruf der Zulassung nicht mit der Gefährdung der Rechtsuchenden gerechtfertigt werden. Der Wegfall des Vermögensverfalls hat zur Folge, dass der Rechtsanwalt sogleich wieder zugelassen werden muss.[29]

(3) Wenn der Anwaltssenat nunmehr der Auffassung ist – und das schimmert als wirklich tragende Erwägung „zwischen den Zeilen" durch – die Praxis der gerichtlichen Nachprüfung von Widerrufsverfügungen insbesondere im Hinblick auf eine mögliche Konsolidierung der Vermögensverhältnisse habe sich nicht bewährt, zwingt ihn zwar nicht das Prozessrecht, auch nicht § 113 Abs. 1 Satz 1 VwGO[30] zu einem Kurswechsel. Die geänderte Sicht wird indessen wird indessen von dem materiellen Recht umfasst. Auch die Rechtsprechung des BVerwG stellt bei der Anfechtung des Widerrufs einer Berufserlaubnis grundsätzlich auf die Sach- und Rechtslage zum Zeitpunkt des Abschlusses des Widerspruchsverfahrens ab.[31] Wenn der Kläger nach dem Widerruf der Berufserlaubnis nicht mehr befugt ist, die Tätigkeit auszuüben, so ist dies eine Rechtsfolge der Umgestaltung der Rechtslage durch den Widerruf, nicht jedoch die Folge einer andauernden, sich immer wieder aktualisierenden und

---

[27] BGHZ 75, 356, 357.

[28] Ebenso BGHZ 84, 149 u. v. m.

[29] Vgl. *Bartosch-Koch* AnwBl. 2008, 737, 739.

[30] So aber BGH, Beschl. v. 29.6.2011, a. a. O., Rn. 19.

[31] BVerwG, NVwZ – RR 1994, 388 (Apothekenbetriebserlaubnis); BVerwGE 105, 214 (220) (ärztliche Approbation); Beschl. v. 30.7.1992 – 3 B 1.92 – Juris (Zahnarztapprobation); NJW 2010, 2901 (Logopäde); s. a. *Sauthoff* (Fn. 26), S. 599 (604).

vollziehungsfähigen Rechtswirkung des VA.[32] Der Senat kann daher zu Recht darauf verweisen, dass der Widerruf einer Berufserlaubnis eine auf den Abschluss des Verwaltungsverfahrens bezogene rechtsgestaltende Wirkung entfaltet und der Abschluss dieses Verfahrens zugleich eine „Zäsur" bewirkt, die zur Folge hat, dass danach eintretende Umstände einem späteren (Wiedererteilungs-)Verfahren zugewiesen werden müssen. Diese Trennung gilt auch für das sich anschließende (verwaltungs-)gerichtliche Verfahren.[33]

(4) Der Senat war schließlich durch Art. 12 Abs. 1 GG nicht gehindert, den Kurswechsel zu vollziehen. Zwar mögen verfassungsrechtliche Erwägungen dazu beigetragen haben, den Zulassungswiderruf entlastende Gesichtspunkte nachträglich im gerichtlichen Verfahren zu berücksichtigen, insbesondere, wenn – wie beim Widerrufsgrund des Vermögensverfalls – ein abnehmender Schuldenstand oder sonstige organisatorische Vorkehrungen beim Betrieb und in der Geschäftsführung des Rechtsanwaltsbüros die Gefahr einer Gefährdung der Rechtsuchenden mindern.[34] Das Grundrecht der Berufsfreiheit des Art. 12 Abs. 1 GG lässt daher eine Hinausschiebung des Zeitpunktes der Beurteilung einer Widerrufsverfügung im gerichtlichen Verfahren zu, verlangt diese aber nicht. Bei Wegfall der Voraussetzungen für den Widerrufsgrund hat der Rechtsanwalt einen Anspruch auf sofortige Wiederzulassung und kann jederzeit, d. h. ohne Sperrfrist, den Antrag nach den §§ 6, 7 BRAO stellen. Anders als im Fall der Amtsenthebung eines Notars (§ 50 Abs. 1 Nr. 6 BNotO),bei dem er nach dem Verlust seines Amtes nur die Möglichkeit hat, bei Vorliegen eines Bedürfnisses (§ 4 BNotO), nach Ausschreibung einer Notarstelle (§ 6 b BNotO) und bei Bestehen der Konkurrenz mit anderen Bewerbern (§ 6 BNotO) erneut bestellt zu werden,[35] gibt es für den Rechtsanwalt keine vergleichbaren Hürden, seine Wiederzulassung zu erreichen. Erforderlich ist lediglich, dass ein neuer Sachverhalt vorgetragen werden kann. Erfolgt die Ablehnung des Antrags noch während des Verfahrens gegen die Widerrufsverfügung vor dem AGH, kann der betroffene gleich eine zweite Klage „anhängen".[36] Es muss deshalb noch nicht einmal zu einem zeitlichen Verlust der Wiedererlangung der Zulassung auf Grund des jetzt notwendig werdenden „Wiedererteilungsverfahrens" kommen.

4. *Belehrender Hinweis*

Rechtsanwaltskammern, allen voran die RAK Hamm, verwenden gerne als Aufsichtsinstrument den sog. belehrenden Hinweis. Er funktioniert nach der Zoo-Weisheit, „wasch mir den Pelz, aber mach mich nicht nass". Dem berufsrechtlich unangenehm aufgefallenen Rechtsanwalt wird kein Verweis erteilt, sondern lediglich ein „belehrender Hinweis" an die Hand gegeben, wie er sich künftig „berufsrechtskonform" verhalten solle:

---

[32] BVerwG, Buchholz 418.20, Allgemeines Apothekenrecht Nr. 16 in Abgrenzung zum „Dauerverwaltungsakt".

[33] BVerwG, NJW 2010, 2901, Rn. 11.

[34] Vgl. zur sog. Flucht in die „Angestelltenalternative" BGH AnwBl. 2007, 714; w. Nw. bei *Quaas* in BRAK-Mitt. 2011, 46 ff.

[35] BVerfG, NJW 2005, 3057, 3058.

[36] *Kleine-Cosack* AnwBl. 2011, 939 (942).

a) § 223 BRAO a. F.

Mit Inkrafttreten der BRAO-Reform 2009 ist die Frage aufgetaucht, ob es rechtlich so etwas wie einen „belehrenden Hinweis" auf der Grundlage des nun anwendbaren § 35 VwVfG – der Definition des VA – und der – abschließenden – Klagearten der VwGO noch geben kann. Das Instrument des „belehrenden Hinweises" hat sich unter der Geltung des FGG und des § 223 BRAO a. F. als eine Art „Zwischenlösung" für den in der Praxis häufig vorkommenden Fall etabliert, dass eine konkrete Verhaltensweise eines Rechtsanwalts berufsrechtlich zwar zu missbilligen ist, sie aber eine Rüge (noch) nicht rechtfertigt. Für diese Fallgruppe, in der eine „einfache" Belehrung nach § 73 Abs. 2 Nr. 1 BRAO nicht ausreicht, um dem konkreten Pflichtenverstoß gerecht zu werden, hat die Rechtsprechung „missbilligende" oder „schuldzuweisende" Belehrungen akzeptiert, die in entsprechender Anwendung des § 223 BRAO a. F. mit einem Antrag auf gerichtliche Entscheidung angegriffen werden konnten.[37]

b) Belehrung als VA

Mit der BRAO-Reform 2009 ist § 223 BRAO a. F. weggefallen. Die an seine Stelle getretene Anfechtungsklage setzt nach § 42 Abs. 1 VwGO voraus, dass sich der Kläger gegen einen ihn belastenden VA wendet, dessen Aufhebung er begehrt. Daraus folgt, dass eine Belehrung auch in der Form eines „belehrenden Hinweises", der nach dem 1.9.2009 ergangen ist (vgl. § 215 Abs. 2 BRAO), die Begriffsmerkmale eines VA im Sinne des § 35 VwVfG erfüllen muss, um rechtsmittelfähig zu sein. Ein von einer RAK erteilter belehrender Hinweis muss demgemäß eine für den Betroffenen verbindliche Regelung enthalten, d. h. Rechte des Betroffenen begründen, aufheben oder sonst verbindlich feststellen.[38] Nur wenn dies der Fall ist, kann ein „belehrender Hinweis" Gegenstand einer – vor dem AGH anzufechtenden – Anfechtungsklage sein. Das hat der Senat in einem Fall bejaht, in dem eine RAK das Vorliegen einer Interessenkollision in einem Scheidungsverfahren gegenüber einem Rechtsanwalt feststellte und dabei auf die Rechtsfolgen der Mandatsniederlegung gem. § 3 Abs. 3 BORA hinwies. Der Senat sah in dem – mit einer Rechtsmittelbelehrung versehenen – „belehrenden Hinweis" zutreffend einen „Belehrungsbescheid", der Gegenstand einer Anfechtungsklage sein kann.[39] In einem weiteren Urteil, das einen belehrenden Hinweis über die „Außendarstellung" einer Anwaltssozietät im Briefbogen und im Internetauftritt der Kanzlei betraf, macht der Senat darauf aufmerksam, dass eine solche – mit Rechtsmittelbelehrung versehene – hoheitliche Maßnahme, wenn sie schriftlich ergeht, nicht die Unterschrift sämtlicher beschließender Vorstandsmitglieder in der Bescheidsurkunde enthalten muss.[40]

---

[37] BGH, Beschl. v. 25.12.2002 – AnwZ(B) 41/02, BGHZ 153, 61 (62 f.); Beschl. v. 25.7.2005 in NJW 2005, 2692; Beschl. v. 30.11.2009 – AnwZ(B) 11/08 in BRAK-Mitt. 2010, 132; s. a. BVerfGE 50, 16.

[38] BVerwG, Urt. v. 23.8.2011, 9 C 2.11 u. a.; BVerwGE 80, 355 (364).

[39] BGH, Urt. v. 23.4.2012 – AnwZ(Brfg) 35/11 – Juris; dazu – und zur Frage des sog. Prävarikationsverbot *Henssler*/Deckenbrock NJW 2012, 3265 ff.; vgl. auch Quaas DVBl 2012, 1413.

[40] BGH, Urt. v. 12.7.2012 – AnwZ(Brfg) 37/11 – Juris, Rn. 12 ff., dazu – und zum Begriff der „Irreführung im Berufswerberecht" *Römermann* AnwBl. 2012, 885 ff.

IV. Ausblick

Die ersten Erfahrungen mit den neuen Verfahrensregelungen der VwGO für die gerichtliche Überprüfung in verwaltungsrechtlichen Anwaltssachen haben gezeigt, dass vor allem eines eingetreten ist: ein deutlicher Rückgang der Eingangszahlen und damit eine erhebliche Entlastung der Spruchtätigkeit des Anwaltssenats. Insbesondere die zuvor sprudelnde Quelle der Fälle des Widerrufs der Zulassung zur Rechtsanwaltschaft wegen Vermögensverfall droht gänzlich zu versiegen. Der damit eintretende Entlastungseffekt gegenüber dem Zustand vor der BRAO-Reform 2009 betrifft mehr als Hälfte der verwaltungsrechtlichen Anwaltssachen. Die verbleibenden Eingänge sind einige wenige zugelassene Berufungen durch den AGH und solche Berufungszulassungen, die der Anwaltssenat auf der Basis der Zulassungsgründe des § 124 Abs. 2 VwGO ausgesprochen hat. Hinzu treten die – zahlenmäßig noch unbedeutenderen – Fälle der erstinstanzlichen Zuständigkeit des Anwaltssenats. Wenn es daher in der Absicht der BRAO-Reform 2009 lag, die erste Instanz – den AGH – in verwaltungsrechtlichen Anwaltssachen zu stärken und die zweite Instanz – den BGH – weitgehend vom Tagesgeschäft fern zu halten und seine Zuständigkeit auf „wahrhaft berufungswürdige" Fälle zu beschränken, so hat das Gesetz seinen Zweck voll erreicht.

SCHRIFTENVERZEICHNIS BERNHARD STÜER

Bücher

1. Verfassungsrechtliche Maßstäbe für die gemeindliche, kreisliche und regionale Funktionalreform, Diss. jur.1978, 600 S.
2. Funktionalreform und kommunale Selbstverwaltung, 450 S, Schwarz-Verlag, Göttingen, 1980.
3. mit Georg Hum: Gesamtschule auf dem Prüfstand. Entscheidungshilfe für kommunale Mandatsträger, 1983, 200 S, Recklinghausen.
4. Bestandsgarantie für die Hauptschule. Zur Verfassungsmäßigkeit des Gesamtschulgesetzes NW, Recklinghausen, 1. Aufl. 1983, 191 S., 2. Auf. 1987, 223 S.
5. mit Georg Hum: Gesamtschule auf dem Prüfstand, 2. Aufl. 1987, 210 S.
6. Bestandsgarantie für die Hauptschule, in: Hauptschule hat Zukunft. Dokumentation und Entscheidungshilfe der 1988.
7. mit Werner Hoppe: Die Rechtsprechung zum Bauplanungsrecht, Boorberg-Verlag 1995, 887 S.
8. mit Eva-Maria Ehebrecht-Stüer: Bauplanungsrecht und Freistellungspolitik der Länder. § 29 ff. BauGB und die neuen Landesbauordnungen, Beiträge zum Siedlungs- und zum Wohnungswesen und zur Traumplanung 1996, 334 XV S.
9. Das neue Bau- und Raumordnungsrecht 1998. Die aktuellen Texte mit einer Einführung, Beck-Verlag, München 1997, 1006 S.
10. Handbuch des Bau- und Fachplanungsrechts. Planung – Genehmigung – Rechtsschutz, Beck-Verlag, München, 1. Aufl. 1997, XXXVIII, 1006 S., 2. Aufl. 1998, XXXVIII, 1228 S., 3. Aufl. 2005, XXXII, 1806 S, 4. Aufl. 2009, XXXVIII, 1716 S.
11. Bau- und Fachplanungsgesetze, Beck-Verlag, München 1999, 991 S.
12. mit Willi Probstfeld, Die Planfeststellung. Grundlagen – Fachrecht – Rechtsschutz, Beck-Verlag, München 2003, 612 S.
13. Der Bebauungsplan, Beck-Verlag, München, 1. Aufl. 2000, XXIII, 568 S.; 2. Aufl. XXIV, 602; 3. Aufl., 2006, XXVI, 736; 4. Aufl. 2009, XVIII, 822 S.
14. Städtebaurecht 2004, in: Bernhard Stüer (Hrsg.), Schriftenreihe „Planungsrecht" der Universität Osnabrück Bd. 10, 2. überarbeitete Auflage, V & R Unipress, Göttingen 2004, 320 S.

Beiträge in Zeitschriften

15. Sennestadt-Urteil – Ein Kurswechsel?, KomPolBl. 1973, 1112–1116.
16. Die Urteile des VerfGH NW zum Bielefeld-Gesetz, Städte- und Gemeinderat 1974, 138–146.
17. Die gerichtliche Kontrolle von Prüfungsentscheidungen, DöV 1974, 257–264.
18. Großraum Hannover und Rijnmond Rotterdam – Ein Vergleich von Planungsverbänden, StuGB 1974, 279–284.
19. Zum autonomen (kontrollfreien) Gestaltungsspielraum von Gesetzgeber und Verwaltung, DVBl 1974, 314–321.
20. Punktueller Gesetzesaufschub. Einstweilige Anordnungen gegen Neugliederungsgesetze, StuGR 1974, 378–386.
21. Prüfungsordnungen und Grundgesetz, JR 1974, 445–551.
22. Rechtsprobleme des Straßenrechts, DVBl 1992, 547–556.
23. Examinator non calculat, Recht der Jugend und des Bildungswesens 1975, 317–320.
24. Die verhinderte Bürgermeisterwahl, StuGR 1975, 298–304.
25. Gebietsreform – Alle Jahre wieder? Mehrfachneugliederung und Vertrauensschutz, StuGR 1975, 109–120.
26. Planspiel in Werl, StuGB 1975, 276–279.

27. Abwägungsgebot, Mehrfachneugliederung und Vertrauensschutz, DVBl 1977, 1–13.
28. Mitwirkungsverbot bei Ratsentscheidungen für Bundes- und Landesbedienstete, StuGR 1977, 169–174.
29. Probleme der kommunalen Planung im Spiegel verwaltungsgerichtlicher Urteile und wirtschaftliche Wertung, Teil I, Kommunalwirtschaft 1978, 191–198.
30. Probleme kommunaler Planung im Spiegel verwaltungsgerichtlicher Urteile und wirtschaftlicher Wertung, Teil II, Kommunalwirtschaft 1978, 237–241.
31. Schule im Rechtsstaat. Zum 5. Deutschen Verwaltungsrichtertag in Mannheim, Recht der Jugend und des Bildungswesens 1978, 46–57.
32. mit Ulrich Lau: Planspiel zum Städtebauförderungsgesetz, DöV 1978, 547–551.
33. Verfassungsfragen zur Gebietsreform. Die Entscheidungen des VerfGH NW, DöV 1978, 78–90.
34. Der Flächennutzungsplan als Gegenstand der Rechtsprechung und des Rechtsschutzes, StuGR 1979, 109–118.
35. Gefährdungen und Chancen der kommunalen Selbstverwaltung, StuGR 1979, 133–135.
36. Der veränderte Kommunalwahlbezirk, Juristische Arbeitsblätter 1980, 622–628.
37. Der verfassungsrechtliche Stellenwert der Stadt-Umland-Verbände, StuGB 1980, 41–46.
38. Verfassungsfragen der kommunalen Funktionalreform, DVBl 1980, 22–25.
39. Die Gerichtskontrolle der Leistungsbeurteilungen in der Bundesrepublik Deutschland, Recht der Schule 1980, 78–83.
40. Teilkreisumlage in der Jugendhilfe als Verfassungsproblem. Die gespaltene Kreisumlage in der Jugendhilfe nach § 36 Gemeindefinanzierungsgesetz NW, Eildienst LKT NW 1981, 133–142.
41. Das Eigentum als subjektiv-öffentliches Recht und als abwägungserheblicher Belang und der Planfeststellung, NuR 1981, 149–157.
42. Treuepflicht des Ratsmitglieds bei der Vertretung eigener Interessen gegen die Gemeinde?, StuGR 1981, 211–213.
43. Die Besetzung von Aufsichtsräten kommunaler Unternehmen nach dem Mehrheitswahlsystem. Zum Grundsatz der Funktionentrennung, StuGR 1981, 243–251.
44. Wassergewinnung und Straßenentwässerung im Widerstreit. Verteilung der Abwasserbeseitigungs- und Kostentragungspflicht für wasserqualitätsbezogene erhöhte Schutzmaßnahmen zwischen Wasserversorgungsunternehmen, Gemeinde und Straßenbaulastträger, NuR 1982, 140–143.
45. Gemeindliche Kirchturmbaulasten, StuGR 1982, 61–64.
46. Bergbau und Straßenbau im Widerstreit. Enteignung eines Bergschadensverzichts aus Gründen der Verkehrssicherheit, NVwZ 1982, 545–547.
47. Denkmalschutz auf Kosten der Gemeinde? Aufgabengerechte Finanzausstattung im Denkmalrecht als Verfassungsgebot, StuGR 1982, 365–368.
48. Kommunalwahl 1979 in Coesfeld ungültig, SGK-Forum 1982, Nr. 3, S. 1–2.
49. Titular-Stadtrechte. Rechtsnachfolge bei der Gebietsreform, StuGR 1982, 185–194.
50. Schule und Recht. Prüfungen im Rechtsstaat, Die kaufmännische Schule 1984, 7–15.
51. Das Gesamtschulurteil des VerfGH. Bestandsgarantie der Hauptschule, Elternwille, Verfahrensermittlung Schulbedürfnis, StuGR 1984, 71–76.
52. Die Besetzung von Schulleiterstellen. Gemeindliche Selbstverwaltung oder Konrektorenprivileg durch Ministererlaß?, StuGR 1984, 408–410.
53. Verfahren zur Ermittlung des Elternwillens: Funktionierende Schulen haben Bestandsschutz, KomPolBl. 1984, 1134–1135.
54. Bestandsgarantie für die Hauptschule, KomPolBl. 1984, 108–109.
55. Der Wettlauf um die kommunale Sauna, StuGB 1984, 174–176.
56. Unzulässige Wahlwerbung: Organstreitverfahren vor dem VerfGH NW, KomPolBl. 1984, 762.
57. Die Gemeindefinanzierungsurteile des VerfGH NW, StuGR 1985, 276.
58. Bergbau und Grundeigentum im Widerstreit, NuR 1985, 263–269.
59. Abgrabung ohne gemeindliches Einvernehmen?, Verwaltungsrundschau 1985, 77–83.
60. Amtshilfeersuchen zwischen Sozialleistungsträgern und allgemeinen Verwaltungsbehörden, DöV 1985, 720–724.
61. Systemgerechtigkeit in der Punktbewertung, NVwZ 1985, 545–547.

62. Erfahrungen mit der verwaltungsgerichtlichen Normenkontrolle – Eine Zwischenbilanz, DVBl 1985, 469–481.
63. Wald im nichtbeplanten Innenbereich? Baugenehmigung ohne forstliche Umwandlungsgenehmigung?, StuGR 1985, 192–194.
64. Verfassungsbeschwerde Sparkassenverwaltungsrat, Eildienst LKT NW 1985, 383.
65. Mitbestimmung im Sparkassenverwaltungsrat. Verlust an demokratischer Legitimation und unzulässige Interessenkollision, StuGR 1985, 19–27.
66. Der aufgezwungene Sparkassenverwaltungsrat, Verwaltungsrundschau 1985, 387–383.
67. Zurückverweisung und Bescheidungsverpflichtung im Verwaltungsprozeß, in: Festschrift für Christian-Friedrich Menger 1985, 779–795.
68. Der zusätzliche Bürgermeisterstellvertreter, StuGR 1985, 243–245.
69. Sportanlagen im Wohnbereich. Lösung von Umweltkonflikten zwischen Wohnung und Sportanlagen, NuR 1985, 148–150.
70. Die Wahrung des Grundsatzes des rechtlichen Gehörs – Dauerauftrag des VerfG, Asylrecht und Auslieferung, NVwZ 1985, 476–477.
71. Das Mitbestimmungsurteil des VerfGH NW, StuGR 1986, 381–384.
72. Schulentwicklungspläne – Entscheidungsfreiheit der kommunalen Schulträger, KomPolBl. 1986, 48–50.
73. Recht auf unverkürzten Unterricht, Recht der Jugend und des Bildungswesens 1986, 282–287.
74. Naturschutz zwischen Bundes- und Landeskompetenz. Die importierte Inseleidechse, NuR 1986, 149–153.
75. Mitbestimmung im Sparkassenverwaltungsrat. Verfassungsbeschwerde der kommunalen Mandatsträger, KomPolBl. 1986, 132–133.
76. Die vertragswidrig verplante Grünfläche, Verwaltungsrundschau 1986, 195–201.
77. Demokratische Legitimation der Mitglieder des Sparkassenverwaltungsrates – das Mitbestimmungsurteil des VerfGH NW, Die Personalvertretung 1987, 98–102.
78. Schulträgerschaft im Streit zwischen Gemeinde und Kreis, KomPolBl. 1987.
79. Baugebot nach § 172 BauGB – ein „stumpfes Schwert"?, DöV 1988, 337–340.
80. mit Klaus-Viktor Kleerbaum: Zweijahresfrist bei wiederholten Gesamtschulanträgen, KomPolBl. 1989, 82–83.
81. Notare als Solidargemeinschaft. Beiträge zum Haftungssystem der Notare als Verfassungsproblem, DVBl 1989, 1137–1144.
82. Jugendwohlfahrtsausschuß oder Bezirksvertretung? Jugendhilfe im Kompetenzkonflikt, Verwaltungsrundschau 1989, 240–245.
83. Denkmalschutz vor Bauleitplanung?, BauR 1989, 251–255.
84. Nichtigkeit der Baugenehmigung bei fehlerhafter Grundstücksbezeichnung?, DöV 1989, 810–813.
85. Personalvertretung und Kommunalverfassung, Die Personalvertretung 1989, 381–386.
86. Bauleitplanung im Konflikt. Gemengelagen, Verbrauchermärkte, Spielhallen, Altlasten, Lärmschutz, StuGR 1989, 6–13.
87. Bürgerbeteiligung ohne Grenzen – Rechtsweg ohne Ende?, BayVBl. 1990, 39–42.
88. Investitionsmaßnahmegesetze als Verfassungsproblem, DVBl 1991, 1333–1341.
89. Das Bauplanungsrecht in den neuen Bundesländern, DVBl 1992, 266–276.
90. Naturschutz- und Landschaftsrecht bei der Bauleitplanung und bei der Zulassung von Einzelvorhaben, DVBl 1992, 1147–1150.
91. Städtebauliche Satzungen – Reformkonzept, DVBl 1995, 121–130.
92. Anwaltserfahrungen, NJW 1995, 2142–2145.
93. Baugrundrisiken und öffentliches Recht – Reformbedarf?, BauR 1995, 604–611.
94. Der städtebauliche Vertrag. Ein Balanceakt zwischen Vertragsfreiheit, strikter Gesetzesbindung und „subjektiver Abwägungssperre", DVBl 1995, 649–657.
95. Garzweiler II und kommunale Interessen. Wettrennen um die Zukunft der Kohle, StuGR 1996, 264–269.
96. mit Hans-Otto Schulze: Die Anwendung der Beschleunigungsgesetze im Planfeststellungsverfahren. Die Emsvertiefung, Zeitschrift für Wasserrecht 1996, 269–290.
97. mit Eva-Maria Ehebrecht-Stüer: Bauplanungsrecht und Freistellungspolitik der Länder. §§ 29 ff BauGB und die neuen Landesbauordnungen, DVBl 1996, 482–490.

98. Novellierung des BauGB. Vorschläge der Expertenkommission zur Novellierung des BauGB, DVBl 1996, 177–185.
99. Rechtsverhältnisse der Schule, in: Handbuch Praxis Schule NRW, KPV 1995, 175–204.
100. mit Caspar David Hermanns: Bau- und Raumordnungsgesetz 1998, Der Überblick (StuGT MV) 1997, Heft 5.
101. Die Beschleunigungsnovellen 1996, DVBl 1997, 326–341.
102. Städtebaurecht 1998. Vom Grundsatz der Planerhaltung zum Grundsatz der Normerhaltung, DVBl 1997, 1201–1211.
103. mit Beate Landgraf: Gebietsreform in den neuen Bundesländern. Bilanz und Ausblick, Landes- und Kommunalverwaltung 1998, 209–216.
104. Bauleitplanung und Fachplanung, Umwelt- und Planungsrecht 1998, 408–414.
105. mit Arthur Vildomec: Planungsrechtliche Zulässigkeit von Windenergieanlagen, BauR 1998, 427–440.
106. Fachplanung und Wirtschaftsstandort Deutschland. Rechtsfolgen fehlerhafter Planung, NWVBL 1998, 169–176.
107. mit Stefan Rude: Neue Aufgabenfelder für Rechtsanwälte? Mediation im öffentlichen Baurecht, DVBl 1998, 630–632.
108. mit Holger Spreen: Ausstieg aus der Atomenergie – Das Beispiel Krümmel, NuR 1999, 16–23.
109. Antragsbefugnis im Normenkontrollverfahren. Stürzt die Abwägungs- und Rechtsschutzpyramide ein?, BauR 1999, 1221–1233.
110. Zulassungsberufung und Zulassungsbeschwerde – Verwaltungsgerichtsbarkeit in der Abseitsfalle, NdsVBl. 1999, 260–270.
111. mit Holger Spreen: Emissionszertifikate – Ein Plädoyer zur Einführung marktwirtschaftlicher Instrumente in der Umweltpolitik, UPR 1999, 161–167.
112. Finanzausgleich in Schleswig-Holstein als Verfassungsproblem, NordÖR 1999, 130–131.
113. mit Caspar David Hermanns: Die Anordnung vorläufiger Teilmaßnahmen im Fachplanungsrecht, DöV 1999, 58–64.
114. Die ostfriesische Emsquerung, JURA 1999, 202–211.
115. mit Dietmar Hönig, Naturschutz und Rechtsregime im Küsten- und Offshore-Bereich, DVBl 1999, 836–839.
116. mit Claas-Dietrich König: Der städtebauliche Vertrag. Strikter Gesetzesvollzug oder grenzenlose Vertragsfreiheit, ZfBR 2000, 528–536.
117. mit Caspar David Hermanns: Erfahrungen mit der 6. VwGO-Novelle, BaWüVBl. 2000, 256–261.
118. mit Willi Probstfeld, Anhörungsverfahren bei straßenrechtlichen Großvorhaben – die Hochmoselquerung, DöV 2000, 701–711.
119. Amtshaftung bei rechtswidrigem Bauvorbescheid, BauR 2000, 1431–1437.
120. Per Vertrag zur fairen Landesplanung?, StuGR 2000, 9/21–23.
121. mit Hans-Werner Rengeling: Werner Hoppe 70 Jahre – Geleitwort für das DVBl.-Sonderheft, DVBl 2000, 837–840.
122. Das Emssperrwerk, NdsVBl. 2000, 25–31.
123. mit Jan Schröder: Konfliktbewältigung in der Bauleitplanung, BayVBl. 2000, 257–267.
124. mit Sandra Loges: Ausstieg aus der Atomenergie zum Nulltarif?, NVwZ 2000, 9–15.
125. mit Nadine Thorand: Abschied von salvatorischen Klauseln im Denkmal- und Naturschutzrecht, NJW 2000, 3737–3742.
126. Waldbesitzer und konkurrierende Landnutzer, Allgemeine Forstzeitschrift Der Wald 2000, 194–197.
127. mit Stefan Rude: Planreparatur im Städtebaurecht – Fehlerheilung nach § 215a BauGB, ZfBR 2000, 85–93
128. mit Dietmar Hönig, Planung 2000 Herausforderungen für das Fachplanungsrecht, DVBl 2000, 1114–1116.
129. mit Dietmar Hönig, Europäisches Naturschutzrecht und räumliche Gesamtplanung, NWVBL 2000, 116–118.
130. Neue Herausforderungen für Städte und Gemeinden, Der Gemeinderat 2000, 11/38.
131. mit Caspar David Hermanns: Der verfassungsrechtliche Rahmen einer Vereinheitlichung der öffentlich-rechtlichen Fachgerichtsbarkeiten, DöV 2001, 505–511.

132. mit Willi E. Probstfeld: Digitaler Planungsordner, UPR 2001, 91–94.
133. mit Caspar David Hermanns: Kommt eine 7. VwGO-Novelle?, BayVBl. 2001, 385–390.
134. Der UVP-pflichtige Bebauungsplan, BauR 2001, 1195–1211.
135. mit Willi Probstfeld, Umweltverträglichkeit bei Straßenbauvorhaben. Das Ende der Plangenehmigung?, UPR 2001, 361–365
136. mit Dietmar Hönig, Das Eigentum als Grundlage von Abwägung und Rechtsschutz, VerwArch. 2002, 350–367.
137. Der UVP-pflichtige Bebauungsplan, JURA 2002, 54–59.
138. mit Katharina Wolff, Abschlussbetriebsplanung Braunkohlentagebau Ost – Bergrechtliche Nachsorgepflichten, LKV 2002, 12–17.
139. Raum-, Landes- und Regionalplanung im Verhältnis zur Straßenplanung, UPR 2002, 333–337.
140. mit Caspar-David Hermanns, Verwaltungs-, Sozial- und Finanzgerichtsbarkeit unter einem Dach, ZRP 2002, 165–168.
141. Die naturschutzrechtliche Vereinsbeteiligung und Vereinsklage, NuR 2002, 708–714.
142. Habitat- und Vogelschutz. Die A 20-Entscheidungen des BVerwG, DVBl 2002, 940–950.
143. Habitatschutz auch in der Bundesverkehrswegeplanung? NVwZ 2002, 1164–1168.
144. mit Katharina Wolff, Flutung der Tagebaurestlöcher Ost – Wasserrechtliche Nachsorgepflichten, LKV 2003, 1–7.
145. mit Caspar David Hermanns, Gewässerunterhaltung für Restseen im Braunkohlentagebau, NVWBL 2003, 41–44.
146. mit Günter Halama, Lärmschutz in der Planung, NVwZ 2003, 137–144.
147. mit Jens Middelbeck, Sportlärm bei Planung und Vorhabenzulassung, BauR 2003, 38–48.
148. mit Holger Spreen, Rechtsschutz gegen FFH- und Vogelschutzgebiete. Behördliche Auswahlentscheidungen auf dem Prüfstand der Eigentumsgarantie, NdsVBl. 2003, 44–51.
149. mit Caspar David Hermanns, Zur Antragsbefugnis im Normenkontrollverfahren, NuR. 2002, 44.
150. Strategische Umweltprüfung in der Verkehrswegeplanung, Landes- und Regionalplanung, UPR 2003, 97–103.
151. mit Christiane Upmeier, Städtebaurecht 2004. Vorschläge der Expertenkommission zur Änderung des BauGB, ZfBR 2003, 114–121.
152. mit Markus Rieder, Präklusion im Fernstraßenrecht, DÖV 2003, 473–482.
153. mit Dorothee von Arnim: Quo vadis Europa? Tagung der Internationalen Juristenkommission (Deutsche Sektion)in Straßburg, DVBl 2003, 245–248.
154. Hans-Werner Rengeling 65 Jahre, DVBl 2003, 217–219.
155. Habitat- und Vogelschutz. Die Novelle 2003 zum NNatG, NdsVBl. 2003, 177–180.
156. Region und Regionalisierung. Verwaltungsorganisatorische Konzeption – verfassungsrechtliche Grenzen, LKV 2004, 6–10.
157. mit Michael Krautzberger, Städtebaurecht 2004 – zur Novellierung des BauGB, BauR 2003, 1301–1307.
158. Refinanzierung von Ausgleichsmaßnahmen unter besonderer Berücksichtigung von Pflegemaßnahmen, NuR 2004, 11–15.
159. Die Planungshoheit und Planungspflicht in der Abwägungs- und Rechtsschutzpyramide. Gemeindliche Belange in der interkommunalen Abstimmung und in der Fachplanung, NVwZ 2004, 814–819.
160. Luftqualität und Straßenplanung, Zeitschrift für Europäisches Umwelt- und Planungsrecht (EurUP) 2004, 46–53.
161. Entschädigungspflichten der Gemeinden und der Bauaufsichtsbehörden bei der Verhinderung von Windenergieanlagen?, ZfBR 2004, 338–345.
162. mit Willi Probstfeld, Rechtsschutz der Gemeinden gegen straßenverkehrsrechtliche Anordnungen, UPR 2004, 121–124.
163. mit Dietmar Hönig, Befangenheit in der Planfeststellung, DöV 2004, 642–649.
164. mit Uwe Schmalenbach, Rechtsgrundlagen der Kommunalwirtschaft, NWVBl. 2006, 161–170.
165. mit Eva Stüer, Planerische Steuerung von Windfeldern und Belastungsgebieten. Werden Flächennutzungspläne und Raumordnungspläne zu Rechtssätzen?, NuR 2004, 341–348.

166. mit Holger Spreen, Defizite in der Umsetzung des Europarechts. Gewinnt der Bund Gesetzgebungskompetenzen von den Ländern?, VerwArch. 2005, 174–190.
167. Hochwasserschutz im Spannungsverhältnis zum übrigen Fachplanungsrecht, Raumordnungsrecht und zur Bauleitplanung, NuR 2004, 415–420.
168. mit Michael Krautzberger, Städtebaurecht 2004: Was hat sich geändert?, DVBl 2004, 781–791.
169. mit Michael Krautzberger, Städtebaurecht 2004: Umweltprüfung und Abwägungsgebot. Vom schlichten Wegwägen: Zum Grundsatz der nachhaltigen Trauerarbeit, DVBl 2004, 914–924.
170. mit Anke Sailer, Monitoring in der Bauleitplanung, BauR 2004, 1392–1402.
171. Der Nachhaltigkeitsgedanke als Kompensationselement in der planerischen Ausgleichsentscheidung. Bessere Ergebnisse durch qualifiziertere Verfahren?, NVwZ 2005, 508–515.
172. mit Hans-Werner Rengeling: Werner Hoppe 75 Jahre – Geleitwort für das DVBl.-Sonderheft, DVBl 2005, 657–658.
173. mit Willi E. Probstfeld, Beteiligungs- und Klagerechte in der Planfeststellung, LKV 2/2006.
174. mit Dietmar Hönig, Gerichtliche Eilentscheidungen bei Großvorhaben – Das Beispiel Schönefeld, DVBl 2005, 953–956.
175. Plandivergenzen, BauR 2006, 31–38.
176. Was bringt der Teilflächennutzungsplan?, Planer(in) Heft 3/2005, 18–19.
177. Bahnflächen in der gemeindlichen Bauleitplanung – Freistellung und Baurecht auf Zeit, NVwZ 2006, 512–516.
178. BauGB-Novelle 2005: Was gewollt – was erreicht?, UVP-Report 2006, 68.
179. Der Zulässigkeitsrahmen des § 34 III BauGB, UVP-Report 2006, 72.
180. Planerische Steuerung des Einzelhandels durch Bauleitplanung, Regionalplanung und interkommunale Abstimmung, ZfBR 2006, 747–751.
181. mit Gabriela Bähr, Artenschutz in der Fachplanung, DVBl 2006, 1155–1163.
182. Hochwasserschutz in der Bauleitplanung und bei der planungsrechtlichen Zulässigkeit von Vorhaben, ZfBR. 2007, 17–22.
183. mit Michael Krautzberger, BauGB 2007: Stärkung der Innenentwicklung, DVBl 2007, 160–169.
184. Habitat und Vogelschutz in der Fachplanung, Die niederländische Herzmuschelfischerei und ihre Folgen für die Grünbrücken über deutschen Autobahnen, DVBl 2007, 416–424.
185. Luftverkehrsrecht – Die Flughäfen Schönefeld, Leipzig/Halle, Frankfurt und Kassel-Calden, DVBl 2007, 610–616.
186. Erfolgshonorar: Fällt die letzte Bastion des anwaltlichen Standesrechts?, Anwaltsblatt 2007, 431–437.
187. Normenkontrolle von Bebauungsplänen – Der Flächennutzungsplan auf Wanderschaft zur Rechtsnorm, BauR 2007, 1495–1503.
188. Umweltprüfung in der Bauleitplanung. Erfahrungen und offene Punkte, UVP-Report 1–2/2007.
189. Westumfahrung Halle: Rote Ampeln vor Habitat- und Vogelschutz-Gebieten?, NVwZ 2007, 1147–1149.
190. Verwaltungsreform auf Kreisebene. Effektivitätsgewinn nur bei bürgerschaftlichem Engagement, DVBl 2007, 1267–1274.
191. Europäischer Gebiets- und Artenschutz in ruhigerem, Gefilde. Von der Halle-Westumfahrung und Hessisch Lichtenau durch den Jagdbergtunnel und über die Hochmoselbrücke nach Bad Oeynhausen mit Schlingerkurs nach Hildesheim, DVBl 2009, 1–11.
192. Gesetzgebungskunst, BauR 2009, Heft 1.
193. mit Michael Krautzberger: Das neue Raumordnungsgesetz, BauR 2009, 180–191.
194. Fachplanungsrecht in Ost und West – Reformbedarf, DVBl 2009, 1145–1152.
195. Baggern oder Stauen. Das Emssperrwerk und die Papenburger Ozeanriesen, NdsVBl. 2009, 185–192.
196. Steuerung des Einzelhandels, Gedächtnisschrift für Prof. Dr. Malte Schindhelm, Wolters Kluwer, Köln 2009, S. 567–595.
197. mit Dirk Buchsteiner, Wasserhaushaltsgesetz 2010, DÖV 2010, 261–268.
198. Critical Loads an der Himmelsthür, BVerwG, B. v. 10.11.2009 – 9 B 28.09 – DVBl 2010, 176–180.

199. Städtebauliche Abwägungsdirektiven – Ist das Abwägungsgebot noch das „Herzstück" der städtebaulichen Planung?, UPR 2010, 288–293.
200. Empfehlungen des Arbeitskreises VIII des 3. Baugerichtstags in Hamm, DVBl 2010, 771–773.
201. Prüfet alles und behaltet das Beste: Empfehlungen des Arbeitskreises VIII des 3. Baugerichtstags in Hamm, Stadt und Gemeinde 2010, 324–326.
202. Habitatschutz – Rechtsprechungsbericht 2005–2010, NuR 2010, 677–685.
203. Der Spielhallenboom: Planerische Steuerung von Vergnügungsstätten, ZfWG 20010, 386–394.
204. mit Eva Stüer Reformbedarf im BauGB?, DVBl 2010, 1540–1547.
205. mit Dirk Buchsteiner, Einzelhandel und Planungsrecht, DVBl.2011, 345–347.
206. mit Dirk Buchsteiner, Stuttgart 21: Eine Lehre für die Planfeststellung? Großprojekte mit verstärkter Öffentlichkeitsbeteiligung oder: gehe zurück auf Los?, UPR 2011, 335–342.
207. mit Battis/Krautzberger/Mitschang/Reidt, Das „Gesetz zur Förderung des Klimaschutzes bei der Entwicklung der Städte und Gemeinden" ist in Kraft getreten, NVwZ 2011, 897–904.
208. mit Michael Krautzberger, Neues Städtebaurecht aus Gründen des Klimaschutzes: Gesetz zur Stärkung der klimagerechten Stadtentwicklung in den Gemeinden, BauR 2011, 1416–1425.
209. mit Eva-Maria Stüer, Die BauGB-Klimanovelle und das Energiefach- und -finanzierungsrecht 2011, DVBl 2011, 1117–1126.
210. 60 Jahre BVerfG: Die Verfassungsbeschwerde, DVBl 2012, 651–656.
211. Öffentliches Baurecht 2007–2012 in der Gesetzgebung: Bebauungsplan der Innenentwicklung – Energiewende – UVP – weiterer Reformbedarf, AD LEGENDUM 2012, 166–173.
212. Beschlüsse des Arbeitskreises VIII des 4. Deutschen Baugerichtstags, BauR 2012, (im Druck).
213. Stuttgart 21: Empfehlen sich Änderungen des Bau-, Fachplanungs- und Immissionsschutzrechts?, DVBl 2012, 885–887.
214. Städtebaurechtsnovelle 2012 – Gesetz zur Stärkung der Innenentwicklung und zur weiteren Fortentwicklung des Städtebaurechts, DVBl 2012, 1017–1027.

Berichte

215. Rechtsprechungsberichte: StuGR 1975, 46; StuGR 1976, 261; StuGR 1976, 257; DVBl 2003, 966; DVBl 2003, 1030; DVBl 2004, 83; DVBl 2004, 899; DVBl 2005, 461; DVBl 2005, 806; DVBl 2004, 403; DVBl 2008, 270; DVBl 2009, 494; DVBl 2009, 494; BauR 2010, 1521; VBl 2010, 1145; DVBl 2010, 543–553; DVBl 2011, 381; DVBl 2011, 472; DVBl 2011, 739.
216. mit Werner Hoppe, StuGR 1975, 371–383.; StuGR 1976, 31; StuGR 1976, 183; StuGR 1976, 213; DVBl 2010, 333; DVBl 2010, 424; BauR 20101521; DVBl 2011, 1145.
217. Cappenberger Gespräche der Freiherr-vom-Stein-Gesellschaft, Bundeswehr – Staat – Gesellschaft, DVBl 1981, 446–447; Wohlfahrtsstaat auf dem Prüfstand, Der Landkreis 1983, 83–84; DVBl 1983, 26–27; Kommunale Selbstverwaltung. Überprüfung einer politischen Idee, DVBl 1984, 619–620; Der Zustand des Rechtsstaats, 1986, 88–89; Multikulturelle Vielfalt in den Städten, DVBl 1990, 352–353.
218. Umweltrechtliche Fachtagungen der Gesellschaft für Umweltrecht NuR 1982, 104 ; StuGB 1983, 249; BauR 1985, 362; NuR 1985, 107; NuR 1986, 119; NuR 1987, 71; NuR 1988, 182; DVBl 1988, 181; DVBl 1989, 27; NuR 1989, 222; DVBl 1990, 197; DVBl 1991, 1357; DVBl 1992, 1585; DVBl 1993, 1345; DVBl 1995, 27; DVBl 1996, 1418; mit Stephan Rude: DVBl 1998, 176; DVBl 1998, 176; DVBl 1999, 154; DVBl 2001, 36; DVBl 2002, 27; DVBl 2003, 32; DVBl 2004, 27; DVBl 2004, 1531; DVBl 2005, 1566; DVBl 2006, 1570; DVBl 2007, 1544; DVBl 2008, 1557: mit Dirk Buchsteiner: DVBl 2010, 33; DVBl 2011, 84; DVBl 2012, 92.
219. Erfahrungen mit der verwaltungsgerichtlichen Normenkontrolle – eine Zwischenbilanz. Bericht vom 43. Deutschen Anwaltstag, DVBl 1985, 729–731.
220. in Speyer: Forschungsseminar Straßenrecht, Aktuelle Probleme des Planfeststellungsrechts, DöV 1986, 65–69; Planfeststellung und Flurbereinigung – Umweltverträglichkeitsprüfung,

DöV 1987, 104–108; Bedarfsplan – Planfeststellung – Immissionsschutz, DöV 1988, 507–511; Umwelttechnik für Juristen, Umweltrecht für Ingenieure. DVBl 1989, 349–352; Abweichung von der Planfeststellung, DVBl 1990, 35–37; Planung und Sondernutzung von Straßen. DöV 1990, 217–220; Verkehrslärmschutz – Verfahrensbeschleunigung, DVBl 1990, 1393–1395; Einschaltung Privater beim Verkehrswegebau – Innenstadtverkehr, DVBl 1992, 1528–1531; Verkehrswegerecht im Wandel, DVBl 1993, 1300–1307; Planungsrechtliche Optimierungsgebote – naturschutzrechtliche Eingriffsregelung – Folgekosten. DVBl 1995, 1345–1349; Die Straße als Mehrzweckinstitut, DVBl 1997, 479–481; Straßenplanung und Gesamtplanung, DVBl 1998, 224–225.

221. Das neue BauGB. Schutz vor Willkür statt Grundrechtsschutz? Bedeutung des EG-Rechts für das Ausländerrecht. Bericht vom 44. Deutschen Anwaltstag, NVwZ 1987, 778–781.
222. Berichte über Gerichte NWVBl. 1987, 1.; DVBl 1989, 145; DVBl 1991, 856; DVBl 1992, 605; NWVBl 1992, 200; DVBl 1993, 750; NVBl 1994, 451; DVBl 2007, 947; DVBl 2010, 1028; DVBl 2011, 317.
223. Die Modernisierung der öffentlichen Verwaltung. Aktuelle und historische Aspekte einer Daueraufgabe. Symposium in Münster, DVBl 1988, 572–574.
224. Kommunalverfassung heute und morgen – Bilanz und Ausblick. Bericht über das Symposium des KWI Münster, DVBl 1988, 1206–1210.
225. Normenkontrolle gegen Bebauungspläne. Bericht über die Frühjahrstagung der Arbeitsgemeinschaft für Deutscher Bericht über Deutschen Anwaltstag, DVBl 1989, 810–813; NVwZ 1989, 734–838; DVBl 1989, 652–656.
226. Straßenplanung im Konfliktfeld öffentlicher und individueller Interessen. Bericht Arbeitskreis VI des 27. Verkehrsgerichtstages in Goslar, Straße und Autobahn 1989, 363–364.
227. Erste Verwaltungsrechtliche Jahresarbeitstagung in Berlin. Bericht über eine Veranstaltung des Deutschen Anwaltsinstituts, DVBl 1990, 469–472.
228. Die Zukunft der kommunalen Selbstverwaltung. Bericht über die 58. Staatswissenschaftliche Fortbildungstagung, DVBl 1990, 758–761.
229. Umweltschutz in der Raumplanung. Bericht über das Symposium des Zentralinstituts in Münster, DöV 1990, 197–200.
230. Freiherr-vom-Stein-Institut, Europäisierung und Regionalisierung. Bericht über den Festakt zum 10jährigen Bestehen des Freiherr-vom-Stein-Instituts Münster, DVBl 1991, 798–799; mir Anke Freisburger.
231. mit Werner Hoppe: Die kommunale Gebietsreform in den östlichen Ländern. Zugleich Bericht über die Expertentagung „Gebiets- und Verwaltungsreform", DVBl 1992, 641–652.
232. Tagungsbericht Fachtagung des Instituts für Berg- und Energierecht der Ruhr-Universität Bochum: Oberflächeneigentum und Bergbau. Bericht über die Fachtagung des Instituts für Berg- und Energierecht, DVBl 1993, 247–250; mit Dr. Dietmar Hönig, Energiepartnerschaft zwischen privaten Versorgungsunternehmen, Stadtwerken und Kommunen, DVBl 2002, 753–755.
233. mit Caspar-David Hermanns, Katrin Müller, Beate Landgraf, Umweltrechtliche Fachtagungen Osnabrück, NVwZ 1993, 456; DVBl 1986, 847; UPR 1997, 361; DVBl 1998, 1011; DVBl 2000, 30.
234. Kölner Abfalltage, Kreislaufwirtschafts- und Abfallrecht, ET 1994, 159–164; DVBl 1996, 242–247.
235. Technische Innovation – Antrieb oder Hemmnis? Symposium aus Anlass der Eröffnung des Instituts für Technikrecht Dresden, DVBl 1995, 1224–1227.
236. Rechtsdisziplin durch höchstrichterliche Rechtsprechung. Festvortrag von Prof. Dr. Walter Krebs – Prof. Dr. Christian-Friedrich Menger 80 Jahre, DVBl 1995, 1344–1345.
237. Abwägung im Recht. Symposium aus Anlass der Emeritierung von Werner Hoppe, DVBl 1995, 912–915.
238. Rechts- und Anwendungsprobleme der neuen Bauordnung NW. Bericht über ein Symposium des Freiherr-vom-Stein-Instituts, DVBl 1996, 24–27; Symposium zum Planungs-, Umwelt- und Kommunalrecht. Freiherr-vom-Stein-Institut ehrt Werner Hoppe, DVBl 1998, 462–464.
239. Beschleunigung von Planungs- und Genehmigungsverfahren. Vierte Osnabrücker Gespräche zum deutschen und europäischen Umweltrecht, DVBl 1996, 847–852.

240. Verfahrensbeschleunigung – Wirtschaft – Verwaltung – Rechtsschutz, in Stüer (Hrsg.), Schriftenreihe „Planungsrecht" der Universität Osnabrück Bd. 1, Universitätsverlag Rasch, Osnabrück 1997, 311 S.
241. Kommunale und private Verkehrsüberwachung. Bericht vom 34. Deutschen Verkehrsgerichtstag 1996 in Goslar, BayVBl. 1997, 44–45.
242. Bericht über die Arbeitsgemeinschaft Verwaltungsrecht NW im DAV, DVBl 1998, 953–955.
243. mit Dietmar Hönig, Moderne Datenverarbeitung in der Justiz? Bericht über den 7. EDV-Gerichtstag in Saarbrücken, DVBl 1998, 697–699.
244. mit Dietmar Hönig, Rechtsprechungsberichte, DVBl 1999, 1325; DVBl 2000, 312; DVBl 2000, 1189; DVBl 2001, 1179; DVBl 2004, 282; DVBl 2004, 481.
245. mit Stefan Rude, Rechtsprechungsbericht: DVBl 1999, 299–308; DVBl 2000, 312; DVBl 2000, 390.
246. mit Caspar David Hermanns: Rechtsprechungsbrichte, DVBl 1999, 513; DVBl 2000, 1428; DVBl 2002, 435; DVBl 2002, 514; DVBl 2003, 711.
247. mit Caspar David Hermanns und Frank Berka: Bericht über die Eisenbahnrechtstagungen in Speyer und Tübingen DVBl 1999, 27–30; DVBl 1999,1570–1575; DVBl 2001, 179; DVBl 2001, 1653, DVBl 2003, 381;; DVBl 2004, 1326; DVBl 2005, 1365; DVBl 2006, 1360; DVBl 2007, 1349; DVBl 2003, 1368; DVBl 2010, 1220; DVBl 2011, 1342.
248. in Saarbrücken: Straßenplanung in Europa, DVBl 1999, 1640–1643; Finanzierung und Verwaltung im Straßenbau, DVBl 2003, 582–585; Straßenrecht in Europa, DVBl 2003, 1437–1441; Nichtverkehrliche Straßennutzung, DVBl 2002, 238–241; mit Dr. Caspar David Hermanns, Neuordnung der Bundesfernstraßenverwaltung, DVBl 2005, 556–558.
249. Neue Strategien der Stadtentwicklung. Zweiter Bonner Städtebautag, UPR 1999, 440–442.
250. mit Dietmar Hönig, Nachhaltige städtebauliche Entwicklung- Anforderungen an die gemeindliche Bauleitplanung – Tagungsbericht, DVBl 1999, 1717–1721.
251. mit Caspar David Hermanns und Dietmar Hönig, Leipziger Umweltrechtssymposium, DVBl 1999, 972; DVBl 2000, 1591; DVBl 2001, 1501; DVBl 2002, 1096.
252. mit Caspar David Hermanns: Subventionsrecht und Subventionspolitik auf dem Prüfstand. 1. Hamburger Wirtschaftsrechtstag 1998, DVBl 1999, 381–383.
253. mit Claudia Plogmann: Arbeitslosigkeit – Herausforderung für Städte und Gemeinden. 10. Bad Iburger Gespräche zum Kommunalrecht, NdsVBl. 2000, 51–52.
254. mit Dietmar Hönig, Europäisierung des nationalen Umweltrechts: Stand und Perspektiven – Rostocker Umweltrechtstag 2000, DVBl 2000, 1836–1838.
255. mit Caspar David Hermanns: Wirtschaft und Verwaltung vor den Herausforderungen der Zukunft – Speyerer Gespräche zum öffentlichen Wirtschaftsrecht, DVBl 2000, 108.
256. Düsseldorfer Vergaberechtstage: mit Caspar David Hermanns, DVBl 2001, 1333; DVBl 2002, 1462–1463.
257. Hochwasserschutz im Spannungsverhältnis zum übrigen Fachplanungsrecht und zum Raumordnungsrecht und zur Bauleitplanung, Tagungsband 9. Leipziger Umweltrechtssymposium, Leipzig, 2004.
258. Beschleunigung und Verzögerung im Straßenbau, DVBl 2004, 1404–1408; Europarechtliche Einflüsse auf die Straßenplanung, DVBl 2005, 1489–1494; Finanzierung von Straßen, DVBl 2007, 231–234.
259. mit Tomke Frauke Weers, Weiterentwicklung der Landesplanung, Bericht über das Symposium des Zentralinstituts für Raumplanung vom 14.11.2005 in Münster, DVBl 2006.
260. Verfassungsrechtsausschüsse von BRAK und DAV auf Visite in Karlsruhe, BRAK-Mitteilungen 2/2006, 87–88.
261. mit Dietmar Hönig: Speyerer Luftverkehrsrechtstag und Planungsrechtstage, DVBl 2006, 746–751; DVBl 2007, 746–750; DVBl 2008, 700–704; DVBl 2009, 703–706.
262. Städtebaurecht 2009: Plansicherung – Planbegleitung – planungsrechtliche Zulässigkeit, Rechtsprechungs- und Literaturbericht 2009, DVBl 2010, 424–435.
263. Plansicherung, besonderes Städtebaurecht und BauNVO – Rechtsprechungsbericht 2010, DVBl 2011, 739–747.
264. Rechtsschutz im Städtebaurecht – Rechtsprechungsbericht 2010.

265. Grundsatzfragen der Rechtsetzung und Rechtsfindung, 71. Jahrestagung der Deutschen Staatsrechtslehrer 2011 in Münster, DVBl 2011, 1530–1536.
266. Berichte Deutsche Juristentage, DVBl 1986, 1140–1146; NuR 1987, 265; DVBl 19990, 1333; DVBl 1992, 1415; DVBl 1994, 1283; DVBl 1996, 1243; DVBl 1998, 1211; DVBl 2000, 1672; DVBl 2002, 1598; DVBl 2005, 90.
267. Beschleunigung und Verzögerung im Straßenbau, DVBl 2004, 1404–1408; Europarechtliche Einflüsse auf die Straßenplanung, DVBl 2005, 1489–1494; Stüer: Finanzierung von Straßen, DVBl 2007, 231–234.
268. in Bonn: Straßenrecht und Föderalismus. DVBl 2007, 1482–1485; Die Zukunft der deutschen Straßenverwaltung, DVBl 2008, 1430–1432; Die Zukunftsfähigkeit des Planfeststellungsverfahrens, DVBl 2009, 1432–1436; mit Caspar David Hermanns, Enteignung für den Straßenbau, Verfahrensbeschleunigung, Privatisierung, DVBl 2010, 1492–1494; Netzplanung – Netzbildung – Netzbereinigung, DVBl 2011, 1404–1407.
269. Achter Deutscher Verwaltungsrichtertag in Saarbrücken, DöV 1986, 646–650; Personalvertretungsrecht und Verfassung. Die Personalvertretung 1986, 294–295; Zehnter Deutscher Verwaltungsrichtertag in Aachen, DVBl 1992, 811–818; Elfter Deutscher Verwaltungsrichtertag in Dresden, DVBl 1995, 603–610; mit Caspar David Hermanns: 12. Deutscher Verwaltungsrichtertag in Mainz, DVBl 1998, 766–771; 13. Deutscher Verwaltungsrichtertag in München, DVBl 2001, 1109–1114; 14. Deutscher Verwaltungsrichtertag in Bremen, Tagungsbericht, DVBl 2004, 746–753; Stüer: 15. Deutscher Verwaltungsrichtertag 2007 in Weimar, DVBl 2007, 885–891.
270. Speyerer Planungsrechtstage und Luftverkehrrechtstag mit Alexander Zeh, DVBl 2001, 969–972; mit Dietmar Hönig, Raumordnung und Fachplanung im Widerstreit, in Jan Ziekow (Hrsg.), Bewertung von Fluglärm – Regionalplanung – Planfeststellungsverfahren, Berlin 2003, 225–235; DVBl 2004, 618–622; DVBl 2005, 687–692.
271. mit Dietmar Hönig: Speyerer Planungsrechtstage und Luftverkehrrechtstag, DVBl 2006, 746–751; DVBl 2007, 746–750; DVBl 2008, 700–704; DVBl 2009, 703–706.
272. mit Dirk Buchsteiner: Speyerer Planungsrechtstage und Luftverkehrsrechtstag, DVBl 2012, 558–562.
273. Urteil zur Nichtvollziehbarkeit eines Planfeststellungsbeschlusses wirkt nur zwischen den Parteien, Anmerkung zu BVerwG, B. v. 04.07.2011 – 9 VR 6.12 – DVBl 2012, Heft 18.

Entscheidungsanmerkungen

274. Verfassungsbeschwerde durch aufgelösten Gemeindeverband. Anmerkungen zum Beschluss des VerfGH NW v. 9.4.1976 – VerfGH 58/75 -, NJW 1976, 1925–1927.
275. EuGH zum Habitatschutz der Ems, EuGH, Urt. v. 14.1.2010 – C-226.08 – Papenburg gegen Bundesrepublik Deutschland, DVBl 2010, 242–250.
276. mit Eva Stüer A 44: Querspange Bochum – Artenschutz, BVerwG, Urt. v. 9.6.2010 – 9 A 20.08 – DVBl 2011, 36–43.B20.
277. mit Thorsten Bergt, Klagen gegen die Bremer Weserquerung abgewiesen, BVerwG, Urteil vom 24.11.2011 – 9 A 23–27.2010 – DVBl 2012, 443–453.
278. mit Eva-Maria Stüer, Vorbescheid und erste Teilgenehmigung für das Trianel-Kraftwerk in Lünen aufgehoben, DVBl. 2012, 244–250.
279. Der Oldenburger Bahnvergleich, Anmerkung zu BVerwG, B. v. 24.01.2011 – 7 VR 13.11 – und Vergl. vom 5.7.2012 – 7 A 22.11 – DVBl 2012, 1102–1108.
280. mit Eva Stüer A 44: Querspange Bochum – Artenschutz, BVerwG, Urt. v. 9.6.2010 – 9 A 20.08 – DVBl 2011, 36–43.B20.
281. mit Thorsten Bergt, Klagen gegen die Bremer Weserquerung abgewiesen, BVerwG, Urteil vom 24.11.2011 – 9 A 23–27.2010 – DVBl 2012, 443–453.

Beiträge in Büchern, Festschriften Tagungsbänden

282. Rechtsschutz bei der kommunalen Gebietsreform – Verfahrensfragen?, in: Hoppe/Rengeling, Rechtsschutz bei der kommunalen Gebietsreform, Athenäum-Verlag, 1973.

283. Gemeindliches Einvernehmen trotz Bebauungsplan? Rechte der planenden Gemeinde im Baugenehmigungsverfahren, Festschrift für Gelzer 1991, 155–163.
284. Bauleitplanung im Konflikt. Vorträge zur Rechtsentwicklung der 80er Jahre, Osnabrücker Rechtswissenschaftliche Abhandlungen, Bd. 27 1991, 161–172.
285. Umweltschutz und andere Politiken der EG. Erstes Osnabrücker Gespräch zum deutschen und europäischen Umweltrecht, Tagungsband 1993.
286. Rechtsverhältnisse der Schule, Handbuch Praxis und Schule 1995, 175–204.
287. Beschleunigungsmaßnahmen bei der Fernstraßenplanung. Dokumentation 34. Deutscher Verkehrsgerichtstag in Goslar, 1996.
288. Die Beschleunigungsgesetze 1996, in: Stüer, Bernhard (Hrsg.), Verfahrensbeschleunigung. Wirtschaft – Verwaltung – Rechtsschutz, Osnabrück 1997, 90.
289. Beschleunigung von Planungs- und Genehmigungsverfahren. Die Beschleunigungsnovellen 1996, in: Rengeling, Hans-Werner (Hrsg.), Vierte Osnabrücker Gespräche zum deutschen und europäischen Umweltrecht 1997, 215–244.
290. Staatliche und kommunale Planung, in: Ipsen/Schneider (Hrsg.), Staat und Kommunen – Kooperation oder Konflikt?, 8. Bad Iburger Gespräche 1998, 87–94.
291. Bürgerbeteiligung und Rechtsschutz im Bau- und Fachplanungsrecht, in: Jan Ziekow (Hrsg.), Beschleunigung von Planungs- und Genehmigungsverfahren, Speyer 1998.
292. Möglichkeiten vertraglichen Handelns im Bauplanungsrecht, in: Ziekow (Hrsg.), Bauplanungsrecht vor neuen Herausforderungen, 1. Speyerer Planungsrechtstage 1999, 45–72.
293. Gebietsreform in den neuen Ländern, in: Ipsen/Stüer, Hans-Werner Rengeling zum 60. Geburtstag, Köln 1999, 91–115.
294. Querschnitte zwischen Bau- und Fachplanungsrecht, in: Klaus Grupp/Michael Ronellenfitsch (Hrsg.), Planung – Recht – Rechtsschutz. Festschrift für Willi Blümel zum 70. Geburtstag 1999, 565–589.
295. Die Zulässigkeit von Windenergieanlagen, in: Willy Spannowsky/Stephan Mitschang, Flächennutzungsplanung im Umbruch?, Köln 2000, 119–144.
296. Naturschutz in der Fachplanung, in: Erbguth/Oebbecke/Rengeling/Schulte, Planung, Festschrift für Werner Hoppe 2000, 853–879.
297. Gebietsreform in den alten Ländern – Erfahrungen für die neuen Länder?, in: Michael Nierhaus (Hrsg.), 7. Fachtagung des Kommunalwissenschaftlichen Instituts in Potsdam, 2002, S. 27–35.
298. Umweltprüfung in der Verkehrswegeplanung, in: Wilfried Erbguth (Hrsg.), Band über die Tagung in Rostock, 2003, S. 97–103.
299. Region und Regionalisierung. Verwaltungsorganisatorische Konzeption – verfassungsrechtliche Grenzen, in: Hubert Meyer/Maximilian Wallerath (Hrsg.), Gemeinden und Kreise in der Region, 6. Greifswalder Verwaltungsfachtage am 5. und 6.3.2003, Schriften zum deutschen und europäischen Kommunalrecht, Bs. 21, Stuttgart 2004.
300. mit Markus Rieder, Präklusion in der Fachplanung und Europarecht, EurUP 2004, 139–149.
301. Bahnflächen in der gemeindlichen Bauleitplanung – Freistellung und Baurecht auf Zeit, Forum Bahnflächen NRW Broschüre 2004.
302. Stellungnahme zur Sachverständigenanhörung zum Gesetzentwurf „Beschleunigung von Planungsverfahren zur Infrastrukturvorhaben" vom 17.5.2006 im Ausschuss für Verkehr, Bau- und Stadtentwicklung des Deutschen Bundestages.
303. Europarecht in der Fachplanung, in: Ipsen/Stüer (Hrsg.), Festschrift für Hans-Werner Rengeling zur Vollendung seines 70. Lebensjahres, Berlin 2008, S. 447–481.
304. Naturschutz in der Bauleitplanung, in: Battis/Söfker/Stüer, Festschrift für Michael Krautzberger, 2008, S. 63–76.
305. Kommunale Selbstverwaltung durch bürgerschaftliche Mitwirkung und Aufwertung der Kreisebene gestärkt, in Nierhaus/Jann Urteil des VerfG Greifswald zur Kreisgebietsreform in Mecklenburg-Vorpommern, Tagungsband, Potsdam 2007.
306. Bauleitplanung. In: Hoppenberg/De Witt (Hrsg.), Handbuch des öffentlichen Baurechts, Beck-Verlag 2010.
307. Steuerung des Einzelhandels, Gedächtnisschrift für Prof. Dr. Malte Schindhelm, Wolters Kluwer, Köln 2009, S. 567–595.

308. Entschädigung als Folge städtebaulicher Planungen und der Planverwirklichung, Vortrag in Kaiserslautern, Tagungsband 2010.
309. Naturschutz in der bau- und fachplanerischen Abwägung. Vortrag gehalten bei der wissenschaftlichen Fachtagung „Bauen und Naturschutz nach dem Inkrafttreten des neuen BNatSchG 2010", am 14.9.2010 in der TU Berlin, Tagungsband.

Herausgeber/Schriftleiter

310. Deutsches Verwaltungsblatt: Herausgeber seit seit 1993.
311. Deutsches Verwaltungsblatt Schriftleiter seit 1998.
312. Ipsen/Stüer (Hrsg.), Europarecht in der Fachplanung, Festschrift für Hans-Werner Rengeling zur Vollendung seines 70. Lebensjahres, Berlin 2008.
313. Battis/Söfker/Stüer (Hrsg.), Naturschutz in der Bauleitplanung, Festschrift für Michael Krautzberger, 2008.
314. Schriftenreihe Planungsrecht Band 1: Verfahrensbeschleunigung, 1997.
315. Schriftenreihe Planungsrecht Band 2: Planung von Großvorhaben, 1999.
316. Schriftenreihe Planungsrecht Band 3: Stefan Rude, Planreparatur im Städtebau, 2000.
317. Schriftenreihe Planungsrecht Band 4: Claudia Plogmann: Naturschutzrechtliche Konfliktbewältigung in der Bau- und Fachplanung, 2000.
318. Schriftenreihe Planungsrecht Band 5: Stüer, Städtebaurecht 2001, 2001.
319. Schriftenreihe Planungsrecht Band 6: Dietmar Hönig, Eigentumsgarantie und Fachplanungsrecht, 2001.
320. Schriftenreihe Planungsrecht Band 7: Caspar David Hermanns, Vereinheitlichung der öffentlich-rechtlichen Gerichtsbarkeiten, 2001.
321. Schriftenreihe Planungsrecht Band 8: Holger Spreen, Bundeskompetenzen bei fehlender Umsetzung des Europarechts durch die Bundesländer, 2004.
322. Schriftenreihe Planungsrecht Band 9: Markus Rieder, Fachplanung und Präklusion, 2004.
323. Schriftenreihe Planungsrecht Band 10: Anke Sailer, Bauplanungsrecht und Monitoring, 2010.
324. Schriftenreihe Planungsrecht Band 11: Claudia Wirth, Verwaltungsreform in Niedersachsen – Modellcharakter für andere Bundesländer?, 2007.
325. Schriftenreihe Planungsrecht Band 12: Tomke Weers-Hermanns, Steuerung des Einzelhandels aus kommunaler und regionaler Sicht, 2007.
326. Schriftenreihe Planungsrecht Band 13: Holger Zoubek, Moderne Finanzierungsstrategien im Gefüge kommunaler Finanzverfassungen, 2011.
327. Schriftenreihe Planungsrecht Band 14: Christof Austermann, Brachflächenreaktivierung, 2012.
328. Schriftenreihe Planungsrecht Band 15: Benjamin Klein, Kommunale Kooperationen zwischen innerstaatlichem Organisationsakt und Markt, 2012.
329. Schriftenreihe Planungsrecht, Band 16: Lars Winter, Bauleitplanung und Internet, 2013.